Baikalsee
Ulan Bator
MONGOLISCHE VOLKSREPUBLIK
Harbin
MANDSCHUREI
Wladiwostok
Jilin
Liaoning
Shenyang (Mukden)
NORD-KOREA
Pjöngjang
Seoul
SÜD-KOREA
JAPAN
Innere Mongolei
Hoangho
Gelber Fluß
Hebei (Hopeh)
Peking
Peitaiho (Beidaihe)
Baoding
Tientsin
Bucht von Bohai
Shanxi (Shansi)
Shandong (Shantung)
Ningxia (Ningsia)
Tsinanfu
Tsingtao
Qüfu
Yanzhou
Gelbes Meer
Lanzhou
Gansu (Kansu)
Shaanxi (Shensi)
Kaifeng
Jiangsu (Kiangsu)
Xian (Hsian)
Henan (Honan)
Nanking
Anhui
Hefei
Wuhu
Schanghai
Sichuan (Szechuan)
Hubei (Hupeh)
Chengdu
Hankow (Wuhan)
Hangzhou
Zhejiang (Chekiang)
Ost-chinesisches Meer
Chungking
Jangtsekiang
Nanchang
Changsha
Hunan
Jiangxi (Kiangsi)
Shaoshan
Guizhou (Kweichow)
Jingang-Berge
Fujian (Fukien)
Fuzhou
Taipei
Kunming
Guilin
Yünnan
Guangxi (Kwangsi)
Guangdong (Kwangtung)
Taiwan
Pazifischer Ozean
Nanning
Kanton
Hongkong
Macao
VIETNAM
Hanoi
Süd-chinesisches Meer
Hainan
AOS
W0414300

Gottfried-Karl Kindermann

Der Aufstieg Ostasiens in der Weltpolitik
1840–2000

Gottfried-Karl Kindermann

Der Aufstieg Ostasiens in der Weltpolitik 1840–2000

Deutsche Verlags-Anstalt
Stuttgart München

Für Ada-Jasmin, Aglaia und Stefan
in Liebe und Hoffnung

Die Deutsche Bibliothek – CIP-Einheitsaufnahme
Ein Titeldatensatz für diese Publikation ist bei
Der Deutschen Bibliothek erhältlich.

© 2001 Deutsche Verlags-Anstalt, Stuttgart/München
Alle Rechte vorbehalten
Karten: Ditta Ahmadi/Peter Palm, Berlin
Satz: EDV-Fotosatz Huber/Verlagsservice G. Pfeifer, Germering
Druck und Bindearbeiten: Friedrich Pustet, Regensburg
Printed in Germany

ISBN 3-421-05174-7

Inhalt

Vorwort

Die Darstellung dieses Bandes gilt der Rolle der Staaten Ostasiens in der Weltpolitik von deren Aufbrechung und Überwältigung durch die Industriemächte um die Mitte des 19. Jahrhunderts über die Krisen und Erfolge ihres Wiederaufstiegs bis zur Gegenwart des beginnenden 21. Jahrhunderts. Dabei liegt das Hauptgewicht wohl auf der auswärtigen Politik der im Westpazifik agierenden Staaten und auf den Konstellationen ihrer wechselvollen Beziehungen zueinander. Doch ist das außenpolitische Verhalten von Staaten stets hochgradig auch von Prozessen ihrer inneren Entwicklung mitbestimmt. Diese Prozesse entscheiden etwa, welche Führungskräfte und andere Faktoren der Gesellschaft in einer bestimmten historischen Situation die Macht haben, den jeweiligen Kurs der Außenpolitik festzulegen.

Den ersten Teil des Bandes, der die Zeit vom Opiumkrieg bis zum Ende des Zweiten Weltkriegs zum Gegenstand hat, bildet die stark überarbeitete Fassung einer 1970 erschienenen Schrift unter dem Titel »Der Ferne Osten in der Weltpolitik des industriellen Zeitalters«. Die Darstellung dieser Epoche wurde nun durch den zweiten Teil ergänzt, der dic Ära des Atomzeitalters von seinem Beginn in Hiroshima bis über die Schwelle des 21. Jahrhunderts behandelt.

Denn bei den Völkern und Staaten Ostasiens wirken die schockartig erlebten Vorgänge ihrer gewaltsamen Unterdrückung durch die fremde Zivilisation der Industriemächte im 19. Jahrhundert so intensiv bis zur Gegenwart nach, daß jedes vertiefte Verständnis des 20. Jahrhunderts und der Gegenwart die Kenntnis dieser früheren Epoche voraussetzt. Die Tatsache, daß das China 1860 geraubte und zur britischen Kolonie gemachte Hong Kong erst 1997 zurückgegeben wurde, bildet nur eines der augenfälligen Symptome dieser engen Verklammerung von Vergangenheit und Gegenwart.

Prägende Impulse bei der Bearbeitung dieser Thematik verdanke ich persönlichen Erfahrungen und Begegnungen. So haben meine Eltern mein in frühen Teenagerjahren beginnendes Interesse an ostasiatischer Geschichte verständnisvoll gefördert. Als Student der Stanford University erlebte ich 1949 in Kalifornien dort den Machtwandel in China – von einer proamerikanischen Regierung zur kommunistischen Volksrepublik Mao Tse-tungs – und die heftigen und problematischen Diskussionen unter Amerikanern über die Frage »Who has lost China?«.

Zwischen Juni und Oktober 1950 konnte ich als studentischer Volontär in der Presseabteilung des Generalsekretariats der UN die dramatischen Auseinandersetzungen im UN-Weltsicherheitsrat zu Beginn des Koreakriegs ebenso wie den Streit über die Frage der UN-Vertretung Chinas miterleben.

Die anschließende Tätigkeit als Student und Assistent meines Doktorvaters und späteren Freundes Hans J. Morgenthau[1] an der Universität Chicago ermöglichte mir die intensive Auseinandersetzung mit Fernostthemen wie auch mit Morgenthaus bahnbrechender Theorie des Politischen Realismus, die – im Gegensatz zu anderen Theorieansätzen – auch führende Praktiker auswärtiger Politik faszinierte und zu Autoren machte. Meinem Habilitationsvater Arnold Bergstraesser, der wie kein anderer deutscher Gelehrter seiner Zeit globale Perspektiven in Forschung und Praxis gerade auch gegenüber den Völkern und Kulturen nicht-westlicher Kontinente forderte, verdanke ich meine erste politologische Forschungsreise nach Ostasien im Auftrag der Deutschen Gesellschaft für Auswärtige Politik 1959/60. Auch förderte Bergstraesser meine Beteiligung an einer Forschungsgruppe des East-West-Major Project der UNESCO, die sich 1963 in Südostasien mit dem Verhältnis von Tradition und Moderne im Denken dortiger Eliten befaßte. Diesen prägenden Anfängen folgten viele weitere Forschungsaufenthalte in Ostasien.

Von den so zahlreichen Gesprächspartnern, denen ich zu großem Dank verpflichtet bin, können hier nur wenige erwähnt werden. Zu ihnen gehören in Japan die Ministerpräsidenten Kishi, Sato, Ohira und Nakasone, die Außenminister Shiina und Aichi sowie die Oppositionsführer der Sozialistischen und der Kommunistischen Partei Asanuma und Fuwa; in Taiwan die dortigen Präsidenten Chiang Kai-shek, Chiang Ching-kuo, Lee Teng-hui und Chen Shui-biän, Vizepräsident Lien Chan, die Ministerpräsidenten Ho Ying-chin und Ch'en Ch'eng, wie auch die Außenminister Wang Shih-chien, Chang Ch'ün, Yeh kung-chao, Chien Foo, Chow Shu-Kai, Chang Hsiao-yen und Tien Hung-mao, der Gelehrte und Diplomat Han Lih-wu, fernerhin die Politiker Chen Li-fu, Lei Chen, Sung Ch'u-yü und Ma Ying-jeou sowie der Kulturphilosoph Hu Shih; in Südkorea die Präsidenten Roh Tae-woo, Kim Young-sam und Kim Dae Jung sowie in Nordkorea Außenminister Kim Yong Nam und Vizeaußenminister Ri Chong-mok; in Indonesien Präsident Sukarno, Mohammed Hatta und der Kommunistenführer Aidit; in Kambodscha Prinz Ranariddh, Ministerpräsident Son Sann und Vertreter der Roten Khmer; in China weiterhin Vizeaußenminister Qi Haiyuan, der Leiter des Amtes für Angelegenheiten Hong Kongs und Macaos Ji Pengfei und der Vizepräsident der Vereinigung für Beziehungen über die Taiwanstraße Tang Shubei; in Thailand Ministerpräsident Kükrit Pramoj, Außenminister Thanat Khoman und Bichai Rattakul; den Dalai Lama konnte ich in seinem indischen Exil besuchen. Sie alle haben in großzügiger Weise Zeit für Gespräche geopfert.

Dankbar erinnere ich mich an Serien deutsch-koreanischer Konferenzen zur vergleichenden Analyse geteilter Länder, die ich anregen und 1975 mit einer ersten Tagung in München eröffnen konnte. Sie wurden zwei Jahrzehnte hindurch fortgesetzt. Maßgebliche Partner waren hierbei die Kollegen Kim Dalchoong und Werner Gumpel.

---

[1] Der aus Coburg stammende deutsch-amerikanische Politikwissenschaftler Hans J. Morgenthau ist nicht zu verwechseln mit Henry Morgenthau Jr., dem langjährigen Finanzminister F. D. Roosevelts und Urheber des nach ihm benannten »Morgenthau-Planes«.

Im Interesse einer besseren Lesbarkeit habe ich soweit wie möglich auf politologische Terminologie verzichtet. Doch soll kurz erwähnt sein, daß die hier angewendete Methodik der Analyse vom Theorieansatz der Münchner Schule des Neorealismus im Fach Internationale Politik geprägt ist.[2] Wertvolle Anregungen verdanke ich den stimulierenden Fragestellungen meiner Hörer sowohl an der Universität München und insbesondere auch an der Aus- und Fortbildungsstätte des Auswärtigen Amtes, ebenso dem Gedankenaustausch mit Kollegen, in erster Linie mit Jürgen Domes und Tang Tsou wie auch mit meinen Mitarbeitern und den stets hilfsbereiten Mitarbeitern des Auswärtigen Amtes in den Ländern Ostasiens. Ein Gleiches gilt von meinen dortigen Fachkollegen und vormaligen Schülern.

Die Bearbeitung des Bandes wurde verständnisvoll von der Fritz-Thyssen-Stiftung gefördert. Seitens der Deutschen Verlags-Anstalt wurde der Band von Bernhard Suchy einfühlsam betreut. Eine erste kritische Leserin außerhalb des Verlages, der sich mit Eifer und Geduld diesem Projekt gewidmet hat, war Frau Barbara Köhnlein. Besonderen Dank schulde ich Frau Dr. Na Ding für ihre enthusiastische Mitwirkung bei der Herstellung des Bandes. Manche Anregungen und Hinweise verdanke ich meiner aus Ostasien stammenden Gattin, die ich dort bei einer gemeinsamen Forschungsarbeit kennenlernte und die mich bei vielen Begegnungen mit führenden Persönlichkeiten begleitete. Immer wieder hilfsbereit waren meine Töchter Ada-Jasmin und Aglaia. Wurde der Streß zu groß, sorgte der Vierbeiner Wang Wang für Entspannung. Auch allen anderen, die bei der Sammlung des Materials und bei der Erstellung des Manuskriptes behilflich waren, sei herzlich gedankt.

Gottfried-Karl Kindermann

München im November 2000

---

[2] Zur Theorie der Münchner Schule des Neorealismus im Fach Internationale Politik siehe: Kindermann, Gottfried-Karl, u.a.: Grundelemente der Weltpolitik. 3. erw. Auflage, München 1986, sowie Kindermann, Gottfried-Karl: »Neorealismus und Analyse. Zum Ansatz der Münchner Schule«, in: Internationale Politik, Folge 8 (1996), S. 21–28. Ferner: Dougherty, James E., und Pfaltzgraff, Robert L. Jr.: Contending Theories of International Relations. 4. Aufl. New York 1997, S. 15 u. 80–81, sowie Meier-Walser, Reinhard: »Neorealismus ist mehr als Waltz. Der Synoptische Realismus des Münchner Ansatzes«, in: Zeitschrift für Internationale Beziehungen, 1 (1994), S. 115–126.

Einführung

Der vorliegende Band versteht sich als erster Versuch einer Gesamtdarstellung der auswärtigen und internationalen Politik der Staaten des ostasiatisch-pazifischen Raumes von der gewaltsamen Aufbrechung der ostasiatischen Reiche durch okzidentale Industriemächte in der Mitte des 19. Jahrhunderts bis zum gegenwärtigen Zeitalter intensivierter Globalisierungen an der Wende vom 20. zum 21. Jahrhundert.

Seit ihrer vom Westen vor 150 Jahren gewaltsam erzwungenen »Öffnung« sind die zur Reaktion provozierten Staats- und Gesellschaftssysteme Ostasiens nach turbulenten Entwicklungsprozessen in ständig wachsendem Maße zu gewichtigen Elementen der weltpolitischen und weltwirtschaftlichen Interaktionsdynamik geworden. Daher sind die in unserem Kontinent zu oft noch gegebenen europazentrischen Sichtweisen des historischen und gegenwärtigen Weltgeschehens heute mehr denn je bedenklich weltfremd geworden. Allein schon die vieldimensionalen Globalisierungsprozesse der Gegenwart verlangen eine universale Perspektive, die mit einer von den Bildungssystemen einzufordernden Selbstverständlichkeit auch die Geschichte und Gegenwart der Völker Asiens mit umschließen muß. Im Vergleich zum hochentwickelten Bildungswissen vom Westen in Asien wirkt das allgemeine Wissen von Asien hierzulande erschreckend unterentwickelt.

Der Berichtszeitraum des Bandes umfaßt einen historischen Zirkel von »challenge and response«, von Herausforderung und Reaktion. Er beginnt mit Englands notorischem Opiumkrieg, der das in Isolation verharrende Kaiserreich China zur erstmaligen Öffnung für den westlichen Handel – weitgehend auch mit Rauschgift – und 1842 zur Abtretung Hong Kongs zwingt. Der Kreis schließt sich mit der Rückgabe Hong Kongs und Macaos 1997 bzw. 1999 an ein seither zur Großmacht gewordenes und auf dem Wege zur Weltmacht befindliches China. Dieser Zirkel symbolisiert die dramatische Entwicklung der Staaten Ostasiens ab ihrer Aufbrechung und Penetration durch die Industriemächte und führt über ihre Reaktionen hierauf durch Reformen, Revolutionen und Kriege bis hin zu ihrer Befreiung von Fremdherrschaft und zu den vielgestaltigen Prozessen ihres dynamischen Wiederaufstiegs zu höchst gewichtigen Teilelementen und Partnern im ganzen gegenwärtiger Weltpolitik und Weltwirtschaft.

In Ostasien wie auch in Europa und anderen Weltregionen ist ein Verständnis der Gegenwart nicht möglich ohne Kenntnisse jener Prozesse der Vergangenheit, aus denen sie entstanden ist. Ein Wissen um die jeweils unterschiedlichen geschichtlichen Erfahrungen, die das Denken und Handeln der Völker und ihrer Führungskräfte prägen, liefert unersetzliche Hilfe beim Bemühen um ein Verstehen fremder Sicht- und Verhaltensweisen. Während wirtschaftliche Motive insbesondere im 19. Jahrhundert eine oft führende Rolle in der historischen Entwicklung der Region spielen, überwiegen im

20. Jahrhundert primär politische Motive im Prozeß der geschichtlichen Dynamik und der durch sie geschaffenen großen Veränderungen. Oft im Vordergrund der Darstellung steht die hochdramatische Entwicklung Chinas, des »Reiches der Mitte« Ostasiens, das fast ein Viertel der Weltbevölkerung umfaßt, wie aber auch die Verhaltensweisen Japans, das dem Aufstieg Ostasiens bahnbrechend voranging, sowie der Rollen der USA und auch Rußlands in der internationalen Politik des ostasiatisch-pazifischen Raumes. Besondere Beachtung erhält fernerhin die Rolle teils vormals und teils immer noch geteilter Länder – Korea, China, Taiwan, Vietnam und Kambodscha –, da sie seit der Mitte des 20. Jahrhunderts Gravitationszentren nationaler und internationaler Krisen von weltpolitischer Bedeutung gewesen oder bis zur Gegenwart geblieben sind.

Schon seit der Mitte des 19. Jahrhunderts, doch in gewaltig gesteigertem Maße seit dem Vorabend des Zweiten Weltkrieges im Pazifik, haben sich die Vereinigten Staaten von Amerika, anfangs in Konkurrenz mit Japan, nach 1949 mit China, zu der oft führenden Gestaltungsmacht in den politischen und wirtschaftlichen Kräftekonstellationen des westpazifischen Raumes entwickelt. Ihre Eindämmung Japans eskalierte 1941 zum Krieg zwischen den beiden größten Industriemächten des pazifischen Raumes. Sein Ende mit der apokalyptischen Zerstörung von Hiroshima und Nagasaki signalisierte den Beginn des Atomzeitalters. Amerikas nachfolgende Besatzung Japans versuchte eine Umstrukturierung von Staat und Gesellschaft des fernöstlichen Inselreiches. Doch als Maos Sieg in China dieses zum neuen Gegenspieler der USA im Westpazifik machte, reagierten die USA mit dem Aufbau eines Systems bilateraler Bündnisse, in deren Rahmen Japan sein führender Partner wird. Ein Verständnis der weltpolitischen Rolle der USA setzt somit ein Wissen von den Problemstrukturen ihrer Politik nicht nur im euroatlantischen Bereich, sondern auch im Pazifik voraus. Amerikas lange und enge Kontakte mit Taiwan und Südkorea haben dort indirekt die Entstehung demokratischer Systeme beeinflußt und im Falle Japans nach 1945 – wenn auch nicht immer in glücklicher Weise – das Wiederaufleben der demokratischen Regierungsform in verbesserter Gestalt forciert. Ereignisse wie der Koreakrieg oder der zehnjährige Vietnamkrieg haben nicht nur auf die regionale, sondern auch auf die globale Politik der USA einen weitreichenden Einfluß ausgeübt.

Seit dem Zerfall des Sowjetimperiums und angesichts der außen- und sicherheitspolitischen Zurückhaltung Japans sind die USA und die Volksrepublik China an der Jahrhundertwende zu den beiden Mächten geworden, deren Verhalten und deren sich teils in Konkurrenz und teils in Kooperation bewegende Beziehungen zueinander das Weltgeschehen im Westpazifik am nachhaltigsten beeinflussen.

Der Schwerpunkt der Darstellung liegt auf dem außenpolitischen Verhalten der in der Region des Westpazifik wirkenden Staaten, auf den Interaktionsprozessen zwischen ihnen und auf weltpolitischen Aspekten dieser Konstellationen. Die Führung der Außenpolitik liegt in den meisten Staaten in den Händen zahlenmäßig kleiner Gruppen von Entscheidungsträgern mit jeweils unterschiedlichen Weltverständnissen, Lagebeurteilungen und Interessenstrukturen. Und in dem jahrtausendealten konfuzianischen Denkansatz des ostasiatischen Kulturkreises wird die prägende Rolle des »Herrschers« nachhaltig betont. Denn Menschen würden nicht von »Gesetzen« regiert, sondern von »Menschen«. Diese Auffassung verstärkt die symbolische und praktische Bedeutung der Rolle führender Persönlichkeiten z. B. vom Wirkungsgrad eines Sun Yat-sen, Chiang

Kai-shek, Yoshida, Mao Tse-tung, Deng Xiaoping, Ho Chi Minh, Kim Il Sung oder Sihanouk – um nur bekanntere Beispiele zu nennen. Doch Prozesse der Innenpolitik und innergesellschaftlichen Entwicklung entscheiden darüber, in wessen Händen die außenpolitische Führung zu einem bestimmten Zeitpunkt liegt. Die Zerstörung der traditionalen Staats-, Gesellschafts- und Wirtschaftsgefüge durch den Imperialismus der Industriemächte hat in manchen asiatischen Staaten – insbesondere aber in China – Revolutionen hervorgerufen, die das Ganze der Gesellschaft erfaßt, durch ideologische Konflikte erschüttert und viele Millionen Menschenleben gekostet haben. Auch Ostasien hatte im barbarischen 20. Jahrhundert seinen Anteil an Völkermord, Kriegsverbrechen und Verbrechen gegen die Menschlichkeit, deren Täter in der Region nicht nur asiatischen Ursprungs waren. Hinter totalitären Bewegungen als Triebkraft stehende Ideologien haben zeitweilig einen starken – wenn auch nie exklusiven – Einfluß auf das außenpolitische Verhalten ausgeübt. Nach dem Abebben des selbstzerstörerischen Dogmatismus verblieben Nationalismus und Pragmatismus als wirkungsmächtigste Kräfte neuer Selbstfindung und Weltorientierung.

Im Gegensatz zu Samuel Huntingtons Thesen vom Kommen eines »*clash of civilizations*«, d. h. eines Krieges konfuzianischer und islamischer Zivilisationen und Staaten gegen den Westen und einer damit insinuierten »gelben Gefahr«, zeigt der vorliegende Band zwar die Realität einer vormaligen »weißen Gefahr« für Asien, objektiviert in den brutalen Formen eines Kolonialimperialismus, dessen Träger von der zivilisatorischen und rassischen Überlegenheit ihrer Völker über die »*natives*« in Asien vollauf überzeugt waren. Der kurzlebige Versuch Japans im Zweiten Weltkrieg, unter seiner Hegemonie eine Einheitsfront asiatischer Völker gegen die westlichen Kolonialmächte zu schaffen, scheiterte primär an der Verweigerung Chinas, am Widerstand Amerikas und an der kontraproduktiven Engherzigkeit diesbezüglicher Maßnahmen der Tokioter Bürokratie und des Militärs. Doch anfangs klägliche Niederlagen der Kolonialmächte zerstörten für immer den Nimbus allseitiger »weißer« Überlegenheit. Ebenso scheiterten Versuche Frankreichs und der Niederlande, ihre Kolonialherrschaft nach 1945 durch Gewalt und Krieg wiederherzustellen.

Befreit von der Herrschaftsüberlagerung durch die ethnozentrischen Ausbeutungsdiktaturen der Kolonialmächte entfalteten viele der nichtkommunistischen Staaten Ostasiens – die sogenannten Tiger-Staaten – Strategien der wirtschaftlichen und gesellschaftlichen Entwicklung, die weltweit beachtete Erfolge zeitigten und ihr neues Selbstbewußtsein festigten. Die im zweiten Teil des vorliegenden Bandes unternommene Darstellung der Entwicklung Ostasiens in der zweiten Hälfte des 20. Jahrhunderts zeigt keinerlei Anhaltspunkte für Huntingtons Prognose eines Zusammenschlusses konfuzianischer und islamischer Kultur- und Staatssysteme gegen den Westen. Die Bruchlinien oder Konfliktfronten Ostasiens entstanden in der Mao-Ära aus systemisch-ideologischen und machtpolitischen Gegensätzen, die selbst einzelne kulturell homogene Nationen spalteten. Auch nach dem Nachlassen des ideologischen Rigorismus gab es und wird es Konflikte geben. Doch ihre Hintergründe werden nicht »zivilisatorischer« Natur sein, sondern es wird sich um Konflikte handeln, die auch zwischen Staaten gleicher Zivilisation üblich waren und es noch immer sind.

Vor dem Hintergrund allgemeiner Bewußtheit wachsender gegenseitiger Abhängigkeit im Zeitalter der Globalisierung wird die auch im Pazifik neu entwickelte »Kultur der Diplomatie des konstruktiven Dialogs«, gerade auch zwischen Gegenspielern, von kommenden Konflikten auf den Prüfstand der Geschichte gestellt werden. Wachsende Vernetzungen in den Bereichen der Wirtschaft, Technologie, Kultur und Kommunikation einerseits, wie aber andererseits auch die Gefahren von Rüstungswettlauf und nuklearer Proliferation in Asien erzeugen Chancen und Impulse zu verstärkter Zusammenarbeit. Die Zukunft des ostasiatischen Raumes und seiner Rolle in der Weltpolitik wird weitgehend von der Frage abhängen, ob und wie diese Chancen angesichts geballter Interessendivergenzen genutzt werden können. Doch die Realität des Globalisierungsprozesses erfordert vom Westen in jedem Fall eine Sprengung europazentrischer Perspektivenverengungen zugunsten eines universalen Weltverständnisses, in dem die Entwicklung und Gegenwart des ostasiatisch-pazifischen Raumes einen Stellenwert erhält, der ihrer Bedeutung entspricht.

1. Kapitel

Die erzwungene Einbeziehung Chinas und Japans in die Weltpolitik des 19. Jahrhunderts

Reichsstruktur und Weltbild des vorkolonialen China

Im Zeitpunkt seiner Aufbrechung durch die Kolonialexpansion okzidentaler Industriemächte befand sich das chinesische Reich unter der Herrschaft der mandschurischen Ch'ing-Dynastie, die vom Zusammenbruch der chinesischen Ming-Dynastie 1644 bis zur chinesischen Revolution 1911/12 regiert hat. Somit umfaßte die Mandschu-Ära einen Zeitraum, der in der europäischen Geschichte vom Westfälischen Frieden bis zum Vorabend des Ersten Weltkriegs reichte. Das Stammland der Mandschus, die ethnisch zu den tungusischen Dschurdschen gehörten, lag in Gebieten nördlich von Korea und nordöstlich der Großen Mauer, über welche die vorangegangene Ming-Dynastie nur eine bedingte Oberhoheit ausgeübt hatte. Dank dieser Nähe zum benachbarten China hatten die Mandschus bereits vor dessen Eroberung viele Einrichtungen der chinesischen Zivilisation übernommen, ohne jedoch dabei ihre Stammesidentität aufzugeben. Durch diese gleichsam vorwegnehmende Anpassung an chinesische Formen der staatlichen und sozio-kulturellen Daseinsführung wurde der spätere Prozeß der mandschurischen Machtergreifung und Herrschaftsausübung in China erleichtert. Zum Gründer eines teilweise an chinesischen Vorbildern orientierten mandschurischen Staates wurde der tatkräftige Mandschu-Fürst Nurhadschi (Nurhaci; 1559–1626). Militärischen Organisationsmodellen folgend, gliederte er die mandschurische Bevölkerung in acht sogenannte Banner, denen bald je acht Banner, gebildet aus chinesischen und mongolischen Untertanen der Mandschu-Herrscher, angeschlossen wurden.

Von 1616 an bezeichnete sich Nurhadschi als Kaiser. Zwei Jahre darauf unternahm er erste begrenzte Kampfhandlungen gegen das chinesische Reich. 1625 wurde die Hauptstadt der Mandschus von der Grenze der Liaotung-Halbinsel nach Mukden (Shenyang) verlegt und ab 1635 der Name Mandschu als Selbstbezeichnung dieser Stammesgruppe sowie im folgenden Jahr der Name ihrer Dynastie »Ta Ch'ing« (die große Reine) eingeführt. Vereint mit zahlreichen Mongolenfürsten, die sich ihnen angeschlossen hatten, eroberten sie 1637 Korea. Nachdem sie in vorangegangenen Jahren bereits kurze Vorstöße nach Nordchina unternommen hatten, holten sie im Frühjahr und Frühsommer des Jahres 1644 zum entscheidenden Schlag gegen Peking aus. Der Verrat eines chinesischen Generals, der Ausbruch von Bürgerkrieg in China sowie der Autoritätsverlust und die allgemeine Unbeliebtheit der späten Ming-Dynastie halfen den tatkräftigen Mandschus bei der Eroberung Chinas.

Innerhalb von zwei Jahrzehnten vermochte es die neue mandschurische Ch'ing-Dynastie, ihre Herrschaft in fast allen Teilen des Ming-Reiches zu konsolidieren. Dabei waren die Mandschus auf ihre ethnische Absonderung von den übrigen Völkerschaften des chinesischen Reiches bedacht. Dieser Absonderung des regierenden Mandschu-Volkes dienten zum Beispiel das Verbot von Eheschließungen zwischen Mandschus und Chinesen, das Verbot chinesischer Einwanderung in das mandschurische Stammland der Ch'ing-Dynastie und die Beibehaltung der schamanistischen Stammesreligion der Mandschus neben den offiziellen konfuzianischen Riten. Viele hohe Staatsämter wurden zum Zwecke wirksamerer Kontrolle doppelt, also sowohl mit einem Chinesen wie auch mit einem Mandschu, besetzt, wobei lediglich der chinesische Würdenträger seine durch Staatsprüfungen erworbenen Qualifikationen nachzuweisen hatte. Mandschurische Bannertruppen errichteten an allen strategisch bedeutsamen Punkten des Reiches – insbesondere auch zum Schutze der Hauptstadt – ihre Garnisonen.

Staat und Gesellschaft im konfuzianischen China

Zum Erfolg der Mandschus in China trug in nicht geringem Maße die Tatsache bei, daß es ihnen auf die Dauer gelang, die Unterstützung eines großen Teils des chinesischen Bildungsadels (gentry) zu erhalten, aus dessen Reihen die das Reich verwaltende Gelehrten-Bürokratie rekrutiert wurde. Die Zugehörigkeit zu dieser vielfach privilegierten Schicht des chinesischen Bildungsadels konnte etwa seit dem 2. Jahrhundert v. Chr. bis zum Jahr 1904 durch die erfolgreiche Ablegung von Staatsprüfungen auf der Ebene des Landkreises, der Provinz oder der Reichshauptstadt mit sich entsprechend steigernden Schwierigkeitsgraden erworben werden. Theoretisch stand diese Möglichkeit eines Aufstieges durch eigene Leistung unbescholtenen Chinesen fast aller Bevölkerungsschichten offen. In der Praxis war sie mitbedingt durch das Vermögen der Kandidaten, viel Zeit und Geld für Studium und Privatunterricht aufzubringen. Etwas mehr als etwa ein Prozent der Bevölkerung gehörte dieser Schicht an, die aufgrund ihrer Ausbildung und Funktionen in Staat und Gesellschaft zur primären Trägerin der konfuzianischen Staats- und Gesellschaftsphilosophie geworden war. Nur eine kleine Minderheit der Mitglieder des Bildungsadels konnte in das zahlenmäßig erstaunlich schwache Korps der konfuzianisch gebildeten Bürokraten übernommen werden, das gleichsam das Rückgrat des Staatsapparates im kaiserlichen China bildete. Das hinderte jedoch zahlreiche andere Angehörige des Bildungsadels nicht daran, bestimmte gesellschaftliche Funktionen zu erfüllen, auch ohne Inhaber eines staatlichen Amtes zu sein. Solche nichtstaatlichen Aufgaben bezogen sich beispielsweise auf quasirichterliche Konfliktschlichtung, öffentliche Verbreitung der konfuzianischen Lehre, die Organisation von Selbstschutz gegen Räuberunwesen und drohende Überschwemmungen.

An zweiter Stelle im sozialen Wertungsschema des Konfuzianismus standen nach den Gelehrten die Bauern. Bereits Jahrhunderte vor der Machtergreifung der mandschurischen Ch'ing-Dynastie hatte es in China keine dem Feudalismus des europäischen Mittelalters entsprechende Agrarverfassung gegeben. Es herrschte freier Grundstücksverkehr: Land konnte frei gekauft und verkauft, gepachtet und verpachtet werden. Auch die Pachtbauern waren nicht im europäisch-mittelalterlichen Sinne des Wortes »schollegebunden«. Die Bauern litten jedoch unter der Last erheblicher Steuer- oder Pachtzahlungen (oft zwischen 40 bis 70 Prozent der Haupternte) und waren bei Fehlen eines staatlich geordneten agrarischen Kreditwesens in Zeiten wirtschaftlicher Not dem Druck wucherischer Geldleiher ausgesetzt. Zu diesen Schwierigkeiten kam während der Herrschaft der mandschurischen Ch'ing-Dynastie noch ein beträchtliches Bevölkerungswachstum, mit dem die Vermehrung der landwirtschaftlichen Anbaufläche nicht Schritt halten konnte.

Ein wesentlicher Grund dafür, daß in China nicht wie in Europa ein wirtschaftlich unabhängiges und politisch artikuliertes Bürgertum als mitgestaltender Faktor des staatlichen Lebens entstanden ist, wird häufig in der andersartigen Funktion der chinesischen Städte gesehen. Im Vergleich zum mittelalterlichen Europa fungierten diese nicht als Basis eines sich von fürstlicher Gewalt emanzipierenden Bürgertums, sondern bildeten im Gegenteil Knotenpunkte und Zentren eines das Reich überziehenden Netzes staatlich-bürokratischer Kontrollen. Gewiß gab es in diesen Städten ein hochentwickeltes Handwerk und einen Kaufmannsstand, dessen praktischer Einfluß in öffentlichen Angelegenheiten weitaus größer war als sein niedriger Status im theoretischen Wertungsschema der konfuzianischen Staats- und Gesellschaftsphilosophie. Auch ermöglichte es der an Mitgliederzahl und Funktionen sehr begrenzte Machtapparat der staatlichen Bürokratie sowohl den Handwerkern wie auch den Beamten, ihre internen Angelegenheiten im Rahmen wohlorganisierter Gilden weitgehend autonom zu gestalten. Wenngleich die staatliche Bürokratie – von großen Projekten abgesehen – in der Regel wenig tat, um das wirtschaftliche Leben der Gesellschaft aktiv zu organisieren, waren die Bürokraten jedoch bestrebt, offiziell oder inoffiziell am Gewinn der Kaufleute und Handwerker teilzuhaben. So stand die städtische Produktion weniger unter einer dirigistischen als vielmehr unter einer passiven, beaufsichtigenden und partizipierenwollenden Kontrolle der Bürokratie mit oft unberechenbaren Methoden der Intervention in die Privatwirtschaft. Der agrarische Rentenkapitalismus erwies sich so für Angehörige der führenden Gesellschaftsschichten als der relativ sicherste, relativ müheloseste und zudem angesehenste Weg zum Erwerb persönlichen Reichtums. Nicht ein numerisches Übergewicht des staatlich-bürokratischen Kontrollapparates, sondern vielmehr die Art seiner Beziehungen zu den städtischen Produzenten und Kaufleuten trug dazu bei, daß sie in der neuzeitlichen Geschichte Chinas eine andere Rolle spielten als das Bürgertum in Europa.

Im politischen System des kaiserlichen China war der Kaiser der Ausgangspunkt aller gesetzgebenden, vollziehenden und richterlichen Gewalt. Gesetzliche Einschränkungen dieser Machtfülle waren nicht gegeben. Dennoch gab es Faktoren, die einer unbegrenzten kaiserlichen Machtausübung entgegenwirken konnten. Einer von ihnen war die gleichsam gewohnheitsrechtliche Bindung an die Verhaltensmodelle der kaiserlichen Vorfahren, deren Willensäußerungen in den »Statuten und Erlässen der Großen Ch'ing-Dynastie« (Ta-Ch'ing lü-li) gesammelt waren. Eine andere, psychologische Schranke konnte sich aus der konfuzianischen Auffassung vom nur mandatarischen Charakter dynastischer Herrschaft und dem Recht zur Rebellion gegen unethische Herrschaft ergeben. Denn im Gegensatz zur theokratischen Auffassung des Kaisertums in Japan wie auch zum Gottesgnadentum des europäischen Absolutismus galt der chinesische Kaiser in konfuzianischer Sicht lediglich als Mandatar des Himmels, dem dieser den Regierungsauftrag im Falle normwidriger Herrschaftsausübung entziehen konnte. In diesem Falle sandte der »Himmel« Naturkatastrophen oder ließ es zu, daß eine von ethischer Empörung getragene Rebellion den Kaiser stürzte. Sein Sturz galt als Symptom für den erfolgten Entzug des himmlischen Auftrages. Eines der ältesten »kanonischen Bücher« des Konfuzianismus beschreibt Methode und Maßstab einer solchen »himmlischen« Urteilsbildung mit den Worten: »Der Himmel hört und sieht, und zwar geht sein Sehen und Hören vom Volke aus. Der Himmel verleiht Glanz und verbreitet Schrecken, und zwar geht dieser Glanz und dieser Schrecken vom Volke aus.« Der von dieser konfuzianischen Vorstellung geprägte chinesische Begriff für Revolution lautet ko-ming, was soviel bedeutet wie »Änderung des Auftrages« (des Himmels). So war – in konfuzianischer Sicht – dem Kaiser mit der Fülle der Macht zugleich die volle Last der Verantwortung einem Himmel gegenüber gegeben, der dem Willen des Volkes entsprechend handelte.

Nicht nur für China, sondern ebenso für den gesamten ostasiatischen Kulturkreis gelten der aus dem 5. vorchristlichen Jahrhundert stammende Konfuzius und seine Nachfolger als Urheber und Bewahrer der bis heute wirkungsmächtigsten autochthonen Lebens-, Gesellschafts- und Kulturphilosophie dieser Weltregion. Die humanistische Basis dieser Philosophie kennzeichnet der Glaube des Konfuzius die höchste aller Tugenden sei die Menschenliebe, die höchste Form der Weisheit sei Menschenkenntnis. Da Mensch und Gesellschaft durch Bildung perfektionierbar seien, bestehe für alle Menschen »vom Kaiser bis zum einfachsten Mann« die Pflicht zur »Selbstkultivierung der Persönlichkeit«. Der Zustand des einzelnen, der Familie, des Staates und der Welt hänge von deren Erfolg ab. Die Familie stehe rangmäßig über dem Staat und verkörpere dessen Grundmodell. Menschen würden nicht primär von Gesetzen regiert, sondern durch das prägende Vorbild führender Persönlichkeiten. Der Erlaß zahlreicher strenger Gesetze sei ein Symptom schlechter Herrschaft. Als hochrangige Alltagstugenden galten Fleiß, Bildung, Sparsamkeit, Loyalität gegenüber sozialen Gruppen und die Einfügung in hierarchische Gesellschaftsgefüge sowie Höflichkeit und Wahrung sozialer Umgangsformen. Maß und Mitte einzuhalten galt als Voraussetzung sozialer und kosmischer Harmonien.

Eine dem Konfuzianismus jedoch diametral entgegengesetzte und auch bis zur Gegenwart praktisch einflußreich gebliebene Denkrichtung ist die des sogenannten Legalismus (Fa Chia). Ihr zufolge ist der Mensch von Natur aus utilitaristisch und böse. Erfolgreiche Regierung beruhe daher auf einer Kombination von strengen Strafen und Gesetzen auf der einen Seite und Anreizen durch Belohnung auf der anderen. Oberstes Gesetz sei der Wille des Herrschers, der mit Strenge und nicht mit Güte zu regieren habe. In der China erstmals zum zentralistischen Einheitsstaat zusammenfassenden Ch'in-Dynastie (221–207 v. Chr.), die auch die Große Mauer errichtete, wurde diese Denkform eines absolutistischen Rechtspositivismus zur herrschenden Staatsdoktrin. In ihrem Zeichen wurden nicht nur die Bücher des Konfuzianismus verbrannt, sondern auch Hunderte konfuzianischer Gelehrter bei lebendigem Leibe begraben.

In mehr als einem Jahrtausend seit ihrer Entstehung sind beide diese im Laufe der Zeit variierenden Grundauffassungen vom Wesen des Menschen, der Gesellschaft und der Politik getrennt, manchmal auch vermengt, verhaltenssteuernde Kräfte im politischen Denken der Chinesen geblieben.

Das Reichsgebiet war in der Mandschu-Ära in 18 – später 22 – Provinzen und innerhalb derselben wiederum in insgesamt 185 Präfekturen und 1545 Landkreise unterteilt. Die chinesischen Provinzgouverneure standen vielfach unter der Kontrolle mandschurischer Generalgouverneure, deren Kompetenzbereich sich auf bis zu drei Provinzen erstreckte. Um den starken Einflüssen des lokalen Provinzpatriotismus wie auch der Sippenloyalität entgegenzuwirken, durfte kein Beamter in seiner Heimatprovinz ein Amt ausüben. Häufige Versetzungen sollten die Beamten von Versuchen zu lokaler Machtbildung abhalten. Im Interesse einer besseren Kontrolle durch die zentrale Reichsgewalt waren die Streitkräfte der Ch'ing-Dynastie unterteilt in die sogenannten mandschurischen Bannertruppen als militärische Hauptmacht und die auf zahlreiche kleinere Standorte aufgeteilten chinesischen Einheiten der sogenannten Grünen Standarte, die vornehmlich mit inneren Sicherheitsaufgaben wie der Bekämpfung des Räuberunwesens betraut waren. Auch hier verhinderte ein sorgsam ausgeklügeltes System einander überschneidender Kompetenzen die Möglichkeit staatsgefährdender Machtkonzentrationen. Für die besondere Art der lokalen Herrschaftsausübung eines machtmäßig absoluten, jedoch zahlenmäßig äußerst geringen Regierungsapparates hat ein bekannter Sinologe den Begriff des »abgeleiteten Autoritätssystems« geprägt. Ausgehend von der durch die konfuzianische Staatsphilosophie hoch bewerteten Familiensolidarität, schreibt er über das genannte System: »Die Vertreter einer solchen Ordnung besitzen unumschränkte politische Macht, aber da sie die wirtschaftliche Tätigkeit der Mehrzahl der Untertanen nicht direkt leiten, sind sie nicht imstande, das Leben des Individuums in seinen Einzelheiten zu überwachen. Sie besitzen nicht die Macht, das Alltagsleben der Familien (Sippen), der Dorfgemeinschaften, der Zünfte und der geduldeten Religionen zu organisieren. Sie räumen daher diesen Gruppen ein gewisses Maß von Selbstverwaltung ein; und sie machen eine oder mehrere leitende Persönlichkeiten für das Verhalten der Mitglieder dieser Gruppen verantwortlich. Indem sie die Autorität dieser Gruppenleiter stützten, schafften sich die agrardespotischen Herren eine wirksame Armee unbezahlter Helfershelfer.«[1]

Auswärtige Beziehungen der Mandschu-Dynastie

Im Bereich der auswärtigen Politik bedeutete die Ära der Mandschu-Dynastie für China sowohl den Höhepunkt seiner territorialen Ausdehnung in Ostasien wie aber wenig später auch jenen demütigenden Tiefpunkt in der internationalen Stellung des chinesischen Reiches, der sich aus dem Einbruch des okzidentalen Kolonialimperialismus in Ostasien ergab.

Eine erste bedeutsame Erwerbung der Ch'ing-Dynastie bestand in der Eroberung von Taiwan. Diese japanischen und chinesischen Seeräubern als Stützpunkt dienende Insel war 1624 von Holländern erobert und in einen kommerziellen wie auch militärischen Stützpunkt der holländischen Ostasienpolitik verwandelt worden. Cheng Ch'eng-kung (Kuohsing yeh oder Koxinga), ein Anhänger der von den Mandschus gestürzten Ming-Dynastie, hatte sich 1661 mit einer großen Flotte nach Taiwan zurückgezogen, um von hier aus den Widerstand gegen die Mandschus fortzusetzen. Er vertrieb die Holländer von der Insel. Sein Sohn errichtete dort ein Regime, das sich trotz gegnerischer Blockademaßnahmen etwa 22 Jahre lang halten konnte. Erst 1683 gelang den Mandschus die Eroberung der Insel. Sie galt ab 1684 als Präfektur der Festlandsprovinz Fukien und erhielt 1886 den Status einer chinesischen Provinz.

Ein weiterer Erfolg der Mandschus bestand in der Ausdehnung ihres Machtbereichs auf das zwischen Rußland und China liegende Gebiet der Äußeren Mongolei. Nachdem die Mandschus bereits um 1635 die Innere Mongolei unter ihre Kontrolle gebracht hatten und der erste russisch-chinesische Machtkampf am Amur mit dem im Vertrag von Nerdschinsk 1689 dokumentierten Sieg Pekings geendet hatte, leisteten 24 Fürsten der Äußeren Mongolei dem großen Mandschu-Kaiser K'ang-hsi 1691 bei einer Versammlung in Dolo-nor den Treueeid. Aber nicht nur Chinas Sieg über Rußland, sondern auch ihre Bedrängnis durch die kriegerischen Stämme der Dsungaren hatte die mongolischen Fürsten dazu veranlaßt, Vasallen des Drachenthrones zu werden.

Ein dsungarischer Fürst namens Galdan hatte zu dieser Zeit nach der Eroberung Ostturkestans (später Sinkiang) den Plan zur Gründung eines großmongolischen Reiches gefaßt, das Ostturkestan, Tibet wie auch die Äußere und Innere Mongolei umfassen sollte. Seine Streitkräfte drangen in die Äußere Mongolei ein. Peking schien bedroht. Eine chinesische Armee unter der persönlichen Führung des Kaisers K'ang-hsi zog Galdan entgegen und besiegte sein Heer in einer Schlacht bei Urga 1696. Dieser Sieg bedeutete jedoch nur den Beginn 65 Jahre dauernder Kämpfe mit den Dsungaren. Diese konnten nach furchtbaren Niederlagen in der Mitte des 18. Jahrhunderts entscheidend geschlagen werden. Ostturkestan, von den Chinesen seither Xinjiang (Sinkiang), d. h. »das Neue Territorium«, genannt, wurde zunächst unter eine chinesische Militärregierung gestellt und 1884 als Provinz dem chinesischen Reich angegliedert.

Wie erwähnt, hatten sich Galdans großmongolische Ambitionen auch auf Tibet bezogen, wo sein Neffe und Nachfolger Tsewang Araptan 1716 eine dsungarische Streitmacht von 6000 Mann eindringen und die tibetische Hauptstadt Lhasa plündern ließ.[2] Eines der Ziele der dsungarischen Intervention in Tibet bezog sich auf die Bestimmung der Person des Dalai Lama. Um zu verhindern, daß diese für den lamaistisch-buddhistischen Kulturbereich hochbedeutsame Position in den Dienst antichinesischer Aktionen der großmongolischen Bewegung gestellt werde, beschloß Peking zu handeln. Chinesische Expeditionsarmeen besetzten 1720 Lhasa und inthronisierten einen neuen Dalai Lama. Dieser Sieg sicherte Pekings Oberhoheit über Tibet und das zwischen Tibet und Indien liegende Gebiet von Bhutan. Nach einer zweiten militärischen Intervention Chinas in Tibet 1735 entsandte die kaiserliche Regierung regelmäßig einen Amban genannten chinesischen Residenten nach Lhasa. Ein Putsch, in dessen Verlauf zwei chinesische Residenten in Lhasa getötet wurden, hatte 1750 eine dritte Intervention der Pekinger Regierung in Tibet zur Folge. Bei der anschließenden Neuordnung der tibetischen Verwaltung verfügte der chinesische Kaiser, daß der Dalai Lama von nun an neben seinen geistlichen Funktionen auch die weltliche des Oberhauptes der tibetischen Regierung übernehmen sollte. Chinesische Streitkräfte kehrten in größerer Anzahl nach Tibet zurück, als die seit 1769 im benachbarten Nepal regierenden kriegerischen Gurkhas 1788 und 1791 in Tibet einfielen. Die militärischen und diplomatischen Gegenaktionen Chinas führten dazu, daß Nepal die Oberhoheit des chinesischen Kaisers anerkannte und bis zum Jahre 1908 in jeweils fünfjährigen Abständen eine Tributmission nach Peking entsandte.

Im Südosten hatte der expansionistische Ehrgeiz des Königs Hsinbyushin von Burma zu einer machtpolitischen Durchdringung zweier an China angrenzender Kleinstaaten durch die burmesische Konbaung-Dynastie geführt. Hierdurch zwischen 1766 und 1770 ausgelöste militärische Interventionen Chinas endeten mit dem den territorialen Status quo wiederherstellenden Vertrag von Kaungton von 1770, nach dessen Unterzeichnung Burma alle zehn Jahre eine Tributmission nach Peking entsandte.

Vietnam hatte sich in dem Jahrtausend von 111 v. Chr. bis 939 n. Chr. unter direkter chinesischer Kontrolle befunden. Aber auch nachdem erfolgreiche Freiheitskämpfe die chinesische Herrschaft im Raum des heutigen Nordvietnam gebrochen hatten, verblieb dieses zutiefst von konfuzianischer Weltsicht geprägte Land unter der formalen Oberhoheit des chinesischen Reiches. Deren Bestätigung durch mehr oder minder regelmäßige vietnamesische Tributmissionen nach China wurde dort mit der Investitur vietnamesischer Herrscher entgolten.

Der Zusammenprall zweier Kulturen im Opiumkrieg 1840–1842

Das Ausmaß der bis in die Gegenwart nachwirkenden schweren Erschütterungen, denen das chinesische Reichs- und Kulturgefüge als Folge der okzidentalen Kolonialexpansion des 19. Jahrhunderts ausgesetzt war, läßt sich am nachfolgenden Wandel der chinesischen Position in Ostasien erkennen. Der Sturz von der glänzenden Höhe unumstrittener kultureller und politischer Prädominanz zur Tiefe eines fast wehrlosen, halbkolonialen Randgebietes der Weltpolitik war unverkennbar allein schon im Bereich der praktischen Politik. Um so drastischer noch erwiesen sich die Wirkungen dieses Wandels auf das geschichtliche und kulturelle Selbstverständnis des chinesischen Volkes. Denn dem konfuzianischen China erschien nicht ohne Grund sein Reich als der wirkungsmächtig ausstrahlende Mittelpunkt der Weltkultur wie auch als Achse des gesamten Systems politischer Herrschaft auf Erden. Im Rahmen einer Himmel, Menschheit und Erde interdependent zusammenfassenden und vom Seinsprinzip des Tao durchwalteten kosmischen Weltordnung galt es als höchste, zugleich priesterliche und herrschaftliche Aufgabe des Kaisers, das Verhalten der menschlichen Gesellschaft durch sein Wirken in harmonischen Gleichklang mit den anderen Kräften dieses kosmischen Wirkungszusammenhangs zu bringen. Als »Sohn des Himmels« wurde er daher nicht nur als Oberhaupt des chinesischen Reiches, sondern zugleich auch als »Zentralherrscher« des gesamten unter dem Himmel liegenden Weltreiches der Menschen betrachtet. Im Zentrum dieses Weltreiches befand sich China als »Reich der Mitte«, dessen Kaiser vor allen anderen irdischen Herrschern durch seine kosmische Vermittlerrolle zwischen den Kräften des Irdischen und des Himmlischen ausgezeichnet war. Der Himmel sprach nicht direkt, sondern bediente sich des Auserwählten, um seinen Willen kundzutun. Solange er Träger des himmlischen Auftrages war, sollte der Sohn des Himmels mit seinem Glanz auch die anderen Fürsten erleuchten, die ihrerseits ihre Völker an diesem Licht teilhaben lassen sollten. Aus diesem Weltbild ergab sich zwangsläufig die im Staatsdenken des alten China gegebene Ungleichheit des »Reiches der Mitte« und anderer Reiche und des »Zentralherrschers«, also des Sohnes des Himmels, und anderer Herrscher. Es fungierte ferner als Maßstab für die Bewertung der Staats- und Kultursysteme anderer Völker deren Nähe und Aufgeschlossenheit gegenüber der chinesischen Kultur. Zudem schien die historische Wirklichkeit zeitweilig die Richtigkeit dieser Auffassung zu bestätigen. Die China im Norden und Süden, im Westen und Osten umgebenden Staaten Korea, die Ryukyu-Inseln, Vietnam, Burma, Nepal, Bhutan, Sikkim, Tibet, die Mongolei und andere befanden sich in der einen oder anderen Form unter der Oberhoheit des Kaisers von China, dem sie als Zeichen ihrer Ergebenheit durch zeremonielle Missionen Tribut überbrachten und von dem die Fürsten dieser Staaten ihre formelle Investitur sowie gegebenenfalls bestimmte Formen von Hilfe erhielten. Große Staaten wie Japan, Korea und Vietnam hatten den Kulturstil des konfuzianischen China weitgehend übernommen und schienen durch diese Übernahme die Überlegenheit der chinesischen Kultur zu bestätigen.

Diese sinozentrische Struktur der internationalen Beziehungen im vorkolonialen Ostasien wurde in der zweiten Hälfte des 19. Jahrhunderts durch die machtpolitische, kommerzielle und kulturelle Expansion der okzidentalen Mächte in Ostasien zerstört und Chinas Verhältnis zur Außenwelt auf dem Boden der politischen Praxis fast in das Gegenteil jener Auffassung umgekehrt, die das geschilderte Weltbild des alten China beinhaltet hatte. Gewiß besaßen manche Kreise in China schon vor der Mitte des 19. Jahrhunderts durch Missionare und Reiseberichte einige Kenntnis von den Staaten und Kulturen anderer Kontinente. Doch blieb dieses Wissen zunächst ohne Wirkung auf die Gestaltung des chinesischen Weltbildes oder auf Chinas Beziehungen zur Außenwelt.[3] Das mangelnde Interesse der politischen Führungskräfte in China an der Weltwirklichkeit außerhalb des chinesischen Einflußbereiches wirkte sich zum Nachteil des Landes aus, als es im 19. Jahrhundert zur ersten schweren Auseinandersetzung zwischen China und einer westlichen Großmacht kam.

Der unmittelbare, jedoch nur vordergründige Anlaß für diesen 1839 ausbrechenden Konflikt war das chinesische Verbot britischer Opiumimporte nach China. Bereits im Jahre 1729 hatte die chinesische Regierung sowohl die Einfuhr wie auch den Verkauf dieses extrem gesundheitsschädlichen Rauschgiftes verboten. Da Opium jedoch die einzige Ware blieb, die englische Händler in großer Quantität und mit entsprechendem Profit in China absetzen konnten, wurde der Opiumhandel illegal mit der teuer bezahlten Unterstützung korrupter chinesischer Beamter fortgeführt. Der Opiumimport stieg von 400 Kisten pro Jahr um 1750 auf 40.000 Kisten 1839.[4] Da die chinesischen Käufer für Opium mit Silber zahlten, war es zu einer ständig steigenden Ausfuhr von Silber aus China gekommen. Angesichts der Bedeutung dieses Metalls für das damalige chinesische Finanz- und Steuersystem konnten hierdurch verursachte volkswirtschaftliche Schäden nicht ausbleiben. Durch Regierungsbeamte auf die doppelseitige Gefahr aufmerksam gemacht, die in gleichem Maße der chinesischen Volksgesundheit und der chinesischen Wirtschaft drohte, hatte der seit 1821 regierende Kaiser Tao Kuang beschlossen, diesbezüglich radikale Maßnahmen zu ergreifen. Zu ihrer Durchführung entsandte er den Generalgouverneur Lin Tse-hsü (Lin Zexu) – einen energischen und von seiner Aufgabe erfüllten Beamten – als kaiserlichen Kommissar nach Kanton, dem damaligen Zentrum des westlichen Chinahandels. In Kanton eingetroffen, forderte Lin sowohl die chinesischen wie aber auch die westlichen Opiumhändler zur sofortigen Auslieferung ihrer Opiumvorräte auf. Auf die Weigerung der Engländer hin ließ Lin deren Niederlassung vor den Toren von Kanton blockieren. In dieser Situation beschloß der dortige Handelskommissar der britischen Regierung, Charles Elliot, die fraglichen 20.000 Kisten Opium auszuliefern, die Lin sofort vernichten ließ. Kurz darauf richtete Lin Tse-hsü ein Schreiben an die Königin Viktoria, in dem es unter anderem hieß: »Fragen wir: Wo ist Euer Gewissen? Ich habe gehört, daß in Eurem Land das Opiumrauchen strengstens verboten ist, weil der Schaden, der dadurch entsteht, gut bekannt ist. Da es nicht gestattet ist, daß Opium in Eurem Land Schaden anrichtet, solltet Ihr um so weniger gestatten, daß es zum Schaden anderer Länder weitergegeben werde, und schon gar nicht an

China. Unter allen chinesischen Exporten für andere Länder gibt es nicht eine Ware, die nicht für andere nützlich wäre.«[5] Lin stellte der Königin den Segen des Himmels in Aussicht, falls sie sich entschließen könne, in den von Großbritannien beherrschten Gebieten Indiens den Opiumanbau zu verbieten.

In England selbst forderten einflußreiche Handelskreise wie die Ostindien-Gesellschaft, die China Association of London sowie die Handelskammern von London, Manchester und sechs weiteren großen Städten von der britischen Regierung energische Maßnahmen gegen China. Die königliche Regierung hatte für alle Fälle bereits im November 1839 Flotteneinheiten und ein kleineres Expeditionskorps in Indien mobilisiert. In seiner damaligen Eigenschaft als britischer Außenminister richtete Lord Palmerston am 20. Februar 1840 ein Schreiben an die chinesische Regierung, in dem er arrogant militärische Vergeltungsmaßnahmen ankündigte und ihren sofortigen, ohne Vorwarnung erfolgenden Beginn mit dem Hinweis begründete, daß eine diplomatische Korrespondenz zwischen London und Peking erstens zu viel Zeit beanspruchen und zweitens angesichts der bekannten Mentalität der chinesischen Regierung ohnedies zu keinem Resultat führen würde. Palmerston anerkannte zwar das Recht der chinesischen Regierung, die Einfuhr von Opium zu untersagen, erklärte aber für untragbar, daß sich die chinesische Regierung nach vielen Jahrzehnten einer de facto gegebenen Freiheit des Handels mit Opium nun auf den Buchstaben von Verordnungen beziehe. Er bezichtigte die chinesische Regierung fälschlich, nur den Opiumhandel der Ausländer, nicht aber der Chinesen selbst zu verfolgen. Im Namen der britischen Regierung forderte Palmerston von Peking Wiedergutmachung des entstandenen Schadens und Garantien dafür, daß der britische Handelsvertreter in China künftig seitens der chinesischen Regierung in einer Weise behandelt werde, die dem Verhalten zivilisierter Völker im Umgang miteinander wie auch der Würde der britischen Krone entspräche. Er kündigte die Blockade der wichtigsten chinesischen Häfen, die Aufbringung chinesischer Handelsschiffe und die Besetzung bestimmter chinesischer Gebiete durch britische Streitkräfte an. Diese Maßnahmen würden durchgeführt werden, »bis alles vereinbart und zur Zufriedenheit der britischen Regierung durchgeführt worden ist«.[6]

Palmerstons weitergehende Absichten sind klar in seinem vom gleichen Tage stammenden Brief an die britischen Bevollmächtigten in China dargelegt. Als britische Kriegsziele werden hier genannt: die Abtretung einer oder mehrerer Inseln an der chinesischen Küste, die Freiheit aller britischen Untertanen, sich in allen größeren Seehäfen Chinas niederlassen und mit allen chinesischen Untertanen ihrer Wahl Handel betreiben zu können, die verbindliche Festlegung der chinesischen Zollsätze und eine extraterritoriale Gerichtsbarkeit für britische Untertanen in China.[7] In diesen Forderungen spiegeln sich die Einwände der okzidentalen Handelsstaaten gegenüber der Praxis der politischen und kommerziellen Außenbeziehungen des chinesischen Reiches. Dessen Beamte hatten die westlichen Händler und Diplomaten in der gleichen Weise behandelt wie die relativ unzivilisierten Nomadenstämme Innerasiens, das heißt als Barbaren in des Wortes wahrem Sinne. Die ausländischen Kaufleute durften das Innere Chinas nicht betreten, sondern mußten den gesamten Handel über Kanton abwickeln. Dort war ihnen gestattet, vor den Toren der Stadt Warenhäuser und Kontore zu errichten. De jure war der Handel mit den ausländischen Kaufleuten ein Monopol der chinesischen Regierung. In einer für deren Beziehungen zum Handelsstand charakteristischen Weise erteilte die kaiserliche Regierung einer Co-hong genannten chinesischen Kaufmannsgilde das Recht, dieses Monopol im Namen der chinesischen Regierung unter der Aufsicht des von den Fremden Hoppo genannten Steuerkommissars der kaiserlichen Regierung in Kanton auszuüben. Obwohl nun die offiziellen Zollsätze der chinesischen Regierung relativ niedrig waren, bedurfte es seitens der westlichen Kaufleute der Zahlung verschiedenster Bestechungsgelder an ihre chinesischen Handelspartner, bevor sie, zumeist nach zermürbenden Verhandlungen, ihre Waren absetzen konnten.

Im Jahre 1833 war das Monopol der britischen Ostindien-Gesellschaft auf den englischen Chinahandel aufgegeben worden. Alle am Chinahandel interessierten englischen Firmen waren nunmehr befugt, sich an ihm zu beteiligen. Zur Regelung dieses neuen Handelsverhältnisses hatte die britische Regierung einen offiziellen Handelsvertreter nach Kanton entsandt. Was seitens der Engländer zuvor als chinesischer Affront gegenüber der Ostindien-Gesellschaft betrachtet wurde, erschien nun als chinesische Herausforderung der britischen Krone wie auch der gesamten am Chinahandel interessierten Kaufmannschaft. Indem die britische Krone sich durch die Entsendung eines permanenten Handelskommissars mit quasikonsularischen Funktionen in die Abwicklung des britischen Chinahandels einschaltete, geriet sie einerseits in direkten Kontakt mit der chinesischen Staatsbürokratie und setzte sich andererseits in gesteigertem Maße den politischen Pressionen britischer Handelsinteressen aus.

Wie der vormalige Präsident der Vereinigten Staaten, John Quincy Adams, in einem Vortrag vom Dezember 1841 feststellte, spielte das Opium beim sogenannten Opium-

Zeitgenössische französische Karikatur um 1840 zur britischen Forderung, Opium ungehemmt nach China exportieren zu können, obwohl dieses Rauschgift sowohl in England als auch in China aus gesundheitlichen Gründen verboten war.

krieg keine viel größere Rolle als die Vernichtung der britischen Teeladung in Boston (Boston Tea Party) beim Ausbruch des amerikanischen Unabhängigkeitskrieges. »Die Ursache des Krieges ist der Kotau.«[8] Adams meinte damit jene Zeremonie des neunmaligen Stirnaufschlages vor dem chinesischen Kaiser, die als zeremonielle Ergebenheitserklärung seitens der Gesandten von Tributstaaten in deren Namen gegenüber dem »Zentralherrscher« galt und die auch von europäischen Gesandtschaften als Bedingung einer Audienz beim Kaiser von China gefordert wurde, in anderen Worten die Forderung nach Anerkennung der Oberhoheit Chinas und der eigenen Ungleichheit als Voraussetzung eines quasidiplomatischen Kontaktes zum »Reich der Mitte«. Selbst dieser Kontakt hätte die von den okzidentalen Staaten vehement geforderte Freiheit des Handels mit China keineswegs *eo ipso* gewährt. So standen einander zwei weltanschaulich geprägte Grundkonzeptionen von der Natur zwischenstaatlicher Beziehungen anscheinend unüberbrückbar gegenüber. China beharrte auf seinem wirklichkeitsfernen Postulat einer sinozentrischen Weltordnung, der Ungleichheit anderer Staaten gegenüber China und dem Recht des chinesischen Reiches, sich je nach eigenem Gutdünken handelspolitisch und diplomatisch von der übrigen Welt zu isolieren. Die westlichen Handelsnationen, an ihrer Spitze England, vertraten die völkerrechtliche Konzeption der formellen Gleichheit aller souveränen Staaten wie auch das Prinzip des Freihandels, das sich als Folge sozioökonomischer Umstrukturierungen im Zuge der industriellen Revolution hatte durchsetzen können. In der Annahme, daß Verhandlungen zwischen den Vertretern dieser entgegengesetzten Auffassungen weder zu einer raschen noch zu einer zufriedenstellenden Vereinbarung führen würden, hatte die britische Regierung beschlossen, die Kontroverse durch einen Akt militärischer Gewalt im Sinne ihrer eigenen Vorstellungen zu lösen. Der Krieg begann 1840.

Mit Hilfe technisch überlegener Schiffsartillerie konnten die britischen Streitkräfte von Positionen außerhalb des viel geringeren Schußbereiches der chinesischen Geschütze die gegnerischen Positionen zerschlagen, an mehreren Stellen der Mündung des Perl-

Kampfszene aus Großbritanniens »Opiumkrieg« gegen China, der den Beginn der gewaltsamen Aufbrechung Chinas durch die Industriemächte und eines »Konflikts der Kulturen« bedeutet. Am Ende des Krieges mußte China u. a. Hong Kong abtreten und Häfen für den Handel der Fremden öffnen.

flusses sowie des Jangtsekiang landen und die chinesische Küste streckenweise blockieren. Korruption im chinesischen Oberkommando sowie mangelnde Tatkraft und Weitsicht auf seiten der Pekinger Regierung trugen zu deren Kapitulation bei. Diese führte zum Abschluß des folgenreichen Vertrages von Nanking, der am 29. August 1842 an Bord des britischen Kriegsschiffes *Cornwallis* auf dem Jangtsekiang unterzeichnet wurde. Der Vertrag von Nanking ist oft als der erste der sogenannten ungleichen Verträge zwischen China und den expansionistischen Industriestaaten des 19. und 20. Jahrhunderts bezeichnet worden. Mit diesem begrifflich nicht völlig geklärten Ausdruck[9] sind solche Verträge gemeint, die China von auswärtigen Staaten ohne hinreichenden Anlaß unter Androhung oder Anwendung militärtechnologisch überlegener Gewalt aufgezwungen wurden. Viele dieser Verträge haben dann überdies Chinas Souveränität auf Grund unilateraler Bestimmungen zu dessen Lasten in einer Weise beschränkt, die seine Ungleichheit mit den »die Gleichheit aller Staaten« betonenden okzidentalen Mächten ersichtlich werden ließ. Die Verhältnisse hatten sich radikal umgekehrt. China, das die anderen Staaten auf Grund seines konfuzianischen Weltbildes als ihm selbst nicht ebenbürtig betrachtet hatte, wurde nun von den Industrienationen unter der Parole der völkerrechtlichen Gleichstellung bekämpft und anschließend auf eine Position faktisch minderer Souveränität reduziert.

Der Vertrag von Nanking war nur ein erster, wenn auch bahnbrechender Schritt in dieser Richtung. Auf Grund der Bestimmungen von Artikel 2 durchbrachen die Engländer die handelspolitische Selbstisolierung Chinas, indem sie die Öffnung von fünf chinesischen Häfen für den britischen Handel und das Ende des Co-hong-Monopols erzwangen. Die von Palmerston bereits vor Kriegsbeginn gewünschte Abtretung einer chinesischen Insel an Großbritannien verfügte Artikel 3 durch Chinas Verzicht auf Hong Kong zugunsten Englands. Artikel 4 sah eine Wiedergutmachung in Höhe von 6 Millionen Dollar für das vernichtete Opium und sonstigen von britischen Untertanen erlittenen Schaden vor. Mit Artikel 5 wurde verfügt, daß China selbst die Kosten der ohne Vorwarnung begonnenen britischen Kriegshandlungen gegen China zu ersetzen habe. Die kulturgeschichtlich umwälzendste Bestimmung war in Artikel 9 enthalten, der die protokollarische Gleichstellung chinesischer und britischer Staatsbeamter gleichen Ranges im Verkehr miteinander festlegt. Ein weiterer, am 8. Oktober 1843 in Hu-men (The Bogue) unterzeichneter britisch-chinesischer Vertrag gewährte den Engländern im Hinblick auf China die sogenannte Meistbegünstigungsklausel. Ihr zufolge sollte Großbritannien automatisch in den Genuß aller Vorrechte und Begünstigungen kommen, die China anderen fremden Mächten künftig einräumen werde. In der Folge enthielten die meisten der »ungleichen Verträge« der Industriestaaten mit China diese Meistbegünstigungsklausel. Das bedeutete, daß jedes China von einer fremden Macht abgezwungene Zugeständnis automatisch vervielfacht, also auch auf alle anderen Staaten übertragen wurde, deren Verträge mit China eine Meistbegünstigungsklausel enthielten. Aus dieser Konstellation folgte eine substantielle Vervielfältigung aller rechtlich im Sinne der Meistbegünstigungsklausel übertragbaren Folgen der zahlreichen Niederlagen, die China in den folgenden Jahrzehnten von fremden Mächten zugefügt wurden.

Ein Jahr darauf gelang es dem amerikanischen Diplomaten Caleb Cushing, die chinesische Regierung zur Unterzeichnung des ersten amerikanisch-chinesischen Vertrages zu veranlassen. Cushing, dessen Mission von einer Flotteneinheit der amerikanischen

Kriegsmarine begleitet war, drohte mit Krieg, falls die chinesische Regierung sich weigern sollte, ihn zu empfangen. Diese war ein Jahr nach Ende des Opiumkrieges nicht bereit, einen neuen Krieg mit den militärtechnisch überlegenen Barbaren zu wagen. So kam es am 3. Juli 1843 zu der in Wanghia (bei Macao) stattfindenden Unterzeichnung des amerikanisch-chinesischen Vertrages. In Ausnützung der Unwissenheit seiner chinesischen Verhandlungspartner über die Institutionen des westlichen Völkerrechts fügte Cushing dem Vertrag eine Klausel bei, die für Amerikaner in China – ohne Gegenseitigkeit – das Recht auf extraterritoriale Konsularjurisdiktion auch im Falle von Verbrechen amerikanischer Bürger gegenüber Chinesen vorsah. Der chinesischen Öffentlichkeit wurde erst später die Tatsache bewußt, daß es sich bei dieser Klausel um wesentlich mehr handelte als nur darum, die fremden Barbaren bei der Regelung ihrer Streitigkeiten untereinander sich selbst zu überlassen. Der Vertrag räumte den Amerikanern fernerhin das Recht ein, in den für den Handel geöffneten Häfen eigene Häuser, Geschäfte, Kirchen, Spitäler und Friedhöfe zu errichten. Fast analog dem Modell des amerikanisch-chinesischen Vertrages konnte Frankreich am 24. Oktober 1844 die Unterzeichnung des französisch-chinesischen Vertrages von Whampoa erwirken. Zusätzlich vermochten die Franzosen die Pekinger Regierung zur Aufhebung des 1724 erlassenen Edikts über die Landesverweisung aller Priester fremder Religionen zu veranlassen. Ein kaiserlicher Erlaß vom 28. Dezember 1844 gewährte zunächst den Katholiken und ein weiterer Beschluß vom Dezember des darauffolgenden Jahres auch allen anderen christlichen Konfessionen freie Religionsausübung. Ein weiterer Erlaß des Kaisers vom 20. Februar 1846 gab das auf Grund des Ediktes von 1724 beschlagnahmte kirchliche Eigentum wieder frei.[10]

Die Europäer erobern Peking: Chinas erzwungener Anschluß an die Staatenwelt des 19. Jahrhunderts

Die Jahre der Koexistenz zwischen Chinesen und Europäern in China, die dem Opiumkrieg und den Peking aufgenötigten Verträgen folgten, waren, wie kaum anders zu erwarten, keineswegs frei von häufigen Spannungen, Mißverständnissen und Ärgernissen auf beiden Seiten. Als besonders irritierend wurde auf seiten der Engländer die Tatsache empfunden, daß die Chinesen die vertraglich zugesagte Öffnung Kantons für den westlichen Handel immer wieder hinausschoben. Der Funke, der das Pulverfaß allseitig angestauter Spannungen zur Entladung eines neuen Krieges zwischen Europäern und Chinesen brachte, war ein an sich geringfügiger Zwischenfall. Am 8. Oktober 1856 verhafteten chinesische Soldaten zwölf als Piraten verdächtige Chinesen an Bord des Schiffes *Arrow*. Dieses gehörte einem in der britischen Kronkolonie Hong Kong residierenden Chinesen, der durch Eintragung in ein britisches Register das Recht erworben hatte, sein Schiff unter britischer Flagge segeln zu lassen. Allerdings war – was die chinesischen Soldaten nicht wußten – die Frist der Registereintragung elf Tage vor dem Zwischenfall abgelaufen und seither nicht erneuert worden. Nach heftiger Korrespondenz zwischen dem britischen Konsul und dem chinesischen Generalgouverneur gab letzterer sowohl die Verhafteten wie auch das Schiff *Arrow* wieder frei. Der britische Konsul Parkes verweigerte jedoch die Annahme mit der Begründung einer fehlenden Entschuldigung seitens der chinesischen Behörden. Obwohl die Engländer zuvor bereits auf Befehl des Gouverneurs von Hong Kong, Bowring, eine chinesische Kriegsdschunke beschlagnahmt hatten, wurde von britischen Marineeinheiten auf Grund der ausbleibenden chinesischen Entschuldigung das Feuer auf chinesische Forts in Kanton wie auch auf den dortigen Amtssitz des chinesischen Generalgouverneurs von Kwangtung eröffnet. Gegenüber der im britischen Parlament geäußerten Kritik an dem eigenmächtigen Vorgehen der englischen Autoritäten in Hong Kong vertrat Außenminister Clarendon die Ansicht, die Sicherheit und kommerzielle Bewegungsfreiheit der britischen Untertanen in China hänge von der Achtung ab, die der britischen Flagge seitens der Chinesen gezollt werde. Richard Cobden brachte im britischen Unterhaus einen Mißtrauensantrag gegen die britische Regierung ein, der von der Mehrheit der Mitglieder des Hauses angenommen wurde. Ministerpräsident Palmerston löste daraufhin das Unterhaus auf und gewann die anschließenden Wahlen, wohl auch auf Grund seiner Appelle, die britische Flagge und die Interessen des Ostasienhandels müßten verteidigt werden.

Dieser Ausgang der Wahl bedeutete den nunmehr autorisierten Fortgang des bereits begonnenen Krieges gegen China. Die französische Regierung nahm einen unerledigt gebliebenen Streitfall wegen der Hinrichtung eines französischen Missionars im Inneren Chinas zum Anlaß, sich dem kriegerischen Vorgehen Großbritanniens anzuschließen.

Nachdem im Dezember 1857 englische und französische Streitkräfte die Stadt Kanton erobert und im Mai des folgenden Jahres die Taku-Forts an der Mündung des Peiho-Flusses besetzt hatten, kam es in Tientsin zur Unterzeichnung von insgesamt vier Verträgen Großbritanniens, Frankreichs, Rußlands und Amerikas mit China. Die Diplomatie der beiden letztgenannten Großmächte segelte dabei im Kielwasser der britischen Politik, die mit besonderer Härte bestrebt war, einen entscheidenden Durchbruch zur radikalen Änderung der westlich-chinesischen Beziehungen zu erzwingen. Wie Lord Elgin, der führende britische Unterhändler bei diesen Verhandlungen, selbst bestätigte, wurden die chinesischen Verhandlungspartner unter brutalen Druck gesetzt.[11] Die Unterzeichnung des letzten dieser Verträge, des Vertrages mit England, wurde am 26. Juni 1858 unter militärischem Druck erzwungen, obwohl die chinesischen Unterhändler den Inhalt einer Weisung aus Peking bekanntgaben, der zufolge sie im Falle einer Unterzeichnung mit der Strafe der Enthauptung zu rechnen hätten.[12] Es war vereinbart worden, daß die Ratifizierung der Verträge innerhalb eines Jahres in Peking erfolgen sollte.

Am Kaiserhof in Peking hatten sich die stärksten Bedenken gegen die allein von Großbritannien erhobene Forderung nach Zulassung permanenter diplomatischer Vertretungen in Peking erhoben; widersprach doch die Erfüllung dieser Forderung dem damals noch gegebenen sinozentrischen Weltbild der herrschenden Kräfte in China. Engländer wie auch Chinesen waren sich der umwälzenden Folgen bewußt, die die Erfüllung der britischen Forderung nach sich ziehen mußte. Der wichtigste sachliche Grund für die englische Forderung lag im dezentralisierten Charakter der chinesischen Außenpolitik dieser Zeit. Denn seitens der chinesischen Regierung wurde die tagtägliche Praxis des Kontaktes mit ausländischen Staaten den Vizegouverneuren der Küstenprovinzen überlassen. Großbritannien aber wünschte ständigen und direkten diplomatischen Kontakt mit der zentralen Reichsregierung. Bereits im 18. Jahrhundert hatten englische Diplomaten der chinesischen Regierung eine solche Regelung vorgeschlagen.

Der große Mandschu-Kaiser Ch'ien-lung hatte daraufhin in einem berühmt gewordenen Edikt an König Georg III. von Großbritannien geantwortet. Darin heißt es: »Europa besteht außer Deinem Land noch aus vielen anderen. Wenn nun alle verlangten, an unserem Hofe vertreten zu sein, wie könnten wir das zulassen? Der Vorschlag ist völlig undurchführbar. Denn wie könnte unsere Dynastie ihr seit mehr als einem Jahrhundert errichtetes System der Etikette ändern, um Euren subjektiven Wünschen zu entsprechen? Gehorche zitternd und zeige keinerlei Nachlässigkeit!«[13]

Der von den Engländern mit kompromißloser Härte geforderte Vertrag sah unter anderem vor, daß der in Peking akkreditierte britische Gesandte zu keiner von ihm als unzumutbar empfundenen zeremoniellen Handlung genötigt sein sollte (also kein Kotau), daß mangelnder Respekt gegen ihn strafbar sein solle und daß ihm der Zugang zu den Ministern, Generalgouverneuren und Gouverneuren der chinesischen Reichs- und Provinzregierung stets offen sein sollte. Für die schriftliche Kommunikation war zwar in jedem Falle eine begleitende chinesische Übersetzung vorgesehen, doch sollte die englische Sprache im Falle von Interpretationsstreitigkeiten maßgeblich sein. Die Bezeichnung der Fremden als »Barbaren« in offiziellen Dokumenten sollte amtlich untersagt sein. Im Laufe von internen Beratungen, die über die britischen Forderungen am Hof in Peking stattfanden, wurden folgende Bedenken geäußert: Die Niederlassung fremder Gesandter in Peking widerspreche den geheiligten Traditionen des Reiches; sie werde den Barbaren die Möglichkeit zu ständiger Spionage geben, die Würde des Kaisers beeinträchtigen und Tributstaaten des chinesischen Reiches wie Korea und die Ryukyu-Inseln durch das schlechte Vorbild ihrer Arroganz zu unbotmäßigem Verhalten anregen. Weiterhin bestehe die Gefahr, daß sie durch Propagierung des Christentums die kultivierte Atmosphäre der Hauptstadt stören, durch die Gewährung von Asyl Feinde des Reiches schützen und Kaufleuten eine Möglichkeit zur Steuerhinterziehung geben könnten.[14]

Zwar hatten die französischen, amerikanischen und russischen Unterhändler nicht auf dem Recht der permanenten Niederlassung von diplomatischen Vertretungen ihrer Staaten in Peking bestanden. Da aber die Verträge der vorgenannten Mächte mit China jeweils eine Meistbegünstigungsklausel enthielten, mußte ihnen das Recht zur permanenten Residenz in dem Augenblick gewährt werden, in dem es Großbritannien (oder einer anderen Macht) gelang, für sich dieses Recht zu erzwingen. Abgesehen von der erwähnten Frage der diplomatischen Vertretung fremder Mächte in Peking sah der britisch-chinesische Vertrag von Tientsin (1858) ferner vor: die Schaffung eines chinesischen Ministeriums oder Staatssekretariats für Auswärtige Angelegenheiten (Artikel V); die Eröffnung britischer Konsulate in chinesischen Häfen; die freie und geschützte Ausübung der christlichen Religion seitens chinesischer Untertanen; das Recht britischer Untertanen, mit Paß und chinesischem Sichtvermerk alle Teile des Landesinneren von China zu bereisen; das Recht britischer Handelsschiffe, den Jangtsekiang zu kommerziellen Zwecken zu befahren; die weitere Öffnung von fünf Häfen für den Handel und die Niederlassung britischer Untertanen; britische Konsularjurisdiktion für britische Untertanen in China; das Recht britischer Kriegsschiffe, in Friedenszeiten alle chinesischen Häfen anzulaufen und dort Proviant sowie Hilfe für Reparaturen zu erhalten; die Zahlung von insgesamt 4 Millionen Taels als Entschädigung für die Kosten der britischen Kriegführung gegen China und die Verluste britischer Privatpersonen.

Am 1. März 1859 erteilte die britische Regierung dem Vertreter der damaligen Mission in China, Sir Frederick Bruce, die Weisung, den Austausch der Ratifikationsurkunden des britisch-chinesischen Vertrages vom Vorjahr an keinem anderen Ort als in Peking vornehmen zu lassen, eine Audienz beim chinesischen Kaiser zu erwirken und für die Errichtung einer britischen Gesandtschaft in Peking zu sorgen. In den Weisungen hieß es ferner, daß Kampfeinheiten der britischen Kriegsmarine für alle Fälle an der Mündung des Peiho-Flusses bereitgestellt würden.[15]

Zu diesem Zweck trafen im Juni 1859 die diplomatischen Vertreter Großbritanniens, Frankreichs und der Vereinigten Staaten an der Peiho-Mündung ein, wo sich bereits eine britische und französische Streitmacht versammelt hatte. Obwohl die chinesischen Verhandlungspartner eine Reise der ausländischen Gesandten nach Peking zum Zweck des Austauschs der Ratifizierungsurkunden nicht ausdrücklich abgelehnt, sondern nach einigem Zögern von sich aus am 25. Juni hierzu aufgefordert hatten, beschloß der Kommandeur der englischen Seestreitkräfte an der Peiho-Mündung, Admiral Hope, im Sinne eines Ultimatums vom Vortage zum Angriff auf die an der Peiho-Mündung liegenden Taku-Forts überzugehen. Zur Überraschung der Europäer verteidigten sich die chinesischen Forts so vorzüglich, daß den Engländern und Franzosen die Aufbrechung der Peiho-Mündung nicht gelang. Sie mußten sich mit schweren Verlusten zurückziehen und ihren Auftrag als gescheitert melden. Der amerikanische Gesandte Ward und der russische Gesandte Ignatiew, die beide, chinesischen Aufforderungen folgend, nach Peking gereist waren, konnten dort für ihre Länder inzwischen den Austausch der Ratifizierungsurkunden vollziehen. In Umkehrung der Tatsachen stellte der erwähnte englische Unterhändler Bruce den Kampf bei den Taku-Forts als einen unprovozierten chinesischen Überfall dar. In einer Note vom 8. März 1860 verlangten daraufhin die Vertreter Großbritanniens und Frankreichs in ultimativer Form eine Entschuldigung und Schadenersatz sowie die unverzügliche Erfüllung der Verträge von Tientsin durch Austausch der Ratifizierungsurkunden in Peking. Die chinesische Antwort vom 5. April lud die westlichen Unterhändler ein, so wie der amerikanische Gesandte Ward, ohne Kriegsschiffe, begleitet nur von kleinem Gefolge, nach Peking zu kommen. Da diese chinesische Antwort seitens der Regierungen in London und Paris als Ablehnung ihres Ultimatums gewertet wurde, bereiteten sie eine gemeinsame militärische Offensive vor, deren Ziel die chinesische Reichshauptstadt Peking selbst war. Nach schweren Kämpfen im August 1860 konnten die Taku-Forts erobert und anschließend die Stadt Tientsin besetzt werden.

Im Verlauf des weiteren Vormarsches der vereinigten britischen und französischen Streitkräfte in Richtung auf Peking waren Unterhändler der Alliierten von chinesischen Streitkräften gefangen, mißhandelt und einige von ihnen getötet worden. Als Akt der Vergeltung ließ Lord Elgin, der Bruce in der Führung der britischen Delegation abgelöst hatte, den wegen seiner architektonischen Schönheit weithin berühmten Sommerpalast des chinesischen Kaisers (Yuan-ming yuan) niederbrennen, nachdem er zuvor von den Franzosen geplündert worden war. Am 13. Oktober 1860 marschierten die britischen und französischen Streitkräfte durch das Anting-Tor in Peking ein. Elf bzw. zwölf Tage später hielten der britische bzw. der französische Missionschef als Sieger ihren Einzug in der chinesischen Hauptstadt. Zugleich mit den Ratifizierungen der Verträge von 1858 schlossen die Siegermächte zwei Konventionen mit China. Ihnen zufolge mußte der chinesische Kaiser sein »tiefes Bedauern« über die Ereignisse bei Taku zum Ausdruck bringen und allein an England Reparationen in Höhe von 8 Millionen Tael zahlen. Die chinesische Regierung mußte sich fernerhin zur Genehmigung der Auswanderung chinesischer Arbeitskräfte in britische Kolonien und zur Abtretung des Gebietes von Kowloon bereit erklären.

Im Laufe des Jahres 1861 wurden Gesandtschaften Großbritanniens, Frankreichs, Rußlands und der Vereinigten Staaten in Peking errichtet. Die chinesische Regierung ihrerseits begründete auf Anregung des einflußreichen Prinzen Kung (I-hsin, 1832–98) ihr erstes Auswärtiges Amt, genannt Tsung-li ko-kuo shih-wu ya-men oder Amt zur hauptverantwortlichen Durchführung der Auswärtigen Angelegenheiten, kurz Tsungli Yamen genannt. Für dieses Amt übersetzte der bekannte britische China-Experte Robert Hart im folgenden Jahr die wichtigsten Schriften über das Völkerrecht und vermittelte Studienreisen künftiger chinesischer Diplomaten nach Europa. Im Laufe des Jahres 1877 ernannte die chinesische Regierung Kuo Sung-t'ao zum ersten chinesischen Gesandten in Großbritannien und Liu Hsi-hung zu ihrem ersten diplomatischen Vertreter in Deutschland.

So hatte es konfliktreiche zwei Jahrzehnte, von 1839 bis 1860, gedauert, bis die führenden Industrienationen, teilweise unter Anwendung direkter Gewalt, die Aufbrechung Chinas gegen dessen Widerstreben endgültig erzwungen und ihre Bedingungen am Ende eines Feldzuges in Peking selbst diktiert hatten. Über die unmittelbaren Folgen dieser Zeit schrieb Hosea Ballou Morse in seinem dreibändigen Standardwerk über die internationalen Beziehungen des chinesischen Reiches: »As the result of three wars, the Chinese learned, and they accepted as their law, that, whereas formerly it was China which dictated the conditions under which international relations were to be maintained, now it was the Western nations which imposed their will on China.«[16] Für die Ebene taktischen Verhaltens war das ohne Zweifel zutreffend. Aber die Erinnerung an Chinas vormalige Größe und die Erschütterung, die von der Umkehrung des bisherigen Weltbildes ausging, schufen in China Impulse, deren Zielsetzung auf die Erneuerung und Wiedererstarkung des chinesischen Reiches gerichtet war.

Erste Fernost-Expansion Rußlands. Frühe russisch-chinesische Verträge

Während diplomatische Vertreter sowie Land- und Seestreitkräfte der Westmächte einander abwechselnd oder gemeinsam wie im anglo-französischen Krieg gegen China (1856–60) um die endgültige Durchbrechung der chinesischen Isolationspolitik kämpften, hatte gleichzeitig auch Rußland von China die Abtretung wichtiger Gebiete und die Gewährung bedeutsamer Privilegien erwirken können. Wie dem Einbruch der Westmächte in Ostasien die Eroberung Süd- und Südostasiens vorangegangen war, so hatte im Falle Rußlands die Erschließung Sibiriens eine der Voraussetzungen seiner weiteren Expansion im fernöstlichen Raum gebildet.

Im Vollzug ihrer extensiveren Erforschung des Amur-Gebietes gerieten Kosakeneinheiten in der Mitte des 17. Jahrhunderts erstmals in Kontakt mit Stämmen und Territorien unter der Oberhoheit der mandschurischen Ch'ing-Dynastie, deren Herrscher zu dieser Zeit bestrebt waren, ihre neu errichtete Hegemonie über das chinesische Reich zu konsolidieren. Die Zügellosigkeit und Brutalität, mit der die unter keiner Kontrolle stehenden Kosaken Eingeborene töteten, Frauen und Kinder entführten und insbesondere Pelztribute erpreßten, war geeignet, unter den friedfertigen Eingeborenen Schrecken und Panik zu verbreiten. Die von ihnen um Hilfe gebetenen Mandschu-Autoritäten entsandten eine schlecht bewaffnete Streitmacht, die am 24. März 1652 einen Angriff auf die von den Kosaken unter Führung von E. Chaborow am Ussuri errichtete Festung Achanskoi Gorod unternahm. Obwohl die Mandschus in die Flucht geschlagen werden konnten, zog es Chaborow vor, die Festung anschließend zu räumen und um die Entsendung tatsächlich auch eintreffender Geldmittel und Verstärkungen zu ersuchen. Sein Nachfolger, ein Kosakenführer namens Stepanow, wurde 1658 auf dem Sungari-Fluß von einer mandschurischen Flottille zum Kampf gestellt und mitsamt zwei Dritteln seiner 500 Mann starken Einheit getötet.

Dieser chinesische Sieg, der zwei Jahre später durch einen weiteren militärischen Erfolg der Mandschus über die Russen ergänzt wurde, setzte einem weiteren russischen Vordringen im Amur-Gebiet ein vorläufiges Ende. Mehreren in der Folge nach Peking entsandten russischen Gesandtschaften, die beauftragt waren, wegen der Beilegung der Grenzkonflikte und der Abschließung eines Handelsvertrages mit China Verhandlungen zu führen, war kein Erfolg beschieden. Im Jahre 1667 war jedoch der Tungusenfürst Gantimur, den Peking zuvor mit wichtigen Funktionen der Grenzsicherung betraut hatte, mit seinem ganzen Stamm zu den Russen übergegangen und hatte sich bei ihnen sogar taufen lassen. Der chinesische Kaiser K'ang-hsi, der an dem Fall Gantimur ein besonderes Interesse hatte, ließ die Russen erfolglos um die Auslieferung des Tungusenfürsten ersuchen. Die russische Regierung entsandte jedoch Nikolaus Spathari als Sondergesandten nach Peking, wo er zunächst mit der dort anwesenden Mission west- und mitteleuropäischer Jesuiten Kontakt aufnahm. Mit ihrer Hilfe gelang es Spathari als erstem Gesandten der russischen Regierung, vom Kaiser in Audienz empfangen zu werden.

Als Voraussetzung freundlicher Beziehungen zwischen China und Rußland hatte Kaiser K'ang-hsi die Auslieferung Gantimurs, die Entsendung eines russischen Botschafters, der sich dem Pekinger Hofzeremoniell fügen würde, und die Einstellung der Grenzkonflikte gefordert. Verhandlungen, die in der Tat zum Abschluß eines russisch-chinesischen Vertrages und damit zur Entstehung des ersten Staatsvertrages zwischen China und einer okzidentalen Macht führten, wurden am 12. August 1689 in Nerdschinsk eröffnet. An der Spitze der von Peter dem Großen entsandten russischen Delegation stand Fjodor Alexejewitsch Golowin, ein vormaliger Lehrer des Zaren, eskortiert von 2000 Soldaten, Diplomaten und anderen Gefolgsleuten. Die von 15.000 Soldaten und Beamten begleitete chinesische Delegation wurde vom mandschurischen Prinzen So-Ngo-Tou, einem Ratgeber des Kaisers K'ang-hsi, geführt. Nach vierzehntägigen Verhandlungen konnten die von zwei der größten Herrschergestalten Rußlands und Chinas ermächtigten Gesandten am 27. August 1689 den Vertrag von Nerdschinsk unterzeichnen. An die beratende Beteiligung von Mitgliedern der europäischen Jesuitenmission in Peking – es handelte sich um die Patres T. Pereira und J. F. Gerbillon – erinnert die Tatsache, daß Chinas erster Vertrag mit einer europäischen Macht nicht nur in chinesischer, russischer, mandschurischer und mongolischer, sondern auch in lateinischer Sprache abgefaßt ist.[17]

Die Präambel des Vertrages von Nerdschinsk nannte als sein Grundziel die Errichtung einer dauerhaften Regelung zwischen den beiden vertragschließenden Reichen. Die Artikel 1 und 2 legten die Grenzlinie zwischen den mongolisch-mandschurischen Gebieten Chinas und dem Territorium des Russischen Reiches so fest, daß sie der ganzen Länge des Argun (eines Nebenflusses des Amur) folgten und von der Mündung des Argun dann weiter entlang der Flüsse Schilka und Gorbitza bis zur Quelle des letzteren im Stanowoi-Gebirge verliefen. Von hier zog sich die Grenzlinie über den Kamm dieses nördlich vom Amur gelegenen Gebirges. Dabei sollten alle an den Südhängen des Stanowoi-Gebirges entspringenden Flüsse zu China und alle von hier nach Norden fließenden Gewässer zu Rußland gehören. Diese Regelung bedeutete, daß es den machtmäßig überlegenen Chinesen gelungen war, den Russen den Zugang zu der bedeutsamen Wasserstraße des Amur abzuschneiden und deren Territorialbestand am Pazifik auf einen Küstenstreifen zu beschränken, dessen südliches Ende die Uda-Bucht am Ochotskischen Meer war. Artikel 3 sah die völlige Zerstörung der russischen Stadt und Festung Albassin sowie eine dementsprechende Zurücknahme aller russischen Siedler aus diesem Gebiet vor.

Vor der anschließenden Besetzung der Äußeren Mongolei durch chinesische Streitkräfte fand 1691 in Dolo-nor in der Inneren Mongolei eine große Versammlung der mongolischen Fürsten statt. Bei dieser historischen Gelegenheit erfolgte die Unterwerfung der mongolischen Fürsten und des Lebenden Buddha unter die Oberhoheit der Mandschu-Dynastie, die vom chinesischen Kaiser im Rahmen einer prunkvollen Zeremonie ihre Investitur erhielten. Damit hatte die chinesische Diplomatie in der Mongolei die Pläne der Dsungaren vereitelt. Gleichzeitig aber war sie auch russischen Plänen zur Durchdringung und Unterwerfung der Äußeren Mongolei zuvorgekommen. Als Folge verblieb dieses bedeutsame Grenzland bis gegen Ende des Ersten Weltkrieges unter wirksamer chinesischer Oberhoheit, wobei den Mongolen ein hohes Maß an Selbstverwaltung belassen wurde.

Als Ergebnis von 58 chinesisch-russischen Verhandlungen, die sich über einen Zeitraum von zwei Jahren erstreckten und eine gemeinsame chinesisch-russische Inspektion der russisch-mongolischen Grenzen mit umfaßten, kam es 1727 zur Unterzeichnung des Vertrages von Kiachta zwischen Rußland und China. Seine primäre Bedeutung lag in Rußlands Anerkennung der chinesischen Oberhoheit über die Äußere Mongolei. Der Vertrag von Kiachta hat zugunsten Chinas einen Status quo geschaffen, der 190 Jahre lang unangefochten blieb.

Die erzwungene Abtretung pazifischer Küstengebiete Chinas an Rußland

Rußlands entscheidender Vorstoß in Richtung auf den Pazifischen Ozean erfolgte um die Mitte des 19. Jahrhunderts. Dabei haben zwei Ereignisse der internationalen Politik dieser Ära eine besondere Rolle gespielt. Das erste bestand in dem bereits beschriebenen gewaltsamen Eindringen Großbritanniens und anderer westeuropäischer Staaten in das Rußland benachbarte chinesische Reich. Mit dem zweiten Ereignis ist die sich in dieser Zeit verschärfende Rivalität zwischen Rußland einerseits sowie Großbritannien und Frankreich andererseits gemeint, die im Krimkrieg (1854–56) einen ihrer dramatischen Höhepunkte fand. Neben gleichsam traditionellen Faktoren wie dem russischen Streben nach eisfreien Häfen oder der grundsätzlichen Unzufriedenheit mit dem durch die russisch-chinesischen Verträge von Nerdschinsk und Kiachta festgelegten Status quo an Rußlands östlichen Grenzen lag ein neues Motiv für die zweite große Welle der russischen Expansion im Fernen Osten in dem Gefühl, das russische Reich könne der machtpolitischen Expansion seiner europäischen Rivalen in benachbarten Ländern des Fernen Ostens nicht tatenlos gegenüberstehen. Zar Nikolaus I. persönlich hatte die Initiative zur Reaktivierung der russischen Fernostpolitik übernommen. Im September 1847 ernannte er den General Nikolaus Murawjew, der sich zuvor in kriegerischen Unternehmen gegen die Türkei ausgezeichnet hatte, zum Generalgouverneur von Ostsibirien. Einer der Aufträge des Zaren an den neuen Generalgouverneur lautete, der Amur-Frage besondere Aufmerksamkeit zu schenken. Anfang des Jahres 1849 berief der Zar ein Sonderkomitee zum Studium der Amur-Frage und entsandte eine Marineexpedition unter dem Kommando von Kapitän Newelskoi mit dem Befehl, die geographische Lage der russischen Pazifikküste und weiter südlich gelegener Küstengebiete zu erforschen.

Während dieser Expedition ließ Kapitän Newelskoi, ohne hierzu von seiner Regierung ermächtigt gewesen zu sein, am 6. August 1850 an der Mündung des Amur-Flusses (die gemäß dem Vertrag von Nerdschinsk zu China gehörte) die russische Flagge hissen und errichtete hier eine Marinestation, die er zu Ehren des Zaren Nikolajewsk nannte. Seinem Außenminister Nesselrode, der den Kapitän wegen dieses eigenmächtigen Vorgehens und Vertragsbruches bestrafen wollte, entgegnete Zar Nikolaus I.: »Wo einmal die russische Flagge gehißt worden ist, darf sie nicht wieder gestrichen werden.« Kapitän Newelskoi wurde belohnt, dem Außenminister Nesselrode hingegen der Vorsitz im Fernost-Komitee entzogen.

Anfang 1854 ermächtigte der Zar Murawjew, ohne zeitraubende Rückfragen in St. Petersburg mit der chinesischen Regierung über die Amur-Region zu verhandeln und auch ohne chinesische Zustimmung über diese damals chinesische Wasserstraße russische Streitkräfte aus Sibirien nach Kamtschatka zu bringen. Einer zweiten, den gleichen Weg nehmenden russischen Expedition vom Jahre 1855 kam insofern historische Bedeutung zu, als sie russische Truppen nach Kamtschatka transportierte, die dort während des Krimkrieges (1854–56) entscheidend zum Erfolg der Verteidigung von Petropawlowsk gegen eine kombinierte englisch-französische Kriegsflotte beitragen konnten. Der psychologische Effekt dieser erfolgreichen Verteidigung eines russischen Fernostgebietes in einer Zeit russischer Niederlagen in Europa lag darin, daß er die gewagten Operationen und Annexionen Murawjews im Fernen Osten scheinbar rechtfertigte. Mehr als das hatte der britisch-französische Angriff jene Auffassungen vom russischen Staatsinteresse in Ostasien bestätigt, die eine Erweiterung des dortigen russischen Machtbereiches an sich sowie als vorbeugende Reaktion auf die fernöstliche Expansion der Westmächte befürwortete. Von der Mitte des 19. Jahrhunderts bis kurz vor dem Zweiten Weltkrieg blieb die Machtrivalität zwischen britischen und russischen Interessen in Ostasien eine der bedeutendsten Triebkräfte des weltpolitischen Geschehens in diesem Raum. In einem Kommentar zu diesem Aspekt schrieb Prinz Lobanow-Rostowski in seiner Geschichte der russischen Asienpolitik:

> »Das Auftauchen Englands als ein bedeutender Faktor in China beunruhigte die russische Regierung ebenso sehr, wie das gleichzeitige Vordringen Rußlands in Zentralasien zu einer ständigen Quelle englischer Besorgnisse wurde. Die beiden Reiche begegneten einander in gefährlicher Rivalität sowohl in diesem Teil Asiens wie aber auch in Zentralasien. Viel wurde geredet von russischen Ambitionen in Indien, als Rußland seinen Einfluß auf Afghanistan ausdehnte. Aber ebenso gerechtfertigt war Rußlands Sorge angesichts des englischen Vordringens in China in Richtung auf die lebenswichtigen Gebiete an der russischen Pazifikküste ... Die Eroberung Hong Kongs durch Großbritannien und sein prädominierender Einfluß in den Ebenen des Jangtsekiang wurden als Sturmzeichen dafür gedeutet, daß ein ähnliches britisches Vordringen mit dem Ziel der Amur-Mündung geplant sei, daß im Falle der Verwirklichung die russische Stellung am Pazifik unhaltbar werden müsse. Diese russische Sorge und die englische Sorge für die Sicherheit Indiens hielten einander gleichsam die Waage.«

Daß Rußlands Befürchtungen im Hinblick auf die gemutmaßten britischen Absichten im Amur-Gebiet nicht ganz unbegründet waren, zeigt ein Schreiben des britischen Gesandten in Peking, Sir John Bowring, an den englischen Außenminister Clarendon im November 1855: »Nur ein gemeinsamer Vormarsch auf Peking könnte die sich am Amur festsetzenden Russen daran hindern, Stützpunkte in jenen von Tataren, Japanern oder Koreanern besiedelten Gebieten zu errichten, die sie sonst eines Tages erobern oder beanspruchen könnten.«[18] Vier Monate später drückte Bowring in einem weiteren Schreiben die Befürchtung aus, China könnte sich mit Rußland verbünden, um die Westmächte aus ihren Positionen an der chinesischen Küste zu vertreiben. Zweieinhalb Jahre danach ergriff Murawjew die entscheidende Initiative. In Ausnützung der chinesischen Bedrängnis – einerseits durch den britisch-französischen Krieg gegen China und andererseits durch den gleichzeitig immer noch tobenden Taiping-Aufstand – gelang es ihm, den mandschurischen Prinzen I-Shan, damals Oberkommandierender der schwachen chinesischen Streitkräfte im Amur-Gebiet, derart unter Druck zu setzen, daß dieser am 28. Mai 1858 den russisch-chinesischen Vertrag von Aigun unterzeichnete. Auf Grund dieses Vertrages sollte China alle Gebiete am linken Ufer des Amur an Rußland abtreten. Weiterhin sah der Vertrag vor, daß die Schiffahrt auf den Flüssen Amur, Sungari und Ussuri ausschließlich russischen und chinesischen Schiffen vorbehalten und keinen Schiffen dritter Staaten gestattet sein sollte. Das große Gebiet zwischen dem Ussuri und dem Meer sollte bis zu einer endgültigen Grenzregelung von Rußland und China gemeinsam benützt werden.

Den Abschluß der zweiten Phase der russischen Expansionspolitik im Fernen Osten bildete der am 14. November 1860 unterzeichnete russisch-chinesische Vertrag von Peking. Seinem Zustandekommen war der Einmarsch britischer und französischer Kolonialstreitkräfte in der chinesischen Reichshauptstadt Peking vorangegangen. In dieser für die Chinesen verzweifelt scheinenden Situation legte der damalige russische Gesandte, General Ignatiew, der chinesischen Regierung dar, Rußland sei bereit, durch diplomatische Vermittlung auf einen Rückzug der westeuropäischen Streitkräfte hinzuwirken. Auch könne es China gegebenenfalls mit dringend benötigten Waffen beliefern. Für diese Dienste erwarte Rußland jedoch die Abtretung der für China ohnedies nicht übermäßig wertvollen Gebiete nördlich des Unterlaufes des Amur wie auch östlich des Ussuri. Im Falle einer chinesischen Weigerung müsse Peking hingegen mit der Möglichkeit kriegerischer Aktionen auch von seiten Rußlands rechnen. In einer Stunde höchster Not vor solche Alternativen gestellt, zog es die chinesische Regierung vor, sich den russischen Forderungen zu beugen. Dem Inhalt des Vertrages entsprechend, mußte Peking nicht nur die Trans-Amur-Region, sondern auch das Trans-Ussuri-Gebiet mit einer Küstenlinie abtreten, die in einer Länge von 600 englischen Meilen von der Mündung des Amur bis zur Nordgrenze Koreas reichte. Hierdurch erhielt Rußland eine direkte Landverbindung mit Korea. China hingegen verlor jeglichen direkten Zugang zum Ochotskischen Meer, zum Tatarensund und zum Japanischen Meer, so daß den mandschurischen Nordostprovinzen Chinas (der sogenannten Mandschurei) nur noch im Süden an der Liaotung-Halbinsel ein Zugang zum Meer verblieb. Rußland hatte seine pazifischen Küstengebiete derart ausdehnen können, daß das mandschurische Stammland der in China herrschenden Ch'ing-Dynastie jetzt von drei Seiten von russischem Gebiet umgeben war. Rußlands wertvollster Gewinn bestand aber in dem an der Nordgrenze Koreas gelegenen vorzüglichen Hafen, den die Regierung in St. Petersburg Wladiwostok, »Beherrscher des Ostens«, nannte.[19]

Japan in der Isolation – das Herrschaftssystem des Tokugawa-Shoguns

Zur Zeit des Opiumkrieges und der beginnenden Aufbrechung des chinesischen Reiches durch den okzidentalen Kolonialimperialismus lag die politische Macht in Japan in den Händen des Tokugawa-Clans, der das Land seit Anfang des 17. Jahrhunderts regierte. Nach dem Amt des Statthalters (Shogun) und dem Namen des herrschenden Clans Tokugawa wird dieses Herrschaftssystem vielfach als Tokugawa-Shogunat (letzteres auch als Bakufu) bezeichnet. Das etwa 250 Jahre existierende Tokugawa-Shogunat bildete in seiner inneren Struktur eine merkwürdige Verbindung zwischen feudalistischen und absolutistischen Herrschaftskomponenten. Der Amtssitz des Shoguns war in Edo, dem späteren Tokio. In den strategisch wichtigsten Gebieten des Landes befanden sich große Festungen verschiedener Familienzweige der Tokugawa. Etwa 250 Feudalherren, sogenannte Daimyo, hatten ihre Lehen vom Tokugawa-Shogun erhalten. Die Feudalherren bestanden aus zwei Klassen, von denen die ersten, die sogenannten erblichen Vasallen, jene waren, die die Machtergreifung der Tokugawa-Familie unterstützt hatten, während die sogenannten äußeren Vasallen sich aus Familien und deren Nachkommen zusammensetzten, welche den Tokugawa damals Widerstand geleistet hatten. Die Lehensgebiete der äußeren Vasallen befanden sich außerhalb der strategisch wichtigen Regionen des Reiches und waren umfangmäßig begrenzt. Die erblichen Vasallen waren gehalten, jedem neuen Chef des Hauses Tokugawa Treue zu geloben und etwa die Hälfte ihrer Zeit am Hofe des Shoguns zu verbringen. Der Kaiser, der in Kyoto einen kleinen Hof besaß, verfügte vornehmlich nur über zeremonielle Befugnisse und war machtmäßig, wie auch teilweise finanziell, vom Shogun abhängig.

Die japanische Gesellschaft dieser Zeit war einer strengen Feudalordnung unterworfen, die soziale Mobilität kaum gestattete. Die herrschende Klasse wurde aus dem Militäradel gebildet, dem alle anderen Klassen unterworfen waren. Da aber der Reichtum auf Grund der landwirtschaftlichen Erträge, vor allem des Reiseinkommens der Grundbesitzer, gemessen wurde, war der wirtschaftliche Wohlstand der Kriegerklasse von ihren agrarischen Produzenten, also den Bauern, abhängig. Die Bauern galten – so wie in China – als zweitwichtigstes Element der Gesellschaft. Ihre Abgaben beliefen sich im Durchschnitt auf die Hälfte ihrer Ernteerträge. Im Gegensatz zur chinesischen Agrarordnung dieser Zeit war es den japanischen Bauern im Rahmen der herrschenden Feudalstruktur verboten, ihr Land zu verkaufen, ihr Eigentum zu teilen oder ihren Besitz zu verlassen.

Zwei weitere wichtige Gruppen der Gesellschaft bildeten die Handwerker und die Kaufleute, die die Bevölkerung mit Konsum- und Luxusgütern sowie die Krieger mit Waffen belieferten. Die Kaufleute, die – so wie in China – normativ gesehen einen niedrigen Platz auf der Skala des sozialen Wertungsschemas einnahmen, gewannen jedoch als Gläubiger und Bankiers der Lehnsherren ständig an faktischem Einfluß, der bei weitem ihre theoretische und soziale Stellung überragte. Die Tokugawa-Familie verfügte über Lehen, deren landwirtschaftlicher Gesamtertrag gegen 25 Prozent der gesamten jährlichen Reisernte in Japan umfaßte. Ebenso versuchten die Tokugawa, den Bergbau an Edelmetallen zu monopolisieren und die Kaufleute und Gilden in den Städten zu besteuern.

Im frühen 17. Jahrhundert unternahm es das Tokugawa-Shogunat, das Land weitgehend von der Außenwelt abzuschließen. Lediglich in Nagasaki bestand die Möglichkeit zu einem begrenzten und stets kontrollierten Handel mit chinesischen und holländischen Kaufleuten. Unerlaubte Auslandsreisen wurden mit dem Tode bestraft.

Die Herrschaft des Tokugawa-Shogunats hielt ungebrochen bis zur Mitte des 19. Jahrhunderts an. In den letzten Phasen seiner Herrschaft konnte so etwas wie eine illegitime soziale Mobilität dort festgestellt werden, wo Kaufleute gegen Erlassung von Schulden ihr soziales Prestige dadurch verbessern konnten, daß sie in die Kriegerkaste aufgenommen wurden. Die Einführung von Geld als Tauschmittel anstelle von Reis trug zu der wachsenden Macht der Kaufleute wie aber auch zur Verarmung der Bauern bei.

Wenn man die verschiedenen Gründe untersucht, die zum Zusammenbruch des Tokugawa-Shogunats führten, so ist hier neben einer sich verschärfenden Wirtschaftskrise (vor allem Finanzkrise), dem Anwachsen der Macht der sogenannten äußeren Vasallen und den Einwirkungen der vieldimensionalen Expansion des Okzidents auch eine bestimmte geistige Strömung zu nennen. Ihre Basis ergab sich aus einer Neubetrachtung und Neubewertung der japanischen Geschichte, die von einer kleinen Gruppe von Gelehrten zwischen der Mitte des 17. und dem Anfang des 18. Jahrhunderts vorgenommen wurde. Das unmittelbare Ergebnis ihrer Tätigkeit war jenes große kombinierte Geschichtswerk *Dai Nihón Shi* (Geschichte Japans), das betont auf die Abstammung des japanischen Kaiserhauses von der Sonnengöttin Amaterasu hinwies, den potentiellen politischen Primat des japanischen Kaisertums hervorhob und zumeist implizit, gelegentlich auch explizit, die Herrschaft des Tokugawa-Shogunats als Usurpation kaiserlicher Prärogative darstellte. Die Autoren dieses Werkes wurden folglich mit Verbannung bestraft. Ihr Werk gewinnt an politischer Bedeutung, wenn man bedenkt, daß es, ungeachtet der faktischen Machtprävalenz der Tokugawa, kein Shogun gewagt hatte, zu regieren, ohne hierzu die Sanktion des Kaisers erhalten zu haben. Aber erst in der Regierungszeit des Kaisers Komei (1846–1866) begann das Kaiserhaus, sich seiner politischen Möglichkeiten und seiner neu gedeuteten Stellung innerhalb des japanischen Reichsgefüges bewußt zu werden. In dieser Zeit entstand ein stärker werdendes Spannungsverhältnis zwischen Shogunat und Kaiserhaus.

1845 hatte das Kaiserhaus gegen anfängliches Widerstreben des Shogunats die Errichtung einer Art Hofschule – Gakushuin – durchgesetzt, an der alle weniger als 50 Jahre alten Mitglieder des Hofes nicht nur buddhistische Schriften und chinesische konfuzianische Klassiker lesen und ihr persönliches Verhalten dementsprechend formen sollten, sondern an der auch seit 1848 japanische Geschichte und japanisches Recht gelehrt wurden. Somit konnte diese Schule zu einem Kristallisationspunkt der späteren Restaurationsbewegung werden.

Zur wichtigsten Kraft der Anti-Tokugawa-Bewegung, aus welcher die sogenannte Meiji-Restauration hervorgegangen ist, wurden jedoch die äußeren Vasallen. Die Umstände, die zu einem Machtzuwachs dieser Feudalstaaten führten, scheinen besonders aufschlußreich. Die Macht der Satsuma-Familie etwa wuchs dadurch, daß eines ihrer Oberhäupter, Shimázu Nariakira (gestorben 1858), dessen Lehnsgebiet in Südwestjapan lag, ein äußerst profitables Zuckermonopol auf den Ryukyu-Inseln erhalten konnte. Die hier gemachten Gewinne investierte er in verschiedene Industrien, zu denen die Anlage von Schmelzwerken und die Produktion von Geschützen oder auch von Medizin und Porzellan gehörten. Shimázu war einer der ersten japanischen Lehnsherren, der die Übersetzung holländischer wissenschaftlicher Werke über den modernen Schiffsbau anordnete.

Eine andere einflußreiche Lehensfamilie war die der Hizen, deren Gebiet im Raume von Nagasaki lag. Mitglieder des Hizen-Clans hatten mit Europäern, vornehmlich Holländern, zwei Jahrhunderte lang Handel getrieben und zeigten ein starkes Interesse an westlichen Naturwissenschaften und Technologie. Im Bereich der Hizen wurden, in Anlehnung an holländische Vorbilder, Techniken zum Eisenschmelzen, Schiffsbau, dem Bau von Geschützen und der Energiegewinnung betrieben. Um 1850 entstand hier ein erster Hochofen nach westlichem Muster, und diese Sippe war es, die noch vor der gewaltsamen Öffnung Japans durch okzidentale Mächte die Holländer insgeheim ersucht hatte, ihnen ein als Modell dienendes Dampfschiff zu verkaufen. Ein weiterer wichtiger Clan war derjenige der Mito, deren Gebiet in der Nähe von Edo lag. Obwohl dieser Clan zu einer der Seitenlinien der Tokugawa gezählt wurde, gehörte er dennoch zu den Trägern der Anti-Tokugawa-Opposition. Die Mito zählten zu den Mäzenaten der Verfasser des *Dai Nihón Shi* und interessierten sich, ebenso wie die vorgenannten oppositionellen Clans, für den Erwerb industriellen und militärtechnologischen Wissens aus dem Westen. Schließlich sind noch die oppositionellen Clans der Chóshu und Tósa zu nennen, die sich ähnlich verhielten wie die drei schon genannten Clans.

Das frühe, vor der Aufbrechung des Landes durch den Westen gegebene Interesse für westliche Wissenschaften und Technik wurde ebenfalls stark gefördert von einer Reihe unabhängiger Intellektueller. Zu ihnen gehörte ein gewisser Takashima Shuhan (1798–1866), ein Magistratsbeamter der Stadt Nagasaki. Er hatte holländische Militärreglements und Ballistik studiert und bei den Holländern Geschütze und Minenwerfer bestellt. Eine Gruppe von 300 seiner Schüler wurde von ihm in der Bedienung dieser Waffen ausgebildet. Seine Tätigkeit erhielt offizielle Sanktion, nachdem sich in Japan die Nachrichten von den katastrophalen Niederlagen Chinas im Opiumkrieg verbreitet hatten.

Einer der Gründe für die so ganz anders geartete japanische Reaktion auf die gegen den Fernen Osten gerichtete Kolonialexpansion mag sich aus der Tatsache ergeben, daß chinesische Kapitäne, deren Schiffe Nagasaki anliefen, dort ausführliche, zumeist exakte und gelegentlich die englische Stärke ungemein übertreibende Berichte von dem Verlauf des Opiumkrieges und seinen für China so harten und demütigenden Folgen überbrachten. Einige dieser Berichte wurden in Japan veröffentlicht und verbreitet. Daraufhin erhielten die mit der Küstenverteidigung betrauten Daimyo 1842 den Befehl, die in ihrem Gebiet landenden Schiffe zwar mit Nahrungsmitteln zu versorgen, aber ihnen zu baldiger Abreise zu raten. Fernerhin wurden die Daimyo angewiesen, nicht landende ausländische Fahrzeuge in ihren Gewässern nicht zu behelligen. 1852 forderten die Holländer, die von Commodore Perrys geplanter Expedition wußten, die Japaner zum Abschluß eines Handelsvertrages auf und informierten sie, als ihr Ansinnen abgelehnt wurde, von einer bevorstehenden Expedition. Doch wurde ihren Berichten von seiten Japans kein Glauben geschenkt. Im Juli 1853 ging aber tatsächlich ein amerikanisches Geschwader des Commodore Perry nicht etwa in Südjapan vor Anker, so wie andere Fahrzeuge fremder Mächte, sondern in der Bucht von Edo, also unmittelbar in der Nähe des Regierungssitzes des Shoguns.

Die USA erzwingen Japans Öffnung

Mit Drohungen setzte Perry es durch, daß hohe japanische Regierungsbeamte aus seinen Händen ein an den japanischen Kaiser gerichtetes Schreiben des Präsidenten Fillmore entgegennahmen. Fillmore forderte in dem Brief die Eröffnung gegenseitigen Handels, menschliche Behandlung für schiffbrüchige amerikanische Seeleute an den Küsten Japans und die Möglichkeit für amerikanische Schiffe, in Japan Kohlen und Nahrungsmittel zu erwerben. In dieser Situation unternahm das Shogunat einen präzedenzlosen Schritt, indem es im August 1853 eine Übersetzung des Briefes von Präsident Fillmore allen Daimyos sowie allen führenden Regierungsbeamten und Gelehrten übersandte und deren Reaktionen anforderte. Die Antworten der 59 wichtigsten Daimyos ergaben, daß 22 von ihnen Handelsbeziehungen mit Amerika wünschten, 18 von ihnen Krieg vermeiden und die japanische Verteidigung verstärken wollten und weitere 19 die Ansicht äußerten, die Amerikaner könnten, ohne ihnen Konzessionen machen zu müssen, notfalls mit Gewalt vertrieben werden.[20] Diverse Gelehrte und Beamte warnten jedoch, Japan sei auf dem Gebiet der militärischen Rüstung ebenso unvorbereitet und unterlegen wie China zur Zeit des Opiumkrieges. Folglich sollte man mit den Amerikanern Handel treiben, durch diesen Handel die zum Ausbau der japanischen Verteidigung erforderlichen Finanzmittel erwerben und keinen Krieg beginnen, bevor Japan nicht militärtechnisch stark genug sei, sich mit den okzidentalen Mächten auf der Basis gleicher Kampfmittel zu messen.

Im Februar 1854 kehrte Perry mit einem erweiterten Geschwader zurück. Seiner Rückkehr war ein Besuch russischer Kriegsschiffe unter dem Befehl Admirals Putjatins vorausgegangen, dessen Forderung nach Abschluß eines Handelsvertrages zwischen Rußland und Japan abgelehnt worden war. Bezüglich der japanischen Haltung gegenüber den Forderungen der Vereinigten Staaten hatte man sich in Edo auf einen Kompromiß geeinigt, der in einem Brief des Shoguns an den amerikanischen Präsidenten formuliert wurde. Er besagte, daß es amerikanischen Schiffen gestattet sein werde, in Japan Kohlen und Nahrungsmittel zu fassen, und daß man ferner bereit sei, die menschliche Behandlung schiffbrüchiger amerikanischer Seeleute zuzusagen, daß jedoch der Vorschlag des Abschlusses eines Handelsvertrages abgelehnt werden müsse. Commodore Perrys Vorschlag, Japan solle mit Amerika einen Vertrag gleicher Art schließen, wie er 1844 in Wanghia mit China vereinbart worden sei, stieß auf Widerstand. Doch erreichte Perry die Genehmigung zur Residenz eines amerikanischen Konsuls in Shimóda. Am 31. März 1854 schließlich wurde der amerikanisch-japanische Vertrag von Kanagáwa unterzeichnet, in dem die vorgenannten Punkte enthalten waren. Die Engländer schlossen mit Japan im Oktober 1854 einen ähnlichen Vertrag, und Admiral Putjatin setzte im folgenden Jahr im Vertrag von Shimóda durch, daß Nagasaki dem russischen Handel geöffnet wurde, daß die Kurilen-Inseln südlich von Urup Japan, und die nördlich davon Rußland gehören sollten, daß Sachalin ungeteilt bleiben und russischen Untertanen in Japan das Recht der extraterritorialen Konsularjurisdiktion gewährt werden solle.

1857 erwirkte der erste amerikanische Generalkonsul in Japan, Townsend Harris, den Abschluß eines neuen amerikanisch-japanischen Vertrages. Er öffnete Nagasaki den amerikanischen Schiffen, gewährte den in Japan lebenden Amerikanern Extraterritorialität, gab Amerikanern das Pacht- und Baurecht in Japan und setzte die Umtauschraten zwischen amerikanischer und japanischer Währung fest. Im Dezember 1857 wurde Harris als erster ausländischer Diplomat in Edo vom Shogun empfangen, um ihm sein Beglaubigungsschreiben zu überreichen.

In Japan selbst bestand aber weiterhin eine starke, vom Kaiser geförderte fremdenfeindliche Strömung. 1862 befahl der Kaiser dem Shogun zur Audienz zu erscheinen, um ihm mitzuteilen, daß er ab 24. Juni 1863 keinen Ausländer mehr auf japanischem Boden zu sehen wünsche. Ein kaiserliches Edikt wurde in diesem Sinne erlassen und die ausländischen Vertretungen von dem Wunsche des Kaisers informiert. Im Herbst 1862 töteten Samurai einen Engländer, der sich geweigert hatte, ihnen auf der Straße auszuweichen. Die in diesem Zusammenhang von der britischen Regierung geforderte Sühnezahlung unterblieb. Ein Jahr darauf bombardierten britische Seestreitkräfte Kagóshima, die Hauptstadt des Satsuma-Clans. Die ungeheuer destruktive Wirkung des britischen Bombardements erregte die Bewunderung des Satsuma-Clans, der den Engländern die geforderten Reparationen zahlte und nun emsig bestrebt war, von der englischen Seekriegstaktik zu lernen.

An dem Tag, den der Kaiser für die Vertreibung der Fremden festgesetzt hatte, beschossen japanische Küstenbatterien ein amerikanisches Kriegsschiff, woraufhin ein vereintes amerikanisch-holländisch-französisch-britisches Geschwader zur Vergeltung die japanische Küste bombardierte. Danach beschloß der Kaiser, seine teilweise auch innenpolitisch bedingte fremdenfeindliche Haltung zu ändern und die Position des Shogun weiterhin durch Entzug des Rechtes, Lehen zu verleihen, zu schwächen.

1865 faßte der Shogun den für ihn unheilvollen Plan, gegen den aufrührerischen Chóshu-Clan zu Felde zu ziehen. Dieser aber hatte eine mit europäischen Waffen ausgerüstete und nach modernster westlicher Kriegstaktik geschulte Armee herangebildet und vermochte die Regierungsstreitkräfte des Shogun zu schlagen. Die Führer des Chóshu-Clans, die dem Kaiser nahestanden, überredeten den ebenfalls machtvoll gewordenen Satsuma-Clan zu einem Bündnis gegen den Shogun und für eine Stärkung der Autorität des Kaisers. Während des Jahrzehnts seit dem ersten japanisch-amerikanischen Vertrag hatten die vier Clans im Südwesten fieberhaft an einer Erweiterung ihrer industriellen Stärke und der Modernisierung ihrer Armeen gearbeitet. Dabei war ihre Verschuldung bei den Kaufleuten und Bankiers ihrer Gebiete so angewachsen, daß diese sich auf Gedeih und Verderb den Geschicken der Clans verbunden fühlten.

Reformpolitik im Namen des Kaisers

Als Kaiser Komei im Februar 1867 starb, bestieg der forthin als Kaiser Meiji bekannte fünfzehnjährige Sohn Mutsohito den Thron. Ihm stellten die Chóshu-, Satsuma- und Tósa-Clans ihre Macht zur Verfügung, und der bereits in den Vorjahren vieler seiner Machtbefugnisse entkleidete Shogun wurde Anfang 1868 abgesetzt. Das Amt des Shogun wurde abgeschafft. Ein letzter Aufstandsversuch des Shogun Keiki scheiterte, und ein kaiserliches Edikt verkündete, daß alle Macht wiederum in den Händen des Kaisers liege.

Somit war die feudale Herrschaftsordnung des Tokugawa-Shogunats in erster Linie von innen her durch die Initiative führender Elemente der gleichen herrschenden Schicht beseitigt worden. Es gab keine Revolution und keinen Klassenkampf, sondern die Meiji-Reform entstand als Resultat eines Konfliktes zwischen zwei verschiedenen Richtungen innerhalb der dominierenden Führungsgruppe. Dieser Konflikt vollzog sich vor dem Hintergrund der Öffnung, Bedrohung und Durchdringung Japans durch den Okzident. Die unterschiedliche Reaktion diesem Phänomen und seiner Problematik gegenüber erwies sich als Katalysator, der die entwicklungsorientierten Kreise der feudalaristokratischen Führungsschicht von deren entwicklungsfeindlichen Richtungen trennte. Auf innenpolitischer Ebene war es die Frage der Orientierung zugunsten des Kaisertums und eines mit ihm verknüpften neuen nationalen Bewußtseins oder des Festhaltens am Shogunat und an den in seinem Rahmen geschaffenen Machtverhältnissen, die hier die

Trennungslinie bildete. Die in der Tokugawa-Ära zäh und still aufwärtsstrebenden Finanz- und Handelskreise waren in der Spätzeit dieser Ära eher eine Art Symbiose mit der herrschenden Feudalaristokratie eingegangen, die sie finanziell unterstützten und von der sie dafür Protektion und soziales Prestige eintauschten.

Am 6. April 1868 wurde der sogenannte kaiserliche Eid proklamiert, der die Einberufung einer Nationalversammlung und Belebung der öffentlichen Diskussion versprach. Ferner sollte das Allgemeinwohl der Nation durch ständige Zusammenarbeit zwischen Regierung und Regierten gefördert werden. Überlebte Sitten und Gewohnheiten sollten beseitigt, Gerechtigkeit und Aufrichtigkeit kultiviert werden. Das zum Fortschritt erforderliche Wissen sollte zum Wohl des Reiches aus allen Teilen der Welt zusammengetragen werden.[21]

Im März 1869 richteten die westlichen Clans Satsuma, Chóshu, Tósa und Hizen eine gemeinsame Eingabe an den Kaiser. Sie forderten ihn darin auf, das ihnen gegebene Lehen wieder zurückzunehmen, da alles Land dem Kaiser gehöre und es nun an der Zeit

74

75

76

77

78

79

80

81

82

Der japanische Reformkaiser Meiji (78) und seine Paladine: Ito Hirobumi (79); Marschall Yamagata Aritomo (77); Katsura Taro (74); General Nogi (73); Iwakura Tomomi (76); Saigo Takamori (80); Großadmiral Togo (81); Okuma Shigenobu (82).

sei, eine völlig neue Herrschaftsordnung einzuführen. Im folgenden Jahr übersiedelten die Daimyos dieser Clans nach Tokio und unterstellten ihre Streitkräfte dem Kommando des Kaisers. 1871 wurde das politische System der Feudalordnung zugunsten eines zentralisierten Einheitsstaates beseitigt und das Land in Provinzen eingeteilt. Das Wehrgesetz von 1872, das von Yamagata Aritomo ausländischen Modellen nachgebildet war, schaffte die Sonderprivilegien des Samurai-Standes ab. Im gleichen Jahr erfolgte die Anpassung der japanischen Währung an den Goldstandard.

Nicht nur die politische, sondern auch die wirtschaftliche Erneuerung Japans erfolgte in Gestalt einer »Reform von oben«. 1870 wurde das unter Leitung von Fürst Ito Hirobumi stehende Industrieministerium gegründet, von dem ein Historiker nicht ganz zu Unrecht gesagt hat, es sei das Zentrum des japanischen Merkantilismus und der »Kindergarten des japanischen Kapitalismus« gewesen. Es war ein Ministerium zur Förderung und Planung der industriellen Selbstentwicklung auf allen Ebenen. Gleichzeitig mit der Auflösung der Feudalordnung begann das Finanzministerium die Bodenwerte des Agrarlandes zu fixieren (und zwar mit dem 162/3fachen Wert des jährlichen Ernteertrages). Das Land wurde für den freien Grundstücksverkehr freigegeben, die Naturalsteuer durch die Geldsteuer ersetzt. Als die Lehen 1871 an den Thron zurückfielen, übernahm dieser die Verpflichtung, den Daimyos und Samurai ihre jährlichen Reisstipendien zu zahlen. Innerhalb der nächsten sechs Jahre vermochte die Regierung einen Großteil dieser Obligationen in Aktien umzuwandeln, die dem Prozeß der Industrialisierung zugute kamen. Der vielleicht übereilte Übergang von der Natural- zur Geldsteuer wurde den schwächeren Schichten der agrarischen Bevölkerung insofern zum Verhängnis, als hierdurch der Anteil des Pachtbauerntums an der ländlichen Gesamtbevölkerung gewaltig gesteigert und der Prozentsatz der Eigentümerbauern dementsprechend reduziert wurde.[22]

Die Entwicklung der amerikanischen Großmachtstellung am Pazifik – der Marsch vom Atlantik zum Pazifik

Neben dem über Südostasien führenden Vordringen westeuropäischer Kolonialmächte nach Ostasien und abgesehen von der transsibirischen Expansion Rußlands bis zu den nördlichen Grenzgebieten Chinas vollzog sich im 19. Jahrhundert auf dem amerikanischen Kontinent eine dritte ebenfalls dem Pazifik zustrebende Bewegung von historischer Bedeutung. Ihre Trägerin war jene anfänglich aus dreizehn englischen Kolonien gebildete amerikanische Konföderation, die sich im Verlaufe eines siebenjährigen Freiheitskrieges als erstes überseeisches Gebiet von der europäischen Kolonialherrschaft emanzipieren und sich zugleich als erstes republikanisch-demokratisches Staatsgebilde von internationaler Bedeutung konstituieren konnte. Die bis heute gültige Verfassung der Vereinigten Staaten von Amerika war am 4. März 1789 und somit vier Monate vor dem Sturm französischer Revolutionäre auf die Bastille in Paris in Kraft getreten. Das anschließend beginnende Vierteljahrhundert der französischen Revolutionskriege, des napoleonischen Imperialismus und der europäischen Freiheitskriege verstrickte die großen Mächte des »alten Kontinents« in eine Ära schwerer innereuropäischer Konflikte und Krisen. Der jungen amerikanischen Republik verhalf aber gerade diese Ära zu einer historischen Atempause, die ihrer weiteren Konsolidierung zugute kam.

Zur Zeit ihrer Gründung waren die Vereinigten Staaten ein rein atlantischer Staat gewesen. Als Resultat erfolgreich durchgestandener außenpolitischer Krisen waren sie jedoch bereits 70 Jahre nach ihrer Unabhängigkeitserklärung gleichzeitig auch zu einem pazifischen Staat geworden. Ihr Widersacher in der ersten dieser Krisen war Großbritannien gewesen und das Streitobjekt das damals Oregon genannte Gebiet. Dieses »Oregon country« umfaßte einen großen Teil des heutigen British Columbia sowie die gegenwärtigen amerikanischen Unionsstaaten Oregon, Washington und Idaho im Nordwesten der USA. Ein britisch-amerikanischer Vertrag vom 20. Oktober 1818 hatte hinsichtlich der Grenze zwischen Kanada und den USA verfügt, daß diese Grenze vom Wäldersee (Lake of the Woods) bis zu den Rocky Mountains entlang dem 49. Breitengrad verlaufen sollte. Bezüglich des weiter westlich zwischen den Rocky Mountains und dem Pazifischen Ozean gelegenen Teiles des Oregon country war jedoch zunächst für die Dauer von zehn Jahren das Recht der gemeinsamen Benutzung dieses Gebietes durch Staatsbürger beider Staaten vorgeschlagen worden. Spannungen begannen sich zu entwickeln, als beginnend mit dem »Oregon-Fieber« von 1841 Zehntausende landhungriger Amerikaner in dieses Gebiet zu strömen begannen. In London wie auch in Washington wurde die Bereitschaft geäußert, eher einen Krieg zu beginnen, als auf den umstrittenen Teil des Oregon country zu verzichten. Als jedoch die einflußreiche britische Hudson Bay Company 1845 damit begann, ihre Niederlassungen aus den von Amerikanern beanspruchten Gebieten nach Norden zu verlagern, zeigte sich die britische Regierung verhandlungsbereit.

Ein am 15. Juni 1846 unterzeichneter britisch-amerikanischer Vertrag verlängerte die Grenze zwischen den USA und Kanada von den Rocky Mountains bis zum Pazifik entlang dem 49. Breitengrad. Lediglich die Südspitze der etwas über diesen Breitengrad hinausragenden britischen Vancouver-Insel wurde von der Grenzbestimmung durch diesen Breitengrad zugunsten Großbritanniens ausgenommen. Mit diesem Vertrag hatten die Vereinigten Staaten ihren ersten völkerrechtlich anerkannten Gebietserwerb an der östlichen Peripherie des Pazifischen Ozeans vollzogen.

Den südlichen Teil ihres Küstengebietes am Pazifik erwarben die USA als Resultat eines Krieges gegen Mexiko. Diesem Krieg war 1845 die Angliederung von Texas an die USA vorangegangen, nachdem sich Texas ein Jahrzehnt zuvor im Verlauf eines erfolgreichen Revolutionskrieges von Mexiko getrennt hatte. Nachdem Texas ein Staat der USA geworden war, übernahmen letztere bestimmte texanische Gebietsansprüche gegen Mexiko. Vergeblich versuchte die Regierung des amerikanischen Präsidenten Polk, Mexiko zu einer südlichen Rückwärtsverlegung seiner Grenze bis an den Rio Grande sowie zum Verkauf von Kalifornien und New Mexico an die Vereinigten Staaten zu veranlassen. Dem Scheitern dieser Bemühungen folgten zwischen von amerikanischen Streitkräften provozierte Kampfhandlungen. Sie gaben Polk den Vorwand zur Erklärung eines Krieges gegen Mexiko, dessen Gerechtigkeit von weiten Kreisen der amerikanischen Öffentlichkeit und des Kongresses in Zweifel gezogen wurde. Beachtliche Siege der in drei Heeressäulen nach Südkalifornien, Buena Vista und Mexico City vorstoßenden amerikanischen Streitkräfte machten es den USA möglich, Mexiko bereits am 2. Februar 1848 im Friedensvertrag von Guadalupe Hidalgo zur Abtretung von Kalifornien sowie der umstrittenen Gebiete nördlich des Rio Grande zu veranlassen. In Abrundung dieses gewaltigen Gebietserwerbs kauften die USA im Dezember 1853 von Mexiko die südlichen Teile von Arizona und New Mexico.[23]

So waren die USA nur sieben Jahrzehnte nach ihrer Gründung zu einem Staat geworden, dessen Gebiet sich quer durch den amerikanischen Kontinent vom Atlantischen bis zum Pazifischen Ozean erstreckte. Mit leistungsbewußtem Stolz glaubten ihre Bürger an ihre »Manifest Destiny«, die schicksalbestimmte Mission ihrer jungen Nation zur modernisierenden Durchdringung und Erschließung Nordamerikas. Ein Element von Tragik ergab sich dabei aus dem durch Hunger nach mehr und mehr Land, nach Gold, Erdöl, Forst und Wild entstandenen Völkermord an den indianischen Urbewohnern all dieser Gebiete. Beteiligt hieran waren nicht nur die unaufhaltsam in immer größeren Scharen nach Westen vordringenden Siedler, sondern auch Bundesregierung und Armee. Die von Serien von Vertragsbrüchen und Massakern begleitete – und historisch bis heute kaum »bewältigte« – Vernichtung der Indianer im 19. Jahrhundert stand oft genug im Zeichen der auch von zwei Präsidenten vertretenen Devise, nur ein toter Indianer sei ein guter Indianer. Deren überlebende Reste führten auf Grund ihrer Zwangsghettoisierung in sogenannten Reservaten ein klägliches Dasein. Erst 1924 erhielten diese Uramerikaner das Bürgerrecht der Vereinigten Staaten.[24] Erstmals offiziell eingestanden wurden diese Verbrechen in einer Erklärung von Kevin Gover, einem Leiter des Büros für indianische Angelegenheiten im US-Innenministerium vom 8. September 2000, dem 175. Gründungstag dieses Büros.

Der Erwerb eines dritten großen Territoriums an der Pazifikküste des amerikanischen Kontinents ergab sich für die USA aus einer historischen Begegnung zwischen Rußlands großer West-Ost-Expansion auf der einen Seite und der amerikanischen Ost-West-Bewegung auf der anderen. Schauplatz dieser Konfrontation zwischen den sich von zwei Seiten her ausdehnenden Einflußsphären des russischen Reiches und der amerikanischen Republik war die Nordwestküste der westlichen Hemisphäre. Hier hatte der von Rußland über die Aleuten vorstoßende russische Kaufmann und Abenteurer Rezanow auf Kodiak, einer am Südrand Alaskas liegenden Insel, 1784 eine russische Siedlung gegründet. Eine ab 1799 unter dem Namen Russisch-Amerikanische Handelsgesellschaft operierende Unternehmung erhielt unter der Regierung des Zaren Paul I. das Recht auf das Handelsmonopol in Nordwestamerika nördlich des 55. Breitengrades.

Ähnlich der britischen und der niederländischen Ostindien-Gesellschaft hatte die Russisch-Amerikanische Gesellschaft von der zaristischen Regierung die Befugnis bekommen, eigene Land- und Seestreitkräfte zu unterhalten, neu entdeckte Gebiete zu besetzen und mit anderen Staaten Handel zu treiben.[25] Auch war es Aufgabe dieser Gesellschaft, russisch-japanische Beziehungen herzustellen. Das Verwaltungszentrum der Gesellschaft befand sich auf der amerikanischen Insel Sitka vor der pazifischen Küste des heutigen Kanada.[26]

Im Jahre 1809 begann die Aufnahme formeller diplomatischer Beziehungen zwischen dem Kaiserreich Rußland und den Vereinigten Staaten von Amerika. Hierbei ernannten die USA den späteren Außenminister und Präsidenten John Quincy Adams zu ihrem ersten Gesandten in St. Petersburg. Im folgenden Jahr entstand auf kalifornischem Boden, etwa 60 km nördlich von San Francisco, eine russische Siedlung.

Eine von Zar Alexander I. ausgehende und 1819 von seinem Gesandten Poletica an die amerikanische Regierung herangetragene Initiative zielte auf nichts Geringeres ab als auf den Beitritt der Vereinigten Staaten zur Heiligen Allianz. In amerikanischer Sicht verknüpfte dieses Angebot die Möglichkeit kontinental-europäischer Unterstützung der USA gegen Großbritannien mit der Aufforderung, einer Rekolonisierung Lateinamerikas keine Hindernisse in den Weg zu legen.[27] Spannungen zwischen den Regierungen in Washington und St. Petersburg ergaben sich jedoch, als der Zar 1821 anläßlich der Erneuerung des Freibriefs für die Russisch-Amerikanische Gesellschaft zugleich auch ein Edikt (Ukas) erließ, dem zufolge es nichtrussischen Schiffen verboten sein sollte, sich der Küste Nordwestamerikas nördlich des 52. Breitengrades mehr als 100 Meilen zu nähern. Hiermit war indirekt nicht nur Alaska, sondern auch der nördliche Teil des von Großbritannien und den USA gemeinsam benützten Oregon country zum Bestandteil einer russischen Einflußsphäre in Nordamerika erklärt worden. Diese russische Aktion im Norden der USA wie auch die Sorge vor erneuten Interventionen der Kolonialmächte in Südamerika führten zu einer der berühmtesten Reaktionen in der Geschichte der amerikanischen Diplomatie. Sie bestand in der als Monroe-Doktrin[28] bekannt gewordenen programmatischen Willensäußerung der USA. In Form einer Jahresbotschaft des amerikanischen Präsidenten Monroe an den Kongreß der USA vom 2. Dezember 1823 teilte die amerikanische Regierung der amerikanischen und internationalen Öffentlichkeit mit, daß die Vereinigten Staaten jeden Versuch europäischer Mächte zur Kolonisierung (oder Rekolonisierung) in Nord- oder Lateinamerika als eine gefährliche Bedrohung ihres Friedens und ihrer Sicherheit betrachten würden. Präsident Monroe versicherte gleichzeitig, die USA beabsichtigten jedoch keinerlei Maßnahmen gegen zur Zeit noch bestehende europäische Kolonien in der westlichen Hemisphäre zu ergreifen. Er regte ferner an, die Grundkonstellation der amerikanisch-europäischen Beziehungen auf der Basis des Prinzips der gegenseitigen Nichteinmischung zu gestalten. So war mit der Monroe-Doktrin eine der wichtigsten Leitideen des außenpolitischen Staatsinteresses der USA formal definiert worden. Viereinhalb Monate nach diesem Ereignis schlossen die Vereinigten Staaten mit Rußland einen Handelsvertrag, der auf der Basis der Gegenseitigkeit Fahrzeugen beider Staaten die Freiheit der Navigation und des Fischfangs entlang der Küste Nordwestamerikas zusicherte und verfügte, daß Rußland keine Siedlungen südlich, die USA keine nördlich des 54. Breitengrades gründen würden.

Der entscheidende Schritt für die weitere Ausdehnung des amerikanischen Territorialbestandes am Pazifik ergab sich jedoch aus dem Ankauf Alaskas und der Aleuten durch die Vereinigten Staaten. Rußlands Bereitschaft zu diesem Verkauf war einerseits motiviert durch den Bankrott der Russisch-Amerikanischen Gesellschaft wie auch andererseits durch die Befürchtung, daß sich Rußlands Widersacher Großbritannien dieses schwer zu haltenden Gebietes bemächtigen könne. Außenminister Seward und der russische Gesandte in Washington, Eduard Stöckl, einigten sich auf eine Kaufsumme von 7,2 Millionen US-Dollar als Kompromiß zwischen dem amerikanischen Angebot von 5 und der russischen Gegenforderung von 10 Millionen Dollar. Dieser am 30. März 1867 unterzeichnete Kaufvertrag, der den USA ein Gebiet von großer wirtschaftlicher und noch größerer strategischer Bedeutung einbrachte, wurde trotz einiger Kritik in der amerikanischen Öffentlichkeit, die diesen Kauf als Sewards Torheit (Seward's folly) tadelte, vom amerikanischen Senat kurz darauf mit großer Mehrheit angenommen. Wiederum sah sich Außenminister William H. Seward in seiner Auffassung von der offensichtlichen Bestimmung (manifest destiny) der amerikanischen Nation bestätigt, der es gleichsam von der Geschichte aufgegeben sei, sich von Ozean zu Ozean über den nordamerikanischen Kontinent hinweg auszudehnen.

Amerikas Vorstoß in den Pazifik

Die wirtschaftliche und strategische Infrastruktur der neugegründeten amerikanischen Machtbasis am Pazifik wurde maßgeblich durch den Bau von transkontinentalen Eisenbahnlinien gestärkt, die die westliche Küste der USA mit den Regierungs-, Handels- und Industriezentren im Raum der ursprünglichen 13 Staaten der Union bzw. mit der Ost- und später auch der Südküste der Vereinigten Staaten verbanden. Die erste dieser Eisenbahnlinien, die 1869 gleichzeitig mit dem Suezkanal fertiggestellte Central Pacific Railroad, lief von Omaha entlang dem Gebiet von Salt Lake City nach San Francisco. Zwei weitere Bahnen, die von Duluth nach Portland (Oregon) führende North Pacific Railroad und die New Orleans mit Los Angeles verbindende South Pacific Railroad, wurden 1883 in Betrieb genommen.

Die Entwicklung der amerikanischen Machtstellung am Pazifik beruhte jedoch keineswegs nur auf dem Erwerb und der Erschließung von Territorien an der Westküste Nordamerikas. Bereits Jahrzehnte vor diesen Ereignissen und zudem fast ein Jahrhundert vor der Eröffnung des Atlantik und Pazifik miteinander verbindenden Panamakanals hatten Kaufleute der amerikanischen Ostküste – insbesondere Firmen aus Boston und Salem – einen beträchtlichen Handelsverkehr mit Ostasien betrieben. Insbesondere nach China exportierten amerikanische Unternehmen Pelze, Sandelholz, Ginseng, Opium und Silber, während sie aus China vor allem Seide und Tee importierten. Der früheste Vorstoß zur Eröffnung vertraglicher Beziehungen mit ostasiatischen Staaten führte bereits 1833 zum Abschluß von Handelsabkommen mit Siam (Thailand) und Muscat. Wie bereits dargestellt, profitierten die USA bei der Aufnahme vertraglicher Beziehungen zu China von Großbritanniens Sieg und Chinas Niederlage im Opiumkrieg. So konnte Caleb Cushing, der erste amerikanische Sonderbotschafter für China, die von England gewaltsam in die Mauer der chinesischen Isolationspolitik geschlagene Bresche auf diplomatischem Wege erweitern.[29] Bedeutsamer noch für die künftige Gestaltung der amerikanisch-chinesischen Beziehungen war die Tätigkeit des ersten amerikanischen Gesandten in China, Anson Burlingame, die im Rückblick gesehen wie ein Prolog zur späteren amerikanischen »Politik der Offenen Tür« (open door policy) erscheint. Während Burlingame einerseits den Willen der USA zur Wahrung ihrer in China bestehenden Rechte erwähnte, betonte er andererseits die Bereitschaft der Vereinigten Staaten, keinerlei Gebietsansprüche an China zu stellen, sich jeder Einmischung in die inneren Angelegenheiten Chinas zu enthalten und die territoriale Integrität des chinesischen Reiches zu respektieren. Diese Haltung, die ihren konkreten Niederschlag in Artikel 8 des amerikanisch-chinesischen Vertrages (Burlingame Treaty) vom 28. Juli 1868 fand, enthielt eine beabsichtigte Spitze gegen die damalige Chinapolitik der europäischen Kolonialmächte. In einer Analyse dieser Funktion schrieb der britische Gesandte in China, Rutherford Alcock: »Diese öffentliche Absage an jedes Recht zur Einschlagung einer intervenierenden oder Druck ausübenden Politik zur Förderung des ausländischen Handels scheint insbesondere gegen die (ausländischen) Kaufleute in China und vielleicht auch gegen ausländische Staaten gerichtet zu sein, die dazu neigen, eine Politik des Zwanges zu befürworten oder zu praktizieren.«[30] Während die meisten ausländischen Staaten dieser Zeit China die nur einseitig anzuwendende Meistbegünstigungsklausel abzwangen, wurde sie nach Artikel 6 des genannten amerikanisch-chinesischen Vertrages auf der Basis der Gegenseitigkeit gewährt. Der gleiche Vertrag erlaubte chinesischen Arbeitskräften freie Einwanderung in die Vereinigten Staaten, wo ihr Arbeitseinsatz für die allgemeine Entwicklung Kaliforniens und den Bau der transkontinentalen Eisenbahnlinien benötigt wurde.

Wenngleich Burlingames Wirken die spätere Politik der Offenen Tür vorwegnahm und zu einer Entspannung des psychologischen Klimas zwischen den westlichen Staaten und China (zumindest auf seiten der ersteren) beitrug, konnte es dennoch jene schweren Spannungen nicht verhindern, die sich später aus der Masseneinwanderung chinesischer Arbeitskräfte in die USA ergaben. 1880, nur 12 Jahre nach der Unterzeichnung des Burlingame-Vertrages von 1868, bildeten chinesische Einwanderer neun Prozent der gesamten Bevölkerung Kaliforniens. Ihre sprichwörtliche Genügsamkeit, verbunden mit ihrem Fleiß und ihrer Intelligenz, bewirkte, daß die anfangs begrüßten Chinesen nun als gefährliche und unerwünschte Konkurrenz verschrien wurden. Wie der amerikanische Historiker Thomas A. Bailey bemerkte, war es nicht ihre Untüchtigkeit, sondern im Gegenteil ihre zu große Tüchtigkeit, die sie unbeliebt machte.[31] Wie so oft ergaben sich auch hier rassische Spannungen und Verfolgungen als Symptome wirtschaftlicher Konkurrenz. Die chinesischen Minderheiten an der amerikanischen Westküste fanden sich zahlreichen Feindseligkeiten, Quälereien und oft auch pogromartigen Ausschreitungen seitens der »weißen« Öffentlichkeit ausgesetzt. Um die chinesische Einwanderung zu unterbinden, verabschiedete der amerikanische Kongreß 1879 ein Gesetz, dem zufolge es nicht gestattet sein sollte, mehr als 15 Chinesen pro Schiff nach Amerika zu bringen. Auf Grund der Unvereinbarkeit dieses Gesetzes mit dem Burlingame-Vertrag verhinderte es Präsident Hayes mit einem Veto. 1882 jedoch wurde ein Gesetz zur Unterbindung der chinesischen Einwanderung in die Vereinigten Staaten verabschiedet. Aber auch dieses Gesetz vermochte weitere antichinesische Pogrome nicht zu verhindern. Ein amerikanisch-chinesischer Vertrag von 1894 erließ für die Dauer von zehn Jahren ein Verbot jeglicher weiterer chinesischer Einwanderung in die USA.

Unmittelbar anschließend an die Gewinnung ihrer pazifischen Küstengebiete auf dem amerikanischen Kontinent (Oregon, Kalifornien, Alaska) waren die Vereinigten Staaten in der Lage, ihren Machtbereich auch auf eine Reihe strategisch und handelspolitisch bedeutsamer Inseln im Pazifischen Ozean auszudehnen. Bereits im Jahre des Ankaufs von Alaska waren die im Zentralpazifik auf halbem Wege zwischen Kalifornien und China gelegenen Midway-Inseln von der amerikanischen Kriegsmarine besetzt und ein erster amerikanischer Versuch zur Annektierung von Hawaii unternommen worden. Diese erfolgte während des spanisch-amerikanischen Krieges durch einen Beschluß des amerikanischen Kongresses vom 6. Juni 1898, nachdem fünf Jahre zuvor eine nicht ganz ohne amerikanisches Zutun auf Hawaii ausgebrochene Revolte die Abdankung der einheimischen Königin Liliuokalani bewirkt und zu einem hawaiianischen Ansuchen um Annektierung durch die USA geführt hatte. Gegen die Annektierung hatte die Regierung des Kaiserreiches Japan protestiert und während der Unruhen auf Hawaii ein Kriegsschiff zum Schutz dortiger japanischer Interessen entsandt. Dieses Interesse beruhte, von seinen strategischen Aspekten abgesehen, auch auf der Tatsache, daß 39,7 Prozent der damaligen Bevölkerung Hawaiis japanischer Abstammung waren, während die übrigen Teile der 154.000 Personen umfassenden Bevölkerung dieser Inselgruppe im Hinblick auf ihre Abstammung und nach Prozenten der Gesamtbevölkerung wie folgt aufgeschlüsselt waren: 19,3 einheimische Hawaianer, 18,7 Amerikaner und Europäer, 16,7 Chinesen, 5,1 »Halb-Hawaianer« und 0,5 verschiedener anderer Herkunft.[32]

Der spanisch-amerikanische Krieg, dessen Entstehung von einer kubanischen Revolte gegen die brutal regierende spanische Kolonialmacht stark beeinflußt wurde, hatte den USA in der westlichen Hemisphäre eine weitere Chance zur Verdrängung des europäischen Kolonialismus aus Amerika gegeben. Zugleich aber wurde dieser Krieg auch zum Anlaß einer bedeutsamen Erweiterung der amerikanischen Machtsphäre im Pazifischen Ozean. Bei Kriegsausbruch mußte ein Flottengeschwader der amerikanischen Kriegsmarine unter dem Befehl von Admiral Dewey den neutralen Hafen von Hong Kong verlassen. Das Geschwader nahm Kurs auf die unter spanischer Herrschaft stehenden Philippinen-Inseln, wo es am 1. Mai 1898 auf Grund seiner technisch weit überlegenen Schiffsartillerie einen leichten und vollständigen Sieg über die dort befindlichen spanischen Flotteneinheiten errang. Der zur See begonnene Kampf gegen die spanische Kolonialmacht wurde durch die Unterstützung antispanischer philippinischer Revolutionäre und die Entsendung amerikanischer Landstreitkräfte fortgeführt.

Auf Grund des spanisch-amerikanischen Friedensvertrages vom 10. Dezember 1898 mußte Spanien auf Kuba verzichten und die Philippinen sowie die östlich von ihnen liegende Insel Guam an die Vereinigten Staaten abtreten. Paradoxerweise wurden die USA so zur Kolonialmacht in einem südostasiatischen Inselstaat mit einer Bevölkerung von damals 7,5 Millionen und einer Fläche von ca. 300.000 qkm, obwohl sie den Krieg unter Berufung auf ihre antikolonialen Traditionen begonnen hatten. Die Vorstellung, die Philippinen könnten nach dem Ende der spanischen Herrschaft unter die Kontrolle Japans oder einer europäischen Macht fallen, trug unzweifelhaft zu dem Beschluß der USA bei, dieses Gebiet in ihren unmittelbaren Machtbereich einzubeziehen. Mit Bekanntwerden dieses Beschlusses richtete sich der zuvor antispanische Kampf der philippinischen Nationalisten gegen die USA, die diese Revolte nach dreieinhalbjährigem Kampf unterdrücken konnten. Erst 36 Jahre später, nach Erreichung entwicklungspolitischer Fortschritte und veranlaßt durch die fühlbar werdende Konkurrenz philippinischer Agrarimporte in den USA, beschlossen diese im sogenannten Tydings-McDuffie-Act von 1934, den Philippinen nach Ablauf einer zehnjährigen Frist ihre Unabhängigkeit zu gewähren.

Aber nicht nur auf den Philippinen, sondern auch auf den Samoa-Inseln konnten die USA gegen Ende des 19. Jahrhunderts Fuß fassen. Nach einem wenig zufriedenstellenden Kondominium Großbritanniens, der USA und Deutschlands über diese Inseln verfügte ein Vertrag vom 2. Dezember 1899 deren Teilung zwischen Deutschland und den USA. Die letzteren erhielten dabei die östlichen Samoa-Inseln mit dem Hafen Pago Pago. Noch im gleichen Jahr erwarb Washington die zwischen den Midway-Inseln und Guam gelegene Wake-Insel und 1903 jene mittelamerikanische Landenge, auf der anschließend der Panama-Kanal gebaut und am 15. August 1914 dem Verkehr übergeben wurde. So waren die Vereinigten Staaten von Amerika innerhalb eines halben Jahrhunderts zu einer pazifischen Macht geworden, deren Gebiete von der Beringstraße zwischen Alaska und Sibirien bis zu den Samoa-Inseln in der Südsee reichten und sich von der Westküste der USA sowie der Panama-Kanal-Zone über Hawaii, die Midway- und Guam-Inseln quer über den Pazifik bis zu den Philippinen nahe der Küste Chinas und Vietnams erstreckten.

Der französisch-chinesische Krieg um Vietnam

Zum Zeitpunkt der Errichtung amerikanischer Herrschaft auf den Philippinen hatte sich der französische Imperialismus bereits in den gegenüber auf dem asiatischen Festland liegenden Gebieten Indochinas festgesetzt. Vietnam, das als erstes dieser Gebiete zum Ziel der französischen Expansion wurde, hatte in den ersten beiden vorchristlichen Jahrhunderten einen eigenen Staat gebildet, der Teile Südchinas und Nordvietnams umfaßte. Dieser Nam-Viet genannte Staat wurde jedoch um 111 v. Chr. von der chinesischen Han-Dynastie unterworfen. Im folgenden Jahrtausend chinesischer Oberhoheit über Vietnam wurde die von China übernommene konfuzianische Kulturform zur stärksten, wenn auch keinesfalls zur einzigen Determinante in der soziokulturellen Daseinsführung des vietnamesischen Volkes. Ebenso konnte der Buddhismus einen nachhaltigen Einfluß auf das kulturelle Leben Vietnams ausüben. Große und oft mit bemerkenswertem Heroismus durchgeführte Aufstände gegen China trugen ungeachtet aller Sinisierung zur Erhaltung eines vietnamesischen Nationalgefühls und letztlich auch zur Minderung der chinesischen Kontrollgewalt über Vietnam bei. Gleichzeitig aber wurde Vietnam, ausgehend von dem Gebiet des heutigen Nordvietnam, in der Zeit zwischen Anfang des 15. und Mitte des 19. Jahrhunderts zum Träger eines Expansionsprozesses, dem zunächst das im heutigen Südvietnam liegende Reich der Champas zum Opfer fiel. Sogar Kambodscha, das Reich der Khmer, und Teile von Laos gerieten zeitweise unter die Kontrolle Vietnams.

Dem Niedergang der vietnamesischen Le-Dynastie im 16. und 17. Jahrhundert folgte in Vietnam eine politische Konstellation, die man als Doppel-Shogunat bezeichnen könnte.[33] Die politische Herrschaftsfunktion eines Shoguns wurde in Nordvietnam von der Familie der Trinh und in Südvietnam von der Familie der Nguyen ausgeübt. Die Herausbildung dieser beiden Machtzentren, deren Regierungssitz im Falle der Trinh in Hanoi und im Falle der Nguyen in der Nähe von Quang-tri lag, führte zu einer 150jährigen Nord-Süd-Teilung Vietnams. Etwa am 17. Breitengrad, wo nach dem Beschluß der Genfer Indochina-Konferenz von 1954 die Trennungslinie zwischen Nord- und Südvietnam gezogen wurde, errichtete das Haus der Nguyen nach 1630 ein gewaltiges Mauerwerk, das der politischen Teilung Vietnams entsprach.[34] Eine weitere Analogie zwischen der damaligen und der späteren Teilung Vietnams ergibt sich aus der Tatsache, daß die miteinander konkurrierenden vietnamesischen Teilstaaten damals wie im 20. Jahrhundert von jeweils verschiedenen okzidentalen Mächten unterstützt wurden. Während die Nguyen Waffenlieferungen sowie technische und ausbildnerische Militärhilfe von den Portugiesen erhielten, wurden insbesondere die Seestreitkräfte der Trinh im Norden von den Holländern unterstützt. Die politische Situation in Vietnam komplizierte sich durch den 1772 beginnenden Aufstand der populären und reformfreudigen Tay-son-Brüder.

Aus den Wirren langwieriger und destruktiver Kämpfe zwischen den Kräften der Trinh, den Tay-son und den Nguyen blieben die letzteren Ende des 18. Jahrhunderts Sieger. Bei ihrem Sieg hatte die von dem französischen Geistlichen Pigneau de Behaine organisierte private französische Militärhilfe eine nicht unmaßgebliche Rolle gespielt. Der die südlichen Kräfte führende Nguyen An erklärte sich nach der Eroberung von Hanoi im Juni 1802 zum Kaiser von Vietnam, der das wiedervereinigte Land von Hué aus regierte und ihm seinen jetzigen Namen Vietnam gab.[35] Sich selbst nannte Nguyen An von nun an Gia-Long. Trotz seiner neu gewonnenen Stärke blieb Vietnam ein Mitglied der sogenannten konfuzianischen Völkerfamilie, was symbolisch durch die Investitur von Gia-Long seitens des chinesischen Kaisers (1804) zum Ausdruck gebracht wurde.

Auf Grund der Besorgnisse und des Mißtrauens, das bei der vietnamesischen Regierung durch die koloniale Expansion okzidentaler Mächte in Ost- und Südasien hervorgerufen wurde, wandelte sich die Einstellung der konfuzianischen Herrscher Vietnams gegenüber dem Christentum. An die Stelle vorheriger Toleranz und Großzügigkeit trat Feindseligkeit, gesteigert bis zur regelrechten Christenverfolgung.

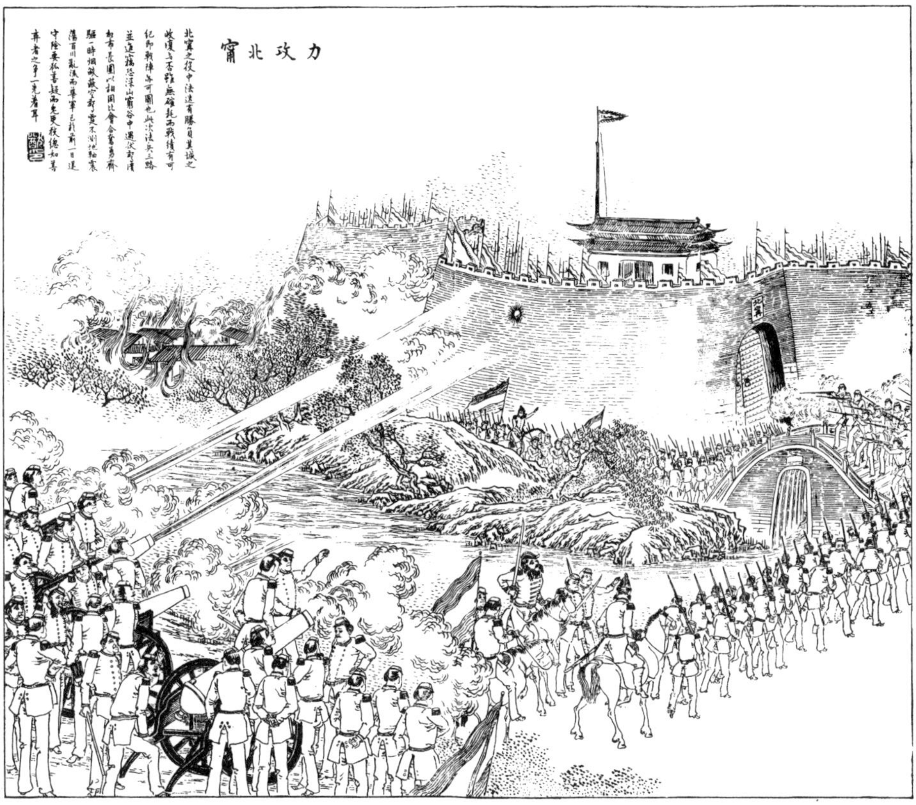

In dem zur Sicherung ihrer Eroberung Vietnams geführten Krieg gegen China (1883–85) beschießen die Franzosen die chinesische Festung Peining. Chinesische Darstellung der Schanghai-Bildzeitung.

Der zu dieser Zeit in Frankreich regierende Louis Napoleon (und spätere Napoleon III.) war einerseits bestrebt, das durch den Imperialismus und die Niederlage Napoleons I. geminderte Prestige seines Landes zu heben. Gleichzeitig aber warb er innenpolitisch um die Sympathien der politisch machtvollen katholischen Kirche Frankreichs, um seinen Gegnern deren Unterstützung zu entziehen.[36] Da die Kirche intensiv an der Verteidigung und Erweiterung ihres missionarischen Einflusses in Vietnam interessiert war, konnte eine imperialistische Politik diesem Lande gegenüber sowohl dem außenpolitischen Ziel einer Demonstration und Vermehrung französischer Macht wie auch dem innenpolitischen Ziel einer Förderung kirchlicher Interessen nützlich sein. Französische Land- und Seestreitkräfte, die sich an der Seite Großbritanniens am zweiten britisch-chinesischen Krieg beteiligt hatten, wurden gemeinsam mit spanischen Kampfeinheiten aus den Philippinen gegen Vietnam eingesetzt. Der französisch-vietnamesische Krieg von 1858–62 endete mit dem Vertrag von Saigon, der am 5. Juni 1862 unterzeichnet wurde. Ihm zufolge erhielt Frankreich Saigon, Cochinchina, die Insel Pulo Condor und eine vietnamesische Zusage, kein Gebiet Vietnams an eine andere auswärtige Macht abzutreten. Ein Jahr darauf zwangen französische Unterhändler – buchstäblich mit der Pistole in der Hand – den kambodschanischen König Norodom zur Annahme eines Geheimvertrages, der Kambodscha in ein französisches Protektorat verwandelte und Siams (Thailands) Oberhoheit über Kambodscha beendete.[37]

Bald darauf richteten die Vertreter einer weiterhin expansionistischen französischen Kolonialpolitik in Ostasien ihr Augenmerk auf die reichen wirtschaftlichen und verkehrspolitischen Möglichkeiten Nordvietnams (Tongking). Begehrenswert schien insbesondere auch eine französische Kontrolle über den Südchina mit dem Golf von Tong King verbindenden Roten Fluß. Ein Zwischenfall im Jahre 1873 lieferte den erwünschten Vorwand zu einer militärischen Expedition gegen Nordvietnam. Nachdem die Franzosen am 20. November dieses Jahres die Zitadelle von Hanoi erstürmt und weitere Städte in Nordvietnam besetzt hatten, bemühten sich die Vietnamesen um Hilfe aus China, dessen Oberhoheit sie noch immer anerkannten. Chinas Hilfe kam in Form der »Schwarzflaggen«, Partisaneneinheiten unter dem Kommando des vormaligen Taiping-Offiziers Liu Yung-fu.[38] Dank dem vereinten Gegenangriff der chinesischen und vietnamesischen Einheiten gelang es, die Franzosen zunächst zu schlagen und Hanoi von ihnen zu befreien. In offensichtlichem Bewußtsein eines solchen nur vorübergehend möglichen Erfolges unterzeichnete die vietnamesische Regierung – wenn auch nur widerwillig – am 15. März 1874 einen »Friedens- und Freundschaftsvertrag« mit Frankreich. Durch ihn erhielten die Franzosen das Recht zur bewaffneten Intervention in Vietnam (in Annam und Tongking), sollten sich dort Unruhen ergeben. Französische Schiffe erhielten das Vorrecht freier Navigation auf dem Roten Fluß, und die vietnamesische Regierung in Hué bestätigte schließlich die definitive Abtretung Cochinchinas an Frankreich. Als dessen Gesandter in Peking der dortigen Regierung den Inhalt des französisch-vietnamesischen Vertrages bekanntgab, erhob das chinesische Außenministerium Protest im Hinblick auf zwei Punkte des Vertrages. Die im Vertrag enthaltene Wendung, der zufolge Annam ein unabhängiger Staat sei, lehnte China unter Hinweis auf seine Jahrhunderte alte Oberhoheit über Vietnam ab. Ebenso protestierte es gegen das von Frankreich beanspruchte Recht, über Nordvietnam mit der angrenzenden chinesischen Provinz Yünnan ungehindert Handel treiben zu können.[39] Auf seiten Vietnams

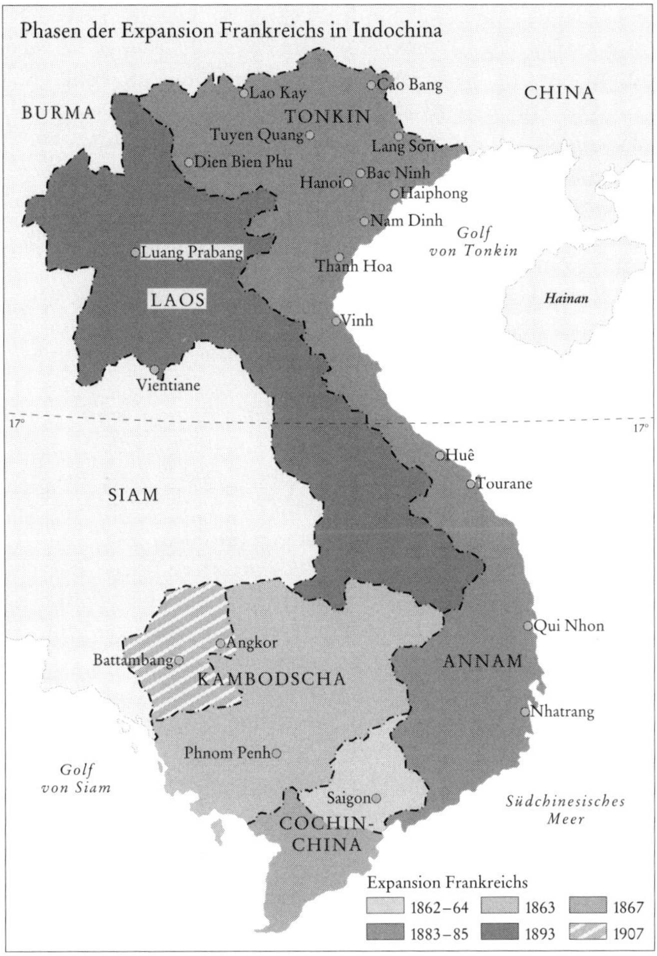

demonstrierte dessen Herrscher Tu Duc das besondere Verhältnis seines Landes zu China durch zwei 1877 und 1880 in traditioneller Form nach Peking entsandte Tributmissionen, obwohl Frankreich seinen Unwillen über diese Anerkennung chinesischer Oberhoheit durch Vietnam zum Ausdruck brachte.[40]

Als Tseng Chi-tse, einer der bedeutendsten chinesischen Diplomaten dieser Ära, in Paris nochmals unter Berufung auf die chinesische Oberhoheit über Vietnam vorstellig wurde, sprach die französische Regierung China das Recht ab, weiterhin in französisch-vietnamesischen Angelegenheiten mitzureden. Frankreichs Irritation über die Weigerung Chinas, auf seine Souveränität über Vietnam zu verzichten, sowie mehr noch die sich fortsetzenden militärischen Zusammenstöße zwischen Partisaneneinheiten der chinesischen »Schwarzflaggen« und immer selbstherrlicher in Nordvietnam vorgehenden französischen Truppen führten 1882 zur Entsendung einer französischen Expeditionsarmee nach Nordvietnam. Unter dem Eindruck ihrer Anwesenheit sah sich die vietnamesische Regierung am 25. August 1883 zur Unterzeichnung eines Vertrages mit Frankreich veranlaßt, in dem es hieß: »Annam anerkennt und akzeptiert das Protektorat Frankreichs. ... Frankreich wird die Kontrolle über die auswärtigen Beziehungen Annams mit allen anderen Staaten – einschließlich Chinas – ausüben.«[41] Währenddessen hatten die in Tongking nach Norden vordringenden französischen Streitkräfte einige Orte an der vietnamesisch-chinesischen Grenze besetzt, obgleich die chinesische Regierung gewarnt hatte, daß ein solcher Schritt zum Krieg führen könne. Angesichts des daraufhin beginnenden Krieges zwischen Frankreich und China begab sich der chinesische Staatskanzler Li Hung-chang nach Tientsin, wo durch Vermittlung von neutraler Seite zwischen ihm und dem französischen Regierungsvertreter Kapitän E. Fournier ein Abkommen, die sogenannte Li-Fournier-Konvention vom 11. Mai 1884, unterzeichnet wurde.

China verpflichtete sich hierin, Frankreichs bisherige und künftige Abkommen mit Vietnam anzuerkennen und seine Streitkräfte aus Tongking zurückzuziehen. Frankreich verzichtete zwar auf Reparationen, erhielt jedoch von Peking das Recht auf freien Güterverkehr zwischen Nordvietnam und China »unter den denkbar besten Bedingungen«.[42] Diese Konvention sollte die Ausgangsbasis für einen umfassenderen chinesisch-französischen Vertrag werden. Der so scheinbar gerettete Friede zwischen China und Frankreich ging vorläufig dennoch verloren, als sich chinesische Streitkräfte entgegen den Abmachungen zwischen Li und Fournier den über die chinesische Grenze vorrückenden französischen Truppen entgegenstellten.[43] Noch während weitere Verhandlungen im Gange waren, erschien eine französische Flotteneinheit vor Taiwan und forderte die Festung von Keelung zur Kapitulation auf. Da keine Antwort erfolgte, begannen die Franzosen am 4. August mit einem Angriff, der jedoch von den Chinesen abgewehrt werden konnte. Französische Flotteneinheiten bombardierten den chinesischen Festlandshafen Foochow und verhängten eine Blockade über den südlichen Teil der chinesischen Küste. Kurz nachdem chinesische Streitkräfte unter dem Befehl des Generals Feng Tzu-ts'ai Ende März 1885 einen größeren Sieg über die französischen Kolonialtruppen erringen konnten, wurde zwischen Paris und Peking die Wiederaufnahme der Friedensverhandlungen vereinbart.[44] Denn diese für Frankreich demütigende Niederlage hatte in Paris maßgeblich zum Sturz des Kabinetts Jules Ferry sowie zur Einschlagung einer etwas maßvolleren Fernostpolitik geführt. Ein französisch-chinesischer Vertrag vom 9. Juni 1885 bestätigte im wesentlichen den Inhalt der erwähnten Li-Fournier-Konvention und beendete so den zweiten Krieg zwischen Frankreich und China mit der Peking gewaltsam abgezwungenen Anerkennung der Tatsache, daß Chinas indirekt ausgeübte Suzeränität über Vietnam nunmehr durch Frankreichs direkt praktizierte Oberhoheit ersetzt worden war.

2. Kapitel

Japans Weg zur Weltmacht und die Anfänge der chinesischen Revolution

Taiwan und Korea im Spannungsfeld japanisch-chinesischer Konflikte

Im Gegensatz zu Korea und Vietnam, deren Herrscher – ohne äußeren Zwang – noch bis gegen Ende des 19. Jahrhunderts Chinas vorrangige Stellung unter den Staaten des konfuzianischen Kulturkreises anerkannten, betonte Japan, das ebenso zu diesem Kulturkreis gehörte, bald nach der Meiji-Restauration von 1868 seine Gleichberechtigung mit Ostasiens vormaligem »Reich der Mitte«. Auf völkerrechtlicher Ebene geschah das durch den am 13. September 1871 in Tientsin unterzeichneten chinesisch-japanischen Vertrag, der zur Aufnahme diplomatischer Beziehungen zwischen beiden Staaten auf der Basis »völliger Unabhängigkeit voneinander« führte.[1] Im Dezember des gleichen Jahres, in dem auch ein erster chinesisch-japanischer Handelsvertrag geschlossen worden war, ergab sich im Süden der Insel Taiwan ein Zwischenfall, der sich zum Ausgangspunkt eines ersten diplomatischen Konflikts zwischen China und Japan im 19. Jahrhundert entwickeln sollte. In dem genannten Monat waren schiffbrüchige Seeleute von den Ryukyu-Inseln von taiwanesischen Bergstämmen getötet und kannibalisch verzehrt worden.[2] Auf Grund dieses Vorfalles legte die japanische Regierung China gegenüber Protest ein und verlangte zudem Genugtuung für die ermordeten Seeleute. Der völkerrechtlich bedeutsame Aspekt dieses Schrittes lag darin, daß die Ermordeten nicht Staatsbürger Japans, sondern Einwohner der Ryukyu-Inseln waren. Die Herrscher dieser Inseln hatten ab 1372 v. Chr. dem »Reich der Mitte« Tribut geleistet und später regelmäßig ihre Investitur von den Kaisern Chinas erhalten. Seitdem jedoch der Fürst des südjapanischen Satsuma-Clans 1609 n. Chr. die Ryukyu-Inseln erobert hatte, sahen sich die Herrscher dieser Inseln veranlaßt, auch ihren japanischen Herren Tribut zu entrichten und sich auch von ihnen ihre Investitur bestätigen zu lassen. Angesichts dieser unglücklichen Situation der doppelseitigen Loyalität eines schwachen Inselstaates gegenüber zwei benachbarten asiatischen Großreichen hätte Peking den Protest aus Tokio mit dem Hinweis ablehnen können, die getöteten Seeleute seien Angehörige eines unter chinesischer Oberhoheit stehenden Tributstaates. Das tat es jedoch nicht; vielmehr beging im Verlaufe einer Konferenz mit dem japanischen Außenminister Soyejima der chinesische Staatskanzler Li Hung-chang den Fehler, im Namen Chinas die Verantwortung für die Aktionen der taiwanesischen Bergstämme zu übernehmen.[3] Beamte am Hofe in Peking wünschten aber in Anbetracht einer bevorstehenden kostspieligen kaiserlichen Hochzeit und der Chinas Staatsfinanzen belastenden Expeditionen gegen Aufstände in der Provinz Kansu und in Sinkiang weitere Kosten zu vermeiden. Da eine von Li Hung-chang der japanischen Regierung in Aussicht gestellte Strafexpedition gegen die taiwanesischen Bergstämme beträchtliche Summen verschlungen hätte, teilte der chinesische Hof dem japanischen Außenminister mit, der in Frage stehende Teil der Insel Taiwan liege außerhalb des Kontroll- und Jurisdiktionsbereiches der chinesischen Regierung, weshalb diese keinerlei Verantwortung für die Einwohner jener Region übernehmen könne.[4]

Die Reaktion der japanischen Regierung bestand in der Organisation einer militärischen Strafexpedition gegen die taiwanesischen Bergstämme. Am 7. Mai 1874 landete die von den Generälen Saigo und Okuma befehligte japanische Streitmacht an der Südostküste von Taiwan. Alarmiert durch diese unerwartete Wendung, entsandte die Pekinger Regierung in der zweiten Jahreshälfte 1874 gegen 11.000 Soldaten in den Südteil Taiwans. Ihr Protest in Tokio betonte nun Chinas Oberhoheit über ganz Taiwan. Der für den Frieden des Fernen Ostens nicht ungefährliche Zwischenfall wurde nicht ohne Zutun des britischen Gesandten in Peking, Thomas Wade, durch ein chinesisch-japanisches Abkommen vom 31. Oktober 1874 beigelegt. China verpflichtete sich darin zur Zahlung von Schadenersatz für die von den Bergstämmen getöteten »japanischen« Seeleute, übernahm die Kosten der japanischen Expedition gegen Taiwan und versicherte, die taiwanesischen Stämme künftig besser unter Kontrolle zu halten.[5] Obwohl der König der Ryukyu-Inseln im folgenden Jahr wieder eine Tribut-Mission nach Peking entsandte, vollzog die japanische Regierung die Annektierung der Inseln dadurch, daß sie die Ryukyus im April 1879 zur japanischen Präfektur Okinawa erklärte und ihren König Sho Tai nach Japan brachte, wo er, wenngleich äußerlich geehrt, als Gefangener verblieb.[6]

Dem Wetterleuchten dieses ersten japanisch-chinesischen Konflikts in der Ära der Kolonialexpansion folgte zwei Jahrzehnte später das Gewitter des ersten modernen Krieges zwischen Japan und China. Sein Schauplatz war wiederum ein geographisch zwischen den beiden Reichen liegender Tributstaat des »Reiches der Mitte«, der ähnlich wie die Ryukyu-Inseln zeitweilig besondere Beziehungen zu Japan unterhalten hatte. Korea (Choson), das »Land der Morgenfrische«, war in seiner vorkolonialen Geschichte, insbesondere im 16. Jahrhundert, das Ziel japanischer Invasoren gewesen, die jedoch mit chinesischer Hilfe wieder aus dem Land vertrieben werden konnten. Wie seit Jahrhunderten verstanden die Könige von Korea ihr Land auch bei Anbruch des Kolonialzeitalters in Ostasien theoretisch als Tributstaat des chinesischen Reiches. Als aber der Gesandte der Vereinigten Staaten, deren Regierung an einer Öffnung Koreas interessiert war, diesbezügliche Erkundigungen beim Auswärtigen Amt in Peking (Tsungli Yamen) einzog, reagierten die Pekinger Bürokraten ähnlich wie zuvor im Falle Taiwans. In dem offensichtlichen Bestreben, eventuellen Schwierigkeiten aus dem Wege zu gehen, teilte das Tsungli Yamen den amerikanischen Gesandten mit, Korea befände sich zwar unter chinesischer Oberhoheit, doch sei deren konkrete Wirksamkeit so gering, daß Korea über ein hohes Maß an faktischer Selbstbestimmung verfüge. Nach Erhalt dieser Auskunft versuchte der amerikanische Gesandte F. F. Low, von einer Flotteneinheit der amerikanischen Kriegsmarine begleitet, das Königreich Korea in der Weise zu »öffnen«, wie es Commodore Perry im Falle Japans gelungen war. Doch setzten die Koreaner einem amerikanischen Landungsversuch bewaffneten Widerstand entgegen. Gleichzeitig ersuchte der König von Korea das für Pekings Beziehungen zu Tributstaaten zuständige chinesische Ministerium für Riten, es möge ein Schreiben des Kaisers von China an den amerikanischen Gesandten erwirken. Der Gesandte sollte hierin aufgefordert werden, von den Plänen einer unerwünschten Kontaktaufnahme mit Korea Abstand zu nehmen.[7] Während sich die Koreaner berechtigt glaubten, unautorisiert auf koreanischem Gebiet landende amerikanische Marineeinheiten unter Beschuß nehmen zu können, sahen die Amerikaner hierin einen »ungerechtfertigten Angriff auf eine friedliche Mission«.[8] Daher kehrte die Flottille zehn Tage später an die koreanische Küste zurück, wo die Amerikaner als Akt der Vergeltung zwischen dem 10. und 12. Juni 1871 fünf koreanische Forts beschossen und erstürmten, wobei 250 Koreaner den Tod fanden.[9] Trotz dieser Gewaltanwendung konnte die amerikanische Mission ihr Ziel einer Kontaktaufnahme mit der koreanischen Regierung nicht verwirklichen, weil die koreanischen Beamten die Weitergabe amerikanischer Kommunikationen ablehnten.[10]

Auch der japanischen Regierung wurde zwei Jahre nach diesem Zwischenfall vom Tsungli Yamen mitgeteilt, die Könige von Korea erhielten zwar ihre Investitur von den Kaisern von China, seien aber in Fragen der koreanischen Innen- und Außenpolitik weitgehend autonom. Als die Koreaner nachfolgende japanische Versuche einer Kontaktaufnahme mit ihrem Land ablehnten, drohte Tokio mit einer militärischen Expedition gegen Korea. Angesichts dieser Drohung riet der chinesische Staatsmann Li Hung-chang den Koreanern zu Verhandlungen mit Japan. Diese führten zu dem 1876 unterzeichneten japanisch-koreanischen Vertrag von Kanghwa. Dem japanischen Ziel einer Loslösung Koreas von China entsprechend heißt es zwar in diesem Vertrag, Korea sei ein ebenso unabhängiger und souveräner Staat wie Japan; gleichzeitig aber setzten die japanischen Unterhändler ohne Gegenseitigkeit das Recht der Konsularjurisdiktion für japanische Staatsbürger in Korea durch. Hierzu bemerkt der französische Historiker Roger Bersihand: »Während also die Japaner sich um eine Beseitigung der Exterritorialität bemühten, die die Europäer bei ihnen genossen, forderten sie dieses Privileg in Korea und verweigerten es umgekehrt den Koreanern.«[11] Das kaum zwei Jahrzehnte zuvor unter Androhung von Gewalt »geöffnete« Japan hatte im Falle der »Öffnung« Koreas mit ähnlichen Mitteln vor allen anderen Staaten die erste Bresche in die koreanische Isolationspolitik schlagen können. Seit dem Vertrag von Kanghwa waren nun insgesamt drei koreanische Häfen für den japanischen Handel zugänglich gemacht worden.

In Peking war der japanisch-koreanische Vertrag mit wachsender Furcht vor möglichen japanischen Annektierungsabsichten zur Kenntnis genommen worden. Diese Haltung spiegelte sich in einem geheimen Schreiben Li Hung-changs an die koreanische Regierung vom 23. Oktober 1879 wider. Der chinesische Staatskanzler empfahl darin den Koreanern, der japanischen Expansion durch Anknüpfung möglichst zahlreicher diplomatischer Kontakte zu dritten Staaten entgegenzuwirken. »Ist es nicht nach dem gegenwärtigen Stand der Dinge am besten, ein Gift durch ein anderes zu neutralisieren und die eine Kraft der anderen entgegenzusetzen? Ihr solltet jede Gelegenheit zur Herstellung vertraglicher Beziehungen mit westlichen Staaten ergreifen, um sie als Mittel zur Eindämmung Japans zu benützen.«[12] Diesem chinesischen Rat entsprechend, nahm die koreanische Regierung in den nächsten Jahren diplomatische Kontakte mit den meisten westlichen Großmächten und Rußland auf. Während die Vereinigten Staaten Korea 1882 als einen völlig unabhängigen Staat anerkannten, umgingen die anderen okzidentalen Staaten die Frage der Beziehungen Koreas zu China dadurch, daß sie ihren jeweiligen

Geschäftsträger in Peking gleichzeitig auch mit der Wahrnehmung der diplomatischen Vertretung in der koreanischen Hauptstadt betrauten.

Der Kontakt mit der Außenwelt hatte in Korea innenpolitische Konsequenzen gezeitigt. Am Hofe bekämpften einander zwei Gruppen, von denen sich die eine vom Vater des Königs und Regenten Taewon-gun (Yi Ha-ung) geleitete traditionalistische Strömung fremdenfeindlich und insbesondere antijapanisch verhielt, während die von der Königin Min und dem Staatsmann Kim Ok-kyun geführte Richtung reformfreundlich und projapanisch orientiert war. 1882 veranlaßte die konservative Gruppe einen Zwischenfall, in dessen Verlauf die japanische Gesandtschaft von patriotischen Demonstranten erstürmt wurde. Der Gesandte konnte entkommen, aber drei seiner Landsleute wurden getötet. Angesichts dieser Krise entsandten sowohl China wie auch Japan Streitkräfte nach Korea. Da die koreanische Regierung jedoch zur Zahlung von Entschädigungsgeldern sowie zu einer offiziellen Entschuldigung bereit war, konnte der Konflikt friedlich geregelt werden. Vier Fünftel der koreanischen Reparationszahlung an Japan wurden von der japanischen Regierung an Korea mit der Auflage zurückgegeben, sie zur Entwicklung des Erziehungswesens zu verwenden.[13] Die Chinesen hingegen brachten den Taewon-gun nach Tientsin, wo er bis 1885 in ehrenvoller Schutzhaft verblieb. Ab 1883 war die Pekinger Regierung in Korea durch eine Art Statthalter vertreten. Mit diesem Amt war der Heerführer und spätere Präsident der Republik China, Yüan Shih-k'ai, betraut worden. Mit Geschick gelang es ihm bald, die Anhänger der Königin Min auf seine Seite zu bringen. Der andere Teil der progressistischen und projapanischen Gruppe benützte jedoch den französisch-chinesischen Vietnamkrieg von 1884/85, um in der koreanischen Stadt Seoul einen Staatsstreich gegen die traditionalistischen und prochinesischen Kräfte in der koreanischen Regierung durchzuführen. Japanische wie auch chinesische Truppen wurden in die Wirren dieses Konflikts einbezogen und gerieten in direkten Kampf miteinander. Chinesische Soldaten unter der Führung Yüan Shih-k'ais besetzten den Königspalast. Auch diesmal zeigte sich die koreanische Regierung zur Zahlung vertraglich festgelegter Reparationen an Japan bereit.

Weitaus größere Bedeutung kam jedoch der am 18. April 1885 in Tientsin unterzeichneten und von Li Hung-chang zusammen mit dem japanischen Ministerpräsidenten Ito Hirobumi ausgearbeiteten chinesisch-japanischen Konvention über Korea zu. Ihrem Wortlaut zufolge hatten die beiden fernöstlichen Kaiserreiche vereinbart, ihre Streitkräfte innerhalb von vier Monaten aus Korea zurückzuziehen. Gemeinsam erteilten sie ferner dem König von Korea den Rat, er möge zum Zwecke besserer Gewährleistung der öffentlichen Sicherheit die koreanische Armee von Militärberatern einer dritten Macht ausbilden lassen. Gleichzeitig damit wurde die Zurückziehung chinesischer und japanischer Militärberater aus Korea festgelegt. Für den Fall neuer Krisen innerhalb Koreas vereinbarten Japan und China, daß keine der beiden Mächte in einem solchen Falle Truppen nach Korea entsenden würde, ohne den anderen vertragschließenden Partner hiervon in schriftlicher Form in Kenntnis zu setzen.[14]

Im Sinne der Empfehlungen der beiden Großmächte war die koreanische Regierung nun bemüht, von dritter Seite militärische Entwicklungshilfe zu erhalten. Dabei spielte P. G. von Möllendorff, ein vormaliger deutscher Beamter der chinesischen Seezollverwaltung, eine nicht unwichtige Rolle. Von niemand geringerem als Li Hung-chang empfohlen, war er seit 1883 im koreanischen Staatsdienst tätig. Er hatte den Rang eines Vizepräsidenten des neu organisierten koreanischen Außenministeriums erhalten und entscheidend an der Entwicklung eines koreanischen Postsystems mitgewirkt. Da er ebenfalls mit der Reorganisation der koreanischen Streitkräfte befaßt war, veranlaßte er die koreanische Regierung, sich nach der chinesisch-japanischen Konvention von 1885 an Rußland mit dem Ersuchen um militärische Entwicklungshilfe zu wenden. Die russische Regierung war hierzu unter der Bedingung bereit, daß der an der koreanischen Ostküste gelegene und weitgehend eisfreie Hafen Port Lazareff (Wonsan) von russischen Schiffen benützt werden könne. Von dieser Chance ihres russischen Rivalen beunruhigt, beschloß die britische Regierung die Besetzung einer Inselgruppe in der Straße von Korea (Port Hamilton), die von Korea gekauft werden sollte. Angesichts japanischer Proteste und chinesischer Befürchtungen veranlaßte Li Hung-chang die koreanische Regierung zur Rückgängigmachung der Vereinbarung mit Rußland und zur Entlassung Möllendorffs, der wenig diplomatische Voraussicht an den Tag gelegt hatte.[15]

Der Vorgang hatte der japanischen Staatsführung deutlich das russische Interesse an Korea zu einem Zeitpunkt demonstriert, als in Rußland an einer Eisenbahnlinie gebaut wurde, die das europäische Rußland quer durch Sibirien mit den russischen Fernostgebieten nördlich von Korea und der Mandschurei verbinden sollte.

Tokio und Peking im Krieg um Korea

Ein Jahrzehnt nur nach der von Li Hung-chang und Ito Hirobumi geschlossenen chinesisch-japanischen Konvention über Korea entstand dort jene Krise, die zum auslösenden Moment des ersten modernen Krieges zwischen China und Japan wurde. Es handelte sich dabei um einen Aufstand der 1859 von Ch'oe Che-u gegründeten Tonghak (Tung-hsüeh-tang)-Bewegung. Ihre im Gegensatz zu westlichen Einflüssen als »östliche Lehre« bezeichnete quasireligiöse Ideologie war synkretistisch aus konfuzianischen, buddhistischen und taoistischen Ideen gebildet worden. In der praktischen Politik nahm die Bewegung einerseits eine fremdenfeindliche und insbesondere antijapanische Haltung ein und trat für Sozial- und Landreformen ein, während sie andererseits auch die Korruption der koreanischen Mandarinwirtschaft zu bekämpfen suchte. Nach anfänglichem Zögern wandte sich die koreanische Regierung angesichts einer rapiden Ausbreitung der Aufstandsbewegung an China mit der Bitte um Unterstützung. China wie auch Japan entsandten Streitkräfte nach Korea und verständigten einander vertragsgemäß von diesem Schritt. Im diesbezüglichen chinesischen Schreiben heißt es, Chinas militärischer Beistand erfolge im Einklang mit seiner herkömmlichen Praxis der Unterstützung von Tributstaaten des Reiches der Mitte. Dagegen betonte eine japanische Erwiderung vom 7. Juni 1894, Japan habe Korea nie als chinesischen Tributstaat betrachtet.[16] Einem Beschluß der japanischen Regierung vom 14. Juni entsprechend, überreichte Japans Ministerpräsident Ito dem chinesischen Botschafter in Tokio danach einen Plan, dem zufolge Japan und China gemeinsam eine modernisierende Reform des koreanischen Herrschafts-, Wirtschafts- und Gesellschaftssystems durchführen sollten.[17]

Pekings Antwort, die mehr durch Logik als durch diplomatisches Geschick gekennzeichnet war, erklärte, wenn man Korea als chinesischen Tributstaat betrachte, müsse man sich auch an die chinesische Praxis der Nichtintervention in die inneren Angelegenheiten von Tributstaaten halten. Wenn Japan hingegen Korea wirklich als völlig unabhängigen Staat betrachte, so sei eine derart massive Intervention auswärtiger Mächte, wie Ito sie vorgeschlagen habe, noch weniger vertretbar.[18] Einem Vorschlag von Außenminister Mutsu entsprechend, entgegnete Tokio am 22. Juni, Japan sehe sich auf Grund dieser chinesischen Haltung veranlaßt, die geplanten Reformen in Korea unilateral durchzuführen.[19]

In dieser immer bedrohlicher werdenden Situation richtete der koreanische Außenminister Cho Pyong Shik im Namen seiner Regierung am 24. Juni Appelle an alle Großmächte. In ihnen wurde die Bereitschaft Chinas zum gleichzeitigen Rückzug der chinesischen und japanischen Streitkräfte ebenso betont wie Japans Weigerung, diesem Verfahren zuzustimmen. Die angesprochenen Mächte wurden um Vermittlung zur Lösung der Konfliktsituation gebeten.[20] Bereits am Vortag waren japanische Einheiten in den koreanischen Königspalast eingedrungen, hatten die Königin und ihre Kinder als Gefangene entführt und den achtzigjährigen Taewon-gun zum Regenten erklärt, da sich die Königin geweigert hatte, den ultimativen japanischen Forderungen zu entsprechen. Der Taewon-gun, der so zu einem Instrument der japanischen Politik geworden war, erklärte China am 27. Juni den Krieg und ersuchte Japan, den Koreanern bei der Vertreibung der Chinesen aus Korea behilflich zu sein.[21] Nachdem japanische Kriegsschiffe an der Westküste Koreas am 25. Juni einen chinesischen Truppentransporter mit 1200 Mann an Bord versenkt hatten, war die Eskalation der Feindseligkeiten kaum mehr zu vermeiden. Die japanische Kriegserklärung an China vom 1. August 1894 betonte, Korea sei ein unabhängiger Staat, der durch den Rat und die Leitung Japans in die internationale Staatenfamilie eingeführt worden sei. China hingegen habe Korea als Vasallen betrachtet und in seine inneren Angelegenheiten interveniert. Japan kämpfe für die Unabhängigkeit Koreas und das damit zusammenhängende Ziel der Erhaltung und Festigung des Friedens im Fernen Osten.[22] Chinas Kriegserklärung vom gleichen Datum betonte, daß aus dem bekannten Tributverhältnis Koreas zu China sich für Peking die Verpflichtung ergeben habe, Korea auf dessen Ersuchen hin bei der Niederwerfung des Tonghak-Aufstandes zu helfen. Japan hingegen habe die Korea betreffenden Abmachungen einseitig verletzt, die koreanische Regierung unter Druck gesetzt und unangekündigt die Feindseligkeiten eröffnet.[23]

Der Verlauf des Krieges enthüllte die drastische Ungleichheit des realen Machtverhältnisses zwischen den beiden fernöstlichen Kaiserreichen. Die Japaner demonstrierten in eindrucksvoller Weise die Wirksamkeit, mit der ihnen die Übernahme westlicher Technik und Organisation auf militärischem und wirtschaftlichem Gebiet gelungen war. Das Verhalten der Regierung, der Streitkräfte und weiter Kreise der Öffentlichkeit entsprach dem Bewußtsein, Träger einer der größten Bewährungsproben der japanischen Geschichte zu sein. Die Verbindung von kriegstechnischer Fähigkeit mit fanatischem Patriotismus machte die japanischen Streitkräfte zu furchtbaren Gegnern der Chinesen. Die zielorientierte Einheit der japanischen Nation verstärkte die Wirksamkeit ihres Einsatzes. Demgegenüber zeigte sich auf seiten der Chinesen ein ungleich geringeres Maß an politischer Moral und geschichtlicher Problembewußtheit. Teilweise hochwertiges Kriegsmaterial erwies sich auf Grund inkompetenter Führung, mangelnder Koordination und geringer Einsatzbereitschaft als praktisch nur wenig wirksam. Quantität und Qualität der Munition und Ersatzteile militärischer Kampfmittel zeigten schlagartig die verheerenden Wirkungen jahrelang praktizierter Korruption.[24] So brachte der Krieg für China zu Lande in Korea und der Mandschurei wie auch zur See eine katastrophale Niederlage nach der anderen. Bereits im November 1894 hatte die chinesische Regierung die Vereinigten Staaten um die Vermittlung von Friedensgesprächen ersucht. Diese begannen jedoch erst 1895, nachdem die Japaner in der südlichen Mandschurei bis in die Nähe von Peking vorgedrungen waren. Tokio setzte es durch, daß Li Hung-chang, Chinas berühmtester Staatsmann dieser Zeit, zum Leiter der chinesischen Verhandlungsdelegation ernannt wurde. Auf Wunsch des chinesischen Kaisers wirkte der vormalige amerikanische Außenminister John Watson Foster als Berater der chinesischen Delegation. Bei den anfangs harten Verhandlungen kam es Li Hung-chang sehr zustatten, daß ein japanischer Fanatiker ein Attentat auf ihn verübte. Nach diesem Anschlag, der die japanische Regierung um das internationale Ansehen Japans als zivilisierte, moderne Nation fürchten ließ, milderten sich schlagartig die japanischen Bedingungen.[25]

Den Krieg beendete der am 17. April 1895 unterzeichnete chinesisch-japanische Friedensvertrag von Shimonoseki. Nach Artikel I erkannte China die »vollständige Unabhängigkeit und Autonomie Koreas« an und stimmte der Einstellung der koreanischen Tributzahlungen sowie damit verbundener Zeremonien zu. Artikel II verpflichtete China zur Abtretung des Südteils der strategisch hochbedeutsamen Liaotung-Halbinsel am südlichen Ende der Mandschurei mit den Häfen Port Arthur und Dairen sowie zur Abtretung der Insel Taiwan und der Pescadoren-Inseln. Artikel IV sah eine chinesische Kriegsentschädigung an Japan in Höhe von 200 Millionen Taels vor, während Artikel VI die Öffnung von vier weiteren chinesischen Städten für den japanischen Handel und das Recht japanischer Handelsschiffe zur Navigation auf bestimmten chinesischen Inlandgewässern festlegte.

Die sich durch den Vertrag von Shimonoseki abzeichnende große Erweiterung der japanischen Machtsphäre im Fernen Osten erweckte bei den okzidentalen Mächten – insbesondere aber bei Rußland – ernste Befürchtungen. Ihnen kam die Bitte der Pekinger Regierung entgegen, sich für eine maßvollere Fassung der japanischen Friedensbedingungen einzusetzen. Nach längeren zwischen den Großmächten hin und her gehenden Geheimverhandlungen beschlossen Rußland, Deutschland und Frankreich, durch ihren gemeinsamen Einspruch dem japanischen Erwerb der Liaotung-Halbinsel entgegenzutreten. In der diesbezüglichen Note der russischen Regierung an Tokio heißt es: »Die Prüfung der von Japan China auferlegten Friedensbedingungen drängt der Regierung Seiner Majestät ... die Überzeugung auf, daß die von Japan verlangte Besitznahme der Liaotung-Halbinsel eine ständige Bedrohung der chinesischen Hauptstadt sein und gleichzeitig die Unabhängigkeit Koreas illusorisch machen würde, daß sie folglich ein dauerndes Hindernis für den Frieden Ostasiens darstellt. Daher wünscht die Regierung Seiner Majestät ... einen neuen Beweis ihrer aufrichtigen Freundschaft für die Regierung Seiner Majestät des Kaisers von Japan zu erbringen, indem sie ihr rät, von einer permanenten Besitznahme der Liaotung-Halbinsel Abstand zu nehmen.«[26] Frankreich wie Deutschland schlossen sich dem russischen Einspruch auch deshalb an, weil beide Mächte bemüht waren, Rußland für sich zu gewinnen. Von den im Wortlaut ähnlich gehaltenen Noten der drei Mächte an Japan enthielt lediglich die deutsche – dem geltungsbedürftigen politischen Stil der spätwilhelminischen Ära entsprechend – eine direkte Drohung mit Gewaltanwendung im Falle der Nichtbeachtung des Drei-Mächte-Einspruchs.[27]

Konfrontiert mit einer derart machtvollen Kombination europäischer Großmächte, zog Japan seinen Anspruch auf die Liaotung-Halbinsel im Rahmen einer japanisch-chinesischen Konvention vom 8. November 1895 zurück und ersetzte ihn durch die Forderung einer weiteren Reparationssumme in Höhe von 30 Millionen Taels.[28] Eine andere im Vertrag von Shimonoseki vorgesehene Abtretung chinesischen Gebiets zog ebenfalls besondere Folgen nach sich. Als nämlich die Übertragung Taiwans an Japan bekannt wurde, wandte sich der Gouverneur von Taiwan, unterstützt von Vertretern des örtlichen Bildungsadels (gentry), zunächst an Großbritannien und dann an Frankreich mit der Bitte, unter Beibehaltung bestimmter chinesischer Rechte ein Protektorat über Taiwan auszuüben. London und Paris lehnten jedoch ab. Am 24. Mai 1895 erklärten die politischen Führungskräfte der Insel deren Unabhängigkeit, proklamierten die Republik Taiwan und versammelten ein taiwanesisches Parlament. Die wichtigste Streitmacht der neuen Republik bestand aus Einheiten jener »Schwarzflaggen«, die sich zuvor im chinesisch-französischen Krieg um Tongking (Vietnam) bewährt hatten. Jedoch gelang es der besser organisierten Übermacht kurz darauf landender japanischer Einheiten, bis Ende des Jahres 1895 die gesamte Insel unter ihre Kontrolle zu bringen.[29] Damit begann die Sonderrolle Taiwans in der modernen Geschichte Chinas.

Die russisch-chinesischen Beziehungen von der Ili-Krise bis zum geheimen Bündnisvertrag von 1896

Die Ausweitung und Konsolidierung des russischen Territorialbestandes in Zentral- und Ostasien wurde auch in der zweiten Hälfte des 19. Jahrhunderts fortgesetzt. Zwischen den sechziger und achtziger Jahren eroberten die Russen die vornehmlich in Turkmenien und Turkestan gelegenen zentralasiatischen Chanate (Fürstentümer) Chiwa, Chokand und Buchara und somit ein großes, zusammenhängendes Gebiet, das im Westen vom Kaspischen Meer, im Norden vom Aral-See, im Osten von Chinesisch-Ostturkestan (Xinjiang oder Sinkiang) und im Süden von Persien und Afghanistan begrenzt war. Hinsichtlich der russisch-chinesischen Grenzen in Zentralasien hatte der zwischen beiden Staaten 1860 geschlossene Vertrag von Peking bestimmt, daß die etwa 2500 km lange russisch-chinesische Grenze vom Nordwesten der Äußeren Mongolei bis zum Gebiet von Chokand weitgehend so festgelegt werden sollte, daß sie den Positionen der chinesischen Grenzposten entsprach. Allein schon diese Bestimmung bedeutete einen beträchtlichen russischen Gebietszuwachs. Die Präzisierung des Grenzverlaufs wurde von einer gemischten russisch-chinesischen Grenzkommission ausgearbeitet und das Ergebnis in einem Protokoll festgehalten, das am 7. Oktober 1864 in Chuguchak (Tschugutschak) an den Südhängen des Tarbagatai-Gebirges unterzeichnet wurde. Wie H. Pommerening hervorgehoben hat, spielte bei den damaligen Verhandlungen die Auslegung des Begriffes des »Ständigen chinesischen Grenzpostens« eine entscheidende Rolle. Denn die chinesischen Unterhändler meinten mit diesem Begriff den äußeren Kontrollbereich bzw. das regelmäßige Patrouillenrevier der beweglichen Grenzposten. Die Russen hingegen, die von einer Position überlegener Stärke verhandelnd ihren Standpunkt durchsetzen konnten, wollten den Begriff des ständigen Grenzpostens nur auf jene geographischen Positionen anwenden, in denen sich regelrechte Garnisonen chinesischer Grenztruppen befanden und die oft bis zu 300 km vom äußeren Rand des regelmäßigen Kontrollreviers der Grenzpatrouillen entfernt lagen. Pommerening schätzt die von China auf Grund der russischen Interpretation erlittenen Gebietsverluste auf einen Gesamtumfang von nicht weniger als 80.000 qkm.[30]

Gegenstand eines weitaus bekannteren und fast zum Krieg zwischen China und Rußland führenden Konflikts zwischen Peking und St. Petersburg bildete das zwischen dem Tien-Shan und dem Bor-Khoro-Gebirge gelegene fruchtbare Gebiet des Ili-Tals. Dort wie auch in Kansu, Shensi und weiten Teilen Ostturkestans erhoben sich um 1864 Mohammedaner-Aufstände, die ein für Peking bedrohliches Ausmaß annahmen. Einer ihrer bedeutendsten Führer war Jakub Beg, der im Westen Xinjiangs (Sinkiangs) einen islamischen Staat unter dem Namen »Emirat von Djetyshaar« zu gründen suchte. Er nahm quasidiplomatische Kontakte zu Großbritannien, dem Osmanischen Reich und Rußland auf.[31] Auf Grund seiner Erfolge und der großen Bedeutung dieses zwischen Rußland, Britisch-Indien, Tibet und Zentralchina liegenden Gebiets regte der britische Gesandte in Peking sogar an, die chinesische Regierung solle Jakub Beg die Bildung eines Königreiches unter chinesischer Oberhoheit gestatten.[32] Ungeachtet der zu erwartenden Schwierigkeiten ernannte die noch vom Taiping-Aufstand innenpolitisch erschütterte Ch'ing-Dynastie Tso Tsung-t'ang, den Vizekönig von Shensi und Kansu, zum Oberkommandierenden einer militärischen Expedition gegen die Aufständischen. Im Laufe eines vom November 1867 bis zum Januar 1878 währenden blutigen Feldzuges gelang es diesem berühmten Staatsmann und Heerführer der Ch'ing-Ära, den Aufständischen Stadt um Stadt und Gebiet um Gebiet zu entreißen. In einem berühmten Memorandum an den Thron legte Tso Tsung-t'ang dar, daß Sinkiang das Vorfeld der Äußeren Mongolei, diese hingegen der geographische »Schild Pekings« sei. Folglich müsse die chinesische Regierung der Kontrolle Sinkiangs größte Beachtung schenken.[33]

Der Streit um Ili wurde schließlich nach sechsmonatigen neuerlichen Verhandlungen durch den am 12. Februar 1881 in St. Petersburg unterzeichneten russisch-chinesischen Vertrag beendet. Diesmal war China durch Tseng Chi-tse (1839–90), einen seiner größten Diplomaten im 19. Jahrhundert, vertreten gewesen. Durch den Vertrag erhielt China den größten Teil des Ili-Gebietes einschließlich des Tekes-Tals und aller Pässe zwischen Ili und Kashgarien zurück, was den britischen Botschafter in St. Petersburg zu dem vielzitierten Ausruf veranlaßte, China habe Rußland gezwungen, etwas zu tun, das es nie zuvor getan habe, nämlich bereits absorbiertes Gebiet wieder herauszugeben.[34]

Von weltpolitisch weitaus größerer Bedeutung waren hingegen jene Aktionen der russischen Diplomatie, die sich auf den Fernen Osten im engeren Sinne bezogen. Gleichsam auch als Antwort auf die 1869 erfolgte Eröffnung des Suezkanals, die den Seeweg nach Ostasien stark verkürzte, beschloß die russische Regierung durch einen Erlaß des Zaren Alexander III. vom 17. Mai 1891, mit dem Bau einer transsibirischen Eisenbahnlinie zu beginnen, die Samara an der Wolga mit dem neugegründeten russischen Fernosthafen Wladiwostok verbinden sollte. Sowohl innerhalb der russischen Regierung wie auch in den Kreisen britischer Fernostdiplomaten dieser Zeit wurde die Ansicht vertreten, daß die Fertigstellung einer vom europäischen Rußland bis an die Küsten des Pazifischen Ozeans reichenden Eisenbahnverbindung einerseits Rußlands militärische und wirtschaftliche Machtposition im Fernen Osten beträchtlich stärken würde und daß gerade dieser Aspekt andererseits für Japan ein mitbestimmender Faktor bei seiner Entscheidung zu einem Krieg gegen China gewesen sei. Ziel dieses gleichsam präventiven Krieges sei die Ausweitung der japanischen Machtsphäre im koreanisch-chinesischen Raum noch vor der vom Eisenbahnbau erwarteten Stärkung der russischen Position im gleichen Gebiet gewesen.[35]

Der Bau dieser Eisenbahn war jedoch auf Schwierigkeiten gestoßen. Hätte man nämlich die Eisenbahnstrecke in ihrem östlichsten Abschnitt dem Lauf der russisch-chinesischen Grenze entlang den Ufern des Amur und Ussuri folgen lassen, so hätte das einen Umweg von 500 Meilen und eine zusätzliche Ausgabe von 35 Millionen Rubel bedeutet. Nach einem von Finanzminister Witte entworfenen Plan konnten dieser Umweg und die mit ihm verbundenen Mehrkosten vermieden werden, wenn die Eisenbahn von der sibirischen Stadt Tschita aus in relativ gerader Linie quer durch das chinesische Gebiet der Mandschurei zum russischen Fernosthafen Wladiwostok geführt würde. Diesem Plan entsprach das in Wittes außenpolitischer Konzeption vorgesehene russisch-chinesische Rapprochement. Um China die Zahlung seiner Reparationsschulden an Japan zu ermöglichen, ergriff Rußland als ersten Schritt in dieser Richtung die Initiative zu der am 23. November 1895 in Paris erfolgenden Gründung der Russisch-Chinesischen Bank, die China noch im gleichen Jahre einen mit vier Prozent zu verzinsenden Goldkredit gewährte.

Die Gelegenheit zum geheimen Abschluß eines ersten russisch-chinesischen Bündnisvertrages ergab sich, als Li Hung-chang, der bedeutendste Staatsmann des damaligen China, anläßlich der Krönungsfeierlichkeiten des Zaren Nikolaus II. im Jahre 1896 nach St. Petersburg eingeladen wurde. Dort zwischen ihm und Finanzminister Witte geführte Verhandlungen endeten mit dem am 22. Mai 1896 unterzeichneten geheimen Bündnisvertrag zwischen Rußland und China.[36] In seiner Präambel wurde der Geheimvertrag als Verteidigungsbündnis mit dem Ziel beschrieben, den asiatischen Kontinent vor neuen Aggressionen zu schützen. Artikel I sah die gegenseitige Unterstützung der vertragschließenden Parteien für den Fall einer japanischen Aggression gegen Rußland, China oder Korea vor. Diese Unterstützung sollte mit allen zur Verfügung stehenden Land- und Seestreitkräften gewährt werden. Artikel II verbot ausdrücklich den Abschluß eines separaten Friedensvertrages, nachdem die vertragschließenden Parteien im Sinne des Vertrages Seite an Seite in einen Konflikt eingetreten seien. Nach Artikel III sollten alle chinesischen Häfen im Falle eines Konfliktes der russischen Kriegsflotte für militärische Operationen zur Verfügung stehen.

Im Rückblick gesehen ist es aber der Artikel IV dieses Geheimvertrages gewesen, der die geschichtlich folgenschwersten Bedingungen dieses Arrangements zwischen Rußland und China beinhaltete. Artikel IV lautete wörtlich: »Um russischen Landstreitkräften den Zugang und Nachschub zu bedrohten Positionen zu erleichtern, stimmt die chinesische Regierung dem Bau einer Eisenbahnlinie quer durch die chinesischen Provinzen von Amur und Kirin (in der Mandschurei) in Richtung auf Wladiwostok zu. Die Verbindung dieser Bahnlinie mit dem russischen Eisenbahnnetz soll nicht als Vorwand für irgendwelche Beeinträchtigungen chinesischen Gebiets oder im Sinne einer Minderung der souveränen Rechte Seiner Majestät des Kaisers von China interpretiert werden. Die chinesische Regierung wird die Russisch-Chinesische Bank mit der Durchführung des Eisenbahn-Projektes betrauen ...« Ein weiterer Artikel des Vertrages ermächtigt die russische Regierung, nicht nur in Friedens-, sondern auch in Kriegszeiten Truppen und militärisches Material auf dieser Bahn quer durch chinesisches Gebiet zu transportieren. Auf ausdrücklichen Wunsch Li Hung-changs erhielt die sogenannte Chinesische Ostbahn-Gesellschaft den rechtlichen Charakter einer privaten Handelsgesellschaft, doch lag die faktische Kontrolle der Gesellschaft in der Hand des russischen Finanzministeriums, während die Mehrheit ihres Kapitals Rußland von französischen Banken zur Verfügung gestellt wurde.

Der Abschluß des russisch-chinesischen Geheimvertrages, von dem die internationale Öffentlichkeit nur wußte, daß er den Bau der transmandschurischen Ostchinesischen Eisenbahn vorsah, schien zunächst einen vollen Sieg des von Finanzminister Witte vorgeschlagenen Aktionsprogramms für die russische Fernostpolitik zu bedeuten. Aber mit ihrer Entscheidung, die einzige Eisenbahnverbindung zwischen der russischen Pazifikküste und Sibirien quer durch chinesisches Gebiet zu bauen, hatte die zaristische Regierung fast zwangsläufig den Weg zu einer stärker interventionistischen Politik in China beschritten. Denn die Existenz dieser strategisch und kommerziell hochbedeutsamen russischen Eisenbahnlinie auf chinesischem Gebiet zog als fast unvermeidliche Folge nach sich, daß Chinas mandschurische Nordostprovinzen nun mehr denn je zu den wichtigsten Interessensphären der russischen Außenpolitik im Fernen Osten gehörten. Die Mandschurei wurde für das außenpolitische Staatsinteresse Rußlands ebenso bedeutend wie Ägypten nach dem Bau des Suezkanals für Großbritannien oder Panama wegen seines Kanals für die Vereinigten Staaten.

Die Gefahr einer Aufteilung Chinas und Amerikas Prinzip der Offenen Tür

Innerhalb kurzer Zeit nach Abschluß des Geheimvertrages mit Rußland nötigten dramatische Ereignisse der internationalen Politik im Fernen Osten der chinesischen Regierung die Erkenntnis auf, daß dieser Vertrag keine Garantie gegen das Fortschreiten der kolonialimperialistischen Expansion in China bot. Unter der ehrgeizigen Politik Kaiser Wilhelms II. war das Deutsche Reich bestrebt, seine Position als Weltmacht in China durch den Erwerb eines Stützpunktes zu demonstrieren. Wilhelm II. hatte in einem Brief vom 26. April 1895 den Zaren erstmalig auf dieses Interesse hingewiesen und war dabei auf keinerlei Widerstand gestoßen. Den Anlaß zu einer deutschen Intervention in China bot die Ermordung zweier deutscher Missionare im November 1897 in der chinesischen Provinz Schantung. Vierzehn Tage darauf besetzten deutsche Streitkräfte den Hafen von Tsingtau (Quingdao) in der Bucht von Kiautschau (Jiaozhou), nachdem sie zuvor die dortige chinesische Garnison überwältigt hatten. Nach anfänglichem Zögern sah sich die chinesische Regierung mangels auswärtiger Unterstützung dazu gezwungen, am 6. März 1898 mit Deutschland eine Konvention zu schließen, auf Grund deren es Deutschland das Gebiet von Kiautschau mit der Hafenstadt Tsingtau auf 99 Jahre verpachten mußte. Deutschland erhielt zusätzlich Bahnbau- und Bergbaurechte in der Provinz Schantung (Shandong). Tsingtau wurde zum Freihafen erklärt.[37]

Obwohl die russische Regierung ihr »Bedauern« über diese deutsche Aktion zum Ausdruck brachte und ihrem hilfesuchenden chinesischen Verbündeten riet, die deutsche Forderung abzuweisen, unternahm Rußland keinen wirksamen Schritt, um die mit ihm verbündete chinesische Regierung zu unterstützen. Als der neue russische Außenminister Michael Murawjew den Zaren warnend auf die Möglichkeit einer britischen Besetzung der Liaotung-Halbinsel hinwies, erteilte Nikolaus II. den russischen Streitkräften im Fernen Osten den Befehl, die Häfen Port Arthur und Dairen und somit die strategisch wie auch kommerziell bedeutsamsten Punkte der Liaotung-Halbinsel am Südende der Mandschurei zu besetzen. In einer Sondersitzung des russischen Kabinetts unter dem persönlichen Vorsitz des Zaren legte Murawjew dar, diese Häfen würden Rußland den lang ersehnten Besitz eisfreier Häfen am Pazifik geben. Die gegenwärtige internationale Situation sei einer raschen Besitzergreifung dieses strategisch bedeutsamen chinesischen Gebietes besonders günstig. Finanzminister Witte, der Initiator des nur 18 Monate zuvor geschlossenen geheimen russisch-chinesischen Bündnisvertrages, wohnte dieser denkwürdigen Sitzung bei, die er mit folgenden Worten schilderte:

> »Ich protestierte ungehalten gegen diesen Vorschlag und wies darauf hin, daß wir mit China einen geheimen Bündnisvertrag geschlossen und uns verpflichtet hatten, China vor japanischen Übergriffen auf seine Gebiete zu schützen. Ich erklärte, daß es unter diesen Umständen einen Gipfelpunkt an Verrat und Treulosigkeit bedeuten würde, wenn wir tatsächlich einen chinesischen Hafen besetzen sollten. Abgesehen von diesen moralischen Erwägungen sagte ich, daß der Vorschlag auch vom Standpunkt unseres außenpolitischen Eigeninteresses gefährlich sei. Ich zog die Aufmerksamkeit der Versammelten auf die Tatsache, daß ... unser Schritt das Land (China) gegen uns aufbringen würde und damit den Bau der (chinesischen Ost-) Bahn gefährden würde. Da ich alle die schädlichen Konsequenzen der von Seiner Majestät getroffenen Entscheidung vor Augen hatte, gab ich nicht nach und fuhr fort, zu einem Rückzug aus Port Arthur zu raten. ... Alle Bemühungen waren jedoch umsonst ... Es war für den jungen Zaren ganz natürlich, den Ratschlägen seines Außenministers und seines Kriegsministers zu folgen, da diese mit seinem eigenen Durst nach militärischem Ruhm übereinstimmten.«[38]

Der Zar wurde in dieser Forderung insbesondere auch von seinem neuen Kriegsminister General Alexej N. Kuropatkin unterstützt. Nicht ohne Einfluß der britischen und japanischen Diplomaten in Peking weigerten sich jedoch die Kaiserinwitwe und der Kaiser, den russischen Forderungen zu entsprechen. Um diese dennoch durchzusetzen, bot Finanzminister Witte Li Hung-chang wie auch dem chinesischen Botschafter in St. Petersburg Bestechungsgeschenke in Höhe von 500.000 bzw. 250.000 Rubel an. Danach unternahmen es die beiden chinesischen Würdenträger, die kaiserliche Regierung von der Notwendigkeit einer Zustimmung zu den russischen Forderungen zu veranlassen. Sie argumentierten, daß Pekings Widerstand zu einer Zerstörung des Bündnisses mit Rußland, vielleicht sogar zu einem Krieg mit diesem mächtigen Nachbarn Chinas führen könne. Die Liaotung-Halbinsel würde in jedem Falle verlorengehen. So wurde am 27. März 1898 jene russisch-chinesische Konvention zur Verpachtung der Liaotung-Halbinsel an Rußland unterzeichnet, auf die sich später Stalin auf der Konferenz von Jalta berief, um Rußlands Anspruch auf diese damals erworbenen Rechte 1945 nochmals China gegenüber zur Geltung zu bringen. Den Bestimmungen des Pachtvertrages von 1898[39] entsprechend, wurde Port Arthur ein russischer Kriegshafen, von dem Kriegs- und Handelsschiffe aller anderen Staaten mit Ausnahme Chinas ausgeschlossen sein sollten. Die militärische und zivile Verwaltung des Hafens sollte in russische Hände übergehen. Ein Teil des Hafens Dairen hingegen sollte dem internationalen Handelsverkehr offenbleiben.

Nur fünf Wochen später veranlaßte Rußland die chinesische Regierung zur Gewährung von vier wichtigen russischen Zusatzforderungen. Sie sind in einem russisch-chinesischen Vertrag vom 7. Mai 1898 enthalten und verpflichteten China, 1. keine Konzessionen zum Bau von Eisenbahnen in den Gebieten der geplanten russischen Eisenbahnlinien an Angehörige dritter Staaten zu vergeben; 2. Staatsbürgern dritter Mächte keinerlei Konzessionen in der neutralisierten Zone im Norden der Liaotung-Halbinsel zu gewähren; 3. die Seehäfen östlich und westlich der neutralen Zone für den Handel dritter Staaten geschlossen zu halten und 4. ohne russische Zustimmung in der neutralen Zone keine Konzessionen zum Bau von Straßen, Bergwerken, sonstigen Industrieanlagen oder zum Erwerb kommerzieller Sonderprivilegien zu erteilen.[40] Der deutsche und russische Erwerb von Pachtgebieten und Einflußsphären in Nordchina löste zum Schaden Chinas bei dritten Mächten eine Kette von unmittelbar folgenden Reaktionen aus. So erzwang Frankreich im Monat nach der Unterzeichnung des russisch-chinesischen Pachtabkommens über die Liaotung-Halbinsel von China die Verpachtung eines Flottenstützpunktes in der Bucht von Kwangchow an der Südküste Chinas zwischen Hong Kong und der indochinesisch-chinesischen Grenze. Kurz zuvor hatte der britische Ministerpräsident Salisbury unter dem Eindruck der russischen und deutschen Gebietserwerbungen an der nordchinesischen Küste dem britischen Gesandten in Peking mitgeteilt: »Da das Kräftegleichgewicht im Golf von Chilih (Po Hai) durch die Abtretung von Port Arthur an Rußland maßgeblich verändert wurde, ist es (für Großbritannien) notwendig geworden, die Verpachtung von Weihaiwei durchzusetzen ...«[41] Nachdem die japanische Regierung angesichts ihrer antagonistischen Haltung gegen Rußland diesem britischen Vorgehen zugestimmt hatte, verfügte ein am 1. Juli 1898 unterzeichneter britisch-chinesischer Vertrag, daß die Bucht von Weihaiwei mitsamt der Insel Liukungtao an Großbritannien für die gleiche Zeit verpachtet werden sollte, in der Rußland Port Arthur besetzt halten würde.[42] Aber damit nicht genug. Großbritannien benützte den Erwerb des französischen Flottenstützpunktes Kwangchow-wan an der chinesischen Südküste, um in einem Vertrag vom 9. Juni 1898 von Peking die Verpachtung der ganzen Hong Kong gegenüberliegenden Halbinsel Kowloon für die Dauer von 99 Jahren zu erwirken. Bei der Mitte April 1899 stattfindenden Besitzergreifung dieses Gebiets wurden Demonstrationen der dort ansässigen chinesischen Bevölkerung von britischen Polizei- und Militäreinheiten zusammengeschossen und der chinesischen Verwaltung als Akt der Vergeltung die Rechtshoheit über die Stadt Kowloon entzogen.

So hatte die zynisch praktizierte Konkurrenz der imperialistischen Mächte einem hilflosen China innerhalb von nur vier Monaten die Verfügung über fünf strategisch bedeutsame Küstengebiete entreißen können. Weitere Einengungen der chinesischen Souveränität ergaben sich aus den sogenannten Nichtveräußerungserklärungen (declaration of non-alienation), die Peking von den Kolonialmächten abgenötigt wurden und die Verpflichtung enthielten, in bestimmten, vertraglich festgelegten Gebieten des chinesischen Reiches dritten Staaten weder Stützpunkte einzuräumen noch bestimmte Konzessionen (z. B. Eisenbahnbau etc.) zu gewähren oder diese Gebiete gar an dritte Staaten abzutreten. Solche Erklärungen Pekings erhielt Frankreich im März 1897 im Hinblick auf die Insel Hainan und im April des folgenden Jahres bezüglich der an Nordvietnam angrenzenden chinesischen Gebiete. Großbritannien erwirkte für sich eine chinesische Nichtveräußerungserklärung hinsichtlich der an den Jangtsekiang angrenzenden chinesischen Provinzen im Februar 1898, während Japan im April gleichen Jahres eine ähnliche chinesische Zusage für die Taiwan gegenüberliegende Küstenprovinz Fukien erhielt. Großbritannien setzte im Februar 1898 gegenüber der chinesischen Regierung die Forderung durch, daß der Posten eines Generalinspekteurs der kaiserlich-chinesischen Seezollverwaltung in den Händen eines britischen Staatsbürgers bleiben sollte, solange Großbritannien von allen Ländern den größten Anteil am chinesischen Außenhandel habe. Als dann auch Italien im Februar 1899 mit der Billigung dreier europäischer Großmächte von China die Abtretung eines Flottenstützpunktes an der Küste der Provinz Chekiang forderte und die Entsendung einer Flotteneinheit in chinesische Gewässer androhte, vermochte es die chinesische Regierung endlich, sich zu einem Akt des Widerstandes aufzuraffen. Sie lehnte die Forderung ab und leitete Maßnahmen zur militärischen Verteidigung des bedrohten Küstengebietes ein, woraufhin Italien seine Forderungen zurückzog.

Nach gegenseitig erschöpfenden Intrigen im Kampf um Konzessionen für den Bau von Eisenbahnen einigten sich Großbritannien und Rußland in einem Notenaustausch vom 28. April 1899 dahingehend, daß Rußland die britische Einflußsphäre in Zentralchina, Großbritannien hingegen die russische Einflußsphäre in den chinesischen Gebieten nördlich der Großen Mauer respektieren würde. In der internationalen Öffentlichkeit dieser Zeit wurde eine De-facto-Aufteilung des chinesischen Reiches in Einflußsphären der Großmächte als mehr oder weniger gegeben betrachtet. Dabei galten Chinas große Randgebiete im Norden, d. h. Xinjiang, die Mongolei und die Mandschurei, als russische, die nordostchinesische Provinz Schantung als deutsche, Tibet und die Provinzen Zentralchinas als britische, die Küstenprovinz Fukien als japanische und die südchinesischen Provinzen Yünnan und Kwangsi als französische Einflußsphären. Von allen Großmächten der Jahrhundertwende hatten lediglich Österreich-Ungarn und die Vereinigten Staaten von Amerika von China keinerlei Abtretung von Pachtgebieten oder Stützpunkten gefordert.

In dieser Situation einer faktischen Aufteilung Chinas in Interessensphären, deren weitere Konsolidierung und Abgrenzung voneinander in weiten Kreisen der internationalen Öffentlichkeit dieser Zeit für wahrscheinlich gehalten wurde, ergriff die Regierung der Vereinigten Staaten eine berühmt gewordene Initiative. Ihren Ausgangspunkt bildeten analoge diplomatische Noten, die der amerikanische Außenminister John Hay im September und November des Jahres 1899 an alle Großmächte richtete. Diese wurden im Hinblick auf ihre jeweiligen Interessensphären in China um drei Zusicherungen ersucht; 1. daß innerhalb keiner der sogenannten Einflußsphären oder Pachtgebiete irgendein Vertragshafen oder irgendein bestehendes Interesse (einer anderen Macht) beeinträchtigt werden solle; 2. daß nur die vertraglich festgesetzten chinesischen Zölle erhoben und von der chinesischen Regierung eingezogen werden sollten; 3. daß die Hafengebühren oder Eisenbahnfrachtsätze für alle handeltreibenden Personen oder Firmen, ungeachtet ihrer Nationalität, auf dem gleichen Preisniveau gehalten werden sollten.[43] Diese sogenannte Politik der Offenen Tür (open door policy), deren praktische Bedeutung damals weitaus geringer war als ihr psychologischer Effekt, insbesondere in den USA, erstrebte die Gleichheit der Handelschancen für alle mit China Handel treibenden Staaten in allen Gebieten Chinas zu erhalten – ungeachtet der immer ersichtlicher werdenden Aufteilungstendenzen. Die ursprünglichen Anregungen zu einem solchen Vorstoß waren von Kreisen britischer Diplomaten und insbesondere von Alfred Hippisley, einem führenden britischen Beamten der kaiserlich-chinesischen Seezollverwaltung, ausgegangen und über W. W. Rockhill an Außenminister Hay herangetragen worden.[44] Die meisten der angesprochenen Staaten erklärten sich zu einer Einhaltung des Prinzips der Offenen Tür unter der Bedingung bereit, daß auch die Zustimmung der anderen angesprochenen Staaten erfolge. Rußlands eher zweideutig formulierte Antwort erklärte seine Bereitschaft, allen ausländischen Firmen innerhalb seiner Einflußsphäre in China gleiche Chancen einzuräumen. Allerdings war damit nicht auch deren Gleichstellung mit russischen Firmen zugesichert. Ungeachtet der nur sehr bedingt positiven Reaktion der Mächte behauptete John Hay am 20. März 1900, daß die »endgültige und definitive« Zustimmung der Großmächte gegeben sei. Auf diese von Thomas A. Bailey als »Yankee-Bluff« bezeichnete Taktik erfolgte ein Widerspruch nur von seiten Japans.[45] Ihre besondere Bedeutung erhält die Doktrin der Offenen Tür nur in geschichtlicher Perspektive, wenn sie als erster Ausgangspunkt einer sich in der Folge herauskristallisierenden amerikanischen Chinapolitik mit dem Ziel betrachtet wird, die Möglichkeit des unbehinderten Handels mit China ebenso zu verteidigen wie Chinas administrative und territoriale Integrität gegenüber dritten Mächten.

Ansätze und Scheitern chinesischer Reformversuche vor Beginn des 20. Jahrhunderts

Die China im 19. Jahrhundert Schlag auf Schlag treffenden Prozesse der kolonialimperialistischen Durchdringung konnten nicht ohne nachhaltige Wirkung für das Selbstverständnis und Weltbild des chinesischen Volkes und seiner damaligen Führungsschichten bleiben. Die Vorstellungen vom »Reich der Mitte« als Achse der Weltgeschichte und Mittelpunkt der Weltkultur waren mit den Strukturen einer weltpolitischen Wirklichkeit in Kollision geraten, die China im Hinblick auf seine internationale Stellung zu einem halbkolonialen Gebiet an der Peripherie der Großmachtpolitik dieser Zeit degradierte. Bereits während des zweiten britisch-chinesischen Krieges hatte Karl Marx, der damals für die *New York Tribune* schrieb, den revolutionierenden Effekt dieser Wandlung des chinesischen Weltbildes erkannt und den exogenen Charakter der chinesischen Revolution (im Gegensatz zur endogenen Entstehung der europäischen Revolutionen) festgestellt.[46]

In der Tat kann man Chinas politische Geschichte seit der Mitte des 19. Jahrhunderts als eine Kette aufeinanderfolgender und einander bedingender Reaktionen auf die Herausforderungen der für China umstrukturierten Weltwirklichkeit der Moderne betrachten. Mehr oder minder organisierte chinesische Bewegungen mit jeweils verschiedenen Programmen zur politischen, wirtschaftlichen und soziokulturellen Erneuerung Chinas waren die Träger der einzelnen Reaktionsphasen. Ihnen allen gemeinsam, von den monarchistischen Konfuzianern bis zu den maoistischen Kommunisten, waren zwei miteinander zusammenhängende Fragestellungen. Die eine bezog sich auf die Ursachen für die zeitweilige Unterlegenheit und Degradierung Chinas, die andere auf den richtigen Weg zur Wiedererstarkung und Selbstbehauptung Chinas in der Ära der industriellen Revolution und des weltpolitischen Gesamtzusammenhanges. Verschiedenen Antworten auf diese Fragebereiche entsprachen unterschiedliche Aktionsprogramme und dementsprechende Rivalitäten zwischen den einzelnen chinesischen Modernisierungsbewegungen.

Eine erste bedeutendere chinesische Reaktion entstand während und im Anschluß an die sogenannte T'ung-chih-Ära (1862–74). Die Träger dieser frühesten Phase der chinesischen Reformpolitik rekrutierten sich aus den bedeutendsten konfuzianischen Staatsmännern und Gelehrten des 19. Jahrhunderts. Diese erklärten sich Chinas Unterlegenheit und außenpolitische Bedrängnis vornehmlich aus zwei Ursachen: zum einen der militärtechnologischen Überlegenheit der okzidentalen Mächte und zum anderen aus dem Zerfall einer reformbedürftig gewordenen Praxis der konfuzianischen Staatsethik. Daher waren sie bestrebt, eine Übernahme okzidentaler Militärtechnologie und Strategie mit inneren Reformen zu verbinden, die konfuzianischen Normen entsprechend zu einer Verbesserung der Verwaltungspraxis und einer Hebung des Wohlstandes der Bevölkerung führen sollten. Sie waren dazu bereit, ausgewählte technische Teilbereiche der westlichen Zivilisation zu übernehmen, um das chinesische Kultursystem gegen die Rebellion im Inneren (Taiping-Aufstand 1851–64) und die kolonialimperialistische Aggression von außen wirksam verteidigen zu können. Der bedeutendste der traditionalistisch konfuzianischen Reformer war Tseng Kuo-fan (1811–72), der durch seinen Sieg über den Taiping-Aufstand die Ch'ing-Dynastie weniger um ihrer selbst als des konfuzianischen Systems wegen rettete. Auch der im Zusammenhang mit der chinesischen Rückeroberung Sinkiangs erwähnte Tso Tsung-t'ang (1812–85) sowie Li Hung-chang (1823–1901), einer der maßgeblichen Gestalter der chinesischen Außenpolitik in der zweiten Hälfte des 19. Jahrhunderts, gehörten zu der Spitzengruppe der frühen Reformer. Dank der Initiative dieser konfuzianischen Staatsmänner entstanden 1863 eine Schule für ausländische Sprachen und 1865 das Kiangnan-Arsenal mitsamt einem Übersetzungsbüro in Shanghai, 1866 eine erste moderne (von den Franzosen im französisch-chinesischen Krieg um Vietnam zerstörte) Werft bei Foochow, 1867 ein weiteres Arsenal in Nanking wie auch eine erste Maschinenfabrik bei Tientsin. Im Jahre 1872 erfolgte die Entsendung von chinesischen Studenten nach Amerika, von Offizieren nach Deutschland sowie die Gründung der Chinesischen Dampfschiffahrtsgesellschaft. Der Eröffnung einer modernen Kohlengrube 1878 folgte die Inbetriebnahme einer Telegraphenverbindung zwischen Tientsin und Taku 1879 sowie zwischen Shanghai und Tientsin 1881, dem Jahr, in dem auch die erste Eisenbahnstrecke bei Tientsin fertiggestellt werden konnte. Trotz solcher im Einzelfall oft beeindruckender Leistungen wurde die grundsätzliche Unzulänglichkeit der ersten chinesischen Reformära dramatisch unter Beweis gestellt, als China 1894–95 in seinem Krieg mit Japan von einem anderen Entwicklungsland des ostasiatischen Kulturkreises geschlagen wurde, das etwa zur gleichen Zeit wie China von okzidentalen Mächten »geöffnet« worden war.[47]

Vielleicht ist die sich hier aufdrängende Frage nach den Gründen für die Ungleichheit der Entwicklungserfolge hier Japans und dort Chinas im 19. Jahrhundert auf der Basis umfassender und vergleichender Untersuchungen bisher noch nicht völlig hinlänglich analysiert und beantwortet worden. Offenkundig muß in diesem Zusammenhang die ganz ungleich größere finanzielle, organisatorische und militärische Belastung Chinas in der zweiten Hälfte des 19. Jahrhunderts hervorgehoben werden. Das chinesische Reich war zwischen 1839 und 1893 in drei verlustreiche Kriege mit okzidentalen Großmächten verwickelt. Japan hingegen hatte, durch das Schicksal Chinas gewarnt, jeden vorzeitigen kriegerischen Zusammenstoß mit auswärtigen Mächten vermeiden können. Somit war die japanische Wirtschaft in diesem Zeitraum weder mit Kriegskosten noch auch mit jenen ungeheuren Reparationszahlungen belastet gewesen, die China als Ergebnis seiner glücklosen Kriege und nichtkriegerischer Expansionsakte der okzidentalen Staaten entstanden waren. Zudem fiel der britisch-französische Krieg gegen China (1858–60) zeitlich teilweise mit den zerstörerischen Kämpfen des von 1851 bis 1864 anhaltenden großen Taiping-Aufstandes zusammen, in dessen Verlauf gegen 20 Millionen Chinesen ums Leben kamen. Im gleichen Jahre des endgültigen Sieges von Tseng Kuo-fan über den Taiping-Aufstand, der fast zum Sturz der Ch'ing-Dynastie geführt hätte, brachen in Nordwestchina die in Zusammenhang mit dem russisch-chinesischen Konflikt um Ili erwähnten Mohammedaner-Aufstände im Raum von Kansu und Xinjiang aus, die erst nach langwierigen Kämpfen dreizehn Jahre später niedergeworfen wurden. Auch für diese beiden furchtbaren Aderlässe an der Kraft des chinesischen Staates gibt es in der japanischen Geschichte des 19. Jahrhunderts vor dem Krieg mit China keine Parallele.

Die Entstehung des Regionalismus in China

Die Bedrängnis und Gefährdung des politischem Systems der Ch'ing-Dynastie durch mächtige innere wie auch auswärtige Gegner führte in China zu Veränderungen der machtsoziologischen Struktur des Reiches, die einen diametralen Gegensatz zu dem Entwicklungstendenzen der japanischen Politik und Wirtschaft dieser Zeit bildeten.

In Japan führte eine Schlag auf Schlag erfolgende Auflösung der politischen und wirtschaftlichen Machtstruktur des Feudalismus der Tokugawa-Ära zur Entstehung einer starken und zentralisierten Reichsgewalt. Diese hatte ein einheitliches Finanz- und Steuersystem geschaffen und war selbst zur wichtigsten Antriebskraft der wirtschaftlichen und sozialen Entwicklungspolitik geworden. Einer der wichtigsten Gründe dafür, daß sich die Strukturen des politischen und wirtschaftlichen Systems in China in entgegengesetzter Richtung entwickelten, lag in der Natur der Kräfte und Methoden, welche das konfuzianische System vor seiner zeitweise möglich scheinenden Vernichtung durch den Taiping-Aufstand bewahrten. Unter seinem Ansturm waren die durch chronische Unterbezahlung und ununterbrochenes Garnisonsleben korrumpierten mandschurischen Bannertruppen ebenso zusammengebrochen wie die Streitkräfte der chinesischen Lüying(grüne Standarte)-Armee. Gerettet wurde die Dynastie durch lokale militärische Selbstschutzverbände, die von Führern des Bildungsadels (gentry) in den bedrohten Provinzen aufgestellt und organisiert wurden. Die Führer dieser Regionalarmeen wählten sich ihre Offiziere auf der Basis ihrer Fähigkeit und persönlichen Treue und gestatteten ihnen, ihre Unterführer nach dem gleichen Verfahren auszusuchen. So entstanden militärische Formationen, deren pyramidale Loyalitätsstrukturen an bestimmte führende Persönlichkeiten gebunden waren. Diese Organisationsform stand in scharfem Gegensatz zu jener Herrschaftspraxis der Ch'ing-Dynastie, die der Möglichkeit persönlichkeitsgebundener Machtbildung durch häufige Rotation von Zivil- und Militärbeamten, durch das für Beamte geltende Verbot der Amtsausübung in ihren jeweiligen Heimatprovinzen und durch ein ausgeklügeltes System einander überschneidender

Kompetenzen entgegengewirkt hatte. Auch war die Ernennung jedes einzelnen Beamten von der zentralen Reichsregierung in Peking ausgegangen.[48] Das neue Organisationsprinzip der Regionalarmeen setzte sich zwar über all diese Praktiken hinweg, doch entsprach es jener Leitidee der konfuzianischen Staats- und Gesellschaftsphilosophie, der zufolge die Rolle vorbildgebender führender Persönlichkeiten im Prozeß der Regierung weitaus wichtiger war als das geschriebene Gesetz.

Die Schaffung dieser neuen, »von Gelehrten geführten Bauernarmeen« zog weitere für die Staatsstruktur bedeutsame Folgen nach sich. Angesichts der für sie existentiellen Bedeutung eines erfolgreichen Widerstandes gegen die Taipings verzichtete die Ch'ing-Dynastie auch auf die zuvor stets angestrebte Trennung militärischer und ziviler Kompetenzen in der Verwaltung. Im Interesse der Organisation wirksameren Widerstandes erhielten die Schöpfer und Führer der neuen Regionalarmeen – insbesondere Tseng Kuo-fan und Li Hung-chang – auch das Recht zum Aufbau eines zivilen Verwaltungsstabes, dessen Beamte ebenfalls nach dem Prinzip der persönlichen Loyalität ausgewählt wurden. Unvermeidlich fast ging auch ein Teil der Finanzverwaltung der Provinzen in die Hände der neuen regionalen Machthaber über. Da diese Geldmittel benötigten, zugleich aber den Bauern keine weiteren Steuererhöhungen zumuten wollten, führten sie 1853 den »likin« ein, eine von den einzelnen Provinzen eingezogene Verkaufs- und Transitsteuer für eine stets größer werdende Anzahl von Waren. Die Höhe des »likin« wurde von den einzelnen Provinzregierungen willkürlich festgelegt. Ein Versuch der Pekinger Zentralregierung zur Schaffung einer vereinheitlichten Verwaltungsinstanz für den »likin« scheiterte am Widerstand der Provinzen, die ihre faktische Kontrolle auf weitere Bereiche des lokalen Steuersystems ausdehnten.

Wie Franz Michael in seinen diesbezüglichen Studien darlegte, bahnte sich der Prozeß der politischen, militärischen und wirtschaftlichen Dezentralisierung des chinesischen Reiches während und wegen des Taiping-Aufstandes dadurch an, daß die kaiserliche Regierung ihre bis dahin fast ausschließliche Kontrollgewalt über die Streitkräfte, die Ernennung von Beamten und die Finanzen von nun an mit den Trägern regionaler wie auch persönlicher politischer Machtapparate gleichsam teilen mußte. »Der Preis, den die Zentralregierung für die Unterdrückung des [Taiping]-Aufstandes zu entrichten hatte, war die Desintegration ihres eigenen Verwaltungssystems.«[49] In Japan hingegen hatte eine umfassende Reform das gesamte Steuerwesen unter die Kontrolle der zentralen Reichsregierung gebracht, während gleichzeitig die regionalen Herrschaftsbereiche der Clans aufgelöst und durch Verwaltungseinheiten (Präfekturen) der Zentralregierung ersetzt worden waren.

Ein weiterer relevanter Punkt, in dem sich die sozioökonomische Ausgangsbasis der japanischen Reformen von in China gegebenen gesellschaftlichen Zuständen unterschied, wird von E.O. Reischauer und J.K. Fairbank in der Krise des japanischen Feudalismus und der wachsenden wirtschaftlichen Macht japanischer Kaufleute und Unternehmer in der späten Tokugawa-Ära gesehen. Wie im vorkapitalistischen Europa lastete auch in Japan der wirtschaftliche Druck der Feudalherrschaft weitaus härter auf der Bauernschaft als auf dem rasch wachsenden städtischen Unternehmertum. Die in Europa endogen, in Japan hingegen exogen verursachte industrielle Revolution begegnete also hier wie dort einer relativ ähnlichen sozioökonomischen Ausgangslage.[50] Gewiß waren in China – so wie in Japan – staatliche Instanzen zu Gründern oder Förderern industrieller und kommerzieller Unternehmen geworden. Doch bedeutete diese Verbindung zwischen Staat und Unternehmertum in China gleichzeitig oft eine hinderliche Belastung für den Unternehmer. Denn die Rolle der staatlichen Instanzen in diesen »staatlich überwachten und kaufmännisch geführten« Betrieben (kuan-tu shang-pan) war häufig genug nicht nur förderlich, sondern im Milieu allgemeiner bürokratischer Korruption zugleich auch parasitär. Weitaus mehr als ihre japanischen Berufskollegen waren die chinesischen Kaufleute und Unternehmer der ständigen Gefahr der finanziellen Erpressung im persönlichen Interesse bürokratischer Machtträger ausgesetzt.[51] In Japan waren fast alle, oft miteinander rivalisierenden politischen Führungsgruppen der Meiji-Ära von der Notwendigkeit tiefgreifender Reformen überzeugt und dementsprechend erfüllt von dem Willen zu ihrer Durchführung. Im Vergleich dazu blieben die chinesischen Reformen der T'ung-chih-Ära vornehmlich das Werk einzelner Staatsmänner, die sich dabei auf ihre regionalen oder personalpolitischen Machtsphären stützen konnten. Die Ch'ing-Dynastie wie auch die kaiserliche Zentralregierung in Peking waren jedoch weit entfernt von dem fast fanatischen Reformeifer der entsprechenden Führungsgruppen in Japan. Daher blieben die chinesischen Reformansätze dieser Ära unkoordinierter und weitaus weniger dynamisch als diejenigen Japans.

Die Tragödie der »Reform der Hundert Tage«

Die Folgen dieser in Japan und China so unterschiedlich gehandhabten Reformpolitik erwiesen sich an Hand der katastrophalen Niederlagen Chinas in seinem Krieg mit Japan 1894/95. Aber dank dieser sich durch Mißstände und Unzulänglichkeiten dramatisch auswachsenden Katastrophe und der alarmierenden Wirkung weiterer Gebietsverluste auf Grund des Wettlaufs der Großmächte um Stützpunkte in Nordchina konnte sich in China 1898 eine neue Reformbewegung Gehör verschaffen.

Die sogenannte Reform der Hundert Tage von 1898 unterschied sich in Methode und Zielsetzung von der vorangegangenen Reformpolitik der T'ung-chih-Ära. Die Hauptinitiatoren der neuen Bewegung waren nicht machtvolle Staatsmänner vom Typ eines Tseng Kuo-fan, Tso Tsung-t'ang oder Li Hung-chang, sondern weitblickende Akademiker, die sich mit der Kultur des Okzidents, den Reformen in Japan und der Analyse der Unterlegenheit Chinas befaßt hatten. Beeindruckt von der erfolgreichen Entwicklungspolitik des japanischen Reiches und im Bewußtsein der Unzulänglichkeit der unkoordinierten Reformen in China, war es ihr Ziel, dem Beispiel Japans folgend, eine koordinierte chinesische Reformpolitik in den Bereichen der Verwaltung, Erziehung, Wirtschaft und Verteidigung mit der Zustimmung und unter der Führung des Kaiserhauses in die Wege zu leiten. Zur Begründung ihrer umfassenden Vorschläge beriefen sich die neuen Reformer nicht nur auf Chinas zahlreiche Niederlagen oder das Modell des japanischen Erfolges. Eingedenk des machtvollen Einflusses der chinesischen Kulturtradition waren sie zugleich auch bemüht, die Forderung nach Reformen durch eine Neuauslegung der konfuzianischen Klassiker zu untermauern. Verstehe man deren Schriften und vorbildliches Wirken richtig, so müsse man erkennen, daß auch sie ständige Selbsterneuerung im Lichte neuer Erfahrungen, nicht aber bloßes Beharren im Überlieferten gefordert hätten. Die konfuzianischen Visionen eines in ferner Vergangenheit liegenden Goldenen Zeitalters wurden dynamisch uminterpretiert zur Zielsetzung einer in mehreren Entwicklungsphasen zu erreichenden staaten- und klassenlosen Weltgemeinschaft (Ta-t'ung). Es wurde nicht nur gefragt, was Konfuzius und die anderen großen Philosophen seiner Schule in ihrer Zeit getan hatten, sondern auch, was sie wohl tun würden, wenn sie mit Chinas neuartigen Problemlagen konfrontiert wären. K'ang Yu-wei (1858–1927), der führende Denker der neuen Reformbewegung, den seine Schüler als »Martin Luther des Konfuzianismus« bezeichneten, hatte kurz vor Beginn der »Reform der Hundert Tage« ein Buch unter denn bezeichnenden Titel »Konfuzius als Reformer« (K'ung-tzu kai-chih k'ao) verfaßt. Im Gegensatz zur herrschenden Praxis betonten die Reformer mehr die freiheitlichen als die autoritären Züge des Konfuzianismus, dessen Staatsethik als Wegbereiterin einer modernem konstitutionellen Monarchie in China gewertet werden könne. Galt doch das »Mandat des Himmels« für den Herrscher als bedingt durch das »Wohl des Volkes«.

Auf der Ebene der praktischen Politik bemühten sich die Reformer, den jungen Kaiser Kuang-hsü für ihre Ideen zu gewinnen und durch ihn das Kaiserhaus zum Ausgangspunkt einer evolutionären Erneuerung des chinesischen Reiches zu machen. Die dominierende Persönlichkeit der mandschurischen Ch'ing-Dynastie war jedoch nicht

In der Bildmitte sitzend Chinas mächtige, aber korrupte und reformfeindliche Kaiserinwitwe Tz'u-hsi (1835–1908). Rechts von ihr der berüchtigte Ober-Eunuch Li Lien-ying. Wegen »Ungehorsam« zwang die Kaiserin ihre Schwiegertochter (2. v. r.), sich vor den Augen ihres Gatten durch den Sprung in einen Brunnen zu ertränken.

der junge Kuang-hsü, sondern seine Tante, die Kaiserinwitwe Tz'u-hsi (1835–1908), deren Adoption ihn an Stelle ihres verstorbenen Sohnes erst zum Kaiser gemacht hatte. In drastischem Gegensatz zu dem zwar idealistischen, aber weichen und weltfremden Kuang-hsü verkörperte Tz'u-hsi den Typ einer vitalen, alle Raffinessen der Palastintrige skrupellos anwendenden Herrschernatur. Im Februar 1898 zog sich die macht- und prunkliebende Kaiserinwitwe zumindest formell von den Regierungsgeschäften zurück, nachdem sie Kaiser Kuang-hsü vorsorglich zur Eheschließung mit einer ihrer Nichten veranlaßt hatte. Obgleich der Kaiser nun einen gewissem Handlungsspielraum in der chinesischen Politik gewann, bewahrte sich die Kaiserinwitwe ihren prädominierenden Einfluß z. B. dadurch, daß sie in letzter Instanz weiterhin über die Besetzung der höchsten Staatsämter entschied und ihren Willen in Edikten zum Ausdruck brachte, die formell im Namen des Kaisers, faktisch aber oft ohne dessen Wissen oder freie Zustimmung erlassen wurden. Trotz dieser für ihn ungünstigen Machtkonstellation erließ Kaiser Kuang-hsü unter der Einwirkung aufgeklärter Akademiker und Staatsmänner in den hundert Tagen vom 11. Juni bis zum 16. September 1898 eine größere Anzahl von Reformedikten. Im ersten Edikt heißt es:

»Die tugendhaften Herrscher des grauen Altertums hafteten nicht halsstarrig am Bestehenden, sondern waren bereit, Wechsel einzuführen. ... Wir erlassen nun dies Sonderdekret, damit alle Unsere Untertanen von der Kaiserlichen Familie abwärts sich hiernach mit dem Gegenstand der Reform befassen. Die Grundlage der Erziehung werden auch fürderhin die kanonischen Bücher der [konfuzianischen] Weisen bilden, aber gleichzeitig müssen alle Zweige der europäischen Wissenschaften auf ihre Verwertung hin bei uns sorgfältig geprüft werden. ... Was wir zu erreichen suchen, ist die Ausmerzung nutzloser Dinge und die Förderung des Wissens, welches auf den alten Prinzipien beruhend sich doch in Harmonie mit den Zeiten bewegen muß.«[52]

Dieses Edikt entspricht dem Geist der im gleichen Jahr veröffentlichten berühmten Schrift des Vizekönigs Chang Chih-tung »Ermahnung zum Lernen«. Ihre Grundkonzeption fordert Reformen auf der Basis einer Verbindung zwischen konfuzianischer Staats- und Sozialethik als Grundlage. (t'i) mit angewandtem westlichem Wissen (yung) in den Bereichen staatlicher Institutionen sowie der Technik und Wirtschaft.[53] Zu den konkreten Maßnahmen, die mit den kaiserlichen Reformedikten zwischen Juni und September 1898 erstrebt wurden, gehörten die Errichtung einer modernen Universität in Peking, die Einführung moderner Prüfungsordnungen, durch die der Nachweis neuzeitlichen nationalökonomischen und militärischen Wissens gefordert wurde, die Begründung eines Ministeriums für Landwirtschaft und Handel sowie eines Regierungsamtes für Bergbau und Eisenbahnen, die Schaffung einer auf allgemeiner Wehrpflicht beruhenden und modern auszubildenden nationalen Armee, das Recht für alle Untertanen, sich mit Eingaben unmittelbar an den Drachenthron wenden zu können, die Aufstellung eines zu veröffentlichenden jährlichen Budgets für den Staatshaushalt und die Abschaffung zahlreicher überflüssiger Ämter und Pfründen. Im Wortlaut der Edikte wird eine unverkennbare Radikalisierung des reformerischen Ansatzes ersichtlich. So heißt es in einem der letzten Edikte der »Reform der Hundert Tage« vom 13. September 1898:

»Unsere Liebe für Unser Volk und Unser Streben danach, das Reich aus seiner selbstzerstörenden Lethargie und Korruption zu retten, haben Uns dazu veranlaßt, diese

Ära der Reform zu beginnen. Da diese Aufgabe mit den bisher üblichen Maßnahmen nicht gelöst werden konnte, haben wir Uns entschlossen, der Gelehrsamkeit und den Wissenschaften des Okzidents dasjenige zu entnehmen, das wir zu unseren Zwecken benötigen. Denn die Völker des Westens sind uns insofern überlegen, als sie größeren Eifer und größere Ausdauer beim Erwerb von Wissen besitzen ... Wir haben daher festgestellt, daß die Völker des Westens weise und weitblickend sind ... Alle ihre Vorteile können von ihren Systemen der Regierung und der Erziehung abgeleitet werden ... Sowie das ganze Volk über die Vorteile der Reformen aufgeklärt ist, können wir Uns darauf verlassen, daß das Volk dieselben durchführen und so als Unsere rechte Hand wirken wird. Dann wird es ein starkes China geben und ein glückliches, zufriedenes Volk, und Unsere kühnsten Wünsche werden in Erfüllung gehen. Wir befehlen hiermit, daß ... alle Reformen betreffenden Edikte ... öffentlich verlesen und dem Volke erklärt werden.«[54]

Mit dieser vom Drachenthron als höchster Autorität des chinesischen Reiches proklamierten Erklärung, in der die Überlegenheit der okzidentalen Zivilisation offen anerkannt und ein Zusammenwirken von Thron, Beamtentum und Volk zum Zweck rezipierender Reform gefordert würde, bahnte sich der kulturgeschichtlich umwälzendste Wandel an, den das chinesische Selbstverständnis in dem Jahrhundert zwischen Opiumkrieg und kommunistischer Machtergreifung vollzogen hat. Auf dem Boden der politischen Praxis scheiterte aber dieser Versuch, Chinas Erneuerung evolutionär durch zentral gelenkte Reformen der fortschrittsfreudigen Intelligenz unter dem Schutz der dynastischen Autorität herbeizuführen.

Bereits zu Beginn der Reformbewegung hatte die Kaiserinwitwe ihre Position durch einen personalpolitischen Schachzug verstärkt. Sie veranlaßte den Kaiser, ihren vormaligen Jugendfreund Jung Lu, einen klugen und ihr völlig ergebenen mandschurischen Staatsmann, zum Vizekönig von Chilih zu ernennen. Mit diesem Amt hatte Jung Lu nicht nur die Kontrollgewalt über die Provinz, in der Peking lag, sondern auch das Oberkommando über die drei dort stationierten, modern ausgerüsteten Peiyang-Armeen erhalten. Angesichts der bei scheinbarem Gehorsam praktisch dennoch in der Durchführung von konservativen Beamten häufig sabotierten Reformedikte sowie in Anbetracht der hemmenden personalpolitischen Interventionen seitens der Kaiserinwitwe und ihrer Clique korrupter Eunuchen erkannten der Kaiser und die Reformpolitiker, daß der Erfolg ihrer Reformbemühungen von ihrem Vermögen, die wirkliche Macht im Staate zu ergreifen, abhängen würde. Das Mittel hierzu wurde im Kommando über die genannten Peiyang-Armeen gesehen. Da die Kaiserinwitwe ihren Freund Jung Lu mit dem Oberbefehl über die Peiyang-Armeen betraut hatte, schmiedeten die Reformpolitiker den verzweifelten Plan, Jung Lu zu beseitigen, um ihn durch einen Kommandeur zu ersetzen, der dem Kaiser Kuang-hsü ergeben sein würde.

Als Werkzeug zur Durchführung dieses Planes wählten sie Marschall Yüan Shih-k'ai, der damals eine der drei Peiyang-Armeen kommandierte. Vom Kaiser befragt, ob er ihm helfen wolle, die Reformen auf der Basis wirklicher Macht zur erfolgreichen Durchführung zu bringen, soll Yüan Shih-k'ai bedingungslose Treue gelobt haben. Der Kaiser ernannte ihn daraufhin zum Vize-Minister mit der besonderen Aufgabe der Reform des Heeres. Bei einer weiteren Audienz beauftragte der Kaiser Yüan Shih-k'ai, Jung Lu zu töten und danach zur Unterstützung des Kaisers an der Spitze einer Heeresmacht in

Peking einzurücken. Für den Fall einer erfolgreichen Durchführung dieses Planes wurde Yüan die Ernennung zum Vizekönig von Chilih in Aussicht gestellt.[55] Yüan Shih-k'ai, der in diesem Augenblick zur politischen Schlüsselfigur an einem Wendepunkt der chinesischen Geschichte geworden war, verriet jedoch den Kaiser, indem er Jung Lu von dem Plan in Kenntnis setzte. Dieser benachrichtigte die auch wegen ihrer Rachsucht bekannte Kaiserinwitwe. Deren Reaktion bestand darin, daß sie alle führenden Reformer, deren sie habhaft werden konnte, und die persönlichen Diener des Kaisers hinrichten ließ, den Kaiser bis zu seinem Lebensende in einer Art Hausarrest in Gewahrsam hielt und selbst erneut die Regierungsgeschäfte übernahm. Die Mehrheit der Reformen wurde widerrufen. Vertreter auswärtiger Mächte, die um das Leben des Kaisers besorgt waren, ließen die Kaiserinwitwe wissen, daß sie an einem plötzlichen Tod des Kaisers »Anstoß nehmen« würden. Kaiser Kuang-hsü starb – vielleicht nicht ganz zufällig – 1908, einen Tag vor dem Tod der Kaiserinwitwe.

So war die Reformbewegung von 1898 endgültig gescheitert. Der Grund dafür kann vornehmlich in zwei Umständen gesehen werden. Es war auf der einen Seite die Unerfahrenheit des wohlmeinenden jungen Kaisers in Verbindung mit der politischen Weltfremdheit der ihn beratenden Gelehrten, die wohl die Grundziele der Reform richtig setzten, jedoch in der Praxis des politischen Tageskampfes versagten. Ihr Hauptfehler bestand in der unklugen Eile, mit der sie zu viele Reformen schufen, bevor die politische Machtstellung des Kaisers genügend ausgebaut war, um sich gegen den Widerstand der Geschädigten behaupten zu können. Auf der anderen Seite hing bei dem damaligen Prozeß der politischen Willensbildung am kaiserlichen Hof sehr viel von dem Charakter der daran beteiligten Persönlichkeiten ab. Mit anderen Worten gesagt: Es ist nicht undenkbar, daß die Reformbewegung ein anderes Ende genommen hätte, wäre Kuang-hsü ein Mann mit der Persönlichkeit eines K'ang-hsi oder Ch'ien-lung gewesen. Nur in Verbindung mit einer Politik der Vorsicht und Stärke hätte das gewaltige Werk einer chinesischen Reichsreform zum Erfolg geführt werden können. In der geschilderten Weise endete das Drama an der Spitze des chinesischen Staates mit einer historischen Tragödie, die nicht nur im persönlichen Schicksal der Reformer, sondern weitaus mehr noch in den Konsequenzen lag, die sich aus dem Scheitern der Reformbewegung für das chinesische Volk ergeben sollten. Mit der Verschließung des friedlichen Weges evolutionärer Reformen wurde der Prozeß der Selbsterneuerung Chinas in Bahnen gelenkt, die durch viele Jahrzehnte der weiteren Machtlosigkeit, des Bürgerkrieges und eines unermeßlichen Blutvergießens führten.

Die Reaktion der Verzweiflung: Der Boxer-Aufstand von 1900

Eine neue Phase in der chinesischen Geschichte, verbunden mit einer neuen Form der Reaktion auf die Intervention fremder Mächte und Kultureinflüsse in China, entstand an der Jahrhundertwende in der Gestalt des sogenannten Boxer-Aufstandes. Im Gegensatz zu den vorangegangenen Reformbewegungen waren die Träger dieser neuen Bewegung keine konfuzianischen Gelehrten oder Staatsmänner, sondern Mitglieder eines Geheimbundes, die sich als I-ho-ch'üan (Faustkämpfer der Rechtlichkeit und Eintracht) bezeichneten. Auf Grund bestimmter Kampfsportübungen wurden sie von den Ausländern in China kurz »Boxer« genannt. Diese Bewegung verbreitete sich vor der Jahrhundertwende insbesondere in den Gebieten zwischen der Großen Chinesischen Mauer und dem Gelben Fluß (Hoang-ho). Ihr Anwachsen erklärte sich unter anderem auch aus einer steigenden Unzufriedenheit und Unruhe der Bevölkerung, zu der mehrere Umstände gleichzeitig beitrugen. Zu ihnen gehörte der schlagartig intensivierte Einfluß fremder Mächte in Nordchina als Folge des 1897 beginnenden Wettlaufs um militärische und kommerzielle Stützpunkte in diesem Raum.

Ein weiterer Faktor ergab sich aus dem Wirken zahlreicher westlicher Missionsgesellschaften in China. Ihre Tätigkeit erschien in den Augen der chinesischen Bevölkerung unheilvoll verquickt mit dem gewaltsamen Eindringen ausländischer Staatsmacht in China. Diese wiederum stützte die privilegierte Stellung der christlichen Missionen. Letztere entgingen in manchen Fällen aber nicht der Versuchung, ihre machtbedingten Privilegien zur Erreichung weltlicher Zwecke in Anspruch zu nehmen. Zudem befanden sich unter den bekehrten Chinesen neben aufrichtigen Gläubigen auch solche, die sich des Einflusses der fremden Kirchen zur Erreichung materieller Vorteile gegenüber ihren Landsleuten bedienten. Missionarischer Glaubenseifer führte nicht selten zu einer Verletzung der religiösen Gefühle und Institutionen der chinesischen Bevölkerung. Neben diesen exogenen Einwirkungen trugen auch Naturkatastrophen zur Unruhe unter der Bevölkerung in Nordchina bei.

Die sich insbesondere in der ersten Hälfte des Jahres 1900 in den Provinzen Schantung, Chilih und Schansi sowie in der südlichen Mandschurei ausbreitende Boxer-Bewegung verkündete Parolen, in denen es beispielsweise hieß: »Zur Annahme des Christentums auffordern heißt die Vorschriften des Himmels stören, die Geister und Buddha nicht ehren sowie die Ahnen vergessen.« Oder: »Nur darum, weil die Ausländer mehr als vierzig Jahre lang in ganz China gehaust haben, werden sie im Laufe von drei Monaten ermordet sein, und es wird in China keine Ausländer mehr geben. Die übrigen mögen zu sich nach Hause zurückkehren, damit sie uns nicht mehr quälen und betrügen.«[56] Die Feindseligkeit der Boxer der westlichen Technik gegenüber kommt in folgendem Aufruf zum Ausdruck: »Man muß die Eisenbahnen überfallen, den Verkehr lahmlegen und dann die großen Schiffe zerstören, und alle Teufel werden vernichtet sein.«[57] Solchen Parolen entsprechend strebte die Boxerbewegung eine Lösung der »europäischen Frage« mit Mitteln der Gewalt an. Dieses Aufbäumen irrationaler Kräfte vollzog sich, indem Kirchen und Missionsstationen verbrannt, in- und ausländische Missionare und Christen gefoltert und ermordet und Maschinen sowie sonstige technische Einrichtungen zerstört und zerschlagen wurden. Wohl besaßen die Boxer Kenntnis von der Macht europäischer Waffentechnik. Doch beschworen sie in magischen Formeln taoistische Gottheiten und magische Kräfte, von denen sie glaubten, daß sie ihnen Schutz vor Waffen aller Art gewähren würden.[58] In manchen Provinzen bildeten die Boxer, einer Aufforderung der Regierung nachkommend, militärische Milizeinheiten (I-ho t'uan). Viele von ihnen trugen Banner mit der Aufschrift: »Unterstützt die Ch'ing-Dynastie und vernichtet die Fremden!«

Nachdem sich die von Tod und Zerstörung begleiteten Aktivitäten der Boxer gegen Ende Mai der Hauptstadt Peking bedrohlich genähert und zur Unterbrechung der Bahnverbindung zwischen Peking und Tientsin (Tianjin) geführt hatten, forderten die ausländischen Gesandtschaften in Peking Verstärkung ihrer jeweiligen Sicherheitswachen an. Von Tientsin kommend trafen am 31. Mai insgesamt 451 ausländische Soldaten zum Schutz der Gesandtschaften in der chinesischen Hauptstadt ein (darunter 79 Engländer, 79 Russen, 75 Franzosen, 53 Amerikaner, 51 Deutsche, 39 Italiener, 32 Österreicher und 24 Japaner).[59] Am chinesischen Kaiserhof waren die Meinungen über die Boxer geteilt. Kang-i, ein Mitglied des Großen Staatsrates, Yü-lu, der neue Vizekönig von Chilih, Yü-hsien, der vormalige Gouverneur von Schantung, und Prinz Tuan (Tsai-i) sowie andere führende Mandschu-Aristokraten und Gegner der Reformbewegung in der Führungsgruppe der chinesischen Bürokratie empfahlen der Kaiserin, sich der Boxer zum Zweck der Stärkung der Dynastie zu bedienen. Andere hohe Beamte, darunter zwei Mitglieder des chinesischen Auswärtigen Dienstes, und Jung Lu rieten zur Vorsicht und forderten eine Maßregelung der Boxer. Nachdem die ausländischen Gesandtschaften ihre jeweiligen Regierungen am 4. Juni 1900 telegraphisch von der Möglichkeit feindseliger Aktionen gegen das Gesandtschaftsviertel in Peking gewarnt und um Maßnahmen zum Schutz oder Entsatz der Gesandtschaften aufgefordert hatten, wurden sechs Tage darauf die telegraphischen Verbindungen zur Außenwelt unterbrochen. Doch erhielt der an der Mündung des Peiho-Flusses bei Taku stationierte britische Admiral Edward Seymour am 9. Juni ein letztes Telegramm des britischen Gesandten Claude MacDonald mit dem Wortlaut: »Situation außerordentlich ernst; falls keine Anstalten zu einem sofortigen Vorrücken nach Peking unternommen werden, wird es zu spät sein.«[60] Auf diesen Hilferuf hin organisierte der Admiral eine aus Soldaten und Matrosen der zuvor genannten acht Mächte zusammengewürfelte Truppe von 2066 Mann zum Schutz der Gesandtschaften in Peking, wo am 11. Juni der Kanzler der japanischen Gesandtschaft ermordet worden war. Am 13. Juni rückten umfangreiche Boxer-Einheiten in Peking ein, wo sie alle Häuser und sonstigen Einrichtungen der Ausländer wie auch chinesischer Christen plünderten und zerstörten. Zur gleichen Zeit wurden in Tientsin die französische Kathedrale sowie andere christliche Missionen und Kirchen von den Boxern niedergebrannt und zahlreiche Christen getötet. In dieser Situation beschlossen Admiral Seymour und die Kommandeure der übrigen bei Taku stationierten ausländischen Marineeinheiten, der chinesischen Garnison der an der Mündung des Peiho-Flusses gelegenen Taku-Forts ein Ultimatum zu überreichen. Darin wurde die Übergabe der Forts bis spätestens 17. Juni, 2 Uhr früh, gefordert, obwohl sich keine der ausländischen Mächte mit China im Kriegszustand befand. 75 Minuten vor Ablauf des Ultimatums eröffnete die chinesische Garnison das Feuer auf die sich zum Angriff vorbereitenden Marineeinheiten der ausländischen Mächte. Nach fünfstündigem Kampf befanden sich die Taku-Forts in den Händen der vereinigten Streitmacht der Kolonialmächte. Lediglich die amerikanischen Marineeinheiten hatten aus völkerrechtlichen Gründen eine Beteiligung an diesem Angriff abgelehnt. Erst nach diesen Kampfhandlungen traten reguläre kaiserlich-chinesische Truppen am 18. Juni in den Kampf im Raume zwischen Tientsin und Taku ein.

Am 19. Juni fiel in der Führungsspitze des chinesischen Reiches die Entscheidung zugunsten eines Krieges mit den auswärtigen Mächten. An diesem Tage versammelte die Kaiserinwitwe die obersten Würdenträger der Regierung und des kaiserlichen Hauses zu einer Konferenz in ihrem Palast. Bei dieser Gelegenheit zeigten ihr Prinz Tuan und andere Vertreter einer harten Politik eine in provokatorischer Sprache gehaltene Depesche der ausländischen Gesandten. Darin wurde die sofortige Abdankung der Kaiserinwitwe Tz'u-hsi und die Wiedereinsetzung des Kaisers Kuang-hsü gefordert. Fernerhin sollte es ausländischen Einheiten in einer Stärke von 10.000 Mann gestattet sein, Peking zu besetzen, um dort Ordnung zu schaffen. Chinesische Augenzeugen dieses Ereignisses haben berichtet, die Kaiserinwitwe sei bei keiner anderen Gelegenheit während ihrer langen Regierungszeit in derartigen Zorn geraten wie nach Anhörung der hier erwähnten Forderungen. Tatsächlich aber handelte es sich bei dieser angeblichen Depesche der ausländischen Gesandten um eine Fälschung, mit der das Ziel verfolgt und erreicht wurde, die Kaiserinwitwe zu einer radikal fremdenfeindlichen Politik zu veranlassen. Wahr hingegen ist, daß am Morgen des 19. Juni in der in Shanghai erschienenen britischen Zeitung *North China Daily News* ein Leitartikel abgedruckt worden war, der die »kolossale Dummheit und Eitelkeit« der Kaiserinwitwe kritisierte, ihr vorwarf, mit der ganzen Welt Krieg zu beginnen, und die Wiedereinsetzung des reformfreundlichen Kaisers Kuang-hsü forderte.

Nachdem am folgenden Tag der deutsche Gesandte in Peking, von Ketteler, auf seinem Weg zum chinesischen Außenministerium von einem mandschurischen Bannersoldaten ermordet worden war, billigte die Kaiserinwitwe die Kriegserklärung Chinas an die auswärtigen Mächte, trotz der dringenden Warnungen und Bitten ihres vertrautesten Beraters, Jung Lu. Die Kaiserinwitwe vertrat die Ansicht, es sei besser, »in einem verzweifelten Kampfe unterzugehen, als unseren Rechten auf Wunsch und Befehl dieser Fremden zu entsagen«. Zugleich versicherte sie, es sei nun der Tag der Rache gekommen.[61] In ihrem Zorn billigte die Kaiserinwitwe ein öffentlich verkündetes Dekret, das

»The Germans to the front!« Historiengemälde in Erinnerung des diesbezüglichen Befehls des britischen Admirals Seymour während der Niederwerfung des Boxeraufstandes in China durch mehrere Großmächte. Der Aufstand wollte die demütigende Vorherrschaft der Fremdmächte in China mit Feuer und Schwert vernichten.

einen Kopfpreis auf jeden getöteten Ausländer, gleichgültig, ob Mann, Frau oder Kind, aussetzte.[62] Das ausländische Gesandtschaftsviertel in Peking wurde in der Zeit vom 20. Juni bis zum 14. August 1900 von Boxern im Verein mit regulären chinesischen Streitkräften belagert. Obwohl diese Belagerung von gelegentlichen Perioden eines Waffenstillstandes unterbrochen wurde, verdankten die Einwohner und Verteidiger dieses Viertels ihr Leben nicht nur ihrem verbissenen Widerstand angesichts großer Übermacht, sondern auch der bewußten Sabotage der Belagerung und des allgemeinen Krieges gegen die auswärtigen Mächte durch einige chinesische Staatsmänner. Jung Lu zum Beispiel, der vor diesem Krieg vergeblich gewarnt hatte, weigerte sich, die unter seiner Kontrolle stehende moderne Artillerie zur Zerstörung der Gesandtschaften freizugeben. Ohne diese Haltung Jung Lus, die er mit der Sorge um eine gleichzeitig mögliche Beschädigung kaiserlicher Heiligtümer und Ahnentempel begründete, wäre es schwerlich möglich gewesen, die Gesandtschaften mit Aussicht auf Erfolg zu verteidigen. Auch Yüan Shih-k'ai, damals Gouverneur von Schantung, sowie machtvolle Vizekönige in den Gebieten südlich des Hoang-ho, darunter Li Hung-chang, Liu K'un-i und Chang Chih-tung, sabotierten die kaiserliche Kriegserklärung. Sie unterdrückten die Boxer-Bewegung in den Gebieten unter ihrer Kontrolle, während sie gleichzeitig mit ausländischen Konsuln sowie chinesischen Diplomaten im Ausland Kontakt aufnahmen, um ihnen mitzuteilen, es handle sich beim Boxer-Aufstand nur um eine örtlich begrenzte Bewegung in einigen Gebieten Nordchinas. Sie gaben gleichzeitig jedoch zu verstehen, daß sie sich der Kaiserinwitwe gegenüber loyal verhalten und die Integrität ihrer Person verteidigen würden.

Erst am 14. August gelang es einer größeren Streitmacht der Kolonialmächte, von Tientsin ausgehend, Peking zu erreichen. Am Tag darauf floh die Kaiserinwitwe als Bäuerin verkleidet aus Peking, nachdem sie zuvor die Lieblingsfrau des Kaisers Kuang-hsü – die sogenannte Perl-Konkubine – hatte ertränken lassen, weil diese dem Kaiser vorschlug, trotz der bevorstehenden Besetzung Pekings in der Hauptstadt zurückzubleiben.

Die teils mit barbarischen Vergeltungsakten gegen die Zivilbevölkerung in Peking einrückenden Streitkräfte der Kolonialmächte teilten die Stadt in verschiedene Besatzungszonen einzelner Mächte auf und setzten in Nordchina den Kampf gegen vereinzelte Boxer-Einheiten fort. Nach langwierigen Verhandlungen wurde am 7. September 1901 das sogenannte Boxer-Protokoll unterzeichnet. China wurde darin zur Zahlung von 450 Millionen Taels in Gold an die geschädigten Mächte verpflichtet, fernerhin zur Zerstörung der Taku-Forts und somit zur Demilitarisierung der wichtigsten Verbindungslinie zwischen Peking und Tangku sowie – in diesem Zusammenhang – zur Duldung der militärischen Besetzung vertraglich festgelegter strategischer Positionen durch ausländische Truppen. Die chinesische Regierung mußte außerdem der Bestrafung verantwortlicher Beamter und der Entsendung von Sühnebotschaften nach Japan und Deutschland zustimmen.[63] China war tiefer denn je unter das Joch vielschichtiger Kontrollen auswärtiger Mächte gebeugt. Das letzte Jahr des 19. Jahrhunderts war für das Reich der Mitte ein neues Jahr der Niederlage und der Demütigung. Da der von blindem Haß gelenkte Aufstand der Boxer-Bewegung ebensowenig wie die vorangegangenen Reformbewegungen vermocht hatte, die existentiellen Probleme einer Erneuerung Chinas bei gleichzeitiger Befreiung von den Kontrollen des Kolonialimperialismus zu lösen, und da sich die Ch'ing-Dynastie nicht als Instrument, sondern als Hemmnis für Chinas Erneuerung erwiesen hatte, verstärkten sich nunmehr chinesische Bestrebungen, die in dem Sturz der Dynastie durch eine chinesische Revolution den einzig gangbaren Weg in eine bessere Zukunft sahen.

Entstehung und Verlauf des russisch-japanischen Krieges 1904/05

Die sensationellen Nachrichten von der Belagerung aller ausländischen Gesandtschaften in Peking hatten im Sommer des Jahres 1900 zeitweilig unter den Großmächten ein Gefühl der Solidarität entstehen lassen, das die seit 1895 bemerkbar gewordenen Rivalitäten der Mächte in Ostasien überdeckte. In Voraussicht sich anbahnender militärischer Interventionen in China, von denen eine Vertiefung der dortigen Interessensphären einzelner Mächte befürchtet werden mußte, hatte der amerikanische Außenminister John Hay am 3. Juli 1900 – also noch während der Belagerung der Gesandtschaften in Peking – eine zweite Note über die amerikanische Politik der Offenen Tür an die an China interessierten Mächte versandt. Es hieß darin, es sei die Politik der Vereinigten Staaten, eine Lösung zu suchen, die in China den Zustand der ständigen Sicherheit und des Friedens herstelle, seinen territorialen Bestand und seine Verwaltungseinheit bewahre und neben dem Schutz der vertraglich erworbenen Rechte der auswärtigen Staaten die Erhaltung der Gleichheit der Handelschancen in allen Teilen Chinas erstrebe.[64] Diese Erklärung bedeutete gegenüber der ersten Proklamation der Politik der Offenen Tür eine Erweiterung insofern, als die Vereinigten Staaten nun auch ihr ausdrückliches Interesse an der Erhaltung des Gebietsbestandes und der Verwaltungseinheit des chinesischen Reiches bekundet hatten. Während des Boxer-Aufstandes hatte Rußland bei nur geringem chinesischem Widerstand zahlreiche Streitkräfte in Chinas mandschurische Nordostprovinzen entsandt, die es als russische Interessensphäre betrachtete. Diese Maßnahme rief bei dritten Mächten die Sorge hervor, Rußland könne auch nach dem Ende der Boxer-Unruhen diesen großen Teil Chinas weiterhin besetzt halten, um es in steigendem Maße unter die direkte Kontrolle Rußlands zu bringen. Diese Sorge spiegelte sich wider in einem deutsch-britischen Notenaustausch vom 16. Oktober 1900, dem sogenannten Jangtse-Abkommen. London und Berlin versicherten darin, daß ihre Staaten die Boxer-Unruhen nicht zur Erlangung territorialer Vorteile in China ausnützen, sondern vielmehr für die unverminderte Erhaltung des Gebietsbestandes des chinesischen Reiches eintreten würden. Sollte jedoch irgendeine dritte Macht die Krise in China zum Erwerb territorialer Vorteile benützen, würden sich Großbritannien und Deutschland im gegenseitigen Einverständnis Maßnahmen zum Schutz ihrer eigenen Interessen in China vorbehalten.[65]

Während andere Mächte Anfang 1901 mit dem Rückzug ihrer Expeditionsstreitkräfte aus China begannen, beließ Rußland seine Truppen in den besetzten Teilen der Mandschurei und legte der chinesischen Regierung den Entwurf eines Vertrages vor, der die Bedingungen für einen russischen Rückzug aus der Mandschurei enthielt. Dem Entwurf zufolge forderte Rußland das Recht, militärische Streitkräfte entlang der Ostchinesischen Eisenbahn und der Südmandschurischen Eisenbahn stationieren zu dürfen. Chinesische Truppen sollten vor der Fertigstellung dieser Bahnlinie überhaupt nicht und danach nur mit russischer Zustimmung in die Mandschurei entsandt werden dürfen. Die chinesische Regierung sollte sich verpflichten, jeden Beamten zu entlassen, von dem russischerseits erklärt würde, er beeinträchtige die Beziehungen zwischen Rußland und China. Auch sollte Peking sich dazu verpflichten, nur russische und keine anderen ausländischen Militärberater in Nordchina anzustellen. Chinas Recht zur Vergabe von Konzessionen für Bergbau oder Bahnbau in den an Rußland angrenzenden großen Gebieten der Mandschurei, der Mongolei oder Sinkiangs solle in jedem einzelnen Falle von der Zustimmung der russischen Regierung abhängen.[66]

Die chinesische Regierung parierte diese weitreichenden russischen Forderungen mit der Mitteilung, Rußlands expansionistische Politik in der Mandschurei errege in Japan Widerwillen wie auch Besorgnis. Auch Rußlands damaliger Botschafter in Tokio und späterer Außenminister, Alexander Iswolski, faßte in einem Bericht vom 23. März 1901 die diesbezüglichen Ansichten maßgeblicher außenpolitischer Führungskräfte in Japan wie folgt zusammen: Sechs Jahre zuvor habe Japan auf Rat Rußlands, Frankreichs und Deutschlands die [mandschurische] Liaotung-Halbinsel räumen müssen. Nicht nur sei dieses Gebiet unter dem Vorwand eines Freundschaftsvertrages mit China unter russische Kontrolle geraten, sondern Rußland strebe weiterhin nach der Ausdehnung seiner politischen und militärischen Herrschaft über die gesamte Mandschurei. Das widerspreche nicht nur den Rechten und Interessen Japans in dieser chinesischen Provinz, sondern bedrohe auch die Unabhängigkeit Koreas, das für Japan von allergrößter Bedeutung sei. Japan müsse alle seine Macht einsetzen, um das zu verhindern, und sich im Hinblick auf dieses Ziel entschließen, selbst dann zu den Waffen zu greifen, wenn von keiner anderen Seite mehr Hilfe zu erwarten sei.[67]

Zur gleichen Zeit fanden auch in der außenpolitischen Führungsgruppe des japanischen Reiches grundsätzliche Auseinandersetzungen über die einzuschlagende Richtung der japanischen Außenpolitik statt. 1901 war das Kabinett des eher rußlandfreundlichen Ministerpräsidenten Ito durch ein neues Kabinett unter Führung von Ministerpräsident Katsura ersetzt worden. Die außenpolitische Konzeption Itos beruhte auf der erst nach 1905 verwirklichten Vorstellung, Japan könne seine Ziele in Ostasien am besten in Zusammenarbeit mit Rußland verwirklichen. Ito bezweifelte, daß Großbritannien sich mit Japan verbünden würde, es sei denn in einer Situation derartiger Schwäche, daß dann dieses Bündnis für Japan nur von geringem Vorteil wäre. Dieser Ansicht hielt Katsura die Meinung entgegen, ein Bündnis mit Rußland sei zwar kurzfristig denkbar. Es würde jedoch zu einer Ausdehnung der russischen Machtsphäre von der Mandschurei auf Korea und zu dem Versuch Rußlands führen, Japan von dort endgültig zu verdrängen. Großbritannien hingegen habe im Fernen Osten keinerlei territoriale Ambitionen oder essentielle Interessengegensätze mit Japan. Jedoch hätten beide Staaten ein gemeinsames Interesse an einer Eindämmung der russischen Expansion in Ostasien.[68] Ein in letzter Stunde inoffiziell unternommener Vorstoß Itos, der die Festlegung eines russisch-japanischen Modus vivendi mit dem Abschluß eines Bündnisses zwischen Tokio und London verbinden wollte, scheiterte am Widerspruch der britischen Regierung.

Großbritannien, dessen Beziehungen zu Deutschland während des Burenkrieges eine bedeutsame Verschlechterung erfahren hatten, suchte im asiatischen Bereich ein inhaltlich begrenztes, aber definitives Bündnisverhältnis zur Eindämmung seines russischen Rivalen. Als Produkt dieser Konstellation erfolgte am 30. Januar 1902 die Unterzeichnung des ersten britisch-japanischen Bündnisvertrages. Dessen Artikel 1 bezeichnete als Ziel des Vertrages die Aufrechterhaltung der Unabhängigkeit des Kaiserreiches China und Koreas sowie die Verteidigung der britischen und japanischen Interessen in China wie auch der japanischen Sonderinteressen in Korea. Für den Fall, daß eine der vertragschließenden Parteien in Verfolgung dieser Ziele in einen Krieg verwickelt werden sollte, war der andere Partner nach Artikel 2 zu strenger militärischer Neutralität und zu diplomatischer Bündnishilfe verpflichtet. Sollten aber eine weitere Macht oder mehrere Staaten sich am Kampf gegen den einen Alliierten beteiligen, so war der andere Alliierte nach Artikel 3 zur militärischen Hilfeleistung verpflichtet. Ein gleichzeitig unterzeichneter geheimer Notenaustausch beinhaltete Bestimmungen hinsichtlich gegenseitiger Versorgungshilfe für die britische und japanische Kriegsflotte und gab dem Willen der beiden Inselreiche Ausdruck, im Fernen Osten eine Flottenstärke aufrechtzuerhalten, die der maritimen Kriegsmacht eines jeden dritten Staates überlegen sei.[69] In deutlichem Gegensatz zu der fragwürdigen und brüchigen Struktur des russisch-chinesischen Bündnisvertrages von 1896 war es Japan als erstem fernöstlichem Staat gelungen, zum gleichberechtigten Bündnispartner einer der damals führenden Mächte der Weltpolitik zu werden. Um dem Bündnis der beiden Inselmächte entgegenzuwirken, empfahl der russische Außenminister Graf Lamsdorff eine Erneuerung der kontinentalen Mächtekombination von 1895 zwischen Rußland, Deutschland und Frankreich, der sich auch Österreich-Ungarn und Italien anschließen könnten. Dazu aber waren weder das Deutsche Reich noch Frankreich bereit.

Das Erstaunliche an der Haltung der russischen Fernostdiplomatie in der Zeit zwischen dem Abschluß der anglo-japanischen Allianz und dem Beginn des russisch-japanischen Krieges kann in der Tatsache gesehen werden, daß Rußlands immer evidenter werdende außenpolitische Isolierung und das Anwachsen des Widerstandes anderer Mächte gegen die Expansionstendenzen der russischen Fernostpolitik in St. Petersburg keinerlei Bereitschaft zu maßgeblichen Konzessionen bewirkte. Es läßt sich im Gegenteil eine Minderung des Einflusses von Finanzminister Witte, Außenminister Lamsdorff und Kriegsminister Kuropatkin feststellen, die alle einen eher gemäßigten außenpolitischen Kurs empfahlen. Der Zar geriet hingegen in ständig wachsendem Maß unter den Einfluß einer expansionistischen und extremistischen Gruppe, an deren Spitze Iwan Besobrasow stand, den der russische Botschafter in Tokio, Roman Rosen, als einen »idealistischen Träumer« bezeichnete, der »verführerische, aber undurchführbare Visionen russischer Größe und Expansion hegte«.[70] Er übermittelte dem Zaren einen bombastisch ausgeschmückten Plan, dem zufolge Rußland sich im Fernen Osten – ähnlich wie England in Indien – ein Empire schaffen müsse. Diese Pläne Besobrasows fanden die Unterstützung auch anderer Günstlinge des Zaren. Zu ihnen gehörten Admiral Abasa, General Alexejew (angeblich ein unehelicher Sohn des Zaren Alexander III.) und der unpopuläre Innenminister Plehwe, der angesichts der sich verschlechternden sozialen und wirtschaftlichen Zustände in Rußland leichthin erklärt hatte: »Wir brauchen einen kleinen siegreichen Krieg, um die Flutwelle der Revolution aufzuhalten.«[71] Die Exponenten einer unnachgiebigen russischen Fernostpolitik, die sich am Zarenhof durchsetzen konnten, begannen fortan nicht nur die russische Durchdringung der ganzen Mandschurei, sondern auch die Erweiterung des russischen Einflusses in Korea ins Auge zu fassen.

Eine Sonderkonferenz der japanischen Regierung in Gegenwart des Kaisers beschloß am 23. Juni 1903, Versuche in die Wege zu leiten, einen Ausgleich zwischen den widersprechenden Interessen Japans und Rußlands im Fernen Osten auf diplomatischem Wege herbeizuführen. Im Sinne dieses Beschlusses fand zwischen August 1903 und Februar 1904 ein mehrfacher Notenaustausch zwischen Tokio und St. Petersburg statt. Prinzipiell waren sich beide Mächte darin einig, daß Rußland ein prädominanter Einfluß in der Mandschurei und Japan ein entsprechender Einfluß in Korea eingeräumt werden sollte. Die Unvereinbarkeit der beiden Standpunkte ergab sich daraus, daß beide Verhandlungspartner in den von ihnen beanspruchten Einflußsphären für sich selbst jeweils eine fast uneingeschränkte De-facto-Hegemonie forderten, zugleich aber von der anderen Seite bestimmte Einschränkungen der Kontrollgewalt in ihrer Interessensphäre verlangten. So forderten die Russen zwar die Anerkennung der Unabhängigkeit und territorialen Integrität Koreas, ohne indes dieselbe Garantie für China (insbesondere die Mandschurei) geben zu wollen. Japan hingegen bestand, von einem Lippenbekenntnis zur territorialen Unversehrtheit und Unabhängigkeit Koreas abgesehen, auf einem vielseitigen und exklusiven japanischen Interventionsrecht in Korea, ohne jedoch auf bestehende japanische Rechte in der Mandschurei zu verzichten. Ein wesentlicher Streitpunkt ergab sich aus Rußlands Forderung, Japan solle keinen Teil des koreanischen Gebiets, insbesondere nicht die Küste an der Straße von Korea (welch letztere für Rußland die maritime Verbindung zwischen Port Arthur und Wladiwostok darstellte), zu strategischen Zwecken, d.h. zum Bau von Befestigungsanlagen, benützen. Auch ein russischer Vorschlag, die koreanischen Gebiete nördlich des 39. Breitengrades (d.h. den größten Teil des späteren Nordkorea) als neutrale bzw. demilitarisierte Zone zu betrachten, führte zu keinem Resultat. Ein von der koreanischen Regierung angesichts der immer bedrohlicher werdenden Spannungen unternommener verzweifelter Versuch, eine Neutralisierung Koreas in dem erwarteten russisch-japanischen Konflikt zu erwirken, blieb ohne Erfolg. Für Japans Entscheidung, den Krieg zu beginnen, war die Erwägung maßgeblich, daß die Zeit für Rußland und gegen Japan arbeitete. Die endgültige Fertigstellung der Transsibirischen Eisenbahn war in Kürze zu erwarten. Rußland fuhr fort, seine Streitkräfte in der Mandschurei und insbesondere auch an den Grenzen Koreas zu verstärken. Angesichts der bisherigen russischen Haltung erwartete Tokio somit von einer Fortsetzung seiner Verhandlungen mit St. Petersburg keinerlei Verbesserungen der russischen Angebote bei einer gleichzeitigen Verstärkung der strategischen Ausgangsposition des russischen Reiches im Fernen Osten.

Nachdem die japanische Regierung am 4. Februar 1904 die Einstellung der diplomatischen Verhandlungen befohlen hatte, und japanische Seestreitkräfte zwei Tage darauf in Richtung auf die südliche Mandschurei und Korea aufgebrochen waren, telegraphierte der Zar am 8. Februar 1904 an den Vizekönig General Alexejew: »Es ist erwünscht, daß die Japaner und nicht wir diejenigen sind, die mit militärischen Operationen beginnen ... Falls aber japanische Seestreitkräfte den 38. Breitengrad an der Westküste von Korea mit oder ohne Landung überschreiten sollten, erteile ich Ihnen hiermit die Vollmacht, sie anzugreifen, ohne darauf zu warten, daß der erste Schuß von japanischer Seite aus fällt. Ich verlasse mich auf Sie. Gott helfe Ihnen.« In der darauffolgenden Nacht eröffneten japanische Seestreitkräfte ohne vorherige Kriegserklärung auf die russische Festung und Flotte in Port Arthur (Lüshun) ein Bombardement, in dessen Folge zwei russische Panzerschiffe und ein Kreuzer sanken. Kurz zuvor war ein ähnlicher japanischer Angriff bei Chemulpo (Inchon) erfolgt, dem der russische Kreuzer *Warjag* zum Opfer gefallen war.

Die erst am 10. Februar 1904 promulgierte Kriegserklärung Japans betonte, daß die Absorbierung der Mandschurei durch Rußland die lebenswichtigen Interessen des japanischen Reiches in Korea in untragbarer Weise gefährde.[72] Zu Lande vermochten es japanische Streitkräfte, nach Überschreiten des Jalu-Flusses den Krieg in das Gebiet der Mandschurei hineinzutragen, und ihre ebenfalls im Mai 1904 geglückte Landung an der Ostküste der Kwantung-Halbinsel bewirkte, daß die auf der Südspitze der Halbinsel liegende russische Festung Port Arthur vom Gros der russischen Streitkräfte in der Mandschurei territorial getrennt wurde. Im August 1904 wurden die Pazifik-Geschwader der russischen Fernostflotte bei Port Arthur von Kampfeinheiten der japanischen Kriegsmarine entscheidend besiegt. Am 1. Januar 1905 kapitulierte Port Arthur, und im Februar gleichen Jahres erlitt das russische Landheer in der Mandschurei bei Mukden eine katastrophale Niederlage. Die letzten Hoffnungen der russischen Regierung hefteten sich an die europäische Ostseeflotte Rußlands, die in wochenlanger Seefahrt – teils durch den Suezkanal, teils auch um Afrika herum – in den Fernen Osten entsandt wurde. Aber auch diese Flotte wurde in der berühmten Seeschlacht von Tsushima von der japanischen Marine vernichtend geschlagen. In Rußland selbst hatten sich die revolutionären Unruhen des Jahres 1905 bereits ab Januar bemerkbar gemacht.

Angesichts ihres überwältigenden Sieges bei Tsushima einerseits und der wirtschaftlichen Erschöpfung Japans durch den Krieg andererseits richtete die japanische Regierung drei Tage nach der Schlacht an den Präsidenten der Vereinigten Staaten ein formales Ansuchen um Vermittlung zwischen den beiden kriegführenden Mächten. Informelle Kontakte in dieser Richtung waren bereits im vorangegangenen Monat erfolgt. Präsident Roosevelt hegte ein aktives Interesse an der Förderung eines Friedens zwischen Rußland und Japan, der im Fernen Osten ein Kräftegleichgewicht zwischen diesen beiden Mächten herstellen sollte. Die russische Regierung zeigte sich zu diesem Zeitpunkt ebenfalls zu Verhandlungen bereit, und zwar nicht nur unter Berücksichtigung ihrer militärischen Niederlagen im Fernen Osten und der drohenden Revolution in Rußland, sondern auch deshalb, weil zu diesem Zeitpunkt – mit der Ausnahme der Insel Sachalin – noch kein Teil russischen Territoriums von japanischen Streitkräften besetzt worden war. Zudem befanden sich russische Verstärkungen über die noch nicht völlig fertiggestellte Transsibirische Eisenbahn auf dem Weg nach der Mandschurei. Auf Einladung des amerikanischen Präsidenten begannen die russisch-japanischen Friedensverhandlungen Anfang August in Portsmouth im amerikanischen Staat New Hampshire.

Am 29. August 1905 fand die Abschlußsitzung der Friedenskonferenz statt. Hierbei erhob sich der japanische Chefdelegierte Komura, um zu erklären, Japan werde auf die umstrittenen finanziellen Reparationen verzichten, sofern Rußland bereit sei, eine japanische Inbesitznahme ganz Sachalins zu akzeptieren. Der russische Chefdelegierte Witte lehnte diesen Vorschlag ab. Daraufhin teilte Komura Tokios Bereitschaft mit, die nördliche Hälfte der Insel an Rußland zurückzugeben, wenn Rußland dort den 50. Breitengrad als Grenze zwischen dem russischen und japanischen Gebietsbestand akzeptieren würde. Dieser Vorschlag wurde von Witte angenommen, womit die Friedensverhandlungen abgeschlossen waren. Die wichtigsten Bestimmungen des am 5. September 1905 unterzeichneten russisch-japanischen Friedensvertrages können wie folgt zusammengefaßt werden: In Artikel I wurde Friede und Freundschaft zwischen den vertragschließenden Parteien beschlossen. Auf Grund von Artikel II anerkannte Rußland Japans prädominierendes Interesse in Korea. Laut Artikel III beschlossen beide Staaten den gleichzeitigen Rückzug ihrer Streitkräfte aus der Mandschurei und versicherten, keinerlei Maßnahmen zum Ausschluß dritter Mächte von der Mandschurei, sei es auf kommerziellem Gebiet oder auf dem Gebiet des Eisenbahnbaus, ergreifen zu wollen. Artikel V bestätigte die Abtretung des russischen Pachtgebiets auf der Liaotung-Halbinsel, insbesondere der Häfen von Port Arthur und Dairen. Da es sich hierbei um ein Gebiet handelte, das von China an Rußland verpachtet worden war, einigten sich Tokio und St. Petersburg darauf, gemeinsam auf die chinesische Regierung Druck auszuüben, damit sie ihre Zustimmung zu dieser Übertragung der Pachtrechte erteilen solle. Weiterhin wurde in Artikel VI beschlossen, die Südmandschurische Eisenbahnlinie zwischen Changchun und Port Arthur mitsamt ihrer Nebenlinien mit allen Rechten auf Japan zu übertragen. Artikel VII drückte die Bereitschaft beider vertragschließenden Parteien aus, ihre Eisenbahnen in der Mandschurei ausschließlich für wirtschaftliche, nicht aber für militärische Zwecke benützen zu wollen, nur die Eisenbahnstrecken auf der Liaotung-Halbinsel sollten hiervon ausgenommen sein. Artikel IX behandelte die Teilung der Insel Sachalin entlang des 50. Breitengrades. Zusätzlich wurde beschlossen, daß weder Rußland noch Japan in den ihnen gehörenden Teilen Sachalins militärische Befestigungsanlagen errichten sollten. Artikel XII und XIII sahen schließlich den Abschluß eines neuen Handels- und Schiffahrtsvertrages zwischen Japan und Rußland sowie den gegenseitigen Austausch von Kriegsgefangenen vor.[73]

Das Bekanntwerden dieser Friedensbedingungen, die unter Berücksichtigung eines neuen Kräfteverhältnisses zwischen Japan und Rußland im wesentlichen einen Ausgleichsfrieden verkörperten, löste in Japan einen Sturm der Empörung bei jenen Bevölkerungskreisen aus, die in den japanischen Gewinnen kein Äquivalent zu ihren großen Anstrengungen und Verlusten erblickten. Es ergaben sich gewaltige Protestdemonstrationen und Ausschreitungen, die die japanische Regierung schließlich zur Erklärung des Notstandes veranlaßten.

Die russisch-japanische Annäherung und Amerikas Dollar-Diplomatie in der Mandschurei

Noch vor der Unterzeichnung des russisch-japanischen Friedensvertrages war es am 12. August 1905 zu einer Erneuerung des britisch-japanischen Bündnisvertrages gekommen. Als dessen Ziel wurde »die Konsolidierung und Aufrechterhaltung des allgemeinen Friedens in den Regionen Ostasiens und Indiens« sowie die Verteidigung der Rechte Großbritanniens und Japans in diesen Gebieten bezeichnet. Sollten diese Interessen gefährdet werden, so waren gegenseitige Konsultationen vorgesehen. Im Falle eines unprovozierten Angriffs gegen einen der Vertragspartner bei der Verteidigung der genannten Interessensphären war der andere Partner zum Kriegseintritt auf der Seite seines Verbündeten verpflichtet. Großbritannien anerkannte Japans Recht, alle ihm erforderlich erscheinende Maßnahmen für die »Lenkung, die Kontrolle und den Schutz in Korea« zu ergreifen, sofern dort die Gleichheit der Handelschancen für alle Staaten gewahrt bleibe. Japan wiederum anerkannte Großbritanniens Recht, an den indischen Grenzen alle Maßnahmen zu ergreifen, die es für die Sicherheit Indiens als wünschenswert erachtete. Großbritannien versicherte schließlich nochmals seine Neutralität im russisch-japanischen Krieg, zugleich aber auch seine Entschlossenheit, in diesen Krieg auf seiten Japans einzutreten, sofern eine dritte Macht Rußland militärisch zu Hilfe kommen sollte.

Rußlands Niederlage von 1905 ebenso wie die Erneuerung und Erweiterung der Allianz zwischen London und Tokio hatten eine wirksame Eindämmung der russischen Fernostpolitik zur Folge. Die Notwendigkeit dieser Wirkung wurde von der russischen Außenpolitik klar erkannt. Die Regierung in St. Petersburg zog daraus die Konsequenz, indem sie nunmehr bemüht war, sowohl mit Großbritannien wie auch mit Japan zu einem auf Interessenausgleich beruhenden Modus vivendi zu gelangen. Was das russische Verhältnis zu Großbritannien betraf, so bahnte sich die neue Politik mit einem bedeutsamen Abkommen vom 31. August 1907 an. Es teilte Persien in eine nördliche russische und eine südliche britische Interessensphäre, erklärte Afghanistan zur britischen Interessensphäre und Tibet zum neutralen Machtvakuum zwischen den beiden Großmächten.[74]

Dieser Ausgleich der britisch-russischen Interessen in Asien bedeutete einen entscheidenden Schritt in Richtung auf die Bildung der sogenannten Triple-Entente zwischen Großbritannien, Frankreich und Rußland. Von größerer Bedeutung für den Fernen Osten war jedoch die Gestaltung des Ausgleichs und einer Wiederannäherung zwischen der japanischen und der russischen Außenpolitik. Den ersten entscheidenden Schritt in dieser Richtung brachte eine am 30. Juli 1907 unterzeichnete öffentliche und geheime Konvention zwischen Rußland und Japan. Während die öffentliche Konvention ein beiderseitiges Lippenbekenntnis zum Prinzip der Offenen Tür in China enthielt und versicherte, die beiden vertragschließenden Parteien würden dort die Erhaltung des Status quo verteidigen, erläuterte das gleichzeitig abgeschlossene Geheimabkommen die konkretere Bedeutung dieses »Status quo«. Dieses Geheimabkommen teilte die chinesischen Gebiete der Mandschurei in eine nord-nordöstliche Einflußsphäre Rußlands und eine süd-südwestliche Einflußsphäre Japans. Beide Mächte sagten einander die Nichtintervention in der jeweiligen Interessensphäre der anderen Macht zu. Während Rußland den besonderen Status Japans in Korea anerkannte, billigte Japan ihm spezielle Interessen in dem zum chinesischen Reich gehörenden Gebiet der Äußeren Mongolei zu.[75]

Die neue Interessengemeinschaft mit Japan ermöglichte es der zaristischen Regierung, die wirtschaftliche und administrative Infrastruktur der russischen Interessensphäre in der nördlichen Mandschurei weiter auszubauen. Das ökonomische und strategische Rückgrat dieser Interessensphäre war die von Rußland vornehmlich mit französischem Geld gebaute sogenannte Chinesische Ostbahn. Wie bereits erwähnt, bildete sie eine transmandschurische Verkehrsverbindung zwischen der Transsibirischen Eisenbahn und dem russischen Fernosthafen Wladiwostok.

In einer Kritik diesbezüglicher Konzeptionen des russischen Finanzministers Witte beschrieb der zaristische Außenminister Iswolski diese Ländereien auf mandschurisch-chinesischem Boden als einen »wichtigen Kolonialbesitz« Rußlands am Rande seiner fernöstlichen Besitzungen.[76] Der sowjetische Historiker Skalow hat die Rolle der zaristischen Regierung in diesem Gebiet mit den Worten geschildert: »In der Eisenbahnzone galten nur russische Gesetze und russische Gerichtshöfe ... Harbin, der wichtigste Knotenpunkt der Chinesischen Ostbahn, ... war faktisch eine russische Stadt ... Die zaristischen Lakaien betrachteten die nördliche Mandschurei als russisches Grenzland. Ihre Haltung den Chinesen gegenüber war arrogant und verächtlich. Sie behandelten die Chinesen wie eine minderwertige Rasse.«[77] So entstanden auf chinesischem Territorium zahlreiche russische Siedlungen und Betriebe mit eigener Verwaltung und Rechtsprechung, deren unmittelbares Machtinstrument in den genannten russischen Bahnschutz-Truppen gegeben war.

Das Ende des Kaiserreiches Korea

Viel an der tragischen Geschichte Koreas im 19. und 20. Jahrhundert erklärt sich aus seiner geographischen Lage im Spannungsfeld zwischen einander widerstreitenden Herrschaftsansprüchen und Expansionstendenzen von drei benachbarten Großmächten. Wie bereits erwähnt, hatten auf Korea bezogene internationale Rivalitäten sowohl bei der Entstehung des japanisch-chinesischen wie auch des japanisch-russischen Krieges kurz vor und nach dem Beginn des 20. Jahrhunderts eine maßgeblich mitbestimmende Rolle gespielt. Die Wogen des russisch-japanischen Krieges zerschlugen alle Chancen der kurz vor seinem Beginn unternommenen koreanischen Initiative zur Neutralisierung Koreas. Die nach Kriegsbeginn im »Lande der Morgenfrische« ebenso wie in der Mandschurei siegreich vordringenden Japaner hatten der koreanischen Regierung keine zwei Wochen nach Beginn der Kampfhandlungen ein Abkommen in Form eines japanisch-koreanischen Protokolls vom 23. Februar 1904 aufgenötigt.[78] Zwar garantierte Japan in Artikel III des Protokolls ausdrücklich die »Unabhängigkeit und territoriale Unverletzlichkeit des koreanischen Reiches«. Doch räumten andere Bestimmungen des gleichen Protokolls den Japanern weitgehende innen- und außenpolitische sowie auch militärische Interventionsrechte in Korea ein. Nach Rußlands Niederlage und Großbritanniens erneuerter Allianz mit Japan hatte Tokio von diesen beiden Mächten hinsichtlich weitergehender Pläne in und mit Korea kaum etwas zu befürchten. Wie aber stand es mit der diesbezüglichen Haltung der Vereinigten Staaten?

In Washington wurden Japans spektakuläre Erfolge gegen Rußland nicht ohne Sorge betrachtet. So schrieb Präsident Roosevelt im Juni 1905 über die Urheber rassistischer, antijapanischer Maßnahmen und Gesetze in Kalifornien: »... mit törichter Dummheit bleiben sie dem Aufbau der [amerikanischen] Kriegsmarine gegenüber gleichgültig, während sie diese gewaltige neue Macht [Japan] provozieren – eine Macht, die eifersüchtig, ehrgeizig und kriegerisch ist und die, falls sie provoziert wird, uns sowohl die Philippinen wie Hawaii entreißen könnte, falls sie zur See die Oberhand gewinnt.«[79] Ein Jahr zuvor hatte der Präsident an den englischen Botschafter in Washington, Spring Rice, geschrieben: »Ich bin mir völlig darüber im klaren, daß es möglicherweise einen künftigen Kampf zwischen ihnen [den Japanern] und uns bedeuten kann, wenn sie gewinnen; aber ich hoffe und glaube es nicht.«[80] Wie aus Akten des japanischen Außenministeriums und aus anderen Quellen ersichtlich wird, hatte Roosevelt im Sommer 1904 japanischen

Diplomaten gegenüber geäußert, Korea gehöre ebenso zur Interessensphäre Japans wie Kuba zur Interessensphäre der USA.[81] Seinem Außenminister Hay vertraute er im Januar 1905 an, die USA könnten nicht für die Koreaner gegen Japan intervenieren. Die Koreaner seien zu schwach, um sich wirksam verteidigen zu können.[82] Die Koreaner wiederum sahen in den Vereinigten Staaten die einzige auswärtige Macht, die der japanischen Drohung entgegenwirken könne. Der koreanische Kaiser klammerte sich dabei an eine Bestimmung des amerikanisch-koreanischen Vertrages von 1882 (des sogenannten Shufeldt-Vertrags), in dem die beiden Staaten einander ihre »guten Dienste« für den Fall der ungerechten Behandlung eines der Vertragspartner durch dritte Mächte zugesagt hatten.[83]

Roosevelt war jedoch ein Gegner von Garantie-Erklärungen, zu deren Verteidigung im Ernstfalle in den USA weder der entsprechende Wille noch die erforderlichen Machtmittel vorhanden gewesen wären. Roosevelts Preisgabe von Korea erfolgte im Rahmen des vertraulichen und informellen Taft-Katsura-Abkommens vom 29. Juli 1905. Es enthielt eine Vereinbarung zwischen dem japanischen Ministerpräsidenten Katsura und dem amerikanischen Kriegsminister William Howard Taft, der zufolge die japanische Regierung die Versicherung abgab, keinerlei feindselige Absichten gegen die unter amerikanischer Kontrolle befindlichen Philippinen zu hegen. Gleichsam als Gegenleistung erhielten die Japaner die amerikanische Zusicherung, daß Washington Verständnis für Tokios Wunsch habe, Korea am Ende eines siegreichen Krieges mit Hilfe japanischer Streitkräfte unter die Oberhoheit und außenpolitische Kontrolle Japans zu bringen.[84] Dieses Geheimabkommen und Roosevelts Sicht der koreanischen Problemlage hielten den amerikanischen Präsidenten davon ab, auf geheim übermittelte Hilferufe des koreanischen Kaisers zu reagieren, und veranlaßten ihn, die amerikanische Gesandtschaft in der koreanischen Hauptstadt Seoul am 24. November 1905 schließen zu lassen.[85]

Nach allen Seiten hin abgesichert – China und Rußland gegenüber durch gewonnene Kriege, Großbritannien und den USA gegenüber durch ein Bündnis und ein Geheimabkommen –, konnte Japan nunmehr eine weitere Absorbierung Koreas ins Werk setzen. Unter dem unmißverständlichen Druck bewaffneter japanischer Einheiten, die den koreanischen Kaiserpalast umstellten, entstand am 17. November 1905 ein japanisch-koreanischer Vertrag, der einem japanischen Generalstatthalter weite Vollmachten – insbesondere auf außenpolitischem Gebiet – einräumte.

Die Tatsache, daß es der koreanische Kaiserhof gewagt hatte, 1907 insgeheim eine Delegation zur internationalen Friedenskonferenz von Den Haag zu entsenden, um die Aufmerksamkeit der Weltöffentlichkeit auf das Schicksal Koreas zu ziehen, wurde von der japanischen Regierung zum Anlaß genommen, noch im gleichen Jahr die Abdankung des koreanischen Kaisers und zusätzliche Vollmachten für den japanischen Generalstatthalter zu erzwingen.[86] Ein neuer Anlaß für eine Verschärfung der japanischen Politik in Korea bot sich, als Fürst Ito, einer jener japanischen Staatsmänner, die einer relativ milden Form japanischer Herrschaftsausübung in Korea das Wort geredet hatten, am 26. Oktober 1909 von einem koreanischen Nationalisten ermordet wurde. Kurz nach Abschluß des zweiten japanisch-russischen Abkommens von 1910 nahm die japanische Regierung auf der Basis dieser erneuten außenpolitischen Rückendeckung die Annexion Koreas vor.[87]

Sun Yat-sen und die chinesische Revolution von 1911/12

Am 10. Oktober 1911 – sechs Jahre vor der Oktoberrevolution in Rußland – brach in China eine Revolution aus, die zum Sturz der jahrtausendealten monarchischen Herrschaftsform und zur Proklamation der Republik China führte. Die bedeutendste Organisation dieser Frühphase der chinesischen Revolution war der am 20. August 1905 im Exil in Tokio gegründete Chungkuo T'ung-meng-hui, frei übersetzt mit Chinesischer Revolutionsbund. Sein erster Präsident (tsung-li) und führender Ideologe war der am 12. November 1866 in Hsiang-shan (später Chung-shan) nördlich von Macao als Sohn armer Bauern geborene Sun Yat-sen, der sowohl von der Nationalchinesischen Volkspartei (Kuomintang) wie auch von der Kommunistischen Partei Chinas, den Auslandschinesen und anderen politischen Gruppierungen als »Vater der chinesischen Revolution« und Gründer der Republik China betrachtet wird.

Ein nach Hawaii ausgewanderter älterer Bruder ermöglichte es Sun Yat-sen, dort von 1879 bis 1883 an amerikanischen Missionsschulen zu studieren. Nach China zurückgekehrt, setzte Sun seine Studien an westlich orientierten Institutionen fort und promovierte 1892 an der Medizinischen Hochschule in Hong Kong. Er wurde so einer der ersten chinesischen Politiker und Staatsmänner, die ein Studium in einer der westlichen Naturwissenschaften absolviert hatten. Suns in Hawaii erfolgende Bekehrung zum Christentum, sein dort erwecktes Interesse für die Geschichte der französischen und amerikanischen Revolution, seine Kontakte mit Augenzeugen des Taiping-Aufstandes und Mitgliedern chinesischer Geheimgesellschaften mögen seine frühe Hinwendung zur Idee und Methode der Revolution bewirkt haben.[88] Im Februar 1894 übermittelte Sun Yat-sen dem chinesischen Staatskanzler Li Hung-chang ein Schreiben, in dem er die Entwicklung eines modernen chinesischen Erziehungs- und Wirtschaftssystems befürwortete.[89]

Dr. Sun Yat-sen (1866–1925), der von allen chinesischen Parteien verehrte Ideologe und Gründer der demokratischen Revolutionsbewegung und Republik in China wie auch seiner Partei (Kuomintang, d.h. Nationale Volkspartei). Er gilt als primärer Gründervater des modernen China.

Nachdem diese Initiative ohne den gewünschten Erfolg geblieben war, gründete Sun im November des gleichen Jahres die Gesellschaft zur Erneuerung Chinas (Hsing-Chung-hui), deren Ziel es war, China von der doppelseitigen Unterdrückung durch die mandschurische Ch'ing-Dynastie und durch die fremden Mächte zu befreien. Ein erster Aufstandsversuch in Südchina scheiterte 1895 an seiner vorzeitigen Entdeckung durch kaiserlich-chinesische Behörden. Ständig Anhänger und Kontakte zur Förderung seiner Pläne suchend, war Sun Yat-sen über Hong Kong nach Japan geflohen, von wo er sich über Hawaii und die USA nach Europa begab. Dort wurde Sun während seines Aufenthaltes in London von Agenten der Ch'ing-Regierung in die chinesische Gesandtschaft verschleppt. Diese hielt ihn gefangen, um ihn bei günstiger Gelegenheit zur Aburteilung und Bestrafung nach China zu schicken. Suns Schicksal schien damit besiegelt. Doch gelang es ihm, insgeheim englische Freunde von seiner Entführung zu verständigen. Deren Initiative bewirkte einen Protest des britischen Ministerpräsidenten Salisbury, auf Grund dessen Sun wieder freigelassen wurde.[90] Im Verlauf anschließender privater Studien, vornehmlich in der Bibliothek des British Museum, begann Sun Yat-sen die Grundzüge seines späteren weltanschaulichen Systems zu entwickeln.

Seine Grundprinzipien sind im Aktionsprogramm des 1905 gegründeten und von Sun geleiteten Chinesischen Revolutionsbundes enthalten. Sie forderten nicht nur den Sturz der Ch'ing-Dynastie und das Ende der von ihr aufrechterhaltenen ethnischen Hegemonie der Mandschus über die übrigen Völkerschaften Chinas. Suns Revolutionsbund war vielmehr die erste politische Organisation, die sich in China für die Errichtung einer parlamentarisch regierten Republik und die Verwirklichung sozialer Reformen – insbesondere Agrarreformen – einsetzte. Die Einführung der parlamentarischen Demokratie sollte stufenweise durch einen gesteuerten Entwicklungsprozeß erfolgen, der eine Periode der vorübergehenden Vormundschaftsregierung und allgemeinen politischen Volksbildung durch die Revolutionäre vorsah.[91] Die Anhängerschaft des Chinesischen Revolutionsbundes setzte sich vornehmlich aus drei Gruppen zusammen. Die Mitglieder der aktivsten Gruppe waren chinesische Auslandsstudenten und Akademiker in Japan wie auch in den großen Universitätsstädten Westeuropas und der USA. Im Ausland konnten diese Studenten kritische Vergleiche zwischen dem sozialen System des kaiserlichen China und anderen Ländern ziehen. Sie entwickelten dabei Vorstellungen über das, was in China fremden Modellen entsprechend geändert werden könnte. Vielfach ergab erst der Vergleich zu der internationalen Stellung anderer Staaten ein klares Bild von der demütigenden Lage Chinas in seinem Verhältnis zu den übrigen Mächten. Geheime revolutionäre Zellen chinesischer Studenten bildeten sich in Brüssel, Paris, London, Berlin, New York, San Francisco und insbesondere in Japan, wo sich 1906 bereits gegen 10.000 chinesische Studenten aufhielten. Eine zweite Gruppe von Anhängern des Revolutionsbundes bildeten die auslandschinesischen Kaufleute in Südostasien, Hawaii und Amerika, die als finanzielles Rückgrat der Bewegung Sun Yat-sens fungierten. Die dritte Gruppe rekrutierte sich aus Mitgliedern chinesischer Geheimgesellschaften, die sich den Sturz der mandschurischen Ch'ing-Dynastie und die Wiedereinsetzung einer im engeren Sinne chinesischen Dynastie zum Ziel gesetzt hatten. Überhaupt war das wichtigste gemeinsame Interesse, das die oft recht heterogenen Gruppen der revolutionären Bewegung zusammenhielt, die allseitige Opposition gegen die Ch'ing-Dynastie.

In den Jahren seit der Gründung des Chinesischen Revolutionsbundes hatten seine Mitglieder in verschiedenen Teilen Chinas immer wieder Aufstände organisiert, deren örtlicher und zeitlicher Wirkungsbereich zumeist nur recht begrenzt blieb. Für den Monat Oktober des Jahres 1911 war eine neuerliche Aktion dieser Art in dem strategisch bedeutsamen »Wuhan«-Städte-Dreieck (Wu'chang-Hankau-Hanyang) am Jangtsekiang geplant. Eine in Hankau vorzeitig explodierende Sprengladung der Revolutionäre alarmierte die Polizei, der noch dazu eine Mitgliederliste des Revolutionsbundes in die Hände fiel. Von dieser unvorhergesehenen Entwicklung vor die Wahl zwischen Flucht oder Angriff gestellt, wagten die Revolutionäre mit dem Mut der Verzweiflung den Sprung nach vorn. In der historischen Nacht des 10. Oktober 1911 gingen sie zum Angriff auf die Truppen und den Amtssitz des kaiserlichen Generalgouverneurs über. Die in Panik fliehenden kaiserlichen Truppen konnten anschließend auch aus den benachbarten Städten vertrieben werden. Somit befanden sich die Wuhan-Städte innerhalb kürzester Zeit in der Hand der Revolutionäre. Diese waren vom Umfang ihres eigenen Erfolges derart überrascht worden, daß sie – mangels eigener Stabsoffiziere – den Vizekommandeur der kaiserlichen Garnison, Li Yüanhung, unter Androhung von Gewalt dazu zwingen mußten, den Oberbefehl über die zusammengewürfelten Truppeneinheiten der Revolutionäre zu übernehmen. Der sich anfangs nur zögernd fügende Offizier wurde in der Folge jedoch vom kämpferischen Elan der Revolutionäre mitgerissen.

Die Geschwindigkeit, mit der sich die Anti-Ch'ing-Bewegung auf weite Teile Chinas übertrug, war das Resultat mehrerer kausal ineinandergreifender Entwicklungen. Wie manch andere in ihren Grundfesten erschütterte autokratische Regime hatte auch die Ch'ing-Dynastie in den letzten Jahren ihrer Herrschaft Reformen eingeführt, die einerseits nicht tiefgreifend genug waren, um den Ausbruch einer Revolution zu verhindern, die zugleich aber andererseits doch auch oppositionellen Gruppen und Meinungen mehr sanktionierten Spielraum denn je zuvor einräumten.

Eine bedeutende Rolle bei der Entstehung der Revolution spielte der Beschluß der Mandschu-Regierung, das gesamte Eisenbahnnetz des chinesischen Reiches zu verstaatlichen. Zu diesem Zweck wie auch zum Bau von zwei Eisenbahnlinien, die Süd- und Mittelchina (Kanton-Hankau) und Mittel- mit Westchina (Hankau-Chungking) verbinden sollten, hatte die Pekinger Regierung im Mai 1911 mit einem Konsortium französischer, britischer, deutscher und amerikanischer Banken einen Anleihevertrag unterzeichnet.[92] Diese Tatsache rief in den chinesischen Provinzen einen Sturm der Entrüstung hervor. Nicht zu Unrecht wurde vermutet, daß die kaiserliche Regierung mit Hilfe ausländischen Geldes versuchen wolle, die verkehrstechnische Infrastruktur ihres Kontrollapparats in den wichtigsten Provinzen zum Nachteil einer sich dort schrittweise entwickelnden De-facto-Autonomie zu benützen.

Bereits wenige Tage nach der revolutionären Eruption vom 10. Oktober 1911 beschloß die kaiserliche Regierung, den drei Jahre zuvor entmachteten Yüan Shih-k'ai gegen die Revolutionäre einzusetzen, und ernannte ihn zum Vizekönig der zentralchinesischen Provinzen Hunan und Hupeh, in denen sich das Zentrum der revolutionären Bewegung befand. Yüan, der seine demütigende Entlassung nicht vergessen hatte, stellte der Regierung Forderungen, die ihn einerseits bei den Revolutionären populär machen und ihm selbst andererseits hinreichende Machtmittel in die Hand geben sollten. Yüan Shih-k'ai verlangte die Eröffnung eines chinesischen Parlaments mitsamt der Bildung eines ihm verantwortlichen Kabinetts sowie eine Amnestie für die Revolutionäre, deren Partei einen rechtlich anerkannten Status erhalten sollte. Für sich selbst hatte Yüan die ungehinderte Ausübung des Oberkommandos über alle Streitkräfte und hinlängliche finanzielle Mittel für militärische Belange gefordert.[93]

Der zur Nationalversammlung umgebildete Gesetzgebungsrat ernannte Yüan Shih-k'ai mit der nachfolgenden Billigung der Ch'ing-Dynastie am 8. November zum neuen Ministerpräsidenten der Regierung. Am Tag darauf ergriffen die Revolutionäre in Wuchang die Initiative zur Bildung einer provisorischen Regierung der Republik China. Eine am 30. November eröffnete und von Vertretern von mehr als zehn Provinzen gebildete Konferenz verabschiedete einen Beschluß, dem zufolge Yüan Shih-k'ai zum Präsidenten Chinas gewählt werden sollte, falls er sich bereit zeige, sich von der Ch'ing-Dynastie loszusagen, um die republikanische Revolution zu unterstützen.[94] Von beiden Seiten des Bürgerkrieges umworben, war Yüan Shih-k'ai so zu einer Schlüsselfigur für die weitere Entwicklung der Ereignisse geworden.

Am 17. Dezember fand in Shanghai eine Konferenz der chinesischen Konfliktpartner statt, bei der die Revolutionäre durch Wu T'ing-fang und die Regierung Yüan Shih-k'ais durch T'ang Shao-yi vertreten waren. Da keine Einigkeit darüber erzielt werden konnte, ob Chinas künftige Staatsform die einer Republik oder einer konstitutionellen Monarchie sein sollte, einigte man sich auf den Kompromiß, daß eine repräsentative Nationalversammlung über diese Frage entscheiden sollte. In einem diesbezüglichen Edikt der Kaiserinwitwe Lung Yü vom 28. Dezember hieß es recht konfuzianisch: »Indem wir diese Versammlung über die Frage entscheiden lassen, werden wir den Willen des Himmels erfahren. Denn der Himmel sieht, wie das Volk sieht, und hört, wie das Volk hört.«[95] Inzwischen aber hatte eine in Nanking tagende Konferenz von Abgeordneten aus 17 chinesischen Provinzen begonnen, sich als Nationalversammlung zu betrachten. Von dieser Provisorischen Nationalversammlung wurde der am 25. Dezember in Shanghai eintreffende Sun Yat-sen vier Tage darauf mit 16 von 17 Stimmen zum Provisorischen Präsidenten der Republik China gewählt. Daraufhin proklamierte Sun Yat-sen am 1. Januar 1912 die Republik China und ernannte zwei Tage später ein Kabinett, das sich etwa zu gleichen Teilen aus Revolutionären und progressiven Persönlichkeiten des alten Regimes zusammensetzte. Damit standen in China zwei Regierungen einander gegenüber: die republikanisch-revolutionäre Regierung in Nanking mit Sun Yat-sen als Präsidenten und die kaiserliche Regierung in Peking unter der Kontrolle Yüan Shih-k'ais.

Bereits am Tag seiner Wahl zum Provisorischen Präsidenten hatte Sun Yat-sen an Yüan Shih-k'ai ein beschwichtigendes Telegramm gesandt und ihm mitgeteilt, daß die Möglichkeit einer Übertragung des Präsidentenamtes immer noch offen sei. Yüan lehnte unter dem Vorwand ab, die Grundsatzentscheidung zwischen monarchischer und republikanischer Staatsform sei noch nicht gefallen. Sun entgegnete, er sei bereit, zugunsten Yüans auf das Präsidentenamt zu verzichten, falls der chinesischen Bevölkerung hierdurch die Leiden eines neuen Bürgerkrieges zwischen Nord und Süd erspart bleiben könnten.[96] Suns wichtigste Bedingungen für eine Amtsübergabe an Yüan waren die Abdankung der Ch'ing-Dynastie und Yüan Shih-k'ais Treueeid auf eine bis dahin zu entwerfende republikanische Verfassung.

Daraufhin ließ Yüan durch ihm ergebene Militärs die Dynastie derart unter Druck setzen, daß die Kaiserinwitwe in einem Edikt vom 12. Februar 1912 die Abdankung der seit 1644 regierenden Ch'ing-Dynastie bekanntgab. Es hieß darin, daß die Dynastie, dem Willen der Bevölkerungsmehrheit und damit zugleich dem Willen des Himmels entsprechend, ihr Herrschaftsmandat in die Hände des Volkes lege, das künftig nach republikanischen Prinzipien zu regieren sei. Nachdem Yüan hierauf seine Ergebenheit gegenüber der Republik versichert hatte, legte Sun verabredungsgemäß sein Präsidentenamt nieder und empfahl der Provisorischen Nationalversammlung, Yüan Shih-k'ai zu seinem Nachfolger zu wählen, was am 15. Februar 1912 geschah.

Interessant vom Standpunkt der politischen Ideengeschichte ist die Provisorische Verfassung der Republik China als erstes Verfassungsdokument, das das Prinzip der Volkssouveränität (Artikel 2) sowie das Postulat der Gleichheit aller Staatsbürger »ohne Unterschied der Rasse, Klasse oder Religion« enthielt. Von außenpolitischer Bedeutung war Artikel 3: »Das Staatsgebiet der Republik China besteht aus den 22 Provinzen, der Inneren und Äußeren Mongolei, Tibet und Chinghai.«

Experiment und Krise der parlamentarisch-demokratischen Staatsform in China

Am 10. März 1912 leistete der gleiche Yüan Shih-k'ai einen Eid auf die Institution und Verfassung der Republik China, der kaum vier Monate zuvor einem britischen Korrespondenten versichert hatte, der Gedanke der Einführung einer republikanischen Staatsform in China stehe in keinem vitalen Bezug zur Lebenswirklichkeit und Tradition der chinesischen Politik; eine solche Maßnahme könne nur zu politischer Labilität, Uneinigkeit und Spaltung führen, und mehrere Jahrzehnte lang würde es dann in China keinen Frieden geben.[97] Sun Yat-sen wandte sich nach seinem Rücktritt Fragen der chinesischen Entwicklungspolitik zu und wurde von Yüan Shih-k'ai zum Generaldirektor der chinesischen Eisenbahnentwicklung ernannt. Im August 1912 schloß sich der Chinesische Revolutionsbund mit zwei anderen chinesischen Parteien zu einer neuen politischen Partei, der Kuomintang (Nationalchinesische Volkspartei), zusammen und vertrat ein Programm, das folgende fünf Punkte enthielt: 1. Förderung der politischen Einheit aller Teile der Republik China; 2. Entwicklung lokaler Selbstregierung; 3. Abschaffung rassischer Diskriminierung; 4. Durchführung einer sozialen Reformpolitik und 5. Erhaltung des internationalen Friedens. Daneben befürwortete die Kuomintang die Einführung einer Kabinettsregierung und eines Zwei-Parteien-Systems.

Die erste große Krise für die junge chinesische Demokratie ergab sich bald nach den Parlamentswahlen der Jahreswende 1912/13, aus denen die Kuomintang als stärkste Partei in beiden Häusern des chinesischen Parlaments hervorging. Es bestand somit die Möglichkeit, daß die Kuomintang mit Sung Chiao-jen, dem vielleicht bedeutendsten chinesischen Parlamentarier, an der Spitze die neue chinesische Regierung bilden würde. Aber Sung Chiao-jen, der in harten, wenn auch legalen Wahlkampagnen die Staatsführung Yüan Shih-k'ais scharf kritisiert hatte, wurde am 20. März 1913 ermordet. Eine innenpolitische Krise brach aus, als die mit der Untersuchung dieses Mordfalles betrauten Provinzgouverneure am 26. April 1913 einen Ergebnisbericht veröffentlichten, der Yüan Shih-k'ai und dessen Ministerpräsidenten im Zusammenhang mit der Mordaffäre schwer belastete. Noch dazu gab Präsident Yüan gleichzeitig den Abschluß der ohne die Zustimmung des Parlaments geführten Verhandlungen mit einem internationalen Finanzkonsortium bekannt. Am 29. April verabschiedete der Senat des chinesischen Parlaments mit 107 gegen 64 Stimmen sowie am 5. Mai das Repräsentantenhaus mit 223 gegen 149 Stimmen Resolutionen, in denen die Unterzeichnung des Anleihe-Abkommens für verfassungswidrig und nichtig erklärt wurde. In einem gleichzeitigen Appell an die auswärtigen Mächte legte Sun Yat-sen den Verfassungsbruch Yüan Shih-k'ais ebenso dar wie auch dessen Verantwortung für den Mord an Sung Chiao-jen. Der Gründer der Republik China ersuchte die Regierungen der Großmächte »im Namen der in den Augen der Zivilisation so heiligen Menschlichkeit«, der diktatorischen Regierung Yüan Shih-k'ais keine Finanzmittel zur Verfügung zu stellen, da Yüan diese vornehmlich zur gewaltsamen Unterdrückung seiner innenpolitischen Gegner verwenden würde. Der Appell blieb ohne Wirkung. Durch die neutrale Haltung des Auslands und die nur parlamentarischen Gegenaktionen der chinesischen Opposition ermutigt, unternahm Yüan weitere Schritte zur Festigung seiner innenpolitischen Machtposition.

Am 4. November 1913 ließ Yüan die Kuomintang zur illegalen und subversiven Organisation erklären. Insgesamt 438 Parlamentarier verloren damit ihre Mandate. Das

Marschall Yüan Shih-k'ai (1859–1916), Staatsmann und Heerführer der mandschurischen Ch'ing-Dynastie, der 1912 Präsident der Republik China wurde, jedoch die anfänglich demokratische Regierung unterdrückte und ab 1913 als Militärdiktator regierte.

Parlament wie auch viele Provinzversammlungen wurden funktionsunfähig. Ein Dekret des Präsidenten löste alle diese Körperschaften im Februar 1914 auf. Im Mai des gleichen Jahres ließ Yüan eine neue Verfassung verabschieden, durch die die Stellung des – bei möglicher Wiederwahl – für eine Amtszeit von zehn Jahren zu wählenden Präsidenten bedeutsam erweitert wurde. So endete in China – wie in manchen anderen Entwicklungsländern – der erste Versuch zur Einführung der parlamentarischen Demokratie mit der Entstehung einer Militärdiktatur. Keine zwei Jahre nach dem Beginn und Sieg der chinesischen Revolution befanden sich die führenden Revolutionäre wiederum als verfolgte politische Flüchtlinge im ausländischen Exil.

Tibets Kampf um die Selbstbestimmung

Im Gegensatz zu den optimistischen Erwartungen der Revolutionäre von 1911/12 waren weder die Völker der großen Grenzländer des chinesischen Reiches wie die Tibeter und Mongolen dazu bereit, ihre Loyalität gegenüber dem Drachenthron auf das neuartige Gebilde der Republik China zu übertragen, noch schienen die auswärtigen Großmächte die Umwälzungen im Reich der Mitte als eine positive Entwicklung zu begrüßen oder zu unterstützen. Während ganz im Gegenteil die Mongolen und Tibeter den Umstand einer Revolution in China dazu benützten, um sich so weit wie faktisch möglich von der Kontrollgewalt Pekings loszureißen, fanden die Autonomiebestrebungen dieser strategisch hochbedeutsamen Grenzländer die Unterstützung daran interessierter Großmächte, die sich die Wirren in China ebenfalls zunutze machten.

Die internationale Stellung Tibets war bereits gegen Ende des 19. Jahrhunderts zu einem Problem geworden, das die Aufmerksamkeit der britischen Asienpolitik auf sich zog. Die unmittelbare Ursache hierfür war die Weigerung tibetischer Autoritäten, zwei Abkommen zwischen China und Großbritannien vom 17. März 1890 bzw. vom 5. Dezember 1893 anzuerkennen, die britischen Staatsbürgern auf tibetischem Boden bestimmte Sonderrechte einräumten und die Grenze zwischen dem britischen Protektorat Sikkim und Tibet in einer Weise festlegten, die von tibetischer Seite nicht akzeptiert wurde. Angesichts der faktisch gegebenen Situation einer nur äußerst unvollkommenen chinesischen Kontrolle über Tibet beschrieb der damalige britische Vizekönig von Indien, Lord Curzon, die chinesische Oberhoheit über Tibet als »verfassungsrechtliche Fiktion«, die nur aus Gründen der Bequemlichkeit von London und Peking aufrechterhalten worden sei.[98] Nach einem zuvor erfolgten chinesischen Angebot, in Yatung, einer Stadt nahe der tibetischen Grenze, eine britisch-chinesische Konferenz über das Problem Tibet abzuhalten, entsandte der britische Vizekönig am 3. Juni 1903 eine von Oberst Younghusband geleitete militärische Expedition. Das Ziel dieser Expedition war jedoch nicht der vorgeschlagene Konferenzort, sondern die tief in tibetischem Gebiet gelegene Ortschaft Khamba. Tibeter wie auch Chinesen protestierten gegen das vertragswidrige Eindringen britischer Streitkräfte in tibetisches Territorium. Auf das bloße Gerücht hin, zwei britische Agenten seien von tibetischen Autoritäten gefangen und getötet worden, veranlaßte Curzon ein weiteres Vordringen der militärischen Expedition. Als sich mit mittelalterlichen Waffen ausgerüstete tibetische Einheiten den Engländern in den Weg stellten, veranstalteten die letzteren mit ihren überlegenen Schußwaffen ein Massaker, bei dem die Tibeter 628 Tote und 222 Verwundete zu verzeichnen hatten. Dem weiteren britischen Vormarsch auf Gyangtse fielen nochmals 190 Tibeter zum Opfer. Ungeachtet der tibetischen Bereitschaft, mit den Engländern zu verhandeln, sofern sie nur auf die Besetzung der heiligen Stadt Lhasa verzichten würden, setzte Younghusband seinen Vormarsch fort. Am 3. August 1904 rückte die britische Streitmacht in der tibetischen Hauptstadt ein. Der Dalai Lama war zuvor in die Mongolei geflohen. Anfang September 1904 diktierte Oberst Younghusband einen britisch-tibetischen Vertrag, der die Tibeter zur Anerkennung der britisch-chinesischen Abmachungen von 1890 und 1893 verpflichtete und der tibetischen Regierung für die Entsendung der britischen Militärexpedition nach Lhasa und die Beleidigung britischer Beamter Reparationszahlungen von 7,5 Millionen Rupien auferlegte. Bis zur Zahlung dieses Betrages sollte die britische Regierung das strategisch und wirtschaftlich wichtige Chumbi-Tal besetzt halten, während die Tibeter genötigt wurden, alle Befestigungsanlagen zwischen der tibetischen Grenze und der Hauptstadt Lhasa zu schleifen. Großbritannien verpflichtete Tibet weiterhin, keinen Teil des tibetischen Gebietes an eine auswärtige Macht abzutreten, zu verkaufen oder zu verpachten. Auch sollten keine Vertreter oder Agenten dritter Mächte in Tibet zugelassen werden.[99]

Als Resultat britischer Bemühungen, Pekings Zustimmung zu dem Abkommen von Lhasa zu erhalten, nahm der chinesische Staatsmann T'ang Shao-yi Anfang 1905 Verhandlungen mit der britischen Regierung in Indien auf, die am 27. April 1906 zu einem in Peking unterzeichneten britisch-chinesischen Zusatzabkommen zu der genannten tibetisch-britischen Vereinbarung führten. Darin verpflichtete sich China, den Inhalt des Abkommens von Lhasa für sich als bindend zu betrachten, und erhielt von Großbritannien die Bestätigung, daß die dritte Staaten betreffenden Verbote bestimmter Aktivitäten auf tibetischem Territorium nicht auf China anwendbar seien.[100]

Das britische Interesse an Tibet, das auf internationaler Ebene in der bereits erwähnten britisch-russischen Konvention vom 31. August 1907 über die gegenseitige Abgrenzung der russischen bzw. britischen Interessensphäre in Asien zum Ausdruck gelangte, bekräftigte die Entschlossenheit Pekings zur Festigung seines Herrschaftsanspruches in diesem wichtigen Grenzland. Der 1908 zum Statthalter der Ch'ing-Dynastie in Tibet ernannte General Chan Erh-feng begann 1906 und 1908 mit der militärischen Besetzung tibetischer Randgebiete, in denen bewaffneter Widerstand gewaltsam unterdrückt wurde. Da die von ihm geführten chinesischen Streitkräfte Anfang 1910 zu einer Expedition nach Lhasa aufbrachen, floh der XIII. Dalai Lama nach Indien, wo er sich unter den Schutz des britischen Vizekönigs stellte.[101]

Auf Grund dieser Flucht erließ die Pekinger Regierung ein Edikt, das den Dalai Lama aller seiner Würden und Ämter entkleidete. Im folgenden Jahr war in China jedoch die Revolution ausgebrochen. Auch die chinesischen Besatzungstruppen in Tibet begannen zu rebellieren, da sie aus China weder Sold noch Nachschub erhielten. Angesichts dieser Schwächung der chinesischen Position kehrte der Dalai Lama nach Tibet zurück, wo er zwischen den einander befehdenden Gruppen chinesischer Monarchisten und Republikaner vermittelte und schließlich zu einer Regelung beitrug, auf Grund derer sich die chinesischen Truppen nach ihrer vorherigen Entwaffnung durch die Tibeter aus Tibet zurückzogen.[102]

Über diese Ereignisse während der Amtszeit seines Vorgängers schrieb der XIV. Dalai Lama: »Während der Vertreibung der chinesischen Armee kehrte der Dalai Lama aus Indien zurück und erklärte Tibet zu einer unabhängigen Nation … Einige alte tibetische Dokumente hatten mit der Formel begonnen: ›Auf Befehl des Kaisers von China ist der Dalai Lama der höchste Priester des Buddhismus …‹ Der XIII. Dalai Lama änderte diese Einleitung folgendermaßen: ›Auf Buddhas Weisung …‹«[103] Wie der 1940 inthronisierte XIV. Dalai Lama erläuterte, hatten die tibetisch-chinesischen Beziehungen bis zum Sturz der Ch'ing-Dynastie auf persönlichen Beziehungen zwischen dem Dalai Lama und dem chinesischen Kaiser in der Weise beruht, daß beim Dalai Lama »die religiöse Führung« lag, beim Kaiser hingegen »eine ziemlich locker gehandhabte weltliche Schirmherrschaft«. Der dem Völkerrecht und der Staatenpraxis des Okzidents entstammende Ausdruck der »Suzeränität« treffe nur bedingt auf das Verhältnis zwischen chinesischer Kaisermacht und tibetischer Theokratie zu und sei für außenstehende Betrachter irreführend insofern, als dieser Terminus nicht die essentiellen »geistig-geistlichen Beziehungen« erfasse, die zwischen den Dalai Lamas und den Mandschu-Kaisern bestanden. »Es gibt im Osten viele solcher alten Beziehungen, die mit dem Wort-Vokabular westlicher Politik nicht zu erfassen sind.«[104]

Auf der anderen Seite hatte Sun Yat-sen bereits in seinem Amtseid als Provisorischer Präsident der Republik China von der Integration der Tibeter, Mongolen, Mandschus, Dsungaren und Chinesen zu einer neuen Nation im Rahmen der Republik China gesprochen.[105] Auch das Abdankungsedikt der Ch'ing-Dynastie vom 12. Februar 1912 sowie Artikel 3 der Provisorischen Verfassung der Republik China von 1912 erwähnten Tibet und die Äußere Mongolei als Teile des Staatsgebietes der Republik China. Um den Unabhängigkeitsbestrebungen der Grenzländer entgegenzuwirken, erließ Präsident Yüan Shih-k'ai am 12. April 1912 ein Edikt, das nicht nur Tibet, sondern auch die Äußere Mongolei und Xinjiang in chinesische Provinzen verwandeln sollte. Um diesem Anspruch Nachdruck zu verleihen, beauftragte er den Militärgouverneur der Provinz Szechuan mit der Durchführung einer neuerlichen militärischen Expedition nach Lhasa zur Wiederherstellung chinesischer Herrschaft. Dieser Schritt veranlaßte so bedrohliche britische Proteste, daß Yüan, der zu dieser Zeit über eine Anleihe mit dem Konsortium der Großmächte verhandelte, im Sommer 1912 den Befehl zur Einstellung der Expedition nach Lhasa erteilen und dem Dalai Lama seitens der Pekinger Regierung die ihm von der Ch'ing-Dynastie entzogenen Würden wieder verleihen mußte.[106]

Angesichts der britisch-chinesischen Meinungsverschiedenheiten über den völkerrechtlichen Status von Tibet und andere ungeklärte Fragen wurde am 13. Oktober 1913 in Simla eine britisch-chinesisch-tibetische Konferenz zur Regelung dieser Problembereiche eröffnet. Die tibetischen Delegierten forderten völlige Unabhängigkeit für Tibet und eine Revision bestimmter, Tibet betreffender Abmachungen, an denen China beteiligt gewesen war.[107] Der chinesische Delegierte stellte demgegenüber die These auf, Tibet sei als integraler Bestandteil Chinas zu betrachten. Zwar sei China bereit, auf eine Umwandlung Tibets in eine chinesische Provinz zu verzichten. Doch beanspruche Peking das Recht, in Lhasa einen Statthalter mit Truppen in einer Stärke von 2600 Mann stationieren und die unumschränkte Kontrollgewalt über Tibets Beziehungen zu auswärtigen Staaten ausüben zu können. Der britische Delegierte Arthur Henry McMahon regte einen Kompromiß an, dem zufolge Tibet (sowie die Mongolei) in zwei große Regionen mit unterschiedlicher Rechtsstellung geteilt werden sollte. Das sogenannte Innere oder Östliche Tibet sollte unter Chinas unumschränkte Verwaltungshoheit gestellt werden, während China gegenüber dem Äußeren oder Westlichen Tibet nur über eine inhaltlich stark begrenzte Oberhoheit verfügen sollte. Als Resultat dieser Verhandlungen entstand das berühmte Abkommen von Simla, das am 3. Juli 1914 von den Delegierten der drei Mächte paraphiert wurde. In Artikel 2 dieses Abkommens anerkannten Großbritannien und China, daß sich Tibet zwar unter der Oberhoheit Chinas befinde, jedoch im Hinblick auf den Gebietsbestand und die Verwaltung des Äußeren Tibet einschließlich der Wahl und Inthronisierung des Dalai Lama weitgehende Autonomie genieße. Während China sich verpflichtete, Tibet nicht in eine chinesische Provinz umzuwandeln, sagte Großbritannien zu, keinen Teil Tibets zu annektieren. In Artikel 3 übernahm China die Verpflichtung, »in Anerkennung der besonderen Interessen, die Großbritannien hinsichtlich der geographischen Lage von Tibet an dem Bestehen einer wirksamen tibetanischen Regierung und der Aufrechterhaltung von Frieden und Ordnung in der Nachbarschaft der Grenzen Indiens und anliegender Staaten« habe, »keine Truppen in das Äußere Tibet zu entsenden, keine Militär- oder Zivilbeamte dort zu stationieren und keine chinesischen Kolonien in diesem Land zu gründen«. Ausgenommen von diesen Bestimmungen sollte das Recht der Pekinger Regierung sein, einen hohen Würdenträger als ihren Vertreter mit einer Eskorte von maximal 300 Mann in Lhasa zu stationieren. Artikel 9 besagte, daß die auswärtigen Grenzen Tibets sowie die Grenzen zwischen dem Äußeren und Inneren Tibet gemäß einer dem Vertrag beigefügten Karte festgelegt werden sollten.[108]

Die Pekinger Regierung lehnte es jedoch ab, den bereits paraphierten Vertragsentwurf unterzeichnen und ratifizieren zu lassen. Der Vertrag wurde aber von dem britischen und tibetischen Vertreter mit der Erklärung unterschrieben, China solle keine Vorrechte aus diesem Vertrag genießen, solange es ihn nicht unterschrieben habe.[109] Das nach dem Tod Yüan Shih-k'ais über China hereinbrechende innenpolitische Chaos hinderte für weitere Jahrzehnte die chinesische Regierung an der praktischen Ausübung der von ihr beanspruchten Hoheitsrechte in Tibet, so daß dieses Land bis zum Jahr 1950 sich faktisch selbst zu regieren vermochte.

Die Äußere Mongolei als Ursache russisch-chinesischer Spannungen

Mit dem Ausbruch der chinesischen Revolution machten sich Unabhängigkeitsbestrebungen auch in einem anderen Grenzland des chinesischen Reiches, und zwar der Äußeren Mongolei, bemerkbar. Wie geschildert, hatten mehrere Abkommen, die zwischen Tokio und St. Petersburg zwischen 1907 und 1916 geschlossen wurden, eine Abgrenzung der russisch-japanischen Interessensphären in Nordostasien vorgenommen. So lautete Artikel 3 des russisch-japanischen Geheimabkommens von 1907: »Die Kaiserlich-japanische Regierung anerkennt die besonderen Interessen Rußlands an der Äußeren Mongolei und wird von allen Maßnahmen Abstand nehmen, durch welche diese Interessen beeinträchtigt werden könnten.«[110]

In dem Bestreben, die China noch verbleibenden Grenzgebiete stärker an das chinesische Reich zu binden, hatte die Ch'ing-Dynastie 1906 ein besonderes »Amt zur Kolonisierung der Mongolei« gegründet. Die zuvor jahrhundertelang verbotene Einwanderung von Chinesen in die Mongolei wurde nun ebenso gestattet und ermutigt wie Eheschließungen zwischen Chinesen und Mongolen.[111] Auch plante die chinesische Regierung den Bau einer Eisenbahnlinie, die die damals Urga genannte Hauptstadt der Äußeren Mongolei mit Kalgan verbinden sollte. Zur Unterstützung diverser Kolonisierungsprojekte eröffnete die Pekinger Regierung in Urga im Sommer 1911 eine chinesische Handelsbank.[112] Im gleichen Jahr begann die chinesische Regierung mit einer maßgeblichen Verstärkung ihrer Garnisonen in der Äußeren Mongolei und verweigerte St. Petersburg die Erneuerung eines bereits zweimal (1891 und 1901) verlängerten Vertrages, der den Russen eine Reihe von kommerziellen Sonderrechten an der mongolischen Grenze eingeräumt hatte.[113]

In russischer Sicht drohten die chinesischen Kolonisierungsmaßnahmen das große machtpolitische Vakuum, das die Äußere Mongolei jahrhundertelang zwischen Rußland und China faktisch verkörpert hatte, in eine Außenbastion des chinesischen Staates zu verwandeln. Die Nähe der Äußeren Mongolei zu der strategisch und kommerziell außerordentlich wichtigen Transsibirischen Eisenbahn in Rußland erklärt St. Petersburgs (wie auch später Moskaus) besonderes Interesse an diesem Gebiet. Um russischen Plänen einer Erweiterung der chinesischen Machtsphäre in der Äußeren Mongolei entgegenzuwirken, kam es sehr gelegen, daß die Methoden der chinesischen Kolonisierung in der Äußeren Mongolei großen Widerwillen hervorgerufen hatten. Angesichts des dort immer stärker werdenden chinesischen Einflusses beschlossen mongolische Fürsten, an ihrer Spitze der Lebende Buddha (oder Chutuchtu), eine Delegation in die russische Hauptstadt zu entsenden, um die zaristische Regierung zu einem Eingreifen zugunsten der Mongolen zu veranlassen. Im Protokoll einer russischen Kabinettsitzung vom 4. August 1911, die über das mongolische Ansuchen beriet, wurde festgehalten, daß die Opposition der Mongolen gegen die beabsichtigte Kolonisierung ihres Landes durch China ganz den Interessen der russischen Regierung entspreche.[114]

Als die Revolution in China ausbrach, erklärten die mongolischen Fürsten die Unabhängigkeit der Mongolei und proklamierten den Lebenden Buddha zum »Großfürsten aller Mongolen«. Dieser Schritt, der von der Vertreibung chinesischer Würdenträger und Soldaten aus der Äußeren Mongolei begleitet war, erfolgte – analog dem Falle Tibet – mit der Begründung, das bisherige Loyalitätsverhältnis der mongolischen Fürsten gegenüber der mandschurischen Ch'ing-Dynastie sei nicht auf den neuen Staat und die Regierung der Republik China übertragbar.[115]

Bereits im Frühjahr 1911 hatte die russische Regierung von Peking die Bewahrung des Status quo in der Äußeren Mongolei im Sinne einer Reduzierung dort stationierter chinesischer Streitkräfte sowie bestimmter Kolonisierungsmaßnahmen gefordert.[116] Nach dem Sturz der Ch'ing-Dynastie und der Unabhängigkeitserklärung der Mongolen, die sich aus Sorge vor chinesischen Repressalien erneut an Rußland mit der Bitte um Unterstützung ihrer Unabhängigkeit gewandt hatten, definierte der russische Außenminister Sasonow die außenpolitischen Ziele des Zarenreiches in der Äußeren Mongolei im Rahmen einer Rede vom 13. April 1912 vor dem russischen Reichstag (Duma). Darin sagte der Außenminister:

»Angesichts ihrer Geschichte sind die Bewohner der Äußeren Mongolei noch nicht in der Lage, eine eigene unabhängige Regierung zu bilden. Als Nomaden, die jahrhundertelang daran gewöhnt waren, sich der Regierung in Peking zu beugen, verfügen die

Bewohner der Äußeren Mongolei weder über eine militärische noch über eine finanzielle Organisation, noch über politische Führer, ohne die die Begründung eines unabhängigen Staates unmöglich ist.
Die Mongolen von China loszureißen würde daher bedeuten, daß wir selbst uns die schwierige Aufgabe aufbürden würden, für sie mit großen Kosten und viel Arbeit einen Staat zu organisieren. Gleichzeitig aber wäre die Äußere Mongolei in der ständigen Gefahr, von China zurückerobert zu werden, und uns würde dann die Pflicht zufallen, sie mit Waffengewalt zu verteidigen. Ein vollständiger Bruch zwischen der Äußeren Mongolei und China würde uns vor das Dilemma stellen, entweder die Äußere Mongolei zu besetzen oder aber sie aufzugeben und die Chinesen auf Grund des Rechtes der Eroberer wieder hereinzulassen.
Wir haben versucht, diesem Dilemma auszuweichen, und haben uns bereit erklärt, zwischen China und den Mongolen einen Kompromiß zu vermitteln, der, so weit wie möglich, dem Wunsch der Mongolen nach Autonomie und dem Wunsch der Chinesen nach Wiederherstellung ihrer Suzeränität über die Mongolei entsprechen sollte.
Der Friede in der Äußeren Mongolei kann nur erhalten werden, wenn sich ihre machtvollen Nachbarn, Rußland und China, über ihre Zukunft einig sind.«[117]

Somit hatte sich die russische Diplomatie das Ziel gesetzt, eine Wiederherstellung des faktischen Status quo in der Äußeren Mongolei auf der Basis einer neuen De-jure-Regelung zwischen Rußland, China und den Mongolen zu erreichen und zu sichern.

Am 3. November 1912 ergriff Rußland eine entscheidende Initiative dadurch, daß – ohne die Beteiligung Chinas – ein russisch-mongolisches Protokoll unterzeichnet wurde. Artikel I dieses Protokolls von Urga lautete: »Die kaiserlich-russische Regierung erweist der Mongolei ihre Hilfe bei der Aufrechterhaltung der von ihr eingeführten autonomen Ordnung wie auch des Rechts, ihr nationales Heer zu unterhalten und nicht zuzulassen, daß ihr Gebiet von chinesischen Truppen betreten oder von Chinesen kolonisiert wird.« Artikel II sicherte den Russen alle Rechte und Privilegien für Handel und Verkehr zu, die sie früher bereits besessen hatten. In Artikel III verpflichtete sich die Äußere Mongolei, keinen Vertrag mit China oder einer anderen Macht abzuschließen, durch den die Bestimmungen des russisch-mongolischen Protokolls beeinträchtigt würden, es sei denn, die russische Regierung erteile ihre Genehmigung hierzu.[118]

In China erhob sich hierauf ein Sturm der Entrüstung und des Protests. Yüan Shih-k'ai, der die Ansicht vertrat, China verfüge nicht über die erforderlichen Mittel, um Rußland wirksam Widerstand leisten zu können, ratifizierte jedoch nach der Entmachtung des chinesischen Parlaments am 5. November 1913 ein russisch-chinesisches Abkommen über die Mongolei, das den Wünschen der zaristischen Regierung entsprach.[119] Denn Rußland anerkannte darin zwar Chinas Suzeränitat über die Äußere Mongolei, doch mußte sich Peking zur Anerkennung der Autonomie der Äußeren Mongolei verpflichten sowie zum Verzicht auf die Entsendung chinesischer Truppen wie auch auf die Kolonisierung dieses Grenzlandes, das seine internen Angelegenheiten künftig ohne jede chinesische Intervention regeln sollte. Außerdem mußte China laut Artikel IV dieses Vertrages Rußland die Rolle eines Schiedsrichters in künftigen chinesisch-mongolischen Konflikten zugestehen.

Damit aber hatte die russische Diplomatie in dieser Frage erst die Hälfte der sich selbst gestellten Aufgabe erreicht. Denn nun galt es noch, die widerstrebenden Mongolen zur Annahme dieses Kompromisses zu überreden. Wie die Tibeter für Tibet forderten diese jedoch die vollständige Unabhängigkeit der Mongolei. Darüber hinausgehend erstrebten sie die Bildung eines »Großmongolischen Staates«, der neben dem Kernland der Äußeren Mongolei auch die Innere Mongolei, Teile der Mandschurei und eventuell einige von Mongolen bewohnte Gebiete Sibiriens umfassen sollte.[120] Panmongolische Konzeptionen dieser Art widersprachen jedoch sowohl den russischen wie auch den chinesischen Staatsinteressen.

Im September 1914 konnte auf russisches Betreiben hin eine russisch-chinesisch-mongolische Konferenz in Kiachta eröffnet werden. Ihr Ergebnis bestand in dem am 7. Juni 1915 unterzeichneten Drei-Mächte-Abkommen.[121] Es bestätigte einerseits Chinas Anerkennung einer Autonomie der Äußeren Mongolei, die faktisch einer völligen Selbstregierung in innerstaatlichen Angelegenheiten entsprach. Andererseits wurde der Mongolei das Recht zum Abschluß von politischen oder territorialen Verträgen mit anderen Staaten versagt. Fragen dieser Art sollten durch russisch-chinesische Konferenzen unter Hinzuziehung von mongolischen Vertretern entschieden werden. Peking und St. Petersburg verpflichteten sich, weder Truppen in die Äußere Mongolei zu entsenden, noch deren Gebiet zu kolonisieren. Das der Mongolei zugestandene Recht, handelspolitische Verträge mit auswärtigen Staaten abzuschließen, kam vor allem russischen Interessen an einer wirtschaftlichen Durchdringung der Äußeren Mongolei entgegen. Der chinesische Präsident erhielt das rein formelle Recht, den Lebenden Buddha in seiner Stellung als geistliches und weltliches Oberhaupt der Äußeren Mongolei zu bestätigen. Mit diesem Abkommen hatte die russische Fernostdiplomatie ihr Ziel im Hinblick auf die Äußere Mongolei voll und ganz erreicht. Dieses wichtige Grenzland des chinesischen Reiches wurde somit theoretisch in ein gemeinsames russisch-chinesisches Protektorat verwandelt. Praktisch war jedoch Rußland zum prädominierenden politischen und wirtschaftlichen Faktor in diesem Raum geworden.

Die Früchte dieses zaristischen Erfolge gingen aber kurz darauf als Folge der russischen Revolution und Niederlage im Ersten Weltkrieg wieder verloren. Nicht nur auf seiten der Mongolen, sondern auch in Peking bestand die Absicht, Rußlands zeitweilige politische Ohnmacht zu einer Verbesserung der eigenen Position in der Mongolei zu benützen. Nachdem ein gewisser General Hsü Shu-cheng (mit dem Spitznamen »kleiner Hsü«) der chinesischen Regierung einen geheimen Plan zur Regelung der Grenzfragen überreicht hatte, wurde er von Ministerpräsident Tuan Ch'i-jui im Juni 1919 zum Verteidigungskommissar für die Nordwestgrenze sowie gleichzeitig zum Oberkommandierenden der dort stationierten chinesischen Streitkräfte ernannt. In dieser Eigenschaft traf er im Oktober des gleichen Jahres in der mongolischen Hauptstadt Urga ein. General Hsü unternahm es hier, Abgeordnete des mongolischen Parlaments durch Bestechungsgeschenke und den Lebenden Buddha durch die Umzingelung seines Palastes mit chinesischen Truppen zur Zurücknahme der mongolischen Autonomie zu veranlassen. Nach mehreren vergeblichen Versuchen der Gegenwehr gaben die Mongolen angesichts der militärischen Überlegenheit der Chinesen und der ultimativen Drohung General Hsüs, er werde den Lebenden Buddha verhaften und deportieren, schließlich nach. Mitglieder der mongolischen Regierung – nicht jedoch der Lebende Buddha selbst – unterzeichneten am 16. November 1919 ein »Gesuch« an die chinesische Regierung, in dem sie ihre eigene Autonomie für aufgehoben erklärten und um ihren Anschluß an die Republik China ersuchten. Ein Edikt des chinesischen Präsidenten vom 22. November 1919 bestätigte die Aufhebung der mongolischen Autonomie.[122]

Das wenig populäre chinesische Militärregime wurde nach vorangegangenen schweren Unruhen der mongolischen Bevölkerung im Februar 1921 von einer gemischt russisch-mongolischen Streitmacht unter dem Befehl des mit einer Mandschu-Prinzessin vermählten »weißrussischen« Generals Ungern-Sternberg vertrieben. Doch bald darauf wurde Ungern-Sternberg von den Bolschewisten besiegt, gefangengenommen und mitsamt seinem Stab getötet. Die bestehende mongolische Regierung wurde aufgelöst und durch eine Provisorische Revolutionäre Volksregierung ersetzt, die Moskau ersuchte, die russische Besatzung der Äußeren Mongolei vorläufig aus Gründen der mongolischen und russischen Sicherheit aufrechtzuerhalten. Wie kaum anders zu erwarten, entsprach Moskau diesem Wunsch der umstrukturierten mongolischen Regierung.[123]

Japans erster Versuch zur Satellisierung Chinas

Der im Sommer 1914 ausbrechende Erste Weltkrieg veränderte das im Fernen Osten gegebene internationale Kräfteverhältnis in einer Weise, die einerseits zu einem drastisch verstärkten Expansionismus in der Chinapolitik des japanischen Reiches und andererseits dementsprechend zu einer präzedenzlos gesteigerten Gefährdung der auf China bezogenen Ziele der amerikanischen Außenpolitik führte. Die wichtigsten der an China interessierten europäischen Großmächte, Großbritannien, Frankreich, Rußland und Deutschland, fanden sich auf den Kriegsschauplätzen West- und Osteuropas miteinander in einem schicksalhaften Ringen verklammert, das auf allen Seiten mit zuvor ungekannter Totalität des Einsatzes von Menschen, Material und Ideen geführt wurde. Japan suchte diese Konzentration der Mächte auf Europa zur Erreichung dreier Ziele zu nutzen. Es wollte erstens die deutschen Pachtgebiete und Besitzungen in der chinesischen Provinz Schantung und in der Südsee an sich bringen. Sein zweites, grundlegendes Ziel war darauf gerichtet, die neu entstandene chinesische Republik in einen japanischen Satellitenstaat zu verwandeln. Drittens wurde die 1917 in Rußland ausbrechende Revolution von Japan als Gelegenheit dazu betrachtet, die japanische Machtstellung im Nordwestpazifik auf Kosten Rußlands zu erweitern.

Nach einem an die deutsche Regierung gerichteten und von dieser unbeantwortet gelassenen Ultimatum[124], in dem Japan die bedingungslose Übergabe des deutschen Pachtgebietes von Kiautschau forderte, erklärte Japan am 23. August 1914 Deutschland den Krieg. Der Angriff japanischer Streitkräfte auf Tsingtau, die Hauptstadt dieses Gebietes, erfolgte nicht von der See her, sondern – unter Verletzung der chinesischen Neutralität – vom Hinterland der chinesischen Provinz Schantung.[125] Die im Oktober gleichen Jahres unternommene Entsendung japanischer Seestreitkräfte in das Gebiet der deutschen Marianen-, Marshall- und Karolinen-Inseln wurde in der japanischen Presse von Kommentaren begleitet, in denen es hieß, endlich werde auch Japan in der Südsee über Inselstützpunkte verfügen, die als strategisches Gegengewicht zu den amerikanischen Stützpunkten in Hawaii, den Philippinen und Guam betrachtet werden könnten.[126]

Die deutsche Besatzung von Tsingtau streckte erst am 7. November 1914 ihre Waffen. Zwei Monate darauf erklärte die chinesische Regierung – offenbar in der Hoffnung, weitere japanische Truppenbewegungen in Schantung damit einzuschränken – die von Japan zum Zweck der Belagerung Tsingtaus beanspruchte »Kriegszone« als geschlossen.[127] Ein japanischer Protest, der diesen chinesischen Schritt als willkürlichen und feindseligen Akt verurteilte, erfolgte gleichsam als Prolog zu der elf Tage später beginnenden diplomatischen Großoffensive, mit der Japan seinen ersten umfassenden Versuch zur Unterwerfung Chinas unternahm.

In außergewöhnlicher Umgehung des üblichen diplomatischen Verfahrensweges erschien der japanische Botschafter Hioki am Nachmittag des 18. Januar 1915 beim chinesischen Staatspräsidenten Yüan Shi-k'ai, um ihm mit dem Ersuchen um strengste Geheimhaltung namens der japanischen Regierung die sogenannten Einundzwanzig Forderungen[128] Japans an China zu überreichen. Der Inhalt dieser Forderungen war in fünf große Gruppen gegliedert. Die erste Gruppe forderte von China im voraus dessen Zustimmung zu jeder künftigen deutsch-japanischen Friedensregelung betreffs des deutschen Pachtgebietes und der deutschen Rechte in der chinesischen Provinz Schantung; weiterhin die Zusage Chinas, in dieser Provinz kein weiteres Gebiet an auswärtige Mächte zu verpachten, den Bau einer japanischen Eisenbahn zu dulden und wichtige Städte der Provinz für die Niederlassung und den Handel von Ausländern zu öffnen. Der Inhalt der zweiten Gruppe forderte, daß China die vereinbarungsgemäß zwischen 1923 und 1931 ablaufenden Pachtfristen für die Liaotung-Halbinsel und die Hauptlinien des Südmandschurischen Eisenbahnnetzes ohne Gegenleistung auf 99 Jahre verlängern sollte, daß es japanischen Untertanen gestattet sein sollte, in den Gebieten der südlichen Mandschurei und Inneren Mongolei Land zu erwerben, Handel zu treiben, Bergwerke und industrielle Unternehmen zu gründen und daß die chinesische Regierung ohne Zustimmung Japans kein Anleihe-Abkommen abschließen dürfe, das in diesen Gebieten den Bau von Eisenbahnen zum Ziel habe oder die Steuern dieser Gebiete verpfände. Ebenso sollte die chinesische Regierung in diesem Raum ohne japanische Zustimmung keine ausländischen Berater für finanzielle politische oder militärische Fragen beschäftigen dürfen. Die dritte Gruppe der japanischen Forderungen bezog sich auf Chinas größte Stahl- und Eisenwerke, die sogenannten Han-yehp'ing-Werke in Mittelchina. Diese Werke sollten zu einem japanisch-chinesischen Konzern werden, der ohne japanische Genehmigung keinerlei Rechte oder Eigentum veräußern dürfe und die Kontrolle über alle Montan-Unternehmen der umliegenden Gebiete ausüben müsse. In der vierten Gruppe wurde gefordert, China solle sich verpflichten, keinen weiteren Hafen und keine weitere Insel an seiner Küste an eine fremde Macht abzutreten oder zu verpachten. Die Forderungen der fünften und letzten Gruppe besagten schließlich, daß die chinesische Polizei in wichtigen Orten unter gemeinsame japanisch-chinesische Verwaltung zu stellen sei, daß China sich verpflichten solle, einen Teil seines Rüstungsbedarfs aus Japan zu beziehen, daß Japan die Rechte zum Bau strategisch wichtiger Eisenbahnen im östlichen und südöstlichen Mittelchina erhalten solle und China sich verpflichten müsse, Japan zu konsultieren, bevor es in der Taiwan gegenüberliegenden chinesischen Küstenprovinz Fukien Eisenbahnlinien oder Hafenanlagen mit Hilfe fremden Kapitals zu errichten beabsichtige. Der Wortlaut dieser dem chinesischen Präsidenten überreichten »Einundzwanzig Forderungen« war – offensichtlich nicht ohne tieferen Sinn – auf

Papierbogen geschrieben, deren Wasserzeichen Schlachtschiffe und Maschinengewehre abbildeten.[129]

Als in Washington Anfang März Meldungen einliefen, aus denen hervorging, daß Japan zur Durchsetzung seiner Forderungen der chinesischen Regierung mit militärischen Maßnahmen gedroht habe, wurde der amerikanische Außenminister William J. Bryan aktiv. Er richtete am 13. März 1915 an die japanische Regierung eine Note, deren Formulierung sein Bestreben erkennen läßt, die japanischen Expansionstendenzen einzudämmen, ohne Japan direkt zu provozieren.

Am 26. April 1915 schlug die japanische Regierung Peking eine in manchen Punkten gemäßigtere Fassung der »Einundzwanzig Punkte« vor. Als die chinesische Regierung bei der Annahme der neuen japanischen Forderungen zögerte, wurde ihr von Tokio am 7. Mai gleichen Jahres ein Ultimatum überreicht, in dem es hieß, Japan werde sich alle weiteren Schritte vorbehalten, wenn die chinesische Regierung nicht innerhalb von 48 Stunden allen japanischen Forderungen – mit Ausnahme der Gruppe V – zustimme. Die so geforderte Zustimmung erfolgte seitens der chinesischen Regierung am 8. Mai.[130]

Vor vollendete Tatsachen gestellt, anerkannten die Vereinigten Staaten im Rahmen eines amerikanisch-japanischen Notenaustausches (Lansing-Ishii-Agreement) vom 2. November 1917 formell, daß Japan auf Grund geographischer Nachbarschaft in China »spezielle Interessen«, und zwar insbesondere in solchen chinesischen Gebieten habe, die an die japanische Machtsphäre angrenzten. Japan hingegen versicherte, das Prinzip der Offenen Tür sowie die Unabhängigkeit und territoriale Unversehrtheit Chinas respektieren zu wollen.[131] Das Neue an diesem Abkommen war nicht das schon in früheren diplomatischen Dokumenten zu findende japanische Lippenbekenntnis zum Prinzip der Offenen Tür, sondern Washingtons Anerkennung einer japanischen Interessensphäre in China.

Der Versailler Vertrag und Chinas Kulturrevolution vom Mai 1919

Die Chinapolitik Präsident Wilsons erlitt eine weitere Niederlage auf der Pariser Konferenz von 1919, die den Friedensvertrag von Versailles zum Gegenstand hatte. China, das auf Grund seiner am 14. August 1917 erfolgten Kriegserklärung an die Mittelmächte[132] an der Konferenz beteiligt war, forderte unter Berufung auf Wilsons »Vierzehn Punkte« die Rückgabe der von Japan beanspruchten, vormals deutschen Rechte und Besitzungen in der Provinz Schantung. Wilson war anfangs geneigt, diese chinesische Forderung im Sinne seines eigenen Friedensprogramms und der traditionellen amerikanischen Chinapolitik zu unterstützen. Die japanische Diplomatie hatte jedoch dieser Entwicklung insofern vorgebaut, als sie bereits während des Ersten Weltkrieges mit Großbritannien, Frankreich, Rußland und Italien Geheimabkommen geschlossen hatte, in denen diese Staaten ihre Unterstützung für Japans Ansprüche auf die vormals deutschen Rechte und Besitzungen in Schantung und die deutschen Südsee-Inseln nördlich des Äquator zugesagt hatten.[133] Wilson wurde von dem Bestehen dieser Verträge offiziell erst während der Friedenskonferenz in Kenntnis gesetzt.[134] Wenige Tage vor der Beratung der Schantung-Frage hatte der amerikanische Präsident zudem, entgegen seiner ursprünglichen Absicht, zur Ablehnung eines japanischen Vorschlages beigetragen, dem zufolge die Satzung des Völkerbundes auch einen Passus über die Gleichberechtigung ethnischer Minderheiten beinhalten sollte.[135]

Eine neuerliche Zurückweisung japanischer Ansprüche – nunmehr im Hinblick auf die deutschen Rechte und Besitzungen in Schantung – mußte die Gefahr einer japanischen Nichtunterzeichnung des Vertrages von Versailles und die Möglichkeit einer japanischen Nichtbeteiligung am Völkerbund mit sich bringen. Unter diesem Aspekt zog Wilson das ihm geringer erscheinende Übel eines Nachgebens gegenüber den japanischen Ansprüchen in Schantung vor. So wurde Japan in den Artikeln 156, 157 und 158 des Vertrages von Versailles die Nachfolge in die deutschen Rechte und Besitzungen in der chinesischen Provinz Schantung zugesprochen. Die chinesische Delegation weigerte sich daraufhin, den Friedensvertrag zu unterzeichnen, und zog sich unter Protest von der Konferenz zurück.

In China lösten diese Ereignisse nicht nur einen Sturm öffentlicher Entrüstung,[136] sondern zugleich auch eine Enttäuschung über die Haltung Amerikas aus, die manches zu dem bald erwachenden chinesischen Interesse an Sowjetrußland beigetragen haben mag.[137] Diese tumultuarischen Proteste gegen den Vertrag von Versailles erwiesen sich als Anfang und Teil der sogenannten Kulturellen Erneuerungsbewegung vom Vierten Mai 1919. Sie trug den Charakter einer spontanen Kulturrevolution der chinesischen Akademiker und Studenten. Ihre wichtigsten Ziele bestanden erstens in der Emanzipation des geistigen und sozialen Lebens in China von der durch Mißbräuche degenerierten Orthodoxie des konfuzianischen Kultursystems, zweitens im vorbehaltlosen Anschluß Chinas an die neuesten geistigen Entwicklungen des okzidentalen Kulturbereichs, drittens in der Wiederentdeckung zu Unrecht vernachlässigter Leistungen der chinesischen Volkskultur und viertens in der Überwindung der starren und überfeinerten Schriftsprache der Literaten zugunsten eines lebendigeren, volksnahen Sprachstils. Zu den Trägern dieser echten Kulturrevolution gehörten viele der berühmtesten Namen im chinesischen Geistesleben des 20. Jahrhunderts. Von ihr hat Mao Tsetung in seiner Schrift *Über die Neue Demokratie* (1940) gesagt: »In seiner ganzen Geschichte hatte China noch keine so große und konsequente Kulturrevolution gekannt. Unter den zwei großen Bannern der Kulturrevolution, dem Kampf gegen die alte Moral und für die neue Moral, dem Kampf gegen die alte Literatur und für die neue Literatur, hat sie sich gewaltige Verdienste erworben.«[138] Das Zentrum dieser Bewegung bildete die Nationale Universität Peking Pei-Ta. In ihrem Verlauf bildeten sich bald zwei Hauptströmungen heraus. An der Spitze der einen, radikaleren und ikonoklastischen Richtung standen neben anderen die Professoren Ch'en Tu-hsiu und Li Ta-chao, die später zu den Begründern der Kommunistischen Partei Chinas gehörten. Dieser radikalere Flügel glaubte, daß die Negierung und Zerstörung der altchinesischen Kulturtradition die unabdingbare Voraussetzung einer notwendigen geistigen und sozialen Erneuerung der chinesischen Kultur sei. Der wichtigste Sprecher der anderen, liberaleren kulturkritischen Richtung war der bekannte Literarhistoriker Hu Shih. Er und seine Anhänger erstrebten neben dem allgemeinen Ziel eines chinesischen Anschlusses an das geistige Leben der Moderne zugleich auch eine Neubewertung der chinesischen Kulturtradition durch umfassende kulturwissenschaftliche Analysen. Im Schmelzofen ihrer Kritik sollte das Verifizierbare vom bloß Mythischen ebenso getrennt werden wie weiterwirkende Werte der chinesischen Kulturtradition von ihren jeweils nur zeitbedingten Leitideen.

Während der Höhepunkte der »Vierten-Mai-Bewegung« lehrten zwei westliche Philosophen, der britische Positivist Bertrand Russell und der amerikanische Pragmatist John Dewey, an der Universität Peking. Insbesondere die Konzeptionen des Pragmatismus schienen auf die chinesischen Akademiker dieser Zeit eine besondere Anziehungskraft auszuüben. Auch manche der späteren Gründer der Kommunistischen Partei Chinas waren zeitweilig in den Bann dieser philosophischen Richtung geraten.[139]

Die Hinwendung vormals zum Pragmatismus tendierender chinesischer Intellektueller zum Marxismus-Leninismus-Stalinismus erklärt sich einerseits aus der starken Faszination, die von den Aktionsprogrammen des Kommunismus und seiner unmittelbaren Verbindung von Theorie und Praxis ausging. Entlassen aus der zerbrochenen großen Geschlossenheit des konfuzianischen Kultursystems, bot sich den chinesischen Intellektuellen als Alternative neue Geborgenheit in dem in sich geschlossenen Weltanschauungssystem des Marxismus-Leninismus. Dabei konnte man das Gefühl haben, sich dem neuesten und deshalb fortschrittlichsten der geistigen Systeme des Westens anzuschließen. Die antiimperialistischen Aspekte des Leninismus und seine Verwendbarkeit als geistige Waffe gegen den Kolonialimperialismus milderten die mit der Übernahme fremder Kulturelemente verbundene Demütigung. Psychologisch bedeutsam für die Übernahme des Marxismus-Leninismus seitens einflußreicher Kreise der chinesischen Intellektuellen war wohl auch der dem Marxismus eigene historische Relativismus, der erklärte, weshalb das Alte aufhören müsse und wie das anbrechende Neue in objektiv fortschrittlicher Weise bewältigt wenden könne.

Sehr aufschlußreich für die vielfach erfolgende Bevorzugung des Marxismus-Leninismus gegenüber dem Pragmatismus und Positivismus sind folgende Äußerungen des jungen Mao Tse-tung, der sich schriftstellerisch und organisatorisch an der »Vierten-Mai-Bewegung« beteiligte:

> »Bei seiner Vorlesung in Changsha sagte [Bertrand] Russell, ... man solle die Methode der Erziehung verwenden, um das Bewußtsein der besitzenden Klassen zu verändern, und daß es auf diese Weise nicht erforderlich sei, die Freiheit einzuschränken oder zum Mittel des Krieges oder der Revolution zu greifen ... Meine Einwände gegen Russell können mit wenigen Worten gesagt werden: ›Das ist sehr schön als Theorie, aber undurchführbar in der Praxis.‹ ... Wenn die Kommunisten nicht die politische Macht ergreifen, werden sie nicht in der Lage sein, in dieser Welt eine Zuflucht zu finden ... Wenn wir nur friedliche Mittel zur Erreichung des Kommunismus verwenden, wann werden wir ihn dann erreichen? ... Mein Argument bezieht sich nicht nur auf die Unmöglichkeit einer Gesellschaft ohne Macht und Organisation. Ich möchte lediglich die Schwierigkeiten auf dem Wege zur Errichtung und letztlichen Erreichung einer solchen Gesellschaftsform erwähnen ... Aus all den eben genannten Gründen ist mein gegenwärtiger Standpunkt gegenüber dem absoluten Liberalismus, Anarchismus und selbst gegenüber der Demokratie der, daß diese Dinge schön in der Theorie, in der Praxis hingegen nicht durchführbar sind.«[140]

Bekannt wurde in diesem Zusammenhang ein Wort von Hu Shih aus dem Jahr 1922, dessen Sinn von einer studentischen Protestbewegung an der Universität Peking im

Jahre 1957 wieder aufgegriffen wurde. Es lautete: »Die Sklaven des Konfuzius und des Chu Hsi [neokonfuzianischer Philosoph] haben an Zahl abgenommen, die Sklaven von Marx und Kropotkin sind in Erscheinung getreten.«[141] Damit war die Sorge geäußert, daß die die Freiheit des geistigen Lebens in China zuvor einengende Orthodoxie eines degenerierten Konfuzianismus zwar überwunden, zugleich aber durch eine neue weltanschauliche Orthodoxie ersetzt werden könne.

Die Entspannungspolitik im ostasiatisch-pazifischen Raum nach dem Ersten Weltkrieg

Durch ihren am 3. März 1918 in Brest-Litowsk unterzeichneten Friedensvertrag mit den Mittelmächten hatte die neu entstandene Sowjetregierung Rußland nicht nur aus dem Krieg, sondern auch aus seinem zuvor gegebenen Bündnisverhältnis mit den Westmächten herausgelöst. Die Ungewißheit über die weitere Haltung Rußlands, Opposition gegen den Kommunismus und nach außen hin stark übertriebene Besorgnisse wegen deutscher und österreichischer Gefangenenkontingente und tschechischer Legionäre in Sibirien hatten den Obersten Kriegsrat der Alliierten im Juli 1918 zum Beschluß einen multinationalen militärischen Intervention in Sibirien veranlaßt. Bereits im April gleichen Jahres waren erste kleinere japanische Kampfeinheiten in die russischen Fernostgebiete entsandt worden.[142]

Die Vereinigten Staaten, die sich einen Monat zuvor in einer an die japanische Regierung gerichteten Note gegen den Plan einer solchen militärischen Intervention ausgesprochen hatten[143], faßten im Juli des gleichen Jahres dennoch den Entschluß, sich zu beteiligen. Die Hoffnung, etwaigen japanischen Expansionsbestrebungen im Nordwestpazifik entgegenwirken zu können, hatte maßgeblich zum Umschwung der amerikanischen Haltung beigetragen.[144]

In dieser Situation erfolgte der bis dahin umfassendste Versuch der amerikanischen Fernostdiplomatie zur Schaffung eines multilateralen Vertragswerkes, das unter Bedingungen gleicher Vorteile und Nachteile für alle beteiligten Mächte den Status quo im Pazifik erhalten, die dortige Lage entspannen und die traditionellen Prinzipien der amerikanischen Chinapolitik beinhalten sollte. Diese Initiative entsprang nicht nur der erwähnten Sorge wegen der japanischen Intervention in Sibirien, sondern ebenso auch dem amerikanischen Wunsch, eine Erneuerung des 1921 ablaufenden britisch-japanischen Bündnisvertrages zu verhindern und den wachsenden wirtschaftlichen Druck des Flottenwettrüstens zu verringern. Nach vorheriger Absprache mit der britischen Regierung lud der amerikanische Präsident Harding acht auswärtige Mächte zu einer internationalen Konferenz ein, die vom 12. November 1921 bis zum 6. Februar 1922 in Washington tagte. Vertreten waren die Vereinigten Staaten, Großbritannien, Japan, Frankreich, Italien, China, Belgien, die Niederlande und Portugal.

An erster Stelle des hier entstandenen Vertragswerkes von Washington stand der am 13. Dezember 1921 unterzeichnete Vier-Mächte-Pakt[145] zwischen den Vereinigten Staaten, Japan, Großbritannien und Frankreich, in dem die genannten Mächte einander zusagten, ihre im pazifischen Raum befindlichen Besitzungen respektieren und etwaige Konflikte auf dem Wege gemeinsamer Konferenzen lösen zu wollen. Dieser auf zehn

Jahre geschlossene Pakt bestimmte, daß gleichzeitig mit seiner Ratifizierung der japanisch-britische Bündnisvertrag von 1911 außer Kraft treten sollte. Die Signatarmächte dieses Vier-Mächte-Paktes und Italien schlossen sodann den sogenannten Fünf-Mächte-Pakt, der das zwischen den Vereinigten Staaten, Großbritannien, Japan, Frankreich und Italien bestehende Verhältnis von Großkampfschiffen (capital ships) auf der Basis von 5 : 5 : 3 : 1,75 : 1,75 »einfrieren« ließ. Weitere Bestimmungen dieses Paktes legten Höchstgrenzen für den Umfang und die Bewaffnung der zugelassenen Anzahl von Großkampfschiffen fest.

Als weiteres wichtiges Abkommen ist der sogenannte Neun-Mächte-Vertrag vom 6. Februar 1922 zu nennen.[146] In ihm verpflichteten sich alle an der Konferenz von Washington teilnehmenden Mächte, 1. die Souveränität, Unabhängigkeit und territoriale sowie administrative Integrität Chinas zu respektieren; 2. Chinas politische Selbstentwicklung in keiner Weise zu hemmen; 3. das Prinzip der gleichen Chance für Handel und Industrie aller Mächte in China zu wahren; 4. aus dem politischen Chaos in China keinen Nutzen zu ziehen oder Vorteil zu suchen, der die Rechte anderer Staaten in China schmälern könnte; 5. keinen Vertrag untereinander oder mit dritten Mächten zu schließen, der dem Geist der vorgenannten Punkte widerspräche; 6. in China keine durch Sonderrechte begründete wirtschaftliche Interessensphäre oder Monopolstellung anzustreben, die das Prinzip gleicher wirtschaftlicher Chancen für alle am Chinahandel interessierten Mächte gefährden könnte. Die allgemeine Anerkennung dieser Prinzipien bedeutete unzweifelhaft einen moralischen Sieg für die traditionellen Prinzipien der amerikanischen Chinapolitik.

Eine Chance, die chinesische Unabhängigkeit höchst real, das heißt durch Gewährung voller Zollhoheit oder zumindest doch durch eine beträchtliche Erhöhung der Zollsätze wirtschaftlich zu stärken, wurde offenbar deshalb versäumt, weil dies den handelspolitischen Interessen aller Signatarmächte widersprach. So wurde diesbezüglich nicht mehr erreicht als ein auf 5 Prozent ad valorem gesteigerter Zollsatz, der einheitlich an allen Land- und Seegrenzen Chinas eingehoben werden sollte.[147] Beachtliche Nebenerfolge der Konferenz von Washington wurden einerseits im japanischen Rückzug aus Sibirien im Oktober 1922 und aus Nordsachalin (1925) gesehen, sowie aber auch im Abschluß eines japanisch-chinesischen Vertrages vom 4. Februar 1922, der die Frage der Nachfolge in die deutschen Rechte in der Provinz Schantung weitgehend im Sinne chinesischer Interessen regelte.[148]

Schachzug Lenins in Sibirien

Auf seiten der Sowjetunion hatte Lenin durch eine ebenso originelle wie auch bezeichnende List seinen Beitrag zum Rückzug der japanischen Interventionstruppen geleistet. Auf Grund geheimer Weisungen ließ er in den pazifischen Gebieten Rußlands am 6. April 1920 einen neuen Staat, die sogenannte Fernost-Republik entstehen. Ihre politischen Führer gaben vor, sich vom übrigen Rußland definitiv getrennt und einen eigenen, voll souveränen Staat neu gegründet zu haben. Um die Wirkung dieses Bluffs zu vertiefen, erteilte die Sowjetunion dem neuen Staat scheinbar resigniert am 14. Mai 1920 ihre »diplomatische Anerkennung«. Als Staatsgebiet des neuen Staates der Fernost-Republik galten die russischen Territorien zwischen dem Baikalsee im Westen und der russischen Pazifikküste im Osten.[149] Die Hauptstadt befand sich anfangs in Werchne Udinsk und später in Tschita. Die Schaffung eines scheinbar separatistischen neuen Pufferstaates sollte einerseits einem weiteren Vordringen der japanischen Invasionstruppen auf sowjetischem Gebiet entgegenwirken und Tokio andererseits den Eindruck vermitteln, es könne sich beruhigt aus Sibirien zurückziehen, weil die sowjetische Macht hier mit der Neugründung eines nichtsowjetischen Staatsgebildes erloschen sei.

Zwei Monate nach der »diplomatischen Anerkennung« dieses Scheinstaates durch Moskau erteilte Tokio der Fernost-Republik die De-facto-Anerkennung und stimmte einem Rückzug der japanischen Streitkräfte aus dem Trans-Baikal-Gebiet zu.[150] Im Dezember 1921 richtete die Nationalversammlung der Fernost-Republik einen Appell an alle Staaten, in dem gegen die japanische Intervention und gegen die Ausschließung der Fernost-Republik von der internationalen Konferenz in Washington, die lebenswichtige Probleme des neuen Staates behandle, protestiert wurde.[151] Als sich die japanischen Streitkräfte Ende Oktober 1922 aus den vormals russischen Fernostgebieten zurückzogen, hatte die Fernost-Republik ihre Funktion erfüllt. Noch im gleichen Monat beschloß ihre Nationalversammlung die Auflösung des Staates und seinen Anschluß an die Sowjetunion, deren Regierung diese Rückgliederung am 19. November 1922 formalisierte. In seiner 1923 in Moskau erschienenen Geschichte der sowjetischen Außenpolitik der Jahre 1917 bis 1922 schrieb der sowjetische Ostasienspezialist Iwan Maiski über das »Scheingebilde« der Fernost-Republik: »... der Pufferstaat, der nach dem Plan der japanischen Imperialisten ein gegen das Herz Sowjetrußlands gerichtetes Messer werden sollte, wurde eine Operationsbasis für die Arbeiter-und-Bauern-Republik in ihrem Kampf gegen die japanische Aggression. In dieser Weise beliebt die Geschichte gelegentlich zu scherzen.«[152]

Die Zersplitterung Chinas 1924

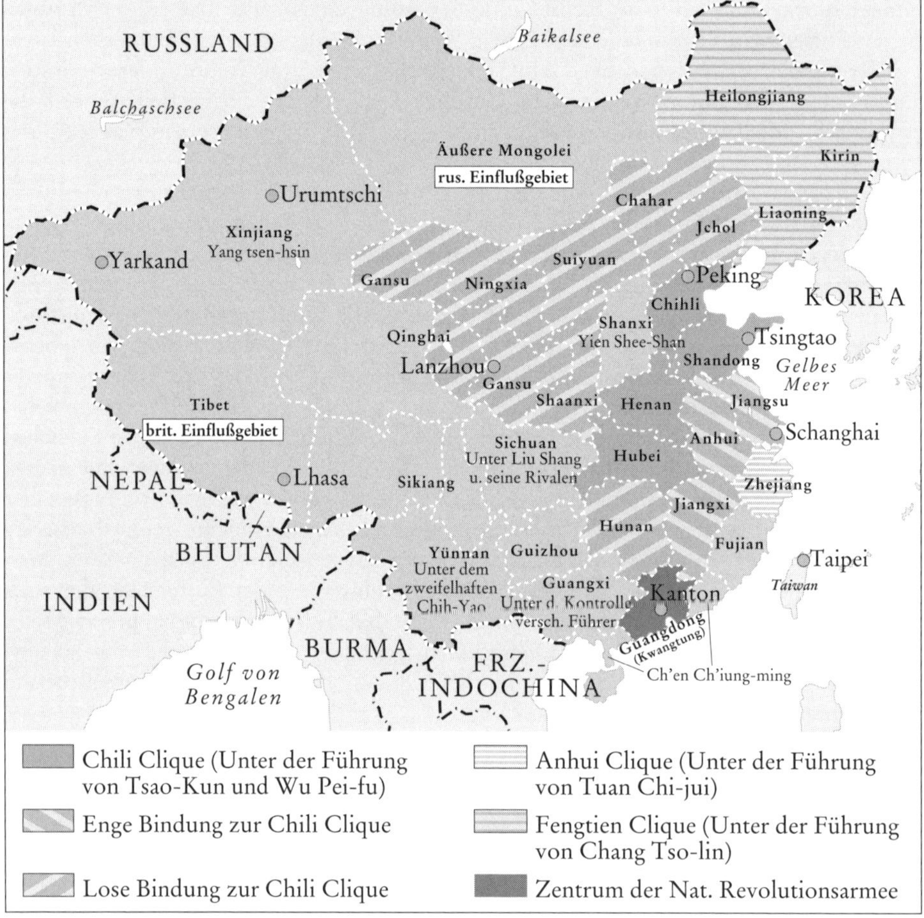

3. Kapitel

Moskau und die Entstehung des Bürgerkrieges zwischen Nationalisten und Kommunisten in China 1922–1927

Chinas Revolution im Blickfeld der Kommunistischen Internationale

Das erste sowjetisch-chinesische Bündnisverhältnis der Jahre 1924 bis 1927 ist für den gesamten Problembereich der späteren sowjetisch-chinesischen Beziehungen in der Ära Mao Tse-tungs und für die Entstehung des von 1927 bis über die Jahrhundertwende hinaus im Gange befindlichen chinesischen Bürgerkriegs zwischen der Kuomintang und der Kommunistischen Partei Chinas – des längsten Bürgerkriegs der modernen Geschichte – von besonderer Bedeutung. Nicht nur, weil manche der führenden Persönlichkeiten – hier in Rußland und dort in China – Augenzeugen und Akteure in der dramatischen Konstellation dieses ersten Bündnisverhältnisses waren, sondern auch weil grundsätzliche Verfahrensweisen und Taktiken kommunistischer Politik in Entwicklungsländern während dieses ersten Bündnisverhältnisses im China der zwanziger Jahre erstmals im großen Stil erprobt wurden. Die diesbezüglichen taktischen Richtlinien wurden auf dem noch unter Beteiligung Lenins stattfindenden Zweiten Weltkongreß der Kommunistischen Internationale festgelegt, der in Petrograd und Moskau vom 23. Juli bis 7. August 1920 abgehalten wurde. In diesem Jahr hatte Lenin die Erkenntnis formuliert, daß die junge Sowjetrepublik insofern mit einer unerwarteten Situation konfrontiert sei, als sich bestimmte Erwartungen der bolschewistischen Revolutionäre nicht erfüllt hätten. So habe man während der Revolution von 1917 auf seiten der Bolschewisten auf das entschiedenste die Ansicht vertreten, daß ein Sieg der proletarischen Revolution in Rußland nicht als gesichert gelten könne, solange der Funke der Revolution nicht auch auf die großen Industriestaaten Westeuropas überspringe und dort zumindest in den wichtigsten kapitalistischen Ländern zum Sieg der Kommunisten führe.[1]

Die anders geartete und unerwartete Wirklichkeit beließ die Sowjetrepublik zunächst isoliert in einer Umwelt mehr oder minder feindlicher Staaten, deren Herrschafts-, Wirtschafts- und Gesellschaftssystemen die kommunistische Revolutionsbewegung grundsätzlich den Kampf angesagt hatte. Die Hoffnungen auf ein Umsichgreifen der Revolution in Polen, Deutschland und Ungarn hatten sämtlich für die Kommunisten mit Niederlagen und Enttäuschungen geendet. Somit konzentrierte sich die internationale Planung der sowjetischen Politik auf zwei zentrale Problembereiche: erstens auf die Sicherung des Fortbestandes der Sowjetunion in einer überwiegend feindlichen Umwelt und zweitens auf die Frage, wie das Fortschreiten des Prozesses der Weltrevolution ohne existentielle Gefährdung des Bestandes der Sowjetrepublik gefördert werden könne. Psychologisch bestand weiterhin die Erfordernis, den Anhängern der kommunistischen

Bewegung überzeugend darzulegen, weshalb die Weltrevolution nicht so wie erhofft zu einem großen internationalen Anfangserfolg geführt hatte.

Der erwähnte Zweite Weltkongreß der Kommunistischen Internationale führte zur Formulierung von bedeutsamen Antworten auf die hier skizzierten Fragebereiche. So wurden objektive Garantien für die Sicherheit des Sowjetstaates in der Dialektik folgender vier Widersprüche gesehen: erstens zwischen den Siegern und Besiegten des Ersten Weltkrieges, zweitens zwischen den Siegermächten des Ersten Weltkrieges, drittens zwischen dem Proletariat und der Bourgeoisie der industriell entwickelten Staaten und viertens zwischen den Kolonialimperien und den antikolonialistischen nationalen Befreiungsbewegungen in kolonialen und halbkolonialen Entwicklungsländern.

Hinsichtlich der Frage, wie sich die kommunistischen Parteien in der Praxis gegenüber diesem letztgenannten Widerspruch verhalten und ihn im Interesse der proletarischen Weltrevolution ausnützen sollten, formulierte der Weltkongreß seine »Thesen und Ergänzungsthesen über die Nationalitäten- und Kolonialfrage«. Da sich die meisten antiimperialistischen Emanzipationsbewegungen in kolonialen und halbkolonialen Entwicklungsländern nicht unter der Führung kommunistischer Gruppen oder Parteien befanden, stellte sich in diesem Zusammenhang die Frage nach dem Verhältnis der Kommunisten zu jenen Befreiungsbewegungen, die von der Kommunistischen Internationale einer Anregung Lenins zufolge als »nationalistisch-revolutionäre« (oder kürzer nationalrevolutionäre) Bewegungen bezeichnet wurden. Obwohl sich Lenin in seinem Einleitungsreferat zur Diskussion dieses Fragebereiches nicht ausdrücklich auf die Konzeption der Besonderheiten der asiatischen Revolution bezog, die Karl Marx formuliert hatte, so scheint diese Konzeption dennoch als stillschweigende Prämisse den Gedanken Lenins über die nationalrevolutionären Bewegungen in Entwicklungsländern zugrunde zu liegen. In Verbindung mit den Ereignissen des zweiten anglo-chinesischen Krieges (1856–60) hatte Marx auf einen wesentlichen Unterschied zwischen den Revolutionen Europas und Asiens im 19. Jahrhundert hingewiesen. Während nämlich die europäischen Revolutionen als Produkt endogener, sozioökonomischer Entwicklungsprozesse betrachtet werden müßten, würden die asiatischen Revolutionen entscheidend von exogenen, außerhalb des asiatischen Kulturkreises liegenden Faktoren mit verursacht werden. Die asiatischen Revolutionen würden somit weitgehend den Charakter asiatischer Reaktionen auf jene Einbrüche des okzidentalen Kolonialimperialismus annehmen, unter dessen Ansturm die traditionellen sozioökonomischen Daseinsformen der asiatischen Staaten in Frage gestellt oder zerstört worden seien.[2]

Die sogenannten nationalrevolutionären Bewegungen in Entwicklungsländern waren in diesem Sinne als bodenständige Reaktionen auf die von außen kommenden Einwirkungen des Kolonialimperialismus zu verstehen. In den erwähnten »Thesen über die Nationalitäten- und Kolonialfrage« heißt es in Absatz 6, die Kommunistische Internationale dürfe sich gegenwärtig nicht auf die Annäherung der Proletarier verschiedener Nationen beschränken, sondern müsse »eine Politik der Verwirklichung des engsten Bündnisses aller nationalen und kolonialen Freiheitsbewegungen mit Sowjetrußland führen«. Die Formen eines solchen Bündnisses zwischen den Kommunisten und den Nationalrevolutionären in einem Entwicklungsland müßten jeweils von dem Entwicklungsstand der kommunistischen Bewegung dieses Landes und seiner allgemeinen Situation abhängig gemacht werden.[3] Laut Absatz 11 a der Thesen werden die kommunistischen Parteien zur Unterstützung der nationalrevolutionären Bewegungen verpflichtet und in Absatz 11 d angewiesen, der Unterstützung der Bauernbewegung besondere Aufmerksamkeit zu widmen und »vor allem danach [zu] streben, der Bauernbewegung einen möglichst revolutionären Charakter zu geben ...«

Von besonderer Bedeutung für die Geschichte des ersten sowjetisch-chinesischen Bündnisses ist jener Absatz 11 e, der unter anderem besagt: »Die Kommunistische Internationale hat die Pflicht, die revolutionäre Bewegung in den Kolonien und den rückständigen Ländern nur zu dem Zweck zu beschützen, um die Bestandteile der künftigen proletarischen Parteien in allen rückständigen Ländern zu sammeln und sie zum Bewußtsein ihrer besonderen Aufgaben zu erziehen, und zwar zu den Aufgaben des Kampfes gegen die bürgerlich-demokratische Richtung in der eigenen Nation. Die Kommunistische Internationale soll ein zeitweiliges Zusammengehen, ja selbst ein Bündnis mit der revolutionären Bewegung der Kolonien und der rückständigen Länder herstellen, darf sich aber nicht mit ihr zusammenschließen, sondern muß unbedingt den selbständigen Charakter der proletarischen Bewegung ... – sei es auch in ihrer Kleinform – aufrechterhalten.«[4] Somit war hier aus der dynamischen Perspektive des Marxismus-Leninismus ein Entwicklungsprozeß in die Zukunft hineinprojiziert worden, in dessen Verlauf die nationalrevolutionären Bewegungen in der historischen Ausgangsposition zwar als objektive Verbündete, jedoch gleichzeitig auch schon als objektive Gegner für eine später zu erwartende Phase des Kampfes um die Führung in der Revolution betrachtet wurden. Daraus ergab sich für das praktische politische Verhalten kommunistischer Parteien in Entwicklungsländern die doppelseitige Aufgabe, die nationalrevolutionären Bewegungen dort einerseits zu unterstützen, sich aber andererseits dabei gleichzeitig auf den »Endkampf« mit ihnen vorzubereiten. Die erforderliche Erklärung für das Ausbleiben eines massiven Übergreifens der proletarischen Revolution in Rußland auf die Industriestaaten Westeuropas, Nordamerikas und Japans lieferten die vom gleichen Weltkongreß angenommenen und von dem indischen Komintern-Delegierten Manabendra Nath Roy formulierten »Ergänzungsthesen über die Nationalitäten- und Kolonialfrage«. Die wichtigste These hieraus lautet: »Der europäische Kapitalismus schöpft seine Kraft in der Hauptsache weniger aus den europäischen Industrieländern als aus seinen Kolonialbesitzungen. Zu seiner Existenz bedarf er der Kontrolle über die umfangreichen Kolonialmärkte und ein weites Feld der Ausbeutungsmöglichkeit ... Der europäischen Arbeiterklasse wird der Sturz der kapitalistischen Ordnung erst dann gelingen, wenn diese Quelle endgültig verstopft ist. Der Fortfall der Kolonien und die proletarische Revolution in den Mutterländern werden die kapitalistische Ordnung in Europa stürzen.«[5]

Am 25. Juli 1919 richtete der stellvertretende Außenminister Karachan eine nach ihm benannte Botschaft »an die chinesische Nation und die Regierungen in Süd- und Nordchina«.[6] Darin wurde gesagt, daß die über den Ural nach Osten vordrängende sowjetische Rote Armee Asien als Befreier und nicht als Versklaver betrete. Die Sowjetunion wolle den versklavten Völkern des Ostens, insbesondere aber dem chinesischen Volk, die Befreiung vom Joch des fremden Kolonialismus bringen. In diesem Sinne habe die sowjetische Regierung auf alle die Eroberungen verzichtet, die die zaristische Regierung auf Kosten Chinas in der Mandschurei und anderen chinesischen Gebieten gemacht habe. Die sowjetische Regierung gebe dem chinesischen Volk, ohne eine Kompensation zu verlangen, die transmandschurische Chinesische Ostbahn und alle zu ihr gehörenden Betriebe zurück, verzichte auf den russischen Anteil an den Boxer-Reparationen ebenso wie auf alle quasikolonialen Sondervorrechte in China. Daher solle das chinesische Volk verstehen, daß es nur von seiten der Sowjetunion wirkliche Hilfe zu erwarten habe. Eine zweite Karachan-Botschaft vom 27. September 1920[7] stellte China ebenfalls einen sowjetischen Verzicht auf die zaristischen Annexionen und Privilegien in China in Aussicht und schlug in diesem Zusammenhang einen sowjetisch-chinesischen Vertrag vor, dem zufolge die beiden vertragschließenden Parteien politische und militärische Gruppen unterdrücken sollten, die auf dem Gebiet des einen Partners Aktionen gegen das Territorium oder politische System des anderen Partners unternähmen. Dieser Vorschlag richtete sich gegen die auf chinesischem Hoheitsgebiet vornehmlich in der Mandschurei und der Mongolei befindlichen »weiß«-russischen Organisationen oder Streitkräfte. In der zweiten Karachan-Botschaft war zwar das Angebot einer kompensationslosen Rückgabe der Chinesischen Ostbahn nicht mehr enthalten, doch wurde eine Übereinkunft zur gemeinsamen Benutzung der Bahn in Aussicht gestellt. Die chinesische Regierung in Peking reagierte weder auf die erste noch auf die zweite Karachan-Botschaft.

Moskaus erste Kontakte mit Sun Yat-sen und den chinesischen Kommunisten

Anfang 1920 entsandte die Kommunistische Internationale zwei Vertreter, Gregor Woitinski und Yang Ming-chai (einen Überseechinesen), nach China. Woitinski nahm in Peking Fühlung mit Professor Li Ta-chao, einem früheren chinesischen Bewunderer des Marxismus-Leninismus, und auf dessen Rat hin mit Professor Ch'en Tu-hsiu in Shanghai auf. Beide chinesische Gelehrten hatten in der kulturellen Erneuerungsbewegung vom Vierten Mai 1919 eine führende Rolle gespielt. Li Ta-chao gründete zwischen Frühjahr und Sommer 1920 in Peking eine Gesellschaft zum Studium des Marxismus, während Ch'en Tu-hsiu zwischen Sommer und Herbst des gleichen Jahres in Shanghai eine Gruppe zur Vorbereitung der Gründung einer Kommunistischen Partei Chinas ins Leben rief. Bis zum Frühjahr 1921 waren insgesamt sechs kommunistische Basisgruppen in Shanghai, Peking, Changsha, Wuhan, Kanton und Tsinan entstanden. Die Gruppe in Changsha war von Mao Tse-tung zusammen mit einer kommunistischen Jugendgruppe in seiner Heimatprovinz Hunan organisiert worden. Im gleichen Jahr hatten chinesische Auslandsstudenten in Paris ein chinesisch-kommunistisches Jugendkorps gegründet, dem später bekannt gewordene Kommunisten wie Chou En-lai, Li Li-san, Li Wei-han, Li Fu-ch'un und Ch'en Yi angehörten.

Zu dem in Shanghai im Juli 1921 zusammentretenden Gründungskongreß der Kommunistischen Partei Chinas entsandte jede der sechs Basisgruppen je zwei Abgeordnete, eine Gruppe chinesischer Kommunisten in Japan einen weiteren Delegierten. Der Kongreß wählte Ch'en Tu-hsiu zum ersten Generalsekretär der Partei und beschloß, enge Beziehungen mit der Kommunistischen Internationale zu unterhalten. Abgeordnete der Kommunistischen Internationale nahmen zwischen 1920 und 1923 mit einigen prominenten Persönlichkeiten der chinesischen Politik – darunter Sun Yat-sen, Marschall Wu P'ei-fu und General Ch'en Chiung-ming – Kontakte auf. Woitinski wurde Sun Yat-sen bereits im Herbst 1920 in Shanghai vorgestellt, wo Sun mit ihm Informationen über die russische bzw. chinesische Revolution austauschte und eine Verbesserung der Nachrichtenübermittlung zwischen China und Rußland anregte.[8] Als sich Sun Yat-sen im Dezember 1921 nach Kweilin in der Provinz Kwangsi begab, um militärische Operationen gegen nördliche Militärmachthaber zu leiten, wurde er dort von Henricus Maring (alias Sneevliet), einem Ostasienexperten der Komintern, besucht, der zuvor am Gründungskongreß der Kommunistischen Partei Chinas teilgenommen und später mit Wu P'ei-fu, einem mächtigen Militärmachthaber in Zentralchina, Gespräche geführt hatte. In Kweilin wurde Sun Yat-sen von Maring ein Bündnis mit der Sowjetunion und eine engere Zusammenarbeit mit der Kommunistischen Partei Chinas vorgeschlagen. Hinsichtlich der Kuomintang empfahl Maring eine Erweiterung ihrer gesellschaftlichen Basis durch Heranziehung von Arbeitern und Bauern wie auch die Errichtung einer Militärakademie zur Ausbildung revolutionärer militärischer Führungskader.[9] Sun Yat-sen bekundete sein Interesse an den Vorgängen und Neuerungen in der Sowjetunion, ohne sich dabei auf Marings Vorschläge festlegen zu lassen. Dessen Berichte über Lenins »Neue Ökonomische Politik« überzeugten Sun davon, daß die radikale Sozialisierungs- und Kollektivierungspolitik des Frühbolschewismus gescheitert und durch eine gemäßigtere soziale Reformpolitik ersetzt worden sei, die eher den Konzeptionen seiner eigenen Ideologie entsprach.[10] Bereits im Sommer des gleichen Jahres hatte der chinesische Revolutionsführer dem sowjetischen Außenminister Tschitscherin in einem Schreiben vom 28. August 1921 mitgeteilt, Moskau werde mit der Herstellung positiver Kontakte mit China warten müssen, bis er (Sun) mit den reaktionären Kräften der Militärmachthaber in China aufgeräumt habe und in Peking eingezogen sei. Bis dahin bleibe er weiterhin an freundlichen und informativen Kontakten mit der Sowjetunion interessiert.[11]

Der Putsch General Ch'en Chiung-mings

Bereits ein halbes Jahr nach der ersten Unterredung mit Maring wurde Sun Yat-sens selbstbewußter Optimismus von einer politischen Katastrophe erschüttert. Suns nur locker organisierte Partei, deren Mitglieder vor allem durch ihr Verhältnis persönlicher Loyalität zum Parteiführer an die Partei gebunden waren, verfügte über keine eigenen Streitkräfte. In militärischer Hinsicht war Sun in dieser Ära der chinesischen »Generalskriege« auf die Unterstützung solcher Militärmachthaber und ihrer Söldnerarmeen angewiesen, die sich seinem politischen Charisma beugten oder es politisch auszunutzen trachteten. Der wichtigste dieser Militärpolitiker war der aus der Provinz Kwangtung (Guangdong) stammende sogenannte Hakka-General Ch'en Chiung-ming.[12]

Ab 1917 hatte Sun Yat-sen in der Provinz Kwangtung (Guandong) eine regionale Machtbasis der Kuomintang und eine »Nationale Regierung« zur Verteidigung der demokratischen Verfassung gegründet und hatte das von den Warlords in Peking aufgelöste Parlament nach Kanton (Guangzhou), der Hauptstadt der Provinz, einberufen. Er plante nicht nur Kwangtung zu einer »Modellprovinz« für das übrige China zu entwickeln, sondern von hier aus auch einen nationalrevolutionären Feldzug zur Niederwerfung der Warlords und zur Wiedervereinigung Chinas im Zeichen seiner Ideologie und Partei zu wagen.

Unterschiedliche Zielsetzungen zwischen Ch'en Chiung-ming und Sun Yat-sen führten aber 1922 zu einem schweren Konflikt. Während Sun eine nationale, auf Chinas Wiedervereinigung und Erneuerung abzielende Politik betrieb, neigte Ch'en immer mehr dazu, sich auf den Wirkungsbereich seiner Heimatprovinz Kwangtung und gegebenenfalls noch der einen oder anderen Nachbarprovinz zu beschränken. Ihm fehlte jener revolutionäre Elan, der Sun Yat-sen ungeachtet zahlreicher Rückschläge immer wieder das fast Unmögliche anstreben ließ. Von der Jahreswende 1921/22 an begann Ch'en diejenigen Pläne und Maßnahmen Sun Yat-sens zu sabotieren, die eine Erweiterung der territorialen Machtbasis der Kuomintang anstrebten. Ch'en wurde daraufhin von Sun im April 1922 seiner Ämter als Gouverneur von Kwangtung und Oberbefehlshaber der Truppen dieser Provinz enthoben. Bereits Monate zuvor war Sun von mehreren seiner Anhänger – darunter Chiang Kai-shek – vor verräterischen Absichten Ch'en Chiung-mings gewarnt worden. Sun weigerte sich, an Verrat zu glauben, bis die zu seiner Ergreifung ausgesandten Rebelleneinheiten in den frühen Morgenstunden des 16. Juni 1922 buchstäblich vor der Tür seines Hauses standen. Sun entkam mit knapper Not, indem er sich im allgemeinen Tumult einer anrückenden Rebelleneinheit so anschloß, als gehöre er zu ihr. Er rettete sich auf das Kanonenboot *Yung Feng* (später: *Chung Shan*), dessen Besatzung loyal geblieben war. Dort fand ihn der aus Shanghai herbeigeeilte Chiang Kai-shek vor, der das Kommando des Bootes übernahm. Vergeblich auf Entsatz wartend, verbrachten Sun Yat-sen und Chiang Kai-shek gemeinsam 56 Tage auf dem Kanonenboot, das schließlich durch das Sperrfeuer feindlicher Forts hindurch einen Durchbruch in Richtung Hong Kong unternahm.[13] Von dort erreichten sie auf einem britischen Schiff Shanghai am 14. August 1922.

Der Beschluß der KP Chinas zur Bildung und Taktik einer Einheitsfront mit Sun Yat-sen und der Kuomintang

Kurz zuvor hatte der Zweite Parteitag der Kommunistischen Partei Chinas am 10. Juni 1922 ein Manifest erlassen, das in der Forderung einer »Einheitsfront« der Partei mit der Kuomintang zum Kampf gegen die Militärdiktatoren in China gipfelte. In dem Manifest wurde die Kuomintang als die einzige andere revolutionäre Partei Chinas und die Ideologie Sun Yat-sens als Ausdruck des »demokratischen Geistes« der Kuomintang bezeichnet.[14] Bald darauf fanden in Shanghai Verhandlungen des aus Kanton vertriebenen Sun Yat-sen mit einem Vertreter der Kommunistischen Jugend-Internationale namens Dalin sowie erneut auch mit Maring statt. Über diese Gespräche, die das kommunistische Angebot einer Einheitsfront mit der Kuomintang behandelten, berichtete der damalige Generalsekretär der Kommunistischen Partei Chinas, Ch'en Tu-hsiu: »Dieses Angebot wurde jedoch von dem Generalissimus der Kuomintang, Dr. Sun Yat-sen, abgelehnt. Er war [zu einer Zusammenarbeit] nur in der Weise bereit, daß einzelne Mitglieder der Kommunistischen Partei und des [kommunistischen] Sozialistischen Jugendkorps in die Kuomintang aufgenommen werden könnten. Er wollte keine Koalition beider Parteien zulassen.«[15] Ch'en Tu-hsiu berichtet weiter, daß Maring bald darauf eine Konferenz des Zentralkomitees der Kommunistischen Partei Chinas einberief und den chinesischen Genossen dabei nahelegte, den Vorschlag Sun Yat-sens anzunehmen. Er versuchte ihn dadurch plausibel zu machen, daß er die Kuomintang als »Massenpartei verschiedener Klassen« darstellte, in der die Kommunistische Partei Chinas folglich das Proletariat zu vertreten habe. Umstrittenen Aussagen Ch'en Tu-hsius zufolge sollen die Führer der chinesischen Kommunisten hiergegen mit dem Argument protestiert haben, daß eine solche Konzeption die Klassengrenzen verwische und die Unabhängigkeit der Kommunistischen Partei Chinas gefährden müsse.[16] Maring, der sich auf den geglückten Präzedenzfall einer solchen Zusammenarbeit in Indonesien stützen konnte, richtete daraufhin an seine chinesischen Genossen die drohende Frage, ob sie der Kommunistischen Internationale zu gehorchen gedächten oder nicht. Hierzu bemerkte Ch'en Tu-hsiu: »Um die internationale Disziplin zu wahren, konnte das Zentralkomitee der Kommunistischen Partei Chinas nicht anders handeln, als den Befehl der Komintern zu akzeptieren. So wurde dann der Eintritt in die Kuomintang (im Sinne der Bedingungen Sun Yat-sens) beschlossen.«[17] Auf dem von Anfang November bis Anfang Dezember 1922 in Rußland stattfindenden Vierten Weltkongreß der Kommunistischen Internationale, an dem auch Ch'en Tu-hsiu teilnahm, gab Liu Jen-chin am 23. November im Namen der Kommunistischen Partei Chinas eine Erklärung ab, in der die Motive und Ziele dargelegt wurden, die die chinesischen Kommunisten zur Zusammenarbeit mit der Kuomintang veranlaßten. In dieser Erklärung heißt es:

> »Von dem Grundsatz ausgehend, daß zur Ausrottung des Imperialismus in China eine antiimperialistische Einheitsfront errichtet werden muß, hat unsere Partei sich entschlossen, eine Einheitsfront mit der nationalrevolutionären Partei Kuomintang zu errichten. Die Form dieser Einheitsfront besteht darin, daß wir unter unserem Namen und als Einzelpersonen der Partei beitreten. Hiermit bezwecken wir zweierlei. Erstens wollen wir unter den vielen organisierten Arbeitern in der national-revolutionären Partei [Kuomintang] Propaganda treiben und sie für uns gewinnen. Zweitens können wir den Imperialismus nur bekämpfen, wenn wir unsere Kräfte ... vereinigen. Wir beabsichtigen, uns mit dieser Partei auf einen Wettbewerb einzulassen in der Organisierung und propagandistischen Erfassung der Massen. Wenn wir dieser Partei nicht beitreten, werden wir isoliert bleiben ... Wenn wir der Partei beitreten, werden wir imstande sein, den Massen zu zeigen, daß wir auch für revolutionäre Demokratie sind, daß für uns aber revolutionäre Demokratie nur ein Mittel zum Zweck ist. Wir können die Massen um uns sammeln und die Kuomintang-Partei spalten.«[18]

So verband sich der Beschluß der Kommunisten zur Zusammenarbeit mit der Kuomintang mit der gleichzeitigen geheimen Entscheidung, den neuen Bundesgenossen im Zuge der Kooperation zu sabotieren und zu spalten.

Kurz nach diesem Kongreß erlitt die junge Kommunistische Partei Chinas einen schweren Schlag, als der zeitweilig mit ihr sympathisierende chinesische Militärpolitiker Wu P'ei-fu unter einer kommunistisch geführten Streikbewegung an der Eisenbahnstrecke Peking-Hankau ein Blutbad anrichten ließ. Mehr denn je zuvor erschien nun das Zusammengehen der geschwächten Partei mit der Kuomintang als die einzige

Alternative. So wurden die Jahre 1922/23 zu einem Wendepunkt in der chinesischen Revolutionsgeschichte. Sun Yat-sen war durch die schwere, ihm von Ch'en Chiung-ming zugefügte Niederlage von der Notwendigkeit einer Zusammenarbeit mit Moskau und den chinesischen Kommunisten ebenso überzeugt worden, wie umgekehrt diese durch den Druck der Komintern und das Massaker Wu P'ei-fus an die Seite der Kuomintang gedrängt wurden. Auch hatte der Staatsstreich Ch'en Chiung-mings eine Intensivierung der Beziehungen zwischen Sun Yat-sen und Chiang Kai-shek zur Folge gehabt, die für die politische Laufbahn des letzteren von größter Bedeutung werden sollte.

Das Sun-Joffe-Abkommen und die Gründung der Entente zwischen Kanton und Moskau

Etwa um die gleiche Zeit hatte Sun Yat-sen in Shanghai auch mit dem sowjetischen Diplomaten Adolf A. Joffe Verhandlungen aufgenommen. Seiner eigenen Äußerung zufolge hatte Sun die Vertreibung aus Kanton (Guangzhou) durch den Putsch seines eigenen Stabschefs als die »schmerzlichste Niederlage« seines politischen Lebens bezeichnet. Angesichts seiner offenkundig schwachen Position konfrontierte ihn auch Joffe mit dem Vorschlag einer Koalition zwischen der Kuomintang und der Kommunistischen Partei Chinas. Diesen Vorschlag lehnte Sun ungeachtet seiner kürzlich erfolgten Niederlage weiterhin ab, und man einigte sich endgültig darauf, daß die organisatorische Form der Zusammenarbeit zwischen den beiden Parteien darin bestehen werde, daß einzelne führende Kommunisten – bei gleichzeitiger Beibehaltung ihrer Mitgliedschaft in der Kommunistischen Partei Chinas und der Kommunistischen Internationale – der Kuomintang beitreten sollten. Auf diese Weise war theoretisch zumindest eine Lösung gefunden worden, die den Kommunisten ihre organisatorische Autonomie beließ, den von Sun Yat-sen abgelehnten Gedanken einer Koalition zweier gleichberechtigter Parteien vermied und der Kuomintang die ideologische und disziplinäre Führungsrolle gegenüber den Führern der chinesischen Kommunisten zu sichern schien. Die wichtige Frage, wie Loyalitätskonflikte zwischen der Kuomintang und der Kommunistischen Partei Chinas für Kommunisten mit doppelter Parteimitgliedschaft beizulegen seien, blieb bezeichnenderweise ungelöst. Gleichzeitig aber wurde Anfang September eine Reorganisation der Kuomintang nach dem Modell der bolschewistischen Partei vereinbart, von deren erprobten organisatorischen, militärischen und propagandistischen Methoden die Kuomintang dem Willen Sun Yat-sens entsprechend lernen sollte.

Am 26. Januar 1923, dem gleichen Tag, an dem Streitkräfte der Kuomintang Kanton zurückerobern konnten, wurde die berühmte »Gemeinsame Erklärung« von Sun Yat-sen und Joffe unterzeichnet, die zu Recht als Gründungsdokument des ersten sowjetisch-chinesischen Bündnisverhältnisses betrachtet werden kann. Ihr erster Absatz lautet:

> »Dr. Sun hält die Einführung des Kommunismus oder auch nur des Sowjetsystems in China nicht für möglich, da hier die nötigen Vorbedingungen für eine erfolgreiche Anwendung fehlen. Herr Joffe schließt sich voll und ganz dieser Ansicht an; er ist des weiteren der Meinung, daß das wichtigste und dringendste Problem Chinas die Herstellung seiner nationalen Einheit und seiner vollkommenen nationalen Unabhängig-

keit sei. Herr Joffe hat Dr. Sun im Hinblick auf diese große Aufgabe der wärmsten Sympathie des russischen Volkes für China und [seiner] Hilfsbereitschaft versichert.«[19]

Dieser erste Punkt im Gründungsdokument des sowjetisch-nationalchinesischen Bündnisses ist von zentraler Bedeutung. Denn Sun Yat-sen hat hier seinem künftigen Bündnispartner gegenüber klar zu verstehen gegeben, daß er nicht gewillt sei, die sowjetische Hilfe für seine nationalrevolutionäre Bewegung mit dem Preis einer ideologischen Abhängigkeit von Moskau zu bezahlen. Sun Yat-sens Konzeption von der Struktur des ersten sowjetisch-chinesischen Bündnisses war die einer Zusammenarbeit zweier gleichberechtigter und in ihrem eigenen Wirkungsbereich jeweils autonomer revolutionärer Bewegungen, die ungeachtet aller Verschiedenheit ihrer ideologischen Systeme und Methoden sich zum Kampf gegen gemeinsame Gegner sowie zur Erreichung bestimmter gemeinsamer Ziele zusammengeschlossen hatten. In dieser Sicht sollte das Bündnis mit Moskau auf dem Fundament einer definitiven, wenn auch inhaltlich begrenzten Interessengemeinschaft einer russischen und einer chinesischen Revolutionspartei beruhen. Ebenso wichtig ist die Tatsache, daß Joffe im Namen Moskaus diese Interpretation Sun Yat-sens bestätigte. Bezeichnend für Sun Yat-sens Auffassung von dem Charakter des Bündnisses ist weiterhin seine Ansicht, daß auf seiten Chinas der Träger dieses Bündnisses ausschließlich die Kuomintang, nicht aber die Kommunistische Partei Chinas sei. So schrieb er im Dezember 1923: »Wenn Rußland mit China zusammenarbeiten will, dann muß es das mit unserer Partei tun und nicht mit Ch'en Tu-hsiu [dem Generalsekretär der Kommunistischen Partei Chinas].«[20] In der gleichen Stellungnahme unterstellte Sun Yat-sen den chinesischen Kommunisten die Absicht, »Rußlands Hilfe zu monopolisieren, um selbständig mit der Kuomintang konkurrieren zu können«.[21]

Ohne Zweifel verkannte diese Auffassung die reale Struktur der Beziehungen zwischen Moskau und den chinesischen Kommunisten und ging zusätzlich von der falschen Annahme aus, daß die Absichten der KPdSU China gegenüber ebenso begrenzt seien wie die Absichten der Kuomintang gegenüber Rußland. Für den historischen Ablauf der Ereignisse ist es jedoch entscheidend, daß man von der Annahme ausgehen kann, daß Sun Yat-sen die Bündniskonstellation so gesehen und entsprechend dieser Auffassung gehandelt hat.

Im zweiten Absatz der »Gemeinsamen Erklärung« Sun Yat-sens und Joffes bestätigte Joffe im Namen der sowjetischen Regierung und im Sinne der Karachan-Botschaft vom 27. September 1920 nochmals die sowjetische Bereitschaft, mit China Verhandlungen über den russischen Verzicht auf alle Verträge und erzwungenen Rechte und Privilegien zu führen, die China von der Regierung des zaristischen Rußland abgenötigt worden waren.

Chiang Kai-sheks Mission und schockierende Eindrücke in Moskau

Im Frühherbst des Jahres 1923 beschloß Sun Yat-sen, eine Gruppe von Parteimitgliedern unter der Führung Chiang Kai-sheks zum Zweck von geheimen Kontakten mit sowjetischen Führern wie aber zugleich auch als Studienkommission in die Sowjetunion zu entsenden. Diese Gruppe traf am 2. Oktober 1923 in Moskau ein. Ihr Leiter, Chiang

Kai-shek, hatte Sun Yat-sen nach dessen Vertreibung aus Kanton durch Ch'en Chiung-ming zugeredet, die Kuomintang von dem Vorbild der Bolschewisten in Rußland lernen zu lassen. Chiang selbst traf in Moskau mit durchaus positiven Erwartungen und Vorstellungen von der russischen Revolution und ihrem neuen Regime ein. Entscheidend für die weitere Entwicklung des sowjetisch-nationalchinesischen Bündnisverhältnisses war die Tatsache, daß sich bei Chiang Kai-shek während des Aufenthaltes in Moskau ein Einstellungswandel vollzog. Da Lenin zu dieser Zeit bereits zu krank war, um die chinesische Delegation zu empfangen, verhandelte Chiang Kai-shek vornehmlich mit Außenminister Tschitscherin sowie mit Trotzki, Sinowjew und verschiedenen Fernostexperten der KPdSU und der Komintern. Wie aus dem Tagebuch Chiang Kai-sbeks wie auch aus seinem bekannten Brief an den Kuomintang-Politiker Liao Chung-k'ai vom 12. März 1924[22] hervorgeht, kehrte er mit nicht unbeträchtlichen Vorbehalten gegenüber der sowjetischen Chinapolitik aus Rußland zurück. Dafür gab es mehrere Gründe. Zum einen war es der Mißerfolg der Bemühungen Chiang Kai-sheks in Moskau, die Sowjets zu einer Änderung ihrer Politik in der Äußeren Mongolei zu veranlassen. Zum anderen war es die kritische und auf wenig konkreter Information beruhende Haltung sowjetischer und in Moskau befindlicher chinesischer Kommunisten gegenüber Sun Yat-sen, die Chiang Kai-shek schockierte.

Hinsichtlich seines ersten Bedenkens schrieb er in dem genannten Brief an Liao Chung-k'ai: »Die russische Chinapolitik zielt darauf ab, die Mandschurei, die Mongolei, Chinesisch-Turkestan und Tibet zu Teilen der Sowjetrepublik zu machen.« In einer Tonart, die an antisowjetische Äußerungen chinesischer Maoisten während der Großen Kulturrevolution der späten sechziger Jahre erinnert, fuhr Chiang Kai-shek im gleichen Brief an anderer Stelle fort: »Der sogenannte Internationalismus und die Weltrevolution der Russen sind nichts anderes als der zaristische Imperialismus. Nur ist der Name geändert worden, um andere irrezuführen. Meiner Meinung nach sind die Russen genauso bereit wie die Engländer, Franzosen, Amerikaner und Japaner, ihre Nation auf Kosten anderer Staaten zu bereichern. Diesbezüglich besteht kein Unterschied zwischen ihnen.« Abgesehen von diesen territorialen Problemen hatten sich jedoch Chiang Kai-shek auch noch andere Befürchtungen während seines Aufenthaltes in Moskau aufgedrängt. So teilte er Liao Chung-k'ai seine Besorgnis mit, daß Moskau sich der Kuomintang gegenüber nicht aufrichtig verhalte. Er sagte in diesem Zusammenhang: »Das Ziel der russischen Partei ist, die Kommunistische Partei Chinas zur herrschenden Partei in China zu machen. Sie glaubt nicht, daß sie mit uns im Hinblick auf gemeinsame Ziele ständig zusammenarbeiten kann.«

Von den in Rußland befindlichen chinesischen Kommunisten hieß es in Chiangs Brief, sie hegten für Dr. Sun Yat-sen »keinerlei Achtung, sondern nur Verdacht und Geringschätzung«. Chiang fuhr fort: »Bedauerlicherweise pflegen Chinesen Ausländer anzubeten und sich selbst zu verachten. So z. B. bezeichneten die in Rußland weilenden chinesischen Kommunisten nur die Andersdenkenden als Sklaven Amerikas, Englands oder Japans, ohne zu begreifen, daß sie selbst gänzlich Sklaven Rußlands geworden sind. Als man mir vorschlug, der Kommunistischen Partei beizutreten, sagte ich, ich müsse diesbezüglich erst Dr. Sun Yat-sens Einwilligung erhalten. Ich wurde daraufhin als ›getreuer Diener eines Herrn‹ ausgelacht. Ich [aber] ziehe den schlechtesten Ruf eines ›getreuen Dieners‹ dem Ruhm vor, Sklave des Auslands zu sein.«[23]

Diese ein Jahr vor dem Tod Sun Yat-sens niedergeschriebenen Ansichten sind für die weitere Entwicklung des ersten sowjetisch-chinesischen Bündnisses deshalb so bedeutsam, weil ihr Verfasser, Chiang Kai shek, ein Jahr nach dem Tode Sun Yat-sens zur Schlüsselfigur der Kuomintang und ihrer Beziehungen zu den russischen und chinesischen Kommunisten wurde.

Die Flottendemonstration der Kolonialmächte gegen Sun Yat-sen und die Reorganisation der Kuomintang

Nach Chiang Kai-sheks Rückkehr aus Moskau waren Sun Yat-sens Verhandlungen mit sowjetischen Vertretern bereits so weit gediehen, daß es für den chinesischen Revolutionsführer auf diesem einmal eingeschlagenen Weg kein Zurück mehr gab. Während der Abwesenheit Chiang Kai-sheks von China war es zudem zu einem schweren Zusammenstoß zwischen der nationalrevolutionären Regierung der Kuomintang in Südchina und den Kolonialmächten gekommen. Der Grund hierfür ergab sich aus Sun Yat-sens Forderung, daß die zum Zweck der Befriedigung der Reparationsansprüche auswärtiger Mächte unter die Kontrolle des Diplomatischen Corps in Peking gestellte chinesische Seezollverwaltung so wie zuvor den unter der Herrschaft der Kuomintang stehenden Gebieten ihren Anteil an dem Überschuß der Seezolleinnahmen auszahlen solle. Nach dem zeitweiligen Zusammenbruch der Kuomintang-Regierung in Kanton waren diese Überschußbeträge jedoch wieder an die sogenannte chinesische Zentralregierung in Peking ausgezahlt worden. Als chinesische Zentralregierung galt den auswärtigen Mächten in dieser Zeit der Bürgerkriegswirren diejenige chinesische Machtgruppe, die sich jeweils im Besitz der Hauptstadt Peking befand. Das traf auch dann zu, wenn der Kontrollbereich eines solchen Peking gerade besetzt haltenden Militärmachthabers kaum über den Umkreis des Stadtbezirks hinausreichte. Die meisten dieser »Zentralregierungen« setzten sich aus eben jenen Militärmachthabern zusammen, in deren Sturz Sun Yat-sen eine der wichtigsten Voraussetzungen für das Gelingen einer chinesischen Erneuerung erblickte. So mußte es den chinesischen Revolutionsführer erbittern, wenn die in Provinzen unter seiner Kontrolle entstehenden Überschußbeträge des Seezolls nach der Tilgung der jeweils fälligen Raten der chinesischen Auslandsschulden auf Grund wirklichkeitsfremder Kriterien an seine Bürgerkriegsgegner ausgezahlt wurden. Das Diplomatische Corps in Peking nahm jedoch den Standpunkt ein, daß eine Aufteilung der Überschußbeträge auf die einzelnen chinesischen Provinzen angesichts der dauernden Machtverschiebungen technisch sehr schwer durchzuführen sei. Als Sun Yat-sen, durch diese Haltung provoziert, im Dezember 1923 mit der Beschlagnahmung der Seezollverwaltung in Kanton drohte, veranstalteten die Kolonialmächte eine gemeinsame, gegen Sun Yat-sen gerichtete Flottendemonstration, an der sich britische, französische, japanische, italienische, portugiesische und amerikanische Seestreitkräfte beteiligten.[24]

Somit tagte der erste gesamtchinesische Parteitag der Kuomintang, der entgegen den Bedenken mancher Mitglieder dieser Partei das Bündnis mit Moskau und die Zusammenarbeit mit den chinesischen Kommunisten formalisierte, im Schußbereich einer multinationalen Flottendemonstration der Kolonialmächte gegen die nationalrevolutionäre Regierung Sun Yat-sens.

Dieser erste gesamtchinesische Parteitag der Kuomintang verabschiedete im Januar 1924 eine Grundsatzerklärung, die als ein Wendepunkt in der Geschichte der Kuomintang betrachtet worden ist. Im Gegensatz zu der im damaligen China praktizierten rein formalen Demokratie forderte der Kongreß eine »echte Volksregierung ... gebildet aus Vertretern aller Klassen der Bevölkerung«. Alle Staatsbürger und Gruppen, die zur Unterstützung der Revolution und ihrer Ziele bereit waren, wurden ohne Unterschied ihrer ethnischen oder sozialen Herkunft zur Teilnahme am revolutionären Kampf um die Erneuerung Chinas aufgefordert. Die Prinzipien dieses Kampfes wurden in einem Absatz festgelegt, in dem es hieß: »Die Volksregierung wird die Republik China im Einklang mit der Ideologie [Sun Yat-sens] von den drei Grundlehren vom Volk und der Fünf-Gewalten-Verfassung aufbauen.« In ihrer Grundsatzerklärung kündigten die Nationalrevolutionäre ihren Willen zum Kampf gegen die ungleichen Verträge und quasikolonialen Vorrechte fremder Mächte auf chinesischem Boden bis zur Erreichung der vollen Gleichberechtigung Chinas an. Gleichzeitig hieß es in der Erklärung: »Alle Staaten, die freiwillig ihre Sonderrechte in diesem Land aufgeben und zur Abschaffung ihrer mit China geschlossenen ungleichen Verträge bereit sind, sollten als die China am positivsten gegenüberstehenden Staaten betrachtet werden.«[25]

Während des Parteitages wurden einzelne führende Mitglieder der Kommunistischen Partei Chinas in das Zentrale Exekutivkomitee der Kuomintang gewählt. Dazu kommentierte ein Führer der KPCh, Li Ta-chao: »Wir treten der Kuomintang auf Grund eines Beschlusses der Kommunistischen Partei Chinas bei. Wir können deshalb unsere Mitgliedschaft in der Kommunistischen Partei nicht lediglich wegen des Eintritts in die Kuomintang niederlegen. Aber wir treten der Kuomintang nicht kollektiv als Partei, sondern einzeln als Individuen bei. Indem wir das tun, versprechen wir, den Statuten der Kuomintang zu folgen und uns ihrer Disziplin zu unterwerfen. Sollten wir je versuchen, in der Kuomintang kommunistische Propaganda zu betreiben, so steht es der Kuomintang zu, uns entsprechend ihren Statuten zu bestrafen.«[26] Gleichzeitig mit diesen Beschlüssen erfolgte die organisatorische Reorganisation der Kuomintang, die sich weitgehend am Modell der bolschewistischen Partei orientierte. Mehr denn je war Sun Yat-sen davon überzeugt, daß nur eine kämpferische, straff organisierte Partei mit einem eigenen Propaganda-Apparat und eigenen Streitkräften dazu in der Lage sein werde, die machtpolitischen Voraussetzungen für einen Wiederaufbau Chinas im Zeichen seiner Ideologie des Sunyatsenismus zu schaffen.[27]

Ideologie und Entwicklungsprogramm des Sunyatsenismus

Die außergewöhnliche Rolle Sun Yat-sens in der Geschichte Chinas und Ostasiens beruhte nicht nur auf dem Charisma und den Führungsqualitäten seiner Persönlichkeit, sondern auch auf seinem System der Weltanschauung. Die letzte Fassung seiner Ideologie formulierte Sun Yat-sen in einer Reihe von Reden, die er in der Zeit von Januar bis August 1924 in Kanton hielt und die er wenige Monate später auf seinem Sterbelager in Peking zu seinem geistigen Vermächtnis für die Kuomintang und das chinesische Volk erklärte.

Den Kernpunkt des Sunyatsenisnius bildeten die sogenannten Drei Grundlehren vom Volk (San-min-chu-i). An erster Stelle stand hier die »Grundlehre vom Nationalgefühl« (Mintsu chu-i). Durch sie versuchte Sun Yat-sen statt der Dynastie – wie in den vorangegangenen Jahrtausenden der chinesischen Geschichte – die chinesische Nation zum obersten Bezugspunkt der politischen Loyalität des chinesischen Volkes zu erheben. Nicht mehr ein Kaiser, sondern die in ihrer Gesamtheit zu einer Nation integrierten ethnischen Bestandteile der Bevölkerung Chinas – einschließlich der Mandschus, Mongolen, Dsungaren, Tibeter und Han-Chinesen – seien der neue Souverän. »Da es in der Republik keinen Kaiser mehr gibt, glauben manche Leute, die Tugend der Treue habe ihre Bedeutung verloren. Das jedoch ist ein Irrtum. Obwohl die Vorstellung einer persönlichen Loyalität dem Kaiser gegenüber nicht mehr besteht, muß unsere Treue der Nation und dem Volk gelten ... Um wieviel ruhmvoller ist es doch, die Treue einer Gemeinschaft von 400 Millionen Menschen zu halten, als gegenüber einem Individuum, so wie in der Vergangenheit!«[28]

Gleichzeitig aber betonte Sun Yat-sen die Bedeutung bestimmter Elemente der chinesischen Kulturtradition. »Der wesentlichste Schritt zur Wiederherstellung unserer ursprünglichen nationalen Größe liegt in der Erneuerung der moralischen Wertvorstellungen unserer Nation ... In den Schriften der klassischen [konfuzianischenj Staatsdenker findet sich ein vollendetes politisches Gedankengebäude, desgleichen im Westen nicht gefunden werden kann. Denn diese in der ›Großen Lehre‹ [Ta Hsüeh] zum Ausdruck gebrachte Idee, daß der Weg zur Sicherung des Weltfriedens von einer entsprechenden Haltung und Kultivierung der einzelnen Menschen ausgehen muß, hat nicht nur eine moralische Grundlage zum Inhalt, sondern auch ein höchstes Maß an intellektuellem Verstehen.« Sun Yat-sen forderte nicht nur die Selbstbefreiung Chinas von der Bürde kolonial-imperialistischer Vorrechte, sondern auch Chinas Beteiligung an einer Weltrevolution, die er nicht als sozialen Klassenkampf, sondern als einen Freiheitskampf aller unterdrückten Völker gegen alle imperialistischen Mächte verstand. »Angesichts unserer großen geschichtlichen Vergangenheit und unseres Reichtums an Menschen und Bodenschätzen wird es für uns auf Grund einer kritischen Übernahme westlicher Errungenschaften leichter sein als für Japan, uns den Platz einer Weltmacht ersten Ranges zu sichern ... Wenn unser Land erstarkt, müssen wir die Befreiung jener Nationen übernehmen, die in derselben Weise leiden, wie wir es in der Gegenwart tun ... Zur Erreichung dieses Zieles müssen wir zunächst unser Nationalbewußtsein wieder erwecken und unserem Land zur Wiedererlangung seiner ursprünglichen Weltmachtstellung verhelfen.« Allerdings verband Sun Yat-sen diese Aufforderung mit einer Warnung an seine Landsleute: »Wenn China jedoch dem Vorbild der imperialistischen und militaristischen Mächte folgt, würde sein Aufstieg zur Weltmacht nicht nur nutzlos, sondern von Schaden für die Menschheit sein.«[29]

An zweiter Stelle (in der Reihenfolge, nicht aber in der Wertung) legte Sun Yat-sen seine Theorien über die »Grundlehre von den Volksrechten« (Min-ch'üan chu-i) dar. Sie geht aus von der Hypothese, daß die Macht einer jahrtausendealten Tradition despotischer Herrschaft in China so stark sei, daß das chinesische Volk »nur sehr zögernd« das neue System einer republikanisch-demokratischen Herrschaftsform übernehme.

Sich auf die Lehre des klassischen Konfuzianismus berufend, der zufolge gerechte Herrschaft auf dem »Mandat des Himmels« beruhe und dieses dem Willen des Volkes entspreche, das auch das Recht zum Sturz tyrannischer Herrscher habe, argumentierte Sun, Grundprinzipien der Demokratie hätten uralte Wurzeln in Chinas politischer Philosophie.[30]

Sun Yat-sen definiert Demokratie als »die durch das Volk ausgeübte Kontrolle über die Politik«. Sun kommentierte hierzu: »In unserem Land soll das Volk die politische Macht in Händen halten, gleichzeitig aber einer aus Experten gebildeten Regierung freie Hand bei der Führung des Staates lassen. Wir sollten unseren Staatspräsidenten und unsere Minister nicht anders betrachten als ... einen Arzt, einen Tischler oder jemand anderen, der uns Dienste leistet.« Den vier von ihm genannten politischen Rechten des Volkes (Wahlrecht, Recht zur Abberufung der Gewählten, Initiativrecht und Volksentscheid) sollte eine fünffach geteilte Regierungsgewalt, gebildet aus der Exekutive, der Gesetzgebung, der Rechtsprechung, der Prüfung (zum Zweck einer wettbewerbsbedingten Leistungsauslese der Beamten) und der Kontrolle (der verfassungsmäßigen Herrschaftsausübung) gegenüberstehen. Diese der sogenannten Fünf-Gewalten-Verfassung folgende Kombination der in Europa bekannten Drei-Gewalten-Teilung mit zwei weiteren, aus Traditionen des chinesischen Staatslebens abgeleiteten Gewalten bildete das verfassungsmäßige Endziel der nationalrevolutionären Bewegung.

Der erste gesamtchinesische Parteitag der Kuomintang hatte jedoch die früher bereits formulierte Konzeption wiederholt, derzufolge die Demokratisierung Chinas auf dem Wege eines Drei-Stufen-Prozesses vollzogen werden müsse. Dabei sei die militärische Machtergreifung und wirkliche Herrschaftsausübung durch die Kuomintang die unabdingbare erste Voraussetzung. Dieser müsse eine mehrjährige Periode der sogenannten Vormundschafts- oder Erziehungsdiktatur folgen, in der die Revolutionäre die Bevölkerung zur Wahrnehmung ihrer staatsbürgerlichen Rechte und Pflichten erziehen und schrittweise, von der kleinsten Verwaltungseinheit ausgehend, die Praxis der Selbstregierung einführen sollten. In dem Augenblick, in dem dieser sich stets erweiternde Prozeß die Ebene der gesamtstaatlichen Willensbildung erreicht habe, beginne dann die dritte Ära der verfassungsmäßigen Regierung.[31]

Sun Yat-sens drittes ideologisches Prinzip, die »Grundlehre vom Volkswohl« (Min-sheng chu-i), behandelte die Frage der sozialen und wirtschaftlichen Erneuerung Chinas. Hier ging Sun Yat-sen – teilweise beeinflußt von Maurice William – von der Annahme aus, daß die Tatsachen der wirtschaftlichen und gesellschaftlichen Entwicklung seit dem Tode von Karl Marx dessen wichtigste Theorien auf dem Boden der Praxis widerlegt hätten. Sun verwies dabei auf das Ausbleiben der progressiven Verelendung, die Erhöhung der Löhne und die Verringerung der Arbeitszeit. Er schrieb weiter: »... der moderne wirtschaftliche Fortschritt wird mehr durch die Interdependenz der wirtschaftlichen Interessen der verschiedenen Gesellschaftsschichten gefördert als durch den Konflikt zwischen ihnen ... Der Klassenkampf ist daher nicht die Ursache sozialen Fortschritts, sondern eine soziale Seuche, die ausbricht, wenn eine soziale Schicht der Möglichkeit ihres Lebensunterhalts beraubt wird und zu abnormalen Mitteln greifen muß, um sich zu erhalten. Der Fehler von Marx war, daß er einen pathologischen Zustand der Gesellschaft für die Ursachen sozialen Fortschritts hielt.«

Während Sun Yat-sen den Klassenkampf als Methode auf das entschiedenste ablehnte, hob er jedoch gleichzeitig das der Kuomintang, den Kommunisten und manchen konfuzianischen Richtungen gemeinsame Ziel einer klassen- und staatenlosen Menschheitsfamilie hervor. Als wichtigste Sozialreform erschien ihm eine ohne gewaltsame Methoden durchzuführende Landreform. An ihrem Beginn sollte jeder Landeigentümer das Recht zur Festsetzung des Wertes seines Grundbesitzes haben und gemäß dieser Selbsteinschätzung vom Staat besteuert werden. Der Staat sollte sich das Recht vorbehalten, den so registrierten Landbesitz jederzeit zu dem angegebenen Preis erwerben zu können, wobei der vom Grundeigentümer nicht bewirkte Wertzuwachs, der als Folge der staatlichen Wirtschaftspolitik entstehen würde, dem Staat zufalle, und von diesem zu einer gerechteren Verteilung des Grundbesitzes benützt werden müsse. Zur Bauern- und Agrarfrage heißt es bei Sun weiterhin:

> »Die Bauern müssen für ihre Erzeugnisse hart arbeiten, werden dann von den Grundbesitzern des größeren Teils ihrer Erzeugnisse beraubt, bleiben selbst in Armut oder Hunger. Bleibt es dabei ... dann werden sie nicht mehr gewillt sein, so hart für so wenig zu arbeiten ... Der Boden wird brachliegen und somit unproduktiv werden. Umgekehrt aber werden die Bauern soviel wie möglich produzieren, wenn sie ihr Land und die vollkommene Verfügungsgewalt über seine Erzeugnisse besitzen. Daher besteht die einzige sinnvolle Methode zur Steigerung unserer Nahrungsmittelproduktion in einem gesetzlichen Schutz der bäuerlichen Interessen, der unserem Prinzip der gerechteren Verteilung des Grundbesitzes entspricht. Die Endlösung des Bauernproblems, die gleichzeitig die endgültige Verwirklichung unserer Grundlehre vom Volkswohl bedeutet, besteht darin, daß jeder Bauer das von ihm bearbeitete Land zum Eigentum hat. Erst wenn das erreicht ist, kann das Problem des Volkswohls als gelöst betrachtet werden.«[32]

Zugleich befürwortete Sun Yat-sen die Verstaatlichung der wichtigsten Grundindustrien wie auch des Verkehrswesens, wobei er die Notwendigkeit ausländischer Kapitalhilfe und ausländischer Experten erwähnte. So verbinden sich in der Weltanschauung Sun Yat-sens nationalrevolutionäre und sozialreformerische Ansätze ebenso wie rechtsstaatlich-demokratische Ziele mit den zu ihrer Erreichung verknüpften Methoden einer reformorientierten Übergangsdiktatur. Suns Ideensystem übte unter anderem auf Chinas Verfassung von 1946/47 wie auch auf Taiwans erfolgreiche Wirtschaftsentwicklung und Demokratisierung einen prägenden Einfluß aus.

Die Whampoa-Militärakademie als Kaderschmiede der Revolution

Nach dem ersten gesamtchinesischen Parteitag der Kuomintang wurde ihre revolutionäre Basis in Kanton eine kurze Zeit lang zu einem Sammelpunkt der verschiedensten revolutionären Gruppen und Politiker Ostasiens. Im Banne der charismatischen Persönlichkeit Sun Yat-sens wirkten hier Chiang Kai-shek, Mao Tse-tung, Ho Chih Minh, Wang Ching-wei, Chou En-lai und Hu Han-min, um nur einige der Bekanntesten zu nennen.[33] Auch entstand, mit der finanziellen und technischen Unterstützung des neuen sowjetischen Bundesgenossen der Kuomintang, in Kanton Ostasiens bedeutendste Ausbildungsstätte für revolutionäre Offiziere in Gestalt der Whampoa-Militärakademie. Zwecks Errichtung dieser Akademie hatte Sun Yat-sen am 24. Januar 1924 Chiang Kai-shek zum Vorsitzenden eines Gründungskomitees ernannt. Aufgrund von Meinungsverschiedenheiten mit maßgeblich beteiligten sowjetischen Beratern legte

Chiang dieses Amt jedoch einige Wochen später nieder, um es erst nach einem Einlenken der Russen wiederaufzunehmen.[34] Die Whampoa-Militärakademie begann ihre Tätigkeit am 5. Mai 1924 mit einer ersten Klasse von 499 Kadetten. Bei der feierlichen Einweihung am 16. Juni betonte Sun Yat-sen, der Chiang Kai-shek zum Direktor der Akademie ernannt hatte, die Notwendigkeit der Schaffung einer eigenen Parteiarmee für die Kuomintang. Ohne sie könne die Macht der verschiedenen Militärdiktaturen in China nicht gebrochen werden. Die Rolle der Roten Armee in der russischen Revolution bilde ein beachtenswertes Modell.[35] Ihm folgend führte Chiang Kai-shek an der Militärakademie und in der mit ihr entstehenden Parteiarmee (Tang-chün) neben der fachlich militärischen Ausbildung auch die Praxis intensiver politischer Schulung wie auch die Institution der den Truppenkörpern beigegebenen politischen Kommissare ein.[36] Liao Chung-k'ai, der ihn hierbei unterstützte, übernahm das Amt des ersten politischen Schulungsleiters und Parteivertreters der Kuomintang in der Whampoa-Akademie. Sein Stellvertreter wurde Chou En-lai, der 1924 von einem dreieinhalbjährigen Aufenthalt in Westeuropa nach China zurückgekehrt war. Bereits im Oktober 1924 erhielten die Whampoa-Kadetten ihre Feuertaufe, als sie zur Niederwerfung eines Aufstandes eingesetzt wurden, den Kaufleute aus Kanton und Hong Kong mit einem von

Zeremonie an der 1924 als Kaderschmiede für nationalrevolutionäre Offiziere gegründeten Whampoa-Militärakademie nahe Kanton. In der Mitte Sun Yat-sen, rechts seine Gattin Soong Ching-ling, links Chiang-Kai-shek, der Gründungsrektor der Akademie, und Liao Chung-k'ai.

ihnen finanzierten Freikorps sowie mit der Rückendeckung General Ch'en Chiung-mings inszeniert hatten. Trotz einer Intervention des britischen Generalkonsuls in Kanton, der mit der militärischen Vergeltung britischer Seestreitkräfte drohte, gelang es Chiang Kai-shek mit Hilfe der Kadetten und anderer nationalrevolutionärer Streitkräfte, das Freikorps entscheidend zu schlagen.[37] Zahlreiche Generäle der nationalchinesischen wie auch einige der rotchinesischen Streitkräfte sind aus der Schule der Whampoa-Akademie hervorgegangen.

Der sowjetisch-chinesische Vertrag von 1924

Moskaus Kontakte mit China beschränkten sich während seines Bündnisses mit Sun Yat-sen keineswegs nur auf dessen revolutionäre Nationalregierung in Kanton. Die sowjetische Fernostdiplomatie hatte 1921 und dann in verstärktem Maße seit 1923 Verhandlungen auch mit jener von Militärpolitikern beherrschten Regierung in Peking aufgenommen, die die Kuomintang mit Hilfe der materiellen Unterstützung Rußlands zu stürzen beabsichtigte. Vor allem zwei Problembereiche waren es, die Moskaus Verhandlungen mit Peking erschwerten. Der erste betraf die Stellung der seit 1920 von sowjetischen Truppen besetzten Äußeren Mongolei. Zwar hatte Moskau in zwei Erklärungen an China – den sogenannten Karachan-Botschaften von 1919 und 1920 – mitgeteilt, es werde die ungleichen Verträge des zaristischen Rußland mit China annullieren. Doch war in China der Inhalt eines Geheimvertrages bekanntgeworden, den die Sowjetunion am 5. November 1921 mit der Äußeren Mongolei geschlossen hatte.[38] Darin hatten die beiden vertragschließenden Parteien einander als die einzig legalen Regierungen innerhalb ihrer jeweiligen Staatsgebiete anerkannt und sich auf die Annullierung aller zaristischen Verträge mit der Mongolei geeinigt. Diese Bestimmungen konnten als eine völlige Ablehnung jedes chinesischen Herrschaftsanspruches auf die Äußere Mongolei gewertet werden. Für Peking mußte es so scheinen, als sei an die Stelle des mit annullierten russisch-chinesisch-mongolischen Abkommens von 1915 eine neue, für China weitaus weniger günstige Regelung getreten. Im Gegensatz zum früher gegebenen zaristisch-mongolischen Verhältnis sah der neue sowjetisch-mongolische Vertrag auch den Austausch ständiger diplomatischer Vertretungen zwischen Moskau und Urga (Ulan Bator) vor. Als daher das von Moskau anfangs geleugnete Bestehen dieses Vertrages in Peking bekannt wurde, erklärte der chinesische Außenminister Wellington Koo (Ku Wei-chün) in einer scharfen Protestnote vom 1. Mai 1922: »Die sowjetische Regierung hat jetzt plötzlich gegen ihre eigenen Zusagen gehandelt und einen Vertrag mit der Mongolei geschlossen. Eine solche Handlungsweise ist der Politik ähnlich, die die frühere zaristisch-russische Regierung China gegenüber einnahm ... Die Mongolei ist ein Teil des chinesischen Staatsgebiets und ist als solcher seit langer Zeit von allen Staaten betrachtet worden. Durch den Abschluß eines Geheimabkommens mit der Mongolei hat die sowjetische Regierung ihre früheren Zusagen und alle Prinzipien der Gerechtigkeit verletzt.«[39] Die Tatsache, daß sowjetische Diplomaten anschließend Kontakte mit Sun Yat-sen und Marschall Chang Tso-lin, zwei innenpolitischen Gegnern des Pekinger Regimes, sowie mit Japan aufnahmen, trug zu dem Beschluß der Pekinger Regierung bei, trotz neuerlicher diplomatischer Krisen in den Verhandlungen mit Rußland am 31. Mai 1924 einen sowjetisch-chinesischen Vertrag zu unterzeichnen.[40]

In Artikel I dieses Vertrages wurde die Aufnahme normaler diplomatischer und konsularischer Beziehungen zwischen Moskau und Peking beschlossen. Nach Artikel II sollte innerhalb eines Monats nach der Unterzeichnung des Vertrages eine chinesisch-sowjetische Konferenz zur näheren Ausarbeitung der im Vertrag festgelegten prinzipiellen Vereinbarungen stattfinden. Die Artikel III und IV verfügten die Annullierung aller zwischen dem zaristischen Rußland und China geschlossenen Verträge. In Artikel V wurde die Äußere Mongolei von Moskau als »integraler Bestandteil der Republik China« und die Suzeränität Chinas in diesem Gebiet anerkannt. Weiterhin wurde bestimmt, daß die in Artikel II vereinbarte chinesisch-sowjetische Konferenz den Zeitpunkt der Zurückziehung der sowjetischen Streitkräfte aus der Äußeren Mongolei festlegen solle. Gemäß Artikel VI sagten die vertragschließenden Parteien einander zu, auf ihrem jeweiligen Gebiet keine Organisationen oder Gruppen zuzulassen, deren Ziel es sei, den anderen Staat mit Mitteln der Gewalt zu bekämpfen. Im gleichen Sinne wurde auf der Basis der Gegenseitigkeit vereinbart, keinerlei Propaganda gegen das politische oder soziale System des anderen Vertragspartners zu betreiben. Artikel VIII wies der in Artikel II genannten chinesisch-sowjetischen Konferenz die Aufgabe einer Regelung von Schiffahrtsfragen in Grenzgewässern zu. Artikel IX enthielt Bestimmungen über den Problembereich der Chinesischen Osthahn, der in den Beziehungen zwischen Moskau und Peking neben der Äußeren Mongolei den schwierigsten Streitpunkt der vorangegangenen Verhandlungen gebildet hatte. Diesbezüglich verzichtete Rußland zugunsten Chinas auf die vormaligen zaristischen Sonderrechte in der Verwaltung der Eisenbahnzone. Moskau stellte China prinzipiell das Recht des Ankaufs der Bahn »mit chinesischem Kapital« in Aussicht. (Die zaristische Regierung hatte den Bau der Bahn vornehmlich mit französischen Anleihen finanziert, doch hatte sich die sowjetische Regierung grundsätzlich geweigert, die Auslandsschulden der zaristischen Regierung zu übernehmen.) Die in Artikel II genannte chinesisch-sowjetische Konferenz sollte über das Verfahren und die Bedingungen des Ankaufs der Bahn durch die Republik China verhandeln. Die Zukunft der Chinesischen Ostbahn sollte in jedem Falle von Rußland und China unter Ausschluß dritter Staaten beschlossen werden. In einem Zusatzabkommen vom 31. Mai 1924 wurde die vorläufige Verwaltung der Chinesischen Ostbahn durch ein gemischtes sowjetisch-chinesisches Direktorium verfügt, wobei ein chinesischer Staatsbürger Präsident des Direktoriums, ein sowjetischer Staatsbürger hingegen der geschäftsführende Verwalter der Bahn sein sollte.[41]

Weitere Artikel des Vertrages vom 31. Mai enthielten sowjetische Konzessionen an Peking, die für die internationale Stellung Chinas an sich und als Präzedenzfall von besonderer Bedeutung waren. Die Sowjetunion verzichtete auf die quasikolonialen Sonderrechte und Konzessionen, die China von der zaristischen Regierung abgenötigt worden waren (Artikel X). Sie verzichtete ferner auf Rußlands Anteil an den Boxer-Reparationen (Artikel XI) und auf das Recht der extraterritorialen Konsularjurisdiktion (Artikel XII). Ebenso erklärte sich Moskau in Anerkennung der chinesischen Zollhoheit zu einer Neuregelung der Zollfragen auf der Basis der Gleichheit und Gegenseitigkeit bereit (Artikel XIII).

Obwohl das Ergebnis des ersten sowjetisch-chinesischen Vertrages in manchen Punkten nicht den chinesischen Erwartungen entsprach, war immerhin durch die vorgenannten freiwilligen Verzichterklärungen eine psychologisch wichtige Bresche in das Gefüge der Chinas Souveränität beengenden ungleichen Verträge geschlagen worden.

Das Verhältnis der Äußeren Mongolei zur UdSSR und zu China

De jure hatte der Vertrag vom 31. Mai 1924 Chinas Position gegenüber der Äußeren Mongolei im Vergleich zur spätzaristischen Ära gebessert. Ob sich dieses Verhältnis auch de facto zu Chinas Gunsten verbessert hatte, war allerdings eine andere Frage. Auf Grund von Erhebungen der nach dem Muster der Tscheka organisierten neuen mongolischen Geheimpolizei war, einer amtlichen Verlautbarung zufolge, Anfang September der mongolische Ministerpräsident Bodo Khan zusammen mit 15 anderen prominenten Angeklagten hingerichtet worden, nachdem sie zuvor nach der Anwendung von Folter konterrevolutionäre Aktivitäten gestanden hatten.[42] Nach dem Tod des Lebenden Buddha (Chutuchtu) beschloß die Mongolische Revolutionäre Volkspartei vor ihrem Dritten Parteitag im August 1924 die Errichtung einer Mongolischen Volksrepublik. Während dieses Parteitages wurde der mongolische Oberbefehlshaber und Stellvertretende Ministerpräsident Danzan unter der Anklage der Konterrevolution hingerichtet, nachdem er in einer Rede die russische Politik kritisiert hatte.[43] Mongolisch-russische Spannungen waren zuvor aus der russischen Unterdrückung einer Bewegung in Urianghai (Tannu Tuwa) entstanden, die eine Vereinigung dieses Gebiets mit der Äußeren Mongolei erstrebte.[44] Zu der aufsehenerregenden Hinrichtung Danzans sagte der beim Dritten Parteitag anwesende sowjetische Botschafter Wasilew: »Solche Zwischenfälle geschehen nicht nur in der Mongolei, sondern auch in Rußland. Ihr habt absolut richtig gehandelt. Wir sind alle gegen das Blutvergießen. Aber manchmal wird es eben notwendig, ein wenig Blut zu vergießen, um ein größeres Blutvergießen zu verhindern. Ich denke, daß ihr richtig gehandelt habt und daß es der Festigung des Bündnisses zwischen der Mongolei und Rußland helfen wird. Nur der Norden [d.h. Rußland] kann eure Rettung bewirken.«[45] Auch nach der Darstellung Owen Lattimores bedurfte die soziopolitische Umstrukturierung der Äußeren Mongolei in dieser Zeit eines gewissen Maßes an Terror.[46] Nach den Angaben des sowjetischen Fernostexperten Iwan Maiski setzte sich die männliche Bevölkerung der Äußeren Mongolei Anfang der zwanziger Jahre zu 5,6 Prozent aus Prinzen und sonstigen Adligen, zu 44,6 Prozent aus buddhistischen Lamas, zu 16,6 Prozent aus Leibeigenen und der Rest aus Viehzüchtern und Bauern zusammen.[47] Kurz nach der Veröffentlichung dieses Berichts wurde ausgerechnet die Äußere Mongolei zur ersten Volksdemokratie und nach der Sowjetunion zum zweiten Staat der Welt, in dem der Marxismus-Leninismus die ausschließlich führende und umformende Ideologie der allein regierenden Staatspartei (Mongolische Revolutionäre Volkspartei) war und blieb. Wie allerdings der Kominternvertreter Amagajew auf dem Vierten Parteitag der in die Kommunistische Internationale aufgenommenen Mongolischen Revolutionären Volkspartei sagte, war die Führung der Komintern entscheidend für den Erfolg der mongolischen Partei.[48] Nach dem von Moskau am

6. März 1925 bekanntgegebenen Rückzug der sowjetischen Streitkräfte aus der Äußeren Mongolei gestaltete sich deren Verhältnis zur Sowjetunion etwa analog zu den Beziehungen Moskaus mit den europäischen Volksdemokratien im ersten Jahrzehnt nach Ende des Zweiten Weltkrieges. Doch spielte die Sowjetunion im Falle der Äußeren Mongolei auf wirtschaftlichem Gebiet eine wesentlich größere Rolle infolge der jahrzehntelang gewährten materiellen und technischen Entwicklungshilfe, die dem Aufbau eines zum sowjetischen Sozialismus hingedrängten mongolischen Wirtschaftssystems dienen sollte.

Somit war von der im sowjetisch-chinesischen Vertrag von 1924 vereinbarten chinesischen Souveränität im Hinblick auf die Äußere Mongolei auf dem Boden der politischen Praxis nicht mehr übriggeblieben als ein Wort und ein völkerrechtlicher Anspruch, zu dessen Durchsetzung China die Machtmittel fehlten.

Tod und politisches Vermächtnis Sun Yat-sens

Nach der Niederwerfung des aufständischen Freikorps, das von antirevolutionaren Kaufleuten in Kanton und Hong Kong finanziell unterstützt worden war, ergab sich in Nordchina eine neue politische Konstellation, die Sun Yat-sen einige Hoffnung auf Fortschritte in der Frage einer politischen Wiedervereinigung der von Bürgerkriegen zerrissenen Republik China schöpfen ließ. Drei der mächtigsten Militärpolitiker Nordchinas, Chang Tso-lin, Tuan Ch'i-jui und der als Bewunderer Sun Yat-sens geltende sogenannte christliche General Feng Yü-hsiang, hatten Sun Yat-sen im Oktober 1924 zur Teilnahme an einer chinesischen Wiedervereinigungskonferenz nach Peking eingeladen. Nachdem Sun in einem vom 10. November 1924 datierten Manifest seine Vorstellungen hinsichtlich der Zusammensetzung und Verfahrensweise einer solchen Konferenz formuliert hatte, brach er am folgenden Tag nach Norden auf.

Am 4. Dezember traf Sun in Tientsin (Tianjin) ein, wo ihm die Bevölkerung einen begeisterten Empfang bereitete.[49] Trotz einer schweren Erkrankung, die ihn in Tientsin einen Monat lang ans Bett fesselte, begab sich Sun bei Jahresende 1924 nach Peking, wo eine unheilbare Krebserkrankung als Ursache seines Leidens festgestellt wurde. Inzwischen hatten sich hinsichtlich der geplanten Wiedervereinigungskonferenz zwei tiefe Gegensätze zwischen den Auffassungen Sun Yat-sens und denen der Militärpolitiker herausgebildet. Letztere wollten die Zusammensetzung der Konferenz durch die Auswahl der Teilnehmer manipulieren. Sun hingegen wünschte frei gewählte Vertreter einer großen Anzahl gesellschaftlich bedeutsamer Gruppen und Organisationen. Auch war Sun – im Gegensatz zu den Militärpolitikern – nicht gewillt, sich einem imperialistischen Ultimatum aller Kolonialmächte (außer Japan) zu beugen, das als Voraussetzung für die künftige Anerkennung der neuen provisorischen Regierung der Republik China eine chinesische Anerkennung der ungleichen Verträge forderte.[50]

Am 12. März 1925 starb Sun Yat-sen in Peking. Zuvor hatte er zwei geschichtlich bedeutsame Dokumente unterzeichnet. Das eine war der an seine Partei und das chinesische Volk gerichtete Letzte Wille. In ihm wurden Sun Yat-sens Schrift »Drei

Grundlehren vom Volk« (San min chu-i), das Grundsatzprogramm der Kuomintang sowie zwei Erklärungen über die Prinzipien des nationalen Wiederaufbaus zum geistigen Vermächtnis des »Vaters der chinesischen Revolution« erklärt. Der Kuomintang wurde empfohlen, die Massen des chinesischen Volkes zu erwecken und mit jenen Staaten zusammenzuarbeiten, die bereit wären, China als gleichberechtigt zu behandeln. Bedeutsam war es in diesem Zusammenhang, daß kein spezifisches Land genannt wurde, sondern nur eine von auswärtigen Staaten als Bedingung der Zusammenarbeit einzunehmende Haltung China gegenüber.[51] Der indische Komintern-Delegierte und Chinaspezialist Roy hatte hierzu ironisch kommentiert: »Offenbar war er [Sun] nicht überzeugt, daß unter den gegebenen Bedingungen nur von der Sowjetrepublik eine solche Haltung erwartet werden konnte.«[52] Bei dem zweiten von Sun vor seinem Tod unterzeichneten Dokument handelte es sich um eine Grußbotschaft an das Zentralkomitee der KPdSU.

Der Tod Sun Yat-sens bedeutete den Wegfall jener führenden Persönlichkeit, die es kraft ihres überragenden Prestiges im In- und Ausland und ihrer ständigen Politik des Ausgleichs vermocht hatte, die divergierenden Kräfte und Gruppen im Lager der chinesischen Revolution zusammenzuhalten. Trotz seines dreißigjährigen Kampfes für die Verwirklichung seiner Vorstellung von der chinesischen Revolution war es Sun, den zahlreiche Rückschläge nicht entmutigt hatten, dennoch versagt geblieben, seine Bewegung zum endgültigen Erfolg zu führen. Abgesehen von Mao Tse-tungs sinisierter Variante des leninistischen Marxismus hatte Sun Yat-sen das einzige andere System einer Weltanschauung und Entwicklungsprogrammatik entworfen, das in dem von ihm begründeten modernen China geistige und politische Wirkungsmächtigkeit erlangen und in Asien ein bedeutsames Echo finden konnte. So ist er der Prophet der chinesischen Erneuerung geworden, auf dessen geistiges Erbe sich später Chiang Kai-shek ebenso wie Mao Tse-tung und Wang Ching-wei auf der Basis jeweils unterschiedlicher Interpretationen berufen haben. Einige der Gründe dafür, weshalb in China ein die Parteiungen überwölbender Mythos Sun Yat-sens nach dessen Tod entstehen und Jahrzehnte des chinesischen Bürgerkrieges überleben konnte, hat T'ang Shao-yi in seinem Nachruf formuliert. Es heißt darin: »Dr. Sun Yat-sen wird das Verdienst zugesprochen werden, die Revolution zu einer wirksamen Kraft geformt und die öffentliche Meinung auf seiten der demokratischen Bewegung gesammelt zu haben. Dieser Faktor hat alle Fehler … der vergangenen dreizehn Jahre überlebt. Als große Tatsache seines Lebens wird sein Kampf gegen die Despotie, gegen die Korruption und für das Recht der Regierten verbleiben, bei der Regierung mitzubestimmen. Indem seine Ideen den Geist der Bevölkerung in ganz China erfassen, werden sie zum Ausdruck und Aufschrei leidender Millionen … ein Geist, der sich im In- und Ausland fühlbar machen und letzthin Peking bis in seine Grundfesten erschüttern wird.«[53] Ein anderer chinesischer Zeitgenosse fügte hinzu: »Inmitten all der Korruption des chinesischen Beamtentums hat er eine makellose Reputation für Ehrlichkeit behalten. Millionen von Dollar sind durch seine Hände gegangen, er aber ist arm. Er besitzt ein großes Vertrauen in sich selbst und seine Ideen … Er ist das Idol der werktätigen Massen Südchinas … Ob er ein bedeutender Regierungschef sein würde, ist schwer zu sagen, weil er diesbezüglich nicht erprobt wurde.«[54]

Erste Spannungen in der Einheitsfront zwischen der Kuomintang und den chinesischen Kommunisten

Bald nach dem Tod Sun Yat-sens ergaben sieh neuerliche Spannungen zwischen den ungleichen Partnern der in Südchina aus Kuomintang-Mitgliedern, chinesischen Kommunisten und sowjetischen Beratern gebildeten Aktions- und Interessengemeinschaft. Was die Stellung der chinesischen Kommunisten in der nationalrevolutionären Bewegung betrifft, so hatte der Kuomintang-Parteitag vom Januar 1924 drei Kommunisten (darunter T'an P'ing-shan und Li Ta-chao) in das anfangs 24 Mitglieder umfassende Zentrale Exekutiv-Komitee der Kuomintang gewählt. Unter den 17 Reservemitgliedern dieses Komitees befanden sich sechs Kommunisten, darunter Mao Tse-tung sowie die späteren Generalsekretäre der Kommunistischen Partei Chinas, Chang Kuo-t'ao und Ch'ü Ch'iu-pai. Weiterhin wurde T'an P'ing-shan zum Leiter des äußerst wichtigen Organisationsbüros und Lin Tsu-han (ebenfalls ein Kommunist) zum Vorsitzenden der Bauern-Abteilung der Kuomintang ernannt. Chou En-lais Funktionen in der Whampoa-Militärakademie wurden bereits erwähnt. Mao Tse-tung, der am Ersten Parteitag der Kuomintang teilgenommen und sich anschließend in Shanghai und in Hunan aufgehalten hatte, war im Juli 1925 nach Kanton zurückgekehrt. Er wurde dort zunächst Sekretär und dann Stellvertretender Vorsitzender der Propaganda-Abteilung der Kuomintang, deren nomineller Leiter damals der anderweitig stark beanspruchte Wang Ching-wei war. In seiner neuen Position war Mao auch als Herausgeber einer wöchentlichen Propaganda-Zeitschrift der Kuomintang tätig. Zugleich fungierte er als einer der Schulungsleiter an der von der Kuomintang noch zu Lebzeiten Sun Yat-sens geschaffenen »Schulungsakademie für die Bauernbewegung«.[55]

Zwei Ereignisse des Jahres 1925, das Shanghai-Massaker vom 30. Mai und das Shameen-Massaker vom 19. Juni, trugen maßgeblich zu einer raschen Erweiterung des kommunistischen Einflusses in China bei. Im Verlauf der beiden genannten Zwischenfälle hatte britische Kolonialpolizei chinesische Demonstranten getötet. Als Reaktion auf dieses Blutvergießen war eine ganz Ostchina umfassende gigantische Streik- und Boykottbewegung entstanden, die sich vor allem gegen Großbritannien richtete. Von russischen Berufsrevolutionären sachkundig beraten, gelang es den chinesischen Kommunisten bald, zur führenden organisatorischen Kraft dieser Massenbewegung zu werden. Vor allem konnten sie den damals gegründeten machtvollen Shanghaier Gewerkschaftsbund unter ihre Kontrolle bringen. Die Mitgliederzahl der Kommunistischen Partei Chinas erhöhte sich von 1000 im Mai 1925 auf 30.000 im Juli 1926 und 57.963 im April 1927. Gleichzeitig stieg die Mitgliederschaft ihres (kommunistischen) Sozialistischen Jugendkorps zwischen 1925 und 1927 von 2000 auf 35.000 Mitglieder. Fernerhin standen bereits Mitte 1925 etwa 540.000 organisierte Arbeiter und 400.000 ebenfalls organisierte Bauern maßgeblich unter dem Einfluß der Kommunistischen Partei.[56]

Ein unverkennbares Unbehagen ergab sich im revolutionären Lager, als im Juli 1925 in Shanghai eine aufsehenerregende Schrift über die Kuomintang und die Nationale Revolution erschien. Ihr Autor Tai Chi-t'ao war nicht nur jahrelang ein enger Mitarbeiter Sun Yat-sens, sondern auch Mitglied einer die Gründung der

Kommunistischen Partei Chinas vorbereitenden marxistischen Studiengruppe gewesen. Auf der Basis seiner Sicht des Sunyatsenismus und des Kommunismus wies Tai Chi-t'ao darauf hin, daß es ungeachtet mancher Ähnlichkeiten zwischen diesen Weltanschauungen auch unüberbrückbare Gegensätze gäbe. Diese prinzipiellen Unterschiede machten es auf die Dauer unmöglich, beiden zur selben Zeit mit gleicher Loyalität zu dienen. Aus diesem Grund betrachtete Tai die doppelte Mitgliedschaft führender Kommunisten sowohl in ihrer eigenen Partei als auch in der Kuomintang als ungeeignete und gefährliche Form der Zusammenarbeit zwischen den beiden Parteien.

Tai Chi-t'aos vieldiskutierte Schrift hatte aber auch bei der Kuomintang insbesondere auf seiten ihres »rechten Flügels« ein Echo gefunden. Nicht weniger als 10 von insgesamt 24 Mitgliedern des ersten Zentralen Exekutiv-Komitees der Kuomintang beschlossen, Tai Chi-t'aos Thesen nicht nur zu diskutieren, sondern auch ihnen entsprechend zu handeln. Zu diesem Zweck veranstalteten sie gemeinsam mit einigen Mitgliedern des Zentralen Kontroll-Komitees eine Konferenz, die vom 23. November bis zum 5. Dezember 1925 vor dem Sarg Sun Yat-sens im Pi-Yun-Tempel in den Westbergen bei Peking tagte. Ihrem Tagungsort entsprechend wurde diese Gruppe »Westberg-Gruppe« (Hsi-shan p'ai) genannt.[57] Die Konferenz bezeichnete sich als »Vierte Plenarsitzung« des Zentralen Exekutiv-Komitees der Kuomintang. Zu den wichtigsten Beschlüssen dieser Konferenz gehörten der Ausschluß der Kommunisten aus den Führungsgremien der Kuomintang, die Ersetzung des Systems der doppelten Parteimitgliedschaft durch eine lockere Zusammenarbeit zwischen beiden Parteien und die Ausweisung des sowjetischen Chefberaters der Kuomintang, Michael Borodin (Grusenberg). Die chinesischen Kommunisten wurden beschuldigt, die Kuomintang lediglich in ihrem eigenen Interesse und im Interesse Rußlands ausbeuten zu wollen.[58]

Chiang Kai-shek, der nicht zur Westberg-Gruppe gehörte und sich immer mehr als Vertreter der »Kuomintang-Mitte« erwies, hielt am 11. Dezember 1925 eine Rede, in der er indirekt auf jene Beschuldigungen der Westberg-Gruppe einging, die den russischen Beratern der Kuomintang ein äußerst diktatorisches Gehabe im Umgang mit den chinesischen Revolutionären vorgeworfen hatten.[59] Chiang Kai-sheks Rede weist jene orakelhafte Doppeldeutigkeit auf, deren er sich während des Bündnisses der Kuomintang mit Moskau dann zu bedienen pflegte, wenn es sich um die Frage der heiklen Beziehungen seiner Partei zu den chinesischen und russischen Kommunisten handelte. Chiang hob einerseits hervor, daß es für die Chinesen keine Schande sei, im Sinne des ausdrücklichen Wunsches von Sun Yat-sen von den russischen Revolutionären zu lernen. Er verteidigte den stark kritisierten sowjetischen Chefberater Borodin, von dem Sun Yat-sen eine hohe Meinung gehabt habe. Andererseits erinnerte Chiang Kai-shek daran, daß die sowjetischen Bundesgenossen selbst (in der Sun-Joffe-Erklärung) den Sunyatsenismus zum einzigen Weg zur Rettung Chinas erklärt hätten. Solange es China nütze, solle man sich ruhig von den Anweisungen der erfahrenen russischen Revolutionäre leiten lassen. »Sollten die Russen aber versuchen, uns zu einer Tat zu veranlassen, die der Nation und dem Volk schadet ... müßten wir sie mit aller unserer Macht angreifen.«[60]

Staatsstreich und Aufstieg Chiang Kai-sheks im nationalrevolutionären Lager

Die gesamte Kräftekonstellation im revolutionären Lager erfuhr jedoch durch Chiang Kai-sheks Staatsstreich vom 20. März 1926 eine ebenso unerwartete wie auch drastische Veränderung. Dieser Staatsstreich, der nach den Worten eines sowjetischen Militärberaters der Kuomintang »wie ein Blitz aus heiterem Himmel« kam, hatte seine wichtigste Ursache in dem Gefühl Chiang Kai-sheks, daß die Kuomintang, so wie er sie sah, auf dem besten Wege war, die Führungsrolle in der chinesischen Revolution zu verlieren. Sowjetische Militärberater hatten nicht nur die Leitung des Generalstabes sowie der Luftwaffe, der Marine und der Nachrichtenabteilung der nationalrevolutionären Streitkräfte übernommen, sondern auch für die Kreise der jungen Offiziere eine kommunistische »Liga der Militärischen Jugend« gegründet. Diese bildete eine wirksame Konkurrenz für eine betont sunyatsenistische Vereinigung von Offizieren und Kadetten. Es war Chiang keineswegs entgangen, daß die chinesischen Kommunisten auf Grund ihres größeren organisatorischen und propagandistischen Geschicks die wichtigsten Massenbewegungen der Kuomintang weitgehend unter ihre Kontrolle gebracht hatten. Somit ging es bei der nationalrevolutionären Armee um das letzte der Kuomintang noch verbleibende Machtinstrument von zentraler politischer Bedeutung. Was Chiang Kai-shek fernerhin erbitterte und alarmierte, war nicht nur die präpotente Haltung einiger sowjetischer Militärberater, sondern vor allem auch ihre hartnäckige Ablehnung des von Chiang Kai-shek und anderen Generälen der Kuomintang geforderten Nordfeldzuges, das heißt eines Feldzuges quer durch China mit dem Ziel Peking. In den Tagen vor dem Staatsstreich vermerkte er in seinem Tagebuch: »Die revolutionäre Macht darf nicht in die Hände von Ausländern fallen. Selbst in der Zusammenarbeit mit der Dritten Internationale müssen Grenzen gezogen werden, wenn wir nicht unsere Unabhängigkeit verlieren wollen.«[61]

In den frühen Morgenstunden des 20. März 1926 ließ er die Häuser der sowjetischen Militärberater mit Wachen umstellen, zahlreiche führende Kommunisten verhaften und jene 50.000 kommunistisch geschulten Streikposten entwaffnen, die in Kanton bereits mit der Ausübung von Polizeifunktionen begonnen hatten.[62] Mit diesem überraschenden Staatsstreich hatte Chiang Kai-shek die Initiative zur Veränderung der machtpolitischen Konstellation im revolutionären Lager ergriffen und sich selbst dabei eine günstige Ausgangsposition für eine Neuregelung des Dreiecksverhältnisses zwischen der Kuomintang, den chinesischen Kommunisten und der Sowjetunion geschaffen.

Für seine eigenmächtige Aktion hatte Chiang einen Zeitpunkt gewählt, an dem der sowjetische Chefberater Borodin nicht in Kanton anwesend war. Die selbstkritische Analyse eines sowjetischen Militärberaters namens Stepanow, die sich auf die Ursachen des Staatsstreiches bezog, nannte unter anderen folgende Fehler der Bündnispartner der Kuomintang: Auf seiten der sowjetischen Militärberater »zu rasche Zentralisierung der militärischen Machtbefugnisse, ... zu weitgehende Kontrolle der [chinesischen] Generäle und anderer Organe, ... unangebracht radikale Propaganda in der Armee, ... keine Rücksichtnahme auf chinesische Gewohnheiten, Sitten und Etikette«.[63] Bezüglich der kausal mit dem Staatsstreich zusammenhängenden Fehler der chinesischen Kommunisten schrieb der gleiche sowjetische Militärberater: »Ihre Mitglieder verstehen es nicht richtig, die Kuomintang zunächst zu organisieren, um sie dann heimlich umzuformen. Sie versuchen primär nur die Kommunistische Partei Chinas zu vergrößern und ihre Kontrolle ständig und auf allen Gebieten ganz offen zu erweitern. Dadurch haben sie sich der Kuomintang entfremdet und die Eifersucht der Kuomintang-Mitglieder erweckt.«[64]

Umgekehrt hatte Chiangs Staatsstreich sowohl Moskau wie auch die Kommunistische Partei Chinas vor die unangenehme Alternative gestellt, sich entweder seinen Forderungen zu beugen oder es in einer Situation, in der Chiang zunächst die stärkere Hand hatte, auf einen Kampf auf Leben und Tod zwischen den revolutionären Gruppen ankommen zu lassen. Die letztgenannte Möglichkeit war von dem sowjetischen Chefberater Borodin kurz erwogen und dann verworfen worden, da er meinte: »Wir hätten in Kanton die Macht ergreifen, jedoch nicht halten können. Wir wären in einem Meer von Blut untergegangen.«[65] Vor dem Staatsstreich vom 20. März 1926 hatte Borodin allerdings mit dem kühnen Gedanken gespielt, in Kanton mit dem Beginn des Nordfeldzuges so lange zu warten, bis es den Kommunisten gelungen sei, bereits hier in der Ausgangsbasis der Revolution die Macht zu ergreifen.[66] Nachdem ihm Chiang Kai-shek in der Frage der Machtergreifung zuvorgekommen war, begann Borodin seine früheren Bedenken gegen einen baldigen Beginn des Nordfeldzuges einzustellen. Er tat das in der richtigen Erwägung, daß der Beginn eines revolutionären Krieges den Kommunisten neue Chancen bei ihrem Streben geben könnte, innerhalb der revolutionären Bewegung zur maßgeblich führenden Macht zu werden.

Am 15. Mai legte Chiang Kai-shek der zweiten Plenarsitzung des Zentralen Exekutiv-Komitees der Kuomintang eine Reihe von Beschlüssen zur Berichtigung der Parteiangelegenheiten vor, die zwei Tage darauf vom Komitee einstimmig angenommen wurden. Sie betrafen 1. die Weisung an die Kommunistische Partei Chinas, ihre Mitglieder zum Respekt für Sun Yat-sen und seine ideologischen Prinzipien anzuhalten; 2. die Aufforderung an die Kommunistische Partei, eine Liste derjenigen Mitglieder vorzulegen, die der Kuomintang beigetreten waren; 3. die Bestimmung, daß nur solche Kuomintang-Mitglieder, die nicht gleichzeitig Mitglieder anderer Parteien seien, zu Abteilungsleitern der zentralen Parteiorganisation ernannt werden dürften; 4. die Verfügung, daß die Anzahl der Mitglieder höherer Exekutiv-Komitees der Kuomintang, die gleichzeitig einer anderen Partei angehörten, nicht größer sein dürfe als ein Drittel der Gesamtmitgliedschaft. Schließlich wurde neben weiteren Bestimmungen dieser Art auch festgelegt, daß Weisungen der Kommunistischen Partei an ihre zugleich auch der Kuomintang angehörenden Mitglieder einer sogenannten gemeinsamen Konferenz beider Parteien zur Billigung vorzulegen seien.[67] Auch die von Chiang Kai-shek vorgeschlagene Schaffung des Amtes eines Vorsitzenden des Zentralen Exekutiv-Komitees wurde angenommen. Das Amt erhielt zunächst Chang Ching-chiang (Chang Jen-chieh), einer der »älteren Staatsmänner« der Kuomintang, der am 7. Juli 1926 in dieser neugeschaffenen Position von Chiang Kai-shek abgelöst wurde.

Als Folge dieser Entwicklung verloren führende Kommunisten wie T'an P'ing-shan und Mao Tse-tung ihre Stellungen als Abteilungsleiter der Kuomintang. Chiang Kai-shek übernahm von T'an P'ing-shan die Leitung des Organisationsbüros. Die Kommunistische Partei Chinas akzeptierte die oben genannten Beschlüsse der Kuomintang in einem Schreiben vom 4. Juni. Doch vermied sie die Ableitung einer engeren Verpflichtung, indem sie zu verstehen gab, es handle sich bei den Beschlüssen um interne Probleme der Kuomintang. Die Kommunistische Partei als solche habe nicht das Recht, hierzu positiv oder negativ Stellung zu nehmen.[68]

Der Beginn des »Großen Nordfeldzuges« nach Peking

In Moskau wurde der Staatsstreich Chiang Kai-sheks in drei Artikeln der Komintern-Publikation *International Press Correspondence* vom April und Mai 1926 dementiert. Stalin hatte zuviel in die nationalrevolutionäre Bewegung in China investiert, als daß er leichten Herzens diesen ganzen Einsatz hätte aufgeben können. Borodin jedenfalls, der am 1. Mai nach Kanton zurückgekehrt war, begann nach anfänglichem Widerstreben die von Chiang Kai-shek geforderten Vorbereitungen zu einem baldigen Nordfeldzug zu unterstützen, dessen Durchführung das Zentrale Exekutiv-Komitee der Kuomintang am 4. Juni mitsamt der Ernennung Chiang Kai-sheks zum Oberbefehlshaber beschlossen hatte. Auch blieb Borodin kaum eine andere Wahl, als die Beschränkungen zu akzeptieren, denen die russischen Militärberater der Kuomintang von nun an nach dem Willen Chiang Kai-sheks unterworfen sein sollten. Um seine politische Kontrolle über die Streitkräfte neu zu festigen, verfügte Chiang Kai-shek, daß die der Armee angehörenden kommunistischen Offiziere und politischen Kommissare während des Nordfeldzuges aus ihren bisherigen Einheiten entfernt werden sollten.[69] Diese Weisung wurde jedoch nur teilweise verwirklicht.

Am 9. Juli 1926 begann der historische »Nordfeldzug« (Pei-fa) der in zehn Armeen mit einer Gesamtstärke von etwa 100.000 Mann gegliederten nationalrevolutionären Armee.

Chiang Kai-shek (1887–1975) als Oberkommandierender des »Großen Nordfeldzuges« von Kanton nach Peking zur Wiedervereinigung des durch Regionaldiktaturen der Warlords politisch zersplitterten China. Auf dem Feldzug (1926–1928) beginnt der mehr als 70jährige Bürgerkrieg zwischen der Kuomintang und den Kommunisten.

Ihr Vorstoß richtete sich gegen die Streitkräfte des Mittelchina beherrschenden und den verbündeten General T'ang Sheng-chih hart bedrängenden Militärmachthabers Wu P'ei-fu. Seine Niederlage sollte den Weg zu einer Vereinigung der nationalrevolutionären Armee mit den in Nordwestchina stehenden Truppen des ebenfalls von Sowjetrußland unterstützten »christlichen Generals« Feng Yü-hsiang öffnen. War das erreicht, so konnten die vereinigten Streitkräfte Chiang Kai-sheks und Feng Yü-hsiangs den Vorstoß nach Norden wagen, um den dort herrschenden Militärdiktator Chang Tso-lin aus Peking und den angrenzenden Gebieten zu vertreiben. Entgegen nachhaltigen Bedenken Borodins[70] hatte Chiang Kai-shek auch die Planung eines Vorstoßes durch die Küstenprovinzen mit dem Ziel Shanghai durchgesetzt.[71] Die strategische Planung des Nordfeldzuges war von einer Gruppe fähiger sowjetischer Militärberater vorbereitet worden, unter der Leitung von Wasili Galin (alias »Blücher«), der 1938 Stalins »Säuberungsaktionen« zum Opfer fallen sollte, unterstützt worden. Im Gegensatz zu den im damaligen China so häufigen Generalskriegen nahm der Nordfeldzug den Charakter eines politischen Kreuzzuges an, der mit den Armeen der Kantoner Regierung auch die von Propagandistentrupps verbreiteten Ideen Sun Yat-sens wie auch der Kommunisten in die befreiten Gebiete hineintrug. Bereits am 10. Juli konnte Changsha in Hunan und am 6. September nach Durchquerung halb Chinas südlich der großen Mauer der Jangtsekiang bei Hanyang erreicht werden. Der 15. Jahrestag der chinesischen Revolution (der 10. Oktober 1926) konnte mit der Eroberung Wuchangs gefeiert werden. Somit befand sich das berühmte Dreieck der sogenannten Wuhan-Städte in der Hand der Revolutionäre.

Taktische Probleme der chinesischen Kommunisten während des Nordfeldzuges

Unmittelbar nach Beginn des Nordfeldzuges hatte das Zentralkomitee der Kommunistischen Partei Chinas während einer vom 12. bis 18. Juli in Shanghai stattfindenden Plenarsitzung ein neues Aktionsprogramm auf der Basis einer umfassenden Situationsanalyse erarbeitet. Darin wurden für die weitere Haltung der »Bourgeoisie« zwei Alternativen vorausgesagt. Entweder werde sie unrevolutionär und schließe dabei Kompromisse mit dem Imperialismus, oder sie werde versuchen, die Führung der Revolution allein in die Hand zu nehmen und das »Proletariat« an der Übernahme der Führungsstellung zu hindern. Die Frage nach einer weiteren Zusammenarbeit mit den als »Bourgeoisie« bezeichneten Kräften wurde mit der These beantwortet: »Vorläufig müssen wir noch die Bourgeoisie ausnützen ... Wir vereinigen uns mit der Linken [der Kuomintang] und zwingen die Mitte, die reaktionäre Rechte anzugreifen.«[72] So wurde zwar die Idee einer völligen Trennung der Kommunistischen Partei Chinas von der Kuomintang ganz im Sinne der Konzeption Stalins abgelehnt. Es wurde hingegen beschlossen, verstärkte Anstrengungen zu unternehmen, um der Kommunistischen Partei innerhalb der revolutionären Einheitsfront einen größeren politischen Spielraum zu schaffen. Der durch eigene Arbeiter- und Bauernkader auszubauende politische Einfluß der Partei auf die revolutionären Massen sei zu intensivieren. »So vereinigen wir uns mit der Kuomintang-Linken in einem starken Bündnis und kämpfen mit der Bourgeoisie um die Macht bei der Führung der nationalen Bewegung. Nur so können wir die [künftige] Übernahme der Führung der nationalen Revolution durch die Partei des Proletariats sicherstellen.«[73]

Das Schlüsselproblem der kommunistischen Taktik in China ergab sich aus der Frage, wie man eine Radikalisierung der Bauern- und Arbeiterpolitik durchführen könne, ohne es dabei zu einem Bruch mit der sunyatsenistisch orientierten Partei, der Kuomintang, kommen zu lassen. Aus der Schwierigkeit dieses Problems erklärt sich die Widersprüchlichkeit der Moskauer Haltung hierzu. Noch im Oktober 1926 wurden die chinesischen Kommunisten durch ein Telegramm der Komintern angewiesen, eine Radikalisierung der Agrarbewegung »vorläufig bis zur Einnahme Shanghais« zu unterlassen. Wenige Wochen danach wurde dieses Telegramm widerrufen.[74] Im folgenden Monat sagte Stalin vor der oben genannten Komintern-Konferenz: »Wenn das Proletariat [KP Chinas] kein radikales Agrarprogramm aufstellt, wird es die Bauernschaft nicht in den revolutionären Kampf hineinziehen können und die Hegemonie in der nationalen Befreiungsbewegung verlieren.«[75] Ein wenige Wochen danach entstandenes Komintern-Dokument warnt, man müsse »auf jede Weise bestrebt sein, dem Kampf der Arbeiter einen organisierten Charakter zu verleihen, der Exzesse und übermäßiges Vorauseilen ausschließt«.[76] Während der China-Konferenz der Komintern im November/Dezember 1926 formulierte T'an P'ing-shan als Vertreter der Kommunistischen Partei Chinas deren Dilemma wie folgt: »Wir müssen die Interessen der Bauernschaft wahren, andererseits aber die Einheitsfront der nationalrevolutionären Bewegung erhalten und festigen. In einer so widersprüchlichen Situation ist es nicht leicht, eine richtige taktische Linie einzuhalten.«[77] Indem er gleichzeitig auf das gewaltige Anwachsen der unter dem Einfluß oder der Kontrolle der chinesischen Kommunisten stehenden Bauern- und Arbeiterbewegungen in den befreiten Provinzen hinwies, meinte auch T'an P'ing-shan in der gleichen Rede, daß die chinesischen Kommunisten »wirklich eine Chance dazu haben, die Führungsrolle in der nationalrevolutionären Bewegung zu erobern«.[78] Während T'an in seiner Schlußrede auf dieser Konferenz versprach, die chinesischen Kommunisten würden alles tun, um dieses Ziel »in der nahen Zukunft« zu verwirklichen und ein chinesisches Bündnis mit der UdSSR zu schaffen, warnte er gleichzeitig davor, daß die Erreichung dieser Ziele seiner Partei gefährdet bleibe, solange es den Kommunisten nicht gelinge, die Streitkräfte der nationalrevolutionären Armee entscheidend unter ihren Einfluß zu bringen.[79]

Mao Tse-tungs Befürwortung der Agrarrevolution

Der von T'an erwähnte und an die Adresse der chinesischen Kommunisten gerichtete Vorwurf Bucharins, der größte Fehler der KP Chinas bestehe in ihrer ungenügenden Beachtung der Agrarfrage, wurde in China von Mao Tse-tung bestätigt. Nachdem er im Sommer 1926 zum Leiter der Bauern-Abteilung der Kommunistischen Partei Chinas ernannt worden war, hatte er gegen Ende dieses Jahres den Auftrag erhalten, eine Untersuchung der Bauernbewegung in seiner Heimatprovinz Hunan durchzuführen. Als Ergebnis seiner Eindrücke und Aktivitäten in Hunan entstand der berühmte, für Maos Denkweise und Taktik so ungemein bezeichnende »Bericht über eine Untersuchung der Bauernbewegung in Hunan« vom Februar 1927. In Maos analytischem, zugleich aber auch programmatischem Bericht heißt es:

»Die weitere Entwicklung der Bauernbewegung ist ein ungeheures Problem. In kurzer Zeit werden sich die Bauern zu Hunderten von Millionen in Mittel-, Süd- und Nordchina mit der Gewalt eines Wirbelsturmes erheben, keine noch so starke Macht kann sie mehr aufhalten. Sie werden alle Fesseln durchbrechen, die sie binden, und zum Wege der Befreiung vorstürmen. Alle *Imperialisten, Militärherrscher, bestechliche Beamten und schlechte Gentry erwartet das Gericht durch die Hand der Bauern.* [Hervorhebung im Original] … Sollen wir vor sie treten und sie führen oder sie hinter ihrem Rücken bekritteln oder gar vom gegnerischen Lager aus bekämpfen? … Da die Bauernbünde im Besitz der höchsten Macht sind, haben sie den Grundbesitzern die freie Rede verboten und deren Ansehen ruiniert. Das heißt, sie haben die Grundbesitzer zu Fall gebracht und dann auf ihnen herumgetreten. Der Satz wurde geprägt: ›Alle Grundbesitzer sind t'u-hao [Dorftyrannen], und alle Gentry* ist schlecht.‹ An manchen Orten wurden alle, die fünfzig Mou Land oder mehr besaßen, automatisch t'u-hao genannt, und alle, die lange Gewänder trugen, wurden als schlechte Gentry gebrandmarkt. Eine Agrarrevolution ist eine Revolution der Bauernschaft zum Sturz der feudalistischen Grundbesitzerklasse. Wenn die Bauern nicht Gewalt anwenden, kann die durch Jahrtausende gefestigte Macht der Grundbesitzer nie mit der Wurzel ausgerissen werden … Im zweiten [revolutionären] Stadium der Bauernbewegung sind solche Handlungen durchaus nötig. In diesem zweiten Stadium müssen die Bauern die absolute Macht erlangen, es darf keine Kritik an den Bauernbünden zugelassen werden, die Macht der Gentry muß vollkommen liquidiert, die Gentry niedergeschlagen, ja in den Boden getrampelt werden. Alle Ausschreitungen der zweiten Periode haben revolutionäre Bedeutung. Kurzum, jedes Dorf sollte eine kurze Zeit lang einen Zustand des Terrors durchmachen; anders können wir die konterrevolutionären Umtriebe in den Dörfern nicht unterdrücken und die Macht der Gentry nicht stürzen … Wenn wir dem Verdienst die Ehre geben wollen und zehn Punkte für die Durchführung der demokratischen Revolution aussetzen, dann entfallen auf die Leistung der Städter und der militärischen Streitkräfte nur drei Punkte, während die übrigen sieben Punkte den Bauern für ihre Revolution auf dem Lande zukommen sollten … Diese vielfältige Masse armer Bauern bildet den Kern der Bauernbünde, die Avantgarde, die den Sturz der feudalistischen Mächte herbeiführen und das Endziel des revolutionären Kampfes erreichen wird … Diese Führerrolle der armen Bauern ist sehr wesentlich. Ohne sie gibt es keine Revolution. Sie ablehnen heißt die Revolution ablehnen; der Schlag, den man gegen sie führt, ist ein Schlag gegen die Revolution.«[80]

Maos Eindrücke wurden vom Zentralkomitee der Kommunistischen Partei Chinas insofern bestätigt, als es in dessen Lagebericht vom 8. Januar 1927 heißt, in den befreiten Provinzen von Hunan, Hupeh und Kiangsi reiche die revolutionäre Tätigkeit bis tief in die Dörfer, wo fortwährend lokale Tyrannen und »schlechte Gentry-Angehörige« ermordet würden.[81] In seiner Edgar Snow diktierten Autobiographie berichtet Mao, daß die damalige Führung der Kommunistischen Partei Chinas, trotz der überraschenden Radikalität der Bauernbewegung in einigen Provinzen, in der Bauernfrage dennoch nur eine »lauwarme Haltung« einnahm, während sich die Kuomintang durch diese Ereig-

* Der Begriff »Gentry« meint die grundbesitzende soziale Führungsschicht auf dem Lande.

nisse »alarmiert« fühlte. Aus Maos Schilderungen der Bauernbewegung in Hunan geht nicht hervor, ob er an der Organisierung ihrer zweiten, revolutionären Phase aktiv beteiligt gewesen war. Der Generalsekretär der Kommunistischen Partei Chinas scheint das angenommen zu haben. Denn in Maos Schilderung heißt es weiter: »Ch'en Tu-hsiu ließ mich aus Hunan abberufen, da er mich für gewisse Ereignisse dort verantwortlich hielt und meine Ideen heftig ablehnte.«[82]

Die Umstrukturierung der Einheitsfront

Im Bereich ihrer Beziehungen zur Kuomintang ergaben sich für die Kommunistische Partei Chinas unmittelbar nach der Komintern-Konferenz vom November und Dezember 1927 günstige Chancen für eine intensiviertere Einflußnahme auf die politische Willensbildung der nationalrevolutionären Bewegung. Nachdem Chiang Kai-shek zuvor eine von sechs seiner Armeen getragene Großoffensive nach Kiangsi eröffnet hatte, forderte er das Zentrale Exekutiv-Komitee der Kuomintang wie auch die nationalrevolutionäre Regierung dazu auf, von Kanton nach Wuchang am Jangtsekiang zu übersiedeln. Bald nach seiner Abreise aus Kanton begannen sich dort verschiedene Gruppen und Persönlichkeiten der durch seinen Staatsstreich und seine quasidiktatorischen Vollmachten erbitterten Linken zu einer informellen Koalition von Anti-Chiang-Kräften zusammenzuschließen. Eine unter dem Einfluß dieser Links-Kräfte im Oktober in Kanton tagende Konferenz beschloß, Wang Ching-wei, den prominentesten Politiker der Kuomintang-Linken, zur Rückkehr aus Frankreich aufzufordern, wohin er sich nach dem ersten Staatsstreich Chiang Kai-sheks zurückgezogen hatte.[83] Nicht zu Unrecht erhoffte man von dieser Maßnahme eine Stärkung der Position der Linken und der zivilen Parteikader gegenüber Chiang Kai-shek und anderen Militärpolitikern der Partei. Obwohl Chiang Kai-shek äußerlich den Rückruf Wang Ching-weis begrüßte, war er sich über die politische Bedeutung und Motivation dieses Schrittes nicht im unklaren.

Zwischen dem 10. und 17. März 1927 fand in Wuhan eine weitere Tagung des Zentralen Exekutiv-Komitees der Kuomintang statt. Anstelle des von Chiang Kai-shek innegehabten Amtes eines Vorsitzenden dieses Exekutiv-Komitees wurde durch einen Beschluß der Tagung ein siebenköpfiges Präsidium als oberste parteiliche Führungsinstanz der Kuomintang geschaffen. Zu Mitgliedern dieses Präsidiums wurden Wang Ching-wei, fünf weitere Mitglieder der Kuomintang-Linken und der Komintern-Vertreter der Kommunistischen Partei Chinas, T'an P'ing-shan, gewählt. Dadurch waren Chiang Kai-shek und alle übrigen führenden Politiker des Kuomintang-Zentrums sowie der Kuomintang-Rechten (abgesehen von den ausgestoßenen Mitgliedern der Westberg-Gruppe) vom Präsidium ausgeschlossen.[84] Anstelle von Chiang wurde nunmehr Wang Ching-wei zum Leiter des Organisationsbüros der Kuomintang ernannt. Chiang Kai-shek wurde zwar in das Präsidium des Militärrates gewählt, verlor aber auf Grund neuer Regelungen und ungeachtet seiner Funktion als Oberkommandierender der nationalrevolutionären Streitkräfte die Macht zur Ernennung von Militärpersonal. Bei der Besetzung der führenden Regierungsämter erhielten zwei Kommunisten, T'an P'ing-shan und Su Chao-cheng, die Posten des Landwirtschafts- und des Arbeitsministers. In der unzweifelhaft wichtigsten Resolution der Tagung wurde die sofortige

Einberufung einer »Gemeinsamen Konferenz« von Vertretern der Kuomintang und der Kommunistischen Partei beschlossen, die sich mit folgenden Bereichen der Zusammenarbeit zwischen den beiden Parteien befassen sollte: 1. der gemeinsamen Leitung der Arbeiter- und Bauernbewegung; 2. der Problematik der ethnischen Minderheiten; 3. der Übernahme der gemeinsamen Regierungsverantwortung beider Parteien durch Beteiligung chinesischer Kommunisten an den Organen der regionalen und nationalen Regierung; 4. der Kooperation und des gegenseitigen Verzichts auf Kritik zwischen den Presseorganen der Kuomintang und der Kommunistischen Internationale; 5. der Aufnahme von Kontakten zwischen der Kuomintang und der Kommunistischen Internationale zur Beratung der Beziehungen zwischen der chinesischen Revolution und der Weltrevolution.[85]

Vergleicht man den Inhalt dieser sensationell wirkenden Beschlüsse mit jenen Willensrichtungen, die einerseits in den China-Thesen der Komintern vom November und Dezember 1926 und andererseits in Chiang Kai-sheks Reorganisation der revolutionären Bewegung nach seinem Staatsstreich vom März 1926 zum Ausdruck kommen, so ergibt sich ein weitgehender Sieg der Kommunistischen Internationale, dem eine entsprechend dramatische Niederlage der Konzeptionen Chiang Kai-sheks gegenübersteht. T'an P'ing-shans Behauptung, die Kommunistische Partei habe eine gute Chance, die Führungsrolle in der chinesischen Revolution an sich zu reißen, schien sich somit zu bewahrheiten.

Die Kehrtwende der Chinapolitik auswärtiger Großmächte

Um die Jahreswende 1926/27 erhielt der Machtkampf in und um China eine erweiterte internationale Dimension, als Großbritannien, gefolgt von den Vereinigten Staaten, eine aufsehenerregende Wendung seiner Chinapolitik vollzog. Nur drei Jahre zuvor hatte die britische Regierung wegen eines Seezoll-Konflikts die Durchführung einer internationalen Flottendemonstration gegen Sun Yat-sens Regierung in Kanton inszeniert, seine Appelle an die Regierung in London ignoriert und einige seiner südchinesischen Gegner indirekt unterstützt. Noch im September 1926 hatten britische Kanonenboote ohne zwingende militärische Notwendigkeit, jedoch als Akt der Vergeltung für die Kaperung zweier britischer Schiffe auf dem Jangtsekiang, die unbefestigte Stadt Wanhsien bombardiert und dabei zahlreiche Zivilisten getötet. Unter dem Eindruck der raschen Ausweitung des Machtbereichs der nationalrevolutionären Bewegung in China, die Großbritannien zum außenpolitischen Hauptgegner erklärt hatte, und um einer weiteren Solidarisierung der chinesischen Nationalrevolution mit der Sowjetunion entgegenzuwirken, war in London der Entschluß zu einer dramatischen Geste China gegenüber gefaßt worden. In einem Memorandum vom 18. Dezember 1926, das an alle Signatarmächte des Washingtoner Neun-Mächte-Vertrages von 1922 gerichtet war, erklärte die britische Regierung, die Signatarmächte müßten den »legitimen Aspirationen« der chinesischen Nation entgegenkommen. »Sie sollten die Vorstellung aufgeben, daß die wirtschaftliche und politische Entwicklung Chinas nur unter der Vormundschaft ausländischer Mächte erfolgen könne ... Sie sollten jegliche Absicht, einem unwilligen China ausländische Kontrollen aufzuzwingen, ablehnen, ... die grundlegende Gerechtigkeit der chinesischen Forderung nach einer Revision der [China von den Kolonialmächten zu seinem Nachteil aufgezwungenen] Verträge anerkennen ... und ihre traditionelle Haltung eines unnachgiebigen Bestehens auf dem Buchstaben ihrer [bisherigen] Vertragsrechte aufgeben.«[86]

Als kurz darauf am 3. und 6. Januar 1927 nationalistische Massendemonstrationen in Hankau und Kiukiang die dortigen britischen Konzessionen erstürmten, bewies die britische Regierung, daß sie – ungeachtet der in der britischen Öffentlichkeit entstehenden Proteste – bereit war, ihrer obengenannten Erklärung Taten folgen zu lassen. Im Rahmen des sogenannten Chen-O'Malley-Abkommens, das am 15. März 1927 in Kraft trat, wurden beide britischen Konzessionen faktisch aufgelöst und der chinesischen Verwaltung unterstellt.[87] Am 27. Januar 1927 erklärte London in einem an die chinesischen Regierungen in Hankau und Peking gerichteten Memorandum, daß die britische Regierung zu einer Aufgabe der extraterritorialen Gerichtsbarkeit für britische Untertanen in China sowie zur Aufgabe der Sonderprivilegien britischer Missionare und einer Unterstellung britischer Konzessionen in China unter chinesische Verwaltung bereit sei. Als Voraussetzung dazu wurde auf seiten Chinas die Schaffung und Anwendung moderner Gesetze durch ein entsprechend juristisch geschultes Personal neuzeitlicher chinesischer Gerichtshöfe gefordert.[88] Zwei Tage darauf verkündete der britische Ministerpräsident Austen Chamberlain anläßlich einer Rede in Birmingham, die chinesische Forderung nach einer Revision der bestehenden chinesischen Verträge mit den Kolonialmächten sei so dringend und so einleuchtend, daß sofort mit Verhandlungen begonnen werden müsse, und zwar auch dann, wenn sich inmitten eines von Bürgerkriegen zerrissenen China noch keine einheitliche Zentralregierung gebildet habe.[89]

Auch der japanische Außenminister Shidehara hob in einer Rede vom 18. Januar 1927 vor dem japanischen Reichstag die Bereitschaft Japans zu einer verständnisvollen Überprüfung der »vernünftigen Forderungen« des chinesischen Volkes hervor. Eine wirtschaftliche Zusammenarbeit zwischen Japan und China auf der Basis freundlicher »Koexistenz und gemeinsamen Wohlstandes« sei wünschenswert. Vor der Entstehung einer neuen chinesischen Zentralgewalt müsse Japan allerdings die Sicherung seiner Rechte in China durch Absprachen mit örtlichen chinesischen Machthabern bewerkstelligen.[90] Der Forderung Pekings nach bedingungslosen Verhandlungen über die Abschaffung der ungleichen Verträge Japans mit China stellte Tokio die Bedingung entgegen, daß zuvor »Übergangslösungen« sowie ein japanisch-chinesischer Zollvertrag ausgehandelt werden müßten.[91]

In den Vereinigten Staaten war am 4. Januar 1927 vom Vorsitzenden des Außenpolitischen Ausschusses im Repräsentantenhaus ein Antrag (die sogenannte »Porter-Resolution«) eingebracht worden, der den Präsidenten der Vereinigten Staaten dazu aufforderte, unmittelbare Schritte zu unternehmen, um die vertraglichen Beziehungen zwischen den Vereinigten Staaten und China auf eine neue Basis zu stellen, der zufolge Chinas Zollautonomie gewährleistet und alle amerikanischen Vorrechte in China beseitigt werden sollten, die eine Ungleichheit der internationalen Stellung Chinas implizierten.[92] Drei Wochen darauf erklärte der amerikanische Außenminister Frank B. Kellogg, die Vereinigten Staaten seien prinzipiell zum Abschluß solcher neuen Verträge auf der Basis der Gleichberechtigung bereit, betonte jedoch stärker als Chamberlain die Frage, mit welcher chinesischen Regierung verhandelt werden solle.[93]

Die Gefahr, die sich aus dieser dramatischen Kehrtwendung der anglo-amerikanischen Haltung gegenüber der Kuomintang ergab, bestand für Moskau darin, daß die beiden Seemächte bereit schienen, China auf dem Wege friedlicher Verhandlungen seine Zollhoheit zurückzuerstatten und es durch Revidierung der »ungleichen Verträge« zu einem gleichberechtigten Mitglied der internationalen Völkerfamilie werden zu lassen. Gerade auch zur Erkämpfung dieser Ziele und auf Grund der harten und unnachgiebigen Politik, welche die Kolonialmächte der Kuomintang gegenüber zu Lebzeiten Sun Yat-sens verfolgten, hatte sich die Kuomintang mit Sowjetrußland zu einer antiimperialistischen Einheitsfront zusammengeschlossen. Ein kampfloser Verzicht der Kolonialmächte auf ihre quasikolonialen Vorrechte mußte auf seiten der Kuomintang das Interesse an einem Bündnis mit Rußland in dem Maße schwächen, in dem die Erkämpfung dieses Verzichts ein grundlegendes Motiv für den Abschluß des Bündnisses mit Moskau gewesen war. Unzweifelhaft wünschte auch Stalin letztlich eine Vernichtung der westlichen und japanischen Einflußsphären in China. Jedoch nicht durch friedliche Verhandlungen und freundliche Annäherung, die die Gefahr neuer, wenn auch anders gestalteter chinesisch-westlicher Bindungen mit sich brachten und die chinesisch-sowjetischen Beziehungen entsprechend lockern mußten, sondern er hoffte, dieses Ziel auf Grund eines von Moskau unterstützten antiimperialistischen Kampfes zu erzwingen, der China stärker an Sowjetrußland binden und mit den Kolonialmächten in schärferen Gegensatz bringen würde.

In Großbritannien erläuterte der vormalige Premierminister David Lloyd George am 10. März, Rußlands echter Einfluß in China beruhe darauf, daß nur Moskau der nationalrevolutionären Bewegung Hilfe und Sympathie entgegengebracht habe. Eine große Gefahr liege in der Möglichkeit einer Umfunktionierung des Sunyatsenismus durch den Kommunismus. Chiang Kai-shek sei an sowjetischer Materialhilfe, nicht am Import kommunistischer Ideen interessiert. Gewinne er, so bestehe eine gute Chance zu einer friedlichen Regelung. Verliere er, so würden weitere 200 Millionen Menschen unter russische Herrschaft gelangen.[94]

Der Schock des Nanking-Zwischenfalls vom März 1927

Das sich so von verschiedenen Seiten her anbahnende Klima einer Kompromiß- und Verständigungsbereitschaft zwischen den Großmächten und Teilen der nationalrevolutionären Bewegung wurde wenige Tage nach diesen Erklärungen jäh durch den sogenannten Nanking-Zwischenfall vom 24. März 1927 unterbrochen. An diesem Tag wurden die Truppen des nördlichen Militärmachthabers Sun Ch'uan-fang von nationalrevolutionären Streitkräften aus Nanking vertrieben. Dabei kam es in dieser Stadt zu blutigen fremdenfeindlichen Ausschreitungen, in deren Verlauf Ausländer ermordet, ausländische Frauen vergewaltigt und ausländische Konsulate und Firmen zerstört wurden. Die Angriffe konzentrierten sich vor allem auf die Konsulate Großbritanniens, Japans und der USA. Veranlaßt durch eine Gruppe flüchtender Ausländer, unter denen sich auch der amerikanische Konsul John Davis befand, eröffneten auf dem Jangtsekiang liegende britische und amerikanische Kanonenboote das Feuer auf deren Verfolger, wobei nach der einen Darstellung hundert, nach einer anderen sechs Chinesen ums

Leben kamen.[95] Hinsichtlich der Urheber dieser fremdenfeindlichen Exzesse bestanden widersprüchliche Ansichten. So meinte die sowjetische Nachrichtenagentur TASS am 27. März, schuld daran seien die disziplinlos flüchtenden Soldaten General Sun Ch'uan-fangs gewesen. Diese Ansicht wurde auch in Wuhan vertreten. Die konsularischen Vertreter Japans, Großbritanniens und der USA in Nanking wie auch Chiang Kai-shek sahen die Schuldfrage anders. Ihrer Überzeugung nach hatten kommunistische Kader innerhalb der nationalrevolutionären Armee die Ausschreitungen gegen die Konsulate und Firmen der Kolonialmächte von vornherein geplant und dann gezielt durchgeführt. Ihr Motiv sei dabei die Störung bzw. Verhinderung einer Annäherung zwischen der Kuomintang und den Kolonialmächten gewesen.[96]

Chiang Kai-shek versuchte die psychologische Wirkung des Nanking-Zwischenfalls unter anderem dadurch abzufangen, daß er während eines mit zwanzig ausländischen Journalisten am 31. März abgehaltenen Interviews selbst »die volle Verantwortung« für den Zwischenfall übernahm. Er bezeichnete die anglo-amerikanische Bombardierung von Nanking als einen Affront gegen das chinesische Volk. Die verstärkte Entsendung ausländischer Streitkräfte nach China sei ebenso sinnlos wie schädlich. Gleichzeitig gab er zu verstehen, daß die chinesischen Nationalisten nicht rachsüchtig, sondern zu einer friedlichen Zusammenarbeit mit ausländischen Mächten bereit seien, wenn diese Chinas berechtigten Anspruch auf internationale Gleichberechtigung anerkennen würden. Das gelte auch für solche Staaten, die China früher unterdrückt hätten.[97] Am folgenden Tag traf der lang erwartete Führer der Kuomintang-Linken, Wang Ching-wei, von Europa kommend in Shanghai ein, wo er mehrere Tage mit Chiang Kai-shek und anderen Kuomintang-Mitgliedern konferierte.

In den Morgenstunden des 6. April hatten Pekinger Militär- und Polizeienheiten auf Befehl des mandschurischen Militärdiktators Chang Tso-lin die Gebäude der sowjetischen Botschaft in Peking erstürmt. Dabei beschlagnahmten sie Hunderte von Dokumenten, die auf Moskaus weitreichende Unterstützung der nationalrevolutionären Bewegung und seine Zusammenarbeit mit der Kommunistischen Partei Chinas hinwiesen.[98] Eine Reihe von Mitgliedern der Kuomintang und der Kommunistischen Partei, darunter Li Ta-chao, einer ihrer prominentesten Führer und Begründer, wurden verhaftet. Chang Tso-lins völkerrechtswidriger Akt wurde seitens der Pekinger Regierung mit dem Hinweis auf Artikel VI des sowjetisch-chinesischen Vertrages von 1924 beschönigt.[99] Die verhafteten Kuomintang-Mitglieder und chinesischen Kommunisten wurden noch im gleichen Monat hingerichtet. Mit ihnen Li Ta-chao, der so der erste prominente Märtyrer der Kommunistischen Partei Chinas wurde.[100]

Ungeachtet der beruhigenden Äußerungen Chiang Kai-sheks, Wang Ching-weis und Ch'en Tu-hsius war wegen des Nanking-Zwischenfalls in weiten Kreisen der in China ansässigen Ausländer eine regelrechte Panikstimmung ausgebrochen. Erinnerungen an die fremdenfeindlichen Exzesse des nur zweieinhalb Jahrzehnte zurückliegenden Boxer-Aufstandes wurden beschworen. Während sich zahlreiche Ausländer evakuieren ließen, zogen die Regierungen der Kolonialmächte in Shanghai, dem größten Handels-, Finanz- und Industriezentrum des damaligen China, auf dem Boden dortiger ausländischer Konzessionen eine zusammengewürfelte Streitmacht von 16.000 Soldaten und mehr als 100 Kriegsschiffen zusammen. Am 2. April 1927 erließ die einflußreiche amerikanische Handelskammer in Shanghai einen Aufruf, dem zufolge die Kolonialmächte mittels einer gemeinsamen bewaffneten Intervention in allen Vertragshäfen Chinas die Sicherheit des Lebens und des Eigentums der Ausländer in China sicherstellen sollten.[101]

Die Shanghaier Kommune und der Ausbruch des Bürgerkrieges zwischen Nationalisten und Kommunisten

In Shanghai hatte der kommunistisch geführte Gewerkschaftsbund bereits im Februar 1927 einen Aufstand gegen die Söldnertruppen des Militärmachthabers Sun Ch'uan-fang veranstaltet. Die Erhebung wurde blutig niedergeschlagen, wobei es den Kommunisten mehr als verdächtig erschien, daß die nur 60 Kilometer von Shanghai entfernt stehenden nationalrevolutionären Streitkräfte auf ein Eingreifen zugunsten der Aufständischen verzichteten.[102] Nachdem die nationalrevolutionäre Armee am 21. März 1927 wieder in die Nähe von Shanghai gerückt war, organisierte der Gewerkschaftsbund einen neuen, diesmal erfolgreichen Aufstand, der zur Eroberung von Shanghai führte. Wie ein Presseorgan der Kommunistischen Internationale zu diesem Ereignis in Shanghai meldete, hatte sich die kommunistische Gewerkschaftsmiliz infolge der Entwaffnung der Polizei und der Besetzung des Arsenals vortrefflich bewaffnet. In dem Bericht heißt es: »Der gesamte Südbezirk von Shanghai erinnert an die ersten Tage der russischen Oktoberrevolution. Die bewaffneten Arbeiter sehen wie typische Rotgardisten … aus. Die Arbeiter sind dort nicht nur mit Gewehren, sondern auch mit Maschinengewehren und Handgranaten versehen.«[103] Diese Situation bildete den Höhepunkt kommunistischer Machtentfaltung im China der zwanziger Jahre. Während in Wuhan auf der bereits beschlossenen »Gemeinsamen Konferenz« die Umstrukturierung der nationalrevolutionaren Einheitsfront zu einer Zwei-Parteien-Koalition mit gleichberechtigter kommunistischer Beteiligung auf allen Ebenen der politischen Willensbildung ausgearbeitet werden sollte, während Chiang Kai-shek von den höchsten politischen Ämtern ausgeschlossen und innenpolitisch isolierter war denn je, hatte sich in Shanghai dank des Aufstandes des kommunistischen Gewerkschaftsbundes eine bewaffnete kommunistische Macht in Gestalt der sogenannten Shanghaier Kommune herausgebildet. Die Moskauer *Prawda* schrieb dazu am 22. März 1927: »Das in Shanghai konzentrierte Proletariat von einer halben Million ist die revolutionäre Truppe des chinesischen Proletariats, die in der Entwicklung der chinesischen Revolution die gleiche Rolle spielte und spielen wird, wie sie die Petersburger Arbeiter in der russischen Revolution gespielt haben und jetzt spielen … Der Sieg der Arbeiter von Shanghai ist zugleich ein Sieg der fortschreitenden Weltrevolution … Die Einnahme Shanghais ist zweifelsohne ein Faktor, der die chinesische Revolution nach links treibt, die Rolle des chinesischen Proletariats verstärkt und dessen Aussichten auf die Hegemonie in der revolutionären Bewegung steigert.«[104]

So standen sich in Shanghai die bewaffnete »Kommune« und die dort konzentrierte multinationale Streitmacht der Kolonialmächte unmittelbar gegenüber. Angesichts der Boxer-Hysterie auf der einen Seite und des siegesbewußten Radikalismus auf der anderen hätte vermutlich ein kleinerer Zusammenstoß zwischen beiden genügt, um eine schwere internationale Krise einschließlich einer ausländischen Intervention in China auszulösen. Die Möglichkeit einer solchen bewaffneten Intervention war bereits auf der China-Tagung der Komintern im November/Dezember 1926 in Betracht gezogen worden.[105] Chiang Kai-shek, der am 28. März in Shanghai eingetroffen war, forderte am nächsten Tag die Entwaffnung der Arbeitermiliz; vermutlich einerseits, um die Möglichkeit eines bewaffneten Zusammenstoßes mit den Truppen der Kolonialmächte zu verhindern, und andererseits, um einen potentiellen Gegner unter Verwendung dieses Arguments zu entwaffnen. Zugleich sagte er die absolute Sicherheit der im Raume von Shanghai befindlichen Ausländer zu, die von ihren Konsuln bereits die Weisung zur Evakuierung erhalten hatten.

Am 4. April beschloß ein Kongreß des kommunistischen Gewerkschaftsbundes, mit politischen Methoden um die Rückgabe der ausländischen Konzessionen in Shanghai zu kämpfen, wobei es jedoch orakelhaft hieß, daß »nur unter außerordentlichen Umständen« die Aktionsform des bewaffneten Aufstandes anzuwenden sei. Weiterhin wurde beschlossen, »den bewaffneten Selbstschutz der Arbeiter auszubauen und das Bündnis der Arbeiter und Soldaten zu festigen«.[106] Am folgenden Tag unterstützte die bereits erwähnte gemeinsame Erklärung von Wang Ching-wei und Ch'en Tu-hsiu die Weigerung des Gewerkschaftsbundes, seine Miliz entwaffnen zu lassen. Nachdem aber am 3. April in Hankau schwere Zusammenstöße zwischen Demonstranten und Japanern zum Versuch einer Erstürmung der japanischen Konzessionen sowie zur Landung von 600 japanischen Marinesoldaten geführt hatten[107] und die amerikanische Handelskammer in Shanghai eine bewaffnete Intervention aller Großmächte gefordert hatte, ließ Chiang Kai-shek am 5. April über Shanghai das Kriegsrecht verhängen. Als in der Folge einige bewaffnete Einheiten der Gewerkschaftsmiliz entwaffnet wurden, beschloß die Exekutive des Gewerkschaftsbundes am 7. April, in den Streik zu treten und einen Aufstand zu organisieren, falls weitere Versuche der Entwaffnung gemacht werden sollten.[108] Angesichts dieser Entwicklungen berief Chiang Kai-shek noch am gleichen Tag eine geheime Konferenz der prominentesten Kommandeure der nationalrevolutionären Armee ein (darunter Li Tsung-jen, Li Chi-shen und Pai Ch'ung-hsi), die ihm ihre Unterstützung bei dem von ihm geplanten Schlag gegen die Gewerkschaftsmiliz zusagten. Nach Angaben von Ch'en Tu-hsiu hatten die chinesischen Kommunisten auf ihre Anfrage in Moskau, wie sie sich in Shanghai verhalten sollten, von dort die geheime telegraphische Weisung bekommen, die Waffen notfalls zu verstecken, einen offenen Konflikt mit Chiang Kai-shek zu vermeiden und keine militärischen Provokationen an der Grenze der ausländischen Konzessionen in Shanghai zu veranlassen.[109] Nachdem am 9. April in der Shanghaier Presse Gerüchte über einen bevorstehenden Sturm der Gewerkschaften auf die Konzessionen verbreitet worden waren, begannen Truppen Chiang Kai-sheks, unterstützt von Gruppen nichtkommunistischer Gewerkschaftsverbände und Shanghaier Geheimgesellschaften, in den Morgenstunden des 12. April 1927 mit der Entwaffnung der Shanghaier Gewerkschaftsmiliz, wobei der erste Schlag gegen das Hauptquartier des Gewerkschaftsbundes gerichtet wurde.[110] Kommunistischen Angaben zufolge wurden innerhalb der ersten drei Tage gegen hundert Mitglieder der Gewerkschaftsmiliz getötet und gegen 600 verwundet.[111] Die durch zusätzlichen »weißen« Terror in Shanghai entstandenen Verluste dürften erheblich größer gewesen sein. Die Shanghaier Kommune wurde innerhalb weniger Tage völlig zerschlagen. So waren an diesem historischen 12. April 1927 die ersten Schüsse eines Bürgerkrieges zwischen der Kuomintang und der

Kommunistischen Partei Chinas gefallen, der seither und über die Jahrhundertwende hinaus zu einem ständigen Faktor nicht nur der chinesischen Innenpolitik, sondern auch der internationalen Politik des ostasiatisch-pazifischen Raumes geworden ist.

Am 18. April 1927 bildete Chiang Kai-shek in Nanking, das bis 1949 zur neuen Hauptstadt Chinas wurde, eine neue nationalrevolutionäre Regierung der Kuomintang, jedoch ohne Beteiligung der chinesischen Kommunisten und ungeachtet der Tatsache, daß ja in Wuhan weiterhin eine nationalrevolutionäre Regierung der vereinigten Linken bestehenblieb. Somit hatte China zu diesem Zeitpunkt drei Regierungen: die Pekinger Regierung des mandschurischen Militärdiktators Chang Tso-lin, die Regierung der vereinigten Kuomintang-Linken und Kommunistischen Partei Chinas in Wuhan und Chiang Kai-sheks Regierung in Nanking, die sich auf das Zentrum und Teile des rechten Flügels der Kuomintang stützte.

Stalins Niederlage — Chiang Kai-sheks Sieg

Auch dieser zweite Staatsstreich Chiang Kai-sheks war – so wie sein erster vom 20. März 1926 – für viele seiner Gegner, zumindest seinem Zeitpunkt nach, völlig unerwartet gekommen. So hatte Stalin in einer berühmt gewordenen Rede vor Funktionären der KPdSU am 5. April 1927 – also nur sieben Tage vor Chiang Kai-sheks gewaltsamem Vorgehen in Shanghai – hinsichtlich der Beziehungen der Kommunisten zum Zentrum und zum rechten Flügel der Kuomintang gesagt:

> »Warum sollen wir die Rechte vertreiben, wenn wir die Mehrheit haben und die Rechte auf uns hört? ... Wenn die Rechte für uns von keinem Nutzen mehr ist, werden wir sie vertreiben. Gegenwärtig brauchen wir die Rechte. Sie hat fähige Leute, die die Armee führen, und zwar gegen die Imperialisten. Chiang Kai-shek hat vielleicht keine Sympathie für die Revolution, aber er führt die Armee und kann gar nicht anders, als sie gegen die Imperialisten zu führen. Außerdem unterhalten die Leute der Rechten Beziehungen zu den Generälen Chang Tso-lins und verstehen es sehr gut, sie zu demoralisieren ... Ferner haben sie Verbindungen zu den reichen Kaufleuten und können von ihnen Geld einsammeln. So müssen sie [die Leute der Rechten] wie eine ausgepreßte Zitrone bis zum letzten Tropfen ihrer Nützlichkeit ausgepreßt und dann fortgeworfen werden.«[112]

Räumlich und informationsmäßig vom Schauplatz der sich überstürzenden Ereignisse der chinesischen Revolution weit entfernt, hatte es sich Stalin zugetraut, nichtkommunistische Kräfte der Kuomintang gleichsam als Zugvieh vor den Wagen eines von ihm selbst zu lenkenden Revolutionsprozesses zu spannen, um sie anschließend zu schlachten, sowie die chinesischen Kommunisten genügend eigene Zugkraft entwickelt hätten, um zu den alleinigen oder primären Trägern der chinesischen Revolution zu werden. Chiang Kai-shek aber hatte durch seinen zweiten Staatsstreich, bis zu einem gewissen Grad zumindest, Stalin in die Rolle der »Zitrone« gedrängt, die dieser seinem zeitweiligen nationalchinesischen Verbündeten zugedacht hatte.

Hinsichtlich der Gründe für seinen zweiten Staatsstreich nennt Chiang Kai-sheks Selbstdarstellung folgende Motive: 1. Nach einem Jahrhundert der Unterdrückung und Bevormundung durch fremde Mächte kämpfe die chinesische Revolution für Chinas

Selbstbestimmung und Gleichberechtigung. Rußlands Versuch, die Methodik und Zielrichtung der chinesischen Revolution durch Komintern-Agenten, sowjetische Berater und diesen gehorchende chinesische Kommunisten nach Konzeptionen zu steuern, die in Moskau entworfen wurden, verstoße gegen die Prinzipien der Selbstbestimmung und Gleichberechtigung. Diese seien aber die Angelpunkte der chinesischen Revolution. Rußlands Intervention negiere diese Ziele, zu deren Verwirklichung Sun Yat-sen sowjetische Hilfe beansprucht habe. Die das chinesische Volk bevormundende »Super-Regierung« des Diplomatischen Korps in Peking dürfe nicht durch eine neue »Super-Regierung« von Komintern-Vertretern und sowjetischen Beratern ersetzt werden. Die Chinesen selbst und nicht die »ausländische Organisation« der Komintern müßten über die Ziele und Methoden der chinesischen Revolution entscheiden.[113] 2. Die als einzelne Mitglieder in die Kuomintang zugelassenen chinesischen Kommunisten hätten mit der Taktik der Durchdringung und Spaltung des Parteiapparats der Kuomintang versucht, diese parasitisch zu einer Partei umzufunktionieren, die »Kuomintang nur noch dem Namen nach, in Wirklichkeit aber kommunistisch ist«.[114] Die geplante Ersetzung der Führungsrolle der Kuomintang durch eine Zwei-Parteien-Koalition widerspreche dem ausdrücklichen Willen Sun Yatsens.[115] Die chinesischen Kommunisten könnten als Mitläufer der Kuomintang nur geduldet werden, solange ihr Verhalten nicht gegen den Führungsanspruch und die ideologischen Prinzipien der Kuomintang verstoße.[116] 3. Zur umstrittenen Frage der Sozialpolitik der nationalrevolutionären Bewegung heißt es bei Chiang Kai-shek:

> »Dr. Sun [Yat-sen] hat uns gelehrt, daß revolutionäre Methoden in China zur Lösung der politischen, nicht aber zur Lösung wirtschaftlicher und sozialer Probleme angewendet werden können. Nachdem in Sowjetrußland Hunderttausende von Menschen getötet worden sind [Chiang meint vermutlich die frühbolschewistische Ära des sogenannten Kriegskommunismus], mußte man dort dennoch zur Neuen Ökonomischen Politik übergehen [in der Lenin das System der parteilichen Planwirtschaft zeitweilig durch die Zulassung eines privatwirtschaftlichen Spielraumes für Bauern und Kaufleute unterbrach]. Chinas Bevölkerung übersteigt die Rußlands um ein Mehrfaches, und wir können es nicht dulden, daß die Kommunisten China zu einem Experimentierfeld des Kommunismus machen und dabei Millionen unserer Brüder sinnlos sterben lassen.«[117]

Nach dieser prophetischen Warnung fuhr Chiang fort, die Sozialpolitik der Kuomintang beruhe nicht auf einer Diktatur der in China zahlenmäßig kleinen Klasse des Proletariats, sondern auf der Zusammenarbeit aller Klassen. Nicht die klassenmäßige Abstammung des einzelnen, sondern seine Einstellung zur Revolution bestimme seinen politischen Standort. Die Kommunisten fürchteten die Konkurrenz des sozialen Reformismus der Kuomintang weitaus mehr als die reaktionäre Politik der nördlichen Militärmachthaber.[118] Chiang führte weiter aus, daß die gezielte kommunistische Politik des Klassenkampfes in einigen Provinzen zu Terrorismus geführt habe, wobei er auch Mao Tse-tungs Heimatprovinz Hunan namentlich erwähnte.[119] 4. Chiang beschuldigte die sowjetischen Berater wie auch die chinesischen Kommunisten, seinen von ihnen abgelehnten Vorstoß nach Südosten durch Unterbindung des Nachschubs und andere Methoden bewußt sabotiert zu haben.[120] 5. Zur Frage der Außenpolitik der nationalrevolutionären Bewegung sagte Chiang unter Anspielung auf den Nanking-Zwischenfall vom März 1927: »Die von den Kommunisten [gegen ausländische Staatsbürger, Konsulate und Firmen] angewandte Gewalt und die Störaktionen können zur Bildung einer vereinigten Front der [Kolonial-]Mächte gegen uns führen. Als natürliche Folge würde China dann unter die Herrschaft einer besonderen ausländischen Organisation [gemeint ist die Kommunistische Internationale] geraten.«[121]

Aus all diesen Darlegungen zog Chiang Kai-shek den Schluß, es gäbe für China drei Möglichkeiten und für die Kuomintang vier Aufgaben. China werde entweder zur Herrschaft der mit einzelnen Kolonialmächten zusammenarbeitenden regionalen Militärmachthaber zurückkehren oder der terroristischen Herrschaft der von Moskau gelenkten chinesischen Kommunisten anheimfallen oder unter der Führung der Kuomintang sich und andere unterdrückte Völker von der Fremdherrschaft befreien.[122] Für die Kuomintang ergebe sich daraus die vierfache Aufgabe, die Militärmachthaber zu stürzen, die ungleichen Verträge zu beseitigen, mit dem kommunistischen Terror Schluß zu machen und wirtschaftliche Reformen durchzuführen.[123] Nicht uninteressant ist die Tatsache, daß Chiang zwischen April und August 1927 nicht einmal, sondern mehrmals die Fortsetzung einer Zusammenarbeit zwischen der Kuomintang und der Sowjetunion gefordert hatte. Die Voraussetzungen hierfür seien die Abberufung des tyrannischen Chefberaters Borodin und die Beachtung der im ursprünglichen Bündnisarrangement von Moskau und den chinesischen Kommunisten anerkannten Führungsrolle der Kuomintang.[124]

Wie Chiang Kai-shek 1959 auch dem Verfasser mitteilte, bestand eines der Ziele, die er mit seiner Eroberung von Shanghai verfolgt hatte, darin, in den Besitz von Geldmitteln zu gelangen, die ihn notfalls von der weiteren materiellen Unterstützung durch die Sowjetunion unabhängig machen sollten. Während ein Teil der Shanghaier Bankiers zur Gewährung einer größeren Anleihe bereit war[125], standen andere chinesische Finanzkreise Chiang Kai-shek weiterhin mit Mißtrauen und Ablehnung gegenüber. Dieser reagierte mit brutalem Druck. Der Präsident der Chinesischen Handelskammer in Shanghai wurde mit Verhaftung bedroht, als er sich weigerte, eine geforderte Anleihe in Höhe von 10 Millionen Dollar zu unterzeichnen.[126] Eine Woche später verhängte Chiang über die chinesischen Wirtschaftskreise in Shanghai eine Zwangsanleihe in Höhe von 30 Millionen Dollar.[127] Kurz danach erfolgte die Verhaftung des Multimillionärs Jung Tsung-ching, von dessen Vermögen Werte in Höhe von 7 Millionen Dollar beschlagnahmt wurden.[128] Anfang Juni verbot Chiang das weitere Erscheinen der Zeitung *Sinwanpao*, nachdem diese eine Liste von Firmen und Kaufleuten veröffentlicht hatte, von denen Chiang große Anleihen zur Fortsetzung des Nordfeldzuges gefordert hatte.[129]

Reaktionen Moskaus und der chinesischen Kommunisten

Bereits vor dem Shanghaier Staatsstreich hatte Ch'en Tu-hsiu als Generalsekretär der Kommunistischen Partei Chinas mehrfach öffentliche Kritik am Verhalten Chiang Kai-sheks geübt. Da sich Chiang stets darauf berief, das Erbe Sun Yat-sens zu wahren, und da die Kommunisten sich zur Propagierung des Sunyatsenismus verpflichtet hatten, bedienten sich die chinesischen Kommunisten der in der chinesischen Geistesgeschichte – und nicht nur in dieser – häufig gebrauchten Methode der Neuauslegung einer Ideologie, um sie ihren eigenen, von einer anderen Weltanschauung geprägten Zwecken dienstbar machen zu können. Zu diesem Zweck führten die chinesischen Kommunisten den von Sun Yat-sen selbst nie verwendeten Ausdruck der »drei großen Maßnahmen« (San-ta cheng-ts'e) ein. Damit gemeint waren 1. das Bündnis mit der Sowjetunion, 2. die Kooperation mit den chinesischen Kommunisten und 3. die Heranziehung und Förderung der Bauern und Arbeiter. Diese »drei großen Maßnahmen« wurden von den Kommunisten stärker betont als jene »drei Grundlehren vom Volk« (San min chu-i), welche die Grundpfeiler der Ideologie des Sunyatsenismus bildeten. Dieser Versuch zur Umfunktionierung des Sunyatsenismus ist angesichts der recht deutlichen Kritik, die Sun Yat-sen kurz vor seinem Tod im letzten Teil der »Drei Grundlehren vom Volk« am Marxismus übte, absurd. Chiang Kai-shek, der primär chinesischer Nationalist war, hatte immer wieder verkündet, daß die Entstehung und der Bestand des Bündnisses der Kuomintang mit Moskau dadurch bedingt sei, daß die Sowjetunion als erste ausländische Großmacht China anfangs als gleichberechtigt behandelt und seinen nationalrevolutionären Kampf unterstützt habe. Damit war gesagt, daß die Fortsetzung dieser sowjetischen Einstellung zugleich auch die Voraussetzung einer Fortsetzung des Bündnisses der Kuomintang mit Moskau sei.

Als Marxist der stalinistischen Ära dachte Ch'en Tu-hsiu jedoch im Sinne des Wortes von Stalin, dem zufolge ein Revolutionär und ein Internationalist nur derjenige Kommunist sei, der »vorbehaltlos, ohne zu schwanken, ohne Bedingungen zu stellen, bereit ist, die UdSSR zu stützen, weil die UdSSR die Basis der revolutionären Bewegung der ganzen Welt ist«[130]; daher hielt Ch'en Tu-hsiu in einem Artikel der chinesisch-kommunistischen Parteizeitschrift *Hsiang-tao chou-pao* vom 18. März 1927 Chiang Kai-shek entgegen, daß die Sowjetunion mehr sei als nur irgendein mächtiger und zugleich befreundeter auswärtiger Staat. Es heißt darin: »Heute sagt Chiang: ›Wenn Sowjetrußland uns gleichberechtigt behandelt, wird unsere Politik ihm gegenüber unverändert bleiben.‹ Morgen könnte er einen Grund finden, um zu sagen, daß es uns nicht gleichberechtigt behandelt, und dementsprechend seine Politik ändern.«[131] Der andere Streitpunkt bezog sich auf die von den chinesischen Kommunisten, wenn auch mit taktischer Vorsicht gehandhabte, Praxis des Klassenkampfes, den Sun Yat-sen prinzipiell abgelehnt hatte. In seinen drei Tage nach Chiang Kai-sheks Staatsstreich von Shanghai in Moskau veröffentlichten Thesen über die chinesische Revolution schrieb Sinowjew, Sun Yat-sen sei ein »ehrlicher Demokrat, ein aufrechter Freund der unterdrückten Massen« gewesen. »Sun Yat-sen kann und sollte bis zu einem bestimmten Stadium der Bewegung in China als ein Verbündeter der proletarischen Revolution betrachtet werden.« Man müsse aber klar die Grenzen und Unterschiede erkennen, die seine Weltanschauung von derjenigen des Marxismus-Leninismus trennten. »Marxismus oder Sunyatsenismus? Das ist die Frage.«[132]

Da Moskau die strategische und taktische Planung der chinesischen Revolution nicht der Kommunistischen Partei Chinas überlassen, sondern selbst in die Hand genommen hatte, ergab sich für Stalin im Hinblick auf die neu entstandene Lage die Leninsche Frage: »Was tun?«. In dieser kritischen Situation gab eine Resolution des Exekutiv-Komitees der Kommunistischen Internationale vom Mai 1927 zu, daß der Sieg der Linie Chiang Kai-sheks in Shanghai, Nanking und Kanton eine »Teilniederlage der chinesischen Revolution und ein wirklicher Kräftegewinn für den konterrevolutionären Block« gewesen sei. Nur eine sich von oben durch die nationalrevolutionäre Regierung und spontan durch die Massen von unten entwickelnde Agrarrevolution könne die Bewegung in China weiterbringen. Wieder aber, so wie nach Chiang Kai-sheks erstem Staatsstreich in Kanton, beharrte Stalin darauf, daß sich die Kommunistische Partei Chinas nicht von der Kuomintang trenne. So heißt es in der genannten Resolution: »... Das Exekutiv-Komitee der Kommunistischen Internationale lehnt entschlossen alle Forderungen ab, denen zufolge die Kommunistische Partei [Chinas] die Kuomintang verlassen oder eine solche Haltung einnehmen solle, die zu einem Ausscheiden aus der Kuomintang führen würde ... Das Proletariat kann die Führungsrolle im Land nicht beanspruchen, wenn seine Partei, die Kommunistische Partei, nicht die Führungsrolle innerhalb der Kuomintang übernimmt.« Diese Weisung der Komintern widersprach Ch'en Tuhsius erneut wiederholtem und auch von Chou En-Lai unterstütztem Vorschlag, die Kommunistische Partei Chinas solle aus der Kuomintang austreten, wenn sie nicht auf ihre Führungsrolle verzichten und einer neuen Katastrophe entgegengehen wolle.[133]

Die Krise der neuen Einheitsfront in Wuhan

Die Situation in Wuhan hatte jedoch verdächtige Ähnlichkeiten mit derjenigen vor Chiang Kai-sheks zweitem Staatsstreich. Zu behaupten, daß Wang Ching-wei im Gegensatz zum »großbürgerlichen« Chiang Kai-shek das relativ revolutionärere »Kleinbürgertum« vertrete, sollte sich bald als Fehlkonzeption erweisen. Mit je nach taktischem Bedarf manipulierten Klassenbezeichnungen, die kaum auf fundiertem Wissen über die soziologische Realstruktur der chinesischen Gesellschaft dieser Zeit beruhten, waren Stalin und andere seiner Parteigenossen bemüht, ein analytisch und propagandistisch brauchbares Bild von der chinesischen Situation zu erhalten.[134] So blieb das Dilemma der Kommunisten in Wuhan das gleiche.

Angesichts dieser widersprüchlichen Situation wandte sich Manabendra Nath Roy, der damals in Wuhan als Vertreter der Komintern fungierte, an Stalin. Von ihm erhielt er am 1. Juni 1927 ein in der Geschichte der chinesischen Revolution berühmt gewordenes Telegramm. Darin sagte Stalin: »Ohne Agrarrevolution ist der Sieg unmöglich. Ohne sie wird sich das ZK der Kuomintang in einen Spielball unzuverlässiger Generale verwandeln. Gegen Exzesse muß man kämpfen, aber nicht mit Hilfe von Truppen, sondern mit Hilfe von Bauernbünden ... Mit der Abhängigkeit von den unzuverlässigen Generalen muß Schluß gemacht werden. Mobilisieren Sie etwa 20.000 Kommunisten, dazu etwa 50.000 revolutionäre Arbeiter und Bauern aus Hunan und Hupe [sic!], stellen Sie einige neue Korps auf, nutzen Sie die Kursanten der Kommandeurschule aus und organisieren Sie, solange es nicht zu spät ist, eine eigene zuverlässige Armee. Geschieht dies nicht, gibt es keine Garantie gegen Niederlagen.«[135] Und mit dem Gegenteil einer Übertreibung fügte Stalin noch hinzu: »Das ist eine schwierige Sache, aber einen anderen Weg gibt es nicht.« Roy beging nun den dramatischen Fehler, dieses Telegramm Wang Ching-wei, dem führenden Politiker der Kuomintang-Linken, nicht nur zu zeigen, sondern zusätzlich zu bemerken, daß es sich hier um ein Ultimatum handle. Seine Annahme sei die Bedingung für eine weitere Zusammenarbeit. Als Wang den Inhalt von Stalins Telegramm der Witwe Sun Yat-sens und dem Außenminister der Wuhan-Regierung, Eugene Ch'en, zeigte, soll dieser erbleichend gesagt haben: »Das bedeutet Krieg zwischen der Kuomintang und der Kommunistischen Partei Chinas.«[136]

Am 17. Juli beschloß der Politische Rat der Kuomintang in Wuhan, die chinesischen Kommunisten aus der Kuomintang auszuschließen und das zuvor eingereichte Rücktrittsgesuch des sowjetischen Chefberaters Borodin zu akzeptieren. So endete Moskaus fünf Jahre zuvor hoffnungsvoll begonnener Versuch, die Kuomintang für eigene Interessen auszunutzen und anschließend durch die Kommunisten von der Führung der Revolution in China zu verdrängen und zu vernichten, um selbst einen mitbestimmenden Einfluß auf Chinas politische Entwicklung zu erhalten.

Die kommunistischen Aufstände in Nanchang und Kanton

Am 1. August 1927 erhob sich in Nanchang ein von Ho Lung und Yeh T'ing, kommunistischen Offizieren der nationalrevolutionären Armee, geführter kommunistischer Aufstand, an dem sich auch Chou En-Lai, Chu Teh und Maos späterer Stellvertreter Lin Piao beteiligten. Mao Tse-tung hat diesen Aufstand als die Geburtsstunde der chinesischen Roten Armee bezeichnet.[137] Der Angriff überlegener Streitkräfte der Kuomintang-Linken zwang die Aufständischen nach einigen Tagen zum Rückzug nach Swatow und von dort nach dem sogenannten Hai-lu-feng-Gebiet in der Provinz Kwangtung, wo ein erstes kommunistisches Rätegebiet errichtet wurde.[138] In Moskau hatte die Kommunistische Internationale inzwischen in einer Resolution vom 9. August 1927 behauptet, die chinesische Revolution habe »trotz der richtigen Taktik der Kommunistischen Internationale« eine »schwere Niederlage erlitten«. Die Ursache hierfür sei in der momentanen Stärke der gegnerischen Kräfte und der Schwäche der Kommunistischen Partei Chinas zu sehen. »Abgesehen davon tragen die Führer der Kommunistischen Partei Chinas wegen ihrer systematischen Ablehnung der Weisungen der Komintern teilweise die Verantwortung für die Niederlage ...«[139] Eine zuvor am 7. August 1927 einberufene »Notkonferenz« der Kommunistischen Partei Chinas anerkannte die von der Komintern behauptete Schuld der bisherigen Parteiführung, Ch'en Tu-hsiu wurde abgesetzt und an seiner Stelle Ch'ü Ch'iu-pai zum neuen Generalsekretär der Partei ernannt. Mao Tse-tung leitete anschließend in seiner Heimatprovinz den am 5. September beginnenden und 13 Tage danach mit einem Fehlschlag endenden sogenannten Herbsternte-Aufstand. Nicht nur wegen seiner Niederlage, sondern auch deshalb, weil Mao dabei eigenmächtig und voreilig die völlige Trennung der Kommunisten von der Kuomintang, die Beschlagnahmung sämtlichen Landbesitzes und die Errichtung von Räteorganisationen proklamiert hatte, wurde er aus dem Zentralkomitee und dem hunanesischen Provinzkomitee der Kommunistischen Partei Chinas ausgeschlossen.[140] Er wurde von gegnerischen Soldaten gefangengenommen, konnte nur mit knapper Not der Hinrichtung entgehen und schlug sich mit einer kleinen Einheit bewaffneter Bauernrebellen in das an der Grenze von Hunan und Kiangsi liegende Berggebiet von Chingkanshan durch.

Auf Drängen Stalins sowie unter der Beteiligung des deutschen Komintern-Vertreters Heinz Neumann unternahmen die chinesischen Kommunisten zwischen dem 11. und 14. Dezember 1927 einen letzten Aufstandsversuch in Kanton, der zur Bildung der sogenannten Kanton-Kommune führte. Aber nach Angaben Roys beteiligten sich nicht genügend Arbeiter an dem Aufstand, um die junge chinesische Sowjetmacht zu unterstützen. So wurde die »Kanton-Kommune« innerhalb weniger Tage von Streitkräften der Kuomintang-Linken in Blut erstickt.[141]

Ein anderes für die chinesische Politik bedeutsames Ereignis bestand in der nach monatelangen Verhandlungen erfolgten Wiedervereinigung der von Chiang Kai-shek und Wang Ching-wei geleiteten Flügel der Kuomintang. Die Reintegration war durch Vermittlung des lange von Moskau mit Geld, Waffen und Beratern unterstützten Generals Feng Yü-hsiang zustande gekommen. Eine der ersten Maßnahmen der wiedervereinigte Führungsspitze der Kuomintang bestand in der Schließung aller sowjetischen Konsulate und Handelsniederlassungen in China. Dieser Schritt wurde mit der Behauptung begründet, sowjetische Konsularbeamte hätten sich aktiv an dem Aufstand der Kanton-Kommune beteiligt.

Nun hatte Moskau das Spiel in China verloren. Die dortigen Ereignisse von 1927 bildeten für Stalin die ärgste außenpolitische Niederlage seines Lebens.

Der »Nordfeldzug« zur Wiedervereinigung Chinas 1926–1928
RUSSLAND
MONGOLISCHE VOLKSREPUBLIK
MANDSCHUREI
Chahar
Jehol
Mukden
INNERE MONGOLEI
Kalgan
Gansu
Ningxia
Suiyuan
Peking
Tientsin
Große Mauer
Taiyuan
Hebei
Schantung (Shandong)
Gelbes Meer
Qinghai
Shanxi
Tsinan (Ji'nan)
Tsingtao
Lanzhou
Yan'an
Gelber Fluss
Tschengsien
Xian
Jiangsu
Shaanxi
Henan
Nanking
Schanghai
Sichuan
Hubei
Anhui
Xikang
Chengdu
Yichang
Hankow
Jangtse
Chungking
Chekiang (Zhejiang)
Nanchang
Changsha
Wenchow
Zunyi
Hunan
Jiangxi
Fujian
Guizhou
Fuzhou
Guliyang
Ruijin
Mekong
Kunming
Kweilin
Amoy
Yünnan
Kwangtung (Guandong)
Taiwan (Formosa)
Kwangsi (Guangxi)
Swatow
Kanton
BURMA
Macao (port.)
Hongkong (brit.)
VIETNAM
Vorstöße der Nationalarmee
FRANZ.-INDOCHINA
Vorstöße der mit der Nationalarmee verbündeten Kräfte
(Feng Yü-hsiang von Lanzhou und Yen Hsi-shan von Taiyuan)
Hainan
SIAM

4. Kapitel

Russlands Grenzkrieg mit China und die internationale Mandschurei-Krise 1928–1932

Der Tsinan-Zwischenfall und der Beginn der japanischen Intervention in Nordchina

Anfang April 1928 eröffnete Chiang Kai-shek eine neue Offensive, die als Fortsetzung des »großen Nordfeldzuges« gedacht war. Das Ziel dieser Offensive bestand darin, im Kampf gegen die Truppen nördlicher Militärmachthaber den Gelben Fluß zu überschreiten, um nach erfolgter Durchquerung der Provinz Schantung (Shandong) bis nach Peking und damit bis an die Grenzen der Inneren Mongolei wie auch der Mandschurei vorzustoßen. Die internationale Bedeutung dieser Phase des Nordfeldzuges ergab sich daraus, daß Chinas neue Zentralregierung hiermit den Versuch zur Ausweitung ihrer unmittelbaren Kontrolle auf Gebiete unternahm, die in Tokio als primäre japanische Interessensphären auf dem chinesischen Subkontinent betrachtet wurden. Japans Politik gegenüber der Kuomintang war zurückhaltend geblieben, solange die nationalrevolutionäre Bewegung im Bereich der britischen Interessensphären, in der Nachbarschaft von Hong Kong oder im mittelchinesischen Gebiet des Jangtsekiang operiert hatte und solange sie durch ihren Kampf gegen die chinesischen Kommunisten eine von Tokio gefürchtete enge Verbindung zwischen China und Sowjetrußland verhinderte. Die Siege der Kuomintang über die chinesischen Kommunisten, die von schweren Spannungen zwischen Nanking und Moskau gefolgt waren, hatten die letztgenannte Sorge der japanischen Außenpolitik vorläufig gegenstandslos gemacht. Aber die sich mir der Entstehung der nationalchinesischen Zentralregierung in Nanking anbahnende Umstrukturierung der innerchinesischen Machtverhältnisse mitsamt den vorstellbaren Folgen für die auswärtige Politik Chinas und der an China interessierten Mächte warf neue Probleme auf. Für die japanische Regierung handelte es sich vor allem auch um die Grundsatzfrage ihres weiteren Verhaltens gegenüber der neuen chinesischen Nationalregierung und ihren Aspirationen.

Nach anfänglichem Schwanken faßte der japanische Ministerpräsident Tanaka den auch innenpolitisch motivierten Beschluß, dem Rat des Kriegsministeriums zu folgen und eine japanische Truppe in Stärke von 5000 Mann in die chinesische Provinz Schantung zu entsenden. Ohne hierzu Befehl erhalten zu haben, rückte der Kommandant dieser Einheit, General Fukuda Hikosuke, nach der Landung in Tsingtau bis nach Tsinan (Jinan), der Hauptstadt der Provinz Schantung, vor. Entgegen einer Weisung Chiang Kai-sheks besetzten auch nationalchinesische Truppen unter dem Befehl von General Ho Yao-tu die Stadt, obwohl sich die letzten Einheiten der gegnerischen nördlichen Truppen kurz zuvor aus Tsinan zurückgezogen hatten. Wenngleich Chiang am folgenden Tage, dem 2. Mai, persönlich nach Tsinan eilte, um dadurch möglichen Krisen vorzubeugen, kam es bereits am 3. Mai 1928 zu bewaffneten Zusammenstößen zwischen chinesischem und japanischem Militär. Die Kämpfe nahmen derart rasch an Heftigkeit und Umfang zu, daß weder Chiang noch das anfänglich kompromißbereitere japanische Kommando die weitere Entwicklung unter Kontrolle halten konnten. Nachdem die japanische Regierung am 4. Mai die Entsendung weiterer Streitkräfte nach Tsinan beschlossen hatte, überreichte das dortige japanische Kommando den Chinesen am 7. Mai ein Ultimatum, dessen provokatorische Härte keinerlei Verständigungsbereitschaft, sondern eher den Willen erkennen läßt, eine Kraftprobe zum Zweck der Einschüchterung des Gegners zu erzwingen. Ungeachtet einer äußerst versöhnlich gehaltenen Botschaft Chiang Kai-sheks an General Fukuda vom 5. Mai[1], forderte das mit 12 Stunden befristete Ultimatum der Japaner: 1. die Entwaffnung der chinesischen Truppen in Gegenwart japanischer Militäreinheiten; 2. die Bestrafung der chinesischen Befehlshaber; 3. die Einstellung antijapanischer Agitation in ganz China; 4. die Zurückziehung der chinesischen Truppen aus dem Raum von Tsinan und den Gebieten unmittelbar entlang der Schantung-Eisenbahn (von Tsinan nach Kiautschau) und 5. die Räumung von zwei Militärlagern in der Nähe von Tsinan.[2]

Einmarsch der nationalrevolutionären Truppen Chiang Kai-sheks in Tsinan 1928, wo es zu ersten Kämpfen mit dort stationierten japanischen Armee-Einheiten kommt. Japan mißbilligt die Ausdehnung des Machtbereichs der Nationalrevolutionäre auf Nordchina, das es als seine Interessensphäre betrachtet.

Obwohl Chiang Kai-shek die Erfüllung der Forderungen 2, 3 und 5 zusagte und in der Frage der vierten Forderung zu Konzessionen bereit war, beharrte General Fukuda unnachgiebig auf der Erfüllung sämtlicher japanischer Forderungen, insbesondere der demütigenden Waffenniederlegung der Chinesen in Gegenwart der japanischen Verbände.[3] Nach Ablauf der Frist des Ultimatums begannen die Japaner eine intensive Belagerung der in Tsinan verbliebenen Garnison. Dieser wurde nach zwei Tagen zwar der freie Abzug aus der Stadt angeboten. Als sich die Chinesen aber etwa einen Kilometer von der Stadt entfernt hatten, wurden sie von überlegenen japanischen Kräften angegriffen und nahezu aufgerieben.[4] Ein allerdings ohne Zustimmung des Kriegs- und Außenministeriums an das japanische Kommando in Tsinan gesandtes Telegramm des japanischen Generalstabes vom 15. Mai fügte den vorherigen japanischen Ansprüchen auch noch die verschärfende Forderung einer persönlichen Entschuldigung Chiang Kai-sheks hinzu. Das Zentrale Exekutiv-Komitee der Kuomintang wiederum verurteilte das japanische Vorgehen als völkerrechtswidrig und beschloß die Anrufung des Völkerbundes.[5]

Ungeachtet des Tsinan-Zwischenfalles wurde der Nordfeldzug fortgeführt. Anfang Juli 1928 konnten die nationalrevolutionären Einheiten Peking erreichen, wo Chiang Kai-shek während einer bewegenden Zeremonie im Tempel der Blauen Wolken in den Westbergen am Sarge Sun Yat-sens über die Wiedervereinigung der chinesischen Gebiete südlich der Großen Mauer Bericht erstattete. Hinsichtlich der mandschurischen Nordostprovinzen Chinas jenseits der Großen Mauer war die japanische Regierung entschlossen, ein Vorrücken nationalchinesischer Streitkräfte in diese besondere Interessensphäre des japanischen Imperiums zu verhindern. Zu diesem Zweck übermittelte die Regierung des Ministerpräsidenten Tanaka am 18. Mai 1928 identische Noten an die chinesische Zentralregierung wie auch an Marschall Chang Tso-lin, den faktischen Machthaber in der Mandschurei, der sich mit Nanking im Bürgerkrieg befand. Tokio warnte beide chinesischen Parteien, es werde kein Übergreifen des chinesischen Bürgerkrieges auf die Gebiete der Mandschurei dulden. Die Regierung Tanaka ging weiterhin von der Voraussetzung aus, daß Japans Interessen in der Mandschurei unter den gegebenen Umständen am ehesten durch eine Unterstützung des dortigen quasiseparatistischen Militärregimes von Chang Tso-lin gewahrt werden könnten. Deshalb ließ Tanaka Marschall Chang Tso-lin in nachdrücklichster Weise den Rat erteilen, er möge sich aus Nordchina (südlich der Großen Mauer) zurückziehen, weil seine Lage dort militärisch unhaltbar geworden sei und seine Niederlage die Gefahr eines unmittelbaren Nachströmens der nationalchinesischen Verfolger in das japanische Interessengebiet der mandschurischen Nordostprovinzen nördlich der Großen Mauer mit sich bringe. Sofern Chang Tso-lin sich zu einer vorbeugenden Entflechtung vom nationalchinesischen Gegner im Sinne eines freiwilligen Rückzuges aus den Gebieten südlich der Großen Mauer verstehen könne, werde es Japan möglich sein, im Falle einer Bedrohung des Marschalls durch die Nanking-Regierung zugunsten seines regionalen Militärregimes in der Mandschurei zu intervenieren.[6]

Nach anfänglichem Widerstreben zog es Chang Tso-lin vor, dem japanischen Vorschlag entsprechend zu handeln. Er verließ Peking am 3. Juni 1928, um seinen Regierungssitz nach Mukden (Shenyang) in der Mandschurei zu verlegen. Der so scheinbar gelingende Plan Tanakas wurde jedoch durch das eigenmächtige Vorgehen einer Gruppe von fanatisch expansionistischen Offizieren der in der Mandschurei stationierten japanischen Kwantung-Armee (genannt nach der Südspitze der Liaotung-Halbinsel) jäh zerstört. Ein von diesen Offizieren unter Führung eines Oberst Kômoto Daisaku vorbereiteres Sprengstoffattentat zerstörte in den Morgenstunden des 4. Juni den Eisenbahnwagen Marschall Chang Tso-lins. Letzterer erlag wenige Tage später den dabei erlittenen schweren Verwundungen. Die Attentäter wollten in der Mandschurei ein politisches Chaos stiften, das die japanische Regierung zu einem direkten und massiven Eingreifen veranlaßt hätte.[7]

Eine nicht nur für das historische Ereignis an sich, sondern auch für die Rolle des Militärs im Prozeß der politischen Willensbildung des damaligen Japan bezeichnende Aussage des Marineministers der Tanaka-Regierung, Admiral Okada Kaisuke, berichtet:

> »Dieser Zwischenfall, der von einer Clique der Kwantung-Armee geplant und durchgeführt wurde, stellt den ersten offenen Versuch der Armee während der Regierung Tanaka dar, sich selbst in die Formulierung der Regierungspolitik einzuschalten ... Ministerpräsident Tanaka brachte sein Bedauern und seine tiefe Sorge zum Ausdruck und begab sich zum kaiserlichen Palast, um dem Kaiser in vollem Umfang über die Ereignisse zu berichten. Nach seiner Rückkehr vom Palast rief der Ministerpräsident den Kriegsminister und mich zu einer Besprechung, in der er mitteilte, dar Kaiser habe ihm gesagt, er sei der Ansicht, daß starke Disziplinarmaßnahmen gegenüber der Armee angebracht seien und daß er [der Kaiser] dementsprechende Maßnahmen erwarte. Er [Tanaka] erklärte seine Entschlossenheit, angemessene Maßnahmen zur Aufrechterhaltung der Disziplin in der Armee zu ergreifen. Der Kriegsminister und ich brachten unsere volle Unterstützung für Tanakas Entschluß zum Ausdruck. Als aber der Kriegsminister die Angelegenheit in seinem Ministerium zur Sprache brachte, stieß er auf eine derart leidenschaftliche Opposition auf seiten der Mitglieder des Generalstabes und anderer Offiziere, daß er keinerlei Fortschritte erzielen konnte ... Da der Ministerpräsident ... dem Kaiser nicht berichten konnte, daß die Schuldigen dem Wunsche des Thrones entsprechend bestraft worden seien, trat er zusammen mit seinem Kabinett zurück. So bewies bei dieser Gelegenheit die Kwantung-Armee, daß sie mächtiger war als die japanische Regierung in Tokio und daß sich ihr Einfluß selbst bis in den Generalstab erstreckte.«[8]

So mußte der selbst als Vertreter einer repressiven Politik gegenüber China geltende Tanaka zurücktreten, weil es ihm nicht gelang, noch radikalere Armeekreise für einen Akt der Insubordination zur Rechenschaft zu ziehen, der den Absichten und Anordnungen seiner Regierung durchaus widersprach. Auch unter der anschließenden Ära des Kabinetts Hamaguchi unterblieb die Anfertigung des von Tanaka in Aussicht gestellten Berichts über die zur Ermordung Chang Tso-lins führende Verschwörung. Im historischen Rückblick gesehen, verkörpern der Tsinan-Zwischenfall und das Attentat auf Chang Tso-lin gemeinsam den Prolog zu zwei Entwicklungen, die für die internationale Politik im Fernen Osten in den nachfolgenden anderthalb Jahrzehnten von großer Bedeutung werden sollten: einerseits der steigende Einfluß radikal expansionistischer Kreise der japanischen Armee auf die Gestaltung dar innerstaatlichen und auswärtigen Politik Japans und andererseits die sich als Folge dieser Politik ergebende Entfremdung und Feindschaft zwischen der Republik China und dem Kaiserreich Japan.

Da der Mord an Chang Tso-lin nicht – wie die Attentäter erwartet hatten – zu einer Situation des politischen Chaos in der Mandschurei und zu einem bewaffneten Eingreifen Japans geführt hatte, war die Frage der künftigen Beziehungen der mandschurischen Provinzen einerseits zu der neuen chinesischen Zentralregierung und andererseits zu Japan zunächst weiterhin offen geblieben. Nachfolger des Ermordeten im politischen System der Mandschurei wurde dessen Sohn, der »junge Marschall« Chang Hsüeh-liang. Durch ihren Generalkonsul in Mukden ließ die japanische Regierung Chang mitteilen, er könne auf mancherlei japanische Unterstützung rechnen, falls er die faktische Autonomie der Mandschurei weiterhin gegenüber dem Bestreben der Kuomintang verteidige, alle Gebiete Chinas wirksam unter die integrierende Kontrolle der nationalchinesischen Zentralregierung in Nanking zu bringen.[9] Chiang Kai-shek und die Regierung der Kuomintang versuchten jedoch auf politischer Ebene die japanische Machtposition in der Mandschurei dadurch zu unterwandern, daß sie Marschall Chang Hsüeh-liang zum Mitglied des neu geschaffenen chinesischen Staatsrates von 16 Mitgliedern ernannten, der im Sinne der neuen chinesischen Verfassung von 1928 als das oberste Entscheidungsgremium der chinesischen Staatsmacht in der Periode der politischen Vormundschaftsregierung (oder Erziehungsdiktatur)[10] galt. Der »junge Marschall« erhielt von Nanking gleichzeitig auch den Posten des Vorsitzenden des Politischen Rats für Nordostchina (Mandschurei und Jehol). Chiang Kai-shek hatte diese Ernennungen gegen den Widerstand Li Tsung-jens und anderer Generale aus Kwangsi durchgesetzt, die eine militärische Eroberung der Mandschurei und die Entmachtung Chang Hsüeh-liangs befürworteten.[11] Am 29. Dezember 1928 erklärte der »junge Marschall« seine Loyalität gegenüber der chinesischen Nationalregierung in Nanking und ließ in Mukden (Shenyang) Chinas von Sun Yat-sen entworfene neue Nationalflagge mit der zwölfstrahligen weißen Sonne auf blauem Grund im roten Feld hissen.

Chang Hsüeh-liangs Beschlagnahme der Chinesischen Ostbahn

Den Auftakt zu einer neuerlichen schweren Krise der sowjetisch-chinesischen Beziehungen bildete die am 27. Mai 1929 durch Polizeieinheiten Chang Hsüeh-liangs vorgenommene Besetzung des sowjetischen Generalkonsulats in Harbin in der mittleren Mandschurei. Bei dieser Gelegenheit sollen Dokumente gefunden worden sein, die – im Falle ihrer umstrittenen Echtheit – Beweise für eine Verletzung des vertraglich zwischen Rußland und China 1924 vereinbarten Propagandaverbots darstellen würden.[12] Wie der amerikanische Konsul aus Mukden (Shenyang) berichtete, hatte dort am Tag zuvor eine Unterredung zwischen Marschall Chang Hsüeh-liang und dem sowjetischen Generalkonsul in Harbin, Melnikow, stattgefunden. Als sich Melnikow hierbei wegen der bereits im Januar erfolgten Übernahme des von der Chinesischen Ostbahn installierten Telephonsystems in Harbin durch mandschurische Autoritäten beschwerte, entgegnete Chang, er sei diesbezüglich durch keine sowjetisch-chinesischen Abmachungen gebunden. Der »junge Marschall« argumentierte, diese Aktion sei durchgeführt worden, um einer Einengung der chinesischen Souveränität entgegenzuwirken. Er fügte warnend hinzu, daß er sich aus dem gleichen Grund zu weiteren Maßnahmen veranlaßt sehen könnte.[13] Diese folgten in Form der erwähnten Besetzung des sowjetischen Generalkonsulats in Harbin am folgenden Tag. In der sowjetischen Protestnote vom 31. Mai 1929 erwähnte der Stellvertretende Außenminister der Sowjetunion, Karachan, die Durchsuchung des Generalkonsulats habe 6 Stunden lang gedauert und zur Verhaftung von 39 Personen sowie zur Wegnahme zahlreicher Dokumente geführt. Er warnte die chinesische Regierung vor weiteren Belastungen der sowjetischen Geduld, erklärte, daß Moskau sich seinerseits nun nicht mehr gebunden fühle, den exterritorialen Status der chinesischen diplomatischen Vertretungen in Rußland zu respektieren, und bestritt die chinesische Behauptung, der zufolge in den sowjetischen Generalkonsulaten in Mukden und Harbin vertragswidrige Aktivitäten propagandistischer Art getätigt worden seien.[14]

Eine Steigerung der Krise trat ein, als die Behörden Chang Hsüeh-liangs am 10. Juli 1929 das gesamte Telegraphensystem der Chinesischen Ostbahn beschlagnahmten, staatliche Handelsvertretungen der UdSSR in der Mandschurei schlossen und den sowjetischen Generaldirektor der Bahn wie auch seinen Stellvertreter zusammen mit etwa 60 anderen sowjetischen Staatsbürgern über die Grenze abschoben. 140 andere Sowjetbürger wurden verhaftet. Ein neuerlicher sowjetischer Protest vom 13. Juli betonte, daß doch in den sowjetisch-chinesischen Verträgen von 1924 hinsichtlich der Verwaltung der Bahn vereinbart worden sei, alle von der chinesisch-sowjetischen Bahnverwaltung selbst nicht lösbaren Konflikte den Regierungen der beiden vertragschließenden Parteien vorzulegen. Die Moskauer Note schlug daher vor, sofort eine sowjetisch-chinesische Konferenz über Fragen der Chinesischen Ostbahn einzuberufen, und forderte die Regierungen in Mukden und Nanking gleichzeitig zur Einstellung ihrer vertragswidrigen Aktionen auf.

Die Erwartung vieler chinesischer Politiker, die Sympathien der auswärtigen Mächte würden im chinesisch-sowjetischen Konflikt auf seiten Chinas liegen, erwiesen sich als falsch. So teilte der amerikanische Außenminister Stimson dem chinesischen Botschafter Wu mit, die öffentliche Meinung in den USA gehe nicht von der chinesischen Darstellung aus, der zufolge die Beschlagnahme der Chinesischen Ostbahn als Schutzmaßnahme gegen staatsfeindliche Propaganda zu werten sei. Man sehe im chinesischen Vorgehen viel eher einen Versuch zur gewaltsamen Aneignung russischen Eigentums. Die neutrale öffentliche Meinung des Auslands wie auch Rußland selbst würde die chinesischen Maßnahmen als einen Angriff auf die staatlichen Interessen Rußlands werten.[15] Noch drastischer drückte sich der amerikanische Botschafter in China aus.[16] Die britische Regierung bot Moskau im Juli 1929 die Wiederaufnahme der diplomatischen Beziehungen zu Großbritannien an. Hinsichtlich des chinesisch-sowjetischen Konflikts bestärkte der britische Botschafter in Washington die Ansicht Stimsons, China habe sich einerseits durch die Beschlagnahme der Chinesischen Ostbahn und andererseits auch durch seine anschließende Weigerung, den Status quo ante wiederherzustellen, ins Unrecht gesetzt.[17] Die japanische Regierung verhielt sich während des Konflikts zurückhaltend und abwartend. Tokio wünschte eine Erweiterung der sowjetischen Machtsphäre in der Mandschurei ebensowenig wie einen Erfolg des chinesischen Nationalismus, der diesen künftig auch zu einem Vorgehen gegen japanische Einflußsphären in der Mandschurei veranlassen könnte. Keine der Kolonialmächte konnte dem Präzedenzfall einer einseitigen chinesischen Wegnahme ausländischen Eigentums völlig gleichgültig gegenüberstehen. Dieses Interesse wog hier schwerer als der Antagonismus gegen das politische System der UdSSR. Ein französisches Angebot, zwischen China und Rußland zu vermitteln, wurde von sowjetischer Seite höflich, aber bestimmt abgelehnt.[18]

Eine besondere Rolle in diesem Konflikt spielte Deutschland, das gute Beziehungen sowohl zu Rußland wie auch zu China unterhielt. Deutschland hatte daher die Vertretung sowjetischer Interessen in China wie auch die Vertretung chinesischer Interessen in der UdSSR übernommen. Bereits um den 20. Juli hatten in Berlin Kontakte zwischen chinesischen und sowjetischen Diplomaten stattgefunden. Im Verlaufe ihres über die Deutsche Regierung abgewickelten Notenaustausches schien es zwischen Ende August und Mitte September 1929 fast, als könne eine friedliche Lösung des Streitfalls zwischen Rußland und China auf diplomatischem Wege erzielt werden.

Doch in einer scharfen Note Moskaus vom 17. September wird China beschuldigt, die bereits erzielten Fortschritte der chinesisch-russischen Verhandlungen durch die Zurückweisung der sowjetischen Änderungsvorschläge torpediert zu haben. Im letzten Satz dar sowjetischen Note heißt es, »die Verantwortung für die weitere Entwicklung des Konflikts fällt zur Gänze auf die Regierung in Nanking«.[19]

Moskaus militärische Offensive und die Wiederherstellung des Status quo

Was mit dieser Warnung gemeint war, zeigte sich anhand von Entwicklungen, in deren Verlauf sich anfangs sporadische bewaffnete Konflikte an der mandschurisch-sowjetischen Grenze zur Dimension eines russisch-chinesischen Grenzkrieges erweiterten. Anfang August war die Aufstellung einer sowjetischen Sonderarmee für den Fernen Osten bekanntgegeben worden. Die Stärke dieser Armee wurde auf 134.000 Mann geschätzt, zu denen eine Einheit von 7000 Mitgliedern der sowjetischen Staatspolizei (GPU) gehörte.[20] Das Kommando über die sowjetische Fernost-Armee führte jener General Blücher (alias Galin), der zweieinhalb Jahre zuvor noch als Militärberater Chiang Kai-sheks fungiert hatte und nicht zu Unrecht als vorzüglicher Kenner des chinesischen Militärs galt. Den mit modernsten Waffen einschließlich zahlreicher Kampfflugzeuge und Panzerwagen ausgerüsteten sowjetischen Streitkräften standen lediglich die schlecht bewaffneten und kaum modern ausgebildeten Söldnertruppen der mandschurischen Regionalregierung gegenüber. Die Zentralregierung in Nanking war nicht in der Lage, Chang Hsüeh-liang militärisch zu unterstützen, weil sie sich im Herbst 1929 im Kampf gegen drei Aufstandsbewegungen befand. Im Oktober hatte sich Feng Yü-hsiangs große Armee (Kuominchün) im Norden gegen die Regierung erhoben. Einen Monat zuvor hatte General Chang Fa-k'uei rebelliert. Vereint mit dem Kwangsi-General Li Tsung-jen bedrohte er die Positionen der Zentralregierung in Südchina (Kwangtung), während die chinesischen Kommunisten in Mittelchina einen wirksamen Partisanenkrieg führten.[21] Die umfangreichsten sowjetisch-chinesischen Kampfhandlungen fanden im Nordwesten der Mandschurei im Raum von Manchouli und im Nordosten am Zusammenfluß von Sungari und Amur statt. Hier entwickelte sich am 12. und 13. Oktober eine Schlacht, in deren Verlauf eine von Kampfflugzeugen unterstützte Flottille sowjetischer Kanonenboote drei chinesische Kanonenboote versenkte. Die Verluste auf beiden Seiten überschritten 1200 Mann.[22] Amerikanischen Berichten zufolge sollen die von GPU-Einheiten begleiteten Truppen Blüchers im nordwestlichen Kampfabschnitt die Bevölkerung der Siedlungen russischer Emigranten mit größter Härte dezimiert haben. Flüchtende mandschurische Truppen verbreiteten hingegen durch hemmungsloses Plündern Schrecken unter ihren eigenen Landsleuten.[23]

Bei Ende des Jahres 1929 trieb der weitere Gang der Ereignisse einem Abschluß der Krise zu. Die chinesischen Führer erkannten, daß China sich weder aus eigener Kraft durchsetzen noch auch auf die Hilfe fremder Mächte zählen konnte. Auf der anderen Seite registrierte die sowjetische Staatsführung eine wachsende Irritierung der Großmächte angesichts der Kampfhandlungen auf chinesischem Boden. Die japanische Regierung hatte Moskau Ende November zur Respektierung japanischen Eigentums und Lebens in der Mandschurei aufgefordert. Wenige Tage danach erließ der amerikanische Außenminister Stimson einen Appell an alle Signatarstaaten des Kriegsächtungspaktes (Kellogg-Briand-Pakt), in dem sie angesichts der »ernsten Kämpfe zwischen den Streitkräften Chinas und Rußlands« dazu aufgefordert wurden, ebenso wie die USA moralischen Druck auf die beiden Konfliktpartner zur Einstellung der Feindseligkeiten auszuüben.[24]

Eine in Nikolsk-Ussurik stattfindende Vorkonferenz zwischen mandschurischen und sowjetischen Vertretern führte am 3. Dezember zu einer Einigung, der zufolge China wie auch Rußland jeweils ihre führenden Beamten in der Verwaltung der Chinesischen Ostbahn durch andere Persönlichkeiten ersetzen und den durch die Verträge von 1924 an der Chinesischen Ostbahn geschaffenen Zustand wiederherstellen sollten.[25] Diese Entwicklung kommentierte der sowjetische Vizeaußenminister Litwinow am Tag darauf mit den Worten: »Der letzte Angriff unserer Truppen auf die chinesischen Angreifer hat die mandschurischen Generäle offenbar überzeugt, daß sie nicht in der Lage sind, der Roten Armee mit irgendeiner Aussicht auf Erfolg Widerstand zu leisten, und daraus haben sie ihre Schlußfolgerungen gezogen ... Wir sind in einer Position, in der es jede imperialistische Regierung für gewöhnlich vorziehen würde, nicht zu verhandeln, sondern Bedingungen zu diktieren.«[26] Ein am 22. Dezember 1929 in Chaborowsk unterzeichnetes sowjetisch-chinesisches Protokoll beinhaltete ausführlichere Durchführungsbestimmungen über die Wiederherstellung des Status quo ante an der Chinesischen Ostbahn und die Wiederaufnahme konsularischer Beziehungen. Dabei wurde China in einer für den diplomatischen Verkehr ungewöhnlichen Weise von seinem Verhandlungspartner gezwungen, in den Text des Protokolls Auszüge aus einer früheren sowjetischen Erklärung aufzunehmen, in der die chinesischen Autoritäten beschuldigt wurden, »ihre offensichtliche Ungeneigtheit und Unfähigkeit zur Respektierung allgemein anerkannter Normen des Völkerrechts« bewiesen zu haben.[27] So endete der sowjetisch-chinesische Grenzkrieg von 1929 für China mit einer Frustrierung nationalistischer Bestrebungen, bei der die Tatsache der Demütigung auch dokumentarisch zum Ausdruck gebracht worden war. Die Sowjetunion hingegen hatte durch eine bewußt begrenzte Demonstration militärischer Macht ihre Rechte an der transmandschurischen Bahn wiederhergestellt und neuerlichen Beeinträchtigungen sowjetischer diplomatischer bzw. konsularischer Vertretungen in China vorgebaut.

Strukturprobleme des politischen Entscheidungsprozesses in Japan

Zum Schauplatz der nächsten den Frieden im Fernen Osten bedrohenden Krise wurden wiederum Chinas mandschurische Nordostprovinzen. Die Urheberschaft des neuen Konfliktes, der ebenfalls mit einer Niederlage Chinas endete, ging jedoch auf expansionistische Kräfte innerhalb des japanischen Militärs zurück. Da diese Kräfte anschließend einen wachsenden und schicksalhaften Einfluß auf die Gestaltung der japanischen Außenpolitik gewinnen konnten, scheint es an dieser Stelle geboten, einen kurzen Blick auf das damals in Wandlung begriffene politische System des Kaiserreiches Japan zu werfen.

Dort waren nach der Meiji-Restauration (1868) zunächst jene oligarchischen Kreise zu den wirklichen Trägern der staatlichen Macht geworden, die diese Wiederherstellung der Kaisermacht unterstützt und die Initiative zur Modernisierung Japans ergriffen hatten. In den zwei Jahrzehnten, die dem Ende des Ersten Weltkrieges folgten, hatte es zeitweilig den Anschein, als werde es den im Reichstag vertretenen politischen Parteien gelingen, einen stärkeren Einfluß auf die politische Willensbildung der japanischen Regierung zu gewinnen. Ab der Mandschurei-Krise von 1931/32 begann jedoch jener Prozeß einer fortschreitenden Usurpierung der japanischen Regierungsgewalt durch militaristische und expansionistische Interessengruppen, der später zur Zerstörung der ohnedies schmalen Grundlagen der japanischen Demokratie führen sollte. Hozumi Nobushige, ein vormaliger Präsident des japanischen Staatsrates, hat das politische System Japans vor dem Zweiten Weltkrieg als »theokratisch-patriarchalischen Konstitutionalismus« bezeichnet. Denn der Anspruch des Kaisertums, Ausgangspunkt aller Souveränitätsrechte des japanischen Staates zu sein, wurde weltanschaulich wie auch verfassungsrechtlich mit der göttlichen Abstammung des Kaiserhauses begründet. Der dem konfuzianischen Kulturerbe entspringende Hang zur patriarchalischen Auffassung des politischen Führungsstils, dessen Urform und Grundmodell in der patriarchalischen Familienorganisation gesehen wird, machte sich auf allen Ebenen der japanischen Herrschaftsstruktur in Theorie und Praxis bemerkbar. Daneben bestanden zwar in ihrer Wirksamkeit begrenzte, aber dennoch effektive Institutionen einer Verfassungsordnung. Sie waren der freiwilligen verfassungsrechtlichen Selbstbindung der diese Verfassung erlassenden Dynastie entsprungen.

Ungeachtet seiner prädominierenden verfassungsrechtlichen Stellung griff der Kaiser nur in seltenen Ausnahmefällen direkt in den Prozeß der politischen Willensbildung ein. Sein Anspruch auf göttliche Herkunft sollte nicht durch die bei der praktischen Regierungsführung unvermeidlichen menschlichen Fehler kompromittiert werden. Er fungierte als geheiligtes priesterliches Oberhaupt der japanischen Staatsgemeinschaft (kokutai), nicht aber als Chef der japanischen Regierung. Die Berater des Kaisers – insbesondere die jeweiligen Reichssiegelbewahrer – pflegten zumeist auf eine Erhaltung der passiven Rolle des Kaisers hinzuwirken. Nicht nur der Kaiser, sondern auch seine persönlichen Berater konnten auf diese Weise vor möglichen Angriffen öffentlicher Kritik abgeschirmt werden. So stand der Verfassungstheorie einer trotz Selbstbegrenzung großen Machtfülle des Kaisers die Verfassungswirklichkeit eines entscheidungsfreien Raumes an der obersten Spitze des Staates gegenüber. Die zentrale Frage hinsichtlich des Willensbildungsprozesses der japanischen Regierung bezog sich deshalb stets auf jenen

Personenkreis, der in einem gegebenen Moment das Recht und mehr noch die Macht dazu besaß, im Namen des Kaisers für die Regierung sprechen zu können.

Die japanische Politik des Berichtszeitraumes wurde nicht von einzelnen starken Persönlichkeiten gestaltet, sondern war das Ergebnis der Interaktionsprozesse zwischen rivalisierenden oder kooperierenden Interessengruppen. Typische und in sich wiederum oft komplex strukturierte Großgruppen (batsu) dieser Art bildeten der Hofadel, dem die Berater des Kaisers und die älteren Staatsmänner der Meiji-Ära (genrô) entstammten, sowie das zivile Beamtentum (kanbatsu), das Militär (gunbatsu) und die Finanzmagnaten (zaibatsu), von denen einige der größten und bekanntesten wie die Mitsui und Mitsubishi gigantische Wirtschaftskonzerne als Familieneigentum verwalteten.[28] Als Erbe der erst ein halbes Jahrhundert zuvor gebrochenen Feudalherrschaft wirkten fernerhin regionalistische Einflüsse im Sinne von Clan-Prioritäten und Clan-Loyalitäten nach. Insbesondere gelang es den an der Meiji-Restauration maßgeblich beteiligten Clans der Chóshu und der Satsuma, einen großen Teil der politischen und militärischen Spitzenpositionen in der japanischen Regierung für ihre Mitglieder zu monopolisieren. Von neun zwischen 1885 und 1920 amtierenden Ministerpräsidenten gehörten nur zwei nicht zu einem der beiden genannten Clans.[29] Während sich die Führungspositionen des japanischen Heeres zumeist in Händen von Chóshu-Offizieren befanden, spielten Satsuma-Offiziere eine ähnlich prädominierende Rolle bei der Führung der Kriegsmarine.

Ein für die japanische Außenpolitik entscheidender Dualismus zwischen den militärischen und den zivilen Führungsspitzen der Regierung hatte sich als Folge der Kaiserlichen Verordnung über die Organisation des Kabinetts (erlassen 1889) ergeben. Denn diese Verordnung hatte dem Kriegs- und dem Marineminister das Recht des direkten Zuganges (iaku joso) zum Thron verliehen. Beide Minister konnten sich unter Umgehung des zivilen Kabinetts mit ihren Berichten unmittelbar an den Kaiser wenden. Gemäß der Verordnung war der Ministerpräsident hiervon zu verständigen. Doch geschah das in der Praxis oft erst, nachdem der Bericht an den Kaiser herangetragen worden war.[30] Im Sinne der Meiji-Verfassung war der Kaiser in der Ausübung seiner Funktionen als Oberbefehlshaber der japanischen Streitkräfte weitgehend unabhängig von irgendeiner Beteiligung seitens des Kabinetts. Ferner mußten seit dem Jahre 1900 die Kriegs- und Marineminister aus den Reihen der aktiven Generäle und Admiräle ernannt werden, wodurch die autonome Stellung der Streitkräfte im Rahmen des Herrschaftssystems weiterhin gefestigt wurde. Auch hatte es sich gewohnheitsmäßig eingebürgert, daß der Kriegsminister bei der Neubildung eines Kabinetts nur in Übereinstimmung mit den »großen Drei« der Armee, d. h. dem ausscheidenden Kriegsminister, dem Chef des Generalstabes und dem vom letzteren ernannten Generalinspektor für Militärische Ausbildung, nominiert wurde.[31] Der Chef des Generalstabes war dem Kriegsminister gleichgestellt, nicht ihm untergeordnet. Die primäre Funktion des Kriegsministers bezog sich auf die Verwaltung des militärischen Personals sowie der Materialien und Finanzen der Armee, während der Generalstabschef militärische Operationspläne entwarf und gegebenenfalls durchführte.[32] Die Unabhängigkeit der militärischen von der zivilen Gewalt wurde auch durch das Recht des Generalstabes verstärkt, Militärattachés an den Botschaften und Gesandtschaften Japans in ausländischen Staaten zu ernennen. Das weitaus größere Budget des Generalstabes ermöglichte es diesem, oft besser und rascher über politische Entwicklungen des Auslands informiert zu werden als das Außenministerium.

Im Kabinett bildete sich insbesondere auch in Fragen der auswärtigen Politik eine Führungsgruppe heraus, die sich aus vier Ministern (für Auswärtige Angelegenheiten, Finanzen, Armee und Kriegsmarine) zusammensetzte. Folglich hatten die Vertreter der Streitkräfte auch in diesem Gremium die Möglichkeit, den militärischen Standpunkt mit großem Nachdruck zu vertreten, sofern die beiden Militärminister untereinander einig waren.

Wie aus dem Gesagten hervorgeht, bildete das japanische Militär bereits vor der Krise von 1931/32 einen der stärksten Faktoren im Herrschaftsapparat des japanischen Reiches. Im Jahrzehnt nach Ende des Ersten Weltkrieges schien es aber zunächst so, als hätten die Kräfte des Parlaments und der politischen Parteien eine reale Chance, sich wirksamer als bisher in den politischen Entscheidungsprozeß einzuschalten. Im Herbst 1918 gründete Hara Takashi (Hara Kei), der erste »bürgerliche« Ministerpräsident Japans, entgegen dem Willen der Oligarchen des genrô, erstmals ein reines Parteikabinett aus Mitgliedern der Seiyukai-Partei. In den drei Jahren seines Wirkens als Regierungschef bis zu seiner Ermordung (Dezember 1921) vermochte es Hara entgegen großen auf ihn gesetzten Hoffnungen jedoch nicht, dem Reichstag und den politischen Parteien eine Position größerer Autorität und höheren Prestiges in der japanischen Politik zu erkämpfen. Die Parteien blieben programmatisch wenig profilierte Bünde, die sich jeweils aus zahlreichen, um einzelne Führer gebildeten Gruppen und Grüppchen zusammensetzten. Vor allem vermochten es die Parteien nicht, zu anerkannten Vertretern und Verfechtern der Interessen weiterer Bevölkerungsschichten zu werden oder zumindest als solche zu gelten. Die auch gegen führende Parteipolitiker dieser Zeit gerichtete Anklage der Korruption war häufig nicht unberechtigt.[33] So war es auch ein offenes Geheimnis, daß der Zaibatsu-Konzern der Mitsui vermutlich nicht ohne Gegenleistung die Seiyukai-Partei unterstützte, während sein Konkurrent, der Mitsubishi-Konzern, die Minseito-Partei förderte. In zwei Kabinetten dieser Partei fungierte der Schwiegersohn des Mitsubishi-Chefs als Finanzminister.[34]

Im Mai 1925 wurde ein Gesetz über die Einführung des allgemeinen Wahlrechts für die männliche Bevölkerung verabschiedet. Nahezu gleichzeitig wurde ein neues »Gesetz zur Wahrung des Friedens« (Chian Iji Ho) erlassen, das die Kontrollbefugnisse der Polizei weitgehend verstärkte, um als unerwünscht betrachteten Folgen des Wahlgesetzes entgegenwirken zu können. Die neue Möglichkeit, weite Wählermassen für sich gewinnen zu können, gab den in Japan damals vorerst nur rudimentär vertretenen Linksparteien zunächst einen beträchtlichen Auftrieb. Doch blieben die erhofften Resultate aus. Nach Angaben des Japanischen Gewerkschaftsbundes Nihon Rodo Sodomei waren im Herbst 1925 nur 250.000 der insgesamt 4 Millionen japanischer Industriearbeiter gewerkschaftlich organisiert. Ungeachtet aller Bemühungen war diese Zahl bis zum Jahre 1929 nur auf 330.000 gestiegen. Die durchschnittliche Mitgliedschaft der zahlreichen, nur locker miteinander verbundenen Gewerkschaften betrug lediglich 524 Arbeiter.[35] Bei den ersten Wahlen, die nach dem Gesetz über das allgemeine Wahlrecht 1928 stattfanden, konnten die japanischen Arbeiterparteien insgesamt nur 8 Sitze im Unterhaus des Reichstages erringen. Bei den Wahlen von 1932 war ihre Stimmenzahl von 492.221 auf 299.979 und die Anzahl ihrer Unterhaussitze auf nur 5 zurückgegangen.[36] Trotz des geringen Umfanges und des mangelnden Erfolges der Linksparteien trug ihre Existenz, insbesondere aber die der mit Moskau eng zusammenarbeitenden und von dort unterstützten Kommunisten, zu Befürchtungen und Spannungen auf seiten der großen, nichtmarxistischen Parteien bei. Innerhalb der Kommunistischen Internationale der zwanziger Jahre gehörte der Japaner Katayama Sen zu den prominentesten Gestalten des ostasiatischen Kommunismus dieser Ära.

Wirkungen der Weltwirtschaftskrise und maritimen Rüstungsbegrenzung für Japan

Die Weltwirtschaftskrise von 1929/30 führte insbesondere auch in Japan zu schweren wirtschaftlichen und sozialen Erschütterungen. Die Exporte und Preise für Seide aus Japan fielen beide innerhalb weniger Monate um 50 Prozent, während der Bevölkerungszuwachs allein im Jahre 1930 einen Umfang von 942.000 Personen erreichte. Fallende Reispreise bei gleichbleibenden Steuerlasten brachten fühlbare Härten für die ohnedies weitgehend verarmten japanischen Bauern. Die Goldreserven der Bank von Japan verringerten sich von 1929 bis Ende 1935 von 1072 auf 470 Millionen Yen.[37] Neben den wirtschaftlichen Belastungen, die in einer Situation akuter Not viele gegebene soziale Mißstände stärker denn je bewußt werden ließen, trugen auch zwei außenpolitische Ereignisse zur Verschärfung der innenpolitischen Spannungen bei. Das eine bestand in dem von beiden Häusern des amerikanischen Kongresses mit jeweils großen Mehrheiten verabschiedeten Einwanderungsgesetz, das Asiaten von der Möglichkeit einer Einwanderung in die USA ausschloß. Dieser Maßnahme war insbesondere an der amerikanischen Westküste eine von nationalistischen Gruppen und Gewerkschaften geforderte antijapanische Agitation mit unverkennbaren rassistischen Tendenzen vorangegangen. Weite Kreise der japanischen Bevölkerung betrachteten das Gesetz und die Begleitumstände seiner Entstehung als eine Diffamierung des japanischen Volkes, deren Ursache in der Feindschaft und im rassischen Überlegenheitsgefühl der weißen Amerikaner zu suchen sei.

Das andere außenpolitische Ereignis war das Ergebnis der dreimonatigen Konferenz über die Begrenzung der Flottenstärken der führenden Seemächte, die von Januar bis April 1930 in London in Weiterführung der Ansätze des Washingtoner Vertrages über die Begrenzung der maritimen Rüstung von 1922 stattgefunden hatte. Auf der Londoner Konferenz hatten die Vertreter der liberalen Minseito-Regierung des Ministerpräsidenten Hamaguchi den sogenannten Reed-Matsudaira-Kompromiß angenommen. Dieser sah vor, daß die japanische Kriegsmarine im Verhältnis zur Flottenstärke der USA (pro Schiffsgattung 100 Prozent) 60,2 Prozent der Tonnage für schwere Kreuzer, 70 Prozent für kleine Kreuzer, 70,3 Prozent für Zerstörer und Parität für Unterseeboote erhalten sollte. Admiral Kato Kanji, der Chef des japanischen Admiralstabes, und andere ihn unterstützende militärische Führer fanden das obengenannte maritime Kräfteverhältnis zwischen Japan und den USA unannehmbar. Um die von der Regierung Hamaguchis geplante Annahme des Reed-Matsudaira-Kompromisses zu verhindern, beriefen sich Admiral Kato und seine Unterstützer auf Artikel XI der Meiji-Verfassung, dem zufolge der Kaiser das Oberkommando über die Streitkräfte innehatte. Da aber ein anderer Teil der militärischen Führung, einschließlich des Marineministers Admiral Takarabe, den Standpunkt der Regierung teilte, konnte sich das Kabinett der Minseito-Partei gegenüber dem Admiralstab durchsetzen. Die Kontroverse hatte jedoch in der japanischen Öffentlichkeit heftige Auseinandersetzungen ausgelöst. Die Marine vermochte zahlreiche sie durch Resolutionen und Demonstrationen unterstützende Kräfte und Verbände gegen die Regierungspolitik zu mobilisieren. Auch ein nicht unbedeutender Teil der Presse schloß sich dieser Kritik an. Und wieder fielen Schlagworte wie »nationale Demütigung«, »Gefährdung der nationalen Sicherheit«, »Kapitulation vor den westlichen Großmächten«. Ministerpräsident Hamaguchi, der als Zivilist und Chef einer Parteiregierung nicht zuletzt dank seiner persönlichen Entschlossenheit die Kraftprobe in der Frage des Entscheidungsrechts der Regierung gegenüber der Führung der Streitkräfte erfolgreich bestanden hatte, wurde am 14. November 1930, sechs Wochen nach der Billigung des Flottenvertrages durch den Staatsrat, Opfer eines Mordanschlages. Der jugendliche Attentäter berief sich auf die Schlagworte und Motive, mit denen die nationalistische Opposition gegen Hamaguchis Ausgleichspolitik polemisiert hatte.[38] Der schwerverletzte Ministerpräsident überlebte den Anschlag noch etwa ein Jahr und starb im August 1931, einen Monat vor Beginn der neuen japanischen Expansionspolitik in Chinas mandschurischen Nordostprovinzen, dem zehn Jahre später die Ausweitung des Zweiten Weltkrieges auf den Pazifik folgte.

Die Entwicklung und Programmatik des sozial-imperialistischen Radikalismus in der japanischen Politik

Die Auswirkungen der großen Wirtschaftsdepression, das sich verschärfende Elend der bäuerlichen Massen und das Versagen der politischen Parteien vor der Aufgabe einer wirksamen Interessenvertretung der Wählermassen trugen gemeinsam mit dem Gefühl außenpolitischer Demütigung und Gefährdung zur Entstehung eines psychologischen Klimas bei, das einen wachsenden Einfluß radikaler Tendenzen in der japanischen Politik begünstigte. Träger dieser organisatorisch nicht geschlossenen, sondern in verschiedene Gruppen mit ähnlicher Zielsetzung aufgesplitterten Bewegung waren zumeist jüngere Offiziere der japanischen Streitkräfte. In einer für die Zielsetzung und Mentalität der Radikalen bezeichnenden Grundsatzerklärung der im September 1930 von Oberstleutnant Hashimoto Kingoro gegründeten Sakurakai (Kirschblüten-Gesellschaft), die sich aus jüngeren Offizieren zusammensetzte, heißt es:

> »Obwohl es viele Gründe für die gegenwärtige ernste Lage unserer Nation gibt, müssen wir zunächst auf die schwere Verantwortung der Herrschenden hinweisen, ... die mit der Verfolgung ihrer politischen und materiellen Eigeninteressen beschäftigt waren ... Wenn wir zudem die Frage des Londoner Vertrages [zur Begrenzung der Flottenrüstung] betrachten, wird es ersichtlich, daß das giftige Schwert demoralisierter und begehrlicher Parteipolitiker gegen das Militär gerichtet wird. Betäubt von den schrecklichen sozialen Zuständen mangelt es der militärischen Führung ... an dem Mut und der Entschlossenheit, sich selbst gegen diese korrupte Politik zu wehren ... Daher kommt es uns als einfachen Mitgliedern der Armee zu, die Einheit zu festigen ... nicht nur um eine Wiederholung des Versagens der Kriegsmarine zu verhindern. Von starkem Patriotismus beseelt, müssen wir uns gleichzeitig auch auf eine Säuberungsaktion gegen die korrupten und habgierigen Machthaber vorbereiten. Eine

Beobachtung gegenwärtiger sozialer Zustände zeigt das unmoralische Verhalten führender Politiker, die Korruption der politischen Parteien, das mangelnde Verständnis der Kapitalisten und Aristokraten für die Massen, ... die Zerrüttung der Dörfer, sowie den Ernst der Arbeitslosigkeit und Depression ... Wenn wir fernerhin unsere auswärtige Politik betrachten, so ergibt sich, daß die Regierenden die langfristigen Interessen der Nation vernachlässigen, nur nach dem Wohlwollen fremder Mächte streben und keine Begeisterung für eine auswärtige Expansion an den Tag legen. Der für die Zeit nach der Meiji-Restauration kennzeichnende positive Unternehmungsgeist ist völlig verschwunden. Tagtäglich wird die Nation von Bevölkerungs- und Ernährungsproblemen bedroht. Die kaiserliche Nation wird einer schweren Krise entgegengeführt ... Das Volk ersehnt mit uns das Auftreten einer aktionsfreudigen und sauberen Regierung, die sich wirklich auf die Massen stützt und sich wahrhaft um den Kaiser schart.«[39]

Die Erklärung enthält ferner auch den Hinweis, daß sich die Offiziere zwar als Mitglieder der Streitkräfte nicht direkt in die Regierungspolitik einmischen sollten, daß aber die Treue zur Nation ein gelegentliches Eingreifen in den Prozeß der Politik erfordern könne. Als Motive solcher denkbarer Interventionen wurden die Berichtigung der Politik und die Expansion der nationalen Macht genannt.

Trotz aller Unterschiede in Einzelheiten der Organisation, der Führung und der Folge ideologischer Prioritäten erwiesen sich die meisten radikalen Gruppen dieser Richtung als Anhänger folgender Zielsetzungen:

1. Ihrem Selbstverständnis entsprechend glaubten sie sich berufen, Japan auf dem Wege der gewaltsamen direkten Aktion vor inneren und äußeren Gefahren »retten« zu müssen. Inoue Nissho, der Führer des sogenannten Bluteid-Korps (Ketsumeidan), sagte beispielsweise vor Gericht: »Das alte Herrschaftssystem zu stürzen ist ein zerstörerischer oder negativer Akt, das neue Herrschaftssystem zu errichten ist ein konstruktiver oder positiver Akt. Ohne Zerstörung kann es jedoch keinen Aufbau geben. Da eine extreme Negation einer echten Bejahung entspricht, ist Zerstörung zugleich auch Aufbau. Beide sind von einander untrennbar.«[40]

2. Alle diese Gruppen verstanden sich als antiparlamentarische Opposition insofern, als sie die ihnen korrupt erscheinende Praxis des japanischen Parlamentarismus ebenso ablehnten wie viele aus der politischen Geistesgeschichte des Westens stammende Konzeptionen, deren Verwirklichung das Parlament als Institution dienen sollte.

3. Kapitalismus, Liberalismus und Marxismus galten als dem japanischen Nationalcharakter widersprechende Verhaltensformen, die der gemeinsamen Wurzel des okzidentalen Materialismus und Individualismus entsprungen seien. Kapitalisten und Liberale standen in dem Verdacht schädlicher Kompromißbereitschaft gegenüber den westlichen Demokratien, während die japanischen Marxisten oft als Agenten der UdSSR betrachtet wurden.[41]

4. Dem Haß der Radikalen auf den japanischen Kapitalismus entsprachen ihre Konzeptionen eines Staatssozialismus, der eine gerechtere Verteilung des nationalen Einkommens und eine Verbesserung der Lage des Bauerntums herbeiführen sollte. Viele der Offiziere und Mannschaften entstammten der bäuerlichen Bevölkerungsmehrheit, von der ein großer Prozentsatz in der Tat unter Bedingungen härtester Armut lebte. Trotz einer wachsenden Bevölkerungszahl hatte die landwirtschaftliche Anbaufläche seit der

Meiji-Ära nur geringfügig erweitert werden können, während die Industrie, insbesondere zur Zeit der Depression, die vom Land zur Stadt abwandernden Massen der Arbeitsuchenden nicht in genügendem Umfang absorbieren konnte. Die Hälfte der agrarischen Anbaufläche bestand aus Pachtland. Von den fünfeinhalb Millionen erfaßten Bauernfamilien des Jahres 1928 hatten 68 Prozent ihr Land zur Gänze oder zum Teil von Grundbesitzern gepachtet. Mit dem krisenbedingten Sinken der Preise für Agrarprodukte stieg die Verschuldung des japanischen Bauerntums im Jahre 1931 auf einen Betrag von ca. 5 Milliarden Yen.[42]

Kita Ikki (1884–1937), einer der einflußreichsten Ideologen der Radikalen, dessen Schriften in Auflagen bis zu zwei Millionen verkauft wurden, forderte im wirtschaftlichen Teil seines Programms gesetzliche Begrenzungen des privaten Eigentums an Grundbesitz, Kapitalanlagen und sonstigem Vermögen. Der über diese Begrenzungen hinausgehende Besitz und alle Unternehmen mit einem Kapital von mehr als einer Million Yen sollten vom Staat eingezogen und verwaltet werden.[43] Der Kaiser selbst solle mit seinem Beispiel vorangehen und einen großen Teil der Besitzungen des Kaiserhauses der Öffentlichkeit zur Verfügung stellen.[44] Für viele der Radikalen verkörperten Familie und Dorfgemeinschaft Urformen und Modelle einer vor Einbruch der korrumpierenden westlichen Einflüsse gegebenen sozialen Lebensform in Japan, die auch der künftigen Staats- und Gesellschaftsorganisation als Vorbild dienen sollten. Während im marxistischen Denken Intellektuelle und Arbeiter als tragende Schichten der sozialen Erneuerung galten, waren es in der Vorstellungswelt der japanischen Radikalen die Offiziere und Bauern.

5. Die Institution und der Kult des Kaisertums bildeten das emotionale und staatsrechtliche Zentrum in der Programmatik aller radikal-nationalistischen Gruppen. Wie der Bauernführer Tsuda Kozo es darstellte, war japanischer Auffassung zufolge nicht das Individuum, sondern die Familie die Keimzelle der Gesellschaft. Jede dieser Familien sei eine unabhängige, in sich geschlossene Einheit. Das Individuum existiere primär als Teil dieser Einheit. Das japanische Volk aber solle nichts anderes sein als ein Zusammenschluß aller Familien auf der Ebene der Nation. »Der Kaiser ist der Souverän, das Familienoberhaupt, das Zentrum und der allgemeine Repräsentant des vereinigten Staatskörpers.«[45] Als direkter Nachkomme der Sonnengöttin Amaterasu Omikami verkörperten die Person und Institution des Kaisers den Mythos und die übergeschichtliche Herkunft des japanischen Volkes, aus der sein besonderer Charakter wie auch seine einmalige historische Mission abgeleitet werden konnten. Das große Ziel für Kita Ikki und zahlreiche andere nationalistische Radikale bestand in der Verwirklichung einer wahren Einheit von Kaiser und Volk. Um sie zu erreichen, müsse die bisherige Struktur des japanischen Reichstages aufgelöst werden, weil die Kapitalisten des Unterhauses und die Aristokraten des Oberhauses zwischen Kaiser und Volk stünden und zum Vollzug einer großen Reform unfähig seien.[46] Aus dem gleichen Grunde solle die Institution des Adels überhaupt abgeschafft werden. Die männliche Bevölkerung Japans aber müsse ihr Wahlrecht bewahren. Denn die Pflicht des Volkes zur Verteidigung des Landes könne nicht von seinem Recht zur Teilnahme an der Regierung getrennt werden.[47] Um eine solche Erneuerung des Reiches zu erwirken, solle man auch vor der Methode des Staatsstreichs nicht zurückschrecken. Das Beispiel Napoleons und Lenins zeige die Möglichkeit, den Staatsstreich als Mittel zu positiven Zwecken zu verwenden.[48]

6. Eine weitere, den radikalen Gruppen gemeinsame Grundhaltung ergab sich aus der Überzeugung, Japan müsse den Bereich seiner staatlichen Macht auf weitere Gebiete Ostasiens ausdehnen. Als Motiv dieser imperialistischen Zielsetzung wurden verschiedene Gründe genannt. So gebrauchte der bereits erwähnte Hashimoto Kingoro den Vergleich, Japan stelle eine eng zusammengedrängte Menschengruppe in einem Raum dar, aus dem nur drei Türen herausführten. Die erste dieser Türen sei die von der diskriminatorischen Einwanderungsgesetzgebung der USA und anderer Staaten verschlossene Möglichkeit der Emigration. Die zweite Tür sei die des intensivierten Außenhandels. Aber auch dieser Weg sei durch die hohen Zollmauern anderer Staaten weitgehend verriegelt worden. Daher bleibe nur noch die dritte Tür der territorialen Expansion.[49] Hinter dieser Argumentation stand der Wille, durch territoriale Erwerbungen auf Kosten anderer Staaten jenen Mangel an Rohstoffen und an strategischer Raumtiefe auszugleichen, der das japanische Inselreich schwächer erscheinen ließ als seine machtvollen Nachbarn, die USA im Osten und die UdSSR im Westen. Es fehlte auch nicht an ideologischen Rechtfertigungsversuchen. So sagte der als Abgott der radikalen jungen Offiziere geltende General Araki Sadao, angesichts der Kolonisierung nahezu aller Staaten Asiens durch Mächte fremder Kontinente sei es die historische Mission des freien und mächtigen Kaiserreiches Japan, diese asiatischen Staaten von der Vorherrschaft der weißen Mächte zu befreien.[50]

Dem geplanten Verhältnis Japans zu den anderen Staaten Asiens schien jedoch jene patriarchalische Konzeption zugrunde zu liegen, die analog dem Urmodell der Familie auch auf die gewünschte innere Ordnung des japanischen Staates übertragen worden war. Kraft der Priorität seiner Selbstbefreiung vom Einfluß fremder Mächte, vermöge seines vorbildhaften Aufstieges zur Industriemacht und aufgrund des mythischen Sendungsbewußtseins der »kaiserlichen Nation« glaubten die Radikalen, Japan werde in einer von ihm zu befreienden asiatischen Völkerfamilie gleichsam die Führungsrolle einer patriarchalisch wohlwollenden und Autorität beanspruchenden Nation gegenüber den übrigen asiatischen Staaten zu spielen haben. Die Kritik und Opposition anderer Mächte vorwegnehmend, wiesen Araki und seine Gesinnungsgenossen vorsorglich auf die Imperialismen Englands in Indien, Amerikas in Lateinamerika und Rußlands in Zentralasien und der Mongolei hin.[51] Damit sollte gesagt werden, daß andere Nationen in der Vergangenheit so imperialistisch gehandelt hätten, wie man es jetzt für Japan plane, wobei es jedoch den anderen Imperien an jener besonderen Mission gemangelt habe, in der man die Rechtfertigung der japanischen Vorherrschaft über andere Staaten erblicken wollte. Mit dem Vorbehalt einer geplanten Hegemonie Japans kann in der internationalen Programmatik der radikalen Nationalisten eine eindeutig panasiatische Tendenz gesehen werden. Verbunden damit tauchen auch hier und da Äußerungen eines Rassismus auf, den man als »reaktiven Rassismus« deshalb bezeichnen könnte, weil er als Reaktion auf das rassistische Überlegenheitsgefühl okzidentaler Kolonialmächte und ihre Politik der Einwanderungssperre gegenüber Asiaten entstanden war.

7. Eine weitere gemeinsame Haltung der radikalen Oppositionsgruppen ergab sich aus ihrem Militarismus. Die Tugenden des Kriegers, insbesondere seine innerweltliche Askese im Dienste des Kaisers, galten als allgemein verbindliche Ideale für die japanische Gesellschaft. Neben dieser besonderen Wertschätzung des »bushido« (Weg oder Art des Kriegers), der von den jungen Offizieren und allen traditionalistischen Kreisen

betont als Gegenmodell zur individualistischen Lebenshaltung der Kapitalisten und der Liberalen hervorgehoben wurde, beanspruchten die Radikalen auch aus Gründen des beruflichen Expertentums eine Führungsrolle des Militärs in allen Fragen der auswärtigen Politik, die für die nationale Sicherheit des japanischen Staates von Belang waren.

Die Manipulierung des Mukden-Zwischenfalls 1931

Im Bereich der praktischen Politik hatten bereits die oben erwähnten Präzedenzfälle des sogenannten Tsinan-Zwischenfalls und der Ermordung Marschall Chang Tso-lins eine Art der Einflußnahme auf die Gestaltung der japanischen Außenpolitik gezeigt, die sich durch unautorisierte Gewaltakte mit der Absicht zur Schaffung von Faits accomplis äußerte. Träger dieser Methode der »Steuerung von unten« waren Offiziere der in der Mandschurei stationierten japanischen Streitkräfte gewesen. Die Anwendung dieser Methode führte im Jahre 1931 zum Beginn der Mandschurei-Krise, die im Rückblick gesehen den Ausgangspunkt der bisher größten Expansionswelle der japanischen Außenpolitik gegen den ostasiatischen Kontinent bildete.

In der Mandschurei war der wachsende Einfluß des chinesischen Nationalismus mit dort gegebenen Interessensphären Rußlands und Japans vor allem in den zwanziger Jahren in Konflikt geraten. Die Chinesen versuchten, der wirtschaftlichen und strategischen Beherrschung ihrer Nordostprovinzen durch Japan dadurch entgegenzuwirken, daß sie in offener Konkurrenz mit der von Japan kontrollierten Südmandschurischen Eisenbahn eigene, oft parallel laufende Eisenbahnlinien bauten. Ebenso versuchten sie, Bestimmungen »ungleicher Verträge«, die noch von der Mandschu-Dynastie zugunsten Japans geschlossen worden waren, zu umgehen. Reibereien ergaben sich auch aus der Anwesenheit von 800.000 Koreanern in der Mandschurei, die auf Grund der Annektierung Koreas durch Japan zu japanischen Staatsangehörigen geworden waren. Ein Zusammenstoß zwischen diesen Koreanern und Chinesen (der sogenannte Wanpaoshan-Zwischenfall) vom Sommer 1931 wie auch die Tötung des japanischen Geheimagenten Hauptmann Nakamura durch chinesische Soldaten hatten im Frühherbst 1931 zu einer außerordentlichen Verschärfung der japanisch-chinesischen Rivalitäten in der Mandschurei geführt. In dieser Situation mußte ein weiterer Funke genügen, um das mandschurische Pulverfaß extrem gesteigerter chinesisch-japanischer Spannungen zur Explosion einer Krise von internationaler Bedeutung zu bringen.

Zwei führende Mitglieder der in der Mandschurei stationierten japanischen Kwantung-Armee, Oberst Itagaki Seishiro und Oberstleutnant Ishiwara Kanji, beide Anhänger einer radikal nationalistischen Gruppe, beschlossen, die Entstehung eines solchen Funkens nicht dem Zufall zu überlassen. Beide hatten zuvor den Standpunkt vertreten, Japan bedürfe des Gebiets der Mandschurei sowohl zur Stärkung seiner Industriemacht als auch zur Ansiedlung von Teilen seines Bevölkerungsüberschusses. Gemeinsam mit anderen einflußreichen Offizieren der Kwantung-Armee betrachteten sie den, wenn auch nur sehr bedingt, mit Chiang Kai-shek kooperierenden »jungen Marschall« Chang Hsüeh-liang als einen zu beseitigenden Gegner japanischer Herrschaftsansprüche in den mandschurischen Nordostprovinzen.

Angesichts dieser Situation und bedrohlicher Andeutungen seitens anderer Offiziere der Kwantung-Armee[52] erkundigte sich der japanische Kaiser am 10. und 11. September 1931 beim Kriegs- und Marineminister nach dem Stand der militärischen Disziplin der japanischen Streitkräfte. Der Kriegsminister gab die Unzufriedenheit der jüngeren Offiziere mit der japanischen Außenpolitik zu, versprach aber, gegenüber jedem Versuch einer Zuwiderhandlung gegen die Politik der Regierung wachsam zu sein.[53] Als Kriegsminister Minami kurz darauf am 14. September 1931 ein Telegramm des Stabschefs der Kwantung-Armee, General Miyake, erhielt, in dem dieser angesichts einer als heikel bezeichneten Situation um die Entsendung zweier Generale aus Tokio ersucht hatte, beschlossen der Kriegsminister und Generalstabschef Kanaya, den Leiter der strategischen Abteilung des Generalstabes, General Tatekawa, nach Mukden zu senden. Ein Grund für General Miyakes telegraphische Bitte ist in der Tatsache zu sehen, daß er zuvor von Itagaki und Ishiwara gedrängt worden war, einen Zwischenfall in der Mandschurei vom Zaun zu brechen. Miyake hatte sich geweigert und zugleich um den Besuch Tatekawas zum Zweck einer Lagebesprechung mit einem Beauftragten des Generalstabes gesucht. Insgeheim aber wurden die Verschwörer der Gruppe Itagaki und Ishiwara durch einen Vertrauensmann im Generalstab von dem Kommen und dem Auftrag General Tatekawas informiert. Während dieser nach seiner Ankunft in Mukden am 18. September 1931 in einem luxuriösen Restaurant nach japanischer Art bewirtet wurde, erfolgte um zehn Uhr abends an der Südmandschurischen Eisenbahn in der Nähe von Mukden eine mysteriöse Explosion, an die sich ein Gefecht zwischen japanischen und chinesischen Truppen anschloß. Daraufhin erteilte Oberst Itagaki den eigenmächtigen Befehl zum Angriff auf die chinesische Garnison in Mukden und zur Eroberung dieser Stadt durch Einheiten der Kwantung-Armee.[54] In Gestalt dieser Provokation war der zündende Funke für das Pulverfaß der mandschurischen Spannungen gefunden worden. Ein neuer und schicksalhafter Versuch radikaler Nationalisten zur Erzwingung einer »Entscheidung von unten« hatte begonnen.

Tokio und die Aggressionspolitik der Kwantung-Armee in der Mandschurei

Am Morgen des folgenden Tages trat das japanische Kabinett zur Beratung der mandschurischen Krise zusammen. Vor vollendete Tatsachen gestellt, beschloß man, die Aktion der Kwantung-Armee im nachhinein zu billigen. Gleichzeitig aber wurde der Kwantung-Armee mitgeteilt, die Regierung wünsche keinerlei weiteren Verschärfungen oder Ausdehnungen der Krise. Der mit den Verschwörern der Kwantung-Armee sympathisierende Oberkommandierende der japanischen Streitkräfte in Korea berichtete, seine Truppen seien zum Eingreifen in der Mandschurei mobilisiert worden. Der Chef des Generalstabes Kanaya hatte jedoch jede voreilige Aktion der japanischen Armee in Korea untersagt. Nach einer Besprechung der »großen Drei« der japanischen Streitkräfte (Kriegsminister Minami, Generalstabschef Kanaya und Generalinspekteur Muto), die am 20. September, dem Tag nach der erwähnten Kabinettssitzung stattfand, teilte der Kriegsminister Pressevertretern die Ansicht der militärischen Führung in Tokio zur Lage mit, die er in folgenden Punkten zusammenfaßte: 1. Verstärkungen würden in die Mandschurei nur im Falle chinesischer Gegenangriffe entsandt werden. 2. Die Entsendung japanischer Truppen aus Korea bedürfe der Zustimmung des Kabinetts. Sollte aber angesichts neuer Krisenentwicklungen eine rasche Reaktion erforderlich werden, so hätten die Oberkommandierenden der japanischen Truppen in der Mandschurei und in Korea die Vollmacht, nach eigenem Gutdünken zu handeln. 3. Das Kabinett werde über den gesamten Fragenbereich der Beziehungen Japans zur Mandschurei und Inneren Mongolei zu entscheiden haben. Es sei der Wunsch der Armee, daß eine Regelung dieser Fragen jetzt in einer Weise herbeigeführt werde, die von der Armee dem Kabinett vorgeschlagen würde. 4. Partner der japanischen Lösungsbemühungen sollten die örtlichen chinesischen Behörden in der Mandschurei und nicht die chinesische Nationalregierung in Nanking sein. 5. Die Streitkräfte wünschten ebensowenig wie die japanische Regierung eine Erweiterung der Krise. Diese Politik der Kriseneindämmung bedeute jedoch nicht notwendigerweise, daß keine Erweiterung der militärischen Operationen stattfinden werde.[55] Noch am Abend zuvor hatte der Kriegsminister dem Ministerpräsidenten Wakatsuki gesagt, die in Korea an der mandschurischen Grenze in Bereitschaft stehenden japanischen Truppen würden vom japanischen Oberkommando in Korea in Marsch gesetzt werden, sofern dies nicht bereits geschehen sei. Als der Ministerpräsident auf die fehlende Ermächtigung hierzu seitens der Regierung hinwies, berief sich Kriegsminister Minami auf den Präzedenzfall des Tsinan-Zwischenfalles, bei dem die Armee ebenfalls nach eigenem Gutdünken gehandelt habe.[56] Wieder einmal war der gefährliche und frustrierende Dualismus zwischen dem zivilen und dem militärischen Arm der japanischen Staatsmacht im außenpolitischen Entscheidungsprozeß ersichtlich geworden. Die Haltung der höfischen Berater des Kaisers wird aus einer Notiz des späteren Reichssiegelbewahrers Kido Koichi vom 22. September ersichtlich. Es heißt hier, das Militär habe in der mandschurischen Frage eine derart entschlossene Haltung an den Tag gelegt, daß eine Nichtbefolgung von Weisungen der Regierung für alle jene Fälle befürchtet werden müsse, in denen solche Weisungen den Interessen des Militärs zuwiderliefen. Zwar habe der Kaiser den Beschluß des Kabinetts unterstützt, jede Ausweitung des Konflikts in der Mandschurei zu vermeiden. Kido fährt fort: »Es wird jedoch berichtet, die Armee glaube, daß dem Kaiser diese Ansicht von seinen engsten Beratern eingegeben worden sei, was Unwillen [bei der Armee] hervorgerufen habe. Angesichts dieser Umstände hatten wir beschlossen, es sei besser, wenn der Kaiser – außer im Falle der Notwendigkeit – keine weitere Stellungnahme abgebe.«[57]

Während der japanische Generalkonsul in Mukden Außenminister Shidehara berichtete, alle Anzeichen sprächen dafür, daß es sich bei dem mandschurischen Zwischenfall um die Durchführung eines »vorgefaßten Planes« der Kwantung-Armee handle, und während der Außenminister das Kabinett von diesen Berichten in Kenntnis setzte, war seitens der Kwantung-Armee eine Erweiterung des Krisenbereichs geplant und eigenmächtig erzwungen worden. Wie aus dem Tagebuch von Leutnant Katakura Tadashi, einem Adjutanten von Oberst Itagaki, hervorgeht, hatten die aktivistischen Stabsoffiziere der Kwantung-Armee ihren Oberkommandierenden in der Nacht vom 20. auf den 21. September dazu überredet, trotz des Regierungsbefehls zur Nichtausweitung der Krise eine Offensive in Richtung auf Kirin zu initiieren, die am 21. September um 3 Uhr früh begann. Um die Regierung unter den Druck vollendeter Tatsachen zu setzen, wurde Tokio erst einige Stunden später von dem eigenmächtigen Vorgehen der Kwantung-Armee informiert.[58] Am Nachmittag des gleichen Tages rückten in Korea stationierte japanische Streitkräfte, ebenfalls ohne von Tokio hierzu Befehle erhalten zu haben, in der Mandschurei ein. Trotz des Widerstandes von Außenminister Shidehara und Finanzminister Inoue sah sich das Kabinett wiederum zu einer rückwirkenden Billigung des unautorisierten Vorgehens der Kwantung-Armee veranlaßt.[59] Auch diese Billigung wurde mit der eindringlichen Mahnung verbunden, keine neuerliche Ausweitung des Konflikts zu veranlassen.

Ebenfalls am 21. September erfolgte die Anrufung des Völkerbundes durch die chinesische Nationalregierung. Diese forderte Maßnahmen zur Eindämmung der Krise, die Wiederherstellung des Status quo in der Mandschurei und Reparationen für die von japanischen Streitkräften verursachten Zerstörungen.[60] Wie oft in Konflikten zwischen Staaten von ungleicher Stärke war China als schwächerer Gegner an der Beteiligung anderer Mächte an den Verhandlungen zur Beilegung der Krise interessiert. Japan als die stärkere Macht betonte hingegen die Notwendigkeit bilateraler japanisch-chinesischer Verhandlungen. Der Völkerbundsrat beschloß am 22. September, einen Appell an die Regierungen in Nanking und Tokio zu richten, in dem diese aufgefordert wurden, jede weitere Verschärfung der Krise zu vermeiden und ihre Truppen zurückzuziehen, soweit dies ohne die Gefährdung des Lebens und Eigentums ihrer jeweiligen Staatsangehörigen geschehen könne.

Die japanische Regierung war jedoch nicht dazu bereit, sich in irgendeiner Weise in der Frage des Rückzuges der japanischen Streitkräfte festlegen zu lassen. Im Bewußtsein ihrer besseren Rechts-, jedoch schwächeren Machtlage erklärte die chinesische Regierung ihre Bereitschaft zu einer schiedsgerichtlichen oder gerichtlichen Regelung des Streitfalles mit Japan im Sinne von Artikel 13 der Völkerbundssatzung.[61] Entsprechend einer – vom japanischen Delegierten prompt beanstandeten – Entschließung des Völkerbundsrates nahm ein diplomatischer Vertreter der nicht zum Völkerbund gehörenden USA im Oktober 1931 an dessen Beratungen der Mandschurei-Krise teil. Während am 8. Oktober japanische Kampfflugzeuge die mandschurische Stadt Chinchow, den temporären Regierungssitz Marschall Chang Hsüeh-liangs, bombardierten und hierdurch die internationale Öffentlichkeit schockierten, formulierten die »großen Drei« der japanischen Armee (Kriegsminister, Generalstabschef und Generalinspekteur) am gleichen Tage ihre Vorstellungen bezüglich des weiteren japanischen Verhaltens. Ihnen zufolge sollte dem angegriffenen China die gesamte Verantwortung für die Mandschurei-Krise angelastet werden. Die strittigen Punkte sollten jetzt und zwar mit den »örtlichen« chinesischen Behörden verhandelt werden. Bis dahin, zumindest, sei der Status quo in der Mandschurei zu wahren und Einmischungsversuche seitens des Völkerbundes abzulehnen.[62]

Die Führer der Kwantung-Armee suchten inzwischen nach Vorwänden, um weitere Teile der Mandschurei zu besetzen. Die Reparatur der Brücken über den Fluß Nonni nahe der Kreuzung zwischen der Südmandschurischen Eisenbahn und der Chinesischen Ostbahn lieferte die Gelegenheit zur Provokation von Feindseligkeiten mit dort stationierten chinesischen Truppen. Zwar sanktionierte der japanische Generalstab in Tokio die Reparatur der Nonni-Brücken. Zugleich aber sandte Generalstabschef Kanaya ein Telegramm an die Kwantung-Armee, der darin mitgeteilt wurde, daß sich der Generalstab die Befehlsgewalt über weitere Operationen in der Mandschurei während des Fortgangs der Krise vorbehalte. Dieses versteckte Mißtrauensvotum des Generalstabes beantwortete die Führung der Kwantung-Armee mit einer in sarkastischem Ton gehaltenen und ablehnenden Antwort. Als dann am 4. November die gewollten neuen Waffengänge mit den chinesischen Truppen bei den Nonni-Brücken begannen, suchte die Kwantung-Armee beim japanischen Generalstab um die Erlaubnis nach, die Operationen bis in die nördliche Mandschurei ausdehnen und dabei nach eigenem Gutdünken vorgehen zu dürfen. Dieses Ansinnen wurde aber vom Generalstab abgelehnt.[63] Als die Kwantung-Armee am 17. November dennoch die in der russischen Einflußsphäre in der nördlichen Mandschurei gelegene Stadt Tsitsihar besetzte, vermochte es der Generalstabschef, die Armee zum Rückzug von dort zu zwingen.[64] Zwei Tage nach der Besetzung von Tsitsihar hatte der Außenminister der USA, Stimson, dem japanischen Botschafter mitgeteilt, er betrachte diese neue Offensive als eine Verletzung des Briand-Kellogg-Paktes zur Ächtung des Krieges wie auch als Verstoß gegen den Neun-Mächte-Pakt über China von 1922. Stimson drohte bei dieser Aussprache mit Botschafter Debuchi die Möglichkeit einer Veröffentlichung der diplomatischen Korrespondenz an, die bisher zwischen Washington und Tokio über die Mandschurei-Krise geführt worden sei. Bisher allerdings habe er die amerikanische Presse ermahnt, nichts zu drucken, was zur Entflammung antijapanischer Gefühle Anlaß geben könne.[65]

Einer japanischen Anregung vom 21. November folgend, beschloß der Völkerbundsrat am 9. Dezember 1931 die Bildung einer fünfköpfigen Untersuchungskommission, die sich aus dem englischen Vorsitzenden Lytton, dem Franzosen Henry Claudel, dem Deutschen Heinrich Schnee, dem Amerikaner McCoy, dem Italiener Aldrovandi sowie einem chinesischen Beisitzer, Wellington Koo, und einem japanischen Beisitzer, Yoshida Isaburo, zusammensetzte. Diese sogenannte Lytton-Kommission sollte zum Zweck ihrer Untersuchung in der Mandschurei volle Bewegungsfreiheit, jedoch kein Weisungsrecht gegenüber den chinesischen und japanischen Truppen in der Mandschurei besitzen.[66]

Nachdem die Kwantung-Armee im November eine neuerliche unautorisierte Offensive, diesmal in Richtung auf Chinchow (Jinzhou), unternommen hatte, trat das von Wakatsuki geleitete Kabinett der Minseito-Partei am 10. Dezember 1931 zurück. Der Ministerpräsident schilderte sein Verhältnis zur japanischen Heeresleitung während der Mandschurei-Krise wie folgt: »Tag für Tag wurde die Expansion fortgesetzt. Währenddessen hatte ich verschiedene Besprechungen mit Kriegsminister Minami. Täglich wurden mir Karten vorgelegt, auf denen Minami eine Grenze zeigte, die von der Armee nicht überschritten werden würde. Aber diese Grenze wurde fast täglich ignoriert und weitere Ausdehnungen [der Kampfhandlungen] wurden berichtet. Immer aber mit der Behauptung, dies sei nun der letzte Vorstoß.«[67]

Auf Empfehlung des Prinzen Saionji wurde der Führer der oppositionellen Seiyukai-Partei, Inukai Tsuyoshi, zum neuen Ministerpräsidenten Japans ernannt. Der letztere und seine Partei hatten zuvor scharfe Kritik an der als »zu gemäßigt« empfundenen Chinapolitik der Minseito-Regierung und ihres Außenministers Shidehara geübt. Das wichtige Amt des Kriegsministers in der neuen Regierung erhielt jener General Araki Sadao, der als »Abgott« der radikalen jungen Offiziere der sozialistisch-imperialistischen Richtung galt. Allerdings unterschied sich die Chinapolitik Inukais von derjenigen der Kwantung-Armee darin, daß der Ministerpräsident Chinas Oberhoheit über die Mandschurei zumindest formal zu wahren bereit war. Hinsichtlich der Pläne der Armee zur Bildung eines von Japan abhängigen Satellitenstaates in der Mandschurei hegte Inukai Bedenken, weil eine solche Politik »ernste Schwierigkeiten« mit den Signatarmächten des Neun-Mächte-Vertrages von 1922 hervorrufen könne.

Der Scheinstaat Mandschukuo und Stimsons Doktrin der Nichtanerkennung 1931/32

Die neue Offensive der Kwantung-Armee hatte nicht nur innerstaatliche, sondern auch internationale Reaktionen ausgelöst. Einige Tage nachdem berichtet worden war, daß mit dem Rückzug Chang Hsüeh-liangs aus der Mandschurei die faktische Verwaltung dieses Gebiets durch China aufgehört habe, ergriff der amerikanische Außenminister Henry L. Stimson eine berühmt gewordene diplomatische Initiative. Namens der Regierung der Vereinigten Staaten setzte er die Regierungen Japans und Chinas davon in Kenntnis, daß die USA keine Veränderung des Status quo rechtlich anerkennen würden, die das Prinzip der Offenen Tür in China, insbesondere die territoriale und administrative Souveränität des chinesischen Staates und die hier gegebenen vertraglichen Rechte der USA, verletzten. Auch zwischen Japan und China hinsichtlich solcher Veränderungen geschlossene Verträge würden die amerikanische Politik der Nichtanerkennung unberührt lassen. Diese gleiche Politik und Methode richte sich auch gegen alle Veränderungen, die entgegen dem von Japan und China unterzeichneten Kriegsächtungs-Pakt (Briand-Kellogg-Pakt) mit Mitteln kriegerischer Gewalt erzwungen worden seien.[68] In ihrer Entgegnung auf die Formulierung der sogenannten Stimson-Doktrin der Nichtanerkennung vertragswidriger und gewaltsamer Änderungen des Status quo suchte die japanische Regierung ihr Vorgehen in China mit dem Hinweis auf die Umwälzungs- und Desintegrationsprozesse in der chinesischen Politik zu rechtfertigen. Veränderte Verhältnisse erforderten sich ihnen anpassende neue Methoden.[69] Was damit gemeint sein konnte, bewiesen die am 28. Januar 1932 beginnenden offensiven Kampfhandlungen japanischer Seestreitkräfte im Gebiet der chinesischen Handelsmetropole Schanghai. Diese vom japanischen Admiral Shiozawa eigenmächtig in Gang gebrachte Offensive erfolgte zur Vergeltung und Verhinderung wirksamer chinesischer Boykotte gegen japanische Waren und anderer Demonstrationen chinesischen Protests gegen das japanische Vorgehen in der Mandschurei. Auf Grund des entschiedenen Widerstandes der dort stationierten chinesischen Neunzehnten Feldarmee nahmen die Kämpfe einen größeren Umfang an. Japanische Bombenangriffe, auch auf dicht bevölkerte Stadtteile von Schanghai, führten zu scharfen, kritischen Reaktionen der Weltöffentlichkeit.

Zwischen dem 18. Februar und dem 10. März 1932 war die von der Kwantung-Armee seit Beginn der Mandschurei-Krise geforderte Schaffung eines von Japan abhängigen mandschurischen Satellitenstaates mit Namen »Mandschukuo« (Reich oder Staat der Mandschus) schrittweise mit Hilfe separatistischer Kollaborateure ins Werk gesetzt worden. Am 18. Februar 1932 hatte ein »Verwaltungsrat für den Nord-Osten« die Unabhängigkeit der mandschurischen Nordostprovinzen von China gefordert. Elf Tage darauf beschloß eine gesamt-mandschurische Versammlung, den schon als Kind entthronten letzten Kaiser der 1912 gestürzten mandschurischen Ch'ing-Dynastie, Pu Yi (Hsüan T'ung), zum provisorischen Regenten des neuen Staates Mandschukuo zu machen. Dieser war seitens der Kwantung-Armee von Oberst Itagaki Seishiro mit Drohungen und Versprechungen zur Annahme dieses Amtes veranlaßt worden.[70] Zwei Tage nach der Amtseinführung Pu Yis nahm die Versammlung des Völkerbundes am 11. März eine Resolution an, die den Grundgedanken der »Stimson-Doktrin« übernahm. Die Mitglieder des Völkerbundes wurden aufgefordert, »... keine tatsächliche Lage, keinen Vertrag und keine Übereinkunft anzuerkennen, die durch Mittel herbeigeführt sein könnten, die mit der Satzung des Völkerbundes und dem Kellogg-Pakt im Widerspruch stehen«.[71]

Der Militärputsch in Tokio vom Februar 1932

Die japanischen Wahlen vom 20. Februar 1932 hatten der für eine gemäßigte Chinapolitik eintretenden Minseito-Partei eine schwere Niederlage gebracht und den Stimmenanteil der Seiyukai-Partei des Ministerpräsidenten Inukai beträchtlich erhöht. Im neuen Reichstag standen 304 Mitglieder der Seiyukai 147 Mitgliedern der Minseito gegenüber. Angesichts wachsender Spannungen mit auswärtigen Mächten zeigte sich in der japanischen Öffentlichkeit eine ansteigende Tendenz zur Solidarisierung mit der Politik der Kwantung-Armee, die in zahlreichen Presseorganen als legitime und erforderliche Verteidigung bestehender japanischer Interessen beschrieben wurde. Die Kritiker der Expansionspolitik blieben in der Minderheit.

Vor und nach den Wahlen wurden zunächst der frühere Finanzminister Inoue und dann Baron Dan Takuma, ein Leiter des einflußreichen Mitsui-Konzerns, am 9. Februar bzw. 5. März 1932 von einer Gruppe sozialistisch-imperialistischer Fanatiker ermordet. Andere geplante und bereits beauftragte Mordanschläge dieser »Blutsbrüderschaft« (Ketsumei Dan) gegen Vertreter des japanischen Kapitalismus und Parlamentarismus konnten durch Verhaftungen verhindert werden. Einer weiteren Terrorwelle war am 1. Mai eine Rundfunkansprache Ministerpräsident Inukais vorangegangen. Dieser hatte dabei gesagt, daß die Extremisten der Rechten wie auch der Linken gemeinsam für die bestehende ideologische Krise verantwortlich seien. Die Extremisten der Rechten und der Linken unterschieden sich zwar voneinander durch ihre gegensätzlichen Theorien, doch seien sie einander ähnlich in der Absicht, die bestehende Ordnung zu stürzen. Die richtige Antwort auf die Mängel der japanischen Demokratie sei nicht die Abschaffung, sondern die Reform des parlamentarisch-demokratischen Regierungssystems.[72] Sowohl diese Rede des Ministerpräsidenten wie auch seine Geheimverhandlungen mit chinesischen Regierungskreisen, die auf einen Kompromiß mit China abzielten, wurden von den radikalen Offizieren als schwere Provokation empfunden. Das gleiche gilt für seine Rede vom 8. Mai, in der er sich entschieden gegen die Entsendung weiterer Truppen nach China aussprach.[73] Am 15. Mai 1932 wurde Inukai im Amtsgebäude des japanischen Ministerpräsidenten von Fanatikern ermordet. Die gleiche Terroristengruppe verübte Bombenanschläge auf andere Hochburgen des damaligen japanischen »Establishments«. Bomben wurden auf die Bank von Japan, das Hauptquartier der Seiyukai-Partei, das Polizeipräsidium und die Residenz des Reichssiegelbewahrers Makino geworfen. Im Verlauf der Prozesse gegen die Täter, die mit relativ leichten Strafen davonkamen, waren die ideellen Motive ihrer Aktion von vielen Gesinnungsgenossen hervorgehoben worden.[74]

Wie aus einer Tagebucheintragung des späteren Reichssiegelbewahrers Kido Koichi hervorgeht, hatte der japanische Kaiser nach Inukais Ermordung den Wunsch geäußert, der neue Ministerpräsident solle seiner Gesinnung nach weder faschistisch noch militaristisch, sondern ein Mann des Ausgleichs und der Mäßigung sein. Diesem Wunsch wurde durch die Ernennung von Admiral Saito Makoto, dem früheren japanischen Generalgouverneur von Korea, Rechnung getragen. Seine neue Regierung trug nicht mehr den Charakter eines Parteienkabinetts, sondern setzte sich aus Experten zusammen, die sich vor allem auf ihre jeweiligen Ministerien stützten. So wie zuvor hatten der Armee- und der Marineminister die stärkste Hand, während die Wirkungschance des Ministerpräsidenten weitgehend auf seiner Funktion als Schiedsrichter innerhalb dieser Gruppe beruhte.[75]

Die Mandschurei-Krise und Japans Austritt aus dem Völkerbund

Hinsichtlich der Mandschurei vertrat Ministerpräsident Saito vor dem Reichstag in einer Rede vom 3. Juni 1932 den Standpunkt, der neue Staat Mandschukuo sei eine nicht zu ignorierende Wirklichkeit, womit er für die Anerkennung des neuen Satellitenstaates eintrat.[76] Am 15. September 1932 erfolgte die japanische Anerkennung Mandschukuos in Form eines am gleichen Tage unterzeichneten japanisch-mandschukischen Protokolls.[77] Hiermit hatte Japan einen Akt der diplomatischen Selbstbindung vollzogen, bevor noch die vom Völkerbund auf Antrag Japans gebildete Untersuchungskommission (Lytton-Kommission) dem Völkerbund ihren Bericht vorgelegt hatte. Als japanische Truppen um die Jahreswende 1932/33 einen Vorstoß bis zu der außerhalb der Mandschurei gelegenen chinesischen Stadt Shanhaikwan unternahmen, führte der amerikanische Außenminister Stimson am 5. Januar 1933 eine Unterredung mit dem japanischen Botschafter in Washington herbei. Dieser sagte dem Außenminister, keine japanische Regierung könne in der Mandschurei-Frage eine Kompromißlösung anstreben und dabei gleichzeitig innenpolitisch überleben. Stimson entgegnete, wenn das so sei, so bleibe seiner Ansicht nach für die japanische Regierung kein anderer Weg als der des Austritts aus dem Völkerbund, verbunden mit einer Absage an den Kellogg-Pakt.[78] Zu Japans Austritt kam es, nachdem die Versammlung des Völkerbundes am 24. Februar 1933 mit nur einer Stimmenthaltung (Thailand) und einer Gegenstimme (Japan) die Annahme des Berichts der Lytton-Kommission beschloß. In dem so bestätigten Bericht heißt es: »Es ist ... unbestreitbar, daß ohne jede Kriegserklärung ein großer Teil chinesischen Gebietes von japanischen Truppen mit Gewalt eingenommen und besetzt und daß er infolge dieser Unternehmung von dem übrigen China getrennt und für unabhängig erklärt worden ist.«[79] Es wird ferner gesagt:

> »Eine Gruppe japanischer Zivil- und Militärbeamter erdachte, organisierte und bewerkstelligte die mandschurische Unabhängigkeitsbewegung ... Mit diesem Ziel machte sie Gebrauch von Namen und Handlungen gewisser chinesischer Einzelpersonen und machte sich gewisse Minderheiten und Gruppen von Einheimischen, die gegen die chinesische Verwaltung Beschwerden hatten, zunutze. Diese Bewegung ... konnte nur infolge der Anwesenheit der japanischen Truppen durchgeführt werden. Sie kann nicht als spontane und echte Unabhängigkeitsbewegung angesehen werden;

> im allgemeinen stehen die Chinesen der Mandschurei, die ... die große Mehrheit der Bevölkerung ausmachen, nicht hinter dieser ›Regierung‹ [Mandschukuos], sondern betrachten sie als Werkzeug der Japaner. Es sollte auch in Betracht gezogen werden, daß, nachdem die Untersuchungskommission ihren Bericht beendet hatte und bevor der Bericht von dem Rat und der Versammlung geprüft worden war, ›Mandschukuo‹ von Japan anerkannt wurde. Sonst ist es von keinem anderen Staat anerkannt worden; die Völkerbundsmitglieder insbesondere sind der Meinung, daß eine solche Anerkennung mir dem Geist des Beschlusses vom 11. März 1932 unvereinbar sei.«[80]

Japans Reaktion auf die Annahme des Berichts der Lytton-Kommission bestand in seinem endgültigen Beschluß zum Austritt aus dem Völkerbund. In der diesbezüglichen Mitteilung des japanischen Außenministers an den Generalsekretär des Völkerbundes vom 27. März 1933 heißt es, Japan habe stets betont, daß es sich bei China nicht um einen organisierten Staat handle, sondern um ein komplexes und verworrenes Staatsgebilde mit vielen außergewöhnlichen Wesenszügen, auf das die allgemeinen Prinzipien und Übungen des Völkerrechts nur in modifizierter Form anwendbar seien. Die Haltung des Völkerbundes bedeute eine Herausforderung der Interessen Japans in der Mandschurei. Die Mehrheit der Völkerbundsmitglieder messe der Aufrechterhaltung unanwendbarer Formeln offensichtlich größere Bedeutung bei als der wirklichen Aufgabe der Friedenssicherung. Aus diesem Grund und wegen tiefgreifender Unterschiede, die in der Frage der Interpretation der Völkerbundssatzung zwischen Japan und der Mehrheit der Staaten des Völkerbundes gegeben seien, habe Japan beschlossen, seine Mitgliedschaft im Völkerbund aufzugeben.[81] In der Mandschureikrise erwies sich ein erstes Mal die Unfähigkeit des Völkerbundes, Aggressionen einzelner Großmächte durch Strategien kollektiver Sicherheit wirksam entgegenzutreten.

Zwei Monate später schlossen die über die Grenzen der Mandschurei hinaus in Nordchina eindringenden japanischen Streitkräfte mit dem von der chinesischen Zentralregierung in Nanking bevollmächtigten General Huang Fu ein Abkommen, den sogenannten Waffenstillstand von Tangku vom 31. Mai 1933. Dieses Abkommen sah die Demilitarisierung eines Gebietes nördlich und östlich der chinesischen Städte Peking und Tientsin vor.[82]

Internationale Probleme des »Staates« Mandschukuo

Durch die Gründung Mandschukuos hatte der japanische Imperialismus einen Satellitenstaat mit einer Bevölkerung von damals ca. 32 Millionen Menschen und einem Gebiet von 1,3 Millionen km² geschaffen, der gemeinsame Grenzen mit Korea, der Sowjetunion, der Äußeren und Inneren Mongolei sowie Zentralchina besaß. Die 1933 von der Kwantung-Armee besetzte chinesische Provinz Jehol wurde anschließend dem neuen »Staat« angegliedert, so daß Mandschukuo nun im Süden durch die Große Mauer vom übrigen China getrennt war. Die Tatsache, daß eine große Bevölkerungsmehrheit diesseits wie auch jenseits der Großen Mauer die durch die Schaffung Mandschukuos entstandene Teilung Chinas ablehnte, trug dazu bei, daß die meisten Staaten die vom Völkerbund empfohlene Politik der Nichtanerkennung des von Japan kontrollierten Teilstaates befolgten. Eine Ausnahme von dieser Regel bildeten El Salvador (ab 1934),

Italien und Spanien (ab 1937), Hitler-Deutschland und Polen (ab 1938), Ungarn (ab 1939) und Thailand (ab 1941). Die Sowjetunion gewährte Mandschukuo eine De-facto-Anerkennung durch ein mit ihm 1935 geschlossenes Abkommen über den Verkauf der Chinesischen Ostbahn.[83] Ebenso verpflichtete sich Moskau in einer zusätzlichen Erklärung zum japanisch-sowjetischen Neutralitätsvertrag vom 13. April 1941, »... seitens der Union der Sozialistischen Sowjetrepubliken die Integrität und Unverletzlichkeit des Territoriums des Kaiserreiches Mandschukuo zu respektieren«.[84] Mandschukuo war im März 1934 zum Kaiserreich mit der Hauptstadt Hsinking (Changchun) und dem bisherigen Regenten Pu Yi als Kaiser Kang-te umgewandelt worden. Die 1935 vorgenommene Gleichschaltung der mandschukischen mit der japanischen Währung bewirkte die Schaffung eines gemeinsamen mandschukisch-japanischen Marktes. Als politischer Arm der mandschukischen Regierung diente eine Art Einheitspartei, die Hsieh-ho-hui oder Eintracht-Gesellschaft. Ihre Weltanschauung stützte sich – wie Lach und MacNair betonten – auf die patriarchalischen Ordnungsvorstellungen des Konfuzianismus, jedoch unter Auslassung seiner humanistischen und freiheitlichen Konzeptionen, die das Volkswohl zum Maßstab der Herrschaftsqualität gemacht und das Recht zur Rebellion gegen normwidrige Herrschaft erklärt hatten.[85] Das materielle und strategische Interesse Japans an der Mandschurei führte in den 13 Jahren seiner Oberherrschaft über Mandschukuo zu einer beträchtlichen Erweiterung des mandschurischen Verkehrssystems und der wirtschaftlichen Produktionskraft des Landes. Ein 1937 begonnener Fünf-Jahr-Plan konnte auf Grund des japanischen Krieges mit China und später auch mit den Westmächten nur teilweise erfüllt werden.[86]

Am 31. Dezember 1931 hatte Stalins Außenminister Litwinow Japan einen sowjetisch-japanischen Nichtangriffspakt angeboten und von Tokio hierauf zwar keine konkrete Reaktion, wohl aber das Lob des japanischen Außenministers erhalten, der die sowjetische Politik der Nichteinmischung und Unparteilichkeit gegenüber der Mandschurei-Krise hervorhob.[87] Stalin ging in seiner Vorsicht sogar so weit, ein Ansuchen von Mitgliedern der Lytton-Kommission um Durchreise über sowjetisches Gebiet unter Hinweis auf die sowjetische Politik der Nichteinmischung ablehnen zu lassen.[88] Diese Haltung war kaum geeignet, zu einer Entmutigung der japanischen Expansion in der Mandschurei beizutragen.

Tokio zeigte sich jedoch nicht bereit, die sowjetische Politik vorsichtiger Zurückhaltung während der Mandschurei-Krise zu honorieren, sondern verstand sie als Symptom russischer Schwäche. Ein Zeichen dieser Einschätzung waren die sich nach Ende der akuten Krise häufenden Übergriffe der japanischen Autoritäten in Mandschukuo gegen die sowjetischen Positionen an der transmandschurischen Chinesischen Ostbahn. Sowjetische Anlagen wurden beschlagnahmt und auf ihnen die japanische Fahne gehißt, der Verkehr am Ostteil der Linie lahmgelegt, die Verbindung zur transsibirischen Eisenbahn (und damit zum gesamten russischen Eisenbahnnetz) unterbrochen und sowjetische Staatsbürger ermordet, entführt, in Massen verhaftet und von den Japanern ohne gerichtliches Verfahren monatelang gefangengehalten.[89] Drei Jahre zuvor hatte Stalin angesichts einer ähnlichen Verletzung sowjetischer Interessen in der Mandschurei einen in Zielsetzung und Methode begrenzten Krieg gegen das politisch zersplitterte und militärisch weit unterlegene China geführt. Vor der aggressiven Macht Japans aber wich er zurück. Er nahm am 4. Juni 1933 den japanischen Vorschlag zu einem Verkauf der

Chinesischen Ostbahn an den Satellitenstaat Mandschukuo an und verkaufte die sowjetischen Anteile an der Bahn für den relativ geringen Betrag von 140 Millionen Yen, nachdem er zunächst 650 Millionen gefordert hatte. Der mit der Regierung von Mandschukuo am 23. März 1935 unterzeichnete und von Japan garantierte Kaufvertrag wurde als russische De-facto-Anerkennung des Scheinstaates Mandschukuo gewertet.[90]

Strukturell gesehen entstand der Zweite Weltkrieg aus dem Versuch der drei sogenannten Achsenmächte, den Status quo der seit 1919 bestehenden Weltfriedensordnung mit aggressiver Gewalt zu ihren Gunsten zu ändern. Im Vorfeld des Weltkrieges bildeten Japans Eroberung der Mandschurei (1931/32), Italiens Eroberung Abessiniens (1935/36) und Hitlers, wenn auch erfolgloser, erster Versuch zur bewaffneten Machtergreifung in Österreich (1934) erste Maßnahmen einer noch unkoordinierten Politik, die die Gesamtstruktur der Weltpolitik in gravierendster Weise erschüttern und verändern sollte. Der erste Schritt in diese Richtung war in Ostasien gemacht worden.

5. Kapitel

Aufbau und politisch-militärischer Polyzentrismus in China 1928–1936

Strukturfragen des neuen Kuomintang-Regimes in China

Die Ereignisse in China im Jahre 1928 wurde im In- und Ausland vielfach als ein entscheidender Wendepunkte in der Geschichte dieser ersten Republik Ostasiens hervorgerufen. Die Kuomintang war noch im Vorjahr durch den Ausbruch des Bürgerkrieges mit den chinesischen Kommunisten und die sich daraus ergebende Spaltung der eigenen Partei zutiefst erschüttert worden. Aber die Kuomintang hatte in der ersten großen Runde ihrer historischen Auseinandersetzung mit dem chinesischen Kommunismus 1927 gesiegt und am Ende dieses Jahres die Einheit der Partei wiederhergestellt. Ohne Beteiligung der des Landes verwiesenen sowjetischen Berater und ohne die chinesischen Kommunisten war der »große Nordfeldzug« trotz der bewaffneten Obstruktion und Intervention japanischer Streitkräfte während des Tsinan-Zwischenfalls (Mai 1928) fortgesetzt worden. Bei seinem Ende waren die mächtigsten Heerführer des damaligen China, Chiang Kai-shek als Leiter der nationalrevolutionären Parteiarmee der Kuomintang, Feng Yü-hsiang als Kommandeur seiner in Nordwestchina stationierten Volksarmee (Kuominchün), Li Tsung-jen, ein prominenter General der südchinesischen Kwangsi-Gruppe, und Yen Hsi-shan, der militärisch starke »Mustergouverneur« von Schansi aus dem nördlichen Zentralchina, Seite an Seite in einem gemeinsamen Siegeszug in der alten Hauptstadt des Reiches, Peking, eingerückt.

So schienen innere und äußere Erfolge des nationalchinesischen Regimes im Jahre 1928 den Ausgangspunkt für eine neue Ära der inneren Konsolidierung der Republik China zu bilden. Aber der Schein trog. Wie dargelegt, hatte Sun Yat-sen in seinem von der Kuomintang als verbindliche Richtlinie akzeptierten Programm Grundlagen des Nationalen Wiederaufbaus die wirkliche Machtergreifung durch seine nationalrevolutionäre Partei als unerläßliche Voraussetzung einer vielseitigen Reform zur Erneuerung des politischen, wirtschaftlichen und gesellschaftlichen Lebens in China betrachtet. Die Erfolge des Jahres 1928 konnten leicht über die schmale Machtbasis hinwegtäuschen, mit der die Kuomintang zunächst gesiegt hatte.

Bereits 1928 traten die Schwäche der Partei und die Schwierigkeiten, die sich der Verwirklichung ihres Programms entgegenstellten, anhand einer für China entscheidenden Frage deutlich in Erscheinung. Es handelte sich dabei um die eng miteinander verflochtenen Problembereiche der zahlenmäßigen Reduzierung, der technisch-organisatorischen Modernisierung und vor allem aber auch der gleichsam nationalisierenden Reintegration der chinesischen Streitkräfte. Im republikanischen China waren nach dem Sturz der Ch'ing-Dynastie nicht nur Versuche zur Einführung der parlamentarischen

Demokratie, sondern auch – beginnend mit Präsident Yüan Shih-k'ai – alle Ansätze zur Errichtung einer wirkungsmächtigen Militärdiktatur gescheitert. Als Folge dieses eigentümlichen Fehlens einer zentralen chinesischen Regierungsgewalt war ein Pluralismus institutionell unkoordinierter regionaler Herrschaftsgebilde entstanden. Die Funktion der Entscheidung von Willenskonkurrenzen zwischen diesen regionalen Subsystemen der chinesischen Politik konnte daher nicht, wie in anderen Staaten, von gesetzlich festgelegten Organen einer Zentralregierung erfüllt werden. Angesichts der besonderen Situation im damaligen China bestanden die typischen Formen zur Lösung von Konflikten zwischen den einzelnen regionalen Herrschaftsbereichen entweder in Kompromissen oder in Bürgerkriegen zwischen den Privatarmeen der regionalen Militärmachthaber, die jeweils die höchste faktische Regierungsinstanz in den einzelnen Provinzen und Regionen darstellten. Da es also für Konflikte dieser Art keine allgemein anerkannten und wirksam institutionalisierten Verfahren einer gesetzlichen Konfliktregelung gab, entschied letztlich das Faustrecht der militärischen Macht bei Meinungsverschiedenheiten zwischen den einzelnen politischen Gruppierungen und ihren regionalen Machtbereichen. Für den konkreten Prozeß der politischen Willensbildung in der chinesischen Innenpolitik bedeutete das aber die fast notwendige Gleichsetzung von politischer mit militärischer Macht.

Das Scheitern der militärischen Integrationsversuche

Für eine innere Konsolidierung und Erneuerung der chinesischen Politik wie auch für die Chancen ihrer außenpolitischen Selbstbehauptung gegenüber anderen Staaten war deshalb die Schaffung einer wirksamen Zentralregierung und die Überwindung des politisch-militärischen Polyzentrismus in der chinesischen Innenpolitik eine grundlegende Voraussetzung. Gewiß hatte die Kuomintang durch die Verabschiedung eines Grundgesetzes für die Organisation des neuen chinesischen Staates eine normative Basis für das chinesische Regierungssystem in der Übergangsphase der sogenannten Erziehungsdiktatur geschaffen. Nominell stimmte man fast allseitig der durchaus einsichtigen Forderung zu, nach der alle chinesischen Streitkräfte von nun an der Autorität einer nationalen Zentralregierung zu unterstellen seien. Vom Standpunkt der einzelnen Regionalmachthaber aus gesehen bedeutete jedoch die Abgabe ihrer quasifeudalen Privatarmeen an den Staat den Verzicht auf eine höchst reale politische Machtbasis zugunsten noch unerprobter politischer Verfahren der Willensbildung, die ihnen das Faustrecht einer militärischen Willensdurchsetzung nehmen und durch ein Staatsmonopol der physischen Zwangsmittel ersetzen wollten.

Bereits kurz nach der Eroberung Pekings und dem Abschluß des »großen Nordfeldzuges« hatte Chiang Kai-shek im Juli 1928 eine erste Militär-Reorganisations-Konferenz einberufen. Dabei schlug er vor, den gesamten chinesischen Truppenbestand auf 12 Divisionen von jeweils vierzig- bis fünfzigtausend Mann zu reduzieren und diesen Divisionen fest umschriebene Stationierungsbereiche zuzuweisen. Die frei werdenden Truppenmassen sollten zu wirtschaftlichen Aufbauarbeiten wie Straßenbau, Flußregulierung, Neulanderschließung, Aufforstung etc. eingesetzt werden. Die Reaktion seitens der verschiedenen Heerführer bestand in verbaler Zustimmung, verbunden mit der Behauptung, diesen Prozeß der Reorganisation bereits begonnen zu haben, während in Wirklichkeit keine nennenswerten Maßnahmen unternommen wurden, um die genannten Ziele in die Tat umzusetzen.[1] Auf einer zweiten Militär-Reorganisations-Konferenz im Januar 1929, an der eine große Zahl namhafter Heerführer teilnahm, legte der neue Finanzminister Soong Tse-wen (T.V. Soong) in einem rückhaltlosen Bericht die verzweifelte Finanzlage der Nationalregierung dar. Ihm zufolge konnte sich die Regierung im Hinblick auf ihre Steuereinnahmen nur auf die Abgaben von vier (der insgesamt 22) Provinzen stützen. In der Mehrzahl der übrigen Provinzen verfügten die örtlichen Machthaber in unautorisierter Weise über die Steuereinnahmen. Die Nationalregierung erhalte weder Steuerabgaben noch auch irgendwelche Steuerberichte aus diesen Provinzen. Mit der Abschaffung der provinziellen Binnenzölle (Likin) werde das Steuereinkommen des Staates voraussichtlich weiter sinken. Selbst nach strenger Durchführung der geplanten militärischen Reorganisation würden militärische Zwecke immer noch 41 Prozent der gesamten Staatsausgaben umfassen. Alle geplanten Reformen einschließlich der Pläne zur Reduzierung der Truppenstärken und zum Einsatz der entlassenen Soldaten für verschiedenste wirtschaftliche Aufbauprojekte erforderten als unabdingbare Voraussetzung die vollständige Integration des chinesischen Finanzsystems.[2]

Die junge chinesische Republik befand sich wieder einmal an einem Scheideweg. Die Alternativen waren innenpolitische Integration und außenpolitischer Machtzuwachs durch Überwindung des politisch-militärischen Partikularismus oder Zersplitterung, Bürgerkrieg und fortgesetzte außenpolitische Impotenz. Doch blieb alles beim alten. Keiner der Militärpolitiker widersprach zwar dem Prinzip der Reduzierung und Konsolidierung der chinesischen Streitkräfte. Aber keiner war bereit, die militärischen Trumpfkarten seiner persönlichen Politik aus der Hand zu geben. Die Parteiarmee der Kuomintang war jedoch zu schwach, um die Verwirklichung der theoretisch allerseits bejahten Reorganisation gegenüber allen Militärmachthabern zu erzwingen. Durch diese innenpolitische Konstellation wurde Chinas Möglichkeit einer stärkeren und glaubwürdigen Selbstbehauptung nach außen weiterhin verschoben. Bezeichnend für die damalige Lage sind folgende Worte, die Chiang Kai-shek an den Dritten Parteitag der Kuomintang (März 1929) richtete:

> »Die Frage lautet: Ist China jetzt wirklich geeint? Bereits ein kursorischer Blick auf die politische Situation beweist das Gegenteil. Die Provinzregierungen handeln eigenmächtig in finanziellen Fragen. Sie kaufen ohne Genehmigung der Nationalregierung Waffen und Munition und rekrutieren Soldaten nach eigenem Gutdünken. Die Nationalregierung ist den Provinzmachthabern gegenüber machtlos und vermag es nicht, sie an schädlichem Handeln dieser Art zu hindern. Noch schlimmer ist es, daß die Provinzregierungen ihre militärische Stärke dazu ausnützen, um der Nationalregierung im Hinblick auf alle Maßnahmen, die ihre Gebiete betreffen, Vorschriften zu machen. Das Resultat ist, daß die Nationalregierung genötigt ist, die Provinzregierungen zu konsultieren, bevor sie solche Verfügungen treffen kann.«[3]

Chiang Kai-shek zitierte anschließend konkrete Fälle ziviler und militärischer Insubordination von Provinzmachthabern gegenüber Verordnungen und Ernennungen seitens der neuen Nationalregierung. Wie weit diese innenpolitische Konstellation davon entfernt war, den typischen Merkmalen einer modernen Staatsordnung zu entsprechen, zeigt ein Vergleich mit diesbezüglichen Begriffsbestimmungen in der Staatssoziologie

Max Webers. Ihnen zufolge soll ein politischer Anstaltsbetrieb »Staat« heißen, »wenn und insoweit sein Verwaltungsstab erfolgreich das Monopol legitimen physischen Zwanges für die Durchführung der Ordnungen in Anspruch nimmt«. Als »Herrschaft« gilt hier »die Chance, für einen Befehl bestimmten Inhalts bei angebbaren Personen Gehorsam zu finden«.[4] Anhand dieser Kriterien läßt sich unschwer die Kluft erkennen, die das China der frühen Kuomintang-Ära von der Verwirklichung einer modernen Staatsorganisation trennte.

Nankings Bürgerkriege mit Regionalmachthabern (Warlords)

Noch während der bereits erwähnte Dritte Parteitag der Kuomintang tagte, ergaben sich schwere politische Spannungen. Sie entstanden, weil die Führer der mächtigen sogenannten Kwangsi-Gruppe südchinesischer Militärmachthaber einen von der Nationalregierung ernannten Provinzgouverneur absetzten und an seiner Stelle eigenmächtig einen ihnen ergebenen General einsetzten. Die Kuomintang reagierte mit einem Beschluß vom 27. März 1929, der die drei Kwangsi-Generäle (Li Chi-shen, Li Tsung-jen und Pai Ch'ung-hsi) zu Konterrevolutionären erklärte und aus der Partei ausschloß. Gleichzeitig wurde der Beginn einer von Chiang Kai-shek zu leitenden Strafexpedition gegen die Rebellen verfügt.[5] Kaum war dieser Feldzug erfolgreich beendet, als sich für die Nanking-Regierung neue Schwierigkeiten aus dem Verhalten Marschall Feng Yü-hsiangs ergaben. Der vielfach als progressiv geltende Marschall, der jahrelang Chinas nordwestliche Gebiete eigenmächtig beherrscht und eine der größten und besten Armeen Chinas als Instrument seiner Machtpolitik herangebildet hatte, lehnte es nun ab, diese Streitkräfte vorbehaltlos unter die Kontrolle der Nationalregierung zu stellen. Als Motive für diese Haltung nannte er die Benachteiligung seiner Truppen bei der Verteilung des Heeresbudgets wie auch die Tatsache, daß nur eine Minderheit der Delegierten des Dritten Parteitages der Kuomintang von der Masse der Parteimitglieder gewählt, die Mehrheit jedoch von der Parteihierarchie direkt ernannt oder designiert worden sei.[6] Diese Tatsache hatte auch zu einer neuen Abspaltung des von Wang Ching-wei geleiteten linken Flügels der Kuomintang von der Partei geführt. Chiang Kai-shek wiederum konnte Feng Yü-hsiang vorhalten, daß die von ihm kontrollierten Provinzen keinerlei Steuern an die Zentralregierung abgeführt hätten, sondern diese zur Stärkung der regionalen Machtposition von Marschall Feng verwendet worden seien.[7] Nachdem Feng der Nanking-Regierung, in der er die Ämter des Vizepremiers und Verteidigungsministers innehatte, am 19. Mai 1929 direkt den Kampf angesagt hatte, wurde er vier Tage später von der Kuomintang aus der Partei und ihrer Regierung ausgeschlossen. Chiang Kai-shek stellte ihn vor die Alternative, die Autorität der Regierung anzuerkennen oder gegen sie zu revoltieren.

Im Verlauf einer ersten Runde des nun zwischen der Nanking-Regierung und Feng Yü-hsiang ausbrechenden Bürgerkrieges konnten die Streitkräfte der Regierung Fengs Truppen aus der Provinz Honan verdrängen. Im gleichen Herbst 1929 erhoben sich jedoch zwei weitere Militärmachthaber gegen die Regierung. Es waren dies die Generäle Chang Fa-k'uei und T'ang Sheng-chih, die beide den Führer der Kuomintang-Linken, Wang Ching-wei, an die Spitze der Kuomintang stellen und Chiang Kai-shek stürzen wollten. T'ang Sheng-chih, der in Übereinstimmung mit Wang das Kommando über eine »Armee zum Schutz der Partei« übernommen hatte, warf Chiang Kai-shek vor, China mit Waffengewalt einigen zu wollen, ohne sich um die militärische Intervention der Sowjetunion in der Mandschurei (1929) zu kümmern.[8] Nanking vermochte es jedoch, die koordinierte Revolte der beiden Generäle bis zur Jahreswende 1929/30 niederzuwerfen. Kaum war diese Gefahr abgewendet, als das neue Jahr (1930) eine der schwersten Krisen der Kuomintang-Regierung in Nanking und zugleich auch den blutigsten Bürgerkrieg der chinesischen Geschichte seit den Tagen des Taiping-Aufstands brachte. Von dem Kwangsi-General Li Tsung-jen unterstützt, hatten Marschall Feng Yü-hsiang und der Militärgouverneur von Schansi, Yen Hsi-shan, im März und April 1930 mit zahlenmäßig überlegenen Streitkräften den Krieg gegen die Nanking-Regierung, insbesondere gegen Chiang Kai-shek begonnen. Der mit einem Sieg des letzteren endende sechsmonatige Bürgerkrieg kostete auf beiden Seiten insgesamt 250.000 Tote und Verwundete.[9] Dieser Krieg erhielt seine besondere politische Dimension dadurch, daß die Kräfte der Kuomintang-Linken, geführt von Wang Ching-wei, im Juli 1930 in Peking eine sogenannte Erweiterte Konferenz von Mitgliedern früherer Zentral-Komitees der Kuomintang einberiefen, sich mit den aufständischen Militärmachthabern verbündeten und versuchten, eine mit Nanking konkurrierende neue Parteizentrale und Nationale Parteiregierung für China zu gründen. Wang Ching-wei, der noch 1928 erklärt hatte, die Ideologie Sun Yat-sens müsse zum zentralen Symbol der Erneuerung Chinas werden, so wie die Krone für das Vereinigte Königreich von Großbritannien und der Papst für die katholische Kirche wirkungsmächtige Symbole der Einheit bedeuteten[10], vertrat nun entgegen dem Programm Sun Yat-sens den Vorschlag einer bereits jetzt – und nicht erst nach einer mehrjährigen Periode der »Erziehungsdiktatur« – vorzunehmenden Zulassung mehrerer politischer Parteien. Denn die Kuomintang-Regierung in Nanking habe es bisher verabsäumt, die Bevölkerung auf ihre staatsbürgerlichen Rechte und Pflichten für die Periode der verfassungsmäßigen Regierung vorzubereiten.[11] Der Zusammenbruch der politischen Gegenbewegung erfolgte, nachdem Marschall Chang Hsüeh-liang mit seinen starken mandschurischen Streitkräften im September 1930 zugunsten Nankings in den Konflikt eingegriffen und Chiang Kai-shek eine weitgehende Amnestie für die Rebellen beantragt hatte.[12]

Innerparteiliche Krisen der Kuomintang

Mit unverkennbarer Deutlichkeit hatten die Ereignisse des Jahres 1930 gezeigt, daß nicht nur die Desintegration des militärischen Machtpotentials, sondern auch schwere Auseinandersetzungen innerhalb der Führungsspitze der Kuomintang den Konsolidierungsprozeß der neuen Nationalregierung behinderten. Die drei prominentesten und einflußreichsten Mitarbeiter Sun Yat-sens, Chiang Kai-shek, Hu Han-min und Wang Ching-wei, konnten nicht kooperieren, sondern gerieten immer wieder miteinander in schwere Konflikte, deren letzte Ursachen weniger in ideologischen Grundsatzfragen als in der Unvereinbarkeit persönlicher Machtansprüche und Rivalitäten zu suchen sein mögen. Zwischen dem 5. und 17. Mai 1931 fand die geplante Tagung einer chinesischen

Nationalversammlung statt. Sie verabschiedete jene Provisorische Verfassung, die bis 1946 de jure im wesentlichen in Kraft blieb.[13] Wie jedoch der chinesische Politikwissenschaftler Ch'ien Tuan-sheng bemerkte, änderte das Bestehen dieser Verfassung nichts an der Natur und Qualität der diktatorischen Vormundschaftsregierung der Kuomintang.[14] In der Tat sanktionierte die Nationalversammlung die politische Führungsstellung der Kuomintang für die Ära der Erziehungsdiktatur und bekannte sich zu den weltanschaulichen Prinzipien und Aufbauprogrammen Sun Yat-sens. Die Versammlung beschloß weiterhin, die Autonomie der Mongolei und Tibets zu achten, und erließ ein Manifest über die ungleichen Verträge, in dem es heißt: »... als Vertretungsorgan des ganzen chinesischen Volkes erklärt die Nationalversammlung hiermit feierlich vor aller Welt: 1. Das chinesische Volk wird keinen der früheren ungleichen Verträge anerkennen, die China von fremden Mächten aufgezwungen wurden. 2. Die Nationalregierung soll im Einklang mit dem politischen Vermächtnis Dr. Sun Yat-sens auf raschestem Wege Chinas Gleichheit und Freiheit innerhalb der Völkerfamilie sicherstellen.« Ein weiteres Manifest der Nationalversammlung bezeichnete den Imperialismus der Kolonialmächte, den Partikularismus der Militärmachthaber in China und den von der Dritten Internationale in Moskau geleiteten Kommunismus als hauptsächliche Hindernisse der nationalen Revolution in China.[15]

Ein Manifest der im Januar 1934 tagenden Plenarsitzung des Zentralen Exekutiv-Komitees der Kuomintang wies auf zwei Grundprobleme der damaligen chinesischen Politik hin. Dort hieß es: »Das Bestehen von Macht ohne Organisation oder von Organisationen ohne Macht wird es diesem Staat unmöglich machen, seine äußere Unabhängigkeit zu wahren oder das Volk innerhalb seiner Grenzen zu schützen ... Wenn wir nicht sofort mit aller Kraft nach politischer Einheit und nationalem Wiederaufbau streben, um so eine Basis des Widerstandes gegen auswärtige Aggression zu schaffen, wird unsere Nation unweigerlich ihrer Zerstückelung und Desintegration entgegengehen und letztlich in einen unrettbaren Zustand versinken.«[16]

Etwas mehr als ein Jahr vor Ausbruch des japanisch-chinesischen Krieges schien China im Frühsommer 1936 wiederum vor dem Beginn eines größeren Bürgerkrieges zu stehen. Vermutlich mitbestimmt von der Sorge, die Nanking-Regierung könne nach ihrem umfassenden Sieg über die chinesischen Kommunisten 1935 und nach dem Tod Hu Han-mins (Mai 1936) Schritte zur Stärkung ihres Einflusses in Südchina unternehmen, versuchten die Militärmachthaber der südlichen Provinzen Kwangsi und Kwantung Gegenmaßnahmen zu ergreifen. Angesichts der in ganz China damals verbreiteten antijapanischen Stimmung verlangten sie von der Zentralregierung die Mobilisierung der nationalchinesischen Streitkräfte gegen Japan. Als diese nicht erfolgte, ließen sie ihre eigenen Regionalarmeen nach Norden vorrücken, wo sie in die Provinzen Hunan, Kweichow, Kiangsi und Fukien eindrangen.[17]

Doch auch die Gegenbewegung der südlichen Militärmachthaber blieb ohne wirkungsvollen Widerhall in der öffentlichen Meinung Chinas. Aber nicht nur das. Ein großer Teil der südlichen Luftwaffe ging mitsamt ihren Flugzeugen ins Lager Chiang Kai-sheks über; ebenso Yü Han-mon, einer der wichtigsten Generäle der Truppen Ch'en Chi-t'angs.[18] Mit dessen Flucht nach Hong Kong war die Rebellion zusammengebrochen. Die Generäle Li Tsung-jen und Pai Ch'ung-hsi, die Anführer der Rebellion, die sich rechtzeitig vom sinkenden Schiff des Glücks zurückgezogen hatten, erhielten von der Zentralregierung neue Posten.[19] Zehn Monate vor Ausbruch des Krieges mit Japan (1937) endete so die letzte große Revolte regionaler Militärmachthaber gegen die sich nur mühsam und bedingt durchsetzende Autorität der de jure bereits 1928 geschaffenen Nationalen Zentralregierung der Kuomintang in Nanking.

Die Rolle Chiang Kai-sheks im politischen System der frühen Kuomintang-Ära

Wie zu Beginn dieses Buches erwähnt, mißt Ostasiens konfuzianische Tradition der sozialen Funktion des Rechts nur geringe Bedeutung bei, betont hingegen stark die prägende Rolle führender Persönlichkeiten. Für die Ära zwischen 1928 und 1949 ist die politische Rolle Chiang Kai-sheks von besonderer Bedeutung. Er hatte sich zwei Jahre nach Sun Yat-sens Tod an die Spitze der Kuomintang stellen können und hatte es, von kurzen Unterbrechungen abgesehen, vermocht, sich in der Spitzengruppe der Kuomintang-Politiker stets zu behaupten. Obwohl der Ausgang der einzelnen Bürgerkriege zu ihrem Beginn oft ungewiß erschien, hatte er alle Waffengänge mit anderen militärischen Machtgruppen des damaligen China letztlich siegreich bestanden. Nicht nur die regionalistischen Militärmachthaber wurden einer nach dem anderen von ihm geschlagen, sondern 1934 erneut auch die chinesischen Kommunisten, deren Räterepublik in diesem Jahre erobert und zerstört wurde. Neben diesen militärischen Erfolgen war es der Tod Hu Han-mins 1936 und das durch ein Attentat bedingte längere Ausscheiden Wang Ching-weis aus der Führung von Staat und Partei, die zu einer immer stärkeren Festigung von Chiangs politischer Machtposition beitrugen. Die Feststellung dieser Entwicklung darf jedoch nicht zu dem Trugschluß verleiten, daß sich damals in China ein einheitlich funktionierendes politisches System unter der Führung Chiang Kai-sheks etwa nach dem Modell moderner europäischer Regierungssysteme herausgebildet habe.

Wie wenig dies der Fall war, bewies eine von Chiang Kai-shek und Wang Ching-wei entworfene und vom Zentralen Exekutiv-Komitee der Kuomintang im Dezember 1934 angenommene Resolution über die Kompetenzverteilung zwischen der Nationalen Zentralregierung und den regionalen Provinzregierungen. Diesen Beschlüssen zufolge sollte die Zentralregierung bei der Gesetzgebung nur »allgemeine Prinzipien« festlegen dürfen, während es den Provinzregierungen vorbehalten blieb, die konkreten Durchführungsbestimmungen auszuarbeiten und anzuwenden. Auf diese Weise konnte jedes einer Provinzregierung nicht zusagende Gesetz der Zentralregierung in der Praxis umfunktioniert werden. Die Provinzen erhielten das Recht, die Beamten der jeweiligen Provinzregierung auszuwählen und vorzuschlagen, während der Zentralregierung nur das Recht zur Ernennung der so Ausgewählten verblieb. Auch die Planung und Durchführung der Entwicklungspolitik blieb den Provinzregierungen vorbehalten. Ihnen gegenüber konnte die Zentralregierung hier nur wirksam werden, wenn von ihr finanzielle Hilfsmittel angefordert wurden. Der Zentralregierung wurde hinsichtlich der regionalen Entwicklungspolitik wohl ein Inspektions-, jedoch kein Interventionsrecht eingeräumt. Auf dem machtpolitisch höchst bedeutsamen Gebiet des Militärwesens wurde das Fortbestehen regionaler Streitkräfte unter der Kontrolle der Provinzregierungen ausdrücklich gestattet, wobei sich die Zentralregierung das Recht vorbehielt, die Stärke dieser Provinztruppen festzulegen. Aber die Provinzen behielten das Recht zum selbständigen Waffenkauf im Ausland, wenngleich diese Käufe zum Zweck der Vereinheitlichung der in China verwendeten Waffensysteme bei der Zentralregierung registriert werden sollten.[20]

Diese Zustände erklären, weshalb die Kuomintang auch nach dem Abebben der bewaffneten Revolten eigenwilliger Provinzgeneräle noch sehr weit von jener politischen Machtfülle entfernt war, die Sun Yat-sens Realismus als Grundvoraussetzung einer zentral gelenkten, modernisierenden Umgestaltung der politischen und sozioökonomischen Daseinsführung des chinesischen Volkes postuliert hatte.

Welches war nun die Funktion Chiang Kai-sheks im politischen System der Republik China zwischen dem siegreichen Ende des »Großen Nordfeldzuges« (1928) und dem Beginn des Widerstandskrieges gegen Japan? In einer Ära der chinesischen Politik, für die Mao Tse-tungs Wort, daß alle politische Macht aus den Läufen von Gewehren kommt, weitgehend zutrifft, ist Chiang Kai-sheks Position als prominentester Heerführer der alten, noch von Sun Yat-sen selbst herangebildeten Parteigarde der Kuomintang von größter Bedeutung. Diese Verbindung von traditioneller Verwurzelung in der Partei und militärischer Macht unterschied Chiang einerseits von jenen zivilen Mitgliedern der alten Parteigarde wie Hu Han-min oder Wang Ching-wei, die über keine direkte militärische Führungsgewalt verfügten, und andererseits von jenen zahlreichen Militärmachthabern, die sich der Kuomintang erst während des »Großen Nordfeldzuges« und auf Grund ihrer damaligen Erfolge angeschlossen hatten. Aus dieser einzigartigen Synthese von Verwurzelung in der Partei mit direkter militärischer Kommandogewalt erklärt sich viel von Chiang Kai-sheks langsam immer stärker werdender Führungsstellung innerhalb der Kuomintang dieser Jahre. Aber das ist nicht alles. Bereits 1930 schrieb einer der informiertesten und kritischsten westlichen Kuomintang-Experten, George Sokolsky: »Oft ist die Frage gestellt worden, weshalb Chiang Kai-shek seinen Einfluß im Kreise von Militärpolitikern durchsetzen konnte, die seine Bestrebungen natürlich ablehnen mußten ... Dieser Mann verfügt über eine Wachsamkeit und Beweglichkeit, an die weder Zivilisten noch Militärs in der chinesischen Politik gewöhnt sind. Er besitzt eine fast westliche Fähigkeit, den Kern eines Problems rasch anzupacken, so daß chinesische Methoden und Denkweisen ihn dabei nicht einholen können und deshalb zu keinen Ergebnissen führen ...« Sokolsky führt in diesem Zusammenhang weiter aus, daß Chiang Kai-sheks Erfolg erstaunlich auch deshalb sei, weil er seit 1926 an Popularität eingebüßt und über keine eindeutig überlegene militärische Macht verfügt habe. Dennoch sei es ihm gelungen, durch die Behauptung seines persönlichen Einflusses in der politischen Führung Chinas ein gewisses Maß an Kontinuität zu wahren. Dieses Durchsetzungsvermögen sei eher auf Grund psychologischer Konstellationen als auf der Basis machtpolitischer Kräfteverhältnisse zu erklären.[21] Mao Tse-tungs amerikanischer Freund und Biograph, Edgar Snow, schrieb in seinem Buch »The Battle for Asia« über Chiang Kai-shek:

> »Er ist kein Intellektueller, sondern ein Mann der Tat. Während andere noch theoretisieren, befragt Chiang seine Intuition und handelt. Er gesteht, Empiriker zu sein. ›Ohne zu handeln‹, so schrieb er, ›kann man kein Wissen erlangen‹, und weiter: ›Der einzige Fehler besteht im Nichthandeln.‹ Das vielleicht ist die revolutionärste Idee in Chiangs Art, Politik zu machen, und erklärt fast alle seine Erfolge ... Er regiert weniger durch einfaches Kommando als durch delikate Prozesse der Gleichgewichtspoli-

tik und des politischen Manövrierens ... er hält die Macht, indem er zum gemeinsamen Bezugspunkt der Loyalität verschiedener politischer Gruppen wird. Er hat seinen vollen Anteil an jener besonderen chinesischen Begabung, seine Feinde gegeneinander auszuspielen. Chiang ist kein Diktator im europäischen Sinne. Er verfügt nicht über soviel wirkliche Macht zur Durchsetzung seiner Entscheidungen wie manche demokratisch gewählten Führer, Präsident Roosevelt zum Beispiel oder der britische Premierminister. Leute, die Chiang als ›Einiger Chinas‹ bezeichnen, vereinfachen viel zu sehr eine außerordentlich komplexe Situation, indem sie einen Gruppenimpuls mit der Persönlichkeit eines Mannes identifizieren. Aber in Zeiten der Krise leben wir alle mit Symbolen, und die Personifizierung der Führung bildet eine der Grundlagen von Politik wie auch Religion.«[22]

Ein anderer Kritiker der Kuomintang, der von Präsident Roosevelt zeitweilig zum politischen Berater Chiang Kai-sheks ernannt worden war und der später in den USA prosowjetischer Tendenzen beschuldigt wurde, Owen Lattimore, gelangte auf Grund seiner Eindrücke in China zu ähnlichen Schlüssen. Auch er sah in der Kuomintang der Jahre zwischen 1928 und 1937 eine innerparteiliche Koalition verschiedener Gruppen. Zur Funktion Chiang Kai-sheks in diesem System sagt Lattimore:

»Von dem Moment an, in welchem diese neue chinesische Koalition gegründet wurde, fungierte Chiang Kai-shek als ihr Symbol und personifizierter Mittelpunkt. Die Struktur der Koalition, an deren Spitze er stand, erklärt, weshalb er nie ein Diktator war, obwohl er von seinen Gegnern so bezeichnet wurde und obwohl einige seiner Anhänger Experimente zu einer Reorganisation der Kuomintang nach faschistischem Vorbild unternahmen ... Angesichts der Unterschiedlichkeit der Bestandteile jener Koalition, deren Vorsitzender er war, bedeutete jede in der Diskussion der Interessengruppen ungelöst gebliebene Frage einen Appell an seine letzte Entscheidung. Aus diesem Grunde bewundern Chinesen in Chiang Kai-shek etwas, das nur wenige Europäer und Amerikaner verstanden haben: seine Fähigkeit, Entscheidungen zu treffen, die tote Punkte des Willensbildungsprozesses durchbrechen, ohne das Gleichgewicht zwischen den einzelnen Gruppen der Kuomintang-Koalition zu beeinträchtigen. Es bedurfte erst eines langen Krieges mit Japan, um dieses Gleichgewicht zu zerstören ...«[23]

In dem Jahrzehnt von 1926 bis 1936, das dem Beginn des Krieges gegen Japan voranging, vermochte es Chiang Kai-shek, im Rahmen des polyzentrisch strukturierten Systems der chinesischen Politik, nicht zur dominierenden, wohl aber zur bedeutendsten Führungspersönlichkeit zu werden. Die Erlangung dieser Position verdankte er seiner Fähigkeit, sich gleichzeitig in zwei funktionell zwar differenzierten, im Prozeß der chinesischen Politik aber interdependenten Führungsgruppen zu behaupten und immer stärker durchzusetzen. In der Gruppe der faktisch autonomen Heerführer erwies sich Chiang an der Spitze der stärker ideologisch orientierten sogenannten Zentralarmee der Nationalregierung als Sieger gegenüber den partikularistischen Militärmachthabern wie auch gegenüber den chinesischen Kommunisten. Seine Prominenz in der regierenden Staatspartei, der Kuomintang, erhöhte die politische Wirkung seiner militärischen Erfolge. Diese aber trugen umgekehrt zu seinem zwar wiederholt gefährdeten, aber allgemein zunehmenden Durchsetzungsvermögen innerhalb der zweiten Gruppe, der Gruppe der Parteiführer der Kuomintang, bei. Seine oft wiederholte Taktik, einen Gegner zunächst demonstrativ militärisch oder politisch zu schlagen, um ihn danach durch Amnestie und Vergabe von Ämtern an sich zu binden, der ständige Versuch, die Zahl der permanenten und grundsätzlichen Feindschaftsverhältnisse auf ein Mindestmaß zu reduzieren, trug viel zur Anbahnung eines sich schrittweise entwickelnden Prozesses der politischen Reintegration Chinas bei. Dabei verschob sich das zwischen den Provinzen und der Nationalen Zentralregierung bestehende Kräfteverhältnis langsam zugunsten von Nanking. Dieser bei Ausbruch des Krieges mit Japan (1937) noch keinesfalls abgeschlossene, sondern im Werden begriffene Prozeß, bei dem die Zeit für die Zentralregierung und gegen den Partikularismus zu arbeiten schien, wurde zugleich durch Erfolge der chinesischen Entwicklungspolitik und Diplomatie untermauert.

Leistungen und Mängel in der Reformpolitik der Nanking-Regierung

Auf diplomatischem Gebiet vermochte es die chinesische Regierung zwischen 1928 und 1930 Verträge mit dreizehn auswärtigen Mächten zu schließen, in denen die von China heiß ersehnte Zollhoheit anerkannt wurde.[24] Damit war eine der schädlichsten Einengungen der chinesischen Souveränität als Folge der ungleichen Verträge überwunden und China dem Ziel der internationalen Gleichberechtigung einen wesentlichen Schritt näher gebracht worden.[25] Zwischen August 1929 und September 1930 wurden die britischen Konzessionen in Chingkiang und Amoy, die belgische Konzession in Tientsin und das britische Pachtgebiet in Weihaiwei an China zurückgegeben. Weitaus schwieriger gestaltete sich der Kampf um die Abschaffung der extraterritorialen Jurisdiktion für Ausländer in China, die ebenfalls durch die ungleichen Verträge zementiert worden war. Vor Beginn des Zweiten Weltkrieges haben nur zwei Großmächte (Deutschland 1921 und die UdSSR 1924) die Zuständigkeit chinesischer Gerichte für ihre in China befindlichen Staatsbürger anerkannt. Das gleiche galt für acht kleinere Staaten (Österreich, Iran, Bolivien, Finnland, Mexiko, Griechenland, Tschechoslowakei und Polen). Acht weitere Staaten hatten sich bereit erklärt, auf das Recht der extraterritorialen Jurisdiktion für ihre Staatsbürger in China zu verzichten, sowie eine Mehrheit der China gegenüber mit diesem Recht begünstigten Staaten zu einem solchen Verzicht bereit sei. Großbritannien, Japan, Frankreich und die USA weigerten sich aber unter Hinweis auf die in Gesetzgebung und Gerichtspraxis noch nicht vollendete Modernisierung des chinesischen Rechtswesens, ihr Sonderrecht der extraterritorialen Jurisdiktion aufzugeben.[26]

In diesem Zusammenhang kam den Bemühungen der Nationalregierung um eine umfassende Modernisierung des gesamten chinesischen Rechtswesens zugleich auch eine unverkennbare außenpolitische Bedeutung zu. Trotz beachtlicher gesetzgeberischer Tätigkeit auf diesem Gebiet erwies es sich als unmöglich, innerhalb kurzer Zeit für den volkreichsten Staat der Erde jene Infrastruktur an Gerichten und geschultem juristischem Personal zu schaffen, die eine Mitvoraussetzung der Umwandlung Chinas in einen an europäischen Modellen orientierten Rechtsstaat gewesen wäre. Hierzu wären auch umfassende Bemühungen auf dem Gebiet der staatsbürgerlichen Erwachsenenbildung deshalb notwendig gewesen, weil eine Verwurzelung des neuen Rechtssystems in der chinesischen Gesellschaft vielfach eine Umorientierung des chinesischen Rechtsempfindens erfordert hätte. Das Beispiel Japans zeigte sowohl die Möglichkeiten wie aber auch die Grenzen einer solchen Verpflanzung von Rechtsordnungen fremder Kultursysteme. Weitaus größere Erfolge konnte die chinesische Nationalregierung bei der Expansion und Modernisierung des chinesischen Erziehungswesens erzielen. Im Vergleich zum Jahr 1923 waren die Zahlen der Schüler bzw. Studenten bis zum Jahr 1931 so gestiegen, daß sich bei den Grundschulen ein Zuwachs von 76, bei den Sekundärschulen um 194 und bei den Hochschulen um 30 Prozent ergab. Die Zahl der an Hochschulen studierenden Frauen stieg in dieser Zeit um 68 Prozent. Zwischen 1931 und 1937 erhöhten sich diese Zahlen bei den Grundschulen um ca. 86, bei den Sekundärschulen um ca. 42, bei den Hochschulen um 94 und bei den studierenden Frauen um 105 Prozent.[27] Beachtliche Leistungen konnten ferner bei der Entwicklung des chinesischen Verkehrssystems erzielt werden. Vorliegenden Berechnungen zufolge baute die Nationalregierung der Kuomintang in den ersten elf Jahren ihrer Regierung 1928–1938 6592 km neuer Bahnlinien, das heißt etwa 1000 km mehr, als in den ersten elf Jahren der kommunistischen Volksrepublik China zwischen 1950 und 1960 gebaut wurden.[28] Neben einer bedeutenden Erweiterung seines Straßensystems erhielt China in den dreißiger Jahren ein Luftverkehrssystem, das wirksam zur Intensivierung der interregionalen Kontakte in diesem großen Subkontinent beitrug.

Im Gegensatz zum ersten Jahrzehnt kommunistischer Herrschaft in China gelang es der Kuomintang zwischen 1928 und 1937 aber nicht, entscheidende Fortschritte in Richtung auf die geplante Industrialisierung Chinas oder die von Sun Yat-sen ebenso nachdrücklich betonte Landreform zu unternehmen.

Abgesehen von starken (wenn auch vermutlich nicht unüberwindbaren), durch sozioökonomische Interessenlagen bedingten Widerständen in den eigenen Reihen, machte sich auch auf dem Gebiet der Agrarpolitik das aus der damaligen politischen Struktur Chinas erklärbare Unvermögen der Zentralregierung bemerkbar, ihre in Nanking gefällten Entscheidungen dann auch in den Provinzen, Landkreisen und Dörfern verwirklichen zu lassen.

Trotz einiger bemerkenswerter Ansätze hierzu gelang es der kapitalarmen und innenpolitisch nur bedingt durchsetzungsfähigen Zentralregierung nicht, das agrarische Kreditwesen entweder unter die Kontrolle durch die Regierung oder durch Interessenverbände der Bauern zu bringen. So konnte die für viele Bauern drückende Last des agrarischen Kreditwuchers nur in wenigen Fällen beseitigt werden. Wie in Erkenntnis ihrer eigenen Ohnmacht überließ die Regierung im Sinne ihres Landgesetzes von 1930 die Initiative zum Ausgleich der agrarischen Besitzverhältnisse den Provinzregierungen in Form von »Kann-Bestimmungen« ohne bindende Verpflichtungen.[29]

Li Li-san und die wachsende Führungsrolle Mao Tse-tungs in der KP Chinas

Ein weiteres entscheidendes Problem der chinesischen Innenpolitik dieser Zeit war die Fortsetzung des Bürgerkrieges zwischen der Kommunistischen Partei Chinas und der Nationalchinesischen Zentralregierung der Kuomintang. Sowohl der Erste Generalsekretär der Kommunistischen Partei Chinas, Ch'en Tu-hsiu, wie auch sein unmittelbarer Nachfolger in diesem Amt, Ch'ü Ch'iu-pai, waren von der eigenen Partei und auch der Kommunistischen Internationale für die furchtbaren, rasch aufeinanderfolgenden Niederlagen der Partei im Verlauf des Jahres 1927 verantwortlich gemacht worden. Ch'en hatte man Rechts-Opportunismus und seinem Nachfolger Ch'ü Links-Opportunismus vorgeworfen. Stalin und die Komintern in Moskau bewahrten ihre Position doktrinärer Unfehlbarkeit, indem sie behaupteten, daß eine in Moskau richtig analysierte Situation mitsamt den daraus gefolgerten Anleitungen zum praktischen Handeln in China durch die fehlerhafte Politik einzelner Führer der Kommunistischen Partei Chinas zum Schaden dieser Partei entwickelt worden sei.

Für das Gewicht, das seitens der Komintern der schweren Krise der chinesischen Revolution beigemessen wurde, spricht die Tatsache, daß der Sechste Nationale Parteitag der Kommunistischen Partei Chinas nicht auf chinesischem Gebiet, sondern zwischen Juli und September 1928 in Moskau, und zwar zeitlich parallel mit dem Sechsten Weltkongreß der Kommunistischen Internationale stattfand. In einer Resolution dieses chinesischen Parteitages[30] werden die Vernichtung des Imperialismus und die Entfachung einer Agrarrevolution in China als die wichtigsten Aufgaben des chinesischen Kommunismus bezeichnet. Nach dem katastrophalen Scheitern des Experiments einer »Einheitsfront« mit der Kuomintang wird nun gesagt, die Revolution in China könne nur siegen, wenn sie die nationale Bourgeoisie bekämpfe. Arbeiter und Bauern seien die einzige Machtquelle der Revolution. Die weiterhin fortgesetzte Unterordnung der chinesischen Partei unter die Hegemonie der Moskauer Zentrale kommt in folgendem Absatz der gleichen Resolution klar zum Ausdruck: »Der Sechste Kongreß der KPCh gibt zu, daß es ein völlig korrektes Verfahren der Kommunistischen Internationale war, das [chinesische] Zentralkomitee zu übergehen und sich direkt an die KPCh-Mitglieder und an die Massen zu wenden, um einen grundlegenden Wechsel in der Parteilinie und eine Umbesetzung der Parteiführung zu verlangen.«[31] Diagnostisch wird ein »Abflauen der revolutionären Flut« und prognostisch das Kommen einer neuen revolutionären Welle konstatiert. Im Rahmen dieser Prognose wurde der Bauernbewegung in China besondere Bedeutung beigemessen. So heißt es weiter: »Was den Bauernkampf anlangt, so werden die bis heute (in den südlichen Provinzen) erhalten gebliebenen Stützpunkte des Rätesystems und ihre wenigen revolutionären Arbeiter- und Bauernmassen zu einem immer wichtigeren Element in der neu ansteigenden Flut. Es besteht die Möglichkeit, daß eine revolutionäre Welle in der einen oder anderen Provinz auftritt und ein Räteregime entsteht.«[32]

Allerdings warnt die Resolution vor gewissen Tendenzen innerhalb der Partei, die diese ihrer »proletarischen Basis« dadurch entfremdeten, daß sie das Schwergewicht der Arbeit der Partei auf die Seite der armen Bauern verlagern wollten. Die Hauptaufgabe der Partei sei aber die Gewinnung der Arbeiterklasse, deren Führungsstellung gegenüber der Bauernschaft gefestigt werden müsse.[33] Zu den Fragen der Bauernbewegung und der Förderung regionaler Räteregime in zumeist agrarischen Gebieten sagt die gleiche Resolution: »Die führende Parole der Bauernbewegung ist die Beschlagnahme von Grund und Boden der Grundherren zur Aufteilung durch die Bauernräte.« Hierbei solle man sich auf die armen und mittleren Bauern stützen und den Kampf gegen die reichen Bauern nicht schärfer als notwendig führen, weil die Grundbesitzerklasse zunächst der primäre Gegner sei. Es heißt dann weiter: »Unterstützt den Guerillakrieg der Bauern ... Führt die Massen im organisierten Kampf zur bewußten Aufrichtung des Räteregimes und zur Verwirklichung der Agrarrevolution. Sorgt für die Gleichschaltung der Bauernbewegung auf dem Lande mit dem Kampf der Arbeiterklasse in den Städten. Es ist nicht nur möglich, sondern es ist notwendig, eine revolutionäre Armee der Arbeiter und Bauern in den jetzigen Guerillagebieten aufzustellen.« Gleichzeitig wird die Partei ermahnt, »den Warenhandel im Geschäftsleben zu schützen und alle gleichmacherischen Tendenzen auf dem Gebiete des Eigentums zu überwinden ... Sie würden zum Zusammenbruch der Wirtschaft führen und die Räterepubliken gefährden.«[34]

Bedeutsam für die weitere Entwicklung des chinesischen Bürgerkrieges ist die Aufmerksamkeit, die auf dem Sechsten Parteitag der KPCh in diesem Augenblick einer grundsätzlichen Reorientierung ihrer Strategie und Taktik dem revolutionären Partisanenkrieg beigemessen wurde. Dazu heißt es in der gleichen Resolution: »Die Hauptaufgaben des Guerillakrieges sind: erstens die Parolen des Agrarkampfes sofort in die Wirklichkeit umzusetzen (den Grund und Boden der Gutsbesitzer zum Zwecke der Aufteilung unter die Bauern zu enteignen, die tyrannische Gentry und die Gutsbesitzer umzubringen, Bauernausschüsse und Dorfräte einzurichten usw.), ... zweitens die Bildung der Roten Armee ..., drittens die Schwächung des Einflusses der reaktionären Elemente.« Auf Grund der bisherigen Erfahrungen wurde jedoch auch auf bestimmte Gefahren des Partisanenkrieges hingewiesen. So wird etwa gesagt, »die Zerstörung der Städte und das sinnlose Morden, Brennen und Rauben« sei »nur ein Ausfluß der Lumpenproletariats- und Bauernmentalität, welche die Ausdehnung der Partei ... aufhalten kann. Deshalb muß alles getan werden, um diese falsche Einstellung innerhalb der Partei auszurotten. ... Brennen und Morden als Selbstzweck und nicht zum Nutzen der Revolution ist abzulehnen«.[35]

Nach der Entmachtung von Ch'ü Ch'iu-pai war Li Li-san zum einflußreichsten Führer der chinesischen Kommunisten geworden. Li, der zwischen 1919 und 1922 im Rahmen des Werkstudenten-Programms mit Chou En-lai und anderen bekannten chinesischen Kommunisten in Frankreich gewesen und an der Gründung des chinesischen Kommunistischen Jugendcorps beteiligt gewesen war, zeichnete sich in China durch besondere Fähigkeiten und Erfolge bei der Organisierung von Arbeitern und Gewerkschaften, insbesondere in den großen Städten, aus.

Ermutigt einerseits durch den furchtbaren Bürgerkrieg Chiang Kai-sheks mit Feng Yü-hsiang und Yen Hsi-shan und andererseits durch die zustimmende und ermunternde Haltung der Kommunistischen Internationale, veranlaßte Li Li-san einen berühmt gewordenen Beschluß des Politbüros der Kommunistischen Partei Chinas vom 11. Juni 1930. Es wird darin »ein grausamer Krieg sowohl gegen die Imperialisten, die Grundbesitzer und die Kompradoren wie auch gegen die Bourgeoisie« angekündigt. Der entscheidende Satz der umfangreichen Resolution lautet: »Eine der Hauptaufgaben, die uns die jetzige Generallinie stellt, ist die energische Vorbereitung von lokalen Volkserhebungen, deren Ziel es ist, sich der Städte zu bemächtigen und dort ein Räteregime aufzurichten. (Das) ist das höchste Ziel der Bauernerhebungen, die sich in Zukunft unbedingt mit (Erhebungen) in den maßgebenden Städten verbinden werden, um so den Erfolg eines ganz China erfassenden Aufstandes zu sichern.«[36] Die hinter diesem Programm stehende Grundkonzeption Li Li-sans besagte, daß die Revolution in China überhaupt nur dann Aussicht auf bleibenden Erfolg haben könne, wenn sie von dem städtischen Proletariat geführt werde. Um dieses Proletariat, den Garanten des revolutionären Sieges, in den Kontrollbereich der Kommunistischen Partei zu bringen, wollten Li Li-san und seine Gesinnungsgenossen in der Partei die ihrem sozialen Ursprung nach bäuerlichen Streitkräfte der chinesischen Roten Armee zu Großoffensiven mit dem Ziel der Eroberung größerer Städte einsetzen. Tatsächlich konnte Ende Juli 1930 Changsha, die Hauptstadt der Provinz Hunan, von der Roten Armee erobert werden. In einem enthusiastischen Komintern-Bericht wird von einem »gewaltigen Sieg« gesprochen. »Reaktionäre Elemente, die Gegenaktionen organisierten, wurden erschossen ... In überraschend kurzer Zeit war ganz Changsha mit einem Meer von roten Flaggen bedeckt ... Die Sowjetmacht ... wurde proklamiert ... Die Rote Armee beabsichtigt, mit der Hilfe der aufständischen Bauern ihren Operationsradius immer mehr zu erweitern, um Wuhan einzukreisen.«[37] Aber bereits das nächste Ziel, das große Dreieck der sogenannten Wuhan-Städte, konnte nicht erreicht werden. Changsha konnte nur kurzfristig gehalten werden, und so endete der relativ kurzlebige Ansatz der sogenannten Li-Li-san-Linie.

Nach den blutigen Niederlagen des Jahres 1927 hatte sich Mao Tse-tung im Oktober 1927 in das unwegsame Chingkan-Bergmassiv an der Grenze zwischen den Provinzen Hunan und Kiangsi zurückgezogen. Seine Anhänger vereinigten sich hier einerseits mit früheren Räuberbanden in der Stärke von drei Regimentern und andererseits mit den militärischen Einheiten, die Chu Teh im Mai 1928 in dieses Gebiet führte. Alle diese Einheiten wurden zur später berühmt gewordenen »Vierten Roten Armee« reorganisiert und im Winter des gleichen Jahres mit der dort ebenfalls eintreffenden »Fünften Roten Armee« unter dem Befehl des späteren Marschalls P'eng Teh-huai vereinigt.

Ende 1929 beschloß eine von Mao geleitete Konferenz der »Vierten Roten Armee«, in der Provinz Kiangsi ein Räteregime zu gründen und mit der Landverteilung zu beginnen.[38] Bereits im Dezember 1928 war im Chingkan-Gebirge ein Agrargesetz formuliert worden. Es sah die Verstaatlichung des gesamten Bodens vor, der das Eigentum der Räteregierung wurde und an die Bauern zum Zweck der individuellen oder kollektiven Nutznießung vergeben werden konnte.[39] Trotz der Radikalität dieses Ansatzes, die Mao später selbst kritisierte, beschäftigte ihn im Gegensatz zu Li Li-san die Rolle der sogenannten Zwischenklassen zwischen dem Grundbesitzertum und dem dörflichen Pro-

Mao Tse-tung (links) und Chu Teh (Zhu De), der Oberkommandierende der Chinesischen Roten Armee, in Yenan.

letariat. Mao erkannte in wachsendem Maße die Macht dieser millionenstarken Bevölkerungsschicht, die er zum Zweck ihrer politischen Neutralisierung bis zur Festigung der revolutionären Macht vorläufig gewinnen wollte. Ebenfalls im Gegensatz zu Li Lisan ließ sich Mao nicht durch die Bürgerkriege zwischen der Kuomintang und den regionalen Militärmachthabern über die realen Stärkeverhältnisse dieser Zeit hinwegtäuschen. Seine Schriften aus dieser Zeit zeigen seine Bemühungen um die Disziplinierung und ideologische Erziehung einer äußerst heterogen zusammengesetzten Anhängerschaft. So wandte er sich gegen die Tendenzen der »extremen Demokratisierung«, deren Wurzeln in der »kleinbürgerlichen individualistischen Undiszipliniertheit« vieler Parteigenossen zu suchen seien. Ebenso wandte er sich gegen die Illusion der »absoluten Gleichmacherei«, die eine Parallelerscheinung der extremen Demokratisierung sei.[40] Wiederholt warnte Mao vor »sinnlosen Brandstiftungen und Tötungen« seitens solcher Parteimitglieder, die die Mentalität »umherschweifender Rebellenhaufen« noch nicht abgelegt hätten.[41] In einem berühmt gewordenen Brief vom 5. Januar 1930 nimmt Mao eine These vorweg, die in seinem späteren Dogmenstreit mit Moskau in erweiterter Form von Bedeutung sein sollte. Er vertrat darin die Ansicht, daß der Aufschwung der Revolution im bäuerlichen China deshalb eher als im industrialisierten Westeuropa einsetzen werde, weil in China die Kräfte der Konterrevolution relativ schwach und in Westeuropa die Kräfte der herrschenden Klassen um ein Vielfaches stärker seien. Nirgends außer in China gebe es die merkwürdige Erscheinung andauernder Bürgerkriege unter den herrschenden Klassen und die dadurch ermöglichte »Existenz und Entwicklung kleiner roter Gebiete inmitten des weißen Regimes«, wobei diese sich auf die Macht einer eigenen Roten Armee stützen könnten.[42]

Die nach dem Scheitern des Li-Li-san-Experiments eintretende Ernüchterung ebenso wie festgestellte Mängel der kommunistischen Parteipolitik spiegeln sich in einem kritischen Bericht Chou En-lais vom 24. September 1930 wider.[43] In ihm bemängelte der Autor, daß die Führung der Roten Armee bei dem Vorstoß auf Changsha nicht zentralisiert war, die einzelnen Einheiten kaum Kontakt miteinander hatten und die Nachschublinien nicht gesichert waren. Über seine Partei sagte Chou wörtlich: »Die KPCh hat eine zu schwache Organisation, und ihre proletarischen Kader sind ungenügend ... Obwohl die Partei 120.000 Mitglieder hat, beträgt die Anzahl der Industriearbeiter wenig über 2000. Dieser Prozentsatz ist zu klein, und die Führerrolle der Arbeiterschaft tatsächlich zu schwach.«[44]

Für die Schärfe des innerparteilichen Kampfes, der der Entmachtung Li Li-sans unmittelbar voranging, spricht der sogenannte Fu-t'ien-Zwischenfall vom Dezember 1930. Dieser Zwischenfall entstand, als kommunistische Anhänger Li Li-sans einen Aufstand gegen die Führung Mao Tse-tungs im Rätegebiet von Kiangsi unternahmen. Nach Aussage eines späteren Generalsekretärs der Kommunistischen Partei Chinas, Chang Kuo-t'ao, hatte Mao Hunderte seiner Parteigenossen verhaften und hinrichten lassen, weil sie sich seinen eigenen politischen Konzeptionen widersetzten.[45] Mao Tse-tung wiederum beschuldigte diese Gruppe der »offenen Rebellion« unter dem Einfluß der Li-Lisan Linie.[46] Bei der Liquidierung dieses Aufstandes, der angeblich zwei- bis dreitausend Kommunisten zum Opfer fielen, soll es sich um eine der blutigsten innerparteilichen »Säuberungsaktionen« in der Geschichte der Kommunistischen Partei Chinas gehandelt haben.[47]

Gründung, Strategie und Niederlage der kommunistischen Räterepublik in Südwestchina 1931–1934

Im Laufe des Jahres 1931 mußte die Führung der Partei unter dem wachsenden Druck der Geheimpolizei der Nanking-Regierung aus ihrem geheimen Hauptquartier in Shanghai flüchten und sich in das ländliche Rätegebiet der Kommunisten in der Provinz Kiangsi (Jiangxi) zurückziehen. Hier wurde im Sinne einer bereits im Juni 1930 ergangenen Komintern-Direktive am 7. November 1931 durch einen ersten Gesamtchinesischen Rätekongreß in der Provinzhauptstadt Juichin eine »Chinesische Räterepublik« errichtet. Obwohl Mao Tse-tung zum Vorsitzenden des Rates der Volkskommissare dieser Räterepublik gewählt wurde, ist wiederum festzuhalten, daß er damit noch keineswegs eine eindeutig prädominierende Rolle im Machtapparat der Partei erhielt. Die ebenfalls am 7. November 1931 proklamierte Verfassung dieser Räterepublik bezeichnet sie als einen Staat, der auf »der demokratischen Diktatur der Arbeiter und Bauern« beruhe. Angehörigen des Militärs, der Bürokraten, der Gutsherren, der Gentry, der sogenannten Dorftyrannen und der Klöster wurde laut dieser Verfassung ihre politische Freiheit entzogen. Zu weiteren Zielsetzungen der Verfassung gehörte der Kampf gegen den Imperialismus, die völlige Emanzipation der Frauen, die Einführung einer umfassenden Volksbildung und die Respektierung des Selbstbestimmungsrechts der nationalen Minderheiten in China, von denen jede das Recht erhalten sollte, »sich völlig von China zu lösen und einen unabhängigen Staat zu bilden«. Das sollte für die Mongolen, die Tibetaner und andere Volkergruppen innerhalb der chinesischen Staatsgrenzen gelten.[48]

Noch im gleichen Monat erließ die neue Räterepublik ein Agrargesetz, dem zufolge nicht der gesamte Boden, sondern nur der ganze Landbesitz der sogenannten Feudalherren, der Gentry und anderer Großgrundbesitzer entschädigungslos und unabhängig davon enteignet werden sollte, ob die Betroffenen zuvor ihren Boden selbst bestellt oder ihn an andere verpachtet hatten. Das enteignete Land sollte unter den armen und mittleren Bauern verteilt werden. Das Ziel dieser mit revolutionären Mitteln durchgeführten Agrarreform bestand einerseits in der Gewinnung einer Mehrheit der bäuerlichen Bevölkerung für die Partei und andererseits in der Brechung der Machtstellung der bisher herrschenden Minderheit der traditionellen Führungsgruppen der agrarischen Gesellschaftsstruktur, die dem wirtschaftlichen Ruin preisgegeben werden sollten.[49]

Für die Existenz dieses kommunistischen Rätestaates im Staat der Republik China war das Bestehen einer eigenen Roten Armee von größter Bedeutung. Die Kampfführung dieser chinesischen Roten Armee wurde von Mao Tse-tung und seinen militärischen Mitarbeitern zur Kunst einer vollendeten und außerordentlich wirksamen Strategie und Taktik des revolutionären Partisanenkrieges unter den sozioökonomischen Bedingungen eines Entwicklungslandes entworfen. Dabei verbanden sie Elemente altchinesischer Kriegskunst mit den Kriegserfahrungen der russischen Roten Armee und eigenen originellen Konzeptionen. Über die Taktik schrieb Mao Tse-tung bereits 1930: »[Sie] ist die des Partisanenkriegs. Im wesentlichen besteht sie in folgendem: ›die Truppen auflockern, um die Massen aufzurütteln; die Truppen konzentrieren, um dem Feind zu begegnen.‹ ›Rückt der Feind vor, ziehen wir uns zurück; macht er halt, umschwärmen wir ihn; ist er ermattet, schlagen wir zu; weicht er, verfolgen wir ihn.‹«[50] Maos zahlreiche Schriften über die Strategie und Taktik des revolutionären Partisanenkrieges in China gehören unzweifelhaft mit zu seinen originellsten Beiträgen zum grundlegenden kommunistischen Schrifttum in der Ära Stalins. In der ersten der bedeutenden Schriften dieser Art, die er im Dezember 1936 unter dem Titel »Strategische Probleme des revolutionären Krieges in China« verfaßte, betonte er, daß man bei aller Wertschätzung der sowjetischen Kriegserfahrungen dennoch die Lehren des revolutionären Krieges in China und seiner zahlreichen Besonderheiten sorgfältig beachten müsse.[51] »Das Kriegführen durch den Krieg selbst erlernen«, so schreibt er, »das ist unsere Hauptmethode.« Ein Grundprinzip seiner flexiblen Kriegsdoktrin besteht in der Bejahung der aktiven und der Ablehnung der passiven Verteidigung. Eine der grundlegenden Bedingungen für diese Kriegführung, die nie rein professionell, sondern stets zugleich mit einem wachen und analytischen Blick für das sozioökonomische Milieu konzipiert wurde, in dessen Rahmen der Krieg stattfand, ist für Mao die Gewinnung der Unterstützung durch die Bevölkerung für seine Rote Armee.

In der genannten, seine eigenen Erfahrungen widerspiegelnden Schrift zeigt sich Mao als nachhaltiger Befürworter des Bewegungskrieges. Er sagt dazu: »Eine der markanten Besonderheiten der Kampfhandlungen der Roten Armee – die sich daraus ergeben, daß der Feind mächtig, die Rote Armee selbst aber in technischer Hinsicht mangelhaft ausgerüstet ist – liegt im Fehlen stabiler Frontlinien.«[52] Ein weiterer Grundgedanke der Strategie des Partisanenkrieges zielt auf die Fähigkeit der Partisanenstreitmacht ab, sich angesichts überlegener gegnerischer Kräfte mit großer Schnelligkeit zu zerstreuen, um sich mit gleicher Geschwindigkeit wieder konzentrieren zu können, falls sich die Chance dazu bietet, einen Teil der gegnerischen Streitmacht mit überlegenen eigenen Kräften vernichten zu können: »Eine Kampfhandlung mit dem Ziel, den Gegner in die Flucht zu schlagen, kann grundsätzlich für Sieg oder Niederlage nicht entscheidend sein, wenn man es mit einem mächtigen Gegner zu tun hat. Eine Vernichtungsschlacht übt hingegen sofort auf jeden Gegner eine starke Wirkung aus. Es ist wirksamer, jemandem einen Finger abzuhacken, als alle zehn zu verletzen; es ist wirksamer, eine Division des Gegners zu vernichten, als zehn in die Flucht zu schlagen.«[53]

Der »Lange Marsch« der chinesischen Kommunisten 1934–1935 nach ihrer Niederlage in Kiangsi führte über 12.500 Kilometer.

Auf seiten seiner Gegner hatte Chiang Kai-shek früh erkannt, daß nicht die zahlenmäßig oft viel stärkeren regionalen Provinzmachthaber, sondern die chinesischen Kommunisten die gefährlichsten Rivalen der Kuomintang waren. Aus diesem Grunde führte er zwischen Dezember 1930 und Sommer 1935 nicht weniger als fünf Feldzüge gegen die chinesischen Kommunisten. Erst im vierten Jahre dieses auf beiden Seiten mit großer Erbitterung und Härte geführten neuen Bürgerkrieges gelang es der Zentralregierung, den Kommunisten eine schwere Niederlage zuzufügen, die kommunistische Räterepublik in der Provinz Kiangsi zu erobern und die Kommunisten unter ständiger Verfolgung zum Antritt des sogenannten Langen Marsches zu zwingen. Während ihres entscheidenden fünften Feldzuges gegen die kommunistische Räterepublik (1933 und 1934) wurden seitens der Nationalregierung neue Methoden in Anwendung gebracht. Chiang Kai-shek, der sich hierbei auch deutscher Militärberater bediente, bezeichnete sie als eine Kombination von strategischer Offensive mit taktischer Defensive. Es gelang ihm dabei, die Kommunisten durch großangelegte Einkreisungsmanöver mit immer enger gezogenen Ringen von kleinen blockhausähnlichen Befestigungen zu jener Art von Stellungskrieg zu zwingen, die Mao Tse-tung als für die Rote Armee gefährlich betrachtet hatte. Die rein militärischen Maßnahmen wurden durch die Kuomintang-Streitkräfte in neuartiger Weise durch intensive Propagandaarbeit sowie eine ökonomische Blockade der gegnerischen Gebiete und soziale wie auch wirtschaftliche Aufbauarbeit in den zuvor vom Gegner besetzten Gebieten ergänzt. Chiang Kai-shek sprach davon, daß sein Erfolg in diesem Feldzug zu 70 Prozent auf politischen und nur zu 30 Prozent auf rein militärischen Maßnahmen beruht habe.[54]

Der »Lange Marsch« – ein »Sieg des Überlebens«

Mao Tse-tung selbst schrieb die Niederlage der Kommunisten in diesem Feldzug vornehmlich zwei Faktoren zu: einmal der erwähnten Aufgabe der beweglichen Kriegführung und zum anderen der Tatsache, daß sich die Kommunistische Partei Chinas trotz der formalen Kriegserklärung der chinesischen Räteregierung an Japan im Februar 1932 – das heißt etwa ein halbes Jahr nach Beginn der Mandschurei-Krise – nicht mit einer 1933 in Fukien gebildeten neuen Gegenregierung gegen Nanking zusammengeschlossen habe.[55]

Während ihres berühmt gewordenen »Langen Marsches« durchquerte die chinesische Rote Armee unter größten Schwierigkeiten und Entbehrungen innerhalb der zwölf Monate zwischen Oktober 1934 und Oktober 1935 elf Provinzen.[56] Dabei wurden etwa 12.500 Kilometer in zumeist unwegsamem Gebiet zurückgelegt. Nur zehn Prozent der früheren Militär- und Parteieinheiten der chinesischen Kommunisten langten am Ende dieses Marsches in der Provinz Shensi an, die zur neuen territorialen Basis der numerisch drastisch reduzierten Partei wurde. Das bloße Überleben dieses Restes kampferprobter Kommunisten bedeutete an sich schon einen Erfolg. In dem Maße aber, in dem die Kommunisten geschwächt wurden, war gleichzeitig auch die Position Chiang Kai-sheks in der chinesischen Innenpolitik immer stärker geworden. Die Verfolgung der Kommunisten auf ihrem »Langen Marsch« durch zahlreiche vom Nankinger Zentrum entfernte Provinzen hatte einerseits die Bereitschaft der dort herrschenden und durch den

Anmarsch der Kommunisten erschreckten regionalen Machthaber zur Zusammenarbeit mit der Zentralregierung erhöht und dieser andererseits einen legitimen Grund dazu geliefert, ihre Streitkräfte in jene Gebiete zu entsenden. Chiang Kai-shek hatte es verstanden, diese Gelegenheit auf das geschickteste zur Stärkung des Einflusses der Kuomintang-Regierung auszunutzen. Anläßlich seines fünfzigsten Geburtstages am 31. Oktober 1936 war Chiang Kai-shek vielleicht zum erstenmal zu einer populären Figur in der chinesischen Politik geworden.[57] Im Jahr zuvor war seinem Gegner Mao Tse-tung auf der noch während des »Langen Marsches« stattfindenden Konferenz von Tsun-yi (Provinz Kweichow) im Januar 1935 der entscheidende Durchbruch zur Spitze der Kommunistischen Partei Chinas gelungen, deren maßgeblicher Führer er anschließend wurde.

6. Kapitel

Chinesische Reaktionen auf Japans weitere Expansionspolitik 1934–1937

Das Omen der »Amau-Erklärung«

Die militante Politik der gewaltsamen Expansion in China, die Japan in den dreizehn Jahren zwischen 1932 und 1945 betrieb, war ein entscheidender politischer Faktor dieser Zeit, nicht nur hinsichtlich der internationalen Beziehungen des ostasiatisch-pazifischen Raumes, sondern auch der innenpolitischen Entwicklung Chinas. Die Eroberung der Mandschurei 1932 und die zusätzliche Inkorporierung des südlich davon gelegenen Gebiets von Jehol 1933 hatten keineswegs zu einer China betreffenden Saturierung der expansionistischen Kreise innerhalb des damaligen japanischen Herrschaftssystems geführt. Um die Trennung des Satellitenstaates Mandschukuo von China zu vertiefen, war der von den Japanern dort als Regent eingesetzte frühere Thronfolger der mandschurischen Ch'ing-Dynastie, Pu Yi, am 11. März 1934 zum »Kaiser von Mandschukuo« proklamiert worden. Dieser Schritt bildete eine zusätzliche Brüskierung des republikanischen Regimes der Kuomintang, die eine führende Kraft der antidynastischen Revolution von 1911 gewesen war. Eine vielleicht noch folgenschwerere Herausforderung nicht nur Chinas, sondern auch aller anderen an China interessierten Mächte bedeutete die berühmt-berüchtigte japanische »Amau-Erklärung« vom 20. April 1934. Wie bereits geschildert, hatte die zur Untersuchung der Mandschurei-Krise eingesetzte Lytton-Kommission 1932 den Mitgliedern des Völkerbundes eine »zeitweilige internationale Zusammenarbeit beim inneren Aufbau Chinas, so wie sie von dem verstorbenen Dr. Sun Yat-sen vorgeschlagen wurde«, empfohlen.[1] Gemeint damit war Sun Yat-sens berühmter Vorschlag, daß eine Kombination von Industriestaaten ein gemeinsames, großangelegtes Programm der Entwicklungshilfe für China finanzieren sollte. Der Gedanke war in der Tat naheliegend. Hatte doch die Mandschurei-Krise einerseits gezeigt, daß das von inneren Konflikten zerrissene und unterentwickelte China der japanischen Aggression keinen wirksamen Widerstand entgegensetzen konnte, während es andererseits ebenso ersichtlich geworden war, daß die übrigen Großmächte eine direkte Konfrontation mit Japan vermeiden wollten, sofern nicht ihre unmittelbaren Interessen ernsthaft gefährdet waren. Aus dieser Konstellation heraus konnte leicht der Gedanke entstehen, daß diejenigen Mächte, die an der Verhinderung einer weiteren japanischen Expansion in China interessiert waren, Maßnahmen zur Stärkung der wirtschaftlichen und militärischen Abwehrkraft Chinas ergreifen sollten.

Auf seiten der chinesischen Regierung war es insbesondere Dr. Soong Tzu-wen (der gemeinsame Schwager Sun Yat-sens und Chiang Kai-sheks) gewesen, der in seiner Eigenschaft als Finanzminister die Anregung der Völkerbundskommission aufgriff und darüber sowohl mit dem Völkerbundsrat in Genf wie auch mit der Regierung der Vereinigten Staaten verhandelte. Seine Vorschläge und die von ihm geschaffene Finanzkorporation für Entwicklung, an deren Entstehung auch Jean Monnet führend beteiligt war, stießen auf das rege Interesse der angesprochenen Kreise des Auslands. Deutschland, die USA und Italien stellten der chinesischen Zentralregierung zudem Militärberater zur Modernisierung ihrer Streitkräfte zur Verfügung. Diese umfangmäßig zunächst noch recht kleinen und nur teilweise koordinierten Maßnahmen auswärtiger Staaten zur Förderung der wirtschaftlichen, sozialen, militärischen und intellektuellen Entwicklung des neuen China trugen auf seiten Japans zu jener Reaktion bei, deren bekannteste Auswirkung die Amau-Erklärung geworden ist.

Ihr Autor, Amau Eiji, war Direktor des Informationsbüros im japanischen Außenministerium. In dieser Funktion überreichte er Auslandskorrespondenten eine vom 20. April 1934 datierte Erklärung über die Haltung Japans in der Frage der Entwicklungshilfe dritter Staaten für China. In der Erklärung wird zunächst Japans Interesse an der Einheit, der inneren Ordnung und der Wahrung der territorialen Unversehrtheit Chinas zum Ausdruck gebracht. Es folgt die Behauptung, nur China selbst könne diese Ziele auf der Basis freiwilliger Anstrengungen verwirklichen. Daran wird allerdings die Schlußfolgerung geknüpft: »Wir wenden uns daher gegen jeden Versuch Chinas, sich des Einflusses irgendeines anderen Staates zu bedienen, um Japan Widerstand zu leisten. Wir wenden uns auch gegen jede Aktion, die von China in der Absicht unternommen wird, eine Macht gegen eine andere auszuspielen. Alle gemeinsamen Maßnahmen auswärtiger Mächte erhalten in diesem besonderen Augenblick nach den Zwischenfällen in der Mandschurei und in Schanghai politische Bedeutung.«[2]

In der Amau-Erklärung heißt es weiter, daß sich Japan prinzipiell allen Versuchen dieser Art entgegenstellen werde. Insbesondere wird hervorgehoben, daß der Verkauf von Kriegsmaterial an China oder die Entsendung von Militärberatern zu einer Störung der freundlichen Beziehungen zwischen Japan und China sowie dritten Mächten und damit zu einer Gefährdung des Friedens in Ostasien führen müsse. Da zur Zeit gemeinsame Aktionen fremder Mächte zur Unterstützung Chinas in Vorbereitung seien, sei es nun an der Zeit, diesen japanischen Standpunkt nochmals zu wiederholen. In einer chinesischen Erwiderung vom 25. April 1934 wird sarkastisch bemerkt, Chinas Ablehnung jeder Art von internationaler Bevormundung sei ebenso groß wie seine Aversion gegen die Beherrschung Chinas durch ein einzelnes Land.[3]

Am folgenden Tag erhielt der chinesische Botschafter in Tokio von Japans damaligem Außenminister Hirota einen bemerkenswerten Kommentar zur Amau-Erklärung. Wenngleich Hirota zugab, daß Amau sich einer überdeutlichen Sprache bedient habe, so ließ er doch keinen Zweifel darüber, daß die japanische Regierung den Geist und Inhalt der Erklärung unterstütze. Er teilte dem Botschafter mit, daß Tokio nicht bereit sei, die »Verantwortung« für unrichtige Formen der Entwicklungshilfe für China zu übernehmen, und deshalb verlange, von der chinesischen Regierung vor der Annahme auswärtiger Entwicklungshilfe konsultiert zu werden.[4]

In Reaktion auf die Amau-Erklärung teilte der britische Botschafter in Tokio dem japanischen Außenminister unter Berufung auf das im Neun-Mächte-Vertrag bestätigte Prinzip der gleichen Rechte aller Signatarmächte in China mit, daß die britische Regierung nicht gewillt sei, Japan allein das Recht der Entscheidung darüber zu überlassen, ob eine ganz bestimmte Aktion einer auswärtigen Macht gegenüber China – wie z.B. die Vergabe von Entwicklungshilfe – eine Gefährdung des Friedens im Fernen Osten darstelle oder nicht.[5] Aus Washington und Paris erhielt die japanische Regierung wesentlich zurückhaltender formulierte Stellungnahmen zu der in der Amau-Erklärung unzweifelhaft enthaltenen Herausforderung.[6]

Einige Monate nach der Amau-Erklärung erschien in China in der Zeitschrift *Außenpolitische Rundschau* (Wai-chiao p'ing-lun) vom Oktober 1934 ein Artikel über grundsätzliche Fragen der japanisch-chinesischen Beziehungen, als dessen Autor der persönliche Sekretär Chiang Kai-sheks, Dr. Hsü Dau-lin, gezeichnet hatte. Es wurde jedoch vermutet, der wirkliche Autor dieses Artikels – zumindest jedoch sein indirekter Urheber – sei Chiang Kai-shek selbst gewesen.[7] In dem Artikel wird zunächst festgestellt, daß die Japaner nicht permanent Chinas Gegner bleiben, sondern eines Tages zu echten Partnern Chinas werden könnten. Das allerdings könne nicht durch ein einseitiges Nachgeben Chinas erreicht werden. Die japanisch-chinesischen Beziehungen könnten nicht isoliert, sondern stets nur im Zusammenhang mit der internationalen Kräftekonstellation im Fernen Osten betrachtet und analysiert werden. Diesbezüglich sci es unverkennbar, daß Japans Durchdringung der Mandschurei und der Inneren Mongolei keinen anderen Sinn haben könne, als die Vorbereitung eines Krieges gegen die USA und gegen die UdSSR. Wörtlich heißt es weiter: »Japan muß, bevor es einen Krieg gegen Amerika und Rußland zu führen beginnt, China völlig zu annektieren versuchen. Wenn Japan aber nicht, wie Dr. Sun Yat-sen einmal sagte, im Stande wäre, China binnen zehn Tagen vollkommen zu erobern, so würde Japan in eine sehr große Gefahr geraten.« Der Autor beschreibt diese Gefahr als die Möglichkeit einer amerikanischen oder sowjetischen Intervention in einem japanischen Krieg gegen China. Aber auch aus anderen Gründen wird Japan vor einem Krieg mit China gewarnt. Gerade die Schwäche Chinas werde die Möglichkeit einer raschen und eindeutigen militärischen Entscheidung verhindern. Es würde ein lang andauernder Kampf werden, der Japan vor die unlösbare Aufgabe stellen würde, alle Teile des chinesischen Territoriums zu besetzen.

Der Konflikt um Nordchina und die Innere Mongolei

Während das japanische Außenministerium zumindest zeitweilig zu Diskussionen mit China bereit schien, scheiterte das Zustandekommen diesbezüglicher chinesischer Verstöße an den expansionistischen Ambitionen der in Nordchina stationierten japanischen Streitkräfte.[8] Diese ergriffen im Laufe des Jahres 1935 eine Reihe von Maßnahmen zur weiteren militärischen und politischen Durchdringung jener Gebiete der Republik China, die einerseits zwischen dem Satellitenstaat Mandschukuo und der unter sowjetischem Einfluß stehenden Äußeren Mongolei sowie andererseits zwischen Zentralchina und Mandschukuo lagen. Unter dem wachsenden Druck des japanischen Militärs, im Gefühl eigener Unterlegenheit und im Wissen um die nur äußerst bedingte Bereitschaft dritter Staaten zur Unterstützung Chinas unterzeichnete der nationalchinesische Heeresminister Ho Ying-chin namens seiner Regierung mit dem Kommandanten der japanischen Garnison in Tientsin, Umetsu Yoshijiro, das nach beiden genannte »Ho-Umetsu-Abkommen« vom 10. Juni 1935. Nanking mußte sich darin verpflichten, seine aus der Mandschurei stammenden Streitkräfte aus der Provinz Hopei zurückzuziehen, in deren Gebiet sich die Städte Peking und Tientsin befanden. Auch mußten die örtlichen Geschäftsstellen der Kuomintang in den beiden vorgenannten Städten geschlossen werden. Ein zusätzliches Geheimabkommen verpflichtete Nanking fernerhin, eine Reihe den Japanern unerwünschter chinesischer Beamter aus der Provinz Hopei zurückzuziehen und die antijapanischen Boykotts zu beenden.[9] Wie Jürgen Domes in einem Interview mit Ho Ying-chin vom 11. September 1964 erfuhr, sind die Bedingungen des Geheimabkommens von der chinesischen Regierung tatsächlich erfüllt worden, um, wie Ho kommentierte, »einen Krieg zu vermeiden, ehe wir in der Lage waren, ihn zu führen«.[10]

Entgegen den Hoffnungen der Nankinger Regierung, die sogar in einem Erlaß vom 10. Juni 1935 alle »provokatorischen« Aktionen gegen »befreundete Staaten« mit Strafe bedrohte[11], wurde der Expansionsdrang der japanischen Militärs durch diese ungewöhnlich weitreichenden Zugeständnisse nicht beschwichtigt. Die Japaner wurden im Gegenteil zu neuen Maßnahmen und Forderungen ermutigt. So förderte die Kwantung-Armee im Oktober 1935 eine im östlichen Teil der Provinz Hopei (Hebei) entstandene separatistische Bewegung, die Nordchina unter einer autonomen Regierung von der Republik China ganz oder teilweise lösen wollte.

Im Zuge der fortschreitenden japanischen Expansion im nordchinesischen Raum fand die japanische Kwantung-Armee eine Taktik, die sich sowohl gegen die Interessen Chinas wie auch diejenigen der Sowjetunion wandte. Sie bestand in der Förderung einer mongolischen Unabhängigkeitsbewegung im Raum der Inneren Mongolei, die auf Basis der noch immer lebendigen panmongolischen Ideen ihre Wirkung auch auf den Bereich der Äußeren Mongolei erstrecken konnte. Um der für China bedrohlichen Entwicklung eines von Japan protegierten innermongolischen Separatismus entgegenzuwirken, hatte Nanking bereits im Februar 1936 einen »Politischen Rat für die lokale Autonomie aller mongolischen Ligen und Banner in Suiyüan« unter dem Vorsitz des Prinzen Shako Dorchap gegründet.[12]

Während die neue Expansionswelle in Nordchina noch im Gange war, hatte Japans damaliger Außenminister Hirota, nach einer vorangegangenen Absprache mit den japanischen Heeres-, Marine- und Finanzministern, seine »Drei Grundsätze der japanischen Chinapolitik« formuliert, die am 8. Oktober 1935 vom japanischen Kabinett als verbindliche Richtlinie angenommen worden waren. Die »Drei Grundsätze« umfaßten folgende Punkte: 1. Beseitigung der antijapanischen Bewegung in China. Verzicht der chinesischen Regierung auf eine engere Zusammenarbeit mit den USA und europäischen Staaten im Interesse einer engen chinesisch-japanischen Zusammenarbeit. 2. Anerkennung Mandschukuos sowie eines Sonderstatus der nordchinesischen Provinzen durch Nanking. 3. Gemeinsamer Kampf Japans und Chinas gegen den Kommunismus.[13]

Die chinesische Regierung wurde im gleichen Monat während des gerade stattfindenden Fünften Parteitages der Kuomintang von diesen Vorschlägen in Kenntnis gesetzt. Der Parteitag forderte aber die Respektierung der Souveränität Chinas als Voraussetzung jeder freundschaftlichen politischen Zusammenarbeit mit befreundeten Staaten, ebenso wie das Prinzip des beiderseitigen Gewinns bei der Regelung internationaler Wirtschaftsfragen. Der Friede solle nicht geopfert werden, solange China nicht in größte Bedrängnis gerate. Äußerst interessant in diesem Zusammenhang ist ein Geheimmemorandum, das Ching Kai-shek und Außenminister Chang Ch'ün am 4. August 1936 an die Mitglieder des Zentralen Politischen Rates der Kuomintang gerichtet haben. Auch hier wurde gesagt, daß alles getan werden müsse, um den Konflikt mit Japan auf friedlichem Wege zu lösen, selbst wenn dabei schmerzliche wirtschaftliche Zugeständnisse gemacht werden müßten. Zur Frage Mandschukuos wird betont: »Solange der militärische Aufbau Chinas nicht abgeschlossen ist, können wir über die Existenz ›Mandschukuos‹ hinwegsehen. Eine [völkerrechtliche] Anerkennung ›Mandschukuos‹ kommt unter keinen Umständen in Frage.«[14]

Der Militärputsch in Tokio im Februar 1936

So waren auf beiden Seiten des Konflikts bei bedingter Kompromißbereitschaft miteinander nicht vereinbare Vorstellungen über die Mindestforderungen gegeben, die man beim Gegner durchsetzen wollte. Auf der japanischen Seite ergab sich zu Anfang des Jahres 1936 eine bedeutsame Verschärfung des innenpolitischen Klimas durch den bisher größten Putsch der sozialimperialistischen Radikalen. Die Träger dieses Putsches, der am 26. Februar 1936 in Tokio stattfand, waren etwa 1500 Soldaten, Unteroffiziere und Offiziere des 3. Infanterieregiments sowie teilweise auch der Kaiserlichen Garde. Dem Putsch waren allgemeine Wahlen vorangegangen, in deren Verlauf die gemäßigte Minseito-Partei mit 205 Sitzen eine absolute Mehrheit gewonnen hatte, während die zuvor führende Seiyukai-Partei von 303 auf 174 Sitze reduziert worden war. Bemerkenswert war auch, daß die sozialistische Partei Shakai Taishuto 18 Parlamentssitze gewinnen konnte, mehr als doppelt soviel, wie die japanischen Arbeiterparteien je zuvor hatten erhalten können.[15] Dabei hatte die Minseito-Partei den Wahlkampf unter anderem mit der Parole geführt: »Parlamentarische Regierung oder Faschismus?«[16]

Der auch in Japan vielerseits unerwartete Ausgang der Wahl hatte die Radikalen offensichtlich erschreckt. Sie begannen ihren Putsch mit der vielsagenden Erklärung, Japan befinde sich am Vorabend eines Krieges mit China, Rußland, Großbritannien und den USA. Die Zeit sei gekommen, die Expansion Japans nach allen Richtungen hin zu betreiben. Vor Beginn des Kampfes und zur Festigung der inneren Einheit der Nation müsse man sich erheben und die den Thron umgebenden nichtswürdigen Schurken vernichten, die wahren Reformen im Weg stünden.[17] In den Morgenstunden des 26. Februar setzten die Putschisten fünf Gruppen in Marsch, von denen die erste das Gebäude des Kriegsministeriums und Generalstabs besetzte und die zweite das Polizeihauptquartier. Eine dritte Gruppe schoß Admiral Suzuki Kantaro, den Großkämmerer des Kaisers, nieder, der nur durch die mutige Intervention seiner Gattin mit dem Leben davonkam. Die vierte Gruppe erstürmte gewaltsam den Wohnsitz des Ministerpräsidenten Okada und ermordete versehentlich nicht ihn, sondern seinen ihm ähnlichen Schwager. Die fünfte Gruppe ermordete Finanzminister Takahashi, während die sechste Gruppe den früheren Ministerpräsidenten und Reichssiegelbewahrer Saito tötete. Einem weiteren Mordanschlag fiel der Leiter des militärischen Ausbildungswesens, General Watanabe, zum Opfer. Ein anderes in Aussicht genommenes Opfer, Graf Makino, konnte mit knapper Not entkommen, als er bei lebendigem Leib verbrannt werden sollte.

Der Putsch endete erfolglos, als die Rebellen am dritten Tag nach einer Aufforderung des Kaisers kapitulierten. 103 Putschisten wurden verurteilt, 15 von ihnen erhielten Todesurteile. Einer der führenden Täter erklärte vor seiner Hinrichtung, er hoffe, die »privilegierten Klassen« würden aus diesem Vorfall lernen.[18] Die meisten der führenden Putschisten hatten einer Richtung angehört, die sich Koda-ha (Gruppe des kaiserlichen Weges) nannte. Mit dem gescheiterten Putsch verlor diese irrationalere Gruppe der Expansionisten, als deren Führer der frühere Kriegsminister Araki galt, ihren Einfluß auf die Gestaltung der japanischen Politik. Doch geriet diese nun nicht etwa unter die Kontrolle der gewählten parlamentarischen Kräfte der Minseito-Partei, sondern unter den Einfluß einer sachlicher vorgehenden Militärgruppe der sogenannten Tosei-ha (oder Kontrollgruppe), zu deren führenden Mitgliedern die Generale Tojo, Matsui und Nagata gehörten. Im Bereich der japanischen Innenpolitik blieb die japanische Armee auch weiterhin der entscheidende Faktor.

Japan und der Antikominternpakt

Im gleichen Monat, August 1936, in dem Chiang Kai-shek und Chang Ch'ün den führenden Mitgliedern der Kuomintang das erwähnte Geheimmemorandum zu Fragen der japanisch-chinesischen Beziehungen überreicht hatten, beschloß Japans »Inneres Kabinett« die Annahme der sogenannten grundlegenden Prinzipien der nationalen Politik, die von dem Heeres- und dem Marineminister für die Regierung entworfen worden waren. Diese Richtlinien für die künftige japanische Außenpolitik besagten, daß es Japans Ziel werden müsse, bei zu betreibender eigener Expansion die Erweiterung des Einflusses anderer Mächte in Ostasien zu verhindern. Um diese Rolle einer »stabilisierenden Macht« in Ostasien erfolgreich spielen zu können, müsse Japan seine Rüstungsanstrengungen erhöhen. In Nordostasien müsse die Bedrohung durch Rußland beseitigt und eine Verteidigungs- und Wirtschaftsgemeinschaft mit Mandschukuo entwickelt werden. Japan solle auf eine Auseinandersetzung mit den USA und Großbritannien vorbereitet sein und eine enge wirtschaftliche Zusammenarbeit mit China und Mandschukuo anstreben. Wenn möglich, sollten diese Ziele unter Erhaltung freundschaftlicher Beziehungen mit anderen Großmächten erreicht werden. Japans wirtschaftliche Expansion in Richtung auf die Südsee solle ohne Provozierung anderer Mächte mit friedlichen und gemäßigten Methoden angestrebt werden. In jedem Falle werde Japan durch die Kontrolle von Mandschukuo sein Wirtschaftspotential, vor allem auch zu Zwecken der nationalen Verteidigung, weiterentwickeln können.[19] Wie F. C. Jones in seiner Studie über die japanische Expansionspolitik der Jahre 1937 bis 1945 wohl zu Recht vermutet, verkörpern die substantiell widersprüchlichen Zielsetzungen dieser Richtlinien einen Kompromiß zwischen den Vorstellungen des japanischen Außenministeriums und der japanischen Streitkräfte.[20]

Ein im September 1936 erfolgter Austausch japanischer Forderungen an China und chinesischer Gegenforderungen an Japan blieb im wesentlichen ebenso erfolglos wie vorherige Bemühungen in dieser Richtung. Am 25. November 1936 fand in Berlin die Unterzeichnung des deutsch-japanischen Antikominternpakts statt. In seinem veröffentlichten Teil beschlossen Berlin und Tokio, »sich gegenseitig über die Tätigkeit der

Kommunistischen Internationale zu unterrichten, über die notwendigen Abwehrmaßnahmen zu beraten und diese in enger Zusammenarbeit durchzuführen«. In einem zusätzlichen Geheimabkommen vom gleichen Datum wurde vereinbart, daß die Vertragspartner im Falle eines unprovozierten Angriffs oder einer unprovozierten Angriffsdrohung durch die UdSSR keinerlei Maßnahmen treffen würden, die die UdSSR irgendwie entlasten könnten, sondern daß sie vielmehr Beratungen miteinander darüber aufnehmen würden, welche Maßnahmen zur Wahrung der gemeinsamen Interessen ergriffen werden könnten. Noch wesentlicher ist Artikel 2 des geheimen Zusatzabkommens, der die Vertragspartner verpflichtet, während der Dauer des Abkommens ohne gegenseitige Zustimmung keinerlei politische Verträge mit der UdSSR abzuschließen.[21] Während auf seiten des Dritten Reiches der Antikominternpakt auch als Reaktion auf die sowjetischen Beistandspakte mit Frankreich und der Tschechoslowakei im Jahr 1935[22] und die im gleichen Jahr verkündete Volksfronttaktik der Kommunistischen Internationale gedacht war, sollte der Antikominternpakt in der Sicht seiner japanischen Urheber unter anderem auch auf China Druck ausüben.[23] Eine unmittelbar anschließend an China gerichtete Aufforderung, dem Antikominternpakt beizutreten, wurde von Chiang Kai-shek abgelehnt. Ein Jahr später sagte er hierzu, eine Diskussion über die »gemeinsame Verteidigung gegen den Kommunismus« sei für China gegenstandslos. »Für Japan ist sie nur ein Vorwand, mit dem es zunächst unsere militärischen Angelegenheiten in die Hand bekommen will, unsere Politik, unsere Kultur und schließlich die Führung unserer Diplomatie.«[24]

Chiang Kai-sheks Entführung beim Sian-Zwischenfall 1936

Ende 1936 ereignete sich in China ein politischer Zwischenfall, der die Aufmerksamkeit der gesamten Weltöffentlichkeit erregte. Es handelte sich um nichts Geringeres als um die Entführung des chinesischen Regierungschefs Chiang Kai-shek. Die seit 1932 fortgesetzten schweren Provokationen und Aggressionen Japans gegen China, dessen Volk durch die Ideen Sun Yat-sens zu einem neuen Nationalbewußtsein aufgerufen worden war, hatten nicht ohne tiefgreifende Auswirkungen auf die politische Öffentlichkeit in China bleiben können. Diese immer stärker aufkommenden Tendenzen entsprachen ganz den Interessen der Kommunistischen Partei Chinas. Hatte doch die Kommunistische Internationale auf ihrem VII. Weltkongreß (25. Juli bis 25. August 1935), nach langfristiger Vorbereitung dieses Schrittes, die Volksfronttaktik proklamiert, in deren Vollzug sich die kommunistischen Parteien mit anderen antifaschistischen Gruppen zum Kampf gegen Faschismus und Kapitalismus zusammenschließen und gleichzeitig auch die außenpolitische Isolierung der UdSSR verhindern sollten. Zugleich wurde von der Komintern betont, daß »nationale Formen des proletarischen Klassenkampfes« keinen Widerspruch zu den Prinzipien des proletarischen Internationalismus bildeten.[25] Gleichzeitig mit diesem Komintern-Kongreß erließ das Zentralkomitee der Kommunistischen Partei Chinas am 1. August 1935 einen Aufruf zur Bildung einer chinesischen Einheitsfront gegen Japan und die Regierung Chiang Kai-sheks.

Noch eine andere bewaffnete Gruppe in China war intensiv am aktiven Kampf gegen Japan interessiert. Es handelte sich dabei um die von den Japanern 1932 aus der Mandschurei vertriebenen militärischen Verbände des Marschalls Chang Hsüeh-liang. Diese Streitkräfte, die sich auf zentralchinesisches Gebiet zurückgezogen hatten, waren hier von Chiang Kai-shek zum Kampf gegen die chinesischen Kommunisten eingesetzt worden. Aber diese mandschurischen Heimatvertriebenen waren verständlicherweise mehr an der Wiedereroberung der verlorenen Heimat und dem Kampf gegen Japan interessiert als an jener endgültigen Niederringung der chinesischen Kommunisten, die Chiang Kai-shek als wichtigste Voraussetzung der inneren Einigung und auswärtigen Widerstandsfähigkeit Chinas betrachtete. Kommunistische Parolen, denen zufolge Chinesen nicht mehr gegen Chinesen, sondern gemeinsam gegen Japan kämpfen sollten, übten einen starken Eindruck auf die Einheiten Chang Hsüeh-liangs aus. Die Truppen begannen folglich in ihrer Loyalität gegenüber der Zentralregierung schwankend zu werden, während ihre Kommandeure Kontakte mit der Kommunistischen Partei Chinas aufnahmen.[26]

Angesichts dieser für seine Politik bedrohlichen Entwicklungen entschloß sich Chiang Kai-shek, ungeachtet der Warnungen mancher seiner Berater, zu einem Flug nach Sian (Xian), in der Provinz Schensi (Shaanxi), wo sich das Hauptquartier der mandschurischen Truppen befand, um persönlich den Feldzug gegen die letzte den chinesischen Kommunisten damals verbliebene territoriale Basis in Gang zu bringen. In der Nacht vom 12. zum 13. Dezember 1936 wurde Chiang überfallen und nach der Ermordung eines Teiles seiner Leibwache und einem mißglückten Fluchtversuch gefangengenommen. Seine Entführer, an ihrer Spitze die Generäle Chang Hsüeh-liang und Yang Hu-ch'eng, sandten noch am 12. Dezember ein Telegramm an die Zentralregierung in Nanking, in dem Chiang Kai-shek und eine Gruppe ihn umgehender »unwürdiger Berater« einer zu nachgiebigen Politik Japan gegenüber bezichtigt wurden. Die mandschurischen Heimatvertriebenen stellten sich auf den Standpunkt, es sei Chiang Kai-sheks eigentliche Pflicht, das Gesamtvolk zu einem »Vereinten National-Verteidigungskrieg« aufzurufen und zu organisieren.[27] Daran anknüpfend wurden in dem Telegramm acht Forderungen erhoben, die auf eine Beendigung der chinesischen Bürgerkriege und auf Vereinigung aller antijapanischen Gruppen zu einer repräsentativeren chinesischen Regierung und Volksvertretung abzielten. Hinsichtlich des gefangengehaltenen Chiang Kai-shek heißt es in dem Telegramm: »... wir haben Marschall Chiang unseren letzten Rat erteilt, um sein Erwachen anzuregen, während wir gleichzeitig seine Sicherheit garantieren.«

Chiang Kai-shek verwendete zunächst eine im Verkehr mit rebellierenden Militärmachthabern bereits früher angewandte Taktik, indem er Chang Hsüeh-liang vor die Wahl stellte, entweder zu gehorchen oder sich offen als Rebell zu erklären. In später veröffentlichten Auszügen aus Chiangs Tagebuch wird aus dem ersten Gespräch, das zwischen dem nationalchinesischen Regierungschef und dem mandschurischen General stattfand, zitiert: Chiang Kai-shek wandte sich an Chang Hsüeh-liang mit den Worten: »Erkennen Sie mich als Vorgesetzten an, sind Sie verpflichtet, mich nach Loyang zu schaffen; andernfalls sind Sie ein Rebell. Da ich mich in der Gewalt eines Rebellen befinde, können Sie mich ja auf der Stelle erschießen. Das ist alles, was ich zu sagen habe.« Chang erwiderte: »Wenn Ew. Exzellenz meine Vorschläge annehmen, so werde ich Ew. Exzellenz' Befehlen gehorchen.« »Ich [Chiang Kai-shek] verwies ihm dies mit den Worten: ›Was sind Sie eigentlich: Mein Untergebener oder mein Feind? Sind Sie ersteres, sind

Sie mir auch Gehorsam schuldig. Sind Sie mein Feind, sollten Sie mich auf der Stelle töten. Eines von beiden müssen Sie wählen. Kein weiteres Wort. Ich gebe Ihnen kein Gehör.‹« Etwas später fügte Chiang hinzu: »Wenn Sie den Mut dazu haben, töten Sie mich! Wenn es Ihnen daran gebricht, geben Sie Ihre Verfehlungen zu und lassen mich meiner Wege gehen.«[28]

Zur Rolle Stalins und Mao Tse-tungs bei Chiang Kai-sheks Befreiung

In der chinesischen Hauptstadt Nanking hatten sich hinsichtlich des Sian-Zwischenfalles zwei Gruppen mit unterschiedlichen Auffassungen über die richtige Reaktionsweise gebildet. Die eine Gruppe, der Madame Chiang Kai-shek, ihr Bruder, der Finanzminister Soong, und ihr Schwager Kung angehörten, traten für ein vorsichtiges Taktieren und Verhandlungen mit den mandschurischen Truppen in Sian ein. Eine andere Gruppe aber, deren Hauptsprecher Kriegsminister Ho Ying-chin und Chiangs Freund, Tai Chi-t'ao, waren, verlangte eine sofortige militärische Strafexpedition gegen die Entführer, die »unerläßlich sei, wenn das Ansehen der Nationalen Regierung erhalten bleiben solle«.[29] Als Madame Chiang Kai-shek einwandte, eine solche Lösung mit Gewalt könne zur Ermordung Chiang Kai-sheks führen, wurde ihr entgegnet, Chiang hätte eben sein Leben nicht unbesonnen und unnötig aufs Spiel setzen dürfen. Ein Mitglied dieser Gruppe sagte wörtlich zu ihr: »Was gilt das Leben eines Einzelnen, wenn es sich um den Fortbestand des Staates handelt?«[30] Die Strafexpedition wurde in Gang gebracht, und am 16. Dezember befanden sich Streitkräfte Nankings etwa 60 km vor der Stadt T'ungkuan, die für die Verteidigung des Gebietes von Sian von größter Bedeutung war. Diese Entwicklung wie auch das Ausbleiben einer großen Bewegung der öffentlichen Meinung in China zugunsten der Initiative Chang Hsüeh-liangs, mit der die Heimatvertriebenen in Sian offensichtlich gerechnet hatten, versetzten diese in eine äußerst schwierige Lage. Mithin war es für sie naheliegend, sich erneut an die chinesischen Kommunisten zu wenden, die mit ihrer Zielsetzung sympathisierten und über eine von Nanking unabhängige politische und militärische Machtbasis verfügten.

In Yenan, der damaligen Hauptstadt der chinesischen Kommunisten, war die Nachricht von der Entführung Chiang Kai-sheks mit begreiflicher Freude aufgenommen worden. Edgar Snow berichtet, daß die chinesischen Kommunisten in einem ersten Impuls den Zwischenfall zur Errichtung einer antijapanischen chinesischen Gegenregierung in Sian (im Kern zunächst gebildet aus den mandschurischen Heimatvertriebenen und den Kommunisten) benutzen und Chiang Kai-shek vollkommen diskreditieren wollten.[31] Snow berichtet auch von einem Schreiben eines amerikanischen Augenzeugen in Yenan, der mit den chinesischen Kommunisten sympathisierte und der eine Massenversammlung erwähnte, auf der Mao Tse-tung sprach und auf der eine Resolution verabschiedet wurde, der zufolge Chiang Kai-shek als Hochverräter der Prozeß gemacht werden sollte.[32]

Die gleiche Reaktion wurde von einem früheren Dozenten an der Militärschule der chinesischen Roten Armee in Yenan, Chen Yan, berichtet.[33] Am dritten Tag nach dem Zwischenfall erschienen jedoch in den sowjetischen Tageszeitungen *Prawda* und *Iswestja* Artikel, in denen die Meuterei scharf verurteilt und als japanischen Interessen entgegenkommend bezeichnet wurde. So schrieb die *Prawda* an jenem 14. Dezember: »Die japanische Militär-Clique ... nimmt richtig an, daß der Prozeß der Einigung in China um die Regierung Chiang Kai-sheks, der stark fortgeschritten ist, eine tödliche Gefahr für ihre Pläne bildet.« *Iswestja* meinte am 15. Dezember, der Zwischenfall trage nur dazu bei, die sich ja bereits anbahnende Bewegung zur Bildung einer chinesischen Einheitsfront gegen Japan zu stören.[34] Wie der damalige sowjetische Botschafter in Nanking, Bogomolow, dem amerikanischen Journalisten Hallett Abend im April 1937 mitteilte, hatte Moskau gerade kurz vor dem Sian-Zwischenfall eine neue Chinapolitik – die Zusammenarbeit mit Nanking – beschlossen.[35]

Ein Telegramm Stalins, das Mao Tse-tungs Hauptquartier nach der einen Darstellung bereits am 14. und nach einer anderen erst nach dem 19. Dezember erreichte, soll – Edgar Snow zufolge – Mao Tse-tung in hellen Zorn versetzt haben. Wahrscheinlicher ist es, daß Mao Stalins Telegramm, in dem die Entlassung Chiang Kai-sheks gefordert wurde, erst nach dem 19. Dezember erhielt. Denn noch am 19. hatte die Kommunistische Partei Chinas in einem telegraphischen Rundschreiben vorgeschlagen, daß vor der Einberufung einer »Friedenskonferenz« zwischen Sian und Nanking alle Parteien, politisch aktiven Gruppen und Streitkräfte Vorschläge darüber einreichen sollten, wie der chinesische Widerstand gegen Japan organisiert und über das Schicksal Chiang Kai-sheks verfügt werden solle.[36] Somit mag ein direkter Widerspruch zwischen der sowjetischen und der chinesisch-kommunistischen Taktik gegenüber dem Sian-Zwischenfall nicht in der Frage der Wünschbarkeit einer chinesischen Einheitsfront, sondern hinsichtlich der Behandlung Chiang Kai-sheks bestanden haben.

Mao scheint sich diesbezüglich Stalins Willen gebeugt zu haben. Zur Überraschung der mandschurischen Generäle wirkte der nach Sian entsandte Hauptvertreter der Kommunistischen Partei Chinas, Chou En-lai, für eine Entlassung Chiangs aus der Gefangenschaft. Dieser hatte der Regierung in Nanking durch einen Boten die Einstellung der militärischen Expedition gegen Sian, einschließlich der Bombenangriffe durch Luft-

Yenan, das Hauptquartier des chinesischen Kommunismus 1935–1949.

streitkräfte der Regierung, befohlen. Umgekehrt war Chiang erlaubt worden, in Sian seine Gattin, seinen Schwager Soong und seinen Berater Donald zu empfangen. Der Zwischenfall endete schließlich damit, daß Chiang Kai-shek am 24. Dezember 1936 in Begleitung Chang Hsüeh-liangs aus Sian nach Nanking abflog. Der mandschurische Marschall, der Chiang Kai-sheks Gefangennahme mitveranlaßt hatte, wurde anschließend der Gefangene Chiang Kai-sheks.

Die Wiederannäherung zwischen der Kuomintang und den chinesischen Kommunisten

Die Dramatik der Vorgänge während des Sian-Zwischenfalls hat oft zu einer Überschätzung der Bedeutung des Zwischenfalles an sich für den nachfolgenden Wandel im Verhältnis zwischen der Kuomintang und der Kommunistischen Partei Chinas geführt.

Sowohl Chiang Kai-shek wie auch Mao Tse-tung haben später bestätigt, daß schon Monate vor dem Sian-Zwischenfall Verhandlungen zwischen ihren beiden Parteien über die Einstellung des Bürgerkrieges und eine Zusammenarbeit gegen Japan stattgefunden hätten. Chiang Kai-shek erwähnt, daß Chou En-lai in einem Brief an den bekannten Kuomintang-Politiker Ch'en Li-fu die Initiative zu geheimen Direktverhandlungen ergriffen habe, die dann anschließend in Schanghai und Nanking mit dem damaligen Außenminister Chang Ch'ün und einem chinesischen Komintern-Vertreter namens P'an Hanmien stattfanden.[37] Diese Aussage Chiangs stimmt mit einer Äußerung überein, die Mao Tse-tung in einem Interview mit Edgar Snow Anfang Oktober 1936 machte, daß zur Zeit Verhandlungen zwischen der Kommunistischen Partei Chinas und der Kuomintang stattfänden. Die Namen der Unterhändler auf beiden Seiten wurden von Mao dabei nicht genannt.[38] Im Verlaufe dieses Interviews sagte Mao weiterhin, ein nur kommunistisch-chinesischer Widerstand gegen Japan ohne die Beteiligung der Kuomintang, die die stärkste politische Partei Chinas sei, wäre auf Grund der ungenügenden Stärke der Kommunisten nicht möglich. Um eine Zusammenarbeit mit der Kuomintang zu ermöglichen, seien die Kommunisten bereit, gewisse nominelle Änderungen vorzunehmen. So könnten beispielsweise die Namen der Roten Armee und der kommunistischen Rätegebiete abgewandelt und die Agrarpolitik der Kommunisten zeitweilig abgeändert werden. Dies dürfe jedoch die unabhängige Rolle der Roten Armee und der Kommunistischen Partei Chinas nicht substantiell berühren.[39] Wie Mao damals, und auch einige Monate später, feststellte, hatte die durch weitere japanische Aggressionsakte provozierte und frustrierte Kuomintang ab 1935 begonnen, Japan gegenüber eine festere Haltung einzunehmen.[40] Die national-chinesische Offensive gegen die mongolischen und mandschukischen Truppen in Suiyüan und die chinesische Weigerung, dem Antikominternpakt beizutreten, konnten als Symptome einer solchen Verhärtung der nationalchinesischen Position gegenüber Japan gewertet werden. Somit waren die beiden Gegner des chinesischen Bürgerkrieges unter dem Druck von außen kommender Ereignisse bereits auf dem Wege konkreter Verhandlungen über konkrete Vorschläge miteinander, als sich der Sian-Zwischenfall ereignete.

Am 10. Februar 1937 übermittelte die Kommunistische Partei Chinas einer Plenarsitzung des Zentralen Exekutivkomitees der Kuomintang ein Telegramm. Darin machten die Kommunisten Nanking das Angebot, ihre Politik des »bewaffneten Aufstandes zum Sturz der Nationalregierung« einzustellen und die von Mao Tse-tung in seinem Interview mit Edgar Snow (Oktober 1936) erwähnten nominellen Änderungen sowie die Einstellung des agrarischen Klassenkampfes vorzunehmen.[41] Die Voraussetzungen hierfür seien die Einstellung aller Bürgerkriege, die Konzentration aller politischen Kräfte zu einem vorzubereitenden »Widerstandskrieg gegen Japan«, die Entlassung aller politischen Häftlinge, die Wiederherstellung der Rede- und Versammlungsfreiheit sowie eine Konferenz aller zum Widerstand gegen Japan bereiten Gruppen.[42] Ihrerseits veröffentlichte die Kuomintang am 22. Februar 1937 ein Manifest, in dem gesagt wird, daß in der Stunde der Krise zum Zweck der innenpolitischen Einheit größte Nachsicht an den Tag gelegt werden müsse. Gleichzeitig aber solle der Unterschied zwischen der bloßen Einstellung des Bürgerkrieges und der Erzielung wirklicher politischer Einheit nicht außer acht gelassen werden. Es dürfe nicht dazu kommen, daß die politische Zersplitterung Chinas unter der Parole »Einstellung des Bürgerkrieges« fortgesetzt werde. Was die Kommunisten betreffe, so hätten die Erfahrungen seit 1924 gezeigt, daß sie unterminierend gegen die Kuomintang wirkten, wenn sie mit ihr zusammenarbeiteten. Die antikommunistische Haltung der Partei bleibe nach wie vor unverändert.[43]

Gleichzeitig formulierte die Kuomintang ihre Gegenvorschläge zum kommunistischen Angebot. Diesen zufolge sollte die chinesische Rote Armee nicht nur umbenannt, sondern sogar in die Kommandostruktur der chinesischen Streitkräfte integriert werden. Ebenso sollten die chinesischen Rätegebiete in das Verwaltungssystem der Nationalen Zentralregierung eingegliedert werden. Die Verbreitung kommunistischer Propaganda habe aufzuhören und sei durch das Bekenntnis zu den Grundprinzipien des Sunyatsenismus zu ersetzen. Schließlich sei die Politik des Klassenkampfes einzustellen.[44] Dieser Austausch von Vorschlägen zwischen den beiden Parteien nach dem Sian-Zwischenfall sowie die Tatsache, daß es erst etwa drei Monate nach Beginn des japanisch-chinesischen Krieges (Anfang Juli 1937) zu einer endgültigen Einigung zwischen ihnen kam, deutet darauf hin, daß der Sian-Zwischenfall wohl ein wichtiges Stadium auf dem Wege zu dieser Einigung bildete, ohne aber bereits mit einer solchen Einigung identisch zu sein. In den dazwischenliegenden Monaten scheinen noch tiefgreifende Meinungsverschiedenheiten über die konkrete Bedeutung der einzelnen Punkte der Vereinbarung zwischen den beiden Parteien den Zeitpunkt der Einigung verschoben zu haben.[45]

7. Kapitel

Japans Krieg um die Vorherrschaft in China

Japans Politik am Vorabend des Krieges

In Japan hatten im April 1937 die letzten Vorkriegswahlen stattgefunden. Keine der Parteien trat als Befürworterin der Expansionspolitik auf, und keine von ihnen war an führender Stelle in dem anschließend gebildeten Kabinett mit General Hayashi Senjuro vertreten.[1] Auf seiten der neuen Regierung nahm Außenminister Sato in einer Rede vom 17. Mai 1937 zu den Entwicklungen in China Stellung. In dem wichtigsten Absatz dieser Rede heißt es: »... eine vereinigte Opposition gegen Japan ist in China zur Zeit so etwas wie ein gängiges Schlagwort geworden ... Anläßlich des Sian-Zwischenfalles hat Chang Hsüeh-liang ... in einem telegraphischen Rundschreiben eine sofortige Kriegserklärung gegen Japan gefordert ... Die Nanking-Regierung selbst bedient sich des neuerwachten Nationalgefühls, um die Bevölkerung im Interesse des Widerstandes gegen auswärtige Aggression zur Einstellung der inneren Feindseligkeiten zu veranlassen, wodurch sie versucht, ihre eigene Position zu konsolidieren.« Wie in ominöser Warnung fährt der Außenminister dann fort: »Wir sollten in der Tat die bedeutenden Fortschritte nicht übersehen, die die Nanking-Regierung dadurch erzielen konnte, daß sie verschiedene regionale Regierungen unter ihre Kontrolle brachte, ihre Finanzen durch eine Reform des Geldwesens wiederherstellen konnte und verschiedene Aufbauarbeiten mit auswärtigen Anleihen unternimmt. Die Regelung des Südwestproblems [Rebellion der Kwangsi-Generäle], der Ausgang der Suiyüan-Affäre und der Sian-Zwischenfall scheinen alle Chinas Fortschritt in Richtung auf seine Einigung zu zeigen.«[2]

Diese Äußerung zeigt, mit welchem wachsamen Interesse die japanische Regierung dem fortschreitenden Konsolidierungsprozeß des politischen Systems in China gegenüberstand. Wollte man eine Regelung des japanisch-chinesischen Verhältnisses in einer Weise vornehmen, die keiner der führenden Kräfte in der chinesischen Politik akzeptabel war, dann war die Zeit für ein entschiedenes Handeln gekommen, solange die politische Konsolidierung Chinas erst noch im Werden und nicht schon eine vollendete Tatsache war. Am 3. Juni 1937 war Fürst Konoye Fumimaro zum Ministerpräsidenten der japanischen Regierung ernannt worden, der General Sugiyama als Kriegsminister und Admiral Yonai als Marineminister angehörten. Kaum eine Woche danach sandte der als Generalstabschef der einflußreichen, in Nordchina stationierten Kwantung-Armee fungierende General Tojo an den japanischen Generalstab und das Kriegsministerium ein Telegramm. Er befaßte sich darin mit Grundfragen der japanischen Chinapolitik. Tojos wichtigste Empfehlung erteilte der japanischen Regierung den Rat, einen Schlag gegen die nationalchinesische Nanking-Regierung zu führen, damit Japan bei einer kommenden Auseinandersetzung mit der UdSSR den Rücken frei habe. Ein weiterer Grundgedanke des Telegramms bestand in der Behauptung, die chinesische Regierung habe keinerlei Absicht, ihre Beziehungen zu Japan in einer für das letztere akzeptablen Weise zu regeln. Daher würde es einen Fehler Japans darstellen, wenn sich Tokio um freundliche Beziehungen zu Nanking bemühe. Maßnahmen dieser Art könnten lediglich zu einer Vertiefung der bereits gegebenen Mißachtung Japans durch die nationalchinesische Regierung beitragen.[3]

Die Schüsse an der Marco-Polo-Brücke: zum unmittelbaren Anlaß des Kriegsausbruches vom Juli 1937

Diese Einstellung wurde jedoch keineswegs vom gesamten japanischen Generalstab geteilt. Noch im Juni 1937 war Oberstleutnant Okamoto vom japanischen Generalstab nach Nordchina entsandt worden, um der dortigen Kwantung-Armee nahezulegen, in

Als primäre Triebkraft aggressiver Expansionspolitik Japans fungierte seine Armee, deren professionelle Leistungskraft mehrfach durch Akte extremer Grausamkeit und Kriegsverbrechen überschattet wurde.

diesem Raum keine unnötigen politischen Komplikationen herbeizuführen. Kurz darauf, am 7. Juli 1937, ereignete sich jener schicksalhafte Zusammenstoß zwischen japanischen und chinesischen Truppen in der Nähe von Peking bei der über den Yunting-Fluß führenden Marco-Polo-Brücke (Lukouchiao), dessen Folgen den japanisch-chinesischen Krieg von 1937 bis 1945 auslösten. Der Zwischenfall selbst scheint als solcher von keiner der beiden Seiten bewußt provoziert worden zu sein. Isoliert betrachtet war er das fast unvermeidliche Ergebnis der gleichzeitigen Stationierung japanischer und chinesischer Truppen im Raum von Peking und Tientsin (Tianjin) in einer Zeit schwerer politischer Spannungen zwischen den beiden Ländern. Ebenso fehlte es nicht an Maßnahmen auf beiden Seiten, die darauf abzielten, den Zwischenfall zu lokalisieren. In diesem Sinne hatte der Stabschef der in diesem Raum befindlichen japanischen Truppen eine telegraphische Weisung des japanischen Generalstabes vom 8. Juni erhalten, die ihn ermahnte, sich den Chinesen gegenüber gemäßigt zu verhalten und eine Ausdehnung des Konfliktherdes zu vermeiden. Am Abend des 11. Juli war es dem Stabschef, General Hashimoto, auch gelungen, nach längerem Verhandeln mit den Chinesen zu einer Einigung zu gelangen.[4]

Bevor jedoch Tokio von dieser Einigung informiert wurde, hatte dort Ministerpräsident Konoye der Forderung des Kriegsministers Sugiyama nachgegeben, der die Entsendung japanischer Verstärkungen aus der Mandschurei und Korea nach Nordchina verlangte. Diese Truppen begannen ab 12. und 13. Juli in Nordchina einzurücken. Dieser Schritt veranlaßte jedoch chinesische Gegenmaßnahmen. Am 17. Juli 1937 nahm Chiang Kai-shek in einer Rede in Kuling zu dem neuen Zwischenfall Stellung. Er gab darin seiner Überzeugung Ausdruck, der Zwischenfall sei von den Japanern bewußt und mit dem Zweck inszeniert worden, der chinesischen Regierung die Kontrolle über weitere Gebiete in Nordchina zu entreißen. In dieser Rede heißt es wörtlich: »Die vier nordöstlichen Provinzen [Mandschurei und Jehol] sind für uns bereits während der letzten sechs Jahre verloren gewesen. Daran schloß sich das Tangku-Abkommen an, und jetzt hat der Konflikt mit dem Zwischenfall bei Lukouchiao einen Punkt erreicht, bei dem er sich bis vor die Stadttore von Peking erstreckt. Wenn wir es zulassen, daß diese Brücke gewaltsam besetzt wird, so würde das Resultat im Verlust unserer altehrwürdigen Hauptstadt von fünfhundert Jahren und damit zugleich im Verlust des politischen, kulturellen und strategischen Zentrums unseres ganzen Nordens bestehen. Das Peking von heute würde dann ein zweites Mukden [Hauptstadt der Mandschurei] werden, und die Provinzen Hopei und Chahar würden das Schicksal der vier nordöstlichen Provinzen teilen müssen.« Chiang warnte, daß China zwar keinen Krieg suche, jedoch durch fortschreitende Aggression bis zu dem Punkt gebracht werden könnte, wo man sich verteidigen müsse. »... wenn der Krieg begonnen hat, dann gibt es kein Zurück mehr. Wenn wir uns auch nur einen weiteren Zentimeter unseres Gebiets entreißen ließen, würden wir uns unserer Nation gegenüber eines unentschuldbaren Vergehens schuldig machen ... Japan wird zu entscheiden haben, ob der Lukouchiao-Zwischenfall zu einem größeren Krieg zwischen China und Japan führt.«

Chiang nannte dann die Mindestforderungen Chinas für eine friedliche Beilegung des Konflikts. Am Schluß dieser Rede heißt es: »Wir suchen Frieden, aber nicht einen Frieden um jeden Preis. Wir wollen keinen Krieg, aber wir könnten gezwungen werden, uns zu verteidigen.«[5] Obwohl es am 18. Juli noch einmal zu einer Einigung über den Zwischenfall auf Grund von Verhandlungen zwischen chinesischen und japanischen Diplomaten zu kommen schien, benützten Kommandeure der in Nordchina stationierten japanischen Truppen die Nichtbefolgung eines provozierenden japanischen Ultimatums vom 26. Juli 1937[6] zu einer Großoffensive im Raum von Peking und Tientsin am 28. Juli. Damit hatte ein größerer militärischer Konflikt zwischen Japan und China begonnen.[7] Sein Hauptgrund lag in der Weigerung der Führungskräfte Japans, ein Erstarken Chinas unter der Regierung der Kuomintang zu tolerieren, solange diese nicht bereit war, sich in Tokios hegemoniale Konzeption für Ostasien einordnen zu lassen.

Der Krieg in der Prognose und Taktik Chiang Kai-sheks und Mao Tse-tungs

Der Ausbruch des Krieges zwischen den beiden ostasiatischen Großstaaten Japan und China bewirkte nicht nur direkte Veränderungen der internationalen Machtkonstellation im Fernen Osten, sondern übte gleichzeitig auch einen tiefgehenden Einfluß auf die sich mit ihm anbahnenden innerchinesischen Entwicklungen und Kräfteverschiebungen aus. Damit ist jenes Dreiecksverhältnis angesprochen, das zwischen der nationalchinesischen Regierung der Kuomintang, der Kommunistischen Partei Chinas und den damals in Japan regierenden expansionistischen Kreisen bestand. Dieses Verhältnis ist ein Schlüsselfaktor zum Verständnis der weiteren Entwicklung von Ereignissen, die in der Folge über den regionalen Rahmen Ostasiens hinausgehend weltpolitische Bedeutung angenommen haben.

Wie bereits dargelegt, war die China regierende Kuomintang bei Ausbruch des Krieges ihrem Ziel einer innenpolitischen Konsolidierung des Landes durch Überwindung des politischen und militärischen Polyzentrismus näher gekommen als je zuvor. Chinas innere Zerrissenheit, die sich während der Mandschurei-Krisen von 1929 und 1931/32 in der Form blutiger Bürgerkriege manifestierte, hatte zu seiner außenpolitischen Schwäche auch in dem Jahrzehnt vor Beginn des japanisch-chinesischen Krieges beigetragen. Das grundlegende Konzept Chiang Kai-sheks, der sich in dieser Zeit in der Führungsspitze der Kuomintang immer stärker durchgesetzt hatte, war es gewesen, den Prozeß der inneren politischen und militärischen Integration vor einer stärkeren Aktivierung der chinesischen Außenpolitik und als Hauptvoraussetzung für eine solche zu vollenden. Die seit 1928, insbesondere aber seit 1931 rasch aufeinanderfolgenden provokatorischen Aggressionsakte des japanischen Militarismus hatten die Möglichkeit dieses Konzepts immer wieder in Frage gestellt und in China eine viele heterogene Gruppen miteinander vereinigende Bewegung für einen aktiven Widerstand gegen Japan geschaffen, die als innenpolitischer Faktor von Chiang in Rechnung zu stellen war. Die Ereignisse der Mandschurei-Krise von 1931 und 1932 sowie der imperialistische Krieg des faschistischen Italien gegen Abessinien (1935) hatten nur allzu deutlich die Schwäche der bestehenden Systeme der kollektiven Sicherheit gezeigt.[8] Chiang zog hieraus den Schluß, daß China im Falle eines Krieges mit Japan ohne den Besitz einer genügend ausgerüsteten und geschulten Armee auf sich allein gestellt sein wurde. In außenpolitischen Reden vor dem Fünften Parteitag der Kuomintang (November 1935) hatte Chiang betont auf das Beispiel Abessiniens hingewiesen und davor gewarnt, sich leichtfertig in einen Krieg zu stürzen. In einer anderen Rede vor dem gleichen Parteitag vertrat er die Ansicht, daß die gegen China gerichtete Aggression von außen weitgehend auch eine Folge der Schwäche und Uneinigkeit der chinesischen Innenpolitik sei, weshalb Chinas außenpolitische Gefährdung mit dem Fortschreiten des Prozesses seiner innenpolitischen Einigung abnehmen werde.[9] Eine vorzeitige Verwicklung Chinas in einen großen Krieg mußte in dieser Sicht das von der Kuomintang Erreichte und darüber hinaus ihre Herrschaft in China gefährden.

In einem Gespräch mit dem deutschen Botschafter, das am 5. November 1937, also fast ein halbes Jahr nach Beginn des chinesisch-japanischen Krieges stattfand, sagte Chiang Kai-shek, China habe in diesem Krieg keine Chance, allein auf sich gestellt militärisch zu siegen. Bräche seine Regierung zusammen, so wäre die einzige Folge eine Machtergreifung der Kommunisten.[10] Die gescheiterte Beschwichtigungspolitik der Kuomintang vor dem Krieg war ein Versuch gewesen, sich für bestimmte Zugeständnisse in Nordchina Zeit zur weiteren Festigung der politischen Einheit und militärischen Schlagkraft Chinas einzuhandeln. Sowohl die chinesischen Kommunisten wie auch die Japaner wußten und bedachten, von jeweils äußerst unterschiedlichen Perspektiven her, daß die Zeit für Chiang Kai-shek und die Kuomintang arbeitete, solange es zu keinem Krieg kam. Nicht völlig unähnlich der Taktik Lenins im Zusammenhang mit dem Friedensvertrag von Brest-Litowsk räumte Chiang Kai-shek der Konsolidierung der inneren Machtbasis eine weitaus höhere Prioritätsstufe auf der Skala politischer Werte und Ziele ein als der unmittelbaren Verteidigung der von auswärtiger Expansion bedrohten Territorien. Chiang ging dabei von der Überlegung aus, daß das weltpolitische Eigengewicht des zahlenmäßig größten Volkes der Welt fast unwiderstehlich sein würde, falls es gelänge, seine politischen Potenzen wirksam zu mobilisieren und durch eine entsprechende wirtschaftliche, militärische und organisatorische Infrastruktur zu stärken.

Der zweite Partner in dem erwähnten Dreiecksverhältnis, die Kommunistische Partei Chinas unter der Führung Mao Tse-tungs, sah die Dinge nicht viel anders. Doch mußte sie aus ihrer Interessenlage heraus andere Konsequenzen ziehen als Chiang Kai-shek. Die Kommunistische Partei Chinas hatte in den anderthalb Jahrzehnten ihres Bestehens (1921–1937) zwar zeitweilig große Erfolge erzielen können und war 1927 der Chance nahegekommen, selbst anstelle der Kuomintang zur führenden Kraft der chinesischen Revolution zu werden. Aber im April 1927 war sie durch Chiang Kai-sheks zweiten Staatsstreich zum ersten Mal und dann 1934 mit der Eroberung ihrer Räterepublik in Kiangsi ein zweites Mal auf das schwerste geschlagen worden. Über die katastrophalen Folgen der zweiten, nur anderthalb Jahre vor Beginn des japanisch-chinesischen Krieges erfolgten Niederlage der Kommunisten schrieb Mao Tse-tung in seinem berühmtem Essay Strategische Probleme des revolutionären Krieges in China (Dezember 1936):

> »Das Ergebnis war, daß bis auf das Schensi-Kansu-Grenzgebiet alle revolutionären Stützpunkte verlorengingen, die Stärke der Roten Armee von 300.000 auf einige zehntausend Mann zurückging und sich die Mitgliederzahl der Kommunistischen Partei Chinas von 300.000 auf einige Zehntausend verringerte, wobei die Parteiorganisationen in den Kuomintang-Gebieten fast restlos zerschlagen wurden. Mit einem Wort, es folgte eine schwere historische Strafe.«[11]

In anschließenden Betrachtungen zur damaligen Lage fügte Mao hinzu:

»... unser Feind ist stark ... Die Kuomintang ist eine Partei, die die politische Macht an sich gerissen und ihre Herrschaft mehr oder weniger gefestigt hat. Sie hat die Unterstützung der wichtigsten imperialistischen Staaten der Welt erlangt. Sie hat ihre Armee reorganisiert ... Hinsichtlich ihrer Versorgung mit Waffen ... übertrifft sie bedeutend die Rote Armee, und hinsichtlich ihrer zahlenmäßigen Stärke ist sie jeder Armee in der Geschichte Chinas ... überlegen. Zwischen der Kuomintang-Armee und der Roten Armee besteht ein himmelweiter Unterschied. Die Kuomintang kontrolliert die Schlüsselstellungen und Kommandohöhen in der Politik, in der Wirtschaft, im Verkehrswesen und im Kulturleben Chinas, ihre Macht erstreckt sich über das ganze Land ... Unser politischer Machtbereich befindet sich in verstreuten und in isolierten gebirgigen oder abgelegenen Gegenden, wohin keinerlei Hilfe von außen gelangt. Die wirtschaftlichen und kulturellen Bedingungen in den revolutionären Stützpunktgebieten sind im Vergleich zu denen im Machtbereich der Kuomintang rückständig ... Die Rote Armee ist zahlenmäßig schwach, schlecht bewaffnet, und hat äußerst große Schwierigkeiten bei ihrer Versorgung mit Nahrungsmitteln, Bekleidung und sonstigen Materialien.«[12]

Dieser Lagebericht Mao Tse-tungs schildert sehr anschaulich das zwischen der Kuomintang und der Kommunistischen Partei Chinas sechs Monate vor Ausbruch des Krieges mit Japan bestehende Kräfteverhältnis. Auf dem Boden der Praxis der chinesischen Politik hatte es sich erwiesen, daß die chinesischen Kommunisten nicht in der Lage gewesen waren, die Kuomintang aus eigener Kraft zu besiegen.

Aber ein Krieg Japans gegen China mußte unter anderem zwei Folgen nach sich ziehen. Er mußte erstens mit allergrößter Wahrscheinlichkeit zu einer Einstellung des Bürgerkrieges zwischen der Kuomintang und der Kommunistischen Partei Chinas sowie zweitens zu einer Zerschlagung zahlreicher wirtschaftlicher und militärischer Machtbasen des Nanking-Regimes und damit zu einer bedeutsamen Schwächung der Kuomintang führen. Die von der Kommunistischen Partei Chinas mehr als ein Jahrzehnt lang vergeblich versuchte Niederringung bzw. Schwächung der Kuomintang und ein gleichzeitiges Anwachsen der eigenen Stärke konnten als Ergebnisse eines Krieges erwartet werden, den China zunächst jahrelang allein gegen Japan auszufechten hatte. Vor diesem Erwartungshorizont erklärt sich jene prophetische Äußerung Chou En-lais, über die Edgar Snow wie folgt berichtet: »Chou hatte mir [1936] gesagt, daß die Roten den Bürgerkrieg beenden und sich mit den Nationalisten vereinen wollten, um Japan Widerstand zu leisten. Das würde keine Aufgabe, sondern eine Förderung der Revolution bedeuten, sagte er. ›Der erste Tag des antijapanischen Krieges‹, so prophezeite er, ›wird den Anfang des Endes für Chiang Kai-shek bedeuten.‹«[13]

In seinem Buch Red Star Over China schrieb Edgar Snow kurz nach Ausbruch des chinesisch-japanischen Krieges, daß dieser Krieg in der Perspektive der chinesischen Kommunisten eine »doppelte chirurgische Funktion« erfülle. Einmal werde das »äußere Geschwür des Imperialismus« und zum anderen der »innere Krebs der Klassenunterdrückung« beseitigt. Der große imperialistische Krieg bedeute die Bewaffnung der Massen und »die tödliche Schwächung der inneren Kontrollmacht, die beide notwendige Bestandteile einer denkbaren revolutionären Machtergreifung in einer relativ nahen Zukunft sind«.[14] In einer Schrift Mao Tse-tungs heißt es ominös einen Monat nach

Beginn des Krieges: »Im Verlauf dieser Kämpfe wächst das Neue vom Kleinen zum Großen und gewinnt schließlich die beherrschende Position, während das Alte vom Großen zum Kleinen schrumpft und seinem Untergang entgegengeht ... Im Zuge des Kampfes werden die Kräfte des chinesischen Volkes, die unter der Führung des Proletariats wachsen, unweigerlich das halbkoloniale China zu einem unabhängigen Staat machen und den Imperialismus besiegen, das alte China wird sich unausbleiblich in ein neues China verwandeln ... Die alte, feudale Grundherrenklasse wird gestürzt werden, sich aus der herrschenden in eine beherrschte Klasse verwandeln und ebenfalls allmählich untergehen.«[15] Somit waren sich Chiang Kai-shek wie auch Mao Tse-tung zu Beginn des großen Konflikts mit Japan darüber einig, daß dieser Krieg die politische Konstellation des Verhältnisses zwischen der Kuomintang und der Kommunistischen Partei Chinas voraussichtlich zugunsten der letzteren beeinflussen werde. Aus dieser Sicht der Dinge erklärt sich das Drängen der Kommunisten auf den Beginn des bewaffneten Widerstandes ebenso wie das Bemühen Chiang Kai-sheks, einen Krieg bis zu einer weiteren Festigung der politischen, militärischen und wirtschaftlichen Macht des nationalchinesischen Regimes zu verschieben. Angesichts dieser Haltung des chinesischen Regierungschefs mußte die Frage des Krieges und der mit ihm hier negativ und dort positiv verknüpften gleichen Erwartungen entscheidend von dem Verhalten des dritten Partners in dem erwähnten Dreiecksverhältnis abhängen, also von Japan.

Die militärische Problematik des chinesischen Widerstandes

Bereits Ende 1936 hatte eine Broschüre des japanischen Kriegsministeriums warnend auf die verbesserte Qualität der chinesischen Streitkräfte hingewiesen. Rein numerisch gesehen, bildeten sie mit 1,5 bis 1,7 Millionen Mann zu Beginn des Krieges mit Japan eine beträchtliche Macht. in der Praxis aber stellten sich die Dinge anders dar. Nur etwa 300.000 dieser Soldaten hatten mit Hilfe der zwischen 1928 und 1938 in China tätigen 137 deutschen Militärberater eine moderne Ausbildung und eine Ausrüstung mit von Deutschland geliefertem Kriegsgerät erhalten. Nur die in der zusätzlich 80.000 Mann starken sogenannten Lehrbrigade (Chiao tahui) zusammengefaßten Truppen konnten als wirklich erstklassig bezeichnet werden. Aber selbst die Streitkräfte der mit deutscher Hilfe ausgebildeten sowie bewaffneten und der Nationalregierung zuverlässig ergebenen sogenannten Zentralarmee waren in ihrer Wirksamkeit durch manche aus Chinas damaligem politischem und wirtschaftlichem System erklärbare Mängel beeinträchtigt. Da Chiang Kai-shek vor Beginn des Krieges die Überwindung des politisch-militärischen Polyzentrismus in der chinesischen Politik nur bedingt gelungen war, mußte aus innenpolitischen Erwägungen des öfteren der Befehl über modern ausgerüstete und ausgebildete Truppenkörper Generälen übertragen werden, die auf Grund ungenügender eigener Ausbildung diese Qualitäten der ihnen anvertrauten Truppen nicht voll auszunützen wußten. Der Mangel an eigenen Kriegsindustrien machte die chinesischen Streitkräfte hochgradig von Waffenlieferungen aus dem Ausland abhängig, die einerseits jedoch durch Veränderungen in der Chinapolitik der Lieferstaaten und andererseits durch die Blockademaßnahmen der japanischen Luft- und Seestreitkräfte gefährdet waren. Das bunte Durcheinander deutscher, amerikanischer, russischer, tschechischer, italienischer und anderer in China vorhandener Waffenbestände trug ebenfalls kaum zu einer Erhöhung der chinesischen Schlagkraft bei. Chinas Unterlegenheit an Artillerie und motorisierten Einheiten, insbesondere Panzerkampfwagen, machte sich in den großen Schlachten der Jahre 1937/38 bemerkbar. Das gleiche galt für die Infrastruktur des Nachschubs und das Sanitätswesen, dessen ungenügende Entwicklung zu großen Steigerungen der chinesischen Verlustquoten führte. Über den Zustand der chinesischen Luftwaffe bei Kriegsbeginn schrieb der langjährig in China tätig gewesene amerikanische Major Evans F. Carlson: »Zu Beginn des Konflikts mit Japan verfügte China über etwa 150 kompetente militärische Piloten und über 200 Piloten von nur mittelmäßiger Fähigkeit. Während 400 Flugzeuge in den Registern geführt wurden, bestand nur die Hälfte von ihnen aus einsatzfähigen Militärflugzeugen. Diese setzten sich zumeist aus Beobachtungs- und Jagdflugzeugen zusammen.«[16] Abgesehen von dem erwähnten kleinen Kern der sogenannten Zentralarmee setzten sich die chinesischen Streitkräfte zum größten Teil aus nur bedingt zuverlässigen, schlecht und unterschiedlich ausgerüsteten und kaum modern geschulten Söldnertruppen der Provinzmachthaber zusammen. Lily Abegg erwähnte, daß viele Kommandeure dieser Truppen nicht einmal über Uhren verfügten und deshalb zur zeitlichen Synchronisierung mancher Kampfhandlungen auf bestimmte primitive Lichtsignale zurückgreifen mußten.[17]

Trotz dieser und anderer Mängel des chinesischen Verteidigungssystems faßte Chiang Kai-shek zu Beginn des Krieges den Beschluß, Japans Aggressionsstreitkräften massiven Widerstand entgegenzusetzen. Zum primären Schauplatz dieses Kampfes wählte er zunächst den Raum um Schanghai und später den ganzen Unterlauf des Jangtsekiang, wo Chinas militärischer Widerstand wegen der zahlreichen dort befindlichen ausländischen Niederlassungen fast buchstäblich angesichts der Weltöffentlichkeit demonstriert werden konnte. An der zwischen August und November 1937 im Gebiet um Schanghai stattfindenden großen Schlacht waren auf beiden Seiten insgesamt fast eine halbe Million Mann beteiligt. Es entbrannte ein Kampf, wie ihn der Ferne Osten in diesem Umfang und dieser Härte seit den Tagen des russisch-japanischen Krieges von 1904/1905 nicht mehr gesehen hatte. Hier wurde von der chinesischen Armee der Beweis erbracht, daß die Zeit vorbei war, in der die Kampfhandlungen industrieller Mächte gegen China nur die Form kolonialer Strafexpeditionen anzunehmen brauchten, um zum Erfolg zu führen. Auch die Bevölkerung Chinas erhielt eine erste Demonstration der neuen Macht und größeren Geschlossenheit seines politischen und militärischen Systems.

Trotz einzelner Teilerfolge, trotz der Taktik der verbrannten Erde und der gelegentlichen defensiven Überschwemmung weiter Gebiete durch die Durchstechung von Jangtse-Deichen, war die chinesische Abwehrkraft dem direkten Ansturm einer der führenden Militärmächte der Welt nicht gewachsen. Der Anfang November 1937 endenden Schlacht um Schanghai folgten weitere Schlachten um Nanking und um das Städtedreieck von Wuhan, das ein Jahr später in die Hände der Japaner fiel. Den Schätzungen von Carlson zufolge erlitten die chinesischen Streitkräfte in der intensiven Phase des Krieges zwischen August 1937 und November 1938 Verluste in einer Gesamthöhe von etwa 2 Millionen Mann, während es auf japanischer Seite ca. 500.000 Mann waren.[18]

Japanische Militäreinheiten, denen zuvor gesagt worden war, ganz China werde in etwa fünf Wochen leicht zu schlagen sein, begingen nach der Eroberung der chinesischen Hauptstadt Nanking im Dezember 1937 einen wochenlangen Amoklauf von Mord und

Vergewaltigung, dem nach Schätzungen 300.000 chinesische Zivilisten zum Opfer fielen. Dieses von der Heeresleitung weder befohlene noch aber auch verhinderte Massaker wird als das umfangreichste japanischen Einheiten zur Last gelegte Kriegsverbrechen während des Pazifikkrieges betrachtet. Dem deutschen Geschäftsmann John Rabe und einem von ihm geleiteten Internationalen Komitee war es möglich, etwa 200.000 chinesische Zivilisten vor dem Horror zu bewahren.[19] Auf außenpolitischer Ebene warnte die deutsche Diplomatie Japans Regierung vergeblich, den Chinesen nicht ein »fernöstliches Versailles« aufzwingen zu wollen, da dies nur den Krieg verlängern und China in die Arme Moskaus treiben könne. Die Regierung in Tokio hielt hingegen nicht nur an ihren extremen Forderungen fest, sondern verlangte am 6. Januar 1938 die Einstellung der deutschen Friedensbemühungen.[20]

Mit der Besetzung von Kanton (Guangzhou) (Oktober 1938) konnten die Japaner China endgültig vom wichtigen Nachschubhafen Hong Kong abschneiden. Die chinesische Nationalregierung, die sich zunächst von Nanking nach Hankou zurückgezogen hatte, übersiedelte nun ins Landesinnere nach Chungking (Chongping), der Hauptstadt der großen Provinz Szechuan (Sichuan). Der Krieg trat in eine neue Phase ein. Das Gros der Kerntruppen Chiang Kai-sheks und damit die wichtigste Machtquelle seiner Innen- und Außenpolitik war zerschmettert. Japans zunehmende Blockierung der überseeischen Nachschubwege Chinas verhinderte ihren materiellen Wiederaufbau. Das außenpolitische Kräfteverhältnis der Kuomintang zu Japan und – auf lange Sicht wichtiger noch – ihr innenpolitisches Kräfteverhältnis zu den chinesischen Kommunisten hatten sich jeweils zugunsten der Opponenten radikal verändert.[21]

General Tadas Vorschlag eines Versöhnungsfriedens und Deutschlands Vermittlung

Vor einer endgültigen Verhärtung der Positionen auf beiden Seiten schien jedoch noch einmal eine Chance zur Beilegung des Konflikts auf dem Wege diplomatischer Verhandlungen gegeben zu sein. So wie im Falle der Mandschurei-Krise bestand auch im Falle des neuen großen Konflikts mit China keine Einigkeit unter den japanischen Militärs hinsichtlich der China gegenüber einzuschlagenden Politik. Vor allem der Generalstab drängte auf eine baldige diplomatische Beilegung des Konflikts. Auf Grund dieses Drängens beschloß die japanische Regierung, sich der Dienste der deutschen Diplomatie zum Zweck von Verhandlungen mit der chinesischen Regierung zu bedienen. Das erste der nationalchinesischen Regierung durch den deutschen Botschafter in Nanking am 5. November 1937 übermittelte Angebot führte jedoch zu keinem positiven Resultat, da Chiang Kai-shek den Standpunkt einnahm, er könne keinerlei japanische Forderungen annehmen, solange die Japaner nicht bereit seien, den Status quo ante wiederherzustellen.[22] Bei der Übermittlung dieser Bedingungen an den deutschen Botschafter in Tokio hatte der japanische Außenminister Hirota gewarnt, Japan werde wesentlich schwerere Bedingungen stellen, wenn es zur Fortführung eines Kampfes gezwungen werde, der in diesem Fall bis zur Niederwerfung Chinas geführt würde.[23]

Angesichts dieser Entwicklung bemühte sich der entschiedenste japanische Befürworter einer baldigen vertraglichen Einigung mit China, General Tada Shun, damals

Vizechef des japanischen Generalstabes, um eine Verschiebung der japanischen Offensive gegen Chinas damalige Hauptstadt Nanking. Tada ging dabei von der richtigen Annahme aus, daß mit der Eroberung Nankings eine neue Eskalationsstufe des japanisch-chinesischen Verhältnisses erreicht sein würde. Tada konnte jedoch seinen Willen gegenüber jenen führenden Kabinettsmitgliedern und Kommandeuren des Kriegsschauplatzes in China nicht durchsetzen, die so wie beispielsweise Ministerpräsident Konoye von der Annahme ausgingen, die Regierung Chiang Kai-sheks werde als Folge des Verlustes ihrer Hauptstadt zusammenbrechen.[24] Zwei Tage nach Beginn der gegen Nanking gerichteten japanischen Offensive teilte Chiang Kai-shek dem deutschen Botschafter in China seine Bereitschaft mit, das ihm durch die deutsche Diplomatie im November übermittelte japanische Angebot als Diskussionsbasis für Friedensverhandlungen anzunehmen. Bei diesen Verhandlungen solle Deutschland als Vermittler zwischen Japan und China mitwirken. Während aber Tokio im Rahmen seines Angebots eine Umwandlung der Inneren Mongolei in ein autonomes Gebiet unter dem Schutz Japans, analog der Stellung der Äußeren Mongolei unter dem Schutz der Sowjetunion, und damit die faktische Abtrennung der Inneren Mongolei von China verlangt hatte, teilte Chiang Kai-shek dem deutschen Botschafter mit, daß die chinesische Souveränität und Verwaltungshoheit im nordchinesischen Raum nicht verletzt werden dürfe.[25] Der japanische Außenminister, der noch vor dem Fall von Nanking durch den deutschen Botschafter in Tokio von Chiang Kai-sheks Angebot informiert wurde, gab diesem jedoch zu verstehen, daß Japan nach den großen Erfolgen seiner Armeen in China nicht mehr auf die gleiche Verhandlungsebene wie früher zurückkehren könne. Das japanische Frontheer in China sei diesem gegenüber jetzt in seinen Forderungen anspruchsvoller geworden.[26]

Der japanische General Tada fuhr jedoch fort, auf eine rasche Beilegung des China-Konflikts zu drängen. Er berief sich dabei auf das Vorbild Bismarcks, der sich durch seine großzügige Behandlung Österreichs 1866 dessen Neutralität bei dem bedeutenderen preußisch-französischen Krieg von 1870–1871 gesichert habe.[27] Tada war der Ansicht, Japan solle seine wirtschaftliche und militärische Macht nicht in einem Krieg mit China vergeuden, das ihm wegen seiner Schwäche ohnedies nicht gefährlich werden könne. Nicht China, sondern Rußland und Amerika seien die ernstzunehmenden Rivalen Japans. Die Vorbereitung auf denkbare Konflikte mit diesen Weltmächten erfordere ohnedies Japans ganze Kraft und erlaube ihm nicht, sich auf Jahre hinaus militärisch in China zu engagieren. Die Frage des weiteren japanischen Verhaltens China gegenüber war Gegenstand einer am 15. Dezember 1937 stattfindenden sogenannten Verbindungskonferenz zwischen den Mitgliedern des engeren Kabinetts und führenden Vertretern der japanischen Streitkräfte.

Bei dieser Konferenz hielten Ministerpräsident Konoye und der spätere Reichssiegelbewahrer Kido den vom Generalstab vorgebrachten Vorschlägen zu einer Versöhnungspolitik mit China entgegen, diese Politik entspreche der Haltung eines besiegten Staates, während sich Japan in China auf der Höhe militärischer Erfolge befinde. Der Kurs der japanischen Währung und das Prestige des japanischen Reiches würden als Resultat einer solchen Versöhnungspolitik fallen.[28] General Tada vermochte es nicht, seine Ansicht durchzusetzen, obwohl er durch den bei der Konferenz anwesenden Prinzen Chichibu, einen Bruder des Kaisers, unterstützt wurde. Bei dem sich anschließenden intrigenreichen Kampf um die einander konfrontierenden Standpunkte in der japanischen Chinapolitik bewirkte Tada zwar die Einberufung einer neuen Konferenz hierüber, die in Gegenwart des Kaisers selbst stattfand. Die Tadas Gegner hierbei jedoch wirksam unterstützenden Höflinge veranlaßten den Kaiser, an dieser Besprechung über eine so kontroverse Frage nur schweigend teilzunehmen.[29] Ein Beschluß dieser Konferenz vom 11. Januar 1938 hatte ein letztes japanisches Angebot an die nationalchinesische Regierung zur Folge, das wiederum von den deutschen Botschaftern übermittelt wurde. Da Tokio innerhalb der ultimativ verlangten Frist von 72 Stunden keine zufriedenstellende Antwort erhielt, beschloß die Regierung Konoye am 16. Januar 1938 den Abbruch der durch deutsche Vermittlung geführten Verhandlungen mit China. Gleichzeitig gab die japanische Regierung bekannt, sie werde sich um die Entstehung einer neuen chinesischen Regierung bemühen, die derjenigen von Mandschukuo ähnlich sei, obwohl sie sich von dieser in ihren Beziehungen zu Japan unterscheiden werde.[30] Hiermit würde eine neue Methode des Kampfes eingeführt. Wie aber Ministerpräsident Konoye in Erklärungen vom 21. April und vom 22. Dezember 1938 hervorhob, bleibe Japans unveränderliches Ziel »die Zerstörung der chinesischen Nationalregierung«[31] und »die völlige Ausrottung des antijapanischen Kuomintang-Regimes«.[32]

Chinas Widerstand in japanischer Sicht

Somit hatten die Gegner der von General Tada und anderen Mitgliedern des Generalstabes vorgeschlagenen Politik der Versöhnung mit China gesiegt, zu denen keineswegs nur die Befehlshaber japanischer Feldarmeen in China, sondern auch prominente zivile Politiker wie Ministerpräsident Konoye und Außenminister Hirota gehörten. Die nun angenommene Politik des Vernichtungskampfes gegen die Regierung Chiang Kai-sheks war auch entgegen den dringlichen Vorstellungen der deutschen Diplomatie erfolgt. So hatte das deutsche Auswärtige Amt am 29. Dezember 1937 den deutschen Botschafter in Tokio beauftragt, die japanische Regierung auf die Gefahren einer zu radikalen Chinapolitik hinzuweisen. In dem diesbezüglichen Telegramm heißt es: »Das gemeinsame, gegen die Komintern gerichtete Interesse Deutschlands und Japans fordere es vielmehr, in China baldmöglichst wieder geordnete Zustände herbeizuführen, auch wenn dies nur unter Friedensbedingungen möglich wäre, welche nicht allen japanischen Aspirationen entsprechen. Die Lehren aus der Geschichte des Vertrages von Versailles sollten Japan zu denken geben.«[33]

In einer Situationsanalyse der japanischen Expeditionsarmee in China vom 20. Juli 1939 wird festgestellt: »Wir müssen ... zugeben, obwohl wir es sehr bedauern, daß die politische Widerstandskraft des Chiang-Regimes noch beträchtlich ist.«[34] In der gleichen Analyse wird den nationalchinesischen Kampftruppen eine relativ gute Moral zugebilligt. Der Grund des fortgesetzten Widerstandes der Chinesen sei die Erweckung ihres Nationalgefühls im Sinne der Parole »Aufbau durch Widerstand«. Selbst die Kommunistische Partei Chinas werde zur Zeit von Chiang Kai-shek ausgenützt. Sollte dessen Herrschaft zusammenbrechen, so würden die chinesischen Kommunisten im Nordwesten Chinas zusammen mit der Äußeren Mongolei ein Widerstandszentrum gründen und stärker unter sowjetischen Einfluß geraten. Aus diesen Befunden zog die japanische Heeresleitung den Schluß, daß man sich auf einen sich lang hinziehenden Krieg gegen China einstellen müsse. Die wichtigsten Methoden der Kampfführung seien Zermürbungs- und Terrorangriffe der japanischen Luftwaffe gegen das chinesische Hinterland, die das Ziel hätten, die politische Moral der Bevölkerung zu brechen und das verbleibende Wirtschaftspotential der nationalchinesischen Regierung zu vernichten. Die Analyse warnt jedoch, daß der Krieg gegen China mit rein militärischen Mitteln kaum zu gewinnen sei, und kommt zu dem Schluß: »Wenn wir daher den Sturz der Chungking-Regierung erstreben, sollten wir versuchen, das chinesische Volk von Chiang zu entfremden.«[35]

Verrat und Tragik Wang Ching-weis

Eine scheinbare Chance zur Beendigung des lästig gewordenen Konflikts mit China ohne den Prestigeverlust eines direkten Vorschlags an Chiang Kai-shek ergab sich ab Ende 1938, als Wang Ching-wei, der prominenteste Kuomintang-Politiker nach Chiang Kai-shek, sich von dessen Regierung trennte, um gleichsam auf eigene Faust einen Vorstoß zur Beilegung des chinesischen Konflikts mit Japan zu unternehmen. Wiederum stand Japan an einem Wendepunkt seiner Chinapolitik. Hätte Tokio im Sinne der von General Tada vorgeschlagenen Versöhnungspolitik Wang Ching-wei ein großzügiges Angebot als Basis einer japanisch-chinesischen Friedensregelung unterbreitet, so hätten Wang Ching-wei und seine Mitarbeiter voraussichtlich einen echten chinesischen Gegenpol zur Regierung Chiang Kai-sheks in Chungking bilden können. Das Ergebnis eines langwierigen innerjapanischen Tauziehens um diese Frage bestand jedoch wiederum nur in der Wiederholung jener engherzigen und restriktiven Vorschläge, die es keinem patriotischen Chinesen erlaubten, sich mit Überzeugung zu ihnen zu bekennen. Der springende Punkt hierbei war, daß sich Japan im Namen der von ihm selbst erfundenen Führungsrolle bei einer »Neuordnung Großostasiens« nicht dazu verstehen konnte, China ein gleiches Maß an Souveränität einzuräumen und zusätzlich von China die ständige Verpflichtung zur Unterdrückung gegen Japan gerichteter chinesischer Kritik verlangte.

Diese beiden Forderungen können als typische Symptome der hegemonialen Politik einer Großmacht gelten, die einerseits unter Berufung auf weltanschaulich untermauerte Konzeptionen sowie unter Anwendung direkten Zwanges andere Mächte dazu bringen will, sich dem Schema ihrer regionalen Hegemonie einzufügen. Die von Japan geforderte wirtschaftliche Bevorzugung in China sowie sein Anspruch auf eine zeitlich nicht festzulegende Stationierung von Truppen in bestimmten Regionen zielten im Effekt auch weiterhin auf eine Satellitisierung Chinas im Rahmen der von Japan geplanten Neuordnung Ostasiens ab.[36] Der von Chiang Kai-shek gezogene Vergleich zu Japans »21 Forderungen« an China vom Jahre 1915 erwies sich als keineswegs unrealistisch. Im Rahmen äußerst restriktiver Bedingungen erhielt Wang Ching-wei zwar Tokios Erlaubnis zur Bildung einer chinesischen Gegenregierung in Nanking unter dem Namen und der Fahne der Kuomintang. Aber Tokios Festhalten an seinen hegemonialen Plänen gegenüber China bewirkte, daß diese chinesische Gegenregierung keine Sache zu vertreten vermochte, für die sich ein Einsatz im nationalen Interesse Chinas gelohnt hätte. So blieb diese Regierung von der chinesischen Bevölkerung isoliert. Ihr ehrgeiziger Führer Wang Ching-wei starb als gebrochener Mann noch vor Kriegsende im November 1944 in Japan.[37] So nahm der chinesisch-japanische Krieg seinen Fortgang in einer Weise, bei der keiner der beiden Konfliktpartner den anderen entscheidend zu besiegen vermochte, während beide einander in jeweils verschiedener Weise schwächten.

Der Fernostkrieg in der Sicht Moskaus

Auf seiten Chinas trug diese politische, wirtschaftliche und militärische Schwächung der Zentralregierung Chiang Kai-sheks zu einer ihr entsprechenden Stärkung der kommunistischen Positionen bei. Ein von ihm nicht kontrollierbares Schicksal hatte Chiang Kai-shek zum Krieg gegen einen Staat gezwungen, mit dem er lieber auf der Basis strenger Gleichberechtigung kooperiert hätte, und zu einem Bündnis mit jener chinesischen Partei, in der er den gefährlichsten Gegner der Kuomintang erblickte. Die gleiche Ironie des Schicksals machte den japanischen Imperialismus zum Wegbereiter jenes Sieges der Kommunisten in China, zu dessen angeblicher Verhinderung Japan das Schwert gegen China gezogen hatte.

So wie Japans Expansion in der Mandschurei führte auch seine neue Aggression gegen China fast zwangsläufig zu einer Annäherung zwischen Nanking und Moskau. Diese Annäherung nahm die Form eines am 21. August 1937 unterzeichneten Nichtangriffspaktes zwischen der UdSSR und China an.[38] Der Pakt unterstrich die Bereitschaft der Signatarmächte, der japanischen Aggression in Ostasien eine größere Bedeutung beizumessen, als den zwischen ihnen schwebenden Streitfragen. Für Moskau bedeutete er weiterhin eine Bindung Chinas angesichts japanischer Vorschläge an Chiang Kai-shek zur Bildung eines chinesisch-japanischen Blocks gegen die Komintern, die UdSSR und die Äußere Mongolei. China erhielt durch den Vertrag eine relative Sicherheit gegenüber der stets gefürchteten Möglichkeit einer erneuten russisch-japanischen Kooperation auf Kosten Chinas.

Die wirkliche Haltung Moskaus entsprach jedoch nicht ganz den Erwartungen Mao Tse-tungs, der auf direkte Hilfe der Sowjetunion hoffte. So teilte der sowjetische Außenminister Litwinow während eines Aufenthaltes in Paris im Oktober 1937 Léon Blum mit, daß er und seine Regierung den japanischen Angriff auf China begrüßten. Litwinow meinte, Japan würde bei seinem Versuch, ein so großes Land wie China zu erobern, wirtschaftlich und finanziell derart geschwächt werden, daß für die Sowjetunion hierdurch der Friede mit Japan im Fernen Osten für viele Jahre gesichert sei. Er hoffe auf einen langen Krieg, der seiner Regierung mehr Bewegungsfreiheit in Europa lasse. Als Léon Blum dem entgegenhielt, eine Verhinderung der Eroberung Chinas durch Japan sei doch auch im Interesse der UdSSR, weil die Japaner letztlich auf eine Bedrohung Wladiwostoks und Ostsibiriens abzielten, entgegnete Litwinow lachend, wieviel auch Japan von China verschlucke, die Sowjetunion werde sich ruhig halten. Vor Beginn des Krieges mit China hätte sich Japan der UdSSR gegenüber feindlich verhalten. Die Spannungen hätten sich dauernd erhöht. Jetzt aber zeigten sich die Japaner plötzlich wesentlich entgegenkommender und freundlicher in ihren Beziehungen zu Moskau.[39]

Reaktionen der Westmächte auf den Krieg

Von seiten der meisten anderen Großmächte wurden der nationalchinesischen Regierung in der Zeit ihrer härtesten Belastung während der Frühphasen des japanischen Krieges gegen China zumeist Enttäuschungen zuteil. Dabei hatte Nanking primär mit der Hilfe der USA und sekundär mit derjenigen Deutschlands gerechnet. Washington aber lehnte eine dringende Bitte Chiang Kai-sheks vom 12. Juli 1937, also nur wenige Tage nach Beginn der Kämpfe in Nordchina, um eine amerikanische Vermittlung ab. Zur amerikanischen Haltung schrieb Außenminister Hull in seinen Memoiren: »Es war uns jedoch klar, daß ein Vermittlungsversuch nur die japanische Regierung erzürnen und ihr die Gelegenheit dazu geben würde, ihrem Volk gegenüber mit dem Argument zu arbeiten, die Westmächte versuchten, sich in Japans Selbstverteidigung einzumischen, wie sie den China-Zwischenfall zu bezeichnen beliebten.«[40] Einige Tage später sagte Hull in einer öffentlichen Erklärung, die Vereinigten Staaten seien über die Feindseligkeiten besorgt und empfählen nationale und internationale Zurückhaltung sowie den Verzicht auf Gewalt auf seiten aller Staaten in Verfolg ihrer außenpolitischen Ziele. Wenige Tage darauf schlug auch die britische Regierung durch ihren Botschafter in Washington eine Vermittlungsaktion vor, deren gemeinsame Träger die USA, Großbritannien und Frankreich sein sollten. Auch dieser Vorschlag wurde namens der amerikanischen Regierung von Hull abgelehnt.[41]

Eine chinesische Reaktion auf dieses Verhalten bestand in einer Botschaft Chiang Kaisheks an Präsident Roosevelt und Außenminister Hull, die vom 23. August datiert ist. Es heißt darin: »Ich bin aufrichtig enttäuscht darüber, daß die Vereinigten Staaten nicht mit England an einem Versuch zur Verhinderung der gegenwärtigen Krise zusammengewirkt haben, was durch gemeinsame Vorstellungen Japan und China gegenüber hätte bewirkt werden können. China und die Welt werden sich lange daran erinnern, daß [der britische Außenminister] Simon 1931 nicht mit den Vereinigten Staaten hinsichtlich der Mandschurei zusammengearbeitet hat. Jetzt wird Großbritannien sich lange daran erinnern, daß die Vereinigten Staaten die Zusammenarbeit verweigerten.« Chiang Kai-shek ermahnte die amerikanische Regierung anschließend, zum härteren politischen Kurs der Stimson-Ära zurückzukehren. Nur so könne eine möglicherweise auch die USA erfassende Ausweitung des Krieges verhindert werden.[42]

Als Reaktion auf einen Appell Chinas an den Völkerbund war auf dessen Empfehlung hin zwischen dem 2. und 24. November 1937 in Brüssel eine Fernostkonferenz aller Signatarmächte des Neun-Mächte-Vertrages vom Februar 1922 einberufen und Deutschland wie auch die UdSSR hierzu mit eingeladen worden. Japan und Deutschland lehnten eine Beteiligung daran ab. Wohl verurteilten Resolutionen der Konferenz das japanische Vorgehen in China. Diese Beschlüsse wurden jedoch nicht zum Ausgangspunkt irgendwelcher konkreter Gegenmaßnahmen der betroffenen Signatarmächte des Neun-Mächte-Vertrages. Vor der Verabschiedung der Schlußresolution hatte der Delegierte Chinas, Wellington Koo, die an der Konferenz beteiligten Staaten ersucht, einen »bescheidenen Beitrag« zur Verteidigung des Vertrages durch die Einstellung von Waffenlieferungen und von Krediten an Japan sowie durch die materielle Unterstützung Chinas zu leisten.[43] Bei anderer Gelegenheit warnte Dr. Koo die Konferenz: »Uns von der chinesischen Delegation ist es klar, daß leere Worte keine

Resultate hervorbringen. Ohne direkte oder indirekte positive Aktion können Erklärungen und Resolutionen ... nicht wirksam werden ...« Er warf der Konferenz anschließend vor, durch ihre Demonstration von Schwäche indirekt zur weiteren Unsicherheit der von Aggression bedrohten Staaten sowie zur Ermutigung aktueller oder potentieller Aggressoren beigetragen zu haben.[44] Die Konferenz endete wie vorausgesagt und konnte in der Tat keinerlei Einfluß auf den Fortgang der Ereignisse in China ausüben.

8. Kapitel

Anfänge der amerikanisch-japanischen Konfrontation

Gescheiterte Bündnisverhandlungen zwischen Berlin und Tokio

Die deutsche Zurückhaltung Japan gegenüber war beeinflußt von dem Wunsch, Japan in ein engeres politisch-militärisches Bündnisverhältnis mit Deutschland zu bringen. Diese Absicht kam Plänen der japanischen Armee entgegen, die ebenfalls an einer Allianz dieser Art interessiert war. Von Anfang an stand eine kontroverse Frage im Mittelpunkt der internen japanischen Debatten über die Wünschbarkeit und den Nutzen eines solchen Bündnisverhältnisses zum Dritten Reich. Es war die Frage einer Beistandsverpflichtung Japans für den Fall, daß Deutschland und Italien in einen militärischen Konflikt mit anderen Mächten als der UdSSR verwickelt werden sollten.

Bei den Beratungen setzte sich die japanische Armee für den Abschluß eines solchen Bündnisses ein, während die Vertreter der Marine angesichts der Vorstellung zögerten, daß Japan auf Grund seines Bündnisverhältnisses zu Deutschland in die Gefahr eines Krieges mit Großbritannien und den USA geraten könne. Das monatelange Schwanken der japanischen Regierung des Ministerpräsidenten Hiranuma erzeugte bei den Machthabern des Dritten Reiches schließlich so viel Ungeduld, daß Hitlers Außenminister Ribbentrop dem japanischen Botschafter in Berlin am 20. April 1939 mitteilte, er benötige innerhalb von acht Tagen eine bindende japanische Antwort. Weiteres Zögern seitens der japanischen Regierung könne zu einer Annäherung zwischen Deutschland und der Sowjetunion führen.[1] Drei Tage zuvor hatte Ribbentrop einen Bericht über das vom sowjetischen Botschafter in Berlin eindeutig geäußerte Interesse an einer Verbesserung der sowjetischen Beziehungen zu Deutschland erhalten.[2] Am 4. Mai 1939 reagierte Tokio in Form einer persönlichen Botschaft von Ministerpräsident Hiranuma an Hitler und Mussolini. Darin wird zwar prinzipiell Japans Bereitschaft versichert, sich mit Deutschland nicht nur gegen die UdSSR, sondern auch gegen dritte Mächte zu verbünden. Der Ministerpräsident fügte aber wörtlich hinzu: »… jedoch ist Japan angesichts der Situation, in der es sich jetzt befindet, weder gegenwärtig noch in der nahen Zukunft in der Lage, ihnen [Deutschland und Italien] wirksame militärische Hilfe in einer praktikablen Weise zu leisten. Es braucht jedoch nicht betont zu werden, daß Japan diese Unterstützung gern gewähren wird, wenn es hierzu durch eine Veränderung der Umstände in die Lage versetzt wird.«[3]

Das Grundmotiv für die Zurückhaltung Japans in der Frage eines Bündnisvertrages mit den europäischen Achsenmächten kommt auch in einem Schreiben Hiranumas zum Ausdruck, in dem er dem Präsidenten der USA angesichts wachsender internationaler Spannungen eine gemeinsame japanisch-amerikanische Aktion zur Rettung des Weltfriedens vorschlug. Im Zuge dieser Aktion sollten Japan auf die europäischen Achsenmächte und die USA auf Großbritannien und Frankreich mit dem Ziel einer Verständigung zwischen den beiden Mächtegruppen einwirken. Zu diesem Zweck sollten Tokio und Washington eine internationale Konferenz der genannten Mächte einberufen, um in ihrem Verlauf zwischen ihnen zu vermitteln.[4] Amerikanischerseits wurde Hiranumas Friedensinitiative mit zwei Begründungen abgelehnt: Einmal wurde die Ansicht vertreten, die USA könnten kaum mit Japan zusammenarbeiten, solange dieses seinen Aggressionskrieg in China fortführe, zum anderen hätten die USA ohnedies alles in ihrer Macht Stehende zur Erhaltung des Friedens in Europa getan.[5] Kurz vor der Einleitung dieser gescheiterten Initiative Hiranumas hatte dessen Außenminister Arita die Meinung vertreten, Japan beobachte mit Sorge die Möglichkeit eines Bündnisvertrages zwischen Großbritannien, Frankreich und der Sowjetunion in Europa. Denn der Wirkungsbereich eines solchen Bündnisses könne leicht auch auf den Fernen Osten ausgedehnt werden.[6]

Was Japan also von einem allseits verpflichtenden Bündnis mit Deutschland und Italien zu dieser Zeit abhielt, war die Vision eines Bündnisses zwischen Moskau, London und Paris, dessen Ausdehnung auf den Fernen Osten Japan von Norden und Süden umklammert und zu einer beträchtlichen Intensivierung der Auslandshilfe für China beigetragen hätte. Erst zwei Ereignisse von weittragender internationaler Bedeutung schufen die Voraussetzungen für Japans Bereitschaft zu einem Bündnis mit der europäischen Achse. Das eine war der Tokio überraschende Abschluß des Hitler-Stalin-Paktes vom August 1939, und das zweite war der erfolgreiche Feldzug des Dritten Reiches gegen Frankreich im Sommer 1940.

Japans Grenzkonflikte und Neutralitätsvertrag mit der UdSSR

Angesichts häufiger Zwischenfälle an der mandschurisch-mongolischen Grenze war es zwischen Juni und November 1935 zu direkten Verhandlungen zwischen Vertretern der Mongolischen Volksrepublik und des Kaiserreiches Mandschukuo gekommen. Als aber diese Verhandlungen zu keinem Ergebnis führten und neue Zwischenfälle die Spannungen entlang der Grenze erhöhten, schloß die Sowjetunion am 12. März 1936 einen gegenseitigen militärischen Beistandspakt mit der Äußeren Mongolei, der in deren Hauptstadt Ulan Bator (Urga) unterzeichnet wurde.[7] Auf einen Protest der chinesischen Regierung vom 7. April des gleichen Jahres reagierte Moskau mit der Erklärung, die UdSSR stehe weiterhin zu ihrer Anerkennung der chinesischen Oberhoheit über die Mongolei und verweise fernerhin auf den Präzedenzfall eines separaten Abkommens der UdSSR mit einem anderen Teil Chinas – der Mandschurei – im Jahre 1924.[8] Auf den Abschluß dieses Beistandspaktes reagierte Japan mit der Entfesselung eines neuen Grenzkonflikts, der Anfang April 1936 unter der Beteiligung von Artillerie und Panzerwagen im Raum von Tamsyk-Bulak und Adyk-Dolon stattfand. Etwa ein Jahr später entspann sich ein neuer bewaffneter Grenzzwischenfall zwischen Japan und der UdSSR, dessen unmittelbares Objekt zwei Inseln im Grenzfluß Amur waren. Nach ausgedehnten Verhandlungen zwischen dem sowjetischen Außenminister Litwinow und dem japanischen Botschafter Shigemitsu hatten die Sowjets der anfangs ultimativ gestellten Forderung Tokios auf eine Evakuierung der Inseln nachgegeben.[9] Im folgenden Monat hatte der Krieg zwischen China und Japan begonnen, dessen Ausbruch der Abschluß des chinesisch-sowjetischen Nichtangriffspaktes vom 21. August 1937 gefolgt war.

Mit dem Beginn des Krieges in China, dessen unerwartet zäher Widerstand von Japan den Einsatz großer Truppenmengen und materieller Mittel erforderte, wandelte sich die Situation. So kam es zwischen dem 18. Juli und dem 10. August 1938 erneut zu einem von Japan provozierten Grenzzwischenfall bei dem Hügel Changkufeng in der Nähe der Posiet-Bucht, wo die Sowjetunion einen fernöstlichen Marine- und Luftstützpunkt zu bauen begonnen hatte. Schwere, unter Einsatz von Panzern und Artillerie geführte Kämpfe endeten diesmal mit einem Sieg der sowjetischen Streitkräfte. In einem Übereinkommen vom 11. August 1938 war es jetzt Japan, das zum Nachgeben gezwungen wurde.[10] Im Mai 1939 begannen an der Grenze zwischen Mandschukuo und der Mongolischen Volksrepublik erneut schwere Kämpfe zwischen japanischen, sowjetischen und mongolischen Truppen. Den hervorragend ausgerüsteten und geführten sowjetischen Streitkräften war es hier ebenfalls gelungen, die an leichte Siege über schlecht bewaffnete und geführte Chinesen gewöhnten Truppen der japanischen Kwantung-Armee energisch zurückzudrängen.[11] Einen Monat zuvor hatte Hitlers Außenminister Ribbentrop den japanischen Botschafter in Berlin gewarnt, ein weiteres Zögern Japans in der Frage eines Bündnisses mit Deutschland und Italien könne zu einer Annäherung Deutschlands an die Sowjetunion führen.[12] Diese vollzog sich in Gestalt des Hitler-Stalin-Paktes vom 23. August 1939, der die UdSSR zunächst vor einem deutschen Angriff im Westen sicherte und ihren faktischen Kontrollbereich auf osteuropäische Gebiete jenseits der vorherigen Grenze der UdSSR erstreckte. In einem Protest der japanischen Regierung wurde der Abschluß dieses Paktes als Verletzung des Antikominternpaktes verurteilt.[13] Zur gleichen Zeit befanden sich die erwähnten japanisch-sowjetischen Kämpfe bei Nomonhan (Khalinkingol) auf ihrem Höhepunkt. Japan sah sich diplomatisch isoliert und zu einem Abkommen mit Moskau vom 15. September 1939 genötigt, das die Kämpfe beendete und den Weg zur einvernehmlichen Regelung der Grenzfrage sowie zur Verbesserung der gegenseitigen Wirtschaftsbeziehungen ebnete.[14] Von Hitler hierzu ermutigt, schloß Japan am 13. April 1941 mit der Sowjetunion einen Neutralitätsvertrag, dessen Paragraph II lautet: »Wird eine der Hohen Vertragschließenden Parteien das Objekt einer militärischen Aktion seitens einer dritten Macht oder mehrerer dritter Mächte, so wird die andere Hohe Vertragschließende Partei während der gesamten Dauer des betreffenden Konflikts Neutralität wahren.«[15] Mit diesem Vertrag war Japans seit dem Chinakrieg besonders fühlbar gewordene Isolierung im ostasiatisch-pazifischen Raum zumindest an einer entscheidenden Stelle durchbrochen, und Stalin konnte sich durch seine Verträge mit den Achsenmächten – mit Hitler im Westen und Japan im Osten – in vermeintlicher Sicherheit wähnen. Zugleich gehörte es zu Stalins Kalkül, den beiden Achsenmächten den Rücken in der Erwartung zu stärken, daß dadurch »ermunterte« Kriege zwischen kapitalistischen Mächten deren Schwächung und eine dementsprechende Stärkung der UdSSR bewirken würden.

Tokios Absage an das Prinzip der Offenen Tür. Erste Reaktionen der USA

Bereits zweieinhalb Jahre vor seinem Angriff gegen China hatte Japan am 29. Dezember 1934 seine Beteiligung an dem Flottenabkommen von Washington gekündigt, dessen Ziel, wie dargestellt wurde, in einer Einschränkung der Flottenrüstung der Großmächte und einem militärischen Auseinanderrücken im Pazifik bestanden hatte. Auf Anforderung Präsident Roosevelts hin bewilligte der Kongreß der Vereinigten Staaten im Mai 1938 ein Flottenrüstungsprogramm in Höhe von einer Milliarde Dollar, das eine amerikanische Flotte mit der Möglichkeit zur gleichzeitigen Kriegführung in zwei Ozeanen (*two-ocean navy*) schaffen sollte.[16] Zwischen Oktober und November des gleichen Jahres fand zwischen dem amerikanischen Botschafter in Tokio, J. C. Grew, und dem japanischen Außenminister Arita ein bedeutungsvoller Notenaustausch statt. Namens seiner Regierung wies der amerikanische Botschafter hierbei auf die durch japanische Aktionen bewirkten Verletzungen des Prinzips der Offenen Tür in China hin. In der bezeichnenden Entgegnung des japanischen Außenministers heißt es hingegen, es sei der Gestaltung eines neuen Friedens in Ostasien abträglich, wenn seitens der Vereinigten Staaten der Versuch unternommen werde, Prinzipien oder Vorstellungen, die in der Vergangenheit gültig gewesen seien, nunmehr auch auf eine sich dynamisch umgestaltende Gegenwart und Zukunft in Ostasien anzuwenden. Im Gegensatz zur früheren Taktik der japanischen Diplomatie, die sich stets zumindest verbal zu den Prinzipien der Offenen Tür bekannt hatte, war hier nun von höchster Stelle eine japanische Abkehr von diesem Prinzip konstatiert worden.[17] In seiner Antwort wies Botschafter Grew darauf hin, daß sich die amerikanische Regierung über den Wandel der Situation in Ostasien durchaus im klaren, aber dennoch nicht gewillt sei, sich durch die eigenmächtigen Aktionen einer anderen Großmacht die Richtung dieses Wandels vorschreiben zu lassen.

Expansionistische Kreise innerhalb der politischen Führungskräfte Japans hatten es sich zum Ziel gesetzt, Japans Vorherrschaft in Ostasien nach der Annektierung der Mandschurei nicht nur durch die politische und wirtschaftliche Beherrschung Chinas zu festigen, sondern auch durch einen Vorstoß nach Südostasien, um Japan durch die Kontrolle über dortige Rohstoffquellen (vor allem Erdöl) weitgehend von Importen aus Gebieten außerhalb des japanischen Machtbereiches unabhängig zu machen. Denn seine Abhängigkeit von solchen Importen wurde zu Recht als Achillesferse in der strategischen Gesamtlage des japanischen Reiches betrachtet. Bereits im Januar 1939 kündigte Japan seinen mit den Niederlanden bestehenden Schlichtungs- und Vermittlungsvertrag, der beide Staaten zu einer friedlichen Beilegung der zwischen ihnen entstehenden Streitigkeiten verpflichtete. Vom folgenden Monat an begann die japanische Diplomatie, auf das an Rohstoffen reiche Gebiet Niederländisch-Indiens diplomatischen Druck auszuüben, um dadurch eine Erweiterung des japanischen Handels mit diesem Gebiet zu bewirken.[18] Washingtons diplomatischer Gegenzug bestand in seiner am 26. Juli 1939 bekanntgegebenen Kündigung des amerikanisch-japanischen Handelsvertrages vom Jahre 1911.[19] Anfang Dezember erweiterten die Vereinigten Staaten ihr »moralisches Embargo«, das sich gegen die Ausfuhr von Materialien und Informationen richtete, die zur Herstellung von Flugzeugen oder Luftfahrttreibstoffen hätten verwendet werden können.[20] Auf den im März unternommenen japanischen Versuch, in Ostchina eine unter Leitung Wang Ching-weis stehende chinesische Satellitenregierung als Rivalin der nationalchinesischen Regierung Chiang Kai-sheks zu errichten, antwortete der amerikanische Außenminister Hull mit einer Erklärung, in der es hieß, die Chinapolitik der Vereinigten Staaten bleibe unverändert. Washington würde weiterhin die von Chiang Kai-shek geleitete nationalchinesische Regierung in Chungking anerkennen, die von der Mehrheit des chinesischen Volkes unterstützt werde.[21]

Der »Dreimächtepakt« und die Anfänge des amerikanischen Wirtschaftskrieges gegen Japan

Angesichts aufsehenerregender deutscher Siege in Westeuropa entwickelte sich in außenpolitisch expansiv eingestellten Kreisen Japans eine Stimmung, die der japanische Außenminister Togo in seinen Memoiren als Furcht vor dem Verpassen des Anschlusses an historisch einzigartige Möglichkeiten zur Expansion bezeichnete.[22] Im Windschatten deutscher Erfolge in Westeuropa richtete die japanische Regierung im Juni 1940 an Großbritannien die Forderung, die britischen Truppen aus Schanghai zurückzuziehen und die Burma mit China verbindende »Burmastraße« sowie die Grenze zwischen Hong Kong und China zu sperren. Gleichzeitig forderte Tokio von Niederländisch-Indien Garantien für weitere Rohstofflieferungen an Japan und von Frankreich die Genehmigung zur Entsendung einer japanischen Militärmission nach Indochina.[23]

Der am 27. September 1940 unterzeichnete »Dreimächtepakt« zwischen Deutschland, Japan und Italien schien insofern eindeutig gegen die Vereinigten Staaten gerichtet, als Artikel 3 des Paktes für seine Signatarmächte eine gegenseitige Beistandspflicht für den Fall vorsah, daß eine derzeit noch nicht in den Krieg in Europa oder den Chinakonflikt verwickelte Großmacht in einen dieser Konflikte eingreifen sollte. Artikel 6 des gleichen Paktes vertiefte diesen Eindruck, da er besagte, daß der Pakt die Beziehungen der Signatarmächte zu Sowjetrußland in keiner Weise berühre.[24]

Im Sinne der von Roosevelt proklamierten Notwendigkeit einer »totalen Verteidigung« hatten die Vereinigten Staaten bereits im Sommer 1940 die Ausbildung Tausender britischer Piloten in Florida gestattet. Der Kongreß hatte im September gleichen Jahres das erste in den Vereinigten Staaten in Friedenszeiten erlassene Gesetz über allgemeine Wehrpflicht verabschiedet und der Regierung Roosevelt am 8. Oktober ein Verteidigungsbudget von 17,6 Milliarden Dollar bewilligt.[25] Am 26. Juli gleichen Jahres machte ein amerikanischer Regierungserlaß den Export von Luftfahrttreibstoffen aus den USA lizenzpflichtig, und einen Tag vor Abschluß des »Achsenpaktes« zwischen Berlin, Rom und Tokio wurde durch eine Verordnung des Präsidenten ebenfalls der Export aller Arten von Eisen- und Stahlschrott aus den Vereinigten Staaten lizenzpflichtig gemacht. Dieser von der amerikanischen Presse als Embargo gegen Japan bezeichnete Schritt bedeutete für die japanische Industrie, daß gegen ein Drittel des japanischen Gesamtimports an Eisen- und Stahlschrott ausfiel. Der amerikanische Historiker Feis faßt die wirtschaftlichen Auswirkungen des amerikanischen Stahl- und Eisenembargos in folgenden Punkten zusammen: 1. war Japan genötigt, in den von ihm kontrollierten Gebieten Maschinen, Material und Arbeitskräfte zur Erhöhung der Produktion von Eisenerz, Koks und Roheisen freizustellen; 2. wurde Japan gezwungen, seine Vorräte an Eisenschrott und Eisenerzen anzugreifen; 3. mußte die japanische Stahlindustrie während des nächsten Jahres unter ihrer Kapazität arbeiten; 4. war eine Steigerung der japanischen Stahlproduktion unmöglich und 5. wurde Japan mehr denn je von Rohstoffimporten aus Übersee abhängig.[26] Auf japanische Beschwerden, die das amerikanische Embargo als »unfreundlichen Akt« bezeichneten, entgegnete Außenminister Hull, es könne von den Vereinigten Staaten nicht erwartet werden, daß sie die materiellen Mittel zur Durchführung japanischer Aggressionsakte zur Verfügung stellten.[27] Dieser Hinweis bezog sich insbesondere auf die Tatsache, daß Japan die französische Regierung in Vichy am 29. August zu einem Abkommen gezwungen hatte, auf Grund dessen japanische Streitkräfte Ende September 1940 die an China angrenzende indochinesische Provinz Tonking besetzten. Weitere außenpolitische Schachzüge, mit denen Roosevelt auf Japans Annäherung an das Dritte Reich und die japanische Besetzung des nördlichen Indochina reagierte, waren seine dem Abschluß des Dreimächtepaktes unmittelbar folgenden Erklärungen, er werde der chinesischen Regierung eine Anleihe von 100 Millionen Dollar sowie 50 Jagdflugzeuge zur Verfügung stellen und allen Amerikanern die Ausreisegenehmigung erteilen, die als Fluglehrer oder Freiwillige in der nationalchinesischen Luftwaffe tätig sein wollen.[28] Ferner erließ Roosevelt im Januar 1941 eine Reihe von Verordnungen, die den Export weiterer strategisch wichtiger Güter aus den Vereinigten Staaten (Zink, Kupfer, Nickel, Blei, Messing, Uran, Jute, Phosphate und diverse Fette) lizenzpflichtig machten.[29]

Am 27. März forderte der Präsident auf Grund des vom Kongreß angenommenen Pacht- und Leih-Gesetzes die Bewilligung von 7 Milliarden Dollar zur materiellen Unterstützung Großbritanniens und anderer von den Achsenmächten bedrohter Staaten. Im Hinblick auf die politischen Implikationen des Pacht- und Leih-Gesetzes kommentiert der amerikanische Historiker Bailey: »Es war mehr als nur die Aufgabe der Neutralität, denn die Neutralität war bereits aufgegeben worden; es war eine inoffizielle Kriegserklärung an die Achsenmächte bzw. die verspätete Anerkennung der Tatsache, daß die Achsenmächte offiziell oder inoffiziell allen Demokratien den Krieg erklärt hatten.«[30] Nachdem die japanische Diplomatie durch die am 13. April 1941 in Moskau erfolgte Unterzeichnung eines japanisch-sowjetischen Nichtangriffspaktes Japan eine weitere Rückensicherung für den Fall eines japanischen Vorstoßes nach Südostasien verschafft hatte, erklärte Präsident Roosevelt zwei Tage darauf, die Vereinigten Staaten würden auch China im Rahmen des Pacht- und Leih-Gesetzes militärische Hilfe zuteil werden lassen.[31]

Erste Versuche zur Bewältigung der Krise zwischen Tokio und Washington

Drei Tage nach Unterzeichnung des japanisch-sowjetischen Nichtangriffspaktes vom 13. April 1941 übermittelte der amerikanische Außenminister Hull dem japanischen Botschafter in Washington ein Dokument, das vier Prinzipien enthielt, über die – nach Ansicht der amerikanischen Regierung – zwischen Tokio und Washington völlige Übereinstimmung herrschen müsse, bevor konkretere Abkommen diskutiert werden könnten. Diese vier Punkte waren: 1) Respekt für die Souveränität und territoriale Integrität aller Staaten; 2) Unterstützung des Prinzips der Nichteinmischung in die inneren Angelegenheiten anderer Staaten; 3) Unterstützung des Prinzips der Gleichheit, insbesondere der Gleichheit der Handelschancen der Staaten und 4) keine Veränderung des Status quo im Pazifik, außer mit friedlichen Mitteln.[32]

Am 21. Juni erfolgte eine Präzisierung der amerikanischen Vorschläge. Sie forderten, daß Japan einerseits die Geltung seiner Bündnisverpflichtung Deutschland und Italien gegenüber auf den Fall eines unprovozierten Angriffes auf diese Mächte einschränken und sie andererseits nicht auf jene Maßnahmen beziehen sollte, welche die Vereinigten Staaten künftig im Interesse ihrer Selbstverteidigung ergreifen würden. Die amerikanische Regierung sei bereit, zwischen Japan und China zu vermitteln, jedoch nur dann, wenn die an China gerichteten japanischen Vorschläge die Zustimmung der amerikanischen Regierung fänden. Über das Problem Mandschukuo könnten »freundschaftliche Verhandlungen« stattfinden. Betreffs der wirtschaftlichen Zukunft Chinas gaben die amerikanischen Vorschläge zu verstehen, daß sie die volle Wiederherstellung des Prinzips der Offenen Tür und den Abbau aller Maßnahmen erwarteten, die der japanischen Wirtschaft in China Präferenz- oder Monopolrechte sichern könnten. Letztlich stellte die amerikanische Regierung die Normalisierung des Güteraustausches zwischen Japan und den Vereinigten Staaten in Aussicht, jedoch mit dem Zusatz, daß im Interesse der nationalen Sicherheit und Selbstverteidigung gewisse Einschränkungen des gegenseitigen Handels vorgenommen werden könnten.[33] Gleichzeitig mit diesen amerikanischen Vorschlägen überreichte Außenminister Hull dem japanischen Botschafter die Abschrift einer mündlichen Erklärung, in der es hieß, zahlreiche japanische Staatsmänner unterstützten offen die Politik des Dritten Reiches und seien gewillt, an der Seite Deutschlands gegen die Vereinigten Staaten zu kämpfen, falls diese in den Krieg in Europa einbezogen werden sollten. Man wolle in Washington daher zunächst noch abwarten und beobachten, ob die japanische Politik einem eindeutig friedlichen Kurs zu folgen beabsichtige oder nicht.[34] Sowohl die amerikanischen Vorschläge wie auch diese »mündliche Erklärung« von Außenminister Hull wurden seitens der japanischen Regierung als unannehmbar abgelehnt.[35]

Amerika und Japan nach Hitlers Angriff auf Rußland

Die Ereignisse des Juli 1941 bilden eine weitere bedeutsame Stufe in dem Prozeß des sich verschärfenden Spannungsverhältnisses zwischen Japan und den Vereinigten Staaten. Vorangegangen war Hitlers überraschender Überfall auf seinen sowjetischen Vertragspartner, der sich als Folge erst mit den Westmächten verbündete. Trotz der numerischen Stärke der sowjetischen Streitkräfte und ihrer technischen Überlegenheit auf den Gebieten der Panzerwaffe und der Artillerie waren den deutschen Armeen tiefe und gefährliche Einbrüche in den russischen Raum gelungen. Ungeachtet diesbezüglicher und offensichtlich nicht genügend verstandener oder ernstgenommener Andeutungen seitens der deutschen Regierung kam der Ausbruch des Krieges zwischen dem nationalsozialistischen Deutschland und dem stalinistischen Rußland für die japanische Regierung als Überraschung. Ministerpräsident Konoye schrieb, diese Nachricht sei »mit äußerster

Bestürzung« aufgenommen worden.[36] Sein relativ achsenfreundlicher Außenminister Matsuoka hatte sich anschließend und ohne vorherige Befragung des Kabinetts zum Kaiser begeben und diesem vorgeschlagen, Japan solle mit Deutschland gegen die UdSSR vorgehen und deshalb vorläufig auf jeden Vorstoß in Richtung Südostasien verzichten. Konoye versuchte den hierdurch beunruhigten Kaiser zu beschwichtigen und veranlaßte die Einberufung einer sogenannten Kaiserlichen Konferenz der führenden Vertreter des Kabinetts und der Streitkräfte, die am 2. Juli 1941 in Gegenwart des Kaisers stattfand. Trotz des Drängens von Matsuoka und Staatsratspräsident Hara beschloß die Konferenz, daß Japan sich an Deutschlands Krieg gegen die Sowjetunion nicht beteiligen, sondern in dieser Frage einen unabhängigen politischen Kurs einhalten solle. Aktionen gegen die UdSSR seien später nur dann zu erwägen, falls sich der deutsch-sowjetische Krieg in einer für Japan günstigen Weise entwickle.

Die gleiche Konferenz beschloß jedoch, am Plan eines Vorstoßes nach Südostasien festzuhalten. Dabei wurden zwei Zielsetzungen hervorgehoben: einmal die Regierung Chiang Kai-sheks durch verstärkten Druck von Süden her zur Kapitulation zu zwingen und zum anderen weitere Grundlagen für die Schaffung einer Neuordnung Ostasiens unter der Führung Japans zu sichern. Wichtig ist jener Absatz des Konferenzbeschlusses, in dem es heißt, daß sich Japan auch durch die Möglichkeit eines Krieges mit den USA und Großbritannien nicht von dem Plan einer Expansion in Richtung Südostasien abhalten lassen werde. Es wurde weiter beschlossen, mit diplomatischen und anderen Mitteln alles nur Denkbare zu tun, um einen Eintritt der USA in den europäischen Krieg zu verhindern. Sollten die Vereinigten Staaten aber dennoch in diesen Krieg eingreifen, so würde Japan entsprechend den Verpflichtungen des mit Deutschland und Italien geschlossenen Achsenpaktes handeln. Auf Grund all dieser Pläne und Möglichkeiten sei die Kriegsbereitschaft des Kaiserreiches Japan ab sofort zu erhöhen.[37]

Für das weitere Verhalten der amerikanischen Regierung in ihren Beziehungen zu Japan war es von größter Bedeutung, daß es dem amerikanischen Abwehrdienst gelungen war, ein japanisches Telegramm abzufangen und zu entschlüsseln, in dem die Beschlüsse der erwähnten Kaiserlichen Konferenz vom 2. Juli 1941 enthalten waren. Als Präsident Roosevelt in einer Botschaft an Konoye vom 4. Juli anfragte, ob es wahr sei, daß Tokio die Eröffnung von Feindseligkeiten gegen die UdSSR erwäge, parierte Konoye mit der Anfrage, ob die amerikanische Regierung denn wirklich beabsichtige, in den Krieg in Europa einzugreifen. Washingtons Antwort vom 16. Juli betonte das amerikanische Recht zur Selbstverteidigung und sagte, es könne von den USA kaum erwartet werden, daß sie tatenlos zusehen würden, wie Deutschland sich auf den Meeren oder anderweitig strategische Vorteile erwerbe, die eine direkte Bedrohung der Sicherheit der Vereinigten Staaten bedeuteten. Jeder Staat, der die USA an solchen defensiven Gegenmaßnahmen hindern wolle, müsse als Komplize der Aggressoren und ihres Planes zur Eroberung der Welt betrachtet werden.[38]

Was mit präventiven Gegenmaßnahmen dieser Art gemeint sein konnte, zeigte sich, als Roosevelt am 7. Juli eine Vereinbarung der USA mit der isländischen Regierung bekanntgab, der zufolge amerikanische Streitkräfte angesichts der Gefahren des herrschenden Kriegszustandes anstelle der Engländer die Besetzung Islands übernehmen sollten.[39] Kurz darauf wurde ein vom amerikanischen Präsidenten veranlaßter »Verteidigungsplan für die westliche Hemisphäre« am 11. Juli 1941 in Kraft gesetzt. Durch ihn wurde der amerikanischen Kriegsmarine der Befehl erteilt, den Geleitschutz zwischen Island und den USA nicht nur für Schiffe dieser beiden Staaten, sondern auch für solche Schiffe (z.B. unter englischer Flagge) zu übernehmen, die sich den amerikanisch-isländischen Konvois anschließen sollten. Der Befehl beinhaltete die Weisung zur Zerstörung »feindlicher Kräfte«, die den Schiffsverkehr zwischen den USA und Island bedrohen würden.[40]

In Tokio hatte Ministerpräsident Konoye unterdessen seinem kriegerischen Außenminister Matsuoka einen vom 4. Juli datierten Brief geschrieben. Sein Kernpunkt war der Vorschlag, eine Verständigung mit den USA selbst dann herbeizuführen, wenn dies zu einer zeitweiligen Verschlechterung der deutsch-japanischen Beziehungen führen sollte. Die zwischen Konoye und Matsuoka entstandene Entfremdung war unverkennbar und kaum mehr überbrückbar geworden. Matsuokas Stellung im zweiten Kabinett Konoyes wurde unhaltbar, als er auf eine indirekt gegen ihn gerichtete Beschuldigung, die in einer diplomatischen Note der USA enthalten war, ohne Einverständnis der Regierung und in einer Weise reagierte, die die Fortsetzung der amerikanisch-japanischen Verhandlungen gefährden mußte. Um Matsuoka zu stürzen und gleichzeitig doch nicht den Eindruck zu erwecken, daß dies als Folge amerikanischen Druckes geschehen sei, beschloß eine geheime und inoffizielle Konferenz japanischer Regierungsführer am 16. Juli den Rücktritt des gesamten japanischen Kabinetts. Am folgenden Tag erhielt Konoye vom Kaiser das Mandat zur Bildung einer neuen Regierung, in der Admiral Toyoda anstelle von Matsuoka das Amt des Außenministers übernahm.

Indochina und die Eskalation des amerikanischen Wirtschaftskrieges gegen Japan

Eine erneute schwere Krise der japanisch-amerikanischen Beziehungen ergab sich aus der am 24. Juli beginnenden Besetzung des südlichen Indochina durch japanische Streitkräfte. Unter dem von Deutschland unterstützten diplomatischen Druck Japans hatte die französische Regierung in Vichy zuvor am 21. Juli der geplanten Besetzung zugestimmt.[41]

Da amerikanischen Experten die Entschlüsselung des japanischen telegraphischen Geheimcodes gelungen war, besaß Washington genaue Informationen über die Planung und Vorbereitung dieses bedeutsamen japanischen Vorstoßes. Zudem hatte der japanische Botschafter in Washington dem dortigen Außenministerium bereits am 5. Juli mitgeteilt, die amerikanische Militärhilfe für die nationalchinesische Regierung, die gemeinsamen Stabskonferenzen zwischen Vertretern der amerikanischen, britischen, australischen und niederländischen Streitkräfte im Pazifik sowie Gerüchte über ein geplantes amerikanisches Erdölembargo gegen Japan und die Anbahnung engerer Beziehungen zwischen den USA und der UdSSR könnten einen solchen japanischen Vorstoß nach Süden notwendig machen.[42] Gleichzeitig mit dem Beginn der japanischen Besetzung des südlichen Indochina gab Präsident Roosevelt am 24. Juli dem amerikanischen Kabinett seinen Beschluß bekannt, vom 26. Juli an auch ein Erdölembargo gegen Japan zu verhängen. Bemerkenswerterweise hatte Roosevelt in einer Ansprache am gleichen Tag (24. Juli) hinsichtlich der Belieferung Japans mit Erdöl in den davorliegenden zwei Jahren gesagt: »Falls wir ihnen die Ölzufuhr abgeschnitten hätten, wären sie vermutlich vor einem Jahr nach Niederländisch-Indien vorgestoßen, und wir hätten einen Krieg gehabt.« In der Hoffnung, diesen Krieg im Pazifik zu verhindern, habe man Japan bewußt weiterhin Öl geliefert.[43] Ebenfalls noch am gleichen Tag hatte Roosevelt dem japanischen Botschafter eine Neutralisierung Indochinas vorgeschlagen. Japan solle seine Besetzung Indochinas unterlassen oder rückgängig machen; dafür wolle die Regierung der Vereinigten Staaten die anderen in Frage kommenden Mächte im Pazifik zu einer Anerkennung der Neutralisierung Indochinas veranlassen.[44] Zwar ohne der japanischen Regierung ein Ultimatum zu stellen, jedoch auch ohne ihr Zeit zur Überlegung dieses Vorschlages zu lassen oder sie vor der geplanten Gegenmaßnahme zu warnen, gab Roosevelt bereits am Abend des nächsten Tages eine weitere Regierungsverordnung bekannt, die in der Sperrung aller japanischen Vermögenswerte in den Vereinigten Staaten bestand.

Als Kommentar zu diesem Schritt, der die Abschneidung Japans von 75 Prozent seiner Importe außerhalb des Yen-Blocks bedeutete und Japan nach Ansicht des amerikanischen Botschafters in Tokio an den Rand des wirtschaftlichen Bankrotts brachte, zitierte der amerikanische Historiker Herbert Feis die *New York Times* vom 26. Juli 1941, in der es hieß, dies sei die drastischste Maßnahme gewesen, die man – von wirklichem Krieg abgesehen – gegen Japan hätte unternehmen können. Innerhalb weniger Tage erließen Niederländisch-Indien, Großbritannien, Burma und Indien ähnliche Beschlüsse über das Einfrieren japanischer Vermögenswerte und die Lizenzierung der Ausfuhr von Erdöl nach Japan. Somit stand die japanische Regierung als Folge ihrer Besetzung Indochinas Ende Juli 1941 einem internationalen Handelsembargo gegenüber, dessen Aufrechterhaltung eine schwere Wirtschafts- und Versorgungskrise für die japanische Wirtschaft und eine graduelle Minderung der militärischen Schlagkraft Japans nach sich ziehen mußte. Fünf Tage vor Erlaß dieser Embargomaßnahmen gegen Japan hatte Präsident Roosevelt ein von ihm selbst angefordertes Gutachten des amerikanischen Admiralstabes (Office of the Chief of Naval Operations) vom 19. Juli erhalten. In diesem Gutachten heißt es: »Es wird allgemein angenommen, daß die Sperrung der amerikanischen Erdölzufuhr zu einer prompten Invasion Niederländisch-Indiens führen wird ... Ein Ausfuhrembargo wird sofortige schwerwiegende psychologische Reaktionen in Japan gegen die Vereinigten Staaten zur Folge haben. Es wird fast sicher die Entschlossenheit der dortigen Machthaber zur Fortsetzung ihres gegenwärtigen Kurses verstärken ... Ein Embargo würde wahrscheinlich zu einem ziemlich frühen Angriff Japans gegen Malaya und Niederländisch-Ostindien führen und möglicherweise die Vereinigten Staaten in einen frühen Krieg im Pazifik verwickeln.« Aufgrund dieser Schlußfolgerungen und der noch unvollendeten Abwehrmaßnahmen der USA endete das Gutachten des Admiralstabes mit der ausdrücklichen Empfehlung, zu diesem Zeitpunkt kein Embargo gegen Japan zu verhängen.[45] In einem Schreiben vom 22. Juli 1941 – also zwei Tage vor der internen Bekanntgabe des Embargobeschlusses – hatte Admiral H. R. Stark dem amerikanischen Unterstaatssekretär Sumner Welles mitgeteilt, daß er dem Präsidenten das Gutachten übermittelt und dieser sich über den Inhalt erfreut gezeigt habe.[46]

Den von Roosevelt somit entgegen der expliziten Kriegswarnung des US-Admiralstabes verhängten Embargomaßnahmen hatten sich, wie erwähnt, auch die Staaten des Britischen Empire und Niederländisch-Ostindien angeschlossen. Durch die kumulative Wirkung dieser Maßnahmen sah sich Japan unerwartet mit einem für Friedenszeiten in der modernen Geschichte präzedenzlosen »Wirtschaftskrieg« konfrontiert, der ihm seine Abhängigkeit von auswärtigen Rohstoffzufuhren und zugleich damit objektive Grenzen seiner Macht drastisch vor Augen führte.

Angesichts der Rohstoffarmut Japans bewirkte das Erdölembargo nicht nur von Tag zu Tag schrumpfende Treibstoffvorräte für seine Wirtschaft und Streitkräfte, sondern erzwang auch als Zeitzünder eine Entscheidung zwischen den Alternativen einer kampflosen Kapitulation seiner Expansionspolitik und ihrer Gewinne oder aber dem Risiko eines zusätzlichen Krieges mit einem übermächtigen, direkt gar nicht zu besiegenden Gegner.

9. Kapitel

Das Ringen um Krieg oder Frieden und der Schlag gegen Pearl Harbor

Konoyes Angebot einer Gipfelkonferenz mit Roosevelt

Die scharfe Eskalation der Krise rief bei Ministerpräsident Konoye den am 4. August dem Kriegs- und dem Marineminister bekanntgegebenen Beschluß hervor, eine Gipfelkonferenz zwischen ihm und Präsident Roosevelt sobald wie möglich herbeizuführen. Er sagte den beiden Ministern, man könne die auf den Krieg zutreibende Entwicklung nicht ihrem eigenen Lauf überlassen, da der Kaiser hinsichtlich der japanisch-amerikanischen Beziehungen tief besorgt sei.

Bei dieser Gipfelkonferenz müsse ein Kompromiß zwischen Amerikas Beharren auf den Bestimmungen des Neun-Mächte-Paktes und der japanischen Konzeption einer Neuordnung Ostasiens ausgearbeitet werden. Angesichts einer denkbaren, für Deutschland ungünstigen Entwicklung des Krieges mit der Sowjetunion müsse man jetzt mit den USA zu einem Einvernehmen kommen. Kriegsminister Tojo gab zu bedenken, daß eine Gipfelkonferenz des japanischen Ministerpräsidenten mit dem Präsidenten der USA zu einer unvermeidbaren Schwächung des Dreimächtepaktes führen müsse. Die Armee werde aber den Plan Konoyes unterstützen, falls dieser an den grundsätzlich beschlossenen Zielen der japanischen Außenpolitik festhalte. Bringe die Gipfelkonferenz, wie er, Tojo, erwarte, keine positiven Resultate, so dürfe Konoye deshalb nicht zurücktreten, sondern müsse die Regierungsführung Japans im Krieg gegen Amerika übernehmen.[1] Nachdem auch der Kaiser ausdrücklich das Stattfinden der geplanten Gipfelkonferenz gewünscht hatte, erhielt der japanische Botschafter in Washington den Auftrag zur Übermittlung dieses Vorschlages. Zu diesem Zeitpunkt befand sich Roosevelt jedoch auf seiner Gipfelkonferenz mit Churchill auf dem Atlantik. Bezüglich dieser Konferenz sagte Churchill nach dem Beginn des Pazifischen Krieges in einer Rede vor dem britischen Unterhaus am 16. Februar 1942, daß er auf Grund seiner damaligen Besprechungen mit Roosevelt gewußt habe, »daß die Vereinigten Staaten in den fernöstlichen Krieg auch dann eintreten würden, wenn sie selbst nicht angegriffen würden«. Zum Inhalt dieser Rede meinte der amerikanische Senator Arthur H. Vandenberg jr.: »Mit anderen Worten gesagt, waren wir vom Präsidenten für diesen Krieg schon vor Pearl Harbor bestimmt. Pearl Harbor führte nur das überstürzt herbei, was bereits ›in den Karten‹ war ... Soweit das wahr ist, zeigt es, wie weit sich sowohl der Kongreß wie auch das Land in völliger Unkenntnis der vom Präsidenten gemachten und nie bekanntgegebenen Kriegsverpflichtungen befanden.«[2]

Von der Atlantikkonferenz zurückgekehrt, vermittelte Roosevelt dem japanischen Botschafter den Eindruck, daß er einer Gipfelkonferenz mit Konoye nicht abgeneigt sei. Kurz darauf erhielt der amerikanische Botschafter in Tokio, Grew, einen Besuch des neuen japanischen Außenministers Toyoda. Dabei teilte Toyoda dem Botschafter in dringlicher Weise mit, daß Konoye mit seinem in der japanischen Geschichte bislang einmaligen Vorschlag zu einem Gipfeltreffen mit dem amerikanischen Präsidenten eine schwere, zum Krieg führende Krise im Fernen Osten verhindern wolle. Konoye riskiere dies, obwohl er sich der mancherseits bestehenden Widerstände gegen diesen Plan durchaus bewußt sei. Gleichzeitig bat der Außenminister darum, daß die USA ihren gegen Japan gerichteten Wirtschaftsdruck einstellen oder modifizieren sollten, damit nicht der Eindruck entstehe, daß die japanisch-amerikanischen Verhandlungen nur auf Grund des amerikanischen Wirtschaftsdruckes zustande gekommen seien.[3]

Kaiser Hirohitos Zweifel an Japans Militärmacht

Wie Konoye in seinen Memoiren berichtete, hatte der Generalstab der japanischen Armee nach der Verhängung des amerikanischen Embargos im August den Abbruch der Verhandlungen mit Washington und die Eröffnung der Feindseligkeiten gegen die USA gefordert. Als der Kaiser die Befürchtung ausdrückte, die Kriegsvorbereitungen würden vorrangig vor den diplomatischen Friedensbemühungen behandelt, empfahl ihm Konoye, die Chefs der Streitkräfte diesbezüglich direkt zu befragen. Die auf Befehl des Kaisers sofort herbeigerufenen Stabschefs wurden so gezwungen, in Gegenwart Konoyes Rede und Antwort zu stehen. Dabei fragte der Kaiser den Chef des Generalstabes Sugiyama, wie er die vermutliche Dauer eines japanisch-amerikanischen Krieges einschätze. Als Sugiyama hierauf sagte, er glaube, die Operationen im Südpazifik könnten in etwa drei Monaten beendet sein, erinnerte der Kaiser den Generalstabschef daran, daß er als damaliger Kriegsminister ihm bei Ausbruch des Chinakrieges gesagt habe, der Zwischenfall könne innerhalb eines Monats erledigt werden. Jetzt aber dauere der Chinakrieg bereits vier Jahre. In großer Bestürzung erging sich der Generalstabschef nun in langatmigen Erklärungen darüber, daß die Weite des chinesischen Raumes eine planmäßige Beendigung der Operationen verhindert habe. Der Kaiser erwiderte nun mit erhobener Stimme, daß der chinesische Raum weit, der Pazifik aber fast grenzenlos sei. Wie also könne der General angesichts dieses Umstandes hinsichtlich seiner zeitlichen Kalkulation so sicher sein? Nach der Schilderung Konoyes ließ der Generalstabschef den Kopf hängen und war zu keiner Antwort fähig. An seiner Stelle sagte aber der Chef des Admiralstabes, Japan gleiche einem schwerkranken Patienten, der nur die Wahl zwischen einer äußerst riskanten Operation und einem langsam zum Tode führenden Dahinschwinden seiner Kräfte habe. Sollten die Verhandlungen mit Amerika scheitern, so müsse man diese Operation vollziehen.[4]

Am folgenden Tag, dem 6. September, fand eine Kaiserliche Konferenz statt. In ihrem Verlauf wurden jene »Essentiellen Beschlüsse zur Durchführung der Politik des Reiches« angenommen, die den japanischen Kaiser im Vorfeld so beunruhigt hatten. Denn diese Beschlüsse sahen vor, daß Japan in den letzten zehn Tagen des Oktober in einen Krieg gegen die USA, Großbritannien und die Niederlande eintreten werde, wenn es bis dahin nicht möglich sei, die USA zur Annahme der japanischen Mindestforderungen zu veranlassen. Diese verlangten von den Westmächten eine Politik der Nichteinmischung gegenüber dem japanisch-chinesischen Konflikt, einschließlich einer Verpflichtung zur Einstellung der Hilfsmaßnahmen für Japans zähen Gegner Chiang Kai-shek. Gleichzeitig sollten die USA und Großbritannien keine militärischen Stützpunkte oder Rechte in Thailand, Indonesien, China oder den sowjetischen Fernostgebieten erwerben und den Stand ihrer Truppenstärken im Fernen Osten nicht erhöhen. Forderungen der Westmächte hinsichtlich Indochinas sollten abgelehnt werden. Zugleich wurde von den Westmächten die Einstellung der Embargos und eine kooperative Handelspolitik zur Versorgung Japans mit allen erforderlichen Gütern erwartet. Als maximale Zugeständnisse wollte Japan eine Versicherung abgeben, keine Expansion von Indochina aus in andere Gebiete (außer China) zu unternehmen, den sowjetisch-japanischen Neutralitätsvertrag einzuhalten, die Neutralität der Philippinen zu garantieren und seine Streitkräfte nach der Wiederherstellung des Friedens im Fernen Osten aus Indochina zurückzuziehen. Hinsichtlich des Dreimächtepaktes wollte sich Japan das Recht einer unabhängigen Interpretation vorbehalten.[5]

Während der erwähnten Kaiserlichen Konferenz vom 6. September sagte der Chef des Admiralstabes, Admiral Nagano, daß die japanischen Vorräte an wesentlichen militärischen Gütern, einschließlich des Erdöls, sich auf Grund des Embargos der Westmächte von Tag zu Tag verringerten. Gleichzeitig aber verstärkten die Westmächte ihre militärischen Vorbereitungen an wesentlichen Punkten des Fernen Ostens. Gelinge es nicht, dieses Problem friedlich zu lösen, so müsse man den Krieg beginnen. Er fügte dann warnend hinzu: »... selbst wenn unser Reich einen entscheidenden Seesieg erzielen sollte, wären wir nicht in der Lage, den Krieg dadurch beenden zu können. Wir müssen annehmen, daß Amerika versuchen wird, den Krieg hinauszuziehen, wobei es seine unangreifbare Lage, seine überlegene Industriemacht und seine Fülle an Rohstoffen verwenden kann. Unser Reich verfügt nicht über die Mittel zu einer Offensive, die den Feind überwältigen und ihm den Kampfeswillen nehmen kann.« Aus dem Gesagten folgerte Nagano, daß es sehr wichtig sei, sich gleich zu Beginn des Krieges durch einen raschen Schlag in den Besitz der an Rohstoffen reichen Gebiete zu setzen und sich militärisch eine unangreifbare Stellung im Südwestpazifik zu sichern. Nagano schloß mit der Warnung, keinen Krieg zu führen, der durch diplomatische Mittel vermieden werden könne, jedoch auch keine Lage zuzulassen, in der Japan auf Grund einer fortschreitenden Erschöpfung seiner kriegswichtigen Rohstoffe kampfunfähig werde. Selbst Konoye vertrat auf dieser Konferenz die Ansicht, daß keine andere Möglichkeit außer dem Krieg für den Fall offenbleibe, daß die Bemühungen um eine diplomatische Beilegung des amerikanisch-japanischen Konflikts scheitern sollten.[6]

Gegen Ende der Konferenz ergriff der Kaiser das Wort, um sein Bedauern darüber auszudrücken, daß die Stabschefs sich nicht eindeutig zur Frage der Priorität von Diplomatie oder Krieg ausgesprochen hatten. Er verlas darauf ein Gedicht, das der große Kaiser Meiji am Vorabend des Krieges mit Rußland verfaßt hatte:

»Daß die ganze Welt
Aus Brüdern besteht,
Das glauben wir.
Warum rauhe Wogen
Stürzen und drohen?«[7]

Der Monarch betonte anschließend, er strebe im Geiste dieses Gedichtes danach, das Friedensideal des Kaisers Meiji in der Gegenwart zu verwirklichen. Wie Konoye berichtet, waren alle Anwesenden von tiefer Ehrfurcht ergriffen, und es herrschte langes Schweigen. Danach erhob sich Admiralstabschef Nagano, um dem Kaiser zu versichern, auch das Oberkommando der japanischen Streitkräfte erkenne die Bedeutung der Diplomatie und werde die bewaffnete Gewalt nur dann empfehlen, wenn kein anderer Weg mehr bleibe. Konoyes Schilderung zufolge endete die Konferenz in einer »Atmosphäre präzedenzloser Spannung«.[8]

Das Unterbleiben der Gipfelkonferenz. Warnungen aus Tokio

Hinsichtlich des von Konoye vorgeschlagenen Gipfeltreffens mit Präsident Roosevelt depeschierte der US-Botschafter in Tokio am 18. August 1941, er rate Roosevelt mit allem nur erdenklichen Nachdruck, den japanischen Vorschlag nicht abzulehnen, um die wachsende Gefahr eines völlig sinnlosen Krieges zwischen Japan und den USA zu vermeiden. Konoyes Initiative sei in der Tat ohne Beispiel. Sie zeige deutlich, daß sich der japanische Widerstand noch keineswegs kristallisiert habe, da der Vorschlag vom Kaiser und von höchsten Regierungsstellen gebilligt worden sei. Eine Begegnung zwischen Roosevelt und Konoye könne von »unschätzbarem Nutzen« sein. Hier liege eine Herausforderung zur Anwendung höchster Staatskunst.[9]

Fünf Tage darauf fand in Washington ein Gespräch zwischen Roosevelt und dem japanischen Botschafter statt, bei dem der Präsident bereits Details eines Treffens mit Konoye – wie den Ort und eine etwa dreitägige Dauer dieser Konferenz – besprach.[10] Am gleichen Tage wurde der japanische Botschafter jedoch von Außenminister Hull dahingehend informiert, daß die amerikanische Regierung eine Gipfelkonferenz zwischen Konoye und Roosevelt erst dann für sinnvoll halte, wenn zuvor eine grundsätzliche Einigung zwischen den Regierungen der beiden Staaten erzielt sei. Das Gipfeltreffen werde dann gleichsam die Funktion einer Ratifizierung der bereits getroffenen Übereinkunft haben.[11] Diese Entgegnung bildete inhaltlich das genaue Gegenteil jenes Vorschlages, den Konoye am 27. August in einem Brief an Roosevelt formuliert hatte. Der japanische Premierminister hatte darin gemeint, die gefährlichen Spannungen zwischen Tokio und Washington seien teilweise zumindest das Ergebnis von Mißverständnissen und Mißtrauen, das von dritter Seite genährt worden sei. Ein offener Meinungsaustausch im Rahmen der Gipfelkonferenz könne zur Beseitigung dieser Spannungsquellen beitragen. Die beiden Staatsoberhäupter sollten untereinander die Schlüsselfragen der amerikanisch-japanischen Beziehungen und der Sicherheit im pazifischen Raum klären, um die Ausarbeitung der Details danach ihren Regierungen zu überlassen.[12] Als einen der Gründe für Washingtons Ablehnung dieses Vorschlages hatte Außenminister Hull die negativen psychologischen Folgen erwähnt, die als Resultat eines Gipfeltreffens zwischen Roosevelt und Konoye in dem auf amerikanische Hilfe hoffenden und gegen Japan kämpfenden China entstehen könnten.

Wie die amerikanische Botschaft in Tokio am 29. August berichtete, hatte an diesem Tag ein hoher Beamter des japanischen Außenministeriums dagegen protestiert, daß die geheimzuhaltende Nachricht einer persönlichen Botschaft Konoyes an Roosevelt durch

Indiskretionen in Washington auch in Tokio bekanntgeworden und von den Anhängern achsenfreundlicher und kriegsfreudiger Kreise gegen die Regierung ausgespielt worden sei. Der Polizeipräsident von Tokio sei jetzt in Sorge um das Leben von Ministerpräsident Konoye.[13]

Eine Woche danach fand in Tokio ein streng geheimgehaltenes Treffen zwischen Konoye und US-Botschafter Grew im Hause eines Freundes des Ministerpräsidenten statt. Konoye bat Grew, Roosevelt mitzuteilen, daß der Vorschlag zu einem Treffen mit dem Präsidenten auch von den Führern der Streitkräfte gebilligt worden sei, die durch Vertreter an der Konferenz beteiligt sein würden. Er hoffe allerdings, daß das Gipfeltreffen »angesichts der gegenwärtigen innenpolitischen Situation in Japan« in der kürzest möglichen Zeit arrangiert werden könnte. Er, Konoye, sei entschlossen, sich ungeachtet persönlicher Risiken für eine Wiederherstellung positiver Beziehungen zu den USA einzusetzen.[14]

Am 17. September erhielt das Außenministerium in Washington einen neuen Bericht seines Tokioter Botschafters Grew. Dieser erwähnte ein Gespräch mit dem japanischen Botschafter in London, Shigemitsu. Letzterer habe auf die große Bedeutung des Zeitfaktors für die Möglichkeit einer Bereinigung der amerikanisch-japanischen Beziehungen hingewiesen und gesagt: »Sollten die Bemühungen des Ministerpräsidenten um einen Ausgleich mit den Vereinigten Staaten mit einem Fehlschlag enden, so gibt es keinen anderen Staatsmann in Japan, der in der Lage sein würde, die erwünschte Lösung herbeizuführen, weil die gegenwärtige Position des Ministerpräsidenten sowohl in politischer wie auch gesellschaftlicher Hinsicht ungewöhnlich stark ist.« In Grews Bericht heißt es weiter: »Mr. Shigemitsu sagte mir im strengsten Vertrauen, daß die Initiative zugunsten einer Einigung mit Amerika und England vom Kaiser persönlich ausgehe und daß seine Rückberufung aus London mit dieser allgemeinen Problematik zusammenhänge.«[15] Im gleichen Sinne äußerte sich Japans Außenminister Toyoda in einem vom 27. September datierten und als streng geheim klassifizierten Memorandum, das dem amerikanischen Außenminister Hull zwei Tage darauf in Washington überreicht wurde. Toyoda legte dar, daß der Vorschlag zu einer Gipfelkonferenz mit dem amerikanischen Staatsoberhaupt angesichts des japanischen Bündnisvertrages mit Deutschland und Italien ein außenpolitisches Opfer und auch ein gewisses innenpolitisches Risiko bedeute. Die Konstellation der Beziehungen und Spannungen zwischen Tokio und Washington sei so komplex, daß man kaum hoffen könne, sie mit einem Schlage zu lösen. Dennoch werde eine solche Gipfelkonferenz eine ungeheure politisch-psychologische Wirkung ausüben. In Japan stehe ein Schiff bereit, um Konoye samt Begleitung jederzeit zu einem Treffen mit Roosevelt zu bringen. Die Zeit zwischen dem 10. und 15. Oktober sei günstig. Ohne Konoye und seine gegenwärtige Regierung werde die Chance zu einer japanisch-amerikanischen Wiederannäherung nicht so leicht wiederkehren. Er dränge deshalb nochmals auf ein Zustandekommen der Gipfelkonferenz zum frühestmöglichen Zeitpunkt.[16] Kurz darauf ging Toyoda in einem Gespräch mit Grew vom 7. Oktober 1941 so weit, zu sagen, daß die japanische Regierung bereit sei, zum Status quo des Jahres 1937 zurückzugehen, doch möge die amerikanische Regierung verstehen, daß die Ereignisse von vier Jahren nicht in ganz kurzer Zeit rückgängig gemacht werden könnten.[17]

In seinen Memoiren hat Außenminister Hull die Gründe dargelegt, die ihn davon abhielten, ein Gipfeltreffen zwischen Konoye und Roosevelt als ein taugliches Mittel zur

Lösung der gespannten amerikanisch-japanischen Beziehungen zu betrachten. Er schrieb darüber: »Wir hatten keine wirkliche Garantie dafür, daß Konoye selbst beabsichtigte, ein Abkommen zu verwirklichen, das Japan auf den Weg eines echten Friedens führen würde ... Wir wußten auch, daß die Regierung Konoyes im Falle ihres Sturzes mit größter Wahrscheinlichkeit durch eine Regierung der Militärs ersetzt werden würde, mit der die Beziehungen schwieriger sein würden.«

Daß er dennoch, trotz dieser Erkenntnis, einen echten Meinungsaustausch zwischen den Regierungschefs Japans und der USA ablehnte, begründete Hull mit seiner Ansicht, daß eine Gipfelkonferenz ohne vorherige grundsätzliche Einigung über jene Probleme, die Konoye eben gerade durch das Instrument einer solchen Konferenz lösen wollte, nur entweder »zu einem zweiten München« oder zu nichts geführt hätte. Im Grunde genommen verlangte Hull damals wie später von Japan eine kompromißlose Annahme der amerikanischen Bedingungen, die in der Tat eine Gipfelkonferenz, so wie sie Konoye meinte, überflüssig machen mußte. Im Gegensatz zu dem starren, damals bereits siebzigjährigen Hull war der phantasievollere Roosevelt anfangs von Konoyes Initiative beeindruckt und hatte nicht ohne Erregung einer solchen Gipfelkonferenz, das heißt jener Form der persönlichen Diplomatie entgegengeblickt, in der er sich selbst besonders viel zutraute. Doch hatte Hull es bald verstanden, den Präsidenten von der Unratsamkeit einer solchen Konferenz zu überzeugen. Hinsichtlich der eindringlichen Warnungen des amerikanischen Botschafters in Tokio, Grew, meinte Hull, er habe zwar ein bewundernswertes Verständnis für die japanische Situation, fügte aber etwas abschätzend hinzu, Grew hätte wohl nicht jenes Bild von den weltpolitischen Gesamtzusammenhängen gehabt wie er in Washington.[18] Zu dem von Japan am 6. September 1941 auf die Anregung Washingtons hin unterbreiteten Vorschlag einer Schlichtung des Spannungsverhältnisses zwischen Tokio und Washington meinte Hull, trotz Japans Zusage, den defensiven und präventiven Charakter des Achsenpaktes zu betonen und zu beachten, habe sich Japan dennoch das Recht einer unabhängigen Auslegung vorbehalten. Niemand wisse, wie es diese Interpretation in der Praxis handhaben würde, falls die Vereinigten Staaten in den Krieg in Europa verwickelt werden sollten.[19]

Einige Tage später erhielt Washington ein neues dringliches Telegramm von Botschafter Grew aus Tokio. Der Botschafter warnte, daß das Pendel der japanischen Politik in der Vergangenheit stets die Tendenz gezeigt habe, zwischen gemäßigten und extremistischen politischen Haltungen hin- und herzuschwingen. Angesichts der ganz besonderen japanischen Empfindlichkeit in Fragen des Prestiges sei es gefährlich, die Regierung Konoye in der Öffentlichkeit zu diskreditieren. Nach ihrem Sturz würde die Macht in Japan unzweifelhaft in die Hände einer kriegerischen Militärdiktatur fallen. Sollte Washington darauf beharren, ein in jedem Detail restlos zufriedenstellendes Abkommen zu erhalten, würden sich die Verhandlungen endlos hinziehen und Konoye den Eindruck gewinnen, man wolle ihn zum Zweck amerikanischen Zeitgewinns lediglich hinhalten. Verbreite sich dieser Eindruck in der japanischen Öffentlichkeit, so verliere die japanische Regierung ihr Gesicht und werde stürzen. Vergleichsweise sei eine Gipfelkonferenz mit Roosevelt ohne Erreichung eines in jeder Hinsicht perfekten Abkommens wohl das geringere Übel. Grew fügte hinzu, daß sich Konoye derzeit noch in der Lage befinde, Roosevelt weitgehendere Zugeständnisse zu machen. Er sei zwar nicht bereit, den Achsenpakt formal zu annullieren, doch habe er sich gewillt gezeigt, Japans diesbezügliche Bündnisverpflichtungen de facto radikal zu mindern, wofür ja auch seine Bereitschaft zu einer Gipfelkonferenz mit Roosevelt spreche.[20]

Das Scheitern der letzten Regierung Konoyes

Das Ausbleiben der erhofften diplomatischen Fortschritte bei den Verhandlungen mit den USA verschärfte die in den Spitzen der japanischen Staatsführung im Gange befindliche Kontroverse über die Frage von Krieg und Frieden. Anfang Oktober hatte der Generalstab der japanischen Armee die Ansicht vertreten, die Verhandlungen mit Washington seien hoffnungslos, da die USA lediglich hinhalten wollten, um Zeit für ihre eigenen militärischen Vorbereitungen im Pazifik zu gewinnen. Der Generalstab sprach sich gegen eine bedingungslose Anerkennung der vier von Washington vorgeschlagenen Grundprinzipien und ebenso gegen die Annahme von Bedingungen hinsichtlich der japanischen Truppenstationierung in China aus. An der von der Kaiserlichen Konferenz am 6. September gesetzten zeitlichen Befristung der diplomatischen Bemühungen solle nichts geändert werden.[21]

Am 12. Oktober 1941 kam es in der privaten Residenz Ministerpräsident Konoyes in Ogikubo zu einer informellen, aber hochbedeutsamen Konferenz, an der die Minister für Krieg, Marine und Auswärtige Angelegenheiten sowie der Chef des Planungsstabes, Suzuki, beteiligt waren. Marineminister Oikawa vertrat den Standpunkt, daß der Zeitpunkt für eine endgültige Entscheidung gekommen sei. Wolle man den Krieg, so müsse man ihn jetzt beginnen, weil sich die Bedingungen für eine erfolgreiche Kriegführung angesichts des Embargoeffekts und der wachsenden Vorbereitungen der Westmächte ständig verschlechtern würden. Entscheide man sich aber für die diplomatische Methode der Konfliktregelung, so müsse man an ihr aus dem gleichen Grunde unter allen Umständen bis zur Erreichung einer Lösung festhalten. Unmöglich hingegen sei es, zunächst weiter zu verhandeln, um sich dann nach etwa zwei oder drei Monaten dennoch für den Krieg zu entscheiden. Die Implikation war, daß in diesem Falle die Verhandlungen sinnlos und der Erfolg im Krieg fragwürdig geworden sei. Hierzu meinte Konoye, wenn die Frage der Methode hier und jetzt endgültig festgelegt werden müsse, wolle er sich für die Fortsetzung der Verhandlungen entscheiden. Dagegen aber erhob Kriegsminister Tojo Einspruch. Es sei doch, so meinte er, eine äußerst folgenschwere Maßnahme, den günstigsten Moment für die Aufnahme militärischer Operationen verstreichen zu lassen, wenn es sich gezeigt habe, daß die Verhandlungen zu keinem guten Resultat führen würden. Der diesbezüglich befragte Außenminister Toyoda stellte fest, das Schlüsselproblem bestehe in der Stationierung japanischer Truppen in China. Wenn die Armee in diesem Punkte zu keiner Änderung ihrer bisherigen Haltung bereit sei, gebe es in der Tat keine Hoffnung auf einen Erfolg in den Verhandlungen. Doch ändere sich die Sachlage, wenn die Armee zumindest zu kleinen Zugeständnissen bereit sei. Tojos Antwort lautete, daß die Frage der Truppenstationierung eine Frage auf Leben und Tod sei und daß hier keinerlei Konzessionen gemacht werden könnten.

Am folgenden Tag versuchte Konoye nochmals, Tojo zum Nachgeben zu überreden. Japan solle vorläufig den USA in der Frage der Truppenstationierung nachgeben, um hierdurch einen Krieg mit den USA zu vermeiden. Der Krieg mit China habe unerwarteterweise bereits vier Jahre gedauert, zehre an den Kräften der Nation und könne kaum in voraussehbarer Zeit beendet werden. Tojo aber blieb hartnäckig dabei, daß man aus Gründen der Ehre und der Erhaltung der politischen Moral der Armee keineswegs die Früchte eines mehr als vierjährigen Einsatzes in China preisgeben dürfe.

Der über Konoyes Haltung erregte Kriegsminister setzte sich in diesem Sinne während einer kurz darauf stattfindenden Kabinettssitzung für den Abbruch der Verhandlungen mit Amerika ein.[22] Er meinte dabei, daß ein Rückzug Japans aus China, der ganz offensichtlich auf Grund amerikanischen Druckes erfolge, Chinas Verachtung für Japan und folglich weitere »China-Zwischenfälle« zur Folge haben würde. Ein solcher Prestigeverlust Japans werde unzweifelhaft auch zu gefährlichen Auswirkungen für die japanische Herrschaft in der Mandschurei und in Korea führen. In jedem Falle könne die Diskussion über Krieg oder Frieden nicht allein dem Ministerpräsidenten und dem Außenminister anvertraut werden, da sie auch in höchstem Maße den Kompetenzbereich des militärischen Oberkommandos betreffe.[23]

Kriegsminister Tojo übernimmt die Regierung. Botschafter Grews prophetische Kriegswarnung

Nachdem ein Vorstoß zugunsten einer Ernennung eines Prinzen gescheitert war, setzte sich Konoye dafür ein, daß das Amt des Ministerpräsidenten Kriegsminister Tojo unter der Voraussetzung angetragen werde, daß dieser die Verhandlungen mit Amerika fortsetze und versuche, eine stärkere Übereinstimmung der Politik des Kabinetts mit der Haltung der Regierung herbeizuführen.[24] Am 16. Oktober 1941 schrieb Konoye in seinem Rücktrittsgesuch an den japanischen Kaiser, er rate dazu, den USA lieber in der Frage der Truppenstationierung in China nachzugeben, als das Land angesichts des noch unerledigten Chinakrieges in einen neuen Krieg mit den USA zu stürzen. Er betonte dabei: »Ich habe seit dem Ausbruch des Chinakrieges meine eigene schwere Verantwortung für den gegenwärtigen Zustand der Dinge schmerzlich gefühlt ... Jetzt ist es für uns an der Zeit, die Gegenwart im Interesse der Zukunft zu opfern.« Konoye schloß sein Gesuch mit der Bemerkung, daß er zurücktreten müsse, weil er nicht in der Lage gewesen sei, seine Konzeptionen in der Frage Krieg oder Frieden durchzusetzen.[25]

In einem ausführlicheren Schreiben, das er am gleichen Tage an den Rat der Älteren Staatsmänner richtete, legte Konoye die oben beschriebene Haltung der Armee dar und schlug als Kompromiß eine zeitlich nur begrenzte Stationierung japanischer Truppen in China vor. Er betonte ferner, daß auch eine Offensive gegen Niederländisch-Indien die Krise in der Versorgung mit Erdöl nicht lösen würde. Denn zu Beginn des Kampfes würden die Niederländer die Ölfelder unbrauchbar machen, und danach sei die Flanke des langen Seeweges von Indonesien nach Japan den Angriffen gegnerischer Seestreitkräfte ausgesetzt.[26] Nach dem von Grew vorausgesagten Rücktritt Konoyes ging das Amt des Ministerpräsidenten tatsächlich in die Hände des Kriegsministers Tojo Hideki über, der gleichzeitig sein bisheriges Ministerressort beibehielt. Es war ein entscheidender Moment, als der japanische Kaiser Tojo das Mandat mit den Worten erteilte: »Wir befehlen Ihnen, eine Regierung zu bilden und die Bestimmungen der Verfassung einzuhalten. Wir glauben, daß die Nation einer außerordentlich schweren Situation gegenübersteht. Bedenken Sie, daß in dieser Zeit die Zusammenarbeit zwischen der Armee und der Marine enger denn je sein sollte. Es ist Unsere Absicht, auch den Marineminister rufen zu lassen, um zu ihm in gleicher Weise zu sprechen.«[27] Das Bedeutsame an der Formulierung dieses Auftrages bestand darin, daß es der Kaiser unterlassen hatte, Tojo auf das ausdrücklichste die Einhaltung einer Friedenspolitik anzubefehlen. Einige Tage vor der Betrauung Tojos mit dem Amt des Ministerpräsidenten hatte der Leiter des Planungsstabes, Suzuki, dem Reichssiegelbewahrer Kido gesagt, die einzige Möglichkeit, die aggressiven Tendenzen der Armee unter Kontrolle zu halten, bestehe darin, daß der Kaiser den Führern der Armee direkt sage, daß er keinen Krieg wünsche. Dieser Vorschlag war von Kido in seiner Eigenschaft als maßgeblichster Berater des Kaisers abgelehnt worden. Denn hiermit wäre in einer außerordentlich gefährlichen und innenpolitisch spannungsreichen Situation die Tradition der Nichteinmischung des Kaisers in Fragen des politischen Entscheidungsprozesses durchbrochen worden. Die Entscheidung des Kaisers hätte unzweifelhaft in manchen Kreisen der Armee Ressentiments gegen das Kaiserhaus hervorrufen können.[28] So aber wurde auf der 17 Stunden dauernden Verbindungskonferenz der politischen und militärischen Führung Japans vom 1. November 1941 beschlossen, die Bemühungen um eine diplomatische Konfliktregelung bis Mitternacht des 30. November fortzusetzen. Im Falle eines Erfolges dieser Bemühungen sollten die Kriegsvorbereitungen eingestellt, widrigenfalls aber Anfang Dezember die Feindseligkeiten eröffnet werden.[29] Eine Kaiserliche Konferenz vom 5. November billigte diese Beschlüsse zusammen mit zwei an die USA gerichteten Alternativvorschlägen zur Lösung des amerikanisch-japanischen Spannungsverhältnisses. Diese Beschlüsse waren gefaßt und sanktioniert worden, obwohl, wie Außenminister Togo schrieb, auf einer Verbindungskonferenz nur vierzehn Tage zuvor voll anerkannt worden war, »daß das amerikanische Potential unvergleichlich größer war als das japanische«. Die Teilnehmer dieser Konferenz waren sich ebenfalls darüber einig, daß es kein Mittel gab, die Vereinigten Staaten im Kriegsfalle direkt zu besiegen.[30]

Es spricht für das hohe analytische Gespür des damaligen amerikanischen Botschafters in Tokio, Grew, daß er gleichzeitig mit dem geheimen und ihm nicht bekannten japanischen Regierungsbeschluß, notfalls Anfang Dezember den Krieg zu beginnen, eine neuerliche, vom 3. November 1941 datierte Warnung an Außenminister Hull telegraphierte. Er sagte darin, die Politik wirtschaftlichen Druckes habe Japan dazu veranlaßt, einen Ausgleich mit den USA zu suchen. Sollte er aber nicht zustande kommen, müsse man gewärtig sein, daß Japan einen selbstmörderischen Versuch unternehmen werde, sich in den Besitz jener Rohstoffquellen zu setzen, die es von dem gegenwärtig auf ihm lastenden wirtschaftlichen Druck auswärtiger Mächte befreien könne. Es sei äußerst gefährlich und falsch zu glauben, daß die Fortsetzung und Steigerung des Wirtschaftskrieges gegen Japan, der zunächst Japans Verhandlungsbereitschaft erzeugt habe, auf die Dauer auch einen Krieg verhindern werde. Eher treffe das Gegenteil zu. Ein militärischer Ausbruch Japans könne »mit gefährlicher und dramatischer Plötzlichkeit« entstehen. Es sei jetzt eine Schlüsselfrage der amerikanischen Asienpolitik, ob die außenpolitischen Zielsetzungen der Vereinigten Staaten einen Krieg mit Japan rechtfertigten. Er sei kein Befürworter einer Beschwichtigungspolitik, wolle aber verhindern, daß die USA unabsichtlich, das heißt auf Grund einer Fehleinschätzung der japanischen Bereitschaft, sich in einen selbstmörderischen Kampf mit den USA zu stürzen, in einen fernöstlichen Krieg gerieten. Er betone nochmals, daß die Denkweise der außenpolitischen Entscheidungsträger Japans nicht mit den Maßstäben der amerikanischen Mentalität gemessen werden könne.[31]

Roosevelts Globalkonzept der präventiven Verteidigung

Die amerikanische Regierung in Washington hatte Anfang August 1941 ein von Außenminister Toyoda an Japans Botschafter Oshima in Berlin gerichtetes Telegramm abgefangen, in dem es hieß, das internationale Wirtschaftsembargo gegen Japan habe einen so unerträglichen Zustand geschaffen, daß Japan Maßnahmen ergreifen müsse, um sich den Zugang zu Rohstoffquellen des südostasiatischen Raumes zu sichern. Einen Monat später hatte der Chef des amerikanischen Admiralstabes, Admiral Stark, im Auftrage des Außenministeriums ein Memorandum zur strategischen Gesamtlage der USA ausgearbeitet. Der Admiral sprach sich darin gegen eine direkte Kriegserklärung an Deutschland aus, weil dadurch die Situation eines Zweifrontenkrieges gegen Japan und Deutschland hervorgerufen würde. Admiral Stark sagte weiter: »Es war schon lange meine Ansicht, daß Deutschland nicht besiegt werden kann, wenn nicht die Vereinigten Staaten mit aller Macht in den Krieg eintreten ... Es wäre sehr wünschbar, in den Krieg unter solchen Umständen einzutreten, in denen Deutschland der Angreifer ist, in welchem Falle Japan dann in der Lage sein könnte, neutral zu bleiben. Im ganzen gesehen ist es aber meine Ansicht, daß die Vereinigten Staaten so bald wie möglich in den Krieg gegen Deutschland eintreten sollten, selbst wenn das bedeutet, daß wir Feindseligkeiten mit Japan in Kauf nehmen müßten ...« In einem Nachwort zu diesem Memorandum meinte der Admiral, Hitler werde den USA nicht den Krieg erklären, solange ihm das nicht in sein Konzept passe, obwohl er jede nur denkbare Entschuldigung hätte, dies zu tun.[32] Der Admiral spielte damit vermutlich auf den von Roosevelt der amerikanischen Kriegsmarine anempfohlenen offensiven Geleitschutz nicht nur für amerikanische, sondern auch für britische Schiffe an, in dessen Vollzug bei der bloßen Annäherung »feindlicher Kräfte« auf diese das Feuer zu eröffnen und eine Verfolgung mit ständiger Bekanntgabe der Position der deutschen Seestreitkräfte vorzunehmen sei.[33] Präsident Roosevelt hatte das zitierte Memorandum von Admiral Stark vermutlich deshalb als »höchst erfrischend« empfunden, weil es im Grunde ganz seinen eigenen Vorstellungen entsprach. Was ihn als Politiker dennoch schwankend machte, waren innenpolitische Erwägungen. Dazu gehörte sein vielzitiertes Wahlkampfversprechen vom Vorjahr: »... während ich zu euch Müttern und Vätern spreche, gebe ich euch noch eine Versicherung. Ich habe es bereits früher gesagt und werde es wieder und wieder und wieder sagen: Eure Jungen werden nicht in irgendwelche fremden Kriege geschickt.«[34] Nach Robert Sherwood bestand in weiten Kreisen der amerikanischen Öffentlichkeit eine Stimmung, die einer »Kriegsfurcht-Hysterie« glich.

Zehn Tage nach Entwurf seines ununübermittelt gebliebenen Vorschlages zu einem Gipfeltreffen zwischen den Regierungschefs Japans, Chinas und der USA nahm Roosevelt zwei bewaffnete Zwischenfälle im Atlantik, bei denen deutsche U-Boote auf die in Hilfestellung für britische Kriegsschiffe ständig ihren Standort funkenden amerikanischen Zerstörer *Greer* und *Kearny* Torpedos abgefeuert hatten, zum Anlaß, um am traditionellen »Tag der Kriegsmarine« zu erklären, Amerika sei trotz seines Friedenswillens von deutschen »Klapperschlangen des Meeres« angegriffen worden. Auf der *Kearny* hatte es bei dem Zwischenfall vom 17. Oktober Verluste in Höhe von elf Mann gegeben. Der Präsident, der zuvor schon am 11. September den Befehl bekanntgegeben hatte, auf bloße Sicht hin das Feuer zu eröffnen (shoot-at-sight), sagte nun, »das Schießen hat begonnen. Und die Geschichte verzeichnet, wer den ersten Schuß abgefeuert hat. Auf lange Sicht hin zählt jedoch nur, wer den letzten Schuß gefeuert hat ...«[35]

Kriegsminister Stimson faßte seine Sicht der Lage Anfang November 1941 zusammen: »Ein Krieg mit Deutschland und Japan dürfte letztlich unvermeidbar sein.« Es sei lebenswichtig, daß weder England noch die Sowjetunion oder China geschlagen würden, bevor die USA in den Krieg einträten. Stimson fährt später fort: »Wenn der Krieg kommen sollte, war es sowohl im Hinblick auf die einmütige Unterstützung unseres Volkes als auch für die Annalen der Geschichte von Bedeutung, daß wir nicht in die Lage versetzt würden, den ersten Schuß zu tun, falls das ohne Gefährdung unserer Sicherheit möglich war, sondern daß Japan in seiner wahren Rolle als der wirkliche Angreifer erscheinen sollte.«[36]

Japans letzte Angebote

Am 5. November erfuhr Außenminister Hull durch einen abgefangenen geheimen Funkspruch der japanischen Regierung von deren Weisung an die japanische Botschaft in Washington, bis zum 25. November zu einer friedlichen Regelung mit den USA zu kommen, weil in den japanisch-amerikanischen Beziehungen sonst eine schwere Krise eintreten werde.[37] Zwei Tage darauf begann der japanische Botschafter in Washington, Nomura, mit Hull über einen der beiden Alternativvorschläge zu verhandeln, die Japans letztes Angebot an die USA beinhalteten. Der erste Vorschlag verlangte die auch nach Friedensschluß (bis zu einer Dauer von 25 Jahren) fortzusetzende Stationierung japanischer Truppen in Nordchina und Hainan, die Räumung Indochinas bei Abschluß eines Friedens mit China, die Nichtdiskriminierung des Handels nicht nur in China und im Pazifik, sondern in der ganzen Welt, und das Recht zu einer maßvollen, aber unabhängigen Interpretation des Dreimächtepaktes.[38] Wie zu erwarten mußte Hull diesen Vorschlag als für Amerika unakzeptabel ablehnen. Bei einem Gespräch mit Roosevelt und Hull warnte der zur Unterstützung Nomuras entsandte japanische Sonderbotschafter Kurusu den Präsidenten, daß sich Japans wirtschaftliche und militärische Lage bei einer langen Verschleppung der Verhandlungen verschlechtern würde. Japan werde sich aber durch diese Methode nicht bis zum Punkt der totalen Kapitulation treiben lassen.[39] Hull wiederum hielt dem Botschafter entgegen, daß es sich die amerikanische Regierung aus innenpolitischen Gründen nicht leisten könne, mit Japan zu einem Einvernehmen zu gelangen, solange dieses am Dreimächtepakt mit Deutschland und Italien festhalte.[40] Am folgenden Tag, dem 18. November, erwiderte Kurusu, zwar könne Japan den Achsenpakt nicht einfach aufheben, aber es könne Maßnahmen ergreifen, deren Bedeutung schwerwiegender sei als der Dreimächtepakt (wörtlich: »which would ›outshine‹ the Tripartite Pact«). Er ging soweit, Hull in diesem Zusammenhang zu fragen, ob er dazu nicht irgendeine geeignete Form vorschlagen wolle. Hull aber deutete ihm an, daß die Koexistenz eines japanisch-amerikanischen Abkommens mit dem Dreimächtepakt nicht akzeptabel sei, und ließ kaum einen Zweifel daran, daß er Japans öffentliche Kündigung des Dreimächtepaktes wünsche. Kurusu gab zu bedenken, daß zwei aufeinander im Kollisionskurs zusteuernde Staatsschiffe rechtzeitig eine Kursänderung vornehmen müßten, weil »große Schiffe« ihren Kurs nur langsam ändern könnten.[41] Hull hingegen warnte seine japanischen Gesprächspartner, daß die USA in ihrer Haltung Japan gegenüber nur bis zu einem bestimmten Punkt gehen können, und fügte hinzu: »Ich sagte, es ist für uns jedoch besser, stehenzubleiben und die Folgen auf uns zu nehmen, als über einen bestimmten Punkt hinauszugehen.«[42]

Am 20. November 1941 legten Japans Vertreter in Washington, Kurusu und Nomura, Außenminister Hull einen neuen Verhandlungsvorschlag vor. Gleichzeitig erfuhr Hull durch einen neuerlich abgefangenen und entzifferten geheimen Funkspruch aus Tokio, daß dies Japans letzter Vorschlag sein würde.[43] Er enthielt zwei miteinander zusammenhängende Zugeständnisse. Von der Tatsache ausgehend, daß die schwerwiegendsten Embargomaßnahmen der Westmächte gegen Japan nach dessen Besetzung des südlichen Indochina verhängt worden waren, erklärte sich Japan dazu bereit, dieses als potentielle Basis einer Offensive nach Südostasien dienende Gebiet im Falle einer Einigung mit den USA sofort und das nördliche Indochina nach Wiederherstellung des Friedens mit China zu räumen. Gleichzeitig sollten sich Japan und die USA verpflichten, keinen bewaffneten Vorstoß nach Südostasien oder in den Südpazifik zu unternehmen. Hier lag also das Angebot einer japanischen Zusage vor, die mit den Bestimmungen des Dreimächtepaktes in Kollision geraten konnte, und das Angebot eines Verzichts auf eine Eroberung Südostasiens. Als Gegenleistung verlangte Tokio die Wiederherstellung der Handelsbeziehungen auf den Status quo vor dem Einfrieren der japanischen Vermögenswerte, die Deckung des japanischen Erdölbedarfs, die Nichteinmischung der USA in Japans Versuch, den Chinakonflikt auf seine Weise zu beenden, und den kommerziellen Zugang zu den Rohstoffquellen Niederländisch-Ostindiens.[44] Am gleichen Tag wurde Hull von Sonderbotschafter Kurusu der Entwurf einer zusätzlichen japanischen Note überreicht, die die Öffentlichkeit der USA hinsichtlich der japanischen Stellung zum Dreimächtepakt beruhigen sollte. Es heißt darin, der Artikel III des Dreimächtepaktes lasse Japan die Freiheit, seine Bündnisverpflichtung selbst und ungebunden durch die Interpretation einer anderen Macht vorzunehmen. Japan würde nie auf Veranlassung einer anderen Macht, sondern nur dann in den Krieg gehen, wenn seine Sicherheit und Selbsterhaltung es absolut erforderlich machten.[45] Bei der Fortsetzung des Gesprächs, zwei Tage später, sagte Hull, daß eine Lockerung des Erdölembargos bestenfalls schrittweise und bedingt durch ein bleibendes Wohlverhalten Japans erfolgen könne.[46] Kurusu beschwor Hull, daß eine rasche Einigung von größtem psychologischem Wert sein würde. Auf Grund seiner geheimen Informationen wußte Hull den Grund für diese verzweifelte Dringlichkeit. Er ließ Kurusu wissen, daß es auf der Basis der gegenwärtigen Vorschläge schwer sein würde, bald zu einem Einvernehmen zu kommen. Er wich dessen direkter Frage aus, welche Punkte des japanischen Vorschlages der amerikanischen Regierung akzeptabel seien und welche die USA etwa modifiziert haben wollten.[47]

Zwei Tage später fand in Tokio ein Gespräch zwischen Außenminister Togo und Botschafter Grew statt. Zwar sagte der Außenminister, Japans Rückzug aus dem südlichen Indochina sei Tokios maximales Zugeständnis. Aber im gleichen Gespräch deutete er an, daß Japan positiv reagieren würde, sollte es von Chiang Kai-shek um die Aufnahme von Friedensgesprächen ersucht werden. Wie geschildert, hatte die japanische Regierung 1938 kategorisch erklärt, Chiang Kai-shek nicht mehr als Vertreter irgendeiner chinesischen Regierung anerkennen zu wollen. Tokio werde eine Vermittlung der USA bei den japanisch-chinesischen Friedensverhandlungen begrüßen, falls die Amerikaner ihre Unterstützung Chiang Kai-sheks einstellten. Da die Friedensverhandlungen voraussichtlich von einem Waffenstillstand begleitet sein würden, bedürfe die chinesische Regierung während dieser Zeit keiner amerikanischen Hilfe.[48]

Die USA selbst waren während der im Gange befindlichen Verhandlungen mit Japan bestrebt gewesen, ihre militärischen Ausgangspositionen für den Fall zu verstärken, daß die Verhandlungen fehlschlagen sollten. Roosevelt und Hull hatten nach Angaben des letzteren bereits zu Anfang des Monats November, also ebenfalls während die Verhandlungen noch im Gange waren, mit einem plötzlichen Überraschungsangriff der Japaner gerechnet, und Botschafter Grew hatte mehrmals im gleichen Sinne gewarnt.[49] Stimson selbst berichtet, der Präsident habe sogar gesagt, die Japaner seien berüchtigt für ihre Methode, ohne Vorwarnung anzugreifen. Eine Gesprächsrunde, an der außer Roosevelt, Hull und Stimson auch Marineminister Knox sowie General Marshall und Admiral Stark beteiligt waren, habe sich vor allem auch mit der Frage befaßt, wie man es aus innenpolitischen Gründen so einrichten könne, daß die Japaner den ersten Schuß des kommenden Krieges abgäben.[50] Am nächsten Morgen dann (26.11.) habe Hull ihn, Stimson, angerufen. Stimson berichtet wörtlich: »Mr. Hull sagte, er glaube, wir täten am besten, wenn wir den Japanern einfach sagten, wir hätten keine weitere Maßnahme vorzuschlagen.«[51]

Washingtons letzter Vorschlag und der Beginn des Krieges

Am gleichen Tag überreichte Hull den japanischen Botschaftern Washingtons letzten Vorschlag zur Regelung seiner Beziehungen mit Tokio. Der erste seiner 10 Punkte sah den Abschluß eines multilateralen Nichtangriffspaktes zwischen Japan, den USA, der UdSSR, dem britischen Empire, Thailand und den Niederlanden vor.

Ein zweiter Punkt betraf die Anerkennung der territorialen Integrität Indochinas sowie der Gleichheit der Handelschancen für die in Punkt 1 genannten Mächte in Indochina. Punkt 3 forderte den Rückzug aller japanischen Land-, See- und Luftstreitkräfte aus China und Indochina, wobei die Formulierung dieses Punktes angesichts der amerikanischen Nichtanerkennung Mandschukuos in Tokio zu der Annahme führte, daß die Mandschurei hier als Teil Chinas verstanden werde und ebenfalls zu räumen sei. Nach Punkt 4 sollte lediglich die Regierung Chiang Kai-sheks als legitime Vertreterin des chinesischen Staates und Volkes betrachtet werden, womit von Tokio ein Fallenlassen der von Japan aufgebauten chinesischen Satellitenregierung Wang Ching-weis und halbautonomer Regierungen in Nordchina verlangt wurde. Punkt 5 verpflichtete die USA und Japan zur Aufgabe ihrer extraterritorialen Rechte und zur Sorge dafür, daß andere Mächte diesem Beispiel folgen würden. Mit Punkt 6 wurde ein amerikanisch-japanisches Handelsabkommen auf der Basis gegenseitiger Meistbegünstigung und gegenseitiger Zollreduzierung vorgeschlagen. Punkt 7 stellte die Rückgängigmachung der Sperre japanischer Vermögenswerte in den USA und amerikanischer Vermögenswerte in Japan in Aussicht. Punkt 8 betraf die Stabilisierung des Wechselkurses zwischen der amerikanischen und japanischen Währung. Mit Punkt 9 sollten sich die Signatarmächte dazu verpflichten, diese Abkommen gegenüber Abkommen mit anderen Mächten als vorrangig zu behandeln, womit die Bündnisverpflichtung des Dreimächtepaktes praktisch sinnlos geworden wäre. Punkt 10 sah die Verpflichtung beider Staaten vor, auch andere Mächte zur Beachtung der politischen und wirtschaftlichen Prinzipien dieses Abkommens zu veranlassen.[52]

Mit diesen Vorschlägen war der amerikanische Standpunkt mit jener kompromißlosen Härte in Form und Inhalt formuliert worden, vor deren Anwendung der amerikanische Botschafter in Tokio seine Regierung vergeblich mit dem Hinweis gewarnt hatte, daß diese Methode unweigerlich den Ausbruch eines japanischen Krieges gegen die USA zur Folge haben werde. Wie der amerikanische Kriegsminister Stimson es in seiner Tagebucheintragung für den 27. November 1941 darstellte, erfuhr er an diesem Tage von Hull, daß der amerikanische Außenminister die ganze Sache abgebrochen habe (»that he had broken the whole matter off«). Hull habe dann gesagt: »Ich wasche meine Hände in Unschuld; alles ist jetzt in den Händen von Ihnen und Knox – der Armee und der Kriegsmarine.« Auch Präsident Roosevelt habe ihm anschließend gesagt, die Gespräche seien abgebrochen worden (»had been called off«).[53] Da die Verhandlungen mit den Vertretern Tokios in Washington formal jedoch so weiterliefen, als sei noch nichts entschieden, besteht die Möglichkeit, daß Hull im Einvernehmen mit Roosevelt das letzte Verhandlungsangebot an Japan bewußt in eine Form gekleidet hat, von der man glaubte, daß sie für Tokio unannehmbar sei. Das Datum des Angebots lag drei Tage vor der Washington bekanntgewordenen geheimen Endfrist, die Tokio sich und seinen Diplomaten gesetzt hatte. In seinen Memoiren beschreibt Hull den obengenannten Vorschlag vom 26. November als »einen ehrlichen Versuch, die Gespräche mit der vergeblichen Hoffnung in Gang zu halten, daß in dieser letzten Minute noch ein wenig Verstand in die militärischen Gehirne in Tokio einsickern möge«.[54] Allerdings erwähnt Hull nur wenige Seiten weiter, er habe einen Vorschlag der australischen Regierung vom 29. November zur Vermittlung zwischen Washington und Tokio mit dem Hinweis abgelehnt, die diplomatische Phase sei nun vorüber.[55]

In Japan wurde der amerikanische Vorschlag vom 26. November fälschlich als ein Ultimatum gewertet, das er de jure jedoch nicht war. Tojo konstatierte, daß sich die Forderungen der USA im Vergleich zu ihren letzten Vorschlägen erhöht hätten. Als Absicht der USA wurde die Demütigung Japans und seine Vertreibung vom asiatischen Kontinent vermutet. Eine Verbindungskonferenz vom 27. November faßte den Beschluß zum Krieg, in dem man die einzige Alternative zur kampflosen diplomatischen Teilkapitulation sah. Dieser Beschluß wurde von einer am 1. Dezember stattfindenden Kaiserlichen Konferenz bestätigt. Doch sagte Ministerpräsident Tojo auf dieser Konferenz: »Die Regierung und das Oberkommando gehen gemäß dem Kriegsplan, jedoch mit dem Einvernehmen vor, daß wir unsere Kriegspläne jederzeit aufgeben, falls die Vereinigten Staaten auf unsere Darlegungen eingehen, bevor der entscheidende Schlag fällt, und uns eine

Gelegenheit zu einer friedlichen Lösung geben.«[56] Da es trotz der in Washington formal weitergehenden Gespräche zu keiner Einigung mehr kam, wurden die am 6. Dezember zum Angriff auf Pearl Harbor ausgelaufenen japanischen Seestreitkräfte nicht zurückgerufen.

Roosevelt und der Krieg mit Japan

Der Darstellung der wichtigsten Phasen der zum Krieg im Pazifik führenden außenpolitischen Bemühungen sollen einige grundsätzliche Überlegungen zur Rolle der amerikanischen und der japanischen Politik in diesem Prozeß hinzugefügt werden. Dabei muß die amerikanische Fernostpolitik dieser Zeit im Rahmen der weltpolitischen Gesamtkonzeption ihrer damaligen Entscheidungsträger gesehen werden. Unter ihnen nahm kraft seiner verfassungsrechtlichen Funktion als Staats- und Regierungschef sowie aufgrund seines besonderen politischen Charismas Präsident Franklin Delano Roosevelt einen besonderen Platz ein. Auf ihn, wie übrigens auch auf seinen chinesischen Verbündeten Chiang Kai-shek, trifft in besonders hohem Maß das von Schiller über Wallenstein gesagte Wort zu: »Von der Parteien Gunst und Haß verwirrt schwankt sein Charakterbild in der Geschichte.« Urteile über ihn haben es daher nicht immer leicht, einen fairen Kurs zwischen der Hagiographie der dem Roosevelt-Mythos erliegenden sogenannten Apologeten und den Ressentiments der sogenannten Revisionisten unter den Historikern zu steuern. Ein weiterer Grund für die besondere Schwierigkeit Roosevelt betreffender Bewertungen ergibt sich aus der Tatsache, daß Licht und Schatten in der moralischen und intellektuellen Struktur seiner Persönlichkeit eng und kontraststark nebeneinanderliegen. Unvergessen bleibt seine historische Leistung als einer der wichtigsten Architekten der antifaschistischen Weltkoalition, als Organisator ihres fast unerschöpflichen amerikanischen Arsenals sowie ferner als Initiator der Weltfriedensorganisation der Vereinten Nationen und als scharfsichtiger Analytiker und Gegner der Beschwichtigungspolitik gegenüber faschistischen Aggressoren. In dieser letztgenannten Funktion erlaubte er es den faschistischen Mächten nicht, sich je nach taktischem Bedarf hinter jenen Regeln des Völkerrechts zu verschanzen, die sie anderweitig im Konflikt mit schwächeren Mächten zuvor mit Füßen getreten hatten. In dieser Weigerung, dem politischen Rechtsbrecher den Deckmantel des Rechts auf dem Wege zu dessen Abschaffung und Ersetzung durch Gewalt zu lassen, lag ein origineller Zug der auswärtigen Politik Franklin Delano Roosevelts.

Konkret wird die weltpolitische Gesamtkonzeption der Roosevelt-Regierung in einem Memorandum ihrer Stabschefs (Marshall und Stark) vom 11. September 1941 ausgedrückt, das nicht zu Unrecht eines der bemerkenswertesten Dokumente der amerikanischen Geschichte genannt worden ist. Als primäre Ziele der amerikanischen Außenpolitik werden hier genannt: die Erhaltung der territorialen, wirtschaftlichen und ideologischen Unversehrtheit der USA und der anderen Staaten der westlichen Hemisphäre; ferner die Verhinderung einer Auflösung des Britischen Empire, »die Verhinderung einer weiteren Ausdehnung des territorialen Herrschaftsbereiches Japans« sowie die Schaffung eines Kräftegleichgewichts in Europa und Asien. Dieses solle die politische Sicherheit der USA und – soweit praktikabel – die Errichtung von

Regierungssystemen fördern, in denen die politische und wirtschaftliche Freiheit des Individuums respektiert werde. Die Ausdehnung europäischer oder asiatischer Machtbereiche auf die westliche Hemisphäre sei zu bekämpfen. Es heißt dann wörtlich: »Diese nationalen Zielsetzungen können in ihrer Gesamtheit nur durch militärische Siege außerhalb dieser Hemisphäre, entweder durch die bewaffnete Macht der Vereinigten Staaten oder die bewaffnete Macht befreundeter Mächte oder durch beide herbeigeführt werden.« Da Deutschland nicht ohne Mithilfe der USA besiegt werden könne, müßten die USA in den Krieg im Atlantik, in Europa und in Afrika eintreten. Die amerikanische Rüstung müsse auf einen Zweifrontenkrieg mit Deutschland und Japan eingestellt werden. Von beiden Autoren des Memorandums wurde die Empfehlung hervorgehoben, die USA sollten die gegen Deutschland kämpfenden Mächte materiell unterstützen und in den europäischen Krieg eintreten, jedoch Japan vorläufig in Schach halten und die weitere Entwicklung im Fernen Osten abwarten. Zur Zeit sei die Erzwingung einer Wirtschaftsblockade die wirksamste gegen Japan und Deutschland anzuwendende »offensive Methode«.[57]

Für die Frage der Haltung Roosevelts gegenüber Japan ist die im Memorandum vorgenommene Differenzierung der Haltung Deutschland und Japan gegenüber von Bedeutung. Das Dritte Reich wird als Hauptfeind gesehen, wobei Deutschlands politische und materielle Potentialitäten, selbst nach Beginn des Krieges mit der UdSSR, gelegentlich bis zum Punkt der Absurdität überschätzt werden (Möglichkeit des deutschen Vordringens bis nach Indien, Südamerika und Südafrika). Der Krieg gegen Deutschland wird als absolute, der bewaffnete Konflikt mit Japan hingegen nur als bedingte Notwendigkeit gesehen. Bei einer Betrachtung des Ziel-Mittel-Verhältnisses der Japanpolitik Roosevelts scheint es, als habe der Präsident vor Pearl Harbor geschwankt, ob sich die amerikanische Außenpolitik während des Krieges in Europa nur mit einer Eindämmung der bis nach Indochina ausgedehnten Expansion Japans begnügen solle oder ob sie eine Politik des »roll back«, das heißt eine Rückkehr zu dem vor 1937 oder vor 1932 bestehenden Status quo im Pazifik anstreben solle. Seit der Mandschurei-Krise hatte der amerikanisch-japanische Konflikt grundsätzlich das typische Erscheinungsbild eines sich schrittweise eskalierenden Ringens zwischen den Status-quo- und den Anti-Status-quo-Konzeptionen zweier Weltmächte gehabt.

Eine oft gestellte Schlüsselfrage lautet: Wollte Roosevelt 1941 den Krieg mit Japan? Manche Anzeichen sprechen dafür, andere wiederum dagegen. So verhängte er im Sommer 1941 das umfassende Embargo gegen Japan, obwohl ein von ihm selbst angefordertes Memorandum des amerikanischen Admiralstabes gewarnt hatte, dies könne Japan zum Angriffskrieg provozieren, und deshalb davon abgeraten hatte. Nachdem das Embargo den Japanern die materiellen Schwächen ihrer Machtbasis zusammen mit der wirtschaftlichen Überlegenheit der USA wirksam demonstriert und sie zur Wiederaufnahme von Verhandlungen mit den USA veranlaßt hatte, unterließ es Roosevelt, die japanische Friedenspartei, geführt von Konoye, durch die Gewährung einer von diesem dringend erbetenen Gipfelkonferenz zu stärken. Er unterließ diese Hilfestellung, deren Funktion nicht nur die Stärkung der versöhnlichen Politik Konoyes, sondern auch die Herbeiführung einer psychologischen Entspannung mit sich gebracht hätte, obwohl Botschafter Grew ihm aus Tokio voraussagte, daß dann Konoye mit Sicherheit stürzen und durch den Vertreter einer viel weniger friedenswilligen Richtung ersetzt werde. Noch auf seiner Atlantikkonferenz mit Churchill hatte Roosevelt selbst betont, daß es praktisch den Krieg bedeuten würde, wenn man bei allen Forderungen den Japanern nicht eine Gelegenheit zur »Wahrung des Gesichts« gebe.[58] Der amerikanische Vorschlag vom 26. November 1941 war aber in einer Weise gestaltet, die auch von der Regierung eines weniger empfindlichen Volkes als »Schlag ins Gesicht« empfunden werden mußte. Während diese Maßnahmen eindeutig für Roosevelts Willen zum Krieg mit Japan zu sprechen scheinen, gibt es drei andere Tatsachen, die dieser Deutung widersprechen. Es sind dies Roosevelts anfänglicher (dann aber von Hull verhinderter) Impuls, sich mit Konoye zu treffen, ferner seine beiden unabgesandten Entwürfe zu einem persönlichen Schreiben an den japanischen Kaiser vom 26. Oktober und schließlich die Tatsache, daß Roosevelt selbst es war, der den ersten Entwurf zu einem Modus vivendi mit Japan ausarbeitete, der inhaltlich dem letzten Verhandlungsangebot der Japaner außerordentlich nahe kam. In den Tagen zwischen dem ersten Entwurf und der endgültigen Verwerfung des Modus vivendi liegt aber Berlins Zusage, Tokio im Falle eines Krieges mit den USA nicht im Stich zu lassen.[59] Sollte Roosevelt hierüber vor dem 25. November informiert worden sein, so wäre hiermit ein denkbarer und triftiger Grund für die Verwerfung des Modus vivendi gegeben gewesen. Denn hier wäre eine Chance gewesen, den potentiellen Krieg mit der Hitler-Diktatur in aktuellen Krieg umzuwandeln, wobei der Angriff Japans die Funktion einer Initialzündung gehabt hätte.

Über die amerikanischen Bedingungen vom 26. November 1941, die ethisch vollkommen richtige Grundsätze in einer von der Situation her psychologisch provozierenden Weise formulierten, schrieb der britische Historiker F. C. Jones: »Das bedeutete, daß der Wirtschaftsdruck gegen Japan anhalten würde, solange es sie [die Bedingungen] nicht annahm. Es hatte die Wahl zwischen einer öffentlichen Aufgabe all dessen, wofür es seit Jahren im Fernen Osten gekämpft hatte, oder sich einer langsamen wirtschaftlichen Strangulierung zu unterziehen. Japan mußte sich selbst die Schuld für die Entstehung dieser Situation geben, wie Hull wiederholt angedeutet hatte. Aber Moralpredigten sind dem Frieden selten zuträglich, vor allem dann, wenn der moralische Standard des Landes, das ihn predigt, nicht immer ganz die von ihm gepredigte Höhe erreicht.«[60] Jones betont anschließend die Zweischneidigkeit des amerikanischen Wirtschaftsembargos, das Japan zum Einlenken zwingen sollte und ihm doch gleichzeitig demonstrierte, wie prekär und verwundbar seine Wirtschaftslage ohne den Besitz jener Gebiete war, die es erobern wollte.[61] Roosevelts Embargo gegen Japan erfüllte jedenfalls die Funktion eines politischen Zeitzünders insofern, als Japans schwindende Rohstoffvorräte eine Grundsatzentscheidung entweder zugunsten eines Nachgebens den USA gegenüber oder zugunsten eines bewaffneten Angriffes erzwangen. Die Richtung dieser japanischen Entscheidung über Krieg und Frieden sowie zwischen Leben und Tod von Millionen konnte Amerika nur durch die Gestaltung seiner Forderungen an Japan in Inhalt und Form beeinflussen. Roosevelt suchte ebensowenig wie sein Gegenspieler Tojo den Krieg mit der Gegenseite leichtfertig oder nur um des Krieges willen. Aber der Preis, den beide Seiten für die Erhaltung des Friedens zu zahlen bereit waren, erwies sich als zu niedrig.

Die Alternativkonzeption des Botschafters Grew und die Kollision der Interessen

Auf seiten der amerikanischen Diplomatie vertrat der amerikanische Botschafter in Tokio, Joseph C. Grew, der fast alle entscheidenden Schritte der japanischen Politik im Jahr 1941 richtig vorausgesagt hatte, eine andere taktische Konzeption. Deren Absicht bestand darin, die gleichen amerikanischen Ziele mit anderen Methoden und insbesondere bei Erhaltung des Friedens zu erreichen.

Auch Grew befürwortete die Verhängung von Embargos im Sinne von diplomatischen bzw. wirtschaftspolitischen Warnschüssen vor den Bug der japanischen Expansionspolitik. Jedoch, im Gegensatz zu der in Washington gehandhabten Praxis, vertrat Grew den Standpunkt, es sei taktisch richtiger, die japanische Regierung diskret vor dem jeweiligen Erlaß eines neuen Embargos mit dem Hinweis zu warnen, daß dieses Embargo verhängt werde, falls die japanische Regierung diese oder jene Maßnahme nicht unterlasse, einstelle oder modifiziere. So wäre Tokio ohne öffentlichen Gesichtsverlust und im Hinblick auf insgeheim angedrohte amerikanische Sanktionen die Möglichkeit zu einer neuerlichen Erwägung und eventuellen Rücknahme expansiver Maßnahmen offengehalten worden. Grew sieht einen bedeutsamen Unterschied zwischen zwei Arten von Sanktionen: reinen Vergeltungs-Sanktionen (purely punitive sanctions) und Korrektions-Sanktionen (corrective sanctions). Im Falle der letzteren diene der mit ihnen ausgeübte Druck primär der Schaffung von Möglichkeiten zu konstruktiven Verhandlungen. Reine Vergeltungs-Sanktionen seien hingegen von keiner wesentlichen Bemühung begleitet, die die Wirkung der Sanktionen zum Zwecke elastischer Verhandlungen auszunützen suche. Die in Tokio erzeugte Wirkung der amerikanischen Embargos gegen Japan habe für die Vereinigten Staaten günstige psychologische Ausgangspunkte für amerikanisch-japanische Verhandlungen geschaffen. Die Tatsache, daß Washington diese Chancen weitgehend ungenützt ließ und seine Embargos zumeist im Sinne »reiner Vergeltungs-Sanktionen« gestaltete, habe den Krieg mit Japan unvermeidbar gemacht.[62]

Nach Ansicht von Grew hätte als Gegenleistung für eine schrittweise Lockerung des Embargos auf dem Wege psychologisch richtig gehandhabter (das heißt den Japanern den »Gesichtsverlust« soweit wie möglich ersparender) Verhandlungen eine Reihe von japanischen Konzessionen erwirkt und die Gefahr einer japanischen Expansion im Südwestpazifik eingedämmt werden können. Für China sei ein vorläufiger Friedensvertrag zu erreichen gewesen, der eine Rücknahme japanischer Truppen aus vielen, wenn auch nicht aus allen besetzten Gebieten mit sich gebracht hätte. Mit dem von Grew nie angezweifelten Sieg der Alliierten in Europa wäre Japan von selbst in eine Situation nahezu vollständiger diplomatischer Isolierung geraten, in der dann von Japan auf dem Wege neuerlicher Verhandlungen weitere Schritte zur Wiederherstellung des Status quo von 1931 zu erlangen gewesen wären. Mit einer Politik dieser Art hätte der verlustreiche Krieg zwischen Japan und den Vereinigten Staaten und ihren Verbündeten vermieden und mit der Erhaltung einer, wenn auch graduell reduzierten, japanischen Machtposition im Fernen Osten ein besser ausgeglichenes internationales Kräfteverhältnis in diesem Gebiet geschaffen werden können. Grews vor Ausbruch des Krieges mit Japan verfaßte, und eine Verhinderung desselben anstrebende Berichte legen Zeugnis davon ab, daß es sich bei diesen Überlegungen nicht um ein Denken im geschichtlichen Rückblick, sondern um die Urteile, Vorschläge und Voraussagen während des Berichtszeitraumes handelt.

Mit der damals tatsächlich verwirklichten Taktik der USA trat eine in späteren Jahrzehnten wiederkehrende außenpolitische Verhaltensform zutage, bei der eine Verbindung von militärischem und wirtschaftlichem Druck mit der Propagierung weltanschaulicher Prinzipien zu einer relativen Verdrängung politisch-diplomatischer Methoden führte.

Die von Roosevelt verfolgte Politik stellte Japan vor die schicksalhafte Wahl zwischen zwei Alternativen. Die eine bestand in der theoretisch nur möglichen, weil innenpolitisch nicht durchsetzbaren, diplomatischen Teilkapitulation ohne Kampf, die Japan unzerstört erhalten, aber zum Rang einer mittleren Macht relegiert und seine Opfer und Gewinne im selbstverschuldeten Chinakrieg annulliert hätte. Im Gegenzug hätten die USA nach eigenem Belieben das Generalembargo gegen Japan teilweise oder ganz aufgehoben. Die zweite Alternative bestand im unabwägbaren Risiko eines Angriffskrieges, von dem Japans militärische Führung vor seinem Beginn explizit eingestanden hatte, er sei gegen die USA direkt überhaupt nicht zu gewinnen. Das materiell ohne schwerste Schäden für Wirtschaft und Militärmacht nur für wenige Monate durchhaltbare Wirtschaftsembargo der Westmächte hatte dabei den Zeitrahmen verengt, in dem eine Grundsatzentscheidung zu fällen war. In japanischer Sicht hatte Washingtons im November 1941 voll erkennbar werdende Kompromißlosigkeit etwaige Hoffnungen auf ein rechtzeitiges, beiderseitig akzeptables Einvernehmen als Ausweg aus dem genannten Dilemma begraben.

Auf seiten der USA hingegen bewegte Roosevelt die Sorge vor dem Eintreten eines »worst case scenario«, also der schlechtest möglichen Entwicklung. Konkret bedeutete dieser Alptraum die Möglichkeit eines Sieges Hitlers in Europa und Japans in Ostasien, wonach sich ein von Berlin beherrschtes Europa gemeinsam mit einem von Japan beherrschten Asien gegen ein isoliertes Amerika wenden würde. Diese Sicht der Dinge ließ es für die USA ratsam erscheinen, in den Krieg gegen die Achsenmächte einzutreten, solange England, China und die Sowjetunion von diesen noch nicht bezwungen waren.

Spätestens ab Beginn des 20. Jahrhunderts hatte sich die auswärtige Politik der USA um die Wahrung von drei interdependenten Grundinteressen bemüht. Diese erstrebten eine Abschirmung der westlichen Hemisphäre im Sinne der Monroe-Doktrin wie aber auch die Verhinderung hegemonialer Machtkonstellationen sowohl in Europa als auch in Asien. Daher bildeten die im Gange befindlichen Angriffskriege Japans, Italiens und des Dritten Reiches eine massive Gefährdung und Herausforderung dieser amerikanischen Globalinteressen.

Japans Führung hätte es unzweifelhaft bevorzugt, seinen geplanten Krieg gegen die westlichen Kolonialmächte in Südostasien ohne deren Unterstützung durch die USA, also unter der Bedingung amerikanischer Neutralität, führen zu können. Doch die USA, die von einem möglichen Sieg Japans über die Kolonialmächte und China eine Vorherrschaft Japans über Ostasien und die Zerstörung des Kräftegleichgewichts im Pazifik befürchten mußten, hatten sich mit ihrem Wirtschaftskrieg gegen Japan, ihren Rüstungslieferungen an England und China sowie mit ihren gemeinsamen Verteidigungsplanungen mit England, Australien und Niederländisch-Ostindien den japanischen Expansionsplänen unübersehbar in den Weg gestellt.

Trotz dieses gewaltigen Hindernisses war Japans Führung nicht gewillt, die »einmalige Gelegenheit« zur Expansion in Südostasien unter Ausnützung des Krieges in Europa aufzugeben. Sie plante daher einen vernichtenden Überraschungsschlag gegen das Gros der amerikanischen Pazifikflotte bei Hawaii, um eine Flankenbedrohung durch diese Flotte bei den gleichzeitig geplanten Großoffensiven gegen die Kolonialmächte in Südostasien auszuschalten.

Problematik und Alternative der japanischen Expansionspolitik

In Japan hätte nach dem Scheitern des von Konoye vergeblich erstrebten Projekts einer Gipfelkonferenz mit Roosevelt die Fortsetzung einer eindeutig dem Frieden den Vorrang gebenden Politik nur auf Grund ungewöhnlicher Maßnahmen eine Chance haben können. Es hätte wohl einer präzedenzlosen, vom Reichssiegelbewahrer, dem Marineminister und von kaisertreuen Elementen der Armee unterstützten direkten und starken Initiative des Kaisers bedurft, um den innenpolitisch gefährlichen Plan eines außenpolitischen Kurswechsels durchzuführen und durchzuhalten. Eine der wichtigsten und schwierigsten Aufgaben wäre es gewesen, die Armee zur Aufgabe ihrer Absicht einer jahrzehntelangen Besetzung gewisser Teile Chinas zu bewegen, um dann mit China Frieden schließen zu können. Zur Wahrung des japanischen »Gesichts« hätte sich dieser Rückzug in vertraglich festzusetzenden Phasen innerhalb eines längeren Zeitraumes hinziehen können. Statt einer Besetzung Nordchinas hätte man eine begrenzte Autonomie für die Innere Mongolei und im Austausch für die Anerkennung Mandschukuos auf Roosevelts früheren Plan eines gemeinsamen japanisch-chinesischen Protektorats über dieses Gebiet zurückkommen können. Ein Mittelweg zwischen einem Fallenlassen Wang Ching-weis durch Japan und Tokios Weigerung, Chiang Kai-sheks Regierung anzuerkennen, hätte durch die früher bereits vorgeschlagene Eingliederung Wangs in die chinesische Regierung gefunden werden können.

Wirtschaftlich gesehen war Japan im Hinblick auf den begehrten Chinamarkt auf Grund seiner geographischen und kulturellen Nähe, der Kürze des Transportweges und des relativ niedrigen Preisniveaus anderen Mächten gegenüber auch ohne vertraglich verankerte Privilegierung faktisch ohnedies im Vorteil. Eine Einigung mit dem unter einem vierjährigen Krieg mit Japan stark leidenden China hätte gleichzeitig einen plausiblen Grund für einen japanischen Rückzug aus Indochina ergeben können. Und selbst dieser hätte einen weltanschaulich positiven Aspekt erhalten, wenn Japan damals bereits – und nicht erst 1945 – die französische Kolonialregierung abgesetzt und den Völkern Indochinas den Weg echter Selbstbestimmung geebnet hätte. Roosevelts eigene starke Aversion gegen die französische Kolonialherrschaft in Indochina wäre einem solchen Projekt möglicherweise sogar entgegengekommen. Der Anlaß zur Einschlagung des Friedenskurses hätte eine vom Kaiser selbst ausgehende Transformation der Idee der »Neuordnung Ostasiens« von ihrer gegebenen repressiv-hegemonialen Struktur zu einer neuen kooperativen Form sein können. Im Falle einer Weigerung der USA hätte Thailand als mit Japan und China befreundetet asiatischer Staat die Funktion der Vermittlung zwischen Tokio und Chungking übernehmen können.

In Wirklichkeit aber war Japans Krieg in Ostasien zumindest nicht primär als Kreuzzug zur Befreiung der Völker Ostasiens, sondern als Mittel konzipiert, die Herrschaft Japans de facto an die Stelle der zerstörten Kolonialimperien der Europäer zu setzen. Hinzu kam, daß die außenpolitischen Entscheidungsträger Japans vor allem in zweierlei Hinsicht Opfer ihres erstaunlich falschen Chinabildes geworden waren. Sie hatten erstens das neue Nationalgefühl des chinesischen Volkes und seinen Willen zu zähem, lang andauerndem Widerstand unterschätzt. Durch diese Fehleinschätzung und den vorzeitigen Abbruch der Verhandlungen mit Chiang Kai-shek war das im Kampf ausharrende China zu einer dauernden Belastung für Japans Wirtschaft und Militär geworden. Auch die Hoffnungen, Chungking durch die Sperrung der Burmastraße oder die Besetzung Nordvietnams in die Knie zwingen zu können, hatten sich als trügerisch erwiesen. Wie sein Rücktrittsgesuch zeigt, hatte Konoye begonnen, seine eigene schwere Verantwortung für Japans falsche Chinapolitik einzusehen. Aber er blieb in dieser Hinsicht ein Einzelfall.

Den zahlreichen japanischen Klagen über die »Härte« der von Roosevelt Japan gegenüber betriebenen Politik kann berechtigterweise entgegengehalten werden, daß Roosevelts Japanpolitik *relativ* gemäßigt wirkt, wenn man sie mit der ungleich größeren Härte der imperialistischen Chinapolitik Japans vergleicht. War es doch seit dem Ersten Weltkrieg, von geringfügigen Unterbrechungen abgesehen, eine Grundtendenz der japanischen Außenpolitik gewesen, die durch Revolution und politisches Chaos bedingte Schwäche des chinesischen Staates zu einer Politik erbarmungslosen machtpolitischen Druckes auszunützen, um die Errichtung einer politischen, militärischen und wirtschaftlichen Hegemonie Japans über das benachbarte und kulturell verwandte »Reich der Mitte« noch vor Vollendung seiner Wiedererstarkung zu erzwingen.

Während seines letzten Aufenthaltes in Japan, nur wenige Monate vor seinem Tod, hatte Chinas Revolutionsführer Sun Yat-sen dem japanischen Volk zwei Alternativen einer Politik gegenüber China vor Augen gehalten: entweder eine kooperative Politik auf der Basis der Gleichberechtigung und des gemeinsamen Kampfes für die Befreiung Asiens oder eine unilaterale, imperialistische Politik mit dem Ziel einer Hegemonie Japans über China. Die maßgeblichen Politiker Japans hatten den zweiten Weg gewählt und sich damit – wie Hull bemerkte – im Netz der eigenen Aggression gefangen. Das von Roosevelt geplante, aber nicht durchgeführte Projekt einer amerikanisch-japanisch-chinesischen Gipfelkonferenz hätte wahrscheinlich einen Ausweg bieten können. So aber erntete Japan von Amerika her die Saat des Sturmes, die es selbst in China gesät hatte.

Ideologie und Wirklichkeit der Großostasien-Bewegung

Wie gezeigt hatte Japan durch seine Kriege mit China, Rußland und Deutschland sowie durch seine Annektierung Koreas und Taiwans und seine Eroberung und Satellisierung der Mandschurei sich im Zeitraum von 1895 bis 1932 ein beachtliches fernöstliches Imperium schaffen können. Angesichts der Prävalenz diverser Formen weißer Kolonialherrschaft in weiten Teilen Asiens entwickelten sich unter zivilen und militärischen Führungskräften Japans ab Mitte der dreißiger Jahre zunächst nur recht weitläufig konzipierte Vorstellungen davon, daß Japan sich künftig für eine Emanzipation und Kooperation asiatischer Völker einsetzen müsse. Dabei spielte die Idee einer »japanischen Monroe-Doktrin« im Sinne der Schlagworte »Amerika den Amerikanern, doch Asien den Asiaten« wie auch die Empfindung einer japanischen Vorbildrolle und einer durch sie bedingten Führungsfunktion in Asien eine Rolle. War doch Japan damals der einzige Staat Asiens, dem eine schnelle und effektive Modernisierung aus eigener Kraft in beeindruckender Weise gelungen war.

Etwas konkretere Gestalt nahmen solche Vorstellungen im Rahmen eines geheimen Grundsatzdokuments zur japanischen Außenpolitik an, das am 11. August 1936 mit den Unterschriften des Ministerpräsidenten sowie der Minister für Auswärtiges, der Finanzen, des Heeres und der Marine verabschiedet worden war. Als Primärziele der Außen- und Sicherheitspolitik werden hier genannt: engere Wirtschaftsbeziehungen Japans, Mandschukuos und Koreas mit China, eine Bekämpfung der sowjetischen Gefahr im Norden, eine friedliche Durchdringung Südostasiens und der Aufbau einer starken Flotte als Gegengewicht zur maritimen Macht der USA.[63]

Doch Japans von keiner essentiellen Kompromißbereitschaft, sondern von einseitiger Repression gekennzeichnete Chinapolitik und seine militärische Durchdringung auch der zwischen der Mandschurei und Peking liegenden Gebiete hatten 1937 der zuvor auf Zeitgewinn setzenden chinesischen Nachgiebigkeit ein Ende bereitet und im Juli dieses Jahres den Beginn des Krieges mit China ausgelöst. Als der Widerstand der Regierung Chiang Kai-sheks, trotz anfänglicher militärischer Siege der Japaner, nicht zu brechen war, ermutigte Tokio im März 1940 die Gründung der japanfreundlichen sogenannten Chinesischen Zentralregierung unter Wang Ching-wei. Japans Vertrag mit diesem neuen Satellitenregime verpflichtete beide Seiten zur Zusammenarbeit bei der Schaffung einer »neuen Ordnung in Ostasien«, deren tragende Basis das enge Verhältnis zwischen Japan, Mandschukuo und China (das heißt dem Wang Ching-wei System) sein solle. Auch ließ sich Japan im Dreimächtepakt Berlin–Rom–Tokio vom 27. September 1940 von Italien und dem Dritten Reich bestätigen, daß die beiden europäischen Achsenmächte »die Führung Japans bei der Schaffung einer neuen Ordnung in Großostasien« anerkennen.[64]

Japans Eroberung des südostasiatischen Raumes zwischen Dezember 1941 und Mai 1942 bot Tokio die Chance zur Realisierung seiner Pläne für eine »Neuordnung Großostasiens«. Das Ziel seiner Neuordnung wurde in Japans Bündnisvertrag mit Thailand vom Dezember 1941 ebenso festgeschrieben wie auch in seinen Bündnisverträgen mit den durch Japans anfängliche Siege formal unabhängig gewordenen Staaten Burma und der Republik der Philippinen im Jahr 1943.[65]

Eine von Japan einberufene Gipfelkonferenz ost- und südostasiatischer Staaten verabschiedete im November 1943 eine »Gemeinsame Erklärung über Großostasien«, in der als gemeinsames Ziel die Befreiung dieser Weltregion von der anglo-amerikanischen Vorherrschaft erklärt und die Grundprinzipien der neuen Ordnung definiert werden. Mit deutlicher Spitze gegen die Kolonialmächte wird hier unter anderem die Beseitigung der Rassendiskriminierung genannt, wie auch der Respekt für die Traditionen und Besonderheiten der einzelnen asiatischen Kulturen und eine Zusammenarbeit auf der Basis gegenseitiger Hilfe und gegenseitigen Respekts für die Unabhängigkeit und Souveränität der beteiligten Staaten.[66]

In Indonesien wurde von den Japanern zwar das neue Nationalgefühl gepflegt, doch die im Prinzip zugesagte Unabhängigkeit nicht gewährt. Wirksamer waren hingegen die japanischen Appelle an die Bevölkerung Indiens, sich vom Krieg ihrer britischen Kolonialherren zu distanzieren oder besser noch aktiv mit den Japanern für die Befreiung Indiens zu kämpfen. Die japanische Lockung wurde indirekt durch die Engländer selbst unterstützt, die Indiens Forderung nach Unabhängigkeit als Voraussetzung einer indischen Kooperation gegen Japan mit der Verhaftung und jahrelangen Einkerkerung Gandhis und Nehrus sowie auch damit beantworteten, daß sie landesweite Protestbewegungen des Jahres 1942 mit äußerster Brutalität niederschlugen. Nach amtlichen britischen Angaben gab es über 1000 Tote und 3000 Schwerverletzte unter den indischen Nationalisten, von denen etwa 100.000 zumeist für den Rest des Krieges in Gefängnisse gesteckt wurden.[67] Die Opfer erhielten auch nach dem Krieg seitens der britischen Regierung keinerlei Kompensationen.

So fiel es den Japanern leicht, eine aus Kriegsgefangenen und Überläufern gebildete Indische Nationalarmee ebenso zu fördern wie auch eine unter Subhas Chandra Bose 1943 konstituierte Provisorische Regierung des Freien Indien. In Vietnam entfernten die Japaner im März 1945 überraschend die mit ihnen kollaborierende Verwaltung, die noch von Vichy-Frankreich eingesetzt worden war, und ermöglichten es dem annamitischen Kaiser Bao Dai, am 11. März 1945 die Unabhängigkeit Vietnams zu proklamieren. Zwei Tage später verkündeten Kambodscha unter König Norodom Sihanouk und im April 1945 Laos ihre Unabhängigkeit.

Hätte Japans Regierung nach den aufsehenerregenden Siegen ihrer Streitkräfte im ersten Halbjahr 1942 den von Kolonialherrschaft befreiten Völkern mit großer Geste das Tor zur sofortigen Unabhängigkeit geöffnet, hätte sie eine mit Japan sympathisierende starke Bewegung asiatischer Völker auslösen können. In der Praxis aber verkümmerte die Großostasienpolitik zumeist durch engherzige bürokratische Kontrollen sowie durch äußerst kontraproduktive Verhaltensweisen des japanischen Militärs. Auch institutionell hat Tokios Plan eines von ihm geführten ostasiatischen Commonwealth keine Konturen gewinnen können. Doch nach der Niederlage der Japaner verblieb in den meisten dieser Länder eine Vision nationaler Befreiung, die oft erst nach jahrelangem Ringen mit den Kolonialmächten zur Wirklichkeit werden konnte.

Als die Japaner nach ihrer Eroberung Malayas, der britischen Kapitulation Singapurs und ihren Siegen in Burma vor die Grenzen Indiens rückten, begab sich Chiang Kai-shek im Februar 1942 zu einem Besuch in das gefährdete Nachbarland Indien. Obwohl ihm ein arrogantes Schreiben Churchills nahelegte, nicht »entgegen den Wünschen des Vizekönigs des (britischen) Königs und Kaisers« (von Indien) das Hauptquartier der indischen Unabhängigkeitsbewegung in Wardha zu besuchen, traf Chiang Kai-shek dennoch mit Mahatma Gandhi, Nehru und dem Moslemführer Jinnah zusammen. Während er den Indern nahelegte, trotz berechtigter Beschwerden gegen die britischen Kolonialherren den Krieg gegen Japan zu unterstützen, empfahl er den Engländern, Indien schnellstens das Selbstbestimmungsrecht zuzuerkennen. Angesichts japanischer Propaganda für ein »Asien der Asiaten« sah Chiang den problematischen Widerspruch zwischen der Theorie westlicher Freiheitsideale und der Praxis diktatorischer, rassistischer und ausbeuterischer Kolonialherrschaft in Südost- und Südasien.[68] Als Gandhi im August 1942 eine gewaltlose »Quit India«-Bewegung plante, wurden er, Nehru und zahlreiche andere Führer der Kongreßbewegung von den Briten verhaftet und in Gefängnisse geworfen. Die damit ausgelösten Massenproteste wurden von den Briten blutig niedergeworfen. Sie selbst gaben über 1000 Todesopfer zu, die Inder behaupteten bis zu 40.000. Auch öffentliche Auspeitschungen indischer Demonstranten waren an der Tagesordnung.[69] Betroffen wegen dieser Behandlung seiner indischen Gesprächspartner appellierte Chiang an Roosevelt und bat ihn um Vermittlung in Asien. Doch der US-Präsident lehnte ab, und Churchill schrieb Chiang, er werde nie eine amerikanische Einmischung in britische Souveränitätsrechte tolerieren.[70]

Japans Angriff auf Pearl Harbor und der Kriegsbeginn im Pazifik

Die konkreten Umstände des Kriegsbeginns im Pazifik entbehrten nicht der Elemente einer tragischen Groteske. So sollte ein als Kriegserklärung gemeintes japanisches Ultimatum laut expliziter Weisung aus Tokio vom japanischen Botschafter in Washington dem US-Außenminister am Sonntag den 7. Dezember um 13.00 Uhr Ortszeit persönlich überreicht werden. Am Abend des 6.12. hatten die Mitarbeiter der japanischen Botschaft wegen einer Abschiedsparty die ersten 13 Teile des vierzehnteiligen Ultimatums zwar entschlüsselt, aber noch nicht getippt. Da strengste Geheimhaltung angeordnet war, mußte anstelle einer geschulten Schreibkraft ein darin völlig ungeschulter Diplomat am 7.12. ab 10 Uhr vormittags die ihm ungewohnte Arbeit des Abtippens des elfseitigen Ultimatums übernehmen. Wegen zu vieler Tippfehler im ersten Versuch mußte er eine zweite Abschrift bewerkstelligen, mit der er erst um 13.50 Uhr fertig wurde. Daher aber trafen die beiden japanischen Botschafter nicht wie geplant etwa 25 Minuten *vor* Beginn des Überraschungsangriffs auf Pearl Harbor bei US-Außenminister Hull ein, sondern – wenn auch unbeabsichtigt – eine halbe Stunde *nach* Beginn der Kampfhandlungen. Zur Ironie der Situation gehörte wesentlich die Tatsache, daß der amerikanische Geheimdienst – der schon Monate zuvor den geheimen japanischen Funkcode geknackt hatte – das japanische Ultimatum teils schon am Abend des 6. Dezember und vollständig bis 10 Uhr vormittag am 7. Dezember entschlüsselt hatte. Nach Durchlesen der ersten dreizehn Abschnitte hatte Präsident Roosevelt bereits am Abend des 6.12. zu einem anwesenden Freund richtig geäußert: »Das bedeutet den Krieg!« Den letzten, deutlichsten Teil des Ultimatums hatte er am 7. Dezember dreieinhalb Stunden vor Beginn des japanischen Angriffs in Händen. Doch die einzige Warnung oder auch nur Benachrichtigung, die das Kommando der amerikanischen Streitkräfte in Pearl Harbor hinsichtlich des japanischen Ultimatums erhielt, stammte vom Generalstabschef der US-Armee General Marshall, war jedoch im Klartext mit normaler Telegrammpost übermittelt und vom Postboten erst sieben Stunden nach Beginn des Angriffs zugestellt worden.[71]

Vor Untersuchungsausschüssen und der Öffentlichkeit benützten die amerikanischen Oberbefehlshaber auf Hawaii Admiral Kimmel und General Short diese Informationslücke als Begründung ihrer mangelnden Vorbereitung auf einen Angriff. Kimmel jedoch hatte schon am 27. November – zehn Tage vor dem Angriff – eine Botschaft des US-Admiralstabes erhalten, die mit den Worten begann: »Diese Depesche ist eine *Kriegswarnung*. Verhandlungen mit Japan ... wurden eingestellt, und ein aggressiver Schritt Japans wird innerhalb der nächsten Tage erwartet.«[72]

Noch am gleichen Tag hatte General Short ein Telegramm des Generalstabschefs erhalten, das ebenfalls vom Abbruch der Verhandlungen mit Tokio berichtete und hinzufügte, feindliche Aktionen Japans seien jederzeit (»at any moment«) möglich. Danach folgt der ominöse Satz: »Falls Feindseligkeiten nicht ... vermieden werden können, würden die Vereinigten Staaten es vorziehen, daß Japan die ersten offenen Ausführungshandlungen begeht« (»... that Japan commit the first overt act«), mit anderen Worten, den ersten Schuß abfeuert. Über Verantwortlichkeit oder Unschuld der beiden genannten amerikanischen Kommandeure hat es in der amerikanischen Öffentlichkeit sowie unter Historikern und Politikern intensive Auseinandersetzungen gegeben. Nach Ansicht des Verfassers waren die zitierten Warnungen an die Kommandeure vollauf hinreichend, um bei beruflich kompetenten Offizieren sofort angemessene Vorbereitungsmaßnahmen auszulösen. Allerdings entschuldigt die Nachlässigkeit des Kommandos auf Hawaii nicht Washingtons mysteriöse Unterlassung weiterer Informationen und Warnungen an das Kommando in Hawaii.

Zur tragischen Ironie der Umstände bei Kriegsausbruch gehörte auch, daß Roosevelt an jenem Abend des 6. Dezember, an dem er die Worte »das bedeutet den Krieg« fallenließ, ein Telegramm an den Kaiser von Japan zu Händen der US-Botschaft in Tokio sandte, das aber wegen einer zehnstündigen Nachrichtensperre in Japan sowie der für die Übersetzung und protokollarischen Kontakte benötigten Zeitspanne dem japanischen Ministerpräsidenten erst unmittelbar vor Beginn des Angriffs vorgelegt werden konnte. Vizeadmiral Nagumo, der Kommandant des angreifenden japanischen Flottenverbandes, war instruiert worden, daß der Angriff sofort abgeblasen werden würde, falls die US-Regierung in letzter Stunde doch noch einen annehmbaren Kompromiß vorlegen sollte.[73] Doch Roosevelts Depesche forderte den Rückzug Japans aus Indochina und warnte zugleich, geschehe dies nicht, so würden es die Völker der Region, einschließlich der USA, nicht hinnehmen, stets von Japans Machtkonzentration in Indochina bedroht zu sein. Nachdem Ministerpräsident Tojo festgestellt hatte, daß Roosevelts Brief keine erhoffte Konzession der USA beinhaltete, unterließ er es, die Flotte in letzter Minute zurückzubeordern. Kaiser Hirohito wurde erst zwanzig Minuten vor Beginn des Angriffs von Roosevelts Brief verständigt. Einige Stunden nach dem Angriff, von dem er überhaupt nur aus der Tagespresse erfuhr, erhielt US-Botschafter Grew in Tokio eine freundliche, aber unverbindliche Antwort des Kaisers von Japan.[74]

Japans umfängliche Kriegserklärung nennt als primäre Kriegsgründe einerseits Amerikas Weigerung, Japans Rolle als neue Ordnungsmacht Ostasiens de facto anzuerkennen und in diesem Zusammenhang auch Washingtons moralische und materielle Unterstützung des von Tokio grob unterschätzten Widerstandes der chinesischen Regierung der Kuomintang unter Chiang Kai-shek. Auf seiten der USA behaupteten Roosevelt und sein Außenminister Hull vor dem Kongreß und der Öffentlichkeit, der Kriegsbeginn sei einzig auf die unprovozierte Heimtücke des japanischen Angreifers zurückzuführen obwohl sie – entgegen den Warnungen ihrer Admiralität, dies werde Krieg bedeuten – den Wirtschaftskrieg gegen Japan eröffnet hatten und durch ihre Kenntnisnahme geheimer japanischer Funksprüche wußten, daß die Japaner ab Mitte November 1941 an der Möglichkeit eines Kompromisses verzweifelten. Doch das Vorstellungsbild

Überraschungsangriff der Japaner auf die US-Flotte in Hawaii am 7.12.1941, der den Krieg im Pazifik eröffnet. Vorangegangen waren Japans Besetzung Südvietnams, monatelange Verhandlungen zwischen Japan und den USA sowie ein Wirtschafts-, insbes. Erdölboykott der Westmächte, der Japan von lebenswichtigen Importen abschnitt.

von Japans unprovozierter Heimtücke (Hull sprach von »a treacherous and utterly unprovoked attack«) beherrscht bis heute das Geschichtsbild der amerikanischen Öffentlichkeit.

Auf der militärischen Aktionsebene hatte sich ein am 25. November 1941 ausgelaufener japanischer Flottenverband unter Wahrung völliger Funkstille unbemerkt Hawaii nähern können. Sein am 7. Dezember von 350 Trägerflugzeugen (Verlust nur 29 Maschinen) gegen Pearl Harbor durchgeführter Blitzangriff zerstörte 188 amerikanische Kampfflugzeuge, versenkte fünf und beschädigte drei Schlachtschiffe, drei leichte Kreuzer und vier Zerstörer. So hatte der Krieg im Pazifik mit einer schweren, durch die Fahrlässigkeit des US-Kommandos auf Hawaii verschlimmerten Niederlage der USA begonnen.

Japans Expansion und amerik. Gegenoffensiven bis zum 1.4.1945
SOWJETUNION
MANDSCHUREI
ÄUSSERE MONGOLEI
CHINA
KOREA
JAPAN
Wladiwostok
Mukden
Peking
Tientsin
Tsingtau
Port Arthur
Seoul
Tokio
Kioto
Honschu
Kyuschu
Sachalin 1905
Kurilen 1875
Attu
Kiska
Aleuten
Hankau
Schanghai
Kanton
Hongkong
Hainan 1939
Formosa 1895
Okinawa-I. 1609
Bonin-I.
Volcano-I.
BURMA
Rangun
SIAM
INDO-CHINA
Saigon
PHILIPPINEN
Manila
Leyte
Mindanao
Marianen
Saipan
Tinian
Guam
Truk-I.
Karolinen
Wake-I.
Marshall-I.
Gilbert-I.
Midway
Hawaii-Inseln
Pearl Harbor
Pazifischer Ozean
Luftangriff auf Pearl Harbor 7.12.1941
MALAYA
Singapur 1941–42
Sumatra
Borneo
Sandakan
Celebes
NIEDERLÄNDISCH INDIEN
Java
Timor
NEU-GUINEA
Rabaul
Port Moresby
Bismarck-archipel
Salomonen
Guadalcanal
Korallenmeer
Espiritu Santo
Neue Hebriden
Neukaledonien
Nouméa
Fidschi-I.
Tonga-I.
Samoa-I.
Cook-I.
Ellice-I.
Phoenix-I.
Line-I.
Äquator
Darwin
Indischer Ozean
AUSTRALIEN
Brisbane
Sydney
NEUSEELAND
Wellington
4.6.1942
1.4.1945
19.2.1945
15.6.1944
17.2.1944
31.1.1944
15.9.1944
20.10.1944
27.5.1944
22.4.1944
1.11.1943
20.11.1943
7.8.1942
Im August 1942 unter japanischer Kontrolle
Von Japan 1941 bis 1942 besetzte Staaten
Von Japan 1931 bis 1941 besetzte Staaten
Amerikanische Vorstöße
Japanische Vorstöße

10. Kapitel

Der Pazifikkrieg und der Anbruch des Atomzeitalters in Ostasien

Offensive und Gegenoffensive im Pazifik

Nach ihrem Überraschungsangriff auf Pearl Harbor gelang es Japans Land- und Seestreitkräften auf Grund sorgfältig vorbereiteter Pläne, innerhalb von nur sechs Monaten alle strategisch wichtigen Gebiete Südostasiens zu erobern. Nach schwächlicher Verteidigung kapitulierte Hong Kongs britische Garnison bereits am 25. Dezember 1941. Schon am 2. Januar 1942 fiel den Japanern Manila, die Hauptstadt der Philippinen, in die Hände, wonach sie als »undurchdringlich« geltende Dschungelgebiete durchquerend auf Singapur – neben Gibraltar die mächtigste Festung des britischen Empire – vorstießen. Nach inkompetenter Verteidigung, massenhaften Desertierungen und Disziplinlosigkeiten der Streitkräfte kapitulierte die »impregnable fortress« nach nur wenigen Tagen eines Kampfes, den Churchill als »schlimmste Katastrophe und größte Kapitulation« der britischen Militärgeschichte bezeichnete.[1] Auch Burma, Malaya und ganz Niederländisch-Indien (Indonesien) konnten bis zum Frühjahr 1942 von den Japanern erobert werden, die somit ganz Südostasien bis an die Grenzen Australiens und Indiens unter ihre Kontrolle gebracht hatten. Für die anfangs hart bedrängten USA lag ihr Vorteil primär im Bereich der quantitativen und qualitativen Überlegenheit ihrer Produktion und Techno-

Mit der demütigenden Kapitulation der Engländer in Singapur (Churchill: »katastrophalste Niederlage der britischen Militärgeschichte«) zerbrach der Nimbus von der allseitigen Überlegenheit der Weißen: der Anfang vom Ende des Kolonialimperialismus in Ostasien.

logie von Rüstungsgütern, insbesondere in den Bereichen der Kriegsmarine und der Luftwaffe sowie in der Geheimwaffe der ihren Kryptographen gelungenen Entzifferung des geheimen japanischen Funkcodes. Unterstützt durch hierdurch erhaltene nützliche Informationen über die Dispositionen gegnerischer Streitkräfte gelang es der US-Kriegsmarine, japanischen Flottenverbänden in der Seeschlacht bei den Midway-Inseln im Juni 1942 eine erste verlustreiche Niederlage beizubringen. Da Japan damals das einzige Industriezentrum Ostasiens darstellte, mußten industrielle Versorgungsgüter für seine Streitkräfte in Südostasien über Tausende von Seemeilen dorthin transportiert werden, wobei diese Transporte den dezimierenden Angriffen amerikanischer U-Boote ausgesetzt waren.

Insbesondere unter der Führung des Flottenadmirals Chester Nimitz vermochten es die Amerikaner, die Japaner in weiteren Seeschlachten zu schlagen und ihre Streitkräfte von Inselgruppe zu Inselgruppe gegen heftigen japanischen Widerstand vorschiebend in immer nähere Distanz zum japanischen Mutterland zu bringen. Sich oft buchstäblich bis zum letzten Mann aufopfernd, erwiesen sich Japans Truppen als außerordentlich hartnäckige Gegner. Doch ab der für sie ungemein verlustreichen See- und Luftschlacht bei den Marianen-Inseln von Juni 1944 hatten Japans Kriegsmarine und Luftwaffe die Kapazität zu Offensivoperationen größeren Stils verloren.

Britischer General auf dem Weg zur Unterzeichnung der Kapitulation der britischen und australischen Truppen in Singapur am 15. Februar 1942.

China als Opfer des Drei-Mächte-Diktats von Jalta

Die von China dringlich erhoffte und benötigte Entlastung durch den Kriegseintritt Amerikas erwies sich als äußerst gering, weil sich die Vereinigten Staaten wie geplant zunächst vornehmlich auf den europäisch-afrikanischen Kriegsschauplatz konzentrierten. Japans anfängliche Siege und Eroberungen hatten Chiang Kai-sheks Streitkräfte mehr noch als zuvor von Verbindungen zu den Westmächten isolieren können. Chinas einzige Nachschublinie zu seinen westlichen Verbündeten war eine über das Gebirgsmassiv des Himalaja führende Luftbrücke, die Kriegsmaterial in nur spärlichen Mengen nach China transportierte.

Im November und Dezember 1943 fand eine Konferenz zwischen Roosevelt, Chiang Kai-shek und Churchill in Kairo statt. In ihrem Verlauf unterzeichneten die drei Staatsmänner am 1. Dezember eine Erklärung über die Rückgabe aller China von Japan geraubten Gebiete, insbesondere der Mandschurei, Taiwans und der Pescadoren-Inseln.[2] Von den China durch Großbritannien und Rußland ebenso imperialistisch geraubten Gebieten war zumindest offiziell nicht die Rede. Immerhin hatte sich Roosevelt in einem Zweiergespräch mit Chiang Kai-shek für die Rückgabe Hong Kongs an China ausgesprochen und zugesagt, sich hierfür bei den Engländern einsetzen zu wollen.[3] Doch

Alliierte Gipfelkonferenz von Kairo 1943. Von l. nach r.: Chiang Kai-shek, Roosevelt, Churchill und Madame Chiang. China wird nur die Rückgabe von Japan geraubter Gebiete zugesagt, doch Chiang bringt auch Hong Kong zur Sprache.

Churchill hatte auf der anschließenden Gipfelkonferenz in Teheran kategorisch erklärt, ohne verlorenen Krieg gebe es für Großbritannien keine Herausgabe solcher Empire-Stützpunkte wie Hong Kong oder Singapur.[4]

Die Erklärung von Kairo enthielt auch eine Zusage hinsichtlich der Befreiung und später nachfolgenden Unabhängigkeit Koreas. Zur Erleichterung Chiang Kai-sheks wurde ebenfalls auf der Konferenz von Kairo der Beschluß zu einer alliierten Großoffensive in Südostasien gefaßt, in deren Verlauf die japanischen Streitkräfte in Burma von drei Seiten her – von China, Indien und dem Golf von Bengalen – angegriffen werden sollten. Der Plan zu dieser Offensive, die China eine Landverbindung zu seinen Verbündeten freikämpfen sollte, wurde aber von Roosevelt und Churchill auf Grund ihrer anschließend stattfindenden ersten Konferenz mit Stalin wieder fallengelassen. Bei dieser Konferenz in Teheran forderte Stalin energisch die Errichtung einer zweiten Front in Europa und sagte Rußlands Beteiligung am Krieg gegen Japan nach der Niederwerfung Deutschlands zu. Somit blieb China im Hinblick auf die Möglichkeit eines umfangreicheren Nachschubes weiterhin von den Westmächten isoliert, was in Chungking ebenso große Erbitterung auslöste wie auch Roosevelts Beschluß, die Kriegsmacht der USA zunächst primär auf dem europäischen Kriegsschauplatz und nur sekundär in Ostasien zu engagieren.

Unstimmigkeiten zwischen China und den USA ergaben sich auch aus der Rolle des US-Generals Joseph W. Stilwell, der – von Roosevelt vorgeschlagen – Chiang Kai-shek in dessen nomineller Funktion als Oberkommandierender der alliierten Streitkräfte im Raum China–Burma–Indochina als Stabschef zugeordnet war. Stilwell sollte die in China stationierten US-Streitkräfte wie auch solche chinesischen Truppen kommandieren, die Chiang Kai-shek ihm zu unterstellen bereit war. Auch entschied er über die Vergabe von Rüstungshilfe an China. Obwohl Stilwell als tüchtiger Berufsoffizier galt und über frühere China-Erfahrungen verfügte, verhielt er sich der chinesischen Führung gegenüber mit provokativer Arroganz und hegte einen persönlichen Haß gegen Chiang Kai-shek, den er immer wieder zu demütigen trachtete. Die Spannung zwischen ihm und Chiang wurde derart untragbar, daß Roosevelt ihn 1944 abberufen und durch den psychologisch einfühlsameren und militärisch effektiveren General Albert C. Wedemeyer ersetzen mußte.[5]

Was die sowjetischen Pläne hinsichtlich des Fernen Ostens betrifft, so hüllte sich Stalin diesbezüglich zunächst in undurchdringliches Schweigen. Erst im Dezember 1944, als die sowjetischen Armeen bereits vor Warschau und tief in Ungarn standen, erklärte sich Stalin – von Roosevelts Botschafter in Moskau, Harriman, gedrängt – dazu bereit, die sowjetischen Ansprüche im Hinblick auf den Fernen Osten näher zu definieren. Abgesehen von der südlichen Hälfte der Insel Sachalin und den Kurilen-Inseln forderte Stalin in China eine Wiederherstellung jener Machtpositionen in der Mandschurei, die das zaristische Rußland vor seiner Niederlage im russisch-japanischen Krieg 1904/05 besessen hatte. Die Liaotung-Halbinsel, mit den Häfen Port Arthur und Dairen, sollte an Rußland verpachtet werden; ebenso die mandschurischen Eisenbahnen, nicht nur die mit russischem Geld gebaute und 1935 von Moskau an Mandschukuo verkaufte »Chinesische Ostbahn«, die die Mandschurei von Westen nach Osten durchquert, sondern auch die japanische »Südmandschurische Eisenbahn«, welche Changchun (Harbin) in der mittleren Mandschurei mit den Häfen Port Arthur und Dairen verbindet. Schließlich sollte der Status quo in der Äußeren Mongolei, also deren durch Rußland bewirkte faktische Abtrennung von China, völkerrechtliche Anerkennung erhalten.[6]

Diese Forderungen Stalins, die dem späteren Abkommen von Jalta zugrunde lagen, waren somit der amerikanischen Regierung einige Zeit vor der Konferenz mit größter Eindeutigkeit bekanntgegeben worden. Nichts jedoch deutet darauf bin, daß diese Vorschläge vor der Konferenz seitens der amerikanischen Regierung sorgfältig bearbeitet und auf mögliche Auswirkungen hin überprüft wurden, oder im Hinblick auf die Möglichkeit, modifizierende oder kompensierende Gegenvorschläge zu entwickeln. Auf dem Weg nach Jalta trafen Roosevelt und seine Delegation in Malta mit Churchill und dessen Begleitern zusammen. Hierbei wurden die Amerikaner vom britischen Außenminister Eden ermahnt, Vorkehrungen zu treffen, um in den Verhandlungen mit Stalin »alle die Dinge zusammenzustellen, die wir verlangten, gegen die, die wir zu geben hätten«. Eden meinte ferner, man werde mit den Russen gerade in den Fragen ihrer Ansprüche im Fernen Osten verhandeln können, »... da sie es als in ihrem Interesse liegend ansähen, daß der japanische Krieg nicht von den Vereinigten Staaten und Großbritannien allein erfolgreich beendet werden sollte«. In dem amerikanischen Protokoll heißt es über Edens Ausführungen weiter: »Es bestünde daher keine Notwendigkeit für uns, einen hohen Preis für ihre Teilnahme anzubieten, und wenn wir geneigt wären, ihren territorialen Forderungen im Fernen Osten zuzustimmen, so sollten wir zusehen, daß wir einen guten Gegenwert erhielten in bezug auf die Punkte, in denen wir von ihnen Zugeständnisse forderten.«[7]

Ungeachtet dieser Mahnungen Edens und seiner realistischen Einschätzung von Sowjetrußlands starkem und wirklichem Interesse an einer Beteiligung am Krieg gegen Japan, wurden seitens der amerikanischen Delegation in Jalta kaum nennenswerte Gegenvorschläge zu den Forderungen Stalins ausgearbeitet. Lediglich Stalins Forderung, die vorgenannten Häfen von Dairen und Port Arthur sollten wieder »russischer Besitz« werden, wurden dahingehend umgewandelt, daß Dairen zwar »internationalisiert« werden solle, wobei aber »die wichtigen Interessen der Sowjetunion an diesem Hafen zu wahren sind und der Pachtvertrag über Port Arthur als Flottenstützpunkt der Sowjetunion wieder in Kraft zu setzen ist«.[8] Stalins Forderung nach exklusivem russischem Besitz der mandschurischen Eisenbahnen wurde umgewandelt in die Forderung der »Errichtung einer gemeinsamen sowjetisch-chinesischen Gesellschaft ..., wobei es selbstverständlich ist, daß die wichtigen Interessen der Sowjetunion gewahrt bleiben und China die volle Souveränität in der Mandschurei behält«; ferner solle die Erhaltung des Status quo in der Äußeren Mongolei garantiert werden. Roosevelts Bedenken, er habe über diese schwerwiegenden Punkte mit Chiang Kai-shek noch nicht sprechen können, parierte Stalin mit Roosevelts eigenem Argument, in Chungking könne nichts geheimgehalten werden. Roosevelt ersuchte darauf, in den Text des Abkommens von Jalta einen Passus des Inhalts aufzunehmen, daß das Abkommen der Zustimmung Chiang Kai-sheks bedürfe. Dieser Passus, dessen Formulierung die Zustimmungserfordernis der chinesischen Regierung nur mehr zu einer verbalen Geste werden läßt, lautet wie folgt:

> »Es ist selbstverständlich, daß das Abkommen bezüglich der Äußeren Mongolei und der vorerwähnten Häfen und Eisenbahnlinien das Einverständnis von Generalissimus Chiang Kai-shek erfordert. Der Präsident [Roosevelt] wird Maßnahmen ergreifen,

um dieses Einverständnis auf Abruf durch Marschall Stalin zu erlangen. Die Regierungschefs der drei Großmächte haben beschlossen, daß diese Ansprüche der Sowjetunion unstreitig erfüllt werden, sobald Japan besiegt worden ist.«[9]

Die amerikanischen Unterhändler in Jalta verabsäumten es, angesichts so großer Konzessionen an Moskau sowjetische Gegenkonzessionen zu verlangen, die, zumindest in begrenztem Maße, die Interessen der auf dieser Konferenz nicht vertretenen chinesischen Regierung gewahrt hätten. Hier wäre eine Chance gewesen, vertraglich die chinesischen Ansprüche auf die von Japan in der Mandschurei gebauten Industrien festzulegen, die später von den Russen zur Kriegsbeute erklärt und demontiert wurden. So enthielt der Vertrag, von der Zusage des sowjetischen Kriegseintrittes abgesehen, als weitere sowjetische »Konzession« lediglich Moskaus Anerkennung der chinesischen »Souveränität« in der Mandschurei sowie den unverbindlich formulierten, abschließenden Absatz: »Die Sowjetunion drückt ihrerseits die Bereitschaft aus, mit der Regierung Nationalchinas einen Freundschafts- und Bündnispakt zwischen der UdSSR und China abzuschließen, um China durch seine bewaffneten Streitkräfte Beistand bei der Befreiung vom japanischen Joch zu leisten.« Dieser Passus verpflichtete Sowjetrußland zu nichts, wozu es sich nicht bereits den Westmächten gegenüber durch seine Zusage, sich am Krieg gegen Japan zu beteiligen, oder China gegenüber durch den chinesisch-sowjetischen Nichtangriffspakt bereit erklärt hatte. Moskaus »Bereitschaft«, mit China einen Vertrag zu schließen, in dem dieses sich in völkerrechtlich bindender Weise dem Diktat der drei Großmächte beugen sollte, kann kaum als sowjetische »Konzession« betrachtet werden.

Stalins Diplomatie hatte somit einen substantiellen Sieg errungen, der allerdings durch das mangelnde Engagement seiner westlichen Bündnispartner erleichtert und durch den Einsatz der amerikanischen Atomwaffen insofern erweitert wurde, als dadurch Rußlands Preis für die westlichen Konzessionen auf nur wenige Tage aktiver Kriegführung beschränkt wurde.

Am 6. August 1945 wurde die erste amerikanische Atombombe auf Hiroshima geworfen. Zwei Tage darauf erklärte Sowjetrußland Japan den Krieg mit Wirkung ab 9. August. Noch am gleichen Tag erfolgte der Abwurf einer zweiten Atombombe auf Nagasaki. Fünf Tage später befahl der japanische Kaiser seinem Volk und seinen Streitkräften die Annahme der von Japan geforderten bedingungslosen Kapitulation.[10]

Washington und der Beginn der sowjetisch-chinesischen Verhandlungen

Etwas über eine Woche nach dem Ende der Konferenz von Jalta ersuchte Chiang Kaishek Präsident Roosevelt in einem vom amerikanischen Botschafter in China, Hurley, überbrachten Schreiben vom 19. Februar, er möge ihn doch informieren, ob während der Konferenz irgendwelche Beschlüsse bezüglich des Fernen Ostens gefaßt worden seien.[11] Doch erst vier Monate nach der Unterzeichnung des Abkommens von Jalta wurde der chinesische Präsident von der amerikanischen Regierung über dessen Inhalt in Kenntnis gesetzt. Wie aus den Konferenz-Protokollen hervorgeht, hatte Roosevelt in Jalta, so wie zuvor in Teheran, den Standpunkt vertreten, die chinesische Regierung sei nicht in der Lage, Informationen dieser Art wirksam geheimzuhalten – wiederum ohne Präzedenzfälle für die diesbezügliche Unverläßlichkeit des chinesischen Bündnispartners zu nennen. Stalin stimmte dieser Ansicht sofort zu und forderte, daß die den Fernen Osten betreffender Beschlüsse von Jalta von den drei Großmächten (USA, UdSSR und Großbritannien) gebilligt werden müßten, bevor Moskau mit den Chinesen über Einzelheiten der Durchführung dieser Beschlüsse verhandeln könne. Er wolle zunächst 25 sowjetische Divisionen in den Fernen Osten verlagern, danach könne dann mit Chiang Kai-shek verhandelt werden.[12] Chiang Kai-shek seinerseits, dem Vizepräsident Wallace im Namen Roosevelts zu verstehen gegeben hatte, die Vereinigten Staaten würden sich weder am Zustandekommen eines chinesisch-sowjetischen Abkommens direkt beteiligen noch auch dasselbe garantieren, war nun bestrebt, mit Moskau zu einem Übereinkommen zu gelangen, solange Sowjetrußland noch im Kriege gegen Deutschland stand und bevor es Gelegenheit hatte, seine Position im Fernen Osten machtmäßig durch die Entsendung sowjetischer Streitkräfte zu verstärken. Sein Vorschlag, seinen Schwager und damaligen chinesischen Außenminister T. V. Soong zum Zweck von Verhandlungen nach Moskau zu entsenden, scheiterte an dem hier hinhaltenden und dort abratenden Widerstand Stalins und Roosevelts.[13]

Harry S. Truman, der nach dem Tode Roosevelts im April 1945 das Amt des Präsidenten übernommen hatte, ersuchte Roosevelts engsten persönlichen Berater, Harry L. Hopkins, Ende Mai, sich zu ausführlichen Besprechungen über gemeinsame amerikanisch-sowjetische Probleme und Kontroversen nach Moskau zu begeben. Stalin eröffnete Hopkins unter anderem, daß Sowjetrußland in den ersten Augusttagen zum Eintritt in den Krieg gegen Japan bereit sein werde. Im übrigen versicherte der sowjetische Regierungschef, er werde Chiang Kai-shek unterstützen und die Souveränität Chinas in der Mandschurei in keiner Weise beeinträchtigen. Doch knüpfte Stalin an Rußlands Eintritt in den Krieg gegen Japan eine Bedingung, die in Hopkins' telegrafischem Bericht nach Washington wie folgt formuliert wurde: »Der Marschall [Stalin] wiederholte seine in Jalta gemachte Äußerung, daß das russische Volk einen guten Grund für seine Beteiligung am Krieg [gegen Japan] haben müsse und daß diese nun von Chinas Bereitschaft, den Vorschlägen von Jalta zuzustimmen, abhänge. Er möchte Soong nicht später als am 1. Juli empfangen und erwartet von uns, daß wir gleichzeitig Chiang Kai-shek gegenüber die Angelegenheit in die Hand nehmen.«[14] Erst auf diese Nachricht hin rief Präsident Truman Dr. Soong, der sich in Washington aufhielt, am 9. Juni 1945 zu sich, um ihn in Gegenwart von Staatssekretär Grew und Admiral Leahy von dem Inhalt der Beschlüsse von Jalta in Kenntnis zu setzen.[15]

Im Verlauf des Gespräches äußerte Truman, sein Hauptinteresse sei, die rechtzeitige Beteiligung Sowjetrußlands am Krieg gegen Japan zu sichern, um so amerikanische und chinesische Menschenleben zu retten. Er werde nichts tun, was die Interessen Chinas verletzen könne, da sich die Vereinigten Staaten als Freund Chinas betrachteten.[16] Zu Admiral Leahy, der bei seinem ersten, hier erwähnten Gespräch mit Truman zugegen war, sagte Soong laut Truman, die im Abkommen von Jalta Rußland zugesprochene Kontrollgewalt sei untragbar. China werde, sowie es dazu in der Lage sei, diese Angelegenheit mit Mitteln militärischer Gewalt bereinigen. Auf die Frage Leahys, wann dies sein könne, entgegnete Soong: »Irgendwann innerhalb der nächsten fünfhundert Jahre.«[17]

Zur gleichen Zeit wurde Chiang Kai-shek in Chungking vom amerikanischen Botschafter Hurley offiziell über den Inhalt der Beschlüsse von Jalta in Kenntnis gesetzt.

General Wedemeyer, der Hurley begleitete, sagte während einer Einvernahme durch einen Sonderausschuß des amerikanischen Kongresses darüber aus, Chiang Kai-shek habe zunächst auf diese Nachricht hin geschwiegen und sich das Gehörte dann nochmals vortragen lassen, da er offensichtlich nicht habe glauben können, daß die Wirklichkeit den zuvor gehörten Gerüchten entspreche. Er habe keine weitere Frage gestellt, sondern lediglich erklärt, zutiefst enttäuscht worden zu sein.[18] Chiang Kai-shek begegnete jedoch der offiziellen amerikanischen Eröffnung des Inhalts der Beschlüsse von Jalta mit drei Gegenvorschlägen. Vor allem ersuchte er darum, daß auch die Vereinigten Staaten und Großbritannien Signatarstaaten jenes von ihm erwarteten sowjetisch-chinesischen Abkommens werden sollten, das die chinesische Zustimmung zu der Beschlüssen von Jalta bedeuten würde. Das hätte für China eine stärkere Garantie seiner westlichen Verbündeten für die sowjetische Einhaltung des chinesischen Erfüllungsabkommens bedeutet.

Doch teilte die amerikanische Regierung Chiang Kai-shek wie auch dessen Außenminister Soong mit, die Vereinigten Staaten seien in keiner Weise bereit, sich an dem künftigen chinesisch-sowjetischen Vertrag zu beteiligen oder denselben zu garantieren.[19]

So war China, das Japan vier Jahre länger als die anderen Alliierten auf eigenem Boden einen opferreichen Widerstand geleistet hatte, von einem hinter seinem Rücken vereinbarten Drei-Mächte-Diktat seiner »Verbündeten« um den normalsten Siegespreis einer Wiederherstellung der Souveränität im eigenen Land betrogen worden. Zwar hatten die Beschlüsse der Konferenz von Kairo China theoretisch die Rückgabe der von Japan geraubten Gebiete zugesagt. Doch als Folge von Jalta rückte sowjetische Herrschaft anstelle der japanischen in strategisch bedeutsame Positionen in der Mandschurei nach und somit eine Weltmacht, die ideologisch mit der bewaffneten Opposition der chinesischen Kommunisten eng verbunden war. Als Resultat der infamen Beschlüsse seiner »Alliierten« in Jalta, die ohne China, aber zu dessen Lasten getroffen worden waren, kann China partiell auch zu den Verlierern des Zweiten Weltkrieges gerechnet werden.

Der Kriegsverlauf im Pazifik und die Brandbomben auf Japans Städte

Zwar gelang es den Japanern, die britischen Seestreitkräfte im Pazifik vernichtend zu schlagen. Doch ab der Seeschlacht bei den Midway-Inseln im Juni 1942 wandte sich das Kriegsglück den Amerikanern zu, wobei deren Entschlüsselung des japanischen Funkcodes ebenso eine Rolle spielte wie auch die qualitative und quantitative Überlegenheit der amerikanischen Rüstungsindustrie. Den amerikanischen Gegenoffensiven gelang schließlich im Februar 1945 die Rückeroberung der Philippinen. Vorher konnten sie, nachdem sie sich von Insel zu Insel vorstoßend dem japanischen Mutterland genähert hatten, in einer umfassenden See- und Luftschlacht bei den Marianen-Inseln den Japanern im Juni 1944 entscheidend schwere Verluste zufügen. Zugleich gewannen sie mit der Einnahme dieser Inseln erstmals Stützpunkte, von denen aus das japanische Mutterland im Aktionsradius amerikanischer Langstreckenbomber lag.

Da aber die amerikanische Luftwaffe die Ergebnisse konventioneller Präzisionsbombardements als nicht zufriedenstellend empfand, initiierte Luftwaffengeneral Curtis LeMay nächtliche Brandbombenangriffe größten Stils, die sich nun wesentlich auch gegen die japanische Zivilbevölkerung in insgesamt 66 ausgewählten Städten richteten. Die ursprüngliche Anregung zu dieser Form von Luftkrieg gegen Japan soll allerdings nicht von LeMay, sondern von Generalstabschef George C. Marshall bereits vor Pearl Harbor entworfen worden sein.[20] Von einem Gesamtvolumen der auf Japan abgeworfenen Bombenlast von 153.000 Tonnen bestanden 98.000 Tonnen aus Brandbomben. Der erste Musterangriff erfolgte in der Nacht vom 9. auf den 10. März mit 334 Großraumbombern vom Typ B-29. Da japanische Städte im Vergleich zu europäischen oder amerikanischen wesentlich dichter besiedelt waren, da die Baustoffe der Wohnbezirke wesentlich mehr Holz und Papier enthielten und ein großer Prozentsatz der Häuser über keinerlei Keller verfügte, konnten die Bomber riesige, aus verschiedenen Stadtteilen konvergierende Feuerstürme verursachen, die allein in Tokio in der genannten Nacht 83.793 Männer, Frauen und Kinder dem qualvollen Tod durch Verbrennung oder Erstickung preisgaben, Metall zum Schmelzen und kleinere Gewässer buchstäblich zum Kochen brachten. Wie der verantwortliche General LeMay es ausdrückte, wurden diese Menschen »zu Tode verbrannt und gekocht und gebacken« (»scorched and boiled and baked to death«).[21] Feuerwehren waren zu Beginn der Angriffe durch einzelne durch Bomben verursachte Probefeuer (»appliance fires«) planmäßig angelockt und dann von einer zweiten Bombenwelle zerschmettert worden, um durch ihren Ausfall die Gesamtheit der Brandwirkung zu intensivieren. Allein dieser erste Brandangriff von Anfang März 1945 zerstörte ein Viertel des Wohnraumes der Weltstadt Tokio. Nachdem die japanische Regierung eine Weisung zur Mobilisierung aller Männer bis 60 und aller

Die japanische Stadt Osaka nach einem der grauenverbreitenden Brandbombenangriffe der amerikanischen Luftwaffe. Hunderttausende japanischer Zivilisten werden durch Feuerstürme erstickt oder verbrannt.

Frauen bis 40 Jahren erlassen hatte, wurden auch Zivilisten auf Straßen und Äckern mit Bordwaffen beschossen. Von dieser ab März bis August 1945 praktizierten Art der Luftkriegführung schrieb der im Stab General MacArthurs tätige Brigadegeneral Bonner Fellers, hier handle es sich um eine der »erbarmungslosesten und barbarischsten Tötungen von Zivilisten (non-combatants) in der gesamten Geschichte«.[22] Professor Bert Röling, der Vertreter der Niederlande im Richtergremium des nur für japanische Angeklagte konzipierten Richtergremiums des Tokioter Kriegsverbrecherprozesses, bezeichnete diese Brandbombenangriffe als Kriegsverbrechen und völkerrechtlich verbotenen Terrorkrieg gegen die Zivilbevölkerung.[23]

Insgesamt wurden etwa 330.000 japanische Zivilisten zumeist durch Verbrennung getötet und durch Brandwunden verletzt.[24] In der amtlichen Kriegsgeschichte der amerikanischen Heeresluftwaffe, die auch die Methoden und Folgen dieser Brandangriffe darstellt, wird die Wirkung des genannten Großangriffs auf Tokio als »general holocaust« beschrieben und hinzugefügt, nur das gewaltige Erdbeben, das Tokio und Yokohama 1923 zerstörte, sei in der Wirkung entsetzlicher gewesen.[25] Kritiker dieser Art der Kriegführung wurden in der amerikanischen Öffentlichkeit jedoch häufig als »Idealisten, Narren oder Verräter« stigmatisiert.[26]

Mit den Kapitulationen Italiens und des Dritten Reiches hatte Japan ab Mai 1945 sämtliche Bundesgenossen verloren. Die Macht seiner Gegner hatte dementsprechend an Gewicht gewonnen. Restliche Einheiten der japanischen Hochseeflotte waren im April 1945 geschlagen und versenkt worden, während die Amerikaner noch im gleichen Monat auf Okinawa, und somit auf einem ersten Gebiet des japanischen Mutterlandes Fuß faßten. Japans letzte, zwar wenig wirksame aber dennoch gefürchtete Waffe bestand in den sogenannten Kamikaze-Selbstmordfliegern, von denen sich etwa 4000 mitsamt ihren Flugzeugen als »lebende Bomben« auf gegnerische Ziele stürzten. Doch auch sie konnten das unaufhaltsame Vordringen der Amerikaner nicht zu Stehen bringen.

Einer der »Kamikaze« (göttlicher Wind) genannten japanischen Selbstmordflieger stürzt sich als »lebende Bombe« auf ein amerikanisches Kriegsschiff.

Das Ringen um Japans Kapitulation und der Atomkrieg

Angesichts der drastisch verschlechterten Lage übermittelte Reichssiegelbewahrer Kido dem japanischen Außenminister Togo am 15. Juni 1945 den starken Wunsch des Kaisers Hirohito, den Frieden zwischen Japan und den alliierten Mächten auf ehrenvolle Weise durch die Vermittlung der damals noch neutralen sowjetischen Regierung wiederherzustellen.[27] Auf einer Sitzung des Obersten Rates der japanischen Regierung drei Tage danach bestand Übereinstimmung im Wunsche, mit den Westmächten Frieden zu schließen, sofern dabei eine Wahrung der japanischen Staatsform gewährleistet werden könne. Man einigte sich darauf, die Sowjetunion um ihre Vermittlung zu ersuchen, befürwortete eine Beendigung des Krieges bis zum September 1945 und einigte sich gleichzeitig darauf, daß es, wie Außenminister Togo berichtete, »unvermeidlich sei, den Widerstand fortzusetzen, solange die Vereinigten Staaten und Großbritannien an ihrer Forderung bedingungsloser Kapitulation festhielten«.[28] Am folgenden Tag betonte der Außenminister die taktische Notwendigkeit, Moskau das Ersuchen um Vermittlung auf jeden Fall vor der geplanten Gipfelkonferenz Stalins, Trumans und Churchills in Potsdam vorzutragen. Am 22. Juni empfing der Kaiser die Mitglieder des Obersten Rates in Audienz, um ihnen direkt seinen ausdrücklichen Wunsch nach möglichst baldiger Beendigung des Krieges mitzuteilen. Bei dieser Sitzung stellte der Kaiser durch direkte Befragung auch die Zustimmung des Generalstabschefs sicher.[29] Anfang Juli regte der Kaiser die Entsendung eines Sonderbotschafters von hohem Rang für die wichtigen Verhandlungen mit der Sowjetunion über die von Tokio erbetene Vermittlungsaktion an. Auf Togos Empfehlung hin wurde niemand Geringerer als Fürst Konoye hierfür in Aussicht genommen. Der Fürst, der bereits im Text seines Rücktrittsgesuches von 1941 seine Schuldgefühle hinsichtlich des China-Krieges bekundet hatte, erklärte sich dazu bereit, die Friedensmission zu übernehmen und notfalls sein Leben zu riskieren, um das Kriegsende für Japan herbeizuführen. Auf Grund dieser Beschlüsse erhielt der japanische Botschafter in Moskau, Sato Naotake, die Weisung, dort die geplante Entsendung des Sonderbotschafters Konoye vorzubereiten.

Für das weitere Verhalten der USA Japan gegenüber ist es bedeutsam, daß die amerikanische Regierung durch die Entschlüsselung geheimer japanischer Funksprüche von der Kapitulationsbereitschaft der japanischen Regierung und ihrem Versuch, einen ehrenvoller Kapitulationsfrieden durch die Vermittlung Moskaus herbeizuführen, erfahren hatte. Schon am 13. Juli 1945 berichtete der amerikanische Marineminister James Forrestal: »Das erste reale Anzeichen eines japanischen Verlangens, den Krieg zu beenden, erhielten wir heute auf Grund abgefangener Botschaften des japanischen Außenministers Togo an den japanischen Botschafter in Moskau, Sato, in denen letzterer instruiert wurde, mit Molotow möglichst vor dessen Abreise zur Begegnung der Großen Drei (bei der Konferenz von Potsdam) zu sprechen und, falls nicht jetzt, dann jedoch sofort danach, diesem den starken Wunsch des Kaisers nach Beendigung des Krieges zu übermitteln. Togo trug weiterhin auf, den Russen mitzuteilen, daß die Japaner mit Rußland im Frieden zu bleiben wünschten und daß die Japaner keine permanente Annektierung der von ihnen eroberten Gebiete in der Mandschurei beabsichtigten. Togo sagte ferner, daß die Forderung der Alliierten nach bedingungsloser Kapitulation das einzige Hindernis zur Beendigung des Krieges sei und daß die Japaner, falls jedoch darauf bestanden werde, keine andere Wahl haben würden als weiterzukämpfen.«[30] Am 24. Juni erfuhr Forrestal, Botschafter Sato habe der Regierung in Tokio die Annahme einer bedingungslosen Kapitulation angeraten. Das Außenministerium aber habe Sato geantwortet, man habe seinen Vorschlag besprochen, sei aber zu dem Beschluß gekommen, den Krieg mit aller Kraft fortzuführen, solange die einzige Alternative zum Kampf die von der Alliierten geforderte bedingungslose Kapitulation bleibe.[31]

Siebzehn Tage vor diesem Bericht war der neue amerikanische Außenminister James Byrnes von einem Gespräch des japanischen Militärattachés in Stockholm mit Prinz Karl Bernadotte von Schweden unterrichtet worden, in dem der Attaché Onodera von der Kapitulationsbereitschaft des japanischen Kaisers und seinem Interesse an einer Vermittlung durch den König vor Schweden gesprochen habe.[32] Während der Gipfelkonferenz von Potsdam hatte Stalin am 28. Juni Präsident Truman von Japans Ersuchen um eine Beilegung des Krieges durch die Vermittlung der Sowjetunion sowie auch davon informiert, daß Fürst Konoye in diesem Zusammenhang zum Leiter einer nach Moskau zu entsendenden Delegation bestimmt worden sei.[33]

Die Regierung der USA verfügte somit über authentische Informationen über die vom Kaiser selbst und der japanischen Regierung in Wort und Tat bekundete Bereitschaft, den Krieg durch einen Kapitulationsfrieden zu beenden, jedoch eher weiterzukämpfen, als eine »bedingungslose« Kapitulation zu akzeptieren. In dieser Haltung der Japaner lag ein bedeutsamer Unterschied zu derjenigen der Führung des Dritten Reiches, die erst nach Hitlers Selbstmord und der fast vollständigen Besetzung Deutschlands durch alliierte Streitkräfte kapituliert hatte. Die japanische Kapitulationsbereitschaft entstand zu einem Zeitpunkt, in dem noch kein alliierter Soldat seinen Fuß auf eine der Hauptinseln des japanischen Mutterlandes gesetzt hatte. So ergab sich weniger als zwei Monate nach der Kapitulation des Nazireiches eine definitive Chance zur sofortigen Einstellung des Zweiten Weltkrieges, sofern man auf seiten der Westmächte dazu bereit war, die japanische Vermittlungsinitiative aufzugreifen, wobei es allerdings notwendig gewesen wäre, die Forderung nach einer »bedingungslosen« Kapitulation Japans zumindest in der Form fallenzulassen.

Die Chancen, unter dieser Voraussetzung von Japan auf diplomatischem, weniger blutigem Wege einen Frieden zu harten Bedingungen zu erzwingen, waren denkbar günstig. Mit der Kapitulation der mit ihm verbündeten Achsenmächte hatte Japan nicht nur mächtige Alliierte verloren, sondern es war gleichzeitig das gesamte auf dem europäischen Kriegsschauplatz gebundene militärische Machtpotential seiner Gegner zum Einsatz gegen Japan frei geworden. Amerikas überwältigende militärtechnologische Überlegenheit hatte es bis zum Sommer 1945 vermocht, Japans Kriegsmarine und Luftwaffe derart zu schlagen, daß sie die Fähigkeit zu wirksamen Offensivoperationen verloren hatten. Während der amerikanische U-Boot-Krieg Japans Einfuhrvolumen drastisch gesenkt hatte, zerstörten Massenangriffe amerikanischer Langstrecken- und Trägerflugzeuge die Städte, die Produktionszentren und das Verkehrssystem des japanischen Mutterlandes.[34] Nach zweimonatigem furchtbarem Kampf hatten die von Insel zu Insel in Richtung auf Japan vorstoßenden amerikanischen See-, Luft- und Landstreitkräfte im Juni 1945 Okinawa, die Hauptinsel der südlich von Kyushu liegenden Gruppe der Ryukyu-Inseln, erobert und standen so unmittelbar vor den Toren des japanischen Mutterlandes. So war Japan zum Zeitpunkt der Potsdamer Konferenz diplomatisch völlig isoliert, wirtschaftlich zur

See und zur Luft mit großer Wirksamkeit von einem Blockadering umgeben und militärisch so geschlagen, daß seine einzige militärische Handlungsfreiheit nur mehr in einer verzweifelten Verteidigung des eigentlichen japanischen Staatsgebietes gegen einen technisch und zahlenmäßig weit überlegenen Gegner bestehen konnte. Die große Chance zur siegreichen Kriegsbeendigung auf diplomatischem Wege, die unter diesen für die Alliierten so günstigen Umständen durchaus gegeben war, ging jedoch durch das Beharren der Regierung Trumans auf der Forderung nach bedingungsloser Kapitulation verloren.

Das Problem der »bedingungslosen Kapitulation«

Die einer raschen Kriegsbeendigung eher hinderliche Formel von der »bedingungslosen Kapitulation« hatte Präsident Roosevelt auf der Konferenz von Casablanca 1943 konzipiert und anschließend klargestellt, sie gelte nicht nur den damaligen Regierungen und Herrschaftssystemen in den drei Achsenmächten, sondern ziele auf die Gesamtheit der betroffenen Völker.[35] Wegen dieser Formel mußten Unmengen von Blut vergossen werden, bevor der Krieg im Pazifik in einer Weise endete, die dennoch nicht als rigorose Anwendung der Forderung nach bedingungsloser Kapitulation angesehen werden kann. Washingtons Alliierte waren weitaus weniger als die USA auf die Formel der bedingungslosen Kapitulation festgelegt. So hatte etwa Churchill Präsident Truman am 18. Juni 1945 vergeblich empfohlen, Japan in der Form der Kapitulation entgegenzukommen, wenn man dadurch weiteres Blutvergießen verhindern könne.[36] Wenn Stalin auch einige Wochen zuvor geäußert hatte, er bevorzuge Japans bedingungslose Kapitulation, so hatte er doch gleichzeitig seine Bereitschaft zum taktischen Verzicht auf diese Formel ausgesprochen und auf die möglichen Vorteile eines solchen Verzichts hingewiesen.[37]

Auch in der außenpolitischen Führungsspitze der amerikanischen Regierung waren Stimmen laut geworden, die vor einer dogmatischen Anwendung der Formel der bedingungslosen Kapitulation warnten. So wies Amerikas früherer Botschafter in Tokio, Unterstaatssekretär Grew, darauf hin, daß man den Japanern die Kapitulation erleichtern könne, wenn man ihnen zusage, das japanische Kaiserhaus mit seinem quasireligiösen Charisma nicht gegen der Willen des japanischen Volkes zu beseitigen.[38] Fast gleichzeitig warnten die Vereinigten Stabschefs der amerikanischen Streitkräfte vor irgendwelchen Maßnahmen, die es ihnen erschweren könnten, diese besondere Autorität des Kaisers als Instrument zur Durchsetzung der Kapitulation zu benützen.[39]

Ungeachtet aller Bedenken dieser Art unterzeichnete Präsident Truman am 26. Juli 1945 eine an die japanische Regierung gerichtete Proklamation, in der das japanische Volk vor die Wahl zwischen einer »bedingungslosen Kapitulation« und einer »schnellen und vollständigen Zerstörung« gestellt wurde. Acht Tage vor der Bekanntgabe dieses auf Wunsch Trumans auch von Churchill und Chiang Kai-shek unterzeichneten Ultimatums hatte der erste erfolgreiche Test die Anwendbarkeit und furchtbare Zerstörungskraft atomarer Sprengkörper gezeigt. Das vor Japan geheimgehaltene Wissen um den Besitz dieses neuen Vernichtungsmittels stand hinter der ausgesprochenen Drohung der »schnellen und vollständigen Zerstörung«. Der Wortlaut der an Japan gerichteten Proklamation vom 26. Juli ist ambivalent insofern, als den Japanern die Zielsetzungen der Sieger nach der bedingungslosen Kapitulation Japans klar, aber in keiner rechtsverbindlichen Form übermittelt wurden. Zu diesen Zielen gehörte die Beseitigung derer, die für der Krieg verantwortlich seien, die Vernichtung des japanischen Rüstungspotentials, die Beendigung der japanischen Kontrolle über alle Gebiete außerhalb des ursprünglichen japanischen Staatsgebietes, die völlige Entwaffnung der japanischen Streitkräfte, die Wiederherstellung demokratischer Freiheiten, die Bestrafung von (japanischen) Kriegsverbrechern, die Zahlung von Reparationen und die Besetzung Japans bis zur Sicherstellung der vorgenannten Forderungen.[40] Die in der Proklamation ausdrücklich erwähnten Zielsetzungen der Alliierten enthielten einerseits eine Begrenzung durch diese Tatsache ihrer ausdrücklichen Darlegung. Gleichzeitig aber wurde diese Selbstbegrenzung der Ziele der Sieger dadurch entwertet, daß man im gleichen Dokument die bedingungslose Kapitulation forderte, die Japan de jure dem Sieger auf Gnade und Ungnade ausliefern und den Wert der genannten Zielbegrenzungen relativieren mußte. Der von Japan-Experten angeratene Hinweis auf die Erhaltung des Kaiserhauses, falls das vom japanischen Volk gewünscht werde, war unterblieben. Im Endeffekt bestand die Proklamation in einer Kombination völkerrechtlich unverbindlicher Zielsetzungen der siegessicheren Alliierten, kombiniert mit der das Dokument abschließenden genozidalen Drohung: »Die Alternative für Japan besteht in seiner schnellen, und vollständigen Zerstörung.« Bereits zwei Tage vor der Veröffentlichung der Proklamation war vom Chef des amerikanischen Generalstabes mit der Billigung des Präsidenten und des Kriegsministers der Befehl zum Abwurf einer ersten Atombombe und weiterer Atombomben auf japanische Städte erteilt und von Truman die Weisung gegeben worden, die Atomwaffen seien einzusetzen, sofern die japanische Regierung nicht bis zum 3. August – das heißt nach dem Ablauf einer Woche seit Erlaß der Potsdamer Proklamation – einer bedingungslosen Kapitulation zugestimmt habe.[41] Der Verzicht darauf, den Krieg mit Japan durch diplomatische Mittel zu beenden, bedeutete für Washington die Notwendigkeit, auf den chinesischen Verbündeten einen starken Druck auszuüben, damit dieser die Zeche des erwünschten russischen Eintritts in den fernöstlichen Krieg begleiche. Denn die von Roosevelt zu Lasten Chinas gemachten territorialen Konzessionen in der Mandschurei waren an die Bedingung der sowjetrussischen Beteiligung am Krieg gegen Japan geknüpft. Eine auf diplomatischem Wege herbeigeführte Beendigung des Krieges mit Japan noch vor Abschluß der sowjetischen Vorbereitungen zum militärischen Eingreifen im Fernen Osten und vor der Unterzeichnung des chinesisch-sowjetrussischen Vertrages hätte China unzweifelhaft eine stärkere Verhandlungsbasis Rußland gegenüber geschaffen und die Vereinigten Staaten von der komplexen Hypothek der Tatsache befreit, als erste Großmacht von atomaren Kampfmitteln Gebrauch machen und China zur Annahme der demütigenden Beschlüsse von Jalta nötigen zu müssen.

Die Diskussion um Abwurf und Zielwahl der Atombomben

Über den Einsatz von Atomwaffen hatten sich innerhalb der betreffenden amerikanischen Entscheidungs- und Beratungsgremien folgenschwere Meinungsverschiedenheiten ergeben. Man diskutierte, ob man die Japaner vor dem bevorstehenden Einsatz von Atomwaffen warnen solle oder nicht und ob die Bomben auf ein unbesiedeltes Gebiet

Luftaufnahme der Stadt Hiroshima vor dem Abwurf der Atombombe.

Das Atomzeitalter begann in Ostasien. Hiroshima nach dem Atombombenabwurf vom 6. August 1945. Die zweite Atombombe fiel drei Tage später auch ohne Vorwarnung auf die Stadt Nagasaki. Die amerikanischen Planer verwarfen die Alternativen eines Abwurfs nur auf rein militärische oder unbewohnte Objekte.

zur Demonstration und Information der japanischen Physiker und damit auch der Regierung oder auf ein rein militärisches Objekt oder auf eine bevölkerte Stadt abgeworfen werden sollten. Während der Atomwissenschaftler Leo Szilard und General George C. Marshall eine Vorwarnung der Japaner durch die Anwendung der Bombe auf ein rein militärisches Ziel vorschlugen, setzten andere Berater, darunter General Leslie Groves und der Atomwissenschaftler J. Robert Oppenheimer, ihren Ratschlag durch, die ersten Atombomben ohne Vorwarnung auf noch unbeschädigte japanische Städte von solcher Größe zu werfen, »daß die ganze Zerstörungszone sich innerhalb des Ortes befände«.[42]

Unter diesem Aspekt waren vier japanische Städte als potentielle Ziele des Atomwaffeneinsatzes ausgewählt worden. Unter ihnen befand sich ursprünglich die alte Kaiserstadt Kyoto, eines der bedeutendsten Kunst- und Kulturzentren nicht nur Japans, sondern auch ganz Ostasiens. Nicht einer der mit der Zielwahl befaßten Generäle oder Atomwissenschaftler, sondern lediglich Kriegsminister Stimson hatte gegen die Vernichtung von Kyoto energischen Protest erhoben und die Streichung dieser Stadt von der Zielliste bei Präsident Truman durchgesetzt.[43]

Da die Sowjetunion ihren Kriegseintritt gegen Japan insgeheim für den Monat August zugesagt hatte, wäre es denkbar gewesen, daß es Washington vorgezogen hätte, vor dem Einsatz atomarer Vernichtungsmittel zunächst einmal die psychologische Wirkung abzuwarten, die eine sowjetische Kriegserklärung gegen Japan auf die Kapitulationsbereitschaft Japans ausüben würde. Doch Truman erteilte am 2. August 1945 den endgültigen Einsatzbefehl. »Ich war mir natürlich bewußt«, so schrieb Truman hinsichtlich dieses Befehls, »daß die Explosion einer Atombombe unvorstellbare Zerstörungen und Verluste zufügen würde.« Doch war Truman von seinen wissenschaftlichen Beratern überzeugt worden, daß nur ein alle Wirkungen der Atombombe voll demonstrierender Einsatz die gewünschte Wirkung der Demoralisierung des Gegners erfüllen würde.[44] Am 6. August 1945 warf ein amerikanischer Langstreckenbomber die erste Atombombe mit einer Sprengkraft von 20.000 Tonnen TNT auf die japanische Stadt Hiroshima. 78.000 Menschen starben, zumeist durch Verbrennung. Zwei Drittel aller Gebäude der Stadt wurden vernichtet.

Zwei Tage darauf wurde Japans Botschafter in Moskau vom sowjetischen Außenminister Molotow die Kriegserklärung der Sowjetunion gegen Japan überreicht.[45] Bereits am 5. April des gleichen Jahres hatte Molotow Botschafter Sato mitgeteilt, daß die Sowjetunion den sowjetisch-japanischen Neutralitätspakt nach seinem Ablauf am 25. April 1946 nicht mehr zu erneuern gedenke. Bis zu diesem Datum aber, so hatte Molotow versichert, werde der Pakt weiterhin seine volle Gültigkeit behalten. Nach seinem Ablauf werde man zum völkerrechtlichen Status quo ante, wie er vor der Unterzeichnung des Paktes bestanden habe, zurückkehren.[46] Diese bewußt täuschende Zusicherung wiegte die japanische Regierung hinsichtlich der sowjetischen Haltung so sehr in Sicherheit, daß die meisten Mitglieder des Obersten Rates in Tokio weiterhin auf eine Vermittlung der Sowjetunion hofften. Wiederum wäre es denkbar gewesen, daß Präsident Truman vor weiteren Maßnahmen die doppelte Wirkung einmal der ersten Atombombe und zum anderen der sowjetischen Kriegserklärung gegen Japan abgewartet hätte. Ohne der Regierung in Tokio aber hinreichend Zeit zu einer solchen Reaktion nach dem Schwinden aller Hoffnungen auf eine sowjetische Vermittlung zu geben, ließ Truman, der durch mündliche und photographische Berichte von der grauenerregenden Wirkung der ersten Atombombe ausführlich informiert worden war, schon am 9. August, dem Tag nach Moskaus Kriegserklärung, eine zweite Atombombe auf die japanische Stadt Nagasaki werfen. Dort fanden 40.000 Menschen durch die neuartige Waffe den Tod.

Die dennoch »bedingte« Kapitulation

In den obersten politischen Entscheidungsgremien in Tokio begannen am gleichen Tage pausenlose Beratungen über die Frage, wie man sich angesichts der neuen Situation verhalten solle. Niemand befürwortete eine Fortsetzung des Krieges. Doch waren die Meinungen hinsichtlich der konkreten Form der Kapitulation geteilt. Insbesondere die Führer der japanischen Armee schlugen vor, man solle eine japanische Kapitulation an die Zusage von drei Bedingungen binden: 1. kein japanisches Staatsgebiet im engeren Sinne solle von den Alliierten besetzt werden; 2. der Rückzug, die Entwaffnung und die Demobilisierung der japanischen Streitkräfte solle von der japanischen Regierung selbst durchgeführt werden; 3. die Bestrafung von japanischen Kriegsverbrechern solle von der japanischen Regierung selbst vorgenommen werden.[47] Im Kronrat, der in Gegenwart des Kaisers tagte, wurde als Alternative hierzu vorgeschlagen, man solle die Potsdamer Erklärung der Alliierten annehmen, vorausgesetzt, daß sie »keine Forderungen enthalte, die die Prärogative des Kaisers als eines souveränen Herrschers präjudizieren«. Da zwischen den Vertretern dieser beiden Vorschläge keine Einigung erzielt werden konnte, ersuchte Ministerpräsident Suzuki den Kaiser um seine Entscheidung. Der Kaiser sprach sich für die zweite Alternative aus. Hinsichtlich vorgetragener Pläne zu weiterem militärischem Widerstand erinnerte der Kaiser pointiert an die Unrichtigkeit früherer Prognosen seitens der Führung der japanischen Streitkräfte. Der Kaiser fügte hinzu, jetzt sei die Zeit gekommen, Untragbares zu ertragen. Im Gedenken an die Haltung des großen Kaisers Meiji anläßlich der Drei-Mächte-Intervention im Jahre 1895 unterdrücke er seine Tränen und billige den Plan zur Annahme der Potsdamer Erklärung mit dem einen genannten Vorbehalt.[48]

Am 10. August erhielten die diplomatischen Vertreter Japans in Stockholm und Bern die Weisung, den Regierungen der Alliierten mitzuteilen, daß Japan zur Annahme der Erklärung vor Potsdam unter der Voraussetzung bereit sei, daß hierdurch die Prärogative des japanischen Kaisers als eines souveränen Herrschers nicht präjudiziert würde.[49] Auf diese Erklärung erhielt die japanische Regierung am 13. August die vom amerikanischen Außenminister Byrnes formulierte Antwort der Alliierten. Sie besagte, daß der Kaiser und die japanische Regierung vom Moment der Kapitulation an der Autorität des Alliierten Oberkommandos unterstellt würden. Eine früher von Chiang Kai-shek bereits vorgeschlagene Formulierung aufgreifend, hieß es in der Antwortnote weiter, daß die endgültige Form der neuen japanischen Regierung von dem frei auszudrückenden Willen des japanischen Volkes abhängen werde.[50] Wiederum konnten sich die politischen Führer Japans zu keiner einhelligen Reaktion dieser Antwort gegenüber entschließen. Während die einen ihre Annahme empfahlen, forderten die anderen einen militärischen Endkampf bis zum Letzten. Abermals war es die Initiative des Kaisers, die eine Entscheidung herbeiführte. Im Gegensatz zu aller Tradition bisheriger Verfahren der politischen Willensbildung an der Spitze des japanischen Staates ergriff der Kaiser das Wort und sagte:

»Nicht leichthin, sondern nach reiflicher Erwägung der Verhältnisse innerhalb und außerhalb des Landes und insbesondere der Entwicklung, die der Krieg genommen hat, habe ich mich früher entschlossen, die Potsdamer Erklärung anzunehmen. An meiner Entschlossenheit hat sich nichts geändert. Ich habe die Auseinandersetzung über die kürzlich von den alliierten Mächten erteilte Antwort angehört; ich bin der Meinung, daß sie im allgemeinen unsere Voraussetzung bestätigt hat. Was Paragraph 5 der Erklärung angeht, so stimme ich mit dem Außenminister überein, daß er nicht darauf abzielt, die nationale Staatsform Japans umzustürzen; aber wenn der Krieg nicht in diesem Moment beendet wird, so wird, fürchte ich, die nationale Staatsform zerstört und die Nation vernichtet werden. Es ist daher mein Wunsch, daß wir das Untragbare ertragen und die alliierte Antwort annehmen, um den Staat als einen Staat zu bewahren und meinen Untertanen weiteres Leiden zu ersparen. Ich wünsche, daß Sie alle in dieser Ansicht handeln mögen. Der Kriegs- und der Marineminister haben mir gesagt, daß innerhalb von Armee und Marine Opposition besteht; ich wünsche, daß auch die Wehrmacht zum Verständnis meiner Wünsche gebracht wird.«

Dem Wunsch des Kaisers entsprechend wurden die Regierungen der alliierten Mächte am gleichen Tage von dem Beschluß des Kaisers in Kenntnis gesetzt. Um dieser Entscheidung innenpolitischen Nachdruck zu verleihen, besprach der Kaiser eine Schallplatte mit der Begründung seines Befehls zur Kapitulation. Ein kleinerer Putschversuch von Offizieren und Mitgliedern der Kaiserlichen Garde, die unter anderem versuchten, die Schallplatte mit der Ansprache des Kaisers vor ihrer Verbreitung durch den japanischen Rundfunk an sich zu bringen, konnte relativ leicht unterdrückt werden.[51]

Am 25. August vernahm die Bevölkerung Japans zum ersten Mal die Stimme ihres Kaisers über den Rundfunk. Unter Hinweis auf die für Japan nachteilige Entwicklung des Kriegsverlaufs und die Wirkung der Atombombe, der das Leben vieler unschuldiger Menschen weiterhin zum Opfer fallen könne, stellte der Kaiser fest, daß eine Fortsetzung des Kampfes mit der Ausrottung der japanischen Nation enden würde, denn es sei nicht abzusehen, welche Greuel der Feind noch verüben werde. Wörtlich hieß es: »Wir können nicht umhin, Unser großes Bedauern den verbündeten Mächten (in Asien) auszudrücken, die an der Befreiung Ostasiens mitwirkten. Beim Gedenken an Unsere auf dem Kriegsschauplatz gefallenen ... Untertanen blutet Uns das Herz. Trotz alledem gedenken Wir der Entwicklung der Lage entsprechend, Uns in das Unerträgliche zu schicken, um damit den Frieden für alle Zeit anzubahnen. Wir warnen daher davor, die Situation unnütz zu komplizieren ... (und) ... das Vertrauen der Welt zu verlieren. Wir hoffen, daß die ganze Nation ... alle Kräfte in den Dienst des Wiederaufbaus in der Zukunft stellt ... um mit dem Fortschritt der Welt Schritt zu halten.«[52]

Der Kaiser ernannte auf Kidos Empfehlung Prinz Higashikuni zum neuen Ministerpräsidenten und beauftragte vier weitere Prinzen des kaiserlichen Hauses, in Singapur, Zentralchina, der Mandschurei und in Japan selbst dafür zu sorgen, daß dem kaiserlichen Befehl zur Niederlegung der Waffen korrekt Folge geleistet werde. Das japanische Kaiserhaus, das mit der Meiji-Reform zum zentralen politischen Symbol des modernen Japan geworden war, übernahm in dieser Stunde der schwersten Krise der japanischen Geschichte die Funktion des Geburtshelfers einer neuen Epoche für das japanische Volk.

Die formale Unterzeichnung der japanischen Kapitulation fand am 2. September 1945 an Bord des amerikanischen Schlachtschiffes *Missouri* statt.

So war in Ostasien, in Hiroshima, der Anbruch des Atomzeitalters weltweit erschreckend erkennbar geworden. Doch sowohl die Art als auch die Umstände der beiden ersten Einsätze von Nuklearwaffen gegen die Zivilbevölkerung zweier dichtbesiedelter Städte sind Gegenstand vielseitiger Kritik geworden. Deren relevanteste Punkte beziehen sich auf folgende Aspekte:

1. Der US-Regierung war unzweideutig bekannt, daß sich die japanische Regierung in den Wochen vor den Atombombenabwürfen aktiv um Kapitulationsverhandlungen und um eine diesbezügliche Vermittlung durch die vermeintlich »neutrale« Sowjetunion bemühte (die allerdings an ihrem Kriegseintritt mehr als an einem vorzeitigen Kriegsende interessiert war) und daß Japan bereit war, selbst zu schwerwiegenden Bedingungen zu kapitulieren.

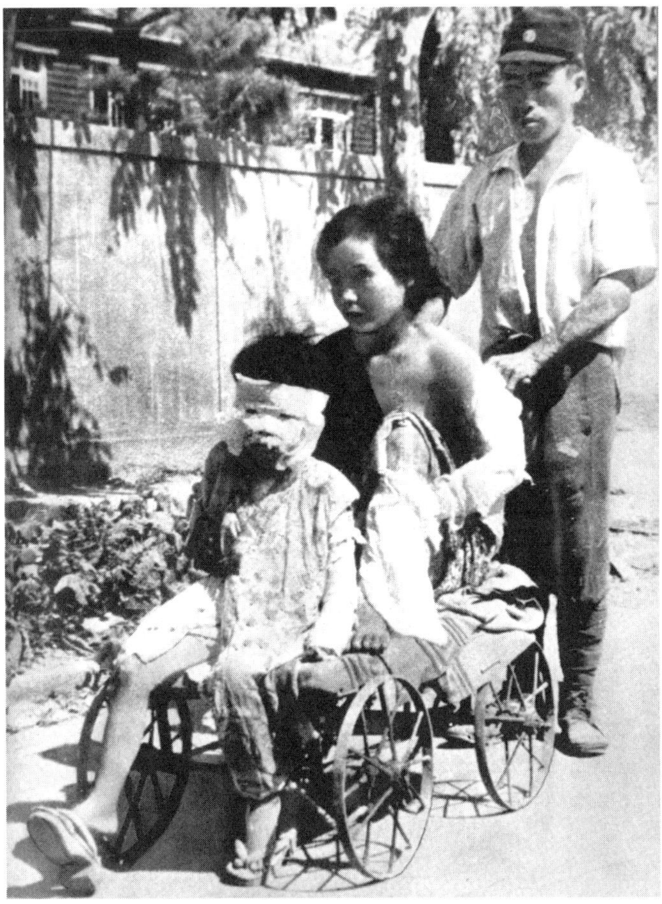

Primäre Leidtragende der Brand- und Atombombenangriffe waren Menschen der Zivilbevölkerung.

2. Nach Ansicht führender Instanzen der US-Streitkräfte hatte Japan im August 1945 jegliche Kapazität zu militärischen Offensiven verloren. Fast ohne Widerstand konnte die US-Luftwaffe fast täglich japanische Städte verwüsten, während Einheiten der US-Flotte von der See aus japanische Industrie-, Verkehrs- und Hafenanlagen widerstandslos beschießen konnten. Somit bestand kein militärischer Anlaß zur terminlichen Forcierung der japanischen Kapitulation durch Atombomben oder zur Annahme, Japan könne ansonsten nur durch eine verlustreiche Eroberung seiner Hauptinseln bezwungen werden.[53]

3. Als humanitär und kriegsrechtlich extrem problematisch galt die Entscheidung, die erste Bombe nicht – wie mehrfach empfohlen – zur Warnung auf unbewohntes Gebiet oder auf ein rein militärisches Objekt abzuwerfen, sondern mit voller Absicht – so wie dann auch die zweite Atombombe – ohne spezifische Vorwarnung (zwecks vorheriger Evakuierung der Bewohner) eine dichtbesiedelte Stadt zu treffen und dadurch insgesamt 300.000 Menschen, zumeist aus der Zivilbevölkerung beider Städte, qualvoll sterben zu lassen, während unzählige andere jahrelang an den Folgeschäden der atomaren Strahlen dahinsiechten.

4. Ohne die Japan psychologisch zusätzlich entmutigende Kriegserklärung der Sowjetunion vom 9. August 1945 abzuwarten und ohne der japanischen Regierung auch nur die Zeit zur bloßen Untersuchung des für sie völlig neuartigen Bombenschadens in Hiroshima (vom 6. August) und zur Reaktion hierauf zu geben, erfolgte der zweite Abwurf mit unverständlicher Hast und ebenfalls ohne Vorwarnung nur drei Tage später am 9. August auf die Stadt Nagasaki und somit an dem Tag, an dem Moskau zudem Tokio den Krieg erklärte. Bis zum 18. August sollte eine dritte Atombombe einsatzbereit zur Verfügung stehen. Historiker wie Gar Alperovitz haben hieraus die umstrittene Hypothese abgeleitet, der Einsatz der Atombomben habe in Wirklichkeit die Funktion gehabt, die Sowjetunion anschaulich mit der gewachsenen Macht der USA zu beeindrucken.

5. Als die japanische Regierung trotz der nuklearen Verwüstung zweier Städte dennoch nur gegen eine Zusicherung der Erhaltung des Kaiserhauses kapitulieren wollte, gaben die Alliierten genau jene Zusicherung, zu der führende Persönlichkeiten *vor* dem Einsatz der Nuklearwaffen vergeblich geraten hatten. So ergab sich die tragische Paradoxie einer Situation, in der zwar die Atomwaffen eingesetzt und Hunderttausende von Menschen getötet oder verstümmelt worden waren, um Japans »bedingungslose« Kapitulation zu erzwingen, schließlich jedoch Japans Kapitulation dann faktisch doch nur »bedingt« durch die von Tokio verlangte und erhaltene Zusicherung hinsichtlich des Kaiserhauses erfolgte. Somit hatte das dogmatische und letztlich doch vergebliche Festhalten an dem einen Wort »bedingungslos« unsagbare Opfer gekostet.

Machtpolitische Realitäten verhinderten eine strafrechtliche Untersuchung dieser Vorgangsweise, in der, neben vielen anderen, einer der Richter des Tokioter Kriegsverbrecherprozesses den Tatbestand eines Kriegsverbrechens gesehen hat.[54] Angesichts der diesbezüglichen Mehrheitsstimmung in der öffentlichen Meinung der USA haben allerdings sämtliche amerikanischen Präsidenten seit Harry S. Truman den Standpunkt vertreten, dieser Einsatz sei dem Prinzip nach und in den Formen seines Vollzuges rechtmäßig gewesen. So bleibt bisher der Austausch von Argumenten weiterhin in den Händen der Historiker. Doch angesichts der in den Jahrzehnten seither zunehmenden

Verbreitung des Besitzes an Nuklearwaffen ist dieser weltgeschichtlich erste Präzedenzfall auch hinsichtlich seines Rechts- oder Unrechtscharakters von mehr als nur akademischer Bedeutung geblieben.

Die Tragik der Amerikaner japanischer Herkunft

Der internationale Krieg Japans gegen Amerika hatte eine Art innergesellschaftlichen Nebenschauplatz in den USA. Denn dort wurden etwa 120.000 US-Bürger lediglich auf Grund ihrer japanischen Abstammung, motiviert von einer Mischung aus Kriegshysterie und rassistischen Vorurteilen, ohne Nachweis irgendeines Fehlverhaltens für die Dauer des Krieges in militärisch bewachte Internierungslager gesteckt. So verfügte der *Civilian Exclusion Order No. 57* der US-Bundesregierung die Verbannung aller Menschen japanischer Abstammung aus den westlichen Teilen der Staaten Kalifornien, Arizona, Oregon und Washington. Da sie gezwungen waren, sich innerhalb von Tagen auf den Abtransport vorzubereiten, mußten viele von ihnen ihre Geschäfte oder anderen Besitzungen zu Schleuderpreisen verkaufen. Die mehrjährige Schutzhaft, der sie unterworfen wurden, vernichtete Karrieren, Firmen und menschliche Beziehungen. In den zumeist primitiven Anhaltelagern wurden sie im Gegensatz zu Konzentrationslagern deutschen oder sowjetischen Typs nicht terrorisiert, sondern einfach isoliert.[55] Zwar bestimmte die Kriegshysterie nach Beginn des Pazifikkrieges 1941 entscheidend diese demütigende Maßnahme, doch die Konzeption eines solchen Verhaltens reicht in das Jahr 1936 zurück, als Präsident Franklin D. Roosevelt in einem Geheimmemorandum an den Chef des Admiralstabes vorschlug, auf Hawaii lebende Japaner, die irgendwelche Kontakte zu den Mannschaften besuchender japanischer Kriegsschiffe hätten, im Falle von Konflikten in Konzentrationslager zu sperren (»... to be placed in a concentration camp in the event of trouble«).[56] Hinter diesen brutal diskriminierenden Maßnahmen standen sowohl der sie autorisierende Präsident wie auch der Kongreß, der am 21. März 1942 einstimmig eine entsprechende gesetzliche Regelung beschloß. Eine Mehrheitsentscheidung des Obersten Gerichtshofes der USA vom Dezember 1944 (Fall Korematsu gegen die Vereinigten Staaten) bestätigte die Rechtmäßigkeit der anti-japanischen Maßnahmen. Allerdings schlossen sich drei der Obersten Richter dieser Entscheidung nicht an. Einer von ihnen, Frank Murphy, sprach von einem »Abgrund des Rassismus«.[57]

Nach schwierigen und sich über vier Jahrzehnte erstreckenden Bemühungen bewirkte der von Präsident Ronald Reagan 1988 unterzeichnete *Civil Liberties Act* eine offizielle Entschuldigung und Entschädigungszahlungen in Höhe von 20.000 US-Dollar pro geschädigter Person. Die Auszahlung dieser Beträge an die Überlebenden wurde im Oktober 1990 von einem Entschuldigungsschreiben von US-Präsident George Bush begleitet.[58]

Stalins »ungleicher Vertrag« mit China

Die in der Art des Kriegsendes für China implizierte Tragik wird symbolisch erhellt durch die Tatsache, daß China seine Einwilligung zu den Beschlüssen von Jalta an jenem gleichen 14. August 1945 unterzeichnete, an dem der japanische Kaiser in einem Edikt an das japanische Volk seinen Entschluß zur Kapitulation bekanntgab. Die Gegenüberstellung dieser beiden Ereignisse apostrophiert – im Rückblick – das Element an Sinnlosigkeit, das dem China aufgezwungenen Opfer unter den gegebenen Umständen innewohnte.

Gegenstand mancher Kontroverse ist seither die Frage geworden, ob Rußland nicht auch dann die Mandschurei und die von ihm dort geforderten Eisenbahnen und Häfen besetzt haben würde, wenn Japan vor dem russischen Kriegseintritt in einer für Washington annehmbaren Weise kapituliert hätte. Über eine Antwort auf diese höchst hypothetische Frage läßt sich nur spekulieren. Viel wäre auf die Entschlossenheit angekommen, mit der sich amerikanische Streitkräfte nach einer japanischen Kapitulation in den Besitz der Liaotung-Halbinsel gesetzt hätten und die amerikanische Regierung sich hinter die Erfüllung des China gegebenen Versprechens gestellt hätte, daß die chinesische Souveränität in der Mandschurei und anderen Gebieten nach Ende des Krieges wiederhergestellt werden sollte. Die von den Vereinigten Staaten unterstützte erfolgreiche türkische Ablehnung sowjetischer Vorschläge, die auf eine sowjetische Beteiligung an der Kontrolle der Dardanellen abzielten, scheint darauf hinzudeuten, daß eine entschlossene, moralisch auf Chinas Bündnispartnerschaft mit den Alliierten und seinem langjährigen Widerstand gegen Japan basierende amerikanische Haltung in der Frage der Mandschurei nicht notwendigerweise ohne Erfolg geblieben wäre.

In seinen wesentlichsten Zügen sah das chinesisch-sowjetische Vertragswerk vom 14. August 1945 den Abschluß eines Freundschafts- und Bündnisvertrages zwischen der Republik China und der Sowjetunion vor. Artikel 5 des Vertrages schien eine Konzession Moskaus an die chinesische Nationalregierung insofern zu enthalten, als sich in ihm die Signatarmächte zu sagten, nicht nur die Prinzipien des gegenseitigen Respekts für ihre Souveränität und territoriale Integrität beachten zu wollen, sondern auch das Prinzip der »Nichteinmischung in die inneren Angelegenheiten« der anderen Signatarmacht.[59] Dies wurde in China mit skeptischer Hoffnung und in Washington mit optimistischer Zuversicht als Zusage Stalins gewertet, den chinesischen Kommunisten bei ihrer Auseinandersetzung mit der nationalchinesischen Regierung keine direkte sowjetische Hilfe zu gewähren. Ein zusätzliches Abkommen sah die gemeinsame sowjetisch-chinesische Verwaltung und den gemeinsamen Besitz der Chinesischen Ostbahn vor.[60] Die Verwaltungsgremien dieser Bahn sollten auf paritätischer Basis von Vertretern beider Staaten gebildet werden; doch war vorgesehen, daß der wichtigste Verwaltungsposten, also der des »Managers« der Bahn, stets einem sowjetischen Staatsbürger zufallen sollte. Nach Ablauf von 30 Jahren sollte die Chinesische Ostbahn, ohne weitere russischen Kompensationen, Eigentum der Republik China werden. Ein weiteres Abkommen dieses Vertragswerkes sah die Umwandlung Dairens in einen international offenen Freihafen vor.[61] Die chinesische Regierung wurde dazu verpflichtet, der sowjetischen Regierung in diesem Hafen Werften und Lagerhäuser zu vermieten.

Gemäß einem weiteren, zum gleichen Vertragswerk gehörenden chinesisch-sowjetischen Abkommen wurde Port Arthur zu einem gemeinsamen chinesisch-sowjetischen Flottenstützpunkt erklärt.[62] Doch sollte dieser Stützpunkt von einer fünfköpfigen chinesisch-sowjetischen Militärkommission verwaltet werden, in der Sowjetrußland durch drei, China durch zwei Mitglieder vertreten war. Der russische Vorsitzende dieser Kommission sollte von der sowjetischen Regierung und die führenden chinesischen Zivilbeamten in Port Arthur »unter Wahrung sowjetischer Interessen in diesem Gebiet« von der chinesischen Regierung ernannt werden.

Dem nationalchinesisch-sowjetrussischen Vertragswerk vom August 1945 waren ferner auch ein Sonderabkommen und ein Notenaustausch über Fragen der sowjetrussischen Besetzung der Mandschurei im Vollzug des sowjetischen Kriegseinsatzes gegen Japan beigefügt worden.[63] Ein diesem Abkommen beigefügtes Protokoll beinhaltete Stalins Zusage, der Rückzug der sowjetrussischen Truppen aus den besetzten chinesischen Gebieten werde innerhalb von drei Wochen nach der japanischen Kapitulation beginnen und innerhalb einer maximalen Frist von drei Monaten nach Beginn des Rückzuges vollendet sein. In der Frage der Äußeren Mongolei hatten sich Moskau und Chungking zur Wahrung des chinesischen »Gesichtes« darauf geeinigt, daß Chinas Verzicht auf dieses Gebiet auf Grund einer Volksabstimmung in der Äußeren Mongolei erfolgen solle. Die Volksabstimmung, an der 98,4 Prozent der wahlberechtigten Bevölkerung der Äußeren Mongolei teilnahmen, ergab – amtlichen Angaben zufolge – nicht eine einzige Stimme gegen die Trennung dieses Gebietes von China.[64]

In chinesischer Sicht endete der Zweite Weltkrieg und begann das Atomzeitalter mit einem Vertrag, von dem es später hieß, er sei Chinas letzter »ungleicher Vertrag« gewesen. Drei Weltmächte hatten ihn diktiert. Das Stalin gegenüber von den Westmächten in Jalta gezeigte Nachgeben zu Lasten Chinas hatte in Nordostasien zu einer partiellen Wiederherstellung von Positionen des zaristischen Imperialismus geführt.

Globale Aspekte und Folgen des Krieges im Pazifik

In struktureller Perspektive verkörpert der Zweite Weltkrieg das globale Ringen zweier Mächtegruppen um den nach 1919 geschaffenen internationalen Status quo. So gesehen beginnt der Zweite Weltkrieg bereits mit Japans Eroberung Nordostchinas (Mandschurei) 1931/32, setzt sich fort mit Italiens Aggressionskrieg gegen Abessinien (Äthiopien) 1935 und mit Japans Krieg gegen China ab 1937, während Hitlers Überfall auf Polen die für diesen Fall angedrohten Kriegserklärungen Großbritanniens und Frankreichs zur Folge hat. Hitlers von Stalin unerwarteter Angriff auf die Sowjetunion beendet 1941 Moskaus Kollusion mit Berlin und macht die Sowjetunion, entgegen ursprünglicher Absicht, zum Bündnispartner der Westmächte. Wie zuvor mit Hitler, schließt Stalin 1941 einen Pakt mit Japan, der einerseits die Ostgrenzen der Sowjetunion und andererseits die Nordgrenzen Japans bei dessen Konflikt mit den Westmächten sichert. Durch deren massiven Wirtschaftskrieg bei seiner beginnenden Expansion nach Südostasien und in seiner Chinapolitik behindert sowie nach Washingtons Ablehnung seiner Avancen an die USA, bevorzugt Japans Führung das perzipierte Risiko eines Krieges mit Amerika gegenüber der Alternative einer diplomatischen Teilkapitulation seiner Expansionspolitik. Pearl Harbor und Hitlers selbstmörderische Kriegserklärung an die USA und zuvor auch an Moskau, vollenden die eskalierende Globalisierung des Zweiten Weltkrieges und schmieden die das Dritte Reich vernichtende West-Ost-Allianz der systemischen Antipoden Washington–London–Moskau.

In Europa zerreißen die Umstände und Folgen des Sieges den Kontinent in zwei antagonistische Lager. Primärer Gewinner des Krieges im Pazifik sind die Vereinigten Staaten. Sie besetzen das japanische Mutterland, Japans Pazifikinseln und das »befreite« Südkorea. Damit wird das im Pazifik vor dem Krieg bestehende bipolare Gleichgewicht zwischen Japan und den USA durch eine Konstellation abgelöst, deren Merkmal anfangs in einer fast unipolaren Prädominanz der USA besteht. Denn auch China unter der Regierung Chiang Kai-sheks – von innen durch Bürgerkrieg und von außen durch die sowjetische Intervention in Nordostchina bedroht – befindet sich in einer Position gravierender Abhängigkeit von den USA. Doch in geringerem Maße gehört auch die Sowjetunion zu den Gewinnern des Pazifikkrieges. Als Folge von Jalta und Hiroshima kann die Sowjetunion nach nur fünftägiger Kriegführung die Mandschurei, Nordkorea, Sachalin und die Kurilen-Inseln unter ihre Kontrolle bringen. In einer Rede vom 14. August 1945 erklärte Stalin der Tag der Vergeltung für den russisch-japanischen Krieg von 1904/05 (an dem Rußland allerdings nicht weniger schuld als Japan gewesen war) sei endlich gekommen.

In dem erneut vom Bürgerkrieg der Großparteien zerrissenen China, wo der Krieg mit Japan die regierenden Nationalisten geschwächt und die gegen sie rebellierenden Kommunisten gestärkt hat, begegnen sich die Einflußsphären der beiden Supermächte. China erhält zwar Taiwan zurück, verliert aber de facto strategisch wesentliche Positionen der Mandschurei und seine de jure Oberhoheit über die nun von Moskaus Gnaden »selbständig« gewordene Äußere Mongolei. Trotz seines im Krieg auf eigenem Boden acht Jahre durchgehaltenen Widerstandes wird es so zwar teils zum Gewinner, jedoch maßgeblich auch zum Verlierer des Krieges im Pazifik.

Auf Grund seiner fast bedingungslosen Kapitulation war Japan zum totalen Verlierer des Pazifikkrieges geworden. Trotz seines damals noch unbeendeten vierjährigen Aggressionskrieges gegen China und trotz des Wissens um die Unmöglichkeit eines direkten Sieges über die USA hatte seine Regierung 1941 den Sprung nach vorn in den Angriff gewagt, um die durch den Zweiten Weltkrieg entstandene »historische Chance« zur Beseitigung der westeuropäischen Kolonialherrschaft in Südostasien nicht zu verpassen. Fernerhin auch, um sich aus dem materiellen Würgegriff des westlichen Wirtschaftskrieges zu befreien ohne dafür substantielle Zugeständnisse machen zu müssen, wie als Ausweg vor der drohenden Erschöpfung seiner Erdölreserven und damit seiner Handlungsfähigkeit. Tokio hatte dabei weitgehend auf das Prinzip »Alles oder nichts« gesetzt und zur Gänze verloren. Sein Land und Volk gerieten als Folge der Niederlage unter die uneingeschränkte Herrschaftsgewalt einer Besatzungsmacht, deren als fremdartig empfundene Kultur in einem krassen Gegensatz zur fernöstlichen Kultur des japanischen Inselstaates stand.

Von Japan abgesehen wird – wenn auch partiell mit Verzögerung – der Kolonialimperialismus der westeuropäischen Mächte in Südost- und Südasien zum zweiten Hauptverlierer des Krieges im Pazifik. Denn die anfänglichen Niederlagen und Kapitulationen der Westeuropäer gegenüber den Japanern hatten – in der Sicht ihrer Kolonialvölker – deren jahrhundertealtes Trauma von der unüberwindbaren Allmacht und Vorrangstellung der Weißen in den Bereichen der Herrschaft, Kultur, Wirtschaft, Technik und Gesellschaft ebenso unwiederbringlich zerbrochen wie auch die dementsprechende Empfindung vieler Asiaten von unaufhebbarer eigener Zweitrangigkeit und vergleichsweise minderer Leistungsstärke. Anläßlich einer 1995 im Rückblick das Ende des Zweiten Weltkrieges behandelnden Gesprächsrunde äußerte ein Historiker aus Singapur gegenüber dem Verfasser: »Als wir nach der schnellen Eroberung Singapurs durch die Japaner sahen, wie englische Kriegsgefangene – gestern noch unsere gestrengen und arroganten Kolonialherren – als Kriegsgefangene mit erhobenen Händen von den Japanern durch die Straßen Singapurs getrieben wurden, da zerbrach in uns die lähmende Macht dieses Traumas, und wir empfanden plötzlich, daß auch wir ihnen ebenbürtig sein könnten. Es war das Gefühl einer unvorstellbaren, zunächst nur inneren, Befreiung.« Den Kern dieses monumentalen Ereignisses klar treffend schreibt der britische Historiker Peter Elphick in seiner Geschichte des Kampfes um Singapur:

> »Als die Japaner im Juli 1941 von den Franzosen die Herrschaft über Indochina übernahmen, Malaysien und Singapur von den Engländern und die Holländer im Februar und März 1942 aus Indonesien vertrieben, zerschmetterten sie zugleich den Mythos von der Überlegenheit der Weißen. Ihre Siege gaben den europäischen Imperien den Todesstoß. Sie löschten aus dem asiatischen Denken für immer die Vorstellungen von weißer Überlegenheit und europäischer Hegemonie. Und selbst als die Desillusionierung mit dem neuen Eroberer begann, was rasch der Fall war, dachten die asiatischen Nationalisten nicht daran, sich an den Westen zu wenden … Statt dessen erwuchs in ihnen aus dieser Lage der Wille, zum frühestmöglichen Zeitpunkt ihre Unabhängigkeit zu erringen.«[61]

Die rassistischen Dimensionen kolonialer Ausbeutungsdiktaturen in Südostasien hat George Orwell, der selbst bei der Kolonialpolizei in Burma gedient hatte, in seinem Schlüsselroman *Burmese Days* mit unübertrefflichem Realismus zur Darstellung gebracht.[62] Während einige der Staaten Südost- und Südasiens ihre Unabhängigkeit relativ bald nach Ende des Krieges erhalten haben, brauchte es bei anderen bis zu einem Jahrzehnt, bis dieses Ziel gegen die politischen und teils auch militärischen Restaurationsversuche des Kolonialimperialismus insbesondere Frankreichs und der Niederlande erreicht werden konnte. Die Rückgabe Macaos, das 1887 von Portugal annektiert worden war, an China 1999 verkörperte in der Weltgeschichte einen endgültigen Schlußakt des westeuropäischen Kolonialimperialismus in dieser Region. So hatte für Südostasien mit Ende des Zweiten Weltkrieges die Ära seines Nationalismus und des Ringens um nationale Selbstbestimmung und Entwicklung in vollem Umfang begonnen.

Am Ende des gigantischen dreieinhalbjährigen Schlagabtausches im Pazifik, primär zwischen den USA und Japan, hatte sich die zuvor bipolare Kräftekonstellation zu einer fast unipolaren Struktur und einem »Mare Americanum« verwandelt. Das seit Jahrhundertbeginn ab der »open door doctrine« bestehende pazifische Leitinteresse der amerikanischen Außenpolitik an der Verhinderung hegemonialer Machtkonzentration in der Region war frontal mit Japans Politik hegemonialer Expansion kollidiert, und ein folgender Krieg hatte mit dem totalen Sieg der USA geendet. Damit waren die USA durch ihre nachfolgende Beherrschung Japans, der damals einzigen Industriemacht Ostasiens, wie auch der zugehörigen Ryukyu-Inseln und Südkoreas – Gebieten in denen ihre Militärpräsenz über die Jahrhundertschwelle hinweg erhalten blieb – nun auch im Westpazifik zur prädominanten Macht geworden. Die Regierung des erneut von Bürgerkrieg zerrissenen China war von ihrer Hilfe abhängig worden, und die in Europa mit Wiederaufbau und der Absorbierung Osteuropas beschäftigte Sowjetunion fand sich nicht in der Lage, in Ostasien größere Initiativen zu entfalten. Die durch Krieg zerrütteten Kolonialimperien in Südost- und Südasien gingen ihrem

Untergang entgegen, während die USA sich noch bis 1949 im Alleinbesitz nuklearer Waffen befanden, deren Macht und Schrecklichkeit sie in der Schlußphase des Krieges gegen Japan demonstriert hatten. Erst ein halbes Jahrzehnt nach Kriegsende sollten sich auf Grund des revolutionären Machtwandels in China neue Kräftekonstellationen im Westpazifik heranbilden.

11. Kapitel

Krieg nach dem Krieg – Der Endkampf um Chinas Zukunft 1945–1949

Die Lage nach Japans Kapitulation

Als der Krieg im Pazifik Mitte August 1945 unerwartet zu einem abrupten Ende kam, befand sich China in einer extrem gefahrvollen Situation. Nach Moskaus Kriegserklärung an Tokio waren ab dem 9. August 1945 sowjetische Streitkräfte in der Mandschurei eingedrungen. Nach nur fünf Tagen Kampf konnten sie dank der Kapitulation Japans vom 14. August Chinas Nordostprovinzen mit Leichtigkeit besetzen, um dort auf die Rechte des »Sieges« zu pochen. China unterschrieb am gleichen Tag jenen demütigenden Vertrag mit Moskau, der auf dem Drei-Mächte-Diktat von Jalta beruhte und in der Mandschurei vormalige quasikoloniale Machtpositionen des zaristischen Rußland zugunsten der Sowjetunion in neuer Form wiederherstellte.[1] Der nach acht Jahren eines verlustreichen Widerstandskrieges im eigenen Land erhoffte Frieden blieb China jedoch versagt. Denn wie Mao Tse-tung und Chiang Kai-shek vor Beginn dieses Krieges richtig vorausgesehen hatten, begann nun erst zwischen Chinas großen Parteien der entscheidende Endkampf um die Zukunft ihres Landes. Während die in den Weiten Ostchinas stationierten japanischen Streitkräfte ihre Waffen niederlegten, entspann sich zwischen Armee-Einheiten der chinesischen Nationalregierung und der chinesischen Kommunisten ein mörderischer Wettlauf, jeweils mit dem Ziel, als erste in diese machtpolitischen Leerräume vorzustoßen, um strategisch wichtige Punkte – Städte, Eisenbahnlinien, Flugplätze, Häfen und dergleichen – zu besetzen, bevor es der Bürgerkriegsgegner tun konnte. Angesichts dieser für alle Seiten überraschend eingetretenen Lageänderung sahen sich auch die Vereinigten Staaten zur Neuformulierung ihrer zuvor primär am Krieg gegen Japan orientierten Chinapolitik veranlaßt.

So trug Chinas unmittelbare Nachkriegslage das Profil einer von vier Kräften geprägten Konstellation. Deren Kernelement bildete der erneut aufflammende Bürgerkrieg zwischen den chinesischen Parteien, der jedoch zugleich auch von spezifischen Einwirkungen der beiden Weltmächte bestimmt war.

Moskau und die Fortsetzung des chinesischen Bürgerkrieges

Dank der Niederlage Japans hatte die Machtlage der Sowjetunion in Ostasien eine enorme Erweiterung erfahren. Japan, dessen Expansion Rußlands dortige Positionen seit Ende des 19. Jahrhunderts bedroht und reduziert hatte, war zunächst als Faktor internationaler Politik vollständig ausgeschaltet. Durch seine Inbesitznahme Südsachalins und der Kurileninseln hatte Rußland seinen Gebietsbestand bis vor die Küsten der nördlichsten japanischen Hauptinsel Hokkaido ausdehnen können. In der Mandschurei hatte ihm Jalta und der Folgevertrag mit China eine prädominierende Kontrolle des Eisenbahnsystems und der beiden Haupthäfen der Mandschurei gesichert. Das benachbarte Nordkorea war zur sowjetischen Besatzungszone geworden. Die von Moskau seit Beginn der zwanziger Jahre de facto beherrschte Äußere Mongolei bzw. Mongolische Volksrepublik war auf Grund des genannten Vertrages mit China nun auch de jure von diesem getrennt worden. Militärische und politische Hilfe für muslimische Dissidenten und Separatisten in Sinkiang (Xinjiang) (Chinesisch Ostturkestan) verstärkten Moskaus Einfluß in diesem dritten großen Grenzland Chinas, das an die zentralasiatischen Regionen der Sowjetunion angrenzte.

Ihre fast einjährige Besetzung der gesamten Mandschurei verwandte die Sowjetunion einerseits zur materiellen Bereicherung und andererseits zur Intervention in den chinesischen Bürgerkrieg. Auf der Basis ihrer Behauptung, auch nach nur fünftägiger Kriegführung gehöre alle »Kriegsbeute« in der Mandschurei der Sowjetunion, und »Kriegsbeute« seien unter anderem auch alle in der Mandschurei befindlichen japanischen Industrieanlagen, die irgendwie zur Kriegführung der japanischen Streitkräfte beigetragen hätten, begann die sowjetische Besatzungsmacht in Chinas Nordostprovinzen mit der Demontage der meisten nützlich erscheinenden Industrieanlagen, die in die UdSSR abtransportiert wurden. Wie eine dieses Gebiet wochenlang bereisende amerikanische Reparationskommission unter Leitung von Edwin Pauley berichtete, betrug der direkte Wert der demontierten Anlagen 895 Millionen US-Dollar und der Wert des Produktionsausfalls und Anlagenersatzes weitere 2 Milliarden US-Dollar.[2] Abgesehen von der so erfolgten Selbstbereicherung Moskaus auf Kosten Chinas ist diese Demontage der von Japan insbesondere im Zeitraum zwischen 1931 und 1945 dort errichteten industriellen Basis auch als Versuch Moskaus gewertet worden, den Aufbau einer künftigen chinesischen Wirtschaftsmacht in diesem an Ostsibirien und an die vormals chinesischen Küstengebiete der Sowjetunion angrenzenden Gebiet zumindest zu verlangsamen.

Politisch entscheidender jedoch war die Unterstützung, die die sowjetischen Besatzungstruppen den Streitkräften der chinesischen Kommunisten zuteil werden ließen. Dies widersprach allerdings den völkerrechtlichen Vereinbarungen Moskaus mit der nationalchinesischen Regierung. Denn der einzige Vorteil, der sich – theoretisch zumindest – aus dem beiderseitigen Vertrag vom 14. August 1945 für China ableiten ließ, die einzige Kompensation für seine Verluste an Rechten und Gebieten, bestand in der in Artikel V des Vertrages stipulierten »gegenseitigen Nichteinmischung in innere Angelegenheiten«; ferner auch in einem zum Vertragswerk gehörenden Notenaustausch vom gleichen Datum, in dem sich Moskau verpflichtete, für China bestimmte moralische und materielle Hilfe »ausschließlich« der Nationalregierung Chiang Kai-sheks zukommen zu lassen.[3] Die Wirklichkeit sah anders aus. Denn die sowjetischen Streitkräfte übergaben den Partisanenverbänden Mao Tse-tungs die erbeuteten riesigen Waffenbestände der zuvor in der Mandschurei stationierten japanischen Streitkräfte und unterwiesen Maos Soldaten im Gebrauch dieser modernen Waffensysteme. Dies trug wesentlich dazu bei, Maos bäuerliche Partisanenverbände zu einer Streitmacht zu entwickeln, die nur kurz darauf einen konventionellen Krieg gegen die nationalchinesische Regierung zu führen und zu gewinnen vermochte. Zu den erbeuteten und verschenkten Waffensystemen gehörten 925 Kampfflugzeuge, 369 Panzerkampfwagen, 1226 Geschütze, 2300 Motorfahrzeuge und 11.052 Granatwerfer.[4]

Diese vertragswidrige Unterstützung der Bürgerkriegsgegner des nationalchinesischen Vertragspartners war von der sowjetischen Regierung lange geleugnet worden. Doch im Zuge des späteren Konflikts Moskau–Peking durften sowjetische Historiker den »undankbaren« Chinesen vorhalten, welch wertvolle Unterstützung sie im Kampf um die Macht in China der Sowjetunion zu verdanken hatten. So schrieb ein sowjetisches Autorenteam 1971 über die Nachkriegsentwicklungen in der Mandschurei: »Die volksdemokratischen Gebiete erhielten von den ersten Tagen ihres Bestehens an allseitige Unterstützung durch die Sowjetunion. Das war von großer Bedeutung bei der Befestigung der Vereinigten Demokratischen Armee (VDA) (so hießen seinerzeit die Streitkräfte der KP Chinas in der Mandschurei). Die VDA wurde mit erstklassigen Waffen der (japanischen) Guandungarmee, die sowjetische Truppen erbeutet hatten, ausgerüstet. ... Die Sowjetunion unterstützte die revolutionäre Basis in der Mandschurei ..., was entscheidende Bedeutung für die Entfaltung des Generalangriffs der Volksbefreiungsarmee gegen das Chiang-Kai-shek-Regime hatte.«[5]

Die sowjetische Intervention äußerte sich auch in den Hindernissen, die den nationalchinesischen Streitkräften und Behörden bei ihrem Versuch der Wiederinbesitznahme der Mandschurei in den Weg gelegt wurden. Zwar stellten die USA hierfür Seetransporte zur Verfügung, denn zwischen der Mandschurei und den von der Nationalregierung kontrollierten Gebieten lagen nordchinesische Gebiete, die von Mao Tse-tungs Einheiten beherrscht wurden. Doch im Falle des Hafens von Dairen (Dalien), der laut Chinas Vertrag mit Moskau gemeinsam benutzt und unter chinesischer Souveränität verbleiben sollte, wurde eine Landung seitens der Sowjets mit dem zynischen Argument verweigert, Dairen sei im Vertragstext als »Handelshafen« bezeichnet worden. Bei versuchten Landungen in drei anderen mandschurischen Häfen trafen die mit chinesischen Regierungstruppen befrachteten amerikanischen Truppentransporter auf militärische Besatzungsstreitkräfte der chinesischen Kommunisten. Zugleich wurden sie mit der Weigerung sowjetischer Behörden konfrontiert, hier zugunsten der Regierungstruppen zu intervenieren. Da die amerikanischen Kapitäne Weisung hatten, nicht in Bürgerkriegskämpfe verwickelt zu werden, unterblieben alle Versuche zur Landung. Beim Rückzug der sowjetischen Streitkräfte von bestimmten Orten wurden die nationalchinesischen Behörden jeweils so kurzfristig verständigt, daß ein unmittelbar anschließendes Nachrücken der Regierungstruppen nicht möglich war, während die rechtzeitig informierten Kommunisten von diesen Orten Besitz ergreifen konnten.[6]

Andererseits gab es gewichtige Gründe, weshalb Moskau es zunächst vermied, gegen die chinesische Nationalregierung auf vollen Konfrontationskurs zu gehen. Unmittelbar nach Ende des Zweiten Weltkrieges war nicht vorauszusehen, welche der beiden Parteien in China wann als Sieger aus dem chinesischen Bürgerkrieg hervorgehen würde. Folglich unterhielt Moskau unterschiedliche Kontakte mit beiden. Als größtes Nachbarland Rußlands mit einer gemeinsamen Grenze von 8000 Kilometern spielt China in Moskaus Sicht eine besondere Rolle. Moskaus Vertrag mit China vom August 1945 war eine direkte Folge des Jalta-Abkommens zwischen Stalin, Roosevelt und Churchill gewesen. Während der Verhandlungen über den Vertrag kam es im August 1945 zu einem

Gespräch zwischen Stalin und Chiang Ching-kuo, dem älteren Sohn Chiang Kai-sheks und späteren Präsidenten von Taiwan. Von diesem befragt, weshalb er einen so großen Wert auf die Kontrolle der Äußeren Mongolei lege, entgegnete Stalin, von der Mongolei aus könnte die Transsibirische Eisenbahn als Hauptverbindung zwischen dem europäischen und asiatischen Rußland bedroht werden. Nach dem Krieg werde Japan unter die Kontrolle der USA geraten und bald erneut erstarken. Stalin deutete an, er müsse mit der Gefahr einer künftigen amerikanisch-japanischen Machtkombination in Nordostasien rechnen.

Bei zwei weiteren Begegnungen mit dem Sohn Chiang Kai-sheks im Dezember 1945 und Januar 1946 warnte der sowjetische Diktator, er hege zwar keine Einwände gegen amerikanische Aufbauhilfe für China, doch solle China eine machtpolitische Anlehnung an die USA vermeiden. Die Sowjetunion sei in der Mandschurei und Sinkiang (Chinesisch-Ostturkestan) zur beiderseitig profitablen wirtschaftlichen Zusammenarbeit mit China bereit. China solle außenpolitisch eine quasineutrale Haltung zwischen der Sowjetunion und den USA einnehmen. Bezüglich der chinesischen Innenpolitik riet Stalin – ähnlich wie die US- Regierung, wenngleich mit völlig anderen Motiven – zu einer Zusammenarbeit der nationalchinesischen Regierung mit den Kommunisten. Anschließend schlug Stalin ein persönliches Treffen zwischen ihm und Chiang Kai-shek vor. Zwar wurde sein Vorschlag im Mai 1946 in dringlicher Form wiederholt, jedoch in beiden Fällen vom chinesischen Staatschef abgelehnt.[7] Als denk- und wünschbare Möglichkeit scheint Stalin ein zwischen Rußland und den USA neutrales China vorgeschwebt zu haben, dessen Innenpolitik von einem prekären Kooperationsverhältnis zwischen Nationalisten und Kommunisten geprägt gewesen wäre. Wie Stalin in einem Gespräch mit Titos späterem Außenminister Edward Kardelj 1948 zugab, habe er 1945 den chinesischen Kommunisten von einem Bürgerkrieg mit Chiang Kai-shek abgeraten, da er nicht geglaubt habe, daß sie ihn gewinnen könnten.[8]

Zur damaligen Haltung Moskaus mag beigetragen haben, daß maßgebliche Führer in Moskau die Ansicht des Komintern-Vertreters und TASS-Korrespondenten Pjotr P. Wladimirow teilten, der sich von 1942 bis 1945 in Yenan, dem Hauptquartier der chinesischen Kommunisten aufgehalten hatte. Es war damals zur Überzeugung gelangt, daß die Kommunistische Partei Chinas seit der unumstrittenen Führungsübernahme durch Mao Tse-tung 1935 nicht mehr als absolut verläßlicher und instrumentalisierbarer Verbündeter Moskaus betrachtet werden könne. Auch die anfangs durchaus flexible Taktik der chinesischen Kommunisten im Umgang mit den USA wurde von Moskau mit wachem Mißtrauen verfolgt.[9]

Insgesamt jedoch verkörperte die sowjetische Unterstützung eine höchst bedeutsame Voraussetzung für den Sieg der chinesischen Kommunisten im Kampf um China. Denn einerseits verschafften die gegen die chinesische Nationalregierung gerichteten Verzögerungstaktiken der sowjetischen Besatzungsstreitkräfte in der Mandschurei den Maoisten einen wertvollen Freiraum zur Positionierung ihrer Streitkräfte. Andererseits trug die Rüstungs- und Ausbildungshilfe der Sowjets in der Mandschurei wesentlich dazu bei, Maos Partisanenverbände zu einer schlagkräftigen konventionellen Streitmacht zu entwickeln, die es auch mit den besten von den Amerikanern ausgerüsteten Divisionen der Nationalregierung aufnehmen konnte.

Mao Tse-tungs Strategie der Machtergreifung

Mit dem Ziel eines Sieges nach dem auswärtigen Krieg mit Japan vor Augen hatte Mao den Krieg als historische Chance zur Machtentfaltung seiner Partei verstanden und zu nutzen gewußt. Wie er selbst berichtet hatte, war seine Streitmacht vor Kriegsbeginn bis auf ca. 30.000 Mann dezimiert worden. Die Partei stand somit vor der Möglichkeit ihrer Vernichtung, als Japans fortgesetzte Expansion in Nordchina der chinesischen Nationalregierung einen Krieg aufzwang, der sie in ihrer Existenz bedrohte. Die Macht der in China eindringenden japanischen Armeen hatte nicht nur Chinas modernste Divisionen vernichtet, sondern ebenso auch wesentliche Errungenschaften der Reform- und Aufbaupolitik der seit 1928 erst regierenden Kuomintang. Nicht Maos Kommunisten, sondern die Japaner waren es gewesen, die in acht Jahren Krieg die historisch entscheidende Schwächung des Kuomintang-Systems in China verursacht hatten. Als geistiger Schüler Lenins und Stalins wußte Mao Tse-tung sehr wohl, wie leicht kriegsbedingte Not zur Geburtshelferin von Revolutionen werden kann. Im ständigen Direktkontakt mit Mao Tse-tung und anderen Führern der KP Chinas, notierte der zuvor erwähnte sowjetische Beobachter in Yenan am 19. August 1943 in sein Tagebuch: »Mao Tse-tung ging, wo immer es möglich war, dem Kampf gegen die (japanischen) Okkupanten aus dem Wege und bereitete die Armee auf den Bürgerkrieg gegen die Guomindang (Kuomintang) vor.«[10] Auf Grund späterer interner Äußerungen Maos notierte er am 21. Februar 1945, Mao und Zhu De, der Oberkommandierende der chinesischen Roten Armee, planten »Gebietseroberung unter dem Vorwand des Kampfes gegen die Japaner« zum Zweck einer »Vergrößerung der Aufmarschgebiete für den zu erwartenden Bürgerkrieg«.[11] Zugleich aber hätten beide gewarnt, zu diesem Zeitpunkt noch keine Frontalkollision mit der Kuomintang herbeizuführen, da hierfür die Partei noch zu schwach sei.[12]

Wenig bekannt sind Mao Tse-tungs nur bedingt erfolgreiche Versuche einer Annäherung an die USA noch während des Zweiten Weltkrieges. Ihr Ziel war es, Chiang Kai-shek von seinem stärksten Verbündeten zu isolieren, einen Teil der amerikanischen öffentlichen Meinung gegen die Kuomintang-Regierung zu mobilisieren, mit Hilfe von Druck aus Washington die Legalisierung der Kommunistischen Partei Chinas durchzusetzen und einen Teil der amerikanischen Rüstungshilfe für China zu erhalten. Wie die erwähnte Kontroverse um General Stilwell gezeigt hatte, war die interkulturelle Zusammenarbeit zwischen Chinesen und Amerikanern nicht ohne Irritationen und Reibungen geblieben. Maos diplomatisches Geschick im Umgang mit amerikanischen Regierungsvertretern zeigte sich etwa im Rahmen ausführlicher Konversationen, die er im August 1944 mit John S. Service, einem amerikanischen Diplomaten, in Yenan führte. Mit großer Beredsamkeit kontrastierte er die machtpolitische Effizienz der Kommunisten mit dem als undynamisch beschriebenen System der Nationalisten. Deren Regierung sei von den USA derart abhängig, daß diese es sich leisten könnten, in China direkt zu »intervenieren«. So könnte beispielsweise Chiang Kai-shek gezwungen werden, ein chinesisches Kriegsparlament zu gründen, in dem seine Partei nur mehr 50 Prozent aller Sitze innehaben würde. In einem offensichtlichen Versuch, die vermeintliche amerikanische Naivität auszunutzen, behauptete Mao, Amerika verkörpere Chinas »Ideal der Demokratie«; die Politik seiner Partei sei »liberal«, und Washington solle zum eigenen Vorteil mit den chinesischen Kommunisten zusammenarbeiten. »Die Vereinigten Staaten würden uns kooperativer finden als die Kuomintang.«[13] Doch Mao drohte zugleich auch mit der Möglichkeit einer Fortsetzung des chinesischen Bürgerkrieges, der dann – wie zuvor in den zwanziger Jahren – die Einheit Chinas zerreißen und zur Bildung zweier miteinander rivalisierender chinesischer Systeme führen könne.

Anfang Januar 1945 ging Mao im Kontakt mit US-General Wedemeyer sogar so weit, unter der Bedingung strengster Geheimhaltung für sich und Chou En-lai eine sofortige Reise nach Washington vorzuschlagen, falls Präsident Roosevelt dazu bereit sei, sie »im Weißen Haus als Führer einer eminenten chinesischen politischen Partei« zu empfangen. All diese Kontakte sollten aber ohne Vorinformation und unter Umgehung der nationalchinesischen Regierung durchgeführt werden. Mao erstrebte unter anderem für sich und seine Partei Washingtons Anerkennung als souveräne kriegführende Macht (»recognition of the Communist Party of China as an armed belligerent«[14]). Diese Initiative blieb zwar ohne direkte Folgen, doch Präsident Roosevelt intervenierte in einem Scheiben vom 15. März 1945 bei Chiang Kai-shek und ersuchte ihn, einen Vorschlag der Kommunisten zu erwägen und als »demokratische Geste« und zum Nutzen der Einheit Chinas auch Vertreter der Kommunistischen Partei Chinas in die Delegation aufzunehmen, die China anläßlich der feierlichen Gründung der Organisation der Vereinten Nationen im April 1945 in San Francisco vertreten würde. Tatsächlich wurde daraufhin Tung Pi-wu, ein Rechtsexperte der KP Chinas, in die erste chinesische UN-Delegation aufgenommen.[15]

Im Bereich der Militärstrategie hatte Mao Tse-tung sehr schnell den Vorteil der sowjetischen Besetzung der Mandschurei erkannt. Die dorthin gelangten kommunistischen Streitkräfte wurden im Januar 1946 zur sogenannten Vereinigten Demokratischen Nordost-Armee zusammengefaßt. Bis zum Sommer des gleichen Jahres wurden hier auch kommunistische Verwaltungsorgane und Massenorganisationen aufgebaut.[16] Im Norden Zentralchinas stehende Verbände der Kommunisten wurden eingesetzt, die von dort in die Mandschurei führenden Eisenbahn- und andere Verkehrsverbindungen zu zerstören, um den Regierungstruppen, zusätzlich zur sowjetischen Obstruktion, die Besetzung der Mandschurei zu erschweren. Während die in verlustreichen Kämpfen in die Mandschurei nachdrängenden Divisionen Chiang Kai-sheks aus Südchina stammten und weder an die Dialekte noch auch das Klima des Nordens gewöhnt waren, trafen sie dort auf eine kommunistische Militärpräsenz, die es bereits verstanden hatte, die Bevölkerung und Verwaltung weitgehend auf ihre Seite zu bringen und in deren Führung und Mannschaft nordchinesische Elemente wesentlich stärker vertreten waren.

Chiang Kai-sheks Versuch – entgegen der Empfehlung amerikanischer Militärberater –, die Mandschurei zu erobern, bevor noch die südlich davon gelegenen Provinzen und Regionen militärisch gesichert waren, erwies sich aus zwei Gründen als fataler Fehlgriff. Denn einerseits kam es zu einer Überdehnung seiner Streitkräfte, die zu viele und zu lange Verbindungslinien schützen mußten und dadurch entscheidend an Bewegungsfreiheit und Kapazität zur Initiative verloren. Andererseits ergab sich die Gefahr einer Isolation der in der Mandschurei befindlichen Regierungstruppen, sollte es den Gegnern gelingen, die südlich davon angrenzenden Gebiete Zentralchinas zu erobern.[17]

Mao erkannte das Dilemma der Regierungsstrategie klar und gab demzufolge die Devise aus, Ziel der Operationen sei, »... die lebende Kraft des Feindes zu vernichten, und nicht ... Gebiete zu halten oder einzunehmen«.[18] Wörtlich heißt es zudem in Maos innerparteilicher Direktive vom 1. Oktober 1946: »... von den mehr als 190 Brigaden der Armee Chiang Kai-sheks muß beinahe die Hälfte Garnisonsdienst verrichten; nur ein wenig mehr als die Hälfte kann im Feld eingesetzt werden. Und wenn diese ... in ein bestimmtes Gebiet vorrücken, wird unvermeidlich ein Teil oder gar die Mehrheit zum Garnisonsdienst übergehen müssen. Die Feldtruppen des Feindes werden ... immer mehr zusammenschrumpfen.«[19] Eine Taktik zur Demoralisierung des Gegners bestehe darin, einzelne gegnerische Streitkräfte mit jeweils sechs- bis vierfacher Überlegenheit anzugreifen und zu vernichten. Es sei besser, dem Gegner einen Finger ganz abzuschneiden als alle Finger nur mit einer Schramme zu verwunden.[20]

Obwohl nationalchinesische Regierungstruppen 1946 die Kommunisten in der Schlacht von Ssupingchieh in der Mandschurei schlagen und aus acht nord- bzw. nordwestchinesischen Provinzen vertreiben konnten, vermochten die Kommunisten ab 1947 das Kriegsglück auf ihre Seite zu bringen. Mit hoher Beweglichkeit taktierend gelang es einer Ende 1947 beginnenden, von General Lin Piao geführten Großoffensive der Kommunisten, den Regierungsstreitkräften in der Mandschurei sämtliche Verbindungen zum restlichen China abzuschneiden. Luftbrücken, die, obwohl ungemein kostspielig, nur ein Drittel des erforderlichen Nachschubs in die Mandschurei bringen konnten, blieben letztlich wirkungslos.[21] Stadt nach Stadt in der Mandschurei fiel nun in die Hände der Kommunisten. Mit diesem Gebiet verlor die Nationalregierung sieben Armeen mit insgesamt 400.000 Mann und deren zumeist aus den USA stammende Ausrüstung.[22] Unter dem Befehl von General Ch'en Yi stehende kommunistische Armeen konnten im September 1948 Tsinan, die Hauptstadt der Provinz Schantung, erobern und anschließend den Regierungstruppen in der 65 Tage anhaltenden Schlacht von Hsüchow, einem strategisch bedeutsamen Verkehrsknotenpunkt in der Provinz Kiangsu, eine schwere Niederlage zufügen. Damit war die Schlüsselregion zwischen den Flüssen Hwai und Jangtse in die Hände der Kommunisten gefallen. Die Regierung hatte weitere 600.000 Mann verloren.

Mit dieser Niederlage war die Lage restlicher eingekesselter Regierungseinheiten in der Mandschurei hoffnungslos geworden, und noch im Januar 1949 kapitulierten die Verteidiger Pekings, deren Kommandeur Fu Tso-yi zuvor bereits geheime Kapitulationsverhandlungen mit den Kommunisten geführt hatte.[23] Nachdem kommunistische Streitkräfte, ohne energischen Widerstand zu finden, am 20. April den Jangtsekiang überschritten hatten, fiel ihnen Nanking, Chinas damalige Hauptstadt, vier Tage später in die Hände. Schanghai, Chinas größte Handelsmetropole, folgte am 25. Mai. Nach der Einnahme von Kanton am 15. Oktober und von Chungking am 30. November 1949, Städte in die sich die nationalchinesische Regierung nach dem Fall von Nanking zurückgezogen hatte, waren die Würfel der Entscheidung in dieser Phase des chinesischen Bürgerkrieges endgültig gefallen.

Es war ein Krieg einer Armee gegen eine andere gewesen und keine revolutionäre Massenerhebung. Doch war der Erfolg der Maoisten durch mehr bewirkt als nur durch überlegene militärische Effizienz auf der einen Seite und schwerwiegende Fehlgriffe auf der anderen. Ganz wesentlich hatte vielmehr zum Sieg Mao Tse-tungs und seiner Partei deren innovative Fähigkeit beigetragen, eine mehrdimensionale und effektiv koordinierte Form der Kriegführung zu entwerfen und in die Praxis umzusetzen. Dazu gehörte eine überaus geschickte, den jeweiligen Situationen und Adressaten stets angepaßte Propaganda oder psychologische Kriegführung, der es gelang, Anhänger zu motivieren und Außenstehende zu gewinnen. Um die Unterstützung breiter Schichten der Bevölkerung zu gewinnen, unternahm es die Partei, deren materielle Interessen anzusprechen. Als illegale bewaffnete Opposition fühlten sich die Kommunisten dabei an keine bestehenden Gesetze, Traditionen oder Präzedenzfälle gebunden.

Aufschlußreich für die hinter allem stehende Motivation der Partei ist Mao Tse-tungs vom 28. Dezember 1945 datierte Direktive »Feste Stützpunktgebiete im Nordosten (Mandschurei) errichten«. In der entscheidenden Passage heißt es wörtlich: »Die Arbeit unter den Massen besteht darin, die Massen aufzurütteln, einen Kampf zur Abrechnung mit den Landesverrätern zu führen und Bewegungen zur Senkung des Pachtzinses und zur Erhöhung der Löhne sowie Produktionskampagnen zu entfalten. In diesen Kämpfen müssen wir ... Massenorganisation bilden, ... Machtorgane des Volkes errichten, die Massenkämpfe schnellstens von ökonomischen zu politischen Kämpfen erheben ... *Unsere Partei muß dem Volk im Nordosten greifbaren materiellen Nutzen verschaffen, nur dann werden uns die Massen unterstützen* ... Andernfalls werden die Massen nicht klar erkennen können, welche der beiden Parteien – die Kommunistische Partei oder die Kuomintang – gut und welche schlecht ist, und sie könnten zeitweilig durch die trügerische Kuomintang-Propaganda hinters Licht geführt werden und sich sogar gegen unsere Partei wenden.«[24]

Klassenkampf und Ideologie

Als erste praktische Maßnahme verfügte die Partei eine Senkung des Pachtzinses und der Schuldzinsen. Weiterhin kam es im Frühjahr 1946 zur Verteilung von Grund und Boden von Japanern – landwirtschaftlichen Betrieben oder einzelnen Eigentümern – oder von Land, das der mandschukischen Satellitenregierung oder chinesischen Grundbesitzern gehört hatte.[25] Dies betraf 10 bis 15 Prozent der gesamten agrarischen Anbaufläche. Zugleich begann eine sogenannte Vergeltungskampagne (ch'ing-suan), bei der die Partei propagandistisch aufgeheizte Volkstribunale zur Beschuldigung, Verurteilung und zumeist Hinrichtung von Beamten, Grundbesitzern, Unternehmern und Verwaltern veranstaltete, die angebliche oder wirkliche Kollaborateure der Satellitenregierung von Mandschukuo gewesen waren. Daß ihr Eigentum anschließend unter der ärmeren Bevölkerung verteilt wurde, steigerte deren Interesse daran, solche Personen aufzuspüren und vor diese Tribunale zu bringen. Ab Juli 1946 entsandte die Partei 15.000 ausgebildete Kader in ländliche Regionen, um dort von oben induzierte agrarrevolutionäre Bewegungen unter der Bevölkerung zu entfachen. Die landlosen und landarmen Massen sollten einen inneren Umwandlungsprozeß ihrer sozialen Haltung (fanshen) dadurch vollziehen, daß sie nun – dank der Einwirkung der Kommunistischen Partei – als Ankläger, Richter und Henker der vormaligen ländlichen Oberschicht, einschließlich insbesondere ihrer vormaligen Grundherren, auftreten konnten. Mit Terror und Folter wurden aus diesen Angaben über ihre Vermögenswerte herausgepreßt. In der Vergangenheit völlig übliche Praktiken der Wirtschaftsführung wurden ihnen nun als »Verbrechen« angerechnet. Die von Parteikadern propagandistisch entfachte Volkswut führte zu Bezichtigungen und Verurteilungen, an deren Ende zumeist die Hinrichtung stand. Wie

Parteidokumente zugaben, wurden »zu viele« zu Tode geprügelt, während glücklichere Zeitgenossen erschossen wurden. Haß, Verfolgung und Vernichtung richteten sich nur scheinbar primär gegen Einzelpersonen, in Wirklichkeit gegen die politisch tonangebende und wirtschaftlich beherrschende Oberschicht in den ländlichen Gebieten. Die nutznießenden Massen sollten sich durch ihre Beteiligung an den Liquidationstribunalen wie auch durch den gewonnenen Anteil am Hab und Gut der Liquidierten mit der Partei, die all dies ermöglicht hatte, verbunden und sich ihr verpflichtet fühlen. Ziel dieser Klassenkampfaktion war ein »objektiver Gegner«, eine durch soziale Herkunft und Stellung definierte Gesellschaftsschicht. Deshalb lehnte es die Partei beginnend mit der Jahreswende 1946/47 ab, durch Ängste motivierte freiwillige Übereignungen von Eigentum durch einzelne Grundbesitzer zu akzeptieren, weil dies ein »Trick« sei, mit dem Mitglieder der Feudalklasse der Klassenjustiz zu entgehen versuchten.[26]

Einen weiteren Faktor hinter der überlegenen Kampfkraft der chinesischen Kommunisten bildeten die Geschlossenheit und das Zielbewußtsein ihrer oft bis zum Fanatismus gesteigerten ideologischen Grundorientierung. Die von Stalin 1943 unilateral aus Gründen außenpolitischer Taktik verfügte Auflösung der Kommunistischen Internationale hatte Mao Tse-tung in geschickter Weise zur weiteren Distanzierung des chinesischen Kommunismus von Moskau als auch geistigem »Lenkungszentrum der Weltrevolution« verwendet. Insbesondere im Rahmen der sogenannten Bewegung zur Beseitigung falscher Ideen (cheng-feng yün-tung) in der Partei von 1942–1944 und auf dem VII. Parteitag der Kommunistischen Partei Chinas (April bis Juni 1945) erfolgte eine deutliche Aufwertung der ideologischen Linie Mao Tse-tungs. Diese wirkte vor allem durch ihre Synthese von chinesischem Nationalismus mit solchen Elementen des Leninismus-Stalinismus, die in der Sicht Maos nutzbringend auf chinesische Verhältnisse angewandt werden konnten. Diese Emanzipation vom Primat der sowjetischen Doktrin wurde von den meisten seiner Anhänger als erleichternd empfunden. Seine Anhänger wurden mit dem Glauben erfüllt, in China Träger einer letztlich unüberwindlichen historischen Mission der nationalen und sozialen Befreiung ihres Volkes zu sein. Im neuen Statut der Partei vom 11. Juni 1945 heißt es in der Präambel: »Die KPCh nimmt die Theorien des Marxismus-Leninismus und die aus den praktischen Erfahrungen der chinesischen Revolution abgeleiteten Gesamtprinzipien – *die Ideen Mao Tse-tungs* – zum Leitsatz ihrer ganzen Arbeit ...«[27] Im gegenwärtigen Stadium der Geschichte sei die Revolutionsbewegung in China von den Zielen des Antiimperialismus, des Antifeudalismus und einer von Mao Tse-tung konzipierten »Neuen Demokratie« unter eindeutiger Führung der Kommunisten gekennzeichnet.

Mit der implizierten Gleichstellung Mao Tse-tungs mit Marx und Lenin beginnt ein für die Kommunistische Partei Chinas bis zu Maos Tod 1976 auf ihn bezogener Führerkult als Kernelement der Parteidoktrin. Die Präambel des Parteistatuts erwähnt auch das unumgängliche Erfordernis der Kritik und Selbstkritik, der sich alle Mitglieder und Funktionäre zu unterwerfen hätten. Zu dieser fast sektenhaften Methode einer politischen Beichte und Selbsterniedrigung durch Selbstkritik schreibt ein Augenzeuge des VII. Parteitages der KP China hinsichtlich der Äußerungen so prominenter Parteiführer wie Yang Shangkun (später Präsident der VR China) und Luo Fu (alias Chang Wen-t'ien): »Luo Fu und Yang Shangkun baten bei Mao Tse-tung offen um Vergebung für ihre einstigen ›Sünden‹. Ihre Reden sind ein demütigendes Auseinanderpflücken ihrer

›Fehler‹, ... eine Selbstgeißelung, eine Schmähung ihrer ›kleinbürgerlichen Gesinnung‹, Hinweise auf Moskau, wo sie angeblich Dogmatismus und Opportunismus gelernt haben ..., die Begründung, daß ›die Linie des Genossen Mao Tse-tung‹ richtig sei, Lobeshymnen auf Mao.«[28]

Im Gegensatz zum Regierungslager konnte Mao Tse-tung 1945 mit einer ideologisch hochmotivierten und disziplinierten Partei und Armee in den Endkampf um die Macht in China gehen. Diese ideologische Dynamik bildete eine wesentliche Komponente einer mehrdimensionalen und innovativen Strategie der Machtergreifung. Diese beruhte auf der Kombination eines eskalierenden Bewegungskrieges mit demonstrativ umsetzbaren – wenn auch außergesetzlichen – sozioökonomischen Reformen sowie fernerhin mit der genannten Motivation und Geschlossenheit der Partei und einer geschickt und je nach Ansprechpartner variierenden Propaganda dem In- und Ausland gegenüber. Doch auch von den Maoisten nicht beeinflußbare Kräfte der innerstaatlichen und zwischenstaatlichen Gesamtkonstellation am Ende des Pazifikkrieges trugen das Ihre zu deren endgültigem Erfolg bei.

George C. Marshalls Vermittlungsaktion und das Scheitern der amerikanischen Chinapolitik

Prämissen und Methoden der Vermittlungsaktion

Seit der Wende vom 19. zum 20. Jahrhundert hatte China den zentralen Bezugspunkt einer amerikanischen Ostasienpolitik verkörpert, die prinzipiell gegen hegemoniale Machtbildungen fremder Mächte im ostasiatisch-pazifischen Raum gerichtet gewesen war. Den Ausgangspunkt dieser Interessendefination hatte John Hays »Open Door Doctrine« gebildet. Auch Theodore Roosevelts Vermittlung des Friedensschlusses zwischen Japan und Rußland 1905 hatte dieses Ziel verfolgt; ebenso der Neun-Mächte-Vertrag von Washington 1922 wie auch anläßlich der japanischen Eroberung der Mandschurei Henry Stimsons Doktrin der Nichtanerkennung völkerrechtswidriger Veränderungen des Status quo. Auch die in der letzten Verhandlungsrunde vor Ausbruch des Pazifikkrieges von 1941 von den USA an Japan gerichtete primäre Forderung hatte sich auf China bezogen und dessen Evakuierung von den seit 1937 dort befindlichen japanischen Streitkräften gefordert. Mit der Ausschaltung Japans als eigenständigem Machtfaktor bildet China in der Sicht der amerikanischen Außenpolitik eine riesige Zwischenzone zwischen den Machtsphären der beiden Hauptsieger des Zweiten Weltkrieges – der USA und der Sowjetunion. In dieser Zwischenzone war ab Kriegsende erneut der Bürgerkrieg zwischen der mit den USA traditionell befreundeten Kuomintang-Regierung Chiang Kai-sheks und der ideologisch nach Moskau hin orientierten und bis zur Mitte der dreißiger Jahre partiell von Moskau aus ferngesteuerten Kommunistischen Partei Chinas ausgebrochen. Bereits während des Krieges hatten die USA, wenn auch mit wenig Erfolg versucht, zwischen Chinas streitenden Parteien zu vermitteln. Damals allerdings war das Ziel gewesen, durch mehr Geschlossenheit einen stärkeren Kriegseinsatz der Chinesen in Ergänzung der amerikanischen Kriegführung gegen Japan zu erreichen. Doch kaum einer der amerikanischen Entscheidungsträger, die China in diesem

Sinne beeinflussen wollten, erkannte, daß die chinesischen Parteien nicht im Krieg gegen Japan – der nur durch auswärtige Mächte gewonnen werden konnte –, sondern in einem anschließenden Krieg gegeneinander den Prozeß der Entscheidung darüber erblickten, welche der beiden Parteien China in der Nachkriegsära regieren werde.

Bereits im November 1944 hatte sich Patrick Hurley, ein amerikanischer Ölmagnat und späterer Botschafter in China, als »Sonderbeauftragter« Präsident Roosevelts mit dem Einverständnis Chiang Kai-sheks nach Yenan, dem Hauptquartier der chinesischen Kommunisten, begeben. Dort hatte er einen Vorschlag der chinesischen Nationalregierung vorgelegt, der den Kommunisten die Legalisierung ihrer Partei unter der Voraussetzung ihrer Zusammenarbeit mit der Regierung anbot. Mao Tse-tung und Chou En-lai, die Hurley zu der Annahme überredeten, sie seien nur radikale Demokraten und keine wirklichen Kommunisten, unterbreiteten einen fünf Punkte umfassenden Gegenvorschlag, den Mao und Hurley unterzeichneten. Die wichtigsten dieser Punkte schlugen die Bildung einer chinesischen Koalitionsregierung unter Beteiligung der Kommunisten und eines ebenso zusammengesetzten »Vereinigten Nationalen Militärrates« vor, wie auch, daß die Rüstungshilfe auswärtiger Mächte fair unter den verschiedenen chinesischen Streitkräften verteilt werden sollten, was die Teilhabe der Kommunisten an amerikanischer Militärhilfe bedeutete.[29] Dazu kommentierte Präsident Chiang Kai-shek, die Einbeziehung der Kommunisten in eine Koalitionsregierung würde letztlich zur Machtergreifung der Kommunisten führen und in China als Niederlage der Regierungspartei verstanden werden.[30] Nach dem Kriegsende und auf Anraten des US-Außenministeriums hatte Chiang Kai-shek seinen Gegner Mao Tse-tung zu Gesprächen nach Chungking eingeladen, und Mao hatte angenommen, nachdem Patrick Hurley – inzwischen US-Botschafter in China geworden – sich dazu bereit erklärt hatte, ihn gleichsam als »Schutzpatron« persönlich zu begleiten. Vierundvierzig Tage Verhandlungen zwischen den Führern der gegnerischen Parteien in China brachten keinen Frieden. Die erzielten Übereinstimmungen betrafen die Legalisierung aller politischer Parteien in China – also auch der Kommunisten – und die Schaffung einer Politischen Konsultativkonferenz aller Parteien, die die Einberufung einer verfassunggebenden Nationalversammlung vorbereiten sollte.[31] Zwei Wochen nach Maos Rückreise nach Yenan meldete die Regierung den Fortgang von Feindseligkeiten in 11 der 28 Provinzen Chinas.

Nachdem Hurley am 27. November 1945 vom Amt als US-Botschafter in China mit dem Gefühl großer Verbitterung zurückgetreten war, ernannte Präsident Truman den vormaligen Generalstabschef General George C. Marshall – in Europa bekannt als Hauptinitiator des Marshallplanes – zu seinem Sonderbeauftragten in China mit Rang eines Botschafters. In dieser Funktion war Marshall vom Präsidenten beauftragt, eine Einstellung des chinesischen Bürgerkrieges und einen Prozeß der Demokratisierung zu erwirken, der im Endresultat allen bedeutenden politischen Gruppierungen in China »eine faire und wirksame Vertretung in der chinesischen Nationalregierung« ermöglichen solle. Gleichzeitig mit der Schaffung einer repräsentativen Regierung sollten politisch autonome militärische Streitkräfte wie die der chinesischen Kommunisten abgeschafft und durch die Aufstellung einer integrierten gesamtchinesischen Armee ersetzt werden. Unter der Voraussetzung einer Erreichung dieser Ziele sei die amerikanische Regierung dazu bereit, dem vom Krieg zerstörten China diverse Formen von Wiederaufbauhilfe zu gewähren. Doch mit dieser Hilfe der USA sei nicht zu rechnen, falls China weiterhin von Bürgerkrieg zerrissen bleibe.[32]

Hinter dieser Strategie Washingtons stand die optimistische Erwartung, daß rationale Einsicht, Patriotismus, amerikanische Überredung und die Aussicht auf amerikanische Wirtschaftshilfe dazu beitragen könnten, den blutigen Bürgerkrieg in China in ein Zusammenwirken aller Parteien bei einer Demokratisierung und einer politischen sowie militärischen Reintegration des Landes zu verwandeln. Im ersten Halbjahr 1946 schien es in der Tat so, als sollten die drei Hauptziele der Marshall-Mission – Befriedung, Demokratisierung und Reintegration – erreicht werden können. Bereits im Januar 1946 wurde ein dreiköpfiges sogenanntes Exekutiv-Hauptquartier errichtet, dessen Vorsitzender Marshall selbst und dessen beide anderen Mitglieder Chang Chün, der Generalsekretär des Nationalen Verteidigungsrates für die Regierung und Chou En-lai für die KP Chinas waren. Die Entscheidung dieses Dreiergremiums erforderte Einstimmigkeit. Unter seiner Leitung entstanden acht gleichartig strukturierte Teams zur Kontrolle des ab dem 13. Januar geltenden Waffenstillstandes. Eine aus allen Parteien gebildete Politische Konsultativkonferenz trat zusammen und vereinbarte, daß ein aus vier Parteien und einigen unabhängigen Persönlichkeiten gebildeter Staatsrat vor der Verabschiedung einer in Beratung befindlichen neuen Verfassung die oberste Exekutiv- und Legislativgewalt im Land ausüben sollte. Die Hälfte des vierzigköpfigen Staatsrates sollte von der regierenden Kuomintang ernannt werden, die andere Hälfte von den anderen Parteien. Ebenfalls mit erstaunlicher Schnelligkeit erreichte Marshall am 25. Februar 1946 ein Abkommen, genannt »Grundlagen für Militärische Reorganisation und die Integration Kommunistischer Streitkräfte in die Nationale Armee«, das innerhalb von nur 18 Monaten eine Reduzierung der Streitkräfte auf einen Stand von 60 Divisionen mit je 14.000 Mann vorsah, wovon 50 Divisionen Regierungstruppen und 10 Divisionen Truppen der Kommunisten sein sollten. Auch die geographische Verteilung der reduzierten Einheiten war beschlossen worden.[33]

Angesichts dieser Fortschritte beschloß die US-Regierung im März 1946 die Errichtung einer Militärmission der Vereinigten Staaten in China mit einer Mannschaft von 1000 Mann unter dem Befehl des in China bewährten Generals Albert Wedemeyer. Nachdem jedoch General Marshall im gleichen Monat China den Rücken gekehrt und zu Konsultationen nach Washington geflogen war, benützten die chinesischen Kommunisten den Rückzug der Sowjets aus der strategisch wichtigen mandschurischen Stadt Changchun, um diese Hauptstadt Nordostchinas militärisch zu besetzen. Auf der Basis dieses Erfolges begannen die Kommunisten ihre Forderungen zu erhöhen, während sich im Regierungslager bestehende Zweifel an der Durchsetzbarkeit erzielter Kompromisse verstärkt bemerkbar machten.[34] Zudem verlangten die Kommunisten entgegen zuvor geschlossenen Vereinbarungen eine Einstellung amerikanischer Transporte von Regierungstruppen in die von den Sowjets evakuierte Mandschurei. Marshall erreichte nach seiner Rückkehr einen Rückzug der Kommunisten aus Changchun, doch die nachrückenden Regierungstruppen begnügten sich nicht mit einer Besetzung der Stadt, sondern rückten von da aus weiter nach Norden vor. Obwohl es Marshall mit äußerster Mühe gelang, im Juni 1946 einen kurzfristigen Waffenstillstand zu erwirken, hatte sich die Kompromißbereitschaft auf beiden Seiten beträchtlich verringert. Serien militärischer Siege der Regierungstruppen in der Mandschurei wie auch in Nordchina bestärkten Chiang Kai-shek in seiner Ansicht, nur eine Verschlechterung ihrer militärischen Lage könne bei den Kommunisten eine neue Kompromißbereitschaft erzeugen. Marshall reagierte mit der Veranlassung einer Waffenlieferungssperre, die am 28. Juli 1946 begann und acht Monate anhielt. Es sei unmöglich, daß die USA China Waffen lieferten, während Chiang Kai-sheks Armeen – entgegen den Vorstellungen des US-Vermittlers – ihre Kampfhandlungen fortsetzten.[35]

Auf der anderen Seite verstärkten die Kommunisten ihre Propagandakampagne gegen die USA, denen sie falsches Spiel vorwarfen. Eine Wagenkolonne mit amerikanischen Marineinfanteristen wurde Ende Juli 1946 von Kommunisten angegriffen, wobei drei Amerikaner getötet und zwölf verwundet wurden.

Das Scheitern der Vermittlung

In einem Brief Präsident Trumans an Chiang Kai-shek vom 10. August 1946 wurde letzterer gewarnt, die USA müßten ihre Chinapolitik ändern, falls kein Fortschritt mehr in Richtung einer friedlichen Lösung zu erreichen sei.[36] Als aber weitere militärische Erfolge der Regierungstruppen Ende September in einer Offensive gegen Kalgan – das wichtigste Hauptquartier der Kommunisten nach Yenan – gipfelten, drohte Chou En-lai, eine Fortsetzung dieses Feldzuges werde zur »totalen Spaltung« Chinas führen, während Marshall warnte, ein Fortgang der Kämpfe könne zum Ende seiner Vermittlungsaktion führen.[37] Marshall nahm diese Drohung jedoch zurück, nachdem Chiang Kai-shek einen zeitlich begrenzten Waffenstillstand angeboten hatte. Dieses Angebot wurde von den Kommunisten mit der Begründung abgelehnt, nur ein »unbegrenzter« Waffenstillstand und eine Wiederherstellung des militärischen Status quo, wie er in Zentralchina am 13. Januar und in der Mandschurei am 7. Juni bestanden hätte, könnte die Kommunisten zur Wiederaufnahme von Verhandlungen veranlassen. Im Falle der Verwirklichung hätte dies aber die Annullierung zahlreicher militärischer Erfolge bedeutet, die die Regierungstruppen seither hatten erringen können. Ein letzter Waffenstillstand wurde von Chiang Kai-shek am 8. November 1946 nach vorherigen weiteren Erfolgen seiner Streitkräfte verkündet. Der Termin lag drei Tage vor der Eröffnung der chinesischen Nationalversammlung, die von den Kommunisten wegen ihrerseits nicht gebilligter Maßnahmen der Regierung boykottiert wurde. Aus deren Hauptquartier richtete Chou En-lai an Marshall und Chiang Kai-shek eine Botschaft, in der es hieß, die Kommunisten seien zu neuen Verhandlungen nur dann bereit, wenn die Nationalversammlung aufgelöst und die oben erwähnte Wiederherstellung des militärischen Status quo bewirkt würde. Ominös schwieg Chou En-lai zu Marshalls Frage, ob seine Vermittlung seitens der Kommunisten weiterhin erwünscht sei. Marshall schloß daraus, die Kommunisten hätten damit Amerikas Politik der Vermittlung abgelehnt.[38] Seine Nützlichkeit als Vermittler sei durch die kommunistische Ablehnung neuer Regierungsvorschläge zunichte gemacht worden, da diese nur den verhandlungsfeindlichen reaktionären Elementen innerhalb der Regierung in die Hände gespielt hätte. Als Folge akzeptierte Präsident Truman am 6. Januar 1947 Marshalls Ersuchen, ihn von seiner Tätigkeit als amerikanischer Vermittler im chinesischen Bürgerkrieg zu entbinden.[39]

Nach Washington zurückgekehrt, unternahm es der durch sein Scheitern erschütterte Marshall, eine Analyse der Hintergründe dieses Fehlschlages zu erstellen. Er tat dies in einer »persönlichen« Erklärung, die dennoch im offiziellen Bulletin des US-Außenministeriums abgedruckt wurde. Das größte Hindernis im Wege einer erfolgreichen Vermittlung – so meinte er – sei das abgrundtiefe Mißtrauen zwischen Nationalisten und Kommunisten in China gewesen. Er versagte sich dabei einen Hinweis auf die Vorgeschichte des seit 1927 andauernden blutigen Konflikts zwischen den beiden Parteien. Die Regierung habe das System des Kommunismus rigoros abgelehnt, während die Kommunisten zugegeben hätten, eine kommunistische Staats- und Gesellschaftsordnung anzustreben, wobei ihnen eine Phase parlamentarischer Demokratie nur als Durchgangsstadium zu dem Endziel willkommen gewesen wäre. Die Regierung sei daher der Meinung gewesen, die Kommunisten hätten sich lediglich in gezielt destruktiver Absicht an der Politischen Konsultativkonferenz beteiligt. Die Kommunisten wiederum hätten befürchtet, die Regierung wolle den Prozeß der Demokratisierung, ergänzt durch militärische Maßnahmen, nur zum Zweck der Vernichtung der Kommunistischen Partei betreiben. So hätten beide Parteien voneinander stets nur das Ärgste erwartet. Eine gewisse Gruppe von »Reaktionären« innerhalb der nationalchinesischen Regierung habe sogar offen eingestanden, eine echte Zusammenarbeit mit den Kommunisten sei »unvorstellbar«. Wirksam sei hier nur der Einsatz von Gewalt. Obwohl manche Beobachter meinten, daß dies angesichts der rigorosen Disziplin innerhalb der Kommunistischen Partei undenkbar sei, glaube er, daß es bei den chinesischen Kommunisten sowohl »definitiv liberale« Elemente als auch »waschechte« Kommunisten gebe. Ohne Rücksicht auf die Leiden der Bevölkerung hätten letztere zum Beispiel versucht, das Verkehrssystem und damit die Wirtschaft des Landes zu ruinieren, um die Machtergreifung ihrer Partei zu erreichen. Unter ersteren befänden sich hingegen viele, die die Interessen des Volkes über dasjenige der Partei stellten. Ohne Rücksicht auf Fakten und Wahrheit hätte die Propaganda der Kommunisten die Absichten und Maßnahmen der amerikanischen Chinapolitik diffamiert. Doch auch seitens der Nationalregierung habe es mehrfach diesbezügliche Fehldarstellungen gegeben. In der letzten Phase seiner Vermittlungstätigkeit hätten die chinesischen Kommunisten exzessive Forderungen gestellt, von denen sie wußten, daß keine Regierung sie akzeptieren könne. Ein Strahl der Hoffnung gehe von der Tatsache aus, daß die Ära der »Vormundungschaftsregierung« der Kuomintang formal beendet und mit der Annahme einer demokratischen Verfassung das Tor zu einer demokratischen Entwicklung Chinas eröffnet worden sei. Die beste Chance zur Rettung der verfahrenen Situation in China sehe er, schreibt Marshall, wenn es unter der Führung Chiang Kai-sheks gelänge, die Leitung der chinesischen Regierung in die Hände »liberaler« Politiker zu legen, die sowohl innerhalb der Kuomintang als auch innerhalb kleineren Parteien zu finden seien.[40]

Bemerkenswerterweise enthielt Marshalls Analyse kein Wort der Selbstkritik. Ein Jahr später behauptete er, Chinas politische Probleme seien »unlösbar« und jenseits seiner Fähigkeit, sie zu verstehen oder zu beurteilen.[41] In den USA war Präsident Truman innenpolitisch dadurch unter Druck geraten, daß die kuomintangfreundlichen oppositionellen Republikaner bei den Zwischenzeit-Wahlen *(midterm elections)* 1946 in beiden Häusern des Kongresses die Mehrheit errungen hatten. Kurz vor Marshalls Rückkehr in die USA, einem Schritt, der das Scheitern der amerikanischen Chinapolitik allgemein ersichtlich machte, erließ der Präsident am 18.12.1946 eine öffentliche Erklärung. Sie bezog sich primär auf die seit Ende das Krieges geleisteten Unterstützungsmaßnahmen der USA für China. So hätten die USA nach Kriegsende drei chinesische Armeen zur See und zur Luft nach Nordchina, in die Mandschurei, nach Taiwan und nach Zentralchina transportiert. Außerdem seien seit Kriegsende bis November 1946 2,9 Millionen Japaner auf Bitte der chinesischen Regierung hin von der VII. US-Flotte nach Japan evakuiert worden. Amerikanische Streitkräfte in China mit einem Höchststand von 113.000 Mann hätten sich an der Entwaffnung und Repatriierung der japanischen Streitkräfte beteiligt. Sich der Situation nach dem Scheitern der Marshall-Mission zuwendend, erklärte der Präsident, wenn sich die Zustände in China verbesserten, seien die USA zur Gewährung weiterer Aufbauhilfe bereit, sie seien jedoch nicht gewillt, sich in den chinesischen Bürgerkrieg einzumischen. Im allgemeinen würden die USA ihre auf traditioneller Freundschaft mit China beruhende »positive und realistische« Politik fortsetzen.[42]

Hintergründe des Scheiterns der Vermittlung

Während Washingtons idealistische Zielsetzung – China durch Marshalls Vermittlung sowohl Befriedung als auch Demokratisierung zu ermöglichen – unbestreitbar scheint, muß der Anspruch, hierbei eine »realistische Strategie« verfolgt zu haben, in mehrfacher Hinsicht ernsthaft in Frage gestellt werden. Denn seitens der US-Regierung wurde der Grad der Schwierigkeit unterschätzt, in einem Land ohne Praxistradition der Demokratie und der Rechtsstaatlichkeit innerhalb nur weniger Monate ein funktionierendes System der Mehrparteiendemokratie einzuführen.

Was den Grad dieser Schwierigkeiten fast unermeßlich erhöhte, waren Charakter und Beziehungsstruktur jener beiden großen Parteien, die Hauptpfeiler dieses neuen Systems einer pluralistischen Demokratie sein sollten. Auf der einen Seite war es eine an gnadenlosem Klassenkampf und Diktatur des Proletariats (d.h. der Partei) und am leninistisch-stalinistischen Strukturmodell orientierte totalitäre Partei. Diese betrachtete eine Beteiligung an demokratischen Prozessen bestenfalls als taktisch nützliches Durchgangsstadium auf dem Weg zur totalen Machtergreifung. Ihr gegenüber stand eine autoritär geführte Partei, die sich allerdings theoretisch zur demokratischen Weltanschauung und Zielsetzung ihres Gründers Sun Yat-sen bekannte. In zwei Jahrzehnten des Bürgerkrieges zwischen diesen Parteien waren Hekatomben von Blut geflossen. Und wie Marshall im Verlauf seiner Vermittlungsbemühungen erkannte, bestand zwischen ihnen folglich ein abgrundtiefes Mißtrauen. Zwar hatten beide Parteien äußerlich zunächst der amerikanischen Vermittlungsaktion zugestimmt, doch jeweils mit der Erwartung, die Einwirkung der USA jeweils zum eigenen Nutzen und als Waffe gegen die andere Partei verwenden zu können. Trotz äußerer Zustimmung glaubte keine der beiden Parteiführungen intern an eine echte Erfolgschance der Marshall-Mission.

Indem die Vermittlungsstrategie der USA die Vergabe amerikanischer Wiederaufbauhilfe für das von Krieg zerstörte China von einer vorherigen umfassenden Einigung zwischen den beiden chinesischen Parteien abhängig machte, spielte sie damit der Kommunistischen Partei Chinas eine faktische Vetomacht in die Hände. Die chinesische

Regierung wurde umgekehrt zu Konzessionen an einen Gegner gedrängt, dessen reales Ziel ihre Vernichtung war. Von einer Begegnung mit Marshall vor dessen Abreise nach China berichtete Roosevelts vormaliger Stabschef Admiral Leahy. Marshall habe dabei geäußert, er werde Chiang Kai-shek sagen, daß er sich entweder mit den Kommunisten einigen oder aber auf amerikanische Hilfe verzichten müsse.[43]

Die Idee einer Koalitionsregierung in China stammte von Mao Tse-tung, der sie in seiner Rede und Schrift »Über die Koalitionsregierung« vom 24. April 1945 zum kurzfristigen Programmpunkt seiner Partei gemacht hatte.[44] Nachdem Owen Lattimore diese Idee Präsident Truman in einem Memorandum vom 3. Juli 1945 nahegelegt hatte, wurde sie von dem Mao ebenfalls wohlgesinnten Leiter der Fernostabteilung im US-Außenministerium, John Carter Vincent, ausgearbeitet und bildete einen Hintergrund der neuen Leitlinie der amerikanischen Chinapolitik.[45] Als Maos Vertreter hatte Chou Enlai der US-Botschaft in Chungking am 24. Januar 1945 die Bildung einer »interimistischen Koalitionsregierung in China« vorgeschlagen. Die Botschaft hatte sich daraufhin diesen Vorschlag zu eigen gemacht und mit der absurden Anregung ergänzt, Mao Tsetung solle unter Chiang Kai-shek zum Vizepräsidenten oder Ministerpräsidenten der chinesischen Regierung gemacht werden. Im Gegenzug sollten die chinesischen Kommunisten ihre Streitkräfte der nationalchinesischen Regierung unterstellen und ihre regionalen Verwaltungsstrukturen in der Mandschurei aufgeben.[46]

Die Direktive der Marshall-Mission befaßte sich kaum mit der Frage, weshalb es überhaupt im Interesse der Kommunistischen Partei Chinas gelegen sein könne, unter der Führung ihres Hauptgegners Chiang Kai-shek einer der Juniorpartner einer Mehrparteienregierung zu werden. Hätte sie doch dabei ihre eigenen Streitkräfte verloren, um an einem Prozeß mitzuwirken, bei dem ein Wiederaufbau im Zeichen amerikanischer Kooperation und Hilfe dem Kommunismus in China den Nährboden der wirtschaftlichen Not entziehen würde. Mao Tse-tung selbst hatte in seiner auch den Amerikanern bekannten Schrift über die Koalitionsregierung mit bemerkenswerter Deutlichkeit dargelegt, eine Koalition mit der Kuomintang könne nur eine interimistische Lösung darstellen. Wirkliches Ziel der Kommunisten hinsichtlich der Staatsform Chinas sei eine sogenannte neudemokratische Ordnung. Diese entspreche weder der westlichen Demokratie noch auch dem Sowjetsystem, sondern verkörpere eine aus mehreren Klassen gebildete Einheitsfront »unter der Führung der Arbeiterklasse« (also der Kommunistischen Partei) und sei aufgebaut auf dem »Prinzip des demokratischen Zentralismus«.[47] Eine Unterstellung der kommunistischen Streitkräfte unter eine chinesische Zentralregierung komme erst dann in Frage, wenn sie der angestrebten »neudemokratischen Ordnung« entspreche.[48] Somit lag von seiten der Kommunistischen Partei Chinas als Menetekel bereits vor Beginn der Vermittlungsaktion Marshalls eine klar definierte Negierung ihrer Hauptziele vor, deren Konsequenzen anfangs weder von der US-Regierung in Washington noch auch von der US- Botschaft in China ernsthaft in Rechnung gestellt wurden.

Auf Veranlassung des genannten John Carter Vincent unterblieb in der Direktive für Marshall jeder Erörterung der Frage, welche Alternativstrategie der amerikanischen Chinapolitik zur Verfügung stünde, sollte die geplante Vermittlungsaktion scheitern.

Nach Marshalls Fehlschlag – der Wedemeyer-Bericht

In einer Phase der Rat- und Konzeptlosigkeit in Washingtons Chinapolitik, die dem Abbruch der Marshall-Mission folgte, entstand 1947 auf Anregung der Republikaner der Plan, den im Zweiten Weltkrieg in China bewährten General Albert Wedemeyer zum Zweck einer Lageanalyse nach China zu entsenden. Dessen Bericht nach seiner Rückkehr stellte fest, die US-Vermittlungsaktion Marshalls habe der Regierung geschadet und den Kommunisten genützt. Die nachfolgende Zurückhaltung amerikanischer Hilfe für China sei kontraproduktiv. Zur Stabilisierung der Lage sei es im Gegenteil erforderlich, der chinesischen Nationalregierung massive amerikanische Rüstungs- und Militärberatungshilfe zuteil werden zu lassen und die durch Inflation extrem gefährdete chinesische Währung mit einer Anleihe von 200 Millionen US-Dollar in Silber zu stabilisieren. Die amerikanische Politik des passiven Zuwartens riskiere einen anderweitig vermeidbaren Sieg der chinesischen Kommunisten.[49]

Außenminister Marshall verbot jedoch die Veröffentlichung des Wedemeyer-Berichts mit der Begründung, die darin auch enthaltene Empfehlung einer zeitweiligen internationalen Treuhandschaftsverwaltung der Mandschurei könne sich in China als psychologisch schädlich erweisen.[50] Ebenso unterließ es die US-Regierung, die anderen Empfehlungen Wedemeyers in die Tat umzusetzen. Dennoch verabschiedete der Kongreß der Vereinigten Staaten am 2. April 1948 ein Gesetz über Hilfe für China, das 338 Millionen für wirtschaftliche Zwecke und 125 Millionen zur freien Verfügung der chinesischen Regierung – insbesondere für Militärhilfe – vorsah.[51] Nicht ohne historische Ironie sind Weisungen Außenminister Marshalls vom August gleichen Jahres an den US-Botschafter in China. Denn er warnte darin, nach den Erfahrungen in osteuropäischen Staaten dürften die USA eine Koalitionsregierung in China unter Beteiligung der chinesischen Kommunisten weder direkt noch indirekt unterstützen.[52] Monate zuvor hatte er im Zusammenhang mit dem Antrag der chinesischen Regierung auf neue Wirtschaftshilfe vor dem Kongreß erklärt, ein Sieg der Kommunisten in China liege im Bereich des Möglichen. Dies zu verhindern und gleichsam die militärischen und wirtschaftlichen Funktionen der bedrängten chinesischen Nationalregierung zu übernehmen könne aber für die USA bedeuten, in ein Faß ohne Boden zu investieren. Dies könne zudem der Wahrnehmung amerikanischer Interessen in anderen Weltregionen zum Nachteil gereichen. Gleichsam tröstlich versuchte er die Kongreßabgeordneten mit dem Hinweis zu beruhigen, China könne auf Grund seiner industriellen Unterentwicklung und seines Mangels an Rohstoffen in der vorauszusehenden Zukunft keine führende Militärmacht werden.[53] Nur zwei Jahre später sollte der Krieg in Korea dramatisch beweisen, daß auch diese Kalkulation bedenklich unrichtig war.

Unverwirklichte Alternativen der amerikanischen Chinapolitik

Im Rückblick auf die bedeutsame Wende in der Geschichte der chinesisch-amerikanischen Beziehungen ergibt sich die Frage, welche rationalen und effektiven Alternativen der amerikanischen Chinapolitik nach dem Fehlschlag der wohlgemeinten Vermittlungsaktion George C. Marshalls zur Verfügung standen. An Hand von Vorschlägen aus dieser Zeit lassen sich drei diesbezügliche Optionen entwickeln:

Option 1 hätte mit dem Hinweis auf die *bona fide* versuchte, aber fehlgeschlagene Vermittlungsaktion eine Politik amerikanischer Neutralität zwischen den beiden Lagern des chinesischen Bürgerkrieges unter Beibehaltung kommerzieller und humanitärer Beziehungen zu allen Teilen Chinas sein können. Diese Option hatte der damalige US-Botschafter in China als »zweitbeste« Alternative bezeichnet.[54]

Option 2, die von einer Gruppe linksorientierter Diplomaten wie auch von Experten des *Institute of Pacific Relations* schon gegen Ende des Zweiten Weltkrieges empfohlen worden war, hatte der US-Regierung empfohlen, auf die chinesischen Kommunisten als voraussehbare Sieger im chinesischen Bürgerkrieg zu setzen und die Praxis der amerikanischen Chinapolitik dementsprechend umzuorientieren.[55] Dieser Verstoß verkörperte zwar ein originelles Alternativmodell, das die machtpolitischen Potentialitäten der chinesischen Kommunisten realistisch in Rechnung stellte. Es wäre aber für die US-Regierung aus prinzipiellen völkerrechtlichen Gründen wie aber – ab Beginn des kalten Krieges 1946 – auch innenpolitisch schwierig gewesen, diese Politik einer Kollision mit einer rebellierenden, bewaffneten und kommunistischen Opposition gegen die legale, mit den USA traditionell verbundene Regierung in die Praxis umzusetzen. Sowohl die Diplomaten als auch die Fernost-Experten, die diese Alternative befürworteten, wurden zu Anfang der fünfziger Jahre Zielscheiben parlamentarischer Untersuchungsausschüsse, die ihnen mangelnde Loyalität und prokommunistische Tendenzen vorwarfen.[56]

Option 3 hätte sein können, ab dem Scheitern der Marshall-Mission Ende 1946 – und somit in einer noch von Serien militärischer Erfolge der nationalchinesischen Regierung gekennzeichneten Phase des Bürgerkrieges – die legale nationalchinesische Regierung militärisch durch intensive Berater- und Rüstungshilfe, finanziell durch Stützung ihrer gefährdeten Währung und moralisch wie auch reformpolitisch zu unterstützen. Diese Unterstützung hätte diskret, aber definitiv von demokratischen und sozialen Reformen abhängig gemacht werden müssen, die theoretisch von Nanking längst geplant, jedoch praktisch nicht in die Tat umgesetzt worden waren. Wedemeyers unverwirklichte Vorschläge gingen in diese Richtung, kamen aber – erst im Herbst 1947 formuliert – um ein ganzes Jahr zu spät. Allerdings hatte der auf eine fünfzigjährige Chinaerfahrung zurückblickende letzte Botschafter der USA im vorkommunistischen China, John Leighton Stuart, Marshall unmittelbar vor seiner Abreise aus China schon im Januar 1947 die Option drei als beste Form einer neuen amerikanischen Chinapolitik empfohlen.[57]

Da keine dieser Optionen verwirklicht wurde, bleibt die Frage nach der besten Wahl nur Spekulation. In der Wirklichkeit schlug die amerikanische Politik den denkbar schlechtesten Kurs ein, der Elemente aus allen drei Optionen kombinierte. In der materiellen Sphäre wurden mit den Bewilligungen des *China Aid Act* von 1948 zwar erneut Hilfsmittel für China einschließlich militärisch verwendbarer Beträge bewilligt. Doch diese Hilfe war quantitativ zu gering, in ihrer Umsetzung zu dilatorisch und zeitlich zu spät, um dem nationalchinesischen Regime in seinem mehrdimensionalen Todeskampf auf dem chinesischen Festland noch nützen zu können. Andererseits aber provozierte diese Hilfe die chinesischen Kommunisten, die dadurch – wie übrigens auch schon durch die amerikanische Transporthilfe für Chiang Kai-sheks nach Norden in kommunistische Machtbereiche vordringende Armeen 1945/46 – in der Meinung bestärkt wurden, daß die USA trotz ihres »Vermittlungstheaters« in Wirklichkeit stets versucht hätten, dem Bürgerkriegsgegner zu Erfolgen zu verhelfen.

Washingtons Wahl einer so unvorteilhaften neuen Chinapolitik war sowohl durch innen- als auch durch außenpolitische Gegebenheiten der frühen Nachkriegssituation beeinflußt. Schon 1946 entstehen amerikanisch-sowjetische Konfliktfelder im Nahen und Mittleren Osten wie auch hinsichtlich der deutschen Reparationen. Mit der von George F. Kennan, dem Gründungsdirektor im Planungsstab des US-Außenministeriums, konzipierten »Strategie der Eindämmung« *(containment theory)*, die mit der Truman-Doktrin vom März 1947 ihre offizielle Zementierung fand, hatten sich die USA vorrangig in der östlichen Hemisphäre auf eine Strategie festgelegt, die wahrgenommenen oder erwarteten Formen einer sowjetischen bzw. kommunistischen Expansion entgegenwirken wollte. Mit dem im gleichen Jahr verkündeten Marshallplan ergreifen die USA eine große angelegte Initiative zur Restabilisierung und zum Wiederaufbau der sozioökonomischen Gefüge West- und Zentraleuropas. Im folgenden Jahr verschlingt die Luftbrücke nach Berlin bedeutende Beträge und führt die Berlinkrise nahe an den Rand eines neuen Weltkrieges.

In der Frühphase des kalten Krieges wird der Wille zur Vermeidung jenes Typs von Beschwichtigungspolitik, wie er dem Zweiten Weltkrieg vorangegangen war, zu einem zentralen Motiv der amerikanischen Außenpolitik. In revolutionärer Abkehr von der anderthalb Jahrhunderte alten Tradition des außenpolitischen Isolationismus schließen die USA im Frühjahr 1949 erstmals in Friedenszeiten mit dem am 5. April 1949 unterzeichneten Nordatlantikpakt ein Militärbündnis mit auswärtigen Mächten. Es soll die wirtschaftliche Aufbau- und Eindämmungsfunktion des Marshallplanes militärpolitisch ergänzen. Das neue, vielgestaltige und intensive Engagement der USA in Europa und dem Nahen Osten erklärt, weshalb China im Zeitraum zwischen 1946 und 1949 auf der Prioritätenskala amerikanischer Außenpolitik nur ein relativ niedriger Stellenwert eingeräumt wird. Psychologisch hatte das Scheitern der Marshall-Mission in Washington eine gewisse Resignation und Ratlosigkeit bewirkt. In dieser Periode sind die China betreffenden Ansichten führender amerikanischer Entscheidungsträger, darunter Präsident Truman, Außenminister Marshall und sein Nachfolger Dean Acheson, von deutlicher Skepsis gekennzeichnet. Diese bezieht sich auf die Möglichkeit, in China entscheidend und verbessernd eingreifen zu können. Es überwiegt die Befürchtung, China könne sich für materielle Engagements als Faß ohne Boden erweisen. Eine Konsequenz dieser Einstellung hätte eine Grundsatzentscheidung zugunsten von Option 1 (Neutralität gegenüber den beiden Parteien des chinesischen Bürgerkrieges) sein müssen. Daß es dennoch zu der, wenn auch nur halbherzig gewährten, Hilfe für China durch den *China Aid Act* von 400 Millionen US Dollar kam, war weitgehend auch eine Folge der innenpolitischen Stärke der China gegenüber freundlicher gesinnten republikanischen Opposition.

In Sorge vor gravierenden innenpolitischen Konsequenzen einer Niederlage der lang mit den USA verbundenen nationalchinesischen Regierung veröffentlichte das US-Außenministerium im August 1949 – zwei Monate vor der Proklamation der Volksrepublik China – ein Weißbuch über die Beziehungen der USA zu China unter besonderer Berücksichtigung der Phase von 1944 bis 1949.[58] Herausgegeben von Philip Jessup, einem führenden Diplomaten und Völkerrechtler, umfaßte das Weißbuch 409 Seiten Text mitsamt einem Anhang von 186 Dokumenten. Das Ziel dieses aufwendigen Werkes und seiner vorfristigen Freigabe geheimer Dokumente war es, den Beweis zu führen, daß die negative Entwicklung in China trotz kontinuierlicher und vielgestaltiger Hilfestellungen der USA auf Grund der Unzulänglichkeiten der verbündeten chinesischen Regierung und der Unfähigkeit der chinesischen Parteien zur Zusammenarbeit unvermeidbar geworden sei. »Nichts, was dieses Land (USA) im Rahmen zumutbarer Belastungen getan haben könnte«, schrieb Amerikas neuer Außenminister Dean Acheson in seinem Vorwort, »hätte diese Entwicklung ändern können; nichts, was dieses Land unterlassen hat, hat zur jetzigen Lage beigetragen. Diese ist das Ergebnis interner chinesischer Kräfte, die dieses Land (USA) zu beeinflussen versuchte, aber nicht zu beeinflussen vermochte.«[59]

Obwohl namhafte Kritiker meinten, diese außergewöhnliche Art der Publikation habe dem noch kämpfenden chinesischen Verbündeten in unüblicher und unethischer Weise einen psychologischen Todesstoß versetzt, erscheint der Versuch einer Rechtfertigung der US-Regierung hinsichtlich ihrer fehlgeschlagenen Chinapolitik innenpolitisch in der Motivation nachvollziehbar. Unverständlich, weil sachlich nicht erforderlich, erscheinen aber die scharfen Angriffe, die Außenminister Acheson in seinem Vorwort gegen die chinesischen Kommunisten am Vorabend ihres auch in den USA allgemein erwarteten Sieges und noch vor ihrer Übernahme der Regierungsgewalt in China, richtete. Die Kommunisten hätten im kriegsbedingten Chaos in China eine zuvor für sie nie gegebenen Chance zur totalen Machtergreifung gesehen.[60] Sie hätten jetzt Chinas Kulturtradition verraten und ihre Unterwerfung unter eine fremde Macht – Rußland – angekündigt. Die neuen Entwicklungen könnten nicht ohne Einfluß auf Amerikas traditionelle Politik der Freundschaft für China bleiben, vor allem dann, wenn ein kommunistisches China sich in den Dienst einer aggressiven Politik des sowjetischen Imperialismus gegen Nachbarländer Chinas stelle.[61]

Wie sehr Mao Tse-tung sich durch den Inhalt des Weißbuches tangiert fühlte, zeigt die Tatsache, daß er noch im gleichen Monat, in dem es erschien, nicht weniger als fünf Schriften hierzu verfaßte. Er versuchte zu beweisen, daß Amerikas Hilfe und »angebliche Freundschaft« für China in Wirklichkeit den wirtschaftlichen, militärischen und kulturellen Interessen des kapitalistischen Imperialismus der USA gedient hätten. Der Bürgerkrieg in China sei ein Krieg, in dem die USA die Gewehre lieferten und Chiang Kai-shek Soldaten ins Feld stelle, um das chinesische Volk zu unterwerfen; »... die Eroberung Chinas würde die USA zum Herren ganz Asiens machen«.[62] Die Kuomintang sei nur ein Instrument der USA. Somit kehrt Mao hier die amerikanische Behauptung der Unterwerfung einer chinesischen Partei unter den Willen einer fremden Großmacht um. Nicht seine Partei diene Moskau, sondern die Kuomintang den USA. Sich den genannten drei Optionen einer amerikanischen Chinapolitik nach 1945 zuwendend, schreibt Mao ironisch zu Option 1 (Neutralität), laut Acheson hätten die USA diese Option nicht gewählt, weil sie eine Politik der »Intervention« in China als »Freundschaftspflicht« betrachteten.[63] Ein militärisches Eingreifen der USA habe Acheson als »theoretisch« denkbar, jedoch nur praktisch nicht durchführbar bezeichnet. Und die Vermittlungspolitik Marshalls sei doch nur eine »Komödie« zu dem Zweck gewesen, »die Kommunistische Partei Chinas aufzuweichen und *kampflos* die Kontrolle über ganz China zu erlangen.« Doch ... der Betrug schlug fehl und der (Bürger-)Krieg brach aus.«[64] Kurz gesagt, das in der ganzen Welt diskutierte Weißbuch sei ein »konterrevolutionäres Dokument, das ganz offen die Intervention der USA-Imperialisten bekundet«.[65]

Ein wesentlicher Faktor für die Kontroverse zwischen Acheson und Mao lag in dem Ressentiment, das eine wesentliche Rede des letzteren beim amerikanischen Außenminister ausgelöst hatte. Es handelt sich um Maos Rede vom 30. Juni 1949, »Über die Demokratische Diktatur des Volkes«[66], anläßlich des 28. Gründungstages der Kommunistischen Partei Chinas. Im Ton kompromißloser Härte zerstörte sie letzte Illusionen hinsichtlich einer Gewinnung der Kommunisten für eine pluralistische Neuordnung der chinesischen Innenpolitik wie auch für eine ungebundene Position in den internationalen Beziehungen. In dieser Rede kündigte Mao die geplante Eliminierung der bisherigen Staats-, Gesellschafts- und Verfassungsordnung an. Auch der verderbliche geistige Einfluß des westlichen Liberalismus wie auch westlicher Missionare in China sei zu beseitigen. Der kommende Wandel vollziehe sich durch »Führung durch die Kommunistische Partei und die Staatsmacht der Volksdiktatur«. Gestützt auf eine disziplinierte Armee und eine Einheitsfront mit anderen revolutionären Gruppen, hätte seine Partei jetzt den Kampf um China im wesentlichen gewonnen. Der beste Lehrer der Partei sei die Kommunistische Partei der Sowjetunion gewesen, und das erfordere künftig ein Bündnis mit Moskau. In Washingtons Perspektive hatte diese Rede Maos den für die USA denkbar ungünstigsten Fortgang der chinesischen Innen- und Außenpolitik in Aussicht gestellt. Und so wirkte der verbale Schlagabtausch zwischen Chinas künftigem Herrscher und dem Außenminister der USA wie ein Vorbote krisenhafter Entwicklungen in den chinesisch-amerikanischen Beziehungen.

Niederlage, Rückzug und Verfassung des National-Chinesischen Regimes

Licht und Schatten des Sieges von 1945

Am Ende des von Chiang Kai-shek geführten Nordfeldzuges hatte die neue von Sun Yat-sen gegründete Nationale Volkspartei (Kuomintang) 1928 eine international anerkannte chinesische Zentralregierung mit Sitz in Nanking errichten und eine, wenn auch nur oberflächliche, Wiedervereinigung Chinas herbeiführen können. Diese wurde jedoch gleichzeitig von drei beachtlichen Gegnern herausgefordert. Außenpolitisch von den Japanern, die ab 1931 die Mandschurei eroberten und anschließend auch in nördliche Gebiete Zentralchinas vordrangen. Innenpolitisch rebellierten einerseits die chinesische Kommunisten und andererseits regionale Militärmachthaber (Warlords), die beide ihre lokalen Machtbereiche der neuen Regierung nicht unterstellen wollten. In Serien mühsamer Feldzüge war es der Regierung bis 1936 gelungen, sowohl die Kommunisten als auch die stärksten Warlords zu schlagen. Doch kurz nach dieser inneren Befriedung hatten fortgesetzte japanische Provokationen zu einem militärischen Zusammenstoß in Peking geführt, der dann 1937 zum Beginn des achtjährigen Widerstandskrieges gegen Japan eskalierte.

Nach fünfeinhalb Jahren eines allein mühsam durchgehaltenen Abwehrkampfes ergaben sich große Hoffnungen aus dem Beginn des Pazifikkrieges, der die Westmächte zu Verbündeten Chinas machte. Da aber Roosevelt den Haupteinsatz amerikanischer Macht auf den europäischen Kriegsschauplatz konzentrierte, blieb China Nebenschauplatz. Schlimmer noch bewirkten Serien von Niederlagen der Amerikaner, Engländer und Niederländer, daß China im Jahr nach Beginn der Pazifikkrieges von Kontakten und Zufuhren aus dem Ausland stärker abgeschnitten war als zuvor.

Immerhin bequemten sich die USA und Großbritannien mit Wirkung ab Januar 1943 dazu, ihre aus der Ära des Kolonialimperialismus stammenden extraterritorialen Rechte und mit ihnen viele Inhalte der sogenannten ungleichen Verträge aufzugeben. Die im gleichen Jahr stattfindende Gipfelkonferenz von Kairo zwischen Chiang Kai-shek, Roosevelt und Churchill schien für China einen doppelten Gewinn zu bringen. Erstens nämlich die – an sich selbstverständliche – Zusage, daß von Japan geraubte Gebiete, wobei die Mandschurei und Taiwan explizit erwähnt wurden, nach dem Krieg an China zurückfallen sollten. Zweitens, daß eine großangelegte gemeinsame Operation chinesischer, amerikanischer und britischer Streitkräfte im Golf von Bengalen den von den Japanern um China gelegten Sperriegel durchbrechen und für China direkte Verkehrsverbindungen zu den Westmächten ermöglichen sollte. Wegen Stalins Forderung einer »zweiten Front« in Europa wurde diese Operation jedoch abgesagt. Die Konferenz von Jalta schließlich entwertete die versprochene Rückgabe der Mandschurei. Fast wie zur Blütezeit des Kolonialimperialismus hatten drei fremde Großmächte China mit einem Diktat konfrontiert, das die Chinesen dazu zwang, einer von diesen Mächten strategisch bedeutsame Positionen in der Mandschurei zum eigenen Schaden auszuliefern.

Um der panasiatischen Propaganda Japans eine wirksame Geste entgegenzustellen, setzte Roosevelt trotz diesbezüglicher Skepsis von seiten Stalins und Churchills die Einreihung Chinas in die Gruppe der fünf mit einem Vetorecht ausgestatteten permanenten Mitgliedstaaten im Sicherheitsrat der Vereinten Nationen durch. Auch brachte die Bündnispartnerschaft mit den Westmächten China weitere Vorteile wie Kredite und wenn auch anfangs sehr begrenzte Lieferungen von Rüstungsmaterial. Chinas vorherige diplomatische und psychologische Isolation fand ein Ende, obwohl China von Washington und London in interalliierten Gremien nicht als gleichberechtigt behandelt wurde. Selbstverschuldete Nachteile erwuchsen der nationalchinesischen Regierung aus amerikanischen Interventionen in die Sphäre der chinesischen Innenpolitik. Auf eine Koordinierung des Kriegseinsatzes der Regierung und der chinesischen Kommunisten abzielend, wirkten sie sich einseitig zugunsten der letzteren und zum Nachteil der Regierung aus. Die Unterlassung eines frühzeitigen entschiedenen Einspruchs gegen solche von fremden Interessen gelenkten Interventionen sollte sich – vom Standpunkt Chiang Kai-sheks und seiner Regierung her gesehen – als einer der gravierenden Fehler ihrer Außenpolitik erweisen.

Die Zweischneidigkeit amerikanischer Vermittlungshilfe

Präsident Trumans Angebot amerikanischer Wiederaufbauhilfe für das kriegszerstörte China – jedoch nur, falls es durch US-Vermittlung zu einer Reintegration und Demokratisierung Chinas komme – forderte Chiang Kai-shek eine der qualvollsten und folgenreichsten Entscheidungen seines Lebens ab. Denn nun – so wie er es sah – sollte er sich als Präsident der Republik China und Symbolfigur des Freien China im Kriege um den Preis amerikanischer Wirtschaftshilfe auf die gleiche Ebene wie die rebellische kommunistische Opposition herabrelegieren und von einem China kaum kennenden amerikanischen General Belehrungen über Reform und Demokratie gefallen lassen.

Wie Ch'en Li-fu, ein führender Kuomintang-Politiker, dem Verfasser 1970 mitteilte, war Chiang nach über zwei Jahrzehnten Erfahrungen mit den Kommunisten zutiefst davon überzeugt, daß diese, ebenso wie in den zwanziger Jahren, eine scheinbare Zusammenarbeit mit der Kuomintang nur zum Schaden letzterer sowie zur Förderung eigener Machtinteressen mit dem Ziel ihrer Diktatur mißbrauchen würden. Zugleich könne es ihnen gelingen, die wohlmeinenden, aber in China zumeist unerfahrenen Amerikaner erfolgreich zu täuschen. Eine die Amerikaner zufriedenstellende zeitweilige Kooperation der Kommunisten, so meinte er, sei nur dann zu erwirken, wenn diese zuvor auf Grund schwerer Niederlagen das Gefühl gewonnen hätten, ihre einzige Überlebenschance liege in der von den Amerikanern gewünschten Kooperation. Ch'en Li-fu selbst hatte Chiang dringend von der Annahme einer amerikanischen Vermittlungsaktion abgeraten, bei der die Kommunisten als »ebenbürtige« Partner der Kuomintang auftreten könnten. In dieser schicksalhaften Phase der Entwicklung dürfe man das Schicksal der Nation nicht in die Hände zwar wohlmeinender, aber Chinas Realitäten verkennender Ausländer legen. Trotzdem entschied sich Chiang, ›gute Miene zum bösen Spiel‹ zu machen. Zu sehr hatte die Kuomintang-Regierung sich in den Kriegsjahren ab 1942 an vielgestaltige amerikanische Hilfeleistung gewöhnt, um sie nun plötzlich entbehren zu können. Hatten doch die Amerikaner ab Kriegsende chinesische Armeen nach Nordchina transportiert, damit vormals japanisch besetzte Gebiete nicht in die Hände der Kommunisten fielen. Außerdem mußte Chiang sich fragen, wie das von so viel Jahren des Krieges zerstörte Land ohne amerikanische Hilfe wirtschaftlich wieder lebensfähig gemacht werden könne. Letztendlich hegte Chiang die irrige Vorstellung, daß die USA seine Regierung, selbst im innerlich ohnedies erwarteten Falle eines Scheiterns des Marshall-Experiments, im Kampf gegen die Kommunisten nicht im Stich lassen würde.

Der entscheidende Gegensatz zwischen den Auffassungen Marshalls und Chiangs bestand darin, daß ersterer glaubte, die Kommunisten mit hinreichenden Konzessionen und vertrauensbildenden Maßnahmen in den Prozeß der Demokratisierung und Reintegration Chinas einbauen zu können, während Chiang sich eine solche Entwicklung nicht vorzustellen vermochte. Allein schon die Kommunistische Partei zur Preisgabe der Kontrolle über ihre Armee veranlassen zu wollen sei »wie mit einem Tiger über sein Fell zu verhandeln«. In der Tat bildete den zentralen Streitpunkt in den Verhandlungen zwischen den beiden chinesischen Parteien einerseits die Forderung der Kommunisten, zunächst mit der Möglichkeit einer Vetomacht am politischen Entscheidungsprozeß beteiligt zu sein. Die Regierung aber verlangte umgekehrt, eine Integration der Streitkräfte der Kommunistischen Partei müsse ihrer Teilhabe an der Regierungsgewalt vorangehen.[67]

Bevor Marshall im Januar 1947 zutiefst frustriert in die USA zurückkehrte, kam es zwischen ihm und Chiang Kai-shek zu einer letzten intensiven Aussprache. Nochmals betonte Chiang, welch großen und nachwirkenden Schaden die USA durch das Jalta-Abkommen und die daraus resultierende sowjetische Besetzung der Mandschurei China zugefügt hätten. Da aber Marshall die Aussichtslosigkeit seiner wohlgemeinten Vermittlungsbemühungen eingesehen hatte, bot ihm der chinesische Präsident jetzt an, sowohl in militärischer als auch in politischer Hinsicht sein Chefberater zu werden. Marshall, der seine bevorstehende Ernennung zum US-Außenminister verschwieg, dankte gerührt und verließ das ihm fremd gebliebene Land, das er mit so großen Erwartungen ein Jahr zuvor betreten hatte.[68]

Niederlage und Rückzug nach Taiwan

Nach Serien militärischer Erfolge der Regierungstruppen in der Mandschurei wie auch in Nordchina zwischen Mitte 1946 und Mitte 1947, die im März 1947 in der Eroberung der kommunistischen Hauptstadt Yenan gipfelten, wandte sich das Kriegsglück den Kommunisten zu. Vergeblich war Chiang Kai-shek vor zwei Gefahren gewarnt worden: zum einen vor der gewaltigen Überdehnung seiner Streitkräfte, die Tausende von Kilometern von Eisenbahnlinien von Zentral- und Nordchina bis in die Mandschurei verteidigen mußten. Zum anderen vor Gefahren, die sich daraus ergaben, daß er die Mandschurei erobern wollte, bevor noch die südlich davon gelegenen Gebiete und Zufahrtswege zuverlässig gesichert seien.

Für Chiang, der diese Fehler später eingestand, gab es jedoch gravierende psychologische Gründe, weshalb er die Mandschurei unter seine Kontrolle bringen wollte. War doch die Mandschurei in Chinas republikanischer Ära das erste Gebiet japanischer Expansion und Annexion und anschließend eine sowjetische Einfluß- und Besatzungszone gewesen. Chinas inneres Machtgefüge wie auch seine internationale Rolle schienen ihm weitgehend von dem Vermögen der nationalen Zentralregierung abzuhängen, gerade diese Region unter ihre Kontrolle zu bringen. Auch die hier für die chinesischen Kommunisten gegebenen Möglichkeiten eines direkten Kontaktes mit sowjetischen Stützpunkten, Eisenbahnlinien und Grenzgebieten galten ihm als Herd potentieller Gefahren.

Ab Ende 1947 begannen sich die genannten Warnungen zu erfüllen. Die Regierungsarmeen in der Mandschurei wurden von ihren Nachschubzentren im Süden abgeschnitten und bis zum Herbst 1948 in Serien größerer Schlachten vernichtet oder zur Kapitulation gezwungen. Im September 1948 ging der Regierung die wichtige Provinz Schantung verloren, und Peking kapitulierte am 1. Februar 1949. Zu diesem Zeitpunkt hatten die Regierungsstreitkräfte bereits 45 Prozent ihres Mannschaftsbestandes eingebüßt. Abgesehen von dem Grundfehler der Überdehnung und Überschätzung der eigenen Streitmacht hatte auch das Überhandnehmen einer defensiven »Maginot-Mentalität« wie auch ungenügende Koordination unter den Befehlshabern der Regierungstruppen bei diesen und weiteren Niederlagen eine Rolle gespielt. Das Vertrauen auch weiter regierungstreuer Teile der Bevölkerung ging auf Grund einer drastischen Inflation mit monatlichen Preissteigerungen bis zu 30 Prozent und einer katastrophal gescheiterten Währungsreform im Jahr 1948 verloren. Unzählige Bürger hatten den Verlust ihres gesamten Vermögens zu beklagen. Defätismus und Verarmung steigerten die zuvor bereits weitverbreitete Korruption der Beamtenschaft ins Unerträgliche.[69]

Um der Gefahr einer totalen Niederlage entgegenzuwirken, ergriff die chinesische Regierung im Januar 1949 zwei außergewöhnliche Maßnahmen. So ersuchte das chinesische Außenministerium im Schreiben vom 8. Januar 1949 die Regierungen der USA, Großbritanniens, Frankreichs und der Sowjetunion um ihren Beistand bei einer gewünschten Wiederaufnahme von Verhandlungen mit den chinesischen Kommunisten. Washington lehnte mit dem Hinweis ab, die Erfahrungen der Marshall-Mission zeigten die Zwecklosigkeit solcher Versuche.[70] Zweitens trat Chiang Kai-shek, um nicht neue Verhandlungen zwischen den chinesischen Parteien zu erschweren, von seinem Amt als Staatspräsident zurück. Hierdurch wurde der gegen Chiangs Willen gewählte Vizepräsident Li Tsung-jen zum Geschäftsführenden Präsidenten der Republik China. Dieser entsandte ein Verhandlungsteam nach Peking zur Aufnahme von Friedensgesprächen mit den chinesischen Kommunisten. Diese formulierten acht Bedingungen von solcher Härte, daß ihre Erfüllung – in den Augen der chinesischen Regierung – als »bedingungslose Kapitulation« gewertet und trotz eingehender Beratung nicht akzeptiert wurde.[71]

Auf erstaunlich geringen Widerstand treffend, überquerten Maos Streitkräfte am 20. April 1949 den Jangtse-Fluß, nahmen am 24. April die Regierungshauptstadt Nanking ein und besetzten am 17. Mai Chinas primäres Handelszentrum Schanghai. Li Tsung-jens kurzlebige Hoffnung auf einen Kompromiß, dem zufolge die Kommunisten China nördlich des Jangtse und die Kuomintang die andere Hälfte südlich des Jangtse regieren sollten, war so faktisch zunichte gemacht.[72] Ebenso sein vorheriger Versuch, sowjetische Vermittlungshilfe um den Preis chinesischer Neutralität und einer starken Reduzierung amerikanischer Einflußsphären in China zu erwirken.[73] Bereits am 5. Februar 1949 hatte die sich zurückziehende chinesische Regierung Kanton (Guangzhou) in Südchina zu ihrem neuen Sitz erklärt und die Botschaften der auswärtigen Mächte dazu aufgefordert, ihr dorthin nachzufolgen.

Nachdem dann auch Kanton am 15. Oktober 1949 – zwei Wochen nach Maos Proklamation der Volksrepublik China – in die Hände der Kommunisten gefallen war, zog sich die nationalchinesische Regierung in ihre alte Kriegshauptstadt Chungking zurück und faßte nach dem Fall auch dieser Stadt den Beschluß, ihren Regierungssitz nach Taipei, die Hauptstadt der Inselprovinz Taiwan (Formosa), zu verlegen. Eine bedeutende Erschwernis für den nationalchinesischen Widerstand im Jahre 1949 erwuchs aus der Tatsache, daß sich Chiang Kai-shek zwar zugunsten Li Tsung-jens vom Amt des Staatspräsidenten zurückgezogen, jedoch das Amt des Parteivorsitzenden der regierenden Kuomintang behalten hatte. Da Chiang von dieser Position aus immer wieder in die chinesische Politik intervenierte und da die in China besonders ausgeprägten Loyalitätsverhältnisse bewirkten, daß führende Generäle und Politiker sich eher an seinen Weisungen orientierten als an denen des neuen Präsidenten, bestand auf seiten der Regierung de facto eine Art verwirrender Doppelherrschaft.

Auch verstärkte sich nach Chiangs De-jure-Abdankung die Zentrifugalkraft der Eigenwilligkeit führender Generäle und der von ihnen befehligten Truppenkörper. Der historisch bedeutsamste Streitpunkt zwischen Chiang Kai-shek und Li Tsung-jen betraf Taiwan. Währen Li die Ressourcen dieser Insel und insbesondere auch die dort stationierten Streitkräfte für einen verzweifelten Versuch zur Stabilisierung der Front in China entlang des Jangtseflusses oder südlich davon einsetzten wollte, gingen Chiangs Absichten in die entgegengesetzte Richtung. Ab Frühjahr 1949 hatte er die Unabwendbarkeit der Niederlage seines Regimes in Kontinentalchina ebenso erkannt wie auch die geostrategische Chance, die die Inselprovinz Taiwan für dessen Überleben bot. Die 1945 nach 50jähriger japanischer Kolonialherrschaft an China zurückgefallene Insel ist vom Festland durch eine etwa 150 km breite Meeresstraße getrennt, entspricht flächenmäßig etwa der Größe Belgiens und verfügte damals über eine Bevölkerung von circa 6,8 Millionen und eine gut entwickelte, im Notfall autarke Landwirtschaft. In Erwägung dieser Faktoren hatte Chiang, entgegen dem Willen Li Tsung-jens, nicht nur die Transferierung des Staatsschatzes mit seinen Gold-, Silber- und verbliebenen Hartwährungsreserven nach Taiwan veranlaßt, sondern auch die Verlagerung wesentlicher Elemente der chinesischen

Streitkräfte, insbesondere der Luftwaffe, der Kriegsmarine wie auch des Heeres, insgesamt etwa 600.000 Mann.[74] Zusätzlich emigrierten gegen Ende 1949 und Anfang 1950 ca. eine Million Zivilisten nach Taiwan, darunter zahlreiche Beamte des Regierungsapparats, Funktionäre der Kuomintang und Mitglieder der kurz zuvor erst gewählten parlamentarischen Körperschaften mitsamt ihren Angehörigen. Erst nachdem der im Dezember 1949 in die USA gereiste Li Tsung-jen auf ein Ultimatum der Kuomintang, das ihn im Februar 1959 zur Rückkehr aufforderte, nicht reagiert hatte, ersuchte das chinesische Parlament (*Legislativ Yüan*) Chiang Kai-shek, das Amt des Staatspräsidenten wieder zu übernehmen. Chiang entsprach diesem Ansuchen mit Wirkung ab 1. März 1950.[75]

Demokratisierungsversuch trotz Bürgerkrieg

Inmitten zahlreicher Fehlschläge und Fehlgriffe, die ihre weitgehend auch selbstverschuldete Niederlage in Kontinentalchina herbeigeführt hatten, erbrachte das nationalchinesische Regime noch eine positive Leistung in Gestalt der neuen Verfassung der

Nach fast vier Jahren eines dem Krieg mit Japan folgenden Bürgerkrieges proklamiert Mao Tse-tung am 1. Oktober 1949 auf dem Tien-An-Men-Platz in Peking die Volksrepublik China. Neben ihm Chu Teh, der Oberkommandierende der kommunistischen Volksbefreiungsarmee.

Republik China. Zwar war in China nach dreijähriger Vorbereitung 1936 der Entwurf für eine chinesische Verfassung entstanden, der die für Periode der Vormundschaftsregierung der Kuomintang geltende »Provisorische Verfassung« aus dem Jahr 1931 ablösen sollte. Doch wegen des 1937 ausbrechenden Krieges mit Japan war dieses Grundgesetz nicht in die Verfassungswirklichkeit umgesetzt worden. Die aus allen chinesischen Parteien zusammengesetzte Politische Konsultativkonferenz hatte ab Januar 1946 die Aufgabe einer kritischen Überarbeitung des Verfassungsentwurfs von 1936 übernommen und dabei vier Richtlinien für diese Tätigkeit festgelegt. Die im Winter 1946 zusammentretende verfassunggebende Nationalversammlung – von Kommunisten und der Demokratischen Liga boykottiert – verabschiedete eine am 1. Januar 1947 promulgierte neue Verfassung der Republik China.[76] Ihre Struktur beruht auf Sun Yat-sens innovativer Konzeption einer Fünf-Gewalten-Teilung, die westliche und altchinesische Verfassungskomponenten miteinander verbindet. Eine von allen Landkreisen, Städten und Regionen zu wählende Nationalversammlung wählt Präsidenten und Vizepräsidenten der Republik, die sie auch abberufen kann, und entscheidet über Verfassungsänderungen. Die Gesetzgebung obliegt dem aus direkten Wahlen hervorgehenden Parlament oder *Gesetzgebungs-Yüan*, dessen Mitglieder in direkten allgemeinen Wahlen gewählt werden.

Der auf sechs Jahre gewählte Staatspräsident ernennt den Ministerpräsidenten (Präsidenten des *Exekutiv-Yüan*), doch bedarf diese Ernennung der Zustimmung des Parlaments. Der Präsident ernennt die Minister des Kabinetts auf Empfehlung des Ministerpräsidenten. Dem von regionalen Körperschaften auf sechs Jahre gewählten *Kontroll-Yüan* obliegt die Aufgabe der Überwachung der Amtsführung und Finanzgebarung staatlicher Institutionen, insbesondere des Exekutiv-Yüan. Zudem verfügt er über die Macht, Rechenschaft zu fordern, amtliche Geschäftsgebarung zu überprüfen und im Bedarfsfall Untersuchungen durchzuführen, Berichtigungen vorzuschlagen, Rügen zu erteilen oder Anklagen zu erheben. Der *Justiz-Yüan* ist die höchste Justizbehörde des Staates. Die Mitglieder seines Richtergremiums sind vom Staatspräsidenten mit der Zustimmung des Kontroll-Yüan auf Lebenszeit ernannt. Die Zuständigkeit des Justiz-Yüan erstreckt sich auf die Interpretation der Verfassung wie auch die Standardisierung der Interpretation von Gesetzen. Die Kompetenzen des auch vom Präsidenten mit Zustimmung des Kontroll-Yüan ernannten *Prüfungs-Yüan* erstreckten sich auf das Staatsprüfungs-, Besoldungs- und Ernennungswesen von Staatsbeamten.

Die Gouverneure der Provinzen sowie die Vorsitzenden der Landkreise gehen aus direkten Wahlen hervor. Sowohl in den Provinzen als auch in den Landkreisen werden Legislativkörperschaften von den wahlberechtigten Bürgern gewählt. Chinas neue Verfassung von 1946 beinhaltet einen umfassenden Grundrechtekatalog. Wenngleich diese faktisch nur in Taiwan wirksame Verfassung dort jahrzehntelang durch Akte der Notstandsgesetzgebung eingeengt war, bildete ihr Bestand dennoch die rechtliche Grundlage für die Demokratisierung des politischen Systems in Taiwan in den neunziger Jahren.

Chinas erste verfassungsgemäß gewählte Nationalversammlung trat am 29. März 1947 zu ihrer ersten Sitzungsperiode zusammen. Symptome für einen echten Übergang von der vormaligen »Vormundschaftsregierung« zu einem neuartigen System der Demokratie waren einerseits der Sieg Hunderter »privater« Kuomintang-Kandidaten, die es vermochten, konkurrierende, von der Partei nominierte Kandidaten aus dem Feld zu schlagen.[77] Andererseits zeigte auch die Tatsache, daß Chiang Kai-shek die Wahl des von ihm stark favorisierten Sun Fo (Sohn Sun Yat-sens) zum Vizepräsidenten nicht durchsetzen konnte, sondern daß für dieses Amt der von ihm abgelehnte General Li Tsung-jen gewählt wurde, daß sich hier eine Chance zu einem neuen Stil der Politik anbahnte. Auch das sonstige Abstimmungsverhalten der Abgeordneten der Kuomintang zeigte, daß sich hier ein Pluralismus von Gruppen und Meinungen gebildet hatte.[78] Der im Krieg zuvor so mächtige Oberste Nationale Verteidigungsrat wurde abgeschafft und durch einen 40köpfigen Staatsrat ersetzt. In ihm erhielt die Kuomintang 17 Sitze, vier waren für parteilose Persönlichkeiten bestimmt, vier für Führer kleinerer Parteien und elf Sitze blieben für die Delegierten der Kommunistischen Partei Chinas und die mit ihr kooperierende Demokratische Liga reserviert. Die chinesischen Kommunisten hatten die Wahlen für ungültig erklärt, da die von ihnen militärisch besetzten Gebiete in der Nationalversammlung nicht vertreten waren. Sie selbst hatten allerdings in ihren regionalen Kontrollbereichen die Durchführung von Wahlen zu Chinas erster, unter einer demokratischen Verfassung vom Volk gewählter Nationalversammlung verhindert.[79]

Entscheidungsfaktoren des Machtwandels in China

Die Niederlage Chiang Kai-sheks und des seit 1928 regierenden Kuomintang-Regimes und der entsprechende Sieg der chinesischen Kommunisten hatten für China, für den ostasiatisch-pazifischen Raum und für die Gesamtkonstellation der Weltpolitik eine Wende von historischer Tragweite mit sich gebracht. Die vieldimensionale Zerrüttung Chinas durch den acht Jahre lang auf eigenem Boden geführten Widerstandskrieg gegen Japan hatten das nationalchinesische Kuomintang-Regime für den entschlossenen Ansturm einer bewaffneten Opposition gleichsam sturmreif gemacht. Der von den Führern beider Parteien zu Beginn des Krieges mit Japan 1937 für die Zeit danach vorausgesagte Endkampf um die Zukunft Chinas hatte stattgefunden und ganze vier Jahre gedauert. Die beiden Weltmächte der Nachkriegsära – die USA wie auch die Sowjetunion – hatten in dieser neuen Phase des chinesischen Bürgerkrieges in China in jeweils unterschiedlicher Weise zugunsten der ihnen jeweils näher stehenden Partei interveniert. Doch beide, Washington wie auch Moskau, hatten sich auf nur begrenzte Interventionen beschränkt und trotz des ab 1946 anlaufenden kalten Krieges eine direkte Konfrontation in China vermieden.

George C. Marshalls wohlgemeinte und einseitig von Denkkategorien des amerikanischen Liberalismus geprägte Vermittlungsaktion war in Verkennung der Traditionen und Realitäten chinesischer Politik gescheitert. Sie hatte, ungeachtet guter Absichten, der Kuomintang im ganzen gesehen mehr geschadet als genützt. Die sowjetische Besatzungspolitik und wirtschaftliche Ausplünderung der Mandschurei demonstrierten in krasser Weise den für China aus dem Drei-Mächte-Diktat von Jalta resultierenden Schaden. Insbesondere nach dem Rückzug der sowjetischen Streitkräfte aus diesem Gebiet war die Mandschurei zum Hauptschauplatz des Entscheidungskampfes zwischen den chinesischen Parteien geworden. Hier hatte sich die Taktik der sowjetischen Militärpräsenz zugunsten der chinesischen Kommunisten ausgewirkt. Hier auch wurden deren Partisanenverbände mit sowjetischer Rüstungs- und Ausbildungshilfe zu Armeen von konventioneller Schlagkraft umgestaltet. Entscheidender aber waren Maos innovative Methoden einer maximal beweglichen, offensiven und vieldimensionalen Form der Kriegführung einschließlich einer überlegenen Taktik der Propaganda, der Massenmobilisierung, der Disziplinierung und Motivierung der eigenen Partei und der Gewinnung neuer Anhänger und Sympathisanten. Auf der anderen Seite profitierten die Kommunisten von Chiang Kai-sheks strategischen Fehlern hinsichtlich der Mandschurei, von der nachlassenden Motivation vieler Kuomintang-Anhänger und der sich ab 1947 verbreitenden defensiven Passivität der nationalchinesischen Streitkräfte. Auch die teils selbstverschuldete katastrophale Inflation und Korruption wie auch die mangelnde Disziplin und ineffektive Koordination im Regierungslager trugen zu dessen Niederlage bei. Chiang Kai-sheks persönliche Tragik bestand darin, daß er über fast dieselbe Route von Peking im Norden bis nach Kanton im Süden aus China hinausgedrängt wurde, über die er zwanzig Jahre zuvor die nationalrevolutionären Heere im sogenannten Großen Nordfeldzug zum Sieg geführt hatte.

In globaler Perspektive verkörperte der dramatische Machtwechsel in China neben der Gründung des Nordatlantikpaktes, der Errichtung der beiden deutschen Staaten und der Durchbrechung des amerikanischen Alleinbesitzes an Atomwaffen durch die Sowjetunion eine der weichenstellenden Neuentwicklungen der Weltpolitik im ereignisreichen Jahr 1949.

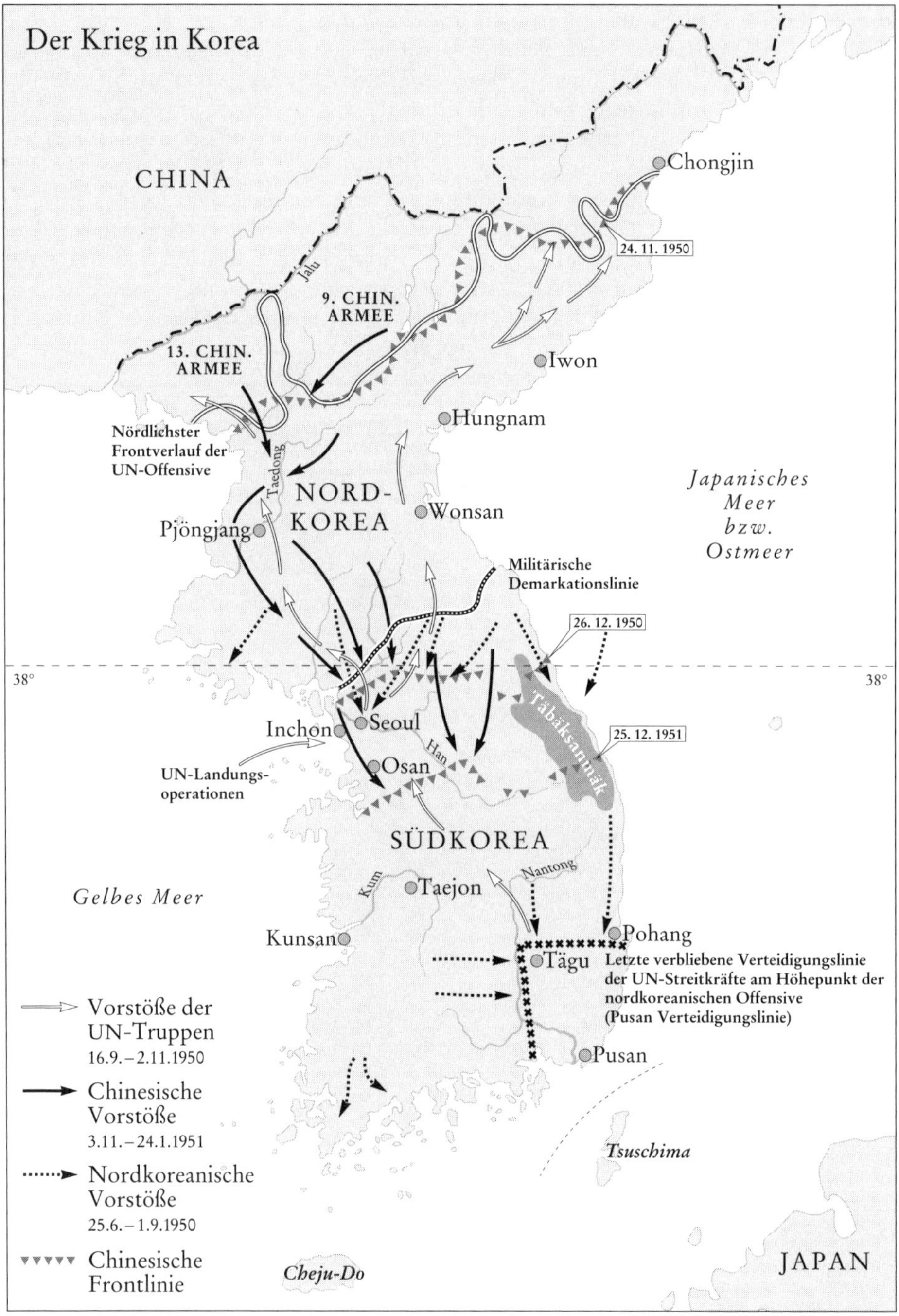
Der Krieg in Korea
CHINA
Chongjin
24. 11. 1950
Jalu
9. CHIN. ARMEE
13. CHIN. ARMEE
Iwon
Hungnam
Nördlichster Frontverlauf der UN-Offensive
Taedong
NORD-KOREA
Wonsan
Japanisches Meer bzw. Ostmeer
Pjöngjang
Militärische Demarkationslinie
26. 12. 1950
38°
38°
Täbäksanmäk
Inchon
Seoul
25. 12. 1951
Han
Osan
UN-Landungs-operationen
SÜDKOREA
Nantong
Kum
Taejon
Gelbes Meer
Kunsan
Pohang
Tägu
Letzte verbliebene Verteidigungslinie der UN-Streitkräfte am Höhepunkt der nordkoreanischen Offensive (Pusan Verteidigungslinie)
Pusan
Vorstöße der UN-Truppen 16.9.–2.11.1950
Chinesische Vorstöße 3.11.–24.1.1951
Nordkoreanische Vorstöße 25.6.–1.9.1950
Chinesische Frontlinie
Tsuschima
Cheju-Do
JAPAN

12. Kapitel

Der Krieg in Korea und der Beginn der Konfrontationspolitik im Westpazifik

Während sich in Europa und im Nahen Osten die später als »kalter Krieg« bezeichneten Prozesse der Ost-West-Konfrontation bereits ab 1946 abzeichneten, begann der Ost-West-Konflikt in Ostasien erst mit dem unerwarteten Ausbruch des Krieges in Korea im Juni 1950. Obwohl sich Konfliktfronten zugleich auch in anderen Teilen des westpazifischen Raumes ergaben, bildet das 1945 gegen seinen Willen geteilte Korea den Ausgangspunkt und anfänglichen Hauptschauplatz einer Kette weltpolitisch bedeutsamer Auseinandersetzungen.

Die Befreiung, Teilung und Bevormundung Koreas

Das Kaiserreich Korea war von Japan im August 1910 annektiert und danach einer äußerst harten Kolonialpolitik unterworfen worden. Ebenso wie Taiwan galt Korea den Japanern als ein Teil des »äußeren Japan« (»Gaichi«); diese Bezeichnung entsprach einer rigoros gehandhabten Japanisierungspolitik der Kolonialherren, die das koreanische Nationalbewußtsein negierte. Doch die bei Ende des Ersten Weltkrieges vom amerikanischen Präsidenten Woodrow Wilson verkündeten Prinzipien der nationalen Selbstbestimmung trugen in weiten Teilen Ostasiens zu einer Stärkung des Nationalbewußtseins bei, obwohl Wilsons Prinzipien ironischerweise in der Anwendung nicht auch für die Kolonialvölker gedacht waren. In China hatte der auch in Korea verehrte chinesische Republikgründer Sun Yat-sen – wie Lenin in Rußland – die nationale Selbstbestimmung zu einem zentralen Motiv der Politik erklärt. Im Einklang mit diesen Bestrebungen kam es in Korea im März 1919 zu einer nationalen Massenbewegung, die für ihr Land und Volk Selbstbestimmung und Unabhängigkeit forderte. Mit der Parole »Mansei!« (Korea soll 10.000 Jahre leben) zogen koreanische Nationalfahnen schwingende Massen durch die Straßen der Hauptstadt Seoul wie auch anderer koreanischer Städte. Den Höhepunkt dieser Bewegung bildete eine koreanische Unabhängigkeitserklärung, in der es unter anderem heißt: »Wir erklären hiermit die Unabhängigkeit Koreas und die Freiheit des koreanischen Volkes. Wir verkünden dies den Völkern der Welt, um … für alle Zeiten das Recht unseres Volkes auf Selbstbestimmung zu erhalten. … Vorbei ist das Zeitalter der Gewalt, und das Zeitalter der Vernunft und Gerechtigkeit ist angebrochen.«

Trotz der Gewaltlosigkeit dieser Bewegung reagierte die japanische Kolonialregierung mit brutaler Repression. 1200 Koreaner wurden getötet, 19.500 verhaftet, zahlreiche Häuser, Schulgebäude und sogar Kirchen niedergebrannt. Trotz dieser Repressionsakte trat insgeheim zwischen dem 16. und 23. April 1919 eine Versammlung von Abgeordneten aus allen Provinzen Koreas in Seoul zusammen. Von ihr wurde eine Verfassung der Republik Korea verabschiedet und eine »provisorische Regierung« gewählt. Zu deren Präsidenten wählte sie Dr. Syngman Rhee (1875–1965), der nach der Befreiung Koreas erster Staatspräsident der Republik Korea (Südkorea) werden sollte. Rhee, der einer Adelsfamilie entstammte, hatte sowohl eine konfuzianische als auch eine westliche Erziehung an einer christlichen Missionsschule erhalten. Er war ein prominentes Mitglied der Unabhängigkeitsbewegung gewesen und konnte nach einer mehrjährigen Gefängnisstrafe in die Vereinigten Staaten entkommen. Dort organisierte er mit der sogenannten *Korean Commission* ein koreanisches Vertretungsbüro. Älter jedoch war eine schon 1919 in Shanghai gegründete »Demokratische Provisorische Regierung der Republik Korea«, deren Führer Syngman Rhee und Kim Koo waren. Doch zu seiner tiefen Enttäuschung gelang es Syngman Rhee nicht, die USA während des Pazifikkrieges zu einer Anerkennung der koreanischen Exilregierung zu veranlassen.[1]

Das Problem der Zukunft Koreas wurde im Zweiten Weltkrieg erstmals auf der zwischen Roosevelt, Chiang Kai-shek und Churchill stattfindenden Konferenz von Kairo 1943 behandelt. Dabei gelang es dem amerikanischen Präsidenten, den beiden anderen Staatschefs seine absonderliche Meinung aufzudrängen, die Koreaner seien nicht reif und befähigt für eine Selbstregierung und bedürften daher einer etwa 40jährigen Treuhandschaftsregierung durch Alliierte Mächte. Diese Ansicht übersah die Tatsache, daß die Koreaner eines der ältesten Kulturvölker Ostasiens mit einer fast tausendjährigen Kontinuität ihres Staatswesens darstellten. Daher heißt es in der Erklärung der Gipfelkonferenz von Kairo diesbezüglich: »Eingedenk der Versklavung des Volkes von Korea sind die genannten drei Großmächte entschlossen, daß Korea zu einem angemessenen Zeitpunkt (wörtlich: »in due course«) frei und unabhängig werden soll.«[2] Wie wenig sonst dem Problem Korea seitens der US-Regierung Beachtung geschenkt wurde, erweist sich an Hand der Tatsache, daß erst unmittelbar nach dem Abwurf der zweiten Atombombe hastig ein Plan zur geographischen Abgrenzung der sowjetischen und der amerikanischen Besatzungszonen in Korea entworfen wurde. Zwei amerikanische Offiziere, darunter der spätere Außenminister Dean Rusk, erhielten in der Nacht vom 10. zum 11. August 1945 den Befehl, innerhalb von 30 Minuten einen Plan der Teilung Koreas in Besatzungszonen auszuarbeiten und einem Entscheidungsgremium vorzulegen. Der so entstandene Vorschlag bezeichnete den nördlich der Hauptstadt Seoul verlaufenden 38. Breitengrad, der Korea in zwei etwa gleiche Hälften teilt, als Trennlinie, so daß Seoul, das jahrhundertelang bereits Koreas Hauptstadt gewesen war, in der amerikanischen Besatzungszone lag.[3]

Die Nachricht von Japans Kapitulation war in Korea landesweit mit einem Sturm der Begeisterung begrüßt worden, in dessen Folge sich eine primär von linksorientierten Kräften geführte Vorform einer provisorischen Regierung, genannt »Koreanische Volksrepublik«, konstituierte. Für die auf ihre Unabhängigkeit hoffenden Koreaner bedeutete es eine herbe Enttäuschung, als der kommandierende General der amerikanischen Besatzungstruppen, Generalleutnant John Hodge, im Sinne der Erklärung von Kairo die Bildung einer koreanischen Regierung zu dieser Zeit ablehnte und die »Koreanische Volksrepublik« für illegal erklärte. Ebenso gelang es dem im Oktober 1945 unter großem Jubel nach Korea zurückgekehrten Syngman Rhee nicht, eine koreanische Vertretung bei der Gründungskonferenz der UN in San Francisco durchzusetzen. Noch bitterer wurde es empfunden, daß die Drei-Mächte-Konferenz zwischen den USA, der Sowjetunion und Großbritannien in Moskau vom 27. Dezember 1945 die Verhängung einer bis zu fünfjährigen alliierten Treuhandschaft für Korea bekanntgab. Landesweite Empörung und Proteste konnten keine Rücknahme des Beschlusses bewirken. Diese Treuhandschaft zur Vorbereitung der Koreaner auf ihre Selbstregierung sollte von einer »gemeinsamen Kommission« ausgeübt werden, die aus führenden Vertretern der amerikanischen Besatzung im Süden und der sowjetischen Besatzung im Norden Koreas bestand. Die Absurdität dieser Regelung ergab sich aus der auch damals längst bekannten Tatsache, daß sich die amerikanischen und sowjetischen Vorstellungen von Demokratie und Selbstverwaltung einander unvereinbar gegenüberstanden. So ist es nicht erstaunlich, daß 17monatige Verhandlungen zwischen amerikanischen und sowjetischen Kommissionsmitgliedern zu keinerlei Resultat führten.

Im Rückblick fragt es sich, ob nicht eine »österreichische Lösung«, die Bildung einer koreanischen Zentralregierung trotz bestehender Besatzungszonen, eine systemische Teilung Koreas hätte verhindern können.[4] Angesichts des kalten Krieges und der frustrierenden Ergebnislosigkeit sowjetisch-amerikanischer Verhandlungen über Korea bewirkten die USA 1947 eine Übernahme der Verantwortung für das politische Schicksal Koreas durch die Organisation der Vereinten Nationen. Deren Generalversammlung errichtete am 24. November 1947 eine zeitweilige Kommission für Korea *(Temporary Commission on Korea)* mit der Aufgabe, in ganz Korea abzuhaltende Wahlen zu einer verfassunggebenden Nationalversammlung zu überwachen. Diese Nationalversammlung sollte dann eine koreanische Regierung bilden. Eine weitere Aufgabe dieser UN-Kommission für Korea sollte darin bestehen, in Konsultation mit allen betroffenen Regierungen für den Rückzug der Besatzungsstreitkräfte aus Korea zu sorgen.[5] Da aber die sowjetische Besatzungsmacht den Mitgliedern der genannten UN-Kommission die Einreise nach Nordkorea verweigerte, konnten freie koreanische Wahlen unter Aufsicht dieser Kommission nur für die im Süden Koreas beheimatete $^2/_3$-Mehrheit der koreanischen Volkes am 10. Mai 1948 stattfinden. Trotz eines Boykottaufrufes der Kommunisten gab es eine Wahlbeteiligung von 72 Prozent. Erstmals durften auch Frauen wählen. Die aus der Wahl hervorgegangene Nationalversammlung wählte sodann am 21. Mai 1948 Syngman Rhee zunächst zu ihrem Vorsitzenden und nach der Annahme einer demokratisch-republikanischen Verfassung vom 20. Juni 1948 zum ersten Staatspräsidenten der Republik Korea.

In Nordkorea war unterdessen durch die Initiative und Anleitung der sowjetischen Besatzungsmacht am 9. September 1948 eine »Demokratische Volksrepublik Korea« proklamiert und auf Empfehlung des für die Politik Nordkoreas zuständigen sowjetischen Generalmajors Schtykow mit Billigung Stalins der kommunistische Partisanen- und Parteiführer Kim Il Sung zum Ministerpräsidenten ernannt worden. Der am 15. April 1912 in der Nähe von Pjöngjang, der Hauptstadt Nordkoreas, geborene Kim Il Sung entstammte einer kleinbürgerlichen Familie, hatte früh seine Eltern verloren und hatte sich im Jahrzehnt zwischen 1932 und 1942 als Organisator und Führer koreanischer Partisanenverbände in der Mandschurei hervorgetan. Auf Grund vorzüglicher Kontakte zu sowjetischen Behörden war Kim vor der Befreiung Nordkoreas zum Major der sowjetischen Streitkräfte ernannt worden. Nach seiner Rückkehr nach Korea erklärte der damals erst 33jährige Kim, die Demokratie westlicher Prägung sei eine Sache der

Vergangenheit. Nur die Kommunistische Partei und eine von ihr gebildete nationale Einheitsfront könnten Korea erfolgreich in die Zukunft führen. Das primäre Ziel der neuen Politik sei die Erringung »vollständiger nationaler Unabhängigkeit«. Der neu gegründeten Volksrepublik kam zustatten, daß die Japaner den Hauptteil der Industrie in Korea im Norden des Landes errichtet hatten. Im Zug einer Landreform verteilte die Volksrepublik das Land der Großgrundbesitzer, der Religionsgemeinschaften wie auch die Ländereien, die zuvor den Japanern gehört hatten.

Als Gegenzug zu den von der UN überwachten Wahl in Südkorea hatte Kim Il Sung im April 1948 in Pjöngjang eine »Nationale Vereinigungskonferenz« mit dem Ziel der Gründung einer gesamtkoreanischen Regierung einberufen. Zugleich ließ Kim wissen, er werde die Ergebnisse »separater Wahlen in Südkorea« nie anerkennen. Doch die Konferenz, zu der bezeichnenderweise der Staatspräsident Südkoreas Syngman Rhee nicht eingeladen worden war, zeitigte nur propagandistische, doch keine praktische Wirkungen.[6] Als die Oberste Nationalversammlung Nordkoreas im September 1948 von den USA wie auch der Sowjetunion den gleichzeitigen Abzug ihrer Besatzungsstreitkräfte aus Korea forderte, gab die sowjetische Regierung bekannt, ihre Streitkräfte würden bis Ende Dezember 1948 Korea verlassen.[7] Umgekehrt aber ersuchte die Nationalversammlung unter der Regierung Südkoreas die amerikanische Regierung, ihre Streitkräfte auch bei einem Abzug der Sowjets aus dem Norden noch im Süden zu belassen. Denn, wie Präsident Syngman Rhee in einem Schreiben an US-Präsident Truman darlegte, die aus der vormaligen Gendarmerie hervorgegangene, noch im Aufbau befindliche Armee Südkoreas mit nur 50.000 Mann sei keineswegs in der Lage, die Sicherheit und Verteidigung Südkoreas zu gewährleisten. Es sei nicht ratsam, die amerikanischen Truppen zurückzuziehen, bevor Südkorea nicht die Fähigkeit zur wirksamen Selbstverteidigung erlangt habe.[8] Trotz solcher ausführlich begründeter Warnungen der südkoreanischen Regierung zogen sich auch die amerikanischen Streitkräfte im Juni 1949 aus Südkorea zurück.

Der Abzug beider Besatzungsmächte bewirkte ab Mitte 1949 auf der koreanischen Halbinsel eine spannungsgeladene Situation. Sie ergab sich daraus, daß sich nun zwei Staatsgebilde zwar gleicher Nation, jedoch mit einander radikal entgegengesetzten Regierungs- und Gesellschaftssystemen, nur durch Stacheldraht voneinander geteilt gegenüberstanden.

Hintergründe und Frühphase des Koreakrieges

Der Zusammenbruch des nationalchinesischen Herrschaftssystems und der Sieg der Kommunisten im benachbarten China hatten die politische Führung in Nordkorea zutiefst beeindruckt. Ihr Gefühl einer epochalen Machterweiterung des Weltkommunismus verstärkte sich mit dem Abschluß eines Bündnisses zwischen Moskau und Peking im Februar 1950. Diese Entwicklung hatte sich bereits mit Mao Tse-tungs Rede vom 30. Juni 1949 abgezeichnet, in der er unter anderem gesagt hatte: »Nach außen hin müssen wir uns mit jenen Nationen der Welt, die uns als gleichberechtigt behandeln, und mit den Volksmassen aller Länder zum gemeinsamen Kampf verbünden. Das bedeutet Bündnis mit der Sowjetunion, Bündnis mit den Ländern der Volksdemokratie und

Bündnis mit dem Proletariat und den breiten Volksmassen der übrigen Länder zur Bildung einer internationalen Einheitsfront.« Mao hatte hinzugefügt, in der gegenwärtigen Welt neigt man entweder zur Seite des Imperialismus oder des Sozialismus. Neutralität dazwischen und somit einen »Dritten Weg« gäbe es nicht.[9]

Nach vorangegangenen wochenlangen und nicht unproblematischen Verhandlungen zwischen Stalin und Mao Tse-tung war in Moskau am 14. Februar 1950 ein »Chinesisch-Sowjetischer Vertrag über Freundschaft, Bündnis und gegenseitigen Beistand« unterzeichnet worden. Dieser wandte sich laut Artikel 1 gegen Japan und »jeden anderen Staat, der sich mit Japan direkt oder indirekt zu Akten der Aggression zusammenschließt«, womit die USA gemeint waren. Abgesehen von der Verpflichtung zur gemeinsamen Konsultation bezüglich internationaler Fragen von beiderseitigem Interesse enthielt das Vertragswerk Zusatzabkommen über die Rückgabe des mandschurischen Eisenbahnsystems und des Stützpunktes Port Arthur (Lüshun) an die Volksrepublik China bis spätestens 1952. Fernerhin war die Vergabe eines eher mageren sowjetischen Kredits in Höhe von 300 Millionen US-Dollar für China und die Gründung einer Reihe gemeinsamer Unternehmungen vereinbart worden, bei denen der Löwenanteil stets der Sowjetunion zufiel.[10] Somit war machtmäßig eine gewaltige Bündniskombination von der Elbe in der Mitte Europas bis zum Südchinesischen Meer und Ostsibirien entstanden. Diese Entwicklungen hatten Kim Il Sung bei seinen Stalin 1949 bereits ein erstes Mal vorgelegten Plänen zur bewaffneten Wiedervereinigung Koreas durch einen Blitzkrieg gegen den Süden motiviert. In diesem Zusammenhang präsentierte der nordkoreanische Staats- und Parteiführer Stalin eine Argumentationskette mit folgenden Hauptkomponenten:

1. Wenn die USA zuvor schon nicht bereit gewesen seien, in den Bürgerkrieg, in dem für sie viel wichtigeren China zur Rettung ihres Verbündeten Chiang Kai-shek einzugreifen, würden sie das um so weniger in dem kleineren, nicht so bedeutsamen Korea zur Rettung von Syngman Rhee und seinem südkoreanischen Regime tun. 2. Angesichts der Schwäche der südkoreanischen Streitkräfte werde es der nordkoreanischen Armee möglich sein, diese schnell zu schlagen und den Krieg innerhalb von drei Tagen zu gewinnen. Die Schnelligkeit des Sieges aber werde es den USA unmöglich machen, rechtzeitig zur Rettung Südkoreas einzugreifen.

Auf die Tatsache zahlreicher kleinerer kommunistischer Aufstände in Südkorea verweisend und sich dabei auf diesbezügliche optimistische Aussagen des südkoreanischen kommunistischen Führers Pak Hon Yong stützend, behauptete Kim, im Fall seines Losschlagens könne man im Süden mit einem Aufstand von 200.000 kommunistischen Parteimitgliedern sowie mit einer wirksamen Partisanentätigkeit in den Südprovinzen Südkoreas rechnen.[11]

Kim Il Sungs Argumentation für einen Eroberungskrieg, bei dem man ein Eingreifen der USA nicht zu fürchten habe, erhielt eine unfreiwillige, aber äußerst weltfremde Unterstützung durch eine Rede des amerikanischen Außenministers Dean Acheson vom 12. Januar 1950. Offensichtlich erschüttert durch den Zusammenbruch des mit den USA eng verbundenen nationalchinesischen Regimes in China und seine Ersetzung durch eine sich an die Seite Moskaus stellende kommunistische Regierung, unternahm Acheson eine Neudefinition der amerikanischen Sicherheitspolitik im westpazifischen Raum. Diese werde sich in Zukunft nur noch auf die Verteidigung einer Kette von Inseln beschränken, die von den Aleuten und Japan im Norden über die Ryukyu-Inseln und die Philippinen bis nach Australien und Neuseeland verlaufe. Mit dieser Definition wurden Korea, Taiwan und Indochina aus jeglicher Schutzverpflichtung der USA im Pazifik ausgeklammert. Ausdrücklich sagte Acheson dazu: »Soweit es die militärische Sicherheit anderer Gebiete im Pazifik betrifft, muß es klar sein, daß niemand diese Gebiete gegen einen militärischen Angriff schützen kann.« Ebenso klar, meinte er, sei es, daß eine solche Garantie auch gar nicht erforderlich sei. Sollte es aber zu einem Angriff kommen, so müßten die angegriffenen Völker sich zunächst selber helfen und dann »auf die Hilfe der gesamten zivilisierten Welt unter der Satzung der Vereinigten Nationen« rechnen.[12] In der Sicht Kim Il Sungs konnte dies gleichsam als Einladung zu einem relativ gefahrlosen Angriff auf jene pazifischen Gebiete einschließlich Südkorea verstanden werden, die nicht im klar definierten Schutzbereich der neuen amerikanischen Sicherheitspolitik im Pazifik lagen.

Anläßlich eines Geheimbesuchs von Kim Il Sung in Moskau im April 1950 erhielt Kim Stalins wenn auch nur bedingte Zusage seines Einverständnisses mit dem geplanten Krieg. Stalins Bedingungen beinhalteten zwei Punkte: Erstens dürfe die Sowjetunion in keiner Weise in diesen Krieg direkt verwickelt werden. Zweitens sei es erforderlich, daß sich Kim zuvor eines notfalls aktiven Rückhalts bei Mao Tse-tung versichere.[13] Wie eine weitere unfreiwillige Einladung zum Angriff muß auch ein am 5. Mai 1950 in der amerikanischen Zeitschrift *U.S. News & World Report* abgedrucktes Interview gewertet werden, das der Vorsitzende des US-Senatskomitees für Außenpolitik, Senator Tom Connally, dieser Zeitschrift gewährt hatte. Auf die Frage, ob die USA Südkorea preisgeben würden, hatte er geantwortet, »dies wird ernsthaft erwogen. Sollten die kommunistischen Mächte Kontinentalasiens dazu entschlossen sein, Korea oder Taiwan zu überrennen, so hätten sie jederzeit die Fähigkeit dazu.« Auf die weitere Frage, ob nicht Korea einen wesentlichen Teil der amerikanischen Verteidigungsstrategie verkörpere, antwortete der Senator mit einem glatten »Nein«.[14]

Seitens der Volksrepublik China hatte laut Erinnerung von Chruschtschow Mao Tse-tung vor Beginn des Krieges die Meinung vertreten, sollte ein Krieg im geteilten Korea ausbrechen, so würden die USA vermutlich nicht eingreifen, da es sich hier um einen internen Konflikt des koreanischen Volkes handle.[15] Als Kim Il Sung Mitte Mai 1950 anläßlich seines Besuches in Peking von Mao Tse-tung gefragt wurde, ob er chinesische Hilfe benötige, falls die Amerikaner doch in den geplanten Krieg in Korea eingreifen sollten, behauptete Kim erneut, er könne innerhalb eines Monats siegen, bevor noch die USA die Gelegenheit zur Intervention hätten. Somit bestünde keine Notwendigkeit einer Entsendung chinesischer Truppen nach Korea. Ansonsten vertraue er auf die materielle Unterstützung der Sowjetunion. Trotz der bei dieser Unterredung geäußerten Skepsis von seiten Mao Tse-tungs bestand Kim Il Sung auf der Durchführung seines Planes.[16] Da Kim Il Sung die von Stalin verlangte Zustimmung Mao Tse-tungs trotz dessen Skepsis erhalten konnte und da Stalin ab Mai 1950 eindeutig dazu bereit war, Kims Angriffsplan durch militärische Rüstungs- und Beraterhilfe zu unterstützen, begann Kim Il Sung mit der Vorbereitung des Krieges gegen Südkorea. Mao Tse-tung hatte ihm zudem im Mai 1950 zugesagt, er könne mit der militärischen Unterstützung der Volksrepublik China rechnen, sollten die USA in den Koreakrieg intervenieren.[18]

Nordkoreas Blitzkriegoffensive

Von den Betroffenen völlig unerwartet eröffnete Nordkorea am Sonntag, dem 25. Juni 1950, um vier Uhr früh seine Blitzkriegsoffensive gegen den Süden mit einem einstündigen Trommelfeuer seiner Artillerie, gefolgt von Angriffen und Durchbrüchen an sechs Stellen des 38. Breitengrades sowie Landungsoperationen an zwei Stellen der südkoreanischen Ostküste. Eine nordkoreanische Streitmacht von 90.000 Mann, geführt von etwa 155 sowjetischen T-34-Panzern, begann die Offensive mit Stoßrichtung auf die südkoreanische Hauptstadt Seoul.[19] Nur fünf Tage zuvor hatte der für Fernost-Fragen zuständige amerikanische Vizeaußenminister vor dem Komitee für Auswärtige Angelegenheiten des US-Kongresses im Zusammenhang mit der Beantragung wirtschaftlicher Hilfe für Südkorea öffentlich erklärt: »Wir erkennen zur Zeit keine Absicht der Nordkoreaner, einen größeren Krieg … zu führen. Sollte es aber zu einem solchen Krieg kommen, so besteht Verlaß darauf, daß die Südkoreaner mit einem solchen Angriff aus Nordkorea fertigwerden.«[20] Ebenfalls am Morgen des 25. Juni 1950 war vom nordkoreanischen Innenministerium eine Art Kriegserklärung erlassen worden, in der es hieß, bewaffnete Provokationen Südkoreas hätten zu defensiven Kampfhandlungen Nordkoreas Anlaß ergeben.

In südkoreanischer und amerikanischer Sicht rächte es sich nun, daß die USA vor dem Abzug ihrer Truppen aus Südkorea diesem Land keine Armee, sondern nur eine leicht bewaffnete Grenzschutztruppe hinterlassen hatten, deren Primäraufgabe in der Aufrechterhaltung der inneren Sicherheit und der Bekämpfung kommunistischer Partisanen innerhalb von Südkorea bestanden hatte. Diesbezüglich heißt es in einer von General Matthew B. Ridgway, dem späteren Oberbefehlshaber der UN-Streitkräfte in Korea, verfaßten Darstellung des Krieges, Südkorea habe zum Zeitpunkt des Angriffs über keine schwere Artillerie, keine Panzerwagen, keine Panzerabwehrwaffen und keine Luftwaffe verfügt. »Die Südkoreaner besaßen nicht einmal Luftabwehrgeschütze. Auch verfügten sie über kein Geschütz, das einen schweren Panzerwagen hätte aufhalten können. Es war so, als ob einige Einheiten von Pfadfindern versucht hätten, nur mit Handfeuerwaffen eine Panzereinheit aufzuhalten.« Wehr- und hilflos seien viele Einheiten der südkoreanischen Armee beim Auftauchen der nordkoreanischen Panzer in Panik geraten. Bereits nach vierstündigem Kampf hätten die Nordkoreaner die wichtige Stadt Kaesong einnehmen können. Nur dem äußerst verlustreichen Widerstand der 6. südkoreanischen Division sei zu verdanken gewesen, daß die Hauptstadt Seoul erst drei Tage nach Beginn des Angriffes in die Hände der Nordkoreaner gefallen sei. Symptomatisch für die Panik und das Chaos, das der nordkoreanische Überraschungsangriff ausgelöst habe, sei die Tatsache gewesen, daß die Südkoreaner am 28. Juni die einzige über den Han-Fluß führende Brücke in einem Moment sprengten, in dem sich noch etwa 1000 südkoreanische Zivilisten und Soldaten auf der Brücke aufgehalten hatten. 800 von ihnen wurden als Folge getötet. Einer noch im Norden befindlichen südkoreanische Armee-Einheit wurde so der Rückzug nach Süden abgeschnitten.[21]

Der einen Tag später zur Eruierung der Lage nach Südkorea geflogene Oberkommandierende der US-Streitkräfte in Japan, General MacArthur, berichtete von dort nach Washington: »Die südkoreanischen Streitkräfte befinden sich in Verwirrung, haben nicht ernsthaft gekämpft und sind ohne Führung … Sie vermögen es nicht, die Initiative wieder zurückzugewinnen ...«[22] Kaum eine Woche nach Kriegsbeginn hatte die nordkoreanische Armee alle südkoreanischen Gebiete nördlich der Han-Flusses erobert und die südkoreanischen Streitkräfte zerschlagen. Von 98.000 Mann der südkoreanischen Armee waren bis dahin 44.000 entweder getötet, gefangengenommen oder vermißt.

Nur sechs Wochen nach Beginn der Kämpfe befanden sich 90 Prozent des Gesamtgebietes sowie 92 Prozent der Bevölkerung von Südkorea in der Hand der nordkoreanischen Angreifer. Den Resten der von einigen amerikanischen UN-Verbänden unterstützten südkoreanischen Armee war nur noch im äußersten Süden ein Brückenkopf um die Hafenstadt Pusan an der Japan gegenüberliegenden Südostküste Koreas verblieben. Und auch diese letzte Bastion war schweren Angriffen der Nordkoreaner ausgesetzt.

Lagebeurteilung und Eingreifen der UN und der USA

Noch am Tag des Angriffs trat am 25. Juni 1950 der Sicherheitsrat der Vereinten Nationen zusammen. Die in Seoul stationierte UN-Kommission für Korea hatte berichtet, der Friedensbruch in Korea nähme den Charakter eines regelrechten Krieges an und könne international für Frieden und Sicherheit gefährlich werden. Die Kommission empfahl eine Reaktion des UN-Sicherheitsrates. Ohne Gegenstimme verabschiedete dieser am 25. Juni 1950 eine Resolution, die als Folge des nordkoreanischen Angriffs einen Bruch des Friedens feststellte und sowohl einen sofortigen Waffenstillstand wie auch den Rückzug der nordkoreanischen Streitkräfte auf ihr Gebiet jenseits des 38. Breitengrades forderte.[23] Der sowjetische Delegierte hatte an der Sitzung nicht teilgenommen, da die Sowjetunion Aktivitäten der Vereinten Nationen vergeblich mit dem Ziel boykottierte, den Sitz Chinas in der Weltorganisation von der neuen kommunistischen Regierung in Peking besetzen zu lassen und nicht von der nur noch Taiwan kontrollierenden nationalchinesischen Regierung. Nach weiteren Berichten der inzwischen auch auf der Flucht befindlichen UN-Kommission aus Korea versammelte sich der Sicherheitsrat erneut am 27. Juni 1950. Nach Erhalt weiterer Berichte über den Fortgang der Kämpfe in Korea nahm der Rat mit einer Mehrheit von sieben Stimmen gegen eine (Jugoslawien) einen Antrag der USA an, der nicht nur den Friedensbruch Nordkoreas feststellte und erneut Waffenstillstand und Rückzug der Nordkoreaner an den 38. Breitengrad forderte, sondern alle Mitgliedstaaten der Weltorganisation der Vereinten Nationen dazu aufforderte, Südkorea bei der Abwehr des Angriffes zu unterstützen, um Frieden und Sicherheit in der betroffenen Region wiederherzustellen. Elf Tage später autorisierte eine weitere Resolution des UN-Sicherheitsrates die Bildung eines vereinigten Oberkommandos für Korea unter der Flagge der Vereinten Nationen und ersuchte die Vereinigten Staaten, einen Oberkommandierenden für die auch unter dieser Fahne in Korea kämpfenden militärischen Verbände zu benennen.[24]

Auf seiten der Vereinigten Staaten waren die zu konkreten Maßnahmen führenden Wahrnehmungen und Lagebeurteilungen des Geschehens in Korea auch von dem Versuch beeinflußt, Konsequenzen aus den »Lehren der Geschichte« zu ziehen. So schrieb Präsident Truman hinsichtlich seiner Empfindungen ab Bekanntwerden der nordkoreanischen Offensive:

»Es war der gleiche Fehdehandschuh, den Hitler der Welt vor die Füße warf, als er die Grenzen Österreichs und der Tschechoslowakei überschritt. Damals unterließ es die freie Welt, die Herausforderung anzunehmen, und der Zweite Weltkrieg war die Folge. Diesmal erkannten die in den Vereinten Nationen zusammengeschlossenen Länder die neue Gefährdung des Weltfriedens augenblicklich. Die Vereinten Nationen sind aus der Asche zweier Weltkriege erwachsen und zu dem Zweck organisiert worden, Aggressionen zu verhüten oder sie, falls das nicht gelingt, zurückzuschlagen. Deshalb haben die Vereinten Nationen auch so spontan und rasch reagiert. Zum ersten Mal in der Geschichte gab es einen internationalen Apparat, der dem Angreifer, der anderen Völkern seinen Willen oder seine Staatsform mit Waffengewalt aufzuzwingen versucht, entgegentreten konnte. Daß die Vereinigten Staaten die Hauptlast zu tragen haben würden, wußten wir von Anfang an. Das war sowohl angesichts der geographischen Lage als auch unserer Machtmittel unvermeidlich. ... Wenn wir den Untergang Südkoreas zuließen, dann würde das, davon war ich überzeugt, die kommunistischen Führer ermutigen, unseren Küsten viel näher gelegene Länder zu überrennen. Wenn wir den Kommunisten erlaubten, sich ohne Gegenwehr der freien Welt Südkoreas zu bemächtigen, dann würde kein kleines Land in Zukunft den Mut aufbringen, sich gegen Drohungen und Angriffe stärkerer kommunistischer Nachbarn zur Wehr zu setzen.«[25]

Nicht nur in den Äußerungen Trumans, sondern auch in denen anderer bedeutender amerikanischer Entscheidungsträger der damaligen Zeit spiegelte sich eine Vorstellung wider, die bis zum Beginn der siebziger Jahre ein zentrales Motiv der politischen Strategie der USA im Westpazifik werden sollte. Es war die Meinung, daß einzelne Akte erfolgreicher Aggression und Expansion einen Reaktionsmechanismus – genannt Domino-Wirkung – hervorrufen würden. Demzufolge wurde erwartet, daß jede erfolgreiche Aggression zu weiteren und immer weiteren Aggressionsversuchen ermutigen werde. Um eine solche Vervielfachung von Aggressionsakten zu verhindern, müsse bereits dem ersten Versuch dieser Art wie auch jedem weiteren durch angemessene Eindämmung kraftvoll entgegengetreten werden. Es gelte, aus der katastrophal gescheiterten »Beschwichtigungspolitik« der Völkerbundes und der Westmächte im Jahrzehnt vor Ausbruch des Zweiten Weltkrieges praktische Konsequenzen zu ziehen.

Weitere für Verhaltensweisen der USA bedeutende Motive bestanden in der Meinung, das Unterbleiben eindämmender Reaktion könne die Glaubwürdigkeit der Vereinten Nationen ebenso untergraben wie auch das Vertrauen in den Willen und die Fähigkeit der USA zum Schutz bedrohter Völker, wie er in der Truman-Doktrin von 1947 angekündigt worden war. Militärstrategisch war der Gedanke von Gewicht, daß eine Eroberung Südkoreas kommunistische Gegner der USA in eine gefährliche Nähe der Küste Japans, der damals einzigen Industriemacht Asiens, bringen würde.

Nach eingehenden Beratungen mit führenden Regierungsmitgliedern innerhalb der ersten 48 Stunden nach Beginn des Krieges in Korea gab Präsident Truman am 27. Juni 1950 seitens seiner Regierung eine Kombination von Beschlüssen von wahrhaft historischer Tragweite bekannt:

Erstens: In der Befolgung des Aufrufes des Sicherheitsrates der Vereinten Nationen vom 27. Juni 1950 habe er als Oberkommandierender der amerikanischen Streitkräfte der US-Luftwaffe und Kriegsmarine den Befehl erteilt, Südkorea bei der Abwehr der Aggression zu unterstützen.

Zweitens: Der VII. Flotte der US-Kriegsmarine sei der Befehl erteilt worden, in der Meeresstraße von Taiwan sowohl Angriffe aus der VR China auf Taiwan, wie auch umgekehrt nationalchinesische Kampfhandlungen gegen die Volksrepublik von Taiwan aus zu verhindern. Amerikanischen Geheimdiensten waren starke Konzentrationen der Pekinger Volksbefreiungsarmee an der Küste Taiwan gegenüber nicht verborgen geblieben.

Drittens habe der Präsident eine Intensivierung der amerikanischen Militärhilfe für die Streitkräfte Frankreichs und seine lokalen Verbündeten in Indochina angeordnet, wo die Franzosen seit 1946 gegen die nationalkommunistischen Viet Minh zum Zweck der (Wieder-)Aufrechterhaltung ihrer Kolonialherrschaft Krieg führten.[26]

Hinsichtlich der Urheberschaft des Koreakrieges bestand bei weiten Teilen der außenpolitischen Führungskräfte in Washington die irrige Ansicht einer primären Verantwortlichkeit auf seiten Moskaus. So heißt es etwa in einem geheimen Bericht des Außenministeriums vom 15. Juni 1950: »Die nordkoreanische Regierung steht völlig unter der Kontrolle des Kreml, und es besteht keine Möglichkeit, daß die Nordkoreaner ohne vorherige Weisung aus Moskau gehandelt haben. Der Angriff gegen Südkorea muß daher als Schachzug der Sowjets gelten ...«[27] Bereits sechs Tage vor Kriegsausbruch hatte ein Bericht des amerikanischen Geheimdienstes CIA die Ansicht vertreten, »die Demokratische Volksrepublik Nordkoreas sei ein fest kontrollierter sowjetischer Satellitenstaat, der keine unabhängige Initiative praktiziere und vollständig von der Unterstützung der UdSSR abhänge«. Die Sorge, damit einen allgemeinen Krieg auszulösen, werde die Sowjetunion an einer direkten Beteiligung mit eigenen Truppen im Fall eines Krieges in Korea abhalten. Moskaus Sorge vor einer Kontrolle Nordkoreas durch die Chinesen werde dazu führen, daß es den Einsatz chinesischer Streitkräfte in Korea zu verhindern suche.[28]

Seither zugänglich gewordene Quellen belegen, daß diese Perzeption Washingtons falsch war; hatte Stalin doch dem Kriegsplan Kim Il Sungs zögernd und nur mit der Bedingung zugestimmt, daß die Sowjetunion selbst von dem geplanten Krieg in keiner Weise tangiert werde. Richtig hingegen ist, daß Stalin seine prinzipielle Zustimmung zum Plan des nordkoreanischen Diktators mit der Zusage der Lieferung sowjetischer Rüstungsgüter verband. Zusätzlich entsandte Stalin im Frühjahr 1950 eine hochrangige Gruppe sowjetischer Militärberater unter Führung von Generalmajor Wasiliew nach Nordkorea. Sie hatte dort die Militärstrategie der nordkoreanischen Offensive in russischer Sprache ausgearbeitet und ihr den Titel »Operationsplan des Präventivschlages« gegeben.[29]

Anfang September 1950 sah die nordkoreanische Führung den militärischen Sieg und damit die politische Wiedervereinigung Koreas unter ihrer Herrschaft in greifbare Nähe gerückt. Doch die Hoffnung auf eine endgültige Vernichtung oder Vertreibung des Gegners hatte zu einer Konzentration fast aller nordkoreanischen Streitkräfte im äußersten Süden Südkoreas geführt. Diese Tatsache geschickt ausnützend, gelang es UN-Streitkräften unter dem direkten Kommando General MacArthurs, eine amphibische Landung größerer UN-Verbände bei der nahe der südkoreanischen Hauptstadt gelegenen Hafenstadt Inchon zu erkämpfen. Nach vorangegangenen fünftägigen Bombardements aus der Luft und von der See her konnte Inchon am 15. September 1950 erobert werden, und schon am 28. September 1950 befand sich die südkoreanische Hauptstadt Seoul in den Händen der UN-Streitmacht. Mit der Landung in ihrem Rücken war das Gros der nordkoreanischen Armee in die Zange einer Nord-Süd-Umklammerung geraten. Als Resultat gelang es MacArthur, den Nordkoreanern noch im gleichen Monat eine schwere Niederlage zuzufügen, in deren Folge 135.000 ihrer Soldaten in Gefangenschaft gerieten und nur etwa 30.000 Mann über den 38. Breitengrad nach Norden entkommen konnten. Bald entdeckten die UN-Streitkräfte, daß die Nordkoreaner während ihrer Besetzung südkoreanischer Gebiete 26.000 südkoreanische Zivilisten aus politischen Gründen getötet hatten. Die südkoreanische Regierung kehrte in ihre Hauptstadt Seoul zurück.

Ende September 1950 stellte sich die Frage, ob die primär von den USA gestellten UN-Streitkräfte sich mit der Befreiung Südkoreas und der Wiederherstellung des Status quo ante begnügen oder aus einer Kombination politischer und militärischer Motive ihren Aktionsradius auch auf Nordkorea ausdehnen sollten.[30] Seitens der Vereinten Nationen fiel der Beschluß zum Überschreiten des koreanischen Rubicon durch eine Resolution der Generalversammlung der Vereinten Nationen vom 7. Oktober 1950, die mit 47 gegen 5 Stimmen bei 8 Enthaltungen angenommen wurde. Unter Rückbezug auf die Resolution des Sicherheitsrates vom 27. Juni 1950 empfahl die Versammlung die Durchführung aller angemessenen Schritte, um einen Zustand der Stabilität in ganz Korea herbeizuführen. Hierdurch sollte das von der UN bereits im November 1947 und Dezember 1948 anvisierte Ziel allgemeiner freier und von der UN überwachter Wahlen in ganz Korea zur Schaffung einer gesamtkoreanischen demokratischen Regierung möglich gemacht werden. Streitkräfte der Vereinten Nationen dürften in Korea aber nur so lange bleiben, bis die genannten beiden Ziele erreicht seien. Vom Kriege zerstört, werde Korea internationaler Wiederaufbauhilfe bedürfen. Die genannte UN-Resolution verfügte fernerhin die Gründung einer Kommission der Vereinten Nationen für die Vereinigung und den Wiederaufbau Koreas (UNCURK), die als organisatorisches Instrument zur Erfüllung dieser Aufgaben eingesetzt werden sollte.[31]

Ein sowjetischer Alternativvorschlag vom 2. Oktober 1950 blieb ohne Chance. Moskau hatte darin einen sofortigen Waffenstillstand vorgeschlagen, dem gesamtkoreanische Wahlen folgen sollten. Eine paritätisch von dem Parlamenten des Südens und des Nordens zusammengesetzte Kommission hätte dann gemeinsam unter der Überwachung eines UN-Komitees allgemeine Wahlen in Korea vorbereiten sollen.[32] Intern allerdings hatte der Nationale Sicherheitsrat der Vereinigten Staaten bereits ab Anfang September 1950 den Standpunkt vertreten, der 38. Breitengrad müßte zum Zweck der Vernichtung des Gegners überschritten werden. Eine am 27. September an den Oberkommandierenden der UN-Streitkräfte General MacArthur ergangene Weisung der US-Regierung und der Vereinigten Stabschefs hatte jedoch eingeschränkt, Operationen in Nordkorea seien nur statthaft, wenn dort keine Intervention größerer sowjetischer oder chinesischer Streitkräfte erfolge. Auch sei es nicht gestattet, nicht-koreanische Streitkräfte in die an China oder Sowjetunion angrenzenden nördlichsten Gebiete Nordkoreas zu senden.

Die Eroberung Nordkoreas durch UN-Streitkräfte und der Kriegseintritt Chinas

Noch bevor amerikanische Truppen den 38. Breitengrad überschritten, waren südkoreanische Armee-Einheiten ab dem 30. September in Verfolgung nordkoreanischer Verbände in das Gebiet der nördlichen Volksrepublik vorgestoßen. Elf Tage zuvor hatte Südkoreas leidenschaftlicher Präsident Syngman Rhee erklärt, seine Armee werde für die Wiedervereinigung Koreas auch im Norden kämpfen, gleichgültig ob die amerikanischen oder anderen UN-Streitkräfte sich dieser Haltung anschlössen oder nicht. Ab dem 9. Oktober folgte dann die Offensive amerikanischer UN-Truppen nach Nordkorea. Bei einem Treffen mit Präsident Truman und anderen führenden amerikanischen Entscheidungsträgern auf der Insel Wake am 15. Oktober 1950 hatte General MacArthur optimistisch geäußert, der Widerstand Nordkoreas könne bis Ende November gebrochen sein. Somit hoffe er, die amerikanischen Streitkräfte etwa Weihnachten 1950 aus Korea zurückziehen zu können. Die weitere Sicherung ganz Koreas könne nach Abhaltung gesamtkoreanischer Wahlen den Streitkräften Südkoreas überlassen werden. Auf die Frage des Präsidenten, wie es mit der Möglichkeit eines chinesischen oder sowjetischen Eingreifens in den Krieg stehe, antwortete der General, diese Gefahr sei sehr gering. Vor allem verfügten die Chinesen über keine Luftwaffe. Sollten sie versuchen, nach Korea vorzustoßen, würden sie ungeheure Verluste erleiden.[33] Kurz vor diesem Treffen auf der Insel Wake hatte ein Memorandum der CIA vom 12. Oktober 1950 ebenfalls die Ansicht vertreten, die chinesischen Kommunisten verfügten nicht über die erforderliche militärische Infrastruktur, um wirksam in den Krieg in Korea eingreifen zu können.[34]

Das Vordringen der UN-Streitkräfte nach Nordkorea erfolgte ungeachtet einer Reihe noch zu nennender Warnungen, China werde einer solchen Lageveränderung nicht tatenlos zusehen können. Im Rahmen der militärischen Operationen in Nordkorea eroberten südkoreanische und amerikanische Streitkräfte am 19. Oktober Pjöngjang, die Hauptstadt der Volksrepublik (Nord-)Korea; einen Tag später die im Nordosten des Landes gelegene Hafenstadt Wonsan.

In der letzten Oktoberwoche des Jahres 1950 schien der Krieg in Korea fast beendet. In getrennten Heeressäulen im Westen und Osten der koreanischen Halbinsel nach Norden vorstoßend hatten die UN-Streitkräfte Nordkoreas Grenzen mit China und Rußland fast erreicht. Etwas Präzedenzloses war geschehen. Eine militärische »Rollback«-Kampagne amerikanischer, südkoreanischer und anderer Truppen unter einem vereinigten UN-Kommando hatte ein kommunistisches Staatswesen, die Demokratische Volksrepublik (Nord-)Korea, fast vollständig erobert. Eine geplante Wiedervereinigung des zuvor geteilten Korea unter UN-Auspizien schien als praktische Möglichkeit in greifbare Nähe gerückt zu sein. Doch nach einer Reihe vergeblicher Warnungen, daß Peking eine solche Entwicklung nicht akzeptieren werde, kam es Ende Oktober und Anfang November zu anfangs nur kleineren Gefechten mit chinesischen Kampfverbänden im äußersten Norden Koreas und somit vor den mandschurischen Grenzen Chinas. Doch während in MacArthurs Hauptquartier von der freudigen Aussicht eines »Christmas at home« gesprochen wurde, warf die Volksrepublik China ab dem 26. November nicht weniger als acht Divisionen den UN-Streitkräften entgegen. Die so beabsichtigte

Schockwirkung trat ein. General Matthew B. Ridgway, der spätere Oberkommandierende der UN- und US-Streitkräfte in Korea, berichtete, die chinesischen Angriffe seien Schlag auf Schlag mit einer solch »vernichtenden Plötzlichkeit« erfolgt, daß viele UN-Einheiten von den Chinesen überrannt wurden, bevor sie überhaupt noch voll verstehen konnten, was geschehen war. Die Chinesen griffen zumeist in der Nacht an, da die Amerikaner den Luftraum beherrschten. Bei ihren Angriffen versuchten sie mit markerschütternden Schreien, schrillem Pfeifen und gellenden Trompetensignalen ihre Gegner zu verwirren. Wo sie auf stärkeren Widerstand stießen, konzentrierten sie überlegene Menschenmassen, die ohne jede Rücksicht auf Verluste, Angriffswelle nach Angriffswelle über bereits Gefallene anstürmend ihre Gegner zu vernichten suchten.

MacArthur hatte den Vormarsch nach Norden forciert, um noch vor Einbruch des Winters den Krieg beenden zu können. Auf Grund dieser Fehleinschätzung waren die UN-Truppen nicht mit Winterkleidung versehen. Tausende von Soldaten starben an Erfrierung. Mit der Rückeroberung der nordkoreanischen Hauptstadt Pjöngjang am 5. Dezember 1950 gelang den Chinesen und Nordkoreanern ein erster bedeutender Erfolg. Die Wucht ihres Angriffs war so stark, daß sich die VIII. US-Armee mitsamt ihren südkoreanischen und anderen Verbündeten unter der UN-Flagge zehn Tage später über den 38. Breitengrad nach Südkorea zurückziehen mußte. Der Feldzug zur Befreiung Nordkoreas und damit der zweite militärische Versuch zur Wiedervereinigung Koreas war gescheitert. Doch auch China verzichtete auf die Möglichkeit eines Stehenbleibens am 38. Breitengrad und eines Sichbegnügens mit dem Status quo ante. Nachdem Peking am 14. Dezember 1950 einen Vorschlag der UN-Generalversammlung zum Beginn von Waffenstillstandsverhandlungen in Korea abgelehnt hatte, erreichte eine große chinesische Offensive am 4. Januar 1951 Seoul und stieß anschließend fast bis in die Mitte Südkoreas vor.

Die Situation für die UN-Kräfte war nun derart bedrohlich, daß in Regierungskreisen in Washington wie auch im UN-Hauptquartier in New York die Möglichkeit einer Totalniederlage in Korea und eines Rückzuges aus diesem Land ernsthaft erwogen wurde.[35] Diese Sorge ging so weit, daß eine Weisung der Vereinigten Stabschefs der USA an General MacArthur vom 29. Dezember 1950 mit den Worten beginnt: »Nach allen vorliegenden Einschätzungen der Lage scheint es, daß die chinesischen Kommunisten die Fähigkeit dazu besitzen, die Streitkräfte der Vereinten Nationen aus Korea herauszudrängen, wenn sie es tun wollen.« Ein Rückzug der UN-Streitkräfte nach Japan und eine Sicherung dieses Landes sei zu erwägen. Vorläufig aber solle der General Ridgway versuchen, Verteidigungspositionen in Südkorea zu halten und dem Gegner größtmögliche Verluste zuzufügen.[36] Vielsagend war auch, daß General George C. Marshall in einer geheimen Sitzung amerikanischer politischer und militärischer Führungskräfte die Frage zur Diskussion stellte, »ob es irgendeinen Weg gäbe, auf welchen wir uns aus Korea ehrenvoll zurückziehen könnten«.[37]

Mit Chinas massivem Eingreifen in Korea hatte der Krieg ein völlig anderes Profil gewonnen. Eine begrenzte Eindämmungsaktion unter der Autorität des Sicherheitsrates der Vereinten Nationen für die Befreiung und Wiedervereinigung Süd- und Nordkoreas war zum ersten Krieg der Geschichte zwischen China und den Vereinigten Staaten von Amerika eskaliert. Und hinter China stand dessen Verbündeter, die Sowjetunion. Die Gefahr einer weiteren Eskalation bis zur Ebene eines dritten Weltkrieges wurde vielerorts mit Sorge empfunden. Daß eine vollständige Niederlage der UN und der USA in Korea abgewendet werden konnte, ist vornehmlich zwei Umständen zuzuschreiben: Erstens dem Beharren Präsident Trumans auf den Grundprinzipien, die ursprünglich dem Eingreifen der Vereinten Nationen und der USA in Korea zugrunde gelegen hatten. Ein zweiter Grund lag in dem militärischen Vermögen der UN-Streitkräfte, die kommunistischen Armeen, wenn auch unter großen Schwierigkeiten, erneut aus Südkorea herauszudrängen. Im Rahmen einer Konferenz mit dem in mancher Hinsicht eher zu Nachgiebigkeit tendierenden britischen Premierminister Clement Attlee Anfang Dezember 1950 insistierte Truman: »Wir haben diesen Kampf nicht aufgenommen, um uns schlagen zu lassen. Wir werden ihn bis zum Ende durchkämpfen …« Bleibe die Aggression in Korea ungeahndet, würde das die Haltung der internationalen Staatengemeinschaft zum Problem der Aggression verändern. Die von manchen UN-Mitgliedstaaten geforderte Aufnahme Pekings in die Vereinten Nationen komme in der Zeit nicht in Frage, denn damit würde ein Aggressionskrieg gegen die Weltorganisation und der UN geradezu belohnt. Eine Preisgabe Taiwans komme auch nicht in Frage. Global gesehen stehe das Vertrauen vieler, vor allem auch europäischer Völker, in die Schutzbereitschaft der Vereinigten Staaten auf dem Spiel. Im Vergleich zum Zweiten Weltkrieg habe sich die Lage im Pazifik geradezu in ihr Gegenteil verkehrt. Im Krieg sei damals Japan der bedrohlichste Gegner gewesen. Nun aber sei China, ein Staat, den die USA bei seinem Aufbau zu unterstützen versucht hätten, unter die Gewalt einer feindlichen Partei und Regierung geraten. Dennoch solle der Krieg mit China nach Möglichkeit begrenzt bleiben. Eine Aufnahme Pekings in die UN würde in den USA innenpolitisch zu schwersten Meinungsverschiedenheiten führen. Bei dem Gespräch mit dem britischen Premierminister blieb Truman bei seiner Behauptung, auch die chinesischen Kommunisten seien lediglich »Satelliten des Kreml« und von Rußland völlig abhängig. Gebe man Korea auf, so wären als Folge Aggressionsakte gegen Indochina, Hong Kong und Malakka zu erwarten. Attlee hingegen vertrat die Ansicht seiner Regierung, die chinesischen Kommunisten seien potentiell zumindest »Titoisten«.[38]

Militärisch vermochten die in Korea unter dem Befehl von General Ridgway stehenden UN-Streitkräfte die chinesischen und nordkoreanischen Armeen zurückzudrängen und am 15. März 1951 erneut die in diesem Krieg zum dritten Mal eroberte südkoreanische Hauptstadt Seoul einzunehmen, eine letzte chinesische Großoffensive im Mai gleichen Jahres aufzuhalten und anschließend einen Vormarsch auf den 38. Breitengrad zu bewerkstelligen. Nachdem sie chinesische Verhandlungsangebote mit der Vorbedingung einer Preisgabe Taiwans und einer Zulassung Pekings zur UN abgelehnt hatten, gelang es den USA, in der UN-Generalversammlung am 1. Februar 1951 die Annahme einer Resolution durchzusetzen, die die Volksrepublik China offiziell zum Aggressor gegen Korea und die Vereinten Nationen erklärte. Die Resolution beharrte auf der Fortsetzung des Widerstandes gegen die Aggression in Korea, betonte die Bereitschaft zur Einstellung der Feindseligkeiten und ersuchte den Präsidenten der Generalversammlung, entsprechende Schritte einzuleiten.[39]

Angesichts der für die USA krisenhaften Entwicklung des Koreakrieges kam es im Frühjahr 1950 zu einer dramatischen Auseinandersetzung zwischen Präsident Truman und General MacArthur, dem Oberkommandierenden der US-Streitkräfte im Fernen

Osten. Wegen seiner Niederlage in Korea innerlich tief verletzt, hatte MacArthur mehrfach vorgeschlagen, den Krieg durch die Errichtung einer »Zweiten Front« gegen China auszuweiten. Diesbezüglich schlug er vor, Industriegebiete und strategische Positionen auf dem chinesischen Festland zu bombardieren, über die chinesische Küste eine Kriegsblockade zu verhängen und auf Taiwan stehende nationalchinesische Streitkräfte in den Kampf gegen Peking einzubeziehen. Hauptschauplatz des Kampfes zwischen der freien Welt und den kommunistischen Mächten sei nicht Europa, wie Truman und Acheson meinten, sondern der ostasiatisch-pazifische Raum. Truman hingegen wies darauf hin, die Chinesen würden auf eine Bombardierung ihrer Städte genauso mit einer Kriegserklärung reagieren wie die Amerikaner auf die Bombardierung von Pearl Harbor durch die Japaner. Eine Bombardierung Chinas wäre zudem nicht in der Lage, den Zustrom russischen Kriegsmaterials über Sibirien zu verhindern. Ein Angriff auf diese Gebiete aber müsse auch die Sowjetunion in den Krieg hineinbringen. Trumans Schlußfolgerung lautet wortwörtlich: »Und eben weil ich so fest überzeugt war, daß MacArthur diese Punkte gar nicht übersehen haben konnte, blieb mir nur ein Schluß übrig: General MacArthur war bereit, einen Weltkrieg zu riskieren. Ich war es nicht.«[40] Obwohl er sich schwerwiegender innenpolitischer Konsequenzen bewußt war, veranlaßte Truman am 11. April 1951 die Amtsenthebung General MacArthurs. Er anerkannte dabei zwar die historischen Leistungen des Generals, betonte aber die der amerikanischen Verfassung entsprechende Notwendigkeit, den Vorrang der politischen Führung gegenüber der Militär zu wahren.[41]

Hintergründe des chinesischen Kriegseintrittes

Wie von Stalin als Vorbedingung sowjetischer Hilfe verlangt worden war, informierte Kim Il Sung während eines Besuches in Peking im Mai 1950 Mao Tse-tung von seinem Kriegsplan gegen Südkorea. Trotz einiger Skepsis erhob Mao Tse-tung kein Einwände gegen Kims Kriegsplan. Von Stalin schon früher in Kims Pläne eingeweiht, hatte Mao – auch im Licht der Äußerungen von Acheson vom Januar 1950 über die Begrenzung des amerikanischen Schutzbereiches im Westpazifik – die Vermutung geäußert, Amerika werde im Fall eines interkoreanischen Nord-Süd-Krieges nicht eingreifen.[42] Maos Mangel an Enthusiasmus rührte auch daher, daß er im Frühjahr 1950 Vorbereitungen zur Eroberung Taiwans veranlaßt hatte und offensichtlich hoffte, diese Operation noch vor Beginn eines Krieges in Korea durchführen zu können.[43] Doch Kim Il Sung kam ihm zuvor.

Die US-Regierung hatte als eine ihrer ersten Reaktionen auf den Kriegsausbruch die VII. Amerikanische Kriegsflotte in die Straße von Taiwan gesandt, um diese strategisch entscheidende Insel gegen Angriffe aus der Volksrepublik China abzuschirmen und gleichzeitig auch provozierende Angriffe aus Taiwan gegen China zu verhindern. In einer Erklärung, die von der Pekings Volkszeitung *Renmin Ribao* vom 29. Juni abgedruckt wurde, bezichtigte Mao die USA einer imperialistischen und ungerechtfertigten Politik der Intervention in die inneren Angelegenheiten Koreas, der Philippinen und Vietnams. Das chinesische Volk und die Völker der Welt sollten sich vereinigen und sich darauf vorbereiten, Provokationen des amerikanischen Imperialismus zu vereiteln. Da nun einerseits der Krieg in Korea faktisch begonnen hatte und die Volksrepublik China zu dieser Zeit über keine Mittel verfügte, um den von der US-Flotte vor Taiwan gelegten Schutzriegel zu überwinden, ergriff die Führung in Peking ab dem 30. Juni 1950 Maßnahmen, um die gegen Taiwan geplanten Operationen zu vertagen. Gleichzeitig wurde in räumlicher Nachbarschaft zu Nordkorea eine chinesische Verteidigungsarmee für den Nordosten organisiert, die sich weitgehend auch aus Einheiten zusammensetzte, die ursprünglich für den Kampf gegen Taiwan bestimmt waren. Schon Anfang August, als sich die von den Nordkoreanern hart bedrängten UN-Streitkräfte noch im vollen Rückzug auf dem Brückenkopf von Pusan im äußersten Süden Südkoreas befanden, entsandte Mao Tse-tung am 5. August eine Direktive, in der er befahl, die Grenzschutztruppen in den an Korea angrenzenden Nordostgebieten bis zum 10. September 1950 in Kampfbereitschaft zu versetzen.[44] Empfänger dieser Direktive war Gao Gang, der Kommandeur und Kommissar der Streitkräfte für den Nordosten. Somit scheint Mao bereits ab einem sehr frühen Stadium des Koreakrieges mit der Möglichkeit einer Beteiligung Chinas gerechnet zu haben.

Bemerkenswert ist die Tatsache indirekter und direkter chinesischer Warnungen hinsichtlich einer Möglichkeit der Beteiligung Pekings am Krieg in Korea. So sagte Zhou En-lai (Chou En-Lai) in einer Rede vom 30. September 1950, das chinesische Volk werde nicht passiv zuschauen, wenn seine Nachbarn brutal von Imperialisten angegriffen würden. Diejenigen, die versuchten, 500 Millionen Chinesen eine Vertretung in der UN zu verwehren, und die glaubten, irgendein wesentliches Fernostproblem, das China betreffe, ohne dieses zu lösen, würden sich bei solchen Versuchen bald die Schädel brechen.[45] Inhaltlich am interessantesten ist eine Warnung Pekings, die über den indischen Botschafter in der VR China Kavalam Madhava Panikkar bekanntgegeben wurde. Der indische Botschafter berichtete, er sei von chinesischen Protokollbeamten am 2. Oktober 1950 um Mitternacht aus dem Bett geholt und zu Zhou En-lai gebracht worden. Über die Äußerungen des chinesischen Ministerpräsidenten und Außenministers berichtete er: »Wenn die Amerikaner den 38. Breitengrad überschreiten, sei China gezwungen, in Korea einzugreifen ... Ich fragte ihn ..., ob China einzuschreiten beabsichtige, wenn nur die Südkoreaner den Breitengrad überschritten hätten. Mit Entschiedenheit antwortete er: ›Die Südkoreaner wollen nichts besagen. Aber ein Eindringen der Amerikaner in Nordkorea würde den Widerstand Chinas finden.‹«[46] Auf diesen Vorschlag hin empfahl das Nordostasien-Büro des US-Außenministeriums in einem Geheimmemorandum vom 3. Oktober 1950, ernsthaft die Frage zu erwägen, ob die UN nicht die Eroberung Nordkoreas nur den Südkoreanern überlassen sollte, sofern diese machtmäßig dazu in der Lage seien.[47]

Durch weitere Botschaften Panikkars wurde bekannt, Peking habe den Standpunkt eingenommen, es würde künftige UN-Beschlüsse, die Korea betreffen, nur dann anerkennen, wenn es zuvor auch Mitglied der UN-Kommission für Korea (UNCURK) geworden sei.[48] Solange Chinas diplomatische Geheimarchive nicht zugänglich sind, wird nicht feststellbar sein, ob Chinas Kompromißangebot echt gemeint war oder nur ein Versuch, taktisch Zeit zu gewinnen, um danach unter irgendeinem Vorwand unter für China günstigeren Umständen in Korea eingreifen zu können. Vielleicht sollten diese und andere ähnliche Warnungen nur ein Alibifunktion erfüllen, also vor Chinas Eintritt in den Krieg zu beweisen, daß China eine Kompromißlösung zur Erhaltung des Friedens zwischen ihm und anderen Staaten immerhin angeboten habe. Wie erinnerlich, datierte die UN-Resolution, die eine Überschreitung des 38. Breitengrades legitimierte, vom 7. Oktober 1950. Doch am gleichen Tag, an dem Zhou En-lai dem indischen Botschafter Panikkar das erwähnte Kompromißangebot hinsichtlich des 38. Breitengrades gemacht hatte, hatte das chinesische Politbüro die Entsendung der Nordost-Armee, die nun zu diesem Zweck in »Chinesische Volksfreiwillige« umbenannt wurde, ab dem 15. Oktober 1950 nach Korea beschlossen; Mao Tse-tung teilte Stalin das in einem Telegramm vom gleichen Tage mit. Einerseits heißt es darin apodiktisch, das chinesische Politbüro habe die Entsendung von Streitkräften nach Korea beschlossen, um eine Niederlage der Nordkoreaner zu verhindern, weil dies für die Gesamtlage des Ostens schädlich wäre. Das Ziel sei eine Vernichtung der amerikanischen Truppen in Korea. Allerdings müßte mit einer Kriegserklärung der USA und einer Bombardierung chinesischer Städte und Industriezentren gerechnet werden. In Punkt 4 des Telegramms von Mao sagte er, die 12 Divisionen, die ab dem 15. Oktober in Nordkorea einrücken würden, sollten sich zunächst vom 38. Breitengrad fernhalten und »die Feinde bekämpfen, die es wagen, den 38. Breitengrad zu überschreiten«. Anfänglich würden sie sich nur in kleinere erprobende Gefechte mit dem Gegner einlassen und auf die Lieferung sowjetischer Rüstungsgüter warten. Nachdem sie mit diesen ausgerüstet seien, könnten sie dann in großem Stil zu Gegenoffensiven mit dem Ziel einer Vernichtung der amerikanischen Streitkräfte übergehen.[49]

Vor dem Beginn der massiven chinesischen Offensiven gegen amerikanische und andere UN-Streitkräfte in Nordkorea Ende November 1950 war es den Chinesen gelungen, nicht weniger als neun Armeen unbemerkt über den Yalu-Fluß, bei Nacht marschierend und untertags sich tarnend, nach Nordkorea zu bringen. Erst nach deren Großangriffen auf UN-Truppen begann MacArthur und mit ihm das militärische UN-Oberkommando zu verstehen, daß der Krieg von nun an ein radikal anderes Profil gewonnen hatte.[50]

Amerikanische Soldaten im Koreakrieg 1950–1953, der einen Wendepunkt der Weltpolitik bedeutet. Er eskaliert zum ersten Krieg zwischen den USA und China, ist der erste Krieg im Auftrag der Vereinten Nationen (UN) und der erste Krieg, den die USA nicht gewinnen. Der Krieg endet unentschieden. Korea bleibt geteilt.

Da unter den außenpolitischen Führungskräften in Peking auch gravierende Bedenken gegen einen frühzeitigen Krieg mit den USA laut geworden waren, hielt Zhou En-lai (Chou En-Lai) am 24. Oktober 1950 vor dem Ständigen Ausschuß der Politischen Konsultativkonferenz des Chinesischen Volkes eine Rede, die auf die Notwendigkeit eines Präventivkrieges hinwies. Er führte unter anderem aus, gelänge es den USA, ganz Korea zu beherrschen, so sei Nordostchina (Mandschurei) ernsthaft gefährdet, und in diesem Gebiet befände sich die Hälfte der damaligen chinesischen Schwerindustrie. Es hätte zunächst Hinweise aus den USA gegeben, daß die Amerikaner vielleicht doch am 38. Breitengrad stehenbleiben könnten. Doch das sei wohl ein erneutes Täuschungsmanöver der USA gewesen. Jetzt gelte es Lehren aus der Geschichte zu ziehen. Denn Japans Expansion seit Ende des 19. Jahrhunderts habe gezeigt: »Um China zu schlucken, muß man zuerst die Mandschurei erobern, und um die Mandschurei zu erobern, muß man zuerst Korea erobern.« Während aber der japanische Imperialismus für seine Expansionen in Nordostasien vierzig Jahre gebraucht hätte, versuchten die USA dieses Ziel in nur fünf Jahren zu erreichen. Wie in Postulierung einer umgekehrten »Domino-Theorie« argumentierte Zhou En-lai, setze man den USA in Korea keinen Widerstand entgegen, würde ihr Expansionsdrang »unersättlich«. Gehe man aber in Korea zur Gegenoffensive über, würde man es den USA unmöglich machen, China selbst anzugreifen. Möglicherweise könne dieser Konflikt zum Beginn eines dritten Weltkrieges führen. Sollte das so kommen, »... so müssen wir das zum Wohle unserer Nachfahren auf uns nehmen, damit sie in dem Genuß eines ewigen Friedens kommen«. Da Peking eine formale Kriegserklärung an die USA vermeiden wolle, habe es die in Korea eingesetzten chinesischen Streitkräfte »Freiwilligenarmee des Chinesischen Volkes« genannt.[51] Ebenso wie in anderer Weise auch Washington, erlag Peking hier einer Fehlperzeption. Trotz äußerst umfangreicher Quellenforschung konnte bisher keinerlei Evidenz dafür gefunden werden, daß die USA beabsichtigt hätten, von Nordkorea aus eine Invasion der Mandschurei zu beginnen.

In Mao Tse-tungs strategischer Perspektive galt die Meinung, wenn es überhaupt ein Gebiet gäbe, um dort militärisch erfolgreich gegen die USA vorzugehen, so sei es Korea. Denn dieses liege in der Nachbarschaft sowohl der traditionellen Machtpositionen der chinesischen Kommunisten in Nordostchina und grenze zudem an die Sowjetunion, von der materieller Beistand im Krieg erwartet und erhalten wurde. Die große maritime Überlegenheit der USA ließ einen Kampf um Taiwan wesentlich weniger erfolgversprechend erscheinen und ebenso einen Krieg im geographisch entfernten Indochina.

Trotz aller diplomatischer Finessen der chinesischen Kommunisten im Umgang mit den USA hatte sich im Führungszentrum ihrer Partei schon ab 1945 das Denkmodell eines bipolaren Konfliktmodells entwickelt. In diesem gab es zwei Lager: Das des »Sozialismus«, zu dem führend die Sowjetunion, der chinesische Kommunismus, das kommunistische Nordkorea und der vietnamesische Kommunismus gehörten, das andere von den USA geführte Lager, dem die chinesische Kuomintang-Regierung, Südkorea und die mit Frankreich verbündeten antikommunistischen Kräfte in Vietnam zuzurechnen waren, galt als Lager des Imperialismus. Ein Sieg der USA über Nordkorea und ein triumphaler Einzug und die nachfolgende Herrschaft des südkoreanischen Regimes in Nordkorea und damit die Zerstörung des ersten nach 1945 errichteten kommunistischen Staatswesens in Ostasien müßten psychologisch und machtpolitisch schwerwiegende

Konsequenzen für die Sache des Kommunismus in Asien nach sich ziehen. Nicht nur das Kuomintang-Regime auf Taiwan, sondern auch Millionen innere Gegner des chinesischen Kommunismus in der Volksrepublik China selbst würden sich durch diesen Präzedenzfall der Beseitigung eines fest etablierten kommunistischen Systems ermutigt fühlen.

Die von Truman am 27. Juni 1950 beschlossenen militärischen Eindämmungsaktionen im Hinblick auf Korea, Taiwan und Indochina, allergischen Punkten an der östlichen Peripherie der Volksrepublik, erschienen Peking als offensive Einkreisung seiner Machtsphäre entlang seiner Küsten am Westpazifik. Die von Stalin und Mao Tse-tung nachweislich ohne Enthusiasmus, aber eben doch gebilligte Kriegsinitiative Kim Il Sungs hatte zu amerikanischen Reaktionen geführt, die somit von Maos Standpunkt aus nicht nur eine Bedrohung des Weltkommunismus und insbesondere des Kommunismus in Ostasien verkörperten. Sie stellten darüber hinaus die Rolle Chinas als Großmacht in Frage und bedrohten das geostrategische Vorfeld der Volksrepublik von drei Seiten her. Andererseits hatte der seit 1949 gegebene sowjetische Besitz von Atomwaffen die Gefahr eines amerikanischen Atomwaffeneinsatzes gegen China relativiert, und Stalin hatte China nachdrücklich zur Unterstützung Nordkoreas aufgefordert. Er beharrte dabei jedoch auf seinem von Anfang an gegebenen Beschluß, die Sowjetunion abgesehen von materieller Militärhilfe und durch den Einsatz sowjetischer Piloten, die als Koreaner oder Chinesen getarnt waren, in keiner wesentlichen Weise in diesen Krieg verwickeln zu lassen.

Da Mao Tse-tung ab Anfang der vierziger Jahre den Standpunkt vertreten hatte, China werde ein ganz eignes, für andere Entwicklungsländer Vorbild gebendes Modell des Kommunismus entwickeln, schien für Mao und seine Anhänger auch das systemische Prestige der jungen Volksrepublik auf dem Spiel zu stehen. Manche seiner Äußerungen weisen darauf hin, daß er sich der aus einem Krieg mit den USA möglicherweise entstehenden Risiken zwar durchaus bewußt war, sich letztendlich aber doch – so wie umgekehrt auch die Gegenseite – für das »kalkulierte Risiko« eines Krieges mit den USA entschloß, von dem er hoffte, daß er zunächst auf Korea begrenzt bleiben würde.

Mühsamer Weg zum Waffenstillstand in Korea

Die Frustration aller beteiligten auswärtigen Mächte hinsichtlich des Koreakrieges erwies sich 1951, als sie sich überaus rasch bereit erklärten, durch Verhandlungen einen Waffenstillstand zu erwirken. Den Ausgangspunkt bildete ein Privatgespräch, um das George F. Kennan, ein führender amerikanischer Diplomat und Rußlandkenner, den sowjetischen UN-Botschafter Jacob Malik in Mai 1951 gebeten hatte. Innerhalb einer Woche gab Malik bekannt, auch seine Regierung wünsche ein Ende des Krieges. Er ersuchte erstmals um die Gelegenheit, dieses Interesse der Regierung in Moskau über eine Radiosendung der UN bekanntzugeben. Kurz darauf bewirkte eine Botschaft des UN-Oberkommandierenden in Korea General Ridgway, die Verhandlungen vorschlug, eine positive Entgegnung aus Peking, die sogar von Kim Il Sung und P'eng Teh-huai, dem Oberkommandierenden der Chinesischen »Freiwilligen Verbände« in Korea, unterzeichnet war.

Während allerdings die Kämpfe weitergingen, begannen am 8. Juli 1951 in der koreanischen Stadt Kaesong Waffenstillstandsverhandlungen, die sich über zwei Jahre hinziehen sollten.[52] Während dieses Verhandlungsprozesses kam es Ende 1952 zu stark emotionalisierten Präsidentschaftswahlen in den USA. An oberster Stelle der umstrittenen Themen standen der unpopuläre Koreakrieg, Amerikas Ostasien-Politik, die Strategie der Eindämmungspolitik und die Frage, ob nicht schwerwiegende Fehler der amerikanischen Außenpolitik in der Roosevelt- und Truman-Ära zur gewaltigen Expansion der kommunistischen Staatenwelt nach dem Zweiten Weltkrieg beigetragen hätten. Weiten Teilen der öffentlichen Meinung in den Vereinigten Staaten schien es schwer verständlich, weshalb auch nach dem Zweiten Weltkrieg die Hälfte Europas und weite Teile Ostasiens unter die Herrschaft einer bedrohlichen totalitären Mächtekombination gefallen war. Fehler oder Verrat in Washington wurden oft auch als Mitursache des Sieges der Kommunisten im vormals befreundeten China vermutet. Vergröbert wurde die Frage »Who has lost China?« zur Diskussion gestellt. Die Absetzung General MacArthurs war zwar von Amerikas westeuropäischen Bündnispartnern begrüßt worden, hatte jedoch Präsident Truman innenpolitisch geschadet. Beim Kampf um die Kandidatur in der Republikanischen Partei gewann General Dwight D. Eisenhower mit 595 zu 500 Stimmen gegen den einflußreichen Senator Robert A. Taft, der General MacArthur zu seinem Kandidaten für die Vizepräsidentschaft machen wollte. Doch als Kandidat für diesen Posten erkoren die Republikaner den jugendlichen kalifornischen Senator Richard M. Nixon, der unter anderem als besonders dezidierter Gegner des Kommunismus im In- und Ausland galt.

Im Bereich der Außenpolitik warfen die Republikaner den Demokraten vor, ihre Strategie der Eindämmung sei zu global und zu defensiv. Durch ihre reaktive, »eindämmende« Grundposition überlasse sie dem Gegner die Wahl der Konfliktregion. Sie sei unmoralisch, weil sie nur reagiere und zu wenig bestrebt sei, totalitär beherrschte Völker zu befreien. Die Einhaltung dieser Strategie globaler Eindämmung könne zudem eine wirtschaftliche Erschöpfung der Vereinigten Staaten zur Folge haben, weil ihre weltweite Anwendung die wirtschaftliche Kraft der USA übersteige. Einer der primären Urheber der republikanischen Alternativstrategie war John Foster Dulles, ein erfahrener außenpolitischer Experte der Republikaner, der federführend für die USA die Verhandlungen über einen Friedensvertrag mit Japan (1951) geleitet hatte.[53] Anstelle einer nur ad hoc reagierenden, kostspieligen Politik der Eindämmung sollten die USA seiner Ansicht nach eine aktive, auf die Zurückdrängung (»roll-back«) totalitärer Herrschaft und auf die Befreiung unterdrückter Völker abzielende Außenpolitik führen. Im Falle gegnerischer Expansion sollten sie sich den Ort des Konflikts nicht vom Gegner nach dessen Interesse diktieren lassen, sondern mit einer Politik der massiven Vergeltung (»massive retaliation«) dort zurückschlagen, wo der Gegner verwundbar sei. Die Entwicklung eines taktischen Nuklearwaffenarsenals werde zudem bei größerer Abschreckungswirkung Einsparungen bei den amerikanischen Landstreitkräften ermöglichen.

Zwar fanden es außenpolitische Experten der Demokratischen Partei leicht, auf Schwächen und Gefahren dieser alternativen Außenpolitik hinzuweisen. Doch viele Wähler empfanden die in Aussicht gestellte Kombination einer sowohl offensiveren als auch weniger kostspieligen Außenpolitik durchaus attraktiv. Als ungemein publikumswirksam erwies sich Eisenhowers über das Fernsehen bekanntgegebene Wahlzusage, er werde im Fall seiner Wahl der Beendigung des Krieges in Korea die oberste Priorität einräumen und zu diesem Zweck selbst nach Korea reisen. Bei den Präsidentschaftswahlen vom November 1952 siegte Eisenhower mit 33,9 gegen 27,3 Millionen Stimmen über Adlai Stevenson, den Kandidaten der Demokraten. Zum ersten Mal seit dem Jahre 1932 war somit wieder ein republikanischer Kandidat als Präsident ins Weiße Haus gewählt worden.

Zentrale Konfliktpunkte bei den Waffenstillstandsverhandlungen in Korea bildete einerseits der Verlauf der Waffenstillstandslinie: Die kommunistischen Unterhändler forderten den 38. Breitengrad, die UN-Delegierten hingegen den aktuellen Frontverlauf, der teilweise nördlich des 38. Breitengrades lag. Noch brisanter war andererseits die Frage der Entlassung der Kriegsgefangenen. China und Nordkorea forderten eine Zwangsrepatriierung ihrer Kriegsgefangenen, während das UN-Kommando diejenigen Kriegsgefangenen nicht repatriieren wollte, die eine solche Repatriierung fürchteten und verweigerten. Als fast bedrohlicher noch entwickelten sich dramatische Spannungen im Lager der UN zwischen den Amerikanern und ihren südkoreanischen Verbündeten. Denn Südkoreas Präsident Syngman Rhee, der ein Leben lang für Koreas Befreiung und Einheit gekämpft und gelitten hatte, lehnte sich mit Erbitterung, Verzweiflung und nationalistischer Leidenschaft gegen den Gedanken auf, daß ein Land trotz eines dreijährigen verlustreichen Krieges weiterhin geteilt bleiben solle. Folglich drohte er den Amerikanern, seine Streitkräfte dem gemeinsamen UN-Kommando zu entziehen, um auf eigenen Faust weiter für die Wiedervereinigung Koreas zu kämpfen. Die amerikanische Regierung und das UN-Oberkommando, die von einer solchen Wendung katastrophale Resultate, eventuell sogar einen bewaffneten Konflikt zwischen den Verbündeten befürchteten, entwarf insgeheim einen Plan für den Notfall, dem zufolge Rhee festgenommen und von der Führung Südkoreas entfernt werden sollte.[54] Zum Entsetzen der Amerikaner – und wohl auch um die Waffenstillstandsverhandlungen zu stören – ließ Syngman Rhee am 18. Juni 1953 entgegen einem Abkommen der kriegführenden Parteien vom 8. Juni 25.000 nordkoreanische Kriegsgefangene, die sich nicht nach Nordkorea repatriieren lassen wollten, unilateral freisetzen.[55] Eisenhower und die mit Rhee in Kontakt befindlichen amerikanischen Diplomaten hatten gegen die Bedenken und Vorwürfe des südkoreanischen Präsidenten geltend gemacht, ohne das Eingreifen der UN und der USA sei Südkorea kommunistisch geworden. Auch die USA und die UN erstrebten eine friedliche und freiheitliche Wiedervereinigung Koreas. Doch nirgends sei jemals zugesagt worden, dieses – über die Befreiung Südkoreas hinausgehende – Endziel mit Mittel des Krieges zu erreichen. Das primäre Ziel wäre jetzt die Erreichung eines »ehrenhaften Waffenstillstandes«, dem dann politische Verhandlungen mit dem Ziel freier, gesamtkoreanischer Wahlen folgen könnten.[56] Nach mühsamster Überredung durch den US-Sonderbotschafter Walter Robertson, einen der erfahrensten Krisenmanager der US-Diplomatie, gelang es Washington in letzter Minute, Syngman Rhee trotz aller Vorbehalte zur Tolerierung des Waffenstillstandes zu veranlassen.

Am 27. Juli 1953 konnte schließlich in Panmunjom nach 575 einzelnen Verhandlungsrunden, die zwei Jahre und siebzehn Tage beansprucht hatten, das Koreanische Waffenstillstandsabkommen unterzeichnet werden, das bis zur Gegenwart die völkerrechtliche Basis des Status quo im geteilten Korea bildet. Unterzeichner zugleich auch für die UN waren die USA auf der einen Seite sowie China und Nordkorea für die

Gegenseite. Als Zeichen des Protestes gegen die fortgesetzte Landesteilung hatte Südkorea die Unterzeichnung verweigert, jedoch erklärt, daß es die Bedingungen des Abkommens respektieren werde. Gegen Ende des Krieges hatten die kommunistischen Mächte ihre in Korea stehenden Mannschaftsstärken auf 860.000 Mann erhöht, während unter dem UN-Kommando insgesamt 547.000 Mann, davon 259.000 Amerikaner, 250.000 Südkoreaner und 37.700 Mann aus anderen UN-Mitgliedern standen. Die Demarkationslinie des Waffenstillstandes verlief in etwa entlang des 38. Breitengrads, mit etwas größeren Gewinnen für Südkorea nordöstlich davon und kleineren Gewinnen für Nordkorea südöstlich dieser Linie. Für die Kriegsgefangenen konnte eine freiwillige Entscheidung hinsichtlich der Länder, in die sie repatriiert werden wollten, durchgesetzt werden. Ansonsten sah das Abkommen die Einsetzung einer neutralen Überwachungskommission vor, deren Mitglieder von Schweden, der Schweiz, Polen und der Tschechoslowakei gestellt wurden. Ihre Aufgabe war es, vor allem die Einhaltung des Status quo der militärischen Streitkräfte auf beiden Seiten der Demarkationslinie zu überwachen. Dem Abkommen zufolge sollte 90 Tage nach seinem Inkrafttreten eine sogenannte politische Konferenz über die friedliche Vereinigung Koreas und den Abzug aller fremden Streitkräfte aus diesem Land stattfinden.[57]

Der dreijährige Krieg, der mit zwei jeweils fast gelungenen und dann doch gescheiterten Versuchen zur bewaffneten Wiedervereinigung des geteilten Korea begann und von einer begrenzten Eindämmungsaktion zum ersten Krieg zwischen den USA und China eskalierte, hatte machtmäßig zu einem Patt zwischen den opponierenden Kräften geführt, von denen keine einen Sieg hatte erringen können. Zumindest aber war im Sinne der Resolution der UN-Sicherheitsrates vom 27. Juni 1950 eine Eindämmung der Aggression gegen Südkorea im Namen der Weltorganisation und durch den Einsatz der Vereinigten Staaten ermöglicht worden.

Fehlerperzeption und weltpolitische Folgen des Koreakrieges

Im Rückblick und unter Berücksichtigung vorliegender Quellen wird ersichtlich, wie sehr das Verhalten der einzelnen Akteure der koreanischen Konfliktkonstellation – insbesondere in der Anfangsphase – von Fehlperzeptionen, das heißt von partiell irrigen Lagebeurteilungen mitbestimmt gewesen ist. So irrten die nordkoreanischen Initiatoren des Krieges, als sie bei ihrer Angriffsplanung voraussetzten, die USA würden in Korea nicht eingreifen, da sie auch in den Bürgerkrieg im benachbarten, größeren China nicht interveniert hätten. Falsch war auch die Annahme der außenpolitischen Führungskräfte der USA, die Urheberschaft des Krieges sei nicht in Nordkorea, sondern in Moskau und Peking zu suchen; der in Korea geführte »Stellvertreterkrieg« sei Teil einer großen angelegten Globalstrategie der Achse Moskau–Peking zur Expansion des Weltkommunismus und zur Reduzierung des westlichen Einflusses in Asien. Eine weitere Fehleinschätzung der amerikanischen Führung bezog sich auf die Meinung, China könne und werde sich nur ein Jahr nach Maos Machtergreifung das Risiko eines Eingreifens in den Koreakrieg nicht leisten können. Seine diesbezüglichen Drohungen seien als taktischer Bluff einzuschätzen. Aber auch Mao Tse-tung und seine Entscheidungshelfer überschätzten die Zielsetzungen ihrer Gegner, als sie annahmen, der Einmarsch der UN-Truppen in Nordkorea bedeute nur den ersten Schritt eines amerikanischen Planes, der darüber hinausgehend darauf abziele, in die Mandschurei einzudringen und China selbst anzugreifen. Falsch war fernerhin Maos Meinung, die Amerikaner in Korea dank der quantitativen Überlegenheit chinesischer Heeresmassen besiegen zu können. Je weiter die chinesischen Heere trotz schwerster Verluste auf der langgestreckten koreanischen Halbinsel nach Süden vordrangen, desto angreifbarer wurden ihre Nachschublinien, desto schwächer wurde ihre Kampfkraft. Der Erfolg der begrenzten amerikanischen Gegenoffensive beruhte letztendlich auf der qualitativen Überlegenheit in den Bereichen der Artillerie und der Luftwaffe. Südkoreas Präsident Syngman Rhee überschätzte seinerseits das Machtpotential, das die Vereinigten Staaten in Korea einzusetzen gewillt waren. Auch irrte er mit seiner Ansicht, die UN und die USA würden den Koreakrieg nicht beenden, ohne zuvor im Sinne des Beschlusses der UN-Generalversammlung eine Wiedervereinigung und Demokratisierung Koreas herbeigeführt zu haben. Hieraus erklärte sich die Härte und Dramatik der fast zur Katastrophe führenden Konflikte zwischen den Hauptbundesgenossen im Lager der UN unmittelbar vor Ende des Krieges.

Im weltgeschichtlichen Rückblick auf die Ära des kalten Krieges und die Entwicklungen in der zweiten Jahrhunderthälfte läßt sich die These wagen, daß kein anderes einzelnes Ereignis vor Gorbatschows Reform in der Sowjetunion einen so stark verändernden Einfluß auf die Konstellationen der Weltpolitik ausgeübt hat wie der Krieg in Korea:

1. In Ostasien erhielt Japan bereits sechs Jahre nach Kriegsende einen versöhnlichen Friedensvertrag und einen bis zur Gegenwart erhalten und wirksam gebliebenen Bündnisvertrag mit den Vereinigten Staaten, der seither die primäre Basis der westlichen Sicherheitspolitik im Pazifik bildet. Bedürfnisse der Kriegführung in Korea bewirkten weiterhin einen unerwartet schnellen wirtschaftlichen Aufschwung Japans, dessen Industrie partiell als Arsenal für die Infrastruktur der UN-Streitkräfte in benachbarten Korea diente.

2. Der Volksrepublik China gelang es zwar, die USA und die anderen UN-Streitkräfte aus Nordkorea zu vertreiben und damit ihr machtpolitisches Gewicht weltweit zu demonstrieren. Doch zu den Preisen, die sie dafür zu entrichten hatte, gehörten die Eingliederung des zuvor von Washington fallengelassenen Taiwan in den Schutzbereich der USA und eine zwanzigjährige Phase, in der nicht sie, sondern das rivalisierende nationalchinesische Regime auf Taiwan ganz China de jure in der UN vertreten konnte.

3. Erst ab dem Koreakrieg wird der Raum des Westpazifik zu einem weiteren Schauplatz des bipolaren West-Ost-Konfliktes. Als Folge des Krieges entwickeln die USA hier eine Kette unilateraler, zur Eindämmung Chinas bestimmter Bündnisse im Zuge ihrer sogenannten Politik der peripheren Eindämmung Chinas und anderer kommunistischer Mächte dieses Raumes. Entgegen diesbezüglicher Skepsis bei Stalin, der kurz vor Ende des Krieges starb, und entgegen auch bestimmter Hoffnungen in den USA auf eine unabhängige quasititoistische Außenpolitik des Kommunistischen China trug der Koreakrieg dazu bei, das Bündnisverhältnis zwischen Moskau und Peking bis gegen Ende der fünfziger Jahre außenpolitisch zu festigen.

4. Aus der Vorstellung, das geteilte Deutschland könne ebenso wie das geteilte Korea zum Ursprung eines bedrohlichen Krieges werden, sowie angesichts des Beginns der sowjetischen Nuklearrüstung und der Verstärkung des Ostblocks durch die militant

agierende Volksrepublik China vertiefte sich bei den Westmächten der Wille, den größeren Teil Deutschlands in der Gestalt der Bundesrepublik zum Bundesgenossen zu gewinnen und zu einem auch militärischen Beitrag zur Verteidigung des Westens zu drängen. Zugleich führte die Sorge vor einer neuen deutschen Militärmacht zum Plan ihrer Einhegung durch ihre Integration in eine westeuropäische Verteidigungsgemeinschaft. Da die Adenauer-Regierung auf deutscher Gleichberechtigung als Voraussetzung eines deutschen Verteidigungsbeitrages bestand, wurde die Souveränität der Bundesregierung durch den Deutschland-Vertrag in den Fassungen von 1952 und 1954 entscheidend verbessert. Im Deutschland-Vertrag zwischen Bonn und den Westmächten vom 26. Mai 1952 verpflichten sich letztere laut Artikel 4 (1) zur Verteidigung der Bundesrepublik und Westberlins. Doch Absatz 4 des gleichen Artikels lautet: »Die Bundesrepublik wird sich an der Europäischen Verteidigungsgemeinschaft beteiligen, um zur gemeinsamen Verteidigung der Freien Welt beizutragen.« Die Mächte, die nur wenige Jahre zuvor sich die permanente Entwaffnung Deutschlands zum Ziel gesetzt hatten, drängten die Bundesrepublik nun zur Wiederbewaffnung im Interesse einer Verteidigung Westeuropas. Bedeutsam ist fernerhin Artikel 7 (2) des genannten Vertrages, in dem Adenauer die Verpflichtung der Westmächte festschreiben ließ, »*mit* der Bundesrepublik die friedliche Wiedervereinigung Deutschlands als gemeinsames Ziel« anzustreben. In den USA und selbst in Frankreich hatte sich die Erkenntnis durchgesetzt, daß eine Einigung und Verteidigung Westeuropas nicht gegen, sondern nur mit Deutschland realisierbar war. So hatte die durch den Koreakrieg bedingte Eskalation des kalten Krieges sowohl in Ostasien als auch in Europa eine dramatische Wende bewirkt. Als deren Folge waren vormalige Gegner der Westmächte zu deren Verbündeten im globalen Kampf gegen ihre vormaligen Alliierten im Osten geworden, die ihrerseits den Westmächten als Feinde entgegengetreten waren.

5. Der Koreakrieg mitsamt dem vorangegangenen »Verlust Chinas« für die USA hat in den Vereinigten Staaten zu einer jahrelang anhaltenden Grundsatzdebatte über Fragen der weltweit relevanten amerikanischen Außenpolitik geführt. Die Resultate dieser Debatte waren zwiespältig. Denn einerseits trugen sie zu einer realistischeren Sicht internationaler Interessenlagen- und Machtstrukturen bei. Andererseits wurde die Weltpolitik erneut in weiten Kreisen der öffentlichen Meinung undifferenziert als eine Auseinandersetzung zwischen dem westlichen Lager des Lichts und dem östlichen Lager der Finsternis verstanden, eine Entwicklung, die erst mit Nixons pragmatischer Pingpong-Diplomatie ab Anfang der siebziger Jahre eine partielle Modifizierung erfuhr.

13. Kapitel

Revolution und Machtpolitik in Indochina 1945–1954

Kolonialimperialismus und nationaler Kommunismus in Vietnam

Wie bereits dargestellt, hatte Japans Besetzung des südlichen Vietnam im Sommer 1941 den faktischen Hintergrund einer dramatischen Eskalation amerikanisch-japanischer Spannungen gebildet. Begleitet von einem persönlichen Schreiben des japanischen Ministerpräsidenten Konoye an Marschall Pétain hatte Tokio am 14. Juli 1941 von der französischen Vichy-Regierung Nutzung und Kontrolle von Stützpunkten in Südvietnam verlangt, angeblich um dieses Gebiet gegen Gaullisten, Chinesen und Engländer besser verteidigen zu können. Im Gegenzug versprachen die Japaner, Frankreichs Kolonialherrschaft in Indochina nicht zu beseitigen, sondern »die Souveränrechte Frankreichs in allen Teilen der indochinesischen Union« ebenso wie Frankreichs dortige Interessen zu respektieren. Ein diesbezügliches beiderseitiges Protokoll wurde am 29. Juli 1941 in Vichy unterzeichnet.[1]

Auf der Gipfelkonferenz der drei Alliierten Mächte in Kairo 1943 hatte Chinas Präsident Chiang Kai-shek vorgeschlagen, daß China und die USA nach dem Krieg den Völkern Indochinas bei der Erlangung der Unabhängigkeit behilflich sein sollten. Dem hatte Roosevelt zugestimmt. Bei der anschließenden Alliierten Gipfelkonferenz in Teheran hatte Stalin geäußert, Frankreichs Herrschaft solle nach dem Krieg nicht erneut nach Indochina zurückkehren können. Die Franzosen müßten für ihre »kriminelle Zusammenarbeit mit Deutschland« bestraft werden. Roosevelt entgegnete, er befinde sich in vollständiger Übereinstimmung mit Stalin, denn der Zustand der Bevölkerung Indochinas nach hundert Jahren französischer Verwaltung sei schlimmer als zuvor. Er wiederholte dann seine schon im Hinblick auf Korea formulierte wenig glückliche Ansicht, auch die Völker Indochinas bedürften, um zur Selbstregierung befähigt zu werden, eines Systems alliierter Treuhandschaftsregierung, das sie in einem Zeitraum von etwa 20 bis 30 Jahren auf die Aufgabe praktischer Selbstbestimmung vorbereiten solle. Stalin hatte das akzeptiert.[2]

Churchill, der an der Erhaltung der europäischen Kolonialimperien zutiefst interessiert war, verhinderte eine weitere Verfolgung dieses Treuhandschaftsplanes. Doch Washingtons ursprüngliche Aversion gegen den französischen Kolonialismus schlug sich unter anderem in einem Beschluß der Alliierten Gipfelkonferenz von Potsdam 1945 nieder, dem zufolge die Entwaffnung der japanischen Streitkräfte in Indochina nicht von den Franzosen, sondern nördlich des 16. Breitengrades von nationalchinesischen und südlich dieser Trennlinie von britischen Streitkräften durchgeführt werden sollte.[3] Bereits zu Lebzeiten Roosevelts waren Geheimbefehle an das Oberkommando der amerikanischen Streitkräfte für die Region China–Burma–Indien mit dem Befehl ergangen, französische Versuche zur Rückkehr nach Indochina keineswegs zu unterstützen, sondern wenn möglich zu behindern, eine Weisung, die tatsächlich bei einer Reihe von Anlässen befolgt wurde.[4] Unmittelbar vor dem Einrücken der chinesischen Streitkräfte in Vietnam hatte Chiang Kai-shek in einer Botschaft vom 24. August 1945 versichert, China verfolge in Vietnam keinerlei territoriale Ambitionen und hoffe, das vietnamesische Volk werde im Einklang mit den Prinzipien der *Atlantic Charter* seine Unabhängigkeit erlangen. Als chinesische Streitkräfte wenige Tage später in einer Stärke von 152.000 Mann unter dem Befehl des Generals Lu Han in Nordvietnam einrückten, fanden sie dort eine von Kommunisten geführte vietnamesische Regierung vor, die eine Woche zuvor die Unabhängigkeit Vietnams proklamiert hatte.

Die damals bereits beherrschende Persönlichkeit der kommunistischen Bewegung in Vietnam war der am 19. Mai 1890 in einem Dorf in Zentralvietnam geborene Ho Tschi Minh, dessen wirklicher Name bei Geburt Nguyen Tat Thanh war und der zeitweilig auch unter dem Pseudonym Nguyen Ai Quoc (»Nguyen, der Patriot«) bekannt geworden war. Als Tellerwäscher und Schiffsjunge einer französischen Schiffahrtslinie lernte er früh die Zustände in den Ländern der damaligen französischen und britischen Kolonialreiche kennen und hielt sich nach Ende des Ersten Weltkrieges für einige Jahre in Paris auf. Fasziniert, wie auch viele andere asiatische Intellektuelle, von Woodrow Wilsons Vision der Selbstbestimmung der Völker, entdeckte er schnell, daß die Kolonialvölker hiermit nicht gemeint waren. Als der amerikanische Präsident Wilson persönlich einen relativ gemäßigten Forderungskatalog mit Maßnahmen zur Emanzipation der Vietnamesen vorlegen wollte, wurde er von Sicherheitskräften grob abgewiesen. Ihn empörte die erlebte Widersprüchlichkeit der politischen Kultur Frankreichs, in deren Praxis hohe Werte und nützliche Institutionen primär den weißen Bürgern zugute kamen, während die farbigen Untertanen des Kolonialreiches unter rassistischer Willkür, Ausbeutung und Diktatur zu leiden hatten. In Ho Tschi Minhs erster aufgezeichneter Rede vom 26. Dezember 1920 heißt es unter anderem: »Jeder Eingeborene, von dem es heißt, er vertrete sozialistische Ideen, wird eingekerkert und manchmal ohne Gerichtsverfahren hingerichtet. Das ist die sogenannte indochinesische Justiz, denn dort draußen werden die Menschen nach zwei unterschiedlichen Maßstäben beurteilt. Die Annamesen genießen nicht dieselben Rechte wie die Europäer ... Für uns gibt es keine Pressefreiheit oder Meinungsfreiheit oder das Recht zur Versammlung und Organisation. Wir dürfen weder auswandern noch ins Ausland reisen. Wir leben in tiefster Ignoranz, denn wir genießen keine Freiheit der Erziehung.«[5]

Ebenso erbitterte Ho der kleinbürgerliche Sozialimperialismus französischer Sozialdemokraten, die oft am Gewinn aus den Kolonien stärker interessiert erschienen als an der Befreiung der dort lebenden Bevölkerung. Fast die Hälfte der französischen Streitkräfte bestehe aus Farbigen, die das »Privileg« hätten, die Freiheit der Weißen zugleich mit den Systemen ihrer eigenen kolonialen Unterdrückung zu verteidigen. Als die Kommunistische Partei Frankreichs, der er beigetreten war, die Frage diskutierte, ob die Partei in der Zweiten Internationale bleiben oder sich der Dritten Internationale der Bolschewisten anschließen sollte, stellte Ho immer wieder eine Frage: »Welche Internationale würde bereit sein, für die Sache der unterjochten Völker einzutreten?«

»Beharrlich« – so schreibt er in einer seiner Erinnerungen – »brachte ich ein einziges Argument vor: Wenn sie den Kolonialismus nicht verurteilen und sich nicht an die Seite der unterjochten Völker stellen, was soll ihre Revolution dann überhaupt?« Nachdem er Lenins »Thesen zur Nationalen und Kolonialen Frage« gelesen hatte, setzte er sich für den Anschluß an die Dritte Internationale ein. Er schreibt dazu: »Zunächst war es nicht der Kommunismus, der mich zu Lenin und zur Dritten Internationale führte, sondern mein Patriotismus.«[6] So entwickelte sich bei Ho die Meinung, der Bolschewismus offeriere den Kolonialvölkern nicht nur das Ziel ihrer Befreiung, sondern zugleich auch ein Instrumentarium von Strategie und Organisation zur Erkämpfung dieser Ziele. Während eines dreijährigen Aufenthalts in Moskau ließ er sich als Berufsrevolutionär schulen und fungierte zugleich als Experte für ostasiatische Fragen.

Von der Kommunistischen Internationale entsandt, reiste Ho Tschi Minh Ende 1924 in Begleitung Borodins nach Kanton (Guangzhou) in Südchina, dem damaligen Hauptquartier des chinesischen Republikgründers und Revolutionsführers Sun Yat-sen. Hier erlebte Ho die Kraft einer sich entfaltenden nationalen Befreiungsbewegung, deren charismatischer Führer kraft seiner Persönlichkeit in der Lage war, divergierende Kräfte der Rechten und der Linken zusammenzuhalten und zur Kooperation zu bringen. Ho Tschi Minh selbst gründete dort militante Organisationen vietnamesischer Gesinnungsgenossen. Doch als es zwei Jahre nach Sun Yat-sens Tod 1927 zum Ausbruch des Bürgerkrieges zwischen Chinas großen Parteien kam, mußte er flüchten, ging erneut nach Moskau, bereiste danach auch Deutschland und Italien und kehrte schließlich mit einem Auftrag der Komintern nach Südostasien zurück. Als buddhistischer Mönch verkleidet, beschäftigte er sich dort mit der Bildung und Indoktrinierung kleiner kommunistischer Gruppen. Hos Wirken beeinflußte entscheidend die Gründung der Indochinesischen Kommunistischen Partei im vietnamesischen Revolutionsjahr 1930.

In diesem Jahr hatte eine der chinesischen Kuomintang nachempfundene nationalistische Partei in Vietnam, die *Vietnam Quoc Dan Dong*, einen Aufstand einschließlich einer größeren Meuterei eingeborener Soldaten organisiert, den die Franzosen auch unter Einsatz ihrer Luftwaffe niederschlugen und deren Führer sie auf die Guillotine schickten. Auch einen von Hunger ausgelösten und von Kommunisten geführten Bauernaufstand in Ho Tschi Minhs Heimatprovinz vermochte die Kolonialmacht niederzuschlagen. Ho Tschi Minh konnte nach Hong Kong flüchten, wurde dort verhaftet, entging dank eines britischen Rechtsanwalts der Auslieferung an Frankreich und konnte weiter nach China fliehen. Nach einem dazwischenliegenden Schulungsaufenthalt in Moskau organisierte Ho in Südchina vietnamesische Spezialeinheiten, zu deren Dozenten unter anderem auch der spätere chinesische Außenminister Zhou En-lai (Chou En-lai) gehörte. 1941 konnte er zum ersten Mal nach 30 Jahren wieder heimlich nach Vietnam einreisen. Unterstützt von später prominent werdenden Führern der vietnamesischen Kommunismus wie Truong Chinh, Pham Van Dong und Vo Nguyen Giap entwarf er eine Strategie seiner Partei, die vor allem auf die Bildung einer vereinigten Front patriotischer und antiimperialistischer Elemente abzielte. Aus diesem Ansatz entstand 1949 die Liga für die vietnamesische Unabhängigkeit *(Vietnam Doc Lap Dong Minh)* abgekürzt Vietminh. Zu dieser Zeit gab Ho sich den Namen, unter dem er weltweit bekannt werden sollte, nämlich Ho Tschi Minh, wobei Tschi Minh bedeutet, »der, der (andere) erleuchtet«.[7]

Nach einem kurzfristigen Gefängnisaufenthalt in China gelang es Ho mit großer Geschicklichkeit, nationalchinesische Autoritäten wie auch den amerikanischen Geheimdienst in Südchina von den Nützlichkeit der Organisierung einer »Provisorischen Republikanischen Regierung Vietnams« in Südchina nahe den Grenzen Vietnams zu überzeugen.

Während des Pazifikkrieges und im Rahmen des erwähnten Abkommens zwischen Tokio und Vichy hatte die Verwaltung Vietnams in den Händen des für Vichy agierenden Admirals Jean Decoux gelegen. Von dessen Regime schrieb Bernard Fall, »... es war weitgehend eine Kopie seiner Herren in Vichy: Es war antisemitisch, gegen die Freimaurer, antigaullistisch und für die Achsenmächte«.[8] Als aber das Ende der europäischen Achsenmächte in Sichtweite rückte und die Vichy-Regierung – Japans Vertragspartner – nicht mehr existierte, entfernten die Japaner schlagartig die französische Kolonialregierung. Anfang März 1945 nahmen sie deren Exekutivorgane gefangen und übertrugen die Macht im Lande dem in der alten Kaiserstadt Hué residierenden Kaiser Bao Dai, der unter der Herrschaft der Franzosen wie Japaner nur ein Schattendasein geführt hatte. Am folgenden Tag, dem 11. März 1945, erklärte der Kaiser die Aufhebung des von Frankreich erzwungenen Protektoratsvertrages von 1885. Die Japaner blieben zunächst noch der wirkliche Machtfaktor im Lande. In Erwartung ihrer Niederlage verlegte Ho Tschi Minh ab Oktober 1944 sein Hauptquartier aus Südchina nach Vietnam, um dort eine Machtübernahme durch die Vietminh unmittelbar nach der Niederlage Japans und noch vor dem Eintreffen alliierter Streitkräfte in Vietnam durchführen zu können.[9] In der Tat, einen Tag nach Japans Kapitulation, ließ Ho Tschi Minh durch einen sogenannten Volkskongreß von Delegierten verschiedenster Bevölkerungsgruppen ein »Nationales Befreiungskomitee Vietnams« gründen, das anstelle der Japaner die Macht ergreifen und die erwarteten Alliierten dann in seiner neuen Eigenschaft als Nationalregierung Vietnams begrüßen sollte. Die japanischen Besatzungsstreitkräfte, die leicht in der Lage dazu gewesen wären, die nun beginnende Machtübernahme durch die Vietminh zu verhindern, verhielten sich jedoch neutral und passiv und vermieden größere Interventionen in die Prozesse des innervietnamesischen Machtwandels. Somit war Ho Tschi Minh in der Lage, sein Befreiungskomitee am 29. August 1945 in Hanoi zur neuen Regierung des Landes zu erklären und auf einer Massenkundgebung dort am 2. September die Unabhängigkeit Vietnams zu proklamieren. Zuvor hatte er die Regierung Kaiser Bao Dais zum Rücktritt aufgefordert, und der Kaiser erließ am 24. August eine Abdankungserklärung, in der es hieß, er wolle für das Vaterland jedes Opfer bringen und insbesondere einen Konflikt zwischen Nord- und Südvietnam verhindern. Er forderte die neue Regierung zur Rücksichtnahme auch auf die nicht-kommunistischen Patrioten im Lande auf und erklärte, er sei froh, »ein freier Bürger eines unabhängigen Landes« zu sein.[10]

Die von Ho Tschi Minh unterzeichnete Unabhängigkeitserklärung der Republik Vietnam beginnt bemerkenswerterweise mit zwei Zitaten aus der Unabhängigkeitserklärung der USA wie auch aus der Erklärung der Menschenrechte der Französischen Revolution. Mit dem Hinweis, daß diese zentralen Werte demokratischer, nicht aber kommunistischer Staats- und Gesellschaftssysteme »unbestreitbare Wahrheiten« verkörperten, fährt die Unabhängigkeitserklärung dann fort mit einer Aufzählung der diesen Werten widersprechenden Praxis der französischen Kolonialpolitik in Indochina. Frankreich wird darin fernerhin die klägliche Kapitulation vor den Japanern und die Tatsache vorgeworfen, daß die Franzosen unfähig dazu gewesen seien, die Vietnamesen vor Japan in Schutz zu nehmen. Im Glauben an die von die alliierten Mächten verkündeten Prinzipien der Selbstbestimmung seien die Vietnamesen überzeugt, daß ihnen dieses Recht nicht verwehrt werden würde. Vietnam habe nicht nur das Recht, frei und unabhängig zu werden, sondern sei bereits ein unabhängiges Land geworden.[11]

In einem Aufruf des neuen Innenministers Vo Nguyen Giap vom gleichen Datum wird das Interesse Vietnams an engen freundlichen Beziehungen zu den USA betont und das bekannte Worte Chiang Kai-sheks, zitiert: »Das Ende des Weltkrieges muß das Ende des Imperialismus mit sich bringen, denn der Imperialismus ist die Ursache des Krieges.«[12] Die chinesischen Besatzungsstreitkräfte, die Ende August in Nordvietnam einmarschierten und Hanoi eine Woche nach dessen Unabhängigkeitserklärung erreichten, hatten die Weisung Chiang Kai-sheks in Fragen der französisch-vietnamesischen Beziehungen eine Position »strenger Neutralität« einzunehmen.[13] Trotz ihrer offiziell neutralen Politik gegenüber Nordvietnam unterstützte die chinesische Besatzung die Vietminh insofern, als sie keine französischen Gesten duldeten, die eine Wiederherstellung französischer Kontrolle über das Land implizierten. So wurde eine von de Gaulle ernannte französische Sondermission unter Jean Sainteny, die die Regierung des befreiten Frankreich bei der Zeremonie der japanischen Kapitulation in Nordvietnam vertreten sollte, von den Chinesen buchstäblich aus dem französischen Gouverneursgebäude in Hanoi hinausgeworfen, und das Zeigen der französischen Flagge wurde verboten. Ho Tschi Minh, der über eine fast schauspielerische Wandlungsfähigkeit verfügte, legte den Chinesen dar, er sei kein wirklicher Kommunist, sondern glaube an die Weltanschauung Sun Yat-sens. Formal wurde Anfang November 1945 die Kommunistische Partei Indochinas zur Beruhigung der Chinesen und anderer Alliierter aufgelöst. Doch ihre Kaderorganisationen bestanden weiter. Zwar gingen die Vietminh aus Wahlen vom 6. Januar 1946 mit 97 Prozent der Stimmen als Sieger hervor, doch gaben sie freiwillig auf Grund einer vorherigen Absprache 50 der 300 Sitze in der Nationalversammlung der Vietnam Quoc Dan Dong, die wie erwähnt eine ähnliche Ideologie wie die Kuomintang vertrat, und 20 weitere Sitze einer anderen, ebenfalls nicht-kommunistischen Partei. Im Kabinett der Provisorischen Vietnamesischen Koalitionsregierung, die nach den Wahlen gebildet wurde, wurden von 12 Ressorts nur 3 an Kommunisten vergeben, abgesehen davon, daß Ho Tschi Minh die Position des Staatspräsidenten erhielt.[14] Einerseits um die Chinesen weiter zu beschwichtigen und andererseits um seine Streitkräfte zu bewaffnen, ließ Ho Tschi Minh eine »freiwillige Goldsammlung« unter der Bevölkerung veranstalten, mit deren Erlös er von den Chinesen Waffen kaufte.

Doch der Schutz, den die chinesische Besetzung Nordvietnams den Vietminh gegen die Franzosen gewährte, kam zu einem Ende, als die Chinesen im Sommer 1946 ihre Streitkräfte aus Indochina zurückzogen. Einerseits hatten sie ihre Aufgabe der Entwaffnung der dortigen japanischen Streitkräfte vollzogen. Andererseits stand die chinesische Regierung zu dieser Zeit in einem auf Leben und Tod gehenden Bürgerkrieg mit den chinesischen Kommunisten. Letztlich wurde die chinesische Bereitschaft zu einem Rückzug auch durch eine Reihe französisch-chinesischer Abkommen gefördert, die den Chinesen in Indochina und dem chinesisch-vietnamesischen Grenzgebiet wirtschaftliche und rechtliche Vorteile einräumten. Bereits vor diesem Abkommen vom Februar

1946 hatten die Franzosen in einem Vertrag vom 18. August 1945 auf die China 1899 aufgezwungene Verpachtung des Gebiets von Kwang Chou Wan in Südchina verzichtet.[15] Aber trotz des Rückzugs der Chinesen und der anschließenden Wiederbesetzung von Teilen Vietnams durch französische Truppen schien es zunächst auf Gund eines vietnamesisch-französischen Abkommens vom 6. März 1946, als sollte der Friede trotz dieser spannungsreichen Neuentwicklung erhalten bleiben. In diesem Abkommen wird die Republik Vietnam als freier Staat mit eigener Regierung, Legislative, Armee und Finanzwesen anerkannt, der zugleich Mitgliedstaat der Indochinesischen Föderation und der Französischen Union sei. Die Frage der Zusammengehörigkeit der Gebiete Tonking, Annam und Cochin-China werde durch eine Volksabstimmung entschieden werden. Vietnam erklärte sich bereit, die »aufgrund internationaler Abkommen« einrückenden französischen Streitkräfte freundschaftlich in Empfang zu nehmen. Weitere Verhandlungen sollten sich mit Vietnams diplomatischen Außenbeziehungen, dem zukünftigen Status Indochinas und französischen Wirtschafts- und Kulturinteressen in Vietnam befassen. Ein Anhang zu diesem Abkommen legt fest, daß Frankreichs Bodentruppen Zug um Zug innerhalb von vier bis fünf Jahren aus Vietnam zurückgezogen werden sollten. Über die künftige Stationierung hinsichtlich der See- und Luftstreitkräfte sollten Verhandlungen geführt werden.[16]

Die Entstehung des Ersten Indochinakrieges 1946–1954

Im Sinne der Beschlüsse von Potsdam wurde der Süden Vietnams ab dem 12. September 1945 von britischen Truppen besetzt. Der Oberkommandierende General D. Gracey, ein Anhänger der rassistischen Konzeption weißer Kolonialherrschaft über farbige Völker, hatte entgegen dem Sinn der Potsdamer Beschlüsse zugleich auch französische Militäreinheiten wieder nach Vietnam gebracht. Für ihn galt die Wiederaufrichtung französischer Kolonialherrschaft als Selbstverständlichkeit. Seine erste Begegnung mit Vertretern der neuen vietnamesischen Regierung beschrieb General Gracey mit den Worten: »Sie kamen, um mit mir zu sprechen, und sagten ›Willkommen‹ und dergleichen Zeug. Es war eine unangenehme Situation, und ich habe sie sofort hinausgeworfen.« (Wörtlich: »... and I promptly kicked them out«.)[17] General Gracey verlangte nicht nur die Entwaffnung aller Vietnamesen, sondern befahl jenen in Südvietnam befindlichen japanischen Streitkräften, zu deren Entwaffnung er in das Land entsandt worden war, die Ordnung im Raum von Saigon aufrechtzuerhalten und wenn nötig, Vietnamesen niederzuschießen. Auch dieses Verhalten widersprach eklatant den Beschlüssen von Potsdam.

Einen Tag nachdem Gracey das Erscheinen aller vietnamesischen Tageszeitungen verboten hatte, verhängte er am 21. September 1945 Kriegsrecht über Vietnam. Verstöße gegen die öffentliche Ordnung wurden zu militärischen Vergehen erklärt, Plünderungen und Sabotage wurden mit der Todesstrafe bedroht. Sämtliche Maßnahmen waren exklusiv gegen Vietnamesen gerichtet. Von den Engländern befreite und bewaffnete französische Kriegsgefangene und die von den Engländern mitgebrachten französischen Truppen übernahmen mit Gewaltakten am 22. und 23. September 1945 die Polizeistationen und das Rathaus von Saigon, wobei dort befindliche Vietnamesen vielfach niedergeschossen wurden. In einer Demonstration ihrer erneuten Macht terrorisierten diese

Franzosen vietnamesische Bürger, wobei Hunderte von Vietnamesen geschlagen und danach in Gefängnis gesperrt wurden.[18] Der Gegenschlag der Vietnamesen erfolgte am 24. und 25. September 1945. Ein Generalstreik lähmte alle Verkehrsbetriebe, der Strom fiel aus, und haßerfüllte Massen terrorisierten von Franzosen und Eurasiern bewohnte Stadtgebiete. Die Bilanz waren 150 Tote und annähernd ebenso viele Geiseln, die genommen wurden. General Gracey und das britische Kommando, die die vorangegangenen französischen Ausschreitungen gegen die Vietnamesen tatenlos beobachtet hatten, riefen jetzt die Japaner zu Hilfe. Deren Oberkommandierender wurde mit einer Anklage als »Kriegsverbrecher« bedroht, falls er eine Kooperation bei der Wiederherstellung von Ruhe und Ordnung in Saigon verweigere. Unter diesen Umständen gingen japanische Truppen gegen vietnamesische Demonstranten vor. Diese absurde Situation kommentiert Joseph Buttinger mit den Worten: »Durch alliierte Befehle gezwungen, wurden die Japaner jetzt aktiv eingesetzt, um Frankreich bei der Rückeroberung Vietnams zu helfen.«[19] In London erklärte kurz danach der britische Außenminister Ernest Bevin am 9. Oktober 1945, Ziel der britischen Politik in Vietnam sei es, eine hinreichende Zahl französischer Truppen dorthin zu bringen, damit sie die britische Besatzungsarmee ablösen könnten.[20]

Das von Ho Tschi Minh und Jean Sainteny am 6. März 1946 unterzeichnete Abkommen schien mit seinem Plan einer schrittweisen Loslösung Vietnams von französischer Herrschaft innerhalb von fünf Jahren eine Chance zur gewaltfreien Regelung der Beziehungen zwischen Frankreich und Vietnam zu offerieren. Doch auf beiden Seiten des Konfliktes gab es machtvolle Gegner dieses Lösungsversuches. Am bedeutendsten unter ihnen war auf seiten Frankreichs der von de Gaulle eingesetzte Hochkommissar für Indochina Admiral Thierry d'Argenlieu. Auf der anderen Seite behaupteten vietnamesische Nationalisten, Ho Tschi Minh sei den französischen Imperialisten viel zu weit entgegengekommen.

Ohne Weisung oder Billigung aus Paris proklamierte Hochkommissar d'Argenlieu den südlichen Teil Vietnams, genannt Cochin China, als einen eigenen Staat, der am

Ho Tschi Minh (1890–1969), der Führer der nationalkommunistischen Bewegung der Viet Minh in Vietnam und späterer Präsident der Volksrepublik in Nordvietnam, im Kampf gegen die französische Kolonialmacht.

2. Juni einen Vertrag mit Frankreich schloß. Die Vietminh, und nicht nur sie im vietnamesischen Lager, betrachteten dies als französischen Versuch zur Teilung Vietnams. Spannungen eskalierten auch deshalb, weil die neue Verfassung der Vierten Französischen Republik die Unabhängigkeit der farbigen Mitgliedstaaten der Französischen Union nicht erwähnte und umgekehrt die neue Verfassung der Demokratischen Republik Vietnam keinen Hinweis auf deren Mitgliedschaft in dieser Union enthielt. Hingegen wurde Cochin China als integraler Bestandteil der neuen Republik genannt.[21]

Dem Ausbruch des regelrechten Krieges zwischen Frankreich und Vietnam war im November 1946 ein entsetzliches Massaker vorangegangen. In einem Klima beiderseits angestauter Spannungen hatte es am 20. und 21. November kleinere bewaffnete Zusammenstöße zwischen französischen und vietnamesischen Militäreinheiten gegeben, die am 22. November durch direkte Verhandlungen zwischen dem französischen General Morliere und dem vietnamesischen Unterstaatssekretär Hoang Huu Nam durch einen Waffenstillstand beigelegt werden konnten. Irritiert durch diese Zwischenfälle und ohnedies gewillt, den gordischen Knoten der Probleme Vietnams mit dem Schwert der Gewalt zu durchschlagen, hatte der damals in Paris befindliche Hochkommissar d'Argenlieu dem französischen Ministerpräsidenten Georges Bidault vorgeschlagen, den Vietnamesen einmal »eine Lektion zu erteilen«. Als der Ministerpräsident dem Vorschlag zustimmte, fragte der Hochkommissar weiter: »Selbst dann, wenn es den Einsatz von Geschützen mit sich bringt?«, worauf Bidault antwortete: »Selbst dann!« Befriedigt von dieser Antwort befahl d'Argenlieu seinem Vertreter in Saigon, gegen die erwähnten Zwischenfälle im Raum der nordvietnamesischen Hafenstadt Haiphong sei mit Gewalt vorzugehen. General Valluy befahl daraufhin dem französischen Oberkommandierenden im Raum von Haiphong, den Vietnamesen eine »harte Lektion« zu erteilen und sich unter Einsatz aller Mittel zu vollständigen Herren von Haiphong zu machen.[22] Der so beauftragte Oberst Debès stellte am gleichen Tag den Vietnamesen das Ultimatum, innerhalb der äußerst kurzen Zeit von zwei Stunden die Hafenstadt Haiphong vollständig zu räumen. Die Vietnamesen lehnten ab, und die Franzosen eröffneten aus Schiffsgeschützen ein von ihrer Luftwaffe ergänztes Bombardement der Stadt zu einem Zeitpunkt, als viele Tausende vietnamesischer Zivilisten in Scharen sich bemühten, aus der Stadt auf das Land hinauszuflüchten. Die Schreckensbilanz dieses Massakers waren nach französischen Angaben 6000 Tote, zumeist Zivilisten, nach vietnamesischen Angaben 20.000.[23] Eine strafrechtliche Untersuchung dieser Vorfälle hat nie stattgefunden.

Den so beginnenden Krieg gegen die vietnamesische Unabhängigkeitsbewegung führte Frankreich nicht nur mit militärischen, sondern auch mit politischen Strategien. Dazu gehörte der Versuch zur Spaltung des gegnerischen Lagers. Den einzigen möglichen Gegenpol zur nationalkommunistischen Regierung der Vietminh schien das Charisma des vietnamesischen Kaisertums zu bieten. Trotz der von Frankreich gesuchten Verhandlungen stellte Kaiser Bao Dai sich zunächst nicht zur Verfügung. Dennoch wurde am 6. Juni 1948 von seinen Anhängern in Hanoi eine vietnamesische Regierung gegründet. Damit beginnt die Teilung des vietnamesischen Landes in zwei unterschiedliche soziopolitische Systeme mit jeweils eigenen Regierungen. Der Kaiser stellte sich erst dann doch an die Spitze der neu geschaffenen nicht-kommunistischen Regierung in Vietnam, nachdem Frankreich im sogenannten Élysee-Abkommen vom 8. März 1949 einige engherzige Schritte in Richtung auf eine relativ größere Unabhängigkeit Vietnams getan hatte. Der einzige wirklich substantielle Fortschritt für die Vietnamesen bestand in der Aufgabe des vormaligen französischen Planes, Cochin China im Sinne eigener Kolonialinteressen vom übrigen Vietnam zu trennen. Doch die Außenpolitik des neuen vietnamesischen Staatswesens war derjenigen Frankreichs untergeordnet, sowohl die Akkreditierung ausländischer Diplomaten in Vietnam als auch die Ernennung vietnamesischer Diplomaten erforderte die Zustimmung des französischen Staatspräsidenten. Frankreich bestimmte diejenigen Staaten, mit denen Vietnam diplomatische Beziehungen haben durfte. Die Streitkräfte Vietnams waren zur Verteidigung der Französischen Union verpflichtet und standen im Kriegsfall unter französischem Oberbefehl. Franzosen genossen in Vietnam so wie in alten Kolonialzeiten das Recht der extraterritorialen Gerichtsbarkeit. Auch in wirtschaftlichen und kulturellen Belangen war eine Vorrangsstellung Frankreichs festgeschrieben worden. Irgendein Prozeß einer weiteren Emanzipation des vietnamesischen Staates von französischer Bevormundung war nicht vorgesehen.[24] In einem bezeichnenden Memorandum des US-Außenministeriums, datiert vom 6. Juni 1949, heißt es bezüglich des Élysee-Abkommens unter anderem, die stärkste Motivkraft hinter den nationalistischen Bewegungen vormaliger Kolonialvölker sei deren Ressentiment gegen jede Andeutung von Minderwertigkeit durch einen untergeordneten Status (»The imputation of inferiority implicit in a subordinate status«). Wenn ein Volk, so hieß es weiter, so hartnäckig für seine Unabhängigkeit gekämpft habe wie die Vietnamesen, sei es unwahrscheinlich, daß es sich mit weniger zufriedengeben würde als mit vollständiger Gleichberechtigung mit anderen Völkern. Die von Frankreich Vietnam gewährten Konzessionen würden in vietnamesischer Sicht durch die Punkte des Abkommens entwertet werden, die mit dem Nationalstolz der Vietnamesen nicht vereinbar seien. Diese Gesinnung werde dann zur einer Unterstützung der von Kommunisten beherrschten Demokratischen Republik Vietnam führen. Die Primärfrage vom Standpunkt der amerikanischen Regierung sei, ob Indochina davor bewahrt werden könne, unter kommunistische Herrschaft zu fallen. Dies zu verhindern sei aber schwierig, solange die französische Regierung den Vietnamesen keine Erfüllung ihrer nationalistischen Aspirationen gewähre. Die Alternativen für Indochina seien drastisch und einfach. Es werde entweder seine Unabhängigkeit durch ein entsprechend großzügiges Abkommen mit Frankreich erlangen oder im Kampf gegen Frankreich, in dem es aber gleichzeitig zu einem Opfer des kommunistischen Totalitarismus werde. Die Chancen Frankreichs, in Indochina Elemente seiner frühen Einflüsse zu bewahren, hänge allein davon ab, ob es Frankreich gelinge, entsprechende Engagements der Vietnamesen auf der Basis der Gleichberechtigung und der Freiwilligkeit herbeizuführen.[25]

Bei weitergehenden Kämpfen brachte das Jahr 1950 für Vietnam eine gesteigerte Polarisierung der Konfliktfronten. Nachdem die kommunistische Regierung im Januar 1950 zuerst von Peking und dann von Moskau die diplomatische Anerkennung erhalten hatte, gewährten die Vereinigten Staaten und Großbritannien im Februar der Regierung Kaiser Bao Dais die diplomatische Anerkennung. Der Ausbruch des Koreakrieges veranlaßte die Vereinigten Staaten zu einer verstärkten Finanz- und Rüstungshilfe für Frankreichs Kampf gegen die vietnamesischen Kommunisten, jedoch mit der Bedingung, daß sich Frankreich um die Aufstellung und den Ausbau vietnamesischer nicht-kommunistischer Streitkräfte bemühe. Da Ho Tschi Minh und seine Anhänger die Hoffnung auf eine Anerkennung seitens der demokratischen Staaten weitgehend verloren hatten, empfanden sie keine Notwendigkeit mehr, die politische Natur ihrer Bewegung durch demokratische Phrasen zu tarnen. Die angeblich aufgelöste Kommunistische Partei Indochinas wurde unter dem Namen Vietnamesische Arbeiterpartei (Vietnam Lao Dong) neu gegründet. In ihrer Grundsatzerklärung vom März 1951 heißt es, sie gehöre im Rahmen der Weltpolitik zu dem von der Sowjetunion geführten antiimperialistischen Lager, dem Lager des Sozialismus und der Volksdemokratie. Theoretisch beruhe die Partei auf der Grundlage des Marxismus-Leninismus, und ihr Organisationsprinzip sei der demokratische Zentralismus. Außenpolitisch werde sich die Partei und ihr Staat eng mit der Sowjetunion, dem kommunistischen China und den anderen Volksdemokratien zusammenschließen. Ab 1953 begann die Partei mit einem erbarmungslosen Klassenkampf und einer von oben diktierten Agrarrevolution.[26]

Frankreichs Kriegführung

Nach dem Ende des Krieges in Korea im Juli 1953 rückte Indochina verstärkt in den Blickpunkt des internationalen Interesses. War es doch der Schauplatz eines langjährigen Krieges zwischen Verbündeten Chinas – der Vietminh auf der einen Seite und Washingtons Nato-Partner, der Kolonialmacht Frankreich, auf der anderen Seite. Washington wie auch Peking verstärkten ab dem Waffenstillstand in Korea ihre materielle Unterstützung für ihren jeweiligen Verbündeten im Kampf um Indochina. Der ab 1946 im Gang befindliche Krieg hatte Frankreich bis 1953 Kosten auferlegt, die doppelt so hoch waren wie Frankreichs Anteil an der Marshallplan-Hilfe. Auf seiten Frankreichs waren 92.000 Tote zu beklagen, davon allerdings nur 20.685 Franzosen, der Rest Soldaten aus Afrika, Indochina oder Angehörige der Fremdenlegion. Der Krieg verschlang 10 Prozent des französischen Staatshaushalts und 33,5 Prozent seines Verteidigungsbudgets. Allerdings trugen die USA im Jahr 1953 die Hälfte dieser Kosten. Die oft extrem grausamen und rechtswidrigen Formen dieses Kleinkrieges ohne klare Frontlinien trugen dazu bei, daß dieser Konflikt in intellektuellen französischen Kreisen die Bezeichnung »La sale guerre« (der schmutzige Krieg) erhalten hat.[27] In seinem monumentalen Werk zur Geschichte Vietnams von 1896 bis 1963 schreibt Joseph Buttinger zu dieser Form der menschenverachtenden Kriegführung:

> »Eine weitere auch im September 1953 unternommene Operation (der französischen Streitkräfte) beabsichtigte die ›Säuberung‹ von Dörfern in der Thai-Binh-Provinz. Wie in allen ähnlichen Operationen war das Ergebnis ein politischer Gewinn, wenn nicht gar ein militärischer Triumph für die Vietminh. ›Wenn den Bauern die Dörfer niedergebrannt werden, können sie nichts anderes tun, als sich an die Vietminh wenden und sich von ihnen als Träger und Soldaten anwerben lassen.‹ Strafaktionen gegen Dörfer, die im Verdacht standen, Partisanen zu behausen, wurden stets so durchgeführt, daß es unmöglich war, die Menschen zu verschonen, die nicht am Kampf beteiligt waren. Für jeden Mann unter 50 wurde es zu gefährlich, zu Hause zu bleiben. Denn wenn die Franzosen im Zuge ihrer »Säuberungsoperationen« eintrafen, riskierte er, als maskierter Vietminh-Kämpfer entweder erschossen oder gefangengenommen und ›befragt‹ zu werden. Zu den Taktiken (der Vietminh) gehörte es, Heckenschützen

in solche Dörfer mit dem Befehl zu schicken, einige der anrückenden Franzosen zu töten. In solchen Fällen massakrierten die Franzosen für gewöhnlich alle gesunden Männer, die sie im Dorf vorfanden, aus dem die Heckenschützen natürlich vorher verschwunden waren. ›Das französische Militär‹, so schrieb ein Beobachter, ›hatte eine Praxis der Plünderung, der Gewaltanwendung, der Ermordung, der Niederbrennung von Dörfern und der Hinrichtung von Unschuldigen‹ ... Selbst wenn die Franzosen nicht angegriffen wurden, nahmen sie die gesamte männliche Bevölkerung im Alter zwischen 14 und 60 Jahren als Kriegsgefangene.«[28]

Buttinger fügte hinzu, diese Art der Kriegführung erkläre, weshalb die meisten Dörfer in Tongking damals nur von alten Männern, Frauen und Kindern bewohnt waren. Und auch der im Mai 1953 ernannte französische Oberkommandierende in Indochina, General Henri Navarre, der über keinerlei Asienerfahrung verfügte, hätte keine Ideen für eine Form der Kriegführung entwickelt, die für die Bevölkerung weniger schädlich und für den Ruf der Franzosen weniger katastrophal gewesen wäre. Jedenfalls trieb dieses Vorgehen zahlreiche Vietnamesen den Vietminh in die Arme. Hinzu kam auch die französische Methode, Dörfer, in denen sich Widerstand zeigte, mit Napalm auszubrennen.[29]

Die Niederlage der Franzosen bei Dien Bien Phu

Um die im Dschungelkrieg schwer faßbaren Vietminh zu einer Schlacht großen Stils zu zwingen, faßte General Navarre den Plan, eine größere französische Streitmacht in die Talebene von Dien Bien Phu zu entsenden, um die Verbindung zwischen zwei Operationsgebieten der Vietminh zu unterbrechen und ihren Vormarsch auf die laotische Königsstadt Luang Prabang zu bedrohen. Die Operation sollte auch die Bemühungen der französischen Streitkräfte unterstützen, den Raum des strategisch, politisch und wirtschaftlich bedeutsamen Deltas des Roten Flusses zwischen Hanoi und Haiphong wieder unter ihre Kontrolle zu bringen. Eine mit Artillerie vorzüglich ausgerüstete Truppe von 10.000 Mann wurde 300 Kilometer tief ins Feindesland entsandt und schlug ihr Lager in der von Bergen umrandeten Talebene von Dien Bien Phu auf. Da die Vietminh kaum über eine eigene Luftwaffe verfügten, nahm das französische Kommando an, die Truppe könne auch bei einsetzender Regenzeit über 300 Kilometer weit durch Luftbrücken versorgt werden. Gewiß, das Tal war von Hügeln umgeben. Doch die Franzosen meinten mit ihrer eigenen Artillerie jeden Versuch der Vietnamesen zerschlagen zu können, etwas von ihrer spärlichen Artillerie auf den umliegenden Bergkuppen in Stellung zu bringen. Angesichts der Unwegsamkeit der umliegenden Gebiete ging das Kalkül des französischen Kommandos auch von der Annahme aus, daß die Vietminh nie in der Lage sein würden, durch den Dschungel genügend Nachschub für eine etwa Dien Bien Phu belagernde zahlenmäßig überlegene Truppe zu bringen.

Die offensichtlichen militärstrategischen Mängel, die dieser Konzeption zu Grunde lagen, sind vielfach kritisiert worden. Seiner ausführlichen Darstellung der Schlacht von Dien Bien Phu stellt Jules Roy sogar ein Zitat aus dem Vierten Buch der Kriegskunst von Machiavelli voran, wo es heißt: »Das Wichtigste aber ist, daß ihr euer Heer nie auf einer Ebene am Fuße von Bergen aufstellt, die der Gegner ungehindert besetzen könnte; denn mit seinen Kanonen würde er euch von den Höhen herab zusammenschießen, und es würde euch nie gelingen, seine Bataillone daran zu hindern, euch ohne Unterlaß und ohne Hindernis unter Feuer zu nehmen.«[30] Als Präsident Eisenhower, selbst ein erfahrener Berufsoffizier, von General Navarres Plan informiert wurde, entgegnete er, »dies kann nicht gelingen«.[31] Es fehlte den Franzosen an der doch nur unschwer zu entwickelnden Voraussicht, daß die Chinesen nach Ende des Krieges in Korea die im Süden ihrer Grenzen kämpfenden vietnamesischen Kommunisten verstärkt mit Waffenlieferungen unterstützen würden. Trotz der Natur eines Dschungelkrieges, in dem sich die Vietminh-Verbände zumeist außerhalb der größeren Verkehrsstraßen des Landes bewegten, konnte sich das französische Kommando auch nicht vorstellen, daß die sich um Dien Bien Phu zur Belagerung zusammenziehende gegnerische Streitmacht mit Nachschub versorgt werden konnte, den 50.000 Träger zumeist mit Fahrrädern durch enge, von der Luftaufklärung nicht erkennbare Dschungelpfade heranschaffen konnten. Gravierender noch war, daß die Vietnamesen von den Chinesen reichlich mit Feldartillerie und Luftabwehrgeschützen beliefert worden waren. Diese Geschütze wurden nicht, wie die Franzosen meinten, auf den Kuppen der umliegenden Hügel aufgestellt, sondern in Kavernen, die in die Berghänge gegraben wurden, wo sie vor dem Gegenfeuer der Franzosen optimale Deckung fanden. Der unerwartet stark auftretenden vietnamesischen Luftabwehr gelang es, die ohnehin durch die Regenzeit stark behinderten Luftversorgungsflüge zu dezimieren.

Bereits die ersten fünf Tage der am 13. März 1954 beginnenden Schlacht um Dien Bien Phu machten die Folgen der französischen Planungsfehler erkennbar. Nach einem unerwartet starken Bombardement durch die aus China gelieferte vietnamesische Artillerie gelang es den anschließenden, von schweren Verlusten begleiteten Infanterie-Angriffen der Vietminh, drei der wichtigsten Stellungen der Franzosen zu erobern. Ab dem 28. März lagen die Landebahnen der Franzosen für ihre Versorgungsluftbrücke unter Beschuß der vietnamesischen Artillerie. Durch Fallschirmabwurf in das Tal transportierte Versorgungsgüter kamen oft genug auch den Gegnern zugute. So bedankten sich immer wieder Funksprüche der Vietminh an die belagerten Franzosen für erhaltene Artilleriemunition, mit der ironischen Versicherung: »Schönen Dank für die 10,5-cm-Granaten. Ihr kriegt sie bestimmt wieder.«[32] Der Oberkommandierende der Vietminh-Streitkräfte, General Vo Nguyen Giap, dessen Frau zu lebenslänglicher Zwangsarbeit verurteilt in einem französischen Gefängnis gestorben war, beschreibt in seinem bekannten Buch über Volkskrieg und Volksarmee die Strategie der Belagerung, bei der die französischen Positionen von einem sich immer enger zusammenziehenden Netzwerk vietnamesischer Schützengräben umringt wurden, was die Wirkung des französischen Gegenfeuers unerwartet stark reduzierte.[33]

Noch bevor das Ausmaß der militärischen Niederlage Frankreichs in Indochina erkennbar wurde, waren diplomatische Vorstöße mit dem Ziel einer Beendigung des Vietnamkrieges durch Verhandlungen vorgenommen worden. Die weitgehend ergebnislos verlaufende Viermächte-Konferenz von Berlin (25.01–18.02.1954) verabschiedete jedoch am 18. Februar 1954 einen Beschluß, dem zufolge die Herstellung eines Friedens in Indochina auf der geplanten Genfer Ostasien-Konferenz im April gleichen Jahres unter Hinzuziehung der Volksrepublik China und anderer interessierter Staaten behandelt werden sollte.[34] Amerikas Außenminister Dulles hatte anfangs schwere Bedenken gegen eine Aufwertung des kommunistischen China, nur ein Jahr nach Kriegsende in Korea, durch Pekings erstmalige Beteiligung an einer internationalen Konferenz geäußert. Dem aber hatte der französische Außenminister entgegengehalten, da China die wirkliche Macht hinter den Vietminh verkörpere, sei es weder klug noch möglich, es von der Konferenz auszuschließen. Fast erpresserisch hatte Georges Bidault zusätzlich gewarnt, Frankreich werde das Projekt der Washington sehr erwünschten Europäischen Verteidigungsgemeinschaft platzen lassen, sollten die USA eine Teilnahme Pekings an der Indochina-Konferenz torpedieren.[35]

Angesichts der immer kritischer werdenden Lage in Dien Bien Phu ersuchte Frankreichs Generalstabschef General Paul Ély um ein amerikanisches Eingreifen zur Rettung der belagerten französischen Besatzung. Unter dem Codenamen »Operation Geier« *(Opération Vautour)* beinhaltete sein Vorschlag einen Einsatz von 60 amerikanischen Großraumbombern vom Typ B-29, die von den Philippinen aus den vietnamesischen Belagerungsring um Dien Bien Phu angreifen sollten. Auf seiten der amerikanischen Regierung war Präsident Eisenhower nach Gesprächen mit Kongreßführern zu der Schlußfolgerung gekommen, daß eine Zustimmung des Kongresses zu einem amerikanischen Eingreifen in Vietnam von der Erfüllung von drei Bedingungen abhängig sein müsse: erstens, kein unilaterales Eingreifen der USA, sondern nur im Rahmen einer Koordination mit dem Britischen Commonwealth und Staaten Südostasiens. Zweitens: Frankreich müsse mit bisher noch fehlender Unzweideutigkeit die Unabhängigkeit der Staaten Indochinas erklären und anerkennen. Denn eine Beteiligung der USA am Indochinakrieg dürfe nicht den Anschein einer Unterstützung des französischen Kolonialimperialismus vermitteln. Drittens: Im Fall eines amerikanischen Eingreifens müsse sichergestellt sein, daß sich Frankreich dann nicht aus diesem Krieg zurückziehe. Eisenhower ließ ebenfalls wissen, daß die von Frankreich erbetene Bomberoffensive zur Entlastung Dien Bien Phus taktisch so nicht möglich sei.[36] Der von Dulles eindringlich vorgeschlagene Plan zur Bildung einer gemeinsamen Abwehrfront mehrerer Staaten zur Eindämmung des Kommunismus im Südostasien noch vor der Genfer Indochina-Konferenz scheiterte am beharrlichen Widerspruch Großbritanniens, das unter anderem von einer Eskalation der Spannungen mit China eine Gefährdung seiner lukrativen Position in Hong Kong zu befürchten hatte.[37] Am 7. Mai 1954 hißte die französische Besatzung Dien Bien Phus die weiße Fahne und mußte die Waffen strecken. Selbstüberschätzung, unzureichende Kenntnis des Gegners und strategische Inkompetenz der militärischen Führung hatten maßgeblich zu dieser Niederlage Frankreichs beigetragen.

Ergebnisse der Genfer Indochina-Konferenz 1954

Vietnam und die Großmächte

Einen Tag nur nach der Kapitulation von Dien Bien Phu begann plangemäß jener Teil der Genfer Südostasien-Konferenz, der sich mit Indochina befaßte. Beteiligt waren Vertreter der USA, Frankreichs, der VR China, Großbritanniens, der Sowjetunion, des Vietminh-Regimes, genannt Demokratische Republik Vietnam, der südvietnamesischen Regimes, genannt Staat Vietnam, sowie der beiden Königreiche Kambodscha und Laos.

Während die Verhandlungen im Gange waren, wurden die Kämpfe in Vietnam fortgesetzt und diskutierten die außenpolitischen Führungskräfte der USA unter sich die Frage, ob die USA angesichts dieses markanten Erfolges der Kommunisten in Südostasien nicht doch direktere Maßnahmen zur Unterstützung der französischen Kriegführung in Indochina ergreifen sollten. Die im Waffenstillstandsabkommen vom 20. Juli 1954 und dem Schlußkommuniqué der Genfer Indochina-Konferenz, einen Tag später, schließlich festgelegten Regelungen konnten angesichts der militärischen Erfolge der Vietminh als für den Westen erstaunlich günstig betrachtet werden. Denn die wichtigsten dieser Vereinbarungen sahen eine temporäre Teilung Vietnams entlang des 17. Breitengrades in die nördliche Demokratische Republik Vietnam unter der Herrschaft der vietnamesischen Kommunisten und den südlichen Staat Vietnam unter der nicht-kommunistischen Regierung Bao Dais vor. Beide Regierungen sollten im Juli 1956 gemeinsam freie Wahlen unter internationaler Kontrolle in ganz Vietnam durchführen. Auswärtige Staaten sollten in Indochina keine Stützpunkte errichten dürfen. Frankreichs Kolonialherrschaft kam, nach acht Jahren vergeblicher Bemühungen, sie zu erhalten, zu einem definitiven Ende. Im Sinne dieser Vereinbarungen gaben die Vertreter der Königreiche Kambodscha und Laos gleichlautende Erklärungen ab, mit denen sie sich verpflichteten, eine Politik der militärischen Neutralität zu verfolgen und daher weder Militärbündnissen mit fremden Mächten beizutreten noch auch fremden Mächten die Errichtung von Stützpunkten auf ihren Gebieten zu gestatten, solange ihre eigene Sicherheit nicht direkt bedroht sei.

Zu den außergewöhnlichen Aspekten der Konferenz gehörten allerdings die abschließenden Stellungnahmen von seiten Südvietnams und der Vereinigten Staaten. So protestierte der Chefdelegierte Südvietnams dagegen, daß das Waffenstillstandsabkommen zwischen den Franzosen und den Vietminh unter Übergehung der Regierung des Kaisers Bao Dai geschlossen worden sei, und ebenso dagegen, »daß sich das französische Oberkommando ohne vorheriges Einvernehmen mit der Delegation des Staates Vietnam das Recht angemaßt hat, den Zeitpunkt künftiger Wahlen festzusetzen ...« Am heftigsten wandte sich der Vertreter Bao Dais gegen die Teilung Vietnams und gegen die Tatsache, daß ein Vorschlag Südvietnams zur Beibehaltung der Einheit Vietnams, unter einer temporären Kontrolle der Vereinten Nationen mit nachfolgenden gesamtvietnamesischen Wahlen, von der Konferenz ohne vorherige Prüfung einfach abgelehnt worden sei.

Der Chefdelegierte der USA General Bedell Smith stellte fest, seine Regierung sei »nicht bereit, sich einer Erklärung der Konferenz in ihrer vorliegenden Form anzuschließen«. Die USA nähmen jedoch die diversen Waffenstillstandsabkommen in Indochina zur Kenntnis. Die USA würden sich wie auch bei anderen geteilten Nationen um deren Wiedervereinigung in Freiheit bemühen. Auch würden sich die USA ihrerseits im Raum Indochina der Androhung oder Anwendung von Gewalt zur Beeinträchtigung der Resultate der Genfer Konferenz enthalten, warnten jedoch, daß sie »jede Wiederaufnahme der Aggression in Verletzung der vereinbarten Abkommen als sehr schwerwiegend und als ernste Bedrohung der internationalen Friedens und der Sicherheit« betrachten würden.[38] Ein Element der Absurdität bestand bei den Regelungen der Indochina-Konferenz somit in der Tatsache, daß Südvietnam, einer der beiden konkret zumeist betroffenen Staaten, seine Zustimmung verweigert hatte, obwohl die Durchführung mancher dieser Regelungen – wie die Abhaltung der für 1956 geplanten Wahlen – ohne Südvietnams Mitwirkung gar nicht durchführbar war. Die anderen Teilnehmerstaaten übergingen jedoch diese Verweigerung und verhielten sich folglich so, als hätte sie nicht stattgefunden. Auch die USA verweigerten mit der Begründung, am Krieg nicht beteiligt gewesen zu sein, ihre Unterschrift. Ein weiteres Motiv lag hier in Washingtons Ressentiment gegen die diplomatische Aufwertung, die sein Gegenspieler China durch seine erstmalige Beteiligung und Rolle bei einer internationalen Konferenz erhalten hatte. Äußerungen von Eisenhower, Dulles und anderen Mitgliedern der amerikanischen Regierung lassen zudem eine gewisse Ambivalenz erkennen. Sie ergab sich aus der Empfindung des Widerspruches zwischen der Behauptung, in Indochina für die »Freien Welt« einzutreten, und der Bewußtheit, daß Frankreichs Kolonialpolitik diesem Anspruch bislang faktisch widersprochen hatte.

Die aus den Beschlüssen der Genfer Indochina-Konferenz hervorgegangene neue Konstellation in Ostasien war das Produkt eines Kompromisses zwischen den Interessen der beteiligten Großmächte. China, dessen Regierung bereits vor dem Koreakrieg die Forderung erhoben hatte, es dürfe in Ostasien keine internationalen Regelungen mehr geben, an denen Peking nicht beteiligt sei, hatte gegen den Willen der USA und mit Schützenhilfe aus Moskau und Paris seine Beteiligung an der Indochina-Konferenz durchsetzen können. Seine Vertretung bei diesem Debüt auf der Ebene der internationalen Konferenzdiplomatie lag in den Händen seines Ministerpräsidenten und Außenministers Chou En-lai (Zhou En-lai), dessen geschmeidige Handhabung dieser Funktion international weite Anerkennung fand. Noch während die Genfer Konferenz in vollem Gange war, besuchte er Indien und Burma, wo als Ergebnis seiner Besprechungen mit den Ministerpräsidenten Nehru und U Nu jeweils ein gemeinsames Kommuniqué veröffentlicht wurde. Beide gemeinsamen Erklärungen enthalten die sogenannten Pantja Sila Prinzipien der friedlichen Koexistenz. Charakteristisch für den beschwichtigenden Eindruck, den Chou En-lai (Zhou En-lai) hinsichtlich der von Peking künftig zu erwartenden Außenpolitik hierbei erwecken wollte, sind die Behauptungen in seiner Erklärung mit dem burmesischen Ministerpräsidenten, daß jedes Volk das Recht zur Wahl seines Regierungssystems habe, wie auch der Satz, »Revolution ist nicht für den Export bestimmt; entsprechend kann auswärtige Einmischung in die Willensbildung der Bevölkerung eines Staates nicht toleriert werden«.[39] Durch seine Entsendung von Rüstungshilfe und Beratern hatte China im benachbarten Nordvietnam zur Entstehung eines ideologisch befreundeten kommunistischen Staatswesens an seinen Südgrenzen beitragen können. Gewiß war einerseits das Ziel der Vietminh, ganz Vietnam und Indochina unter ihre Herrschaft zu bringen, nicht verwirklicht. Andererseits war es für Peking leichter, seinen Einfluß in einem vietnamesischen Teilstaat geltend zu machen, als in einem vereinigten Vietnam, das gleichzeitig auch zum Hegemon über die beiden anderen Indochina-Staaten geworden wäre. Trotz fehlender diplomatischen Beziehungen zu den meisten westlichen Staaten hatte China durch sein Auftreten in Genf Ansehen gewonnen und einen hier maßvoll ausgeübten Einfluß auf die internationale Politik demonstrieren können.

Was die Sowjetunion betrifft, so bestand deren primäre außenpolitische Zielsetzung im Jahre 1954 weiterhin in der Verhinderung einer deutschen Wiederbewaffnung im Rahmen einer Europäischen Verteidigungsgemeinschaft, die die Macht des Westens in

Europa bedeutsam gestärkt hätte. Ein erster Vorstoß der sowjetischen Verhinderungsstrategie war auf der Vier-Mächte-Konferenz in Berlin über Deutschland und Österreich im Januar und Februar 1954 erfolgt. In einer Form, die sichtlich bemüht war, deutsche Zustimmung zu erhalten, hatte Moskau hier den Entwurf eines Friedensvertrages mit Deutschland vorgelegt, der die Wiederherstellung eines zwar vereinigten, aber neutralisierten Deutschland vorsah und als Alternative zu der geplanten Europäischen Verteidigungsgemeinschaft ein System der kollektiven Sicherheit für Europa zur Diskussion stellte. Auch für Österreich hatten die Sowjets eine Form der Neutralisierung vorgeschlagen. Doch weder diese noch die westlichen Vorschläge waren von der Konferenz akzeptiert worden. Wie bereits dargestellt, bestand Moskaus einziger Erfolg darin, zusammen mit Frankreich und gegen die USA eine Beteiligung Chinas bei der für Mai geplanten Indochina-Konferenz durchzusetzen.

Auf dieser Konferenz ergab sich für Moskau insofern eine plötzliche Chance zur indirekten Verfolgung seiner europäischen Primärziele, als in Frankreich, nach einer neuerlichen Kabinettskrise, Pierre Mendés-France von der Radikalsozialistischen Partei Mitte Juni 1954 zum Ministerpräsidenten ernannt worden war. Mendés-France galt sowohl als Gegner der geplanten und in Frankreich umstrittenen Europäischen Verteidigungsgemeinschaft wie auch als Befürworter einer Verhandlungslösung für Vietnam. Taktisch geschickt hatte der neue französische Premier am 17. Juni angekündigt, er werde wieder zurücktreten, falls es ihm nicht gelinge, bis zum 20. Juli einen Waffenstillstand in Indochina herbeizuführen. Moskau war folglich daran interessiert, in Indochina eine Lösung herbeizuführen, die für Mendés-France akzeptabel war und ihn somit in Frankreich als Chef der Regierung erhalten konnte. Unterstützt von Chou En-lai (Zhou Enlai) gewährte Molotow in Verhandlungen mit Mendés-France die Festlegung der Trennlinie zwischen Süd- und Nordvietnam auf den 17. Breitengrad, der strategisch für den Süden weitaus günstiger war als der von Nordvietnam geforderte 13. Breitengrad. Ein weiteres Zugeständnis war, daß zwischen dem Konferenzende und gesamtvietnamesischen Wahlen ein Zeitraum von zwei Jahren liegen sollte und nicht nur von einigen Monaten, wie die Vertreter Ho Tschi Minhs gefordert hatten.[40] Die gemeinsame, wenn auch unterschiedlich motivierte Kompromißbereitschaft Moskaus und Pekings bewirkte eine Einigung in allen Hauptpunkten vor Ablauf der von Mendés-France gesetzten Frist. Dieser blieb dann auch – wie Moskau gehofft hatte – Frankreichs Ministerpräsident bis zum Zeitpunkt jener Abstimmung in der Französischen Nationalversammlung, die dem Projekt der Europäischen Verteidigungsgemeinschaft eine Absage erteilte. Zudem hatte Moskau das für Deutschland von den Westmächten und Bonn nicht akzeptierte Prinzip der Neutralität zumindest für Indochina durchsetzen und damit die Errichtung amerikanischer Stützpunkte dort verhindern können.

Frankreichs Rolle als Machtfaktor im ostasiatischen Raum kam mit seiner Niederlage in Indochina zu einem vollständigen Ende. Im Sinne des Wortes von de Gaulle, nur gestützt auf sein großes Kolonialimperium könne Frankreich Weltmacht bleiben, hatte Frankreich acht Jahre lang einen an menschlichen und materiellen Verlusten reichen Krieg umsonst geführt. Die unmittelbar nach dem Zweiten Weltkrieg bestehende Möglichkeit einer friedlichen und zugleich für Frankreich ehrenvollen und auch Gewinn bringenden Ablösung des französischen Kolonialstatus' in Indochina war versäumt, und viele Elemente der ursprünglich frankophilen Eliten der Länder dieser Region waren entfremdet worden. Großbritannien, das dem französischen Kolonialismus mit weniger Skrupel gegenübergestanden hatte als die Vereinigten Staaten, hatte durch seine hartnäckige Verweigerung gegenüber amerikanischen Vorschlägen zu einer »gemeinsamen Aktion« *(united action)* mehrerer Mächte in Indochina noch vor dem Ende der Indochina-Konferenz sowohl zur Verhinderung der Eskalation als auch zur weiteren Sicherung seiner Position in Hong Kong beitragen können.

Vietnams Ressentiment gegen China

Teils als Gewinner, teils aber auch als Verlierer ging das nun international anerkannte, in Nordvietnam regierende Regime der Vietminh unter Ho Tschi Minh aus den Prozessen und Regelungen der Genfer Indochina-Konferenz hervor. Gewiß, die vietnamesischen Kommunisten hatten es vermocht, militärisch zu siegen und politisch die Sympathien eines großen Teils der vietnamesischen Bevölkerung auf ihre Seite zu bringen. Dennoch hatten sie Grund, sich um einen Teil ihres Sieges betrogen zu fühlen, weil ihre großen kommunistischen Alliierten in Peking und Moskau einige Vietminh-Ansprüche geopfert hatten, um ihre eigenen Großmachtinteressen gleichsam auf Kosten Vietnams fördern zu können. In aller Öffentlichkeit legte die vietnamesische Regierung ihren diesbezüglichen Groll erst anläßlich der Veröffentlichung des von seinem Außenministerium herausgegebenen Weißbuches »Die Wahrheit über die vietnamesisch-chinesischen Beziehungen in den letzten 30 Jahren« von 1979 dar. Die meisten der hier vorgebrachten Anschuldigungen hätten gleichzeitig auch an die Adresse Moskaus gerichtet werden können. Doch angesichts des am 3. November 1978 zwischen Vietnam und der Sowjetunion geschlossenen Bündnisvertrages unterblieb in diesem Weißbuch jede Erwähnung der für Vietnam ebenfalls ungünstigen Verhaltensweisen Moskaus bei der Genfer Indochina-Konferenz. Der für die Bewertung dieser Konferenz entscheidende Passus des vietnamesischen Weißbuches lautet: »Es ist wahr, daß nach Dien Bien Phu die Armee und das Volk Vietnams mit der Hilfe des sozialistischen Lagers, insbesondere Chinas, in der Lage gewesen wären, ihr ganzes Land zu befreien. Jedoch die Lösung, auf die sich die Delegationen Frankreichs und Chinas in Genf geeinigt hatten, spiegelte weder das Kräfteverhältnis auf dem Kriegsschauplatz wider, noch entsprach sie vollständig den politischen Forderungen, die die vietnamesische Delegation vorgebracht hatte.«

Ohne, wie gesagt, die gleichartige Rolle Moskaus zu erwähnen, beklagte das Weißbuch, daß der chinesische und der französische Delegationsführer – offensichtlich ohne Beteiligung oder Befragung der Vietnamesen – mehrere für die Vietminh nachteilige Zugeständnisse gemacht hätten. So habe China seine anfängliche Unterstützung der Forderung der Vietminh nach Beteiligung von Delegationen kommunistischer »Widerstandsregierungen« aus Laos und Kambodscha an der Genfer Konferenz zurückgezogen und gleichzeitig über den Rückzug vietnamesischer »Freiwilliger« aus Laos und Kambodscha verhandelt. Als Gegenleistung für eine Zweiteilung Vietnams habe China nur auf dem Verbot amerikanischer Stützpunkte in Indochina bestanden. Auch über die Forderungen der Vietminh, dann zumindest den 13. Und nicht den 17. Breitengrad als Trennlinie anzuerkennen und gesamtvietnamesische Wahlen innerhalb von sechs Monaten abzuhalten, hätten sich die Chinesen hinweggesetzt. Bei einer die Genfer Konferenz vorbereitenden Dreier-Besprechung zwischen Delegationen Chinas, der Sowjetunion und der Vietminh habe China die Vietnamesen gewarnt, die VR China könne das kommunistische Vietnam im Fall einer Ausweitung des dortigen Konflikts nicht offen unterstützen. Das Weißbuch kommentiert hierzu: »China war zu dieser Zeit besorgt über die Möglichkeit einer militärischen Intervention Amerikas in Indochina, was einer Bedrohung der chinesischen Sicherheit gleichgekommen wäre. Aber es muß hervorgehoben werden, daß China die Drohung der USA mit einem ausgedehnten Aggressionskrieg benutzte, um Druck auf Vietnam auszuüben.« Insgesamt gelangte das Weißbuch im Hinblick auf die Indochina-Konferenz von Genf zu der pauschalen Schlußfolgerung: »Das war das erste Mal, daß die chinesischen Führer den revolutionären Kampf der Völker von Vietnam, Laos und Kampuchea (Kambodscha) verrieten.«[41]

Emanzipation und Neutralität von Kambodscha und Laos

Das im Mittelalter mächtige und äußerst einflußreiche Königreich Kambodscha, das in seiner neueren Geschichte unter Expansionsversuchen seiner Nachbarn Thailand und Vietnam zu leiden gehabt hatte, war 1863 nach vorheriger physischer Bedrohung des Königs zur Annahme eines Protektoratsvertrags mit Frankreich genötigt worden. Zwei Jahrzehnte später zwang der französische Gouverneur von Cochinchina, Charles Thomson, den kambodschanischen König Norodom, während dessen Palast von französischen Kanonenbooten bedroht wurde, zur Annahme eines neuen Vertrages, der das Königreich de facto zu einer Kolonie Frankreichs degradierte. Formal zumindest blieb die Institution des Königreiches erhalten, und im April 1941 wurde Prinz Norodom Sihanouk zum neuen König von Kambodscha proklamiert. Bei Ende des Pazifikkrieges 1945 boten die Japaner auch Kambodscha die Unabhängigkeit an, die Sihanouk akzeptierte. Die danach unter schwierigen Umständen nach Indochina zurückkehrenden Franzosen wagten es nicht, dem König die vorherige Form der Kolonisierung erneut aufzuzwingen, sondern vereinbarten mit ihm einen vorläufigen Modus vivendi, durch den Kambodscha zunächst zu einem »autonomen Staat innerhalb der Französischen Union« erklärt wurde. Deshalb bezeichnete die kambodschanische Verfassung vom Mai 1947 das Königreich als »einen autonomen Staat, der einen Teil der Französischen Union bildet«.[42] Kambodschas Rechtsposition im Verhältnis zu Frankreich verbesserte sich weiterhin auf Grund eines Vertrages vom Jahre 1949, der dem Königreich weitgehende Selbstbestimmung auch im Bereich seiner Außenpolitik einräumte. Folglich erhielt Kambodscha bis 1953 die diplomatische De-jure-Anerkennung von 35 auswärtigen Staaten, die Zulassung zu verschiedenen Institutionen der Vereinten Nationen und war 1951 Signatar des japanischen Friedensvertrages bei der Konferenz von San Francisco. Nach einem sogenannten königlichen Kreuzzug für Unabhängigkeit vermochte es die Regierung König Sihanouks, die nationale Unabhängigkeit Kambodschas von Frankreich vertraglich bereits im November 1953 zu erlangen. Praktisch bedeutete dies, daß der König und seine Regierung den Oberbefehl über die kambodschanischen Streitkräfte erhielten, die nun nicht mehr für französische Belange in Vietnam eingesetzt werden konnten. Diese Streitkräfte konnten nun primär gegen kambodschanische Kommunisten und sogenannte vietnamesische Freiwilligenverbände im eigenen Königreich verwendet werden. Die Beschlüsse der Genfer Indochina-Konferenz vollendeten das Werk der Emanzipation von französischer Kolonialherrschaft und verliehen Kambodscha einen Status der Neutralität, den die königliche Regierung gern akzeptierte.[43]

Auch das Königreich Laos erlebte einen Prozeß der graduellen Emanzipation, dessen Stufenfolge weitgehend derjenigen von Kambodscha glich. Denn Laos hatte von Japan 1945 ebenfalls die Möglichkeit zur Erklärung seiner Unabhängigkeit erhalten, mit Frankreich 1946 einen Modus vivendi über einen bestimmten Grad von Autonomie ausgehandelt, 1947 eine Verfassung proklamiert und hatte über weitere Verträge 1949 und 1953 seine Unabhängigkeit erhalten. Laos war der einzige der Staaten Indochinas, der nach 1954 Mitglied der Französischen Union blieb. Ein wesentlicher Unterschied im Vergleich zu Kambodscha bestand allerdings in einer stärkeren Bedrohung der königlichen Regierung durch nationalkommunistische Verbände der sogenannten Pathet Lao. Auch Laos bestätigte in einer unilateralen Erklärung bei Ende der Genfer Indochina-Konferenz seinen Willen zur Aufrechterhaltung einer Politik der Neutralität, obwohl ihm gestattet wurde, Gruppen französischer Militärberater vorläufig noch in seinem Land zu behalten. Die kommunistischen Pathet-Lao-Verbände waren verpflichtet worden, sich auf zwei bestimmte Provinzen des Landes zurückzuziehen, erklärten aber im November 1954 ihre Bereitschaft, sich der Königlichen Regierung im Interesse des Landes zu unterstellen.[44]

Die USA und die Gründung des Südostasien-Paktes 1954

Was die Vereinigten Staaten betraf, so hatten sie das von Frankreich geforderte massive Eingreifen ihrer Luftwaffe zur Rettung der Besatzung von Dien Bien Phu aus der Sorge heraus abgelehnt, dies könne zu einem erneuten Krieg mit China führen. Wie zuvor im Koreakrieg herrschte bei den Führungskräften in Washington die Überzeugung vor, auch im Fall Vietnams sei die Urheberschaft des Konflikts weitgehend, wenn auch nicht exklusiv, in Peking und Moskau zu suchen. Im außenpolitischen Entscheidungsprozeß setzte sich nach kontroverser Diskussion letztlich die Ansicht durch, daß ein amerikanisches Eingreifen in den Indochinakrieg nur als Bestandteil einer »vereinten Aktion« mehrerer Staaten und auch nur dann erfolgen könne, wenn Frankreich zuvor mit völliger Unzweideutigkeit seinen Willen zur Beendigung seiner Kolonialherrschaft in diesem Teil der Welt bekanntgebe.

Im Licht der Ergebnisse der Genfer Indochina-Konferenz war in amerikanischer Sicht zumindest die südliche Hälfte Vietnams gerettet und eine Beherrschung Kambodschas und Laos' durch Kommunisten zunächst unwahrscheinlich geworden. Zusätzlich hatte Amerika subtil, aber dennoch unerkennbar seinen Beitrag zur Beseitigung der ihm oft peinlichen französischen Kolonialherrschaft in den Staaten Indochinas geleistet. Im Gegensatz zum Fall Korea schien der Fall Indochina gezeigt zu haben, daß West-Ost-Abkommen zu einer Restabilisierung von zuvor krisengefährdeten Regionen beitragen können. Zwar war Washingtons Plan zu einer »vereinten Aktion« noch vor Ende der Genfer Konferenz an Großbritanniens beharrlicher Verweigerung gescheitert. Doch nach diesem London zufriedenstellenden Ergebnis der Konferenz war das Vereinigte Königreich bereit, sich an einer amerikanischen Aktion zur vorbeugenden Eindämmung künftiger Expansionsakte in Südostasien zu beteiligen. Und so entstand, wie schon während der Genfer Konferenz andiskutiert, am 8. September 1954 der von einer Außenminister-Konferenz in Manila begründete Südostasiatische kollektive Verteidigungspakt (SEATO). Zur Enttäuschung der Engländer, die auf einer Einladung auch an die fünf sogenannten Colombo-Mächte (Indien, Pakistan, Ceylon, Burma und Indonesien) bestanden hatten, war von diesen nur Pakistan zu einer Beteiligung bereit. Daneben schlossen sich dem Pakt nur noch zwei weitere asiatische Staaten an, nämlich das Königreich Thailand und die Philippinen. Zu den westlichen Mitgliedern gehörten neben den USA, Großbritannien, Frankreich, Australien und Neuseeland. Artikel 2 dieses Vertrages nennt sein primäres Ziel; es ist »die individuelle und kollektive Fähigkeit (der Verbündeten) zum Widerstand gegen bewaffneten Angriff und zur Verhinderung und Abwehr umstürzlerischer, von außen gelenkter Tätigkeit gegen ihre territoriale Integrität und politische Stabilität«. Im Fall einer bewaffneten Aggression war laut Artikel 4 jeder Vertragspartner verpflichtet, »Maßnahmen in Übereinstimmung mit seiner Verfassung zu treffen, um der gemeinsamen Gefahr zu begegnen«. Sehr zur Enttäuschung mancher Vertragspartner der USA war die Bündnisverpflichtung hier wesentlich schwächer formuliert als im Fall des Nordatlantikpaktes. Ein weiteres, besonders hervorgehobenes Ziel war die Förderung der Selbstregierung und Unabhängigkeit aller Länder, deren Völker sie wünschen und zu ihrer Wahrnehmung in der Lage seien. Als »Vertragsgebiet« galt »das allgemeine Gebiet Südostasiens, einschließlich auch der gesamten Territorien der asiatischen Vertragspartner und das allgemeine Gebiet des südwestlichen Pazifik, ausschließlich des pazifischen Gebietes nördlich einer Linie von 21°30' nördlicher Breite«. Mit der letztgenannten Einschränkung war klargestellt, daß Hong Kong, Taiwan und Japan nicht zum Schutzgebiet dieses Paktes gehörten. Andererseits waren die Staaten Südvietnam, Kambodscha und Laos durch ein dem Vertrag beigefügtes Protokoll ausdrücklich in das Schutzgebiet miteinbezogen.[45]

So war von seiten der Vereinigten Staaten eine internationale Geste initiiert worden, die gleichsam für den Verlust Nordvietnams kompensieren und für den Fall neuer Expansionsabsichten der kommunistischen Mächte eine präventive Eindämmungsfront aufbauen wollte. Die Erkenntnis aber, daß das von französischer Kolonialherrschaft befreite Südvietnam auswärtiger Hilfe bedürfen werde, um sich selbst behaupten zu können, warf Fragen nach neuen Verpflichtungen der USA in Südostasien auf. Manche Staaten des südost- oder südasiatischen Raumes machten allerdings aus ihren Vorbehalten gegen die neue pazifische Vertragsorganisation keinen Hehl. So ließ es sich aus Indien hören, der SEATO-Pakt sei eigentlich gegen den Frieden, die Sicherheit und Unabhängigkeit asiatischer Völker gerichtet. Hierauf antwortete für die USA John Foster Dulles, der neue Vertrag sei »gegen keine Regierung, gegen keinen Staat und gegen kein Volk« gerichtet, sondern »nur gegen Aggression«. Im weiteren Verlauf der Geschichte erzeugte der unter solchen Umständen gegründete SEATO-Pakt eine nur äußerst begrenzte Wirksamkeit im Licht der ihm gesetzten Ziele.

14. Kapitel

Taiwan im Spannungsfeld Peking–Washington: die Krise von 1954/55

Mentalitätskonflikte und der Aufstand vom Frühjahr 1947

Nach der Unterzeichnung des koreanischen Waffenstillstandsabkommens vom 26. Juli 1953 und der ein Jahr später, im Juli 1954, erzielten Kompromißlösung für Indochina auf der Genfer Konferenz gingen manche Beobachter von der optimistischen Erwartung aus, diese Akte der Friedensschaffung und Stabilisierung in Nordost- und Südostasien würden einen Zustand allgemeiner Entspannung im Westpazifik bewirken können. Doch das gegen die von nationalchinesischen Truppen besetzen Quemoy-(Kin Men-) Inseln am 3. September 1954 überraschend eröffnete Artilleriebombardement der Streitkräfte Pekings zeigte, daß sich der Schwerpunkt des Konflikts nun vom Süden des Westpazifik zu dessen Mitte hin verlagert hatte. Das Streitobjekt bildete hier die der ostchinesischen Küste vorgelagerte Insel Taiwan. Kein anderes Gebiet des chinesischen Raumes ist in der zweiten Hälfte des 20. Jahrhunderts öfter Brennpunkt internationaler Spannungen gewesen als diese subtropische Insel, deren Fläche von 36.000 km^2 etwa derjenigen Belgiens oder Baden-Württembergs entspricht. Die sie vom chinesischen Festland trennende, strategisch bedeutende Meeresstraße von Taiwan ist an ihrer engsten Stelle 130 km breit und an ihrer weitesten Stelle 220 km.

Taiwan war im Jahre 1895 von Japan als Folge des von China verlorenen Krieges annektiert worden. Entsprechend der Drei-Mächte-Erklärung von Kairo 1943 war die Insel ab Japans Kapitulation von 1945 erneut unter die Verwaltung Chinas gestellt worden. In dem halben Jahrhundert japanischer Herrschaft über die Insel hatten sich die Japaner bemüht, Taiwan zu einem Teil des sogenannten äußeren Japan zu entwickeln. Da Taiwan vor Beginn des japanischen Krieges mit China (1937) und mit den USA (1941) den südlichsten Teil des japanischen Reiches im Westpazifik bildete, wurde die Insel von den Japanern in vielerlei Hinsicht dynamisch entwickelt. Zu einigen der dabei erzielten Leistungen schreibt Oskar Weggel:

> »Der Vorsprung, den Taiwan damals gegenüber dem chinesischen Festland gewann, war beträchtlich, ja fast uneinholbar. In den letzten vierzig Jahren der japanischen Herrschaft stieg z.B. die Wertschöpfung der Industrieproduktion um das 1600fache und stand an Leistungsfähigkeit in Asien nur der japanischen Industrie nach; erweitert sich die Landwirtschaftsfläche um rund 30 Prozent, der Ertrag um das Vierfache und der Produktionswert um das Hundertzwölffache; nahm der Außenhandel um das Dreiunddreißigfache zu; erhöhten sich die Finanzeinnahmen um das Sechsunddreißigfache. Außerdem erreichte das Gesundheitswesen mit den Höchststandard in Asien.«[1]

Auch die Verkehrsinfrastruktur der Insel erfuhr eine vorzügliche und vieldimensionale Entwicklung, ebenso bestimmte Zweige der Leichtindustrie. Taiwanesen galten als japanische Untertanen und waren Träger japanischer Pässe. Benachteiligt waren sie im Vergleich zu den Japanern insbesondere in zwei Bereichen. Erstens waren sie einem wesentlich strengeren Polizeirecht unterworfen als die Japaner selbst. Und zweitens blieb höhere Bildung primär den Japanern vorbehalten. Dennoch bemühte sich deren Verwaltung nicht ganz ohne Erfolg darum, vor allem die gesellschaftlichen Führungsschichten in Taiwan für Japan zu begeistern und sie gleichsam zu japanisieren. Etwa 10 Prozent der Bevölkerung nahm japanische Familiennamen an. In den Schulen wurde soweit wie möglich in japanischer Sprache unterrichtet, ansonsten in taiwanesischem Lokaldialekt, jedoch nicht in der in China offiziellen hochchinesischen Sprache. Ein vom April 1947 datierter Geheimbericht der chinesischen Regierung stellt fest, daß die Mehrheit der Taiwanesen sich anerkennend über die Effizienz und Integrität des japanischen Zivil- und Militärpersonals in Taiwan geäußert habe und zugleich das von ihnen bewunderte System der japanischen Wirtschaft und Verwaltungspolitik als ein auch für ganz China nützliches Modell betrachtet habe.[2] Dennoch wurden die ab Mitte Oktober 1945 dank amerikanischer Transporthilfe in Taiwan in größeren Zahlen eintreffenden chinesischen Soldaten und Beamten anfangs stürmisch begrüßt. Viele Taiwanesen erwarteten nun, vollberechtigte Bürger des großen, mächtigen und siegreichen chinesischen Mutterlandes zu werden. Doch bereits der erste Anblick der zerlumpten, disziplinlosen und ungepflegten chinesischen Soldaten bildete für die meisten Taiwanesen beim Vergleich mit den adrett gekleideten und disziplinierten Japanern einen enttäuschenden Schock.

Mit dem Eintreffen der Festländer prallten nun in Taiwan zwei Mentalitäten hart aufeinander. Die Festländer kamen als Vertreter eines noch unterentwickelten Landes, das nur unter großen Mühen und Opfern einen ihm aufgezwungenen achtjährigen Krieg gegen Japan hatte durchhalten können. Doch sie kamen als Sieger und wollten das China von Japan geraubte Taiwan reintegrieren. Die Taiwanesen hingegen, die an Japans wirtschaftlichem Aufschwung partizipiert hatten, sahen sich als Vertreter einer fortschrittlicheren materiellen Zivilisation, von der das übrige China etwas lernen könne. Die Festländer wiederum befremdete es, daß ihre Landsleute auf Taiwan mit ihnen nicht in Hochchinesisch kommunizieren konnten und noch dazu in so vielen Formen ihrer Lebensführung von Vorbildern des verhaßten japanischen Feindes »infiziert« waren. Hatte doch der arrogante Machtwille der herrschenden Kreise in Japan dem chinesischen Volk unermeßlichen Schaden zugefügt und viele Errungenschaften der Aufbaupolitik der Kuomintang in den ersten zehn Jahren ihrer Herrschaft zunichte gemacht. Von der Niederlage Japans erhofften die Taiwanesen Gewinn für ihre Insel, die Festländer Gewinn für den in China um dessen Zukunftsgestaltung tobenden Bürgerkrieg. Aus anfänglichem gegenseitigen Mißfallen erwuchs die Gegenseitigkeit der Verachtung und oft selbst des Hasses. Die nach besseren Lebensbedingungen und Gewinn ausgehungerten Festländer verhielten sich im wiedergewonnenen Taiwan wie Besatzer in einem fremden besiegten Land. Die bei ihnen weitverbreitete Korruption und Arroganz gegenüber einer anfangs erwartungsvollen einheimischen Bevölkerung, ihre gierige Wegnahme japanischen Besitzes aller Art, auf den die Taiwanesen gehofft hatten, und ihre Willkürjustiz ließen in der einheimischen Bevölkerung ein grollendes Ressentiment entstehen.

Als am 27. Februar 1947 festländische Beamte eines Monopolamtes eine Straßenhändlerin zusammenschlugen und dann, von einer empörten Menge umringt, in die Menge schossen, entlud sich der Volkszorn in einer gewaltigen Demonstration, die vor das Amtsgebäude des chinesischen Gouverneurs zog. Als die Menge auf den Eingang vorstürmte, wurde vom Dach des Gouverneuramtes das Feuer eröffnet. Das dabei vergossene Blut bewirkte eine dramatische Eskalation des Konfliktes. Ein Zeitzeuge berichtet: »Innerhalb von weniger als einer Stunde verbreitete sich in Taipei eine Atmosphäre des Schreckens. Etwa über zehntausend Menschen, Alte und Junge befanden sich auf den Straßen ... und verprügelten jeden Festländer, den sie sahen, ... auf den Straßen war überall frisch geflossenes Blut zu sehen. Der Schrei ›Tötet die A-shan!‹ (Festländer) und die Schmerzensrufe der Halbtotgeprügelten hallten auf den Straßen wider, und die Militärpolizei und Polizei wagten es nicht einzugreifen. Überall war nur die Wut der Menge zu spüren.«[3] Fremdartig wirkende Personen wurden von radikalen Elementen der wütenden Massen aufgehalten und gefragt, ob sie japanisch oder taiwanesisch sprechen könnten. Konnten sie das nicht, so galten sie als Festländer und wurden zusammengeschlagen, manche von ihnen getötet.

Der neuernannte Gouverneur der Insel, Ch'en Yi, der aus einer Warlordarmee kommend sich 1927 den siegreichen Kuomintang-Streitkräften angeschlossen hatte, war vormals Gouverneur der Taiwan gegenüberliegenden chinesischen Festlandprovinz Fukien (Fujian) und nach 1943 Chef des neu errichteten Taiwan-Büros bei der chinesischen Zentralregierung gewesen. Seine Korruption und administrative Ineffizienz hatten maßgeblich zu der Entfremdung zwischen Festländern und Taiwanesen beigetragen. Angesichts der zu dieser Zeit nur schwachen chinesischen Polizeikräfte auf Taiwan bemühte er sich zunächst in mehreren Aufrufen um eine Beruhigung einer Situation, versprach Reformen und korrekte Untersuchungen der Vorfälle. Ad hoc gebildete taiwanesische Vertreterkörperschaften, die sich um eine Schlichtung des die ganze Insel erfassenden Konflikts bemühten, richteten einerseits am 6. März 1947 ein Telegramm an Staatspräsident Chiang Kai-shek und entwarfen zusätzlich ein 32 Punkte umfassendes »Grundsatzprogramm zur Regelung der Zwischenfälle«. Im Telegramm an Chiang Kai-shek wird erklärt, Schuld an den Zwischenfällen sei die »Entfremdung zwischen Volk und Regierung, ... Amtsmißbrauch um persönlicher Vorteile willen, chaotische Personalpolitik, mangelnde Einhaltung von Gesetzen und Disziplin ... Geringschätzung für taiwanesisches Personal, ungleiche Entlohnung von taiwanesischem Personal und Personal aus anderen Provinzen und die Übertragung eines Großteils von ehemals japanischem Vermögen, das durch Blut und Tränen der taiwanesischen Bevölkerung geschaffen wurde, in Staatsbesitz ....« Im erwähnten 32-Punkte-Programm der taiwanesischen Schlichtungskommission zur Regelung der Zwischenfälle heißt es unter anderem von Ch'en Yis korrupten Beamten: »Überall schikanieren sie ... die Bevölkerung, indem sie die Gesetze zurechtbiegen oder Waffengewalt anwenden. Die Menschenrechte sind deshalb nicht gewährleistet, die Freiheit der Meinung und der Publikation bestehen nicht mehr, die öffentlichen Finanzen sind ruiniert, die Warenpreise explodieren weiter, die Industrie und der Bergbau sind bankrott, die Landwirtschaft zerfällt immer mehr, es herrscht Massenarbeitslosigkeit.« Um weitere blutige Zusammenstöße zu verhindern, sollten die Truppen der Regierung vorübergehend ihre Waffen ablegen und sie der Schlichtungskommission oder Militärpolizei zur Verwaltung geben. Die beiden letztgenannten Institutionen würden die öffentliche Ordnung aufrechterhalten. Die Provinzregierung dürfe von der Zentralregierung nicht Truppen anfordern, um den Zwischenfall mit Waffengewalt zu regeln. Im Zusammenhang mit dem Zwischenfall dürfe niemand aus der Bevölkerung zur Verantwortung gezogen werden. Die chinesische Zentralregierung solle für Taiwan einen Autonomiestatus erlassen, und für die Personalpolitik der Provinzregierung solle primär auch ein »Konsultativrat der Provinz« zuständig sein. Die Leitung der Polizeibehörden sowohl der Provinz als auch ihrer Landkreise und Städte solle von Taiwanesen übernommen werden. Gefordert wurden weiterhin Versammlungs-, Meinungs- und Publikationsfreiheit sowie ein uneingeschränktes Streikrecht. Die Monopol- und Handelsbüros der Provinzregierung sowie deren Propagandakommission seien abzuschaffen. Der noch im gleichen Monat zu bildende Konsultativrat für die Provinz sei frei zu wählen. Er solle fernerhin die Kompetenz dazu haben, Fragen der Verfügung über das japanische Vermögen in Taiwan selbständig zu regeln. Eine Rundfunkansprache des Gouverneurs Ch'en Yi vom 10. März 1947 beklagte, daß in allen Kreisen und Städten Waffen geraubt, Behördenpersonal eingesperrt und Verwaltungsbehörden belagert worden seien. Die Unruhen seien auch von Verrätern und Rebellen zu einem Komplott gegen die Zentralregierung benutzt worden. Versammlungen und Demonstrationen seien von nun an streng verboten. Arbeiter und Angestellte müßten ihrer regelmäßigen Tätigkeit wieder nachgehen. In einer Rede Chiang Kai-sheks von gleichem Datum heißt es: Die »sogenannte Kommission zur Regelung des ›Zwischenfalls vom 28. Februar‹« habe überraschenderweise »unvernünftige Forderungen« erhoben. Diese überschritten die Grenzen der Lokalpolitik und könnten von der Zentralregierung natürlich nicht angenommen werden. Die Regierung habe daher beschlossen, Truppen nach Taiwan zu entsenden, und sie angewiesen, sich zurückzuhalten und »keine Racheakte zu verüben«.[4]

Ungeachtet dieses ausdrücklichen Verbots Chiang Kai-sheks machten sich die vom 8. bis zum 10. März in Taiwan eintreffenden festländischen Truppenverbände einer Kampagne des Terrors schuldig. Vom Willen zur Vergeltung und Abschreckung motiviert, richteten sie Massaker an, denen nicht nur die Aktivisten des taiwanesischen Volksaufstandes, sondern auch zahlreiche Unbeteiligte zum Opfer fielen. Die nie genau festgestellte Zahl der Todesopfer wird auf 10.000 geschätzt.[5] Die Anzahl der getöteten und verletzten Festländer belief sich hingegen nur auf 1300.

Der Kriegsminister der Regierung in Nanking, Pai Ch'ung-hsi, der zu einer direkten Untersuchung der Vorfälle nach Taiwan geflogen war, empfahl der Zentralregierung Anfang April 1947 in Taiwan eine normale Provinzregierung nach den Mustern anderer chinesischer Provinzenverwaltungen mit Taiwanesen zu besetzen. Am 15. Mai 1947 wurde nach der Entlassung von Ch'en Yi ein Zivilist und vormaliger Bürgermeister der Hauptstadt Nanking sowie vormaliger Botschafter in den USA, Wei Tao-ming, zum neuen Gouverneur Taiwans ernannt. Zahlreiche Taiwanesen erhielten nun Ämter in der Lokal- und Provinzverwaltung, und die Rolle des Staates in der Wirtschaft Taiwans wurde reduziert, wodurch die freie Wirtschaft größere Bewegungsfreiheit erhielt. Im kulturellen Bereich waren der neue Gouverneur und seine Nachfolger bemüht, die taiwanesische Bevölkerung und insbesondere die Jugend mit den Grundzügen der chinesischen Kultur vertraut zu machen, um das Bewußtsein zu wecken, daß auch die Taiwanesen Teil der chinesischen Nation und ihrer ruhmvollen Vergangenheit seien. Mit dem gleichen Ziel wurde die Verbreitung der Ideenwelt Sun Yat-sens mit großem Nachdruck betrieben.

Taiwan als Fluchtburg des nationalchinesischen Regimes

Washington distanziert sich von Taiwan

Der Siegeszug der chinesischen Kommunisten, die Ende Januar 1949 Peking erobern, am 20. April den Jangtse-Fluß überqueren und Ende Mai Hankau wie auch Schanghai erobern konnten, hatte im Regierungslager in wachsendem Maß Defätismus und Desorientierung hervorgerufen. Inmitten dieses sich verschlimmernden Chaos hatte Chiang Kai-shek seinen kühlen Kopf bewahrt. Als ihm bewußt wurde, daß die Schlacht um das chinesische Festland definitiv verloren war, begann er systematisch die Übersiedlung des nationalchinesischen Macht- und Regierungsapparats nach Taiwan vorzubereiten. Wie bereits erwähnt, veranlaßte er die Verlagerung des chinesischen Staatsschatzes sowie wesentlicher Elemente der chinesischen Streitkräfte, der Regierung und der Partei nach Taiwan, wo er auf Grund seiner geographischen Lage, seines natürlichen Reichtums und seines hohen Entwicklungsniveaus die einzige Region Chinas erkannte, von der aus der Widerstand gegen das kommunistische China mit Aussicht auf Erfolg fortgesetzt werden konnte.

Bereits am 15. Januar 1949 war Ch'en Ch'eng, einer der vorzüglichsten Politiker und Generäle des nationalchinesischen Regimes, zum Gouverneur von Taiwan ernannt worden, wo er die von seinen Vorgängern begonnene Reformpolitik zügig fortsetzte. Laut den Tagebuchaufzeichnungen seines älteren Sohnes, des späteren Präsidenten von Taiwan, Chiang Ching-kuo, der bei der Organisation der Übersiedlung nach Taiwan eine führende Rolle spielte, hatte Chiang Kai-shek in den beiden letzten Wochen des Mai 1949 bereits begonnen, definitive Pläne für die Verteidigung und Reform Taiwans zu entwerfen.[6] Die mit einer Gesamtstärke von 600.000 Mann nach Taiwan gebrachten Streitkräfte umfaßten unter anderem die während des Krieges in Südchina von den Amerikanern ausgebildeten und bewaffneten Einheiten unter General Sun Li-jen, die vom jüngeren Sohn Chiang Kai-sheks, Chiang Wei-kuo, kommandierten Panzerverbände mit ca. 900 Panzerfahrzeugen und einen Teil der Heeresluftwaffe mit insgesamt etwa 450 Kampf- und Transportflugzeugen sowie leichten Bombern. Die nach Taiwan transferierten Marinestreitkräfte verfügten über insgesamt 70 Schiffe einschließlich Landungsfahrzeuge und Transportschiffe. Ab Juni 1949 verhängte die nationalchinesische Regierung im Zuge des Bürgerkrieges mit den Kommunisten eine maritime Blockade über weite Teile der chinesischen Festlandsküste. Dadurch entstanden Spannungen mit westlichen Schiffahrtslinien und Regierungen. Gleichzeitig kam es immer wieder zu Seegefechten mit Marineeinheiten der chinesischen Kommunisten.

Ab der Eroberung der Mandschurei und Nordchinas durch die chinesischen Kommunisten galt auch für die USA die Ausdehnung kommunistischer Herrschaft auf ganz Kontinentalchina nur noch als eine Frage der Zeit. Vor dem Hintergrund dieser Erwartung erhob sich in Washington unter anderem die Frage nach der Zukunft Taiwans.

Militärische Gutachten der Vereinigten Stabschefs wie auch des Nationalen Sicherheitsrates hoben die große strategische Bedeutung der Insel in der Mitte der Seeroute von Sibirien, Korea und Japan im Norden nach den Philippinen, Indochina und Singapur im Süden hervor. In den meisten der auf Taiwan bezogenen militärischen oder diplomatischen Gutachten wurden gefährliche strategische Nachteile für die USA vorausgesagt, sollte die Insel in die Hände der Kommunisten fallen. Umgekehrt wurde die Wünschbarkeit einer Situation hervorgehoben, in der eine solche Entwicklung verhindert werden könnte. Hinsichtlich der Frage, wie dieses Interesse zu realisieren sei, schieden sich dann die Geister. 1949 sprachen sich nur wenige Stimmen für eine Unterstützung der dortigen nationalchinesischen Machthaber aus. Zu sehr hatten deren Schwäche und Korruption auf dem chinesischen Festland enttäuscht. Erschien also eine Kontrolle Taiwans durch die Kommunisten nicht wünschbar und eine durch die Kuomintang nicht vorstellbar, so mußten andere Lösungen geplant werden.

Charakteristisch für eine der stark profilierten Meinungen bei diesen Planspielen ist ein geheimes Memorandum von George F. Kennan, dem Gründungsdirektor des Planungsstabes im amerikanischen Außenministerium, vom Frühsommer 1949. Die primäre Absicht dieses Planes bestand in dem doppelseitigen Ziel, Taiwan einerseits weder unter die Herrschaft des kommunistischen chinesischen Festlandes fallen zu lassen noch auch dort eine Fortdauer der nationalchinesischen Verwaltung zu tolerieren. Um dieses Ziel zu erreichen, könne entweder eine Gruppe derjenigen Staaten mobilisiert werden, die sich mit Japan im Kriegszustand befunden hätten. Denn diese hätten ein Recht der Mitsprache bei einem japanischen Friedensvertrag, der unter anderem auch den künftigen völkerrechtlichen Status von Taiwan zu regeln habe. Sollte eine solche Staatengruppierung nicht zustande gebracht werden können, war als Alternative an ein unilaterales Eingreifen der USA gedacht. Ziel der multilateralen oder unilateralen Intervention wäre es, die auf Taiwan befindlichen chinesischen Streitkräfte und Flüchtlinge gewaltsam auf das chinesische Festland zu evakuieren. Obwohl manches an dieser Operation schwierig und unerfreulich sei, könne sie gelingen, wenn man sie »mit hinlänglicher Entschlossenheit, Schnelligkeit, Rücksichtslosigkeit und Selbstsicherheit« durchzuführen vermöge. Viel hänge davon ab, ob das amerikanische militärische Establishment fähig und gewillt sei, in derselben Art vorzugehen wie die Engländer im Zweiten Weltkrieg bei Oran und Dakar (wo sie völkerrechtswidrig und ungeachtet französischer Verluste an Menschenleben, am Krieg unbeteiligte französische Flotteneinheiten versenkten). Den chinesischen Generälen auf Taiwan solle zur Wahl gestellt werden, mit dieser geplanten Aktion zu kooperieren. Chiang Kai-shek sollte mitgeteilt werden, er könne, wenn er denn wolle, auf Taiwan verbleiben, doch nur mit dem »Status eines politischen Flüchtlings«. Die auf Taiwan intervenierende Macht- oder Mächtegruppe solle die Vereinten Nationen auffordern, auf Taiwan innerhalb eines Jahres eine Volksabstimmung zu veranstalten. Dabei sollte sich die taiwanesische Bevölkerung zwischen drei Möglichkeiten entscheiden können, und zwar erstens von der künftigen Regierung Chinas (voraussichtlich den Kommunisten) beherrscht zu werden oder zweitens von der gegenwärtigen (unpopulären) nationalchinesischen Verwaltung auf Taiwan oder unter einem Treuhandschaftssystem der Vereinten Nationen, das eventuell zur künftigen staatlichen Unabhängigkeit Taiwans führen könne.[7]

Kurz zuvor war ein anderes von US-Admiral Sidney W. Souers stammendes Memorandum für den Nationalen Sicherheitsrat entworfen worden, das drei Alternativen zur Diskussion stellte. Die erste sah eine direkte Übernahme der Verteidigung Taiwans durch die USA vor. Dies allerdings könne in Asien antiamerikanische Ressentiments erregen. Zweitens eine Politik »kalkulierter Passivität«, jedoch mit der Hoffnung, daß das nationalchinesische Regime auf Taiwan in der Lage sein werde, sich selbst hinreichend zu verteidigen. Letztlich könnten drittens die Vereinten Nationen aufgefordert werden, ein Treuhandschaftssystem für Taiwan zu errichten und dessen Zukunft zu gegebener Zeit durch eine Volksabstimmung unter UN-Überwachung entscheiden zu lassen. Der Admiral selbst empfahl die Annahme der dritten Option.[8]

Pläne dieser Art wurden jedoch schnell verworfen, vor allem auch wegen des zu ihrer Durchführung benötigten großen Aufwandes. Im Rahmen einer internen Besprechung politischer und militärischer Führungskräfte, die in Washington am 29. Dezember 1949 stattfand, nahm Außenminister Acheson zu Vorschlägen der Vereinten Stabschefs Stellung, die eine stärkere Unterstützung Taiwans empfohlen hatten. Sich dagegen aussprechend argumentierte der Außenminister, solche Hilfe könne Taiwan bestenfalls noch ein Jahr über Wasser halten. Mit einer der Regierung gegenüber feindseligen Bevölkerung, überschwemmt mit Festlandflüchtlingen und mit einer korrupten Regierung werde Taiwan auf kurz oder lang das Schicksal des chinesischen Festlandes, das heißt seine Beherrschung durch die Kommunisten, erleiden müssen.

Einen Tag zuvor hatte Acheson ein Memorandum der Fernostabteilung seines Ministeriums erhalten. Darin hieß es, im Gegensatz zum Vorschlag der Stabschefs sei es das Bestreben der gegenwärtigen amerikanischen Diplomatie, sich von dem sinkenden Schiff des nationalchinesischen Regimes auf Taiwan zu distanzieren und damit ihre Freiheit der Initiative zu gewinnen. Eine amerikanische Unterstützung Taiwans würde in China und international als abzulehnende Intervention empfunden werden.[9] Bereits im Monat zuvor hatte Washington nationalchinesischen Behörden gegenüber klargemacht, daß die USA nicht beabsichtigten, Taiwan mit ihren Streitkräften zu verteidigen, und betont daß dies deutlich herausgestellt werden müsse, um Mißverständnisse zu vermeiden.[10]

Ein Rundschreiben des amerikanischen Außenministeriums an die diplomatischen Vertretungen der USA vom 1. Dezember 1949 erteilte die Weisung, im Fall einer Eroberung Taiwans durch die Kommunisten sei die Bedeutung dieses Ereignisses nach Kräften zu bagatellisieren. Taiwan sei eindeutig ein Teil Chinas. Die USA hätten keinerlei rechtliche oder moralische Verantwortung für die Verteidigung der Insel oder auch für die auf ihr herrschenden politischen Zustände. Auch geostrategisch sei die Insel von keiner besonderen Bedeutung für die USA oder andere mit ihr befreundeten Staaten.[11]

Somit hatte sich um die Jahreswende 1949/50, nach dem vorangegangenen langen Hin und Her der Meinungen und Vorschläge, eine klare Linie der US-Politik gegenüber Taiwan herauskristallisiert. Niemand Geringerer als Präsident Truman zeichnete als Verfasser einer stark beachteten diesbezüglichen Erklärung der US-Regierung vom 15. Januar 1950. Unter Berufung auf Amerikas Tradition einer Politik der »Offenen Tür« gegenüber China und auf die Drei-Mächte-Erklärung von Kairo 1943 betonte dieses Dokument, die USA hätten weder ein Erwerbsinteresse an Taiwan oder auch nur die Absicht, dort militärische Stützpunkte zu errichten oder in irgendeiner Weise in den chinesischen Bürgerkrieg verwickelt zu werden. Ebenfalls seien die Vereinigten Staaten nicht gewillt, den auf Taiwan stationierten nationalchinesischen Streitkräften militärische Sach- oder Beraterhilfe zuteil werden zu lassen.[12]

Angesichts der Bedeutung, die chinesischen Fragen in der amerikanischen Öffentlichkeit, den Medien und dem Kongreß beigemessen wurde, erregte diese von höchster Autorität bekanntgegebene neue Politik beträchtliches Interesse. Auf eine Reihe schriftlich formulierter Anfragen des Außenpolitischen Komitees des Repräsentantenhauses antwortend, betonte Außenminister Acheson nochmals, daß ein amerikanischer Versuch zur Errichtung einer nichtchinesischen Regierung auf Taiwan, sei es durch die Vereinten Nationen oder sei es durch eine Volksabstimmung, in der Außenwelt als ein Versuch der USA gedeutet werden würde, Taiwan in Verletzung früherer Versprechungen und Zusagen von China zu trennen. Die von einem solchen Schritt der USA vor allem in Asien zu erwartenden Reaktionen seien so ungünstig, daß ein solcher Schritt zu unterbleiben habe. Taktisch würde er nur der Sowjetunion in die Hände spielen.[13] Noch im gleichen Monat formulierte Außenminister Acheson jene wohlgemeinte, aber in ihrer Auswirkung unheilvolle Definition des amerikanischen Interessen- und Schutzbereiches im Westpazifik, die Südkorea, Taiwan und Indochina aus diesem Schutzbereich ausklammerte. Eine Analyse der CIA vom 27. März 1950 sagte die Eroberung Taiwans durch Pekings Streitkräfte noch vor Jahresende 1950 voraus. In einer Analyse der US-Botschaft in Taipei vom 17. Mai des gleichen Jahres heißt es, das Schicksal Taiwans sei besiegelt, daher seien Vorbereitungen zur Evakuierung dort befindlicher Amerikaner zu treffen. Ebenfalls im Mai richtete die US-Regierung eine diskrete Anfrage an die Philippinen und später im Juni an Südkorea, ob man dort im Falle einer Eroberung Taiwans durch die Kommunisten zur Aufnahme chinesischer Flüchtlinge bereit sei.[14]

Die Rettung Nationalchinas durch den Koreakrieg

Der Beginn des nordkoreanischen Angriffskrieges gegen Südkorea änderte Amerikas Politik auch gegenüber Taiwan schlagartig. Ein wesentlicher Teil der Grundsatzerklärung Präsident Trumans vom 27. Juni 1950 bezog sich auf Taiwan und beruhte auf der unbewiesenen Annahme, die wirklichen Urheber des Angriffs der nordkoreanischen Kommunisten seien in Moskau und Peking zu suchen. Truman sagte unter anderem wörtlich: »Unter diesen Umständen wäre eine Besetzung Taiwans (Formosas) durch die kommunistischen Kräfte eine direkte Bedrohung der Sicherheit des pazifischen Raumes und der Streitkräfte der Vereinigten Staaten … in diesem Gebiet. Dementsprechend habe ich der Siebenten Flotte befohlen, jeden Angriff auf Formosa (Taiwan) zu verhindern. Zusätzlich habe ich die chinesische Regierung auf Formosa dazu aufgefordert, alle Kampfhandlungen zur Luft oder zur See gegen das (chinesische) Festland einzustellen. Die Siebente Flotte wird dafür sorgen, daß dies so geschieht. Die Bestimmung des künftigen Status von Formosa (Taiwan) muß bis zur Wiederherstellung der Sicherheit im Pazifik und bis zu einer Friedensregelung mit Japan oder einer Stellungnahme der Vereinten Nationen warten.«[15] Diese plötzliche und drastische Veränderung der amerikanischen Taiwan-Politik rief auf seiten Pekings sofort empörte Proteste hervor. Bereits am folgenden Tag erklärte Mao Tse-tung: »Erst am 15. Januar dieses Jahres hatte Truman gesagt, die Vereinigten Staaten würden keine Einmischung in Taiwan unternehmen. Jetzt beweist er selbst, daß diese Erklärung falsch war und zerreißt (damit) alle internationalen Vereinbarungen hinsichtlich einer amerikanischen Nichteinmischung in die inneren Angelegenheiten Chinas.« Diese zornige Entgegnung Maos ergänzte Chou En-lai (Zhou En-lai) am gleichen Tag mit einer weiteren Stellungnahme, in der es unter anderem heißt: »... Trumans Erklärung vom 27. Juni und die Maßnahmen der US-Kriegsmarine sind bewaffnete Aggression gegen das Territorium Chinas und eine grobe Verletzung der Satzung der Vereinten Nationen.«[16]

Doch die neue Haltung der USA löste nicht nur in Peking Proteste, sondern auch in Taiwan Bedenken und Vorbehalte aus. Eine entsprechende Äußerung des nationalchinesischen Außenministers George K. C. Yeh, ebenfalls vom 28. Juni 1950, weist darauf hin, daß sich die Regierung in Taipei zwar an Trumans Regelungen hinsichtlich militärischer Aktionen in der Straße von Taiwan halten werde, daß aber der in der Erklärung von Kairo 1943 festgelegte Status Taiwans als Teil Chinas dadurch in keinerlei Weise berührt werden könne. Als sich der nationalchinesische Botschafter in Washington bei Außenminister Dulles besorgt erkundigte, mit welchen Absichten und Erwartungen die US-Regierung plane, die »sogenannte Taiwan-Frage« in der Generalversammlung der Vereinten Nationen zur Diskussion zu stellen, gab Dulles eine taktisch bemerkenswerte Antwort. Er warnte die Regierung in Taipei, anläßlich dieser geplanten Debatte den Standpunkt der USA in Frage zu stellen, und sagte wörtlich: »Wenn die Vereinigten Staaten Taiwan schon als rein chinesisches Gebiet betrachten, könnte nicht nur die Frage der Vertretung der chinesischen Regierung (in den Vereinten Nationen) sofort gelöst werden, sondern die USA würden damit auch ihre Begründung zur Entsendung der Siebenten Flotte zum Schutz Taiwans verlieren.«[17]

Ungeachtet Pekinger Proteste und nationalchinesischer Bedenken lautet Artikel 2 (b) des Friedensvertrages mit Japan vom September 1951, an dessen Zustandekommen keine der beiden chinesischen Regierungen beteiligt war, »Japan verzichtet auf alle Rechte, Rechtstitel und Ansprüche auf Formosa (Taiwan) und die Pescadoren (Inseln)«, jedoch ohne anzugeben, zu wessen Gunsten diese Abtretung erfolgt sei.[18]

Der Koreakrieg und mit ihm der Schutz durch die amerikanische Kriegsmarine bedeutete für das nationalchinesische Regime auf Taiwan, das viele Beobachter bereits verloren gegeben hatten, ein »Wunder des Überlebens«. In ähnlicher Weise waren die bereits bis auf kleine Reste dezimierten chinesischen Kommunisten 1937 vom Ausbruch des japanischen Krieges gegen China vor der Möglichkeit vollständiger Vernichtung bewahrt worden. Chiang Kai-shek wurde am 24. Februar 1950 durch einstimmigen Beschluß des Legislativ-Yüan ersucht, erneut das Amt des Staatspräsidenten zu übernehmen, was er mit Wirkung vom 1. März 1950 auch tat. Er und die meisten seiner Anhänger waren sich offensichtlich der Tatsache bewußt, daß die geostrategisch günstig gelegene Insel Taiwan ihrer Partei und ihrem Regime eine letzte historische Chance zum Überleben und zur Regeneration bot. Im Hinblick auf die Anhängerschaft der Kuomintang hatte die Flucht auf die damals noch international nicht abgesicherte Insel Taiwan eine Art Siebwirkung erzeugt. Denn zumeist waren es nur die wirklich loyalen und entschlossenen Mitglieder der Partei, die Chiang Kai-shek in eine anfangs hoffnungslos scheinende letzte Bastion folgten. Viele andere Mitglieder machten ihren Frieden mit den Kommunisten oder wanderten nach Hong Kong, Macao, nach Südostasien oder in die Vereinigten Staaten aus.

Mit den nach Taiwan geflohenen Elementen der Partei veranstaltete Chiang Kai-shek eine 27 Monate anhaltende Reformbewegung. Ihr Ziel war es ausdrücklich, Fehler der Vergangenheit aufzuzeigen und Strategien für eine Wiederbelebung von Partei und Staat unter den auf Taiwan gegebenen Umständen zu beraten und zu beschließen. Als großes Vorbild diente unter anderem die Politik des Partei- und Republikgründers Sun Yat-sen, der angesichts der chaotischen Warlord-Wirren in China nach dem Ersten Weltkrieg, eine der Provinzen Chinas, Kwangtung (Guangdong) unter der Herrschaft seiner Partei nicht nur zu einer Musterprovinz für den Rest Chinas, sondern zugleich auch zum Ausgangspunkt für einen Wiedervereinigungsfeldzug gegen die Warlords gestaltet hatte.[19] Die vielmonatige Reformarbeit führte zu einer straffenden Restrukturierung nicht nur der Partei selbst, aus der Scharen unzuverlässiger Mitglieder ausgeschlossen wurden, sondern auch der Regierung und der Streitkräfte. Obwohl sich diese Umstrukturierung den in Taiwan gegebenen Verhältnissen anpaßte, blieb die Zusammensetzung der Führungsgremien von Partei und Regierung wie auch des vom Festland mitgenommenen Parlaments gesamtchinesisch und nicht spezifisch taiwanesisch. Denn das nationalchinesische Regime beanspruchte weiterhin, als legitime gesamtchinesische Regierung zu gelten, obwohl das von ihr de facto beherrschte Gebiet Chinas als Folge des Bürgerkrieges auf nur die eine Inselprovinz Taiwan und einige kleine Inselgruppen zusammengeschrumpft war. Die USA und die Mehrzahl der auswärtigen Regierungen fuhren zunächst fort, diese Regierung auf Taiwan als De-jure-Regierung der Republik China zu betrachten. Als solche vertrat sie China weiterhin – trotz vergeblicher Versuche der Sowjetunion und des UN-Generalsekretärs, dies zu ändern – in der Weltorganisation der Vereinten Nationen.

In seinen Reden zur Parteireform gestand Chiang Kai-shek ein: »Die katastrophalen militärischen Niederlagen auf dem chinesischen Festland sind nicht in erster Linie auf eine quantitative Überlegenheit der Kommunisten zurückzuführen, sondern auf den Zusammenbruch unserer Parteiorganisation und auf die Undiszipliniertheit und die mangelnde Entschlossenheit unserer Parteimitglieder.« Vor allem aber sei die Kuomintang den sozialen und wirtschaftlichen Erwartungen des chinesischen Volkes nicht gerecht geworden. Die von Sun Yat-sen gesetzten Ziele der Sozialpolitik seien grob vernachlässigt worden. Es gelte daher, innovative Formen der Sozial- und Wirtschaftspolitik zu entwickeln, die dem kommunistischen System nachweislich überlegen seien. Denn so warnte Chiang: »Die gegenwärtige sozialpolitische Taktik der Kommunisten ist gerichtet auf die Zerschlagung unserer bisherigen Gesellschaftsstruktur, und ihre Kulturpolitik zielt auf die Ausrottung unseres geschichtlich gewachsenen Kulturerbes.« Nicht nur Taiwan stehe auf dem Spiel, sondern die Bewahrung und Weiterentwicklung des vieltausendjährigen Kulturerbes des chinesischen Volkes. Die Parteimitglieder sollten neuen Mut fassen, um Taiwan zu einer Modellprovinz für China und zum Ausgangspunkt einer Befreiungsbewegung des chinesischen Volkes gegen den Kommunismus zu machen.[20]

Taiwans gewaltlose Landreform

Zum Ministerpräsidenten wurde General Ch'en Ch'eng ernannt, der zwischen 1948 und 1950 als Gouverneur von Taiwan ganz wesentlich an der Organisierung der Übersiedlung von etwa 1,2 Millionen Menschen einschließlich des Partei- und Regierungsapparates der Kuomintang nach Taiwan beteiligt gewesen war. Ch'en Ch'eng wurde federführend bei der Planung und Durchführung einer überaus erfolgreichen Landreform auf Taiwan. Sie beruhte auf der Kombination dreier Maßnahmen. Erstens auf einer 1949 und 1951 gesetzlich verfügten Begrenzung des Pachtzinses für Agrarland. Während früher der durchschnittliche Pachtzins bei 50 Prozent des Ertrages der jährlichen Haupternte lag, wurde er jetzt auf 37,5 Prozent begrenzt. Zumeist zugunsten der Pächter wurden das Vorkaufsrecht, die Mindestgrenze für die Dauer von Pachtverträgen und die Rechtsform der Pachtverträge neu geregelt. Zur Schlichtung von Streitigkeiten wurden Landpachtkomitees gebildet, die sich auf den Landkreisebenen jeweils aus fünf Pachtbauern, zwei Eigentümer-Bauern und zwei Grundherren sowie einem Regierungsvertreter zusammensetzten. Die zweite Maßnahme bestand im Verkauf staatlichen Agrarlandes an Pächter und landlose Bauern. Denn nach dem Rückzug der Japaner aus Taiwan hatte die Regierung etwa 180.000 Hektar japanischen Landbesitzes übernommen. Ein Gesetz vom 15. Juni 1951 legte fest, daß dieser Boden vor allem an dessen derzeitige Pächter, an Landarbeiter und landarme Pacht- und Teileigentümerbauern verkauft werden sollte. Als Verkaufspreis wurde ein Betrag festgesetzt, der dem zweieinhalbfachen Wert des jährlichen Ertrages der Haupternte entspricht. Die Zahlungsraten der Kaufsumme sollten innerhalb von 10 Jahren mit jährlich zwei Raten erstattet und so gestaltet werden, daß der Käufer für die Rückzahlungsraten und jährlich anfallende Bodensteuer mit einem Betrag belastet wurde, dessen Höhe aber 37,5 Prozent des Durchschnittsertrages der Haupternte nicht überschreiten durfte. Die Rückzahlungsraten sollten in Naturalien erstattet werden.

Am einschneidendsten war drittens das Gesetz »Land den Bauern« über die neue Verteilung des agrarischen Grundbesitzes. Dieses 1953 promulgierte und 1954 novellierte Gesetz sah den Zwangsverkauf allen privaten landwirtschaftlichen Grundbesitzes an die Regierung vor, dessen Ertrag über den jährlichen Durchschnittsertrag von drei Chia (ein Chia ist gleich 0,9699 Hektar) bewässerten Landes mittlerer Qualität hinausgeht. Die bisherigen Grundbesitzer durften als Privateigentum nur jene landwirtschaftliche Nutzfläche behalten, deren Ertrag diesem genannten Wert entspricht. Landbesitz, der über diese gesetzliche Höchstgrenze hinausging, mußte an den Staat verkauft werden. Dieser verkaufte das so erworbene Land an Pachtbauern und Landarbeiter weiter. Auch hier wurden die Konditionen der Rückerstattung für die Käufer so gestaltet, daß sie den Wert von 37,5 Prozent der Haupternte nicht überstieg. Durch diese Gleichsetzung von jährlichem Zins für gepachtetes Land mit jährlicher Rückzahlung für gekauftes Land wurde es für die bäuerlichen Käufer rentabler, bei gleicher Belastung, Land zu kaufen und nach 10 Jahren nur noch Bodensteuer zahlen zu müssen, als Land zu pachten. Die zum Zwangsverkauf veranlaßten Grundbesitzer wurden vom Staat bis zu 70 Prozent des Kaufwertes mit Landbonds und für die restlichen 30 Prozent mit Aktien vormals staatlicher Betriebe entschädigt. Durch diese und andere Maßnahmen sollte der Zufluß von Kapital aus der Landwirtschaft in die in Erweiterung befindliche Leichtindustrie angeregt werden. Bis zum Jahr 1958 wurden von insgesamt 4,8 Millionen Bauern 2,9 Millionen Volleigentümer, 1,1 Millionen Teileigentümer und 0,7 Millionen Pächter des von ihnen bebauten Bodens.

Eine führende Rolle bei der Gestaltung der Agrarreform kam der sogenannten *Chinese-American Joint Commission on Rural Reconstruction* zu, die für ein stark verbessertes landwirtschaftliches Kredit- und Genossenschaftswesen sorgte. Ein politisches Ziel dieser Landreform war es, einerseits die bäuerliche Bevölkerungsmehrheit Taiwans für die neue Kuomintang-Regierung zu gewinnen und andererseits der von den Maoisten in Kontinentalchina mit Klassenkampf und Blutvergießen betriebenen Agrarpolitik auf chinesischem Boden ein effizientes und humanitär gehandhabtes Alternativmodell gegenüberzustellen.[21]

Der Kampf um die Küsteninseln

Die Ausgangslage der neuen Krise

Die Machtergreifung der Maoisten in China und der durch sie bewirkte Rückzug des nationalchinesischen Regimes auf die Insel Taiwan hatte zu einer Phase des Abwartens und der Alternativen erwägenden Neuorientierung der amerikanischen Chinapolitik geführt. Bereits ab ihrer Gründung am 1. Oktober 1949 hatte die Volksrepublik China verkündet, an der Aufnahme normaler diplomatischer Beziehungen mit anderen Staaten interessiert zu sein. Seitens der Vereinigten Staaten wurde diese Frage bereits im November 1949 in einem Memorandum des Außenministeriums und bei einer Besprechung des Außenministers mit Fernostexperten ausführlich besprochen. Die Befürworter einer Anerkennung argumentierten, diese bedeute doch nur die Anerkennung der neuen Wirklichkeit und keine moralische Billigung. Normale diplomatische Beziehungen könnten dazu beitragen, Moskaus Einfluß in China zu mindern und Amerikas Wirtschaftsbeziehungen zu China eine Chance zur baldigen Normalisierung zu geben. Deshalb sollten die USA schnellstens sämtliche Beziehungen zur nationalchinesischen Regierung abbrechen. Die Gegner einer Anerkennung betonten, dieser Schritt werde im Sicherheitsrat der UN eine zweite kommunistische Großmacht mit Vetorecht etablieren, außerdem bedeute eine Anerkennung Pekings einen unverdienten Schlag gegen das traditionell mit den USA befreundete nationalchinesische Regime. Außenminister Acheson meinte, Washingtons Haltung in dieser Frage solle zunächst kein Gefühl der Dringlichkeit erkennen lassen.[22] In Reaktion auf die Teilbesetzung des amerikanischen Generalkonsulats in Peking und andere Akte der Behelligung amerikanischer Diplomaten in China hatten die USA 1950 ihr gesamtes diplomatisches Personal aus Festlandchina zurückgezogen. Die diplomatischen Beziehungen zu der nach Taiwan übersiedelten nationalchinesischen Regierung wurden fortgesetzt, und die USA weigerten sich vorläufig, einer Änderung der UN-Vertretung Chinas zugunsten Pekings und zuungunsten der Regierung in Taiwan zuzustimmen.[23] Doch das in Trumans Erklärung vom Januar 1950 ersichtlich gewordene Fallenlassen Taiwans deutete auf Washingtons Willen hin, sich Peking gegenüber alle Möglichkeiten offenzuhalten und dabei nicht auf Taiwan Rücksicht nehmen zu müssen. Vor dem Bündnisvertrag Moskau–Peking vom Februar

1950 hatte in Teilen der amerikanischen Führung und Öffentlichkeit die Hoffnung bestanden, China könne – so wie Titos Jugoslawien – trotz seines kommunistischen Herrschaftssystems eine neutrale Außenpolitik einschlagen.

Der Ausbruch des Koreakrieges hatte jedoch zu einer drastischen Änderung der Situation geführt. Die USA waren nun nicht mehr bereit, Peking eine Chance zur Eroberung Taiwans zu geben. Ab August 1950 wurde ein Geschäftsträger für die US-Botschaft in Taipei und ab Mai 1951 eine Militärberatergruppe in einer Stärke von fast 800 Mann nach Taiwan entsandt. Die jährliche Wirtschaftshilfe der USA für Taiwan stieg von 81 Millionen US-Dollar 1951/52 auf 160 Millionen 1953/54 und auf 183 Millionen im Fiskaljahr 1954/55.

Die von Präsident Truman bei Ausbruch des Koreakrieges veranlaßte Abschirmung Taiwans durch die US-Flotte, nur 6 Monate nachdem der gleiche Präsident öffentlich das politische Desinteresse der USA an dieser Insel deklariert hatte, war in Peking als überraschender Schlag empfunden worden. Auf ihren Herrschaftsanspruch über ganz China einschließlich Taiwans pochend und auf dessen anfangs unumstrittene De-facto-Rückgabe an China hinweisend, hatten die hierzu eigens und ad hoc eingeladenen Vertreter Pekings im November 1950 die Vereinigten Staaten im UN Sicherheitsrat mit völkerrechtlichen Argumenten der Aggression gegen Taiwan und damit gegen China bezichtigt.[24]

Wie dargestellt hatte Peking auf Grund des von Nordkorea initiierten und von Moskau gebilligten Krieges in Korea seine gegen Taiwan geplanten und bereits vorbereiteten militärischen Aktionen verschieben müssen. Obwohl es die USA in Korea nicht zu schlagen vermochte, hatte China dennoch die benachbarte nordkoreanische Volksrepublik retten, die Amerikaner aus diesem Gebiet vertreiben und am Ende des Krieges zur Annahme eines Patts zwingen können. Auch der mit chinesischer Rüstungs- und Beraterhilfe ermöglichte Sieg der Vietminh in Indochina über das von den USA materiell unterstützte Frankreich hatte Pekings Selbstbewußtsein gestärkt. Ebenso wirkte die international anerkannte Geschicklichkeit Chou En-lais bei Chinas diplomatischem Debüt auf der Ebene der internationalen Konferenzdiplomatie in Genf 1954. Nach dieser relativen Eindämmung gegnerischer Macht sowohl im Nordosten als auch im Südosten seiner Grenzen wandte sich Pekings Aufmerksamkeit nunmehr in verstärktem Maße seinem Interesse an dem von ihm beanspruchten Gebiet von Taiwan zu.

Von der Mündung des Jangtse-Flusses bei Shanghai in Zentralchina bis zur Mündung des Perl-Flusses im Süden bei Kanton erstreckt sich vor der Küste Chinas eine Kette von Inseln und von Inselgruppen jeweils in unmittelbarer Nähe des chinesischen Festlandes. Im Besitz einer das Festland regierende Macht bilden sie schützende Vorposten gegen vom Meer her erfolgende Angriffe einer gegnerischen Macht. Umgekehrt aber können sie im Besitz gegnerischer Streitkräfte auch als gefährliche Brückenköpfe für Offensivmaßnahmen verschiedenster Art gegen das Festland fungieren. Im Verlauf ihres Rückzuges nach Taiwan hatten die Streitkräfte Chiang Kai-sheks eine Reihe dieser Inseln weiterhin besetzt gehalten. Am strategisch bedeutendsten unter diesen waren die Quemoy- oder Kin-Men-Inseln vor der Bucht des Festlandshafens Amoy und die Matsu-Inseln unmittelbar vor dem nördlich davon gelegenen Hafen Foochow (Fuzhou). Beide dieser Inselgruppen spielten eine wichtige Rolle, bei dem Versuch des nationalchinesischen Regimes, Teile der südostchinesischen Küste mit einer maritimen Blockade zu belegen. Diese und die anderen von den Nationalchinesen besetzten Küsteninseln dienten fernerhin als Ausgangspunkte für Stoßtrupp-, Aufklärungs- und Propagandaaktionen gegen die Volksrepublik, als Beobachtungsposten sowie als potentielle Brückenköpfe für die immer wieder lautstark angekündigten Absichten des Kuomintang-Regimes zur Rückkehr auf das Festland. Psychologisch verkörperten diese Inseln die letzten Stücke festlandchinesischer Erde in nationalchinesischer Hand und als Symbole der Hoffnung für die anfangs mehrheitlich aus dem Festland stammenden Soldaten Chiang Kai-sheks auf eine künftige Rückkehr in die alte Heimat.

Umgekehrt sah Peking in der Präsenz des verhaßten Bürgerkriegsgegners auf diesen Inseln eine demütigende Erinnerung daran, daß man diesen auf dem Festland nicht hatte vollständig besiegen können, als eine Provokation der neuen Macht der Volksrepublik und als strategisches Hindernis für die Schiffahrt und Sicherheit wichtiger Küstenregionen. Die auf einigen Stellen der Quemoy-Inseln buchstäblich in Sichtweite kommunistischer Stellungen wehenden nationalchinesischen Fahnen wirkten auf Peking als irritierende Hinweise auf die Existenz des sich so nennenden »Freien China« auf Taiwan und dessen Bemühungen, dort ein sozioökonomisches Konkurrenzmodell zur Volksrepublik China zu errichten. Auf einem Felsblock in Sichtweite des Festlandes hatte Chiang Kai-shek vier chinesische Schriftzeichen einmeißeln lassen. Sie enthielten die Mahnung »Vergeßt nicht, daß wir in Jü sind.« Damit sollte an einen König erinnert werden, der sein Reich mit der Ausnahme zweier Städte verloren hatte. Die wichtigste dieser beiden Städte hatte Jü geheißen. Und von hier aus hatte er sein ganzes Reich zurückerobern können. Pekings besonderen Zorn erregte die Tatsache, daß 70 Prozent der chinesischen Kriegsgefangenen im Koreakrieg die Repatriierung in die Volksrepublik verweigert hatten und die Mehrzahl von ihnen sich statt dessen für eine Repatriierung nach Taiwan entschieden hatte.[25]

Bereits in der letzten Oktoberwoche des Jahres 1949 hatten Invasionstruppen der Volksbefreiungsarmee Pekings die Quemoy-(Kin Men-)Inseln angegriffen. Doch im Verlauf der sich dort darauf entwickelnden Schlacht von Kuningtou wurden die Angreifer von den nationalchinesischen Verteidigern unter den Generälen Tang En-po und Hu Lien vernichtet oder gefangengenommen. Auch ein zweiter, ähnlicher Angriff auf die in diesem Raum liegende Tatan-(Dadan-)Inseln konnte im Juli 1950 abgewehrt werden.[26]

Wie ein Prolog zu der Anfang September 1954 ausbrechenden Krise in der Straße von Taiwan wirkte ein von Chou En-lai am 11. August 1954 vor dem Staatsrat der Volksrepublik China gehaltener Bericht zur außenpolitischen Lage. Es hieß darin, China werde von den USA ständig an drei Fronten bedroht: Taiwan, Korea und Indochina. Geschützt und unterstützt von den USA, betreibe das Chiang Kai-shek-Regime einen immer verwegener werdenden Kleinkrieg der Beunruhigung und Zerstörung gegen die Südostküste der Volksrepublik. Mit amerikanischer Beraterhilfe sei dieses Regime dabei, seine Streitkräfte zu reorganisieren und prahle mit Vorbereitungen zur Wiederherstellung seiner Herrschaft über ganz China, das es in eine Kolonie der Vereinigten Staaten verwandeln wolle. Diese wiederum bewirkten, daß sich das Chiang-Kai-shek-Regime in den Vereinten Nationen als Vertretung Chinas ausgeben könne. Seit kurzem seien Verhandlungen über einen gegenseitigen Sicherheitsvertrag zwischen den USA und Taiwan im Gange. Außerdem bemühten sich die aggressiven Kreise in Washington um die Bildung eines Nordostasiatischen Verteidigungsbündnisses, in das Japan, Südkorea und Taiwan einbezogen werden sollten. Angesichts einer solchen für Peking bedrohlichen und unerträglichen Konstellation im Westpazifik sehe er sich zu der Feststellung veranlaßt: »Die Regierung der Volksrepublik China erklärt noch einmal: Taiwan ist ... chinesisches Gebiet. Seine Besetzung durch die Vereinigten Staaten kann absolut nicht toleriert werden. Ebenso inakzeptabel ist die Unterstellung Taiwans unter ein Treuhandschaftssystem der Vereinten Nationen. ... Die Befreiung Taiwans ist ein glorreiche historische Mission des chinesischen Volkes. Nur durch ... die Erfüllung dieser ruhmvollen Aufgabe werden wir die vollständige Vereinigung unseres großen Mutterlandes und damit den vollständigen Sieg der großen Aufgabe der Befreiung des chinesischen Volkes vollenden können.«[27] Doch die Kooperation zwischen den USA und Taiwan war nicht ganz so gefährlich wie hier dargestellt. Wie geschildert war die Republikanische Partei der Vereinigten Staaten in den Wahlkampf vom 1952 unter anderem mit der Behauptung gegangen, sie werde die von Truman veranlaßte »Neutralisierung« der Straße von Taiwan abändern. Das heißt, die dort kreuzende VII. Flotte der US-Kriegsmarine solle nicht mehr sowohl Angriffe auf Taiwan aus der Volksrepublik als auch Offensivaktionen der Nationalchinesen gegen diese unterbinden. Von nun an werde der Auftrag an die VII. Flotte lauten, Offensivaktionen aus Taiwan gegen die Volksrepublik nicht mehr zu behindern. Angesichts der Beteiligung Chinas am Koreakrieg bestehe kein Anlaß, die Volksrepublik zu beschützen. Zwar wurde der Auftrag an die Flotte dementsprechend geändert, doch der Botschafter der USA in Taiwan wurde insgeheim instruiert, Chiang Kai-shek mitzuteilen, daß die USA dennoch von ihm erwarteten, keine größeren Offensivaktionen ohne ihre Zustimmung zu unternehmen, wozu Chiang Kai-shek sein Einverständnis erklärte. Der US-Botschafter kommentiert dazu in seinen Memoiren: »Unter diesen Umständen war die (national)chinesische Regierung ›entfesselt‹ ... und nur einen Augenblick später erneut ›neutralisiert‹.«[28]

Politische und militärische Aspekte des Kampfes

Nachdem amerikanische Medien am 27. August 1954 bekanntgegeben hatten, daß die VII. US-Flotte weiterhin keinen Auftrag zum Schutz der nationalchinesischen Küsteninseln unmittelbar vor Territorien der Volksrepublik China habe, und nachdem bekannt geworden war, daß der in Vorbereitung befindliche Südostasienpakt Taiwan nicht in sein Schutzgebiet einbeziehen würde, eröffneten Küstenbatterien der Volksbefreiungsarmee Pekings in den Morgenstunden des 3. September 1954 ein gewaltiges Bombardement der in nationalchinesischer Hand befindlichen Quemoy-(Kin Men-)Inseln, das von einem Gegenfeuer der dortigen Garnison beantwortet wurde.[29] Auf die weltpolitischen Aspekte der sich daraus entwickelnden Krise hinweisend schrieb Präsident Eisenhower in seinen Memoiren: Damit »begann eine Kette von Ereignissen, die sich neun Monate hinziehen sollte, die Gefahr eines Zerwürfnisses zwischen den Vereinigten Staaten und fast allen ihren Verbündeten bewirkte und das Land an den Rand eines Krieges brachte und damit eines der ernstesten Probleme bildete, mit denen ich in den ersten achtzehn Monaten meiner Regierung konfrontiert war.«[30] In einer ersten Reaktion auf die Krise stellte US-Außenminister Dulles fest, das Bombardement der Streitkräfte Pekings habe wohl nicht zufällig am ersten Tag der Konferenz in Manila zur Beratung der Schaffung eines Südostasienpaktes begonnen. Auch die Schlacht von Dien Bien Phu sei nicht zufällig während der Genfer Indochina-Konferenz geschlagen worden. Man solle nicht den Fehler der Franzosen begehen, etwas zu einem Symbol zu machen, das dann doch nicht gehalten werden kann. Umgekehrt jedoch, wenn die Quemoy-(Kin Men-)Inseln gehalten werden könnten, so würden die Kommunisten viel von dem Prestige verlieren, das sie durch Dien Bien Phu gewonnen hätten.[31]

Die von Peking herbeigeführte Krisensituation im Westpazifik verfolgte drei klar erkennbare und interdependente Zielsetzungen: 1. Militärstrategisch wollte Peking den militärisch störenden und psychologisch belastenden Sperriegel nationalchinesischer Brückenköpfe auf Inseln unmittelbar vor der Südostküste der Volksrepublik beseitigen, um damit zugleich auch benötigte Ausgangspunkte zu einer späteren Invasion Taiwans freizukämpfen. Zu diesem Zweck waren von Maos Streitkräften bereits im Frühjahr und Frühsommer 1950 umfangreiche militärische Vorbereitungen unternommen, jedoch wegen des Ausbruchs des Koreakrieges damals abgebrochen worden.[32] Ein Jahr nach Ende dieses Krieges und gestärkt durch seine Erfolge in Korea und Indochina, beabsichtigte Peking sein damals vertagtes Vorhaben nunmehr in die Tat umzusetzen. 2. Die Offensive diente fernerhin einer doppelseitigen Erprobung. Sie galt einerseits der militärischen und psychologischen Abwehrkraft des nationalchinesischen Bürgerkriegsgegners. Andererseits sollte sie das Maß amerikanischer Unterstützungsbereitschaft für Chiang Kai-sheks Verteidigung seiner Inselnstützpunkte ausloten. 3. Diplomatisch verfolgte Pekings Offensive das Ziel einer dreifachen Abschreckung: Erstens sollte Washington von einer vertraglichen Bindung an Taiwan abgehalten werden; zweitens sollte die bereits andiskutierte Ausklammerung Taiwans aus dem Schutzbereich des entstehenden Südostasienpaktes sichergestellt werden; drittens sollte die Problematik eines gegen Peking gerichteten westlichen Schutzsystems für Taiwan zum Anlaß von Zerwürfnissen zwischen Washington und seinen Verbündeten gemacht werden.

Durch den Beginn der Krise wurde bei den außenpolitischen Führungskräften der USA eine intensive Debatte über das Für und Wider einer amerikanischen Beteiligung an der militärischen Verteidigung der intensiv bedrohten Küsteninseln ausgelöst. In einer ersten Runde interner Besprechungen stellte der Vorsitzende der Vereinigten Stabschefs Admiral Radford fest, die USA hätten die nationalchinesische Regierung seit 1951 zur weiteren Verteidigung dieser Inseln ermutigt und deren Garnisonen seit Juli 1953 in Ausbildungs- und Unterstützungsprogramme mit einbezogen. Es wurde daran erinnert, daß Außenminister Dulles in einer Pressekonferenz vom 24. August 1954 geäußert hatte, ein Angriff auf diese Inseln könne eine militärische Reaktion seitens der USA hervorrufen. Trotz dieser Warnung und trotz eines demonstrativen Besuchs des VII. Flotte auf den Tachen-(Dachen-)Inseln hätte sich Peking von seinem jetzigen Angriff auf die Inseln nicht abhalten lassen.[33] Wie General Walter Bedell Smith Eisenhower am 6. September mitteilte, hatte er Taipei informiert, die USA würden jede defensive Aktion der Nationalchinesen unterstützen. Intern allerdings stimmten Eisenhower und Smith in der Ansicht überein, die USA sollten sich an einer Verteidigung nur dann beteiligen, wenn dabei eine echte Erfolgschance bestünde.[34] Die Vereinigten Stabschefs vertraten die Ansicht, Chiang Kai-sheks Streitkräfte könnten die Inseln ohne amerikanische Hilfe nicht verteidigen. Streng militärisch gesehen sei keine dieser Inseln zur Verteidigung Taiwans selbst von entscheidender Bedeutung. Dennoch würde ihr Verlust die militärische Gesamtlage des nationalchinesischen Regimes bedeutsam verschlechtern. Nach Meinung der Stabschefs war der relative Offensivwert der Inseln größer als ihr relativer Defensivwert.[35] Es wurde allerdings die Vermutung ausgesprochen, eine wirksame Verteidigung der Inseln könne vermutlich nicht ohne Angriffe auf militärische Stellungen der Volksrepublik China auf dem gegenüberliegenden chinesischen Festland vollzogen werden. Das aber berge die Gefahr eines neuen Krieges mit China in sich und werfe auch die Frage nach Reaktionen des US-Kongresses auf. Dazu gab Admiral Radford zu bedenken, eine Verteidigung der Inseln erfordere ein amerikanisches Eingreifen in einem so kurzen Zeitraum, daß dieser dem Kongreß für eine Erörterung und Beschlußfassung hinsichtlich dieser Frage nicht ausreichen werde. In einem ausführlichen Memorandum vom 11. September 1954 kam der Stabschef der US-Armee General Ridgway, der jahrelang die UN-Streitkräfte im Koreakrieg befehligt hatte, zu der Schlußfolgerung, die Inseln könnten nur mit amerikanischer Unterstützung und unter Anwendung solcher militärischer Mittel gehalten werden, die die Gefahr eines allgemeinen Krieges zwischen den USA und China mit sich brächten. Trotz aller Nachteile bei einer Preisgabe der Inseln rechtfertige der militärische Wert nicht das Risiko eines Krieges mit Peking.[36]

Im Verlauf der Krise sprachen Eisenhower und Dulles mehrfach die Befürchtung aus, eine zu riskant erscheinende amerikanische Intervention könne zu tiefen – von Peking erhofften – Meinungsverschiedenheiten zwischen Washington und seinen Hauptverbündeten im Atlantik und Pazifik führen. Um diesbezüglichen Symptomen soweit wie möglich entgegenzuwirken, schrieb Präsident Eisenhower einen vom 19. Februar 1955 datierten Brief an den britischen Premierminister Winston Churchill, in dem der Präsident das amerikanische Interesse nicht nur an Taiwan selbst, sondern auch an den umkämpften Küsteninseln zu erklären bestrebt war. Es heißt in dem Schreiben: »Wir dürfen Chiangs Armee nicht verlieren und müssen ihre Stärke, Effizienz und Moral erhalten. Vor nur ein paar Monaten hatten wir beide Chiang (Kai-shek) und eine starke, gut ausgerüstete französische Armee, um die Position der Freien Welt in Südostasien zu unterstützen. Die Franzosen sind fort, was mehr denn je verdeutlicht, daß wir uns nicht leisten können, Chiang zu verlieren, außer wir sind alle bereit, diesen Teil des Globus preiszugeben. Das ist uns unvorstellbar, und ich habe das Gefühl, das müsse bei Ihnen auch so sein.«[37]

Die in der Straße von Taiwan mit nur kurzen Unterbrechungen fortgehenden Kämpfe vollzogen sich in der Form gewaltiger Artillerieduelle auch wie Luft- und Seegefechten sowie Bombenangriffen entlang der chinesischen Küste und der davor liegenden Küsteninseln.[38] Um angesichts der Bedenken seiner Verbündeten die psychologische Situation für die Vereinigten Staaten zu verbessern, wurde nach vorherigen Besprechungen zwischen den USA, Großbritannien und Neuseeland im UN-Sicherheitsrat am 28. Januar 1955 ein Antrag Neuseelands angenommen, der Spannungen und Kriegsgefahr in der Straße von Taiwan feststellte und einen Waffenstillstand zwischen den beiden chinesischen Regierungen forderte. Drei Tage danach beschloß der UN-Sicherheitsrat mit 9 gegen 2 Stimmen (Sowjetunion und Nationalchina), eine diplomatische Vertretung Pekings zur Diskussion dieses Antrages einzuladen.[39] Diese Einladung zu Waffenstillstandsverhandlungen wurde aber von Chou En-lai im Namen Pekings schroff abgelehnt. Einem britischen Diplomaten erklärte er in Peking, die Volksrepublik wolle die Küsteninseln nicht in Verhandlungen »erörtern«, sondern »befreien«. China fürchte den Krieg nicht, sollte er ihm aufgezwungen werden. Der Vorschlag Neuseelands bedeute eine Einmischung in die inneren Angelegenheiten Chinas, nicht akzeptiert werden könne. Überhaupt könne Peking die Entsendung eines Delegierten zum UN-Sicherheitsrat nur dann zugemutet werden, wenn zuvor die dortige Vertretung Nationalchinas entfernt worden sei.[40] Auf der anderen Seite begründete auch Chiang Kai-sheks Außenminister Yeh Kung-chao, weshalb seine Regierung ebenfalls dem Vorschlag Neuseelands nicht zustimmen könne. Die Resolution hätte es nämlich verabsäumt, die chinesischen Kommunisten als Angreifer zu brandmarken. Es sei daher nicht akzeptabel, daß die beiden chinesischen Seiten im Rahmen dieser Resolution so behandelt würden, als seien sie gleichermaßen verantwortlich für die entstandene Krisensituation. Außerdem würde Peking durch eine Einladung seitens des UN-Sicherheitsrates psychologisch zu stark aufgewertet.[41] Chiang Kai-shek sagte ergänzend, seine Regierung lehne einen Waffenstillstand kompromißlos ab. Es dürften keine Inseln im Tausch für einen Waffenstillstand geopfert werden. Im Zuge eines Interviews mit 80 ausländischen Journalisten erklärte Chiang, Nationalchina könne seine geheiligte Mission einer Befreiung der chinesischen Landsleute auf dem chinesischen Festland nicht einfach aufgeben.[42]

Im Januar 1955 nahmen die Kampfhandlungen in der Straße von Taiwan eine für Taipei ungünstige Wendung. Am 20. Januar war es der Volksbefreiungsarmee Pekings gelungen, die nördlichste in einem Abstand von 300 km von Taiwan entfernt gelegene Yijiang-Shan-Insel zu erobern. Damit waren auch die südlich davon gelegenen Tachen-(Dachen-)Inseln in Gefahr geraten. Nach intensiver Überredung durch die USA willigte Chiang Kai-shek ungern in eine von der amerikanischen Flotte geschützte Evakuierung der Garnison und der Zivilisten dieser Inselgruppe ein, die ohne Zwischenfälle durchgeführt werden konnte.[43] Chiang hatte in der allerdings vergeblichen Hoffnung eingewilligt, daß die USA angesichts der Evakuierung dieser von Taiwan weit entfernten und daher schwer zu versorgenden Inseln zu einer kategorischen Zusage amerikanischer Hilfe bei der Verteidigung der näher gelegenen und strategisch ungleich wichtigeren Quemoy-(Kin Men-) und Matsu-Inseln bereit sein könnten.[44] Zwei Wochen nach ihrem Rückzug von den Tachen-(Dachen-)Inseln evakuierte Taipei auch die ebenfalls von Taiwan weit entfernte Nanchi-Shan-Insel. Pekings Offensive gegen die Küsteninseln und die damit beginnende Erosion der nationalchinesischen Positionen im Nordteil dieser Inseln warf in der Perspektive Washingtons wie auch Taipeis die Frage nach einer grundsätzlichen Regelung künftiger Beziehung zwischen den USA und Taiwan auf.

Das Bündnis USA–Taiwan und Washingtons »kalkulierte Zweideutigkeit«

Angesichts des seit 1953 gegebenen Drängens der Regierung Chiang Kai-sheks auf Erhalt eines Sicherheitspaktes mit den USA bestanden für diese drei grundsätzliche Optionen: 1. Sie konnten den Abschluß eines völkerrechtlichen Vertrages verweigern, jedoch ihre seit dem Koreakrieg gegebene Abschirmung Taiwans fortsetzen. Damit hätten sie bei fortgesetztem Bestand ihrer Sicherheitsposition im Westpazifik sich gleichzeitig größtmögliche diplomatische Bewegungsfreiheit erhalten; 2. hätten die USA – wie von der Chiang-Kai-shek-Regierung erhofft – im Sinne der auf »Befreiung« und »rollback« abzielenden Wahlkampfparolen der Republikaner mit der nationalchinesischen Regierung ein Offensivbündnis mit dem Ziel der Wiederherstellung nationalchinesischer

Herrschaft in Kontinentalchina abschließen können. 3. Die dritte Möglichkeit bestand in der Vereinbarung eines rein defensiven Bündnisses, das die USA nur zum Schutz Taiwans und der Pescadoren-Inseln und die Regierung in Taiwan zur militärischen Zurückhaltung gegenüber der Volksrepublik China verpflichtete.

Washington entschied sich für diese letztgenannte Variante einer wenn auch defensiv konzipierten Bindung an das nationalchinesische Regime auf Taiwan. Der am 2. Dezember 1954 unterzeichnete und am 3. März 1955 in Kraft tretende Vertrag definierte als seinen primären Zweck in Artikel II, »die Erhaltung und Entwicklung der individuellen und kollektiven Fähigkeit der beiden Signatarmächte, gegen einen bewaffneten Angriff und von außen kommende kommunistische subversive Tätigkeiten Widerstand zu leisten«. Jeder Angriff auf die Gebiete einer dieser Parteien im Westpazifik würde von der jeweils anderen als Gefahr für die eigene Sicherheit verstanden werden, und beide Partner würden in einem solchen Fall der gemeinsamen Gefahr im Einklang mit ihrem verfassungsmäßigen Prozessen der Willensbildung begegnen (Artikel V). Die in Artikel VI definierten Vertragsgebiete betreffen im Fall Nationalchinas nur »Taiwan und die Pescadoren-Inseln« und hinsichtlich der USA »die Inselgebiete im Westpazifik, die unter ihrer

Chiang Kai-shek, der seine Partei und Regierung 1949 durch den Rückzug auf die Insel Taiwan vor der Vernichtung bewahrte, während der Krise um die umkämpften nationalchinesischen Inseln vor der Küste der Volksrepublik China. Darstellung der amerikanischen Zeitschrift Time *1955.*

Jurisdiktion stehen«. In Artikel VII gewährt die Republik China (Nationalchina) den USA das Recht, Land-, Luft- und Seestreitkräfte in und um Taiwan und den Pescadoren nach eigenem Gutdünken, doch im Sinne des Vertragszweckes zu stationieren. Der Vertrag wurde laut Artikel X ohne zeitliche Begrenzung geschlossen, konnte aber von jeder Partei mit einer einjährigen Vorankündigung gekündigt werden. Ein vom 10. Dezember 1954 datierter, anfänglich geheimer Notenaustausch zwischen den beiden Regierungen legte fest, daß Gewaltanwendung – von unmittelbarer Selbstverteidigung abgesehen – einer beiderseitigen Übereinkunft bedürfe.[45]

Der Text des Vertrages hatte somit die Verpflichtung der USA für den Bündnisfall nur auf die Insel Taiwan und die nahe bei ihr gelegenen Pescadoren-Inseln beschränkt. Aber gerade diese Beschränkung rief ungute Erinnerungen an Außenminister Achesons unglücklichen Versuch hervor, den Schutzbereich der USA im Westpazifik klar zu definieren. Die dabei vorgenommene, vielfach kritisierte Auslassung Südkoreas war eine der Ursachen für Nordkoreas Angriff und seine Hoffnung auf einen leichten Sieg gewesen. Der Text des Vertrages zwischen Washington und Taipei hatte die Küsteninseln nicht erwähnt und somit ausgeklammert. Zwar wollten die USA einerseits nicht durch eine Bündnisverpflichtung in Konflikte mit China verwickelt werden, die aus Kämpfen um diese China subjektiv und objektiv provozierenden nationalchinesischen Vorpostenpositionen vor der Küste der Volksrepublik entstehen konnten. Andererseits wollten die USA jedoch Peking nicht einen Anreiz zu Angriffen auf diese Inseln dadurch geben, daß sie sich an ihnen völlig desinteressiert zeigten. In einem Memorandum von Dulles hieß es, das Problem sei, wie ein allgemeiner Krieg mit China in einer solchen Weise verhindert werden könne, daß daraus kein ernster Prestigeverlust für die USA und Nationalchina entstehe. Während einer am 12. September 1954 in Denver tagenden Sitzung des Nationalen Sicherheitsrates der USA hatte Richard M. Nixon zu einer Verhaltensweise der USA geraten, die Peking einfach im Zustand der Ungewißheit darüber lasse, ob die USA sich an einer Verteidigung der Küsteninseln beteiligen wollten oder nicht.[46] Im Zuge intensivierter Beratungen führten diese Überlegungen zu einer originellen Maßnahme, und zwar zur Taktik der sogenannten kalkulierten Ungewißheit oder Zweideutigkeit *(»calculated ambiguity«)*. Diese Taktik objektivierte sich in einer Resolution beider Häuser der US-Kongresses, der sogenannten *Taiwan Straits Resolution*, die den Präsidenten der USA dazu ermächtigte, im Zusammenhang mit der Verteidigung Taiwans auch militärische Maßnahmen zum Schutz »anderer gefährdeter Territorien« zu ergreifen, die sich noch in »freundlichen Händen« befinden. Mit anderen Worten gesagt, ermächtigte der Kongreß den US-Präsidenten, gegebenenfalls US-Streitkräfte auch zur Verteidigung der vom Vertrag mit Taiwan nicht geschützten Küsteninseln einzusetzen, falls er beim Ausbruch von Feindseligkeiten zur Überzeugung gelange, daß der Angriff auf solche Positionen nur Teil einer in Wirklichkeit auf Taiwan selbst abzielenden Generaloffensive sei. Im Hinblick auf die Küsteninseln war somit keine definitive, allgemeingültige Bündnisverpflichtung der USA ausgesprochen, sondern nur die Rechtsgrundlage für ein eventuelles schnelles Eingreifen der USA geschaffen worden. Vom Repräsentantenhaus wurde diese Resolution am 25. Januar 1955 mit 410 gegen 3 Stimmen und im US-Senat am 28. Januar mit 85 gegen 3 Stimmen angenommen.[47]

Washingtons Politik in der Taiwan-Krise wurde von manchen seiner Alliierten, so auch von Großbritannien, kritisch aufgenommen. Winston Churchill und sein Außenminister Anthony Eden vertraten den Standpunkt, es sei für die Sicherung des durch die Krise ernsthaft gefährdeten Friedens wesentlich effektiver, die Küsteninseln zu opfern, um dafür im Gegenzug eine Verpflichtung Pekings zu erhalten, Taiwan selbst und die Pescadoren nicht angreifen zu wollen.[48] Außenminister Eden hatte diese britische Forderung mit der Warnung unterstrichen, die Kämpfe in der Straße von Taiwan verkörperten die derzeit größte Bedrohung der Weltfriedens.[49] Nachdem der kanadische Außenminister Lester Pearson in noch deutlicherer Weise im März 1955 erklärt hatte, Kanada werde nicht für die Verteidigung der nationalchinesischen Küsteninseln kämpfen, hatte ein einflußreicher amerikanischer Journalist geschrieben, mit der einzigen Ausnahme Chiang Kai-sheks betrachteten alle Alliierten der USA den Kampf um die Küsteninseln als »den falschen Krieg zur falschen Zeit und an der falschen Stelle«. Zuvor hatte Eisenhower in zwei ausführlichen Briefen an Churchill versucht, diesen von der Richtigkeit der amerikanischen Strategie und Taktik im Westpazifik zu überzeugen. Gelänge es den Kommunisten die der Verteidigung des Westens dienende Inselkette im Westpazifik an einer wesentlichen Stelle – so etwa Taiwan – zu durchbrechen, werde dies den Anfang eines Prozesses bedeuten, der zum Verlust der ganzen Region führen werde. Die USA hätten ohnedies die offensive Bewegungsfreiheit der Nationalchinesen eingeengt, ihren Rückzug aus den Tachen-Inseln veranlaßt und ihre ungern gegebene Zustimmung zum Vorschlag eines Waffenstillstandes in der Straße von Taiwan erwirkt. All dies sei von Peking als Zeichen amerikanischer Schwäche gewertet worden. Ab einem bestimmten Punkt führe ständiges Nachgeben nur zu gesteigerter Aggressivität. Bisher hätten die chinesischen Kommunisten nichts zur Befriedung der Situation getan.[50]

Diese nach außen hin demonstrierte Unbeugsamkeit entsprach jedoch nicht ganz der differenzierteren internen Sicht der Lage innerhalb der amerikanischen Führung. So versuchte Außenminister Dulles im Verlauf ausführlicher Gespräche mit Chiang Kai-shek und dessen Außenminister Yeh Kung-chao darzulegen, daß die seit Jahren wiederholte rhetorische Ankündigung einer bevorstehenden Befreiung Chinas durch die auf Taiwan befindlichen Kräfte unrealistisch und psychologisch nicht ungefährlich sei. Auf das Beispiel des deutschen Bundeskanzlers Konrad Adenauer verweisend, den er als größten Staatsmann der gegenwärtigen Welt bezeichnete, meinte Dulles, zwar erstrebe der Bundeskanzler durchaus die Wiedervereinigung Deutschlands. Doch er halte sich weise mit spezifischen Voraussagen des Zeitpunktes zurück und behaupte nie, daß dieses Ziel mit Waffengewalt zu erreichen sei. Er glaube vielmehr an die Macht der Bündnispolitik und bereite sich auf die richtige Gelegenheit zum Handeln vor. Ähnlich könne es wohl auch im Fall Chinas sein.[51]

Während einer Besprechung führender amerikanischer Entscheidungsträger, die am 1. April 1955 im Weißen Haus in Anwesenheit des Präsidenten und Außenministers stattfand, wurde festgestellt, eine »wünschbare Lösung« der Krise wäre es, wenn Chiang Kaishek dazu überredet werden könnte, die Küsteninseln freiwillig preiszugeben. Als Anreiz und gleichsam als Kompensation solle ihm dafür die Stationierung amerikanischer Streitkräfte auf Taiwan und die Einbeziehung Australiens oder anderer Mächte in den Verteidigungspakt zwischen Washington und Taiwan angeboten werden.[52] Entgegen dieser neuen Haltung hatte Dulles noch im Januar 1955 Außenminister Yeh (Taiwan) mitgeteilt, die US-Regierung habe sich zur Unterstützung der Verteidigung der Inselgruppen von Matsu und Quemoy (Kin Men) entschlossen. Nur solle dies aus psychologischen Gründen nicht öffentlich bekanntgegeben werden.[53] Eisenhower selbst gab schon bei einer internen Besprechung vom 30. Januar 1955 bekannt, dies sei zwar zuvor die Absicht und Haltung seiner Regierung gewesen, doch jetzt wollten die USA keine ständige Verpflichtung zur Verteidigung dieser Küsteninseln eingehen.[54] Erst Ende April gleichen Jahres wurde Chiang Kai-shek und seinen Ministern vom US-Vizeaußenminister für den Fernen Osten Walter Robertson im Rahmen einer ausführlichen Aussprache mitgeteilt, die USA würden sich militärisch nur für die Verteidigung von Taiwan selbst, nicht aber für die Küsteninseln einsetzen. Eisenhower rate dem nationalchinesischen Präsidenten auch, die Quemoy-(Kin Men-) und Matsu-Inseln zu evakuieren. Tue er das, so würde ihm die USA ein stärkeres militärisches Engagement bei der maritimen Verteidigung Taiwans zusagen können. Auf dessen Frage, ob die US-Regierung ihre grundsätzliche Haltung hinsichtlich der Küsteninseln denn plötzlich geändert habe, wurde Chiang Kai-shek mitgeteilt, dies sei in der Tat der Fall. Chiang entgegnete, er habe schweren Herzens der Evakuierung der Tachen-Inseln zugestimmt, jedoch mit der gleichzeitigen Versicherung, die Quemoy-(Kin Men-) und Matsu-Inseln auf jeden Fall zu halten. Täte er dies nicht, wäre ein ungeheurer Vertrauensverlust die Folge. Er sei bereit, sich an alle bestehenden Abmachungen mit den USA zu halten. Entgegen dem manchmal in amerikanischen Medien geäußerten Verdacht, er ziele darauf ab, die USA in einen Krieg mit China zu verwickeln, habe er keinerlei derartige Absicht. Anläßlich der auf amerikanischen Druck hin erfolgenden Evakuierung der Tachen-Inseln hätte Dulles im Namen von Eisenhower versichert, die USA würden sich dann aber an einer Verteidigung der Quemoy-(Kin Men-) und Matsu-Inseln beteiligen. Doch unter Hinweis auf bestehende Opposition im Kongreß und in der öffentlichen Meinung der USA gegen eine amerikanische Beteiligung an der Verteidigung der Küsteninseln hätte Präsident Eisenhower seine Meinung geändert. Chiang Kai-shek müsse dem entgegenhalten, auch er habe in seinem Land eine öffentliche Meinung, die die Preisgabe der Küsteninseln nie verstehen würde. In dem Fall könne er seine Anhänger nicht mehr führen, und die USA würden »einen anderen Chiang Kai-shek finden müssen, was aber schwierig sein dürfte«.[55] Auch einen weiteren amerikanischen Vorschlag, die nationalchinesischen Streitkräfte auf den Küsteninseln so zu verringern, daß letztere nicht mehr als Ausgangspunkt einer Offensive gegen die Volksrepublik betrachtet werden könnten, wollte Chiang Kai-shek nicht zustimmen.[56] Gegen Ende April führten die Besprechungen zwischen Washington und Taipei zu einer Vertrauenskrise auf nationalchinesischer Seite. Chiang Kai-shek und seine Berater gaben klar zu verstehen, daß es ihnen schwerfalle, die Widersprüchlichkeit in Washingtons China-Politik zu verstehen. Chiang Kai-shek sei zu der Schlußfolgerung gelangt, daß Strömungen der innenpolitischen Beeinflussung es der amerikanischen Außenpolitik fast unmöglich machten, einen festen und folgerichtigen Kurs zu steuern.[57]

Die Afro-Asiatische Konferenz von Bandung und der Beginn der chinesisch-amerikanischen Botschafter-Gespräche 1955

Die Taiwankrise hatte auch andere Staaten Asiens mit Sorge erfüllt. Nach vorherigen Besprechungen mit den Regierungen der Staaten der sogenannten Colombo-Gruppe (Burma, Indien, Indonesien und Pakistan) hatte der indonesische Außenminister Ali

Sastroamidjojo gemeinsam mit Indiens Ministerpräsident Nehru Ende 1954 den Plan zur erstmaligen Einberufung einer gemeinsamen Konferenz aller unabhängigen Staaten Asiens und Afrikas entworfen. Eingeladen wurden alle selbständigen Staaten Asiens und Afrikas, allerdings mit politisch bedingten Ausnahmen wie Südafrika, die beiden koreanischen Staaten, Israel, die Mongolische Volksrepublik und die Sowjetunion. Gegen den Widerstand islamischer Staaten setzte Indien eine Einladung auch an die Volksrepublik China durch. Bei der am 18. April 1955 in Bandung, Indonesien, eröffneten Konferenz waren 29 Staaten vertreten, die territorial ein Viertel der Erdoberfläche und zwei Drittel der Weltbevölkerung repräsentierten. Politisch dominierten auf der Konferenz die bündnisfreien Staaten, die eine Alternative zu den Bündnisblöcken des Ostens und des Westens zu verkörpern und zu ermutigen trachteten. Eine Eröffnungsrede des indonesischen Staatspräsidenten Achmed Sukarno betonte, daß es sich bei diesem Treffen um die »erstmalige internationale Konferenz farbiger Völker ...« handle. »Wir sind ... durch unsere gemeinsame Abscheu vor dem Kolonialimperialismus in allen seinen Formen« und »vor rassischen Überlegenheitsansprüchen verbunden ... Uns wurde oft gesagt, ›der Kolonialimperialismus ist tot‹. ... Ich sage euch, der Kolonialimperialismus ist noch nicht tot ..., solange noch riesige Flächen Afrikas und Asiens nicht frei sind.«[58] Die unter Leitung Chou En-lais stehende chinesische Delegation bei dieser ersten Konferenz afrikanischer und asiatischer Staaten war durchaus bemüht, bei diesen – insbesondere auch angesichts der starken Vorbehalte islamischer Staaten gegen die neue kommunistische Großmacht – einen möglichst positiven Eindruck von der Politik und Rolle der Volksrepublik China zu erwecken.

Chou En-lai, der führende Diplomat der Volksrepublik China, mit Achmed Sukarno, dem charismatischen Staatspräsidenten Indonesiens, bei der ersten Afro-Asiatischen Konferenz, die 1955 in Bandung stattfand.

Die chinesische Delegation geriet bald in eine peinliche Lage, als sie bei der Konferenz entdeckte, daß der Ministerpräsident von Ceylon (heute Sri Lanka), Sir John Kotelawala, einen Vorschlag mitgebracht hatte, dem zufolge Taiwan zunächst unter eine Treuhandschaftsverwaltung der Colombo-Mächte gestellt werden und eine endgültige Lösung der Taiwan-Frage durch eine nach fünf Jahren stattfindende Volksabstimmung der Bevölkerung Taiwans gefunden werden sollte.[59] Die Vertreter Pekings wußten genau, daß selbst die der Kuomintang kritisch und feindlich gegenüberstehenden Teile der taiwanesischen Bevölkerung keineswegs für einen Anschluß ihrer Inseln an die kommunistische Volksrepublik stimmen würden. So behauptete der Präsident einer 1956 in Tokio organisierten und selbsternannten »Taiwanesischen Exilregierung«, Dr. Liao Wen-yi (Thomas Liao), während eines Interviews vom Dezember 1959 dem Verfasser gegenüber, die Mehrheit der Taiwanesen bevorzuge zwar die Errichtung eines eigenen Staates Taiwan. Doch vor die Wahl zwischen der Herrschaft des vom Festland her übersiedelten Kuomintang-Regimes oder der Volksrepublik China gestellt, würden sie für ersteres votieren und im Kriegsfalle Taiwan mit diesem gegen die Kommunisten verteidigen. Die vom Festland zugewanderten Nationalchinesen würden bevölkerungsmäßig im Laufe der Zeit von den Taiwanesen absorbiert werden, während eine kommunistische Herrschaft Pekings über die Insel menschenmäßig kontinuierlich vom chinesischen Festland aus mit Nachschub versorgt werden könne. Das wäre jedoch dann der Untergang Taiwans.[60]

Den für Peking inhaltlich gefährlichen Vorschlag einer neutralen asiatischen Staatengruppe parierte Chou En-lai mit einer Erklärung vom 23. April 1955, die weltweit als Sensation gewertet wurde. Es hieß darin, das chinesische Volk stehe dem amerikanischen Volk freundschaftlich gegenüber. China wolle keinen Krieg mit den USA, sondern sei bereit, mit ihnen in Verhandlungen über Maßnahmen zur Entspannung der Lage im Fernen Osten und insbesondere im Gebiet von Taiwan einzutreten.[61] Nur 48 Stunden später reagierte US-Außenminister Dulles, indem er Washingtons Bereitschaft bekanntgab, mit Peking bilaterale Gespräche ohne Beteiligung der Regierung in Taipei aufzunehmen, wobei in deren Abwesenheit natürlich deren Rechte oder Ansprüche nicht diskutiert werden könnten. Er hoffe, daß bei den Gesprächen zumindest eine Einigung über Gewaltverzicht in der Straße von Taiwan erzielt werden könne.[62] Zugleich stellte Chiang Kai-shek in Gesprächen mit hochrangigen Vertretern Washingtons klar, er habe vollständig verstanden, daß die USA ihn bei der Verteidigung der Küsteninseln nicht unterstützen würden. Für sein System sei es besser, um die Inseln zu kämpfen und notfalls zu verlieren, als hier kampflos zu kapitulieren. Seine Streitkräfte würden sich aber an die zwischen ihm und den USA vereinbarten Restriktionen bei Kampfeinsätzen gegen das Festland halten.[63] Als Folge der von beiden Seiten signalisierten Gesprächsbereitschaft begannen am 1. August 1955 in Genf Botschaftergespräche zwischen den USA und der Volksrepublik China, bei denen die Amerikaner von Botschafter U. Alexis Johnson und die Chinesen durch den in Deutschland ausgebildeten Botschafter Wang Ping-nan vertreten waren. Diese erstmaligen Direktverhandlungen zwischen Washington und Peking betrafen unter anderem den Austausch von Staatsbürgern, die von der einen oder anderen Seite an der Ausreise in ihre Heimat behindert wurden. Auf der Seite der USA waren es amerikanische Piloten und Zivilisten, die in China gefangengehalten wurden, und auf seiten Chinas waren es insbesondere chinesische Wissenschaftler, die in den USA Kenntnisse auf dem Gebiet der Nuklear- und Raketentechnik erworben hatten. Zentrales politisches Thema war jedoch die bis zur Jahrhundertwende ungelöst bleibende Frage des Gewaltverzichts im Raum der Straße von Taiwan.[64]

Auf der Konferenz von Bandung hatte Chou En-lai nicht ohne Erfolg um Verständnis für die Volksrepublik China geworben. Sie sei, wie die meisten anderen auf dieser Konferenz vertretenen Staaten, industriell unterentwickelt und erstrebe eine Emanzipation ihrer Rolle in der internationalen Politik. Die afro-asiatischen Staaten hätten bei ihrem Ringen um politische und wirtschaftliche Gleichberechtigung ähnliche Probleme, könnten voneinander lernen und einander wirksam unterstützen. Die Völker Asiens würden nicht vergessen, daß die erste Atombombe auf asiatischen Boden geworfen worden sei und dort asiatische Menschen getötet hätte. China biete allen Staaten des afroasiatischen Raums die Hand zur Errichtung normaler und kooperativer diplomatischer und anderer Kontakte und lade ihre Führer zu Besuchen in China ein, wo sie sich von der Realität des neuen chinesischen Systems überzeugen könnten.[65]

Bilanz der Taiwan-Krise 1954/55

Ihrem Wesen nach verkörperte die Taiwan-Krise 1954/55 eine doppelseitige weitere Kraftprobe im Westpazifik, einmal zwischen der neuen Großmacht China und den USA sowie zum anderen zwischen den im Bürgerkrieg miteinander befindlichen chinesischen Parteien und Regierungen.

Militärisch konnten beide chinesischen Parteien Erfolge verbuchen. Peking hatte Chiang Kai-sheks Streitkräfte zwar von den nördlichen Küsteninseln vertreiben können. Doch den Truppen Chiangs war es – auch ohne direkte Beteiligung amerikanischer Streitkräfte und trotz deren Skepsis – gelungen, die beiden strategisch wichtigsten Inselgruppen, die Quemoy-(Kin Men-)Inseln vor dem Hafen von Amoy und die Matsu-Inseln vor dem Hafen von Foochow (Fuzhou), erfolgreich zu verteidigen. Beide Inselgruppen blieben bis zum Ende des Jahrhunderts unter der Kontrolle Taiwans.

Pekings Versuch, die USA durch Auslösung einer Krise vom Abschluß des von Taipei erstrebten Verteidigungsbündnisses mit dem nationalchinesischen Regime abzuschrecken, war gescheitert. Immerhin aber hatte Pekings Druck Washington bei seinem Beschluß bestärkt, den Geltungsbereich des Vertrages nur auf Taiwan und die Pescadoren-Inseln – nicht aber auf die Küsteninseln – zu erstrecken. Der Vertrag Washington–Taipei blieb weitere drei Jahrzehnte hindurch das Haupthindernis im Wege einer Vollnormalisierung der diplomatischen Beziehungen zwischen der Volksrepublik China und den USA.

Mit der »Taiwan Straits Resolution« hatten die USA erstmals im Verhältnis zu China die psychologische Taktik der »kalkulierten Ungewißheit« oder Zweideutigkeit *(calculated ambiguity)* angewandt, auf die Washington später immer wieder zurückkommen sollte. Die in dieser Resolution enthaltene »Blanco«-Ermächtigung für den US-Präsidenten, amerikanische Streitkräfte nach eigenem Gutdünken in einen regionalen asiatischen Konflikt eingreifen zu lassen, sollte später zu einem ominösen Präzedenzfall für die Tonking-Golf-Resolution am Anfang des amerikanischen Vietnamkrieges werden.

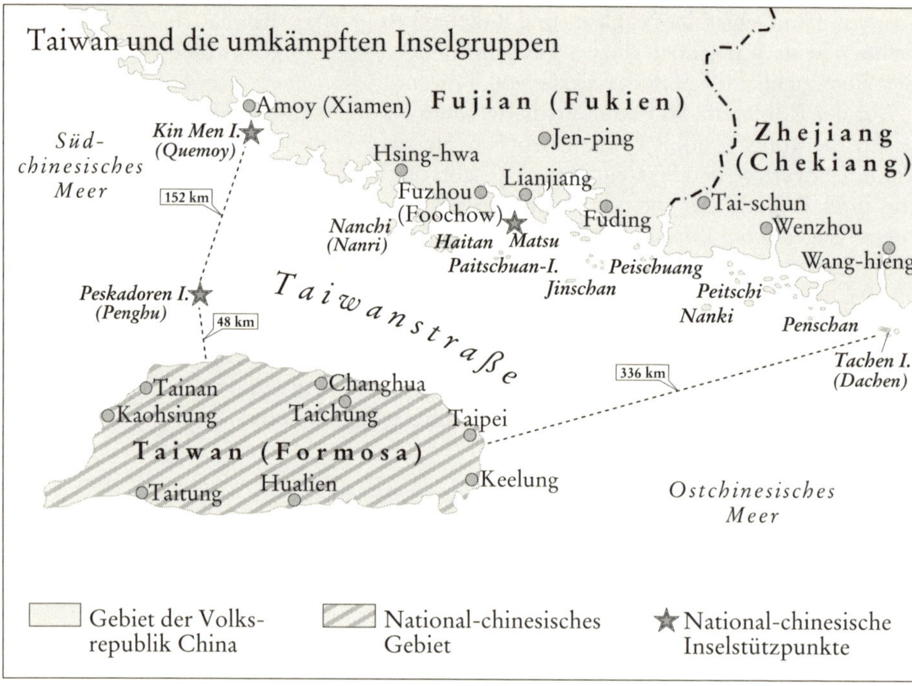

Wie zuvor bei der Indochina-Krise von 1954 hatte der durch die neue Krise erzeugte Druck Divergenzen zwischen der China-Politik führender NATO-Partner hervorgerufen. Doch waren diese Meinungsverschiedenheiten nicht hinlänglich schwerwiegend, um den Abschluß des Südostasienpaktes zu verhindern oder eine dauernde Verstimmung zwischen den Westmächten zu erzeugen.

Beide chinesischen Regierungen hatten einen Waffenstillstand und Verhandlungen miteinander auf der Ebene der Gleichberechtigung als Hinwendung zu einer »Zwei-China«-Konstellation rigoros abgelehnt. Im Rahmen der ersten Afro-Asiatischen Konferenz in Bandung 1955 verstand es Pekings Diplomatie mit großem Geschick, ihr Werben um Sympathie seitens der afro-asiatischen Staaten mit einem gemäßigten Verhandlungsangebot an die USA zu verknüpfen und damit einen eleganten Rückzug aus der damaligen Krise um Taiwan zu bewerkstelligen.

15. Kapitel

Japan: Besatzungsregime, Friedensvertrag und neue Diplomatie 1945–1958

Die Reformdiktatur der Besatzungsmacht

Mit der territorialen Besetzung und der politischen Beherrschung Japans nach dessen Kapitulation im August 1945 hatte die Ausdehnung amerikanischer Macht im ostasiatisch-pazifischen Raum ihren Höhepunkt erreicht. Das benachbarte Südkorea befand sich unter einer gleichsam treuerhänderischen Besetzung der USA, die die Ryu-Kyu-Inseln wie auch die japanischen Südsee-Inseln unter ihre vorläufige Verwaltung stellten. In China regierte noch das mit den USA befreundete Kuomintang-Regime, das sich nach außen hin den Forderungen der Marshall-Mission gebeugt hatte. Im Gegensatz zu Deutschland, an dessen Besetzung auch andere Mächte partizipierten, war Japan ausschließlich von den USA besetzt worden. Die Forderung Stalins nach einer Beteiligung der Sowjetunion an der Nachkriegsbesetzung Japans, bei der Japans nördlichste Hauptinsel Hokkaido genannt wurde, war von den USA schroff abgelehnt worden.[1] Entsprechend den Kapitulationsforderungen der alliierten Mächte hatte der Kaiser von Japan am 2. September 1945 verfügt, daß alle zivilen und militärischen Autoritäten Japans ab dem Moment der Unterzeichnung der Kapitulationsurkunde am 2. September 1945 vorbehaltlos alle Befehle und Weisungen des amerikanischen Oberbefehlshabers der alliierten Mächte im Pazifik nach besten Kräften und im guten Glauben durchzuführen hätten.[2] Washingtons vom 6. September 1945 datierte Weisungen über die Japan-Politik der USA nach Japans Kapitulation erklären als deren primäres Ziel »... sicherzustellen, daß Japan nicht erneut zu einer Bedrohung der Vereinigten Staaten oder des Friedens und der Sicherheit der Welt werden kann«.[3] In Teil II dieses Dokuments heißt es unter anderem, der amerikanische »Oberkommandierende wird seine Autorität durch das japanische Regierungssystem und seine Körperschaften einschließlich des Kaisers, soweit dies amerikanischen Zielsetzungen in zufriedenstellender Weise dient, ausüben ... Diese Politik ... verpflichtet den Oberkommandierenden nicht, den Kaiser oder irgendeine japanische Regierungsinstanz zu unterstützen, die den evolutionären Wandlungsprozessen entgegenarbeiten sollten, sie der Erreichung der amerikanischen Ziele dienen. Die Politik (der USA) ist es, die gegenwärtige Regierungsform in Japan zu benützen, nicht sie zu unterstützen.« Weitere genannte Ziele sind die Entwaffnung und Entmilitarisierung Japans, die Anklageerhebung gegen Kriegsverbrecher, die Ermutigung demokratischer Prozesse und die Brechung militärisch nutzbarer Elemente der japanischen Wirtschaftsmacht. In Teil IV des gleichen Dokuments heißt es, »das Schicksal Japans ist das direkte Resultat seines eigenen Verhaltens, und die Alliierten werden nicht die Bürde einer Beseitigung der Schäden auf sich nehmen. ... Es wird von Japan erwartet, daß es die Güter und Dienste zur Verfügung stellt, die den Erfordernissen der Besatzungsmacht entsprechen, soweit das getan werden kann, ohne Hungersnot, Seuchen und akute Leidenszustände hervorzurufen.«[4]

Die ersten Vorauskommandos der amerikanischen Besatzungsmacht trafen mit einiger Bangigkeit im Mutterland derjenigen Soldaten ein, deren fanatischen Widerstand sie in den Kämpfen vergangener Monate und Jahre kennengelernt hatten. Doch zu ihrem Staunen begegneten sie dank der Weisung des Kaisers weder in Japan selbst noch in den von Japan besetzten Gebieten irgendeinem nennenswerten Widerstand seitens der japanischen Streitkräfte, der Verwaltung oder der Bevölkerung. Theoretisch hatte eine Außenminister-Konferenz der USA, der Sowjetunion und Großbritanniens, die im Dezember 1945 in Moskau getagt hatte, die Errichtung zweier interalliierter Körperschaften geschaffen, die die Besatzungspolitik in Japan kontrollieren sollten. Deren eine war die sogenannte Fernost-Kommission mit Sitz in Washington, D. C., sie setzte sich aus Vertretern aus elf Staaten zusammen, die am Krieg gegen Japan beteiligt gewesen waren. Ihre Aufgabe sollte in der Formulierung von Strategien und Prinzipien der Besatzungspolitik wie auch in der Prüfung von deren Durchführung bestehen. Die Regierung der USA würde aus Überlegungen der Kommission hervorgehende Direktiven dann an den amerikanischen Oberkommandierenden in Japan weiterleiten. Die Beschlußfassung der Kommission konnte nach dem Mehrheitsprinzip dann erfolgen, wenn die Mehrheit auch die Stimmen der USA, Großbritanniens und der Sowjetunion enthielt. Eine zweite, auf der gleichen Konferenz beschlossene Institution war der sogenannte Alliierte Rat für Japan. Sein Sitz befand sich in Tokio, er tagte unter dem Vorsitz des amerikanischen Oberkommandierenden der Besatzungsstreitkräfte in Japan und bestand weiterhin nur jeweils aus einem Vertreter der Sowjetunion, Chinas und britischer Commonwealth-Staaten. Lediglich der amerikanische Oberkommandierende war befugt, die Vollzugsgewalt der Besatzungsmacht in Japan de facto auszuüben. Sollte ein anderes Mitglied dieses Rates mit Maßnahmen des Oberkommandierenden nicht übereinstimmen, so war vorgesehen, daß diese Maßnahmen zur Erörterung und Entscheidung an die Fernost-Kommission überwiesen werden sollten.[5] In der Praxis und insbesondere angesichts der mit dem kalten Krieg einhergehenden Zerwürfnisse zwischen den beiden Weltmächten übten beide der genannten Gremien nur einen sehr geringen Einfluß auf die Gestaltung der Besatzungspolitik in Japan aus.

Im halben Jahrzehnt zwischen Japans Kapitulation und dem Friedensvertrag von San Francisco 1951 lag die oberste Vollzugsgewalt für Politik in Japan in den Händen des amerikanischen Oberkommandierenden und seines in Tokio befindlichen Hauptquartiers, das nicht ohne Absicht im riesigen Gebäude der Dai-Ichi-Versicherungsgesellschaft gegenüber dem kaiserlichen Palast untergebracht wurde. Mit dem Oberbefehl war General Douglas MacArthur betraut worden. Bei Kriegsausbruch war MacArthur von den angreifenden Japanern auf den Philippinen geschlagen worden. Gegen Kriegsende gelang es den von ihm kommandierten Truppen, die Philippinen wiederzuerobern. In seiner von oft überstarkem Selbstbewußtsein geprägten Persönlichkeit verbanden sich Elemente von Realismus wie auch von Romantik. Sein autoritärer Führungsstil erschwerte ihm die Kooperation mit gleichgestellten Autoritäten. Eine ausgeprägte Fähigkeit für Showmanship und Theatralik erleichterte ihm die Beeinflussung der Medien. Obwohl er jahrelang Träger der obersten Gewalt in Japan war, zog er es vor, mit

Japanern keinerlei soziale Kontakte zu pflegen oder Land und Volk durch Reisen und Direktkontakte persönlich kennenzulernen. Mit brennendem Ehrgeiz hatte er sich das nie erreichte Ziel gesetzt, Präsident der Vereinigten Staaten zu werden. Er genoß es zutiefst, machtmäßig dem Kaiser von Japan übergeordnet worden zu sein, für den er, nach einer ganzen Reihe von Begegnungen, Hochachtung und Mitgefühl empfand.

George F. Kennan, einer der führenden amerikanischen Diplomaten der damaligen Zeit, der mit einen Auftrag von Außenminister George C. Marshall nach Tokio gesandt worden war, schilderte nicht ohne Humor seine erste dortige Begegnung mit MacArthur. Dieser hatte ihn und einen begleitenden General zum Abendessen eingeladen und beide dabei mit einem zweistündigen Monolog bedacht, in dessen Verlauf wohl nicht rein zufällig Julius Caesars Besatzungspolitik in Gallien zur Sprache kam.[6] Der Japankenner und Zeitzeuge Hugh Borton schrieb von MacArthur, seine Machtbefugnisse seien so weitläufig gewesen, daß die Geschichte der amerikanischen Besatzung Japans »in vieler Hinsicht die Geschichte der persönlichen Herrschaft General MacArthurs gewesen ist«.[7] Auch in seiner Funktion als General war MacArthur in den amerikanischen Streitkräften für sein weit über durchschnittliches Maß an Eigenwilligkeit bekannt und mußte, wie erinnerlich, von Präsident Truman entlassen werden, als Aspekte dieser Eigenwilligkeit nicht nur die Sicherheit der USA, sondern grundsätzlich auch den Primat der zivilen über die militärische Führung gefährdete. So ergab sich in den ersten Nachkriegsjahren in Japan das ungewöhnliche Bild einer autoritär geführten Militärorganisation, die als »Superregierung« u. a. dazu eingesetzt war, die Japaner in die politische Lebensform der Demokratie einzuführen.

Um nach Kriegsende einen möglichst glatten Übergang zur neuen Situation der Besatzung zu ermöglichen, hatte der japanische Kaiser seinen Onkel, den Prinzen Higashikuni Naruhiko, zum Ministerpräsidenten und gleichzeitigen Kriegsminister ernannt. Dieser aber trat wegen zu weitreichender amerikanischer Interventionen zurück, und aus ersten Wahlen nach einem neuen Wahlgesetz ging eine Regierung hervor, die vom Vorsitzenden der Liberalen Partei, Yoshida Shigeru, geleitet wurde. Yoshida, der weithin als der bedeutendste Regierungschef Japans in der Nachkriegsära betrachtet und gelegentlich mit Konrad Adenauer verglichen wird, wurde 1878 geboren, als Kind von einer Kaufmannsfamilie in Yokohama adoptiert, hatte an der Kaiserlichen Universität in Tokio studiert und in eine führende aristokratische Familie eingeheiratet. Im Laufe seiner diplomatischen Karriere wurde er 1929 Vizeaußenminister und anschließend Botschafter in Rom. Auf Grund seiner Verwandtschaft mit Graf Makino, einem Gegner der militaristischen Nationalisten, entging er einer sonst wahrscheinlichen Ernennung zum Außenminister Japans im Jahr 1937, in dem sein Land den Aggressionskrieg gegen China begann. Zwischen 1936 und 1938 fungierte er als Japans Botschafter in Großbritannien und provozierte erneut den Unwillen herrschender Militärkreise, da er Japans enge Beziehungen zum Dritten Reich ablehnte. Zwar hatte er sich 1939 aus dem öffentlichen Leben zurückgezogen, doch unterstützte er bei Kriegsende den Fürsten Konoye bei dessen Bemühungen, zusammen mit dem Kaiser die Annahme der Kapitulation auch bei den in Japan dominanten Militärkreisen durchzusetzen. Dies trug ihm eine durch Japans Militärpolizei veranlaßte Haft von 45 Tagen ein, was ihn wiederum in den Augen der amerikanischen Besatzungsmacht als besonders zuverlässig erscheinen ließ.[8] Als Außenminister im Higashikuni-Kabinett führte er eine erste Unterredung zwischen dem

Kaiser und General MacArthur herbei. Erstmals in seinem Leben suchte der Kaiser einen Gesprächspartner auf. Im Lauf weiterer Begegnungen entwickelte MacArthur eine besondere Hochachtung für den Monarchen, von dem er meinte, er verstünde das Wesen der Demokratie besser als die meisten anderen Japaner, denen er begegnet sei. Natürlich wußte MacArthur auch die Macht des kaiserlichen Charismas zu schätzen, die zu einer für ihn sehr nützlichen, weitestgehenden Gefügigkeit der japanischen Bevölkerung gegenüber der amerikanischen Besatzungsmacht beitrug. In seinen Memoiren berichtete MacArthur, der Kaiser habe ihm gegenüber geäußert, er trage die alleinige Verantwortung für alle militärischen und politischen Entscheidungen der japanischen Regierung während des Krieges. Richard B. Finn hat allerdings darauf hingewiesen, daß das japanische Protokoll der genannten Unterredung zwischen Kaiser und General diese Äußerung nicht wiedergibt.[9]

Ein kaiserliches Edikt vom 1. Januar 1946, das auch vom Ministerpräsidenten und den anderen Kabinettsministern unterzeichnet wurde, widerrief die in Japan zuvor gelehrte Annahme, Kaiser und die Dynastie seien göttlichen Ursprungs und daß die Japaner als Volk daher anderen Völkern überlegen seien. Das gleiche Edikt berief sich auf den sogenannten Kaiserlichen Eid des Kaisers Mutsohito, in der Geschichtsschreibung bekannt als Kaiser Meiji, von 1868, in dem damals bereits zur demokratisierenden Reform und zur Ablegung überlebter Sitten und Gewohnheiten aufgerufen worden war. Nicht mythische Legenden, sondern »die Gegenseitigkeit des Vertrauens und der Zuneigung« bildeten die Grundlagen der Beziehungen zwischen Kaiser und Volk. Der Kaiser teile die Leiden des Volkes und glaube an dessen Fähigkeit, trotz widriger Umstände eine bessere Zukunft aufbauen zu können.[10]

MacArthurs Diktat der Verfassung für Japan

Das erwähnte Dokument der US-Regierung, das die Richtlinien für die Japan-Politik der USA nach dem Kriege festlegte, hob bereits in Teil I das Ziel hervor, in Japan die Entstehung einer »friedlichen und verantwortlichen Regierung« zu bewirken, die »die Rechte anderer Staaten achtet und die die in den Idealen und Prinzipien der Satzung der Vereinten Nationen reflektierten Ziele der Vereinigten Staaten unterstützt«. Ausdrücklich schließt sich hier aber eine Mahnung an: »Es ist nicht die Verantwortung der Alliierten Mächte, Japan irgendeine Form der Regierung aufzuzwingen, die nicht vom frei ausgedrückten Willen des Volkes getragen wird.«[11] Bereits Ende 1945 erhielt die japanische Regierung seitens des US-Oberkommandos in Japan den Befehl zur Ausarbeitung einer Verfassungsreform. In der Folge beauftragte der damalige Ministerpräsident, Baron Shidehara Kijuro, Professor Matsumoto Joji, einen bekannten Rechtsgelehrten der Kaiserlichen Universität in Tokio und früheren Minister, mit der Leitung einer Kommission zur Ausarbeitung eines neuen Verfassungsentwurfs. Bis Anfang 1946 erarbeitete diese Kommission zwei alternative Entwürfe einer neuen Verfassung. Gleichzeitig begann sich in Japan die öffentliche wie auch die veröffentlichte Meinung intensiv für die Frage der Verfassung zu interessieren. Unzufrieden mit den ersten beiden Entwürfen der Japaner, dem Naturell nach kein Freund von Geduld und gewillt, schnelle und gewichtige Erfolge seiner Reorientierungspolitik in Japan vorzeigen zu können, beauftragte

MacArthur General Courtney Whitney, den Leiter der Regierungsabteilung des US-Hauptquartiers in Tokio, sich der Frage der japanischen Verfassung anzunehmen. Nach kurzer Analyse des Problems berichtete ihm General Whitney: »... Sie haben die unbegrenzte Vollmacht, jede von Ihnen für richtig gehaltene Maßnahme zu ergreifen, um Änderungen in der japanischen Verfassungsstruktur herbeizuführen.«[12] Am 3. Februar 1946 befahl MacArthur daraufhin der Regierungsabteilung seines Hauptquartiers, ohne jegliche japanische Beteiligung den Entwurf einer Verfassung für Japan auszuarbeiten – in strengster Geheimhaltung. Beteiligt daran waren 27 Amerikaner – keiner von ihnen ein Experte auf dem Gebiet des Verfassungsrechts. Intern »top secret« deklariert, wurde der Entwurf innerhalb von nur sieben Tagen fertiggestellt. General Whitney überreichte den Entwurf dem damaligen Außenminister Yoshida, den er in Begleitung von Professor Matsumoto und einem weiteren Diplomaten antraf. Den buchstäblich sprachlosen und schockierten Japanern wurde dann mitgeteilt, der Oberkommandierende sei mit Matsumotos Entwurf in keiner Weise einverstanden und habe daher befohlen, der japanischen Regierung diesen amerikanischen Entwurf zu überreichen, der »die Prinzipien enthält, die in seiner (MacArthurs) Meinung den Erfordernissen in Japan entsprechen«. Den maßlos erstaunten Japanern wurde klar, daß ihnen im Namen der »Demokratisierung« das Recht vorenthalten werden sollte, eine von Japanern für Japaner gemachte Verfassung zu erarbeiten.[13] Laut Aufzeichnung eines amerikanischen Augenzeugen drohte ihnen General Whitney, es gäbe Druck seitens anderer alliierter Staaten, den Kaiser vor ein Kriegsverbrecher-Tribunal zu stellen. Wenn aber Japan diesen amerikanischen Verfassungsentwurf annehme, sei der Kaiser, nach Meinung des Oberbefehlshabers, sicher.[14] Auch Yoshida erwähnte diese Drohung in der englischen Ausgabe seiner Memoiren.[15] Von MacArthurs Hauptquartier unter härtesten Druck gesetzt, den Entwurf schnellstens und – falls überhaupt – dann nur mit minimalen Änderungen zu bearbeiten, schloß die japanische Regierung ihre Arbeit am 6. März 1946 ab, und am folgenden Tag erschienen die wesentlichen Elemente des Verfassungsentwurfs in japanischen Zeitungen.

Der damals und seither bis zur Gegenwart umstrittene Artikel 9 dieser aufoktroyierten Verfassung lautet wie folgt:

»Artikel 9 (1) Im aufrichtigen Streben nach einem auf Gerechtigkeit und Ordnung neu gegründeten internationalen Frieden verzichtet das japanische Volk für immer auf den Krieg als ein souveränes Recht der Nation und auf die Androhung und die Anwendung von Gewalt als Mittel, internationale Streitigkeiten zu regeln.

(2) Um diesen Endzweck des vorangegangenen Abschnitts zu erreichen, werden nie mehr Land-, See- und Luftstreitkräfte sowie weiteres Kriegspotential unterhalten werden.«

Dementsprechend heißt es in Absatz II der Präambel: »Wir, das japanische Volk, ... haben beschlossen, unsere Sicherheit und Existenz zu wahren im Vertrauen auf die Gerechtigkeit und Redlichkeit der friedliebenden Völker der Erde.«

Artikel 9 der japanischen Verfassung ist buchstäblich beispiellos, insofern als keine Verfassung irgendeines Staates in der Gegenwart oder Vergangenheit je einen Artikel gleichartigen Inhaltes gehabt hat. In der Praxis bedeutete dies, den damals einzigen und späterhin größten Industriestaat Ostasiens gegen Angriffe und Drohungen von außen schutz- und wehrlos zu machen. Behauptungen mancher Kommentatoren, diese Bestimmung sei das Ergebnis damals bei MacArthur gegebener idealistischer Vorstellungen von einer zunehmenden Friedfertigkeit der Welt, dürften der Wirklichkeit kaum entsprechen. War doch Japan zu dieser Zeit von Spannungsfeldern umgeben, so von der sowjetischen Besatzung und ihrer Ausplünderung der Mandschurei, den unlösbaren Streitigkeiten zwischen den sowjetischen und amerikanischen Besatzungsmächten im benachbarten geteilten Korea sowie vom Bürgerkrieg um die Zukunft Chinas. Seiner persönlichen Disposition nach galt MacArthur nie als Pazifist, sondern im Gegenteil eher als »Falke« in Fragen der nationalen Sicherheit. Ein im Spannungsfeld mehrerer Großmächte gelegenes und auf diese Weise wehrlos gemachtes Japan war somit auf den Schutz einer fremden Macht angewiesen. Diese Konstellation bot somit eine günstige Chance dafür, daß die USA nach Erfüllung ihres Besatzungsauftrages, in anderer Form und auf einer anderen Rechtsgrundlage, in der größten Industriemacht Ostasien machtpolitisch präsent bleiben würden. Dieser Artikel, der Japan de jure eines der elementarsten Attribute staatlicher Souveränität beraubt, steht insofern im Gegensatz zum Völkerrecht, als Artikel 51 der Satzung der Vereinten Nationen allen Staaten »das Naturrecht individueller oder kollektiver Selbstverteidigung« *(»The inherent right of individual or collective selfdefense«)* zuspricht. Formal kann eingewendet werden, das japanische Parlament habe diese Vorlage schließlich angenommen. Real sind die konkreten Umstände zu bedenken, unter denen diese Zustimmung von den Japanern erwirkt wurde. Die Frage dieser Singularisierung Japans im Hinblick auf das souveräne Recht zur Selbstverteidigung wurde natürlich auch bei der Reichstagsdebatte über den Vertragsentwurf angesprochen. Ministerpräsident Yoshida stellte fest, Japan sei eigentlich nicht das Recht zur Verteidigung abgesprochen worden, sondern nur das Recht, dies mit militärischen Mitteln zu tun. Im Fall eines Angriffs auf das wehrlose Japan sei mit der Hilfe anderer friedliebender Völker zu rechnen. Andere Abgeordnete argumentierten, der Verlust der Möglichkeit zur militärischen Selbstverteidigung erfordere gleichsam als Kompensation ein Bündnis mit anderen Staaten, die sich zu Japans Verteidigung verpflichten müßten. Der Sprecher der Kommunistischen Partei Japans, Nozaka Sanzo, schlug vor, die Möglichkeit des Einsatzes militärischer Macht auf den Fall des gerechten Krieges der Selbstverteidigung einzuschränken und lediglich die Führung von Angriffskriegen zu verbieten.[16]

Von minimalen Abänderungen abgesehen, die nicht einmal ausreichten, auf die amerikanische Autorenschaft zurückgehende stilistische Mängel auszugleichen, wurde die Verfassung vom Reichstag angenommen und trat am 3. Mai 1947 in Kraft.[17] Die neue Verfassung reduzierte die Rolle des Kaisers auf eine rein symbolische Vertretung von Staat und Volk und abgeleitet »vom Willen des Volkes ... welches diese Souveränität innehat«. Die praktischen Funktionen seines Amtes beziehen sich vornehmlich auf Repräsentation und Akte symbolischer Bestätigung und Nominierung. Der in zwei Häuser geteilte Reichstag fungiert als einziges Gesetzgebungsorgan des Staates. Der Ministerpräsident wird von den Mitgliedern des Reichstages gewählt und ernennt die Staatsminister, doch muß eine Mehrzahl von diesen Mitglied des Reichstages sein. Das Kabinett muß in seiner Gesamtheit zurücktreten, falls das Repräsentantenhaus einen Mißtrauensbeschluß faßt oder einen Vertrauensbeschluß ablehnt, sofern das Repräsentantenhaus nicht innerhalb von 10 Tagen aufgelöst wird. Änderungen der Verfassung bedürfen mindestens einer Zwei-Drittel-Mehrheit beider Häuser und einer Ratifizierung durch das Volk. Kapitel III der Verfassung enthält einen ausführlichen Grundrechtskatalog. Innerhalb und außerhalb Japans besteht heute weitgehend die Ansicht, daß die neue Verfassung, trotz ihrer grotesken Entstehung, mit Ausnahme des kontrovers gebliebenen Artikels 9, eine solide und bewährte Rechtsbasis für die Entwicklung von Demokratie und politischer Kultur in Japan in der zweiten Hälfte des 20. Jahrhunderts gebildet hat.

Der Kriegsverbrecherprozeß in Tokio

Bereits während des Krieges hatten die Alliierten die Errichtung eines Internationalen Militärgerichtshofes für den Fernen Osten beschlossen. Es wurden jedoch zwei verschiedene Typen von Kriegsverbrecherprozessen veranstaltet. In der Mehrzahl der Fälle wurden Verbrechen im Sinne des Kriegsrechtes und Verbrechen gegen die Menschlichkeit, die zumeist von japanischem Militärpersonal begangen worden waren, verhandelt und von jeweils nationalen Gerichten in den Ländern der Tat selbst bestraft. Internationales Aufsehen erregte allein der in Tokio vom Mai 1946 bis zum November 1948 abgehaltene Prozeß gegen 28 politische und militärische Führer Japans in den dreißiger und vierziger Jahren.[18] In bemerkenswertem Gegensatz zu den Nürnberger Kriegsverbrecherprozessen, von denen spürbare und anhaltende moralische Impulse – innerhalb wie außerhalb Deutschlands – ausgegangen sind, kann ein gleicher Effekt vom Tokioter Prozeß in keiner Weise behauptet werden. Er findet im zeitgeschichtlichen Schrifttum kaum mehr Erwähnung und wurde von weiten Teilen der öffentlichen Meinung in Japan nicht als Akt der Gerechtigkeit betrachtet.[19]

Auf Fragen, die der Verfasser hinsichtlich der Bewertung des Tokioter Prozesses 1959 unter der Zusicherung der Anonymität an eine Reihe japanischer Intellektueller mit jeweils guten Kenntnissen der Zeitgeschichte gerichtet hatte, ergab sich etwa folgende typische Bewertung:

1. Die Anklage habe sich vornehmlich auf den Kellogg-Briand-Kriegsächtungspakt von 1928 gestützt. Dieser aber habe Krieg im Sinne von Notwehr nicht untersagt. Der von den USA gegen Japan ab Sommer 1941 geführte und zwischen Industriestaaten in dieser Form präzedenzlose Wirtschaftskrieg mit seinem Embargo von Erdöllieferungen und anderen wichtigen Gütern sowie mit dem Einfrieren aller japanischer Guthaben in den USA habe Japans Wirtschaft, Verkehr und Militärmacht mit einer Paralyse bedroht. Ein Krieg gegen die USA sei an sich nicht im Interesse der japanischen Regierung gewesen. Doch da vielmonatige diplomatische Verhandlungen das immer bedrohlicher werdende Embargo nicht beseitigen konnten, sei der Krieg unvermeidlich geworden. Jede andere Großmacht in dieser Lage hätte ebenso gehandelt. Das Dritte Reich habe hingegen Krieg begonnen, ohne von irgendeiner Macht bedroht zu werden. Bis 1938 hätten die Westmächte ganz im Gegenteil Hitler immer wieder Zugeständnisse gemacht.

2. Die Sowjetunion hätte Japan den Krieg erklärt, obwohl der mit ihr 1941 geschlossene Neutralitätspakt noch Gültigkeit hatte und obwohl die japanische Regierung Moskau darum gebeten hatte, einen japanischen Kapitulationsfrieden mit den Westmächten zu vermitteln. Die Sowjetunion sei Hitlers Partner bei der Aufteilung Osteuropas gewesen, bis dessen Angriff sie dazu zwang, Verbündete des Westens zu werden. Sie habe nach dem Krieg drei souveräne baltische Staaten annektiert und ihre Verbrechen

gegen die Menschlichkeit überträfen quantitativ bei weitem diejenigen der japanischen Militaristen. Die Sowjetunion sei zudem als einziger Staat wegen ihrer Aggression gegen das neutrale Finnland 1939 strafweise aus dem Völkerbund ausgestoßen worden. All dies disqualifiziere sie für eine Richterfunktion.

3. Der Angriff auf die europäischen Kolonialmächte sei nicht erfolgt, um sich Siedlungsgebiete ihrer eigenen Völker anzueignen, sondern habe das Ziel gehabt, die imperialistische Beherrschung und rassistische Benachteiligung asiatischer Völker durch weiße Mächte, die als Folge kolonialer Raubkriege entstanden sei, zu brechen. Die meisten Befragten gaben allerdings zu, daß Japan im Fall eines Sieges die Herrschaft der Weißen durch die Bildung irgendeiner ostasiatischen Völkergemeinschaft ersetzt hätte, in der Japan, anfangs zumindest, eine hegemoniale Führungsrolle gespielt hätte. Es sei jedoch ein Unterschied, ob man durch Unrecht entstandene und autoritär regierte Kolonialsysteme angreife oder wie das Dritte Reich versuche, sich durch Angriffskrieg die ureigensten Lebens- und Siedlungsräume benachbarter Völker anzueignen.

4. Erstaunlich bei der Beantwortung der Frage nach der Bewertung der japanischen Chinapolitik der Ära zwischen 1931 und 1945 war, daß die meisten Befragten weder für deren unprovozierte Aggressivität noch auch für den repressiven Charakter dieser Politik oder für die extremen Ausschreitungen von Teilen des japanischen Militärs gegen die Zivilbevölkerung (wie etwa anläßlich der Massaker in Nanking) stichhaltige Motive oder

Exekution eines verurteilten japanischen Kriegsverbrechers. Untersuchungen und Verfahren wegen Kriegsverbrechen richteten sich in Ostasien mit bewußter Ausschließlichkeit nur gegen Japaner. Der Prozeß in Tokio erreichte nicht die moralische Wirkung des Nürnberger Kriegsverbrecherprozesses.

Ursachen zu nennen imstande waren. Manche sprachen nur von einem »Zwischenfall«, nicht von einem Krieg mit China, das auf Grund seiner damaligen Schwäche Japan in keiner Weise direkt bedrohen konnte.

5. Ein weiterer Einwand der Befragten bildete der Hinweis, die Satzung des Gerichts habe dessen Aufgabe auf »Verbrechen im Fernost-Krieg« bezogen. Dabei aber sei Japan singularisiert worden. Das Verhalten anderer Staaten – wie der Abwurf von zwei Atombomben auf dicht bewohnte Städte, nur um eine Steigerung der bereits erklärten Kapitulationsbereitschaft Japans auf die Bereitschaft zur »bedingungslosen« Kapitulation zu erzwingen – wie auch die Tötung von Hunderttausenden von Zivilisten durch Feuerstürme oder auch Verbrechen gegen japanische Kriegsgefangene seien zumindest zu hinterfragen gewesen. Der Verteidigung sei es jedoch verboten gewesen, eine Liste heikler und für die Regierungen der Staaten, aus denen sich das Gerichtsgremium zusammensetzte, peinlicher Fragen zu artikulieren. Zu diesen verbotenen Fragebereichen habe auch der Einsatz von Atomwaffen gegen Japan gehört.

Hinsichtlich unbestreitbarer Kriegsverbrechen, die von Teilen der japanischen Streitkräfte und insbesondere der Militärpolizei Kempetai im Krieg begangen worden waren – wie etwa der Orgie von Gewalt, Vergewaltigung und Mord anläßlich der Eroberung von Nanking zur Jahreswende 1937/38, der etwa 300.000 Chinesen zum Opfer fielen, oder der barbarischen Behandlung nicht-chinesischer Kriegsgefangener oder der von den Japanern begonnenen Bombardierung ziviler chinesischer Stadtgebiete –, war bei den meisten Befragten nur eine schwache Auskunftsbereitschaft festzustellen. In scharfem Kontrast zu der in Deutschland zumeist gegebenen selbstkritischen Aufarbeitung solcher Verbrechen ohne obgligate Vergleiche mit dem Verhalten anderer Mächte zeigten sich die meisten Befragten zu einem Eingeständnis dunkler Aspekte der eigenen Vergangenheit am ehesten für den Fall bereit, daß eine solche Aufarbeitung nicht nur allein auf Japan bezogen wäre.

6. Es sei eine Schande für die ansonsten bewunderte abendländische Rechtskultur, von der Japan übrigens viel gelernt habe, daß Ankläger und Richter, sämtlich von Staaten ernannt wurden, die Geschädigte des Krieges mit Japan waren. Die Richter seien daher in höchstem Maße »befangen« und keineswegs neutral gewesen. Das Gericht hätte behauptet, nicht nur im Namen der Herkunftsländer der Richter, sondern im Namen der gesamten internationalen Staatengemeinschaft geurteilt zu haben. In diesem Fall aber hätten Richter aus neutralen Staaten eine Rolle spielen und die Gesamtheit des Verhaltens aller am Pazifikkrieg beteiligten Mächte im Hinblick auf kriegsrechtlich strafbares Verhalten untersuchen müssen. Ein so gestalteter Prozeß hätte die japanische Öffentlichkeit auch dann beeindruckt, wenn eine Mehrheit der als schuldig Befundenen Japaner gewesen wären. So aber habe das Verfahren in Tokio wie eine juristisch verbrämte Vergeltungsaktion der Sieger gewirkt.

7. Einige der Befragten brachten ihr Befremden darüber zum Ausdruck, daß zwar in vielen Prozeßdokumenten von den »Achsenmächten«, das heißt vom Bündnis-Dreieck Berlin–Rom–Tokio und seinen Aggressionen die Rede gewesen sei, daß aber offensichtlich aus Gründen außenpolitischer und in den USA auch innenpolitischer Opportunität kein internationales Tribunal zur Beurteilung der Kriegsverbrechen der italienischen Faschisten eingesetzt worden sei. Italien, das Mutterland des Faschismus, sei – im Gegensatz zu Japan – von keiner der Mächte bedroht oder geschädigt worden,

denen es unbegründet den Krieg erklärte. Dazu hätten die USA, Großbritannien, Frankreich, Griechenland, Jugoslawien und das von Italien kolonisierte Kaiserreich Abessinien gehört.

Über die juristische und historische Stichhaltigkeit einiger der vorgebrachten Kritikpunkte wurde teilweise auch vor Gericht und in der relevanten Fachliteratur gestritten. Die genannten Stellungnahmen und Perzeptionsinhalte erklären zum Teil, daß der Tokioter Prozeß in Japan nur ein Minimum jener moralischen Wirkung erzeugte, die vom Nürnberger Prozeß ausgegangen ist und noch ausgeht. Zum Vorwurf der nur auf Japan bezogenen nationalen Selektivität der Anklage wurde aus Richterkreisen entgegnet, realpolitisch sei bisher eine Anklage nur besiegten und besetzten Staaten gegenüber möglich gewesen. Immerhin sei es doch besser, einige der Täter in einem Krieg zu verurteilen, als gar keinen. Wie wenig ernst der Tokioter Prozeß von der Öffentlichkeit in Japan genommen wurde, zeigte etwa die Tatsache, daß einer der Verurteilten (N. Kishi) ohne Schwierigkeiten wenige Jahre nach Besatzungsende Ministerpräsident und ein anderer (M. Shigemitsu) Außenminister Japans werden konnte.

Andererseits hat der das Land in eine Katastrophe führende chauvinistische Militarismus, auf Grund seiner allseits erkennbar gewordenen völligen Kontraproduktivität, eine weitestgehende Einbuße seines Ansehens und Einflusses erfahren. Manche Japaner, die sich mit dem Prozeß befaßt haben, blicken bei Ende des Jahrhunderts mit Interesse der Frage entgegen, welche Zusammensetzung die Richtergremien neuer internationaler Tribunale haben werden, die sich mit Verbrechen gegen die Menschlichkeit etwa in Regionen des vormaligen Jugoslawien zu befassen haben werden; ob auch hier auf den Richterbänken nur Vertreter unmittelbar geschädigter Völker und ihrer Regierungen dominieren werden oder ob die internationale Staatengemeinschaft im Licht vergangener Erfahrungen psychologisch überzeugendere Nominierungskriterien in die Praxis umsetzen kann.[20]

Weitere Reformen der Besatzungsmacht

Im Besitze uneingeschränkter Macht war es dem amerikanischen Hauptquartier in Tokio möglich, in Japan auch drastische Reformen durchzuführen, mit deren Verwirklichung eine reguläre Regierung auch bei bestem Willen erhebliche Schwierigkeiten gehabt hätte. Am wichtigsten unter diesen war die notwendige Agrarreform, denn etwa 75 Prozent der Bauernhaushalte bearbeiteten zur Gänze oder überwiegend Pachtland. Im Sinne der 1946 verabschiedeten Gesetzgebung wurden Grundbesitzer, die ihr Land nicht selbst bearbeiteten, zum Verkauf an den Staat veranlaßt, während zugleich eine generelle Höchstgrenze für agrarischen Grundbesitz festgelegt wurde. Pächter konnten dann (ähnlich wie bei der erwähnten Reform in Taiwan) Land vom Staat für Beträge ankaufen, die dann in 30 Raten bei niedrigem Zinssatz zurückzuzahlen waren. Auch im Fall Japans konnte dadurch die Anzahl der Eigentümer agrarischen Landes bedeutsam erhöht werden. Der Prozentsatz des verpachteten Landes sank von vormals 46 Prozent im Jahr 1941 auf nur 10 Prozent 1949.[21]

Eine 1947 begonnene Reform des Erziehungswesens reduzierte drastisch nationalistische Lehrinhalte, bemühte sich, demokratische Staatsbürgerkunde zu institutionalisieren und ermahnte zur Förderung unabhängigen kritischen Denkens auch an Schulen.

Sehr nachhaltig wurde von der amerikanischen Besatzung die Entwicklung japanischer Gewerkschaften gefördert und darauf geachtet, daß die Arbeitsgesetzgebung internationalen Standards entsprach. Die gesamte Mitgliederschaft in den Gewerkschaften erhöhte sich auf etwa 6 Millionen im Jahr 1947. Zwar kam im gleichen Jahr auch ein Gesetz zur Dezentralisierung der Polizeiverwaltung zustande, doch vermochte sich diese neue Ordnung nach der Wiederherstellung japanischer Souveränität nicht bleibend durchzusetzen. Ebensowenig Erfolg auf Dauer war den anfangs mit großer Energie betriebenen Bemühungen der Amerikaner beschieden, die zumeist in Familienbesitz befindlichen und *Zaibatsu* genannten Großkonzerne der japanischen Wirtschaft aufzuteilen. Die in Japan unbeliebteste Maßnahme der Besatzungsgewalt bestand in den jahrelang rigoros durchgeführten »Säuberungsaktionen« *(»purges«)*, die Berufsverbote oder Bestrafungen von Personen in den Bereichen der Verwaltung, Politik, Erziehung und Wirtschaft zur Folge hatten, die in irgendeiner Weise als politisch unzuverlässig galten, zumeist weil sie vor dem Kriegsende Mitglieder damals legaler patriotischer oder nationalistischer Organisationen gewesen waren. Auf Grund seiner Augenscheinanalyse in Japan im Jahr 1948 schrieb George F. Kennan: »Hier (gemeint war die Sphäre der »Säuberungsaktionen«) war das Oberkommando in einem Umfang und mit einer dogmatischen unpersönlichen Rachsucht vorgegangen, für die es außerhalb totalitärer Länder nur wenige Beispiele gibt. Siebenhunderttausend Personen waren zur Zeit unseres Besuches davon erfaßt ... Nur im Erziehungsbereich allein waren von einer halben Million Lehrer einhundertzwanzigtausend gesäubert worden oder hatten ihr Amt niedergelegt, um das zu vermeiden ... Die wahllose Säuberung ganzer Kategorien von Personen, zum Erbrechen ähnlich den totalitären Praktiken, stand im Gegensatz zu den bürgerlichen Rechten der neuen Verfassung, die wir selbst den Japanern aufgedrängt hatten.«[22] Manche der durch diese »Säuberungen« Bestraften wurden – wie etwa der nachmalige Ministerpräsident Hatoyama – dennoch später zur führenden Persönlichkeiten der mit den USA kontinuierlich kooperierenden japanischen Politik.[23]

Der Versöhnungsfriede mit Japan von San Francisco 1951

Der Friedensvertrag mit Japan ist fast ausschließlich das Werk der amerikanischen Diplomatie gewesen. Bereits 1947 hatte das US-Außenministerium auf Rat von General MacArthur einen Versuch dazu unternommen, eine Einigung über die Inhalte eines solchen Vertrages mit den elf Mitgliedstaaten der Fernost-Kommission ins Leben zu rufen. Doch dieser Vorstoß scheiterte am Widerspruch der sowjetischen wie aber auch der nationalchinesischen Regierung. Zwei amerikanische Vertragsentwürfe vom März 1947 und vom Januar 1948 hatten primär restriktiven und strafenden Charakter. So sollte Japan jegliche militärische Tätigkeit einschließlich der Forschung oder selbst auch die neue Entwicklung ziviler Luftfahrt verboten werden. Schwere Reparationen sollten die japanische Industrie daran hindern, erneut Rüstungsgüter zu produzieren. In Japan selbst stationierte Überwachungsgremien sollten für die Durchführung dieser Maßnahmen Sorge tragen.[24] Zwei Entwicklungen aber trugen dazu bei, den Vergeltungs- und Restriktionscharakter amerikanischer Planungen für einen Friedensvertrag mit Japan zu ändern. Die eine war die Verschärfung des kalten Krieges in Europa mit der an den Rand des Krieges führenden Berlin-Krise und der Machtergreifung der Kommunisten in der Tschechoslowakei und die andere, im Fernen Osten, das erkennbar werdende Scheitern der nationalchinesischen Regierung mitsamt der Wahrscheinlichkeit eines Sieges der Kommunisten im chinesischen Bürgerkrieg. In seinen Memoiren schrieb der damalige US-Außenminister Dean Acheson: »Westeuropa und die Vereinigten Staaten konnten nicht die Sowjetunion eindämmen und Deutschland und Japan zur gleichen Zeit unterdrücken. Unsere beste Hoffnung bestand darin, diese vormaligen Gegner zu freiwilligen und starken Trägern einer Struktur der Freien Welt zu machen.«[25]

Der zweite Faktor hinter der amerikanischen Haltungsänderung bestand in den Empfehlungen, die der Leiter des Planungsstabes in US-Außenministerium, George F. Kennan, dem US-Außenministerium als Folge seiner bereits erwähnten Inspektionsreise in Japan unterbreitete. Er verwarf die von ihm als »legalistisch und weitergehend pönalisierenden« Vertragsentwürfe und forderte, sie sollten statt dessen kurz, allgemein gehalten und nicht abstrafend sein. Ein Primärziel der Besatzungspolitik müsse in der Wiederherstellung der japanischen Wirtschaftskraft liegen. Doch die wirtschaftliche Erholung werde durch die Demontage von Elementen der Industrie behindert, die als Reparationslieferungen an diverse vormalige Kriegsgegner Japans wie China und die Philippinen versandt würden. Doch angesichts mangelnder Infrastruktur und technischen Know-hows verrotte viel von dieser Ausrüstung in den Häfen unterentwickelter Empfängerländer. Unhaltbar sei zudem, daß die Besatzungskosten etwa ein Drittel des gesamten japanischen Staatshaushaltes verschlängen. Es habe seitens der Besatzungsautoritäten durchaus auch Fälle persönlicher Bereicherung gegeben. Kennan sah eine kommunistische Gefahr für Japan weniger durch Aggression von außen als vielmehr durch ein Anwachsen der innenpolitischen Rolle des Kommunismus in Japan. Der japanische Staat müsse nach innen gerüstet sein, um sich einer derartigen Gefahr erwehren zu können. Die Besatzungszensur aller Medien solle sofort eingestellt werden. Hingegen sollten die kulturellen Beziehungen zwischen den USA und Japan verstärkt werden.[26]

Tatsächlich war den japanischen Kommunisten gerade ein enormer Wahlerfolg gelungen. Bei den allgemeinen Parlamentswahlen vom Januar 1949 gewannen sie 3 Millionen Stimmen und damit zehn Prozent des gesamten Wählerpotentials. Durch die spektakulären Siege der Kommunisten in China ermutigt und offensichtlich von der Kominform zu mehr direkter Aktion aufgefordert, gingen die Kommunisten in Japan dazu über, Sabotageakte insbesondere im Bereich des Eisenbahnverkehrs zu begehen und mit gewalttätigen Aufmärschen und Demonstrationen ihre Macht auf der Straße zu demonstrieren. Scharf gezielte Propaganda der japanischen Kommunisten richtete sich in den Medien gegen die in vieler Hinsicht angreifbare Politik der amerikanischen Besatzungsmacht.

Angesichts der sprichwörtlichen Gefügigkeit amtlicher Stellen in Japan an keinerlei echte Kritik im Lande gewöhnt, reagierte MacArthur mit empörten Stellungnahmen vom 4. Juli 1949 und vom 3. Mai 1950, in denen er die – allerdings faktisch und theoretisch bekannte – Tatsache beklagte, daß sich die Kommunisten der Freiheiten der pluralistischen Demokratie bedienten, um sie hierdurch zerstören zu können. Nach unwirksam gebliebenen Warnungen erhielt die japanische Regierung den Befehl des US-Hauptquartiers, gegen die Kommunisten und ihr publizistisches Hauptorgan, die Tageszeitung *Akahata* (Rote Fahne), vorzugehen. Diese wurde am 18. Juli 1950 bis zum Ende der US-Besatzung in Japan samt zahlreichen anderen kommunistischen Publikationen verboten.

Daraufhin begann ein von MacArthur geforderter neuer »Säuberungsprozeß«, der sich diesmal nicht gegen Nationalisten, sondern gegen Kommunisten und ihre Sympathisanten richtete. Er führte innerhalb von 18 Monaten zur Entlassung von 23.000 Angestellten des Staates, der Industrie, der Presse und des Rundfunks. Japans öffentliche Meinung betrachtete diese Situation nicht ohne Sarkasmus. Denn die Freisetzung ihrer politischen Tätigkeit hatten die Kommunisten den im Namen der Demokratisierung verfügten Reformen der Besatzungsmacht zu verdanken. Als sich in diesem Fall aber der Gebrauch der Freiheit der Meinung und Publikation wie auch der Demonstration für die Besatzungsmacht als unangenehm erwies und im Sinne ihrer Zielsetzung sogar als bedrohlich empfunden wurde, reagierte diese »Lehrinstanz der Demokratie« autoritär.[27]

Der Sieg Mao Tse-tungs in China im Herbst 1949, der Angriffskrieg Nordkoreas in Japans Nachbarland 1950 und die von der Besatzungsmacht wahrgenommene interne Bedrohung Japans durch Machtprojektionen der japanischen Kommunisten (die sich im Rückblick allerdings als stark übertrieben erweisen sollten) trugen bei den außenpolitischen Entscheidungsträgern der USA zu einer Steigerung der Entschlossenheit bei, auch entgegen manchen auswärtigen Widerständen, für Japan einen versöhnlichen Vertrag durchzusetzen, der Japan – ebenso wie die Bundesrepublik Deutschland – zu einem permanenten Verbündeten und mehr noch zu einem Bestandteil des Westens machen sollte. In Washingtons Sicht sollte der durch Maos Sieg bewirkte »Verlust Chinas« durch den »Gewinn Japans« als Freundstaat kompensiert werden. Der von Präsident Truman mit der Aufgabe der Durchführung der Friedensvertragsverhandlungen mit und für Japan beauftragte John Foster Dulles war in jungen Jahren Mitarbeiter und Reparationsexperte der US-Delegation bei der Friedenskonferenz von Versailles 1919 gewesen. In späteren Jahren und insbesondere im Zusammenhang mit der Planung des Friedensvertrages für Japan wies Dulles immer wieder auf die katastrophalen Langzeitfolgen eines von Vergeltung, Diffamierung und Repression gekennzeichneten Friedensvertrages hin.[28] Er galt als führender außenpolitischer Experte der damals in Opposition befindlichen Republikanischen Partei. Seine Betreuung mit dieser für die Pazifik-Politik der USA eminent bedeutsamen Aufgabe war seitens der Truman-Regierung im Geist der sogenannten Bipartisanship erfolgt, der überparteilichen Zusammenarbeit in Problembereichen von weittragender Bedeutung für die amerikanische Außenpolitik, wie sie in Teilen der vierziger und fünfziger Jahre – wie auch bei der Schaffung des Nordatlantikpaktes – erfolgreich praktiziert wurde. Zu den Mitarbeitern von Dulles bei dieser Aufgabe gehörte auch Robert Fearey, ein vormaliger enger Mitarbeiter des berühmten amerikanischen Vorkriegsbotschafters in Japan, Joseph Grew.

Ein besonderes Problem bei der Planung der Friedenskonferenz ergab sich aus der Vertretung Chinas, das weitaus mehr als alle anderen Staaten unter der japanischen Expansion zu leiden gehabt hatte. Zum Zeitpunkt der Konferenz 1951 befand sich die Volksrepublik China im Krieg mit den Vereinigten Staaten und mit den Vereinten Nationen. Die sowjetische Diplomatie mit ihren damals noch konstruktiven Beziehungen zu Peking war intensiv bemüht, eine Einladung der Volksrepublik China zur Konferenz zu erwirken und im Friedensvertrag selbst Japans Abtretung von Taiwan und anderen ursprünglich chinesischen Gebieten zugunsten der Volksrepublik China festschreiben zu lassen. Doch die USA setzten sich mit Artikel 7 der Geschäftsordnung der Konferenz durch, die besagte, es könnten nur Delegationen solcher Staaten eingeladen werden, die bei den Regierungen der alliierten Mächte akkreditiert und von der Regierung der USA ausdrücklich zur Teilnahme an der Konferenz eingeladen worden seien. Vor Beginn des Koreakrieges hatte Dulles für die Vertretung des geteilten China eine originelle Lösung vorgeschlagen: Vertreter beider chinesischer Regierungen hätten demzufolge eine gemeinsame gesamtchinesische Delegation bilden können. Falls beide Delegationsleiter gemeinsam einer Maßnahme zustimmen oder eine Maßnahme ablehnen sollten, sollte dies als ein »Ja« oder »Nein« für ganz China gelten. Bei unterschiedlichem Abstimmungsverhalten der beiden Delegationsleiter sollte dies für ganz China als »Enthaltung« gewertet werden. Doch der Krieg verhinderte die Unterbreitung dieses Vorschlages an die beiden chinesischen Regierungen.

Nur im Zuge mühsamer Verhandlungen gelang es der amerikanischen Diplomatie, den Text des Friedensvertrages mit Japan von diskriminierenden Elementen freizuhalten, die letztlich auf ethnophobischen Vorurteilen gegen »die Japaner« schlechthin beruhten und deren Land mit wirtschaftlich destruktiven Reparationsforderungen belastet hätten. Das ist um so anerkennenswerter als, wie gezeigt, die ersten amerikanischen Entwürfe von solchen Elementen keineswegs frei gewesen waren. Doch die Geschichte wirkte hier in doppeltem Sinne als Lehrmeisterin; einmal durch die von Kennan und Dulles wachgerufene Erinnerung an die Fehler von Versailles und zweitens auf Grund der weltpolitischen Machtverschiebung zugunsten der kommunistischen Ostmächte in den Jahren 1949 und 1950. Von der Sowjetunion vorgeschlagene Zusätze zum Vertragsentwurf, die Japan neutralisiert und den Zugang zum Japanischen Meer Kriegsschiffen aller Staaten mit Ausnahme der Sowjetunion und Japans verwehrt hätten, wurden mehrheitlich abgelehnt. Der endgültige Text des Friedensvertrages wurde am 8. September 1951 von den Delegierten von 49 der insgesamt 52 Teilnehmerstaaten unterzeichnet. Die Sowjetunion verweigerte die Unterschrift mit der Begründung, der Vertrag bietet keinen Schutz gegen das Wiederaufleben des japanischen Militarismus, verwandle Japan in einen amerikanischen Stützpunkt, habe die Volksrepublik China von einer Beteiligung an der Vertragsentstehung ausgeschlossen und enthalte seitens der japanischen Regierung keine Anerkennung der sowjetischen Souveränität über den Süden der Insel Sachalin und die Kurilen-Inseln.[29]

In der Präambel des Vertrages wie auch in seinen weiteren Teilen fehlt jede Kriegsschuldzuweisung. Hervorgehoben wurde hingegen, daß die alliierten Mächte und Japan entschlossen seien, »künftig ihre gegenseitigen Beziehungen auf die Grundlage gleichberechtigter souveräner Partnerschaft zu stellen ...«, und daß der Vertrag auch in Anbetracht der Absicht Japans geschlossen wurde, sich um Mitgliedschaft in der Organisation der Vereinten Nationen zu bewerben und sich um die Verwirklichung der Ziele der allgemeinen Erklärung der Menschenrechte zu bemühen. In Artikel 1 wird der Kriegszustand für beendet erklärt und die Anerkennung der »vollen Souveränität des japanischen Volkes« über seine Gebiete und Hoheitsgewässer seitens der Alliierten ausgesprochen. In Teil II des Vertrages verzichtet Japan auf alle Rechte und Ansprüche in Korea und anerkennt dessen Unabhängigkeit. Ohne Angabe eines Begünstigten verzichtet Japan auf Taiwan und die Pescadoren-Inseln sowie die Kurilen-Inseln und den Südteil Sachalins. Japan verzichtet weiterhin auf die Spratly- und die Paracel-Inseln im Südchinesischen Meer. Nach Artikel 3 verpflichtet sich Japan, jedem Vorschlag der USA an die Vereinten Nationen hinsichtlich der Errichtung eines Treuhandsystems der UN für eine

Reihe von Inseln zuzustimmen. Zu diesen gehörten die Ryu-Kyu-Inseln mit Okinawa und die Daito-Inseln, die Rosario-, Bonin-, Marcos- und Vulcano-Inseln sowie die vormals zu den deutschen Kolonien gehörenden Marianen-, Karolinen- und Marshall-Inseln, die als Folge des 1914 von Japan gegen Deutschland erklärten Krieges unter japanische Mandatsherrschaft geraten waren. Laut Artikel 10 verzichtet Japan weiterhin auf alle Sonderrechte und Interessen in China. Laut Artikel 11 anerkannte Japan sowohl die Urteilssprüche des Internationalen Militärgerichtshofes für den Fernen Osten und anderer alliierter nationaler Gerichtshöfe für Kriegsverbrechen. Das Recht zur Begnadigung oder Strafmilderung sollte allerdings in Übereinstimmung mit den Regierungen erfolgen, die solche Urteile gefällt hätten, oder aber im Fall von Urteilen des Internationalen Militärgerichtshofes mit der Zustimmung einer einfachen Mehrheit der Regierungen, die in ihm vertreten waren. Hinsichtlich der Reparationen wurde Japan lediglich allgemein dazu verpflichtet, den durch es im Pazifischen Krieg geschädigten Staaten Entschädigung zu leisten. Ausdrücklich wurde anerkannt, »daß die Hilfsquellen Japans gegenwärtig, wenn es eine lebensfähige Wirtschaft aufrechterhalten soll, nicht ausreichen, um für alle verursachten Schäden … völlige Wiedergutmachung zu leisten und gleichzeitig seinen anderen Verpflichtungen nachzukommen«. Folglich wurde Japan in Artikel 14 dazu verpflichtet, Verhandlungen mit den an Reparationen interessierten alliierten Mächten aufzunehmen, um Art und Menge der zu leistenden Entschädigungen mit ihnen auszuhandeln. Allerdings wurde nach Absatz (2) des gleichen Artikels jede alliierte Macht berechtigt, in ihren Ländern »sämtliches Eigentum, alle Rechte und Interessen … Japans und japanischer Staatsangehöriger« und bestimmte anderer genannter mit Japan verbundener Eigentümer in Besitz zu nehmen und darüber zu verfügen. Ausgenommen waren jedoch Grundstücke und Eigentum der japanischen Regierung, die im diplomatischen oder konsularischen Dienst Verwendung gefunden hatten.[30]

Präsident Truman, der die Friedenskonferenz am 4. September 1951 mit einer Begrüßungsansprache eröffnete, verwies auf die liberalisierenden Reformen der sechsjährigen amerikanischen Besatzungsherrschaft in Japan. Der Vertrag sei im Geist der Versöhnung konzipiert und enthalte daher nicht die Saat eines neuen Krieges. Da aber die Schrecken des Krieges noch erinnerlich seien, werde sich Japan die Freundschaft und das Vertrauen anderer Staaten weiterhin verdienen müssen. Zum Schutz Japans und zur Wahrung der Sicherheit im Pazifik müsse Japan baldigst in pazifische Sicherheitssysteme der einen oder anderen Art einbezogen werden. Truman schloß mit den Worten: »Indem wir zum Friedensschluß an den Tisch herantreten, wollen wir frei von Groll und Haß sein, damit es von nun an in unseren Beziehungen weder Sieger noch Besiegte gibt, sondern nur Gleichberechtigte im Rahmen einer Partnerschaft für den Frieden.«[31] In seiner Ansprache am Ende der Konferenz hob auch Ministerpräsident Yoshida hervor, dieser Vertrag sei nicht ein Instrument der Rache, sondern der Versöhnung. Er sei beeindruckt von der geschichtlich präzedenzlosen Fairneß und Großzügigkeit des Vertrages. Dennoch gäbe es darin Elemente, die den Japanern Sorgen bereiteten. Zwar seien die Ryu-Kyu- und Bonin-Inseln unter eine UN-Treuhandschaft gestellt worden, doch hätten die Delegierten der USA und Großbritanniens betont, Japans »residuelle Souveränität« bleibe erhalten. Er hoffe daher auf eine baldige Rückkehr dieser Inseln zu Japan. Entgegen den Behauptungen der sowjetischen Delegierten seien die Kurilen und Südsachalin nicht von Japan durch »Aggression« geraubt worden. Der Status der Kurilen sei zwischen Japan und Rußland vertraglich festgelegt worden und ebenso der Status von Südsachalin in dem von US-Präsident Theodore Roosevelt vermittelten Friedensschluß zwischen Japan und Rußland. Yoshida warnte, daß es dem vom Krieg zerstörten Japan, das viele seiner vormaligen asiatischen Besitzungen mitsamt ihren Rohstoffquellen und Märkten verloren habe, nicht leichtfallen werde, den Verpflichtungen zur Reparationsleistung nachzukommen. Japan sei vom Norden her bedroht, vormals vom zaristischen Imperialismus und gegenwärtig durch die kommunistischen Großmächte. Das gegenwärtig waffenlose Japan werde daher mit den Vereinigten Staaten einen Sicherheitsvertrag schließen. »Mit schmerzlichem Gefühl« erinnerten sich die Japaner an ihren Anteil an der Geschichtskatastrophe des Krieges im Pazifik. Aber »aus der Asche des alten Japan ist ein neues Japan erstanden«. Dieses werde sich als neues Mitglied der internationalen Staatenfamilie für die Ziele der Vereinten Nationen einsetzen.[32] Auf schon 1947 gegebene Ansätze und Entwürfe zu einem für Japan wesentlich ungünstigeren Friedensvertrag hinweisend, schrieb Yoshida in seinen Memoiren: »Die Verzögerung (um vier Jahre) war jedoch für Japan nicht ohne Vorteile. Am größten ist die Furcht einer besiegten Nation vor strengen Bedingungen, bei denen Freiheit und Unabhängigkeit als Preis für den Frieden gezahlt werden müssen. Und genau das hätte Japan widerfahren können, wenn der Frieden unmittelbar nach der Kapitulation geschlossen wäre, in einer Zeit, in der die feindseligen Empfindungen bei den alliierten Nationen und ihrer Bevölkerung noch vorherrschend waren. So hingegen konnten diese Gefühle mit der Zeit abklingen und einem größeren Verständnis gegenüber meinem Land Platz machen, während wir

Ministerpräsident S. Yoshida, Japans bedeutendster Staatsmann der frühen Nachkriegsära, unterzeichnet 1951 den Friedensvertrag von San Francisco. Hinter ihm links John Foster Dulles, in der Mitte Dean Acheson. China war an der Friedenskonferenz nicht beteiligt, Moskau verweigerte die Zustimmung.

mehr Zeit hatten, den Boden für einen angemessenen Frieden vorzubereiten.«[33] Auch Außenminister Dulles habe diese Meinung vom Segen einer Vertagung des Vertrages um fast ein halbes Jahrzehnt geteilt.

Als Folge des Friedensvertrages endete das amerikanische Besatzungsregime offiziell am 28. April 1952. Es verkörperte ein historisch einmaliges Experiment, nicht nur weil Japan bis dahin noch nie von einer auswärtigen Macht besiegt oder besetzt worden war. Hinzu kamen die weitreichenden Unterschiede zwischen der amerikanischen Zivilisation und der ihr kaum verständlichen oder auch nur bekannten Zivilisation eines ostasiatischen Inselreiches. Anfangs noch Opfer ihrer eigenen, den Gegner pauschal dämonisierenden Kriegspropaganda, begann die hierarchisch strukturierte Besatzungsmacht ihre Tätigkeit fast im Stil eines aufgeklärten Absolutismus: autoritär in der Methode, doch liberal in der Zielsetzung. Der Versuch, Demokratie und Liberalität durch dogmatisch agierende Befehlsgewalt erzwingen zu wollen, führte auch zu Protesten und Widersprüchlichkeiten in der Praxis. Die »Arroganz der Macht« im Stil des Verhaltens der von der japanischen Bevölkerung bis Herbst 1949 fast segregierten und auf deren Kosten wohllebenden Herrenkaste des Besatzungsmilitärs blieb durchgängig spürbar.[34] Doch unverkennbar war der beim verantwortlichen Führungspersonal einschließlich MacArthurs gegebene gute Wille, eine sich immer wieder durchsetzende praktische Vernunft und eine essentielle Humanität. Bei mancher berechtigter Kritik überwiegt in der öffentlichen Meinung Japans heute eine positive Bewertung der Resultate des Besatzungsregimes. Manche seiner Fehlgriffe konnten bald nach seinem Ende beseitigt oder gemildert werden. Geschichtlich entscheidend aber ist, daß wesentliche daraus resultierende Auflockerungen in Japans Politik, Wirtschaft, Kultur und Gesellschaft in den nachfolgenden Jahrzehnten des Jahrhunderts nicht nur erhalten blieben, sondern von den Japanern selbst zu neuen Formen ihrer Daseinsgestaltung ausgebaut werden konnten.

Japans Verteidigungspakt und Wiederbewaffnung im Rahmen der pazifischen Sicherheitsarchitektur

Eine für den Abschluß und den Termin des japanischen Friedensvertrages unabdingbare Voraussetzung bestand in der vorherigen amerikanisch-japanischen Absprache über ein Verteidigungsbündnis, das es den USA ermöglichen sollte, nach dem Inkrafttreten des Vertrages von San Francisco und somit nach dem Ende des Besatzungsregimes weiterhin US-Streitkräfte in Japan zu belassen und die Voraussetzungen für eine amerikanisch-japanische Sicherheitspartnerschaft zu schaffen. Frühe Überlegungen in diese Richtung, die Japans Außenminister Ashida Hitoshi bereits 1947 formulierte und amerikanischen Autoritäten zugänglich gemacht hatte, hatten damals auf seiten der USA wenig Beachtung gefunden. Das sogenannte Ashida-Memorandum hatte eine Konstellation vorgeschlagen, in deren Rahmen die USA, gestützt auf vormals japanische Inselstützpunkte, die Verpflichtung zur Verteidigung Japans gegen Aggression von außen und Japan selbst eine gesteigerte Kapazität zur Verteidigung der inneren Sicherheit Japans übernehmen würden. Die beiden interdependenten Verpflichtungen sollten in einem gemeinsamen Verteidigungsvertrag festgelegt werden. Japan sollte sich fernerhin in diesem Dokument verpflichten, den USA im Kriegsfall die Benützung von Stützpunkten im japanischen Mutterland selbst zu gewähren.[35] Doch der unerwartete Ausbruch eines Aggressionskrieges im Nachbarland Korea führte zu einer drastischen Steigerung des amerikanischen Interesses an der Frage, wie es mit Japans Sicherheit nach Abschluß eines Friedensvertrages bestellt sein würde. Denn geographisch lag diese damals einzige Industriemacht Ostasiens in unmittelbarer regionaler Nachbarschaft der Sowjetunion, die 1949 zur zweiten Atommacht der Welt geworden war, sowie Chinas, das sich in eine mit Moskau verbündete Volksrepublik verwandelt hatte, und Nordkoreas, dessen Blitzkrieg gegen Südkorea 1950 zu dessen fast vollständiger Eroberung und zum Vorrücken kommunistischer Streitkräfte an die Japan gegenüberliegenden Küsten Südkoreas geführt hatte. Mit dieser Situation konfrontiert, befahl General MacArthur, in völliger Umkehrung seiner vorherigen Strategie der Schwächung und Dezentralisierung der japanischen Polizei, der Regierung in Tokio zwei Wochen nach Ausbruch des Koreakrieges, eine »Nationale Polizei-Reserve« mit einer Stärke von 75.000 Mann und eine Verstärkung der maritimen Küstensicherheitskräfte zu organisieren. Wie üblich setzte die japanische Regierung diese Weisungen sogleich in die Tat um.[36] Der vom US-Präsidenten federführend mit den Verhandlungen über einen japanischen Friedensvertrag betraute John Foster Dulles hatte nur wenige Tage vor Kriegsausbruch in Korea dem japanischen Ministerpräsidenten Yoshida angedeutet, Washington halte eine begrenzte Wiederbewaffnung Japans für wünschbar. Unter Hinweis auf die kriegsbedingte und teils auch durch die Besatzungsmacht herbeigeführte Schwächung und Schädigung der japanischen Wirtschaft hatte es Yoshida aber eindeutig abgelehnt, auf derartige Vorschläge einzugehen.

Als sich die beiden Staatsmänner im Januar 1951 erneut begegneten, waren die amerikanischen UN-Streitkräfte MacArthurs in Nordkorea von chinesischen Armeen geschlagen worden. Diese waren anschließend in Südkorea eingedrungen und hatten am 4. Januar 1951 Südkoreas Hauptstadt Seoul erobert. Doch abgesehen von der damaligen Schwäche der japanischen Wirtschaft bestand die politische Dimension des japanischen Sicherheitsproblems im Text der Japan von MacArthur aufoktroyierten Verfassung, deren Artikel 9 Japan das Recht auf militärische Selbstverteidigung kategorisch untersagte. Trotz entgegengesetzter Standpunkte waren sich Dulles und Yoshida schnell darüber einig, daß der Abschluß eines Friedensvertrages ohne vorherige Klärung der Frage der Sicherheit Japans weder vorstellbar noch wünschbar sei. Yoshida hatte zwei Monate zuvor den Entwurf eines Sicherheitsabkommens ausarbeiten lassen, das einem unbewaffneten Japan, im Fall einer von den Vereinten Nationen festgestellten Aggression gegen sein Land, das Recht einräumte, mit den USA zur Abwehr einer solchen Aggression zusammenzuarbeiten.[37]

Bei den problematischen Verhandlungen vom Januar 1951 forderte Japan, der geplante Sicherheitspakt müsse seine Gleichberechtigung mit den USA zum Ausdruck bringen. Dulles erwiderte, da sich Japan nicht aus eigener Kraft zu verteidigen imstande sei, könne kein »Sicherheitsvertrag auf Gegenseitigkeit« geschlossen werden. Er fügte hinzu, es sei von den USA nicht zu erwarten, auf unbegrenzte Zeit die Verantwortung für die Verteidigung Japans zu übernehmen. Dies könne zwar auf eine gewisse Zeit hin geschehen, doch müsse es in diesem Zeitraum unter der Voraussetzung einer Aufrüstung Japans möglich sein, daß Washingtons verteidigungspolitische Unterstützung für Japan dementsprechend langsam auch wieder reduziert werden könne. Nur zögernd und ohne jede konkrete Festlegung sagte Yoshida zu, stark begrenzte japanische Verteidigungsstreitkräfte zu Lande, zur Luft und zur See in naher Zukunft aufzubauen.[38]

Dem am 8. September 1951 nur wenige Stunden nach Unterzeichnung des internationalen Friedensvertrages mit Japan in San Francisco unterschriebenen Verteidigungsvertrag zwischen den Vereinigten Staaten und Japan kommt eine fundamentale Bedeutung für die Sicherheitsarchitektur des ostasiatischen Raumes in der zweiten Hälfte des 20. Jahrhunderts zu. Denn dieser Vertrag begründete eine seither im einzelnen weiter entwickelte amerikanisch-japanische Sicherheitspartnerschaft, der für die Sicherheit des ostasiatisch-pazifischen Raumes ein ähnlicher Stellenwert zukommt wie dem NATO-Pakt für die Sicherheitsarchitektur des europäisch-atlantischen Raumes. Unter Wahrung besonderer Geheimhaltung in Washington ausgearbeitet, hatte Yoshida nach eigenen Angaben den Text des Vertrages erst drei Wochen vor dessen Unterzeichnung zu Gesicht bekommen, nach anderen Angaben gar nur einen Tag zuvor.[39]

In seiner Präambel bezieht sich der Sicherheitsvertrag auf Artikel 5 Absatz c des Friedensvertrages von San Francisco, in dem die Alliierten Mächte anerkennen, »... daß Japan als souveräne Nation das unabdingbare Recht auf individuelle oder kollektive Selbstverteidigung besitzt, auf das in Artikel 51 der Charta der Vereinten Nationen Bezug genommen wird, und daß sich Japan freiwillig an kollektiven Sicherheitsabkommen beteiligen kann«. Weiterhin führte die Präambel des Sicherheitsvertrages aus, daß Japan in Ausübung dieser Rechte und angesichts seines derzeitigen Zustandes vollständiger Entwaffnung ein »provisorisches Arrangement« zu haben wünsche, als dessen Folge die US-Streitkräfte auch weiterhin in und um Japan stationiert bleiben sollten, »um von einem bewaffneten Angriff auf Japan abzuschrecken«. Zwar seien die USA bereit, diesem Verlangen Japans zu entsprechen, jedoch »in der Erwartung, daß Japan in wachsendem Maße die Verantwortung für seine eigene Verteidigung gegen direkte oder indirekte Aggression« übernehmen werde, dabei aber solche Formen der Bewaffnung vermeiden würde, die als »offensive Bedrohung« verstanden werden könnten. Laut Artikel 1 »können« *(may)* in und um Japan stationierte US-Streitkräfte zur Wahrung des internationalen Friedens und der Sicherheit des Fernen Osten sowie auch für die Absicherung Japans gegen einen bewaffneten Angriff von außen eingesetzt und – auf ausdrücklichen Wunsch der japanischen Regierung – auch zur Niederschlagung größerer innerer Aufstände in Japan, die von auswärtiger Mächten verursacht werden, verwendet werden. Artikel 2 bestimmt, daß Japan ohne Zustimmung der USA keiner dritten Macht militärische Stationierungs- oder Transitrechte auf seinem Territorium gewähren werde. Die Einzelheiten der Stationierung sollten laut Artikel 3 in einem bilateralen Verwaltungsvertrag festgelegt werden. Artikel 4 legt die eher ungewöhnliche Bedingung fest, daß eine Aufhebung des Vertrages nur im beiderseitigen Einverständnis der Signatare erfolgen kann. Damit war Japans Möglichkeit einer Kündigung des Vertrages von Washingtons Zustimmung ebenso abhängig gemacht worden wie eine etwaige Absicht der USA zur Beendigung der Stationierung vom Willen Japans.[40] Hervorzuheben ist an dieser Stelle, daß der Friedensvertrag von San Francisco keinerlei Bestimmung zu jedwelcher Begrenzung einer künftigen japanischen Militärmacht enthielt.

Gleichzeitig mit dem Friedens- und Sicherheitsvertrag erfolgte am 8. September 1951 auch ein Notenaustausch zwischen dem US-Außenminister und dem Ministerpräsidenten von Japan. Darin verpflichtet sich Japan auf Ersuchen der USA, Truppen von Mitgliedstaaten der Vereinten Nationen, die »in irgendeiner Aktion der Vereinten Nationen im Fernen Osten eingesetzt werden«, die Möglichkeit von Stationierung und Transit in Japan zu geben.[41] Den Hintergrund dieser Vereinbarung bildete die Beteiligung der Streitkräfte mehrerer UN-Mitglieder an dem unter US-Kommando stehenden Kriegseinsatz der UN im benachbarten Korea. Vor Abschluß der beiden Verträge mit Japan hatte die amerikanische Diplomatie umfassende diesbezügliche Gespräche auch mit Washingtons Verbündeten im pazifischen Raum geführt. Auf Japan bezogene Befürchtungen, die insbesondere auf den Philippinen und in Australien angesichts einer möglicherweise bevorstehenden Wiederbewaffnung Japans artikuliert wurden, bewirkten, daß die USA Verteidigungsverträge mit den Philippinen am 30. August und mit Australien und Neuseeland am 1. September 1951 unterzeichneten. Die genannten Staaten – nicht aber Japan – wurden drei Jahre später Mitglieder des 1954 geschaffenen Südostasien-Paktes.[42]

Im Geist ihres Verteidigungsvertrages mit den USA begann die japanische Regierung mit Maßnahmen zum Aufbau einer wenn auch quantitativ geringen militärischen Verteidigungsmacht. Angesichts einer Küstenlänge von 15.000 km unterzeichnete Tokio mit Washington im November 1952 einen Leihvertrag, der Japan 18 leichte Kreuzer und 50 Schnellboote zur Verfügung stellte. Die Lieferung weiterer Kriegsschiffe folgte im Mai 1954. Einzelheiten der militärischen Zusammenarbeit zwischen den USA und Japan wurden zusätzlich durch einen Vertrag über gegenseitigen Verteidigungsbeistand festgelegt.[43] Japanische Gesetze des Jahres 1954 schufen ein japanisches Verteidigungsamt, dem sogenannte Verteidigungsstreitkräfte zu Lande, zur See und Luft unterstellt wurden. Neben militärischen Aufgaben hatten sie auch den Auftrag, bei Not- und Katastrophenfällen Hilfe zu leisten. Ihre Mannschaften waren und blieben Berufssoldaten. Anläßlich der Gründung einer Vorgängerinstitution des Verteidigungsamtes hatte Ministerpräsident Yoshida am 15. Oktober 1952 eine Rede gehalten, in der er auf die Notwendigkeit eines aufgeklärten Patriotismus hinwies, der nicht auf Gefühlen japanischer Überwertigkeit, sondern auf der Verantwortung Japans als Teil der Familie freier Völker beruhe.[44] Japans wenn auch sehr maßvolle Wiederbewaffnung traf im Parlament auf scharfe Kritik insbesondere von seiten der Linksparteien. Diese beriefen sich nun plötzlich auf die »MacArthur-Friedensverfassung«, die militärische Formen der Landesverteidigung verbiete. Auf diese Kritik entgegnete im Namen der Regierung Justizminister Ohashi Takeo im Reichstag, der genaue Wortlaut der Verfassung verbiete nicht die Aufstellung und Unterhaltung von Verteidigungstruppen, die überhaupt nicht dazu in der Lage seien, über das Meer hinweg Krieg gegen fremde Länder zu führen. Ziel des ebenfalls im Reichstag angegriffenen Verteidigungsvertrages mit den USA sei es nicht, Krieg zu führen, sondern andere Staaten vom Beginn eines Krieges gegen Japan abzuhalten und damit dem Frieden zu dienen.[45] Bereits während der beiden letzten Jahre des Koreakrieges übernahmen Kernelemente der im Aufbau befindlichen japanischen Streitkräfte einen Teil der Verantwortung für die Verteidigung der nördlichen japanischen Hauptinsel Hokkaido, wodurch dort stationierte US-Streitkräfte für ihre Verwendung in Korea freigesetzt wurden. Die von der japanischen Regierung 1954 autorisierte Gesamtstärke der Verteidigungsstreitkräfte bis zu 214.000 Mann bewirkte nach dem Koreakrieg eine Reduzierung der in Japan befindlichen US-Streitkräfte um 110.000 Mann bis Ende 1956. 1955 hatte die De-facto-Stärke der japanischen Streitkräfte 150.000 Mann erreicht. Nicht nur Japans Politik und Souveränität, sondern auch seine Wirtschaft hatten von dem dreijährigen Krieg im nahe gelegenen Korea stark profitiert. Das lag vor allem an dem durch eine Vielzahl kriegswichtiger amerikanischer Beschaffungsaufträge bewirkten Kapitalzufluß. Dies verursachte einen dynamischen Aufschwung der japanischen Gesamtwirtschaft. Bis 1954 hatte Japans industrielle Produktion im Vergleich zur Durchschnittsleistung der Vorkriegsära (1934–1936) eine sechzigprozentige Steigerung erzielt. Im Vergleich zum Jahr 1947 hatte sich das Produktionsvolumen mit einer jährlichen Steigerungsrate von 22 Prozent verfünffacht.[46] Obwohl die Alliierten ursprünglich eine drastische Demontage japanischer Werften geplant hatten, unterblieb diese Zerstörung als Folge des Koreakrieges. 1956/57 wurde Japan bereits weltweit führend auf dem Gebiet des Schiffbaus, der sich bis 1957 auf 2,4 Millionen Tonnen steigerte.[47]

Insgesamt hatte sich bis zum Jahr 1955 in der Nachkriegsära des ostasiatisch-pazifischen Raumes eine Sicherheitsarchitektur herausgebildet, deren koordinierende Basis die Vereinigten Staaten waren. Der Ausgang des Bürgerkrieges in China wie auch der Kriege in Korea und Indochina hatten in den Vereinigten Staaten und bei manchen mit ihr verbündeten Staaten Bedrohungsperzeptionen hervorgerufen, die als Reaktion eine Kette von Bündnissen geschaffen hatte. Den transpazifischen Hauptpfeiler dieses Sicherheitssystems bildete das Bündnis zwischen den USA und Japan, ergänzt durch Washingtons Bündnisverträge mit Südkorea, Taiwan, den Philippinen, Australien und Neuseeland sowie den kollektiven Südostasien-Pakt. Den subjektiven Sinn dieses Bündnissystems bildete die Konzeption einer »peripheren Eindämmung« der als Gegner verstandenen Bündniskombination Moskau–Peking mit deren kampfstarken faktischen Bundesgenossen in Nordkorea und Nordvietnam. Damit war eine Konstellation geschaffen worden, die der internationalen Politik des ostasiatisch-pazifischen Raumes für die nächsten anderthalb Jahrzehnte ihr besonderes Gepräge geben sollte, wenngleich auch auf der »östlichen« Gegenseite Konflikte zwischen Peking und Moskau die Kohärenz des »östlichen« Lagers ab Beginn der sechziger Jahre lockern sollte.

Die »Adenauer-Formel« in den Beziehungen Japans zur Sowjetunion und der Streit um die Nordinseln

Nach der Unterzeichnung des Friedensvertrages mit zahlreichen nicht-kommunistischen Staaten, wie auch nach Erhalt des fast gleichzeitig abgeschlossenen Verteidigungsvertrages mit den USA, bedeutete die Aufnahme diplomatischer Beziehungen zur Sowjetunion einen weiteren, sehr wesentlichen Schritt in Richtung auf eine Reemanzipation der japanischen Außenpolitik. Wie dargestellt hatte Moskau nach Ablehnung seiner Alternativvorschläge für den Friedensvertrag von San Francisco seine Unterschrift verweigert. Moskaus Unbehagen an der Art und Weise, wie Japans Friedensvertrag und Sicherheitsfrage 1951 geregelt worden waren, entsprang auch der Vorstellung, daß trotz des Friedensvertrages amerikanische Streitkräfte weiterhin in Asiens einzigem Industrieland und in strategisch gefährlicher Nachbarschaft zu den ostsibirischen Territorien in der Sowjetunion verbleiben würden. Doch nach dem Tod Stalins, dem Ende des Koreakrieges und dem für Moskau nicht ungünstigen Ausgang der Genfer Indochina-Konferenz von 1954 begann sich die sowjetische Haltung Japan gegenüber zu ändern. Eine Erklärung des sowjetischen Außenministers Molotow vom 12. September 1954 bekundete Moskaus Bereitschaft zur Normalisierung seiner diplomatischen Beziehungen mit Tokio. Nach Wiederholung dieses Vorschlages seitens der japanischen Regierung begannen im Juni 1955 in London erste Verhandlungen zwischen dem sowjetischen Botschafter Jakob Malik und dem japanischen Reichstagsabgeordneten Matsumuto Shunichi. Als wesentlicher Stolperstein im Wege einer Einigung erwies sich die Frage jener von Japan beanspruchten Nordinseln, auf die Ministerpräsident Yoshida bei seiner Rede am Ende der Friedenskonferenz von San Francisco hingewiesen hatte. Es waren die südlich der Kurilen gelegenen Inseln Etorofu und Kunashiri wie auch die unmittelbar vor der Küste der nördlichsten Hauptinsel Japans Hokkaido liegenden Shikotan- und Habomai-Inseln. Sämtliche dieser Inseln waren am Ende des Zweiten Weltkriegs von sowjetischen Streitkräften besetzt worden.

Japans Ansprüche auf die genannten Inseln wurden von Moskau schroff zurückgewiesen. Im Zuge ihrer Entgegnung führte die sowjetische Diplomatie folgende Argumente ins Feld: Die Gipfelkonferenz von Kairo vom Dezember 1943 habe festgestellt, Japan müsse die China geraubten Gebiete zurückgeben, und »Japan wird auch aus allen anderen Gebieten vertrieben werden, die es durch Gewalt und Gier an sich gebracht hat«. Im Jalta-Abkommen vom Februar 1945 hieß es zu Beginn von Artikel 3: »Die Kurilen-Inseln sollen der Sowjetunion übergeben werden.« Etorofu und Kunashiri gehörten – entgegen der Ansicht Tokios – noch zu den Kurilen. Fernerhin habe es in der Erklärung vom Potsdam geheißen, die Souveränität Japans werde auf die Hauptinseln des Landes beschränkt »und auf solche kleineren Inseln, die wir bestimmen werden«. Schließlich habe Japan in Artikel 2 (c) seines Friedensvertrages unter anderem auf »alle Rechte und Ansprüche auf die Kurilen-Inseln« ausdrücklich verzichtet. Als die japanische Seite sich auf russisch-japanische völkerrechtliche Verträge aus den Jahren 1855 und 1875 berief, in denen in Friedenszeiten und einvernehmlich Japan jene genannten Inseln zugesprochen worden waren, wurde auf sowjetischer Seite der Standpunkt vertreten, Japan habe durch sein »verräterisches Heraufbeschwören des russisch-japanischen Krieges« (1904–1905) jedes Recht verwirkt, sich auf diese einvernehmlichen vertraglichen Regelungen der Jahre 1855 und 1875 zu berufen. Ganz im Ton des aus römischer Zeit bekannten Ausspruches »vae victis« (Wehe den Besiegten, gleichgültig ob sie recht haben oder nicht) ließ Moskau wissen, daß Japan ein »besiegtes Land« sei, das sich deshalb jeder von den »Siegermächten« während der Kriegsjahre getroffenen Entscheidung widerspruchslos zu unterwerfen habe, gleichgültig ob es an den Willenserklärungen von Kairo, Jalta und Potsdam beteiligt gewesen sei oder nicht.[48]

Die Gegenargumente der japanischen Regierung beinhalteten folgende Aspekte: 1. Die Erklärung von Kairo erwähne die Kurilen-Inseln und auch Südsachalin nicht, und diese können wohl auch nicht gemeint sein, da diese Erklärung der Alliierten nur die Rückgabe jener Gebiete verlange, die Japan »mit Gewalt und Gier« an sich gebracht habe. Japans Souveränität über die genannten Inseln beruhe aber auf einvernehmlich erzielten Verträgen. 2. Im Abkommen von Jalta seien die Kurilen-Inseln zwar genannt worden, jedoch ohne nähere Bezeichnung, welche Inseln mit diesem Begriff gemeint seien. Völkerrechtlich sei das Jalta-Abkommen eine Willenserklärung der Signatarmächte ohne Rechtskraft für irgendeinen Transfer von Territorien. Japan selbst sei nicht beteiligt gewesen und sei daher durch dieses Abkommen nicht gebunden. 3. Die Erklärung von Potsdam sei sinngemäß eine Bekräftigung der Erklärung von Kairo gewesen und sei von Japan zum Zeitpunkt der Kapitulation angenommen worden. Durch ihre Beteiligung an der Erklärung von Potsdam habe die Sowjetunion das in der Erklärung von Kairo enthaltene Prinzip des Verzichts der Sieger auf territoriale Expansion übernommen. Auch in der Potsdam-Erklärung sei nicht namentlich festgelegt worden, welche der kleineren Inseln Japan abzutreten habe. 4. Im Friedensvertrag von San Francisco habe Japan zwar auf die Kurilen verzichtet, jedoch ohne Angabe, zu wessen Gunsten. Die unilaterale Besetzung dieser Inseln habe daher keine Rechtskraft. Außerdem könnten die eng vor der Küste Hokkaidos liegenden Shikotan- und Habomai-Inseln keineswegs als Teil der Inselkette der Kurilen betrachtet werden. Anders als die weiter nördlich gelegenen Kurilen-Inseln hätten die beiden Inseln Etorofu und Kunashiri nie zuvor unter der Kontrolle einer fremden Macht gestanden. Die Vereinigten Staaten hätten in zwei Dokumenten vom 17. September 1956 und vom 23. Mai 1957 den japanischen Standpunkt bekräftigt, daß mit dem im Friedensvertrag von San Francisco erwähnten Begriff der »Kurilen-Inseln« seitens der US Regierung keine der vier von Japan beanspruchten Inselgruppen gemeint gewesen sei.[49]

Geostrategisch reicht die von Moskau beanspruchte Inselkette in gerader Linie von der Südspitze der Halbinsel Kamtschatka bis unmittelbar vor Japans nördliche Hauptinsel Hokkaido. Im Konfliktfall wären sowjetische Streitkräfte im Besitz dieser Inseln leicht in der Lage, jeglichen Zugang vom Nordwestpazifik zum Ochotskischen Meer abzuriegeln und damit einen Zugang zu den pazifischen Küstengebieten der Sowjetunion und zur Insel Sachalin zu verwehren. Eine Belassung der Etorofu-, Kunashiri- und Shikotan-Inseln in japanischem Besitz würde jedoch diesen Sperriegel an einer entscheidenden Stelle durchbrechen.

Im Verlauf der Verhandlungen mit Tokio standen Moskau vier beträchtliche Druckmittel zur Verfügung: 1. Eine noch ausstehende Regelung der für Japans Nahrungsindustrie und allgemeine Wirtschaft fast lebenswichtigen Fischereifrage im Raum von Sachalin und den Kurilen; 2. die Tatsache, daß die Sowjetunion japanische Kriegs- und Zivilgefangene zurückgehalten hatte; 3. daß die von Tokio begehrte Aufnahme Japans in die Vereinten Nationen durch Moskaus Veto weiterhin verhindert werden konnte, und 4. die vom sowjetischen Hegemon abhängende Möglichkeit der Herstellung normaler diplomatischer Beziehungen zwischen Japan und Moskaus osteuropäischen Satellitenstaaten.

Während der Verhandlungen mit Moskau stand Japans Regierung innenpolitisch unter beträchtlichem Druck machtvoller, mit der Fischerei-Industrie verbundener Wirtschaftskreise. Nachdem die Verhandlungen am 20. März 1956 wegen der unlösbar scheinenden Territorialfrage ohne neuen Termin vertagt worden waren, kündigte Moskau einen Tag später bedeutsame Einschränkungen für den japanischen Fischfang im Nordpazifik an. Sowjetische Patrouillen- und Kanonenboote brachten zahlreiche japanische Fischerboote auf und verhafteten japanische Fischer. Wie die *New York Times* vom 12. Februar 1956 meldete, waren bereits 1955 nicht weniger als 221 japanische Fischerboote mit insgesamt 2230 Mann Besatzung von sowjetischen Kontrollbooten aufgebracht worden. Zwar war es daraufhin zur Unterzeichnung eines Fischereivertrages gekommen, der Fangquoten festlegte und bestimmte, daß für die Bestrafung von Übertretungen nur das jeweilige Herkunftsland des Fischerbootes zuständig sei. Doch gleichzeitig enthielt dieses Fischereiabkommen Klauseln, denen zufolge das Abkommen erst in Kraft treten könne, wenn es zuvor zu einem Friedensvertrag zwischen Japan und der Sowjetunion gekommen sei.[50] Im Hinblick auf die Friedensverhandlungen kommentierte die *Nippon Times* (Tokio) vom 16. April 1956: »Die Fischerei-Besprechungen stellten den Köder dar, und Japan war gezwungen, ihn zu schlucken.«

Auch die Angehörigen der ein Jahrzehnt nach Kriegsende in der Sowjetunion verbliebenen Kriegs- und Zivilgefangenen drängten die Regierung in Tokio zu einer Einigung mit Moskau. Dank der diesbezüglich positiven Haltung der amerikanischen und der nationalchinesischen Regierung waren von 6,6 Millionen Japanern in den von Japan zuvor besetzten asiatischen Gebieten 5,1 Millionen nach Japan repatriiert worden. Nach japanischen Schätzungen befanden sich insgesamt etwa 570.000 Japaner in sowjetischer Gefangenschaft. Von diesen waren bis 1950 nur etwa 200.000 repatriiert worden. Doch die Angaben über die noch verbliebenen Gefangenen, die Moskau und Tokio ermittelten, unterschieden sich stark voneinander.[51] Als die japanische Regierung angesichts der entsetzlichen Existenzbedingungen dieser Gefangenen die sowjetische Regierung 1950 darum bat, das Problem ihrer Repatriierung vorrangig zu behandeln, antwortete Ministerpräsident Chruschtschow: »Für uns ist die Lösung dieser Frage eine Prestigefrage. Wenn die andere Seite ... darauf besteht, daß diese oder jene Fragen vor dem Abschluß des Vertrages gelöst werden, so klingt das schon wie eine Forderung, wie ein Ultimatum ... Die Annahme dieser Bedingungen würden unserem Prestige Abbruch tun.«[52]

Nachdem als Folge des historischen Staatsbesuches von Bundeskanzler Adenauer in Moskau im September 1955 die Normalisierung der diplomatischen Beziehungen zwischen Bonn und Moskau unter Ausklammerung streitiger Territorialfragen und unter vorläufigem Verzicht auf einen Friedensvertrag vereinbart worden war, entstand der Vorschlag, die Wiederherstellung diplomatischer Beziehungen zwischen Tokio und Moskau auch auf dem Wege dieser sogenannten Adenauer-Formel zu vollziehen. Dieser

Japans Kaiser Hirohito (1900–1988) und seine Gattin bei Bundeskanzler Adenauer (Mitte). Eines der ganz wenigen Bilder, auf denen der Kaiser lachend gezeigt wird.

Vorschlag wurde in Tokio anfangs abgelehnt. Als ihn aber dann Ministerpräsident Hatoyama in einem Schreiben an Ministerpräsident Bulganin vom 1. September 1956 dennoch aufgriff, zeigte sich Moskau bereit, auf dieser Basis zu verhandeln. Dementsprechende Verhandlungen Hatoyamas mit der sowjetischen Regierung in Moskau führten zu der am 19. Oktober 1956 unterzeichneten »Gemeinsamen Erklärung Japans und der Union der Sozialistischen Sowjetrepubliken«.[53] Sie beendete den de jure noch bestehenden Kriegszustand und stellte die diplomatischen Beziehungen zwischen den beiden Signatarstaaten wieder her. Bemerkenswert in Artikel 3 ist, daß die Sowjetunion und Japan das in Artikel 51 der Satzung der Vereinten Nationen festgelegte Recht der Staaten auf individuelle oder kollektive Selbstverteidigung bekräftigen. Die Sowjetunion verpflichtete sich, Japans Antrag auf Mitgliedschaft in den Vereinten Nationen zu unterstützen und nach Inkrafttreten der Gemeinsamen Erklärung alle in der Sowjetunion verurteilten japanischen Staatsbürger freizulassen und nach Japan zu repatriieren. In Artikel 6 verzichtete die Sowjetunion auf sämtliche Reparationsansprüche gegen Japan. Gleichzeitig mit dieser Erklärung werde auch die zwischen Japan und der Sowjetunion bereits im Mai 1956 unterzeichnete Fischereikonvention in Kraft treten. Sich auf den Streit um die genannten Nordinseln beziehend, versicherte Artikel 9: »Den Wünschen Japans entgegenkommend und in Berücksichtigung der Interessen des japanischen Staates, erklärte sich ... die Union der Sozialistischen Sowjetrepubliken einverstanden, Japan die Habomai-Inseln und die Shikotan-Inseln zu übergeben, jedoch so, daß die tatsächliche Übergabe dieser Inseln an Japan nach Abschluß des Friedensvertrages zwischen der Union der Sozialistischen Sowjetrepubliken und Japan erfolgt.«

Der japanischen Diplomatie war es im Rahmen dieser Vereinbarung gelungen, eine völkerrechtlich bindende Anerkennung des Status quo bezüglich der Südkurilen zu vermeiden und von Moskau – das ursprünglich eine militärische Neutralisierung Japans angestrebt und vorgeschlagen hatte – eine ausdrückliche Anerkennung seines Rechtes auch auf kollektive Selbstverteidigung, das heißt auf Bündnisfreiheit zu erhalten. Die Sicherheitslage japanischer Fischer im Nordwestpazifik war vertragsbedingt erhöht worden. In der Frage der umstrittenen Inseln hatte Tokio zumindest die bedingte Zusage einer Rückgabe der nahe vor den Küsten von Hokkaido liegenden Inseln erhalten können. Nach Moskaus Verzicht auf sein diesbezüglich zuvor ausgeübtes Vetorecht erfolgte am 18. Dezember 1956 die Aufnahme Japans in die Weltorganisation der Vereinten Nationen. Mit der bald nach der Erklärung möglich gewordenen Wiederherstellung diplomatischer Beziehungen auch zu Polen und zur Tschechoslowakei hatte Japans Diplomatie in Osteuropa zusätzlichen Spielraum gewonnen. Auf die Konsequenzen der neuen Osteuropa-Politik der japanischen Diplomatie zurückblickend, konnte Ministerpräsident Kishi Nobusuke in seiner Reichstagsrede vom 4. Februar 1957 mit Genugtuung feststellen: »Es ist von großer Bedeutung, daß Japan durch die unlängst erfolgte Wiederaufnahme seiner diplomatischen Beziehungen zur Sowjetunion und durch die Verwirklichung seines lange erstrebten Zieles einer einstimmig befürworteten Zulassung zu den Vereinten Nationen die Fenster nach beiden Seiten – Ost und West – geöffnet hat und daß es nun in der Lage ist, sich auf dem Gebiet der internationalen Beziehungen freier als bisher zu bewegen.«[54]

Die oft emotionalisierten Meinungsverschiedenheiten zwischen Tokio und Moskau in der Frage der Nordinseln konnten trotz mancher Anläufe hierzu bis zum Ende des

20. Jahrhunderts nicht beigelegt werden. Somit konnte bislang kein Friedensvertrag zwischen beiden Mächten zustande kommen. Der Fortbestand eines ungelösten Problems zwischen ihnen wird von beiden Mächten anerkannt.

Japans Friedensvertrag mit Nationalchina und Probleme seiner China-Politik

Neben der Neugestaltung seiner Beziehungen zu den Vereinigten Staaten und zur Sowjetunion bildete für Japan sein Verhältnis zum benachbarten China einen Problembereich von besonderer Bedeutung. Doch China befand sich in einer neuen Phase seines Bürgerkrieges. In einer Geheimabsprache hatten die USA und Großbritannien bereits im Juni 1951 vereinbart, daß keine der beiden chinesischen Regierungen zur Friedenskonferenz von San Francisco eingeladen werden würde und daß Japans Verzicht auf Taiwan (Formosa) und die Pescadoren-Inseln ohne Aussage darüber erfolgen solle, zu wessen Gunsten die Abtretung geschehe.[55] Als Folge traf diese Regelung auf die verständliche wenn auch teilweise unterschiedlich begründete Ablehnung der beiden im Krieg miteinander befindlichen chinesischen Regime. Auf seiten Pekings kritisierte Ministerpräsident Chou En-lai (Zhou En-lai) im Monat vor Beginn der Friedenskonferenz, der Vertragsentwurf und das Arrangement der Konferenz verletzten die Interessen Chinas wie auch der Sowjetunion. Er verlangte eine Beteiligung der VR China an der Konferenz, da China seit 1937 im Krieg gegen Japan gestanden habe und eine ausdrücklich zugunsten Chinas erfolgende Rückgabe Taiwans, der Pescadoren sowie der Spratly-(Nansha-) und der Paracel-(Hsisha-)Inseln. Chou (Zhou) erinnerte an interalliierte Abmachungen, denen zufolge kein separater Frieden mit einer der gegnerischen Mächte gemacht werden sollte. Die USA aber hätten nun die Vorbereitung des Friedensvertrages mit Japan monopolisiert. Sollte die Friedenskonferenz ohne eine Beteiligung der Volksrepublik China verlaufen, so würde diese den Vertrag als rechtswidrig und daher ungültig betrachten.[56] In Taiwan kommentierte Chiang Kai-shek in bitterem Ton, er verstehe den Ausschluß seiner nationalchinesischen Regierung von der Konferenz in keiner Weise. Denn seine Regierung vertrete China in der Weltorganisation der Vereinten Nationen, und die Mehrheit der etwa 50 Staaten, die sich mit Japan im Krieg befunden hatten, anerkenne diese Regierung; sie vertrete China auch im Alliierten Rat in Tokio. Sollte seiner Regierung die Möglichkeit der gleichberechtigten Teilnahme an der Konferenz versagt werden, so müsse dies als eine ungerechte Maßnahme betrachtet werden, die sowohl die Wirksamkeit des Friedensvertrages als auch die traditionelle Freundschaft zwischen China und Amerika schädige.[57]

Kurz nach der Unterzeichnung des japanischen Friedensvertrages stieg das Interesse des US-Senats, der diesen zu ratifizieren hatte, an der Frage nach Japans künftigen Beziehungen zu China. Präsident Truman wurde am 12. September 1951 mit einem von 56 Senatoren unterzeichneten Schreiben konfrontiert, in dem behauptet wurde, eine Aufnahme diplomatischer Beziehungen zwischen Tokio und Peking schade den Interessen der Vereinigten Staaten wie auch Japans. Mitte Dezember 1951 reiste US-Sonderbotschafter John Foster Dulles deshalb nach Tokio, wo er Ministerpräsident Yoshida dringend nahelegte, zwar einen Friedensvertrag mit der nationalchinesischen Regierung auf Taiwan zu schließen, jedoch das Vertragsgebiet nur auf jene Territorien zu begrenzen, die sich unter der De-facto-Kontrolle der Regierung Chiang Kai-shek befänden. Dulles ging sogar so weit, Yoshida den Entwurf eines an ihn selbst (Dulles) adressierten Briefes in die Hand zu geben, der die Bereitschaft Japans bekunden sollte, dem Rat Dulles entsprechend zu handeln und als gleichsam offizielles Dokument von Yoshida unterschrieben an Dulles gesandt werden sollte.[58] Dieser vom 24. Dezember 1951 datierte Brief wurde dann tatsächlich mit einigen – für die China-Frage nicht wesentlichen – Zusätzen an Dulles gesandt.[59]

Der gemeinsame Berief der 56 US-Senatoren an Präsident Truman war ursprünglich vom Informationsamt der nationalchinesischen Regierung in Taipei angeregt worden und war bei den Senatoren auf ein besonderes Echo gestoßen, weil argumentiert worden war, Japan könne nicht gut diplomatische und wirtschaftliche Beziehungen zu Peking in einer Zeit herstellen, in der China gegen die USA und die UN einen Krieg führe, bei dem amerikanische Opfer in Korea indirekt auch den Interessen Japans dienten.[60] In Japan selbst gab es zu dieser Zeit auch emotionale Motive, die Teile der Öffentlichkeit veranlaßten, eine Aufnahme diplomatischer Beziehungen zu Taiwan vorzuziehen. Ursachen hierfür waren Chiang Kai-sheks Absage an einen chinesischen Revanchismus gegen Japan trotz aller Ungerechtigkeiten und Leiden, die dessen Regierung dem chinesischen Volk zugefügt hatte. Auch die schnelle und humanitär durchgeführte Rückführung der japanischen Kriegsgefangenen, die der Oberkommandierende der chinesischen Regierungsstreitkräfte General Ho Ying-chin als »Soldaten ohne Schwerter« bezeichnet hatte, trug dazu bei, diese Bevorzugung Taiwans zu fördern.[61]

Der Friedensvertrag zwischen der nationalchinesischen Regierung in Taiwan und Japan wurde am 28. April 1952 unterzeichnet. Er beendete den de facto seit 1937 bestehenden Kriegszustand, bestätigte Japans Verzicht auf Taiwan, die Penghu- sowie die Spratly- und Paracel-Inseln, jedoch – wie im Vertrag von San Francisco – ohne Angabe, zu wessen Gunsten. Ein Notenaustausch vom gleichen Datum begrenzte die Anwendbarkeit des Vertrages auf alle Gebiete, die sich gegenwärtig oder künftig unter der De-facto-Kontrolle der nationalchinesischen Regierung befänden. Ein zusätzliches Protokoll bekundete den Verzicht der chinesischen Seite auf japanische Reparationen, wie sie im Friedensvertrag von San Francisco vorgesehen waren.[62]

So hatte die Japans Problemsstrukturen überwölbende Konstellation des Konflikts zwischen den USA und der Volksrepublik China in einer brisanten Phase des Krieges in Korea bewirkt, daß Japans Bemühungen um eine Normalisierung seiner Beziehungen zu China auf Taiwan beschränkt blieben, zu dem allerdings aus der Ära der dortigen japanischen Herrschaft noch manche Beziehungen fortbestanden. Mit dieser Entscheidung war Japans China-Politik für weitere zwei Jahrzehnte festgelegt. Es bedurfte erst eines tiefgreifenden Wandels der amerikanisch-chinesischen Beziehungen, bis auch für Japan der Weg zur Aufnahme normaler Beziehungen zu Peking und damit zum chinesischen Festland ermöglicht werden konnte.

Japans Reparations- und Wirtschaftsdiplomatie in Südostasien

Nach Erhalt des relativ günstigen Vertrages von San Francisco sowie des Verteidigungsvertrages mit den USA und der – ohne Vertrag bleibenden – Normalisierung ihrer Beziehungen zur Sowjetunion wandte Japans Diplomatie ihre Aufmerksamkeit verstärkt der

Region Südostasien zu. Wirtschaftspolitisch war dies um so bedeutsamer, als Tokios Verzicht auf Beziehungen zu Peking und sein Friedensvertrag mit dem nationalchinesischen Regime in Taiwan Japans Möglichkeiten zu Handelsbeziehungen mit der Volksrepublik China anfänglich auf ein Minimum reduzierten. Dazu trugen freilich auch die von den Vereinten Nationen als Folge des Koreakrieges verhängten Einschränkungen des Handels mit China bei. Auf die Bedeutung Südostasiens wies Japans Ministerpräsident Yoshida in einer vielbeachteten Rede vor dem Presseclub in Washington Anfang November 1954 hin: »Als völlig von seinem Außenhandel abhängige Inselnation weiß Japan, daß es nicht ohne die freien Nationen der asiatischen Staatengemeinschaft und den Handel mit ihnen existieren kann. Der normale und traditionelle Handel mit dem asiatischen Festland ist uns gegenwärtig nicht zugänglich. Das bedeutet, daß ein wirtschaftlich unabhängiges Japan seinen Handel mit Südostasien erweitern muß.«[63] In der gleichen Rede forderte Yoshida die Finanzierung eines »Marshallplans für Südostasien« in Höhe von jährlich vier Milliarden US-Dollar. Doch auf Grund amerikanischer Vorbehalte konnte dieser Plan nicht in die Tat umgesetzt werden. Im gleichen Monat erzielte Japan ein erstes Resultat seiner Bemühungen um Verträge und Reparationsregelungen mit südostasiatischen Staaten, als nach dreimonatigen Verhandlungen am 5. November 1954 ein Friedensvertrag zwischen Japan und Burma unterzeichnet werden konnte. Die Burmesen hatten Tokio anfangs mit Reparationsforderungen in der phantastischen Höhe von 20 Milliarden US-Dollar konfrontiert; die Japaner boten aber nur 100 Millionen Dollar, worauf sich beide Seiten dann auf einen Reparationsbetrag von 200 Millionen US-Dollar einigten, der im Laufe von 10 Jahren in der Form jährlicher Sachlieferungen und Dienstleistungen im Wert von jeweils 20 Millionen US-Dollar zu erstatten war. Im gleichen Zeitraum sollte Burma japanische Privatanleihen im Wert von 50 Millionen US-Dollar erhalten, die aber nicht pauschal, sondern projektgebunden zu verhandeln und zu erstatten waren.[64]

Von psychologischer Bedeutung war die Tatsache, daß Japan auf der Afro-Asiatischen Konferenz von Bandung in Indonesien mit einer größeren Delegation vertreten war. Japans Chefdelegierter bei dieser Konferenz, Takasaki Tatsunusuke, berichtete von dem Mißtrauen, das Japan seitens der südostasiatischen Staaten entgegengeschlagen sei. Er habe in einem Gespräch mit Chinas Ministerpräsident Chou En-lai (Zhou En-lai) bei dieser Konferenz dargelegt, daß Japan zwar auf Grund historischer Umstände zu einem sehr ungleichgewichtigen Bündnis mit den USA genötigt sei und daß viele Japaner befürchteten, auf Grund dessen von den anderen Asiaten als »gelbe Amerikaner« bewertet zu werden. Er glaube daher, daß sich Japan im ideologischen Ost-West-Konflikt soweit wie möglich zurückhalten solle.[65]

Besondere Schwierigkeiten bereiteten Tokios Verhandlungen mit den Philippinen, die in der Tat unter kriegsbedingten Zerstörungen mehr zu leiden gehabt hatten als andere Länder Südostasiens. Obwohl auch die philippinische Regierung die Verhandlungen mit einer anfänglichen Forderung von 8 Milliarden US-Dollar aufnahm, konnten die japanischen Unterhändler diese Forderung bis auf einen Betrag in Höhe von 550 Millionen US-Dollar herunterschrauben, die innerhalb von 20 Jahren in Gütern und Dienstleistungen zu erbringen waren. Hinzu kamen private Anleihen in einer Gesamthöhe von 250 Millionen US-Dollar, die von der japanischen Regierung garantiert wurden. Da die philippinische Regierung aus taktischen Gründen die Vereinbarung von Reparationen von der Wiederaufnahme normaler Handelsbeziehungen getrennt hatte, wurde es 1960 erforderlich, einen zusätzlichen Freundschaftsvertrag zwischen Tokio und Manila über Handel und Schiffahrt zu schließen. 1954 erst ratifizierten die Philippinen den 1951 in San Francisco unterzeichneten Friedensvertrag mit Japan. Der Normalisierungsvertrag mit den Philippinen wurde am 9. Mai 1956 unterzeichnet. Mit seinem Inkrafttreten am 23. Juli des gleichen Jahres konnten diplomatische Beziehungen zwischen Tokio und Manila aufgenommen werden.[66]

Die indonesische Regierung war bei ihren Reparationsverhandlungen mit Japan von einer Forderung von 17,2 Milliarden US-Dollar ausgegangen. Schwierige Konsultationen, in deren Verlauf Japans Ministerpräsident Kishi zu persönlichen Gesprächen mit Indonesiens Präsident Sukarno nach Jakarta reiste, konnten Ende 1957 abgeschlossen werden und ermöglichten am 20. Januar 1958 die Unterzeichnung sowohl eines Friedensvertrages, in dem sich beide Seiten ausdrücklich auf den Geist der Entscheidungen der Afro-Asiatischen Konferenz von Bandung beriefen, als auch eines gesonderten Reparationsabkommens.[67] Hinsichtlich der Reparationsforderungen hatten die Japaner einen wiederum in Warenlieferungen und Dienstleistungen zu erbringenden Reparationsbetrag von 225,4 Millionen US-Dollar aushandeln können wie auch den Verzicht auf indonesische Handelsschulden in Höhe von 174,5 Millionen US-Dollar. Zusätzlich waren für die nächsten 20 Jahre Anleihen und Investitionen seitens japanischer Privatunternehmen in einem Gesamtbetrag von 400 Millionen US-Dollar zugesagt worden. Japans Wirtschaft war darüber hinaus in der Lage, nicht unwesentlich von einem Konflikt zwischen Indonesien und seiner vormaligen Kolonialmacht den Niederlanden zu profitieren. Schwierigkeiten zwischen beiden Ländern waren aus Meinungsverschiedenheiten über die Revision des zwischen ihnen noch bestehenden Unionsstatus entstanden wie auch aus dem Anspruch Indonesiens auf das letzte niederländische Kolonialgebiet in Südostasien, West-Neuguinea. Entgegen den Empfehlungen der UN-Generalversammlung hatten die Niederlande Verhandlungen mit Indonesien über die Zukunft West-Neuguineas abgelehnt. Daraufhin hatte Indonesien im Februar 1956 das Unionsstatut wie auch ein Wirtschaftsabkommen mit den Niederlanden für aufgehoben erklärt. Das bedeutete die Kündigung aller mit den Niederlanden geschlossenen wirtschaftlichen und finanziellen Verträge. Die von Indonesien ebenso einseitig erklärte Annullierung niederländischer Schuldforderungen in Höhe von 4 Milliarden Gulden wurden von Jakarta mit dem Hinweis vorgenommen, eigentlich habe Indonesien das Recht, von seiner vormaligen Kolonialmacht wegen ihrer ausbeuterischen Herrschaft und ihres grausamen Kolonialkrieges gegen Indonesien nach dem Zweiten Weltkrieg Reparationen zu fordern.[68] Die Verstaatlichung niederländischer Ölanlagen durch die indonesische Regierung bewirkte deren Einladung an japanische Firmen, die Weiterentwicklung der indonesischen Erdölproduktion mit technischer Ausrüstung und Fachleuten zu unterstützen, wofür ihnen 40 Prozent jeder erzielten Produktionssteigerung zugesprochen wurde. Als Folge dieser Vereinbarung gründeten die Japaner die Nord-Sumatra-Erdölentwicklungsgesellschaft, deren Aktien zu $^{2}/_{3}$ ihrer Regierung und zu $^{1}/_{3}$ japanischen Privatfirmen gehörten.[69]

Am 4. Februar 1957, nur drei Wochen vor seiner Ernennung zum Ministerpräsidenten, was er bis Juni 1958 blieb, hielt Japans damaliger Außenminister Kishi Nobusuke vor dem Reichstag eine vielbeachtete Grundsatzrede zur Außenpolitik des neuen Japan.

Darin hob er den Willen Japans zur Orientierung seiner Außenpolitik an den Werten der Vereinten Nationen und an der Zusammenarbeit mit demokratischen Staaten hervor. Doch das Hauptelement der japanischen Außenpolitik bestehe in einer auf Interessengemeinschaften in den Bereichen der Politik, Wirtschaft und Verteidigung beruhenden Kooperation mit den Vereinigten Staaten. An zweiter Stelle sei von großer Bedeutung die Normalisierung und Förderung der Beziehung Japans zu seinen asiatischen Nachbarn. Nützlich seien die mit wirtschaftlicher Kooperation einhergehenden Formen der Reparationen. Das größte Problem der Staaten Asiens, die ihre Unabhängigkeit (von den Kolonialmächten) gewonnen hätten, bestünde in der Frage, wie diese neu gewonnene Unabhängigkeit wirtschaftlich untermauert werden könne. Japan habe das klar verstanden und wolle diesen jungen Staaten bei ihrer Aufgabe der nationalen Selbstentwicklung durch die Förderung wirtschaftlicher Beziehungen helfen. Japans Regierung lege großen Wert auf die Entwicklung einer »Wirtschaftsdiplomatie«, die der wirtschaftlichen Entwicklung ihres Landes dienen solle. Diese für Japan so ungemein bedeutsame Wirtschaftspolitik könne jedoch nicht allein Aufgabe der Diplomatie des Landes sein. Wörtlich fügte Kishi hinzu: »... was gebraucht wird, ist ein System, in dessen Rahmen nicht nur die Wirtschaftsorgane der Regierung allein, sondern auch die (privaten) politischen und finanziellen Kräfte des Landes sich vereinigen und miteinander bei der Formulierung und Durchführung internationaler Wirtschaftsprogramme jedweder Art zusammenarbeiten können.« Eine erfolgreiche Wirtschaftsdiplomatie setze somit ein integriertes Gesamtprogramm voraus, in dem die offizielle Diplomatie und maßgebliche Wirtschaftskreise in einer konzertierten Aktion Initiativen ergreifen könnten.[70] Da die Möglichkeiten des Handels mit China zu dieser Zeit begrenzt blieben, wandte sich Japan mit um so größerem Interesse dem nächstgrößten Land Asiens zu, nämlich Indien. Nach Kishis Besuch in New Delhi und einem Gegenbesuch des indischen Ministerpräsidenten Nehru in Tokio im Oktober 1957 konnte im Februar 1958 ein umfassender Handelsvertrag zwischen Japan und Indien unterzeichnet werden. Ein wenige Wochen danach unterzeichnetes Abkommen zwischen beiden Ländern verpflichtete Japan zur Lieferung von Kapitalgütern für Indiens neu errichtete Stahlproduktion in Rourkela. Eine der Grundlagen hierfür war ein Indien von Japan gewährter Yen-Kredit, der Indien den Ankauf japanischer Kapitalgüter ermöglichte.[71]

Für den Erfolg der japanischen Wirtschaftsdiplomatie in Asien spricht, daß der Wert des japanischen Asienhandels im Jahrzehnt zwischen 1957 und 1967 von 868 Millionen auf 2630 Millionen US-Dollar anstieg und sich somit verdreifachte. Im gleichen Zeitraum stiegen asiatische Exporte nach Japan um 83 Prozent. Nach den USA wurde Japan zum Hauptziel asiatischer Exporte. Der Anteil Japans am Gesamtvolumen des Handels in Ostasien erhöhte sich von 1960 bis 1964 von 10,9 auf 19,3 Prozent. Mit dem letztgenannten Ergebnis überrundete Japan sogar die Vereinigten Staaten, deren Anteil im Jahr 1964 nur 16,7 Prozent betrug.[72] Weitgehend auch dank seiner mit Umsicht und Zähigkeit geführten Wirtschaftsdiplomatie war Japan nur zwei Jahrzehnte nach Kriegsende bei der Versorgung aufstrebender Entwicklungsländer Ost- und Südostasiens zum primären Ursprungsland für Kapitalgüter und Technologie geworden.

16. Kapitel

Die frühe Ära totaler Herrschaft in China 1949–57

Taktiken zur Vernichtung wirklicher oder vermeintlicher Gegner

Weite Bereiche der Geschichte der 20. Jahrhunderts sind in tragischer Weise von dem Wirken und den Folgen totalitärer Bewegungen und Systeme geprägt.[1] Über die Errichtung absoluter Herrschaft weit hinausgehend, ist eines der wesensbestimmenden Merkmale dieser Systeme der Wille, die Schaffung eines neuen Menschen- und Gesellschaftstyps erzwingen zu wollen. Bei diesem Versuch zur organisatorischen Erfassung, Durchdringung und disziplinierenden Umformung der Gesellschaft sind die siegreichen chinesischen Kommunisten wesentlich weiter gegangen als andere totalitäre Parteien des 20. Jahrhunderts. Innerhalb weniger Jahre nur gelang es dieser Partei, die kaum über echte Regierungserfahrung verfügte, die Bevölkerungsmassen dieses riesigen Landes unter eine beispiellos gestraffte Kontrolle zu bringen. Dabei standen der Partei allerdings einerseits die achtundzwanzigjährigen Erfahrungen ihres eigenen politischen und militärischen Kampfes um die Macht zur Verfügung wie andererseits auch das theoretische und empirische Rüstzeug des leninistisch-stalinistischen Marxismus mit seinen Anleitungen zum Handeln. Wie auch in anderen totalitären Systemen wurden die einzelnen Individuen in das zweipolige Spannungsfeld von Attraktion durch Propaganda und Indoktrinierung auf der einen Seite und Abschreckung durch existenzvernichtenden Terror auf der anderen Seite gestellt. Als erste totalitäre Bewegung in der Geschichte des 20. Jahrhunderts hatte der Bolschewismus in Rußland bis dato unbekannte Methoden der propagandistischen Motivierung und disziplinierenden Mobilisierung der Massen erfolgreich praktiziert. Die chinesischen Kommunisten vermochten es, von diesen Praktiken zu lernen, sie noch wirksamer zu machen und sie chinesischen Verhältnissen anzupassen. Im Zuge allumfassender, verpflichtender und systematisch gehandhabter Indoktrinierung verstand es die Partei, sich als Manifestation einer unwiderstehlichen Strömung der Geschichte darzustellen. Sie habe nicht nur das Kuomintang-Regime besiegt, sondern auch Japan und habe selbst der Weltmacht USA die Stirn bieten können. Zudem habe sie die Reste einer halbkolonialen Prädominanz des Westens in China beseitigt. Ihr Erfolg sei die Bestätigung ihrer letztlich unfehlbaren »wissenschaftlichen« Ideologie und des Genies ihres allwissenden und allmächtigen Führers Mao Tsetung. Gestärkt durch sein Bündnis mit der in Europa ebenso siegreichen Sowjetunion und deren Erfahrungsschatz im Aufbau des Sozialismus, breche das von inneren und äußeren Feinden befreite neue China mit seiner Vergangenheit, um mit dem Aufbau einer radikal neuen, besseren Gesellschaft zu beginnen. So sagte der damalige Staatspräsident der Volksrepublik China Liu Shao-ch'i (Liu Shaoqi) am 10. Gründungstag der

Volksrepublik China: »Der Sieg der chinesischen Revolution brachte eine weitere Veränderung des Profils der Welt. Die chinesische Revolution schlug eine gewaltige Bresche in die Front des Imperialismus im Osten und versetzte dem Kolonialsystem des Imperialismus einen tödlichen Schlag. Das neue China wurde ein Teil des von der Sowjetunion geführten sozialistischen Lagers. Jetzt bilden die Sowjetunion, China und die anderen sozialistischen Länder eine große geschlossene ... sozialistische Familie, die ein Drittel der Bevölkerung des Erdballs und ein riesiges zusammenhängendes Gebiet auf den zwei Erdteilen – Europa und Asien – umfaßt. Die chinesische Revolution besitzt für die Völker aller rückständigen Länder, die der Unterdrückung durch den Imperialismus ausgesetzt waren oder ausgesetzt sind, eine große Anziehungskraft. Sie fühlen, daß was die Chinesen erreichen konnten, auch ihnen möglich sein müßte.«[2] Bei zahlreichen Veranstaltungen emotionalisierter Massen erklang das Lied:

»Im Osten wird der Himmel rot,
die Sonne erhebt sich,
und in China ist Mao Tse-tung erschienen,
der für das Volkswohl wirkt,
er ist der ›große Erlöser‹ des Volkes.«

In pausenlosen Beeinflussungskampagnen auf allen Ebenen des öffentlichen Lebens wurden alle Chinesen aufgefordert, sich das neue Heilswissen des maoistischen Marxismus nicht nur theoretisch anzueignen, sondern es zur Richtschnur tagtäglicher Lebenspraxis zu machen. So gingen Mao Tse-tung und seine Anhänger von der Annahme aus, daß es zur echten Revolutionierung der Gesellschaft nicht genüge, bei der Umwandlung von Institutionen des Staates, der Wirtschaft oder der Kultur stehenzubleiben. Folglich mußte alles davon abhängen, ob es gelänge, eine radikale Veränderung im Denken, Empfinden und Verhalten der einzelnen Individuen herbeizuführen. In einer gerade auch auf den Maoismus anwendbaren Beschreibung der Rolle des Individuums in totalitären Gesellschaftssystemen heißt es, das Individuum »sollte dazu gebracht werden, alles das zu verinnerlichen, was ihm die Inhaber der Macht als das Richtige und Notwendige suggerieren. Jedes sich auf eigenen Überlegungen gründende, kritische Denken soll ausgeschaltet werden. Der Mensch wird als ein der Anleitung bedürftiges Wesen begriffen, die ihm gegeben werden muß. Das Ergebnis soll ein gleichgerichtetes Denken aller Menschen in einer Gesellschaft sein. Andersdenkenden wird bestenfalls die Rolle von Außenseitern, schlimmstenfalls von Feinden der Gesellschaft zugewiesen. So sollen die Menschen zu höchsten Leistungen im Interesse der Machthaber getrieben werden. Deren Interessen werden mit den Interessen der Allgemeinheit identifiziert.«[3]

Um dieses Ziel einer Hingabe des einzelnen an das Ganze des diktatorischen Systems zu ermöglichen, bezog sich die Parteiführung der chinesischen Kommunisten auf eine Methode der ansonst schärfstens bekämpften, jahrtausendealten konfuzianischen Kulturtradition des chinesischen Volkes. Gemeint ist die Methode der »Selbstkultivierung der Persönlichkeit«. Sie besagt, daß der Zustand des einzelnen, der Familie, des Staates und der ganzen Welt davon abhänge, ob und wieweit es den einzelnen gelinge, ihr Leben entsprechend den – für universal gültig gehaltenen – Geboten der konfuzianischen Ethik zu gestalten. So heißt es im *Buch der Sitte* (Li Gi): »Vom Himmelssohn (d. h. dem Kaiser) bis zum gewöhnlichen Mann gilt dasselbe: Für alle ist die Bildung der Persönlichkeit die Wurzel.«[4] Auf diese Methode der konfuzianischen Klassik verweisend schrieb

Liu Shao-ch'i (Liu Shaoqi) in seiner einflußreichen Schrift »Wie man ein guter Kommunist wird«, die Kommunisten müßten sich dieser Methode umso mehr bedienen, als sie »die historisch präsendenzlos große Mission hätten, die Welt zu ändern«. Liu fügt hinzu: »Unsere kommunistische Selbstkultivierung ist für proletarische Revolutionäre von Bedeutung. Sie darf (aber) von der revolutionären Praxis nicht getrennt werden.« Kommunistische Moral erfordere die bedenkenlose, absolute und bedingungslose Unterordnung des einzelnen und seiner Interessen bis zur Aufopferung des Lebens unter den Willen und Interessen der Partei. Zur kommunistischen Moral gehört nicht nur ein Verhaltenscode, sondern auch die Fähigkeit und Praxis des rücksichtslosen Kampfes gegen die Feinde der Partei. Die konfuzianische Idee einer universalen klassenüberwölbenden und verbindenden Moral sei ›bloßer betrügerischer Unsinn‹«.[5] Inhaltlich führe die Anwendung marxistisch-leninistisch-maoistischer Selbstkultivierung zur Wahrung der Disziplin und Einheit der Partei, zur Fähigkeit von Kritik und Selbstkritik sowie zur Befähigung zu harter Arbeit und ständigem Kampf.[6] Somit wirkt hier der konfuzianische Begriff der Selbstkultivierung der Persönlichkeit rein formalistisch verwendet weiter. Doch es besteht ein diametraler Gegensatz zwischen den hier im Konfuzianismus und dort im Kommunismus erstrebte Zielen und Wirkungen dieser Selbstkultivierung. Im klassischen Konfuzianismus ist es die Reflexion kosmischer Harmonien in der Daseinsführung und Ordnung der menschlichen Gesellschaft wie auch das Streben nach Menschenliebe als zentraler Tugend und nach Menschenkenntnis als höchster Form von Weisheit, nach Einfügung und Einfühlung in die Gesetzmäßigkeiten der Natur. Dem gegenüber steht das kommunistische Postulat rastlosen Klassenkampfes, des Klassenhasses und ständiger sozialer Veränderung, verbunden mit dem Glauben an die klassenmäßige und parteiliche Bedingtheit der Normen menschlichen Handelns.[7] Hinzu tritt der Wille zur Veränderung von Mensch, Gesellschaft und Natur.

Für Maos Machtapparat bildeten die chinesischen Intellektuellen ein besonderes Problem. Denn zahlenmäßig waren sie im Verhältnis zur Größe des Landes und seiner Bevölkerung zu dünn gesät, als daß man es sich hätte leisten können, sie pauschal zu liquidieren. Doch ihre zumeist nichtproletarische Klassenherkunft machte sie potentiell verdächtig. Folglich war diese Elitegruppe der chinesischen Gesellschaft in besonderer Weise kommunistischen Pressionen ausgesetzt, die darauf abzielten, sie entweder zu »neuen Menschen« zu machen oder sie psychisch so zu brechen und zu verunsichern, daß von ihnen kein Widerstand zu befürchten war. Ein an psychiatrische Methoden erinnerndes Verfahren der »Gedankenreform« waren die sogenannten Studiensitzungen zur Kritik und Selbstkritik. Intellektuelle wurden hier in kleinen Arbeitsgruppen jeweils unter Parteiaufsicht zusammengebracht und beauftragt, ungehemmte und sehr spezifische Selbstkritik zu üben. Sie wurden dabei gezwungen, ihre bisherigen Einstellungen und Leistungen, ihre klassenmäßig bestimmte Herkunft und Familie sowie ihre bisherige Tätigkeit in einer Weise zu kritisieren, die ihr bisheriges Selbstgefühl zerbrechen und sie mit Schuld- und Minderwertigkeitsgefühlen belasten sollte. Sehr ins Detail gehende schriftliche Schuldgeständnisse mußten oft bis zu sechs- oder siebenmal neu verfaßt werden, nachdem sie stets als zu unpräzise oder als nicht aufrichtig genug zurückgewiesen wurden. Diese schriftlichen Protokolle der Selbstkritik bildeten in der Hand der Parteiinstanzen Akten, die jederzeit zur Anklage oder Druckausübung gegen ihre jeweiligen Autoren verwendet werden konnten.[8] Gleichzeitig wurde in der Gruppe darauf geachtet, daß die einzelnen Teilnehmer nicht nur sich selbst kritisierten, sondern umgekehrt auch schärfsten Druck auf ihre Leidensgenossen ausübten, um diese zu stärker pointierter Selbstkritik zu veranlassen. Taten sie dies nicht, wurde die Aufrichtigkeit ihrer Haltung bedrohlich in Zweifel gezogen. Bereits in Artikel 7 des sogenannten Gemeinsamen Programms für die Volksrepublik China von 1949, einer Art erstem Grundsatzprogramm für die neue Volksrepublik, heißt es, daß »reaktionäre Elemente« durch physische Arbeit gezwungen werden sollen, »neue Menschen« zu werden. So gab es für uneinsichtig scheinende oder unnachgiebige Intellektuelle auch diese Steigerungsmöglichkeit des auf sie ausgeübten Druckes.[9] Gleichzeitig wurden die Mitglieder dieser Studiengruppen dazu angehalten, sich in Lobeshymnen auf die herrschende Partei, ihre Führer und ihre Weltanschauung zu ergehen. Als besonderes zu kritisierende Verfehlungen galten die Bewunderung Amerikas oder anderer westlichen Länder, Kritik oder Geringschätzung der Sowjetunion oder die »bürgerliche Idee«, daß es eine von Politik, Gesellschaft und Klassen unabhängige Form der Kultur und der wissenschaftlichen Forschung geben müsse.[10] Die Forderung nach Kritik der anderen Gruppenmitglieder entsprang dem Willen der Partei, die Bildung von Gemeinschaftsgefühlen zwischen den unter Druck gesetzten Gruppenmitgliedern zu verhindern. Wer sich selbst retten wollte, mußte andere möglichst verletzend angreifen. Angesichts der besonderen kultursoziologischen Rolle des Familienvaters in der chinesischen Gesellschaft galt es für den kommunistischen Gruppenleiter als besonderer Erfolg, wenn ein zu Kritik und Selbstkritik aufgefordertes Mitglied der Gruppe dazu gebracht werden konnte, den eigenen Vater ausführlich zu denunzieren. Das Resultat solcher tage- oder wochenlanger Gruppenarbeit waren verunsicherte, mit doppelseitigen Schuldgefühlen belastete Menschen, die potentielle Anklagepunkte in schriftlicher Form an die Dokumentation der Parteistaates ausgeliefert hatten und von denen nach Meinung der Partei politische Oppositionstätigkeit kaum mehr zu erwarten war.

Einer der wenigen Intellektuellen, die gegen die Einengungen der geistigen Freiheit zu protestieren wagten, war Hu Feng. Obwohl er als Marxist betrachtet wurde, behauptete er, der Wert der klassischen Literatur in China dürfe nicht negiert werden. Man brauche nicht Marxist zu sein, um gute Literatur zu erzeugen. In China herrsche eine von der Partei erzwungene »Gleichförmigkeit der öffentlichen Meinung«. Im intellektuellen Leben Chinas bestehe eine »Atmosphäre des Zwanges«. Gegenwärtig gebe es »überall das Verlangen nach Widerstand«. Mao Tse-tung selbst fühlte sich von diesen Äußerungen derart provoziert, daß er in zwei eigenen Beiträgen Stellung nahm. In Maos Antworten heißt es: »Was Hu Feng ›Gleichförmigkeit der öffentlichen Meinung‹ nennt, heißt einfach, daß es Konterrevolutionären nicht erlaubt ist, konterrevolutionäre Ansichten zu äußern.« In einer Ära des Klassenkampfes und nach seinem Sieg müsse das Proletariat »allen Konterrevolutionären verbieten, die Redefreiheit für ihre konterrevolutionären Zwecke zu mißbrauchen«.[11]

Eine Besonderheit in der frühen Ära kommunistischer Herrschaft in Kontinentalchina bestand in der Initiierung und Steuerung sogenannter Massenbewegungen zur Popularisierung und Durchführung politischer Maßnahmen von großer Bedeutung. Führer der Kommunistischen Partei Chinas pflegten deshalb zu sagen: »Unsere Partei lebt von Bewegungen.«[12] Eine der entscheidendsten wenn auch furchtbarsten Kampagnen der obengenannten Art war die sogenannte Bewegung zur Unterdrückung der Konterrevolutionäre. Sie begann bereits Ende 1949, intensivierte sich im ersten Jahr des Koreakrieges und fand ihren formalen Niederschlag in den von der Pekinger Volkszeitung *(Renmin Ribao)* vom 21. Februar 1951 wiedergegebenen »Richtlinien für die Unterdrückung der Konterrevolutionäre«. Potentiell bezog sich dieser Begriff auf die Gesamtheit der Träger öffentlicher Funktionen in der Politik, Verwaltung und Wirtschaft des vorangegangenen Kuomintang-Regimes. Somit trug die Kampagne den Charakter eines landesweiten Enthauptungsschlages gegen die Aktivisten des besiegten Regimes. In Mao Tsetungs diesbezüglichen Kommentaren vom Dezember 1950 und September 1951 heißt es: »Bitte, achtet darauf, daß ihr bei der Unterdrückung der Konterrevolutionäre wohlüberlegt, genau gezielt und unerbittlich zuschlagt. ... unerbittlich zuschlagen bedeutet, entschlossen all die reaktionären Elemente hinzurichten, die die Todesstrafe verdienen ...«[13] Maos zitierte Weisung legt Wert darauf, daß den Todesurteilen die Forderung der »Massen« nach Hinrichtung vorangegangen sein sollte. Die Verurteilung und Hinrichtung der sogenannten Konterrevolutionäre erfolgte daher oft im Rahmen von Massenveranstaltungen, die etwa in Sportstadien veranstaltet wurden. Propagandaredner peitschen die wie zu einem Volksfest versammelten Massen zu einer Stimmung des Hasses auf. Die ohne jede Rechtsbasis vorgenommenen »Verfahren« dauerten oft nur eine Viertelstunde. Dazu schreibt Oskar Weggel: »Die von wochenlangen Verhören und Torturen körperlich gezeichneten und seelisch gebrochenen Delinquenten wurden ... gefesselt ins Stadion heruntergebracht, dort von einem gut präparierten Ankläger der

Im Zeichen des Klassenkampfes wurden Millionen Menschen vormaliger Oberschichten allein wegen ihrer Klassenherkunft von kommunistischen »Volkstribunalen« verurteilt und danach erschlagen oder erschossen. Als »glücklich« galt, wer »nur« erschossen wurde. Ihr Besitz wurde anschließend verteilt.

grauenhaftesten und meist auch unwahrscheinlichsten Verbrechen geziehen und dann von den 70.000 ›Richtern‹ (den versammelten und aufgeputschten Massen) mit dem Schrei ›Schlagt das Biest tot!‹ verurteilt.«[14] Wie Chow Ching-wen als Augenzeuge solcher Verfahren berichtet, wurde den Beschuldigten, falls sie in irgendeiner Weise gegen die Ungeheuerlichkeit des Verfahrens protestieren wollten, vom Wachpersonal eine vorsorglich am Hals der Angeklagten angebrachte Drahtschlinge so zusammengezogen, daß die Luftröhre zusammengepreßt wurde.[15] Ein französischer Augenzeuge berichtet von Hinrichtungen in Schanghai im Jahr 1950: »Niemand konnte sich den Eindrücken der Massengerichte entziehen. Der Rundfunk übertrug das Verfahren vom Morgen bis in die Nacht; aus mächtigen Lautsprechern brüllte an jeder Straßenecke das Jauchzen der Massen und Jammern der Opfer, von denen manche zu Tode gesteinigt oder geprügelt wurden. Die Rufe ›Tötet! Tötet!‹ ertönten den ganzen Tag hindurch.«[16] In seiner genannten Schrift führte Mao Tse-tung aus, manche der Angeklagten könne man ja »Zwangsarbeit leisten lassen, um zu sehen, wie sie sich betragen. Wenn manche von ihnen sich nicht umerziehen lassen und weiter Übeltaten begehen, können wir sie später immer noch hinrichten, weil die Initiative in unseren Händen liegt.«[17] Chow Ching-wen schreibt allerdings, die Meinung der Partei hinsichtlich der angeblich erzieherischen Zwangsarbeiten sei gewesen, »Tod durch ein Erschießungskommando sei zu schnell und zu leicht für die Konterrevolutionäre«. Bevor man ihnen erlauben könne zu sterben, müsse man zuerst jedes Quantum ihrer Energie, ihres Blutes aus ihnen für die Produktion herausgepreßt haben.[18]

Eine weitere Kampagne dieser Art war die sogenannte Drei-Anti-Bewegung gegen Verschwendung, Korruption und Bürokratismus, die Mao Tse-tung selbst zu Neujahr 1950 initiierte. Diese Bewegung suchte »Schuldige« in Institutionen des Staates, der Kultur oder Industrie. Viele dieser Institutionen wurden tagelang geschlossen, um in ihnen Untersuchungstribunale zu veranstalten. Als nächste Kampagne folgte die sogenannte Fünf-Anti-Bewegung gegen Bestechung, Steuerhinterziehung, Diebstahl von Staatseigentum, Betrug und Entwendung wirtschaftlicher Geheimpatente des Staates. Primäre Zielpersonen dieser Kampagne waren große und kleine Kaufleute sowie Industrielle. Viele von ihnen wurden im Verlauf dieses Verfahren seelisch und körperlich derart gequält, daß sie sukzessive ihr Vermögen bis auf den letzten Rest hergaben, nur um von diesen Torturen befreit zu sein. Die Partei wiederum gewann durch diese Verfahren gewaltige Beträge an Kapital und anderen Wertobjekten.[19] In der chinesischen Gesellschaft, in der herkömmlich noch mehr als im Westen auf Würde, Ansehen und »Wahrung des Gesichts« Wert gelegt wurde, führten die Unterdrückungsmaßnahmen gegen die Ziele und Opfer der »Bewegungen« zu Serien von Selbstmorden. Opfer, die überlebten und den Hinrichtungen entgingen, wurden als wirkliche oder mutmaßliche Staatsfeinde zur »Reformierung« durch Zwangsarbeit verurteilt. Um ein Maximum an Leistung seitens der Verurteilten zu erzwingen, wurden sie häufig nur »bedingt« zum Tode verurteilt; ihre Hinrichtung wurde innerhalb einer bestimmten Frist von Monaten oder Jahren von der Art ihrer Arbeitsbewährung abhängig gemacht. Wie der Minister für Staatssicherheit Lo Jui-ching (Luo Ruiqing) erläuterte, war »die Unterwerfung der Konterrevolutionäre unter die Zwangsarbeit … ein unerläßliches Mittel, um ihre Klasse auszurotten und (sie) schafft gleichzeitig die Grundlage für die durchgreifende Wandlung der Missetäter zu neuen Menschen«.[20]

Die Frühphase der Agrarrevolution in China

Die umfassendsten Veränderungen, die Chinas Kommunisten im größten Bauernland der Welt herbeiführten, betrafen die Landwirtschaft, in deren Bereich zu dieser Zeit etwa 80 Prozent der chinesischen Bevölkerung lebten. Im Zuge des Bürgerkrieges hatten die chinesischen Kommunisten die Zugkraft der von Sun Yat-sen verkündeten Parole »Das Land den Bebauern zu Eigentum« mit großer Wirksamkeit zu nutzen gewußt. Ihre Versprechungen von Landbesitz für landlose oder landarme Bauern verschwiegen allerdings, daß das Endziel der Kommunisten nicht der von den Bauern ersehnte Eigenbesitz an Grund und Boden war, sondern die Kollektivierung des Landbesitzes unter der Diktatur der zu schaffenden Volksrepublik. Angesichts der ungeheuren Größe des Problems gingen die chinesischen Kommunisten schrittweise vor. So hieß es in Artikel 1 des am 30. Juni 1950 promulgierten Landreformgesetzes der Volksrepublik China: »Die Agrarverfassung der … Ausbeutung durch die Grundbesitzerklasse soll abgeschafft und eine Agrarverfassung, gekennzeichnet durch die bäuerlichen Eigenbesitz an Grund und Boden eingeführt werden …«[21] Artikel 30 des gleichen Gesetzes anerkennt sogar »das Recht aller Landeigentümer …, ihr Land frei zu bestellen, zu kaufen, verkaufen oder verpachten«, nachdem zuvor das Land der Grundbesitzer verteilt worden ist. Um dieses Ziel zu erreichen, sollten Land, Zugvieh, landwirtschaftliche Geräte, Getreidevorräte und Landhäuser der Grundbesitzer wie auch der Tempel, Kirchen, Schulen und öffentlichen Körperschaften enteignet und verteilt werden. Das gleiche galt von jenem Land der »reichen Bauern«, das diese selbst mit eigener Kraft nicht mehr bearbeiten konnten. Ergänzende Durchführungsbestimmungen definierten als »Grundbesitzer« solche Landeigentümer, die nicht selbst wesentliche Landarbeit (pflügen, säen, ernten etc.) leisteten, sondern diese Tätigkeiten von Angestellten oder Pächtern leisten ließen, die zu diesem Zweck Land verpachten, eventuell auch Geld verliehen und andere kommerzielle Betriebe führten. Der Unterschied zu den »reichen Bauern« wurde darin gesehen, daß letztere die Mehrzahl ihrer eigenen Grundstücke selbst bearbeiten, obwohl sie daneben durch Landverpachtung oder durch Geldverleih auch, wenn auch weniger, »ausbeuterisch« tätig seien.[22]

Wie vor der Machtergreifung schon in der Mandschurei erprobt, vollzog sich die Enteignung der sogenannten Grundbesitzer durch einen von der Partei planmäßig provozierten Klassenkampf. Die Grundbesitzer und ihre Familien wurden in den Dörfern vor versammelten Massen zunächst wie überführte Verbrecher erniedrigt, um die Macht ihres sozialen Nimbus zu brechen. Den versammelten Massen landloser oder landarmer Bauern, einschließlich der Pachtbauern der Grundbesitzer, wurde dann klargemacht, daß sie nun endlich den heißersehnten Landbesitz oder die Befreiung von lästigem Pachtzins erhalten könnten, wenn sich herausstellen sollte, daß der Grundbesitzer ein verurteilenswürdiger Verbrecher sei. Parteikader mit Klassenkampferfahrung verstanden es, den »Volkszorn« zu erwecken und oft zu einer Hysterie zu steigern, in deren Verlauf sich die Versammelten auf die angeklagten Grundbesitzer stürzten, um sie zu Tode zu schlagen, zu steinigen oder sie zu erschießen. Anschließend wurde die Masse der Täter darauf hingewiesen, welche Rache und Strafe sie zu erwarten hätten, wenn es dem alten Regime etwa gelänge, wieder an die Macht zurückzukehren.[23] In dieser Weise konnte die Partei einerseits demonstrieren, daß sie sich für das ländliche Proletariat einsetze, und konnte die anderen sozialen Gruppen im Dorf durch das Erleben dieser Form von parteilich gesteuertem Terror einschüchtern. Amtlichen Angaben zufolge erhielten im Zug der Landreform 300 Millionen Bauern 700 Millionen Mu (oder 46 Millionen Hektar) Land. Der Prozentsatz der armen Bauern innerhalb der Landbevölkerung sank von 60 auf 30 Prozent, während der Prozentsatz der Mittleren Bauern von 30 auf 60 Prozent wuchs. Im statistischen Durchschnitt zumindest verfügte jeder bäuerliche Haushalt nach erfolgter Verteilung des Landes von Grundbesitzern über 14 Mu Anbaufläche.[24] Wiederum war der Partei, wenn auch in ungleich größeren quantitativen Dimensionen, ein Enthauptungsschlag gegen die Elite der früheren agrarischen Gesellschaft gelungen. In einem Grundsatzreferat zu Agrarreform vom 14. Juni 1950 erklärte Liu Shao-ch'i (Liu Shaoqi), Mao Tse-tungs Stellvertreter und später zeitweilig sein Nachfolger, das Ziel der Landreform sei nicht in erster Linie die Linderung der Not der armen Bauern gewesen. Das komme nur sekundär in Betracht. Die Kommunisten hätten vielmehr durch die Zerschlagung des chinesischen »Agrarfeudalismus« landwirtschaftliche Voraussetzungen für eine Industrialisierung Chinas schaffen wollen. Vorläufig solle der Betrieb der reichen Bauern die grundlegende agrarische Betriebseinheit sein. Im Zug der Agrarrevolution seien Ausschreitungen auch gegen die reichen und mittleren Bauern vorgekommen. Aber das »wahllose Töten und Schlagen« solcher Bauern und die damit verbundene Behinderung kommerzieller und industrieller Betriebe müsse unterbleiben. Das Ziel sei zwar der Aufbau eines sozialistischen Landwirtschaftssystems, doch müsse das neue System zunächst auf lange Sicht erhalten bleiben.[25]

Nach der Liquidierung des Großgrundbesitzertums und vor der Gründung der agrarischen Volkskommunen im Jahre 1958 vollzog sich der Weitergang der von Peking betriebenen Transformation der chinesischen Landwirtschaft in drei klar unterscheidbaren Schritten. Den ersten bildeten die sogenannten Gruppen zur gegenseitigen Produktionshilfe. Sie wurden ab 1953 organisiert und umschlossen jeweils 6 bis 15 bäuerliche Haushalte. Sie entstanden wegen der allgemeinen Knappheit an Produktionsgeräten und Zugtieren, die nach der Auflösung größerer Betriebe entstanden war. Die so zusammengelegten Gruppen arbeiteten nach einem bestimmten Plan gemeinsam auf Grundstücken, die aber jeweils Eigentum der einzelnen Haushalte blieben. Auch die Gerätschaften und das Zugvieh blieben rechtlich im Besitz der einzelnen Familien, wurden aber der Gemeinschaft der Gruppe zur Verwendung durch alle und für alle zur Verfügung gestellt. Diese Art der Zusammenarbeit wurde von den einzelnen Bauern oder Haushalten zumeist als nützlich betrachtet.

Als zweite Stufe folgte danach die Formierung »Landwirtschaftlicher Produktionsgenossenschaften des halbsozialistischen Typs«. Auch hier blieben Grund und Boden sowie landwirtschaftliche Geräte und Zugvieh zwar weiterhin Privateigentum der einzelnen Bauernhaushalte. Doch die wesentliche Erneuerung bestand darin, daß sämtliche Grundstücke der Gruppenmitglieder zusammengelegt und als Betriebseinheit unter zentraler Leitung bewirtschaftet wurden. Dadurch konnten Nachteile überwunden werden, die von weitgehender Bodenzersplitterung herrührten. Auch konnten neue agrartechnische Erkenntnisse zentral gelenkt angewandt und größere Projekte wie Bewässerungsanlagen oder Lagerhäuser koordiniert in Angriff genommen werden. Die Entlohnung erfolgte teils nach individueller Arbeitsleistung und teils in der Form von Dividenden je nach Menge des eingebrachten Bodens.

Der entscheidende dritte und revolutionäre Schritt weg vom bäuerlichen Eigenbesitz und hin zur Kollektivierung vollzog sich durch die Umwandlung dieser »halbsozialistischen« landwirtschaftlichen Genossenschaften in sogenannte vollsozialistische landwirtschaftliche Produktionsgenossenschaften. Hierbei mußten nun die Bauern ihren Grundbesitz, ihr Zugvieh und ihre größeren landwirtschaftlichen Geräte sowie Brunnen und Fischteiche an die neuen Kollektive abtreten. Vormaligen Besitzern von Zugtieren und landwirtschaftlichen Geräten wurden Kompensationen »entsprechend örtlichen Preisen« zugeteilt. Die Entlohnung erfolgte laut Artikel 2 des Musterstatuts nach dem Prinzip »Jeder nach seiner Fähigkeit, jedem entsprechend seiner Arbeit«. Durch diese kompensationslose Kollektivierung des Grundbesitzers entfiel die früher durchaus gegebene Regelung, den Mitgliedern der Genossenschaften Dividenden für das eingebrachte Land zu zahlen. Die vollsozialistischen Produktionsgenossenschaften umfaßten bis 1957 im Durchschnitt jeweils 116 Haushalte, 120 Hektar Anbaufläche und 33,6 Zugtiere. Amtlichen Angaben zufolge stieg der Prozentsatz der in vollsozialistischen Produktionsgenossenschaften erfaßten Bauernhaushalte wie folgt an: Ende 1955: 4,0 Prozent; Mai 1956: 61,7 Prozent; Mitte 1957: 93,3 Prozent.[26] Es ist eine erstaunliche Tatsache, daß es der Kommunistischen Partei Chinas gelang, innerhalb von nur zwei Jahren den Grundbesitz von ca. 100 Millionen chinesischer Bauernfamilien zu enteignen und somit den von der Partei fünf Jahre zuvor nicht nur verkündeten, sondern auch gesetzlich verankerten bäuerlichen Eigenbesitz an Agrarland nahezu vollständig zu beseitigen. Wie bei Mao Tse-tung und in einer anderen amtlichen Quelle erwähnt wird, entstand über die Frage der Kollektivierung ein »Miniatur-Taifun«, und es bedurfte einer ganz China umfassenden Berichtigungskampagne des Jahres 1957, in deren Verlauf unkooperativen Elementen »schwere Schläge« erteilt und die »kapitalistischen Ideen der wohlhabenden Mittleren Bauern« widerlegt werden mußten, um diese Kollektivierung durchzusetzen.[27]

Aspekte der Staats- und Wirtschaftsstruktur der neuen Volksrepublik

Die am 20. September 1954 promulgierte Verfassung der Volksrepublik China behauptet in ihrer Präambel, das »Volk« habe eine »breite volksdemokratische vereinigte Front« gebildet, die von allen »demokratischen Klassen« gebildet und von der Kommunistischen Partei Chinas geführt werde. Für eine Staatsverfassung äußerst ungewöhnlich, erfolgt in der Präambel ein Hinweis auf die »unzerstörbare Freundschaft mit der großen Sowjetunion und den Volksdemokratien«. Die neue Volksrepublik erklärt sich als zentralisierter multiethnischer Staat, in dem alle Nationalitäten gleichberechtigt seien. Nebeneinander bestünden verschiedene Formen des Eigentums; Artikel 10 behauptet, der Staat beschütze »das Recht der Kapitalisten, Produktionsmittel und sonstiges Kapital im gesetzlichen Rahmen zu besitzen«. Artikel 19 besagt, die Republik schütze das volksdemokratische System, »unterdrücke alle verräterischen und konterrevolutionären Tätigkeiten und bestrafe alle Verräter und Konterrevolutionäre«. Angehörige bestimmter Klassen verfügten über keine politischen Rechte.

Nach der Theorie der Verfassung bildet der von Provinzen, autonomen Regionen und Städten gewählte Volkskongreß das zentrale Machtorgan der Volksrepublik, das den Vorsitzenden (Staatspräsidenten) der Republik wie auch seine Stellvertreter wählt, über den Haushalt und nationale Wirtschaftspläne entscheidet und die Nominierungen zu allen obersten Staatsämtern bestätigen muß. Da der Nationale Volkskongreß jedoch nur einmal jährlich zusammentritt, übte der von ihm gewählte Ständige Ausschuß in der Zwischenzeit die Befugnis des Parlaments aus. Der auf vier Jahre gewählte Vorsitzende (Staatspräsident) der Volksrepublik wird vom Nationalen Volkskongreß auf vier Jahre gewählt und nimmt gleichzeitig die Funktionen des Oberkommandierenden der Streitkräfte und des Vorsitzenden des Nationalen Verteidigungsrates wahr. Der Ministerpräsident wird vom Vorsitzenden der Volksrepublik vorgeschlagen, während die Minister vom Ministerpräsidenten vorgeschlagen und beide vom Nationalen Volkskongreß gewählt werden. Artikel 95 der Verfassung gewährt den Bürgern freie wissenschaftliche Forschung sowie literarische, künstlerische und sonstige Tätigkeit. Artikel 96 anerkennt die Gleichberechtigung der Frauen in den Sphären der Politik, der Wirtschaft, der Kultur, der gesellschaftlichen und der häuslichen Lebens.[28] Laut Artikel 98 schützt die chinesische Volksrepublik »die Rechte und Interessen der im Ausland lebenden Chinesen«. Damit erklärte sich Peking zum Schutzherrn der etwa 12 Millionen zumeist im südostasiatischen Raum lebenden Auslandschinesen. Die unmittelbar nach der Machtübernahme durch die Kommunisten gegründeten Militärregionen in China wurden aufgelöst und China administrativ in 21 Provinzen, 5 autonome Regionen und 2 dem Staat unmittelbar unterstellte Städte aufgegliedert.

Theoretisch beruhte die Herrschaftsstruktur des kommunistischen China auf den drei Säulen der Partei, des Staates und des Militärs. Entscheidend aber als Quelle aller abgeleiteten Macht war und blieb die Führung durch die Partei. Der im September 1956 tagende VIII. Parteitag der Kommunistischen Partei Chinas vergrößerte deren Zentralkomitee von 43 auf 97 ständige Mitglieder. Nach Artikel 34 der neuen Parteiverfassung lenkt das Zentralkomitee die Tätigkeit der zentralen Staatsorgane und der nationalen Massenorganisationen durch die in diesen Organisationen an führender Stelle stehenden Parteimitglieder. Es ist eine Partei, so kommentierte Liu Shao-ch'i (Liu Shaoqi), »die die Staatsmacht im ganzen Land lenkt ...«[29] Lenkungszentrum des Zentralkomitees war das Politbüro und hier insbesondere der neu geschaffene Ständige Ausschuß des Politbüros, der de facto als höchstes Exekutivorgan von Partei und Staat fungierte. Zu Mitgliedern dieses Ständigen Ausschusses ernannt wurden: Mao Tse-tung als Vorsitzender der Partei und Vorsitzender der Volksrepublik; die vier Vizevorsitzenden Liu Shao-ch'i (im staatlichen Bereich zugleich Vizevorsitzender der Volksrepublik), Chou En-lai (zugleich Ministerpräsident), Marschall Chu Te (zugleich einer der Vizevorsitzenden der Volksrepublik und Vizevorsitzender des Nationalen Verteidigungsrats) sowie Ch'en Yün und Deng Xiaoping (Teng Hsiao-p'ing), der mit seiner Ernennung zum Generalsekretär des Zentralkomitees den bis dahin bedeutendsten Schritt in seiner politischen Karriere absolvieren konnte. Wie am Parteitag festgestellt wurde, hatte sich die Mitgliederzahl der Partei von 1945 bis 1954 von 1,2 auf 10,7 Millionen Mitglieder erhöht. Das heißt, daß 90 Prozent, die meisten der damaligen Mitglieder, erst nach der Machtergreifung der Kommunistischen Partei dieser beigetreten waren. Nominell waren eine Reihe von Führern der kleineren Parteien zwar in Führungsgremien des Staates, insbesondere des Parlaments, vertreten. De facto erhielten sie ihre Weisungen von der Partei und ihre Gehälter vom Staat.[30]

Im Bereich der Wirtschaft gelangen der Volksrepublik sehenswerte Erfolge. Allein schon die Tatsache, daß nach acht Jahren des Krieges mit Japan und anschließend vier Jahren des landesweiten Bürgerkrieges erstmals Frieden und eine zentral gelenkte Ordnung herrschten, hatte eine Verbesserung der ökonomischen Lage mit sich gebracht. Durch eine Kombination realistischer Maßnahmen war der neuen Regierung innerhalb von nur drei Jahren gelungen, die Inflation zu beenden und eine Situation zu schaffen, in der das Geldvolumen in einem angemessenen Verhältnis zu güterwirtschaftlichen Gegebenheiten stand.[31] Die Verkehrsnetze wurden reaktiviert und vielfach ausgebaut. Die Nahrungsmittelproduktion reichte zunächst zur Ernährung der Bevölkerung. Schrittweise konnten Handel, Industrie und Handwerk bis zur zweiten Hälfte der fünfziger Jahre verstaatlicht werden. Die neue, sich weitgehend an sowjetischen Modellen orientierende und von sowjetischer Beraterhilfe unterstützte Wirtschaftspolitik wandte ihr primäres Augenmerk der Entwicklung der Schwerindustrie zu und war bestrebt, neue Industrieanlagen weniger in den strategisch exponierten Küstenprovinzen, sondern, soweit als möglich, im zentralchinesischen Raum zu errichten.[32]

Das Wirtschaftswachstum der VR China in den ersten Jahren nach ihrer Konsolidierung war durchaus beeindruckend. Westliche Wirtschaftswissenschaftler schätzten das Wachstum der Bruttosozialprodukts in den Jahren zwischen 1952 und 1957 auf zwischen 32 und 35 Prozent. Im gleichen Zeitraum stieg die Produktion von Rohstahl von 1,349 Millionen Tonnen 1952 auf 5,50 Millionen Tonnen 1957, die Produktion von Elektrizität wuchs von 7,26 Milliarden Kilowattstunden 1952 auf 19,34 im Jahr 1957. Und die Produktion von Erdöl erweiterte sich von 0,436 Millionen Tonnen 1952 auf 1,458 im Jahr 1957. Obwohl manche der zuletzt genannten Zahlen 1959 berichtigt und reduziert werden mußten, war ein bemerkenswerter Anstieg der Produktion in Schlüsselbereichen der chinesischen Industrie unverkennbar.

So bot die VR China im achten Jahr nach ihrer Gründung das Bild eines sich unter kommunistischer Führung dynamisch entwickelnden Landes, in dem nach zwölf Jahren kriegerischer Turbulenzen erstmals nicht nur Ruhe und Ordnung herrschten, sondern auch eine Regierung, die ihren Willen uniform und auch bis in die entlegensten Landkreise durchsetzen konnte. Der als Freund Chinas bekannte erste Botschafter Indiens in Peking, Kavalam-Madhava Panikkar schrieb nach seiner Rückkehr aus der VR China: »Im allgemeinen kann ich meinen Eindruck vom neuen China dahin zusammenfassen, daß eine ungeheure Umwälzung stattgefunden hat, die eine hochzivilisierte, aber unorganisierte Volksmasse zu einem großen modernen Staat umgewandelt hat. Starke Energien sind ausgelöst worden, und dem chinesischen Volk ist eine neue Hoffnung und eine neue Schau der Dinge gegeben worden … Aber die zur Erreichung sehr wünschenswerter Ziele angewandten Mittel sind in vielen Fällen derart, daß sie jeden freien Menschen abstoßen. Im Vergleich mit dem Staat hat das Individuum jeden Wert verloren, und das erfüllt auch den mit einem Schatten der Sorge, der schätzt und bewundert, was die Revolution für China und für ganz Asien geleistet hat.«[33]

17. Kapitel

Die Tragödie der »Hundert-Blumen-Bewegung« in China 1957

Die Aufforderung zur Kritik

Im Jahr 1957 vollzog sich in China eines der außergewöhnlichsten Experimente in der politischen Geistesgeschichte des Weltkommunismus. Wie geschildert waren Chinas Intellektuelle durch die Bewegungen zur Unterdrückung der Konterrevolutionäre sowie zur »Gedankenreform« terrorisiert, gedemütigt und dazu gezwungen worden, sich im Bereich der Theorie exklusiv an den ideologischen Zielvorgaben der Partei zu orientieren. Doch trotz seiner tiefreichenden Aversion gegen die Intellektuellen, die ihn lebenslang gekennzeichnet hatte, erkannte Mao die Notwendigkeit eines Einbaus auch der Intellektuellen in den beabsichtigten Prozeß einer Erneuerung Chinas. In dieser zumindest zeitweiligen Haltungsänderung war er nachhaltig von Chou En-lai beeinflußt worden. Auf einer vom Zentralkomitee der KP Chinas vom 14. bis 20. Januar 1956 einberufenen Konferenz über das Problem der Intellektuellen wies Chou darauf hin, daß der Stand der chinesischen Wissenschaft und Technik vorläufig noch so niedrig sei, daß er es China nicht gestatte, neueste wissenschaftliche Erkenntnisse führender Industrienationen zu übernehmen, um sie zum Nutzen Chinas zu verwenden. Bedauerlich sei deshalb auch die Tatsache, daß die Volksrepublik vorläufig nicht in der Lage sei, wichtige, mit ihrem Aufbau zusammenhängende Fragen unabhängig von Fachleuten aus der Sowjetunion zu lösen. Ein ganz wesentliches Element der Rückständigkeit Chinas ergebe sich aus der Schwäche seiner theoretischen Wissenschaft und seiner wissenschaftlichen Forschung. Wörtlich sagte Chou En-lai: »Gegenwärtig ist Chinas wissenschaftliches und kulturelles Kräftereservoir wesentlich kleiner als das der Sowjetunion und anderer Weltmächte, das Niveau der Intellektuellen ist wesentlich niedriger. Das entspricht nicht den Erfordernissen unseres großen sozialistischen Landes mit seiner Bevölkerung von 600 Millionen Menschen. Nur wenn wir die fortschrittlichste Wissenschaft beherrschen, können wir unsere nationale Verteidigung unüberwindlich und unsere Wirtschaft mächtig machen und modernisieren.« Gewiß sei China derzeit auf die technische Unterstützung der Sowjetunion angewiesen. Dennoch müsse es lernen, auf der Basis eigener Fortschritte seine »unterwürfige Haltung« und das Stadium der Abhängigkeit und Nachahmung zu überwinden.[1] Die Partei müsse ihre Haltung den Intellektuellen gegenüber ändern. Die bisherige Tendenz, die Intellektuellen zwar auszunützen, ihnen aber nur wenig oder gar nicht zu helfen, sich um die Intellektuellen nur »bei Versetzungen, bei Nachforschungen über ihre Vergangenheit und bei der Feststellung begangener Fehler« zu kümmern, müsse beseitigt werden.

Im folgenden Monat zerschmetterte die Geheimrede Chruschtschows vor dem XX. Parteitag der KPdSU jenen Stalin-Mythos, der jahrzehntelang eine der geistigen und emotionalen Hauptsäulen der Weltkommunismus gewesen war. Der vormals als »genialster Führer aller Zeiten und Lehrer aller Völker« von Kommunisten weltweit verehrte Diktator war nun als fehlbarer und krimineller Tyrann entlarvt worden. Keine andere einzelne Tat hat den wenige Jahre später beginnenden Zerfall des Weltkommunismus so stark beeinflußt wie diese, primär aus innenpolitischen Gründen motivierte Demythologisierung Stalins. In China förderte dieses Ereignis, von dem die sowjetische Parteiführung ihre chinesischen Genossen in keiner Weise vorab informiert hatte, bereits zuvor erkennbar gewordene Tendenzen zur Lockerung der ideologischen Disziplin für Chinas Intellektuelle. Zwei Monate nach dem XX. Parteitag der KPdSU hielt Lu Tingyi (Lu Dingyi), der Direktor der Propaganda-Abteilung im ZK der Kommunistischen Partei Chinas, eine vielbeachtete Rede unter dem Titel »Laßt viele Blumen blühen und verschiedene Gedankenschulen miteinander wetteifern!«.[2] Der Titel dieser Rede entsprach einer von Mao Tse-tung zuvor verkündeten Richtlinie, die sich auf die geistig fruchtbarste Periode der chinesischen Kulturgeschichte in der Chou-Dynastie im Zeitraum von 551–233 v. Chr. bezog, in der viele bis auf den heutigen Tag wirkungsmächtige chinesische Denktraditionen entstanden und einander befruchtend Seite an Seite koexistieren konnten.[3] Solle es in der Zukunft ein mächtiges und wohlhabendes China geben, so sei hierfür ein Aufblühen der Wissenschaft, Literatur und Kunst eine wesentliche Voraussetzung. Hier müsse es mehr Freiheit für die Intellektuellen geben. Gemeint sei aber nicht eine Freiheit nach der Art des Pluralismus westlicher Gesellschaftssysteme. Die Partei glaube wie eh und je an die Überlegenheit und absolute Richtigkeit des Materialismus marxistisch-leninistischer Prägung. Nach wie vor könne es keine Freiheit für Konterrevolutionäre geben. Doch Weltanschauung und Erkenntnis könnten nicht einfach anbefohlen werden. Unter gutwilligen Intellektuellen müsse es deshalb die Freiheit geben, auch Standpunkte zu vertreten, die der ideologischen Linie der Partei nicht entsprechen und die immer noch von der Ideenwelt des Idealismus beeinflußt seien. Diese Intellektuellen seien durch Überzeugung zu gewinnen, nicht durch Befehl. Die chinesische Partei glaube nicht an die sowjetische Ansicht, daß Naturwissenschaften »Klassencharakter« hätten. Auch sei es unrichtig, die Bedeutung des chinesischen Kulturerbes zu verkennen. Die Chinesen müßten ihren Nationalstolz bewahren und jede pauschale Westernisierung ebenso ablehnen wie Versuche, in doktrinärer Weise sowjetische Vorbilder zu übernehmen.

Fast gleichzeitig mit der Parole vom »Wettstreit der Hundert Blumen« gab Mao eine weitere Parole bekannt, die sich auf das Verhältnis zwischen der Kommunistischen Partei und den von ihr tolerierten und finanzierten kleinen nicht-kommunistischen Parteien in der Volksrepublik bezog. Diese Parole lautet: »Koexistenz auf lange Sicht und gegenseitige Überwachung!« Gemeint war damit die Ansicht, daß diese kleineren Parteien durch konstruktive Kritik der das Land in Wirklichkeit führenden Kommunistischen Partei Chinas helfen könnten, Fehler zu vermeiden und ihren Arbeitsstil zu verbessern.

Etwa fünf Monate nach Beginn der von ihm genau beobachteten Protest- und Freiheitsbewegung in Ungarn hielt Mao Tse-tung am 27. Februar 1957 in Gegenwart von 1800 Personen, einschließlich zahlreicher Führer nicht-kommunistischer Gruppen und

Parteien, seine kontroverse Rede »Über die richtige Lösung von Widersprüchen im Volk«.[4] Merkwürdigerweise wurde diese Rede zunächst nicht veröffentlicht, doch wurden Tonbandaufnahmen davon zum Zweck ihrer Diskussion an verschiedene Parteistellen verteilt. Wenige Tage später warnte der aus Osteuropa zurückgekehrte Chou En-lai, China solle aus den Fehlern der ungarischen Kommunisten lernen.[5] Trotz einer kurz danach von Lu Ting-yi angekündigten »Berichtigungskampagne« innerhalb der Kommunistischen Partei zeigten die Intellektuellen wie auch die tolerierten nicht-kommunistischen Parteien und Gruppen anfangs wenig Neigung, von den angebotenen Freiheiten in Zeichen der »hundert Blumen« Gebrauch zu machen. Kurz darauf gab die führende Parteizeitung *Renmin Ribao* zumindest eine Zusammenfassung der im vollen Text nicht veröffentlichten Rede Mao Tse-tungs vom 27. Februar 1957 bekannt. Maos Rede wiederholte Argumente der »Hundert-Blumen«-Rede von Lu Ting-yi und betonte, auch nach dem Sieg der Revolution bestünden »gewisse Widersprüche zwischen der Regierung und den Volksmassen«. Dazu gehörten: »Widersprüche zwischen den Interessen des Staates, der Kollektive und der Einzelpersonen, zwischen Demokratie und Zentralismus, zwischen Führung und Geführten sowie Widersprüche zwischen dem bürokratischen Arbeitsstil einiger Staatsfunktionäre und den Massen.« Mao fügte hinzu, all dies seien »Widersprüche im Volk«, das heißt solche, die man tolerieren und ausdiskutieren müsse und nicht »antagonistische Widersprüche« zwischen den Kommunisten und ihren Feinden. Den anfangs genannten Gedanken weiterspinnend stellte er unter anderem die Frage: »Kann der Marxismus, der von der Mehrheit des Volkes in unserem Land als die führende Ideologie anerkannt ist, noch kritisiert werden? Aber sicher. Als wissenschaftlich erkannte Wahrheit fürchtet der Marxismus keine Kritik. ... Der Kampf gegen falsche Ideen wirke wie eine Impfung ... Die Politik, hundert Blumen blühen und hundert Schulen miteinander wetteifern zu lassen, wird die führende Position des Marxismus auf ideologischem Gebiet nicht schwächen, sondern stärken.« Auch die Parole der »gegenseitigen Kontrolle« der Parteien sei ernst gemeint. »Weshalb wird«, so fragt Mao, »den anderen demokratischen Parteien gestattet, die kommunistische Partei zu kontrollieren? Weil es für eine Partei ebenso wie für eine einzelne Person sehr notwendig ist, Meinungen Andersdenkender zu hören.«

Der Sturm der Kritik

Wenige Tage später ermunterte ein Leitartikel der *Renmin Ribao*: »Kein Partei- oder Regierungsorgan, kein Mensch – was immer sein Rang, sein Alter, seine Vergangenheit oder seine Verdienste, sein Vermögen – hat irgendein Recht zur Ablehnung der Kritik.«[6] Peng Chen, Mitglied des Politbüros, versicherte einige Tage später sogar »Es ist falsch, zu glauben – wie allgemein angenommen wird –, daß es sich (bei der Hundert-Blumen-Politik) um eine Lockfalle handelt.«[7]

Erst nach mehrfachen weiteren drängenden Aufforderungen dieser Art entfaltete sich tatsächlich eine breitgefächerte Kritik, die bemerkenswerterweise in offiziellen Presseorganen der VR China abgedruckt wurde: ein in der Geschichte kommunistischer Parteien bis dahin einmaliger Vorgang. Stellvertretend für eine größere Anzahl ähnlicher Stellungnahmen hieß es in einer gemeinsamen Erklärung eines kommunistischen

Jugendführers und eines Redakteurs: »Die Kommunistische Partei hat 12 Millionen Mitglieder, weniger als zwei vom Hundert der Gesamtbevölkerung. Sollen 600 Millionen Chinesen gehorsame Untertanen dieser 2% der Bevölkerung werden? ... Die absolute Führerschaft der Partei und die Privilegien der Parteimitglieder müssen beseitigt werden! ... Die Partei ist der Kaiser, ein erhabener und heiliger Körper. Wer wagt es, ihr Widerstand zu leisten, ihr, die doch in der einen Hand die Bibel des Marxismus-Leninismus und in der anderen Hand das Schwert der Staatsmacht trägt? ... Die Partei ersetzt nicht nur die Regierung, sondern auch die Verfassung und den Nationalen Volkskongreß. Alle wichtigen Fragen werden von sechs Personen entschieden: Präsident Mao Tsetung, Ministerpräsident Chou En-lai und den anderen ..., deren Rang höher ist als der des Generalsekretärs der Partei. Das Schicksal von 600 Millionen Menschen wird von der Feder dieser sechs Personen diktiert.«[8]

Häufige Inhalte der geäußerten Kritik betrafen Formen und Folgen der Bewegungen zur Unterdrückung echter oder nur vermeintlicher Gegner des Regimes. So heißt es in einem an Mao Tse-tung gerichteten Brief von Professor Yang Shih-chan vom Südchinesischen Zentralinstitut für Wirtschaft und Finanzen: »Nachdem sich die Intellektuellen in ihrer Verbitterung gegenüber der Kuomintang törichterweise der Kommunistischen Partei zugewandt hatten, mußten sie nun, als Konterrevolutionäre gebrandmarkt, vom Schauplatz ihres Wirkens abtreten. Nicht nur sie werden mit einem schwarzen Fleck in den Personalpapieren sterben, sondern auch ihre Frauen und Kinder sind geächtet ... Während der Gesellschaftsreform-Kampagne gab es unzählige Intellektuelle, die die geistigen Torturen und Demütigungen im Rahmen der Verfolgungen nicht zu ertragen vermochten und es vorzogen, sich von hohen Gebäuden in die Tiefe zu stürzen, sich zu ertränken, zu vergiften, sich die Kehle durchzuschneiden oder auf sonstiger Art in den Tod zu gehen ... Während der Kampagne zur Unterdrückung der Konterrevolutionäre nahmen sich in einem südchinesischen Lehrerinstitut von sechs Personen fünf das Leben. Die Straßen waren voll jammernder Menschen ... Wenn wir erklären, daß Genosse Stalin wegen der grausamen Ermordung der Genossen der geschichtlichen Verdammung nicht entging, dann wird meines Erachtens auch unsere Partei wegen ihres Blutbades unter jenen Intellektuellen verurteilt werden, die sich uns bereits selbst ›ausgeliefert‹ hatten. Das Blutbad unserer Partei unter den Intellektuellen und die von dem Tyrannen Ch'in Shi-huang (Qing Shihuang) vollzogene Massenbestattung von Schriftstellern bei lebendigem Leibe (etwa 213 v. Chr.) werden in die Geschichte Chinas als zwei untilgbare Schandflecken eingehen. So etwas muß bis ins Innerste erschüttern. Wir sind aber froh und selbstzufrieden und sagen: Wichtig sind vor allem die Errungenschaften. Ich frage: Wo sind denn diese Errungenschaften?«[9]

Führer kleinerer Parteien wie Minister Lo Lung-chi verlangten die Bildung eines aus mehreren Parteien bestehenden Untersuchungsausschusses zur Wiedergutmachung des Unrechts, das bei »Säuberungskampagnen« begangen worden war. Hand in Hand mit der Forderung nach politischer Wiedergutmachung und Rehabilitation ging der Ruf nach Lockerung jener Einteilung der chinesischen Bevölkerung in Klassen, durch die nach Ansicht eines Kritikers »Menschen wie Waren klassifiziert« würden. Ernährungsminister Chang Nai-ch'i (Zhang Naiqi) warf der Partei vor, die Klassenpolitik in »unmarxistische Metaphysik« zu verwandeln. Es sei ungerecht, nach acht Jahren kommunistischer Transformation des gesamten Wirtschaftslebens und damit Hand in Hand gehender politischer

Umerziehung andauernd den Klassencharakter der Menschen zu betonen, ohne dabei an grundlegende Gemeinsamkeiten des Allgemeinmenschlichen zu denken.[10] Scharfe Kritik richtete sich auch gegen die faktische Knebelung der de jure doch in Artikel 87 der Verfassung der VR China garantierten Pressefreiheit. In diesem Sinne schrieb Chang Lichun, der Herausgeber der chinesischen Jugendzeitung, die Zeitungen seien so sehr von der Furcht besessen, sie könnten bei der Wiedergabe amtlicher Direktiven in Wort, Überschrift oder Ton von deren Inhalt abweichen, daß ihre Artikel nur mit Grammophonplatten oder Sonderabdrucken dieser Direktiven verglichen werden könnten.[11]

Die Unzufriedenheit junger chinesischer Intellektueller kam auch in Studentenunruhen des Jahres 1957 zum Ausdruck. So berichtete die führende kommunistische Zeitung *Renmin Ribao* unter der Überschrift: »Ungarischer Zwischenfall in Miniatur« am 28. August 1957 über einen Aufstand von etwa 1000 Hochschulstudenten in Hanyang. Sie seien mit Spruchbändern und Plakaten mit den Aufschriften »Komm zurück, Chiang Kai-shek«, »Komm zurück Kuomintang«, »Fort mit Mao Tse-tung« und »Auf nach Formosa« durch die Stadt marschiert. Die Forderungen dieses Streiks der Studenten hätten ein Ende kommunistischer Parteikontrollen über die Schulen des Landes verlangt und gegen einen Numerus clausus protestiert.[12]

Weiterhin wurde bekannt, daß auch die Universität Peking, die während der Studienzeit Mao Tse-tungs als Ausgangspunkt des Kommunismus in China gegolten hatte, ein Zentrum der Kritikbewegung geworden war. Hier hatten sich studentische Organisationen wie »Die Hundert-Blumen-Gesellschaft« oder das »Hundert-Blumen-Tribunal« und das »Freie Tribunal« entwickelt, die das Recht auf Redefreiheit erkämpfen wollten. Eine Mehrheit der opponierenden Intellektuellen berief sich in ihrer Kritik auf den Freiheitskampf in Ungarn und in Polen. Viele bezogen sich auf die Traditionen der »Bewegung vom 4. Mai 1919«, die damals zum Ausgangspunkt einer revolutionären Kulturbewegung gegen erstarrte Kulturformen konfuzianischer Provenienz und gegen den Imperialismus fremder Mächte geworden war.[13] Erstmals verwandten die rebellierenden Studenten handgeschriebene Wandplakate (Dazebao), um ihre Ideen frei zu verbreiten.

Die Unterdrückung der Kritiker

Die Stoßrichtung der Kritik der »Hundert Blumen« zeigte, wie sehr sich Mao Tse-tung in der Meinung geirrt hatte, die Freigabe von Kritik nach so intensiver vorangegangener Repression werde primär konstruktive Kritik im Sinne seiner Partei hervorrufen. In letzterer begannen Kader zu murren, da sie auf Grund dieser Kritik empfanden, sie selbst und die Partei als Ganzes hätten Gesicht verloren. Wie aber konnte der unfehlbare Parteiführer offen zugeben, daß seine Taktik im Umgang mit den Intellektuellen und den kleineren Parteien im Ergebnis kontraproduktiv gewesen war? Einen Ausweg aus diesem Dilemma zeigt ein Leitartikel der *Renmin Ribao* vom 1. Juli 1957. Dieser Artikel, der in weiten Kreisen chinesischer Intellektueller einen tiefen Schock und panische Furcht auslöste, behauptete, die Kommunistische Partei Chinas habe lediglich aus taktischen Erwägungen heraus vorübergehend zur Kritik der angreifenden Opposition geschwiegen. »Manche Leute nennen das Ränke schmieden, wir aber sagen, es war ganz offen. Wir sagten dem Feind voraus, daß Ungeheuer und Schlangen, um ausgerottet zu werden, erst einmal aus ihrem Versteck herausgebracht werden müssen und daß giftige Pflanzen erst dann ausgejätet werden können, wenn sie sich an der Oberfläche zeigen. ... Wie sehr auch die Kommunistische Partei ihre Feinde zuvor gewarnt und ihre grundlegende Strategie offen dargelegt hat, so greifen sie (die Klassenfeinde) dennoch an ... Warum sind die reaktionären Klassenfeinde in die *Falle* gegangen, die für sie gelegt war?«[14] Der Ausweg aus dem Dilemma lag also in der Behauptung, die ganze, mit so großer Intensität betriebene Ermunterung der Intellektuellen zu freierer Kritik sei nur eine »Falle« gewesen.

Kurz zuvor, am 18. Juni 1957, war die amtliche Veröffentlichung der Rede Mao Tsetungs »Über die richtige Lösung von Widersprüchen im Volk« erfolgt. Allerdings deutete vieles darauf hin, daß zwischen der ursprünglichen mündlichen und nur auf Tonbändern verteilten Fassung der Rede vom Februar und der gedruckten Fassung vom Juni entscheidende Unterschiede bestanden. Die erste Fassung soll vier Stunden gedauert haben, doch der im Juni veröffentlichte Text konnte in nur zwei Stunden gesprochen werden. Keiner der Kommentatoren, die sich zuvor auf die erste Fassung der Rede bezogen, erwähnte jene nur in der gedruckten Fassung aufscheinende Kriterien, die Mao Tsetung als Maßstab für die Unterscheidung zwischen förderlicher und volksschädigender Kritik aufgestellt hatte. Diesen offensichtlich erst nachträglich eingefügten Kriterien zufolge seien Worte und Taten nur dann nützlich und akzeptabel, wenn sie (1) helfen, die Menschen unserer verschiedenen Nationalitäten zu einigen und sie nicht zu spalten, (2) die sozialistische Umgestaltung und den sozialistischen Aufbau fördern und sie nicht schädigen, (3) helfen, die volksdemokratische Diktatur zu konsolidieren und sie nicht unterminieren oder schwächen, (4) helfen, den demokratischen Zentralismus zu konsolidieren und ihn nicht unterminieren oder schwächen, (5) darauf gerichtet sind, die Führung der Kommunistischen Partei zu stärken, nicht sie zu schwächen, (6) die internationale sozialistische Solidarität und die Solidarität der friedliebenden Völker der Welt fördern und nicht schwächen.[15]

Im veröffentlichen Teil seiner Rede kommentierte Mao ärgerlich: »Nach dem Ereignis in Ungarn waren gewisse Leute in unserem Land froh. Sie hofften, daß sich in China ähnliche Ereignisse abspielen und Tausende und Abertausende von Demonstranten gegen die Volksregierung auf die Straße gehen würden.«[16] Als Folge dieses Gegenschlages der Partei wurden deren Kritiker zu demütigenden öffentlichen Selbstbezichtigungen und Geständnissen gezwungen, in denen sie sich selbst als »schamlose Verräter« bezeichnen, ihre Abscheu vor ihrem bisherigen Leben und vor ihren Idealen äußern und Volk und Partei um Strafe und um unverdiente Vergebung anflehen mußten. Mit Hilfe der genannten Behauptung, die Hundert-Blumen-Kampagne sei von Anfang an eine bewußt und taktisch gelegte Falle gewesen, konnte die Partei nun beanspruchen, trotz aller Kritik als Sieger aus dieser Bewegung hervorgegangen zu sein.

Der mit der Liquidierung der Bewegung und einer entsprechenden »Berichtigungsbewegung« beauftragte Deng Xiaoping, damals Generalsekretär des Zentralkomitees der KP Chinas, erstattete dem Zentralkomitee am 23. September 1957 Bericht.[17] Er betonte in dieser Rede, die Intellektuellen gehörten verschiedenen sozialen Klassen an, entstammten aber zumeist einem bürgerlichen oder kleinbürgerlichen Klassenhintergrund. Diesbezüglich heißt es wörtlich: »Die Beseitigung der Bourgeoisie ist eine fundamentale Frage der sozialistischen Revolution.« Das Bürgertum habe anfänglich nach den Anti-

Kampagnen der vergangenen Jahre keine Möglichkeit gesehen, der kommunistischen Staatsmacht Widerstand entgegenzusetzen. Doch angesichts der Ereignisse in Ungarn wie auch der Politik der »Hundert Schulen« hätte es gedacht, jetzt sei seine Stunde gekommen. Die Bürgerlichen hätten den Marxismus als »Dogmatismus« verunglimpft, behaupteten, Kultur und Wissenschaft kapitalistischer Länder seien denen der sozialistischen Länder überlegen, hätten Pressefreiheit gefordert und verlangt, daß die bürgerlichen Formen der Soziologie der Nationalökonomie, der Geschichte etc. wieder zugelassen werden sollten. Sie hätten die Führung der Partei in allen Bereichen des öffentlichen Lebens abgelehnt. Doch nach dreimonatigem Kampf habe die Partei sich in allen Bereichen durchsetzen und die Intellektuellen disziplinieren können. Eine Antwort auf die Frage der Intellektuellen bestehe darin, Parteimitglieder auszubilden, die gleichzeitig beides seien: »rot« und Experten. Trotz der Vorkommnisse der Hundert-Blumen-Kampagne sei die Mehrheit der Intellektuellen gewillt, sich ideologisch weiterzuentwickeln. Daher müsse man sie im Rahmen des Planes der Arbeiterklasse verwenden, ihre eigenen proletarischen Intellektuellen auszubilden. In der Behandlung der Intellektuellen müsse in richtiger Dosierung Härte mit Nachsicht kombiniert werden. Die Nachsicht dürfte aber nicht unbegrenzt sein, sonst verwische man die Trennlinie zwischen dem Volk und seinen Feinden, zwischen Richtig und Falsch.

Im Sinne dieser Maximen setzte die Partei dem von beiden Seiten her erwartungsvoll begonnenen Experiment intellektueller Freiheit im Rahmen eines marxistischen Herrschaftssystems ein Ende. Drei Jahrzehnte später gab die Tian-an-men-Bewegung chinesischer Studenten Deng Xiaoping reichlichen Anlaß dazu, sich die Ereignisse der »Hundert-Blumen-Bewegung« vom 1956–57 ins Gedächtnis zurückzurufen.

18. Kapitel

Die chinesische Volkskommune als »Fabrik der neuen Menschen« und der »Große Sprung nach vorn«

Das Experiment mit dem radikalen Egalitarismus

Im Jahr 1958 und zeitgleich mit dem Beginn der zweiten Taiwan-Krise schlug das Pendel der chinesischen Politik vom einzigartigen Experiment größerer Meinungsfreiheit im Zeichen der gescheiterten »Hundert-Blumen-Bewegung« nunmehr in die entgegengesetzte Richtung ebenso präzedenzloser Reglementierung im Rahmen der neu geschaffenen Institution der agrarischen Volkskommune. Von ihr ist nicht zu Unrecht gesagt worden, sie verkörpere quantitativ und qualitativ den weitreichendsten Versuch der Menschheitsgeschichte, einem ganzen Volk radikal egalitäre Formen einer streng reglementierten Lebensführung aufzuzwingen.

Die kultursoziologische Brisanz dieses gigantischen Sozialexperiments erweist sich auch an Hand des damit verbundenen Versuches der chinesischen Kommunisten, die Daseinsformen ihres Volkes bewußt in einer Weise zu verändern, die sich in krassem Widerspruch zu dessen jahrtausendealten Wertvorstellungen und Traditionen befand. Hinter diesem Experiment stand der Wille, radikal mit der Vergangenheit zu brechen, um planmäßig einen neuen Menschentyp als Träger eines neuen und gänzlich sozialistischen Gesellschafts- und Wirtschaftssystems heranzubilden. Amtlichen Angaben zufolge wurden in der zweiten Hälfte des Jahres 1958 aus den 740.000 damals bestehenden Landwirtschaftlichen Produktionsgenossenschaften 26.000 Ländliche Volkskommunen gebildet, in denen insgesamt 120 Millionen Bauernhaushalte oder 99 Prozent aller chinesischen Bauernhaushalte erfaßt wurden.[1] Die erste entscheidende Parteidirektive über die Kommune vom 29. August 1958 verfügte, daß das Gebiet einer Volkskommune mit dem eines Verwaltungsbezirks (Hsiang/Xiang) zusammenfallen und im Durchschnitt etwa 2000 Haushaltungen umfassen solle. Je nach Ort und Umständen konnte diese Zahl jedoch vervielfacht werden.[2]

Ansonsten unterschieden sich die Volkskommunen in fünffacher Hinsicht von den zuvor bestehenden voll sozialistischen Landwirtschaftlichen Produktionsgenossenschaften: 1. umfaßten die Tätigkeiten ihrer Mitglieder nicht nur die Landwirtschaft, sondern ebenfalls den Betrieb kleinerer industrieller und größerer gewerblicher Unternehmen und auch den Ausbau des Verkehrssystems. Durch möglichst umfassende lokale Selbstversorgung in mehreren Bereichen sollten die staatlichen Industriebetriebe entlastet werden. 2. Nicht nur wurden in der Volkskommune Arbeitseinsatz und Arbeitsdisziplin militarisiert, sie wurden zugleich auch mit militärischer Ausbildung verbunden. Die Propaganda betonte, die Schaffung von 26.000 autarken und wehrhaften Volkskommunen bedeute »Chinas Antwort auf die Wasserstoffbombe«. 3. Die Kollektivierung der Lebensführung der Kommunemitglieder bezog sich nun nicht nur auf die Arbeitsordnung, sondern auch auf wesentliche Belange der persönlichen Existenz. 4. Sowjetische Theorie und Praxis weit überholend, behauptete die Partei, die Volkskommune verkörpere eine auch bis ins künftige Zeitalter des postsozialistischen Kommunismus bleibende »Grundeinheit der Sozialstruktur Chinas«.[3] 5. Schließlich sollte der Arbeitseinsatz der ländlichen Bevölkerung in den Volkskommunen auch auf nichtagrarische Betriebe ausgeweitet werden, um die Kommunemitglieder psychologisch und arbeitstechnisch auf die kommende und angestrebte Industrialisierung Chinas vorzubereiten.

Laut einem Bericht des damaligen Ministers für Landwirtschaft bestanden die zur Deckung des Imports von Kapitalgütern zur Verfügung stehenden Exportgüter zu mehr als 70 Prozent aus Agrarprodukten oder verarbeiteten Agrarprodukten.[4] Daher ergab sich in Verbindung mit den Volkskommunen die Hoffnung, eine Steigerung der Produktion mit gleichzeitiger Drosselung des Konsums verbinden zu können.

Durch die Institution der Volkskommune beabsichtigte Mao Tse-tung, die Not der chinesischen Übervölkerung in die Tugend höchstmöglicher Arbeitsintensität und -produktivität verwandeln zu können. Gegliedert in Produktionsbrigaden und Produktionszüge wurden die arbeitsfähigen Männer und Frauen in den Volkskommunen in militärischer Disziplin je nach anfallendem Bedarf und gelenkt durch zentrale Kommandoplanung in bewußt variabler Art und Weise zur Arbeit eingesetzt. Heute zur Ernte, morgen zum Straßenbau, übermorgen zur Errichtung von Kleinhochöfen oder von Bewässerungsanlagen, hier zum Bergbau und dort zur Erzeugung oder Reparatur landwirtschaftlicher Geräte. Vermöge dieser Art der Arbeitsplanung sollten zeitliche Leerläufe vermieden werden. Zentralplanung und Leitung sollten fernerhin die allgemeine Anwendung neuester agrarwissenschaftlicher Erkenntnisse bei Ackerbau, Viehzucht, Schädlingsbekämpfung oder Bodenverbesserung ermöglichen. Zumindest der Vorstellung nach sollten so durch den Masseneinsatz von Arbeitskräften das Straßennetz erweitert, Neuland gewonnen und Energiequellen erschlossen werden, ohne damit die Staatsfinanzen zusätzlich zu belasten. Die Einführung von allgemeinen Kindergärten, Kantinen, Nähbrigaden und Altersheimen verfolgte unter anderem das Ziel, Millionen von Frauen in den Arbeitsprozeß dieser »Produktionsschlachten« mit einzubeziehen, gleichgültig ob sie dies auch wollten oder nicht.

Mit millionenfacher Wirkung sollte die Volkskommune auf breitester Ebene Forderungen verwirklichen, die hundert Jahre zuvor im »Kommunistischen Manifest« von Marx und Engels aufgestellt worden waren: »Gleichen Arbeitszwang für alle. Errichtung industrieller Armeen, besonders für den Ackerbau. Vereinigung des Betriebes von Ackerbau und Industrie, Hinwirken auf die allmähliche Beseitigung des Unterschiedes zwischen Stadt und Land« und fernerhin die »Vereinigung der Erziehung mit der materiellen Produktion«. Zustände ihrer Lebenszeit schildernd hatten Marx und Engels im »Kommunistischen Manifest« geschrieben: »Die moderne Industrie hat die kleine Werkstube des patriarchalischen Meisters in die große Fabrik ... verwandelt. Arbeitermassen, in der Fabrik zusammengedrängt, werden als gemeine Industriesoldaten unter die Aufsicht einer vollständigen Hierarchie von Unteroffizieren und Offizieren gestellt ... Sie sind täglich und stündlich geknechtet von der Maschine, von dem Aufseher und vor allem von den einzelnen ... Bourgeois selbst.«

Im Vergleich dazu heißt es in einer die Volkskommune betreffenden Resolution der ZK der KP Chinas vom 10. Dezember 1958: »Die moderne Industrie-Armee wurde von der Bourgeoisie organisiert, jede Fabrik wurde zur Kaserne. Die Disziplin für die Arbeiter wurde so streng wie in der Armee. Die Industrie-Armee der sozialistischen Gesellschaft ist die Industrie-Armee einer einzigen Klasse ... die die Kapitalisten überwunden hat ... Wir wenden jetzt dieses System auf die ländlichen Gebiete an und errichten so eine auf demokratischem Zentralismus beruhende sozialistische Industrie-Armee für die Landwirtschaft ...«[5] Die vielfach als Musterstatut geltende Satzung der Weihsing-(»Sputnik«)-Kommune in der Provinz Honan bestimmte, daß die Wachstumsrate der Löhne im Interesse der kommunalen Kapitalbildung niedriger sein sollte als die Wachstumsrate der Produktion. Der von Bauern ursprünglich gemachte Vorschlag, das Einkommen der Volkskommune solle jeweils zur Hälfte zwischen Kommunemitgliedern und Kommuneleitung geteilt werden, wurde von kommunistischen Kommentatoren als kurzsichtig und egoistisch abgelehnt. Was die Freizeit betraf, so standen männlichen Kommunemitgliedern im Monat zwei voll bezahlte Feiertage und weiblichen Mitgliedern drei freie Tage zur Verfügung.[6] Daneben waren alle Kommunemitglieder zur Teilnahme an täglicher politischer Schulung verpflichtet und, je nach Altersgruppe, eine große Anzahl von ihnen auch zu militärischen Übungen.

Weltanschaulich beabsichtigte die Kommunistische Partei Chinas, die Volkskommune zur Zerstörung des traditionellen, seit Jahrtausenden in China als heilig geltenden Familiensystems zu verwenden. Die Familie hatte bislang nicht nur die grundlegende bäuerliche Produktionseinheit gebildet, sondern auch den zentralen Bezugspunkt persönlicher Loyalität. Praktisch fungierte sie, soweit als möglich, als soziale Absicherung und als Schutzeinheit ihrer Mitglieder bei deren Verfolgung durch den Staat oder andere soziale Kräfte. Da das Familiensystem den Kernpunkt der konfuzianischen Lebens- und Gesellschaftsauffassung verkörperte, wurde es vom chinesischen Kommunismus als weltanschaulicher Gegner ersten Ranges eingestuft. Schon Ende 1958 waren in den Volkskommunen 3,9 Millionen Kantinen installiert, in denen 73 Prozent der Kommunebewohner ihre Mahlzeiten einnahmen. Vielfach wurde die Beteiligung an Kantinenverpflegung mit der Auslieferung der privaten Kochgeräte verbunden. Damit verlor auch die Kernfamilie mit einem Schlag den Herd als ihr physisches Zentrum. Sie hörte auf, als Erwerbs- und Verteilungseinheit zu fungieren. Das Kommunesystem reduzierte oder vernichtete die Möglichkeiten zur Erziehung der eigenen Kinder, zur häuslichen Pflege der Alten und zur unabhängigen Freizeitgestaltung innerhalb der Kernfamilie. Dadurch, daß alle Bauern allen nach 1950 an sie verteilten Landbesitz verloren hatten und die Kollektivierung sich schrittweise auch auf das Haus- und Wohneigentum ausdehnte, wurden die in den Volkskommunen lebenden Menschen als Nahrungs-, Kleidungs-, Wohn- und Lohnempfänger des Staates in fast jeder Hinsicht ihrer Daseinsführung unmittelbar vom Staat bzw. der Partei abhängig. Deren Organe bestimmten nicht nur nach Maßgabe der Arbeitsleistung, sondern auch nach der mehr oder minder »fortschrittlichen Gesinnung« der Kommunemitglieder, wer von ihnen Güter in welchem Maße erhält, wer zu belohnen und wer zu bestrafen sei. Von der Dauer des Schlafes bis zur Kleidung unterlag nahezu jede Lebensregung der Kontrolle des Kollektivs. In keinem anderen kommunistischen Gesellschaftssystem hatte die Kontrolle über die Daseinsführung der einzelnen derartig engmaschige Dimensionen erreicht wie in China durch die Organisations- und Kontrollmechanismen der Volkskommune. In Hong Kong aufgenommene Flüchtlinge aus den Volkskommunen beklagten sich immer wieder wegen des Gefühls »der grenzenlosen Abhängigkeit, des völligen Ausgeliefertseins und der ständigen Unsicherheit« in den täglichen Beziehungen zwischen den einzelnen und den Leitungsorganen der Kommune.

Zur Kampagne des »Großen Sprungs nach vorn« gehörte auch das ehrgeizige Ziel einer derartigen Steigerung der Stahlproduktion, daß diejenige Großbritannien innerhalb von nur 15 Jahren überholt werden könne. Im ganzen Land wurden daher von der Propaganda ständig angefachte und oft bis zur Hysterie gesteigerte »Produktionsschlachten« zur Erzeugung von Stahl unternommen. Landesweit nicht nur in Städten, sondern auch in Dörfern wurden primitive »Kleinhochöfen« errichtet, in denen alle erreichbaren Metalle Tag und Nacht zum Schmelzen gebracht wurden. Trotz eines gewaltigen Verbrauchs an Steinkohle erwies sich der so produzierte Stahl als qualitativ zumeist unbrauchbar.

Mit der Politik des »Großen Sprungs nach vorn« hatte Mao Tse-tung ein sozialistisches Gesellschafts- und Wirtschaftssystem errichten wollen, das trotz Chinas damaliger Unterentwicklung den Anspruch auch gegen Moskau erheben konnte, an der Spitze der Bewegung in Richtung auf den Endzustand des kommunistischen Gesellschaftssystems zu liegen. Wie Oskar Weggel anschaulich schreibt, habe Mao dabei versucht, »die überkommenen Schranken, d. h. die ›Drei Großen Unterschiede‹ zwischen Stadt und Land, Kopf und Hand sowie Industrie und Landwirtschaft, niederzureißen und die Revolution durch fortgesetzte Massenkampagnen zu verstetigen, um so am Ende den Neuen Menschen in einer Neuen Gesellschaft zu schaffen. Dies war ein gigantischer Entwurf, der wie sich schon bald zeigte, nicht weniger gigantische Katastrophen nach sich zog, weil die Rechnung ohne Rücksicht auf die Produktivkräfte gemacht worden war.«[7]

Die oft laienhaft, mehr an ideologischem Wunschdenken als an volkswirtschaftlichen und arbeitspsychologischen Realitäten orientierte Kommandowirtschaft hatte das Land Ende 1958 in eine von außergewöhnlichen Trockenheitsperioden verschärfte Wirtschaftskrise geführt. Die Produktion von Nahrungsmitteln und Textilien ging drastisch zurück, in manchen Provinzen brachen Hungersnöte aus, in deren Folge mindestens 10 Millionen Menschen verhungerten. Es begannen die sogenannten Drei bitteren Jahre (1960–1962), in denen China sich genötigt sah, knappe Währungsreserven statt zum Erwerb dringend benötigter Kapitalgüter zum Ankauf von Nahrungsmitteln im Ausland zu verwenden.[8] Die nackte Not und die in ihr verborgenen politischen Gefahren zwangen die Partei, bereits bei Ende des Jahres 1958 mit der Auflockerung der Kommunestrukturen zu beginnen, bis vom ursprünglichen radikalen Ansatz nur noch der Name verblieb. Zögernd gewährte die Parteiführung erneut die sogenannten kleinen Freiheiten, etwa Kleintierhaltung und privaten Anbau auf kleinen Stücken Gartenlandes oder den Anbau von Obst außerhalb der vorgeschriebenen Arbeitszeit. Die vitale Kraft des bäuerlichen Eigeninteresses an diesen Produktionsformen hatte so positive Ergebnisse gezeitigt, daß Partei und Staat dies in einer Situation wirtschaftlicher Not nicht ignorieren konnten.[9] Zu allem anderen Unglück der Katastrophe ab Ende 1958 war die Tatsache hinzugekommen, daß die Partei sich eingestehen mußte, mit falschen, weil geschönten Statistiken gearbeitet zu haben. Da unter großem psychologischem Druck von oben ständig nicht nur Planerfüllung, sondern Planübererfüllung als Zeichen der Leistungsstärke und des sozialistischen Enthusiasmus gefordert wurde und da weiterhin nur wenig praktische Erfahrung mit statistischer Arbeit gegeben war, hatte sich rasch und umfassend die Neigung verbreitet, die jeweils nach oben gereichten Statistiken durch Übertreibung besser aussehen zu lassen, als es den objektiven Tatsachen entsprach. Eine millionenfach geübte Praxis dieser Art konnte zu keiner korrekten Statistik führen.[10]

Die Diskussion um Konfuzius

Parallel zur intensiven Auflockerung der Volkskommunen war zu dieser Zeit auch ein gewisses Maß an erneuter Liberalisierung im Bereich von Kunst und Wissenschaft spürbar geworden. So fand im November 1962 in Jinan eine Konferenz von 150 führenden chinesischen Gelehrten, Philosophen und Historikern aus 17 Provinzen statt, die sich im Verlauf von 110 Referaten mit der Philosophie des Konfuzius auseinandersetzten und anschließend dem Grab und Tempel des Konfuzius in Qufu, dem Heimatort dieses ganz Ostasien beeinflussenden Denkers, einen Besuch abstatteten. Manche der Ergebnisse dieser Tagung wirkten sensationell, weil sie Mao Tse-tungs Ansichten von der Klassengebundenheit jeder Kulturform und von der Notwendigkeit der Vernichtung der konfuzianischen Kultur als Voraussetzung zum Aufbau einer neuen sozialistischen Kultur klar widersprachen.[11] Bereits innerhalb der Mao Tse-tung und viele andere Gründungsmitglieder der KP Chinas stark beeinflussenden »Bewegung vom 4. Mai 1919« hatte der Konfuzianismus als Inbegriff des Feudalen und Reaktionären gegolten, der im Interesse des Fortschritts und einer damals angestrebten Verwestlichung zu überwinden sei. Bei der genannten Konferenz meldete sich eine Reihe von Gelehrten zu Wort, die die auch von Sinologen anderer Länder geteilte Meinung vertraten, viele der von Konfuzius gelehrten Normen menschlichen Verhaltens hätten »keinen Klassencharakter«, sie seien eher als »fortschrittlich und selbst revolutionär« zu betrachten. Völlig entgegen auch der marxistischen Idee, die herrschenden Gedanken einer Zeit seien nichts weiter als »der ideelle Ausdruck der herrschenden materiellen Verhältnisse«, wurde somit angedeutet, daß die für die chinesische Gesellschaft jahrhundertelang richtungweisenden Ideen des klassischen Konfuzianismus keinen Klassencharakter gehabt hätten. Am Ende der Konferenz wurde eine Resolution über die Wünschbarkeit der Fortsetzung der Konfuziusforschung verabschiedet. Zwar hieß es, diese Tätigkeit solle unter der Leitung der Ideen Mao Tse-tungs zu einer kritischen Neubewertung des Konfuzius führen. Doch wurden viele von dessen Grundlehren positiv bewertet, so etwa der anthropozentrische Charakter seiner Lehre und seine Ablehnung metaphysischer Spekulationen, seine Lehre von der sittlichen Autonomie der Persönlichkeit, seine Vorstellung von einer umfassenden Welteinheit und seine Haltung, die des Lernens und Lehrens nie müde wurde. Abschließend wies die Resolution darauf hin, daß die konfuzianische Philosophie kulturgeschichtlich nicht nur China, sondern auch alle anderen Staaten Ostasiens nachhaltig beeinflußt und daß sich ihr Einfluß im Zeitalter der Aufklärung auch auf Europa erstreckt habe.[12]

Mao im Brennpunkt von Kritik und Selbstkritik

Die katastrophal gescheiterten Experimente mit der egalitären Urform der agrarischen Volkskommune wie auch mit dem »Sprung nach vorn« im Bereich der industriellen Produktion hatten die Undurchführbarkeit von Mao Tse-tungs revolutionärer Entwicklungsstrategie deutlich werden lassen. Ein Kernelement dieser radikal voluntaristischen Strategie hatte in dem Glauben bestanden, durch den militärisch disziplinierten und propagandistisch aufgepeitschten Masseneinsatz von Hunderten von Millionen Menschen Chinas Entwicklungsrückstand in einem gewaltigen Kraftakt überwinden und dabei im Zuge dieser Produktionsschlacht den neuen Typ eines mehr am Gemeinwohl als am Eigennutz orientierten »sozialistischen Menschen« heranbilden zu können. Mao hatte geglaubt, sich dabei über wirtschaftstheoretisch untermauerte Erfahrungen wie auch über den Mangel an technologischem »Know-how« und an Faktoren der wirtschaftlichen Infrastruktur hinwegsetzen zu können. Mit dem ideologisch richtig gelenkten Willen von Millionen müsse doch fast alles durchsetzbar sein. Chinas Rückständigkeit galt ihm dabei als beste Voraussetzung für die Verwirklichung eines radikal anderen Weges beim Aufbau eines sozialistischen Wirtschafts- und Gesellschaftsgefüges. Im Erfolgsfall hätte China dann das Modell des sowjetischen Sozialismus auf dem Wege zum Endziel des Kommunismus überholen sollen.

Bereits Ende 1958 sah sich die Partei zu einer Distanzierung von Kernaspekten des maoistischen Experiments veranlaßt und gab am 17. Dezember 1958 den Beschluß Mao Tse-tungs bekannt, nicht mehr für das Amt des Vorsitzenden der Volksrepublik China zu kandidieren. Begründet wurde dieser Beschluß unter anderem mit dem Argument: »Er kann hierdurch auch in der Lage sein, sich mehr Zeit für die theoretische Beschäftigung mit dem Marxismus-Leninismus zu nehmen ...«[13] Sein Nachfolger als Staatsoberhaupt wurde der wirtschaftlich praktischer denkende Liu Shao-ch'i (Liu Shaoqi). Im Rahmen einer mehrwöchigen Konferenz der Parteiführung im Kurort Lushan im Juli 1959 übte der Verteidigungsminister Marschall P'eng Te-huai (Peng Dehuai) nach einer ihn empörenden Inspektionsreise durch mehrere leidende Provinzen sehr deutliche Kritik an Maos fehlgeschlagener Entwicklungsstrategie, die in seinem vom 14. Juli 1959 datierten Schreiben an Mao Tse-tung zusammengefaßt und anschließend innerhalb der Parteiführung verteilt wurde. Marschall P'eng sprach darin von der Vergeudung von Material, Finanzen und Arbeitskraft durch die untauglichen Kleinhochöfen zur Erzeugung von Stahl, von der Armut der Menschen, die endlich greifbare Fortschritte sehen wollten, und stellte die Frage nach den Ursachen der wirtschaftlichen Fehlschläge. Eine Hauptquelle der Fehler sei gewesen, »... daß wir die Wahrheit nicht in genügendem Maße bei den Tatsachen suchten. ... Die Angewohnheit, zu übertreiben, breitet sich ... aus, und einige unglaubliche Wunder wurden auch in der Presse gemeldet. Das hat dem Prestige der Partei sicherlich gewaltigen Schaden zugefügt. Kleinbürgerlicher Fanatismus bringt uns dazu, ›linke Fehler‹ zu begehen. ... Das ›Politik-an-erste-Stelle-Setzen‹ ist keineswegs ein Ersatz für wirtschaftliche Grundsätze und noch weniger für die konkreten Maßnahmen bei der Wirtschaftstätigkeit. ... Es ist allgemein schwieriger, diese ›linken‹ Erscheinungen zu korrigieren, als sich von rechten konservativen zu befreien ...«[14] Durch diese und andere Kritik in die Defensive gedrängt, übte Mao Tse-tung erstmals seit seiner Übernahme der Parteiführung Selbstkritik. Auch Konfuzius, Marx und Lenin, so betonte er entschuldigend, hätten schwere Fehler begangen. »Zwei Sünden kommen auf mein Konto, die eine sind die 10,7 Millionen Tonnen, die Stahlschmelze in großem Ausmaße; ... das läßt sich nicht einfach abwälzen, die hauptsächliche Verantwortung liegt bei mir. Dann die Volkskommunen, dagegen stellt man sich in der ganzen Welt, auch die Sowjetunion war dagegen. ... 10,7 Millionen Tonnen, 90 Millionen Menschen in die Schlacht zu schicken, dieses Chaos hat wirklich Riesenausmaße angenommen, dafür muß ich selbst die Verantwortung tragen.«[15]

Die nachfolgende Auflockerung der chinesischen Wirtschaftspolitik mit einer ganzen Reihe der bei Mao verpönten »materiellen Anreize« führte nach Ende der drei Hungerjahre 1960–1962 zu einer bemerkenswerten Erholung der chinesischen Wirtschaft. Bis zu 15,5 Prozent betrugen bald die Zuwachsraten des chinesischen Nationaleinkommens.[16]

19. Kapitel

Das Ringen um Tibet und der Grenzkrieg zwischen China und Indien 1962

Konflikt und Abkommen zwischen Peking und Tibet

Die tibetische Regierung hatte 1912 auf das Ende der mandschurischen Ching-Dynastie und die Proklamation der Republik China mit dem Hinweis reagiert, die Bindungen Tibets an China hätten sich nur auf die dortige Dynastie bezogen. Nach deren Ende bestehe keine weitere Basis dafür, Tibet als Bestandteil des chinesischen Staatsgefüges zu betrachten. Von 1912 bis 1950 stand Tibet unter der unbestrittenen De-facto-Herrschaft der Regierung der Dalai Lama. Alle Verfassungen des republikanischen China betrachteten Tibet jedoch als einen besonderen Teil des chinesischen Staates. Tibet verfügte hingegen über alle Attribute eines souveränen Staates, das heißt über ein Territorium mit definierten Grenzen, eine unangefochtene und traditionsreiche eigene Regierung sowie ein Staatsvolk, das sich zu dieser Regierung bekannte. Hinzu kam die Besonderheit der tibetischen Sprache und Kultur. Während des Zweiten Weltkrieges hatte sich US-Präsident Roosevelt an den Dalai Lama und nicht an die chinesische Nationalregierung mit der Anfrage gewandt, ob es zur wirksameren Führung des Krieges gegen Japan möglich sei, über Tibet führende Verbindungsstraßen von Indien nach Zentralchina zu bauen. Die tibetische Regierung lehnte jedoch dieses Ansehnen mit dem Hinweis ab, daß sich Tibet nicht in den Krieg gegen Japan verwickelt zu sehen wünsche.[1]

Als die Republik China im August 1945 die Selbstbestimmung der Äußeren Mongolei anerkannte, gab sie der tibetischen Regierung bekannt, daß sie auf ein hohes Maß an Unabhängigkeit rechnen könne. In einer Erklärung vor dem Nationalen Verteidigungsrat und dem Zentralen Exekutivkomitee der Kuomintang vom 25. August 1945 erklärte Präsident Chiang Kai-shek: »Wenn die Tibeter das Stadium vollständiger Selbständigkeit in politischer und wirtschaftlicher Hinsicht erreichen, würde die chinesische Regierung ihnen gegenüber dieselbe Haltung einnehmen wie gegenüber der Äußeren Mongolei, indem sie ihre Unabhängigkeit unterstützt. Tibet sollte aber in der Lage sein, seine unabhängige Stellung aufrechtzuerhalten und zu fördern, damit sich hier nicht dieselbe historische Tragödie wie in Korea (Annexion durch eine fremde Macht) wiederholt.«[2] Als jedoch Chinas neue Verfassung beraten und am 1. Januar 1947 promulgiert wurde, nahmen tibetische Abgeordnete zwar an dieser Beratung teil, protestierten jedoch gegen die ursprüngliche Fassung des Artikels 120 (»Tibets Autonomie soll angemessen garantiert werden«) und bestanden auf der schließlich angenommenen Formulierung: »Tibets System der Selbstregierung soll gewährleistet werden.« Eine Anzahl tibetischer Delegierter war anschließend in den parlamentarischen Körperschaften zu finden, die durch die neue Verfassung geschaffen bzw. erneuert worden waren. Doch als sich der Bürgerkrieg in China einem Sieg der chinesischen Kommunisten näherte, veranlaßte die tibetische Regierung mit Wirkung vom 20. Juli 1949 eine Schließung des Liaisonbüros der chinesischen Nationalregierung in Tibet und verfügte die Ausweisung ihrer Beamten. Das Motiv der tibetischen Regierung bestand in der Sorge, die Anwesenheit einer Vertretung der Kuomintang-Regierung in Lhasa könne von den chinesischen Kommunisten als Anlaß zu einer Invasion in Tibet genommen werden.[3]

Ab dem 7. Oktober 1950 begannen die chinesischen Streitkräfte mit der militärischen Eroberung Tibets. Unterstützt von Freiwilligen der Khampas-Bergstämme leistete die nur über einen Mannschaftsbestand von 8500 Mann verfügende und nur schlecht ausgerüstete tibetische Armee hinhaltenden Widerstand. Angesichts dieser Bedrohung beschloß die Regierung in Lhasa, vier Delegationen nach Großbritannien, den Vereinigten Staaten, Indien und Nepal zu entsenden, um dort um Hilfe nachzusuchen. Die Antworten dieser Regierungen auf die telegrafische Ankündigung der Entsendung dieser Delegationen war – in den Worten des Dalai Lama – »niederschmetternd«. »Wärmstes Mitgefühl« ausdrückend, bedauerte die britische Regierung, nicht in der Lage zu sein, irgendwelche Hilfe leisten zu können. Die Regierung der USA weigerte sich gar, die Delegation zu empfangen. Die indische Regierung empfahl, zu verhandeln und keinen bewaffneten Widerstand zu leisten. Von keiner Seite war demnach Hilfe zu erwarten.

Ein Appell der tibetischen Regierung an die Vereinten Nationen wurde vom Allgemeinen Komitee der Generalversammlung am 24. November 1950 diskutiert und die tibetische Anklage dabei auf Antrag von El Salvador auf die Tagesordnung gesetzt. Während der Diskussion argumentierte der britische Delegierte, daß weder die Ereignisse in Tibet noch auch die rechtliche Position Tibets klar seien. Der Delegierte Indiens gab der Meinung Ausdruck, das Problem der Beziehungen zwischen Tibet und China könne durch friedliche Mittel und mit dem Ziel einer Erhaltung der von Tibet trotz seiner historischen Verbindung zu China de facto innegehabten Autonomie geregelt werden. Die Haltung der sowjetischen Delegierten entsprach derjenigen der Regierung in Peking, Tibet sei ein unveräußerbarer Bestandteil Chinas und damit exklusiv eine Angelegenheit der chinesischen Innenpolitik. Folglich hätten die Vereinten Nationen keine Kompetenz zur Behandlung des tibetischen Problems. Auch der nationalchinesische Delegierte lehnte eine Diskussion des tibetischen Antrages unter Berufung auf die tibetisch-chinesischen Beziehungen der letzten 700 Jahre und unter Hinweis auf Chinas Verfassung von 1948 ab. Er kritisierte jedoch das militärische Vorgehen Pekings gegen Tibet und empfahl, den tibetischen Antrag in einem anderen Zusammenhang zu diskutieren. Unter Berufung auf die von indischen Delegierten ausgesprochene Hoffnung auf eine friedliche Lösung beantragte der Delegierte der USA eine Vertagung der weiteren Diskussion. Auch ein erneuter Appell der tibetischen Regierung, die von der UN eine Untersuchungskommission anforderte, blieb ohne praktisches Resultat.[4]

Trotz des Verhaltens seiner Delegation bei der erwähnten UN-Debatte des Tibet-Problems hatte die indische Regierung in einer diplomatischen Note vom 26. Oktober 1950 ihrer Besorgnis über Pekings Vorgehen Ausdruck verliehen. Angesichts früherer Zusicherungen der chinesischen Regierung, sie beabsichtige Tibet friedlich zu »befreien«, habe Peking nun eine »Invasion Tibets« veranlaßt. Damit sei die Chance zu friedlichen und freien Verhandlungen über die Tibet-Frage zunichte gemacht worden. Die harte Entgegnung aus Peking vom 30. Oktober bedauerte, daß Indiens Haltung zu einer rein internen chinesischen Angelegenheit offensichtlich von »chinafeindlichen ausländischen Beeinflussungen« geprägt worden sei. Indiens Erwiderung vom 31. Oktober sprach von einem »legitimen tibetischen Anspruch auf Autonomie im Rahmen chinesischer Suzeränität«. Es gäbe »keinerlei Rechtfertigung« für die militärischen Operationen gegen ein friedliches Volk. Die Maßnahmen der chinesischen Regierung hätten die in der Welt befindlichen Spannungen und die Gefahr einer Tendenz zum allgemeinen Krieg erhöht. Die Note bestritt irgendwelche indischen Ansprüche auf Tibet, seien sie politischer oder territorialer Natur. Neu-Delhi erstrebe keine neuen Privilegien für sich oder seine Bürger in Tibet. Die Regierung weise jedoch auf gewisse Rechte hin, die teils aus Tradition und teils aus früheren Abkommen herrührten und für Nachbarn mit engen kulturellen und wirtschaftlichen Beziehungen selbstverständlich seien. Dazu gehörten ein offizieller indischer Regierungsvertreter in Tibets Hauptstadt Lhasa, die indischen Handelsagenturen in Gyantse und Yatung sowie die Aufrechterhaltung von Post- und Telegrafenämtern entlang der Handelsroute nach Gyantse. Diese Positionen, die Chinas Oberhoheit über Tibet in keiner Weise berührten, sollten erhalten bleiben. Deshalb habe deren Personal die Anweisung erhalten, auf ihren Posten zu bleiben. Ohne auf die Anliegen der indischen Regierung einzugehen, behauptete eine chinesische Antwort, der Vormarsch der Volksbefreiungsarmee diene nur positiven Zielen. Daher sei es zutiefst zu bedauern, daß die indische Regierung ein innerchinesisches Problem so darstelle, als handle es sich um einen internationalen Streitfall.[5]

Das 17-Punkte-Abkommen

Da trotz der indischen Bedenken keine Hilfe von auswärts zu erwarten war, beschloß die tibetische Regierung einen ihrer hohen Beamten namens Ngabo Ngawang Jigme, der von vier anderen Beamten begleitet wurde, zu Verhandlungen nach Peking zu entsenden, denn der Vormarsch der kommunistischen Streitkräfte gegen Tibet ging unaufhaltsam weiter.[6] Bei den Gesprächen in Peking behauptete die tibetische Delegation die Unabhängigkeit ihres Staates, die von den Chinesen vehement bestritten wurde. Nachdem die Tibeter einen ersten Vertragsentwurf abgelehnt hatten, wurde von chinesischer Seite unter stärkster Druckausübung ein weiterer Text mit 17 Artikeln vorgelegt. Die tibetischen Delegierten wurden genötigt, das Abkommen ohne vorherige Rückfrage beim Dalai Lama zu unterzeichnen, wobei die Pekinger Autoritäten nach Darstellung des Dalai Lamas das tibetische Siegel fälschten.

Die Präambel dieses 17-Punkte-Abkommens behauptet, Tibet sei von der nationalchinesischen Kuomintang-Regierung – die dort allerdings nur ein machtloses Vertretungsbüro unterhalten hatte – und von aggressiven imperialistischen Mächten – es befanden sich seit Kriegsende nur weniger als zehn Ausländer in Tibet – unterdrückt worden. Als Resultat von Verhandlungen mit »bevollmächtigten Delegierten der Lokalregierung von Tibet« sei das vorliegende Abkommen entstanden. Die relevanten Aspekte dieses Abkommens vom 23. Mai 1951 können wie folgt zusammengefaßt werden:

Artikel 1 erklärt unter anderem, »das tibetische Volk kehrt wieder in die große Völkerfamilie des Vaterlandes – der Volksrepublik China – zurück«. Artikel 2 verlangt von der tibetischen Regierung Unterstützung für die Volksbefreiungsarmee bei ihrer Besetzung des Landes. Artikel 3 stellt »dem tibetischen Volk das Recht zur nationalen Gebietsautonomie unter der einheitlichen Führung der Zentralen Volksregierung« in Aussicht. Artikel 4 lautet: »Die Zentrale Volksregierung führt keine Änderungen im bestehenden politischen System Tibets durch. Sie wird auch den festgelegten Status, die Funktionen und Machtbefugnisse des Dalai Lama nicht ändern. Die Beamten aller Ebenen üben ihre Ämter wie bisher aus.« Artikel 5: »Der festgelegte Status, die Funktionen und Machtbefugnisse des Pantschen Erdemi bleiben unverändert.« Artikel 7: »Die Politik der Religionsfreiheit, wie sie im Gemeinsamen Programm der Politischen Konsultativkonferenz des Chinesischen Volkes niedergelegt ist, wird durchgeführt werden. Der religiöse Glaube, die Gebräuche und Sitten des tibetischen Volkes werden geachtet, und Lama-Klöster erhalten Schutz. Die Zentrale Volksregierung wird keine Änderungen im Einkommen der Klöster herbeiführen.«

Artikel 8 des Abkommens lautete: »Die tibetischen Truppen werden etappenweise in Einheiten der Volksbefreiungsarmee umgewandelt und zu einem Teil der nationalen Verteidigungsstreitkräfte der Volksrepublik China werden.« Artikel 9 und 10 sagen die Förderung von Bildung und Wirtschaft in Tibet zu. Artikel 11: »Was die verschiedenen Reformen in Tibet anbetrifft, so wird die Zentrale Volksregierung keinen Zwang ausüben. Die örtliche Regierung von Tibet soll von sich aus Reformen durchführen; ...« Artikel 12: »Frühere proimperialistische und kuomintangfreundliche Beamte, die keine Opposition betreiben und ihre früheren Verbindungen aufgeben, können ihre Ämter ohne Rücksicht auf ihre Vergangenheit beibehalten.« Artikel 14: »Die Zentrale Volksregierung wird sich mit allen auswärtigen Angelegenheiten des Gebietes von Tibet befassen; ...« Artikel 15 besagt, daß die Zentrale Volksregierung in Tibet ein »Militär- und Verwaltungskomitee sowie ein Hauptquartier für das Militärgebiet« einrichten werde. Tibetische Mitarbeiter sollten entsprechend gemeinsamen Beschlüssen zwischen Vertretern Pekings und der tibetischen Regierung zur Mitarbeit in diesen Institutionen herangezogen werden. In Artikel 16 heißt es, zwar werde die Zentrale Volksregierung in Peking die Mittel zur Finanzierung der in Artikel 15 genannten Institutionen zur Verfügung stellen, jedoch werde »die örtliche Regierung von Tibet ... der Volksbefreiungsarmee beim Ankauf und Transport von Lebensmitteln und Tierfutter und täglichen Gebrauchsgütern behilflich sein«. Artikel 17 schließlich »bestimmt das sofortige Inkrafttreten des Abkommens«.

In seinem Kommentar argumentierte der Dalai Lama, angesichts der von Tibet genossenen De-facto-Unabhängigkeit seit 1912 sei die Präambel dieses Vertrages »barer Unsinn«. Das Abkommen verweigere in Artikel 8 Tibets Selbstverteidigung und dann in Artikel 14 jeden Einfluß auf die Regelung seiner Außenbeziehungen. Dies seien Bedingungen, so schreibt das geistliche Oberhaupt der Tibeter, »die kein Tibeter jemals freiwillig akzeptiert hätte«.[7]

Im Jahr 1954 schien sich eine gewisse Entspannung in den Beziehungen Pekings mit Indien und Tibet zu ergeben. Indien entsprach bereits 1952 einer Forderung Chinas, seine besondere Vertretung bei der chinesischen Regierung in Lhasa in ein Generalkonsulat umzuwandeln, das nun aber bei der Zentralregierung der Volksrepublik China in Peking akkreditiert werden mußte. Nach zusätzlichen Verhandlungen zwischen beiden Seiten wurde am 30. April 1954 ein chinesisch-indisches Abkommen unterzeichnet, das den Handels- und Reiseverkehr zwischen Indien und Tibet regeln sollte. In diesem Zusammenhang verzichtete Indien ohne entsprechende Gegenleistungen auf manche vormals in Tibet innegehabte Privilegien und Institutionen.[8] Im gleichen Jahr lud Ministerpräsident Nehru den in Genf bei der dortigen Indochina-Konferenz vom US-Außenminister Dulles brüskierten chinesischen Ministerpräsidenten und Außenminister Chou En-lai (Zhou En-lai) nach Indien ein. Auch bei diesem Besuch wie zuvor in dem erwähnten Abkommen wurden die »Fünf Grundprinzipien der friedlichen Koexistenz« (in Indien Panch Shil genannt) als normative Grundlage der indisch-chinesischen Beziehungen hervorgehoben. Bei einem Gegenbesuch, den Nehru Peking abstattete, begegnete er Mao Tse-tung, der ihn mit vielen extremen Äußerungen schockierte. Bei dieser Gelegenheit, wie auch bei den vorangegangenen diplomatischen Verhandlungen, waren Unstimmigkeiten hinsichtlich des Grenzverlaufs zwischen beiden Staaten zur Sprache gekommen, doch hatten sich beide Seiten darauf geeinigt, daß dieser objektiv schwierige Fragenkomplex noch nicht lösungsreif sei und zunächst vertagt werden solle.[9] Auch schien es im Vorfeld der für 1955 geplanten Afro-Asiatischen Konferenz in Bandung nicht opportun, derartige Fragenbereiche vorfristig behandeln zu wollen.

Die Krise in Tibet und die Flucht des Dalai Lama

Ein zweiter Grund für die temporäre Entspannung lag in der Reise des Dalai Lama nach Peking, wo er Gespräche mit Mao Tse-tung und Chou En-lai (Zhou En-lai) führte. Anfangs von Mao Tse-tung in mancherlei Hinsicht beeindruckt, empfand der Dalai Lama das Kommen einer Gefahr, als Mao ihm bei der letzten Einredung eindringlich sagte: »... Religion ist selbstverständlich Gift. Sie hat zwei große Fehler: Sie untergräbt die Volkskraft, und zweitens verzögert sie den Fortschritt des Landes. Tibet und die Mongolei sind durch sie vergiftet worden.«[10] Auf Anregung Mao Tse-tungs war ein sogenanntes Vorbereitendes Komitee für das Tibetische Autonome Gebiet gegründet worden, bei dem der Dalai Lama den Vorsitz haben und der Panchen Lama, ein weiterer hoher Würdenträger des lamaistischen Buddhismus, als stellvertretender Vorsitzender fungieren sollte. Bei der Zusammenstellung der Mitglieder dieses Komitees stellte sich jedoch heraus, daß die sogenannte Tibetische Lokalregierung des Dalai Lama nur eine Minderzahl von Sitzen erhalten hatte. Die Strukturierung des Komitees empfand er als »eine Verletzung des Abkommens mit den Chinesen, nach dem das politische System in Tibet und der Status des Dalai Lama nicht geändert werden sollten«. Die Prädominanz der chinesischen Einflüsse in diesem Komitee war klar ersichtlich. Die wirkliche Macht im Land lag bei den Organen der chinesischen Kommunistischen Partei in Tibet, die keine tibetische Mitglieder hatte. Die Mitglieder des Komitees durften nur Aspekte von geringerer Relevanz diskutieren, jedoch nie von sich aus irgendwelche essentiellen Änderungen vornehmen. Die Arbeitsweise bestand darin, von der Kommunistischen Partei Chinas bereits beschlossene Angelegenheiten pro forma zu diskutieren und anschließend zu billigen. Der Dalai Lama empfand, die Chinesen hätten ihn nur deshalb zum Vorsitzenden gemacht, um ihren Plänen den Anschein einer tibetischen Legitimationsgrundlage zu geben.

Der oft provokative Dirigismus der chinesischen Besatzungsbehörden, ihre materielle Ausbeutung des Landes und ihre demonstrativ religionsfeindlichen Aktivitäten führten in der tibetischen Bevölkerung zu einer wachsenden Erbitterung. Diese lange unterdrückten Gefühle entluden sich 1956 in einer Protestbewegung, die in der Hauptstadt

Lhasa Plakate mit den Losungen »Die Chinesen sollten Tibet verlassen« und »Tibet den Tibetern!« verbreiteten. Die kriegerischen Bergstämme der Khampas begannen bereits ab dem Jahre 1956 mit einer Art Partisanenkrieg gegen die chinesische Besatzungsmacht. Mit dem Gefühl, auf keine der Seiten einen hinreichend mäßigenden Einfluß ausüben zu können und damit den »Teufelskreis von diktatorischer Unterdrückung und Volkshaß« nicht durchbrechen zu können, begrüßte der Dalai Lama die sich ihm

Der XIV. Dalai Lama

eröffnete Möglichkeit einer Reise nach Indien, wo er auf moralische Hilfe, Ratschläge und die direkte Unterstützung des indischen Ministerpräsidenten Nehru hoffte. Doch Nehru legte ihm dar, daß Indien Tibet nicht helfen könne. Er drängte den Dalai Lama dazu, nach Tibet zurückzukehren und zu versuchen, mit den Chinesen auf der Grundlage des faktisch bereits schwer verletzten 17-Punkte-Abkommens des Jahres 1951 zusammenzuarbeiten.[11] Chou En-lai (Zhou En-lai), den er ebenfalls in Indien traf, warnte ihn, die Lage in Tibet habe sich verschlimmert, doch die chinesischen Behörden seien durchaus bereit, jede Volkserhebung mit Mitteln der Gewalt niederzuwerfen.[12] Der Anlaß für die endgültige Flucht des Dalai Lama nach Indien ergab sich aus der blutigen Eskalation in der tibetischen Hauptstadt Lhasa Mitte März 1959. Als bekannt geworden war, daß ein chinesischer Besatzungsgeneral den Dalai Lama aufgefordert hatte, erstmals ohne Begleitung seiner Minister und seiner Leibwache im militärischen Hauptquartier der Chinesen zu erscheinen, versammelten sich um den Norbulinga-Palast, den Wohnsitz des Dalai Lama, Tausende aufgebrachter Tibeter, die ihr bedrohtes Oberhaupt mit ihrem Leben zu schützen bereit waren. Von der Massenversammlung ermutigt, gingen Mitglieder der tibetischen Regierung daran, den Text einer Unabhängigkeitserklärung zu entwerfen. Während diesbezügliche Beratungen noch im Gange waren, wurde der Norbulinga-Palast ungeachtet der ihn umringenden Massenversammlung mit Artilleriegranaten beschossen. Der Dalai Lama jedoch hatte Lhasa bereits insgeheim verlassen. Nach dreiwöchiger, zumeist zu Pferde zurückgelegter Flucht erreichten der Dalai Lama und seine Begleiter die Grenzen Indiens, derweil chinesische Kampfflugzeuge, nach den Flüchtigen Ausschau haltend, verdächtig erscheinende Reisekarawanen mit Bordwaffen beschossen. Unterwegs gab er in dem Ort Lhüntse Dzong eine Erklärung ab, in der er das 17-Punkte-Abkommen zwischen Tibet und China vom 1951 öffentlich für ungültig und seine eigene Regierung als die einzige legitime Autorität in Tibet erklärte.[13]

Nach seiner Ankunft in Indien gab der Dalai Lama in Mussoorie eine Reihe von Erklärungen ab, in denen er nicht nur die chinesischen Besatzungsstreitkräfte der Unterdrückung seines Volkes und schweren Verbrechen gegen die Menschlichkeit bezichtigte. Er legte hier auch zum ersten Mal öffentlich dar, daß seine Abgeordneten 1951 in Peking mit schwersten Drohungen zur Unterzeichnung des 17-Punkte-Abkommens von 1951 gezwungen worden waren. Dennoch zeige die Struktur des Abkommens zwischen der chinesischen und der tibetischen Regierung, daß Peking indirekt die De-facto-Unabhängigkeit Tibets anerkannt habe. Nicht die Tibeter, sondern die Chinesen hätten dann dieses von ihnen selbst diktierte Abkommen immer wieder schwerstens verletzt. Daher könne sich die tibetische Seite durch dieses Abkommen nicht mehr gebunden fühlen. Er werde erst nach Tibet zurückkehren, wenn es ihm gelungen sei, für Tibet die Wiederherstellung der Rechte und Vollmachten zu erlangen, die Tibet vor 1950 genossen habe. Allerdings ging der Dalai Lama auch gleichsam vorwegnehmend auf die Achillesferse des streng feudalistisch strukturierten tibetischen Systems ein, indem er die Notwendigkeit sofortiger Sozialreformen des mittelalterlich erstarrten Gesellschaftssystems einschließlich insbesondere einer Landreform und der Schaffung von Eigentümerbauern zugab.[14] Ein vom 23. April 1951 datiertes und an die Regierung der USA gerichtetes Schreiben des Dalai Lama ersuchte Washington einerseits um Anerkennung einer freien Exilregierung der Tibeter und andererseits darum, andere Staaten zu veranlassen, desgleichen zu tun. Die US-Regierung lehnte das Ansinnen ab, wobei die Rücksichtnahme auf die nationalchinesischen Verbündeten und auf andere Alliierte eine nicht unwesentliche Rolle spielte.[15] In einem Schreiben an den Dalai Lama vom 11. Oktober 1960 sowie in einem Gespräch mit dem Bruder des Dalai Lama, Gyalo Thondup, versicherte US-Außenminister Christian Herter, daß die USA das Prinzip der Selbstbestimmung der Völker auch auf Tibet angewandt zu sehen wünschten. Der Dalai Lama hatte seinerseits zuvor in einem Schreiben vom 16. September angeregt, die USA sollten doch in der Generalversammlung der UN auf die Verabschiedung einer Resolution hinwirken, die das tibetische Recht auf Selbstbestimmung bestätigen und ein UN-Komitee zur ständigen Befassung mit der tibetischen Frage einsetzen sollte.[16] Alle Tibet betreffenden Resolutionen der Generalversammlung der Vereinten Nationen erwiesen sich als für die Tibeter wenig zufriedenstellend, denn in keiner der Resolutionen wird festgestellt, daß die chinesische Präsenz in Tibet an sich eine Verletzung des Völkerrechtes sei. Auch kam nirgends zum Ausdruck, daß Tibet *nicht* Teil des chinesischen Staatswesens sei. Allerdings fordern die beiden Tibet betreffenden Resolutionen der UN-Generalversammlung vom 21. Oktober 1959 und vom 20. Dezember 1961 »die Einstellung von Praktiken, die das tibetische Volk seiner fundamentalen Menschenrechte und Freiheiten einschließlich seines Rechtes auf Selbstbestimmung beraubt«.[17]

Ein halbes Jahrhundert nach dem 17-Punkte-Abkommen zwischen China und Tibet vom Jahre 1951 läßt sich der Eindruck gewinnen, daß angesichts der realen Machtverhältnisse eine strenge Einhaltung der Bestimmungen dieses Abkommens eine Chance dazu geboten hätte, eine für beide Seiten tragbare Lösung in die Tat umzusetzen und unsägliches Leid zu vermeiden, das der faktischen Verletzung des Abkommens gefolgt ist. Der Dalai Lama blieb im Exil, während Peking die Zuwanderung zahlreicher Chinesen nach Tibet förderte, um deren Position den Tibetern gegenüber auch zahlenmäßig zu stärken.

Der chinesisch-indische Grenzkrieg von 1962

Die Tatsache, daß der Dalai Lama, seine Begleiter und zahlreiche Flüchtlinge aus Tibet in Indien eine freundliche Aufnahme fanden, wurde in Peking mit Groll zur Kenntnis genommen, obwohl die indische Regierung am 20. Juni 1959 eine Erklärung veröffentlichte, die klarstellte, daß sie den Dalai Lama und seine Begleitung nicht als eine Exilregierung Tibets anerkenne. Ministerpräsident Nehru besuchte den Dalai Lama am 24. April in Mussoorie und machte ihm eindeutig klar, daß Indien nicht gewillt sei, der Rechte Tibets wegen einen ernsteren Konflikt mit Peking zu beginnen. Die indische Regierung gewährte dem Dalai Lama und seiner Begleitung in der nordindischen Stadt Dharmsala eine Heimstätte, die zu einem Zentrum der Aktivitäten der Exiltibeter und zur Residenz des Dalai Lama wurde.[18] Abgesehen von Indiens faktischer Unterstützung für den Dalai Lama und seiner Annäherung an die Sowjetunion, von der es 1959 die Zusage eines Kredits in Höhe von 378 Millionen US-Dollar erhielt, trug auch die Liquidierung der kommunistischen Regierung im indischen Bundesstaat Kerala zu einer negativeren Haltung Pekings gegenüber der indischen Politik bei. Wie erwähnt hatten beide Regierungen zum Zeitpunkt ihres Abkommens von 1954 eine Behandlung der komplizierten Grenzfrage vertagt. Zwei chinesische Grenzländer, Sinkiang (Chinesisch-Ostturkistan) und Tibet, deren Bevölkerung überwiegend aus nicht-chinesischen Ethnien bestand, hatten über weite Abschnitte eine gemeinsame Grenze mit Indien. Als Rechtsnachfolger des britischen Kolonialimperiums hatte die Indische Union weitgehend auch dessen Rechtsauffassung vom Bestand der äußeren Grenzen übernommen. Doch hier gab es, wie nicht nur Peking, sondern auch Neu-Delhi anfangs zugaben, eine Reihe von Unklarheiten bezüglich des präzisen Grenzverlaufs und seiner rechtlichen Grundlagen. So war etwa das für die Grenze zwischen Indien und Tibet relevante Abkommen von Simla 1914 zwar von der britischen und der tibetischen Seite unterzeichnet, jedoch von China nie ratifiziert worden, obwohl der chinesische Delegierte bei der Konferenz von Simla einige Dokumente und Landkarten, die zu diesem Vertragswerk gehörten, abgezeichnet hatte.

Ohne Wissen Indiens hatten Einheiten der chinesischen Armee zwischen 1956 und 1957 in aller Heimlichkeit eine Sinkiang (Xijiang) und Westtibet verbindende Militärstraße durch umstrittene Gebiete gebaut. Von dieser Tatsache bekam die indische Regierung erst 1958 Kenntnis und protestierte empört.[19] Ab September 1959 begann hinsichtlich der Grenzfrage ein intensiver diplomatischer Notenaustausch zwischen den Ministerpräsidenten beider Länder. Direkte Gespräche zwischen Chou En-lai (Zhou En-lai) und Nehru, die in Neu-Delhi im April 1960 stattfanden, führten zu keiner Einigung. Aus dem anschließend fortgesetzten Dialog ging auf beiden Seiten vor allem geographisches und dokumentarisches Material hervor – mitsamt den jeweiligen vom Nationalinteresse bestimmten Interpretationen. Scharfe chinesische Proteste gab es, nachdem Indien Straßenbaumaschinen von der Sowjetunion erworben und bis zum Herbst 1962 dreiundvierzig Vorposten in dem umstrittenen Gebiet errichtet hatte. Nehru bezeichnete zudem das Eindringen und die Tätigkeit chinesischen Militärs in die vormals vom britischen Empire beanspruchten Grenzgebiete als »Aggression« und erklärte, es könne an der Grenze keinen Frieden geben, solange diese Art der Aggres-sion nicht eingestellt sei. Die indische Regierung glaubte ein Druckmittel gegen China insofern in der Hand zu haben, als das 1954 unterzeichnete chinesisch-indische Abkommen über Grenzhandel 1962 ablief und zum Zweck seiner Verlängerung eine sechs Monate zuvor abzugebende Willenserklärung erforderte. Die Inder ließen Peking wissen, sie würden den Vertrag nur dann verlängern, wenn die chinesischen Streitkräfte zuvor aus den von Indien beanspruchten Gebieten zurückgezogen worden seien.[20] Zwischen August und Oktober schienen sowohl Indien als auch China zu Verhandlungen bereit, Peking jedoch nur »ohne Vorbedingungen«, während Neu-Delhi nach wie vor auf einem vorherigen Rückzug chinesischer Streitkräfte aus den umstrittenen Gebieten bestand.

Nach fortgesetzten gegenseitigen Beschuldigungen und Warnungen, denen kleinere militärische Zusammenstöße gefolgt waren, unternahmen chinesische Streitkräfte am 16. November 1962 überraschend zwei gewaltige und militärisch bestens vorbereitete Großoffensiven und drangen Ort um Ort erobernd in die von Indien beanspruchten, jedoch umstrittenen Grenzgebiete ein. Zwei Tage später wandte sich Indien mit einem Hilferuf um Rüstungsgüter an die USA und Großbritannien. Jedoch schon am 20. November gab Peking seinen Beschluß bekannt, unilateral in allen Sektoren der umkämpften Grenzräume einen Waffenstillstand einzuhalten und seine Truppen auf die von ihm beanspruchten Linien wieder zurückzuziehen. Der indischen Regierung wurde von Peking zugleich eine neue militärische Offensive angedroht, sollte sie sich nicht an den von China unilateral verfügten Waffenstillstand halten.[21] Anschließend schlug der chinesische Ministerpräsident erneute Verhandlungen zwischen Indien und China vor. Nehru lehnte das ab und parierte mit dem Vorschlag, den Grenzkonflikt vor den Internationalen Gerichtshof in Den Haag zu bringen.

Der Indisch-Chinesische Grenzkrieg von 1962 bildete einen einschneidenden Wendepunkt nicht nur in den Beziehungen zwischen den beiden volkreichsten Staaten Asiens, sondern auch bezüglich der Rolle Indiens in der Weltpolitik. Indien ging aus dieser Krise mit dem Gefühl hervor, durch Chinas militärische Siege, durch die entsprechend offenbar gewordene Schwäche seiner Streitkräfte und durch Chinas einseitiges Diktat eines Waffenstillstandes zutiefst gedemütigt worden zu sein. Ein Gleiches galt der – von Peking mit Häme betonten – scheinbaren Preisgabe der doch so stark zu seiner Identität gehörenden Neutralität auf Grund seiner Hilferufe nach amerikanischer und britischer Unterstützung. Schmerzlich empfand Neu-Delhi auch Pekings Erfolge bei dessen demonstrativer Annäherung an Indiens Gegner Pakistan und an das zuvor zur indischen Einflußsphäre gerechnete Himalaja-Königreich Nepal. Auf den früheren Vorschlag des pakistanischen Präsidenten Ayub Khan einer gemeinsamen Verteidigung beider Staaten des Indischen Subkontinents soll Nehru arrogant geantwortet haben: »A common defence but against whom?« Indiens Gefühl fataler Isoliertheit vertiefte sich, als es nach dem Krieg zusätzlich feststellen mußte, daß nur wenige neutrale Staaten Asiens gewillt waren, sich hinsichtlich des Konflikts mit China eindeutig an die Seite Neu-Delhis zu stellen. So glich Nehrus Chinapolitik einem Scherbenhaufen. Die anfängliche Politik unkompensierter Vorleistungen, wie im Falle Tibets oder der indischen Befürwortung einer Zulassung Pekings zur UN, waren ebenso gescheitert wie die spätere Politik der von Drohungen begleiteten Haltung der Unnachgiebigkeit im Grenzkonflikt. Der chinesischen Großoffensive waren Weisungen Nehrus an die indische Armee vorangegangen, die chinesischen Vorposten aus den umstrittenen, von Indien beanspruchten Regionen zu vertreiben.[22]

China hatte im Grenzkrieg überlegene Macht, gepaart mit kluger Mäßigung und diplomatischem Geschick, an den Tag legen, seinen Gegner militärisch schlagen, psychologisch demütigen und diplomatisch teilweise isolieren können. Sein Sieg brachte ihm die militärisch fast unangreifbare Kontrolle aller geostrategisch bedeutenden Pässe und Positionen im Himalaja. Zugleich damit vermochte es auch seine großen und unruhigen Grenzländer Tibet und Sinkiang (Xijiang) effektiver denn je zuvor gegen mögliche Kontakte und Penetrationen von außen abzuschirmen. International hob sich Chinas Erfolg im Himalaja-Krieg unverkennbar vom Prestigeverlust der Sowjetunion während der Kuba-Krise des gleichen Jahres ab. Im Kanonendonner des erfolgreichen Krieges starb allerdings auch der von Indien führend gepflegte Mythos der afro-asiatischen Solidarität. Indien, dessen Stimme sich in der Ära seines bedeutendsten Staatsmannes Javaharlal Nehru einer in Ost und West stark beachteten Weltgeltung erfreute, hat seit dem Himalaja-Krieg und bis zur Jahrhundertwende ein vergleichbares Gewicht und Ansehen im Kreise der internationalen Staatengemeinschaft nie mehr erlangen können.

20. Kapitel

Die zweite Taiwan-Krise 1958 und ihr Nachspiel 1962

Vor der Krise

Einen wesentlichen Hintergrund der zweiten internationalen Krise in der Meeresstraße von Taiwan bildete die Wahrnehmung der politischen Führung in Peking von bedeutsamen globalen Machtverschiebungen zugunsten der Gruppe kommunistischer Staaten. So war Peking tief beeindruckt von der Tatsache, daß es der Sowjetunion im Oktober 1957 gelungen war, einen Erdsatelliten, genannt Sputnik, in den Weltraum zu schießen. Hinzu kamen die Erfolge der sowjetischen Mittelost-Politik im Irak, in Syrien und in Ägypten. Gelegentliche Spannungen zwischen den Hauptpartnern des Nordatlantikpaktes wurden gerne überschätzt. In Osteuropa war der Sowjetunion durch die Niederschlagung der ungarischen Volkserhebung und ihre Machtpolitik in Polen eine Wiederherstellung ihrer Hegemonie gelungen. Symptomatisch für die in Peking herrschende Hochstimmung war ein in der ideologischen Zeitschrift der Kommunistischen Partei Chinas *Hung Ch'i* zehn Tage vor Beginn der zweiten Taiwan-Krise erschienener Beitrag unter dem Titel: »Die Kräfte der Neuen Ära besiegen unweigerlich die verfaulenden Kräfte des Niedergangs«, in dem unter Berufung auf Maos These »Der Ostwind siegt über den Westwind« dargelegt wird, die Überlegenheit der Kräfte des Sozialismus über die des Imperialismus sei gegenwärtig »ganz augenscheinlich«. »Der Imperialismus ähnelt der im Westen untergehenden Sonne, aber der Sozialismus und die von ihm unterstützten nationalen Befreiungsbewegungen ähneln der im Osten aufgehenden Sonne.« Die gegenwärtige Verstärkung des Ostens bedeute einen »Wendepunkt der Geschichte«.[1] Andererseits beobachtete Peking mit Sorge Symptome, die auf eine von den USA geförderte Schaffung von »zwei Chinas« hindeuten konnten. In einem scharfen Protestschreiben an Avery Brundage, den Präsidenten des Internationalen Olympischen Komitees, vom 19.08.1950 erklärte Chinas führende Sportorganisation den Abbruch ihrer Beziehungen zum Internationalen Olympischen Komitee, weil dieses neben dem Olympischen Komitee der Volksrepublik China auch das auf Taiwan befindliche Nationalchinesische Olympische Komitee anerkannt hatte. Aus gleichen Gründen kündigte Peking den Rückzug seiner Delegationen aus der Internationalen Konferenz des Roten Kreuzes und aus dem Internationalen Fußballbund an. In einer Erklärung auf der 19. Konferenz des Internationalen Roten Kreuzes verwahrte sich die chinesische Delegation dagegen, daß die Mehrheit der Delegierten die Konstellation der Beziehungen zwischen China und Taiwan auf dieselbe Ebene mit anderen seit dem Zweiten Weltkrieg ungelöst gebliebenen Fragen wie z. B. die der Beziehungen zwischen West- und Ostdeutschland, Nord- und Südkorea sowie Nord- und Südvietnam gestellt hätten.[2] In einer außenpolitischen

Rede Chou En-lais (Zhou En-lais) erwähnte dieser im Ton der Sorge, daß auch Japans Ministerpräsident Kishi die beiden Parteien des chinesischen Bürgerkrieges als gleichrangig dargestellt habe.[3] Stark irritiert fühlte sich Peking ebenso durch ein an alle US-diplomatischen Vertretungen versandtes Memorandum des US-Außenministeriums vom 12.08.1958, in dem die Gründe für Amerikas Politik der diplomatischen Nichtanerkennung der Volksrepublik China ausführlich dargelegt wurden. Zu Beginn des Memorandums wird der Krieg Chinas in Korea erwähnt, der die USA Verluste in Höhe von 142.000 Mann gekostet habe. Verdeutlicht mit Zitaten Mao Tse-tungs und Liu Shao-chis (Liu Shao-qis) wurde Pekings Führung vorgeworfen, eine Politik weltweiter kommunistischer Expansion zu betreiben. Die Existenz des nationalchinesischen Regimes auf Taiwan verkörpere ein wesentliches Element des Widerstandes gegen diese Tendenz und würde gefährlich geschädigt werden, sollten die USA beschließen, Peking diplomatisch anzuerkennen. Eine solche Anerkennung würde auch die einflußreichen auslandschinesischen Bevölkerungselemente in Südostasien dazu drängen, sich politisch nach Peking hin zu orientieren. Eine diplomatische Anerkennung würde auch einen Schritt in Richtung auf die Aufnahme der Volksrepublik China in die Vereinten Nationen bedeuten. Doch Chinas Krieg gegen die Weltorganisation (in Korea) mache es schwer vorstellbar, daß China von seiner Mitgliedschaft und von seinem Vetorecht im Sicherheitsrat einen konstruktiven Gebrauch machen werde. Quantitativ bilde die diktatorisch herrschende Kommunistische Partei Chinas nur zwei Prozent und damit eine winzige Minderheit des chinesischen Volkes. Kritikern dieser Politik der USA müsse entgegengehalten werden, daß reguläre diplomatische Beziehungen nicht erforderlich seien, um Kontakte zu einer anderen Regierung herzustellen. Ein Schlüsselsatz in diesem Memorandum lautet: »Die Politik der Vereinigten Staaten hinsichtlich der (diplomatischen) Anerkennung des Kommunistischen China beruht auf einer sorgfältigen Einschätzung ihrer nationalen Interessen. Die Nichtanerkennung Pekings, verbunden mit der fortgesetzten Anerkennung und Unterstützung der Republik China (des nationalchinesischen Regimes auf Taiwan) fördert die Erreichung der politischen Ziele der Vereinigten Staaten im Fernen Osten. Eine Anerkennung Pekings würde eine Verwirklichung dieser Ziele ernsthaft hindern und die Erweiterung kommunistischer Macht in Asien fördern.« Allerdings heißt es zu Beginn des Memorandums, die Politik der diplomatischen Nichtanerkennung sei »nicht eine ›unbeugsame‹ Politik, die nicht geändert werden kann, um veränderten Umständen zu entsprechen«. Sollten sich die Konstellationen der internationalen Politik im Fernen Osten so ändern, daß sich als Folge die amerikanischen Bewertungen chinesischer Politik und amerikanischer Sicherheitsinteressen in der Region veränderten, so würden die Vereinigten Staaten »selbstverständlich ihre gegenwärtige Politik der neuen Lage anpassen«.[4] Am 30. Juni 1958 protestierte die chinesische Regierung zum dritten Mal gegen die von den USA unilateral veranlaßte Herabstufung der Ebene der amerikanisch-chinesischen Botschaftergespräche und verlangte ultimativ eine Wiederherstellung dieser Gespräche auf der gleichen Rangebene. Die USA ließen diese Frist bewußt verstreichen, gaben jedoch am 1. Juli 1958 bekannt, sie würden vermutlich den US-Botschafter in Polen zum neuen Gesprächspartner bei diesen Botschaftergesprächen bestimmen.[5]

Drei Wochen vor Beginn erneuter Kämpfe in der Straße von Taiwan fand ein anfänglich geheimgehaltener Besuch des sowjetischen Ministerpräsidenten Chruschtschow, unter anderem in Begleitung seines Verteidigungsministers Marschall Malinowski, in Peking statt. Das gemeinsame Kommuniqué betonte »... eine völlige Übereinstimmung über die Maßnahmen ..., die zum Kampf gegen die Aggression und zur Erhaltung des Friedens unternommen werden müssen«.[6] In seinen Memoiren berichtete Chruschtschow später, Peking habe im Jahre 1958 von der Sowjetunion beträchtliche Rüstungslieferungen angefordert. Die Begründung sei eine geplante Operation gegen das nationalchinesische Regime gewesen. In Entsprechung der Bitte Pekings seien der Volksrepublik von der Sowjetunion weitreichende Artillerie, Kampfflugzeuge und Luftwaffenberater zur Verfügung gestellt worden. Chruschtschow schrieb: »Wir waren alle für Mao Tse-tungs Plan, diese zwei (nationalchinesischen) Inselstützpunkte, die Chiang Kai-sheks Streitkräften als mögliche Ausgangspunkte von Angriffen gegen das Festland benützt werden konnten, zu erobern. Damals träumte Chiang von der Rückeroberung des Festlandes, und wir wurden informiert, daß ihn die Amerikaner ebenfalls in diese Richtung drängten. Wir hielten es für möglich, daß die Volksrepublik China jederzeit angegriffen werden könnte.«[7]

Der Kampf um die Inseln

Angesichts verbaler Drohungen und auch beobachteter Konzentrationen von Streitkräften der chinesischen Volksbefreiungsarmee in der Nähe der nationalchinesischen Küsteninseln ergriffen die USA wie auch die Chiang-Kai-shek-Regierung ab der ersten Augustwoche 1958 gezielte Vorsichtsmaßnahmen.[8] Eröffnet wurde die Krise durch eine Bombardement der Quemoy-(Kin Men-)Insel, in dessen Verlauf innerhalb weniger Stunden 41.000 Granaten auf die Insel abgeschossen wurden, das massivste Artilleriebombardement der chinesischen Militärgeschichte.[9] Gelegentlich durch Luftangriffe ergänzt, wurde das schwere Feuer tagelang fortgesetzt. Die von der Sowjetunion gelieferten schweren Geschütze der Küstenbatterien der Volksbefreiungsarmee waren in einem riesigen Halbkreis um die Inseln in einem Abstand von zwischen 4 und 12 Meilen vor ihren Zielen postiert und so stark verbunkert, daß ihnen das Gegenfeuer der nationalchinesischen Artillerie relativ wenig anhaben konnte. Der mit Versorgungsschiffen zu liefernde normale Nachschubbedarf der 80.000 Soldaten und 48.000 Zivilisten auf den Inseln belief sich auf 1000 Tonnen täglich. Da sich das kontinuierliche Artilleriebombardement auch konzentriert auf die Landungsstellen dieser Versorgungsschiffe richtete, erkannten amerikanische und nationalchinesische Kommandostellen sehr bald nach Beginn der Kämpfe die Gefahr einer fatalen Versorgungskrise der Garnison und Bevölkerung auf den Inseln als Folge des anhaltenden Sperrfeuers des Festlandsartillerie.[10] In einer tief besorgten Botschaft an US-Präsident Eisenhower vom 27.08.1958 drückte Chiang Kaishek die Befürchtung aus, der um die Quemoy-(Kin Men-)Inseln verhängte Feuervorhang aus Granaten und die zusätzlichen Aktionen der Pekinger Kriegsmarine und Luftwaffe könnten für Quemoy (Kin Men) zur tödlichen Gefahr werden. Chiang schlug Eisenhower daher vor, er möge im Sinne seiner Ermächtigung durch die *Taiwan Straits Resolution* vom Januar 1955 erklären, daß die Streitkräfte der Vereinigten Staaten bei einer Fortsetzung dieser Art von Blockade zur Verteidigung der belagerten Inseln eingreifen würden. Weiterhin solle die US-Marine für die Sicherheit der maritimen

Nachschubtransporte zwischen Taiwan und den Küsteninseln sorgen. Drittens empfahl Chiang dem US-Präsidenten, dem kommandierenden Offizier der amerikanischen Streitkräfte auf Taiwan die Vollmacht zur schnellen Entscheidung ohne Rückfrage in Washington zu erteilen, falls die Situation es notwendig machen sollte.[11]

Die politischen und militärischen Führungskräfte in Washington einschließlich des Präsidenten fühlten sich erneut durch die Tatsache irritiert, daß Chiang Kai-shek auf den Küsteninseln einen so großen Teil seiner besten Streitkräfte stationiert hatte, die nun der ständig steigenden Gefahr ausgesetzt waren, durch die Blockade des Gegners und einen daraus resultierenden Schwund an Proviant und Munition zur Kapitulation gezwungen zu werden.

Im Verlauf intensiver Beratungen der neuen Krisenkonstellation wurde auch der Einsatz kleinkalibriger Nuklearwaffen ernsthaft erwogen. Eisenhower drückte die Sorge aus, Chiang könne darauf abzielen, die USA zum Zweck der Erreichung seines Hauptzieles, der Wiedereroberung der chinesischen Festlandes, in einen Krieg mit China zu verwickeln. Zur Rettung der gefährdeten Inselgarnison schlug der Chef des US-Admiralstabes, Admiral Arleigh Burke, vor, US-Kriegsschiffe und Kampfflugzeuge sollten nationalchinesische Nachschubkonvois von Häfen Taiwans bis drei Seemeilen vor die Küsten der Quemoy-(Kin Men-)Inseln schützend eskortieren. Von da aus könnten kleinere, bewegliche amphibische Fahrzeuge die Fracht an Land bringen. Diese kleinen Fahrzeuge, die an fast allen Stränden landen konnten, waren nicht auf die hafenähnlichen Landestellen angewiesen, auf die sich das Sperrfeuer der Küstenbatterien der Pekinger Volksbefreiungsarmee konzentrierte.[12]

Das Fukien-(Fujian-)Frontkommando der Kommunistischen Streitkräfte betonte den Ernst der Lage in der letzten Augusttagen durch Rundfunkbotschaften an die Garnison auf den Quemoy-(Kin Men-)Inseln, in denen eine unmittelbar bevorstehende Landungsoffensive angedroht und die Garnison zur Kapitulation aufgefordert wurde. Es gebe ansonsten keinen Nachschub und keine Rettung. Wenige Tage später gab die Regierung in Peking bekannt, daß sie die Reichweite ihrer Hoheitsgewässer von 3 auf 13 Seemeilen erweitere.[13] Noch am Tag dieser Ankündigung aus Peking erließ US-Außenminister Dulles eine von Präsident Eisenhower ermächtigte Erklärung zur Krise in der Straße von Taiwan. Nach vorheriger Beschreibung des Krisenbeginns erinnerte Dulles an die Taiwan Straits Resolution von 1955 (Ermächtigung des US-Präsidenten, auch ohne vorherige Zustimmung des Kongresses Streitkräfte zum Schutz der Küsteninseln einzusetzen, wenn er der Meinung sei, Angriffe auf diese bildeten nur den Auftakt einer Generaloffensive gegen Taiwan selbst) und fügte ominös hinzu: »... wir haben erkannt, daß die Absicherung und der Schutz von Quemoy (Kin Men) und Matsu im wachsenden Maße mit der Verteidigung Taiwans zusammenhängen.« Die im Raum Taiwan befindlichen US-Streitkräfte seien angewiesen, bei entsprechender Weisung des Präsidenten in Aktion zu treten.[14] Zwei Tage später, am 6. September, antwortete Ministerpräsident Chou En-lai (Zhou En-lai) mit einer Gegenerklärung. Taiwan hätte längst von Pekings Streitkräften »befreit« sein können, hätten sich die USA an ihren Beschluß vom Januar 1950 gehalten, sich im chinesischen Bürgerkrieg nicht mehr einzumischen. Washington habe jedoch entgegen seiner eignen Aussage gehandelt und die gegenwärtigen Komplikationen verschuldet. Die in Frage stehenden Küsteninseln seien von Chiang Kai-sheks Streitkräften zu militärischen Provokationen des Festlandes verwendet worden. Trotz aller Ärgernisse hätte sich China bereit erklärt, mit den USA zu verhandeln, und dies sei geschehen. Obwohl die USA in diesem Zusammenhang unnötige Schwierigkeiten bereitet hätten, sei Peking jetzt dazu bereit, die Botschaftergespräche mit den USA wiederaufzunehmen. Ausdrücklich warnte Chou jedoch, diese Tatsache an sich beseitige nicht die bestehende Kriegsgefahr in der Straße von Taiwan. Auch weise er darauf hin, daß es sich beim Disput zwischen Washington und Peking bezüglich der Meeresstraße von Taiwan um eine Angelegenheit handle, die aber nicht mit Chinas interner Angelegenheit »einer Befreiung seines eigenen Territoriums« (Taiwans) identisch sei. Obwohl die USA versuchten, diese beiden Problembereiche miteinander zu vermengen, müßten sie streng voneinander getrennt werden.[15]

Moskaus Intervention und Pekings Rückzug

Nur einen Tag später und gleichsam im Windschatten der von Chou En-lai (Zhou Enlai) signalisierten Gesprächsbereitschaft meldete sich der sowjetische Ministerpräsident Nikita Chruschtschow mit einem Brief an Präsident Eisenhower zu Wort. Darin bezichtigte er die USA, den Konflikt um Taiwan hervorgerufen und eine UN-Vertretung Chinas durch die Regierung in Peking verhindert zu haben. Die Maßnahmen der Volksrepublik China zur Befreiung der Küsteninseln seien völlig legitim. Der sowjetische Regierungschef warnte dann wörtlich: »Ein Angriff auf die Chinesische Volksrepublik, die ein großer Freund, Verbündeter und Nachbar unseres Landes ist, ist zugleich ein Angriff auf die Sowjetunion.« Ihrer Pflicht entsprechend würde die Sowjetunion alles tun, um zusammen mit der Volksrepublik China die Sicherheit beider Staaten im Interesse des Friedens im Fernen Osten zu verteidigen. Zwar sei es eine Angelegenheit der USA, ob sie die Regierung in Peking diplomatisch anerkenne oder nicht. Außer Frage jedoch stehe Taiwans Zugehörigkeit zu China und damit die Legalität der chinesischen Maßnahmen im Sinne des in der Satzung der Vereinten Nationen festgeschriebenen Selbstverteidigungsrechtes der Staaten.[16]

Am 7. September 1958, also terminlich gleichzeitig mit Chruschtschows Drohungsbrief, erfolgte der erste von Taiwan zu den Küsteninseln entsandte Geleitzug von Versorgungsschiffen unter dem Begleitschutz von See- und Luftstreitkräften der VII. amerikanischen Flotte. Am Tag zuvor hatte das Weiße Haus in einer besonderen Erklärung Chou En-lais (Zhou En-lais) Angebot zur Fortsetzung der Botschaftergespräche zwischen Washington und Peking ausdrücklich und fast herzlich begrüßt. In amerikanischer Sicht erschien eine Durchbrechung der Versorgungskrise auf den Küsteninseln auch deshalb erforderlich, weil Chiang Kai-shek gedroht hatte, könne die Versorgungskrise nicht bewältigt werden, so bleibe ihm nur der Ausweg eines Großangriffs von den Küsteninseln aus auf die Artilleriestellungen der Kommunisten, eine Maßnahme, die Washington – wenn irgend möglich – zu vermeiden wünschte. Denn in einem solchen Fall wurde eine Eskalation des zuvor auf die Küsteninseln beschränkten Konflikts zu einem Krieg mit China für wahrscheinlich gehalten.[17] Doch nach anfänglichen Fehlschlägen bewährte sich die von Admiral Burke vorgeschlagene Methode der Geleitzug-Versorgung trotz der Fortdauer des Atillerie-Sperrfeuers gegen die Inseln. Militärisch bedeutsam war nicht nur die so bewirkte Verhinderung einer Versorgungskrise für die Garnisonen der Küsteninseln, sondern auch die Demonstration der Überlegenheit der nationalchinesischen Luftwaffe, die in Luftkämpfen gegen Pekings Luftwaffe im Zeitraum zwischen dem 14. August und dem 24. September eine Abschußratio von 29 zu nur 2 erzielte. Die durchschnittliche Flugerfahrung nationalchinesischer Piloten betrug 1000 Stunden, die ihrer Gegner nur 300. Während der Zweiten Taiwan-Krise lieferten die USA an Taiwan nicht nur 26 neue F-100-Super-Kampfflugzeuge, sondern auch die im Luftkampf verwendbaren neuartigen Sidewinder-Raketen. Mit doppelter Schallgeschwindigkeit fliegend, orientieren sie sich an den Auspuffgasen gegnerischer Kampfflugzeuge, bis sie auf diese auftreffen und sie zerstören.[18]

Während sich die Versorgungslage der belagerten Inselgarnisonen wesentlich verbesserte, wurde am 6. Oktober 1958 in chinesischer und englischer Sprache eine Botschaft des Verteidigungsministers der Volksrepublik China Marschall Peng Te-huai (Peng Dehuai) an die »Landsleute in Taiwan« ausgestrahlt. Es hieß darin, »humanitäre Erwägungen« hätten ihn dazu veranlaßt, das Artilleriebombardement sieben Tage lang auszusetzen. Innerhalb dieser Zeit stehe es den nationalchinesischen Gegnern frei, sich mit Nachschubgütern zu versorgen, allerdings unter der einen Bedingung, daß die Nachschubkonvois ohne schützende Eskorte der US-Kriegsmarine fahren.[19] Obwohl Chiang Kai-shek davor warnte, die USA sollten sich die Fortsetzung oder Nichtfortsetzung der Eskortierung der Vorsorgungsschiffe nicht von Peking diktieren lassen, und er diesbezüglich vom US-Botschafter in Taipei unterstützt wurde, veranlaßte der Chef des US-Admiralstabes eine Einstellung der amerikanischen Eskorten, solange die kommunistischen Streitkräfte ihre Feindseligkeiten gegen diese nicht wiederaufnähmen.[20]

Einen Tag vor dieser Botschaft von Marschall Peng Te-huai (Peng Dehuai) veröffentlichte die sowjetische Parteizeitung *Prawda* am 6. Oktober 1958 den Text eines von Chruschtschow gegebenen Interviews mit der Nachrichten-Agentur TASS, in dem er auch zur Taiwan-Frage Stellung nahm. Zur Frage nach der konkreten Bündnisverpflichtung der Sowjetunion China gegenüber in der Taiwan-Krise, ob die Sowjetunion »bereit ist, sich am chinesischen Bürgerkrieg zu beteiligen«, sagte der sowjetische Ministerpräsident: »Nein, wir haben etwas anderes gesagt, und wir sagen etwas ganz anderes: Die UdSSR wird der VRCh (nur) dann zur Hilfe kommen, wenn sie von außen angegriffen wird; konkret gesagt, wenn die Vereinigten Staaten die VRCh angreifen. ... Aber wir haben nicht gemeint und wir beabsichtigen auch nicht, in einen Bürgerkrieg einzugreifen, den das chinesische Volk gegen die Chiang-Kai-shek-Clique führt. ... Die Absicht (Pekings), die beiden Inseln Quemoy (Kin Men) und Matsu zurückzubekommen und Taiwan und die Pescadoren zu befreien, ist eine innere Angelegenheit des chinesischen Volks.«

Nachdem bekanntgeworden war, daß die USA den nationalchinesischen Streitkräften Geschütze zur Verfügung gestellt hatten, die kleinkalibrige nukleare Gefechtsfeldwaffen verschießen konnten, verlängerte Peking am 13. Oktober seine Feuerpause in der Straße von Taiwan für zwei weitere Wochen und begann ab dem 25. Oktober, die Küsteninseln routinemäßig jeweils an jedem zweiten Tag zu beschießen.[21] Die diesbezügliche Ankündigung bildete einen Teil einer neuerlichen Botschaft von Marschall Peng Te-huai (Peng Dehuai) an die »Landsleute in Taiwan«. Es hieß darin: »Jetzt ist die Zeit gekommen, Freunde in Feinde zu verwandeln.« An geraden Tagen des Monats könnten Schiffe und

Flugzeuge unbehindert von Taiwan zu den Küsteninseln und wieder zurückfahren. An ungeraden Tagen werde das Artilleriefeuer fortgesetzt. Marschall Peng warnte die Landsleute auf Taiwan, und wie er wörtlich formulierte »Freunde der Kuomintang«, daß die USA Taiwan nur als Instrument ihrer Politik betrachteten und seine Bedeutung im Rahmen ihrer kürzlichen Verhandlungen mit Taipei herabgestuft hätten. Natürlich erteile Peking Taiwan nicht den Rat, seine Beziehungen zu den USA sofort abzubrechen. Das wäre unrealistisch. Aber sie sollten sich nicht durch amerikanischen Druck satellisieren lassen.[22] Peking hielt sich an diese angekündigte Regelung, und das Bombardement reduzierte sich bald auf nur wenige an ungeraden Tagen des Monats auf die Küsteninseln gleichsam rituell abgeschossene Granaten.

Dem Aufruf Marschall Pengs an seine »Landsleute« auf Taiwan waren tatsächlich außergewöhnlich harte Verhandlungen zwischen US-Außenminister Dulles und Chiang Kai-shek vorausgegangen. Denn die zweite die USA mit involvierende Krise in der Straße von Taiwan mitsamt der veränderten Weltlage hatten Washington dazu veranlaßt, von seinen nationalchinesischen Verbündeten eine neue Einstellung zur Problematik der geteilten China zu fordern. Dulles begann seine Gespräche mit Chiang Kai-shek mit dem sehr direkten Hinweis, die internationale Stellung des nationalchinesischen Regimes sei politisch dadurch gefährdet, daß in vielen Staaten der freien Welt der Eindruck entstanden sei, daß die Beziehungen zwischen Taiwan und Peking den Frieden gefährdeten und daß das nationalchinesische Regime versuche, die USA offensiv in den Konflikt mit Peking zu verwickeln, weil es darin die einzige Möglichkeit erblicke, eine Rückkehr auf das chinesische Festland zu bewerkstelligen. In den drei anderen geteilten Ländern sei es in Korea und Indochina gelungen, bilaterale Waffenstillstandsabkommen auszuhandeln, und im Falle Deutschlands habe die Bundesrepublik unilateral auf eine Wiedervereinigung mit Mitteln der Gewalt verzichtet. Nur im Fall des chinesischen Bürgerkrieges bestehe kein Waffenstillstand. Angesichts der genannten Perzeptionen solle das nationalchinesische Regime eine Haltung einnehmen, die von allen Staaten der freien Welt begrüßt und unterstützt werden könne. Praktisch gesprochen, seien dazu folgende Maßnahmen erforderlich:

1. Obwohl de jure kein Waffenstillstand bestehe, müsse sich Nationalchina de facto so verhalten, als bestünde ein solcher. 2. Chiang Kai-sheks Regime dürfe nicht von sich aus einen Versuch zur gewaltsamen Rückkehr auf das chinesische Festland initiieren. 3. Peking provozierende Aktionen wie Stoßtruppenunternehmungen oder das Überfliegen von Territorien der Volksrepublik China müßten künftig unterbleiben. 4. Die umstrittenen Küsteninseln müßten rein defensive Funktionen erhalten und dürften daher nicht aktiv zur Führung des Bürgerkrieges oder zur Blockade von festlandchinesischen Häfen verwendet werden. 5. Art und Umfang der nationalchinesischen Streitkräfte auf den Küsteninseln müßten kritisch überprüft werden. 6. Politisch müsse die Rolle Taiwans als Hort wahrer chinesischer Kultur betont und vertieft werden. Taiwan müsse sich als Realität und Möglichkeit eines »anderen China« erhalten und sich dadurch auch die Loyalität der Überseechinesen und die Sympathien freier Völker erhalten.[23]

Der an den Gesprächen beteiligte Außenminister Huang Shao-ku hielt dem entgegen, die Vorschläge von Dulles erschütterten beinahe die bisherigen Grundlagen der Existenz des nationalchinesischen Regimes, könne man sie doch als Bekenntnis seiner Regierung zu der bisher abgelehnten Konzeption einer »Zwei-China«-Konstellation interpretieren. Das aber werde die Hoffnungen der Chinesen auf dem Festland und der Auslandschinesen enttäuschen, die auf eine Befreiung von kommunistischer Herrschaft hofften. Es müsse der Eindruck vermieden werden, daß sich seine Regierung mit dem Status quo der Teilung Chinas zufriedengebe. Chiang Kai-shek wies darauf hin, daß die von Dulles verlangte temporäre Akzeptanz des Status quo in Gegensatz zur Lage in Indochina und in Korea nur unilateral gefordert werde. Obwohl Chiang Kai-shek argumentierte, wenn die Küsteninseln verlorengingen, sei Taiwan auf Dauer nicht mehr zu halten, betonte Dulles seine Meinung, niemand könne auf Dauer die Verteidigung einer Insel in der strategischen ungünstigen Lage von Quemoy (Kin Men) garantieren. In seinen internen, an die Regierung in Washington gerichteten Berichten über seine schwierigen Verhandlungen mit Chiang Kai-shek berichtete Dulles, es habe Chiang große Überwindung und auch Schwierigkeiten mit seinen eigenen Anhängern gekostet, die amerikanischen Forderungen zu akzeptieren. Besonders beeindruckt habe Chiang ein erneuter Hinweis von Dulles auf die Erklärung des Bundeskanzlers Adenauer, Westdeutschland verzichte auf eine gewaltsame Form der deutschen Wiedervereinigung.[24]

Ergebnisse der zweiten Krise in der Straße von Taiwan

Als Resultat der mehrtägigen mühsamen Verhandlungen zwischen Dulles und Chiang Kai-shek entstand ein am 23. Oktober 1958 unterzeichnetes und veröffentlichtes gemeinsames Kommuniqué, das einerseits den defensiven Charakter des Bündnisses zwischen Washington und Taipei und andererseits den Willen der beiden Regierungen hervorhob, Taiwan zu verteidigen und die politische Rolle der USA im Westpazifik gegen die Widerstände Moskaus und Pekings zu erhalten. Die nationalchinesische Regierung betonte, daß es ihre »geheiligte Mission« sei, die Freiheit des Volkes in Festlandchina wiederherzustellen. Doch das Mittel hierzu sei »nicht die Anwendung von Gewalt«, sondern die Verwirklichung der Weltanschauung Sun Yat-sens in der Praxis.[25] Wie Chiang Kai-sheks damaliger Vizeaußenminister Chow Shu-kai dem Verfasser mitteilte, hatte Dulles diese Lösung nur unter stärkster Druckausübung auf Chiang Kai-shek und seine Berater »durchpeitschen« (»railroad«) können. Mit deutlicher Ironie behauptete Pekings Marschall Peng Te-huai (Peng Dehuai) in seinem erwähnten Aufruf vom 25. Oktober, die Taiwan von den USA aufgezwungene neue Haltung bedeute, daß es nur noch als »Freies China« für sich selbst und vielleicht noch für einige Überseechinesen, jedoch nicht für das ganze chinesische Volk sprechen könne. Auch Pekings führende Parteizeitung *Renmin Ribao* behauptete, die USA hätten im Interesse ihrer Politik einer Trennung Taiwans von China die Absichten und Haltungen der Chiang Kai-shek-Regierung einfach übergangen.[26] Allerdings wurde der Regierung in Taipei, vertreten durch ihren Botschafter in Washington, in einem Gespräch mit dem US-Vize-Außenminister für den Fernen Osten, Walter Robertson, sowie dem Direktor der China-Abteilung im US-Außenministerium, Edwin W. Martin, zugesichert, daß die USA im Fall einer Revolution gegen die Kommunisten in China und einer entsprechenden Aufforderung gegen eine Rückkehr des Regimes auf das chinesische Festland nichts einzuwenden hätten.[27]

Für die Hauptakteure der Zweiten Krise in der Straße von Taiwan ergaben sich folgende Ergebnisse:

1. Trotz ihres gewaltigen Materialeinsatzes war der Volksrepublik China im Aktionsbereich des Militärischen die anfangs beinahe erfolgreiche Ausschaltung der nationalchinesischen Garnison auf Quemoy (Kin Men) durch Vernichtung der Nachschubmöglichkeiten nicht gelungen. Die Eskortierung der von Taiwan auslaufenden Schiffe mit Versorgungsgütern durch die US-Kriegsmarine hatte klargestellt, daß das militärische Ziel ohne einen Krieg mit den USA – und vielleicht nicht einmal dann – nicht erreichbar war. Die primär auf den Raum der Küsteninseln beschränkte Offensive hatte zusätzlich zu schmerzlichen und peinlichen Verlusten für die Luftstreitkräfte der Volksrepublik China geführt. Indizien weisen darauf hin, daß die Volksbefreiungsarmee keine amphibische Landung auf den stark befestigten Inseln beabsichtigt, sondern offensichtlich gehofft hatte, die Kapitulation der gegnerischen Garnison allein durch Unterbindung jeglichen Nachschubs erzwingen zu können. War es der Zweck Pekings gewesen, die Solidität des Bündnisses zwischen Washington und Taipei auf die Probe zu stellen, so hatte der Verlauf der Krise gezeigt, daß die Bündnispartnerschaft trotz wachsender internationaler Kritik der amerikanischen Politik gegenüber der Problematik der Küsteninseln weitgehend intakt geblieben war. Die Zurückhaltung Moskaus, das seine Unterstützung nur für den sehr unwahrscheinlichen Fall einer amerikanischen Offensive gegen die Volksrepublik China selbst zugesagt hatte, muß für Peking eine Enttäuschung gewesen sein und wurde während des späteren Konflikts zwischen Peking und Moskau auch entsprechend artikuliert. Die für Peking unerfreuliche physische und symbolische Präsenz des nationalchinesischen Bürgerkriegsgegners unmittelbar vor zwei der wichtigsten Häfen an der Ostküste Chinas blieb zwar erhalten, doch der geschilderte Druck aus Washington veranlaßte die nationalchinesische Regierung dazu, ihre Blockadepolitik in der Straße von Taiwan permanent einzustellen.

2. Die Vereinigten Staaten hatten, wenn auch am Rande der Kriegsgefahr, eine Kapitulation ihres nationalchinesischen Verbündeten verhindern können. Aus Quemoy (Kin Men) wurde kein zweites »Dien Bien Phu«. Trotz intensivster Überredung gelang es Washington nicht, Chiang Kai-shek zu einer wesentlichen Reduzierung seiner unverhältnismäßig starken Streitkräfte auf den Küsteninseln zu veranlassen. Nur unter großem Aufwand war es Dulles aber geglückt, das nationalchinesische Regime zu einer Einschränkung von Verhaltensweisen zu veranlassen, die in der Straße von Taiwan erneut Krisen oder Spannungen hervorrufen konnten. Das »Traumziel« damaliger amerikanischer China-Politik, nämlich einen international abgesicherten Waffenstillstandsvertrag in der Straße von Taiwan herbeizuführen, konnte trotz der Wiederaufnahme der amerikanisch-chinesischen Botschaftergespräche nicht realisiert werden. Doch hatte Dulles, wenn auch mit äußerster Mühe, etwas Ähnliches wie eine unilaterale und noch bedingte Gewaltverzichtserklärung von seiten der nationalchinesischen Regierung durchsetzen können. Washington hatte unmißverständlich klargemacht, daß etwaige Versuche zur bewaffneten Wiedereroberung des chinesischen Festlandes seitens der USA keine Unterstützung finden würden. Diese Weigerung galt jedoch nicht für den Fall einer effektiven Volkserhebung in Festlandchina gegen das kommunistische Regime. In die Zukunft blickend hatte Dulles intern mehrfach die Erwartung geäußert, daß der Alterungsprozeß der damals dominierenden Herrschaftsschicht der Festländer auf Tai-

wan diese durch einheimische taiwanesische Kräfte ersetzen würde, wonach dann die Bevölkerung Taiwans an der Anerkennung ihrer Insel als »separaten Staat« interessiert sein könnte.[28]

3. Das nationalchinesische Regime konnte mit Genugtuung auf die Tatsache zurückblicken, daß es ihm mit amerikanischer Unterstützung gelungen war, die umkämpften Inselpositionen diesmal ohne Territorialverlust zu behaupten. Seine militärische Kooperation mit den USA hatte sich bewährt und ihm im Bereich der Luftkriegführung beachtliche Erfolge beschert. Sein intensiv unternommener Versuch, die USA definitiv zur Verteidigung der Küsteninseln zu verpflichten, war hingegen gescheitert. Doch hatte es mit der Hilfe Washingtons seine Position in den Vereinten Nationen als Alleinvertretung Gesamtchinas aufrechterhalten können. Das Unbehagen, das viele Staaten angesichts dieser Situation und der potentiell explosiv bleibenden Problematik der Küsteninseln empfanden, war Taipei jedoch nicht verborgen geblieben. Auch irritierte Chiang Kai-shek und seine Regierung die Art und Weise, in der seitens der US-Regierung und anderer Kreise der amerikanischen Politik immer wieder der Verdacht geäußert wurde, Taipei wolle absichtlich die USA in einen Krieg mit der Volksrepublik China manövrieren. Auch die in der gemeinsamen Erklärung von Dulles und Chiang Kai-shek verabredete »Fesselung« nationalchinesischer Offensivmaßnahmen gegen die Volksrepublik China war mit Groll zur Kenntnis genommen und akzeptiert worden.

Chiang Kai-sheks Kriegsplan vom Jahr 1962

Die Zweite Taiwan-Krise von 1958 sollte noch ein Nachspiel haben. Mao Tse-tungs Experimente mit der agrarischen Volkskommune, mit dem sogenannten Großen Sprung nach vorn in der Wirtschaftspolitik und regionale Naturkatastrophen hatten in China zu den sogenannten Drei bitteren Jahren geführt, in deren Verlauf Millionen Menschen verhungert waren. Gegen 100.000 Chinesen versuchten damals, der wachsenden Not durch Flucht nach Hong Kong zu entkommen. Auf internationaler Ebene wurden tiefreichende Zerwürfnisse zwischen Moskau und Peking klar erkennbar.

Unter Berücksichtigung dieser Umstände wie auch des Alterungsprozesses der vom Festland herstammenden Teile seiner Streitkräfte gelangte der damals 75jährige Chiang Kai-shek zu der Schlußfolgerung, »jetzt oder nie« bestehe eine historische Chance, das kommunistische Herrschaftssystem in Kontinentalchina durch eine Kombination eines von außen kommenden nationalchinesischen Angriffs in Verbindung mit durch diesen ausgelösten Aufständen in China selbst zu stürzen. Während eines Gespräches mit US-Botschafter Admiral Alan G. Kirk Anfang September 1962 entwarf Chiang Kai-shek ein Kampfszenario, in dessen Ablauf zwei chinesische Städte auf dem Festland von nationalchinesischen Luftlandetruppen eingenommen würden. Geschähe das, so werde die Bevölkerung den Mut und Anlaß finden, gegen die kommunistische Herrschaft zu rebellieren. Auf Chiangs Frage, wie sich die USA in diesem Fall verhalten würden, antwortete Kirk zurückhaltend. Ärgerlich geworden, entgegnete der nationalchinesische Präsident, es sei bedenklich, daß die amerikanische Regierung den chinesischen Kommunisten öffentlich Zusicherungen gegeben habe, sie werde eine nationalchinesische Offensive gegen die Volksrepublik nicht unterstützen. Botschafter Kirk hielt dem entgegen, die Haltung der USA beruhe auf ihrem Vertrag mit Taiwan aus dem Jahr 1954, dem zufolge derartige Aktionen nur einvernehmlich begonnen werden könnten. In seiner Erwiderung behauptete Chiang Kai-shek, eine strenge Auslegung dieses Vertrages ermögliche den chinesischen Kommunisten die Fortsetzung ihrer Herrschaft, weil das nationalchinesische Regime »an Händen und Füßen gebunden« und damit verhindert sei, der Bevölkerung des Festlandes zu Hilfe zu kommen. So gesehen begünstige der Vertrag den Feind und nicht den Alliierten. Er wolle nun wissen, ob die USA an dieser Interpretation permanent festhalten wollten. Eine Änderung könne in Gestalt einer US-Erklärung erfolgen, die feststelle, die Frage der Rückkehr des nationalchinesischen Regimes auf das Festland sei eine »interne chinesische Angelegenheit«. Bisher habe die US-Regierung das verhindert. Angesichts einer Änderung der Verhältnisse sollte auch der Vertrag geändert werden können.[29]

In seinem Bericht an Präsident John F. Kennedy warf Kirk die Frage auf, ob Taiwan für die USA überhaupt noch von vitalem Interesse sei. Chiang Kai-shek versuche, der vertraglichen Verpflichtung zu entkommen, keine Offensivoperationen ohne amerikanische Zustimmung zu unternehmen. So wie er hätten auch der nationalchinesische Verteidigungsminister und der ältere Sohn Präsident Chiangs die Meinung vertreten, eine Landung nationalchinesischer Streitkräfte werde in Kontinentalchina eine Massenerhebung der Bevölkerung gegen Peking auslösen, doch bereits die Landung auf dem Festland sei problematisch. Er, Kirk sei an der Landung der Westalliierten in der Normandie 1944 beteiligt gewesen und erinnere sich, daß die Alliierten dabei den unschätzbaren Vorteil vollkommener Luftherrschaft gehabt hätten. Auf der anderen Seite sei die französische Résistance erkennbar, organisiert und hilfreich gewesen. Beide diese Voraussetzungen träfen aber für den chinesischen Raum nicht zu.[30] In einem an Chiang Kai-shek gerichteten Schreiben von Präsident Kennedy vom 11. April 1963 wurde höflich, aber deutlich dargelegt, daß eine Trennung der Verantwortung der USA von nationalchinesischen Kampfmaßnahmen gegen die Volksrepublik China angesichts der historischen und vertraglichen Verbindung zwischen beiden Regierungen nicht möglich sei. Der entscheidende Satz in Kennedys Brief lautet: »Angesichts unserer gegenwärtigen Einschätzung der Lage können wir keiner militärischen Aktion gegen das chinesische Festland zustimmen.«[31] In einem vier Tage später geführten Gespräch des US-Vizeaußenministers U. Alexis Johnson mit General Wang Shu-ming, der während der zweiten Taiwan-Krise Chiang Kai-sheks Generalstabschef gewesen war, betonte dieser das auf seiten der Führung in Taiwan gegebene Gefühl wachsender Frustration und der auf dieses Jahr gemünzten Empfindung »dieses Jahr oder nie« – ohne Rücksicht auf die damit verbundenen Risiken einer Invasion des Festlandes. Indirekt aber habe Wang mit ihm (Johnson) darin übereingestimmt, daß ein solcher Versuch zu einer Katastrophe führen würde.[32] Von entscheidender Bedeutung für die Kontroverse zwischen Taipei und Washington war auch ein Gespräch zwischen Chiang Kai-sheks ältestem Sohn Chiang Ching-kuo, dem späteren Präsidenten von Taiwan, und US-Präsident Kennedy am 11. September 1963. Dabei der trug der jüngere Chiang die Idee seines Vaters vor, eine oder zwei Provinzen südlich des Jangtse-Flusses durch Invasion zu erobern, wenn die Zeit dazu reif sei. Pekings Regime müsse ständig durch Kommandounternehmungen aus Taiwan beunruhigt werden. Auf Kennedys Frage, wieviele solche Stoßtruppunternehmungen durchgeführt worden seien, entgegnete Chiang, 28 seit Oktober 1962 mit einer Verlustrate von 50 Prozent. Präsident Kennedy erinnerte an den nur zwei Jahre zurückliegenden, für die USA höchst peinlichen Invasionsversuch in der Schweinebucht in Kuba, der auf Grund ungenügender Information über die Zustände in Kuba selbst und auf Grund viel zu optimistischer Annahmen eklatant gescheitert sei. Er habe das Gefühl, die Resultate der geheimdienstlichen Aufklärung des nationalchinesischen Regimes seien zu dürftig, um konkrete Pläne hierauf aufbauen zu können. Erforderlich sei Realismus und Kaltblütigkeit bei Einschätzungen der wirklichen Lage. Wörtlich sagte Kennedy, »die Vereinigten Staaten können es sich nicht leisten, in scheiternde Operationen verwickelt zu werden. Wenn vier bis sechs Divisionen an der festlandchinesischen Küste gelandet und dort besiegt werden, wäre diese ein global spürbarer Rückschlag für die Sache der Freiheit.« Kennedy empfahl Taipei, eine bessere Aufklärungsarbeit zu erwirken, um genauere Informationen über die Zustände auf dem chinesischen Festland zu erhalten. Zur Erreichung dieser Ziele seien die USA bereit, eng mit nationalchinesischen Regierungsstellen zusammenzuarbeiten.[33] General Liu An-chi, der ab 1961 Oberkommandierender der nationalchinesischen Armee war, berichtete dem Verfasser 1980, Chiang Kai-shek habe ihm 1962 den Befehl erteilt, eine von Quemoy (Kin Men) aus in die gegenüberliegende festlandschinesische Provinz Fukien (Fujian) führende Offensive vorzubereiten. Hätte der Vorstoß ins Landesinnere eine Volkserhebung gegen die Pekinger Regierung auslösen können, so hätte die Offensive fortgesetzt werden sollen. Wäre aber dieses an sich erwartete Resultat nicht eingetreten, so hätte er den Befehl gehabt, sich wieder nach Quemoy (Kin Men) zurückzuziehen. Der jüngere Sohn Chiang Kai-sheks, General Chiang Weikuo, erzählte dem Verfasser, das amerikanische Garnisonskommando auf Taiwan habe nach dem Erhalt von Informationen über die Vorbereitung einer nationalchinesischen Invasion in der Volksrepublik China sofort den Nachschub bestimmter unerläßlicher Treibstoffe für die nationalchinesische Luftwaffe gesperrt. Die Durchführung der im großen Stil geplanten Offensivaktionen scheiterten am beharrlichen Widerspruch der USA, die sich weigerten, den Verteidigungsvertrag zwischen Washington und Taipei, so wie von Chiang Kai-shek gewünscht, dahingehend zu interpretieren, daß von Taiwan ausgehende größere Kampfhandlungen gegen die Volksrepublik China als interne Angelegenheit zwischen den Kontrahenten des chinesischen Bürgerkrieges zu verstehen seien.

21. KAPITEL

TURBULENZEN UM BÜNDNISPOLITIK ODER NEUTRALISMUS IN JAPAN

Die schwersten, fast bürgerkriegsähnlichen Turbulenzen, die Japans Gesellschaft in der zweiten Hälfte des 20. Jahrhunderts erschütterten, bezogen sich auf die leidenschaftlich umstrittene Erneuerung des japanischen Sicherheitsvertrages mit den USA. Weiten Kreisen der japanischen Politik und Gesellschaft war die Tatsache bewußt, daß der Sicherheitsvertrag zwischen Tokio und Washington vom Jahr 1951 das Quidproquo für Japans Erhalt eines versöhnlichen Friedensvertrags gewesen war und daß das sehr einseitig zugunsten der USA gestaltete Abkommen den Amerikanern weitgehende Rechte einräumte, sie zugleich aber nicht explizit zur Verteidigung Japans verpflichtet. Zudem konnte dieser Vertrag nur im beiderseitigen Einverständnis gekündigt werden. Die fortgesetzte Präsenz größerer amerikanischen Truppenverbände in Japan hatte zudem zu einer Reihe von Irritationen geführt, die in manchen Fällen von den Linksparteien und der Presse wirksam aufgebauscht werden konnten.

Um Japans gewachsene Souveränität auch vertraglich zu untermauern, hatten der seit Juni 1958 amtierende japanische Ministerpräsident Kishi Nobusuke wie auch sein Außenminister Fujiyama im Sommer 1958 von Washington Verhandlungen über einen neuen gegenseitigen Sicherheitspakt verlangt. Eine Revision des Vertrages war nicht nur eine Forderung oppositioneller Kräfte, sondern wurde durchaus auch von der regierenden Liberaldemokratischen Partei gefordert. Der aus mehrmonatigen Verhandlungen hervorgehende »Vertrag über Gegenseitige Kooperation und Sicherheit« wurde von Ministerpräsident Kishi und US-Präsident Eisenhower am 19. Januar 1960 in Washington unterzeichnet. Seine Präambel sowie sein Artikel 1 beziehen sich auf Normen und Prinzipien der UN-Satzung einschließlich des natürlichen Rechts zur individuellen oder kollektiven Selbstverteidigung. In Artikel 3 verpflichteten sich beiden Seiten, einzeln und gemeinsam ihre Fähigkeiten zum Widerstand gegen bewaffnete Aggression im Rahmen ihrer verfassungsmäßigen Regeln zu erhalten und fortzuentwickeln. Beiderseitige Konsultationen »wann immer die Sicherheit Japans oder des internationalen Friedens im Fernen Osten gefährdet sind« sind in Artikel 4 vereinbart. Artikel 5 begrenzt die beiderseitige Bündnisverpflichtung auf Akte der Aggression gegen einen der Bündnispartner in den unter der Verwaltung Japans stehenden Territorien. Damit waren die noch unter amerikanischer Verwaltung stehenden, wenngleich residuell zu Japan gehörenden Ryu-Kyu-Inseln aus dem Geltungsbereich des Vertrages ausgeschlossen, was den Interessen der japanischen Regierung entgegenkam. Den USA wird in Artikel 6 das Recht zur Stationierung von Land-, Luft- und Seestreitkräften in Japan eingeräumt, wobei Natur und Rechtslage dieser Stationierungen in einem gesonderten Verwaltungsabkommen zu regeln seien. Mit der beiderseitigen Ratifizierung des Vertrages sollte der Vorgängervertrag von 1951 außer Kraft gesetzt werden. Nach einer Laufzeit von 10 Jahren wird in Artikel 10 beiden Vertragspartnern das Recht zugesprochen, den Vertrag mit einjähriger Wirkung unilateral aufzukündigen.[1] Von großer Bedeutung war ein mit dem Vertrag Hand in Hand gehender Notenaustausch, in dem die USA dazu verpflichtet wurden, die japanische Regierung zu konsultieren, bevor Stützpunkte und Militäreinheiten der USA in Japan zu Kampfeinsätzen gegen Staaten verwendet würden, die Japan nicht selbst direkt angegriffen hätten. Diese sogenannte Konsultationsklausel *(consultation clause)* erstreckte sich auch auf größere Veränderungen in der Stationierungsstruktur oder Ausrüstung der in Japan stationierten US-Streitkräfte.[2]

Nachdem bereits 1959 zahlreiche Stimmen der Kritik am Vertragsentwurf in Japan laut geworden waren, brach nach dessen Unterzeichnung Anfang 1960 ein Sturm des Protestes los, der im Mai 1960 vor der Ratifizierung des Vertrages fast die Dimensionen einer Revolution annahm. Auf außenpolitischer Ebene waren die Sowjetunion und die Volksrepublik China primäre Befürworter dieser Protestbewegung, während deren Aktivisten sich in der Sphäre der Innenpolitik aus der Sozialdemokratischen und Kommunistischen Partei sowie aus dem radikalen Studentenverband Zenkuren, dem machtvollen Gewerkschaftsbund Sohyo und einer großen Zahl der Medien zusammensetzten.

Viele der auch von der innenpolitischen Opposition vorgebrachten Einwände sind in zwei drohenden Memoranden enthalten, die die Moskauer Diplomatie an die japanische Regierung am 27. Januar und 24. Februar 1960 richtete. Darin wird argumentiert, die japanische Regierung habe nun nach Erlangung eines unabhängigeren Status dennoch »freiwillig« dem fortgesetzten Verbleiben ausländischer Truppen und ihrer Stützpunkte auf japanischem Boden zugestimmt. Damit werde die faktische Besetzung Japans langfristig festgeschrieben, würden die unter amerikanischer Sonderverwaltung stehenden Ryu-Kyu-Inseln und Bonin-Inseln durch verlängerte Fremdbeherrschung dem japanischen Mutterland entfremdet und eine militärische, wirtschaftliche und politische Unterordnung des Inselreiches unter die USA unvermeidbar gemacht. All das, so heißt es, »wirft die legitime Frage auf, was im Endresultat von Japans Souveränität übrigbleibt, wenn der Vertrag in Kraft tritt«. »Mit seinen eigenen Händen« habe Japan durch diesen Militärvertrag einen großen Teil seiner Souveränität und Nationalunabhängigkeit an eine fremde Macht übertragen. Es sei ein »offenes Geheimnis«, daß der Vertrag Japans Wiederbewaffnung beschleunigen und die Stationierung von Raketen und nuklearen Waffen auf seinem Boden ermöglichen werde. Damit habe Japan den Pfad zur extensiven Remilitarisierung beschritten, obwohl doch seine vor nur 13 Jahren angenommene Verfassung auf jegliches militärisches Machtpotential für alle Zeit verzichtet habe. Doch Japans Regierung glaube anscheinend, daß »alle Zeit« bereits nach nur 13 Jahren abgelaufen sei. Zwar habe Moskau anläßlich der Normalisierung der diplomatischen Beziehungen zwischen Japan und der Sowjetunion 1956 die Rückgabe der Inseln Habomai und Shikotan bei Abschluß eines Friedensvertrages zwischen der Sowjetunion und Japan zugesagt, müsse jetzt aber diese Zusage qualifizieren. Denn der neue Bündnisvertrag Japans mit den USA richte sich direkt gegen die Sowjetunion und die Volksrepublik China. Damit sei es unmöglich geworden, Gebiete freizugeben, die dann von gegnerischen Kräften besetzt und benutzt werden könnten. Folglich könnten die beiden Inseln an Japan nur dann zurückgegeben werden, wenn nicht nur ein Friedensvertrag zwischen Moskau und

Tokio geschlossen würde, sondern gleichzeitig auch alle ausländischen Truppen aus Japan zurückgezogen würden.[3]

Mit dieser Argumentation hoffte Moskau, Öl ins Feuer der japanischen Protestbewegung gegen den Vertrag dadurch zu gießen, daß behauptet wurde, das Verhalten der Regierung in Tokio habe die Chance zur Rückgabe zweier japanischer Inseln verringert und vom Abzug der US-Streitkräfte abhängig gemacht. Demselben Ziel diente auch die im ersten sowjetischen Memorandum enthaltene Drohung: »Der Abschluß eines Militärvertrages fördert Japans Sicherheit nicht. Er erhöht im Gegenteil die Gefahr einer Katastrophe, die das unvermeidbare Ergebnis einer Verwicklung Japans in einen neuen Krieg sein würde. Ist es denn nicht heutzutage für alle klar, daß Japan mit seinem kleinen und dichtbevölkerten Territorium, über das ausländische Kriegsstützpunkte verstreut sind, das Risiko eingeht, das tragische Schicksal von Hiroshima und Nagasaki in den ersten Minuten der Eröffnung von Feindseligkeit zu teilen?«[4]

Japans Entgegnungen hoben hervor, daß der Text des Vertrages nur solche Verteidigungsmaßnahmen vorsehe, die gemäß der Satzung der Vereinten Nationen zulässig sein. Als souveräne Nation habe Japan unabhängig vom Willen anderer Staaten das Recht, Verträge zu schließen oder auch nicht. Moskaus Widerruf hinsichtlich der Zusage einer Rückgabe der beiden Nordinseln sei fragwürdig und widersprüchlich. Sei doch die Zusage zu einem Zeitpunkt erfolgt, als Japan ohnedies mit den USA in dem Verteidigungsvertrag von 1951 verbunden war, der – im Gegensatz zum neuen, diesbezüglich verbesserten Vertrag – unilateral gar nicht kündbar gewesen war. Moskaus Zusage sei fernerhin Teil einer »gemeinsamen Erklärung« Japans wie auch der Sowjetunion gewesen und könne somit nicht einfach unilateral rückgängig gemacht werden. Moskaus Drohung mit Atomkrieg sei eine »rechtswidrige Einmischung in die Angelegenheiten eines anderen Landes«, und das gleiche treffe auf Moskaus Anspielungen auf die japanische Verfassung zu. Japan erwarte und beanspruche nicht nur die Rückgabe der genannten Inseln Habomai und Shikotan, sondern auch der nördlich davon gelegenen Inseln Kunashiri und Etorofo.[5]

Die Volksrepublik China hatte ihre Kampagne gegen einen neuen Sicherheitsvertrag zwischen Japan und den USA bereits 1959 mit voller Kraft anlaufen lassen. Im Jahr zuvor hatte es zwischen beiden Ländern einen Zwischenfall gegeben. Die japanische Regierung hatte zwar einer Handelsdelegation aus der Volksrepublik China in Japan das Recht zum Hissen der Flagge der Volksrepublik gewährt, doch ein Protest der nationalchinesischen Regierung veranlaßte Tokio zu der Feststellung, diese Flagge könne zwar gehißt werden, genieße jedoch nicht den gleichen Schutz wie die Flaggen der von Japan diplomatisch anerkannten Staaten. Peking erinnerte daraufhin an den zwischen China und Japan noch bestehenden Kriegszustand und warnte, ein gerade zustande gekommenes viertes japanisch-chinesisches Handelsabkommen müsse gekündigt werden, wenn Tokio seine Haltung nicht revidiere. Als dann im Mai 1958 japanische Jugendliche eine Flagge der Volksrepublik, die im Zusammenhang mit einer chinesischen Ausstellung in Kobe gehißt worden war, herunterrissen, erklärte die Regierung in Peking am 12. Mai 1958 den Abbruch sämtlicher Handelsbeziehungen zu Japan.[6]

Die politische Stoßrichtung der chinesischen Offensive gegen den neuen japanisch-amerikanischen Sicherheitsvertrag wird aus dem Wortlaut einer gemeinsamen Erklärung ersichtlich, die Chang Hsi-jo, der Präsident des Chinesischen Volksinstituts für Auswärtige Angelegenheiten, am 17. März 1959 in Peking mit dem Generalsekretär des Sozialdemokratischen Partei Japans, Asanuma Inejiro, unterzeichnete. Darin wird die sofortige Aufnahme von Verhandlungen zwischen Peking und Tokio zum Zweck der Aufnahme diplomatischer Beziehungen, dementsprechend ein Abbruch der diplomatischen Beziehungen Japans zur nationalchinesischen Regierung auf Taiwan und eine Kündigung des Friedensvertrages vom 1952 zwischen Tokio und Taipei gefordert. In den Beziehungen zwischen Japan und China könnten wirtschaftliche Fragen von politischen nicht getrennt werden. Falls und nachdem die japanische Regierung ihr Bündnisverhältnis mit den USA gekündigt, damit Japans Unabhängigkeit sichergestellt sei und danach dann gegenseitige Nichtangriffspakte mit China und der Sowjetunion geschlossen habe, könne Japan in Aussicht gestellt werden, daß die explizit gegen Japan gerichtete Klausel aus dem chinesisch-sowjetischen Bündnisvertrag von 1950 annulliert werden würde. Vorgeschlagen wird in dieser gemeinsamen Erklärung ein »Friedenspakt« zwischen den Ländern des ostasiatisch-pazifischen Raumes auf der Basis eines vorangehenden kollektiven Sicherheitspaktes zwischen China, Japan, der Sowjetunion und den Vereinigten Staaten. Denn dadurch werde eine neutrale Position Japans fest verankert.[7]

Die internationale Dimension des trilateralen Tauziehens um Japans Sicherheitsgrundorientierung ergibt sich primär aus Japans geostrategischer Lage im Nordosten des westpazifischen Raumes. Denn die sich von den nördlichen Hauptinsel Hokkaido bis zur Südspitze der Ryu-Kyu-Inseln erstreckenden Gebiete des japanischen Staates flankieren sowohl Rußlands maritime Pazifikprovinzen mit ihrem Haupthafen Wladiwostok als auch die umstrittene koreanische Halbinsel und erstrecken sich gegenüber der Ostküste Chinas bis knapp vor die Küsten des ebenfalls umstrittenen Taiwan.

In sowjetischer und chinesischer Perspektive bedeutete die Präsenz amerikanischer Militärmacht im nahe gelegenen Japan, dem einzigen Industriestaat Ostasiens, und ein Bündnis der USA mit diesem eine klar erkennbare Gefahr. Umgekehrt bedeutete Japans Bündnispartnerschaft für die USA das Vorhandensein eines starken Eindämmungsriegels gegen etwaige Expansionstendenzen der Sowjetunion, Nordkoreas oder der Volksrepublik China. Für die letztgenannten Staaten hätte es somit eine unschätzbare Verbesserung ihrer Sicherheitslage im Westpazifik bedeutet, wenn die Militärpräsenz der USA in Nordostasien hätte beendet werden können. Für beide kommunistische Großmächte schien der leichteste und gefahrloseste Weg zu diesem Ziel ein politischer Machtwechsel in Japan zu sein, in Zuge dessen die Parteien der Linke, die für eine unbewaffnete Neutralität eintraten, die für die Beibehaltung des Bündnisses mit den USA eintretenden verdrängen würden.

Die Gegner des Bündnisvertrages

Zur Motivation der militanten, auf dem Sturz Kishis und seiner Regierung hinarbeitenden Kräfte der Linken gehörten sämtliche Punkte der zu Beginn dieses Kapitels genannten sowjetischen Memoranden an die japanische Regierung, ausgenommen die Frage der Nordinseln. Doch zum Motivationsgefüge der Kräfte der Linken in Japan gehörten zusätzlich auch andere Gesichtspunkte. Die starke Präsenz amerikanischer Soldaten samt ihrer Angehörigen im Lebensbereich der japanischen Gesellschaft auch nach dem

Friedensvertrag von 1951 hatte psychologische und wirtschaftliche Irritationen erzeugt, die durch das nicht selten anmaßend wirkende Auftreten der Neuverbündeten Japans hervorgerufen wurden. Für einige Elemente des amerikanischen Militärpersonals in Japan war es nicht leicht gewesen, den Wechsel von der vormaligen Rolle als Besatzungsdiktator zur neuen Rolle als gleichberechtigter Bündnispartner im praktischen Verhalten nachzuvollziehen. Zugleich gab es auch zahlreiche von den Japanern geschätzte Bemühungen um die Errichtung verständnisvoller und freundlicher Kontakte zum vormaligen Gegner. Während die Staaten Kontinentaleuropas im Laufe ihrer Geschichte zahlreiche Fremdbesetzungen zu erleiden gehabt hatten, war es für Japan immerhin die erste ausländische Besetzung und Besatzung in der gesamten Geschichte des Landes.

Die Kräfte der Linken sahen in Japans bündnispolitischer Bindung an die USA eine Einengung japanischer Souveränität und eine degradierende Instrumentalisierung Japans im Gesamtgefüge der globalen Strategie der USA im kalten Krieg. Auch drückte sich in den Protesten der Linken das Unbehagen über eine Situation aus, die Japan dazu zwang, zu seinen größten und nächsten Nachbarn, Rußland und China, in einem gestörten und spannungsreichen Verhältnis zu leben. Im Fall eines Krieges, so wurde befürchtet, würde Japan gleichsam das Schicksal eines »verlorenen Haufens« der USA zu spielen gezwungen sein. Auch wurde alles, was irgendwie mit Militär zusammenhing, von der japanischen Linken dem rechten Spektrum der japanischen Politik zugerechnet. Als Ausweg aus den gefährlichen Verstrickungen des globalen West-Ost-Konflikts erschien den japanischen Linken eine Politik der »unbewaffneten Neutralität«. Sie böte die beste Garantie dafür, daß Japan sich unbeschadet aus einem Konflikt heraushalten und profitable wirtschaftliche und andere Kontakte mit den Staaten des Westens und des Ostens gleichermaßen unterhalten könne. Das in acht Punkte gegliederte außenpolitische Grundsatzprogramm der Sozialistischen Partei Japans vom Jahre 1959 beinhaltete nicht nur die Forderung einer »positiven Neutralität« und die Forderungen der sowjetischen Memoranden, sondern auch den Vorschlag einer Neutralisierung des benachbarten Korea nach vorherigem Abzug aller ausländischen Streitkräfte und seine Wiedervereinigung durch freie Wahlen.[8]

In einem Interview, das der Verfasser mit dem zehn Monate später ermordeten Generalsekretär der Sozialdemokratischen Partei Japans Asanuma Inejiro führen konnte, wurde die Frage gestellt, ob nicht ein weder durch auswärtige Mächte noch durch eigene Streitkräfte geschütztes Japan zu einem »zur Aggression einladenden Machtvakuum« werden könne. Asanuma entgegnete: »Wir denken nicht in Begriffen wie ›Machtvakuum‹ und so weiter.« Der Frieden in Ostasien sei am besten durch einen Sicherheitspakt zwischen Moskau, Peking und Washington zu gewährleisten, wonach dann die US-Streitkräfte aus Japan zurückgezogen werden könnten und Japan eine Politik der unbewaffneten Neutralität einschlagen könne. Als der Verfasser auf die Tatsache verwies, daß sowohl Ägypten als auch Indien trotz ihrer Politik der Neutralität von auswärtigen Mächten angegriffen und geschädigt worden seien und daß Südkorea zu einem Zeitpunkt angegriffen wurde, als es noch kein Bündnis mit einer auswärtigen Macht oder über substantielle eigene Kräfte verfügte, meinte Asanuma: »Gewiß, aber die ›Politik der Stärke‹ verliert immer mehr an Popularität. ... Die internationale öffentliche Meinung wird sich immer stärker gegen solche Vorkommnisse wenden.« Als der Verfasser daraufhin das hypothetische Szenario einer Besetzung japanischer Inseln durch koreanische

Streitkräfte erwähnte, entgegnete der Generalsekretär: »Die internationale öffentliche Meinung würde ein solches Vorgehen mißbilligen. ... Wir haben kein Geld für Rüstungen. ... Eine japanische Wiederbewaffnung würde zum Wiederaufleben des japanischen Faschismus führen.« Auf die Frage, ob denn nicht eine japanische Streitmacht »unter der Kontrolle einer parlamentarischen Regierung« denkbar sei, erhielt der Verfasser die Antwort: »In Japan würde jede Art von Wiederbewaffnung zu einem Wiederaufleben des autoritären Staatssystems führen.« Auf den amerikanischen Ursprung der japanischen Verfassung angesprochen meinte Asanuma, die gegenwärtige Verfassung ließe durchaus manches zu wünschen übrig. Ihr wichtigster Aspekt aber sei, daß sich »die Souveränität in den Händen des japanischen Volkes befindet«. »Jedes Gespräch über eine Revision der Verfassung bringt die Gefahr mit sich, daß die Frage der Wiederbewaffnung aufgerollt wird.« Auf die Frage nach wesentlichsten Unterschieden zwischen Japans Rechts- und Linkssozialisten (d. h. der Partei Asanumas) angesprochen, entgegnete Asanuma, das unter dem Kapitalismus leidende japanische Volk könne »nur durch eine friedliche, von der Arbeiterschaft geführte Revolution befreit werden ...« Nishio (der Führer der Rechtssozialisten) habe sich von dieser Erkenntnis abgewandt. »Unsere Partei«, so fuhr der Generalsekretär fort, »ist marxistisch, jedoch nicht kommunistisch. Wir sind demokratische Marxisten.«[9]

Zu Besonderheiten in den Reaktionen der japanischen Öffentlichkeit zu Fragen der Außenpolitik schrieb der japanische Politikwissenschaftler Yanaga Chitoshi: »Zweitausend Jahre räumliche Beschränkung auf die eigenen Inseln ohne auswärtige Invasion oder nennenswertes Einströmen von Einwanderern entwickelten beim (japanischen) Volk die Gewohnheit einer vornehmlichen Konzentration auf eigene Angelegenheiten. Die mehr als zweihundertjährige Abschließung von der Außenwelt ist diesbezüglich noch bedeutsamer gewesen. ... Selbst im 20. Jahrhundert hat das japanische Volk kein Gefühl für die weltpolitischen Konsequenzen der nationalen Politik entwickelt. Ebenso vermochte es nicht, seine Politik unter dem Aspekt eines entsprechend weiten Gesichtswinkels für internationale Gegebenheiten zu entwickeln. Zweifellos hängt das damit zusammen, daß die Japaner bei ihrer außenpolitischen Planung bis zum 20. Jahrhundert über keinerlei Zusammenarbeit und Koordinierung ihrer Politik mit derjenigen anderer Staaten verfügten.«[10]

Auch bestimmte internationale Ereignisse wurden von der linken Opposition gegen Japans geplanten neuen Bündnisvertrag wirksam verwendet. Dazu gehörte die zeitweilige rüstungstechnologische Überrundung der USA durch die Sowjetunion, einerseits durch Moskaus Erfolg mit dem Start eines künstlichen Erdsatelliten im Jahr 1957, gefolgt vom Fehlschlag des ersten amerikanischen Versuchs mit einem Satelliten dieser Art. Zweitens war im gleichen Jahr der erfolgreiche Abschuß einer sowjetischen Rakete von interkontinentaler Reichweite erfolgt, wodurch sich erstmals die Möglichkeit der Verwundbarkeit des gesamten Gebiets der USA durch gegnerische thermonuklear geladene Fernkampfwaffen ergab. Die militärtechnologischen Kräfteverhältnisse zwischen West und Ost hatten sich angesichts dieser Entwicklungen zu ungunsten der USA entwickelt. In ihrer Absicht, die bestehende japanische Regierung durch eine »friedliche Revolution« zu stürzen, wurde die japanische Linke dadurch ermutigt, daß es im benachbarten Korea einer Studentenrevolte im April 1960 gelungen war, den fanatisch antikommunistischen Präsidenten Syngman Rhee zu stürzen und daß im Mai des gleichen Jahres Massendemonstrationen in der Türkei zum Sturz des ebenfalls betont antikommunistischen Ministerpräsidenten Adnan Menderes geführt hatten. Solche Ereignisse erwiesen sich als Wasser auf den Mühlen der Revolutionstheorie von Professor Sakisaka Itsuro, der als führender marxistischer Theoretiker des linken Lagers in Japan galt. Bereits 1958 hatte er in der theoretischen Zeitschrift der japanischen Sozialdemokraten den Standpunkt vertreten, zwar könne die japanische Revolution möglicherweise friedlich verlaufen, aber in ihrer Endphase »ist es unmöglich, die Anwendung von irgendeiner Art von Gewalt nicht in Erwägung zu ziehen«.[11]

Die dramatische Abstimmung im japanischen Reichstag

Den unmittelbaren Anlaß zum Versuch der Kräfte der Linken, die Regierung von Ministerpräsident Kishi wie auch den geplanten Sicherheitsvertrag mit den USA zu Fall zu bringen, ergab sich aus der außerordentlichen Art und Weise, in der am 19. Mai 1960 im Unterhaus des japanischen Reichstages die Abstimmung über den Vertrag erfolgte. Der Vertragstext war dem Reichstag bereits ab dem 5. Februar 1960 zur Beratung vorgelegt worden. Die regierenden Liberaldemokraten hatten in den allgemeinen Wahlen von 1958 57,8 Prozent der Stimmen für sich gewinnen können und verfügten über eine klare Mehrheit im Reichstag, bei folgender Verteilung der 454 Sitze: Liberaldemokraten: 288 Sitze; Sozialdemokraten (Marxistische Linkssozialisten): 128; Demokratische Sozialisten (Rechtssozialisten): 37; Japanische Kommunisten: 1. Dreieinhalb Monate lang nach Vorlage des Erstentwurfs verstanden es die Sozialisten, durch Geschäftsordnungs- und Verfahrenstaktiken die Diskussion des Vertrages zu verlangsamen, um eine Beschlußfassung vor dem Ende der Sitzungsperiode am 26. Mai zu verhindern. Die Debatten innerhalb des Reichstages waren von oft friedlichen und gelegentlich gewalttätigen Demonstrationen begleitet. So versuchten 4000 Mitglieder des linksradikalen Studentenverbandes Zengakuren am 26. April 1960 das Eingangstor zum Reichstag zu erstürmen und konnten nur mit Mühe von der Polizei abgewehrt werden. 83 Polizisten und 41 Studenten erlitten dabei Verletzungen. Elf Tage vor Ablauf der regulären Sitzungsperiode gab die Liberaldemokratische Partei ihre Absicht bekannt, die Sitzungsperiode des Reichstages um weitere 50 Tage zu verlängern. Als die Liberaldemokraten in den Morgenstunden des 19. Mai 1960 den entsprechenden Antrag einbrachten, kam es zu Tumulten, in deren Verlauf die Delegierten der beiden Sozialistischen Parteien als Zeichen ihres Unwillens und Boykotts den Sitzungsraum verließen. Die liberaldemokratische Parlamentsmehrheit stimmte daraufhin für die gewollte Verlängerung der Sitzungsperiode. Als anschließend die Absicht zur Einberufung einer neuerlichen Plenarsitzung bekanntgegeben wurde, veranstalteten die sozialistischen Abgeordneten eine gewaltsame Blockade, um den 76jährigen Vorsitzenden (Sprecher) des Unterhauses, Kiyose Ichiro, am Betreten des Sitzungsraumes zu verhindern. Nach vergeblichen Bitten und Appellen rief Kiyose Polizeieinheiten und Reichstagswachen zu Hilfe, die ihn mit Gewalt den Händen der Linkssozialisten entrissen, wonach er halb ohnmächtig die Sitzung eröffnen konnte. Die von der Polizei noch nicht entfernten Sozialisten verließen darauf den Sitzungssaal, und die verbleibenden liberaldemokratischen Abgeordneten, immer noch eine absolute Mehrheit des Unterhauses, stimmten ohne weitere Diskussion für die Annahme der revidierten Fassung des Sicherheitsvertrages.[12]

Die Umstände dieser parlamentarischen Entscheidung lösten im Lande und insbesondere in Tokio gewaltsame Protestdemonstrationen aus, die nun nicht mehr nur eine Verhinderung eines neuen Bündnisverhältnisses mit den USA, sondern zugleich auch den Rücktritt Kishis und seiner Regierung zum Ziel hatten. Geleitet und koordiniert wurden die meisten dieser Protestaktionen durch einen bereits im März 1959 gebildeten sogenannten Volksrat zur Verhinderung der Ratifizierung des Sicherheitsvertrages, der 134 Organisationen zusammenführte. Besonders provoziert fühlten sich die Gegner des Vertrages auch durch Kishis Einladung an US-Präsidenten Eisenhower zu einem Staatsbesuch ab dem 19. Juni 1960, an dem nach der gesetzlichen Frist von 30 Tagen nach der japanischen Zustimmung der Sicherheitsvertrag gesetzlich in Kraft treten würde. Dies wurde als ein zu weit gehendes Entgegenkommen gegenüber den USA und als unnötige Aufwertung von deren Prestige gewertet. Etwa 100.000 Aktivisten beteiligten sich an gewaltsamen Demonstrationen, die durch Streiks unterstützt wurden. Ziele der Demonstrationen waren einerseits Kishis Residenz, wo der Ministerpräsident faktisch 12 Stunden lang gefangengehalten wurde, die Botschaft der USA und am Flughafen das Auto des zur Vorbereitung des Eisenhower-Besuches in Tokio eingetroffenen Pressesekretärs des US-Präsidenten. James Hagerty und der US-Botschafter wurden 70 Minuten lang von einer Massendemonstration in ihrem Auto belagert, wobei Aktivisten auf den Wagen mit Stöcken einschlugen und die Internationale sangen. Fünf Tage später erstürmten 10.000 Mitglieder des Marxistischen Studentenverbandes Zengakuren den Reichstag, wobei es 1000 Verletzte und auch Todesopfer gab.

Diese Entwicklung zwang die Regierung Kishi, den zum Staatsbesuch eingeladenen US-Präsidenten Eisenhower mit dem Hinweis wieder auszuladen, die Regierung könne seine Sicherheit nicht garantieren. Nachdem der Vertrag am 20. Juni Rechtskraft erhalten und 23. Juni die Ratifikationsdokumente ausgetauscht worden waren, gab Ministerpräsident Kishi, der sein bedeutendstes außenpolitisches Ziel erreicht hatte, seinen Beschluß zum Rücktritt bekannt. Zu seinem Nachfolger wurde von der Liberaldemokratischen Partei der bisherige Minister für Handel und Industrie, Ikeda Hayato, ernannt. Am gleichen Tag wurde Kishi bei einem mißlungenen Mordanschlag durch sechs Dolchstiche verletzt. Zum tragischen Nachspiel dieser turbulenten Ereignisse gehörte der Mord am Generalsekretär der Sozialdemokratischen Partei Asanuma, der als erster Mensch der Geschichte während einer direkt im Fernsehen übertragenen Wahlrede von einem rechtsradikalen Studenten erstochen wurde.

Eine Weichenstellung bis zur Jahrhundertwende

Der neue Ministerpräsident Ikeda erklärte bereits bei seinem Amtsantritt am 19. Juli 1960, daß das Bündnis mit den USA den Grundpfeiler seiner Außenpolitik bilden werde. Neue Wahlen vom 20. November 1960 brachten einen deutlichen Sieg der Regierungspartei, die die Anzahl ihrer Mandate von 287 auf 296 erhöhen konnte. National und international wurde dies zugleich als ein Votum der japanischen Wahlbürger für das Bündnisverhältnis mit den USA gewertet.

Der Kampf um den neuen und für Japan günstigeren Verteidigungsvertrag war nicht frei von Paradoxien. Denn einerseits hatten sich die von der amerikanischen Besatzungsmacht befreiten und sogar ermutigten Kräfte der Linksparteien und Gewerkschaften als erbitterte Gegner der amerikanischen Außenpolitik und als ideologisch Verbündete ihrer Gegner in Peking und Moskau erwiesen. Andererseits war es ausgerechnet der einer Samurai-Familie entstammende und dreieinhalb Jahre als »Kriegsverbrecher der A-Klasse« ohne Gerichtsverfahren gefangengehaltene Kishi Nobusuke, der den neuen Bündnisvertrag mit den USA unter Einsatz seines Amtes und Lebens bis zur Ratifizierung gegen gewaltige Widerstände von innen und außen durchkämpfte.[13]

Im Rückblick wirkt erkennbar, daß mit der Annahme des Vertrages und dem anschließenden Wählervotum für die ihn durchsetzende Partei die bedeutendste Weichenstellung für Japans Außenpolitik bis zur Jahrhundertwende und darüber hinaus vollzogen wurde. In der internationalen Sphäre mußten Moskau und Peking als Verlierer, die USA hingegen als Gewinner dieses primär innerjapanischen Ringens um die Wahl zwischen der Fortsetzung prowestlicher Bündnispolitik oder einer unbewaffneten Neutralität zum Vorteil Chinas und der Sowjetunion gelten.

Japans umstrittene Inseln
Kamtschatka
Ochotskisches Meer
Schumschu
Paramuschir
RUSSLAND
Sachalin
Kurilen
Urup
Von Japan beanspruchte Grenzlinie
Etorofu
Kunashiri
Schikotan
Habomai
Hokkaido
Sapporo
CHINA
Wladiwostok
NORD-KOREA
Japanisches Meer bzw. Ostmeer
JAPAN
Soul
Honschu
Tokio
Yokohama
SÜD-KOREA
Tsingtao
Gelbes Meer
Hiroschima
Osaka
Schikoku
Nagasaki
Kyuschu
Schanghai
Ostchinesisches Meer
CHINA
Amami
Ryukyu
Ogasawara
Pazifischer Ozean
Okinawa
Taipei
Taiwan (Formosa)

22. Kapitel

Zum Ursprung des Interessen- und Dogmenkonflikts zwischen Peking und Moskau

Die Periode anfänglichen Kooperation

Der nach vier Jahren weiteren Bürgerkrieges in China errungene Sieg der chinesischen Kommunisten im Jahr 1949 erzeugte eine folgenreiche Veränderung der weltpolitischen Kräfteverhältnisse. War doch die Herrschaft über fast ein Viertel der Weltbevölkerung von einem traditionell mit den USA verbündeten Regime auf eine Partei übergegangen deren Weltanschauung in radikalem Gegensatz zum Wertesystem der westlichen Welt stand. Obwohl die chinesischen Kommunisten in der Vergangenheit durch Moskaus Chinapolitik manche Enttäuschungen und auch manchen Schaden erlitten hatten, erklärte Mao Tse-tung bereits, im Juni 1949 im Rahmen einer innen- und außenpolitischen Standortbestimmung seiner sog. Demokratischen Diktatur des Volkes: »Das bedeutet Bündnis mit der Sowjetunion, Bündnis mit den Ländern der Volksdemokratie und Bündnis mit dem Proletariat ... der übrigen Länder zur Bildung einer internationalen Einheitsfront.« Unter der Führung Lenins und Stalins hätten die russischen Kommunisten in ihrer Revolution gesiegt und einen sozialistischen Aufbau in Staat, Gesellschaft und Wirtschaft bewältigt. Daher sei die Kommunistische Partei der Sowjetunion »unser bester Lehrer, wir müssen von ihr lernen«.[1]

Kurz nach Mao Tse-tungs Proklamation der Volksrepublik China am 1. Oktober 1949 auf dem historischen Tien-An-Men-Platz in Peking stimmte Stalin einem Gipfeltreffen mit Mao Tse-tung zu, das er zuvor mehrfach verweigert hatte. Nach schwierigen Verhandlungen, an denen auf chinesischer Seite auch Chou En-lai maßgeblich beteiligt war, entstand der am 14. Februar 1950 in Moskau unterzeichnete sowjetisch-chinesische Vertrag über Freundschaft, Bündnis und Gegenseitige Hilfe.[2] Damit war weniger als ein Jahr nach der Gründung des Nordatlantikpaktes und der Bundesrepublik Deutschland auf seiten des Westens auf der östlichen Gegenseite ein gewaltiges transeurasisches Bündnissystem entstanden, das von der Elbe im Zentrum Europas bis zum Westpazifik und dem Golf von Tonking reichte. Das essentiell noch monozentrisch strukturierte System des Weltkommunismus hatte damit den Höhepunkt seiner territorialen Expansion erreicht. Artikel 1 des Bündnisvertrages zwischen Moskau und Peking beinhaltet die Zusage automatischen militärischen Beistandes im Falle eines Angriffes seitens Japans »oder irgendeines anderen Staates, der sich direkt oder indirekt mit Japan bei Angriffshandlungen vereinen würde« – womit primär die USA gemeint waren. Beide Seiten verpflichteten sich, kein Bündnis zu schließen, das gegen die andere Seite gerichtet sei, und ebenso Handlungen oder Maßnahmen gegen den Bündnispartner zu unterlassen. Beide verpflichteten sich, einander in Fragen von gemeinsamem Interesse zu konsultieren und ihre Beziehungen im Geiste der Gleichberechtigung und Nichteinmischung in innere Angelegenheiten zu gestalten.

Ein zusätzliches Abkommen vom gleichen Tag verbesserte zugunsten Chinas die Bedingungen des China 1945 als Folge des Drei-Mächte-Diktats von Jalta aufgezwungenen Vertrages mit der Sowjetunion.[3]

So sollten die sowjetischen Streitkräfte bei Abschluß eines Friedensvertrages mit Japan »jedoch nicht später als 1952« vom Marinestützpunkt Port Arthur (Lüshun) auf der südmandschurischen Kwantung-Halbinsel abgezogen und die Verwaltung über den nahe gelegenen Hafen von Dairen (Dalien) wieder chinesischen Behörden übertragen werden. Der sowjetische Anteil an der Verwaltung und an dem Eigentum der strategisch hochbedeutsamen Ostchinesischen (Changchun) Eisenbahn sollte bis spätestens 1952 »entschädigungslos« auf die Volksrepublik China übertragen werden.[4] Zwei weitere Abkommen betrafen einen China von der Sowjetunion gewährten Kredit in Höhe von 300 Millionen US-Dollar und die Arbeitsbedingungen für sowjetische Berater in China.[5]

Der mit der Zustimmung Moskaus und Pekings im Juni 1950 von Nordkorea eröffnete Krieg in Korea erwies sich als Bewährungsprobe des Bündnisses zwischen den beiden kommunistischen Großmächten. Stalin, den die Entstehung einer von Moskau nicht kontrollierbaren kommunistischen Macht in China beunruhigt hatte, fühlte sich angesichts der Eskalation des Koreakonflikts zum ersten regelrechten Krieg zwischen den USA und China beruhigt hinsichtlich der Befürchtung, China könne – ähnlich wie das titoistische Jugoslawien – eine flexible Position zwischen Ost und West einnehmen. Der Krieg konnte erst nach Stalins Tod 1953 beendet werden. Auch auf der 1954 in Genf stattfindenden Ostasienkonferenz in Genf, die den Rückzug Frankreichs aus allen Staaten Indochinas und die Teilung Vietnams festschrieb, hatte sich die Kooperation zwischen Moskau und Peking bewährt. Im Großteil der fünfziger Jahre stand die vieldimensionale Aufbauplanung und Aufbauarbeit in China überwältigend stark unter dem Einfluß sowjetischer Berater und sowjetischer Modelle in den Bereichen der Landwirtschaft, der Industrie, des Bildungs- und Rechtswesens und selbst im Bereich der Architektur.

Ein Jahr nach Stalins Tod reiste eine sowjetische Delegation geführt von Nikita S. Chruschtschow, dem Generalsekretär der KPdSU, und Ministerpräsident N. N. Bulganin nach Peking. Es war der erste Besuch eines obersten sowjetischen Regierungs- und Parteichefs in China. Damals, so schrieb Chruschtschow in seinen Memoiren, hätte Mao Tse-tung die sowjetischen Führer noch mit Freundschaft und Respekt behandelt. Bei dem zumeist harmonisch verlaufenden Gipfeltreffen wurde u. a. der endgültige Rückzug sowjetischer Streitkräfte aus Port Arthur (Lüshun) für 1955 vereinbart, wodurch dieser strategisch ungemein bedeutsame Stützpunkt nach 57jähriger abwechselnder zaristischer, japanischer und sowjetischer Fremdherrschaft wieder chinesischer Souveränität unterstellt werden konnte. Ein weiteres Abkommen vom 12. Oktober 1954 verfügte die Auflösung gemischter sowjetisch-chinesischer Handelsgesellschaften, die noch als Nebenprodukt von Verhandlungen mit Stalin gebildet worden waren und in denen der Löwenanteil der sowjetischen Seite zugefallen war. Auch hier gab es also einen Zuwachs an chinesischer Souveränität. Fernerhin wurde der Bau von zwei strategisch und wirtschaftlich vielversprechenden Eisenbahnverbindungen geplant, welche die Transsibirische Eisenbahn, das Rückgrat des Überlandverkehrs vom europäischen zum asiatischen

Rußland, einerseits durch die Mongolei führend mit Peking und Nordchina verbinden sollten und andererseits auf einer zweiten Route durch Xinkiang (Chinesisch-Ostturkestan) mit Südchina und dem nordvietnamesischen Hafen Haiphong am Golf von Tonking. Auch gewährte Moskau den Chinesen einen neuen Kredit in Höhe von 130 Millionen US-Dollar.

Trotz des äußerlich primär harmonischen Verlaufs des sowjetischen Staatsbesuchs in Peking kehrte Chruschtschow, wie er in seinen Erinnerungen berichtet, nach Moskau mit der Sorge zurück, die Chinesen könnten eine demographische und wirtschaftliche Penetration und Absorbierung des benachbarten Sibirien beabsichtigen.[6] Dazu paßt, daß Chruschtschow Bundeskanzler Adenauer während dessen Besuch in Moskau 1955 auf die Gefahr hinwies, die angeblich von der demographischen Entwicklung Chinas ausgehe. China habe jetzt bereits eine Bevölkerung von 600 Millionen, die jährlich um 12 Millionen anwachse. »Wir können« so sagte Chruschtschow wörtlich zu Adenauer, »diese Aufgaben lösen. Aber es ist sehr schwer. Darum bitte ich Sie, helfen Sie uns. Helfen Sie uns, mit Rotchina fertigzuwerden.« Diese Bitte habe Chruschtschow in den Tagen des deutsch-sowjetischen Gipfeltreffens von 1955 dreimal geäußert.[7]

Die Verurteilung Stalins als Ausgangspunkt des Streits

Obwohl sie es sich zunächst nicht anmerken ließen, bedeutete es für die zum XX. Parteitag der KPdSU nach Moskau gereisten chinesischen Führer einen Schock, als Chruschtschow dort – ohne die chinesischen »Genossen« vorher zu informieren – Stalins politische Verbrechen schilderte obwohl Stalin für Kommunisten weltweit als Symbol und Quelle unfehlbarer marxistischer Autorität in Theorie und Praxis gegolten hatte.

Pekings diesbezügliche Sorge betraf denkbare Analogien zwischen Stalin und Mao Tse-tung, mit dem ein ähnlicher Führerkult betrieben worden war. Andererseits erkannte Peking die Möglichkeit psychologisch bedingter Folgeschäden für die Gesamtheit des kommunistischen Weltsystems. Wer die zentrale Säule seines ideologischen Glaubensgebäudes zertrümmerte, mußte mit der Gefahr seines Einsturzes rechnen. Nicht einer der Nachfolger Stalins in der Hierarchie des Sowjetsystems verfügte über eine irgendwie vergleichbare theoretische und praktische Autorität in der Führung des Weltkommunismus. Die Folgen dieser vom Standpunkt sowjetischer Machterhaltung kontraproduktiven Politik ließen nicht lange auf sich warten. Sie manifestierten sich im ungarischen Volksaufstand wie auch in Volksbewegungen in Polen, die beide Moskaus Autorität herausforderten.

In dieser Ostblockkrise sah Peking eine Chance zu Profilierung seiner eigenen Rolle im Lager kommunistischer Parteien und Staaten. Eine Grundsatzerklärung des Politbüros der Kommunistischen Partei Chinas nahm in Dezember 1956 zu den zusammenhängenden Problembereichen der Entstalinisierung, des ungarischen Volksaufstandes und der Beziehungen kommunistischer Staaten zueinander Stellung. Als erstem kommunistischem Staatswesen sei es für die Sowjetunion unvermeidbar gewesen, Fehler zu begehen. Die anderen kommunistischen Staaten und Parteien sollten nicht nur von den Erfolgen, sondern auch von den Fehlern der Sowjetunion lernen. Die Beziehungen zwischen sozialistischen Staaten müßten auf der Basis echter – nicht nur nomineller –

Gleichberechtigung beruhen. Die marxistische Lehre von den Widersprüchen besage, daß es auch zwischen kommunistischen und innerhalb kommunistischer Staats- und Parteisysteme Widersprüche geben könne. Diese aber müßten den überwölbenden gemeinsamen Interessen gegen gemeinsame Gegner untergeordnet werden. Der ungarische Volksaufstand verkörpere den ernstesten Angriff auf das Lager des Weltkommunismus, den es seit dem Koreakrieg je gegeben habe.[8] Anfang 1957 reiste Chinas Ministerpräsident und Außenminister Chou En-lai (Zhou En-lai) nach Warschau, Budapest und Moskau. Während er – und zuvor schon seine Regierung – Härte gegen die Ungarn empfahl, demonstrierte er Verständnis und Unterstützungsbereitschaft für den polnischen Reformkommunismus. Das polnische Volk, so hieß es, könne stets mit der Unterstützung des chinesischen Volkes rechnen. Im Rahmen einer gemeinsamen chinesisch-polnischen Erklärung unterstützte Peking sogar den polnischen Anspruch auf die damals völkerrechtlich noch ungeklärte Frage der vormals deutschen Gebiete östlich der Oder-Neiße-Linie.[9]

Die insbesondere bei totalitären marxistischen Parteien bestehende Tendenz, dazu die von eigenen Interessen geleitete Politik durch ständige Berufung auf eine angebliche »allgemeingültige wissenschaftliche Wahrheit des Marxismus-Leninismus« zu rechtfertigen, führt mit Notwendigkeit dort zu verschärften Konflikten, wo immer andere, und zumal konkurrierende Parteien, entgegengesetzte Interessen ebenfalls unter Berufung auf solche »allgemeingültigen Wahrheiten« verfolgen. Diese Beobachtung trifft in hohem Maße auf die Anfangs- und Eskalationsphase des sowjetisch-chinesischen Konflikts in den Jahren zwischen 1957 und 1964 zu. Angesichts der Tatsache, daß sich eine Mehrheit der insbesondere in Osteuropa mit Moskaus Unterstützung regierenden kommunistischen Parteien im Streit zwischen den beiden Großparteien auf die Seite Moskaus stellten, schrieb die Pekinger Volkszeitung am 15. Dezember 1962: »Die Wahrheit ist eine objektive Tatsache. Die jeweilige Mehrheit kann doch etwas Falsches nicht in Wahrheit verwandeln.«

Unterschiede der Interessen und Existenzbedingungen

Doch es bestanden zwischen der Weltsicht, der weltpolitischen Lagebeurteilung und den durch sie bedingten Interessenkonzeptionen Chinas und der Sowjetunion gleichsam vorstrukturierte Divergenzen, die mit wachsender Eskalation des Konflikts immer deutlicher, härter und offener zum Ausdruck gebracht wurden. Die Sowjetunion, die in Europa ab 1945 die östliche Hälfte dieses Kontinents unter ihre Kontrolle gebracht und in Ostasien ihre geostrategische Position Japan gegenüber hatte wesentlich verbessern können, vermochte sich als territorial saturierte Macht zu betrachten, während China noch unter territorialen Verlusten litt, die ihm der Kolonialimperialismus zugefügt hatte. Während sich die Kommunistische Partei der Sowjetunion fast ein halbes Jahrhundert lang schon an der Macht befand und ihre subjektiven und objektiven Gegner im Bereich der Innenpolitik längst liquidiert hatte und nun an der Erhaltung sozialen Friedens interessiert war, lag der Sieg des Maoismus zu Beginn der sechziger Jahre erst ein Jahrzehnt zurück. Die Wucht oppositionellen Denkens, die dem Regime Mao Tse-tungs im Verlauf der »Hundert-Blumen-Bewegung« von 1956/57 entgegengetreten war, hat ihn nicht nur erschüttert, sondern auch zu der Überzeugung gebracht, der Klassenkampf gegen aktuelle und vermeintliche »objektive« Gegner oder Klassenfeinde müsse intensiviert fortgesetzt werden.

Die Sowjetunion war ab 1949 zur Atommacht geworden, China war es damals noch nicht, und die Sowjetunion versagte ihm die anfangs vertraglich versprochene Unterstützung bei der Entwicklung nuklearer Waffensysteme. Die Sowjetunion, die als einziger Staat in der Weltorganisation der Vereinten Nationen mit drei Sitzen vertreten war, verfügte als ständiges Mitglied des Sicherheitsrates über ein Vetorecht, während Chinas Vertretung in der Vereinten Nationen nicht von Peking, sondern von dessen nationalchinesischem Bürgerkriegsgegner und seiner Regierung auf Taiwan wahrgenommen wurde. Die Sowjetunion verkörperte eine Industriemacht, die mit ihrem 1957 in den Weltraum geschossenen, »Sputnik« genannten künstlichen Erdsatelliten anscheinend in der Lage war, selbst die amerikanische Weltraumforschung zu überrunden. China hingegen war damals noch das größte Entwicklungsland der Erde.

Die sowjetischen Nachfolger Stalins hatten verstärkt Gipfeltreffen mit den USA und anderen »imperialistischen« Mächten akzeptiert und ihre diplomatischen Beziehungen zu Japan normalisiert. Peking verfügte damals über diplomatische Beziehungen nur zu einer kleinen Zahl von Staaten. Vor seinen Küsten patrouillierte seit dem Koreakrieg die VII. US-Kriegsflotte durch die Meeresstraße von Taiwan, und durch sie geschützt stand auf Taiwan die von den USA bewaffnete und von Washington, Tokio und zahlreichen anderen ausländischen Regierungen anerkannte Regierung Nationalchinas, die sich die Vernichtung des Kommunismus in China zum Ziel gesetzt hatte.

Im Gefühl relativer eigener Saturiertheit, im Wissen um die apokalyptische Zerstörungskraft nuklearer Waffen und im damaligen Glauben an die Überlegenheit und Expansionskraft des »sozialistischen« Systems war die sowjetische Führung nach Stalin dazu übergegangen, eine Politik der »friedlichen Koexistenz« mit den »kapitalistischen« Staaten zu proklamieren, von denen es sich weniger als je zuvor bedroht fühlte. Auch vertrat die neue Führung im Kreml die Ansicht, die der Neutralität oder der Neutralismus anderer Staaten sei nützlich und förderungswürdig, insofern als diese außenpolitische Linie sie daran hindere, sich den antisowjetischen Bündnissystemen der USA anzuschließen. Die Befreiung Österreichs unter der Bedingung seiner militärischen Neutralität, die Wiederannäherung an das titoistische Jugoslawien und Moskaus erfolgreiche Bemühungen um eine Annäherung an paktfreie Staaten des mittelöstlichen und südostasiatischen Raumes – wie z. B. Ägypten, Indien, Burma oder Indonesien-bildeten Elemente dieser neuen Strategie. Die chinesischen Kommunisten, die im Laufe ihrer Geschichte mit der nicht-kommunistischen Befreiungsbewegung in ihrem Land schlechte Erfahrungen gemacht hatten und die wußten, daß viele der in Entwicklungsländern führenden Parteien den Kommunisten nicht freundlich gesinnt waren, beurteilten die Rolle der ersteren wesentlich kritischer

Zum Schlagabtausch der Kritikpunkte

So ergaben sich aus unterschiedlichen Existenzbedingungen und ihnen entsprechenden divergierenden Intereressenlagen Meinungsverschiedenheiten, die unter Berufung auf ein und dasselbe ideologische Dogma des leninistischen Marxismus anfangs intern und dann vor der Weltöffentlichkeit ausgetragen wurden.[10] Besonders aufschlußreich für Pekings Stellungnahme ist ein ausführlicher gemeinsamer Leitartikel der Volkszeitung (*Renmin Ribao*) und der Theoriezeitschrift Rote Fahne (*Hongqi*), vom 6. September 1963 unter dem Titel: »Ursprung und Entwicklung der Differenzen zwischen der Führung der KPdSU und uns«.[11] Es heißt darin bereits im zweiten Absatz: »Die Führung der KPdSU hat sich offen vom Marxismus-Leninismus, vom proletarischen Internationalismus abgekehrt, offen die Deklaration von 1957 und die Erklärung von 1960 (der beiden letzten gemeinsamen Weltkonferenzen kommunistischer Parteien) zerrissen und offen gegen den chinesisch-sowjetischen Bündnis- und Beistandsvertrag verstoßen, indem sie sich mit den USA-Imperialisten, den indischen Reaktionären und Titos Verräterclique zum Kampf gegen das sozialistische China und alle marxistisch-leninistischen Parteien zusammentat ...« Anschließend wird die Entwicklung der Hauptstreitpunkte aufgezeigt. Begonnen habe alles mit dem XX. Parteitag der KPdSU 1956. Mit seiner »Verleumdung« Stalins habe damals Chruschtschows Abkehr vom Prinzip der »proletarischen Diktatur« begonnen. Ebenso irrig sei seine damalige Behauptung von der Möglichkeit eines »sog. friedlichen Übergangs vom Kapitalismus zum Sozialismus« gewesen. Mao Tse-tung hingegen habe dargelegt, daß Stalins »grundsätzliche Linie« durchaus richtig gewesen sei.

Im Oktober 1957 hätten Moskau und Peking ein Abkommen geschlossen, das die Sowjetunion dazu verpflichtete, die Chinesen bei der Entwicklung eigener Nuklearwaffen zu unterstützen. Doch Moskau habe in diesem Zusammenhang 1958 Chinas Souveränität verletzende Kontrollen verlangt und 1959 das Abkommen annulliert. Chinas 1958 begonnenes Experiment mit den agrarischen Volkskommunen sei von Chruschtschow als reaktionärer Egalitarismus diffamiert worden. Nach seinem Staatsbesuch in den USA 1959 habe der sowjetische Parteiführer seinen chinesischen Genossen empfohlen, sie sollten nicht »die Stabilität des kapitalistischen Systems mit Waffengewalt erproben«. Führende Vertreter anderer mit Moskau kooperierender Parteien hätte die Maoisten als »linke Abenteurer«, »Pseudorevolutionäre« oder »Sektierer« bezeichnet. Wörtlich heißt es weiter in dem genannten Leitartikel: »Im Juli (1960) beschloß die Sowjetregierung plötzlich einseitig, innerhalb eines Monats alle in China tätigen sowjetischen Fachleute zurückzurufen, und zerriß damit Hunderte von Abkommen und Kontrakten.« Im Bereich des Grundsätzlichen bestehe ein schwerer Fehler der sowjetischen Führung darin, die friedliche Koexistenz zur außenpolitischen »Generallinie« sozialistischer Staaten erklären zu wollen. Das aber sei »Revisionismus« ebenso wie auch die »absurde These«, daß in der Sowjetunion »die Diktatur des Proletariats nicht mehr notwendig sei« und daß es dort nun einen »Staat des ganzen Volkes« gebe. Moskaus den Chinesen im August 1962 bekanntgegebene Absicht, mit den USA ein Abkommen zur Verhütung der Verbreitung von Atomwaffen zu schließen, sei »ein Komplott der Sowjetunion und der USA, um ihr Kernwaffenmonopol zu erhalten und China des Rechtes zu berauben, sich Kernwaffen zur Verteidigung gegen die nuklearen Drohungen der USA zu verschaffen«. Weiterhin hätten sich die Führer der Sowjetunion während des chinesisch-indischen Grenzkonflikts offen auf die Seite der »indischen Reaktionäre« gestellt und Moskaus Wirtschaftshilfe für Indien während des Konflikts drastisch gesteigert. Für die kommunistische Weltbewegung stelle sich nun insgesamt die Frage, welches Prinzip sich im Weltmaßstab durchsetzen werde, dasjenige der sowjetischen »Revisionisten« oder dasjenige der revolutionären Anhänger des Marxismus-Leninismus.

Chinesischen Undank andeutend betonten sowjetische Stellungnahmen hingegen Moskaus Aufbauhilfe für die Volksrepublik China. Dank dieser Hilfe seien in China 198 Industrie- und Technikbetriebe errichtet worden. China verdanke der Sowjetunion die Gründung dort völlig neuer Produktionszweige, wie z. B. in den Bereichen des Automobil- und Traktorenbaus oder der Flugzeugindustrie. Weitere Unterstützung sei Chinas Rüstungsindustrie wie auch seinem Bildungssystem zuteil geworden. Leichtfertig behaupteten die chinesischen Genossen, die Atomwaffe sei nur ein »Papiertiger«, und komme es zu einem Atomkrieg, so werde dann »auf den Trümmern des untergegangenen Imperialismus eine tausendmal höhere Zivilisation« errichtet. »Das ZK der KPdSU ... und das ganze Sowjetvolk«, so heißt es in einer Entgegnung, »kann die Ansichten der chinesischen Führung über die Schaffung einer ›tausendmal höheren Zivilisation‹ auf den Leichen von Hunderten Millionen Menschen nicht teilen.« Abzulehnen sei auch die anmaßende Behauptung der chinesischen Genossen, daß eine Revolution und daß ein sozioökonomischer Aufbau »nur dann siegreich sind, wenn sie sich von den Ideen Mao Tse-tungs leiten lassen«. Diese Spaltertätigkeit führe zur »Zerrüttung der Einheit des sozialistischen Systems«. Die chinesischen Führer hätten sich vor der ganzen Welt als Gegner der Abrüstung und der friedlichen Koexistenz zwischen Staaten mit unterschiedlichen politischen und sozioökonomischen Systemen erwiesen. Ab der Errichtung der radikal egalitären Volkskommunen hätten Chinas Führer »voller Arroganz ... behauptet, in China sei die beste organisatorische Form des Übergangs zum Kommunismus gefunden worden«.

Somit war es im ersten halben Jahrzehnt der sechziger Jahre offenbar geworden, daß die zuvor einmal bestehende monozentrische Struktur des Weltsystems kommunistischer Parteien an den Realitäten sowjetisch-chinesischer Interessen- und Dogmenkonflikte unwiederbringlich zerbrochen war. Die Spaltung betraf in der einen oder anderen Weise alle Parteien der kommunistischen Weltbewegung. Wie es ein afrikanischer KP-Funktionär zum Ausdruck brachte, fühlten sich manche Parteien »wie Kinder, deren Eltern sich soeben hatten scheiden lassen«. Ab Anfang der sechziger Jahre war der Konflikt der beiden kommunistischen Großmächte zu einer wesentlichen Komponente der weltpolitischen Gesamtkonstellation geworden. Es wirkt wie eine – wenn auch lehrreiche – Paradoxie der Geschichte, daß dieselben Führungskräfte in Peking, die Moskau zuvor einer verräterischen und unmarxistischen Kollusion mit den USA bezichtigten, sich ab Anfang der siebziger Jahre mit den USA der Ära Nixon auf eine gegen die Sowjetunion gerichtete »Antihegemoniepolitik« verständigten.

23. Kapitel

Mao Tse-tungs »Kulturrevolution« und fortgesetzter Konflikt mit Moskau

Die Revolution gegen den postrevolutionären Pragmatismus

Abgesehen vom chinesischen Bürgerkrieg zwischen Kommunisten und der Kuomintang bildete die von Mao Tse-tung 1966 entfesselte und bis 1976 anhaltende sogenannte Große Proletarische Kulturrevolution die zerstörerischste und verlustreichste Form des Konflikts in der chinesischen Innenpolitik seit 1949. Mehr als das verkörperte die Kulturrevolution auch den längsten und folgenschwersten innerparteilichen Richtungskampf in der gesamten bisherigen Geschichte des Weltkommunismus. Mao Tse-tung hatte sich nach einer Serie von Fehlschlägen – so der Hundert-Blumen-Kampagne, der Volkskommune und des »Großen Sprungs nach vorn« sowie der erfolglosen militärischen Offensive gegen Taiwans Vorposteninseln – veranlaßt gesehen, auf das Amt des Staatspräsidenten der Volksrepublik China zu verzichten, das seinem innerparteilichen Gegner Liu Shao-ch'i (Liu Shaoqi) 1959 übertragen wurde. Diese Entwicklung galt ihm als Indiz dafür, daß sein Lebenswerk und die von ihm angestrebte Form des Kommunismus in China vor der Möglichkeit stand, Opfer eines zu Kompromissen bereiten Revisionismus sowjetischer Spielart zu werden. Mit seinem Lebenswerk stand auch sein Ruf und seine Rolle in der Geschichte Chinas auf dem Spiel. In diesem Sinne ist die Kulturrevolution als eine Art fundamentalistisch-maoistischer Gegenbewegung gegen neue, pragmatischere Tendenzen in der Kultur- und Wirtschaftspolitik der Partei zu verstehen. Ein unmittelbarer Anlaß zur Entfachung der Kulturrevolutionsbewegung ergab sich für Mao aus der scharf gezielten Kritik oppositioneller Intellektueller, die seine Fehler und Eitelkeiten, wenn auch durch Parabeln verschleiert, mit Ironie und Satire aufs Korn nahmen.[1]

Maos Gegenangriff begann etwa im Herbst 1965. Nachdem der Generalstabschef der Volksbefreiungsarmee, Lo Jui-ch'ing (Luo Ruiqing), wie auch der Oberbürgermeister von Peking, Peng Chen (Peng Zhen), gestürzt werden konnten, kehrte Mao, der sich in eine Art selbstgewähltes Exil nach Shanghai zurückgezogen hatte, Mitte Mai 1966 nach Peking zurück. Dort veranlaßte er ein vom 16. Mai 1966 datiertes Rundschreiben des Zentralkomitees der Partei, das in schärfsten Formen die Bekämpfung der oppositionellen Kritik und nichtmaoistischer Gedankenrichtungen innerhalb der Kommunistischen Partei forderte.[2] Eine Anfang August 1966 in Peking tagende Plenarsitzung des Zentralkomitees des KP Chinas ernannte den Mao Tse-tung scheinbar besonders ergebenen Marschall Lin Piao (Lin Biao) zum Stellvertretenden Vorsitzenden des Politbüros wie auch des Zentralkomitees, womit er nach Mao zum zweitwichtigsten Führer der KP Chinas avancierte. Den parteiamtlichen Startschuß zum

Beginn der »Großen Proletarischen Kulturrevolution« gab ein vom 8. August 1966 datierter Beschluß des Zentralkomitees der Partei, in dem festgestellt wurde, der Sturz eines politischen Machtzentrums erfordere stets ideologische Vorarbeit. Die Partei und ihre Anhänger seien aufgefordert, aktiv gegen die revisionistischen Kräfte im Lande und in der eigenen Partei vorzugehen. Zu diesem Zweck seien kulturrevolutionäre Gruppen, Komitees und Kongresse als permanente Institutionen des innerparteilichen Richtungskampfes zu gründen. Ein vier Tage später erlassenes Kommuniqué forderte das ganze Land dazu auf, vom Arbeitsstil der Volksbefreiungsarmee zu lernen. Die Schnelligkeit und Wirksamkeit der Gegenbewegung Mao Tse-tungs wird auch daran erkennbar, daß ein weiteres Kommuniqué des Zentralkomitees bereits am 31. Oktober 1968 einen Untersuchungsbericht ratifizierte, der die »Verbrechen des Renegaten, versteckten Verräters und Schuftes Liu Shao-ch'i (Liu Shaoqi)« untersucht hatte. Von diesem innerparteilichen Rivalen Maos wird behauptet, er sei ein Lakai des Imperialismus, des Revisionismus und der Kuomintang. Mit tiefster Empörung habe die Partei beschlossen, Liu Shao-ch'i (Liu Shaoqi) für immer aus der Partei auszustoßen und seine konterrevolutionären Ansichten einer weitreichenden Kritik zu unterziehen.[3] Bei Jahresende wurden nicht nur Liu Shao-ch'i (Liu Shaoqi), Deng Xiaoping und andere Führungspersönlichkeiten der KP Chinas, die Lius Vertrauen genossen hatten, von ihren Ämtern entfernt und verhaftet. Von Folterungen gequält und bei Erkrankung ohne ärztlichen Beistand gelassen, starben Liu Shao-ch'i (Liu Shaoqi) und mehrere andere seiner führenden Anhänger in Gefängnissen.[4]

In Maos eigener Sicht war die chinesische Revolution von Prozessen der Degeneration bedroht, deren innenpolitischer Ausgangspunkt die Pragmatiker in der eigenen Partei und deren außenpolitischer Ausgangspunkt das poststalinistische System der Sowjetunion war. Zugleich meinte er, daß die meisten Revolutionen einen letztendlich in Degeneration endenden Prozeß durchlebten. Sie beginnen mit Kritik an bestehenden Zuständen, der Bildung von Opposition, deren Kampf um die Macht, gefolgt von ihrer Machtergreifung und der Errichtung eines neuen Herrschaftssystems. Wie insbesondere das Beispiel des zum Staatskapitalismus entarteten Kommunismus in der Sowjetunion zeige, folge dann die Gefahr einer Erstarrung und Korrumpierung der neu geschaffenen Herrschaftsstrukturen. Die Kulturrevolution aber bilde eine Strategie zur Durchbrechung dieser fatalen Gesetzmäßigkeit. Es gelte die Jugend als Trägerin der Zukunft zu revolutionieren. Da aber die Jugend den Revolutionsprozeß selbst nicht erlebt bzw. nicht mitgetragen habe, sondern Erbe der Revolution sei, müsse sie zum Motor einer neuen Revolution gemacht werden. Sie sei daher zu einem Kampf gegen bürokratische und ideologische Verkrustungen des siegreichen, vormals revolutionären Systems in China aufgerufen, um dessen Degeneration zu verhindern. So könne die Jugend auch nach dem Sieg der Revolution dazu erzogen werden, Träger einer Re-Revolutionierung der von Erstarrung bedrohten Errungenschaften der Revolution zu werden.

Die drei dominanten Kraftelemente der kulturrevolutionären Bewegung waren die Jugendorganisationen der Roten Garden, eine außerhalb oder neben der eigentlichen Partei stehende Organisation, zweitens die Mao ergeben bleibende Volksbefreiungsarmee als organisatorischer und notfalls disziplinierender Rückhalt der gesamten Bewegung und das Charisma eines in unbekannte Dimensionen gesteigerten Führerkults um die Person Mao Tse-tungs.

Um der von oben initiierten Kulturrevolution echte Massendynamik zu verleihen, wurden fast alle Universitäten und Mittelschulen des Landes auf Jahre hinaus geschlossen. Organisiert in Verbänden der Roten Garden, motiviert durch aufpeitschende Propaganda und mit wehenden roten Fahnen und Mao-Insignien traten Hunderttausende und Millionen Jugendlicher in Aktion. Erste Angriffsziele waren die ihnen oft verhaßten Schulen und Lehrer. Letztere wurden Verhören, demütigenden Selbstbezichtigungen und Folterungen oft mit Todesfolge ausgesetzt. Es gab Serien von Selbstmorden. Ihre Ideen plakatierten die Mitglieder der Roten Garden auf selbstgemalten Wandzeitungen. Allein im Zeitraum zwischen August und November 1966 traten Mao Tse-tung und sein Stellvertreter Lin Piao (Lin Biao) bei achtzig Großveranstaltungen auf, die von insgesamt 10 Millionen Rotgardisten aus allen Teilen Chinas besucht wurden. Ein Parteibefehl vom 23. August 1966 verfügte, daß die Rotgardisten bei ihrer Ausführung revolutionärer Handlungen von keiner Seite behindert werden dürften. Bei ihrem Kampf gegen andersdenkende Elemente der kommunistischen Partei sowie gegen Manifestationen nichtkommunistischer Kultur kam es zu häufigen Bücherverbrennungen, der Zerstörung und Beschädigung religiöser Einrichtungen, zur Entweihung von Gräbern und zu Hausdurchsuchungen, bei denen alles, was der »bürgerlichen« Kultur zugerechnet werden konnte, darunter Klaviere, Grammophone oder unproletarische Kleidungsstücke, zerstört wurde.[5] Irgendwie verdächtige Personen wurden vor Untersuchungstribunale gezerrt, zu Geständnissen erpreßt und oft genug erschossen. Im Rahmen der »Bewegung zur Erziehung revolutionärer Nachfolger« sollte die »Selbsterziehung der Massen« durch gegenseitige Diskussion im Zeichen der Mao-Ideen und durch die Praxis revolutionärer Aktivitäten erfolgen. Analog den Roten Garden wurden in Chinas Industriebetrieben die Organisationen der »Roten Rebellen« gegründet. Da der ganzen Bewegung ein durchstrukturierter Lenkungsapparat fehlte, kam es nicht nur zu weitverbreitetem Terror, sondern auch zu regelrechten Kämpfen zwischen rivalisierenden Einheiten.

Der von den Anhängern der Kulturrevolution beinahe religiös zelebrierte Führerkult um Mao Tse-tung spiegelte sich in Äußerungen wider wie etwa jenen von Lin Piao (Lin Biao), in denen es hieß: »Vorsitzender Mao ist viel weiser und brillanter als Marx, Engels, Lenin und Stalin. Niemand in der gegenwärtigen Welt kann sich mit dem Vorsitzenden Mao vergleichen.« Oder: »Jedes Wort des Vorsitzenden Mao ist die Wahrheit und hat das Gewicht von zehntausend Worten. Die Ideen von Mao Tse-tung sind der Leitfaden der Partei und des ganzen Landes bei jeglicher Arbeit.«[6] In ähnlicher Weise schrieb die Pekinger Volkszeitung im Juli 1966: »Revolutionäre aus verschiedenen Ländern … bezeichnen ihn (Mao) als ›den größten Marxisten und Leninisten unserer Zeit‹ … Sie bejubeln die Lehre Mao Tse-tungs als ›das Leuchtfeuer der Revolution für alle Völker der Welt‹, ›die nie untergehende Sonne‹.«[7]

Das sich über das Land verbreitende Chaos rief jedoch den Widerstand regionaler Militärbefehlshaber hervor, wobei es in Wuhan zu einer ausgewachsenen Meuterei des dortigen Wehrbereichskommandos kam. Um der Gefahr einer sich im Land ausbreitenden Anarchie zu begegnen, befahl ein Parteibeschluß vom 22. Dezember 1968, daß Millionen von Rotgardisten, die sich zuvor mit Maos Ermutigung als neue und richtunggebende Herren der chinesischen Politik fühlen durften, nunmehr unter der disziplinierenden Aufsicht der Armee aufs Land zu verschicken und dort in den landwirtschaftlichen Arbeitsprozeß einzugliedern seien. Dieses Schicksal traf insgesamt eine Anzahl von gegen 8 Millionen Jugendlichen. Sie hatten durch Zerschlagung des bestehenden Bildungssystems und Parteiapparats ihre Schuldigkeit getan, nun wurden sie von Mao, der »rötesten aller Sonnen«, nicht mehr gebraucht.[8]

Der am 1. April 1969 in Peking beginnende IX. Parteitag der Kommunistischen Partei Chinas, auf dem Marschall Lin Piao (Lin Biao) das Hauptreferat hielt, nahm ein neues Parteistatut an, in dem – im Gegensatz zu anderen vergleichbaren Satzungen kommunistischer Parteien weltweit – Lin Piao (Lin Biao) nicht nur namentlich zum Stellvertretenden Vorsitzenden der Partei, sondern explizit auch zum Nachfolger Mao Tse-tungs ernannt wurde.[9] Lin Piao (Lin Biao), der als getreuester Gefolgsmann Maos ab der Mitte der sechziger Jahre galt, hatte das auch international in zahlreichen Übersetzungen verbreitete »Kleine Rote Buch« mit den wichtigsten Zitaten aus Mao Tse-tungs Schriften zusammengestellt und war bei öffentlichen Veranstaltungen stets wie ein hinter Mao in leicht gebeugter Demutshaltung wandernder Schatten erschienen. Zum Konflikt zwischen Mao und Lin kam es, als Lin zusätzlich zu seiner Position als Stellvertretender Parteiführer auch das Amt des Staatspräsidenten innezuhaben wünschte, das deshalb auf Veranlassung von Mao Tse-tung im März 1970 abgeschafft wurde. Ab einer spannungsreichen Konferenz des Zentralkomitees der Partei im August und September 1970 begannen Mao Tse-tung und Chou En-lai (Zhou En-lai) Maßnahmen zu ergreifen, um Lins zu weitreichend gewordene Machtbefugnisse zu begrenzen. Nachdem bestimmte auf eine Verstärkung des Kollektivismus abzielende agrarpolitische Vorschläge Lin Piaos (Lin Biaos) Anfang 1971 keine Unterstützung im Politbüro gefunden hatten und eine Parteikonferenz vom April gleichen Jahres Lin explizit als »linksextremistischen Abenteurer« kritisiert hatte, faßte Lin Piao (Lin Biao) nach dem Prinzip »töten oder getötet werden« einen angeblich auch von Moskau unterstützten Plan zur Beseitigung Mao Tsetungs. Doch dieser Plan wurde vorfristig von einem Mitverschwörer verraten. Lin versuchte mit Frau und Sohn sowie anderen Begleitern in einem Flugzeug in die Sowjetunion zu entkommen. Doch das Flugzeug stürzte bei einem Landungsversuch in der Mongolischen Volksrepublik ab, wobei alle Insassen starben. Bis heute hält sich das Gerücht, Lin sei von Agenten Maos bereits in Peking ermordet worden.[10]

Nach dem Tod Lin Piaos (Lin Biaos) schlug das Pendel der Politik im Pekinger Entscheidungszentrum zunächst wieder in Richtung auf eine stärker pragmatische Politik im Sinne der Vorstellungen Chou En-lais (Zhou En-lais). Im Rahmen von Rehabilitierungen gestürzter Parteifunktionäre konnte im April 1973, nach siebenjähriger Unterbrechung, auch Deng Xiaoping wiederum das Amt eines Vizeministerpräsidenten übernehmen und erneut Mitglied des Politbüros werden. Doch schon ab dem X. Parteitag vom August 1973 war eine Gegenbewegung der Befürworter der Kulturrevolution erkennbar, in deren Verlauf Deng Xiaoping erneut von seinen Ämtern entfernt, eine verschleierte Kampagne gegen Chou En-lai (Zhou En-lai) eröffnet und der Aufstieg einer politischen Gruppe bewirkt wurde, die später unter dem Sammelnamen der »Viererbande« in die Politik und Berichterstattung der Ära nach Mao Tse-tungs Tod 1976 eingegangen ist. International ist es bemerkenswert, in welch starkem Maße die Ideen der Kulturrevolution, insbesondere in ihrer Anfangsphase, mitsamt dem Kult um Mao Tsetung die Ideenwelt der radikalen Studentenbewegung in Europa von 1968 wie auch eine Reihe gutgläubiger Medienberichterstatter beeinflußt haben.

Der Kampf um die Führung der »Weltrevolution«

Die Kulturrevolution hatte jedoch abgesehen von dieser psychologischen Beeinflussung auch eine durchaus reale Dimension im Bereich der auswärtigen und internationalen Politik. Wurde doch das Selbstverständnis des kulturrevolutionären China im Hinblick auf seine Stellung in der Welt von drei der führenden Presseorgane der Volksrepublik China im November 1967 symptomatisch wie folgt geschildert:

> »Ende des 18. Jahrhunderts lag das Zentrum der Revolution in Frankreich, in der Mitte des 19. Jahrhunderts verlagerte sich das Zentrum nach Deutschland. Anfang des 20. Jahrhunderts bewegte sich das Zentrum der Revolution nach Rußland, wo der Leninismus hervorgebracht wurde; danach verlagerte sich das Zentrum der Weltrevolution allmählich nach China, wobei die Ideen von Mao Tse-tung entstanden. Durch die Große Proletarische Kulturrevolution ist *China, das Zentrum der Weltrevolution*, noch fester und stärker geworden ...«[11]

Somit war hier eine Rückkehr zu traditionellen Positionen des sinozentrischen Universalismus, allerdings im kommunistischen Gewande, versucht worden. Mehr noch als zuvor verstand sich China in der Ära der Kulturrevolution als Vorbild und geistiges Zentrum sowohl des nationalrevolutionären Befreiungskampfes unterdrückter Völker gegen alte und neue Formen des Kolonialimperialismus wie auch des wahren antirevisionistischen Kommunismus gegen die Sowjetunion. Konkret verschärft wurde der Konflikt mit ihr 1968 – durch Moskaus bewaffnete Intervention in der Tschechoslowakei zur Unterdrückung der Bewegung eines »Kommunismus mit menschlichem Antlitz«. Die zugleich damit verkündete sowjetische »Breschnjew-Doktrin« reklamierte das Recht und die Pflicht der Sowjetunion und mit ihr verbündeter sozialistischer Staaten, notfalls auch mit bewaffneter Gewalt in die inneren Angelegenheiten anderer sozialistischer Staaten einzugreifen, wenn dort – nach Meinung Moskaus – eine Entwicklung eingetreten sei, die das Bestehen einer sozialistischen Staats- und Gesellschaftsordnung bedrohe.[12] Diese Anmaßung eines Rechtes zur völkerrechtswidrigen bewaffneten Intervention wurde in Peking als potentielle Bedrohung des maoistischen Systems verstanden. Der Auffassung Moskaus von einem *hierarchisch* geordneten sozialistischen Internationalismus unter der notwendigen Führung der KPdSU und der UdSSR stellte China das Modell eines *polyzentrischen* sozialistischen Internationalismus gegenüber, das vom Prinzip der Selbstbestimmung jeder kommunistischen Partei und jedes Staates ausgeht und nur Formen der Kooperation zwischen sozialistischen Staaten oder Parteien akzeptieren will, die von unilateralen Lenkungsansprüchen frei sind. Während sich die kommunistischen Parteien Koreas, Japans, Rumäniens, Jugoslawiens und Spaniens dieser Ansicht anschlossen, bekannten sich die kommunistischen Parteien der DDR, der Mongolischen Volksrepublik und Frankreichs zur Auffassung Moskaus. In einer scharfen Stellungnahme Chou En-lais (Zhou En-lais) vom 23. August 1968 heißt es: »Die sowjetrevisionistische Führungsclique hatte ihre Maske des sogenannten Marxismus-Leninismus und Internationalismus fallengelassen und ist offen zu ... bewaffneter Aggression und Intervention übergegangen, um ... Marionetten zu schaffen. Es ist genau das gleiche wie die damalige Aggression Hitlers gegen die Tschechoslowakei und wie die heutige Aggression des US-Imperialismus gegen Vietnam. Die sowjetische Renegatenclique ist schon zum längst zum Sozialimperialismus und Sozialfaschismus degeneriert.«[13]

Maos Theorie vom sowjetischen Sozialimperialismus

Seit der sowjetischen Intervention in der Tschechoslowakei entwickelten Mao Tse-tung und seine Anhänger die Theorie vom sowjetischen Sozialimperialismus. Hauptelemente dieser von der chinesischen Propaganda weltweit verbreiteten Theorie sind folgende Thesen:

1. Moskaus Sozialimperialismus entspringe einem sozioökonomischen Unterbau, in dem sich ein vormals sozialistischer Wirtschaftsmonopolismus zu einem System des staats- und parteibürokratischen Monopolkapitalismus verwandelt habe. 2. Die Ursache für diese Umwandlung liege in einem Prozeß der ideologischen und moralischen Regression der Staats- und Parteiführung in der UdSSR. Dieser Struktur im inneren entspreche ein sozialimperialistisches Verhalten nach außen. 3. Auf diese Politik der Sowjetunion treffe das Wort Lenins zu: »Sozialismus in Worten, Imperialismus in der Tat«. Diese Haltung entspringe unter anderem aus der Wurzel eines in der Erziehungs- und Kulturpolitik immer ersichtlicher werdenden »Großrussischen Chauvinismus«. 4. Politisch und militärisch beherrsche der sowjetische Sozialimperialismus die von ihm hegemonial kontrollierte Gemeinschaft sozialistischer Staaten Osteuropas. Wirtschaftlich versuche der Sozialimperialismus im Rahmen einer von ihm zu seinen Gunsten konzipierten ›internationalen Arbeitsteilung‹, andere sozialistische Staaten auszubeuten, sie an der Entwicklung eigener Industrien zu hindern und sie zu Zubringern und Absatzmärkten der diese Staatengruppe zentral lenkenden sowjetischen Wirtschaft zu degradieren. 5. Moskaus Sozialimperialismus beute Staaten der Dritten Welt durch überhöhte Preise für seine Exporte und durch Importe aus diesen Ländern unter dem Weltmarktpreis aus. 6. Im Vergleich zu den USA verfüge der sowjetische Imperialismus über einen »noch aggressiveren und abenteuerlicheren Charakter«. Während der amerikanische Imperialismus regressiv und in der Defensive sei, stütze sich der wirtschaftlich ungenügend entwickelte sowjetische Sozialimperialismus auf seine militärische Stärke. Militärisch sei die UdSSR den USA in vielen Bereichen überlegen. 7. Aufgrund seines Bestrebens, weltweit an die Stelle des amerikanischen Imperialismus zu treten, sei der rot maskierte sowjetische Sozialimperialismus zur Hauptquelle der Gefahr für den Weltfrieden und die Souveränität zahlreicher Staaten geworden.[14]

Der Plan einer »alternativen UN« und der Machtkampf um Indonesien

In scharfem Kontrast zur sowjetischen These, die Zukunft des Weltkommunismus hänge primär von der wachsenden Stärke und Attraktivität der Sowjetunion und ihrer Verbündeten ab, entwarf Lin Piao (Lin Biao), damals noch Maos Stellvertreter und designierter Nachfolger, in einem weltweit beachteten Artikel vom 3. September 1965 die Konzeption einer Globalstrategie zur Überwindung der Prädominanz der Industriemächte durch die kommunistischen Parteien und nationalen Befreiungsbewegungen der Entwicklungskontinente. In Analogie zu Maos erfolgreicher Strategie im chinesischen Bürgerkrieg, das heißt der Eroberung der Städte vom Lande her, behauptete Lin, die Industrieländer Nordamerikas und Westeuropas könnten als »die Städte der Welt« betrachtet werden und die Entwicklungskontinente Asiens, Afrikas und Lateinamerikas als »die ländlichen Gebiete der Welt«. Der Fortschritt und die Strategie der Weltrevolution beruhe daher auf einer Einkreisung der industriellen Weltstädte durch die revolutionären Kräfte der primär agrarischen Kontinente. Hier befände sich die Mehrheit der Weltbevölkerung, und den Kampf dieser Kontinente zu unterstützen sei die internationalistische Pflicht aller wahrhaft sozialistischen Länder.[15]

Einer der interessantesten Vorstöße Chinas in diese Richtung betraf in der Mitte der sechziger Jahre Chinas Hoffnung auf eine Aktionseinheit mit dem neutralistischen Indonesien unter der Regierung des charismatischen und redegewaltigen Präsidenten Achmed Sukarno. Mit damals 104 Millionen Einwohnern verkörperte die Inselrepublik Indonesien nach China und Indien den volkreichsten Staat Ostasiens. Es war außerdem die größte Militärmacht Südostasiens und hatte eine 3 Millionen Mitglieder umfassende, 1920 gegründete Kommunistischen Partei, die älteste Asiens, unter der Führung des von den Maoisten hochgeschätzten Dipa Nusantara Aidit. Das Land wurde autoritär von einer Dreier-Koalition, gebildet aus Sukarnos Nationalisten, den Kommunisten und einer islamischen Partei, regiert. Im Januar 1975 hatte Präsident Sukarno den Austritt Indonesiens aus der Weltorganisation der UN mit der Begründung angekündigt, sein Land könne es nicht hinnehmen, daß der Indonesien feindlich gesinnte Staat Malaysia zum nichtständigen Mitglied des UN-Sicherheitsrates gewählt worden sei. In einer kommentierenden Rede erklärte er, die »neu aufstrebenden Kräfte«, Indonesien wie aber auch die in der UN nicht vertretenen Staaten China, Nordkorea und Nordvietnam könnten gut auch ohne die UN existieren, »... die sich zusehends in ein Werkzeug in den Händen des alten und des neuen Kolonialismus mit den USA an der Spitze verwandelt«. In China, gegen das die UN in Korea Krieg geführt hatte, wurde diese Einstellung freudig begrüßt. Chou En-lai (Zhou En-lai) nannte Indonesiens Austritt aus der UN »einen großartigen revolutionären Akt, der den Völkern die Augen geöffnet hat«. Er fuhr fort: »Unter diesen Umständen könnte es durchaus sein, daß eine andere, eine revolutionäre UN geschaffen wird«, mit der man sich den von den USA manipulierten ursprünglichen Vereinten Nationen entziehen und ihnen ein positives Alternativmodell entgegenstellen könne. Chou En-lais (Zhou En-lais) Vorschlag entsprach den unkonventionellen Ideen Sukarnos, der 1965 den von Peking sehr positiv bewerteten Vorschlag zur Bildung einer Bündnisachse Indonesien–Kambodscha–Vietnam–China–Nordkorea an die Öffentlichkeit herangetragen hatte.[16] Noch im selben Monat des indonesischen UN-Austritts wurde anläßlich eines Besuchs des indonesischen Außenministers Subandrio in Peking eine vertiefte wirtschaftliche, technologische und auch militärische Zusammenarbeit zwischen beiden Ländern und chinesische Wirtschaftshilfe für Indonesien vereinbart.[17]

Ermutigt durch Chinas starkes Interesse an Indonesien, im Glauben Präsident Sukarno faktisch entmachten und auf ihre Seite ziehen zu können und im Bunde mit der Verschwörung des Kommandanten der Leibwache Sukarnos, versuchte die Kommunistische Partei Indonesiens im Oktober 1965 einen Staatsstreich, der mit einem Enthauptungsschlag gegen ihren gefährlichsten Gegenspieler, die Führung der indonesischen Streitkräfte, beginnen sollte. Wie Aidit, der Führer der Indonesischen Kommunisten, später gestand, hatte das Ziel des Staatsstreiches in der Errichtung einer Volksfront unter der Führung der indonesischen Kommunisten bestanden. Vor dem Staatsstreich hatte sich Aidit Anfang August in Peking aufgehalten und die dortige Führung auf Sukarnos schwer angeschlagenen Gesundheitszustand und die sich daraus ergebenden Konsequenzen hingewiesen.[18] Der geplante Enthauptungsschlag begann am 1. Oktober 1965, als ein aus Kommunisten und rebellierenden Gardisten zusammengesetztes Mordkommando sieben führende Generäle aus ihren Privatwohnungen entführte, sie zu einem »Krokodilsloch« genannten Sumpfgebiet außerhalb Jakartas verschleppte, sie kastrierte und nach weiteren gräßlichen Folterungen tötete. Nicht erreicht hatte das Mordkommando allerdings drei führende Generäle, darunter den nach Sukarno jahrzehntelang Indonesien regierenden General Suharto. Dieser ließ Kriegsrecht erklären und eine mörderische Gegenaktion gegen die Kommunisten einleiten, die seitens der Bevölkerung auch von grausamen antichinesischen Pogromen begleitet war, wobei auch diplomatische Vertretungen der Volksrepublik China in Indonesien angegriffen wurden. Mit dem Gegenschlag und der Machtergreifung des antikommunistischen Militärs zerschlug sich Pekings Hoffnung auf eine enge politische und ideologische Zusammenarbeit mit dem mächtigsten Staat Südostasiens. Mit der Ausnahme scharfer Proteste und der Einstellung von Waffenlieferungen an Indonesien vermochte Peking sich aber nicht zu weiteren Maßnahmen zum Schutz der in Indonesien brutal verfolgten Überseechinesen entschließen.[19]

Pekings Tauziehen um Afrika

Einen weiteren Schauplatz des Pekinger Konflikts mit Moskau und den USA bildete der afrikanische Kontinent. Auch auf diesen Erdteil bezogen sich die ideologischen und diplomatischen Machtprojektionen des neuen, maoistisch gewordenen sinozentrischen Universalismus. Den Auftakt zu Chinas intensivierter Politik gegenüber diesem Kontinent bildete die von Chou En-lai (Zhou En-lai) im Dezember 1963 begonnene zweimonatige Serie von Staatsbesuchen in allen Teilen Afrikas, bei der der chinesische Regierungschef von einem beeindruckenden, sechzig Mann starken Gefolge begleitet war. Chous delikate Mission bestand darin, einerseits für eine konventionelle diplomatische Unterstützung Pekings durch die oft jüngst erst unabhängig gewordenen afrikanischen Staaten zu werben und andererseits Verständnis und Unterstützung für Pekings revolutionäre Globalstrategie sowohl gegen Amerikas »kapitalistischen Imperialismus« als auch Moskaus getarnten »Neoimperialismus« aufzufordern. In den meisten der zehn besuchten afrikanischen Länder mußte sich Chou En-lai (Zhou En-lai) bemühen, Vorbehalte gegen China abzubauen, die auf Grund seines Grenzkrieges gegen Indien und auch wegen seiner Opposition gegen das Atomtest-Stop-Abkommen gegeben waren. Eine weitere Schwierigkeit, gegen die der chinesische Ministerpräsident anzukämpfen hatte, war die Tatsache, daß viele der afrikanischen Staaten eine Politik flexibler Neutralität zwischen den USA, der Sowjetunion, China und den vormaligen westeuropäischen Kolonialherren einzuschlagen bemüht waren, um – manchmal durch ein geschicktes Balancespiel – von möglichst vielen Seiten Unterstützung für ihre Entwicklungspolitik zu erhalten. Hinzu kam, daß Pekings nationalchinesische Gegenspieler von Taiwan aus ebenfalls eine sehr gezielte, mit Entwicklungshilfe verbundene Afrikapolitik betrieben und daß Moskau ebenso bestrebt war, chinesischen Bemühungen um Einflußnahme entgegenzuwirken. Von Land zu Land verstand es aber Chou En-lai (Zhou En-lai) mit bemerkenswertem Geschick und je nach den örtlich vorgefundenen politischen Konstellationen, hier mehr revolutionäre und dort stärker diplomatisch nuancierte Töne anzuschlagen. Immerhin nahmen vier afrikanische Staaten – Tunesien, die Zentralafrikanische Republik, Dahome und Mauretanien – als Folge des Besuchs diplomatische Beziehungen mit der Volksrepublik China auf. Zwei dieser Staaten und Burundi brachen sie allerdings rasch wieder ab. Herrschende Regime in Afrika befürchteten den politisch destabilisierenden Einfluß chinesischer Propaganda. Hohe Erwartungen, die Peking in bürgerkriegsähnliche Aufstände in Kongo (Zaïre) gesetzt hatte, erwiesen sich als Enttäuschung.[20] In der Ära der Herrschaft Kwame Nkrumahs in Ghana wurden Partisanen aus verschiedenen afrikanischen Staaten von Offizieren der chinesischen Volksbefreiungsarmee ausgebildet.[21] Mit sehr unterschiedlicher Wirkung versuchte Peking durch Chou En-lais (Zhou En-lais) Staatsbesuche, durch die Einladung afrikanischer Führer nach China, durch intensive Propaganda und Wirtschaftshilfe den Eindruck zu erwecken, daß hinter den Emanzipationsbewegungen der jungen afrikanischen Staaten ein freundschaftlich gesinntes, hilfsbereites und mächtiges China stehe, das sich positiv zu Ideen des Panafrikanismus verhalte und als größtes aller Entwicklungsländer dazu bereit und in der Lage sei, nützliche Erfahrungen und Modelle durch Rat und Tat zur Verfügung zu stellen. Ein Vergleich auswärtiger Hilfsleistungen zeigte jedoch, daß die Sowjetunion in den meisten Fällen dazu fähig war, China diesbezüglich materiell zu überrunden.[22] Die in dieser Zeit gegebene Konkurrenzsituation zwischen der Volksrepublik China und Nationalchina auf Taiwan zeigt sich an Hand eines Vergleichs der Beziehungen afrikanischer Staaten zu Peking und Taiwan nach dem Stand von Ende 1964. Während 13 schwarzafrikanische Staaten die Republik China auf Taiwan anerkannt hatten, unterhielten nur 11 diplomatische Beziehungen zur Volksrepublik China und zwar Ghana, Guinea, Mali, Somalia, Sudan, Tansania, Uganda, Congo Brazzaville (Kongo), Burundi, Kenia und Dahome.[23]

Unerfüllt blieb somit die in einem Pekinger Geheimdokument 1961 ausgedrückte Hoffnung, daß eine »Welle von Revolutionen« den afrikanischen Kontinent überrollen werde.[24] Ab Pekings Zulassung zu den Vereinten Nationen und dem gleichzeitigen Ausschluß Taiwans von der Weltorganisation ist Peking im wachsendem Maße dazu in der Lage gewesen, Zug um Zug diplomatische Beziehungen auch zu jenen afrikanischen Staaten herzustellen, die zuvor Nationalchina anerkannt hatten. Als materiell und psychologisch beeindruckend erwies sich Pekings Beschluß vom Jahre 1970, einen zinslosen Kredit von 402 Millionen US-Dollar zum Bau der Tansania und Sambia verbindenden sogenannten Tanzam-Eisenbahn zu gewähren, der über drei Jahrzehnte hinweg zurückgezahlt werden konnte.[25] Je mehr sich Peking nach außen und innen von der Idee des Revolutionsexports distanzierte, desto wirksamer wurden die Strukturen seiner Beziehungen zu den Staaten des afrikanischen Kontinents.[26]

Pekings Partner Albanien

Ein außergewöhnlicher Aspekt des Pekinger Konflikts mit Moskau und ein Indiz für die globale Reichweite chinesischer Ambitionen lag in der Tatsache der Bildung einer Entente zwischen China und Albanien. In Sorge vor einer Vereinnahmung durch Jugoslawien hatte Albanien in dem mehrjährigen akuten Konflikt zwischen Moskau und Belgrad ein Element seiner Sicherheit erblickt. Doch als sich in der Chruschtschow-Ära eine Annäherung zwischen der Sowjetunion und Jugoslawien anbahnte, erneute sich das Bedrohungsgefühl der albanischen Regierung. Wie auch Peking war die albanische Führung dem Prozeß der Destalinisierung überwiegend skeptisch gegenübergestanden. Die albanischen Kommunisten fuhren fort, mit stalinistischer Härte zu regieren. Ebenso wie Peking tendierte auch Tirana dazu, im titoistischen Kommunismus die Speerspitze einer bedenklichen revisionistischen Tendenz im Rahmen des internationalen Kommunismus zu erblicken. So gab es eine Konvergenz ideologischer oder machtpolitischer Motive, die ab 1961 zu einer jahrzehntelangen Partnerschaft zwischen beiden Staaten führte. Eine Grundvoraussetzung hierfür bildeten der Wille und die Fähigkeit Chinas, dem kleinen Albanien eine relativ beträchtliche Wirtschaftshilfe zu gewähren und damit Moskaus vormalige Unterstützung des Landes in großzügiger Weise zu kompensieren. Somit hatte China im fernen Europa auf dem Balkan zumindest einen ständigen Partner seiner Außenpolitik und weltanschaulichen Grundhaltung gewinnen können.[27]

Insgesamt gesehen hatte der ideologische und machtpolitische Konflikt zwischen Peking und Moskau ab Anfang der sechziger Jahre aufgehört, eine nur bilaterale Kontroverse zu sein, da er globale Dimensionen angenommen hatte. In einer Mehrzahl von Ländern der Welt bildeten sich neben den ursprünglich von Moskau beeinflußten kommunistischen Parteien neue kommunistische Bewegungen, die im Banne des maoistischen Dogmas standen. Der zuvor monozentrischen Einheit des Weltkommunismus war das ideologische Schisma gefolgt. Dessen Ursache hatte primär auch in divergierenden Staats- und Parteiinteressen gelegen. In Grenzkonflikten hatten Moskau und Peking die Waffen gekreuzt, und im April 1979 hatte Peking die Nichtverlängerung und somit die Kündigung seines 1950 mit der Sowjetunion geschlossenen Freundschafts- und Bündnisvertrages bekanntgegeben.

24. Kapitel

Amerikas Krieg und Niederlage in Vietnam 1964 bis 1973

Wachsende Erfolge der vietnamesischen Kommunisten

Wie an anderer Stelle dargestellt, hatte die Genfer-Indochina-Konferenz von 1954 einen Waffenstillstand beschlossen, der Vietnam entlang dem 17. Breitengrad in zwei Staaten teilte, den Status der Neutralität für die Königreiche Laos und Kambodscha festgeschrieben und eine mögliche Wiedervereinigung zwischen Nord- und Südvietnam durch landesweite allgemeine Wahlen im Jahr 1956 vereinbart. Es war fernerhin eine Internationale Kontrollkommission zur Durchführung der bei der Konferenz beschlossenen Maßnahmen gegründet und ein dreiköpfiges Präsidium der Kommission – Kanada, Polen und Indien (Vorsitzender) – gegründet worden. Südvietnam und die USA hatten sich geweigert, ihre Unterschrift unter das Genfer-Abkommen zu setzen, wobei letztere sich gleichwohl in einer eigenen Erklärung unilateral zur Respektierung des Abkommens verpflichtet hatten. Im Juni 1954, bereits einen Monat vor der Unterzeichnung der Genfer Abkommen, ernannte Bao Dai, der als Staatsoberhaupt Südvietnams fungierende Kaiser, Ngo Dinh Diem zum Ministerpräsidenten der südvietnamesischen Regierung, wobei er dessen Forderung erfüllte, ihm in Ausübung seines Amtes mit uneingeschränkter Vollmacht auszustatten. Vierzehn Tage zuvor hatte der Kaiser mit Frankreich einen Vertrag unterzeichnet, in dem Paris die vollständige Unabhängigkeit des Staates Vietnam anerkannte.

Mit Diem trat nun eine Persönlichkeit in den Vordergrund der südvietnamesischen Politik, die ein Jahrzehnt lang bis zu seiner Ermordung 1963 eine entscheidende Rolle spielen sollte. Er wurde 1901 in einer Familie katholischer Mandarine geboren. Sein Vater hatte im Staatsdienst des vietnamesischen Kaisertums gestanden, diese Position jedoch aufgegeben, als die Franzosen den Kaiser Thanh-Thai 1907 abgesetzt hatten. Er unterstützte danach Phan Boi Chau, einen vietnamesischen Nationalrevolutionär, der von den Ideen Sun Yat-sens stark beeinflußt war. In den vierziger Jahren geriet Diem selbst zeitweilig in die Gefangenschaft der nationalkommunistischen Vietminh, die einen seiner Brüder ermordeten. Dennoch hatte Ho Tschi Minh, der Führer der Vietminh, Diem den Posten des Innenministers in seinem Regime angeboten, den Diem aber aus Gründen der Familienloyalität abgelehnt hatte. In den frühen fünfziger Jahren gelang es ihm, durch zahlreiche Vorträge an amerikanischen Universitäten und gefördert durch den US-Kardinal Francis Spellman, in den USA eine Reihe wichtiger Anhänger für die Sache eines freien Vietnam – darunter der spätere Präsident John F. Kennedy, Senator Mike Mansfield und Walter Judd, einen führenden amerikanischen Ostasienexperten – zu gewinnen, deren Sympathien ihm später nützlich sein sollten. In seiner Persönlichkeit und Weltanschauung bildeten zwei Elemente eine merkwürdige Synthese. Denn Diem war einerseits ein fundamentalistischer und streitbarer Katholik, der von sich selbst einmal sagte, sein Katholizismus sei von kämpferischer spanischer Art. Andererseits verkörperte er zugleich auch in Theorie und Praxis die seiner Herkunft entsprechenden Traditionen des Konfuzianismus, der sich in Vietnam länger erhalten hatte als in seinem Ursprungsland China. Diese Haltung, verstärkt durch ein erfahrungsbedingtes Mißtrauen gegenüber anderen vietnamesischen Politikern, erklärt, weshalb sich Diem in Ausübung seiner Herrschaft vor allem auf Mitglieder seiner Familie, primär seine Brüder und seine Schwägerin, stützte. Im ersten Jahr seiner Regierung gelang es ihm, mit Macht und List drei in der südvietnamesischen Politik und Gesellschaft schädliche und mit militärischen Privatarmeen ausgerüstete Sekten – die Cao Dai, die Hoa Hao und die Bieh Xuyen – auszuschalten, was ihm im In- und Ausland besondere Anerkennung eintrug. Mit einem pseudodemokratischen Staatsstreich entmachtete er den schwachen und wenig aktiven Kaiser Bao Dai durch eine Volksabstimmung über die Frage, ob Südvietnam eine von Bao Dai regierte Monarchie bleiben oder eine von ihm selbst geleitete Republik werden sollte. Charakteristisch und beispielhaft für die mangelnde Fairneß bei diesem Verfahren war die Tatsache, daß die zugunsten Bao Dais abzugebenden Wahlkarten grün umrandet waren (grün gilt in Vietnam als Farbe des Unglücks), während im Gegensatz dazu die Wahlkarten für Ngo Dinh Diem mit der Glücksfarbe rot umrandet waren. Durch diese und andere Winkelzüge erhielt Diem 98,2 Prozent der abgegebenen Stimmen und wurde am 26. Oktober 1955 zum Präsidenten der neu geschaffenen Republik Vietnam erklärt.[1] Mit der einstimmigen Annahme einer Verfassung für die neu geschaffene Republik Vietnam verwandelte sich die aus 123 Mitgliedern und 5 verschiedenen Parteien gebildete verfassunggebende Versammlung in Südvietnams erste reguläre Nationalversammlung. Oberflächlich gesehen ähnelte die Verfassung dem Modell der US-amerikanischen Verfassung, wenngleich einige Elemente, wie z.B. die Errichtung eines Nationalen Wirtschaftsrates, französischen Modellen entnommen war.[2]

In der Sicht der vietnamesischen Kommunisten (abgekürzt: Vietcong) hatte die von Ho Tschi Minh 1945 proklamierte Demokratische Republik Vietnam trotz des Krieges mit Frankreich und trotz der im Genfer Waffenstillstandsabkommen von 1954 verfügten Begrenzung ihres De-facto-Herrschaftsbereiches auf Nordvietnam kontinuierlich weiterbestanden und beanspruchte, die legitime Regierung ganz Vietnams zu verkörpern. In den ersten zwei Jahren nach der Genfer Indochina-Konferenz hatten sich die vietnamesischen Kommunisten auf die Konsolidierung ihrer Machtbasis im Norden beschränkt. Doch bereits ab 1957 hatten sie mit zunächst begrenzten und dann immer weiter ausgedehnten Maßnahmen mit ihrem Kampf um die Macht in Südvietnam begonnen. Zu diesem Zweck war am 20. Dezember 1960 die »Nationale Befreiungsfront« mit dem Ziel gegründet worden, alle der südvietnamesischen Regierung Ngo Dinh Diem und den USA feindlich gesinnten Kräfte in einer breiten Volksfrontbewegung zusammenzufassen und zum aktiven organisierten Widerstand aufzurufen. Stark an Verhaltensmodelle der chinesischen Kommunisten erinnernd, hatten sie ab 1957 eine vieldimensionale und ungemein effektive Form der Bürgerkriegsstrategie entwickelt. Ein vom 1. Mai 1960 datiertes Geheimmemorandum der Südostasienabteilung des US-Außenministeriums berichtete eine Verdreifachung der Stärke der Vietcong innerhalb nur eines

Jahres. Nicht weniger als 58 Prozent Südvietnams seien dem Zugriff und der Kontrolle der Kommunisten ausgesetzt. In vielen Gebieten hatten die Vietcong ihre eigenen Verwaltungsstrukturen errichtet. Der Bericht fährt wörtlich fort: »Die Vietcong haben innerhalb der letzten zwei Jahre das Tempo und die Intensität ihrer Angriffe derart gesteigert, daß Südvietnam in Kürze die Entscheidungsphase im Kampf um sein Überleben bevorsteht.« Die Nationalbefreiungsfront habe offiziell angekündigt, sie werde bis Ende des Jahres 1961 die Macht im Lande ergreifen.[3] Robert Scigliano, ein führender amerikanischer Vietnamexperte, berichtete 1961 von dort, die Kommunisten beherrschten mit unterschiedlichen Graden der Wirksamkeit bis zu 80 Prozent der ländlichen Gegenden in Vietnam.[4]

Die Bürgerkriegsstrategie der Vietcong setzte sich aus wirkungsvoll kombinierten Gruppen von Maßnahmen zusammen. Dazu gehörte der Terror mit dem Ziel der Einschüchterung, der Abschreckung und der Trennung der ländlichen Bevölkerung von den Organen der offiziellen Verwaltung. Hinzu trat eine je nach Adressaten differenzierte primär nationalistische und sekundär soziale Propaganda mit dem Ziel einer koordinierten Massenmobilisierung gegen das bestehende Herrschaftssystem und die USA. Die konstruktiven Elemente dieser Strategie bestanden in kostenfreier Landverteilung an die Bauern, in Maßnahmen und Institutionen der sozialen Fürsorge für die dörfliche Bevölkerung und in Errichtung von Strukturen der Verwaltung, die in Konkurrenz zu den amtlichen Verwaltungsorganen der regulären Regierung konzipiert waren. Hinzu trat die Organisierung und Führung eines sich in Umfang und Intensität steigernden Partisanenbürgerkrieges. Dabei kamen den Kommunisten zugute, daß im Zuge der beim Waffenstillstand vereinbarten beiderseitigen Evakuierung von Streitkräften etwa 100.000 ursprünglich aus dem Süden stammende Vietnamesen, die in Ho Tschi Minhs Armee gedient hatten, in den Süden zurückgekehrt waren und nun dort als erprobte Kämpfer bei der Fortsetzung des Krieges unter neuen Umständen eingesetzt werden konnten. Ein

Von l. nach r.: US-Präsident Dwight D. Eisenhower (1890–1969), US-Außenminister John Foster Dulles (1890–1959) und der anfangs verbündete, doch später nicht ohne Ermutigung der Kennedy-Regierung ermordete südvietnamesische Staatspräsident Ngo Dinh Diem (1901–1963).

besonderer Aspekt der Terrorkampagne der Vietcong bestand in der systematischen Ermordung oder Entführung von jenen Bürgermeistern und Lehrern in den Dörfern, die sich dem Vietcong nicht bedingungslos unterordneten, wie auch von Ingenieuren und anderem technischem Personal, das von der Regierung zur Modernisierung dörflicher Strukturen eingesetzt worden war.[5] Hinzu traten gezielte Zerstörungsaktionen, die sich gegen Straßen, Eisenbahnlinien, Brücken und Treibstofflager richteten, um die Wirtschaft des Landes zu paralysieren und die bestehende Unzufriedenheit gegenüber der Regierung in Saigon zu steigern.[6]

Indirekt gefördert wurde diese Strategie der Vietcong durch die vielfach kontraproduktive Form der Herrschaftsausübung der südvietnamesischen Regierung. Zwar hatte diese, ermutigt und unterstützt durch amerikanische Autoritäten, ein Landreformprogramm zugunsten der Bauern initiiert. Beeinflußt durch die erfolgreichen Modelle in Taiwan und in Japan, wollte dieses den Bauern einen preisgünstigen Erwerb von Land auf der Basis staatlicher Subventionen ermöglichen. Doch mit der illegalen Methode freier Landverteilung durch die Kommunisten konnte dieses teils auch durch Korruption und Ineffizienz behinderte Programm nicht konkurrieren. Eine kostspielige und weitgehend mit amerikanischer Hilfe ermöglichte Gegenmaßnahme der Regierung hatte in der Errichtung sogenannter Wehrdörfer bestanden, größerer befestigter Ortschaften, die der agrarischen Bevölkerung Schutz vor Übergriffen der Kommunisten gewähren sollten. Bis 1963 waren 5917 solche Wehrdörfer errichtet, die über 8 Millionen Menschen in den ländlichen Gegenden zu einer vor Angriffen gesicherten Existenz verhelfen sollten. Doch dieses überhastet durchgeführte Programm beinhaltete für seine Bewohner auch manche praktische Nachteile, war ohne sozialpsychologische Vorbereitung durchgeführt worden. Die Dörfer konnten oftmals gegen gezielte Brandangriffe der Vietcong oder andere Aktivitäten fünfter Kolonnen keine ausreichende Sicherheit bieten.

Das Mordkomplott gegen Präsident Diem

Eine wachsende Belastung für Südvietnam und die es unterstützenden USA ergab sich aus dem Regierungsstil des Präsidenten Ngo Dinh Diem. Wohlmeinend, selber nicht korrupt, aber volksfern regierte er wie ein gewählter Monarch. Konfuzianischen Traditionen entsprechend regierte er gestützt auf seine engste Familie, beraten insbesondere von seinem allgemein verhaßten Bruder Ngo Dinh Nhu und dessen bildschöner, wenn auch oft destruktiver Gattin Madame Nhu (Tran Le Xuan). Bruder Nhu fungierte als graue Eminenz des zu oft brutal agierenden Sicherheitsapparats. Asketisch und streng religiös im Lebensstil, war Diem ein Anhänger der komplexen und weiteren Bevölkerungskreisen kaum vermittelbaren Philosophie des Personalismus. Seine strenge und nüchterne Rhetorik strahlte keine bei der Bevölkerung spürbare Wärme aus und vermochte keine Begeisterung zu erwecken. Während es die Kommunisten glänzend verstanden, bei der Bevölkerung den Eindruck sozialpolitischer Volksnähe zu erwecken, blieb der Verwaltungsstil der Regierung Diem bürokratisch und obrigkeitsstaatlich. Die Maxime des klassischen Konfuzianismus »Wer sein Volk verliert, verliert sein Reich« wurde von Diem entweder nicht beherzigt, oder es war ihm trotz seiner persönlichen Integrität nicht gegeben, bei der Bevölkerung auf Sympathie beruhende Unterstützung zu erwecken.

Ab Anfang Mai 1963 wurde Südvietnam von einer schweren, vier Monate anhaltenden Krise erschüttert. Zu ihrem Hintergrund gehörte die Tatsache, daß Präsident Diem als militanter Katholik die Minderheit der katholischen Bürger seines Landes (1,5 Millionen bei einer Gesamtbevölkerung von 15 Millionen) in vielfacher Hinsicht, so etwa bei der Vergabe von Ämtern oder von Hilfs- und Wohlfahrtsprogrammen, bevorzugt hatte. Das hatte dazu beigetragen, Diem und sein Regime der buddhistischen Mehrheit zunehmend zu entfremden. Abgesehen von den Kommunisten waren deshalb buddhistische Kreise zu Sammelpunkten der Kritik und Unzufriedenheit mit der Regierung geworden. Lang aufgestaute Spannungen entluden sich, als am 8. Mai 1963 anläßlich des 2587. Geburtstags Buddhas in der Stadt Hue, einem Zentrum des vietnamesischen Buddhismus, die buddhistische Flagge gehißt werden sollte und diese Maßnahme von zwei einflußreichen Brüdern des Präsidenten Diem verboten wurde. Tausende von Buddhisten protestierten. Es kam zu Zusammenstößen mit der Armee, die einige Demonstranten tötete. Voreilig verdächtigte die Familie Diem eine kommunistische Urheberschaft dieser Turbulenzen und lehnte amerikanische Vermittlungsbemühungen ab. Eine gewaltige Steigerung der so erzeugten Spannung trat ein, nachdem sich ein buddhistischer Priester namens Thich Quang Duc mitten auf einer belebten Straßenkreuzung der Hauptstadt Saigon in Anwesenheit vieler Augenzeugen aus Protest mit Benzin übergossen und verbrannt hatte. Anstatt eine Versöhnung mit dem Buddhismus anzustreben, und nachdem sich weitere Mönche selbst verbrannt hatten, veranlaßte Diems Bruder Ngo Dinh Nhu weitere Akte der Repression gegen die Buddhisten, die selbst vor Pagoden nicht haltmachten.

Die USA hatten unmittelbar nach dem Rückzug Frankreichs aus Indochina 1954/55 Maßnahmen zur wirtschaftlichen, militärischen und politischen Unterstützung des neuen Staates in Südvietnam unternommen. Diese hatten zu Beginn der Amtszeit Präsident Eisenhowers unbestreitbare Erfolge gezeitigt. Doch angesichts wachsender Erfolge

Demonstrative Selbstverbrennung eines buddhistischen Mönches als Protest gegen die Unterdrückung der buddhistischen Bevölkerungsmehrheit in Südvietnam durch die Regierung Ngo Dinh Diems.

der kommunistischen Kampftätigkeit in Südvietnam in den frühen sechziger Jahren hatte sich die Regierung des US-Präsidenten John F. Kennedy dazu veranlaßt gesehen, diese Unterstützungsmaßnahmen beträchtlich zu verstärken. Intensive Überlegungen der amerikanischen Entscheidungsträger hatten dabei 1962/63 zu drei schicksalhaften Schlußfolgerungen geführt: 1. Die Hypothesen der sogenannten Domino-Theorie treffen auch für Südvietnam zu. Falle das Land in die Hände der Kommunisten, so werde das in Südostasien eine Serie weiterer kommunistischer Expansionsakte und eine den USA global abträgliche Vertrauenskrise seitens der anderen Staaten der freien Welt nach sich ziehen. 2. Die Verteidigung des nichtkommunistischen Herrschaftssystems in Südvietnam erfordere einen weiterhin gesteigerten Machtmitteleinsatz der USA, einschließlich größerer amerikanischer Truppenverbände. 3. In der Sphäre der Politik setze eine erfolgreiche Behauptung Südvietnams eine Beseitigung der zu repressiv und zu unpopulär gewordenen Regierung Präsident Diems und seiner Familie voraus.[7]

Zur Tragik der weiteren Entwicklung gehört die Tatsache, daß Washington am 1. November 1963 ein Telegramm von Botschafter Lodge aus Saigon erhielt, in dem dieser von seinem letzten substantiellen Gespräch mit dem südvietnamesischen Präsidenten berichtete. Diem habe gesagt: »Bitte teilen Sie Präsident Kennedy mit, daß ich ein guter ... Verbündeter bin und daß ich offen gesagt die anstehenden Fragen lieber jetzt lösen möchte als später, wenn wir alles verloren haben würden. ... Sagen Sie Präsident Kennedy, daß ich all seine Vorschläge sehr ernst nehme und daß ich sie auszuführen wünsche, aber es ist eine Frage der Zeit.« Kommentierend hatte Botschafter Lodge hinzugefügt: »Im Grunde genommen sagte er: ›Sagt uns, was ihr wollt, und wir werden es tun.‹«[8] Endlich schien es so, als hätte Washington die lange vergeblich angeforderte Kooperationsbereitschaft des südvietnamesischen Präsidenten erhalten. Doch kurz nachdem dieses Telegramm im Weißen Haus empfangen wurde, waren Diems Mörder bereits unterwegs und schlugen in den Morgenstunden des 2. November 1963 zu. Präsident Diem und sein Bruder Ngo Dinh Nhu wurden in einer Kirche aufgespürt, gefesselt, erschossen und teilweise verstümmelt. In Reaktion auf Gerüchte, Diem und sein Bruder hätten Selbstmord begangen, kommentierte Kennedys außenpolitischer Berater McGeorge Bundy, es sei für Selbstmörder eher ungewöhnlich, sich mit auf dem Rücken gefesselten Händen zu erschießen und danach auch noch zu erdolchen.[9] Präsident Kennedy, der dem Komplott von Botschafter Cabot Lodge und der CIA zur Ermutigung eines Putsches gegen Diem zugestimmt hatte, fiel 21 Tage später selbst einem Mord zum Opfer.

Zwar hatten Washingtons Entscheidungsträger zum Putsch und damit zur Beseitigung eines Regierungschefs angeraten, mit dem sie den Kampf um Südvietnam innenpolitisch nicht gewinnen zu können glaubten. Doch diese Politik war kurzsichtig und ohne hinreichende Erwägung der Frage betrieben worden, wer an die Stelle des getöteten Bundesgenossen treten könne. In seinem bemerkenswert selbstkritischen Rückblick auf Amerikas Vietnamkrieg schrieb Präsident Kennedys Verteidigungsminister McNamara, der Hauptverantwortliche für den Mord an Diem, General Duong Van Minh, habe einem Amerikaner zur Frage der Ausschaltung Diems durch Mord geantwortet: »Man konnte Diem nicht leben lassen, weil er bei einfachen, leichtgläubigen Leuten auf dem Lande zu sehr respektiert war.« Ein südvietnamesischer Politiker und vormaliger Kritiker Diems habe nach dem Mord gesagt: »Die führenden Generäle, die sich zum Mord an Diem und seinem Bruder entschlossen, hatten eine tödliche Angst. Die

Generäle wußten sehr wohl, daß sie ohne Begabung, ohne moralische Qualitäten und ohne irgendeine politische Unterstützung nicht in der Lage gewesen wären, eine spektakuläre Rückkehr des Präsidenten und Frau Nhus zu verhindern, falls man sie am Leben gelassen hätte.« McNamara selbst kommentierte, der Kennedy unmittelbar nachfolgende Präsident Lyndon B. Johnson habe hinsichtlich der amerikanischen Vietnampolitik eine äußerste gefahrvolle Situation übernommen. »Der Führer, der Südvietnams zentrifugale Kräfte fast ein Jahrzehnt lang zusammengehalten hatte, war soeben durch einen Putsch entfernt worden, den Johnson abgelehnt hatte. Südvietnam fehlte eine Tradition der nationalen Einheit. Es war geplagt von religiösen Animositäten, zersplitterter Politik, korrupter Polizei und ... einem wachsenden Aufstand von Partisanen, der von seinem nördlichen Nachbarn unterstützt wurde. ... Zwei südvietnamesische Regierungen kamen und gingen in den ersten 90 Tagen der Regierung Johnsons, und vier weitere folgten in den nächsten 9 Monaten.«[10] Doch weder die Schaffung eines konsensuellen Willens zur Selbstbehauptung noch auch eines Gefühls und Inhalts einer verbindenden nationalen Identität für die südvietnamesische Bevölkerung lagen für die USA oder irgendeine andere auswärtige Macht im Bereich des Möglichen.

Die Gleichzeitigkeit amerikanischer und nordvietnamesischer Beschlüsse zur Eskalation des Konflikts

Theoretisch wäre es für die USA denkbar gewesen, die Regimekrise in Südvietnam und den Wechsel von einem amerikanischen Präsidenten zum anderen als Gelegenheit zu einer Entflechtung des amerikanischen Engagements in Südvietnam zu benützen. Doch der neue Präsident Lyndon B. Johnson, der über wenig Erfahrung im Bereich der Außenpolitik und noch weniger Erfahrung hinsichtlich ostasiatischer Angelegenheiten verfügte, scheute davor zurück, die Politik seines ungemein beliebten Vorgängers zu ändern. Die Willensrichtung seiner Regierung drückte er anläßlich einer Bewilligung von 700 Millionen US-Dollar für Amerikas wachsende Kosten in Vietnam wie folgt aus: »Dem tapferen Volk vom Südvietnam soll diese Resolution sagen: ›Amerika hält seine Versprechungen.‹ Und wir werden sie mit allen Hilfsmitteln unterstützen, die wir dazu brauchen. Den Angreifern ... teilt diese Resolution mit: ›Wir werden nicht geschlagen werden. Wir werden unseres Kampfes nicht müde werden.‹«[11] Diese Haltung entsprach nicht nur der »Domino-Theorie«, an die Johnson ebenso fest wie seine Vorgänger Kennedy, Eisenhower und Truman glaubte, sondern auch jenem Bild des harten texanischen Machopolitikers, an das er selbst glaubte und das er den amerikanischen Wählern zu vermitteln suchte. Das amerikanische Volk habe gewußt, so schrieb er, daß er nicht jemand sei, der aufgebe und weglaufe. Es habe auch gewußt, daß er die Zusagen und Versprechungen seiner Vorgänger nicht verleugnen werde.[12] Nachdenklich stimmte ihn die im Juli 1965 geäußerte Ansicht seines Freundes Clark Clifford, der als einer der führenden Krisenmanager der amerikanischen Regierung galt und der ihm bei einem Treffen in Camp David gesagt hatte, er glaube nicht, daß die USA in Südvietnam gewinnen könnten. Jede Steigerung eines amerikanischen Truppeneinsatzes werde von seiten der Kommunisten entsprechend wettgemacht werden. Man solle beraten, wie die USA sich ehrenhaft aus Südvietnam zurückziehen könnten, denn sonst sei nichts zu erwarten –

außer einer politischen Katastrophe. Der Präsident antwortete, die USA könnten sich nicht einfach zurückziehen. Auch sei er nicht bereit, irgendeine Regelung als Deckmantel für einen faktischen Rückzug zu akzeptieren. Wenn es gelänge, die gegnerischen Kräfte ohne das Risiko einer direkten sowjetischen oder chinesischen Intervention zurückzudrängen, dann bestünde eine echte Chance zu erfolgreichen Verhandlungen mit Nordvietnam.[13]

Eine schicksalsvolle Wende des Vietnamkrieges resultierte aus der Südostasien-Resolution des amerikanischen Kongresses vom 7. August 1964, die in den Medien als »Tongking-Golf-Resolution« bezeichnet wurde. Vorangegangen waren Gefechte amerikanische Zerstörer und nordvietnamesischer Schnellboote im Golf von Tongking, wobei bis heute die nicht restlos geklärte Behauptung im Raume steht, es habe sich möglicherweise um eine amerikanische Provokation gehandelt.[14] In diesem stark an die Taiwan-Straits-Resolution von 1955 erinnernden Beschluß des amerikanischen Kongresses wurde der US-Präsident in seiner Eigenschaft als Oberkommandierender der US-Streitkräfte ermächtigt, in der Region Südostasien alle erforderlichen Maßnahmen zu ergreifen, um bewaffnete Angriffe gegen amerikanische Streitkräfte zurückzuschlagen, weitere Aggressionsakte zu verhindern und Staaten im Schutzbereich des Südostasienpaktes bei der Verteidigung ihrer Freiheit zur Hilfe zu kommen.[15] Diese dem Präsidenten eine Art Blankoscheck für militärische Aktionen in Südostasien gewährende Resolution wurde im Repräsentantenhaus mit 416 Stimmen ohne Gegenstimme oder Enthaltung angenommen und im Senat mit 88 gegen nur 2 Gegenstimmen. Ein Unterstaatssekretär der US-Regierung stellte 1967 bei einer Anhörung im Senat die Behauptung auf, in Verbindung mit dem Vertrag des Südostasienpaktes stellte die Tongking-Golf-Resolution »ein funktionales Äquivalent zu einer Kriegserklärung« dar.[16]

Nachdem im Februar des folgenden Jahres Vietcong-Kommandos amerikanische Stützpunkte in Südvietnam angegriffen hatten, befahl Präsident Johnson eine Luftkriegsoffensive gegen Nordvietnam, die mit Unterbrechungen bis 1973 fortgesetzt werden sollte. Noch im gleichen Jahr begann der Kampfeinsatz amerikanischer Bodentruppen, deren Stärke bei Ende des Jahres 1965 184.314 erreichte. Dem Beginn des Luftkrieges lag die Annahme zugrunde, den wachsenden Erfolge des Vietcong im Südvietnam könnte nur durch eine materielle Schwächung Nordvietnams begegnet werden. Die Erkenntnis, daß das südvietnamesische Regime trotz materieller US-Hilfen den Krieg auf sich gestellt nicht gewinnen könne, und der Wille, Vietnam den Kommunisten nicht preiszugeben, hat zur amerikanischen Entscheidung einer Eskalation des Kriegseinsatzes ebenfalls beigetragen.

Im Gegensatz zur Darstellung in zahlreichen Schilderungen des Vietnamkrieges hatte auch die kommunistische Führung Nordvietnams zeitlich knapp vor dem entsprechenden Beschluß Washingtons ihrerseits die Entscheidung zu einer klar motivierten Eskalation des Kampfes gegen die USA und das südvietnamesische Regime gefaßt. Nachteile von dem sich verschärfenden Konflikt zwischen Moskau und Peking befürchtend, hatte die Regierung Ho Tschi Minhs vergeblich eine Einstellung oder Minderung des Konflikts zwischen den beiden ideologisch verwandten Großmächten angestrebt. Die allzu offene Austragung des Konflikts könne leicht von Gegnern des Kommunismus ausgenützt werden. Doch der im Mai 1963 zu einem Staatsbesuch in Nordvietnam weilende Staatspräsident der Volksrepublik China Liu Shao-ch'i (Liu Shaoqi) hatte Ho Tschi

Im vergeblichen Bemühen, den Krieg in Vietnam trotz wachsender Schwierigkeiten zu gewinnen, setzte die US-Luftwaffe neben konventionellen Waffen auch massiv Napalm und den dioxinhaltigen Wirkstoff ›Agent Orange‹ zur »Entlaubung des Dschungels« ein.

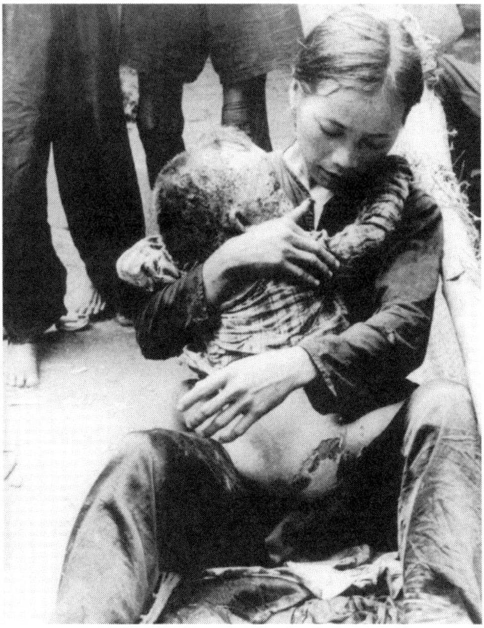

Schwere Verbrennungen, unermeßliche Landschaftszerstörung sowie Fehl- und Mißgeburten gehörten zu den kriegsrechtlich bedenklichen Folgen des Einsatzes von Napalm und Entlaubungsgiften im amerikanischen Vietnamkrieg.

Minhs Vorschläge in diese Richtung barsch zurückgewiesen und in einer Rede vom 15. Mai 1963 die These aufgestellt, es gehe jetzt um die Frage, ob die unterdrückten Völker einen revolutionären Freiheitskampf führen sollten oder nicht. Davon hänge das Schicksal der Weltrevolution und der Menschheit ab. »In der Frage eines so wichtigen Kampfes um Prinzipien dürfen wir nicht untätig beiseite stehen, dürfen wir keinen Mittelweg einschlagen.« In einer drei Tage zuvor gehaltenen Ansprache hatte Liu auch gewarnt, daß es unzulässig sei, die Außenpolitik der sozialistischen Staaten einseitig auf eine Politik der friedlichen Koexistenz festzulegen. Mit Mühe hatte Ho Tschi Minh in ein gemeinsames Kommuniqué mit dem chinesischen Staatspräsidenten zumindest den Wunsch nach Wiederherstellung der Einheit zwischen China und der Sowjetunion einfügen können.[17] Pekings These, in Schicksalsfragen der kommunistischen Weltbewegung dürfe es keine Neutralität zwischen den chinesischen und sowjetischen Standpunkten geben, förderte eine Kontroverse innerhalb des Politbüros der Kommunistischen Lao-Dong-Partei in Nordvietnam, als deren Resultat sich die prochinesischen Elemente durchsetzten.

Die zwischen Januar und Juli 1964 teils in der nordvietnamesischen Tageszeitung *Nhan Dan* und teils in der theoretischen Parteizeitschrift *Hoc Tap* veröffentlichten Kernthesen der neuen Eskalationspolitik Nordvietnams können wie folgt zusammengefaßt werden:

1. Trotz der Existenz von Atomwaffen bleibe der Krieg die Fortsetzung der Politik mit anderen Mitteln. Der moderne Krieg sei »ein totaler Krieg« und für ihn müßten »sämtliche Menschen- und Materialreserven ... mobilisiert« werden. »Die militärische Linie Nordvietnams sei die Linie des Volkskrieges, eines totalen und absoluten Krieges« der Partei, der Volksmassen und der Volksarmee. 2. In direkter Antithese zur amerikanischen »Domino-Theorie« schrieb General Giap: »Südvietnam ist das Vorbild für die nationale Befreiungsbewegung unserer Zeit ... Wenn es gelingt, den von den amerikanischen Imperialisten in Südvietnam erprobten Spezialkrieg zu gewinnen, so bedeutet dies, daß überall in der Welt gesiegt werden kann.« 3. Die Geschichte werde nur durch Klassenkampf und bewaffneten revolutionären Kampf vorangetrieben. »Nur durch eine Offensivstrategie kann die weltrevolutionäre Bewegung ihre Kräfte stärken und die des Imperialismus schwächen.« Grundfalsch sei die Vorstellung, die revolutionäre Weltbewegung durch »ökonomischen Wettbewerb mit dem Kapitalismus« (Chruschtschows These) oder durch Verhandlungen mit den Amerikanern voranbringen zu wollen. 4. Die Waffe des Volkskrieges könne mit Erfolg auch gegen Atommächte eingesetzt werden. Ein Staat, der sich vor Atomwaffen fürchtet, sei zur »negativen Defensive« verurteilt. 5. »Der moralische Faktor entscheidet über Erfolg oder Mißerfolg in einem Krieg. ... Kein Staat kann auf die Dauer diesen lang andauernden Widerstand leisten, da er die wirtschaftliche Tätigkeit hemmt, die Moral der Verwaltung und Armee untergräbt und unter dem Volk die Unzufriedenheit gegen das herrschende Regime verstärkt. ... In einem lang dauernden Krieg gehört der endgültige Sieg der Seite, die fähig ist, ihn auf die Dauer durchzustehen ... Die Imperialisten werden ihre Niederlage erst dann eingestehen, wenn sie starke Rückschläge einstecken mußten und ihren Krieg nicht mehr fortsetzen können.«[18]

So standen fast hinter den gleichzeitigen Eskalationsbeschlüssen Nordvietnams und der USA zwar entgegengesetzte, aber doch dialektisch zusammenhängende Kernthesen:

Washingtons Domino-Theorie behauptete, falle Südvietnam, so werde sich eine kommunistische Expansion Zug um Zug auf ganz Südostasien erstrecken. Deshalb müsse Südvietnam ebenso gehalten werden wie zuvor Südkorea oder Taiwan. Vor dem Hintergrund des Konflikts zwischen Moskau und Peking erklärten die Führer Nordvietnams hingegen, der Kampf um Südvietnam verkörpere einen Probefall für die maoistische These, der Imperialismus und die Macht des Westens könne nur durch nationale revolutionäre Kriege besiegt werden. Gelinge das in Südvietnam, so sei die allgemeine Richtigkeit dieser These bestätigt.

Als oberster Entscheidungsträger der amerikanischen Politik stand Präsident Johnson zwischen zwei Gruppen entgegengesetzter und mit großer Beredsamkeit vorgetragener Meinungen seiner engsten Berater. Die einen meinten, die kommunistische Expansion durch Bürgerkrieg oder Krieg habe in Griechenland, in Malaya, auf den Philippinen, in Südkorea und in der Straße von Taiwan eingedämmt und besiegt werden können. Das gleiche sei für Südvietnam zu erwarten.[19] Andere wie Clark Clifford und insbesondere Unterstaatssekretär George W. Ball sagten Amerikas Niederlage voraus. Es sei unbewiesen und unwahrscheinlich, daß eine weiße Armee in einem Dschungelterrain einen Partisanenkrieg gegen Asiaten führen könne, deren Bevölkerung die Kooperation verweigere. Ab dem Moment des Einsatzes und erster größerer Verluste amerikanischer Bodentruppen werde ein unumkehrbarerer Prozeß begonnen haben und damit eine Bindung entstehen, aus der sich die USA ohne beträchtliche Demütigungen nicht mehr werde befreien können.[20] Seinem Naturell entsprechend entschied sich Johnson, wenn auch zögernd, für die optimistische Eskalationskonzeption. Im Zuge der Luftkriegsoffensive wurden bis Ende 1972 650.000 Tonnen (mehr als die Hälfte des US-Bombenabwurfs im Zweiten Weltkrieg) über Indochina abgeworfen.[21] Doch nicht nur Bomben kamen zum Einsatz. Um in einem dicht mit Dschungel bestandenen Terrain Bewegungen des Gegners besser sicht- und erkennbar zu machen, wurden primär von der amerikanischen Luftwaffe zwischen 1967 und 1971 im Zuge der sogenannten Operation Hades 42 Millionen Liter des Unkrautvernichtungsmittels ›Agent Orange‹, das ein hochgiftiges Dioxin (TCDD) enthält und Hautgeschwüre, Leberschäden und Krebs verursacht, versprüht.[22] Bis zum Ende des 20. Jahrhunderts hat sich die US-Regierung geweigert, für dieses von einzelnen Richtern der Kriegsverbrechertribunale der vierziger Jahre als Kriegsverbrechen bezeichnete Verhalten Entschädigungen an die Opfer zu zahlen. Der nach Kriegsvölkerrecht mehr als problematische Einsatz solcher Entlaubungsgifte war bereits am 9. August 1962 von Präsident Kennedy auf Grund einer Empfehlung des Verteidigungsministers McNamara genehmigt worden.[23] Diese Art Luftkampfführung erstreckte sich nicht nur auf Nord- und Südvietnam, sondern auch auf Grenzgebiete des Königreiches Laos und Kambodscha, durch die Nordvietnam illegal Mannschaft und Material nach Südvietnam einschleuste.

Trotz des auch von den USA brutal geführten Krieges gab es amerikanische Bemühungen um Verhandlungen mit Nordvietnam. So bot Präsident Johnson im April 1965 eine Art Marshallplan für Südostasien einschließlich Vietnams unter UN-Ägide an, wobei allerdings die Unabhängigkeit Südvietnams gewahrt bleiben müsse. Im Juni des gleichen Jahres bat er um UN-Vermittlung zum Zweck der Aufnahme von Verhandlungen mit Hanoi. Eine von Weihnachten 1965 bis Ende Januar 1967 eingelegte Bombenpause, die zur Ermutigung von Gesprächen gedacht war, wurde vom Gegner für massive Nachschubaktionen verwandt. Eine neuerliche Bombenpause ab 8. Februar 1967 begleitete ein Schreiben Johnsons an Ho Tschi Minh. Darin regte Johnson doppeltes Moratorium an: amerikanischer Bombenstopp und nordvietnamesischer Infiltrationsstop nach Südvietnam. Ho Tschi Minh antwortete am 15. Februar 1967 mit einem Brief, der die Kerngehalte der vier Hauptforderungen Nordvietnams wiederholte. Diese waren: 1. Einstellung der amerikanischen »Aggression«. 2. Beendigung des Bombenkrieges und aller anderen Feindseligkeiten. 3. Rückzug aller amerikanischen und verbündeten Truppen aus Südvietnam. 4. Anerkennung der Nationalen Befreiungsfront Südvietnams und ihres Rechtes, die Zukunft Vietnams autonom zu regeln. Nur nach einem bedingungslosen Bombenstopp und einer Einstellung anderer amerikanischer Feindseligkeiten sei Hanoi zu Verhandlungen mit Washington oder anderen Teilnehmern bereit.[24] Johnsons zwar subjektiv wohlgemeinte, doch ohne Mitberücksichtigung der vietnamesischen Mentalitäten und Interessen gemachte Vorschläge trafen auf Hanois Spott oder Ablehnung und wurden im Lager Ho Tschi Minhs nicht etwa als Gesten des Entgegenkommen, sondern als vielversprechende Symptome wachsender Schwäche empfunden.

Sieg und Wiedervereinigungskrieg der vietnamesischen Kommunisten

Eine entscheidende neue Phase erreichte der Vietnamkrieg 1968 mit der massiven Blitzoffensive der vietnamesischen Kommunisten am »Tet« genannten vietnamesischen Neujahrsfest, an dem in den vorangegangenen Jahren von beiden Seiten stets ein Waffenstillstand eingehalten worden war. Um so schockartiger wirkte nun der Überraschungsangriff zu einem Zeitpunkt, als sich ein großer Teil des südvietnamesischen Militärs gewohnheitsgemäß auf Urlaub befand. Dank des Überraschungseffektes und vorzüglicher Planung gelang es dem Vietcong schlagartig, die meisten der über 40 Provinzhauptstädte und sogar auch Teile der Hauptstadt Saigon kurzfristig unter ihre Kontrolle zu bringen. Es gelang ihnen, bis zu den Eingängen der US-Botschaft und des Präsidentenpalastes vorzudringen. Doch in den Städten hatten sich die primär an Dschungelkampfbedingungen gewohnten Partisanen des Vietcong den besser bewaffneten Amerikanern und Südvietnamesen zum Kampf stellen müssen und erlitten 40.000 Mann Verluste, die nicht weniger als die Hälfte der angreifenden Einheiten betrugen. Da sich die Streitkräfte der vietnamesischen Kommunisten in Südvietnam von diesem Schlag nicht wieder erholten, verlagerte sich die Hauptlast des Kampfes der Kommunisten auf die Schultern infiltrierter nordvietnamesischer Einheiten.[25]

Paradoxerweise entwickelte sich jedoch aus den sichtbaren Elementen dieser militärischen Niederlage der vietnamesischen Kommunisten ihr größter psychologischer Sieg. Zu Recht überschrieb der vormalige südvietnamesische Ministerpräsident Nguyen Cao Ky in seinen Memoiren das Kapitel über die Tet-Offensive mit den Worten »The breaking of America's Morale«, womit die Kampfmoral im Sinne des Durchhaltevermögens gemeint war. In weiten Kreisen der amerikanischen öffentlichen Meinung entstand der Eindruck, die Tet-Offensive habe die ganze Sinnlosigkeit des Krieges entlarvt. Durch andere Problembereiche der amerikanischen Gesellschaft intensiviert, entstand eine landesweite, stark differenzierte und lautstarke Protestbewegung, die sich sowohl gegen den Vietnamkrieg als auch gegen diverse Mißstände in der Gesellschaft richtete. Über das sich landesweit verbreitende Fernsehen kamen nun entsetzliche Bilder vom Krieg in Vietnam in die Wohnzimmer der amerikanischen Bürger. Der innenpolitische Druck auf die Regierung erreichte dramatische Dimensionen, Präsident Johnson kündigte Ende Oktober 1968 seinen Verzicht auf eine neue Kandidatur bei den bevorstehenden Präsidentschaftswahlen, aber auch den Beginn von Friedensgesprächen in Paris an, an denen die USA, Nordvietnam, Südvietnam und die südvietnamesische Nationale Befreiungsfront beteiligt sein würden. Denn Nordvietnam hatte auf Johnsons Angebot vom März 1968 zu Friedensgesprächen unter der Voraussetzung einer Einstellung des Luftkriegs zustimmend reagiert.[26]

Am 5. November 1968 wurde der Spitzenkandidat der Republikanischen Partei Richard M. Nixon zum 37. Präsidenten der Vereinigten Staaten gewählt. In seiner Antrittsrede erklärte er, nach einer Periode der Konfrontation treten die USA jetzt in eine »Ära der Verhandlungen« ein. In der Tat kam es nach komplizierten Vorverhandlungen am 25. Januar 1969 zur ersten regulären Sitzung der Friedensverhandlungen bezüglich Vietnams, an denen Vertreter der USA, Südvietnams, Nordvietnams und der Provisorischen Revolutionsregierung in Südvietnam teilnahmen. Erst nach vierjährigen schwierigsten Verhandlungen konnte am 27. Januar 1973 das Waffenstillstandsabkommen unterzeichnet werden. Zur Beruhigung der wegen Vietnam zutiefst aufgewühlten amerikanischen Öffentlichkeit und auch weil er erkannte, daß dieser Krieg mit den dafür einsetzbaren Mitteln nicht gewonnen werden konnte, hatte Nixon bereits Anfang Juni 1969 den Beginn einer »Entamerikanisierung« des Krieges und eines sukzessiven Rückzugs amerikanischer Streitkräfte aus Vietnam bekanntgegeben und beginnen lassen. Als jedoch die reguläre nordvietnamesische Armee im Gefühl des schon gesicherten Sieges im März 1972 eine große Offensive gegen Südvietnam initiierte, ließ Nixon – trotz des Risikos bezüglich der von ihm verbesserten amerikani-

US-Außenminister Henry A. Kissinger (geb. 1923, r.) und Nordvietnams Chefunterhändler Le Duc Tho, die den Waffenstillstand in Vietnam 1973 aushandelten und beide kurz darauf den Friedensnobelpreis erhielten.

schen Beziehungen zu Peking und Moskau – eine so gewaltige Bombenoffensive gegen Nordvietnam, ergänzt durch die früher vermiedene Verminung der Häfen Nordvietnam,s durchführen, daß die Offensive des Nordens zum Stehen gebracht werden konnte. Die Verhandlungen wurden wieder aufgenommen. Als sie nach einigen Monaten erneut in Stocken gerieten, übte Nixon auf beide Regierungen des geteilten Vietnam enormen Druck aus, um das Zustandekommen eines Waffenstillstandsabkommens zu erzwingen. Nach Ablauf eines unbeantworteten Ultimatums an Hanoi ließ er vom 17. Dezember 1972 bis zum 15. Januar 1973 das Bombardement Nordvietnams wieder- aufnehmen. Zugleich wurde die südvietnamesische Regierung unter der Führung der Generäle Nguyen Van Thieu und Nguyen Cao Ky unter Druck gesetzt, ein Abkommen zu unterzeichnen, von dem die Südvietnamesen wußten, daß dies der Anfang vom Ende ihres Staates sei. Von den laufenden Ereignissen der Verhandlungen, die primär nicht am Konferenztisch, sondern in direkten Gesprächen zwischen US-Präsidentenberater Kissinger und dem vietnamesischen Chefunterhändler Le Duc Tho stattfanden, wurde der südvietnamesische Chefdelegierte zumeist erst im nachhinein informiert.[27] An Südvietnams Präsident Thieu hatte Nixon in einem Brief vom 14. November 1972 geschrieben: »Sie haben meine absolute Zusicherung, daß falls Hanoi das Abkommen nicht einhalten sollte, es meine Absicht ist, schnelle und schwerwiegende Vergeltungsmaßnahmen zu ergreifen.«[28]

Das am 27. Januar 1973 in Paris unterzeichnete Waffenstillstandsabkommen verpflichtete die USA zum Rückzug ihrer Streitkräfte aus Südvietnam, zum Abbau ihrer dortigen Stützpunkte und zum Verzicht auf weitere Einmischung in militärischer Ereignisse in Südvietnam. Entgegen den Wünschen Südvietnams konnten die gegnerischen Streitkräfte in einer Stärke von 150.000 Mann im Land verbleiben. Die Wiedervereinigung Vietnams solle durch friedliche Verhandlungen zwischen den beiden Seiten im Rahmen eines Nationalen Rates für Versöhnung und Einheit erfolgen. International verpflichtete sich Vietnam zu einer Politik der militärischen Neutralität. Ausländische Mächte sollten auf vietnamesischem Boden keine Stützpunkte unterhalten können.

Auf die politische Moral Südvietnams übte der Inhalt dieses Abkommens eine zutiefst deprimierende Wirkung aus. Hatte sich doch das Regime mit zuletzt bis zu 540.000 amerikanischen Soldaten im Lande nur mit Mühe erhalten können. Im März 1975 nahm Nordvietnam ohne Rücksicht auf die Bestimmungen des Waffenstillstandsabkommens den Krieg mit voller Kraft wieder auf. Nach verheerenden Niederlagen seiner Streitkräfte verzichtete General Thieu auf das Amt des Staatspräsidenten Südvietnams, das – fast symbolisch – auf jenen General Duong Van Minh überging, der 12 Jahre zuvor das Mordkomplott gegen Präsident Diem veranlaßt hatte und nun bereit war, mit der kommunistisch gesteuerten Nationalen Befreiungsfront Vietnams einen Kompromiß zu schließen. Der Zusammenbruch Südvietnams erfolgte unter so chaotischen Umständen, daß die lokalen US-Behörden kaum mehr als ein Drittel ihrer vietnamesischen Mitarbeiter vor der Rache der Gegner retten konnten. Es kam zu erschütternden Szenen – Menschen die sich vergeblich an abfliegende Hubschrauber zu klammern versuchten oder für die Überlassungen eines Ruderbootes bis zu eine Million US-Dollar zu zahlen bereit waren.[29]

Der zweite Vietnamkrieg im Rückblick

Erste Anfänge des amerikanischen Engagements in Vietnam nach 1945 ergaben sich bereits 1950, als Präsident Truman zu Beginn des Koreakrieges die materielle Unterstützung des französischen Kolonialkrieges gegen die nationalkommunistischen Vietminh durch die USA veranlaßte.

Im Jahrzehnt nach Frankreichs erzwungenem Rückzug und der Teilung Vietnams (1954) unternahmen die USA mehrdimensionale Bemühungen zur Förderung der von Südvietnams Präsident Ngo Dinh Diem versuchten Politik des »nationbuilding« in Südvietnam.

Unabhängig voneinander beschlossen sowohl Nordvietnam als auch die USA 1963/64 eine jeweilige Intensivierung ihres Einsatzes im Kampf um Südvietnam. Der Norden förderte teilweise unter Trug den Angriff auf den Status quo durch einen sich steigernden Partisanenvolkskrieg. Dessen wachsender Wirksamkeit versuchten die USA ab 1965 einerseits durch eine Luftkriegsoffensive und den wachsenden Einsatz von Bodentruppen entgegenzutreten. Andererseits veranlaßten sie den Generalsputsch gegen den dabei ermordeten Präsidenten Diem, da sie dessen autoritären Regierungsstil für politisch kontraproduktiv hielten. Jedoch erfolgte diese Intervention ohne irgendeine Vorstellung davon, wer oder was an die Stelle Diems und seiner Regierung treten könne.

Wissenschaftliche Kenner Vietnams und Südostasiens wurden im Zusammenhang mit den Entscheidungsprozessen der amerikanischen Vietnampolitik kaum je intensiv konsultiert. Unter den Entscheidungsträgern herrschte – laut McNamara – »eine profunde Ignoranz der Geschichte, Kultur und Politik der Völker dieser Region wie auch … ihrer Führer«.[30] Zur Beratung des US-Präsidenten bestand weder ein spezieller Krisenstab, noch wurden Grundsatzdebatten über Alternativen und Konsequenzen der amerikanischen Politik in Vietnam und Südostasien mit der hierfür erforderlichen Gründlichkeit geführt.[31]

Einer Überbewertung materieller, militärischer Wirkungsmöglichkeiten stand auf amerikanischer Seite eine verhängnisvolle Unterbewertung ideeller, soziokultureller und politischer Faktoren gegenüber. Ein Schlüsseldilemma der amerikanischen Politik bestand darin, daß dem Überbau amerikanischer militärischer Schutzmaßnahmen kein hinreichend resistenzfähigerer Unterbau eines effizienten südvietnamesischen Regimes und eines es tragenden gesellschaftlichen Grundkonsenses zugrunde lag. So aber überwölbte die Militärstrategie der USA die Unvollkommenheit, Mängel und Schwächen der Nationalstaatsbildung in Südvietnam, das – ganz im Gegensatz zu Nordvietnam – weder über charismatische Führergestalten noch auch über kohärenzschaffende Institutionen oder Identitätsgefühle verfügte.

Die Schwäche der südvietnamesischen Infrastruktur rief gleichsam kompensierend intensivierte Bevormundungen der USA hervor, die oft eine »Entselbständigung« der südvietnamesischen Führung zur Folge hatte. Die wiederholten Schutzzusagen mehrerer amerikanischer Präsidenten hatten in Südvietnam vielfach das Gefühl entstehen lassen, nicht Südvietnam, sondern die USA seien die tragende Kraft des Krieges. Washington könne sich gar nicht leisten, diesen zu verlieren. In seinen aufschlußreichen Memoiren schrieb Südvietnams vormaliger Ministerpräsident Nguyen Cao Ky: »American over-exposure often had dire effects and morale. The average South Vietnam solder felt because of our secondary role that we were fighting for the United States in a war now America's. I remember ... a man asking: ›Way should we fight? The Americans are doing the fighting for us.‹ ... This was a feeling that crept insidiously into the Vietnames over the years.«[32]

Amerikas Entscheidungsträger unterschätzten die primär politisch und psychologisch fundierte Kampfkraft, Leidensfähigkeit und Willensstärke des nationalistischen und totalitären Systems der vietnamesischen Kommunisten mitsamt ihren von Indoktrination und Terror wirksam ergänzten Formen der Partisanenkriegsführung.

Für die USA galt als Hauptobjekt des Krieges nicht Vietnam um seiner selbst willen, sondern Vietnam als aktueller Kriegsschauplatz innerhalb einer Kette mehrerer amerikanischer Eindämmungsfronten im Pazifik gegen die kommunistischen Kräfte Ostasiens. Alle US-Präsidenten von Truman bis Johnson hatten beinahe dogmatisch die »Domino-Theorie« zur Grundlage ihrer pazifischen Eindämmungsstrategie gemacht. Kritiker dieser Politik wie der Politikwissenschaftler Hans J. Morgenthau wiesen einerseits darauf hin, daß Amerikas Krieg in Indochina jahrhundertealte Feindschaften zwischen Vietnam und China sowie zwischen Vietnam und Kambodscha überdecke. Nach Amerikas Entflechtung von Vietnam würden diese Konflikte wiederaufleben, und der in Washington gefürchtete Prozeß der »Kommunisierung« im Sinne der Domino-Hypothese werde auf Indochina begrenzt bleiben. Andererseits verwies Morgenthau auf die Tatsache, daß ein polyzentrisch gewordener Weltkommunismus den USA weitere Spielräume der diplomatischen Strategie einräume als die vorangegangene monozentrische Struktur dieser Bewegung.[33] Die interkommunistischen Kriege zwischen Vietnam und Kambodscha 1978 sowie zwischen China und Vietnam 1979 und ferner auch Nixons Pingpong-Diplomatie der Annäherung an China sollten Morgenthau recht geben. Auch die von Washingtons Führung intensiv gehegte Befürchtung, ein Rückzug der USA aus Vietnam könne die bündnispolitische Glaubwürdigkeit der USA mit weltweiter Wirkung erschüttern, trat nicht ein.

Dem Waffenstillstandsvertrag in Vietnam von 1973 folgt dessen Bruch und die Eroberung Südvietnams durch den Norden. Verzweifelt versuchen Südvietnamesen, sich mit Hubschraubern vom Dach eines US-Gebäudes in Saigon in letzter Minute vor der Rache der Kommunisten zu retten.

Militärisch gesehen blieben Amerikas massive Bombenoffensiven im Fall Vietnams ebensowenig kriegsentscheidend wie im Koreakrieg oder im Zweiten Weltkrieg. Ab dem Einsatz regulärer Bodentruppen entstand aber ein psychologischer Zwang, sie nicht ohne vorherigen Erfolg wieder zurückzuziehen. Doch die Erinnerung an Chinas Eingreifen in den Koreakrieg wie auch explizite Drohungen Pekings, das in dieser Zeit eigene nukleare Kapazitäten entwickelte, im Falle einer amerikanischen Invasion in Nordvietnam einzugreifen, hielten die USA von einer solchen Maßnahme ab. Trotz des massiven Einsatzes von Bomben und giftigen Entlaubungsmitteln konnten die über Kambodscha führende Nachschubwege aus Nord- nach Südvietnam (Ho-Chi-Minh-Pfad) nicht wirksam unterbrochen werden. Der beiderseits erbittert durchgekämpfte Krieg führte auf beiden Seiten zu ungesühnten Kriegsverbrechen und Verbrechen gegen die Menschlichkeit.

Die schon zwei Jahre nach dem Waffenstillstandsabkommen von Paris erfolgte Eroberung Südvietnams durch den Norden (1975) annullierte Washingtons Hoffnung auf ein »decent interval«, einen größeren Zeitabstand, der die Realität der ersten Niederlage der USA am Ende des längsten Krieges ihrer Geschichte hätte psychologisch verschleiern können. Nicht nur zwei Drittel der südvietnamesischen Mitarbeiter amerikanischer Institutionen in Südvietnam konnten auf Grund zu spät getroffener Vorbereitungen nicht mehr evakuiert werden, sondern sie und unzählige Anhänger des südvietnamesischen Regimes wurden ohne Gerichtsurteile jahrzehntelang zur Zerrüttung von Leben und Gesundheit in vietnamesische Zwangsarbeitslager gesteckt.

Im Gegensatz zu Chinas Interessen unternahm es das im Zeichen des Kommunismus nun vereinigte und von Moskau unterstützte Vietnam, durch Krieg und Expansion zur Hegemonialmacht ganz Indochinas zu werden. Das Ende des Krieges und die nachfolgenden Entwicklungen übten auf die neugegründete Südostasiatische Staatengemeinschaft (ASEAN) jedoch eine konsolidierende Wirkung aus. In den USA gab das katastrophale Ende des mit so vielen, später enttäuschten Hoffnungen begonnenen Engagements in Vietnam Anlaß zu neuen Denkprozessen hinsichtlich der weltpolitischen Rolle des eigenen Landes und bewirkte eine überraschende Kehrtwende seiner seit 1950 verfolgten Konfrontationspolitik mit China.

25. Kapitel

Nixons ›Pingpong-Diplomatie‹ und die Prozesse der Annäherung Washingtons und Tokios an Peking 1969–1978

Interessenkonvergenzen zwischen Washington und Peking

Eine der überraschendsten und gewichtigsten Veränderungen in der Konstellation weltpolitischer Kräfteverhältnisse ergab sich Anfang der 1970er Jahre, als zwei Jahrzehnten spannungsgeladener Konfrontation zwischen China und den USA eine Ära der Entspannung und Annäherung folgte, die auch das Verhältnis zwischen Japan und China nachhaltig beeinflußte. Auf beiden Seiten hatten es für diese dramatische und international unerwartete Änderung des außenpolitischen Verhaltens schwerwiegende Gründe gegeben. In den USA war im November 1968 mit Senator Richard M. Nixon erstmals ein aus Kalifornien und somit von der amerikanischen Pazifikküste herstammender Politiker zum Präsidenten gewählt worden. Bereits Anfang 1967 hatte dieser in einem Artikel der Zeitschrift *Foreign Affairs* unter dem prognostischen Titel »Asien nach Vietnam« neuartige Ideen zur Weiterentwicklung der amerikanischen Asienpolitik dargelegt. Spätestens der Vietnamkrieg habe gezeigt, daß die USA nicht allein die sicherheitspolitische Rolle eines »Weltpolizisten« erfüllen könnten. Mit dem Beginn der Ära des polyzentrischen Kommunismus habe sich die Art der Bedrohung durch den Kommunismus geändert. In der Zukunft müßten die mit den USA befreundeten Staaten Asiens in verstärktem Maße selbst die Verantwortung für ihre sicherheitspolitische Widerstandsfähigkeit gegen etwaige Aggressionen nicht nur in militärischer, sondern auch in soziopolitischer Hinsicht erhöhen. Von zentraler Bedeutung sei es die bisherige, zu statische Politik der »peripheren Eindämmung« Chinas durch eine neue Politik zu ersetzen, die das Ziel verfolge, China aus seiner Isolation herauszuholen und zu einem verantwortlichen Mitglied der internationalen Staatengesellschaft zu machen. Das Schlagwort der neuen Politik laute »Eindämmung ohne Isolierung«. Es gehe um eine neue positive Politik in einer angemessenen Mischung von Druck und Überredung mit dem Ziel einer »dynamischen Entgiftung« des Beziehungsklimas zwischen den beiden größten Mächten östlich und westlich des Pazifischen Ozeans. Auch sollten die USA die Entwicklung eines asiatischen Regionalismus ermutigen und diesbezügliche asiatische Initiativen unterstützen.[1] In seiner Antrittsrede vom 20. Januar 1969 erklärte Nixon nach einer Ära der Konfrontation träten die USA jetzt in eine Ära der Verhandlungen ein.[2] Inmitten des auch innenpolitisch immer problematischer werdenden Vietnamkrieges hatte sich Nixon somit das Ziel gesetzt, die durch Haß erfüllte gegenseitige Propaganda, wie auch durch militärische Konfrontationen, durch bittere Erinnerungen an den gegenseitigen Krieg in Korea und durch tiefes beiderseitiges Mißtrauen verhärteten Strukturen der Beziehungen zwischen den USA und China aufzulockern.

Bereits ab 1969 begannen die USA daher mit einer ganzen Reihe von Liberalisierungsmaßnahmen und Äußerungen, die in Peking als Gesten des guten Willens verstanden werden konnten. Dazu gehörten z.B. die Aufhebung bestimmter Exportverbote, begrenzte Visagenehmigungen für Reisende nach China und häufige Erwähnungen des Wunsches nach verbesserten Beziehungen zu China einschließlich des Wunsches des US-Präsidenten, eine Reise nach China zu unternehmen. China reagierte mit anderen Gesten, so der Freilassung eines gefangenen amerikanischen Bischofs, einer Erwiderung verstärkter diplomatischer Gesprächskontakte und einer Einladung an ein prominentes amerikanisches Tischtennis-Team zum Spiel in China, wo das Team von niemand Geringerem als von Ministerpräsident und Außenminister Chou En-lai (Zhou En-lai) persönlich empfangen wurde. Zuvor hatte Mao Tse-tung im Gespräch mit seinem amerikanischen Biographen Edgar Snow im Dezember 1970 geäußert, Nixon sei in Peking durchaus willkommen, und nachdem einige Botschaften Nixons an Peking über die Regierungen Pakistans und Rumäniens übermittelt worden waren, traf in Washington am 31. Mai 1971 eine Botschaft Pekings ein, in der es hieß: »Der Vorsitzende Mao Tse-tung hat Präsident Nixons Besuch willkommen geheißen und freut sich auf die Gelegenheit von Gesprächen ... wobei jede Seite das Thema erörtern kann, das ihr wichtiger erscheint ...« Gleichzeitig sei Ministerpräsident Chou En-lai (Zhou En-lai) zu vorherigen Geheimgesprächen mit Nixons Sicherheitsberater Kissinger bereit. »Das ist« – so kommentierte Kissinger – »die wichtigste Mitteilung, die ein amerikanischer Präsident seit dem Zweiten Weltkrieg erhalten hat!«[3]

Zwecks Geheimhaltung eine Krankheit vortäuschend, flog Henry A. Kissinger, ein aus Fürth stammender deutsch-amerikanischer vormaliger Harvard-Professor für Internationale Politik, den Nixon zu seinem Sicherheitsberater ernannt hatte, am 9. Juli 1971 nach Peking. Ausführliche Gespräche, die er dort mit Ministerpräsident Chou En-lai (Zhou En-lai) führte, wie auch ein zweiter Besuch Mitte Oktober 1971 bereiteten in Details Nixons historischen Staatsbesuch in China vor.

Nachdem Präsident Nixon seine Absicht zu einem Staatsbesuch in der Volksrepublik China bekanntgegeben hatte, kam es in der Frage der Vertretung Chinas in den Vereinten Nationen zu einer drastischen Wende. Angesichts bröckelnder Mehrheiten für die bis dahin gegebene Regelung hatten die USA 1971 in der Generalversammlung der UN erneut den Antrag gestellt, die Frage einer Vertretung Chinas zu einer »wichtigen Frage«, die nur mit einer Zweidrittelmehrheit der Stimmen entschieden werden könne, zu erklären. Der Antrag war knapp mit 59 gegen 55 Stimmen bei 15 Enthaltungen abgelehnt worden. Hingegen war am 25. Oktober 1971, während Kissingers zweitem Aufenthalt in Peking, von der UN-Generalversammlung ein Antrag Albaniens mit 76 gegen 35 Stimmen bei 17 Enthaltungen angenommen worden, der die Volksrepublik China mit der Vertretung ganz Chinas in der Weltorganisation der Vereinten Nationen betraute und den Ausschluß der Nationalchinesischen Vertretung verfügte.[4] Bezüglich dieser Frage hatte sich die Nixon Regierung in einem Dilemma befunden: Einerseits und gerade auch im Sinne der von Nixon vorgeschlagenen neuen Chinapolitik schien es unvermeidbar, die Großmacht China auch in die Aktivitäten der Weltorganisation der Vereinten Nationen einzubinden, andererseits aber würde eine solche Entwicklung ein vitales Lebensinteresse des damaligen nationalchinesischen Verbündeten auf Taiwan verletzen. So wurde in Washington insgeheim beschlossen, auf eine chinesische Doppelvertretung in den Vereinten Nationen hinzuarbeiten. Einen Präzedenzfall hierfür bot die Vertretung der Sowjetunion, die in der UN nicht nur durch Rußland, sondern auch mit je einem Sitz für Weißrußland und der Ukraine vertreten war. Doch der Vorstoß der USA in diese Richtung kam auf Grund einer verfahrenstechnischen Gegenentscheidung des Allgemeinen Komitees der UN-Generalversammlung nicht zur Abstimmung und wurde von den beiden chinesischen Regierungen in Peking und wie auch in Taipei deshalb abgelehnt, weil eine doppelte Chinavertretung in der UN wie eine Anerkennung der Teilung Chinas im Sinne der sogenannten Zwei-China-Theorie gewirkt hätte. Da Nixons bekanntgegebene Absicht zu einem Staatsbesuch in China von den meisten Regierungen auswärtiger Mächte als Vorboten einer grundsätzlichen Änderung der amerikanischen Chinapolitik gedeutet wurde, hatten sämtliche NATO-Verbündeten der USA für die albanische Resolution und gegen die USA gestimmt. Auf ausdrückliches Ersuchen der USA hatte sich die japanische UN-Delegation massiv für einen Verbleib der nationalchinesischen Vertretung für ganz China in der UN eingesetzt. Wie jedoch der Leiter der japanischen Delegation zur UN-Generalversammlung im Herbst 1971 Aichi Kiichi dem Verfasser in Tokio am Vorabend seines Fluges nach New York mitteilte, hatte er (Aichi) das Gefühl, Präsident Nixon verfolge mit seiner »rechten Hand« Außenminister William P. Rogers *eine* Haltung in der amerikanischen Chinapolitik und mit seiner »linken Hand« (Henry E. Kissinger), die dem Herzen näher sei, *eine andere* Politik. Diese erfülle ihn mit Sorge, doch werde sich Japan mit aller Kraft für eine Fortsetzung der UN-Vertretung Chinas durch die nationalchinesische Regierung einsetzen, worum Washington Tokio eindringlich gebeten hatte. International begann nach der UN-Entscheidung zugunsten Pekings ein diplomatischer Erdrutsch insofern, als zahl-

Die Begegnung zwischen Mao Tse-tung (l.) und US-Präsident Richard Nixon (1972) bedeutete den Höhepunkt der sogenannten »Pingpong-Diplomatie« gegenseitiger Entspannung zwischen Washington und Peking, die weitgehend auch gegen Moskau gerichtet war.

reiche Staaten, die zuvor diplomatische Beziehungen zum nationalchinesischen Regime auf Taiwan unterhalten hatten, diese abbrachen, um anschließend normale diplomatische Beziehungen zur Volksrepublik China aufzunehmen. So kam es zur Aufnahme diplomatischer Beziehungen zwischen Bonn und Peking im Oktober 1971 und zuvor zwischen Österreich und China im Mai des gleichen Jahres.

Nixons durch die Massenmedien als Sensation gewerteter Staatsbesuch in der Volksrepublik China fand vom 21. bis 28. Februar 1972 statt. Das wichtigste dokumentarische Ergebnis der Verhandlungen Nixons und Kissingers in Peking bestand im sogenannten *Kommuniqué von Shanghai* vom 28. Februar 1972. Als gemeinsame Interessen beider Seiten betonte das Kommuniqué deren Wunsch, die auch im Interesse anderer Länder liegende Normalisierung ihrer gegenseitigen Beziehungen voranzutreiben und die Gefahr eines militärischen Konflikts zwischen ihnen zu verringern. Mit unverkennbarer Spitze gegen die Sowjetunion gerichtet, vereinbarten Peking und Washington fernerhin, daß »keine von beiden Seiten ein Hegemonie im asiatisch-pazifischen Raum anstreben sollte und daß jede von ihnen Bemühungen irgendeines anderen Landes oder irgendeiner Gruppe von Ländern zur Errichtung einer solchen Hegemonie ablehnt ...« Zur Haltung Pekings in der Taiwan-Frage heißt es im Kommuniqué, diese Frage sei das Haupthindernis im Wege einer vollständigen Normalisierung der Beziehungen zwischen China und den USA. Peking lehne alle Aktivitäten ab, »die auf die Schaffung von ›ein China, ein Taiwan‹, ›ein China, zwei Regierungen‹, ›zwei Chinas‹ und ›unabhängiges Taiwan‹ abzielen oder befürworten, daß über den Status von Taiwan noch entschieden werden muß«. Die von Kissinger mit bemerkenswerter diplomatischer Geschmeidigkeit formulierte amerikanische Haltung zur Taiwan-Frage lautete: »... die Vereinigten Staaten erkennen an, daß alle Chinesen auf beiden Seiten der Straße von Taiwan der Auffassung sind, daß es nur ein China gibt und daß Taiwan ein Teil Chinas ist. Die amerikanische Regierung stellt diesen Standpunkt nicht in Frage. Sie bekräftigt ihr Interesse an einer friedlichen Regelung der Taiwan-Frage durch die Chinesen selbst. Mit dieser Aussicht vor Augen versichert sie, daß das Endziel der Abzug aller amerikanischen Streitkräfte ... von Taiwan ist.« Die USA würden inzwischen ihre Streitkräfte in Taiwan in dem Maße reduzieren, »wie sich die Spannungen in diesem Raum vermindern«.[5]

Tatsächlich aber hatte Mao Nixon und Kissinger in Peking gesagt, die Taiwan-Frage sei nicht dringend, sie könne notfalls auch erst in 100 Jahren gelöst werden. Die große Frage betreffe die künftige Konstellation der Weltpolitik. China habe keine Absicht, die USA in Japan oder Südkorea zu bedrängen oder mit Waffengewalt in Indochina einzugreifen. Die antiimperialistischen Schlagworte der Pekinger Propaganda sollten nicht übermäßig bewertet werden.[6]

Strukturell gesehen beruhte die historische Annäherung zwischen den USA und China auf einer zeitweiligen Parallelität der Grundinteressen beider Mächte. Beide fühlten sich durch ihre gleichzeitige Konfrontation mit zwei Weltmächten überlastet, und jede von ihnen suchte Erleichterung durch eine Annäherung an jenen anderen Gegenspieler, der für weniger gefährlich erachtet wurde. Für China waren dies die Vereinigten Staaten und für Washington war es China, obwohl sich die USA gleichzeitig auch um eine Détente mit Moskau bemühten.

Peking sah sich zu dieser Zeit fast vollständig isoliert. Im Norden stand China entlang einer 8000 Kilometer langen Grenze der Sowjetunion gegenüber. Der Konflikt Moskau-Peking hatte sich weiterhin auch dadurch verschärft, daß Moskau mit der Breschnjew-Doktrin von 1968 den Anspruch auf das Recht zur unilateralen, gegebenenfalls auch militärischen Intervention in anderen kommunistischen Staaten erhoben hatte, falls dort, nach Meinung Moskaus, Entwicklungen zu einer Gefährdung des Kommunismus und des sozialistischen Lagers führten.[7] Da China in der Zwischenzeit ab 1964 aus eigenem Vermögen Nuklear- und Raketenwaffen entwickelt hatte, fühlte Moskau sich bedroht und hatte Sondierungen hinsichtlich der Frage unternommen, ob es nicht im Interesse der Weltgemeinschaft sei, wenn die chinesische Nuklearindustrie durch einen präventiven Blitzangriff der sowjetischen Luftstreitkräfte zerstört würde.[8] An der territorial umstrittenen chinesisch-sowjetischen Ussuri-Grenze war es zu bedrohlichen militärischen Spannungen gekommen. Nordvietnam, das zu Beginn seines Krieges mit den USA ideologisch im Lager Chinas gestanden hatte, hatte sich bei Ende desselben stark an die Sowjetunion angenähert. Indien, seit seinem Grenzkrieg mit China 1962 ein erbitterter Gegner Pekings, hatte sich mehr und mehr an Moskau angelehnt, 1961 Chinas Quasi-Verbündeten Pakistan besiegt und die Entstehung des Staates Bangladesch anstelle des früheren Ostpakistan betrieben. An seiner östlichen Peripherie war China von einer Kette amerikanischer Eindämmungsbündnisse umringt, die sich von Japan über Südkorea, Taiwan, den Philippinen und Thailand bis nach Australien ausdehnten. Eine Annäherung an die USA bedeutete für Peking folglich auch einen Ausbruch aus einer kontraproduktiven Situation fast vollständiger Isolation.

Die USA wiederum hatten während des Vietnamkrieges für sich selbst jene Kondition der Überbelastung empfunden, die es bedeutet, im europäisch-atlantischen Bereich die Sowjetunion und im ostasiatisch-pazifischen Bereich die Volksrepublik China in einer Zeit sich wandelnder militärischer Kräfteverhältnisse statisch eindämmen zu müssen. Das Team Nixon/Kissinger erstrebte statt dessen eine neue, flexible Konstellation in den Beziehungen Washingtons einerseits mit Moskau und andererseits mit Peking. Beiden kommunistischen Großmächten wurde klargemacht, daß die USA an einer institutionalisierten Verbesserung der Beziehungen zu ihnen zwar stark interessiert sein, sich aber nicht als prinzipiellen Verbündeten der einen oder anderen Seite in Konflikt Moskau–Peking gewinnen ließen. Washingtons Überwindung des kalten Krieges mit Peking hatte die sowjetische Führung in ihren Beziehungen zu den USA wesentlich flexibler werden lassen. Andererseits befreite diese Annäherung die Chinesen von der seit Jalta alptraumartigen Sorge vor einem Zusammengehen der beiden Supermächte zu Lasten Chinas. Und das wiederum erklärte die trotz aller ideologischen Vorbehalte vom Team Mao Tse-tung/Chou En-lai (Zhou En-lai) an den Tag gelegte bemerkenswerte Elastizität im Umgang mit der amerikanischen Führung – trotz des Krieges im benachbarten Vietnam und trotz der »Proletarischen Kulturrevolution«. Auf Grund ihres Konfliktes miteinander und entsprechend ihrer Absicht, einer zu engen Anbindung der USA an den ideologischen Gegner entgegenzuwirken, waren sowohl Moskau als auch Peking aus formal analogen, doch inhaltlich antagonistischen Gründen an einer relativen Annäherung an die USA interessiert. Mit dieser erfolgreichen und weltweit mit Beifall bedachten diplomatischen Strategie war es Nixon und Kissinger gelungen, Amerikas sich abzeichnende regionale Niederlage in Indochina durch einen Erfolg auf weltpolitischer Ebene zu überspielen.

Die »Nixon-Schock«-Krise in Japan

Doch der Erfolg wurde durchaus teuer bezahlt. Neben dem nationalchinesischen Regime auf Taiwan kann auch die Regierung des japanischen Ministerpräsidenten Sato Eisaku als Opfer der dramatischen Wende in der China-Politik der Vereinigten Staaten gelten. Der von November 1964 bis Juli 1972 als Ministerpräsident Japans amtierende Sato hatte im Bereich der Außenpolitik eine Verbesserung der japanischen Beziehungen zu China, doch nicht zu Lasten seiner Bindungen an Taiwan, eine Normalisierung des japanischen Verhältnisses zum benachbarten Südkorea und eine Rückkehr der unter amerikanischer Besatzung stehenden Ryu-Kyu-Inseln mit der Hauptinsel Okinawa unter japanische Verwaltung angestrebt. Das Ryu-Kyu-Problem wurde zum Hauptgegenstand von Gesprächen, die Sato anläßlich seines Staatsbesuches in den USA im November 1969 im Weißen Haus mit Präsident Nixon führte. Letzterer hatte immer wieder auf die Wünschbarkeit einer profilierteren Rolle Japans in der Sicherheitsarchitektur des westpazifischen Raums hingewiesen. Im gemeinsamen Kommuniqué beider Staatsmänner vom 22. November 1969 kam Sato amerikanischen Interessen mit der Behauptung entgegen, die Stationierung amerikanischer Streitkräfte im Fernen Osten bilde unter gegenwärtigen Umständen (der Vietnamkrieg war noch in vollem Gang) einen primären Anker für die Sicherheitslage dieses Raumes. Die Erhaltung der Sicherheit auf der von Spannungen heimgesuchten koreanischen Halbinsel sei für Japans eigene Sicherheit ebenso von Bedeutung wie auch die Bewahrung von Frieden und Sicherheit im Gebiet von Taiwan. Zum Hauptziel seines Besuches kommend, betonte Sato, angesichts des sowohl in Japan als auch auf den Ryu-Kyu-Inseln gegebenen starken Wunsches der Bevölkerung nach der Wiedervereinigung der beiden Gebiete sei es nun an der Zeit, diese Frage auf der Basis freundlicher Beziehungen zwischen Tokio und Washington zu lösen. Da Nixon zustimmte, beschlossen die beiden Regierungschefs, in gegenseitige Beratungen mit dem Ziel einer Rückgabe der Inseln an Japan im Jahre 1972 einzutreten. Geschehe dies, so versicherte Sato, werde Japan auch diese Inseln in sein neu aufgebautes Verteidigungssystem miteinbeziehen. Dennoch wurde vereinbart, daß die USA in einem solchen Falle ihre militärischen Anlagen auf Okinawa, das Amerikas größten einzelnen Stützpunkt im Westpazifik beherbergte, auch weiterhin behalten. Im Rahmen dieser Besprechungen zögerte Sato nicht, auf die tiefreichenden Vorbehalte der japanischen Bevölkerung gegen Nuklearwaffen hinzuweisen. Wenn auch verklausuliert, so wurde vereinbart, Nuklearwaffen in Okinawa nur unter dem Aspekt der 1960 zwischen Washington und Tokio vereinbarten »Konsultationsklausel« zu stationieren. Sato wiederum billigte den Amerikanern das Recht zu, ihre Stützpunkte in Okinawa auch zur Wahrnehmung von Sicherheitsinteressen im Fernen Osten zu verwenden, die nicht nur auf Japan selbst bezogen seien. Sato sagte den Amerikanern fernerhin eine wachsende Beteiligung Japans und seiner Wirtschaft an asiatischen Entwicklungsprogrammen zu und verpflichtete sich, Maßnahmen zur Lockerung in Japan gegebener Importhindernisse zu ergreifen.[9]

Tatsächlich kehrten die Ryu-Kyu-Inseln dann mit Wirkung vom 15. Mai 1972 wieder unter Japans Verwaltungshoheit zurück, und die USA entfernten in Okinawa gelagerte Nuklearwaffen.[10] Einen Monat nach dem Sato-Nixon-Gipfeltreffen in Washington gewann Satos Liberaldemokratische Partei im Dezember 1969 die allgemeinen Wahlen mit einem beträchtlichen Stimmengewinn.

Die Tatsache, daß Sato in der gemeinsamen Erklärung mit Nixon das von Peking beanspruchte Taiwan wie auch Südkorea in den Bereich japanischer Sicherheitsinteressen im Westpazifik einbezogen hatte, löste in China zornige Reaktionen und eine verstärkte Bemühung der Pekinger Regierung aus, mit Kräften der japanischen Politik und Wirtschaft, die an einer Normalisierung der japanisch-chinesischen Beziehungen interessiert waren, gegen die Sato-Regierung Front zu machen. Nixons weltweit überraschender, von ihm selbst im Fernsehen bekanntgegebener und gleichzeitig auch in Peking veröffentlichter Beschluß vom 15. Juli 1971 zu einem Besuch in China wirkte wie ein »Schlag ins Gesicht« der Sato-Regierung. War doch als Resultat des Sato-Nixon-Gipfeltreffens von 1969 ein »heißer Draht« zwecks Konsultationen zwischen Washington und Tokio errichtet worden, wonach bei einem neuen Treffen zwischen Sato und Nixon und bei einer Begegnung ihrer beiden Außenminister Aichi und Rogers Anfang Juni 1971 – und somit nur wenigen Wochen vor Nixons Ankündigung seiner geplanten China-Reise – enge gegenseitige Konsultationen zwischen Washington und Tokio vereinbart worden waren. Im Licht wiederholter Äußerungen der US-Regierung fühlte sich die Regierung Sato in der Meinung bestärkt, Japan sei und bleibe ein enger und autonomer Partner der Ostasien-Politik der Vereinigten Staaten. All das schien nun wie weggefegt. Washington hatte es nicht für nötig erachtet, Tokio von der Tatsache und den Zielsetzungen der geheimen China-Mission Henry Kissingers zu informieren. Theoretisch wäre nach der Rückkehr Kissingers und nach dem Beschluß Nixons, durch eine Reise nach China eine Wende der amerikanischen China-Politik herbeizuführen, Zeit gewesen, die Japaner über den »heißen Draht« zu verständigen und ihnen zumindest die Chance zu einer parallelen Aktion zu geben. So aber wirkte Nixons sicherlich in den Medien wirksamer und plakativer Alleingang so, als sei der japanische Verbündete einfach übergangen worden.

Das von Washington entschuldigend vorgebrachte Argument, Kissingers Mission nach Peking habe strengste Geheimhaltung erfordert, überzeugte nicht, da Kissinger bereits in den frühen Morgenstunden des 13. Juli zurückgekehrt und Präsident Nixon Bericht erstattet hatte. Absichtlich wurde zwischen Nixen, Kissinger und Außenminister Rogers vereinbart, daß Japan nur *eine* Stunde vor Nixons Bekanntgabe der Kissinger-Verhandlungen und seiner geplanten Reise nach Peking von diesen Tatsachen informiert werden sollte.[11] Ohne näheren Kommentar zu den Gründen der unterlassenen rechtzeitigen Information schreibt Kissinger in seinen Memoiren hinsichtlich der Reaktionen aus den Hauptstädten mit den USA verbündeten Staaten: »Die sauerste Reaktion kam aus Japan, dessen Ministerpräsident Sato Eisaku ein bewährter Freund der Vereinigten Staaten gewesen war. Es war besonders schmerzlich, einen Mann in Verlegenheit zu bringen, der so viel zur Zementierung der Freundschaft zwischen unseren beiden Ländern beigetragen hatte. Die Ankündigung über China wurde in Japan als der erste ›Nixon-Schock‹ bekannt, dem einen Monat später der Schock des (amerikanischen) wirtschaftlichen Notprogramms folgte, das Kontrollen der Arbeitslöhne im Inland und handels- wie auch währungspolitische Einschränkungsmaßnahmen dem Ausland gegenüber verhängte.« Kissinger und Nixon blieben jedoch auch späterhin bei ihrer Behauptung der »Unvermeidbarkeit« einer ihre Verbündeten verletzenden und im Fall Japan schädigenden Geheimhaltung.[12] Ungeachtet ihrer herben Enttäuschung über das Verhalten der amerikanischen Verbündeten setzte sich die

Regierung Satos in den Vereinten Nationen bei den Debatten um die Vertretung Chinas vehement für eine Lösung ein, die selbst im Falle einer Zulassung Pekings dennoch ein Verbleiben einer Vertretung Taiwans befürwortete. Doch der Blamage der Nichtkonsultation durch Washington folgte die zweite Blamage durch entgegengesetzte Entscheidung der UN-Generalversammlung, die Peking als neue Vertretung ganz Chinas akzeptierte und jegliche Vertretung Taiwans ausschloß.[13] Nachfolgende Versuche Satos zu einer Annäherung an Peking wurden abgewiesen. Nicht nur in der japanischen Öffentlichkeit und in den Medien des Landes, sondern selbst innerhalb der regierenden Liberaldemokratischen Partei wurden nun die Stimmen übermächtig, die bei gleichzeitiger Kritik der Chinapolitik Satos neue Initiativen in Tokios Haltung der Volksrepublik China gegenüber forderten.

Japans Normalisierung der Beziehungen zu Peking

Da Sato erkannte, daß seine Stellung unhaltbar geworden war, gab er am 17. Juni 1972 seine Absicht zum Rücktritt bekannt. Mit ihm verlor Japan einen der eminentesten Politiker der Nachkriegsära. An seine Stelle als Ministerpräsident und Vorsitzender der regierenden Liberaldemokratischen Partei trat der 1919 geborene Tanaka Kakuei, der über eine langjährige parlamentarische Erfahrung verfügte. Innerhalb der Partei hatte Tanaka zur Sato-Fraktion gehört, war Postminister, Minister für Industrie und Handel und Generalsekretär der Liberaldemokratischen Partei auch zum Zeitpunkt ihres bedeutendsten Wahlsieges von 1969 gewesen. Der als unkomplizierter, populärer und aktionsfreudiger Politiker geltende Tanaka wurde vom außerordentlichen Parteitag der Liberaldemokraten im Juli 1972 gegen den von Sato bevorzugten Fukuda Takeo mit 282 gegen 190 Stimmen in einer Stichwahl gewählt.[14] Zum Außenminister wurde erneut Ohira Masayoshi ernannt, der diesen Posten bereits unter Ministerpräsident Ikeda innegehabt hatte. Anläßlich eines Treffens mit US-Präsident Nixon in Honolulu Ende August und Anfang September 1972 legte Tanaka dar, daß er auch aus innenpolitischen Gründen genötigt sei, die Normalisierung der Beziehungen zu China aktiv zu betreiben. Zwei Wochen später begab sich der als führender Krisenmanager der Liberaldemokratischen Partei bekannte vormalige Außenminister und Vizevorsitzende der Partei Shiina Etsusaburo nach Taiwan, wo er als Überbringer eines persönlichen Briefes von Ministerpräsident Tanaka an Präsident Chiang Kai-shek die Gründe für die kommenden Abbruch der diplomatischen Beziehungen zwischen Japan und Taiwan und die bevorstehende Aufnahme diplomatischer Beziehungen zwischen Tokio und Peking erklären sollte. Er mußte gleichzeitig erklären, daß die japanische Regierung beschlossen habe, ihren 1952 geschlossenen Friedensvertrag mit der nationalchinesischen Regierung auf Taiwan für »geschichtlich überholt« und daher als aufgehoben zu betrachten. Wie Shiina dem Verfasser berichtete, wurde sein Auto auf der Fahrt vom Flughafen Taipei zu den Regierungsgebäuden der Innenstadt von protestierenden Demonstranten mit Toastbrot beworfen. Als er seine Gastgeber fragte, ob die Verwendung von Toast als Wurfgeschoß irgendeine symbolische Bedeutung habe, verneinten diese und fügten nur trocken hinzu, die Verwendung von Toast garantiere, daß auf dem Lack des Wagens keine Kratzer entstünden.

Nach einer vorherigen Verständigung mit Washington, Taipei und übrigens auch Seoul, und nachdem sichergestellt worden war, daß Tanakas Besuch von den Chinesen die gleiche protokollarische Behandlung erhalten würde wie Nixons vorheriger Besuch, brachen Tanaka und Ohira mitsamt ihrer Gefolge am 25. September 1972 nach China auf. Beim Austausch von Begrüßungsreden in der Großen Halle des Volkes irritierte es die Chinesen, daß Tanaka im Hinblick auf Japans Kriegspolitik gegen China in den dreißiger und frühen vierziger Jahren nur bedauerte, daß Japan dem chinesischen Volk »Unannehmlichkeiten« (japanisch: »meiwaku«) bereitet habe. Nachdem Tanaka ebenso wie vor ihm Nixon von Mao Tse-tung empfangen worden war und mehrfache Gespräche zwischen Tanaka und Chou En-lai (Zhou En-lai) stattgefunden hatten, kam es am 29. September 1972 zur Unterzeichnung einer Gemeinsamen Erklärung zwischen Tanaka und Chou En-lai (Zhou En-lai), die das Ergebnis des Staatsbesuches zusammenfaßte. Die Präambel spricht einerseits von einer »langen Geschichte traditioneller Freundschaft« zwischen Japan und China und enthält aber andererseits auch den Satz: »Die japanische Seite ist sich zutiefst der Verantwortung für die ungeheuren Schäden bewußt, die sie dem chinesischen Volk in der Vergangenheit durch Krieg zugefügt hat, und sie bedauert dies außerordentlich.« In Punkt zwei erkennt Japan die Regierung der Volksrepublik China »als einzige legitime Regierung Chinas« an. In Punkt drei bestätigt Japan, daß es die Haltung der VR China – daß Taiwan ein unveräußerlicher Teil des Territoriums der Volksrepublik China ist – »voll versteht und respektiert«. Laut Punkt vier nehmen beide Regierungen ab dem 29. September 1972 diplomatische Beziehungen miteinander auf. Punkt fünf lautet: »Die Regierung der Volksrepublik China erklärt, daß sie im Interesse der Freundschaft zwischen den Völkern Chinas und Japans auf ihre Forderung nach Kriegsentschädigung gegenüber Japan verzichtet.« Nachdem die rivalisierende nationalchinesische Regierung anläßlich ihres Friedensvertrages mit Japan von 1952 auf Reparationen verzichtet hatte, konnte Peking sich den Japanern gegenüber nicht als weniger entgegenkommend erweisen. Weitere Punkte der Gemeinsamen Erklärung vereinbaren gegenseitigen Gewaltverzicht, Verzicht auf Hegemonie in der Region des asiatischen Pazifik und die beiderseitige Absicht, Verhandlungen über einen Friedensvertrag miteinander aufzunehmen. Ebenso sollten Wirtschaftsverkehr und Kontakt zwischen beiden Seiten ausgebaut werden.[15]

Diese erst zwei Jahrzehnte nach Proklamation der Volksrepublik China vollzogene Normalisierung der diplomatischen Beziehungen zwischen Tokio und Peking wurde auf beiden Seiten als epochales Ereignis gefeiert. Als der Verfasser im gleichen Jahr 1972 Japans Außenminister Ohira nach der völkerrechtlichen Begründung der einseitigen japanischen Aufhebung des terminlich nicht befristeten Friedensvertrages mit der nationalchinesischen Regierung befragte, erwiderte der Außenminister, mit rein rechtlichen Kategorien könne man einer Erklärung nicht näher kommen. Doch angesichts seiner geographischen Lage in Nordostasien sei es für Japan und seine Außenpolitik von lebenswichtigem Interesse, mit beiden benachbarten großen Kontinentalmächten, also sowohl mit der Sowjetunion als auch mit China, diplomatische Beziehungen zu unterhalten. Rechtlich könne man eventuell argumentieren, daß mit Japans Anerkennung der Regierung der Volksrepublik China als einzige legitime Regierung ganz Chinas ein Akt gesetzt worden sei, der notwendigerweise die bisherigen politischen Beziehungen Japans zu Taiwan überlagere und aufhebe. Laut *Japan Times* vom 20. September 1972 argumentierten manche Beobachter in Taiwan, daß Japans einseitige Aufhebung des Friedensvertrages von 1972 de jure den Kriegszustand zwischen Japan und Nationalchina wiederherstelle. Davon jedoch hätten beide Seiten nur zu verlieren gehabt, war doch Taiwan damals der drittgrößte Absatzmarkt Japans, das mit 38,6 Prozent führend an der Spitze ausländischer Exporte nach Taiwan stand.[16] Tatsächlich aber tauschten Japan und Taiwan halbamtliche Vertretungskörperschaften miteinander aus, die die konsularischen, wirtschaftlichen und kulturellen Beziehungen beider Länder zueinander regelten und die jeweils von hochrangigen Persönlichkeiten der entsendenden Länder geleitet wurden.[17]

Somit war Japan bei seiner durch die USA indirekt forcierten Annäherung an die Volksrepublik China weiter gegangen als die USA, die zunächst an ihrer diplomatischen Anerkennung der nationalchinesischen Regierung und an ihrem Verteidigungspakt mit dieser festhielten.

Die Vollnormalisierung der Beziehungen zwischen Washington und Peking und der Taiwan Relations Act

Angesichts der Tatsache, daß beide chinesischen Regierungen, sowohl Peking als auch Taipei, reglos am »Ein-China-Prinzip« festhielten und deshalb keinem dritten Staat gestatteten, gleichzeitig diplomatische Beziehungen zu beiden chinesischen Regierungen zu unterhalten, bedeutete es eine überraschende Wende, als Chou En-lai (Zhou En-lai) im Februar 1973 dem ihn besuchenden Kissinger vorschlug, de facto diplomatische Beziehungen zwischen Washington und Peking durch die beiderseitige Entsendung sogenannter Vertretungsbüros herbeizuführen, die jeweils eine Reihe diplomatischer Privilegien genießen sollten. Trotz der von Peking und Taipei zuvor praktizierten Doktrin kam es daher für einige Jahre zu einer chinesischen Doppelvertretung in Washington und einer amerikanischen Doppelvertretung in China. Denn in Washington verblieb zunächst die offizielle Botschaft der Republik China auf Taiwan bestehen, doch wurde neben ihr ein diplomatisches Verbindungsbüro der Volksrepublik China errichtet, das von einem führenden chinesischen Diplomaten geleitet wurde. Umgekehrt blieb Amerikas offizielle Botschaft zunächst weiterhin in Taipei bestehen, doch eröffneten die USA in Peking ein diplomatisches Liaisonbüro, das ebenfalls von einem besonders prominenten amerikanischen Diplomaten und zeitweise vom späteren US-Präsidenten George Bush geleitet wurde.[18]

Der am 2. November 1976 zum 39. Präsidenten der USA gewählte demokratische Politiker Jimmy Carter hatte sich bereits zu Beginn seiner Amtszeit das Ziel gesetzt, den Prozeß der Annäherung an China zügig fortzusetzen. Deutlich bestärkt wurde er in dieser Absicht von seinem Nationalen Sicherheitsberater Zbigniew Brzezinski, der seinerseits von dem Chinaexperten Michael C. Oksenberg beraten wurde. Brzezinski erblickte in einer Vollnormalisierung der Beziehungen Washingtons zu Peking eine bedeutsame Maßnahme, um dem internationalen Einfluß der Sowjetunion entgegenzuwirken. Sein Besuch in Peking im Mai 1978 bedeutete den Beginn der Schlußphase diesbezüglicher Verhandlungen zwischen Peking und Washington. Die hinter der letztlich eher ungewöhnlichen Art der Normalisierung Washingtons mit Peking stehende Motivationsstruktur war unter anderem von folgenden Überlegungen beeinflußt: Die USA verfügten über einen Verteidigungsvertrag mit Taiwan, der sich essentiell gegen China richte. Seien die USA aber im Ernstfall zu einem Krieg mit dem inzwischen nuklear aufgerüsteten China bereit, um Taiwan zu verteidigen? Wenn nicht, sei es dann nicht klüger, diesen Verteidigungspakt aufzukündigen? Und wenn eine Kündigung für erforderlich gehalten werde, solle dies bald geschehen, solange es noch als eine amerikanische Konzession gegenüber Peking gewertet werden könne, oder erst dann, wenn alle Gebiete der USA in einigen Jahren in Reichweite chinesischer interkontinentaler Raketen lägen? Hinzu kamen Hinweise auf einen für die USA stagnierenden Handel mit China und der Anzahl wichtiger Industriestaaten, die inzwischen seit 1971 Peking diplomatisch anerkannt hätten wie Japan, die Bundesrepublik Deutschland, Italien und zuvor bereits 1964 Frankreich. Vielleicht bewegte Carter auch der Ehrgeiz, ähnlich wie Nixon nationalen und internationalen Beifall durch eine spektakuläre außenpolitische Aktion zu ernten.[19]

Mit Washingtons ausdrücklichem Auftrag, dem nationalchinesischen Staatspräsidenten Chiang Ching-kuo nur eine Vorwarnzeit von wenigen Stunden zu lassen, begab sich der Botschafter der USA in Taiwan Leonard Unger am 15. Dezember 1978 um 2:30 morgens zur Residenz des Präsidenten, um ihn aus dem Bett zu holen und mitzuteilen, daß die Normalisierungsvereinbarung zwischen Washington und Peking in Kürze öffentlich bekanntgegeben werde. In Erwartung öffentlicher Anerkennung trat Präsident Carter selbst vor die Fernsehkameras, um dem amerikanischen Volk persönlich den Beschluß zur Normalisierung mitzuteilen. Es zeigte sich allerdings, daß die USA in drei von vier strittigen Punkten einseitig vor den Forderungen Pekings kapituliert hatten. Die Kernpunkte der Normalisierungsvereinbarung betrafen: 1. Gemäß Pekings Forderung verpflichteten sich die USA, der Regierung in Taiwan die diplomatische Anerkennung zu entziehen. Dies gegenüber einem jahrzehntelangen effektiven Verbündeten zu tun bedeutete einen in der amerikanischen Diplomatiegeschichte präzedenzlosen Vorgang. Ein amerikanischer Kompromißvorschlag, in Washington die offizielle Botschaft Chinas an Peking und das halboffizielle Vertretungsbüro Taiwan zu geben und umgekehrt eine offizielle amerikanische Botschaft in Peking zu errichten und in Taiwan nur ein halboffizielles amerikanisches Vertretungsbüro zu belassen, war von Peking abgelehnt worden. Nach Ansicht mancher Chinaexperten im amerikanischen Außenministerium wäre dieses Ziel bei entsprechend beharrlicher Verhandlungsführung erreichbar gewesen, doch habe dazu in Washington der Wille gefehlt. 2. Im Sinne der Forderung Pekings verpflichtete sich Washington, den Verteidigungsvertrag mit Taiwan aufzukündigen; 3. übernahm Washington, die Verpflichtung zum Rückzug einiger auf Taiwan verbliebener Militäreinheiten. 4. Als Gegenleistung Pekings stand demgegenüber nur die Bereitschaft, den unilateralen amerikanischen Beschluß, Taiwan weiterhin Defensivwaffen liefern zu wollen, nicht als Vorwand für ein Scheitern der Normalisierungsverhandlungen zu gebrauchen. 5. China wie auch die USA erneuerten ihre gemeinsame Opposition gegen jede Form von Hegemonie in der internationalen Politik, insbesondere im asiatisch-pazifischen Raum. 6. Ohne Widerspruch aus Peking gab Washington bekannt, die USA wollten auf inoffizieller Ebene kulturelle, wirtschaftliche und andere inoffizielle Beziehungen »zum Volk von Taiwan« weiterhin unterhalten und zu diesem Zweck inoffizielle amerikanische Vertretungskörperschaften in Taiwan ins Leben rufen und es Taiwan umgekehrt ermöglichen, seinerseits inoffizielle Vertretungen in die USA zu entsenden. Erneut war es den USA nicht gelungen, einen Pekinger Verzicht auf militärische Gewaltanwendung gegen »das Volk von Taiwan« zu erwirken.[20]

Peking, so schien es, hatte einen beeindruckenden diplomatischen Erfolg errungen. Einen Erfolg errungen zu haben glaubte allerdings auch Präsident Carter, als er nach seiner Ankündigung des Normalisierungsbeschlusses vor dem noch nicht abgeschalteten Mikrofon vor sich hin sagte: »Massive applause throughout the nation«. Entgegen seiner Annahme gab es nicht nur Applaus, sondern auch herbe Kritik.[21] Der außenpolitische Ausschuß des US-Senates führte im Februar 1979 umfassende Anhörungen zum Problem Taiwan durch. In ihrem Verlauf erklärte selbst ein so besonnener Ostasienexperte wie Robert A. Scalapino, angesichts der Weigerung Pekings, auf Gewaltanwendung gegen Taiwan zu verzichten, genüge es seitens der USA nicht, die »Hoffnung« auszusprechen, daß die Taiwan-Frage friedlich geregelt werde. Sorge man nicht vor, so werde man irgendwann in der Zukunft das Blut der vormaligen Verbündeten auf Taiwan an den eigenen Händen und auf dem eigenen Gewissen haben. Bei gleicher Gelegenheit wies auch Richard R. Walker darauf hin, daß die Sicherheit für Taiwan im neuen Arrangement nicht genügend berücksichtigt sei und daß es nun Sache des Kongresses sei, diesbezüglich Sicherheit zu schaffen.[22]

Im Zusammenhang mit solchen Befürchtungen und des Erfordernisses einer Regelung der künftigen ungewöhnlichen amerikanischen Beziehungen zu Taiwan entstand der vom US-Kongreß am 13. März 1979 verabschiedete und bis zum Zeitpunkt dieser Niederschrift in Kraft gebliebene *»Taiwan Relations Act«*. Seine wichtigsten politischen Aspekte können wie folgt zusammengefaßt werden: 1. Hauptzweck des Gesetzes sei die Bewahrung und Förderung »enger und freundlicher kommerzieller, kultureller und anderer Beziehungen zwischen dem Volk der Vereinigten Staaten und dem Volk von Taiwan ...« 2. Amerikas diplomatische Anerkennung der VR China beruhe auf der Erwartung, »daß die Zukunft Taiwans mit friedlichen Mitteln geregelt werde«. 3. Daher werden die USA jeden Versuch zu einer gewaltsamen Lösung der Taiwan-Frage und sogar gegen Taiwan gerichtete Boykotts oder Embargos als Anlaß zu schwerer Besorgnis bezüglich des Friedens und der Sicherheit des westpazifischen Raumes betrachten. 4. Im Sinne dieses Interesses würden die USA Taiwan mit Verteidigungswaffen versorgen. Sie selbst würden sich im Westpazifik die militärische Fähigkeit zum Widerstand gegen alle Formen der Gewalt- oder Druckausübung gegen Taiwan erhalten. 5. Die Bewahrung und Förderung der Menschenrechte der 18 Millionen Einwohner Taiwans gehöre zu den außenpolitischen Zielsetzungen der USA. 6. »Der Präsident und der Kongreß« der USA würden jeweils über die Art und Menge der Taiwan zu liefernden Defensivwaffen entscheiden. 7. Obwohl zwischen den USA und Taiwan keine formalen diplomatischen Beziehungen bestünden, sei Taiwan in fast jedem anderen rechtlichen und technischen Aspekt so zu behandeln, als sei es ein eigener Staat. Mit der Ausnahme politischer und militärischer Materien seien alle anderen vertraglichen Beziehungen zwischen den USA und Taiwan so wie bisher fortzusetzen. 8. Zur konkreten Regelung der Beziehungen zwischen den USA und Taiwan würde eine nichtstaatliche Vertretungskörperschaft, das sogenannte *American Institute in Taiwan,* gegründet werden, wobei es der nationalchinesischen Regierung anheimgestellt werde, ihrerseits eine ähnliche Behörde in den USA zu errichten, die dort die Interessen Taiwans wahrnehme.[23]

Verständlicherweise rief dieses von Peking so nicht erwartete Gesetz bei Chinas Regierung Enttäuschung und bittere Proteste hervor. Das Gesetz wurde als Versuch dazu dargestellt, Elemente des doch zu kündigenden amerikanisch-nationalchinesischen Bündnisvertrages fortzusetzen. Trete das Gesetz so wie konzipiert in Kraft, werde der neu geschaffenen Beziehung zwischen Washington und Peking ein »schwerer Schaden« zugefügt.[24] Dennoch sah sich Präsident Carter dazu veranlaßt, den *Taiwan Relations Act* im April 1979 zu unterzeichnen, wodurch er Gesetzeskraft erhielt. Eine Woche später beklagte sich Deng Xiaoping gegenüber einer Gruppe amerikanischer Senatoren, Amerikas neues Taiwan-Gesetz habe ja fast eine »Annullierung« der Normalisierung zwischen Washington und Peking bewirkt. Doch trotz dieser Drohgebärden unternahm Peking keinerlei praktische Maßnahmen gegen Washingtons neue Taiwan-Politik. Teils wohl weil Pekings primäre Sorge in seiner spannungsreichen Beziehungen zu Moskau bestand und teils auch wegen seiner verschärften Spannungen mit Vietnam, die im Februar und März 1979 zu einem kurzen Krieg zwischen den beiden Staaten geführt hatten.

Im ganzen gesehen war so nach Pekings scheinbarem Triumph und Washingtons scheinbarer Nachgiebigkeit in Zusammenhang mit der Vollnormalisierung der diplomatischen Beziehungen zwischen den USA und China eine nicht erwartete Wende eingetreten. China hatte zwar Washington zur Kündigung seines bilateralen Verteidigungsvertrages mit Taiwan zwingen können. Doch der Kongreß der Vereinigten Staaten hatte das bilaterale Bündnis durch eine unilaterale staatsrechtliche Selbstverpflichtung der USA zum Schutze Taiwans in Gestalt des *Taiwan Relations Act* ersetzt. Pekings vorheriger Erfolg war damit zwar nicht beseitigt, jedoch relativiert worden.

Von dieser sicherheitspolitischen Dimension abgesehen, folgte die Gestaltung der inoffiziellen Beziehungsstrukturen zwischen den USA und Taiwan in etwa dem von Japan 1972 anläßlich seiner Aufnahme diplomatischer Beziehungen zu Peking geschaffenen Modell. In vierjährigen Verhandlungen war es der chinesischen Diplomatie gelungen, Japan zum Abschluß eines Friedensvertrages mit Peking zu überreden, der trotz intensiver japanischer Bedenken in Artikel zwei die sogenannte Anti-Hegemonie-Klausel enthielt, die sich faktisch gegen die Sowjetunion richtete. Der Text des Vertrages war ansonsten versöhnlich gehalten, beinhaltete weder Diffamierungen noch Reparationsforderungen und legte fest, daß die beiden Signatarstaaten ihre Beziehungen unter Gewaltverzicht auf der Basis der Prinzipien der UN-Satzung wie auch der Pantja-Sila-Prinzipien der friedlichen Koexistenz gestalten wollten.[25]

Insgesamt hatte es die mit Nixons kühn konzipierter Pingpong-Diplomatie beginnende neue amerikanische Fernost-Politik vermocht, eine Konstellation herbeizuführen, in der kooperative Beziehungen der USA und Japans mit der Volksrepublik China an die Stelle vorheriger starrer Konfrontationspolitik getreten waren. Dabei konnte Pekings Empfindung einer massiven Bedrohung durch die Sowjetunion geschickt ausgenützt werden. Zum ersten Mal seit den frühen Jahren des Jahrhunderts sahen sich die USA nicht mehr genötigt, alternativ zwischen China und Japan zu optieren. Die neuartige Politik im Pazifik hatte geholfen, den Schaden der amerikanischen Niederlage in Vietnam relativ zu bagatellisieren. Durch ihre gegenseitige Annäherung hatten sowohl die USA als auch China diplomatischen Bewegungsspielraum und Peking seine Zulassung zur UN wie auch eine Vielzahl diplomatischer Beziehungen zu anderen Staaten gewinnen können. Damit hatte China seine nicht ungefährliche Situation der außenpolitischen Isolation mehrdimensional durchbrechen können. Ungeachtet der Peinlichkeiten des »Nixon-Schocks« hatte Japan endlich den ersehnten Zugang zum China-Markt weit öffnen und zuvor noch die Verwaltungshoheit über die entnuklearisierten Ryu- Kyu-Inseln zurückerhalten können. Der von Washington jahrzehntelang gepredigte und befürchtete »Domino-Effekt« war nach der Niederlage in Vietnam regional auf Indochina begrenzt geblieben, zu dessen Hegemonialmacht sich das von Moskau materiell unterstützte, wiedervereinigte Vietnam entwickelt hatte.

26. Kapitel

China nach Mao: Der Sturz der Viererbande, Deng Xiaopings Reformen, Tien An Men und die neue Aussenpolitik 1976–1989

Machtwandel durch Palastintrigen

In der Geschichte der Volksrepublik China bedeutet das Jahr 1976 den Ausgangspunkt eines der bedeutsamsten Wandlungsprozesse in der gesamten Geschichte seines Regimes und der Kommunistischen Partei. Dabei spielte der Tod der drei hochrangigsten Führer des Regimes eine entscheidende Rolle. Am 8. Januar 1976 erlag Chou En-lai (Zhou Enlai) einem Krebsleiden. Am 6. Juli verstarb der vormalige Oberkommandierende der chinesischen Roten Armee bzw. »Volksbefreiungsarmee« Chu Teh (Zhu De) im Alter von 90 Jahren, der zuletzt Staatsoberhaupt der Volksrepublik China gewesen war. Mao Tse-tungs Tod am 9. September beendete seine ab 1935 gegebene und unbestrittene Beherrschung in der Kommunistischen Partei Chinas wie auch seine fast drei Jahrzehnte lang währende Führung der Regierung der Volksrepublik. Biologische, nicht politische Prozesse hatten das Tor zu einer neuen Ära geöffnet. Ein halbes Jahr vor seinem Ableben hatte Mao Tse-tung scharfe Angriffe gegen Deng Xiaoping initiiert. Er sei kein echter Marxist, weil er nicht den Klassenkampf als primäre Aufgabe der Partei verstehe, sondern der wirtschaftlichen Entwicklung, Einheit und Stabilität des Landes einen gleich hohen Rang einräume.

Zwischen Ende März und Anfang April 1976 gab es am Tien-An-Men-Platz im Zentrum von Peking Massendemonstrationen von etwa 100.000 Menschen aus Anlaß einer Gedenkfeier an Chou En-lai, die sich jedoch zu lautstarken Anklagen gegen Mao Tse-tung wie auch zu Kundgebungen der Zustimmung zu Deng Xiaoping entwickelten. Unmittelbar hiernach verfügte ein Beschluß des Zentralkomitees der Kommunistischen Partei Chinas die Entlassung Deng Xiaopings von allen Partei- und Staatsämtern, beließ ihm aber die einfache Parteimitgliedschaft. Zugleich wurde Hua Guofeng, der als Politkommissar von Jugend- und Militärorganisationen und Abgeordneter zum Nationalen Volkskongreß tätig gewesen und 1956 Mitglied des Zentralkomitees geworden war, zum Ersten Vorsitzenden der Kommunistischen Partei und zum Ministerpräsidenten ernannt. Die Art seiner Ernennung entsprach weder den Vorschriften der Verfassung noch auch der Parteisatzung. Wie in Ankündigung großer Ereignisse wurden weite Teile Chinas in den Monaten vor Maos Tod von schweren Erdbeben erschüttert, die allein in der Stadt Tangshan gegen 100.000 Todesopfer forderten. Vom Internationalen Roten Kreuz und einigen Staaten angebotene Hilfe wurde aus ideologischen Gründen abgelehnt. Aufrufe der Medien zur Bekämpfung der Erdbebenschäden wie auch Beiträge zu Gedenkveranstaltungen für Mao Tse-tung pflegten stets zugleich auch ideologische Seitenhiebe gegen Deng Xiaoping zu enthalten. Im Ringen um die Nachfolge Mao Tse-tungs standen dem von führenden Generälen und Bürokraten unterstützten Hua Guofeng die Mitglieder der sogenannten Viererbande gegenüber, die auf Betreiben Mao Tse-tungs bereits 1973 ins Politbüro gewählt worden waren. Es waren dies Maos zweite Ehefrau, die vormalige Schauspielerin Jiang Qing, die beiden kulturrevolutionären Agitatoren Wang Hongwen sowie Yao Wenyuan und Zhang Chunqiao, der zum radikalen Flügel der Partei gehörte.[1] Gedeckt durch Maos Macht und Sympathie, hatte diese Vierergruppe innerhalb und außerhalb der Partei eine aggressive und repressive Politik gegen Persönlichkeiten und Personenkreise geführt, die dem extrem radikalen Kurs der Kulturrevolution im Wege zu stehen schienen. Beim Aufeinanderprall ihrer einander widersprechenden Ansprüche auf Maos Nachfolge beriefen sich sowohl Hua Guofeng als auch die Viererbande in bizarrer und den Charakter der damaligen Diktatur in China kennzeichnender Weise auf zwei von Mao Tse-tung ohne Unterschrift und Datum beschriebene Stücke Papier. Auf jenem, auf das sich Hua Guofeng berief, stand: »Wenn du die Sache übernimmst, bin ich beruhigt.« Das Zitat, auf das sich die Viererbande berief, lautete: »Handelt gemäß den festgelegten Direktiven.« Sie interpretierten das mit einiger Spitzfindigkeit als Beauftragung mit der Nachfolge.[2]

In den Morgenstunden des 5. Oktober 1976 beschlossen fünf Spitzenpolitiker der Partei unter Vorsitz von Hua Guofeng, den Kampf um die Nachfolge mit einem Schlag zu ihren Gunsten zu entscheiden. Hua lud alle Mitglieder der Viererbande einzeln zu einer Sondersitzung des Politbüros ein, die angeblich am gleichen Tag um Mitternacht im Wohnbezirk der Parteielite in Peking stattfinden sollte. Drei von ihnen wurden bei ihrem Eintreffen und Jiang Qing noch in ihrem Bett liegend von der »Sondereinheit 8341« der Garde Mao Tse-tungs verhaftet.[3] Die Mitglieder der Viererbande und viele ihrer Anhänger wurden vor Gericht gestellt und in einem von November 1980 bis Januar 1981 dauernden Prozeß beschuldigt, am Tod von 34.800 Menschen und an der unhaltbaren Verfolgung von 729.511 Personen schuldig zu sein. In seinem Vorwort zu den Prozeßmaterialien schreibt der bekannte Soziologe Fei Hsiao-tung, hinter diesen Zahlen stehe in Wirklichkeit »ein Meer von Blut und Tränen«.[4] Jiang Qing und Zhang Chunqiao wurden jeweils, wenn auch mit zweijährigem Aufschub, zum Tode verurteilt, Yao Wenyuan zu zwanzig Jahren und Wang Hongwen zu lebenslangem Gefängnis. So war der Machtwandel im kommunistischen China – einem von Theorien der Revolution und der Volksmacht überschwemmten Land – durch die Palastintrige einer Handvoll Personen in einer Weise entschieden worden, die nicht einmal den Statuten ihrer eigenen Partei oder Staatsverfassung entsprach.

Aufstieg, Konzeptionen und Reformen Deng Xiaopings

Dem Sturz der Viererbande folgte einerseits die Unterdrückung zahlreicher ihrer Aktivisten wie aber andererseits auch eine Welle von Rehabilitierungen kommunistischer Funktionäre, die ihre Opfer gewesen waren. Die prominenteste Persönlichkeit unter den Rehabilitierten war Deng Xiaoping, der wie kein anderer Spitzenpolitiker des Landes die Gestaltung der chinesischen Politik im ersten Jahrzehnt nach Mao Tse-tung und darüber hinaus bestimmen sollte. Sein historisches Verdienst lag in der Tatsache, daß er das von der Tyrannis des maoistischen Dogmatismus und der Kulturrevolution – die er selbst als »Bürgerkrieg« bezeichnete – noch traumatisierte China in eine neue Ära der relativen Auflockerung und Emanzipation in den Bereichen der Wirtschafts- und Sozialpolitik wie auch der Herrschaftsordnung hineingeführt hat. 1904 in der Provinz Sichuan (Szechwan) als Sohn eines Grundbesitzers und seiner Nebenfrau geboren, schloß er sich 1920 bereits einer Gruppe junger Chinesen an, die zum Zweck von Arbeit und Studien nach Frankreich entsandt wurden, wo er fünf Jahre in einer Fabrik arbeitete und gleichzeitig führend am Aufbau der Organisation der Kommunistischen Partei Chinas in Frankreich tätig war. Seit 1925 Mitglied der Partei kehrte er nach einem mehrmonatigen Zwischenaufenthalt an der Sun-Yat-sen-Universität in Moskau nach China zurück. Er war in China anfangs in der Militärakademie des progressiven Warlords Feng Yü-hsiang tätig und beteiligte sich anschließend am »Langen Marsch« und an der Parteikonferenz von Tsunyi vom Januar 1935, die Mao Tse-tung zum absoluten Führer der Partei machte. Als Politkommissar auch an militärischen Entscheidungen beteiligt, arbeitete er im Bürgerkrieg ab 1946 eng mit Marschall Liu Po-cheng und der von ihm befehligten Armee zusammen. Nach der Proklamation der Volksrepublik China hatte Deng anfangs das Amt eines Bürgermeisters von Chungking inne, wurde dann 1949–1952 als Leiter der Südwestregion in China tätig, wo er die Unterdrückungskampagnen gegen die subjektiven und objektiven Gegner des Regimes leitete. Er war kurzfristig auch Finanzminister, mitverantwortlich für den Entwurf des ersten Fünf-Jahres-Planes. 1954 erfolgt seine Ernennung zum Generalsekretär des Zentralkomitees der KP Chinas sowie als Stellvertretender Ministerpräsident und Stellvertretender Vorsitzender des Nationalen Verteidigungsrates. Er blieb zehn Jahre lang Generalsekretär der Partei, bis er 1966 in der Frühphase der Kulturrevolution gestürzt und nach Südchina verbannt wurde, wo er einfache Arbeiten zu verrichten hatte. 1973 wieder in Amt und Würden eingesetzt, verlor er diese im Machtpoker der Partei erneut im Jahr 1976, kehrte aber 1977 in seine früheren Führungsämter als Mitglied des Ständigen Ausschusses des Politbüros, als Stellvertretender Vorsitzender des Zentralkomitees und dessen Militärkom-

Deng Xiaoping (1900–1997), der das kommunistische System der Volksrepublik China vom marxistischen Dogmatismus befreite und bedeutende Entwicklungen in den Bereichen der Wirtschaft, Gesellschaft und Außenbeziehungen bewirkte, jedoch am Machtmonopol der Kommunisten festhielt.

mission sowie als Stellvertretender Ministerpräsident und Generalstabschef der Chinesischen Volksbefreiungsarmee zurück.[5] In Ausübung seiner Führungsrolle war es Deng nie möglich, jene Vollmachten einer absoluten Ein-Mann-Herrschaft zu erlangen, die ein Mao Tse-tung oder Stalin besessen hatte. Auch errichtete er kein neues Ideologiesystem, sondern setzte neue Akzente, die den bisherigen Dogmatismus durchbrechen sollten. Deng verstand sich nicht als Beseitiger, sondern nur als Reformator des Maoismus. Sein diesbezüglicher Ansatz kann wie folgt zusammengefaßt werden: 1. Mao Tse-tungs historische Verdienste – sein Kampf und Sieg im Bürgerkrieg, seine Gründung und Stabilisierung der Volksrepublik China sowie seine innovative, chinesischen Verhältnissen angepaßte Weiterentwicklung des leninistischen Marxismus – seien so gewaltig, daß sich die Kommunistische Partei Chinas von diesem Erbe nicht trennen könne. 2. Maos dennoch begangene schwere Fehler beruhten auf Widersprüchen zwischen seinem subjektiven Handeln und der objektiven Richtigkeit seines eigenen Ideensystems. Mit anderen Worten gesagt, Mao habe dann schwere Fehler begangen, wenn er aus subjektiven Motiven wie Ungeduld, Eitelkeit oder Herrschsucht seine eigenen, für die Partei niedergelegten Prinzipien verletzt habe. Mit Schuld an seinen oft gravierenden Fehlgriffen seien aber auch die anderen führenden Politiker der KP Chinas, einschließlich Chou En-lais und seiner selbst insofern gewesen, als sie es unterlassen hätten, Mao Tse-tung von schädlichem Tun abzuhalten. 3. Mao Tse-tungs Ideensystem sei nicht nur seine individuelle Leistung, sondern zugleich auch mitbewirkt durch die kollektive Leistung der Partei. In diesem Sinne könne die Partei den Maoismus nicht aufgeben, ohne sich selbst aufzugeben. Zugleich aber habe sie die Aufgabe diese Form eines spezifischen chinesischen Sozialismus undogmatisch und innovativ weiterzuentwickeln. 4. Vom Marxismus, Leninismus und Maoismus könne man nicht erwarten, daß sie neue gesellschaftsverändernde Entwicklungen, z. B. im Bereich der Technologie, voraussehen konnten. Bei der Anwendung ihrer Ideen auf die Praxis und bei der künftigen Gestaltung von Politik, Wirtschaft und Kultur durch die Partei gelte als oberste Leitlinie die Maxime: »Die Wahrheit in den Tatsachen suchen und gewissenhaft von den Fehlern der Linksabweichung lernen«. Mit diesem Hinweis auf die Dynamik unvorhersehbarer Entwicklungen und den Primat der Orientierung an Tatsachen wollte Deng die Bewahrung der maoistischen Überlieferung mit der Freiheit von ihrer dogmatischen Interpretation und der Möglichkeit zu je nach Situation notwendig werdenden Weiterentwicklungen verbinden.

Von der italienischen Journalistin Oriana Fallaci im Verlauf eines ausführlichen Interviews gefragt, ob er nicht anläßlich seines Besuches in den USA 1979 dort gesagt habe, »in China müssen wir die Diktatur auslöschen und die Demokratie erweitern«, antwortete Deng emphatisch: »Nie gab ich eine solche Antwort. Niemals! Es muß ein Mißverständnis sein. Gleichwohl kann ich ihnen sagen, daß wir die Entfaltung der sozialistischen Demokratie nach dem Sturz der Viererbande sehr forciert haben. Natürlich ohne die Diktatur des Proletariats aufzugeben. … In diesem Sinne betonen wir heute die Wichtigkeit der *Vier Leitprinzipien*: Sozialismus, Diktatur des Proletariats, Marxismus und Leninismus, wie Mao Tse-tung sie entwickelt hat, und die Führung durch die Kommunistische Partei Chinas. Das aber bedeutet, daß das Prinzip der Diktatur des Proletariats unangetastet bleibt.«[6] Mao, so sagte Deng im Rahmen dieses Interviews an anderer Stelle, »wollte nie die Ideen anderer kennenlernen, so richtig sie auch waren, wollte nie Meinungen hören, die von der seinen abwichen«. Von Fallaci gefragt, weshalb Chou En-lai

»niemals versuchte, den Schändlichkeiten, die sich vor seinen Augen abspielten, Einhalt zu gebieten«, entgegnete Deng, »... er (Chou En-lai) sagte oft Dinge, die er, wenn es nach seinen Wünschen gegangen wäre, nicht gesagt hätte, und er tat oft Dinge, die er, wenn es nach ihm gegangen wäre, nicht getan hätte. ... Als z. B. Liu Shaoqi aus der Partei ausgeschlossen und ins Gefängnis geworfen wurde, war es Chou En-lai, der die Liste mit den sogenannten Verbrechen verlas.«[7] Ein ebenso beklemmendes wie aber auch bezeichnendes Zeugnis über die Haltung der engsten Genossen und Helfershelfer Mao Tse-tungs.

Sechs Jahre später in einem Interview mit Mike Wallace von CBS nach seiner Parole »Reichtum zu erwerben ist richtig« befragt, antwortete Deng, die von der Kulturrevolution ausgegebene Parole »Lieber armer Kommunismus als reicher Kapitalismus« sei falsch und von ihm damals schon kritisiert worden. Eine kommunistische Gesellschaft könne nur auf einem Überfluß an materiellem Reichtum errichtet werden. Deshalb sei die Hauptaufgabe des Sozialismus die ständige Verbesserung der Lebensbedingungen und des materiellen Reichtums der Gesellschaft. »Daher ist reich werden keine Sünde. ... Unsere Politik erlaubt es einigen Menschen und einigen Orten, als erste zu prosperieren, um das Ziel, allgemeine Prosperität, schneller zu erreichen«.[8]

Das primäre praktische Ziel der chinesischen Führung in der Ära und unter dem Einfluß von Deng Xiaoping lag in der Modernisierung der chinesischen Wirtschaft und Gesellschaft. Diese zeitigte Neuerungen, wie sie unter der Ägide Mao Tse-tungs nicht denkbar gewesen wären. In Zeichen der sogenannten Vier Modernisierungen (Landwirtschaft, Industrie, Wissenschaft und Technologie mitsamt Verteidigung) wurden im Bereich der Landwirtschaft Produktionsanreize durch langfristige und auch vererbbare Nutzungsrechte für die Bauern geschaffen und der Umfang der gesetzlich erlaubten privaten Grundstücke verdoppelt. Die Erträge konnten auf freien Märkten verkauft werden. In der Industrie und in anderen Bereichen wurden leistungsorientierte Lohndifferenzierungen eingeführt und neben den staatlich gelenkten Wirtschaftssektoren immer weitere Bereiche für die Privatwirtschaft freigegeben. In den Jahren zwischen 1979 und 1984 erhöhte sich die Getreideproduktion um 22,6 Prozent. In den Staatsbetrieben wurde nach anfänglichen Schwierigkeiten die Rolle des Managements gegenüber der politischen Aufsicht maßgeblich erweitert. Für circa 13.000 Warenkategorien wurde die Preisgestaltung gemäß gegebenen Marktbedingungen freigegeben. Investitionen aus dem Ausland und ausländisch-chinesische *Joint-ventures* wurden ermutigt und an der Küste vier wirtschaftliche Sonderzonen eingerichtet, wo ausländische Firmen auch ohne chinesische Partnerschaftsbeteiligung Betriebe errichten können. Mit dem Anreiz für Investitionen sollte hier auch die Einführung moderner ausländischer Technologie angeregt werden. Studierende wurden in großer Zahl zur Ausbildung ins Ausland entsandt. So befanden sich etwa 1989 nicht weniger als 40.000 Studierende aus der Volksrepublik China zu diesem Zweck in den Vereinigten Staaten. Entbürokratisierung und steigende Löhne bewirkten gesteigerte Produktionsziffern. So erhöhte sich zwischen 1979 und 1988 das Volumen der industriellen Produktion um 307 Prozent mit jährlichen Wachstumsraten von 11,98 Prozent.

Die entwicklungspolitische Dynamik der Ära Deng Xiaopings kann, in Relation zu den vorherigen Umständen, auf folgende radikale Neuerungen zurückgeführt werden: 1. Relative Entpolitisierung und Entbürokratisierung in den Bereichen von Wirtschaft, Bildung und Verwaltung; 2. Leistungs- und Profitorientierung in den Bereichen von

Arbeit und Produktion; 3. Öffnung zum und Kooperation mit dem »kapitalistischen« Ausland; 4. Pragmatismus anstelle von Dogmatismus im Umgang mit der Ideologie des maoistischen Marxismus. Alle diese Entwicklungen müssen faktisch – wenn auch offiziell so nicht deklariert – als Schläge ins Gesicht der maoistischen Doktrin ab Ende des Koreakrieges (1953) betrachtet werden.[9]

Chinas Außenpolitik im ersten Jahrzehnt der Ära Deng Xiaopings

Auch in der Sphäre der auswärtigen Beziehungen der Volksrepublik China vollzog sich schon im ersten Jahrzehnt nach Maos Tod und dem Wiederaufstieg Deng Xiaopings ein tiefgreifender Wandel. Die Versuche des Exports von Revolution sowie einer ideologischen Linksüberholung der Sowjetunion und der Entfachung einer weltrevolutionären Bewegung der Entwicklungsländer gegen die Industrie- und Handelsmächte gehörten fast der Vergangenheit an. Das postmaoistische China verstand sich als aufstrebende, blockpolitisch ungebundene und daher unabhängige sozialistische Großmacht zwischen den gegnerischen Lagern des kalten Krieges. Als erster prominenter Führer des kommunistischen China stattete Deng Xiaoping im Januar und Februar 1979 den Vereinigten Staaten einen vielbeachteten Staatsbesuch ab. In dessen Verlauf kam es zur Unterzeichnung chinesisch-amerikanischer Abkommen über den gegenseitigen Austausch von Konsulaten und amerikanische technische Hilfe für China beim Bau von Nuklearanlagen und auch eines zivilen Kommunikationssatelliten. Ein Kulturabkommen sah den intensivierten Austausch von Studenten und Wissenschaftlern vor. Deng Xiaoping, der anläßlich eines Interviews mit dem amerikanischen *Time Magazine* vom 30. Januar 1979 die Sowjetunion als Herd potentieller Kriegsgefahr bezeichnete, gelang es nicht, die USA zur Bildung einer Entente mit China gegen die Sowjetunion zu überreden. Auch zeigten sich die USA nicht bereit dazu, Chinas »Straffeldzug« gegen Vietnam zwischen Februar und März 1979 zu billigen. Obwohl der am 10. April 1979 von Präsident Carter unterzeichnete *Taiwan Relations Act* einen weiteren Dämpfer für Chinas Politik der Annäherung an die USA bedeutete, entstand dennoch ein am 7. Juli 1979 unterzeichnetes umfassendes Handelsabkommen zwischen Peking und Washington.[10]

Seine Rückreise aus den USA unterbrach Deng Xiaoping in Japan, um dort für möglichst gemeinsame Maßnahmen gegen Vietnams Aggression gegen Kambodscha zu werben. Ein weiteres sichtbares Symptom der neuen Öffnungspolitik Pekings bestand in Serien von Staatsbesuchen, die Ministerpräsident Hua Guofeng westeuropäischen Hauptstädten zwischen Oktober und November 1979 abstattete und dabei anläßlich eines Begrüßungsbanketts in Bonn am 22. Oktober 1979 die Ansicht äußerte, Deutschlands Wiedervereinigung könne ein wesentliches Element der Eindämmung sowjetischer Expansion in Europa bedeuten. In Großbritannien erhielt er die Zustimmung der Regierung, China Düsenkampfflugzeuge vom Typ Harrier zu verkaufen.

Was Chinas neue Beziehungen zur Sowjetunion betraf, so wurde Moskau seitens der chinesischen Regierung im April 1979 mitgeteilt, daß der zwischen beiden Mächten 1950 geschlossene und im April 1980 ablaufende Bündnisvertrag erstens wegen »Veränderungen in der Weltlage«, zweitens wegen sowjetischer »Vertragsverletzungen« und drittens da der Vertrag seit langem »nur dem Namen nach existierte« nicht mehr verlängert werde.[11] Die Entgegnung der sowjetischen Regierung vom folgenden Tage hob Moskaus anfängliche Unterstützung für die junge Volksrepublik China hervor, kündigte »entsprechende« Folgerungen aus dem chinesischen Schritt an und meinte im versöhnlichen Ton, »unverändert wird in der Sowjetunion ein tiefempfundener Respekt vor dem chinesischen Volk, vor seiner Geschichte und seiner Kultur bewahrt. Es bestehen keine objektiven Gründe für eine Entfremdung, geschweige denn für eine Gegnerschaft der Völker unserer beiden Länder.«[12] Die am 25. Dezember 1979 beginnende sowjetische Invasion des auch an China angrenzenden Afghanistan rief in Peking scharfe Proteste und die Forderung nach sofortigem Rückzug der sowjetischen Streitkräfte hervor. Dennoch entwickelten sich von beiden Seiten her ab 1982 vortastende Sondierungen, die ein beiderseitiges Interesse an der Möglichkeit einer künftigen Entspannung miteinander erkennen ließen.

Den Mitgliedsländern der Südostasiatischen Staatengemeinschaft (ASEAN) gegenüber nahm Pekings neue Außenpolitik eine durchaus positive Haltung ein. War doch diese unabhängige Staatengruppierung ohne jede Beteiligung einer der beiden Supermächte zustande gekommen und teilten deren Regierungen mit Peking doch zudem eine schroff ablehnende Haltung gegenüber dem Hegemonismus Vietnams in Indochina. Gespräche mit dem durch den verlorenen Grenzkrieg im Himalaja tief verletzten Indien waren zwar ab 1981 in Gang gekommen, hatten jedoch zu keinem Resultat geführt. Wie noch zu zeigen sein wird, hatte Peking durch seine nach zwei Jahren der Verhandlungen mit Großbritannien erzielte Vereinbarung vom 26. September 1984 über die Rückgabe des gesamten Gebiets der britischen Kronkolonie Hong Kong einen Erfolg von großer praktischer und symbolischer Bedeutung erringen können. Hiernach folgte am 26. März 1987 eine portugesisch-chinesische Erklärung, die in ähnlicher Weise die Rückgabe Macaos an China für Dezember 1999 festlegte. Wie schon dargestellt, hatte China neun Jahre zuvor mit der Durchsetzung seiner Forderungen an Washington zum Abbau seiner Militärpräsenz aus Taiwan und dem Ende seiner diplomatischen Anerkennung der Regierung auf Taiwan einen noch wesentlich substantielleren Triumph für die eigene Sache bewirken können. Im wirtschaftlichen Bereich gehört zu Chinas Fortschritten seine neue Politik der Öffnung, darunter auch seine ab 1980 wirksame Mitgliedschaft bei der Weltbank, von der es im folgenden Jahrzehnt Kredite im Gesamtwert von 9,2 Milliarden US-Dollar erhalten konnte. Darüber hinausgehend stellte China 1987 einen Antrag auf Aufnahme in die Welthandelsorganisation GATT, später WTO. Trotzdem China an vierter Stelle unter den waffenexportierenden Staaten der Welt steht und selbst Nuklear- und Raketenpotentiale entwickelte, befürwortete seine Regierung eine globale nukleare Abrüstung wie auch eine weitreichende vereinbarte Begrenzung konventioneller Waffensysteme.

Die von Außenminister Wu Xueqian im Zusammenhang mit dem XIII. Parteitag der Kommunistischen Partei Chinas vorgestellten normativen Leitlinien der neuen chinesischen Außenpolitik wurden in fünf Punkten zusammengefaßt: »1. Kampf gegen den Hegemonismus und Aufrechterhaltung des Friedens; 2. Pragmatische Entscheidung außenpolitischer Fragen von Fall zu Fall; 3. Keine Allianz oder »strategische Verbindung« mit irgendeiner Supermacht; 4. Verstärkung der Zusammenarbeit mit den Dritt-Welt-Ländern; 5. Zusammenarbeit auf wirtschaftlichem, wissenschaftlichem und technologischem Gebiet mit jedermann«.[13]

Im Gegensatz zur primär selbstverschuldeten Isolation Chinas in der mittleren und späteren Phase der Regierung Mao Tse-tungs, hatte die neue, pragmatische und an allseitiger Öffnung orientierte chinesische Außenpolitik der Post-Mao-Ära somit eine Reihe beachtlicher Erfolge erzielen und Chinas Ansehen und Rolle in der internationalen Staatengemeinschaft der Weltpolitik festigen können.

Hintergründe des Studentenaufstandes und Massakers auf dem Tien-An-Men-Platz

Einen schweren Schatten aber warf auf die relativ progressiv wirkende Reformära der 1980er Jahre die weltweit empfundene Tragödie des blutig niedergeschlagenen chinesischen Studentenaufstandes, dessen Zentrum der Tien-An-Men-Platz (deutsch: Platz des himmlischen Friedens) im Zentrum von Peking war. Die Bewegung begann Mitte April 1989 aus Anlaß von Trauerfeierlichkeiten für den vormaligen Generalsekretär der KP Chinas Hu Yaobang, der bei den Studierenden als Förderer von Auflockerungen in wesentlichen Bereichen der Kulturpolitik gegolten hatte. Nach anfänglich kleineren spontanen und nicht genehmigten Demonstrationen versammelten sich etwa 100.000 Studenten und sonstige Bewohner Pekings am 18. April 1989 auf dem Tien-An-Men-Platz. Hier wurden Forderungen proklamiert, die in folgenden Wochen in ähnlicher Weise immer wieder von den protestierenden Studenten vorgebracht werden sollten. Vorrangig war die »Befürwortung der Prinzipien Demokratie, Freiheit, Toleranz und Harmonie«. (Dagegen lauteten die »Vier Grundprinzipien« der regierenden Kommunisten: »Festhalten an der Führung durch die KP Chinas, am Sozialismus, an der Diktatur des Proletariats und am Marxismus-Leninismus und den Mao-Tse-tung-Ideen«). Die Studenten forderten weiterhin eine Analyse und Ablehnung der kommunistischen Kampagnen gegen »geistige Verschmutzung« und »bürgerliche Liberalisierung«. Zugleich sollten zu Unrecht verurteilte Opfer dieser Kampagnen rehabilitiert werden. Im Kampf gegen die Korruption sollten die Einkommen und Nebeneinkünfte der politischen Führer und ihrer Verwandten offengelegt werden. Die Freiheit der Presse sollte in Theorie und Praxis gewährt werden. Die Staatsausgaben für das Erziehungswesen und die Einkünfte der Träger intellektueller Berufe sollten erhöht werden (Mao Tse-tungs tiefreichende Aversion gegen die Intellektuellen hatte dazu geführt, ihre Einkünfte auf den niedrigsten Ebene der Lohnskala anzusiedeln). Ferner wurden gefordert die Aufhebung des Verbots von Demonstrationen, eine sofortige Reaktion auf die Forderungen der Studenten seitens der maßgeblichen Behörden von Staat und Partei und die faire Berichterstattung über die Studentenbewegung in den Medien.[14]

In der folgenden Nacht versuchten Massen demonstrierender Studenten, sogar in das Zhongnanhai genannte Hauptquartier der Kommunistischen Partei und der chinesischen Regierung im Stadtzentrum von Peking in der Nähe des Tien-An-Men-Platzes einzudringen, um eine Annahme ihrer schriftlich formulierten Forderungen seitens zuständiger Autoritäten zu erzwingen. Täglich fortgesetzte Demonstrationen, nicht nur in Peking, sondern sich auch auf Universitätsstädte in fast allen Teilen des Landes ausdehnend, forderten, daß die bisher toten und rein dekorativen Artikel der chinesischen Staatsverfassung über bürgerliche Freiheiten und Rechte endlich in die Praxis umgesetzt werden sollten. Listen mit konkreten Fällen des Nepotismus mit Begünstigungen von Verwandten, von Staats- und Parteiführern wurden veröffentlicht. Zugleich begannen sich die Studierenden zur besseren Durchsetzung ihrer Forderungen zu organisieren.

Konfrontiert mit diesen präzedenzlosen und kurz zuvor kaum vorstellbaren Entwicklungen einer spontanen und sich im ganzen Land verbreitenden Protestbewegung, erklärte Deng Xiaoping am 24. April 1989 vor einer Gruppe höchster Entscheidungsträger, der Kampf der Partei gegen die »geistige Verschmutzung« (durch liberal-demokratische Ideen) sei nicht effektiv genug geführt worden. »Fürchtet euch nicht vor den Studenten«, sagte Deng, »denn wir haben immer noch einige Millionen Soldaten«. Den chinesischen Kommunisten sollten die Ereignisse in Polen 1980/81 eine Warnung sein, denn dort habe es sich gezeigt, je größer die gemachten Konzessionen der Regierung gewesen seien, desto stärker seien die Kräfte der Opposition geworden. Man müsse der oppositionellen Bewegung mit kraftvollen Maßnahmen entgegentreten. Am 26. April erschien in der Volkszeitung in Peking ein von Deng Xiaoping inspirierter Leitartikel

Die für Freiheit und Demokratie demonstrierende Studentenbewegung in China errichtet 1989 auf dem Tien-An-Men-Platz in Peking eine Mao Tse-tungs Portrait konfrontierende Figur einer »Göttin der Freiheit«. Sie ist der Freiheitsstatue in New York nachempfunden.

unter dem Titel »Standfest gegen Aufruhr!«.[15] Dort wird behauptet, einige wenige nicht genannte Demagogen hätten die Studenten dazu verführt, »sich der Führung durch die Kommunistische Partei sowie dem sozialistischen System zu widersetzen. ... es handelt sich um eine vorbereitete Verschwörung mit der grundsätzlichen Absicht, die Führung durch die Partei und das sozialistische System abzulehnen. ... würde den Unruhen freier Lauf gelassen, wird China in anhaltendes Chaos gestürzt«. Es sei verboten, nicht genehmigte Organisationen zu bilden und in Fabriken, in Schulen oder auf dem Land zu agitieren. Manche Forderungen der Studenten zur Beseitigung der Korruption oder zur Demokratisierung seien zwar »ehrenwert«, doch die Reformpolitik könne und dürfe »ausschließlich unter der Führung durch die Partei« in die Praxis umgesetzt werden. Alle Kommunisten und Patrioten seien aufgefordert »rasch und entschlossen gegen diese Unruhen vorzugehen«.[16]

Vom Inhalt dieses Leitartikels tief verletzt, intensivierten die Studenten ihre Massendemonstrationen, riefen die Bevölkerung Pekings und anderer Städte zu ihrer Unterstützung auf, verlangten eine Rücknahme der gemachten Beschuldigungen und unterbreiteten am 2. Mai 1989 in einem Zwölf-Punkte-Papier ihre ins Detail gehenden Forderungen hinsichtlich der Art und Weise des von ihnen dringend erwünschten Dialogs mit zuständigen Partei- und Regierungsvertretern.[17] Um ihren gewaltlosen Forderungen Nachdruck zu verleihen, traten mehr als 3000 Studenten auf dem Tien-An-Men-Platz ab dem 13. Mai 1989 in einen unbefristeten Hungerstreik. Bei Tagestemperaturen von bis zu 30 Grad Celsius auf dem fast schattenlosen Platz gelagert und zu einem großen Prozentsatz nicht nur die Aufnahme von Nahrung, sondern auch von Flüssigkeit verweigernd, erlitten zahlreiche Hungerstreikende Ohnmachtsanfälle und mußten in Kliniken behandelt werden.

Im »Manifest zum Hungerstreik« heißt es unter anderem, »dieses Land ist unser Land, dieses Volk ist unser Volk, diese Regierung ist unsere Regierung. Wenn wir nicht aufschreien, wer tut es dann? Wenn wir nichts unternehmen, wer tut es dann? Auch wenn unsere Schultern schwach sind, auch wenn uns der Tod allzu schrecklich erscheint, scheiden wir dennoch, weil wir scheiden müssen. Das fordert die Geschichte von uns. ... Unser Tod wird ein breites und nie verhallendes Echo finden. ... Lebt wohl, ihr Mitmenschen, und gebt auf euch acht! Die Toten und die Lebenden halten einander die Treue. ... Lebt wohl, Väter und Mütter! Bitte verzeiht, das eure Kinder ihre Treuepflicht (gegen das Volk) und ihre Kindespflicht nicht gleichzeitig erfüllen können.«[18] Dieser ergreifende Aufruf, der wie ein Vorahnen der kommenden Tragödie wirkt und der Anblick Tausender leidensbereiter Jugendlicher erweckte eine Welle der Sympathie bei der Bevölkerung, die sich bemühte, die Studenten in jeder erdenklichen Weise zu unterstützen und ihr Mitgefühl zu bekunden. Zur Unterstützung der Studenten trat der gesamte Lehrkörper der angesehenen Universität Peking in den Streik. Zum Entsetzen der gerontokratischen Parteispitze erfaßte die Welle der Sympathie landesweit auch zahlreiche Medien, die unerlaubt die Forderungen der Studenten für berechtigt erachteten, löste in zahlreichen Städten fortlaufende parallele Protestaktionen von Studierenden und anderen Akademikern und Intellektuellen aus und führte sogar zur Fraternisierung von Teilen des Militärs und der Polizei mit den Studenten. Am bedrohlichsten erschien der Parteiführung, daß nicht nur die Studenten, sondern auch Arbeitergruppen damit begannen, ohne Genehmigung von Staat und Partei landesweite autonome Studentenverbände oder Gewerkschaften zu gründen. Die Parole »Chinas Walesa, wo bist du?« war auf Transparenten zu sehen. Die Studierenden forderten den Rücktritt Deng Xiaopings und Li Pengs und errichteten auf jenem für die Kommunisten geheiligten Tien-An-Men-Platz, auf dem am 1. Oktober 1949 Mao Tse-tung die Volksrepublik China proklamiert hatte, eine von Hunderttausenden Menschen bejubelte und der amerikanischen Freiheitsstatue nachempfundene »Göttin der Demokratie«, eine von Kunststudenten gefertigte, zehn Meter hohe Skulptur.

Als vormalige Berufsrevolutionäre erkannten die Spitzenführer des kommunistischen Regimes sofort die Gefahr einer Weiterentwicklung der Demokratiebewegung zu einer das ganze Land erfassenden Oppositions- oder auch Revolutionsbewegung. Auf einer am 24. Mai 1989 gehaltenen Rede vor der Militärkommission des Zentralkomitees zitierte Staatspräsident Yang Shangkun den führenden Parteigenossen Ch'en Yün mit den Worten: »Er meinte, das (Nachgeben) hieße, wir würden die Volksrepublik, die wir uns in mehreren Jahrzehnten Krieg erkämpft haben, die Erfolge, die mit dem frischen Blut von ... revolutionären Märtyrern erkauft worden sind, dies alles mit einem Schlag zunichte machen. Das käme der Auslöschung der Kommunistischen Partei gleich.«[19] Nachdem am 3. und 4. Juni 1989 auf Befehl der Regierung Truppen eingesetzt worden waren, um die das Stadtzentrum besetzenden Studenten mit Gewehrsalven wie auch durch den Einsatz von Schützenpanzern zu vertreiben, die die Menschen einfach überrollten und zermalmten, erklärte der für den Einsatz hauptverantwortliche Staatspräsident Yang Shangkun vor versammelten Ministern, Parteifunktionären und Militärkommandeuren unter anderem: »Da so viele Leute gestorben sind, können wir nur so weitermachen. Wir können nicht zurück. Wenn wir einen Rückzieher machen, dann werden wir alle geköpft. Wir dürfen keine Angst davor haben, daß Leute sterben werden. Selbst wenn in Beijing 100.000 Menschen getötet werden, dann macht das nichts. ... Wenn nicht alle Unruhestifter in Beijing eliminiert werden, dann werden sie zu Wurzeln von künftigen Unruhen.« Diese Sitzung, an der Deng Xiaoping nicht teilnahm, endet mit dem Beschluß, »Beijing ein Opfer bringen zu lassen, um die ganze Nation zu retten«.[20]

Der Niederschlagung des Aufstandes schloß sich eine Verfolgungsjagd auf die Aktivisten der Protestbewegung an, folgten zahlreiche harte Urteile und Strafen. Der Generalsekretär der Kommunistischen Partei Chinas Zhao Ziyang, der öffentlich um Verständnis für die Studenten und ein Eingehen auf ihre Forderungen geworben und die Studenten auf dem Tien-An-Men-Platz unter Tränen gebeten hatte, auch ihrerseits einzulenken, wurde gestürzt und durch den ersten Parteisekretär von Shanghai Jiang Zemin ersetzt. Zhao, der noch dazu öffentlich einen Geheimbeschluß des Zentralkomitees aus dem Jahre 1987 bekanntgegeben hatte, daß jede Entscheidung letztlich von Deng Xiaoping abzusegnen sei, wurde seither unter Hausarrest gestellt.[21] Zwar hatte es während des Studentenaufstandes gelegentliche kurze Kontakte zwischen Regierungs- und Studentenvertretern gegeben, wie aber die *China Daily* (Peking) vom 15. Mai 1989 feststellte, sei keine der beiden Seiten zu einem wesentlichen Kompromiß bereit gewesen. Deng Xiaoping aber zog das Fazit, die ganze Krise sei entstanden, weil die Partei nicht rücksichtslos genug gegen liberale Tendenzen unter den Intellektuellen vorgegangen sei. Doch die neue Reform- und Öffnungspolitik sei fortzusetzen. Die Frage sei nicht ob, sondern wie das zu geschehen habe.[22] Für das Herrschaftssystem in China erwies es sich als besonders nachteilig, daß der historische Staatsbesuch des sowjetischen Staatspräsidenten Gorbatschow in die Zeit des Studentenaufstandes in Peking und anderen Teilen Chinas fiel, weshalb ein ungewöhnlich großes Aufgebot an internationalen Medienvertretern sich zur Zeit des Aufstandes in Peking aufhielt, intensiv über die Demokratiebewegung berichtete und den Studenten wohl auch indirekt ein falsches Gefühl der Sicherheit vermittelte. Die außerordentliche Intensität der Medienberichterstattung bewirkte in weiten Teilen der Welt Reaktionen der Empörung und Betroffenheit. Die Weltbank, die Asiatische Entwicklungsbank, der Internationale Währungsfonds und westliche Industriestaaten, darunter Japan, Frankreich und die Bundesrepublik Deutschland, verweigerten bereits zugesagte Kredite als Zeichen ihrer Mißbilligung des Massakers und der Dissidentenverfolgung in China. Vitale Wirtschaftsinteressen sorgten allerdings dafür, daß diese Sanktionsmaßnahmen bereits ein Jahr später weitgehend aufgehoben wurden.[23] So wie das Ereignis in der Perspektive der kommunistischen Führung in China gesehen wurde, mußte ein Aufstand der akademischen Jugend zur auch allgemeinen

Zum Zweck der Abschreckung politischer Opposition erfolgte die blutige Niederschlagung der studentischen Demokratiebewegung auf dem Tien-An-Men-Platz in Peking mit exemplarischer Brutalität.

Abschreckung von Widerstand gegen die Partei durch ein Massaker mit sichtbarer Brutalität liquidiert werden, um das durch Jahrzehnte eines opferreichen Kampfes geschaffene und entwickelte Herrschaftssystems des chinesischen Kommunismus vor den Auswirkungen einer anfangs schwachen, doch potentiell schnell entwicklungsfähigen landesweiten Oppositionsbewegung zu schützen und damit seinen Fortbestand zu sichern.

In historischer Perspektive gesehen, fällt auf, daß ungleich größere und härtere Repressionsmaßnahmen des Regimes in der Mao-Ära vergleichsweise sehr viel weniger westliche Kritik auf sich gezogen hatten als die relativ begrenzte Repressionspolitik des postmaoistischen Systems, dem die Bürger ihres Landes in den Bereichen der Wirtschaft, der Kultur, der sozialen Kontrollen und selbst einzelnen Politikbereichen beträchtliche Auflockerungen zu verdanken hatten. Eine Erklärung hierfür liegt wohl nicht nur in der 1989 gesteigerten Medienpräsenz in China, die übrigens auch ein Produkt der Auflockerungspolitik war, sondern viel mehr noch in der zu optimistischen Erwartung des Auslands, daß den Auflockerungen im Wirtschaftsleben fast notwendigerweise auch Auflockerungen in der Sphäre der Politik bis hin zu einer Demokratisierung der Volksrepublik so wie in Rußland und in anderen Ostblockstaaten folgen müßten. Doch zwischen den sozialen Gefügen, traditionellen Denkweisen und historischen Erfahrungen Rußlands und Chinas bestehen weitreichende Unterschiede. Die übrigen Ostblockstaaten hatten sich dank der Preisgabe des sowjetischen Hegemonialanspruchs von einer ihnen ursprünglich durch das stalinistische Rußland auferlegten Fremdbestimmung befreien können. Obwohl Ende der 1990er Jahre in China kleinere Ansätze zur Gründung illegaler demokratischer Oppositionsgruppierungen feststellbar sind, muß für die Periode zwischen dem Tien-An-Men-Massaker und dem Ende des Jahrhunderts festgestellt werden, daß der 1989 intentional geübte »Terror der Abschreckung« seine Wirksamkeit im Jahrzehnt danach durchaus erwiesen hat.

Die Normalisierung der Beziehungen zwischen Peking und Moskau

Die Krise und das Blutbad, mit dem die größte chinesische Demokratiebewegung in der zweiten Hälfte des zwanzigsten Jahrhunderts endete, überschattete ein anderes Ereignis, das einen erneuten, wesentlichen Erfolg der chinesischen Außenpolitik in der Ära Deng Xiaopings mit sich brachte. Gemeint ist die mit Präsident Gorbatschows Staatsbesuch in Peking besiegelte Renormalisierung der Beziehungen zwischen der Volksrepublik China und der Sowjetunion sowie zwischen den kommunistischen Parteien beider Länder. Im Verlauf von vorangegangenen Gesprächskontakten zwischen den Regierungen beider Länder hatte Peking auch die Sowjetunion mit drei Hauptforderungen als Voraussetzung einer neuerlichen Normalisierung der gegenseitigen Beziehungen konfrontiert. Es war dies erstens die Einstellung sowjetischer materieller und diplomatischer Unterstützung für Vietnams Versuch, ganz Indochina permanent unter seine Hegemonie zu bringen. Peking forderte zweitens den Rückzug sowjetischer Streitkräfte aus dem territorial benachbarten Afghanistan. Chinas dritte Forderung bezog sich auf den Abbau der in den vorangegangenen elf Jahren beträchtlich gesteigerten und als bedrohlich erachteten sowjetischen Militärpräsenz an den Nord- und Nordostgrenzen der Volksrepublik China. Gorbatschow fiel es nicht sehr schwer, konstruktiv auf diese Forderungen einzugehen. In einer Ära, in der die Sowjetunion unter seiner Führung selbst eine vormalige Hegemonialpolitik in Osteuropa beendete, bestand für Moskau kaum ein Grund, seine kostspielige Hilfe für Vietnams Hegemonialpolitik in Indochina fortzusetzen. Bereits vor Gorbatschows Staatsbesuch war diese Unterstützung wesentlich verringert worden. Der interventionistische Krieg der Sowjetunion in Afghanistan hatte sich für Moskau zu einem auch innenpolitischen Debakel, fast analog demjenigen der USA in Vietnam, entwickelt. Auch er Abbau des kostspieligen Truppenaufmarsches nördlich der Grenzen Chinas kam den Intentionen Gorbatschows eindeutig entgegen. Sollte doch die neue Öffnungspolitik seines eurasischen Staatsgebildes nach Westeuropa hin durch eine entsprechende Entspannungspolitik an seinen 8000 Kilometer langen Grenzen mit China sinnvoll ergänzt werden. Die letzten vom zaristischen Rußland im 19. Jahrhundert geraubten Gebiete im Gesamtumfang von 1,5 Millionen Quadratkilometern wurden offiziell anläßlich des Staatsbesuchs von Gorbatschow nicht zur Sprache gebracht. Im gemeinsamen Kommuniqué am Ende des chinesisch-sowjetischen Gipfeltreffens versicherten Peking und Moskau einander, »keine Seite wird Hegemonie in irgendeiner Form im asiatisch-pazifischen Raum oder in anderen Teilen der Welt anstreben«. Beide würden sich auch der Hegemoniepolitik irgendeiner anderen Macht in irgendeinem anderem Teil der Welt widersetzen. Sowohl die Staaten als auch die kommunistischen Parteien beider Seiten würden ihre gegenseitigen Beziehungen in Zukunft »in Übereinstimmung mit den Prinzipien der Unabhängigkeit, der völligen Gleichheit, des gegenseitigen Respekts der Nichteinmischung in die inneren Beziehungen des anderen entwickeln«.[24] In einer Ära reduzierter Relevanz der Ideologie hatte somit jede der beiden regierenden Parteien auf den Anspruch ideologischer Prädominanz im Rahmen des Weltkommunismus verzichtet, was die von China langjährig geforderte Anerkennung seiner »vollständigen Gleichberechtigung« möglich machte. Auch der ausgesprochene Verzicht auf Hegemonie entstammte einem chinesischen Vorschlag. In einer Rede in der Großen Halle des Volkes erklärte Gorbatschow, die sowjetisch-chinesische Grenze, eine der militärisch am stärksten gesicherten in der Welt, in eine »Friedensgrenze« umwandeln zu wollen. »Ich kann mitteilen,« so sagte der sowjetische Präsident, »daß die Landtruppen um zwölf Divisionen vermindert, elf Luftwaffen-Regimenter aufgelöst und aus dem Bestand der Pazifischen Flotte 16 Kriegsschiffe ausgegliedert werden«. Zur gleichen Zeit werde mit dem Abzug von drei sowjetischen Divisionen, darunter zwei Panzerdivisionen, aus der Mongolischen Volksrepublik begonnen.[25]

Damit hatte die chinesische Diplomatie der Post-Mao-Ära ein Jahrzehnt nach der zu seinen Bedingungen geregelten Vollnormalisierung der Beziehungen zu den USA eine ebenfalls alle seine Forderungen erfüllende Renormalisierung seiner Beziehungen zur Sowjetunion verwirklichen und damit einen signifikanten Erfolg auf dem Wege der Befreiung Chinas aus seiner partiellen außenpolitischen Isolation und aus seiner vormaligen Nord-Süd-Umklammerung durch das Bündnis Moskau–Hanoi verbuchen können. Peking hatte dadurch erneut und bedeutsam an außenpolitischer Bewegungsfreiheit gewonnen. Der fast dreißigjährige kalte Krieg mit der sowjetischen Supermacht, der eine Kodeterminante der weltpolitischen Gesamtkonstellation gewesen war, hatte so ein konstruktives Ende gefunden.

27. Kapitel

Kambodscha 1975–1999: Völkermord, Indochinakriege und UN-Treuhandschaft und Reintegration

Machtergreifung und Völkermord der Roten Khmer

Ab der Eroberung Südvietnams durch Nordvietnam 1975 war das benachbarte, zwischen Thailand, Laos und Vietnam gelegene Königreich Kambodscha immer wieder auch in Spannungsfelder der internationalen Politik geraten. Zwischen dem 10. und 15. nachchristlichen Jahrhundert hatte das Königreich Macht und kulturellen Glanz entfaltet, war aber in nachfolgenden Jahrhunderten Eroberungsziel mächtiger Nachbarn, Thailand und Vietnam (Annam), geworden, die beide danach trachteten, Kambodscha zu ihrem Vasallenstaat zu machen. Ein von Frankreich 1884 aufgezwungener Protektoratsvertrag verwandelte das Königreich de facto in eine französische Kolonie. Der 1941 im Alter von 18 Jahren zum König von Kambodscha gekrönte Norodom Sihanouk hatte 1952 einen sogenannten königlichen Kreuzzug für Unabhängigkeit gegen Frankreich initiiert, das erst als Folge seiner Niederlage in Vietnam 1954 dazu gezwungen werden konnte, Kambodschas Unabhängigkeit anzuerkennen. Als Folge der Genfer Indochina-Konferenz von 1954 akzeptierte das Königreich Kambodscha ebenso wie das benachbarte Laos einen Status militärischer Neutralität. Während des amerikanischen Vietnamkrieges waren weite Gebiete des östlichen Kambodscha zum Kriegsschauplatz zwischen Nordvietnamesen, die von hier aus auf breiter Front mit Truppen und Nachschub in Südvietnam eindringen wollten, und amerikanischen sowie südvietnamesischen Streitkräften geworden, die ihrerseits diese Operationen zu unterbinden trachteten und kambodschanische Gebiete an der Grenze zu Vietnam, in denen gegnerische Truppenkonzentrationen oder Transportwege vermutet wurden, zu Zielobjekten massiver Bombardierungen der US-Luftwaffe machten.[1] So war die vom einfallsreichen Prinzen Sihanouk seit 1954 mit bemerkenswerter taktischer Geschmeidigkeit versuchte Politik positiver Neutralität weitgehend gescheitert. Auch das von Sihanouk ins Leben gerufene System eines »buddhistischen Sozialismus«, der einen bodenständigen dritten Weg zwischen den Extremen des Kommunismus und des Kapitalismus zu bahnen versuchte, war nach anfänglichen Erfolgen in Schwierigkeiten geraten. Als Resultat wachsender Unzufriedenheit der Bevölkerung mit Korruption, Vetternwirtschaft und einer zu passiven Haltung den Kambodschas Grenzgebiete verletzenden Kommunisten gegenüber wurde Prinz Sihanouk auf Betreiben des kambodschanischen Regierungschefs General Lon Nol und seines Stellvertreters Prinz Sirik Matak am 18. März 1970 vom kambodschanischen Parlament seiner Ämter als Staatsoberhaupt enthoben.[2]

Da Kambodschas Neutralität von auswärtigen Mächten verletzt und damit zumindest unmittelbar gegenstandslos geworden zu sein schien, beschloß das neue Führungsteam Lon Nol und Sirik Matak, Sicherheit in einer Anlehnung an die USA zu suchen, doch ohne zu ahnen, daß diese zum gleichen Zeitpunkt ihre schrittweise Entflechtung vom Krieg in Vietnam beschlossen hatten. Auf den Hilferuf der neuen kambodschanischen Regierung reagierte US-Präsident Nixon zwar schnell, jedoch nicht in den Dimensionen, die für eine effektive Hilfe für das geschädigte Land notwendig gewesen wären.[3] Tief verletzt durch seine Entmachtung, zog sich Sihanouk nach Peking zurück, das ihn fortan mit bemerkenswerter Konsequenz kontinuierlich unterstützte. Während die neuen Herrscher Kambodschas dort eine Republik proklamierten, verstand sich Sihnanouk als Träger einer königlich-kambodschanischen Regierung im Exil und gleichzeitig auch als Oberhaupt einer Nationalen Einheitsfront für Kambodscha (FUNK). Im Rahmen dieser Einheitsfront kam es zur Bildung eines Zweckbündnisses zwischen Sihanouk und den kambodschanischen Kommunisten, zu deren mächtigstem Führer ab 1960 der für den späteren Völkermord in Kambodscha hauptverantwortliche Pol Pot (alias Saloth Sar) aufgestiegen war. Für Prinz Sihanouk bildeten die Kommunisten den ihm anderweitig nicht verfügbaren Machtfaktor für eine eventuelle Rückkehr nach Kambodscha. Die Kommunisten oder Roten Khmer ihrerseits erblickten in Sihanouk ein Aushängeschild von innenpolitischem Charisma und einem hohen internationalen Bekanntheitsgrad. Peking wiederum sah in beiden kambodschanischen Kräften wertvolle Verbündete seiner Bemühungen, den Hegemonismus Vietnams in Indochina zu bekämpfen.[4]

Zwei Wochen vor der Kapitulation Südvietnams gegenüber Nordvietnam gelang den Roten Khmer am 17. April 1975, die Kapitulation der kambodschanischen Regierung in der Hauptstadt Phnom Penh zu erzwingen. Fünf Tage zuvor hatten sich die letzten Amerikaner mit Hubschraubern retten können. Der Regierungschef Lon Nol floh ins Ausland, sein Stellvertreter Prinz Sirik Matak in die französische Botschaft in Phnom Penh, die ihn aber an Einheiten der Roten Khmer auslieferte, von denen er am 28. April erschossen wurde.

Die von 1975 bis 1978 dauernde dreijährige Herrschaft der Roten Khmer in Kambodscha ist von einem schier unvorstellbaren Ausmaß an totalitärer Tyrannei und politisch motivierten Massenmorden gekennzeichnet. Beeinflußt von leninistischem Voluntarismus, den Grundgedanken der maoistischen Volkskommunenbewegung und jakobinischem Moralismus, errichteten die Führer der Roten Khmer ein Herrschaftssystem, das der Verwirklichung eines totalitären und egalitären Agrarkommunismus dienen sollte. Bei der Formung dieses Gesellschaftstyps wurden Terror und Massenmord wie ein Hobel verwendet, mit dem alles zum neuen System nicht tauglich erscheinende »Menschenmaterial« durch Mord beseitigt wurde. In der Sicht der fundamentalistischen Kommunisten in Kambodscha galten die Städte als verderbliche Brutstätten und Hochburgen des Handels, des Geldwesens und somit des mit Stumpf und Stiel auszurottenden Kapitalismus wie auch der Korruption, der Degeneration und der Verweichlichung. Nach offensichtlich vorgefaßten Plänen begannen die Roten Khmer daher nur Stunden nach ihrer Eroberung Phnom Penhs und anderer Städte, die gesamte Stadtbevölkerung gewaltsam zu evakuieren und in tagelangen Gewaltmärschen mit nur einem Minimum an Habseligkeiten in die agrarischen Gebiete des Landes zu treiben. Zum Zweck der Auslöschung der alten Identitäten wurden zuvor alle Personalausweise eingesammelt und verbrannt. Die Landeswährung – und damit Geld schlechthin – wurde abgeschafft und offiziell durch nichts ersetzt. Sämtliche Schulen wurden geschlossen, Bibliotheken zerstört, Bücher verbrannt. Das neue Wissen sollte nicht aus den verderbten Quellen der Vergangenheit entstehen, sondern aus der Praxis der Arbeit in den Agrarkommunen. Doch Menschen, die lesen und schreiben konnten, die Träger des alten, infektiös gefährlichen Wissens, wurden massenhaft hingerichtet – Lehrer, Intellektuelle, Mönche, Bürokraten, Händler aller Art, natürlich auch das Militärpersonal der vormaligen Regierung Lon Nols. Von 28.000 buddhistischen Priestern überlebten nur 800. Ausgerottet wurden die in Kambodscha angetroffenen vietnamesischen Bevölkerungselemente, da die mit dem Schimpfwort *Yuon* bedachten Vietnamesen als nationale Todfeinde des kambodschanischen Volkes betrachtet wurden. Der gleiche mörderische Haß richtete sich gegen die Chinesen, die auf Grund ihrer Geschäftstüchtigkeit als Inbegriff des Kapitalismus galten.

Um Munition zu sparen, wurden unzählige Menschen durch Schläge in den Nacken getötet oder durch das Ersticken mit übergestülpten Plastiksäcken. Da die Roten Khmer die »verderbten« Vertreter der älteren Generation für prinzipiell verdächtig hielten, betrauten sie in vielen Fällen 12- bis 15jährige Kinder mit der Aufgabe des Tötens, die somit zu Massenmördern erzogen wurden. Von einer Bevölkerung von 8 Millionen im Jahr 1975 fielen dem Mordterror der Roten Khmer innerhalb von nur 3 Jahren zwischen 1,5 und 2 Millionen Menschen zum Opfer. Nimmt man die zweite Zahl, so kommt man – die natürliche Sterberate von 7 Prozent abgezogen – auf eine Tötungsrate von 26 Prozent der Gesamtbevölkerung (allerdings einschließlich der damals im Lande befindlichen Vietnamesen und Chinesen). Man kann also von einer Kombination von Genozid gegen die nicht-kambodschanischen Bevölkerungselemente im Lande und Soziozid – das heißt vom gezielten und politisch motivierten Massenmord an bestimmten Gesellschaftsschichten und Personengruppen der eigenen Bevölkerung – sprechen. Im Tuol-Slang-Gefängnis, einem vormaligen Lyzeum in Phnom Penh, wurden zwanzigtausend Menschen, Männer, Frauen Kinder, angeklagt, registriert, fotografiert, gefoltert und schließlich hingerichtet. Über alle diese Verfahren wurden erhalten gebliebene Dossiers angelegt.[5] Die in schwarze Einheitsanzüge gesteckte Bevölkerung sollte durch spartanische Arbeit in agrarischen Betrieben bei gleichzeitiger ideologischer Indoktrinierung und strengster Überwachung zur selbstlosen Hingabe gegenüber dem neuen Gesellschaftssystem erzogen werden. Übermäßige Fürsorge für die Kinder oder sichtbar werdende Zuneigung zwischen den Geschlechtern galt als verdächtig und asozial. Eine intensive Steigerung der Reisproduktion und des Reisexports sollte dem Land die Einfuhr benötigter Investitionsgüter ermöglichen.

Kambodscha als Ziel und Opfer interkommunistischer Kriege

Im Bereich der auswärtigen Beziehungen ist die Politik der Roten Khmer von konfrontativen Grenzkonflikten mit dem benachbarten Vietnam und von einer wachsenden Anlehnung an China gekennzeichnet. Diese Grenzkonflikte hatten einerseits einen historischen Hintergrund insofern, als die Willkür der französischen Kolonialherrschaft Grenzen und Siedlungsgebiete oft ohne Rücksicht auf ethnische Gegebenheiten oder den Willen der betroffenen Bevölkerung festgelegt hatte. Andererseits hatte Vietnam ab

1976 Ansprüche auf kambodschanische Territorien erhoben, die Vietnam 1967 selbst noch als zu Kambodscha gehörende Territorien anerkannt hatte. Die Territorialkonflikte zwischen den beiden Staaten Indochinas bezogen sich auch auf umstrittene Inseln im Golf von Siam. Politisch verschärft wurde der Konflikt zwischen Phnom Penh und Hanoi durch Vietnams – von Kambodscha heftigst abgelehnte – Forderung nach einem unter Führung Vietnams zu vollziehenden Zusammenschluß der drei Staaten Indochinas.[6] Die militärischen Zusammenstöße in den umstrittenen Grenzregionen wurden auf beiden Seiten mit großer Erbitterung geführt, obwohl sie immer wieder auch von Versuchen zu diplomatischen Kompromißlösungen unterbrochen waren. Bezeichnend für die Härte der Polemik und die gegenseitige Haßkampagne ist zum Beispiel ein Aufruf aus Radio Phnom Penh vom 10. Mai 1968, in dem es unter anderem heißt: »Bisher mußte jeder von uns dreißig Vietnamesen töten ... Bisher haben wir diesen 1:30-Slogan verwirklicht ... Deshalb reichen 2 Millionen Soldaten bei weitem aus, um die Vietnamesen zu schlagen – Wir brauchen nur 2 Millionen Soldaten (zu opfern), um die 50 Millionen Vietnamesen auszurotten.«[7] Der zweite Aspekt der kambodschanischen Außenpolitik bestand in einer ab 1977 enger werdenden Anlehnung an die Volksrepublik China, mit der sie sowohl eine gemeinsame Opposition gegen den vietnamesischen Hegemonismus als auch eine anfängliche ideologische Affinität verband. Zwischen China und Vietnam im Juni 1977 und Juli 1978 geführte schwierige Verhandlungen erzielten keine entscheidenden Ergebnisse hinsichtlich mehrerer Streitpunkte. Dazu gehörten unter anderem miteinander unvereinbare Ansprüche auf bestimmte Inselgruppen im Südchinesischen Meer, insbesondere die Spratly-Inseln (chinesisch: Nansha; vietnamesisch: Truong Sa) und die Paracel-Inseln (chinesisch: Xisha; vietnamesisch: Moang Sa), fernerhin strittige Ansprüche bezüglich der Nutzung von Gewässern vor den Küsten im Golf von Tongking und die China erbitternde Verfolgung und Vertreibung ethnisch-chinesischer Minderheiten in Vietnam.[8]

Nachdem die »ethnische Säuberung« der Hoa genannten Auslandschinesen aus Vietnam schon im Juni 1978 die Zahl von hunderttausend erreicht hatte (bis Anfang 1979 wurden es zweihunderttausend), erklärte Chinas Vizepremier Deng Xiaoping am 5. Juni 1978 die Einstellung der bis dahin insgesamt 12 Milliarden US-Dollar umfassenden chinesischen Wirtschaftshilfe für Vietnam. Die wirtschaftlichen Schwierigkeiten des zwar wiedervereinigten, aber weitgehend noch vom Krieg zerstörten Vietnam erhöhten sich auch dadurch, daß die USA, Japan, Westeuropa und die meisten der ASEAN-Staaten aus politischen Motiven Vietnam gegenüber eine extrem restriktive Handelspolitik betrieben. Doch in dieser Situation sprang die Sowjetunion, die bereits seit 1975 ein Bündnis mit Vietnam angestrebt hatte, in die Bresche. Moskau hatte mit Sorge zur Kenntnis nehmen müssen, daß es China im August 1978 gelungen war, Japan, trotz dessen Zögern und trotz massiver sowjetischer Drohungen, zur Unterzeichnung eines Friedensvertrages zu veranlassen, der eine potentiell gegen die Sowjetunion gerichtete Anti-Hegemonie-Klausel enthielt. Vietnam wiederum hatte 1977 von den USA Wiederaufbauhilfe gefordert, wobei der Inhalt eines bis dahin geheimgehaltenen Briefes veröffentlicht wurde, den Präsident Nixon am 1. Februar 1973 an den vietnamesischen Ministerpräsidenten Pham Van Dong gerichtet hatte. Im Zusammenhang mit dem Waffenstillstandsabkommen vom gleichen Jahr hatte Nixon eine Wiederaufbauhilfe in Höhe von 3,5 Milliarden US-Dollar in Aussicht gestellt. Doch die amerikanische Presse veröffentlichte gleichzeitig auch ein Schreiben Nixons an den Kongreßabgeordneten Lester Wolff, in dem er unter anderem sagte: »Die Regierung in Hanoi hat das (Waffenstillstands-) Abkommen so oft verletzt, daß man diese Verletzungen zahlenmäßig gar nicht erfassen kann. ... Es gibt keinerlei Verpflichtung, weder moralischer noch rechtlicher Art, der Regierung in Hanoi Hilfe zu leisten.«[9]

Unter diesen Umständen und auch auf der Grundlage einer gemeinsamen Gegnerschaft gegen China kam es am 29. Juni 1978 zunächst zur Aufnahme Vietnams in den sogenannten »Rat für Gegenseitige Wirtschaftshilfe« (COMECON), die von Moskau beherrschte Wirtschaftsorganisation der osteuropäischen Staaten. Ergänzend unterzeichneten die Sowjetunion und Vietnam am 3. November 1978 einen bündnisähnlichen Vertrag über gegenseitige Freundschaft und Zusammenarbeit. In Artikel 2 wird eine »langfristige Koordinierung ihrer Volkswirtschaftspläne« vereinbart und in Artikel 6 eine unverzügliche gegenseitige Konsultation, sollte eine der beiden vertragsschließenden Parteien »Objekt eines Angriffs oder der Drohung eines Angriffs« werden.[10] Für Vietnam bedeutete dieser Pakt mit Moskau einen beträchtlichen materiellen Rückhalt in seinem Bestreben, ganz Indochina unter seine Vorherrschaft zu bringen.

Am 25. Dezember 1978 begann Vietnam eine offenbar sorgfältig vorbereitete Großoffensive gegen Kambodscha. Als deren Folge wurde bereits am 7. Januar 1979 die Hauptstadt Phnom Penh von den Vietnamesen erobert. Vor Beginn dieser sogenannten Weihnachtsoffensive hatte eine in Kambodscha insgeheim organisierte und primär von vormaligen Roten Khmer geführte »Kambodschanische Einheitsfront für die Nationale Rettung« einen Aufruf an das Volk erlassen, in dem das Regime Pol Pots beschuldigt wurde, 1,5 Millionen Menschen ermordet zu haben. Fast die gesamte Schicht der Intellektuellen – Ärzte, Wissenschaftler, Lehrer – sei praktisch ausgerottet. Aus Hanoi war dazu zu hören, daß mit der durch Vietnam ermöglichten Machtergreifung dieser neuen Einheitsfront eine neue Ära beginne, »in der sich die drei Staaten der indochinesischen Halbinsel zusammenschließen werden, um ein neues Leben im Geist ... der Gleichheit und gegenseitigen Unterstützung aufzubauen«. Unmittelbar danach erhielt dieses neue Regime in Kambodscha die diplomatische Anerkennung durch die Sowjetunion, Laos, die Tschechoslowakei, die DDR, Bulgarien, Ungarn, Afghanistan, Äthiopien, Pakistan und die Mongolei. In der Weltorganisation der Vereinten Nationen scheiterte darauf am 11. Januar 1979 ein Antrag von sieben nichtpaktgebundenen Staaten der Dritten Welt, der in Kambodscha einen Waffenstillstand und einen Rückzug ausländischer Streitkräfte forderte, an einem Veto der Sowjetunion. Der sowjetische Chefdelegierte begründete Moskaus Veto mit dem Hinweis auf den Völkermord der Roten Khmer.[11] Am gleichen Tag des sowjetischen Vetos wurde in Kambodscha durch die neue Einheitsfront unter der Führung von Heng Samrin und Chea Sim, vormaligen Mitgliedern der Roten Khmer, das neue System der »Volksrepublik Kambodscha« formal proklamiert.

Die Volksrepublik China, die kurz zuvor ihre außenpolitische Position durch ihren Friedensvertrag mit Japan wie auch durch ihre Normalisierungsvereinbarung mit den Vereinigten Staaten beeindruckend verbessert hatte, reagierte, indem sie am 17. Februar 1979 einen sogenannten Straffeldzug (Zhengfa) initiierte, zu dessen Beginn chinesische Streitkräfte in einer Stärke von ca. 25 Divisionen Vietnam entlang seiner gesamten Nordgrenze angriffen. Eine offiziöse chinesische Publikation kommentierte dazu, es sei leicht einzusehen, »daß die von Hanoi auf Anstiftung der Sowjetunion hin verfolgte Politik der regionalen Hegemonie die grundlegende Ursache der Feindseligkeiten in Indochina, der Unruhe in Südostasien und der Verschlechterung der chinesisch-vietnamesischen Beziehungen innerhalb der letzten Jahre« sei.[12] Fast wie in Bestätigung chinesischer Vorwürfe schloß Vietnam am 18. Februar 1979 einen Vertrag mit dem neuen Regime in Kambodscha, der eine vielseitige und enge Kooperation zwischen beiden Staaten vorsah.[13] Chinas Initiative zum Krieg erwies sich für die Sowjetunion als nicht unproblematisch. Zeigte doch Pekings Verhalten, daß sich China von dem verteidigungsähnlichen Vertrag zwischen Moskau und Hanoi nicht abschrecken ließ. Wäre es China gelungen, Vietnam schwer zu schlagen, so wäre Moskaus Glaubwürdigkeit als Vertragspartner ernsthaft herausgefordert worden. Optimistisch erinnerte Radio Peking am 5. März 1979 an den Vorschlag Deng Xiaopings, China sei bereit, seine Truppen aus Vietnam zurückzuziehen, falls Vietnam seine Streitkräfte aus Kambodscha abziehe. Chinas Feldzug war offensichtlich in der Annahme begonnen worden, Vietnam werde nicht in der Lage sein, gleichzeitig im Norden den eindringenden chinesischen Armeen Widerstand zu leisten und im Süden seine Besetzung und Kontrolle Kambodschas aufrechtzuerhalten. Doch das erwies sich als Fehlkalkulation. Die noch immer an Mao Tse-tungs Konzeptionen des Volks- und Partisanenkrieges festhaltenden chinesischen Streitkräfte waren den erheblich kriegserprobteren und mit modernsten sowjetischen wie auch erbeuteten amerikanischen Waffensystemen ausgerüsteten Vietnamesen weder in Bewaffnung noch auch in strategischer Kompetenz gewachsen. Es gelang ihnen keine einziger signifikanter militärischer Erfolg. Am 15. März 1979 beendete China freiwillig und eher kleinlaut seine sogenannte Strafexpedition, ohne sein primäres Ziel einer Aufgabe oder auch nur Lockerung der vietnamesischen Kontrolle über Kambodscha erreicht zu haben.[14]

Obwohl für die Sowjetunion der Bündnisfall nicht eingetreten war, zog sie dennoch Nutzen aus Chinas Konflikt mit Vietnam insofern, als sowjetische See- und Luftstreitkräfte erstmals Nutzungsrechte an Stützpunkten in Südostasien und zwar im vormaligen amerikanischen Stützpunkt Cam Ranh Bay in Vietnam erhielten. Damit hatten sich Einheiten der sowjetischen Luftwaffe und Kriegsmarine in unmittelbarer geographischer Nachbarschaft der US-amerikanischen Stützpunkte auf den Philippinen in Subic Bay und Clark Airfield festsetzen können.[15] Zu Recht bemerkte Patrick Raszelenberg, daß diese erste sowjetische Militärpräsenz in Südostasien Moskau »im Ernstfall einen direkten Zugriff auf die Straße von Malakka, durch die rund 70 Prozent der japanischen Petroleum- und 80 Prozent der amerikanischen, kanadischen und westeuropäischen Erzimporte transportiert werden« ermöglichte.[16] Mit Betroffenheit wurde nicht nur in Peking, sondern auch in Washington, Tokio und in den Hauptstädten der ASEAN-Staaten festgestellt, daß die beiden ersten in Ostasien zwischen kommunistischen Staaten geführten Kriege Vietnam in die Lage versetzt hatten, ganz Indochina zu beherrschen, und daß die es hierbei stützende Sowjetunion selbst auch militärstrategisch in Südostasien hatte Fuß fassen können. China selbst sah sich nun durch das sowjetisch-vietnamesische Bündnissystem von Norden und Süden umklammert. Hinzu kam im gleichen Jahr die sowjetische Invasion des an China angrenzenden Afghanistan.[17] Auch waren durch die neue Entwicklung sämtliche Hauptstädte der ASEAN-Staaten in den Aktionsbereich sowjetischer, in Vietnam stationierter Luftstreitkräfte geraten.

Die Rolle von UN und ASEAN bei der Reintegration Kambodschas

Obwohl Prinz Sihanouk in einem Schreiben an die Mitgliedstaaten der Vereinten Nationen vorgeschlagen hatte, den UN-Sitz für Kambodscha zeitweilig unbesetzt zu lassen, stimmte die UN-Generalversammlung am 21. September 1969 mit 71 gegen 35 Stimmen bei 34 Enthaltungen dafür, die Vertretung Kambodschas in der Weltorganisation der Regierung der Roten Khmer anzuvertrauen.[18] Mit der Zulassung dieses Mordregimes war aus taktischen Gründen ein Schritt unternommen worden, der die moralische Integrität der Vereinten Nationen belastete. Andererseits konnte argumentiert werden, daß sogar Stalins Sowjetunion und Mao Tse-tungs China mit Vetorecht im Sicherheitsrat ausgestattete Mitglieder des Sicherheitsrats der Vereinten Nationen geworden waren. Diese anfangs beschämende Situation erfuhr eine relative Besserung, als nach betonter Ermutigung vor allem durch China aber auch seitens der ASEAN-Staaten am 22. Juni 1982 eine Kambodschanische Exil- und Widerstandsregierung, gebildet aus drei Parteien, entstand. Präsident dieser »Koalitionsregierung des Demokratischen Kamputschea« (»Kamputschea« ist ein anderer Name für Kambodscha) wurde Prinz Norodom Sihanouk, der nach dem Sieg der Roten Khmer als deren Aushängeschild und halber Gefangener überlebt und schließlich nach Peking ausgewichen war. Als Vizepräsident und Außenminister fungierte ein führender Politiker der Roten Khmer, Khieu Samphan, und als Ministerpräsident der demokratische Politiker Son Sann, der Führer einer buddhistisch-liberalen Gruppierung. Zuvor hatte Sihanouk eine neue eigene Partei gegründet, die Nationale Einheitsfront für ein unabhängiges, neutrales, friedliches und kooperatives Kambodscha, abgekürzt FUNCINPEC. Zur Struktur der kambodschanischen Widerstandsbewegung hatten die sie bildenden Parteien beschlossen, daß jede von ihnen ihre politische Autonomie wahren würde, aber zur Fassung wichtiger Beschlüsse Einstimmigkeit erforderlich sei. Jede der drei Parteien sollte weiterhin das Recht haben, internationale Hilfe gesondert in Empfang zu nehmen und zu verwenden. Die drei Grundprinzipien der Koalition sollten sein: »Trilaterarität, Gleichheit und Verzicht auf Hegemonie«. Militärische und paramilitärische Einheiten der drei Parteien waren immer wieder in der Lage, in kambodschanischen Gebieten nahe der Grenze zu Thailand Stützpunkte zu errichten und auch bewaffneten Widerstand zu leisten. Dieses Arrangement mit den Roten Khmer einzugehen war weder Son Sann noch Sihanouk leichtgefallen. Wie dessen Sohn Prinz Ranariddh dem Verfasser anläßlich eines Gesprächs in Bangkok mitteilte, hatten die Roten Khmer zwölf Mitglieder der Familie Sihanouks nicht nur einfach getötet, sondern zumeist auch zu Tode gefoltert. Der Prinz fügte jedoch hinzu, im Interesse der Erhaltung der kambodschanischen Nation in ihrem Überlebenskampf gegen Vietnam sei es notwendig gewesen, solche Maßnahmen zu ergreifen. Waren doch die Roten Khmer die bei weitem kampfstärkste Partei unter den Mitgliedern der neuen Koalitionsregierung.[19]

In der Sowjetunion hatte der seit 1985 amtierende Präsident Michail Gorbatschow eine stille Revolutionierung nicht nur der Innen-, sondern auch der Außenpolitik der Sowjetunion in die Wege geleitet. Dabei mußte er sich die Frage stellen, wie effektiv denn eine sowjetische Außenpolitik sein könne, die sich unter seinen Vorgängern die USA, China, Japan, Westeuropa, den stärkeren Teil Deutschlands und die meisten islamischen Staaten zu Feinden gemacht und nur kostspielige Verbündete gewonnen hatte wie Castros Kuba und das hegemonistische Vietnam. »Zentrale Aufgabe der sowjetischen Außenpolitik«, so schrieb Professor Vjatscheslaw Daschitschew 1988, müsse es sein, »die Sowjetunion aus dem Zustand der Konfrontation gegen alle großen westlichen Länder herauszuführen«.[20] Westlichen Schätzungen zufolge belief sich Moskaus Unterstützung für Vietnam allein im Jahre 1986 auf eine Milliarde US-Dollar. Gorbatschows Ziel, zur Entlastung der Sowjetunion eine globale Entspannung herbeizuführen, verlangte aber eine ebenso globale Aufgabe der bisherigen imperialistischen Hegemonialpolitik der Sowjetunion in Osteuropa und anderen Weltgegenden. Moskaus Entspannung mit seinem erfolgreichsten Nachbarland China verlangte eine Berücksichtigung von drei Forderungen, die China jahrelang an die Adresse der Sowjetunion gerichtet hatte, und zwar: 1. Ein Rückzug Vietnams aus Kambodscha; 2. Ein Rückzug der Sowjetunion aus Afghanistan und 3. Eine Ausdünnung der sowjetischen Streitkräfte im Norden der Grenzen Chinas. Während des Tien-An-Men-Aufstandes stattete Gorbatschow der Volksrepublik China einen Staatsbesuch ab, wo ein gemeinsames chinesisch-sowjetisches Kommuniqué vom 18. Mai 1989 die Normalisierung der beiderseitigen Beziehungen von Staat zu Staat und von Partei zu Partei besiegelte. In Artikel 5 dieses Kommuniqués befürworten beide Signartarstaaten den vollständigen Rückzug vietnamesischer Streitkräfte aus Kambodscha und die politische Reintegration des Landes unter wirksamer internationaler Aufsicht.[21]

Mit diesem Schritt hatte die Sowjetunion dem verbündetem Vietnam den materiellen Boden seiner bis dahin verfolgten Politik in Indochina entzogen. Was die dann offenstehenden Fragen einer Lösung des Kambodscha-Problems betraf, so hatte Prinz Sihanouk bereits im Jahre 1979 ein Aktionsmodell entwickelt, das im wesentlichen mehr als ein Jahrzehnt später in die Praxis umgesetzt werden konnte. Ausgangspunkte sollten eine Erweiterung der Genfer Indochina-Konferenz von 1954 durch die Hinzuziehung auch Japans und der fünf ASEAN-Staaten sowie Australiens sein. Eine internationale UN-Streitmacht solle dann in Kambodscha stationiert werden, einen Waffenstillstand durchsetzen, die Bevölkerung schützen und allgemeine Wahlen durchführen und überwachen. Zugleich sei der vollständige Abzug der vietnamesischen Besatzungsgruppen sicherzustellen.[22] Nach zwei vorherigen Treffen zwischen Prinz Sihanouk und dem Ministerpräsidenten Hun Sen der von Vietnam eingesetzten Regierung in Kambodscha gab es einen bedeutenden Durchbruch in Gestalt des sogenannten informellen Treffens in Jakarta (abgekürzt: JIM). Dort trafen sich zunächst vier kambodschanische Parteien – die drei Parteien der Widerstandskoalition und die in Kambodscha damals regierende Partei. Nach einer Aussprache der Kambodschaner unter sich wurde die Konferenz durch Vertreter Vietnams, Lao und der ASEAN-Staaten erweitert. Dieser Typ von Beratungen zur Reintegration Kambodschas wurde fortgesetzt, während sich parallel dazu auch die ständigen Mitglieder des UN-Sicherheitsrats mit dem Entwurf eines Planes befaßten. Ein in Pattaya (Thailand) im Juni 1991 stattfindendes weiteres Treffen der kambodschanischen Parteien beschloß die Gründung eines obersten Nationalen Rates mit Prinz Sihanouk als Vorsitzendem, der in dieser Funktion Kambodscha auf der folgenden UN-Generalversammlung vertreten sollte. Auch wurde ein ab dem 24. Juni 1991 in Kraft tretender Waffenstillstand vereinbart.

Eine im Oktober 1991 in Paris zusammengetretene Konferenz über Kambodscha verabschiedete am 23. Oktober 1991 den sogenannten endgültigen Beschluß der Pariser

Konferenz über Kambodscha.[23] Unterzeichnet wurde dieses Vertragswerk von den drei Staaten Indochinas, den ASEAN-Saaten, den USA, China, der UdSSR, Großbritannien, Frankreich, Japan, Australien und einigen anderen Staaten.[24]

Im Rahmen der größten friedensschaffenden Operation in der gesamten Geschichte der Vereinten Nationen schuf der Sicherheitsrat der UN eine Art temporärer Treuhandschaftsregierung für ganz Kambodscha unter der Bezeichnung United Nations Transitional Authority In Cambodia, abgekürzt UNTAC, an deren Spitze als Sonderbeauftragter des Generalsekretärs der UN der japanische Berufsdiplomat Akashi Yasushi stand. Für eine anberaumte Periode von zehn Monaten wurden alle Institutionen Kambodschas im Bereich der Außenpolitik, der Verteidigungspolitik, der Finanzen, der öffentlichen Sicherheit und der Information unter die direkte Kontrolle von UNTAC gestellt, die mit der Vollmacht versehen wurde, notfalls auch neue Verwaltungsorgane zu errichten und zu allen Verwaltungsvorgängen des Landes Zugang zu haben. Zur Durchführung ihrer Aufgabe stand der UNTAC ein Personal von 21.000 Personen aus 47 verschiedenen Ländern zur Verfügung. Die gesamten Kosten der Operation wurden auf 1,9 Milliarden US-Dollar geschätzt. Den größten Teil hiervon übernahm die japanische Regierung. Die primären Aufgaben von UNTAC betrafen: 1. Die Förderung der Menschenrechte; 2. Die organisatorische Vorbereitung und Durchführung freier Wahlen; 3. Die Kontrolle der zivilen Verwaltung in Kambodscha; 4. Rüstungsbegrenzung und räumliche Entflechtung (Kantonierung) der militärischen Streitkräfte der verschiedenen Parteien; 5. Die Errichtung und Bewahrung von Recht und Ordnung; 6. Rückführung und Wiederansiedlung von Flüchtlingen und Vertriebenen; 7. Wiederinstandsetzung der wichtigsten Infrastrukturelemente der öffentlichen Ordnung.[25] Obwohl die Roten Khmer entgegen ihrer früheren Verpflichtung die Wahlen boykottierten und in dem durch vieljährige Krisen zerrütteten Land bei der Verwirklichung freier Wahlen unzählige Schwierigkeiten zu überwinden waren, konnte dennoch ein beeindruckendes Resultat bei den vom 23. bis 28. Mai 1993 stattfindenden Wahlen erzielt werden. Trotz des Boykotts und der damit verbundenen Drohungen der Roten Khmer gab es eine Wahlbeteiligung von 96 Prozent der Stimmberechtigten. Von den 4 Millionen gültig abgegebenen Stimmen entfielen auf Sihanouks royalistische FUNCINPEC 45,47 Prozent; auf Hun Sens kambodschanische Volkspartei (die Kambodscha seit 1979 regiert hatte) 38,23 Prozent und auf Son Sanns buddhistische liberaldemokratische Partei 3,81 Prozent. Der Rest der Stimmen ging an kleinere Parteien.

Somit hatten die Royalisten unter Sihanouk und seinem ältesten Sohn Prinz Norodom Ranariddh mit einem Vorsprung von 7,25 Prozent vor der Partei Hun Sens die Wahlen gewonnen. In der verfassunggebenden Versammlung von insgesamt 120 Sitzen erhielt Sihanouks FUNCINPEC 58 Sitze, Hun Sens kambodschanische Volkspartei 51 Sitze und Son Sanns liberaldemokratische buddhistische Partei 10 Sitze. In einer Weise, die an Einrichtungen der Staatsverfassung des republikanischen Rom in der Antike erinnert, wurde der Posten des Ministerpräsidenten geteilt: Erster Ministerpräsident wurde Sihanouks Sohn Prinz Ranariddh und zweiter, gleichberechtigter Ministerpräsident Hun Sen. Im September 1993 einigten sich die Parteien darauf, daß der im November 1991 im Triumph nach 20 Jahren Exil nach Phnom Penh zurückgekehrte Prinz Sihanouk erneut zum König der wiedererrichteten Monarchie in Kambodscha werden sollte. Kambodscha wurde gemäß seiner neuen Verfassung eine Wahlmonarchie, in der der

König vom Thronrat gewählt wird. Dessen Mitglieder sind: der Präsident der Nationalversammlung; der Ministerpräsident; die Oberhäupter der beiden buddhistischen Orden sowie der erste und zweite Vizepräsident der Nationalversammlung. Kandidaten müssen Mitglieder der königlichen Familie sein. Der König übt zwar keine Exekutivgewalt aus, fungiert aber als Symbol der Einheit der Nation, soll die Rechte des Volkes und die Einhaltung internationaler Verträge garantieren, ernennt hohe Beamte und Richter und ist sowohl der Oberkommandierende der Streitkräfte als auch der Vorsitzende des National Verteidigungsrates. Als solches kann er auch den Ausnahmezustand verhängen.[26] Anläßlich seiner erneuten Thronbesteigung übersandten selbst die Roten Khmer eine Glückwunschbotschaft, die – nicht ohne tragische Ironie – mit den Worten schloß: »Mögen Sie der fünf Segnungen des Erleuchteten Buddha teilhaftig werden ... vergeben Sie uns bitte, königliche Hoheit, sollten wir Ihnen Unannehmlichkeiten bereitet haben.«[27] Angesichts der Ermordung und Folterung so vieler Mitglieder der Familie Sihanouks kann dieser Teil der Huldigungsbotschaft der Roten Khmer wohl nur als »Understatement des Jahrhunderts« angesehen werden.

Kambodschas König Norodom Sihanouk (geb. 1922), dessen Charisma und ungemein flexible Politik wesentlich dazu beitrug, Kambodscha trotz der Kriege in Indochina und des inneren Bürgerkrieges mit Hilfe der UN und der ASEAN-Staaten wiederzuvereinigen.

Kambodscha am Ende des 20. Jahrhunderts

Nachdem ein versuchter Staatsstreich Hun Sens gegen Prinz Ranariddh vom Juli 1997 Kambodscha in schwere politische Turbulenzen gestürzt hatte, konnten dennoch 1998 neue Parlamentswahlen abgehalten werden. Dabei konnte Hun Sens kambodschanische Volkspartei 64 von 122 Sitzen erringen und die royalistische FUNSINPEC nur 43. Ministerpräsident wurde Hun Sen; Prinz Ranariddh Präsident der Nationalversammlung. Beide großen Parteien bildeten anschließend eine Koalitionsregierung. Eine neuere Entwicklung besteht auch in der Desintegration der Roten Khmer, die im Norden des Landes an der Grenze zu Thailand mit der Stadt Pailin als Zentrum eine autonome Regionalregierung gebildet hatten. Pol Pot, der oberste Führer der Roten Khmer, starb am 15. April 1998; zwei weitere Spitzenführer – Khieu Samphan und Nuon Chea – stellten sich Ende 1998 freiwillig den kambodschanischen Behörden, und Ta Mok (»Schlächter Ta Mok«) wurde im Frühjahr 1999 gefangengenommen. Beratungen über das Wie und Wann eines Prozesses gegen lebende Führer der Roten Khmer, die nach neuesten Erkenntnissen für den Tod von 2 Millionen Kambodschanern, also einem Fünftel der Gesamtbevölkerung, verantwortlich sind, sind noch im Gange. Die amtierende kambodschanische Regierung bevorzugt ein nationales Tribunal und lehnt die Einschaltung eines internationalen Gerichts ab. Einen internationalen Erfolg erreichte Kambodscha, als es am 30. April 1999 als zehntes Mitglied der 1967 gegründeten Vereinigung Südostasiatischer Staaten (ASEAN) aufgenommen wurde. In dem in der Verfassung verankerten Status der Neutralität des Königreiches wird kein Hindernis im Wege seiner Mitgliedschaft im Staatenverband der ASEAN gesehen.[28]

28. Kapitel

Südkorea im Zeichen von Wirtschaftsaufschwung, »Nordpolitik« und Demokratisierung 1960–2000

Krisen und Wirtschaftserfolge der autoritären Park-Chung-Hee-Ära

Erst eine Woche nach der Unterzeichnung des Waffenstillstandsabkommens, das den zerstörerischen Krieg in Korea beendete, erhielt Südkorea den lange schon ersehnten gegenseitigen Verteidigungsvertrag mit den USA, der am 8. August 1953 unterzeichnet wurde. Zwar war die gegenseitige Beistandspflicht in diesem Vertrag nur sehr locker formuliert. Doch die »Stolperdraht«-Präsenz amerikanischer Streitkräfte in Korea bot dem Süden des Landes einen realeren Schutz gegen die Gefahren neuerlicher außenpolitischer Isolation oder auch eines neuen Angriffskrieges aus dem Norden.[1] Die in Artikel 60 des Waffenstillstandsabkommens empfohlene Abhaltung einer »politischen Konferenz« über die friedliche Zukunft Koreas fand im April 1954 in Genf statt. Die Forderung des Südens nach Wahlen in Nordkorea unter UN-Aufsicht und nach Ausdehnung des Geltungsbereichs der südkoreanischen Verfassung auf den Norden wurden von diesem erwartungsgemäß abgelehnt. Umgekehrt trafen aber auch die Vorschläge des Nordens nach Ausschaltung der UN aus der Regelung koreanischer Angelegenheiten und nach Abzug aller ausländischen Streitkräfte aus Korea auf den Widerspruch Südkoreas wie auch der USA.

In Südkorea setzte sich die Regierung des patriarchalischen und autoritären ersten Präsidenten der Republik Syngman Rhee bis zum Jahre 1960 fort. Bei den Präsidentschaftswahlen in diesem Jahr kam es nach vielseitiger Meinung zu Unregelmäßigkeiten bei der Stimmenauszählung. Mit massenhaften, teils gewalttätigen Demonstrationen entlud sich ein lange schon aufgestauter Groll gegen den Herrschaftsstil des Präsidenten. Als am 19. April 1960 gegen 30.000 Demonstranten versuchten, die Residenz des Präsidenten zu erstürmen und der Einsatz von Tränengas unwirksam blieb, eröffnete die Polizei auf vorstürmende Demonstranten das Feuer. 115 Tote und über 700 Verletzte waren zu beklagen. Nachdem auch die USA interveniert und die Nationalversammlung einstimmig den Rücktritt des Präsidenten und die Revision der südkoreanischen Verfassung gefordert hatte, trat der seit 1948 regierende Syngman Rhee am 27. April 1960 vom Präsidentenamt zurück und emigrierte nach Hawaii.[2]

Viele Hoffnungen auf eine Besserung der Zustände verbanden sich mit dem folgenden Übergang des politischen Systems im Süden vom Präsidialsystem zu einer parlamentarischen Kabinettsregierung und mit der Person des neuen Ministerpräsidenten Chang Myon (1899–1966), einem liberalen, katholischen Intellektuellen, der so wie sein Vorgänger in den USA studiert hatte. Doch die Praxis erwies sich als Enttäuschung. Dem zuvor zu autoritären Stil der Politik folgten Führungsschwäche, Unsicherheit, gesteigerte Korruptionsfälle, eine steigende Kriminalitätsrate und ungelöste soziale Konflikte. Hinzu kam eine Inflation, die den Geldwert der koreanischen Währung um die Hälfte reduzierte.

Die gesellschaftliche und wirtschaftliche Krise führte im Mai 1961 zu einem Putsch von Teilen der Streitkräfte, die das neue Regierungssystem außer Kraft setzten und eine Militärjunta gründeten. Aus Machtkämpfen innerhalb der Junta ging im Juli 1961 Generalmajor Park Chung Hee (1917–1979) als Sieger hervor, der Südkorea bis zu seiner dramatischen Ermordung siebzehn Jahre lang regieren sollte. Anders als die aristokratischen und wohlhabenden Vorgänger Syngman Rhee und Chang Myon entstammte Park einer armen Bauernfamilie und hatte eine nur militärische Ausbildung genossen. Sein Buch »Ein Weg für unser Volk« (1962) rechnet scharf mit den negativen Auswirkungen des traditionellen Despotismus in der Ära der fünf Jahrhunderte lang regierenden Yi-Dynastie in Südkorea ab, in der die Mehrheit der Bevölkerung in völliger Unmündigkeit und die feudalaristokratischen Führungsschichten in einem Zustand ständiger interner Machtkämpfe existiert hätten. Ziel einer neuen Verfassungsentwicklung sei eine »koreanisierte Demokratie«, die keine sklavische Imitation der Modelle fremder Kulturen und Staaten sein dürfe, sondern den Umständen der koreanischen Gegenwart und Zukunft entsprechen müsse.[3] Zur Festigung seines Herrschaftsapparates gründete Park den von General Kim Jong Pil geleiteten und fortan gefürchteten südkoreanischen Geheimdienst KCIA, von dem Robert A. Scalapino schrieb, er sei »die einzige starke, alles durchdringende Organisation in der (süd-)koreanischen Politik«. Er überwache jede wichtige Persönlichkeit einschließlich der Regierungsmitglieder und übe eine ständige Kontrolle über die Presse, die Studenten, die Intellektuellen und sogar über die im Lande befindlichen Ausländer aus.[4] Ein neuer Verfassungsentwurf wurde im Dezember 1962 von einer Volksabstimmung mit großer Mehrheit gebilligt. Doch in den anschließenden Präsidentschaftswahlen gewann Park Chung Hee nur knapp mit 46,7 Prozent vor seinem Gegenkandidaten, der 45,1 Prozent der Stimmen erhalten konnte.[5]

Außenpolitisch befand sich Südkorea in keiner beneidenswerten Lage. Nur etwa achtzig Kilometer nördlich der Hauptstadt Seoul befand sich die beiderseits schwer befestigte Demarkationslinie, die den Süden vom kommunistischen Nordkorea trennte. Hinter diesem aber lagen die mit ihm verbündeten kommunistischen Großmächte China und die Sowjetunion. Territorial grenzte Südkorea an kein befreundetes Land an, und regional lag hinter ihm Japan, das von großen Teilen der koreanischen Bevölkerung nicht nur mit Aversion und Sorge betrachtet wurde, sondern mit dem es auch ungelöste territoriale Streitfragen gab und zu dem keine normalen diplomatischen Beziehungen bestanden. Ohne Mitgliedschaft in den Vereinten Nationen bedeutete das Bündnis mit den USA den einzigen außenpolitischen Rückhalt für die Sicherheit Südkoreas. In Reaktion auf eine Anfrage aus Washington und nach vorheriger intensiver Debatte der südkoreanischen Nationalversammlung begann Südkorea ab 1964 die USA bei ihrem sich immer schwieriger gestaltenden Krieg in Vietnam zu unterstützen. Bis 1966 steigerte sich die südkoreanische Kriegsbeteiligung auf einen Umfang von 49.000 Mann. Präsident Park Chung Hee erinnerte aus Anlaß dieser Maßnahme daran, daß das 1950 zu 90 Prozent von Nordkorea bereits überrannte Südkorea durch den bewaffneten Einsatz von 16 anderen Staaten, vornehmlich aber der USA, wieder befreit worden sei. So handle es sich bei Südkoreas Kriegsbeteiligung in Vietnam einerseits um einen Akt moralischer Reziprozität, jedoch andererseits auch um eine Wahrnehmung seines nationalen Sicherheitsinteresses. Müsse sich doch eine Eroberung Südvietnams durch die Kommunisten auf die machtpolitische Sicherheitslage ganz Ostasiens negativ auswirken.[6]

Erst siebzehn Jahre nach der Proklamation der Republik Korea (Südkorea) und nach außerordentlich schwierigen Verhandlungen, die nicht weniger als dreizehn Jahre und acht Monate gedauert hatten, konnte zwischen Seoul und Tokio am 22. Juni 1965 ein Abkommen über die Normalisierung der beiderseitigen Beziehungen unterzeichnet werden. Die Bedeutung dieses Ereignisses erstreckte sich auf die gesamte Struktur der Wirtschaftsbeziehungen und der Sicherheitsarchitektur Nordostasiens. Südkoreas Staatspräsident Syngman Rhee hatte mit amerikanischer Vermittlungshilfe zwar den Beginn von Verhandlungen zwischen Seoul und Tokio durchgesetzt, zugleich aber beklagt, daß Korea von den Verhandlungen über den Friedensvertrag mit Japan ausgeschlossen worden war. Die Ablehnung wurde von Tokio und anderen Mächten mit dem Hinweis begründet, Japan habe gegen Korea keinen Krieg geführt. Innenpolitisch wurden die Verhandlungen mit Japan dadurch erschwert, daß Oppositionselemente die weitverbreiteten Antipathien gegen Japan zu gewaltigen Protestkundgebungen benützten, von denen sie einen Popularitätsgewinn erhofften. Die Gewaltsamkeit studentischer

Südkoreas Staatspräsident Park Chung Hee (1917–1979) mit seiner Gattin. Beide fielen politischen Mordanschlägen zum Opfer. In der Zeit von Parks autoritärer Regierung erfolgte Südkoreas höchst dynamische Wirtschaftsentwicklung.

Demonstrationen bewirkte zweimal die Verhängung von Notstandsrecht, und die Oppositionspartei bemühte sich, die parlamentarische Behandlung der Vertragsmaterie durch Verschleppungstaktiken zu behindern. Der unter größten Schwierigkeiten zustandegekommene Vertrag vom 22. Juni 1965 annulliert alle früheren Verträge und Abkommen zwischen Japan und Korea. Laut Artikel 3 wird die südkoreanische Regierung von Japan als »die einzige rechtmäßige Regierung in Korea« anerkannt. Die Regierung in Seoul hatte allerdings gehofft, Japan würde sie als rechtmäßige Regierung ganz Koreas anerkennen. Zugleich wurde zwischen beiden Staaten ein Fischereiabkommen unterzeichnet, dem zufolge jede Seite eine exklusive Fischfangzone von zwölf Seemeilen beanspruchen kann. Dies war notwendig geworden, weil Südkoreas Präsident Syngman Rhee 1952 eine sehr weit ausgedehnte Fischereischutzzone begrenzt durch die sogenannte Rhee-Linie (auch »Friedenslinie« genannt) erklärt hatte, um Südkoreas Fischereiindustrie gegenüber den technisch überlegenen Fischfangkapazitäten Japans in diesen Gewässern zu schützen. Diese völkerrechtlich nicht unproblematische Maßnahme hatte umfassende Regelungen zwischen Korea und Japan erforderlich gemacht, die ihren Niederschlag in einem separaten Fischereiabkommen fanden. Ein Territorialstreit um die zwischen beiden Ländern gelegenen, von Korea »Tokto« und von den Japanern »Takeshima« genannten Inseln konnte im Zuge der damaligen Verhandlungen nicht gelöst werden. Japan verpflichtete sich, Südkorea ein Darlehen in Höhe von 300 Millionen US-Dollar in Gestalt von Gütern und Dienstleistungen sowie für weitere 200 Millionen Dollar öffentliche Kredite mit einem Zinssatz von 3,5 Prozent zu gewähren. Zugesagt wurden fernerhin japanische Privatinvestitionen im Wert von 300 Millionen US-Dollar. Weitere bei dieser Gelegenheit unterzeichnete Abkommen regeln die Rechtsstellung der in Japan lebenden Koreaner und verfügen die Rückgabe koreanischer Kunstschätze von Japan an Korea.[7] Die wirtschaftliche Bedeutung dieses Normalisierungsvertrages wird zum Beispiel auch daran erkennbar, daß sich in dem Jahrzehnt ab Unterzeichnung und Ratifizierung des Vertragswerkes Südkoreas Exporte nach Japan wertmäßig von 44 Millionen US-Dollar auf 1,095 Milliarden und Südkoreas Importe aus Japan von 166,6 Millionen Dollar auf 2,204 Milliarden US-Dollar steigerten.[8]

Für internationales Aufsehen sorgten zwei ernste Zwischenfälle des Jahres 1968. Einem zwei Jahre lang für diese Unternehmung ausgebildeten nordkoreanischen Terrorkommando von 31 Mann, das sich heimlich nach Südkorea hatte einschleichen können und das den Auftrag hatte, Präsident Park zu töten und seine Residenz in die Luft zu sprengen, war es gelungen, sich der Residenz des Präsidenten bis auf 1300 Meter zu nähern, bevor es nach einem Schußwechsel von südkoreanischen Sicherheitskräften überwältigt werden konnte. Dabei starben 30 Nordkoreaner, 36 Südkoreaner und 2 Amerikaner.[9] Nur zwei Tage später gelang es nordkoreanischen Kriegsschiffen, ein *Pueblo* genanntes Aufklärungsschiff der amerikanischen Kriegsmarine vor der Küste Nordkoreas zu kapern. Nach amerikanischen Angaben geschah dies 25, nach nordkoreanischen Angaben nur 12 Seemeilen von der koreanischen Küste entfernt. Somit war die amerikanische Besatzung der *Pueblo* mit sechs Offizieren, fünfundsiebzig Matrosen und zwei Zivilisten in die Gefangenschaft der Nordkoreaner geraten. Nicht nur durch Folter, sondern auch durch die Drohung, im Fall seiner Weigerung täglich einen Mann seiner Besatzung vor seinen eigenen Augen zu töten und dabei mit dem Jüngsten zu beginnen, war es den Nordkoreanern gelungen, den Kommandanten des Schiffes, Fregattenkapitän

Lloyd Bucher, zu zwingen, ein falsches Geständnis wegen krimineller Spionage gegen Nordkorea zu unterschreiben. In achtundzwanzig geheimgehaltenen Verhandlungsrunden zwischen Amerikanern und Nordkoreanern gelang es zwar den USA, die Entlassung der amerikanischen Marineangehörigen aus der Gefangenschaft zu veranlassen. Doch die Nordkoreaner zwangen die US-Regierung dazu, sich »in feierlicher Form für die schwerwiegenden Spionagehandlungen« zu entschuldigen und Nordkorea zu ersuchen, »unter Berücksichtigung der Tatsache nachsichtig zu verfahren, daß diese Besatzungsmitglieder ihre Verbrechen offen gestanden und die Regierung der Demokratischen Volksrepublik Korea um Milde gebeten haben«. Laut ausdrücklicher Vereinbarung zwischen Amerikanern und Nordkoreanern gaben die USA zugleich mit dieser schriftlich gefaßten Erklärung auch eine mündliche Erklärung ab, die das genaue Gegenteil behauptete, daß nämlich die *Pueblo* keine rechtswidrige Handlung vorzuwerfen sei und daß man sich nicht für etwas entschuldigen könne, was niemals stattgefunden habe. Washington hatte somit die ihm diktierte schriftliche Demütigung auf sich genommen, um Leben und Freiheit der *Pueblo*-Besatzung zu retten.[10] Mit einer Mischung aus Staunen, Ärger und Sorge hatten Südkoreas Regierung und weite Teile der Öffentlichkeit zur Kenntnis genommen, wie sehr es Nordkorea bei dieser Gelegenheit gelungen war, die USA als »Papiertiger« erscheinen zu lassen, und wie wenig Washington auf die Tatsache des versuchten Mordes am Präsidenten des verbündeten Südkorea reagiert hatte.

Im Rahmen der Gesamtkonstellation der internationalen Politik im ostasiatisch-pazifischen Raum löste Präsident Nixons Mitte 1971 klar erkennbar werdende Entspannungsoffensive im Zeichen der »Pingpong-Diplomatie« bei beiden Regierungen des geteilten Korea außergewöhnliche Reaktionen aus. Denn Seoul wie auch Pjöngjang fühlten sich von der Tatsache betroffen, daß ihre jeweiligen großen Verbündeten – die USA für den Süden und China für den Norden – über die Köpfe ihre koreanischen Bundesgenossen hinweg eine dynamische Politik der gegenseitigen Annäherung und Entspannung zu betreiben begonnen hatten. Beide Regierungen in Korea hofften diese neue Lage für ihre jeweiligen Ziele und Strategien der innerkoreanischen Politik benützen zu können. Ein am 12. August 1971 vom südkoreanischen Rundfunk ausgestrahlter Vorschlag von Präsident Park über die Aufnahme gegenseitiger Gespräche über die Zusammenführung vom Krieg geteilter Familien fand 48 Stunden später die Zustimmung Nordkoreas. Nachdem die Rotkreuz-Gesellschaften beider koreanischer Staaten miteinander freundliche Kontakte aufgenommen hatten und Nixons spektakulärer Besuch in Peking im Februar 1972 stattgefunden hatte, ergriff die südkoreanische Regierung eine gewagte Initiative.

Abgesichert nur durch einen Austausch vorheriger Radiosignale und mit einer tödlich wirkenden Selbstmordpille für den Notfall ausgestattet, begab sich Lee Hu Rak, der Leiter des machtvollen südkoreanischen Geheimdienstes KCIA über die Demarkationslinie nach Nordkorea.[11] Kurz darauf wurde er von Nordkoreas diktatorischem Staatspräsidenten Kim Il Sung und dessen Bruder Kim Yong Ju zu Gesprächen empfangen. Das Ergebnis dieses politischen Spitzenkontaktes bestand in der sogenannten Gemeinsamen Erklärung des Nordens und des Südens vom 4. Juli 1972. Dieses historische und oft als »Magna Charta der koreanischen Wiedervereinigung« bezeichnete Dokument beinhaltete verbal zumindest eine gegenseitige Übereinstimmung in folgenden Punkten: 1. Die Wiedervereinigung solle von den Koreanern selbst ohne auswärtige Einmischung vorgenommen werden; 2. Die Wiedervereinigung müsse gewaltlos und unter dem Aspekt des Willens dazu erreicht werden, die Einheit der Nation »unter Überwindung der Unterschiede der Ideologie, der Ideale und des Systems« zu bewirken. Hierzu sei es notwendig, eine Atmosphäre des Vertrauens zu schaffen und von Provokationen Abstand zu nehmen; 3. Vielgestaltige Formen des Austausches zwischen beiden Seiten sollten das Ziel der Reintegration der Nation fördern; 4. Durch die Rot-Kreuz-Gesellschaften beider Seiten sollten humanitäre Erleichterungen erreicht werden; 5. Ein heißer Draht zwischen Seoul und Pjöngjang solle gegenseitige Kontakte intensivieren und bei Zwischenfällen dem Krisenmanagement dienen; 6. Ein gemeinsam zu bildendes »Nord-Süd-Koordinationskomitee« solle im Kontakt miteinander für die Durchführung der vorgenannten Absichten Sorge tragen.[12]

In den folgenden zwei Jahren kam in es in der Tat zu einer Reihe scheinbar vielversprechender institutionalisierter Nord-Süd-Kontakte, obwohl zahlreiche, von beiden Seiten gemachte Vorschläge hinsichtlich eines Wiedervereinigungsprozesses eine Reihe wesentlicher Unterschiede erkennbar werden ließen. So forderte der Norden einen Abzug der US-Streitkräfte aus Südkorea, welche dieses jedoch aus Sicherheitsgründen vorläufig behalten wollte. Der Norden, mit nur einem Drittel der Bevölkerung ganz Koreas, empfahl eine Konföderation auf paritätischer Basis während sich der Süden allgemeine Wahlen in ganz Korea zum Ziel gesetzt hatte. Das zuvor viel stärker isolierte Nordkorea nahm in dieser Zeit diplomatische Kontakte mit einer ganzen Reihe auswärtiger Staaten, darunter sogar zwei Nato-Mitgliedern, auf und erhielt Beobachter-Status im Hauptquartier der UN in New York.

Zwei Zwischenfälle störten jedoch den hoffnungsvoll angelaufenen Dialog zwischen Nord- und Südkorea. Der eine bezog sich auf den späteren Staatspräsidenten Südkoreas Kim Dae Jung, der damals als führender Oppositionspolitiker bei den Präsidentenwahlen des Jahres 1971 Präsident Park trotz mancher Behinderungen der Opposition fast geschlagen und in der Hauptstadt Seoul sogar 58 Prozent der Stimmen gewonnen hatte. Kim Dae Jung, der sich 1973 in Japan befand und hier, wo über eine halbe Million ethnischer Koreaner wohnten, durch Reden, Versammlungen und Interviews bemüht war, die öffentliche Meinung der Koreaner und auch des Auslands gegen den autoritären Regierungskurs Park Chung Hees zu mobilisieren, wurde am 8. August des gleichen Jahres von Agenten des KCIA in seinem Hotel in Tokio überwältigt, betäubt und nach Korea entführt. Dort allerdings wurde er wieder auf freien Fuß gesetzt. Dieses Ereignis wurde von Nordkorea zum Vorwand genommen, einen weiteren Dialog mit dem Süden vorläufig abzulehnen.[13]

Schauplatz des zweiten Zwischenfalls war das Nationaltheater in Seoul, wo am 15. August 1974 von einem in Japan wohnenden Auslandskoreaner ein Mordanschlag auf den Präsidenten verübt wurde. Doch die Schüsse trafen nicht ihn, sondern seine Gattin und eine siebzehnjährige Gymnasiastin, die beide starben.[14] Das tragische Ereignis löste auch eine Krise in den japanisch-südkoreanischen Beziehungen aus, in deren Verlauf es in Seoul sogar zur Erstürmung und Verwüstung der japanischen Botschaft kam. Zur gleichen Zeit hatte die Einführung einer neuen, stärker autoritär geprägten Verfassung und der Verdacht von Wahlfälschungen der Regierung so vehemente landesweite Studentendemonstrationen hervorgerufen, daß die Regierung zeitweilig fünfundzwanzig Universitäten schloß.

Trotz ihrer bedenklichen, oft einer tiefen Verunsicherung entspringenden repressiven Maßnahmen in der Sphäre der Politik weist die achtzehnjährige Regierungsära des Präsidenten Park Chung Hee zugleich auch bedeutende Erfolge auf dem Gebiet der südkoreanischen Wirtschaftsentwicklung auf. Denn in diese Ära fällt die entscheidende Anfangsphase eines meteorischen Aufstiegs, der Südkorea zu einer der neuen asiatischen Wirtschaftsmächte auch in den Bereichen von Industrie und Technologie gemacht hat. Dabei war die Ausgangslage denkbar ungünstig. Denn bei Beginn der Park-Ära 1960 waren viele Schäden des dreijährigen Krieges noch nicht behoben. Gravierender noch war, daß sich in der Zeit vor der Teilung Koreas der Großteil seiner Industrie im Norden des Landes befunden hatte, während die wirtschaftliche Struktur des Südens primär agrarischen Charakter hatte. So hatten sich beispielsweise vor 1945 90 Prozent der Metallproduktion, 82 Prozent der chemischen Produktion und 92 Prozent der Energieerzeugung wie fernerhin auch fast 100 Prozent der Kohleförderung im Norden des später geteilten Landes befunden. Amerikanische Wirtschaftshilfe im Gesamtwert von 4,1 Milliarden Dollar hatte zwischen 1953 und 1961 als überbrückende Stütze der koreanischen Wirtschaft fungiert. Ein Großteil dieser Hilfe allerdings mußte für Nahrungsmittel, Treibstoffe, Kunstdünger und andere Güter verwendet werden, die dem unmittelbaren Lebensunterhalt der Bevölkerung dienten.[15] Doch schon mit seinem ersten Fünf-Jahres-Plan für Wirtschaftsentwicklung (1962–1966) optierte Parks Regierung für eine offensive, exportorientierte Wirtschaftsstrategie. Im Rahmen dieses ersten Fünf-Jahres-Planes wuchs der Gesamtwert der koreanischen Exporte von 54,8 auf 250,3 Millionen US-Dollar, während des zweiten Fünf-Jahres-Planes (1967–1971) von 320,2 Millionen US-Dollar auf 1,06 Milliarden US-Dollar und schließlich im Fünften Fünf-Jahres-Plan (1977–1981) von 10 auf 21 Milliarden US-Dollar.[16]

Dieses Wachstum beruhte auf einer entsprechenden Dynamik der Produktionsexpansion. Es erhöhte sich beispielsweise die Produktion von Elektroenergie, einem Bereich, in dem der agrarische Süden zuvor fast ausschließlich auf Lieferungen des Nordens angewiesen war, von 1,773 Millionen Kilowattstunden im Jahr 1961 auf 37,239 Kilowattstunden 1980, die Erzeugung von Zement von 720.000 Tonnen auf 15,5 Millionen Tonnen, die Förderung von Kohle von 7,4 auf 18,6 Millionen Tonnen und die Fabrikation von Kraftfahrzeugen von 10.529 (1972–1973) auf 52.169 im Jahr 1980. Im Zeitraum von 1961 bis 1979 konnte das Straßennetz Südkoreas von 27.167 Kilometern auf 142.440 Kilometer erweitert werden. Während sich die Ausfuhr bis zur Mitte der siebziger Jahre vor allem aus Produkten der Leichtindustrie zusammensetzte, konzentrierte sich die Förderung des Staates nach der Mitte der siebziger Jahre auf Produkte der Schwerindustrie wie z. B. auf Stahlprodukte, Schiffe, Maschinen und elektronische Erzeugnisse.[17] Hinter diesem sogenannten Wirtschaftswunder am Han-Fluß stand eine zielbewußte Entwicklungsstrategie, bei der Spitzenvertreter der Regierung und Wirtschaftsführer eng und koordiniert zusammenarbeiteten. Die Expansion und Diversifizierung der Exporte wurde dabei durch gezielte kredit- und steuerpolitische Maßnahmen gefördert, die sich der jeweiligen Entwicklung des Weltmarktes und auch der primären Exportregionen geschickt anpaßten. Im Vergleich zu vielen anderen Entwicklungsländern erwuchsen aus dem hohen Bildungsstandard der südkoreanischen Bevölkerung wie auch aus dem Leistungswillen und der Tatkraft von Arbeitnehmern, Managern und Unternehmern beste Voraussetzungen für eine konzertierte Entwicklungsstrategie. Einfuhrbegrenzungen und vom Staat bewirkte Vergünstigungen für ausländisches Kapital trugen ihrerseits zur Dynamik des Wirtschaftsaufschwunges bei. In seiner Analyse der südkoreanischen Wirtschaft macht Werner Pascha darauf aufmerksam, daß die südkoreanische Wirtschaftspolitik der sechziger und siebziger Jahre im wesentlichen auf der Interdependenz von Exportförderung und Importsubstitution beruhte.[18]

Die südkoreanische Entwicklungsstrategie der Park-Ära konzentrierte sich keineswegs nur auf den Ausbau von Industrie und Technologie. Beginnend schon in der Ära Syngman Rhees war fast analog dem erfolgreichen Modell auf Taiwan eine Landreform durchgeführt worden, in deren Verlauf der Staat zu von ihm selbst festgelegten Preisen Land ankaufte und zu sehr günstigen Konditionen an landarme oder landlose Bauern weiterverkaufte. Im Rahmen einer 1971 gegründeten »Neuen Gemeinschaftsbewegung« (Saemaul Undong) versuchten intensive Trainingsprogramme mit bemerkenswertem Erfolg, die Landbevölkerung zur Selbsthilfe im Rahmen landwirtschaftlicher Genossenschaften zu erziehen. Im Gruppenunterricht erfolgte die Vermittlung von Erkenntnissen hinsichtlich moderner Bewirtschaftungs- und Anbaumethoden. Ein ländliches Kreditwesen wurde aufgebaut und die Infrastruktur der Landwirtschaft entwickelt. Für den Erfolg spricht beispielsweise die Tatsache, daß in den wenigen Jahren von 1961 bis 1968 die Gesamtfläche bewässerten Reislandes von 665.000 Hektar auf 1.128.000 Hektar und der Verbrauch von Kunstdünger von 308.000 Tonnen 1964 auf 827.000 Tonnen 1980 erhöht werden konnte.[19]

Der Kwangju-Aufstand und Probleme mit Nordkorea

Die Regierungsära des Präsidenten Park Chung Hee endete ebenso dramatisch, wie sie begonnen hatte. Denn im Verlauf einer personalpolitischen Kontroverse, die sich am Abend des 26. Oktober 1979 in einem Restaurant in Seoul zwischen Präsident Park und seinem Sicherheitschef General Cha einerseits und dem damaligen Chef des Geheimdienstes KCIA Kim Jae Kyu entwickelte, wurde Park von Kim erschossen, woraufhin die vor dem Tor des Restaurants wartende bewaffnete Begleitung Kims die dort ebenfalls wartende Leibgarde des Präsidenten niederschoß. Das nach der damaligen sogenannten *Yushin*-Verfassung für die Präsidentenwahl zuständige Wahlmännergremium wählte daraufhin mit großer Mehrheit den bisherigen Ministerpräsidenten Choi Kyu Ha zum Präsidenten. Um Konzilianz bemüht, hob dieser ein Notstandsdekret aus dem Jahre 1975 auf, bewirkte die Freilassung einer größeren Anzahl politischer Gefangener und hob den über den Oppositionsführer Kim Dae Jung verhängten Hausarrest auf. Gleichzeitig kam es ohne Ermächtigung des Präsidenten Choi durch einen Militärputsch zu illegalen Veränderungen in der Führungsspitze des südkoreanischen Militärs, das schnell unter die Kontrolle des anfangs wenig bekannten Generals Chun Doo Hwan geriet.

Eine weitverbreitete Unzufriedenheit mit zwar versprochenen, aber nur allzu langsam anlaufenden Reformen bewirkte in Südkorea im Mai weitverbreitete Protestbewegungen, deren Sturmzentrum in der etwa 200 Kilometer südwestlich von Seoul gelegenen Stadt Kwangju lag. Hier entwickelten sich ab dem 19. Mai bürgerkriegsähnliche Kämpfe zwischen ca. 50.000 bewaffneten Demonstranten, zumeist Studenten. Im Verlauf der Kämpfe erhöhte sich die Gesamtzahl der Aufständischen auf 150.000, die die Unterstützung der regionalen Bevölkerung erhielten. Am 21. Mai 1980 vertrieben die Aufständischen Militär und Polizei aus der Stadt, die sie nun beherrschten und von wo aus sie eine Demokratisierung Südkoreas, die Abschaffung des Kriegsrechtes und die Rehabilitierung des aus Kwangju stammenden Oppositionspolitikers Kim Dae Jung forderten. Nachdem Verhandlungen zwischen Militär und Aufständischen ebenso erfolglos geblieben waren wie beruhigende Aufrufe des Präsidenten Choi, kam es am 27. Mai 1980 zur gewaltsamen militärischen Eroberung der Stadt Kwangju. Nach den Kämpfen, in denen insgesamt 170 Personen getötet wurden, verhaftete die Armee 1740 Aufständische, die mit großer Brutalität behandelt wurden. General Chun Doo Hwan initiierte drastische »Säuberungsaktionen« gegen faktische oder auch nur vermutete Oppositionskräfte, ließ einige hochgestellte Persönlichkeiten der bisherigen Regierung unter der Anklage der Korruption verhaften und wurde am 27. August 1980 von dem in der Verfassung vorgesehenem Wahlmännergremium einstimmig zum neuen Präsidenten der Republik Korea gewählt. Im Zuge einer neuen »Reinigungskampagne« wurden etwa 4700 Beamte sowie auch vormalige Kabinettsmitglieder, Parlamentarier und Bankpräsidenten verhaftet. Auch die Presse wurde einschneidenden Restriktionen unterworfen. Durch einen Volksentscheid wurde im Oktober 1980 mit großer Mehrheit eine neue Verfassung gebilligt, die der alten in mancher Hinsicht zwar ähnlich blieb, jedoch einige Liberalisierungen und vor allem das Prinzip einer nur einmaligen Amtszeit von sieben Jahren für den Präsidenten vorsah. Kim Dae Jung wurde wegen einer behaupteten Komplizenschaft mit dem Aufstand in Kwangju des Hochverrats angeklagt und zum Tode verurteilt, doch auf Grund zahlreicher Fürsprachen aus westlichen Regierungskreisen zu lebenslänglicher Haftstrafe begnadigt.[20]

Der Mordanschlag in Burma

Um im geteilten Korea Bewegung in die Wiedervereinigungspolitik zu bringen, lud Chun Doo Hwan den nordkoreanischen Präsidenten Kim Il Sung zu einem Staatsbesuch und Gipfeltreffen in Südkorea ein, der ohne jede Vorbedingung erfolgen könne. Als der Verfasser im gleichem Jahr 1981 den späteren Außenminister Nordkoreas Kim Yong Nam in Pyŏngjang nach den Gründen der Ablehnung dieses Vorschlages fragte, entgegnete Kim, sie sei einerseits deshalb erfolgt, weil Chun für das Kwangju-Massakker verantwortlich sei und weil Nordkorea andererseits durch ein Gipfeltreffen mit ihm nicht die Oppositionskräfte in Südkorea enttäuschen und entmutigen wolle. Als Chun Doo Hwan im Oktober 1983 an der Spitze einer großen Regierungsdelegation eine achtzehntägige Reise durch Hauptstädte Südostasiens unternahm, um dort für intensivere Beziehungen mit Südkorea zu werben, wurde er in Rangun, der Hauptstadt des neutralen Burma (später Myanmar), zum Ziel eines spektakulären Mordanschlages. Als er sich bei einer Feier dem burmesischem Nationalheiligtum, dem Mausoleum des 1947 ermordeten Nationalhelden General Aung San, näherte, lösten versteckte Attentäter eine gewaltige Sprengladung aus, durch die sechzehn Koreaner und drei Burmesen getötet sowie zahlreiche Personen schwer verletzt wurden. Zu den Getöteten gehörten mehrere Kabinettsminister und höchste Beamte des Präsidentenstabes. Burmesische Gerichtsverfahren kamen auf Grund von Geständnissen zu der Erkenntnis, daß der Anschlag von einem nordkoreanischen Mordkommando durchgeführt worden war, woraufhin Burma am 4. November 1983 die diplomatischen Beziehungen zu Nordkorea abbrach. Nordkorea selbst bestritt jegliche Täterschaft oder Mitwisserschaft.[21] Empörung und internationale Kontroversen löste im gleichen Jahr 1983 auch die Tatsache aus, daß ein am 1. September 1983 auf dem Flug von Anchorage nach Seoul befindliches Verkehrsflugzeug der Korean Airlines vom Typ Boeing 747, das versehentlich in einen Teil des sowjetischen Luftraumes hineingeflogen war, nach mehrstündiger Verfolgung durch sowjetische Kampfflugzeuge mit einer Rakete abgeschossen worden war, wobei 269 Menschen den Tod gefunden hatten.[22]

Zu einer überraschenden Initiative Nordkoreas kam es 1984, nachdem lang anhaltende wolkenbruchartige Regenfälle in der Gegend von Seoul eine Naturkatastrophe bewirkt, 190 Südkoreaner getötet und die Wohnungen von etwa 200.000 anderen ihrer Mitbürger zerstört hatten. Angesichts dieser Katastrophe wurde von Nordkorea Katastrophenhilfe angeboten und ebenso überraschend von Südkorea angenommen. Teils auf nordkoreanischen Lastwagen und teils auf nordkoreanischen Schiffen transportiert, wurden in der Tat 7200 Tonnen Reis, 759 Kisten mit Medikamenten, 500.000 Meter Stoff und 100.000 Tonnen Zement nach Südkorea geliefert. Etwa 119.000 Südkoreaner wurden zu Empfängern dieser Hilfe aus dem Norden. Zyniker allerdings meinten, Nordkorea habe das Angebot in der Erwartung einer Ablehnung durch den Süden gemacht und dieser wiederum habe das Angebot nur deshalb angenommen, weil er irrig geglaubt habe, der Norden werde die angebotenen Leistungen nicht erbringen können.[23]

Ursprung und Erfolge der Demokratisierung

Zu umfassenden Turbulenzen in der südkoreanischen Innenpolitik kam es im April 1987, als Präsident Chun Doo Hwan ankündigte, er werde zwar termingerecht nach Ablauf seiner Amtszeit am 24. Februar 1988 vom Präsidentenamt zurücktreten, doch solle die Wahl des neuen Präsidenten noch nach dem Wahlmodus der bisherigen Verfassung von einem Wahlmännergremium von etwa fünftausend Personen vorgenommen werden. Diese Ankündigung löste landesweite Proteste aus. In zwanzig Städten Südkoreas wurden etwa viertausend Dissidenten verhaftet. Fast 20.000 Demonstranten blockierten die Innenstadt von Seoul und verschanzten sich im Zentrum der Stadt in der bekannten Myong-Dong-Kathedrale. Nicht nur fast eine halbe Million Studenten nahmen an diesen Protestdemonstrationen teil, sondern auch erstmals beträchtliche Gruppierungen aus der gesellschaftlichen Mittelschicht wie auch aus der Arbeiterschaft. Angesichts dieser chaotischen Unruhen ergriff der Vorsitzende und Präsidentschaftskandidat der regierenden Demokratischen Gerechtigkeitspartei Roh Tae Woo die Initiative. Völlig überraschend gab er am 29. Juni 1987 bekannt, er akzeptiere alle Hauptforderungen der Opposition einschließlich der Beibehaltung des Präsidialsystems, obwohl er immer noch glaube, die Einführung des parlamentarischen Kabinettssystems sei zu bevorzugen. Er verlangte weiterhin eine Freilassung aller politischer Gefangener und die Rückgabe bürgerlicher Rechte an Kim Dae Jung. Geschehe dies nicht, so trete er von seiner Kandidatur für die Präsidentschaft zurück. Chun Doo Hwan gab nach, die Demonstrationen wurden schlagartig eingestellt, und der Text einer neuen südkoreanischen Verfassung wurde von der Regierungspartei gemeinsam mit den wichtigsten Oppositionsparteien erarbeitet und danach den Bürgern Südkoreas am 27. Oktober 1987 zur Volksabstimmung vorgelegt. Bei einer Wahlbeteiligung von 78,2 Prozent wurde die neue Verfassung mit 93,3 Prozent der gültig abgegebenen Stimmen angenommen.[24]

Die mit einer so ungewöhnlich breiten Legitimationsbasis zustande gekommene neue Verfassung Südkoreas beinhaltet unter anderem einen umfassenden Grundrechtekatalog, garantiert die Freiheit politischer Parteien und die Neutralität der Streitkräfte und gewährt dem Staatspräsidenten nur eine einmalige Amtszeit von fünf Jahren. Ihm wird bei der Führung der Außen-, Verteidigungs-, und Wiedervereinigungspolitik des Landes eine führende Rolle eingeräumt. Ein von ihm verhängtes Kriegsrecht kann mit einer einfachen Mehrheit der Nationalversammlung wieder aufgehoben werden, und die Ernennung des Ministerpräsidenten durch den Staatspräsidenten bedarf der Zustimmung der Nationalversammlung. Bei den Präsidentenwahlen vom 16. Dezember 1987 gewann Roh Tae Woo mit 35,9 Prozent vor allem auch deshalb, weil sich die Führer der Oppositionspartei zerstritten und ihre Anhänger damit gespalten hatten. Kim Young Sam, der während der Verfolgung Kim Dae Jungs die Opposition geführt hatte, wollte Kim Dae Jung – dem Roh Tae Woo das aktive und passive Wahlrecht zurückgegeben hatte – die Führung der Partei nicht abtreten. Kim Dae Jung gründete daraufhin seine eigene Partei. Angesichts dieser Spaltung erhielt bei den Präsidentschaftswahlen Kim Young Sam nur 27,5 Prozent, Kim Dae Jung 26,5 Prozent und der unerwartet auch kandidierende Kim Jong Pil 7,9 Prozent. Auch bei den Parlamentswahlen vermochte keine der Parteien eine absolute Mehrheit zu erzielen. Die regierende Demokratische Gerechtigkeitspartei, die nur 33,7 Prozent der Stimmen erhielt, verlor damit die absolute Mehrheit. Kim Dae Jungs neue Partei gewann 23,6 Prozent, Kim Young Sam 19,0 Prozent und Kim Jong Pil 15,3 Prozent der Stimmen. So begann Südkorea seine Ära einer neuen, wesentlich stärker institutionalisierten Demokratie mit einem Präsidenten und einer Regierung, hinter denen jeweils nur eine Minderheit des Wählerwillens stand.

Der neue, im Alter von 54 Jahren gewählte Präsident war Berufsoffizier, gehörte zum selben Jahrgang an der Militärakademie wie Chun Doo Hwan und hatte bei den zur Unterstützung der USA nach Vietnam entsandten südkoreanischen Truppen als Bataillonskommandant gedient. Als General und Divisionskommandant hatte er Chung Doo Hwans Machtergreifung Ende 1979 unterstützt. In seinem Beruf galt er als Spezialist für psychologische Kriegführung.[25]

Die Ausrichtung der Olympischen Sommerspiele des Jahres 1988 wurde in ganz Korea als Chance und Ereignis von historischer Bedeutung betrachtet. Zwar hatte Pjöngjang eine nordkoreanische Mitausrichtung dieser Olympiade vorgeschlagen, doch hatten diesbezüglich geführte, inhaltlich sehr schwierige Verhandlungen kein beiderseitig akzeptables Resultat gezeitigt. Die Olympiade mit einer Beteiligung von etwa 14.000 Sportlern und Sportfunktionären aus 160 Ländern erwies sich als die universalste der bisherigen Sportgeschichte. Nur wenige Staaten, darunter Nordkorea und Kuba, verweigerten die Teilnahme. Sämtliche international bedeutenden kommunistischen Staaten waren vertreten. 300.000 ausländische Studenten waren anläßlich des Ereignisses nach Korea gereist. Die Tatsache, daß das sportliche Geschehen weltweit von 6202 Rundfunk- und Fernsehstationen ausgestrahlt wurde, benützte die koreanische

Regierung zur wirkungsvollen Einstreuung reichhaltiger kultureller Begleitprogramme, die wesentliche Aspekte des reichen koreanischen Kulturerbes porträtierten und so zum Erfolg einer global vermittelten koreanischen Selbstdarstellung beitrugen.

Im Bereich der südkoreanischen Innenpolitik kam es zu Beginn des Jahres 1990 zu einer erstaunlichen und kaum erwarteten Entwicklung, als sich die Regierungspartei, die 1988 die absolute Mehrheit verfehlt hatte, mit zwei Oppositionsparteien, der einen geführt vom profilierten Oppositionspolitiker Kim Young Sam und die andere geführt vom vormaligen Gründungsdirektor der KCIA Kim Jong Pil, zur neuen Demokratisch-Liberalen Partei zusammenschloß. Mit 215 der insgesamt 299 Sitze der Nationalversammlung verfügte die neue Partei in der Legislative über eine Zwei-Drittel-Mehrheit. Zur stärksten Kraft der Opposition wurde die vom späteren Staatspräsidenten Kim Dae Jung gegründete Partei für Frieden und Demokratie. Hinter dem ungewöhnlichen Zusammenschluß dreier Parteien stand Kim Young Sams 1992 tatsächlich aufgehendes Kalkül, mit dieser Taktik beste Chancen für eine Wahl als nächster Präsident Südkoreas zu erhalten. Da Kim Young Sam bezüglich der südkoreanischen Verfassung die Beibehaltung des Präsidialsystems bevorzugte, war damit Roh Tae Woos Plänen eines Übergangs zum parlamentarischen Kabinettssystem ein Riegel vorgeschoben worden. Vom Verfasser diesbezüglich 1993 befragt, hatte Präsident Kim Young Sam gemeint, das Präsidialsystem entspreche den Erfordernissen der sicherheitspolitisch stark exponierten Lage Südkoreas wie aber auch den Traditionen und dem politischen Klima im eigenem Land.[26] Gesondert hatte er hinzugefügt: Wenn ein Präsident wie er die Absicht habe, in den nur fünf Jahren seiner einmaligen Amtszeit viel zu bewirken, bedürfe er der konzentrierten Autorität des Präsidentenamtes.

Seit Syngman Rhee wurde Kim Young Sam nach 31jähriger Regierung Südkoreas durch Generäle zum ersten zivilen Präsidenten des Landes. Erfolgreich betrieb er eine wesentliche Reduzierung des militärischen Einflusses in der Sphäre der südkoreanischen Republik, wobei er energisch gegen den »Hana-Hoe« genannten Geheimclub führender Militärs vorging, dessen Mitglieder immer wieder einen starken Einfluß auf Südkoreas Politik ausgeübt hatten. Eine zweite Kampagne richtete sich gegen die Korruption der Inhaber öffentlicher Ämter. 33.000 höhere Beamte und Mitglieder gesetzgebender Körperschaften wurden gesetzlich zur Offenlegung ihrer Einkommensverhältnisse gezwungen. Das betraf auch zu Unrecht erworbenes Geld, das auf Konten unter falschem Namen deponiert worden war. Allein bis Mitte Oktober 1993 stellten die Finanzbehörden fest, daß eine Gesamtsumme von 2,7 Trillionen Won auf solchen Konten gelagert worden war.[27] Von Oppositionskräften dazu aufgefordert, seine beiden Vorgänger, die Ex-Präsidenten Chun Doo Hwan und Roh Tae Woo, wegen ihres Militärputsches von 1979, fernerhin wegen ihrer blutigen Niederschlagung der Aufstandsbewegung in Kwangju und wegen massiver Korruption vor Gericht zu stellen, war Kim Young Sam anfangs mit dem Hinweis ausgewichen, die Geschichte werde ihr Urteil über diese Verhaltensweisen sprechen. Doch unter wachsendem Druck der öffentlichen Meinung und der Opposition wurden beide Ex-Präsidenten 1996 vor Gericht gestellt. Am Ende eines aufsehenerregenden Prozesses wurde Chun zum Tode und Roh zu 22 Jahren Gefängnis verurteilt. Anklagen und Urteile ergingen auch gegen zahlreiche andere in diese Aktivitäten verwickelte Personen. Ein Berufungsgericht verringerte das Strafmaß im Falle Chuns auf lebenslange Haftstrafe und im Falle Rohs zu einer Haftstrafe von nur 17 Jahren. Doch am Ende seiner Amtszeit erließ Kim Young Sam für beide Ex-Präsidenten eine Amnestie, die ihnen die Freiheit und ihre bürgerlichen Rechte zurückgab. Der kurz zuvor zum Präsidenten gewählte Kim Dae Jung, der unter der Regierung Chuns zum Tode verurteilt worden war, stimmte dieser Maßnahme zu.[28]

Im Lichte der Erfahrungen von Taktiken der vorangegangenen Jahrzehnte hatte Südkoreas Innenpolitik im Jahrzehnt seit 1987 einen Prozeß präzedenzloser Demokratisierung erleben können. Insbesondere hatte Südkoreas politisches System die Feuerprobe des fast konfliktfreien Überganges von einer 17 Jahre lang prädominanten Herrschaftsgruppe zur Regierung durch Führungskräfte der vormaligen Opposition beeindruckend bewältigen können. Allerdings hatte das politische System seit seiner Gründung 1948 nie den Charakter einer reinen Diktatur getragen. Obwohl unfair eingeengt, benachteiligt und bedroht, hatten Oppositionskräfte nie aufgehört zu existieren, ihre Stimme zu erheben und unter ungünstigsten Umständen um die Macht zu kämpfen. Vorläufig erhalten gebliebene Merkmale dieses Systems sind die überaus starke Machtposition des Präsidenten, der häufige Wechsel von Kabinettsministern, die nur zu oft als Blitzableiter verfehlter Regierungspolitik dienen, und die relative Irrelevanz der Namen und Programme politischer Parteien, da in dieser konfuzianisch geprägten Gesellschaft die Bedeutung einzelner Persönlichkeiten oder durch Loyalität verbundener Gruppen überwiegt.

Fortschritte der südkoreanischen »Nordpolitik«

Für Südkorea brachten die frühen 1990er Jahre entscheidende Durchbrüche und Erfolge auch in der Sphäre der sogenannten südkoreanischen Nordpolitik. Diesen Begriff hatte der in Burma 1983 ermordete südkoreanische Außenminister Lee Bum Suk unter Bezug auf das Vorbild der westdeutschen Ostpolitik geprägt. In Analogie zu dieser hatte Lee gemeint, Fortschritte in Südkoreas Beziehungen zu Nordkorea seien durch eine Verbesserung der Beziehungen Seouls zu Moskau und zu Peking zu erreichen. Seouls Weg zur Normalisierung mit Pjöngjang führe über Moskau und Peking.[29] Die von der koreanischen Regierung zielbewußt ergriffene Gelegenheit ergab sich angesichts der von Präsident Gorbatschow bewirkten Wende der sowjetischen Außenpolitik, die die Politik des kalten Krieges durch eine Politik allseitiger Öffnung und Entspannung ersetzen wollte. Schon im Januar 1989 konnte Südkorea zu Ungarn als erstem Land der vormaligen Ostblockstaaten diplomatische Beziehungen aufnehmen, und im November gleichen Jahres stattete Präsident Roh Tae Woo als erstes Staatsoberhaupt Südkoreas dem Ostblockstaat Ungarn einen bahnbrechenden Staatsbesuch ab, den der ungarische Staatspräsident ein Jahr später erwiderte. Ähnliche Beziehungen zu Polen, Jugoslawien und Bulgarien folgten. Als erster hochrangiger Politiker Südkoreas fuhr der damalige Oppositionsführer Kim Young Sam im März 1990 nach Moskau, wo er ein einstündiges Gespräch mit Gorbatschow führen konnte. Nach einer ersten Begegnung Roh Tae Woos und Gorbatschows in San Francisco veröffentlichten die Regierungen Südkoreas und der Sowjetunion am 30. September 1990 eine gemeinsame Erklärung über die Wiederaufnahme diplomatischer Beziehungen beider Staaten nach einer Unterbrechung von 86 Jahren.[30] Nordkorea reagierte mit Zorn und Erbitterung auf diese Aufwertung seines südkoreanischen Gegenspielers durch die sowjetische

Weltmacht, und die Parteizeitung *Rodong Shinmun* kommentierte überdeutlich: »Die Sowjetunion verkaufte die Würde und die Ehre eines Verbündeten für 2,3 Milliarden Dollar.[31]«

Eines der krönenden Ereignisse der südkoreanischen »Nordpolitik« bestand in Präsident Roh Tae Woos Staatsbesuch in Moskau 1990. In einer Rede an der Universität Moskau sagte Präsident Roh, Südkorea hoffe, Moskau werde den Nordkoreanern helfen können, sich aus ihrer selbst auferlegten Isolation zu befreien. Mit Roh waren auch Vertreter südkoreanischer Großkonzerne zu Wirtschaftsgesprächen nach Moskau gereist. In anschließenden Abmachungen sagte Südkorea Kredite in Höhe von 1,5 Milliarden US-Dollar für südkoreanische Exporte in die Sowjetunion sowie 500 Millionen US-Dollar zum Export südkoreanischer Kapitalgüter und dazu auch noch eine Währungsanleihe *(Cash Loan)* in Höhe von einer Milliarde US-Dollar zu.[32] Im Frühjahr 1991 stattete Gorbatschow selbst Südkorea einen Gegenbesuch ab.

Bewegung kam auch in die Frage der jahrzehntelang vergeblich angestrebten südkoreanischen UN-Mitgliedschaft. Nachdem Peking den Nordkoreanern mitgeteilt hatte, es wolle diese Mitgliedschaft nicht länger durch Vetos blockieren, stellte Nordkorea überraschend selbst einen Antrag auf Mitgliedschaft in der Organisation der Vereinten Nationen. Bis dahin hatte Pjöngjang eine doppelte Mitgliedschaft beider koreanischer Teilstaaten stets rigoros mit dem Argument abgelehnt, dies würde die Spaltung zwischen den beiden Landesteilen vertiefen. Nach einem diesbezüglichen Beschluß des UN-Sicherheitsrates beschloß die UN-Generalversammlung am 17. September 1991 die Aufnahme beider koreanischer Staaten in die Weltorganisation. Angesicht eines seit 1989 steil ansteigenden Handelsvolumens zwischen der Volksrepublik China und Südkorea kam es zwischen beiden Staaten zu einer Annäherung, die am 24. August 1992 in einem Abkommen zur Aufnahme der beiderseitigen diplomatischen Beziehungen kuliminierte. In diesem Abkommen anerkennt Seoul die Regierung der Volksrepublik China »als einzige legale Regierung Chinas und respektiert die chinesische Position, daß es nur ein China gibt und daß Taiwan ein Teil Chinas ist«.[33] Somit war es Südkorea als Ergebnis seiner neuen »Nordpolitik« gelungen, diplomatische Beziehungen zur Sowjetunion und zur Volksrepublik China zu erlangen, obwohl Nordkorea auf der anderen Seite die von ihm angestrebte Errichtung normaler diplomatischer Beziehungen zu den Vereinigten Staaten und zu Japan bis Ende des Jahrhunderts nicht hatte realisieren können. Die mit Gorbatschows historischer Wende sowjetischer Politik als »Mantel der Geschichte« vorbeirauschende einmalige Chance war von Südkoreas Regierung schnell erkannt und mit großer Wirksamkeit zu bahnbrechenden Fortschritten ihrer globalisierenden Nordpolitik verwendet worden.

Kim Dae Jung und die neue »Politik des Sonnenscheins«

Mit der Wahl des 73jährigen Kim Dae Jung zum neuen Staatspräsidenten im Dezember 1997 absolvierte Südkoreas junge Demokratie eine neue Bewährungsprobe, insofern als hiermit zum ersten Mal in der Geschichte der Republik ein Oppositionsführer zum Staatsoberhaupt gewählt worden war. Im Licht seiner Biographie gehört Kim Dae Jung zu den herausragenden Persönlichkeiten der neueren Geschichte Koreas.[34] Er hatte mehrere Mordanschläge, sechs Jahre Gefängnis und viele Jahre des Hausarrests und Exils im Ausland überstanden, war nach dem Kwangju-Aufstand zum Tode verurteilt und 1973 vom südkoreanischen Geheimdienst KCIA unter qualvollen Bedingungen aus Japan entführt und nach Korea gebracht worden. Dreimal zuvor bereits (1971, 1987 und 1992) hatte er, wenn auch vergeblich, für das Präsidentenamt kandidiert. Doch 1997 war es ihm gelungen, seinen damals stärksten Gegenspieler, den populären vormaligen Ministerpräsidenten Lee Hoi Chang, und einen weiteren, weniger bekannten Kandidaten mit 39,61 Prozent der Stimmen gegen 38,00 bzw. 18,96 Prozent der Stimmen zu schlagen.[35] Hinsichtlich der stets problematischen Beziehungen zu Nordkorea verkündete der ab Anfang 1998 amtierende Kim Dae Jung eine neue Verhaltensstrategie im Zeichen seiner »Politik des Sonnenscheins«. Diese unterscheidet sich von der »Nordpolitik« seiner Amtsvorgänger dadurch, daß sie sich nicht auf Rußland, China und andere Länder bezieht, sondern primär auf Nordkorea. Auch das Endziel der nationalen Wiedervereinigung wird weniger betont als zuvor; um so mehr aber kurz- und mittelfristige Maßnahmen zur Förderung gemeinsamer Kontakte und möglicher Kooperationsformen nach dem Prinzip flexibler Reziprozität. Provokationen sollten zwar angemessen beantwortet, jedoch nicht zum Anlaß einer umfassenden Verschlechterung der Beziehungen

Südkoreas Staatspräsident Kim Dae Jung (geb. 1925), der 1997 nach Jahren der Verfolgung – einschließlich eines Todesurteils – als erster Oppositionspolitiker zum Präsidenten gewählt wurde. Nordkorea gegenüber initiierte er die konstruktive »Sonnenschein-Politik«. Im Jahr 2000 wurde ihm der Friedensnobelpreis zuerkannt.

genommen werden. Nordkorea solle die Sorge genommen werden, der Süden erstrebe eine »Absorbierung« des Nordens. Damit solle in Nordkorea ein psychologisches Klima gefördert werden, in dem die dortige Regierung den Mut zu längst fälligen Reformen gewinnt, ohne aber Furcht vor einer Desintegration des abgekapselten eigenen Systems zu empfinden. Diese unilaterale Haltung soll auf lange Sicht mehr Vertrauen schaffen. In dessen Rahmen, so wird gehofft, werde Nordkorea seine Vision einer gewaltsamen »Befreiung« des Südens verlieren um in einer Art von Vertrags- und Kooperationsgemeinschaft mit dem Süden Vorteile einer neuen Form der innerkoreanischen Koexistenz zu finden.[36]

In seinem 1997 erschienen Buch »Three Stage Approach to Korean Unification« entwarf Kim ein »Drei-Phasen-Modell« für eine koreanische Wiedervereinigungspolitik. In einer ersten Phase solle eine locker strukturierte Konföderation unter Beibehaltung der Souveränität beider koreanischer Staaten, jedoch mit gemeinsamen Organen wie einem Ministerrat und institutionalisierten Gipfelkonferenzen der Staats- und Regierungschefs, zum Zweck einer vieldimensionalen gegenseitigen Annäherung und Vertrauensbildung ins Leben gerufen werden. Auch in einer zweiten Phase sollten beide Seiten ihre Autonomie behalten, doch in bestimmten Bereichen wie Außenpolitik oder Sicherheitspolitik solle die Entscheidungskompetenz in den Händen eines Bundespräsidiums bzw. eines Bundesparlaments liegen. Dieser Phase einer koreanischen Föderation solle dann die dritte Phase der vollständigen Vereinigung beider Teile der Nation entweder zu einem zentralisierten Einheitsstaat oder zu einem Bundesstaat nach deutschem oder amerikanischem Vorbild folgen.[37] Trotz diesbezüglich nicht unbeträchtlichen innenpolitischen Widerstandes kündigte Kim im Oktober 1999 an, das seit fast 50 Jahren bestehende strenge südkoreanische Sicherheitsgesetz dahingehend aufzulockern, daß das Regierungssystem Nordkoreas nicht mehr als »subversive Organisation« klassifiziert werden solle.

Bei Antritt seiner Regierung Anfang 1998 stand Kim Dae Jung der schweren Wirtschaftskrise gegenüber, die sein Land im Vorjahr mit beträchtlicher Härte getroffen hatte. Die Auslandsverschuldung des Landes hatte bei Ende 1997 einen Gesamtwert von 154 Milliarden US-Dollar erreicht. Hilfen des Internationalen Währungsfonds waren mit stringenten Auflagen verbunden. Zur Strategie der Wirtschaftsbelebung seitens der Regierung gehörten Bemühungen, traditionelle Hemmnisse im Wege ausländischer Investitionen in Südkorea drastisch zu reduzieren und eine Umstrukturierung der mächtigen *Chaebol* genannten Großkonzerne des Landes zu fordern, was aber sowohl bei einzelnen *Chaebols* wie auch Gewerkschaften auf Widerstand stieß. Obwohl Arbeitslosigkeit und Inflation Sorgen bereiteten, waren bereits an der Jahreswende 1998/99 Symptome der Erholung sichtbar geworden, so z. B. erhöhte sich das Volumen von Hartwährungsreserven von 3,9 Milliarden US-Dollar Mitte Dezember 1997 auf 50,1 Milliarden US-Dollar im Januar 1999. Südkoreas Bruttoinlandsprodukt (GDP) erhöhte sich vom Frühjahr 1998 bis zum gleichen Zeitraum 1999 um 9,8 Prozent, während der Internationale Währungsfonds für das Jahr 2000 ein allgemeines Wirtschaftswachstum des Landes von 4,6 Prozent prognostizierte.[38]

In der Sphäre der auswärtigen Politik vollzog Kims Regierung eine weitere Annäherung an Japan, die Anfang Oktober 1998 anläßlich des Staatsbesuchs des japanischen Ministerpräsidenten Obuchi in Seoul in einer elf Punkte umfassenden Grundsatzerklärung einer neuen »Partnerschaft für das 21. Jahrhundert« zwischen beiden Ländern verankert wurde. Sie enthielt eine erste, sehr ausdrücklich gehaltene schriftliche Entschuldigung der japanischen Seite für das Unrecht seiner harten Kolonialherrschaft in Korea. Vereinbart wurden u.a. jährliche Gipfeltreffen der Staats- und Regierungschefs sowie der Außenminister und anderer Ressortminister, wobei sowohl die Sicherheit Nordostasiens unter besonderer Berücksichtigung Nordkoreas als auch Fragen der gegenseitigen Kultur- und Wirtschaftsbeziehungen eine gewichtige Rolle spielten.[39] Zusätzlich erfolgte im April 1999 die Errichtung einer aus führenden Regierungsvertretern Südkoreas, Japans und der USA gebildeten »Trilateralen Gruppe zur Koordination und Beobachtung« (TCOG), in der für die USA William Perry, Präsident Clintons Koordinator für Fragen der Beziehungen zu Nordkorea, vertreten ist und die die Aufgabe haben soll, das Verhalten der drei Regierungen Nordkorea gegenüber zu beraten und soweit als möglich zu koordinieren. Dennoch bewegt sich Südkoreas Politik seit 1994 im Schatten der Sorge vor bilateralen Alleingängen Washingtons in seinem Verhältnis zu Pjöngjang, die – ganz im Sinne nordkoreanischer Interessen – eine Beteiligung Südkoreas ausschließen.[40]

Trotz der erwähnten Irritationen und Provokationen haben sich in den Beziehungen der beiden koreanischen Staaten zueinander hoffnungsvolle Veränderungen ergeben. So ist der vormals auf den Nullpunkt gesunkene Handel miteinander so beträchtlich gestiegen, daß Südkorea bei Jahrhundertende zum drittgrößten Handelspartner Nordkoreas geworden ist. Streng begrenzter südkoreanischer Tourismus in bestimmten abgeschirmten Gebieten Nordkoreas findet schon statt, und Kooperationsprojekte südkoreanischer Großkonzerne mit nordkoreanischen Staatsfirmen werden ernsthaft in Erwägung gezogen. Der Begründer und Vorsitzende des südkoreanischen Großkonzerns Hyundai, Chong Ju Yong, der dem hungernden Norden tausend Rinder zum Geschenk machte und Pläne zu wirtschaftlicher Zusammenarbeit entwarf, wurde sogar persönlich von dem für ausländische Besucher kaum je zugänglichen Nachfolger Kim Il Sungs und neuen Chef von Staat und Partei Nordkoreas, Kim Jong Il, empfangen.[41] Der Erfolg der mit Auflockerung arbeitenden »Politik des Sonnenscheins« wird weitgehend davon abhängen, ob der Norden sie nur irrig als Zeichen ausnützbarer Schwäche versteht oder als Chance dazu, ohne wesentliche Regimegefährdung (d.h. ohne »Wandel durch Annäherung«) eine beiderseitig nützliche Auflockerung der Beziehungen, insbesondere im Bereich der Wirtschaft, herbeizuführen. Wie Staatspräsident Kim Dae Jung dem Verfasser während eines Gespräches im Oktober 1999 mitteilte, hofft er, daß auch andere ausländische Staaten, so z.B. die Mitgliedstaaten der Europäischen Union, zu einer Lockerung der Beziehungen Nordkoreas mit der Außenwelt beitragen können.

Eine Reaktion von historischen Dimensionen erhielt Kim Dae Jungs »Politik des Sonnenscheins«, als Nordkorea im April 2000 Kims mehrfach geäußerten Vorschlag zu einem Gipfeltreffen der Präsidenten der beiden koreanischen Staaten akzeptierte. Einen Monat nach der beiderseitigen Ankündigung dieses Ereignisses autorisierte Kims Regierung das Südkoreanische Rote Kreuz zur Schenkung von 200.000 Tonnen Düngemitteln an das unter krasser Nahrungsmittelknappheit leidende Nordkorea. Die zuvor im April abgehaltenen Parlamentswahlen hatten für Kim Dae Jungs Demokratische Millenniumspartei dennoch eine unerwartete Enttäuschung insofern gebracht, als sie mit 42,1 Prozent der Stimmen und 115 Sitzen in der Nationalversammlung nicht nur die absolute

Mehrheit verfehlte, sondern hinter der oppositionellen Großen Nationalpartei zurückblieb, die mit einem Stimmenanteil von 48,7 Prozent 133 der insgesamt 273 Sitze erringen konnte. Die alle Parteien enttäuschende Wahlbeteiligung lag bei 57,2 Prozent der wahlberechtigten Bürger.[42]

Das vom 13. bis 15. Juni 2000 in Pjöngjang dauernde Gipfeltreffen wurde aus mehreren Gründen weltweit als Sensation empfunden. War es doch das erste seit Gründung der beiden koreanischen Staaten vor einem halben Jahrhundert je stattfindende Treffen der Staatsoberhäupter und Regierungschefs beider Seiten. Zumal gilt das geteilte Korea, in dessen Mitte einander zwei Millionen in ständiger Bereitschaft befindlicher Soldaten beider Seiten gegenüberstehen, immer noch als potentieller Krisenherd von weltpolitischer Ausstrahlung. Schließlich knüpfte sich an diese Begegnung die Hoffnung, daß sie der Beginn eines auch international bedeutsamen Entspannungsprozesses sein könnte. Eine am Ende der Konferenz unterzeichnete Erklärung beinhaltete fünf Punkte: 1. Die Wiedervereinigung solle von beiden Seiten »unabhängig«, d. h. ohne Mitwirkung fremder Staaten herbeigeführt werden. 2. Es wurde festgestellt, daß die Zukunftspläne beider Seiten für eine gesamtkoreanische »Föderation« (Vorschlag des Nordens) oder eine »Konföderation« (Vorschlag des Südens) so viele »gemeinsame Elemente« beinhalteten, daß diese als Basis einer gemeinsamen Zukunftsplanung dienen könnten. 3. Beide Seiten sollten in Kürze Fragen der Familienzusammenführung und der Amnestie für kommunistische Gefangene in Südkorea besprechen. 4. Beide Seiten beschlossen, gegenseitige

Vom 13. bis 15. Juni 2000 trafen sich Kim Dae Jung (li.) und Kim Jong Il zum ersten innerkoreanischen Gipfeltreffen.

Wirtschafts- und Kulturbeziehungen zu entwickeln und 5., Dialoge zwischen den Behörden beider Seiten zum Zweck der Umsetzung der Vereinbarungen stattfinden zu lassen.[43] Vereinbart wurde auch ein Gegenbesuch Kim Jong Ils in Südkorea »zu einem geeigneten Zeitpunkt«. Zur Beruhigung amerikanischer Besorgnisse berichtete Präsident Kim nach seiner Rückkehr vom Gipfel, er habe mit Kim Jong Il auch die Präsenz amerikanischer Streitkräfte in Südkorea besprochen und dabei auf die Notwendigkeit hingewiesen, sie gegebenenfalls auch nach einer koreanischen Wiedervereinigung weiterhin im Interesse ausgewogener Kräfteverhältnisse im Lande zu behalten. Noch im gleichen Monat des Gipfeltreffens begannen koreanische Süd-Nord-Gespräche über Möglichkeiten einer Familienzusammenführung, die im August 2000 mit einer Zusammenführung von 100 Familien begann. Geschätzte 7,6 Millionen Südkoreaner haben Verwandte in Nordkorea, von denen sie seit 1950 getrennt sind.[44] Als ermutigend galt, daß sich Süd- und Nordkorea darauf einigen konnten, bereits Ende Juli 2000 in Seoul mit umfassenden Gesprächen über die Umsetzung der beim Süd-Nord-Gipfel vereinbarten Zielsetzungen zu beginnen.[45]

Um vor den Augen der Weltöffentlichkeit ihr neues Zusammengehörigkeitsgefühl zu demonstrieren, marschierten die Sportmannschaften aus Süd- und Nordkorea anläßlich der Olympischen Spiele in Sydney zusammen und unter einer gemeinsamen Fahne bei der Eröffnungsfeier ins Stadion ein. Für seine so unerwartet erfolgreiche »Politik des Sonnenscheins« gegenüber Nordkorea wie auch für seinen leidensvollen innenpolitischen Kampf für Südkoreas Demokratisierung wurde Staatspräsident Kim Dae Jung im Oktober 2000 durch die Verleihung des Friedensnobelpreises geehrt.[46] Noch im September 2000 trafen sich in Seoul die Verteidigungsminister der beiden koreanischen Staaten, um über Maßnahmen der Vertrauensbildung und über eine mögliche Entspannung in der entmilitarisierten Zone zwischen den beiden Staaten zu beraten. Auf Ministerebene wurden neue Kooperationsbemühungen verabredet. Im gleichen Monat konnte Staatspräsident Kim den ersten Spatenstich zur Wiederherstellung der seit dem Koreakrieg unterbrochenen Eisenbahnverbindung zwischen Süd und Nord vollziehen.

So waren ein halbes Jahrhundert seit Beginn des Koreakrieges im Jahr 2000 reale Ansatzpunkte zur Entspannung und partiellen Kooperation zwischen den beiden Teilstaaten des seit 1945 geteilten Landes geschaffen worden.

29. Kapitel

Nordkorea im Spannungsfeld der Mächte Nordostasiens

Ideologie und Strategie Kim Il Sungs

Symptomatisch fast für die schwierige Position Nordkoreas wirkt die Tatsache, daß dieser von einem Drittel der koreanischen Gesamtbevölkerung bewohnte Teil Koreas in der Zeit zwischen der Mitte der vierziger und der Mitte der fünfziger Jahre zeitweilig von allen vier in diesem Raum aktiven Großmächten besetzt worden ist. So war die bis 1945 anhaltende Kolonialherrschaft Japans durch eine bis 1948 anhaltende sowjetische Besetzung abgelöst worden, wonach die USA Nordkorea im Zuge des Koreakrieges kurzfristig fast zur Gänze eroberten, um dann ab Anfang 1951 von Streitkräften der Volksrepublik China vertrieben zu werden, die über das Ende des Koreakrieges hinaus noch einige Jahre im Norden des Landes präsent blieben. Noch unter der Ägide der sowjetischen Besatzung wurde im September 1948 die »Demokratische Volksrepublik Korea« gegründet. An die Spitze ihrer Regierung wie auch der des Land beherrschenden 1946 gegründeten Nordkoreanischen Arbeiterpartei trat der 1912 in der Nähe von Pjöngjang geborene Kim Il Sung, der vor 1945 als politischer Kommissar und Anführer kommunistisch-koreanischer Partisanenverbände im Grenzgebiet zwischen der Mandschurei und Nordkorea tätig gewesen war und der bis zu seinem Tod 1994 seine Herrschaft mit eiserner Faust ausübte.

Von Ansätzen ausgehend, die ideengeschichtlich bis in die dreißiger und vierziger Jahre zurückverfolgt werden können, entwickelte Kim Il Sung ab Mitte der fünfziger Jahre eine eigenwillige Kommunismus-Variante in Gestalt der sogenannten Dschutsche-Ideologie. Den historischen Materialismus des klassischen Marxismus, d. h. seine Bezogenheit auf Produktionskräfte und Produktionsverhältnisse, kaum mehr tangierend, vertritt Kims Dschutsche-Ideologie einen an Mao Tse-tung erinnernden radikalen Voluntarismus. Die Gegebenheiten der Existenz und Daseinsführung der Gesellschaft hingen primär von deren Willen und Verhalten ab. Die schöpferischen Potentiale der Volksmassen könnten sich allerdings nur dank der Lenkung eines sie zur geschlossenen Willenseinheit bringenden genialen Führers voll entfalten. Höchstes Ziel in Theorie und Praxis sei die Verwirklichung von »Dschutsche«, das heißt von allseitiger Selbstbestimmung im Denken und Handeln unter der Leitung des allweisen Führers und der ihm ergebenen Partei. Jede unangemessene Beachtung fremder Modelle oder Leistungen führe leicht zu verächtlicher Servilität, zum Verrat an der eigenen Nation. Dies gelte auch für die ideologisch verwandten Modelle und Systeme der Sowjetunion und der Volksrepublik China. So schrieb Kim Il Sungs Sohn und von ihm erkorener Nachfolger Kim Jong Il: »In der revolutionären kommunistischen Bewegung geht es also um die

Lenkung der Volksmassen durch die Partei und den Führer. Ob die Volksmassen auf revolutionäre Weise in eine bewußte und organisierte Formation verwandelt werden und wie sie ihre ... historische Mission erfüllen – das hängt von der klugen Leitung durch die Partei und die Führer ab.[1]«

Bis Anfang der sechziger Jahre setzten sich die kommunistischen Kräfte Nordkoreas vornehmlich aus vier Gruppen zusammen: 1. Die nach dem Ort ihres früheren Hauptquartiers in der Nähe zur chinesischen Grenze genannte »Kapsan-Gruppe« bestand ursprünglich aus den von Kim Il Sung befehligten Partisaneneinheiten, die 1945 mit den sowjetischen Streitkräften nach Nordkorea zurückgekehrt waren. 2. Die von Kim Tu Bong geführte »Yenan-Gruppe«, die während des Zweiten Weltkrieges in China auf seiten der chinesischen Kommunisten gekämpft hatte und als Befürworter einer prochinesischen Politik galt. 3. Die sogenannten Sowjet-Koreaner, die vormals im sowjetischen Sibirien wohnend ebenfalls mit der sowjetischen Roten Armee in die koreanische Heimat zurückgekehrt waren. 4. Die von Pak Hon Yong geführten kommunistischen Aktivisten, die während der japanischen Herrschaft im Untergrund in Korea geblieben waren und die vor der antikommunistischen Politik Syngman Rhees aus dem Süden Koreas nach dem Norden geflohen waren. Mitte der fünfziger Jahre fungierte Pak Hon Yong unter anderem auch als Außenminister der Demokratischen Volksrepublik Korea.

Als Elemente der Yenan-Gruppe wie auch der Sowjet-Koreaner 1956 im Jahr der De-Stalinisierung und der Kritik des Personenkults in der Sowjetunion eine innerparteiliche Bewegung gegen Kim Il Sung organisierten, nahm dieser das Ereignis zum Anlaß, von da an in den nächsten vier Jahren die Führer und Aktivisten der drei letztgenannten Gruppen zu liquidieren und die Alleinherrschaft der ihm ergebenen Kapsan-Gruppe zu etablieren. Pak Hon Yong und viele seiner Anhänger wurden beschuldigt, Nordkoreas anfängliche Niederlage im Koreakrieg verschuldet zu haben, wurden auf Schauprozessen stalinistischen Stils verurteilt und anschließend hingerichtet.[2]

Der ab 1961 steil eskalierende Konflikt zwischen der Sowjetunion und der Volksrepublik China warf für das an beide Mächte angrenzende und auf beider Unterstützung angewiesene Nordkorea ernste Fragen auf. Doch beherrschte Kim Il Sung mit Meisterschaft die Taktik eines höchst flexiblen Lavierens zwischen den beiden Großmächten, die es seinem relativ kleinen Land ermöglichte, seine Unabhängigkeit zu bewahren und eine Satellisierung durch eine der beiden Mächte zu vermeiden. Kennzeichnend für diese Geschicklichkeit ist die Tatsache, daß es Kim Il Sung zustande brachte, im gleichen Jahr 1961 Beistandspakte sowohl mit Moskau als auch mit Peking abzuschließen. Der zwischen Nordkorea und der Sowjetunion am 6. Juli 1961 in Moskau unterzeichnete Vertrag sieht in Artikel 1 vor, daß jeder der Bündnispartner im Falle eines Angriffs irgendeines Staates oder einer Staatengruppe auf den Partnerstaat verpflichtet ist, »der anderen vertragschließenden Seite unverzüglich mit allem ihm zur Verfügung stehenden Mitteln militärischen und anderen Beistand zu erweisen«. Artikel 2 verpflichtet die Signatarmächte, sich an keinen Koalitionen oder Maßnahmen gegen die andere Seite zu beteiligen. Weitere Artikel vereinbaren gegenseitige Konsultationen und verpflichten zu einer »Zusammenarbeit auf der Basis der Gleichberechtigung sowie der gegenseitigen Achtung der staatlichen Souveränität und der Nichteinmischung in die inneren Angelegenheiten des anderen«. Einige Tage später nur und nach vorherigen Verhandlungen mit Chinas Spitzenpolitikern entstand ein am 11. Juli 1961 unterzeichneter nordkoreanisch-chinesischer Bündnisvertrag. Der Inhalt dieses Vertrages entsprach weitgehend dem, den Kim Il Sung kurz zuvor mit der Sowjetunion geschlossen hatte. Die Verträge mit beiden kommunistischen Großmächten waren zugleich von gemeinsamen Kommuniqués begleitet. Im Kommuniqué mit Moskau hatte Kim Il Sung die Rolle der Kommunistischen Partei der Sowjetunion als »Vorhut der kommunistischen Weltbewegung« betont, was ihn aber nicht daran hinderte, kurz darauf in Peking mit den Chinesen darin übereinzustimmen, daß der »Revisionismus« (ein Begriff, mit dem die Maoisten die Politik Moskau kritisierten), die zu bekämpfende »Hauptgefahr für die gegenwärtige kommunistische Bewegung« darstelle. Die inhaltlich widersprüchliche Sprachregelung in den beiden Kommuniqués verweist auf die Tatsache, daß Nordkorea zwar einerseits auf die Kooperation beider kommunistischer Großmächte angewiesen war, wobei diese andererseits in Nordkorea ein höchst bedeutendes Vorfeld ihrer Sicherheitspolitik gegen die mit Streitkräften sowohl in Südkorea als auch in Japan präsenten USA erblickten.

Die zwei Jahrzehnte der weiteren Regierung Kim Il Sungs in Nordkorea sind oft von alternierenden Schachzügen der Annäherung oder Distanzierung seines Staates Moskau und Peking gegenüber gekennzeichnet. Bei dieser Taktik der Bewahrung der eigenen Unabhängigkeit gegenüber den politisch und ideologisch miteinander rivalisierenden Nachbarmächten spielte auch die erwähnte Dschutsche-Ideologie Kim Il Sungs eine gewisse Rolle. Denn auf ihrer Basis – wenn auch oft zum Ärger der Chinesen und der Sowjets – konnten die Nordkoreaner den Standpunkt vertreten, ihrerseits erübrige sich eine grundsätzliche Parteinahme im ideologischen Konflikt Moskau gegen Peking allein schon deshalb, weil, ihrer Meinung nach, die Dschutsche-Ideologie den überlegenen Höhepunkt der Marxismusentwicklung der Gegenwart manifestiere. In zahlreichen Sprachen mehrerer Kontinente gedruckt, wurden Kim Il Sungs ideologische Werke weltweit verteilt und zumeist von Nordkorea materiell unterstützte »Dschutsche-Seminare« zum Studium der Ideen Kim Il Sungs in vielen Ländern Asiens, Afrikas und Europas veranstaltet.[3]

Ungeachtet aller Wandlungen seiner jeweils situationsbedingten Taktik verfolgte Nordkoreas Regierung in ihrer auswärtigen Politik kontinuierlich drei Primärziele: 1. Das Ziel der größtmöglichen Unabhängigkeit von auswärtigen Einflüssen; 2. Die Propagierung einer Konföderation als bester Methode einer Reintegration der geteilten Nation und 3. einen Friedensvertrag mit den USA, mit einem Rückzug der amerikanischen Streitkräfte aus Südkorea als dessen Folge. Während das erste Ziel mit bemerkenswertem Erfolg realisiert werden konnte, blieben die beiden anderen Ziele bis Ende des Jahrhunderts unerfüllt. Der von Kim Il Sung ab Mitte der sechziger Jahre mit leichten Variationen immer wieder propagierte Vorschlag der Richtung einer koreanischen Nord-Süd-Konföderation dient teilweise der Abwehr jener südkoreanischen Vorschläge, die als Methode der nationalen Vereinigung allgemeine, gesamtkoreanische Wahlen unter internationaler Aufsicht empfohlen hatten. Da zwei Drittel der gesamtkoreanischen Bevölkerung in Südkorea beheimatet sind, mußte der Norden von dieser Lösung eine Majorisierung durch den Süden befürchten. Im Rahmen einer Konföderation hingegen wären beide koreanischen Systeme, der Süden mit zwei Drittel und der Norden mit einem Drittel der Gesamtbevölkerung, gleichberechtigt. Obwohl gemeinsame Organe zur Lösung gemeinsamer Probleme gegründet werden sollten, seien die soziopolitischen Systeme beider Seiten vorläufig weiterhin zu erhalten. Nach dem Rückzug der US-Streitkräfte aus dem so vereinigtem Korea solle die gesamtkoreanische Konföderation in ihren auswärtigen Beziehungen eine Politik der Neutralität verfolgen.[4]

Zwei Ereignisse der internationalen Politik beflügelten Nordkoreas intensivierte Forderung nach einem Rückzug der amerikanischen Streitkräfte aus Südkorea. Das eine war die Niederlage der USA in Vietnam und das anschließende Vermögen Nordvietnams, die Wiedervereinigung des Landes im Zeichen seines Regimes mit Waffengewalt herbeizuführen. Die, wie auch immer oberflächliche, Analogisierung zum Fall Koreas schien zumindest auf der Hand zu liegen. Anläßlich eines Staatsbesuches, den Kim Il Sung 1975 im Jahr vor Mao Tse-tungs Tod der Volksrepublik China abstattete, sagte er nach vorherigen Hinweisen auf Indochina: »Wenn eine Revolution in Südkorea stattfinden sollte, würden wir als Angehörige der gleichen Nation nicht nur mit gefalteten Armen zuschauen, sondern würden das Volk Südkoreas machtvoll unterstützen.« Beginne der Gegner Krieg, so werde Krieg die Antwort sein. »In diesem Krieg werden wir nur die militärische Demarkationslinie (zwischen Nord- und Südkorea) verlieren und dafür die Wiedervereinigung des Landes gewinnen.«[5] In einer gemeinsamen Erklärung fiel jedoch auf, wie stark die chinesische Seite den Aspekt einer »friedlichen« Wiedervereinigung Koreas betonte.[6] Das zweite Pjöngjang ermutigende Ereignis bestand in der im Frühjahr 1978 öffentlich bekanntgegebenen Absicht des US-Präsidenten Jimmy Carter, die in Südkorea stationierten US-Bodentruppen in einem Zeitraum von vier bis fünf Jahren schrittweise zu verringern und insgesamt zurückzuziehen.

Wenige Monate später schlug Kim Il Sung in einer Rede vom 9. September 1978 vor, die USA sollten ihre Truppen aus Südkorea zurückziehen und diesbezüglich in von Pjöngjang bereits vorgeschlagene Verhandlungen eintreten. Nordkorea sei jederzeit dazu bereit. In dieser Weise könnten sich die USA auch im Interesse ihres eigenen Volkes in ehrenhafter Weise aus Korea zurückziehen.[7] Im folgenden Monat berichtete das UN-Kommando in Korea die Entdeckung eines dritten von Nord- nach Südkorea gegrabenen Geheimtunnels, der sowohl für Spionagetätigkeit als auch für Stoßtruppunternehmungen oder größeren Offensiven verwendet werden könne. Die ersten derartigen Tunnels waren 1974 und 1975 entdeckt worden. Die Tunnel befanden sich zwischen 73 und 160 Meter unterhalb der Oberfläche, mit einer Breite und Höhe von jeweils 2 Metern und somit so breit, daß drei bis vier schwerbewaffnete Männer nebeneinander hindurchschreiten konnten.[8] Angesichts wachsender Kritik sowohl aus Südkorea als auch aus den USA, wie auch auf Grund der Erkenntnis, daß seine Sicherheitsberater die Dimensionen der Bedrohung Südkoreas durch den Norden unterschätzt hatten, verzichtete Präsident Carter auf seinen Plan zum Rückzug amerikanischer Bodenstreitkräfte aus Südkorea. Wie Nordkoreas Außenminister Ri chong-mok dem Verfasser im Rahmen eines Interviewgesprächs in Pjöngjang 1980 darlegte, wollte Nordkorea auf dem Wege von Verhandlungen das Waffenstillstandsabkommen von 1953 in einen bilateralen Friedensvertrag mit den USA umwandeln. Die USA könnten sich dann aus Südkorea zurückziehen, was auch in ihrem eigenem Interesse liege. Ihre militärische Präsenz im Süden sei das Haupthindernis im Wege einer koreanischen Wiedervereinigung. Doch ein wiedervereinigtes Korea werde keinen Grund haben, sich den USA gegenüber feindselig zu verhalten.[9]

In der Sicht der nordkoreanischen Führung brachten die drei Jahre zwischen 1989 und 1991 Schlag auf Schlag katastrophale Entwicklungen der politischen Weltlage. Mit Aufmerksamkeit und Unbehagen beobachtete Pjöngjang die Aufhebung der Teilung Deutschlands durch eine friedliche Revolution der ostdeutschen Bevölkerung, die die regierende SED-Diktatur dazu zwingen konnte, trotz innerer Bedenken jene freien Wahlen zuzulassen, in denen der Volkswille die Diktatur beseitigte und eine demokratische Regierung ermöglichte, die dann ohne ideologische Hemmnisse auf eine Wiedervereinigung mit der demokratischen Bundesrepublik hinarbeiten konnte. Freie Wahlen als Methode der nationalen Vereinigung waren immer wieder auch von der Regierung Südkoreas vorgeschlagen und von Nordkorea abgelehnt worden. In seiner Neujahrsansprache vom 1. Januar 1991 betonte Kim Il Sung, eine koreanische Wiedervereinigung nach dem deutschen Aktionsmodell werde es nicht geben.[10]

Schlimmer noch war es für das nordkoreanische Regime, daß der Kommunismus in beiden benachbarten und verbündeten Großmächten einen Prozeß der Degeneration erlitt. Gorbatschows Beendigung des kalten Krieges wie auch des Sowjetimperiums in Osteuropa, der Zerfall der Sowjetunion und das Ende kommunistischer Prädominanz in Rußland riefen in Pjöngjang Schock und Unverständnis hervor. Mit besonderer Betroffenheit registrierte man dort den Sturz und die Hinrichtung des mit Kim Il Sung besonders befreundeten rumänischen Diktators Nicole Ceauşescu im Dezember 1989. Aber nicht nur die Schritt um Schritt erfolgende Entkommunisierung und Demokratisierung der Osthälfte Europas beunruhigte Nordkoreas Machthaber, sondern auch die in der Ära Deng Xiao-pings in China in die Wege geleitete relative Entideologisierung der kommunistischen Politik und die Experimente mit einer pragmatischen Wirtschaftspolitik, die eine partielle Rückkehr des Kapitalismus im Nachbarland erzeugt zu haben schien. Der chinesische Studentenaufstand vom Tien-An-Men-Platz wurde von Nordkoreas Elite als gefährliches und selbstverschuldetes Symptom der ideologischen Aufweichung in China verstanden. Dem Verfasser wurde im Herbst 1989 in Pjöngjang

Nordkoreas erster Staats- und Parteichef Kim Il Sung (1912–1994), der primäre Gestalter und Ideologe des kommunistischen Systems im Norden, dessen Außenpolitik geschickt zwischen Moskau und Peking taktierte, mit seinem Sohn und Nachfolger Kim Jong Il (2. v. l.).

gesagt, die Ereignisse in Osteuropa und China bestätigten die Richtigkeit des kompromißlos harten Kurses der koreanischen Kommunisten wie auch die Überlegenheit des Systems ihrer Dschutsche-Ideologie.

Als ebenfalls schmerzlich und bedrohlich wurde in Pjöngjang die im vorigen Kapitel dargestellte vielseitige Annäherung Rußlands und Chinas an Südkorea empfunden, während es Nordkorea nicht gelungen war, normale diplomatische Beziehungen zu den Vereinigten Staaten oder zu Japan herzustellen. Ergänzt und verschärft wurde die Verschlechterung der politischen Lage Nordkoreas auch in der Sphäre der Wirtschaft. Denn Rußland und China stellten ihre zuvor politisch motivierten Vergünstigungen im Wirtschaftsverkehr mit Nordkorea ein und begannen für weite Teile ihrer Exporte nach Nordkorea Bezahlung in harten Währungen zu verlangen. Vor 1990 hatten 72 Prozent des nordkoreanischen Außenhandels mit diesen beiden Ländern stattgefunden, wobei der Handel mit der UdSSR 50 Prozent des nordkoreanischen Gesamthandels absorbiert hatte. Als Folge schrumpfte das Gesamtvolumen des nordkoreanisch-sowjetischen Handels im Zeitraum von 1990 bis 1991 von 2,57 Milliarden US-Dollar auf nur 470 Millionen US-Dollar. Dementsprechend reduzierte sich Nordkoreas Einfuhr von russischem Erdöl im gleichen Zeitraum um 90 Prozent. Das wiederum bewirkte eine Verringerung der nordkoreanischen Energieerzeugung und industriellen Produktion. Angesichts einer verknappten Versorgung der Bevölkerung mit Lebensmitteln wurde die Parole ausgegeben, zwei Mahlzeiten am Tage seien auch genug. Als positiv kann bewertet werden, daß der zuvor nur minimale Handel zwischen Nord- und Südkorea sich im Zeitraum von 1990 bis 1997 von einem anfänglichen Gesamtvolumen von 13,4 Millionen US-Dollar auf 308,339 Millionen US-Dollar erhöhte. Seit 1995 wurde Südkorea – nach China und Japan – zum drittgrößten Handelspartner des koreanischen Nordens. Der Mangel an Hartwährungsreserven im Norden bewirkte allerdings ein kontinuierliches Handelsdefizit im innerkoreanischen Handel zu Lasten Südkoreas.[11] Wesentlich verschlechtert wurde Nordkoreas Gesamtlage auch durch Naturkatastrophen – Überflutungen und Dürreperioden –, die die Getreideproduktion drastisch reduzierten, Pjöngjang, trotz seiner Dschutsche-Theorie, zu Hilferufen ans Ausland und an Südkorea veranlaßten und unterschiedlichen Schätzungen zufolge bisher zwischen einer halben Million und zwei Millionen Hungertote zu Folge gehabt haben. Eine der neuen drastischen Einsparungsmaßnahmen der Regierung bestand in der Schließung von 30 Prozent seiner diplomatischen Vertretungen im Ausland.[12]

Eine weitere Konsequenz der sich verschlechternden nordkoreanischen Wirtschaftslage besteht in einem noch weiteren Auseinanderklaffen zwischen der jeweiligen Wirtschaftsleistung und dem Lebensstandard hier im Norden und dort im Süden des geteilten Landes. Bereits zu Beginn der 1990er Jahre betrug Südkoreas Bruttosozialprodukt das Zehnfache desjenigen von Nordkorea. Nordkorea ist nicht nur die letzte, sondern auch die totalitärste der kommunistischen Parteidiktaturen klassischen Stils. Selbst das tagtägliche Leben jedes einzelnen unterliegt strengen Kontrollen. Pausenloser Indoktrination ausgesetzt und hermetisch von Informationen aus dem Ausland abgeschottet, wird die Bevölkerung seit Jahrzehnten in dem Glauben gelassen, sie befände sich, im Vergleich zum viel ärmeren und menschenfeindlich regierten Süden, in einem sozialistischen Paradies, dessen unfehlbare Führer die »grenzenlose Ergebenheit« ihrer Untertanen erwarten dürften. Hans Maretzki, der letzte Botschafter der DDR in Nordkorea gelangte zur Schlußfolgerung, die Nichtinformiertheit und Desinformation der Bevölkerung bildeten einen »Eckstein« im Gebäude des nordkoreanischen Herrschaftssystems.[13] Das aber bedeutet, daß es eine das Regime in seinen Grundfesten erschütternde psychologische Explosion geben müßte, wenn die nordkoreanische Bevölkerung vom wahren Sachverhalt der immer größer werdenden Unterschiede zwischen Nord- und Südkorea informiert werden könnte.

Deshalb führten die seit einem Vierteljahrhundert zwischen Nord und Süd abstrakt im Gespräch befindlichen Vorschläge zu interpersonellen und interfamiliären Kontakten zwischen insgesamt 10 Millionen geteilter Familien lange zu keinem greifbaren Ergebnis. Das Regime des Nordens muß zu Recht jede größere Quantität von Informationen über die Außenwelt fürchten. Nach Einschätzungen der südkoreanischen Regierung können nur zwischen 50.000 und 70.000 der privilegierteren Funktionsträger aus den Bereichen von Diplomatie und Wirtschaft als weitgehend informiert über das Weltgeschehen und die Gegebenheiten in Südkorea betrachtet werden.

Angesichts der von Nordkorea empfundenen vielgestaltigen Verschlechterung der Weltlage ab 1989 kam es – so wie zuvor im Jahre 1972 – zur Wiederaufnahme politischer Kontakte zwischen Nord- und Südkorea. Die Präsidenten beider Staaten, Kim Il Sung im Norden und Roh Tae Woo im Süden, empfingen die Ministerpräsidenten der jeweils anderen Seite zu Sondierungen. Nach fünf sich anschließenden Verhandlungsrunden der Ministerpräsidenten beider Seiten wurde am 13. Dezember 1991 das sogenannte »Abkommen über Aussöhnung, Nichtangriff, Zusammenarbeit und Austausch zwischen dem Norden und dem Süden« unterzeichnet. Es wurde am 20. Januar 1992 durch eine ebenfalls von den Ministerpräsidenten unterzeichnete gemeinsame Erklärung über die Entnuklearisierung der koreanischen Halbinsel sinnvoll ergänzt.[14] In diesen sensationell klingenden Nord-Süd-Abkommen ist nicht nur gegenseitiger Gewaltverzicht und die Wiederherstellung von Reisefreiheit sowie aller nur denkbarer Verkehrs- und Kommunikationsverbindungen, sondern auch politische Nichtintervention und die Verpflichtung zu einem institutionalisierten Dialog mitsamt Maßnahmen zur sicherheitspolitischen Vertrauensbildung vereinbart worden. Das genannte zweite Abkommen über die Entnuklearisierung der koreanischen Halbinsel sah die Verpflichtung beider Seiten vor, Nuklearwaffen weder zu erzeugen noch zu empfangen, zu lagern oder zu benützen und zu diesem Zweck beiderseitige Inspektionen durchzuführen. Eine praktische Erfüllung dieser Zusagen hätte eine epochale Wende in den koreanischen Nord-Süd-Beziehungen bewirken können. Doch abgesehen von einem sich seit 1990 steigernden Warenaustausch und der Diskussion um den Beginn einzelner wirtschaftlicher Kooperationsprojekte blieben die wesentlichen Aspekte der getroffenen Vereinbarungen bis zum Jahrhundertende unerfüllt.

Die Nuklearkrise im Spannungsfeld Pjöngjang–Washington

Der erhoffte Beginn eines Vertrauensklimas wurde durch eine Krise in den Jahren 1993 und 1994 erschüttert, die sich auf Nordkoreas Nuklearrüstung bezog. Das Land war zwar 1985 dem internationalen Vertrag über die Nichtweiterverbreitung von Atomwaffen beigetreten und hatte 1992 auch das damit zusammenhängende nukleare Sicherheitsabkommen mit der internationalen Atombehörde (IAEA) in Wien unterzeichnet. Nachdem Nordkorea im gleichem Jahr der Internationalen Atombehörde bekanntgegeben hatte, daß innerhalb seiner Grenzen drei Nuklearreaktoren gebaut worden seien, richtete sich das Interesse der Atombehörde wie auch westlicher Mächte auf eine Nuklearanlage nahe der Stadt Yongbyon unweit der Hauptstadt Pjöngjang, weil dort eine Wiederaufbereitungsanlage den Verdacht erweckte, dort könne Plutonium für die Anfertigung von Nuklearwaffen hergestellt werden. Verdacht erweckte auch die aus Rußland stammende Information, daß die russische Regierung nur unter Schwierigkeiten die Ausreise von 60 russischen Nuklearexperten nach Nordkorea hatte verhindern können. Die Besorgnis im Westen steigerte sich durch die zusätzliche Information, daß in Nordkorea eine als Trägerwaffe für Nuklearsprengsätze taugliche Rakete mit einer Reichweite von ca. 1000 Kilometern entwickelt worden sei. Pjöngjangs Weigerung, Inspektionen zuzulassen, führte zu einem Austausch von Drohgesten, wobei Nordkorea zeitweilig gewillt schien, seine Mitgliedschaft im Atomwaffensperrvertrag zu kündigen. Da Nordkorea ergebnislos einen Verzicht auf die Stationierung amerikanischer *Patriot*-Raketen in Südkorea und auf die Abhaltung amerikanisch-südkoreanischer Großmanöver gefordert hatte, brach ein in Panmunjon an der Demarkationslinie zwischen Nord und Süd begonnener Dialog zwischen den beiden koreanischen Staaten ab, wobei die nordkoreanischen Delegierten dem Süden dramatisch mit einem Krieg drohten, der Südkoreas Hauptstadt »in ein Flammenmeer« verwandeln könne. Die Krise verschärfte sich, als Inspektoren der Internationalen Atomenergiebehörde die Verletzung ihrer Siegel und die Zerstörung ihrer Beobachtungskameras bei zu untersuchenden nordkoreanischen Nuklearanlagen festgestellt hatten.[15]

Im Laufe der Krise verwies der amerikanische Verteidigungsminister William J. Perry auf das Interesse der USA an der Verhinderung einer Situation, in der Nordkorea in die Lage kommen könne, Nuklearwaffen und Militärraketen mittlerer und höherer Reichweite in den Nahen und Mittleren Osten an Gegner der USA und der mit ihnen befreundeten Staaten dieses Raumes zu verkaufen. Auch sei Nordkorea dabei, Raketen zu entwickeln, die Japan mitsamt den dort stationierten amerikanischen Streitkräften erreichen könnten. Die USA würden jetzt versuchen, militärisch verwendbare Entwicklungsprozesse der nordkoreanischen Nuklearindustrie durch Mittel der Diplomatie, notfalls aber durch wirtschaftliche Sanktionsmaßnahmen aufzuhalten. »Es ist vorstellbar«, kommentierte der Minister, »daß diese Aktionen Nordkorea dazu provozieren könnten, einen Krieg auszulösen, und dieses Risiko nehmen wir auf uns.«[16] Nordkorea aber gab vor, sich nicht erschrecken zu lassen. In einer Erklärung seiner Regierung heißt es, die Erfahrungen des Koreakrieges hätten Nordkorea gelehrt, die USA nicht als Supermacht, sondern als »einen bluffenden Papiertiger« zu betrachten. Die USA würden schon nicht Nordkoreas Nuklearindustrie mit ihrer Luftwaffe angreifen. Denn dies würde doch eine Radioaktivität freisetzen, die 150mal stärker als die einer Wasserstoffbombe sei. Auch Südkorea, Japan und die in diesem Raum stationierten amerikanischen Streitkräfte würden davon betroffen sein. Die Lehren aus dem Koreakrieg ziehend, habe die nordkoreanische Regierung insbesondere unterhalb der Hauptstadt Pjöngjang und an vielen anderen Stellen umfassende unterirdische Befestigungsanlagen mit Munitions-, Treibstoff- und Nahrungsmittelvorräten für Jahre hinaus angelegt. Ein Luftkrieg nach dem Muster des Golfkrieges gegen den Irak würde sich im Ernstfall als vergeblich erweisen.[17]

Nachdem der Gouverneursrat der IAEO am 10. Juni 1990 mit 28 gegen nur eine Stimmenthaltung die Einstellung der Hilfe der Internationalen Atombehörde für Nordkorea beschlossen hatte und nachdem zusätzlich Diskussionen zwischen den Regierungen der USA, Japans und Südkoreas über Sanktionen durch die Medien bekanntgeworden waren, drohte Pjöngjang: »Sanktionen bedeuten sofort Krieg ...«; eine kurz darauf an Japan gerichtete Warnung behauptete, Nordkorea würde es »als Kriegserklärung betrachten«, sollte Japan sich an Sanktionen gegen Nordkorea beteiligen. Und Südkorea solle sich der Tatsache bewußt bleiben, daß ein wegen Sanktionen entstehender Krieg Südkorea letztendlich verwüsten würde.[18] China, das im Sicherheitsrat der Vereinten Nationen den Erlaß einer scharfen Resolution gegen Nordkorea durch sein Veto verhindert hatte, gab durch sein Außenministerium am 16. Juni 1994 bekannt, daß der Verteidigungsvertrag zwischen Peking und Pjöngjang aus dem Jahre 1961 und damit eine automatische Beistandspflicht Chinas im Falle eines Angriffs auf Nordkorea noch immer voll in Kraft sei.[19]

Aus sowjetischen Medien wurde bekannt, daß Nordkorea den Iran allein in den Jahren zwischen 1980 und 1983 mit Waffen im Wert zwischen 800 und 900 Millionen US-Dollar beliefert habe. Westliche Quellen berechneten, daß sich die Rüstungsausgaben Nordkoreas im Jahr 1992 auf 22 Prozent seines Bruttosozialprodukts (im Vergleich zu Südkoreas mit nur 3,8 Prozent des BSP) belaufen hätten.[20] Sowohl Robert Gates, vormals Direktor der CIA, als auch ein freigegebener Bericht des russischen Geheimdienstes KGB hatten die Behauptung aufgestellt, Nordkorea sei bereits in der Lage gewesen, einige wenige Atomwaffen zu erzeugen.[21] Zur Demonstration seiner technologischen Kapazität hatte Nordkorea zudem zwischen Ende Mai und Anfang Juni den Abschuß einer neuen maritimen See-Land-Rakete erprobt, die mit einer Flughöhe von nur 100 Metern sogar radargestützte Abwehrmechanismen unterlaufen kann.[22]

Einen diplomatischen Schachzug Nordkoreas mit dem Ziel der Durchsetzung seiner Interessen bildete im April 1994 eine Erklärung, daß es sich aus dem 1953 bei Ende des Koreakrieges gebildeten Regime der Militärischen Waffenstillstandskommission in Korea endgültig zurückziehe. Als Vorwarnung zu diesem Schritt hatten die Nordkoreaner dieses Gremium schon seit 1991 boykottiert. Unterstützend stellte auch China seine Beteiligung an der aus ihm selbst, Nordkorea und den USA bestehenden Waffenstillstandskommission Anfang September 1994 ein. Ziel dieser Maßnahme war es, die USA zu der von Nordkorea schon seit vielen Jahren geforderten Ersetzung des Waffenstillstandsabkommens durch einen Friedensvertrag zu zwingen.[23] Im Sommer 1994 wurde bekannt, daß der nach Südkorea geflohene Schwiegersohn des nordkoreanischen Ministerpräsidenten Kang Song San berichtet habe, Nordkorea besitze bereits fünf einsatzfähige Nuklearsprengköpfe und plane fünf weitere fertigzustellen. Er habe diese Information vom Leiter des Geheimdienstes bei den nordkoreanischen Nuklearanlagen in Yongbyon erfahren.[24]

Die angespannte Situation schien sich aufzulockern, als der Expräsident der USA, Jimmy Carter, auf Einladung des nordkoreanischen Präsidenten Kim Il Sung zu einem Besuch eingeladen, Mitte Juni 1994 mit seiner Gattin über die Demarkationslinie am 38. Breitengrad nach Pjöngjang fuhr. Anläßlich dieser als »Privatmann« unternommenen Reise konnte er mit Kim Il Sung und Außenminister Kim Yong Nam sprechen, während Kim Il Sungs Sohn und designierter Nachfolger Kim Jong Il sich weigerte, mit ihm zusammenzutreffen. Als aufsehenerregendes Ergebnis seines Besuches konnte Carter berichten, Kim Il Sung habe sich zu einer ersten Gipfelkonferenz zwischen den Präsidenten Nord- und Südkoreas bereit erklärt. In Südkorea bekundete Präsident Kim Young Sam sofort seine Bereitschaft, und eine erste innerkoreanische Konferenz von Präsident zu Präsident wurde für den 27. und 28. Juli 1994 in Pjöngjang geplant. Auch hieß es, diplomatische Kontakte zwischen den USA und Nordkorea sollten im gleichen Monat fortgesetzt werden, Nordkorea werde sein Nuklearprogramm »einfrieren«, und die Inspektoren der Internationalen Atombehörde dürften in Korea ihre Arbeit fortsetzen.[25] Inmitten intensiver Vorbereitungen für die geplante Gipfelkonferenz der beiden koreanischen Präsidenten starb unerwartet Kim Il Sung am 8. Juli 1994.[26] Obwohl die Konferenz der Präsidenten nicht stattfinden konnte, kam es nach weiteren Vorverhandlungen zu einem vom 21. Oktober 1994 datierten »Rahmenabkommen über das nukleare Problem zwischen den Vereinigten Staaten und Nordkorea«.[27] Nordkorea verpflichtet sich in diesem in Genf ausgehandelten Abkommen, seine zur Produktion von waffenfähigem Plutonium geeigneten graphitmoderierten Reaktoren stillzulegen und zu demontieren. Statt dessen soll ein von den USA zu organisierendes Konsortium, genannt KEDO (Korean Energy Developement Organization), in Nordkorea zwei moderne Leichtwasserreaktoren errichten, die nur in wesentlich geringerem Umfang dazu in der Lage sind, waffenfähiges Plutonium zu erzeugen. Der durch die Abschaltung der bisherigen Kernkraftwerke entstehende Energieausfall soll bis zur Inbetriebnahme der zu bauenden Leichtwasserreaktoren durch jährliche Lieferungen von bis zu 500.000 Tonnen Erdöl ausgeglichen werden. Die USA übernahmen hierfür die Verantwortung, obwohl sie hinsichtlich der Kosten auf eine Beteiligung seitens anderer westlicher Staaten rechneten. Die beiden vertragschließenden Parteien vereinbarten fernerhin Fortschritte und Auflockerungen in den Sphären ihrer gegenseitigen politischen und wirtschaftlichen Beziehungen und den künftigen Austausch diplomatischer Vertretungsbüros mit konsularischen Vollmachten, die unter der Voraussetzung weiterer Fortschritte in reguläre Botschaften umgewandelt werden könnten. Nordkorea verpflichtete sich seinerseits, den Dialog mit dem Süden wiederaufzunehmen und sich an die Ziele des Nord-Süd-Abkommens über die Entnuklearisierung der koreanischen Halbinsel zu halten. Die USA hingegen sagten eine offizielle Versicherung zu, Nordkorea gegenüber auf den Einsatz von oder die Drohung mit Nuklearwaffen zu verzichten. Nordkorea versprach fernerhin, sich an die Bestimmungen des Vertrages über die Nichtweiterverbreitung nuklearer Waffen zu halten.

Insgesamt war Nordkorea durch seine mit Drohungen und Angeboten gemischte Strategie dem Ziel engerer bilateraler Kontakte mit den USA näher gekommen. Da es nicht verpflichtet war, vor Ablauf von zehn Jahren darzulegen, ob es Nuklearwaffen hatte erzeugen können oder nicht, verblieb ihm die Macht der Drohung mit der Ungewißheit. Südkorea, das einer Forderung Pjöngjangs entsprechend an den Verhandlungen nicht beteiligt worden war, wird neben Japan die Hauptlast der Finanzierung der neuen Nuklearanlagen für den Norden zu tragen haben. Der Süden tröstete sich mit der Vorstellung, daß Tausende von Südkoreanern zu Konstruktionszwecken in den Norden reisen und dort neue Möglichkeiten zu Kontakten mit der nordkoreanischen Bevölkerung erhalten würden.

Eine nicht unwichtige Neuentwicklung der internationalen Politik im nordostasiatischen Raum ergab sich aus der Tatsache, daß Bill Clinton und Kim Young Sam ihren im April 1996 vorgeschlagenen Plan von Vier-Mächte-Verhandlungen, die das Waffenstillstandsabkommen in Korea durch eine friedensvertragliche Regelung ersetzen sollten, in die Praxis umsetzen konnten. Beteiligt an diesen Verhandlungen sind nicht nur Süd- und Nordkorea sowie die USA, sondern auch die Volkrepublik China und damit alle vier Hauptakteure des Koreakrieges von 1950 bis 1953. Nordkorea hatte sich zu diesen Verhandlungen nur bereit erklärt, nachdem die USA mit großem Nachdruck gewarnt hatten, sie würden in dieser Angelegenheit keinesfalls ohne Südkorea verhandeln.

Gravierende Irritationen und Besorgnisse entstanden insbesondere in Südkorea, Japan und den USA auf Grund der offensichtlich mit großer Intensität betriebenen nordkoreanischen Raketenrüstung. Als Träger zur Beförderung eines Satelliten war im August 1998 eine neuentwickelte ballistische Rakete vom Typ Taepodong-1 mit einer Reichweite von 2000 km über die japanische Nordinsel Honshu hinweggeschossen worden. Geheimdienstberichten zufolge soll Nordkorea eine weitere Rakete mit Namen Taepodong-2 mit einer Reichweite von 4000 km in Vorbereitung haben und darüber hinaus auf die Entwicklung einer ballistischen Interkontinentalrakete hinarbeiten. Theoretisch könnte dieses Ziel 2005 oder 2010 erreichbar sein.[28] Nachdem Ende Juni 1999 nordkoreanische Vorbereitungen zum Abschuß einer weiteren Langstreckenrakete entdeckt worden waren, warnten sowohl Präsident Clinton als auch Südkoreas Präsident Kim Dae Jung, dies werde ernste Konsequenzen nach sich ziehen. Zwar drohte Japan, es werde im Falle eines neuen Raketenstarts seine Mitfinanzierung der nuklearen Umrüstung in Nordkorea einstellen, doch befürchtete die Regierung in Seoul, ein Scheitern des KEDO-Projekts »könne innerhalb von Monaten Nordkorea eine Entschuldigung für die Entwicklung von Nuklearwaffen« auf der Basis des zuvor erworbenen Plutoniums geben. Japans Beitrag zum KEDO-Projekt beläuft sich auf eine Milliarde US-Dollar, bei einem Gesamtbetrag von 4,6 Milliarden US-Dollar.[29] Charakteristisch für die Gegenposition Nordkoreas sind folgende Sätze aus einem Kommentar der koreanischen Nachrichtenagentur in Pjöngjang: »Während Raketen der Vereinigten Staaten ... auf unser Gebiet gerichtet sind, finden wir keinen Grund, auf die Entwicklung und Aufstellung von Raketen zu verzichten, die wir ihnen entgegenstellen können. Die Einstellung unserer Raketenentwicklung ist eine Angelegenheit, die nach einem Friedensvertrag zwischen der Demokratischen Volksrepublik China und den Vereinigten Staaten und nach der vollständigen Beseitigung der amerikanischen militärischen Bedrohung gegen uns besprochen werden kann. ... Da die Vereinigten Staaten ein halbes Jahrhundert lang die wirtschaftliche Isoliertheit Nordkoreas betrieben haben, sind unsere Vorräte an fremder Währung begrenzt. Daher ist der Raketenexport eine Option, auf die wir nicht verzichten können. Wenn die Vereinigten Staaten unseren Raketenexport wirklich verhindern wollen, so sollten sie baldigst das gegen uns gerichtete Wirtschaftsembargo aufheben und Schadensersatz für die Einkommensverluste zahlen, die durch eine Einstellung der Raketenexporte verursacht werden.«[30] Wenig Beruhigung erzeugte auch die am 2. Dezember 1998 erlassene Erklärung der nordkoreanischen Militärführung, der zufolge ihre Streitkräfte dazu im Stande seien, auch Ziele auf dem nordamerikanischen Kontinent anzugreifen.[31]

Durch die höchst dramatische Flucht eines hochrangigen Überläufers gelang es der südkoreanischen Regierung 1997 erstmals, detaillierte Insider-Informationen über das hermetisch abgeschottete Führungssystem des nordkoreanischen Regimes zu erhalten. Der Überläufer Hwang Jang Yop war in Nordkorea Parlamentspräsident, Rektor der Kim-Il-Sung-Universität und ein führender Theoretiker der Dschutsche-Ideologie der Partei Kim Il Sungs gewesen. Hwang legte dar, daß unter der Herrschaft Kim Jong Ils, des Sohnes und Nachfolgers Kim Il Sungs, sich die Rolle des Militärs im Vergleich zu derjenigen der Partei wesentlich verstärkt habe. Bereits seit zehn Jahren sei Kim Jong Il Chef der militärischen Personalpolitik und ab 1991 Oberkommandierender der Streitkräfte gewesen. Er vertrete den Standpunkt, die kommunistischen Regime Osteuropas seien insbesondere auch deshalb gestürzt worden, weil ihre Führer keine feste Kontrolle über das Militär gehabt hätten. Kim Jong Il lehne, trotz der extremen Wirtschaftsnot seines Landes, eine Reform der nordkoreanischen Wirtschaft nach chinesischem Muster ab. Er befasse sich intensiv mit Blitzkriegs-Szenarien zur Überwältigung Südkoreas, die mit der Hoffnung verbunden sind, Japan durch die Drohung mit nordkoreanischen Langstreckenraketen aus dem Krieg herauszuhalten und die USA durch schockierende kamikazeähnliche Selbstmordkommandos gegen Flugzeugträger und andere Kriegsschiffe von umfassenden Kriegshandlungen gegen Nordkorea abzuschrecken. Nordkorea habe eine fast hundertprozentige Autarkie in der Produktion konventioneller Waffen erreicht, woraus sich unter anderem sein Interesse am Gewinn von Hartwährungsreserven durch internationale Waffenverkäufe ergibt.[32]

Ein gemeinsamer Leitartikel führender nordkoreanischer Publikationsorgane vom Juni 1999 betont die hohe Bedeutung des neuen Prinzips, der Militärpolitik in allen Bereichen des öffentlichen Lebens den Vorrang zu geben. Die Essenz der neuen »revolutionären Philosophie« Kim Jong Ils bestehe in der Einsicht, daß »die Armee genaugenommen die Partei, das Volk und der Staat ist«. Dies sei die ernste historische Lehre aus der Geschichte sozialistischer Politik im 20. Jahrhundert. Es sei gefährlich und kurzsichtig, sozialistische Politik ohne Berücksichtigung des Primats des Militärischen betreiben zu wollen. Die vorrangige Berücksichtigung des Militärs dürfe unter keinen Umständen und auch angesichts gravierender sozioökonomischer Probleme vernachlässigt werden. Der Arbeitsstil der Armee, ihr Kampfgeist, ihre Moral und ihre Kultur müßten die ganze Gesellschaft durchdringen. Urheber dieser neuen Orientierung sei Kim Jong Il, der »als höchstes Vorbild eines Staatsmannes und brillanter Oberkommandierender« anerkannt werde, der über »beispiellosen Mut, Entschlossenheit sowie umfassende Kenntnis in allen Gebieten einschließlich der Politik und des Militärwesens verfügt«. Mit der Macht der Waffen werde er die revolutionären Ziele der Dschutsche-Ideologie erreichen.[33] Doch unbeirrt von solcher Militanz und ungeachtet eines kleineren Zusammenstoßes und Gefechts zwischen süd- und nordkoreanischen Seestreitkräften am 15. Juni 1999 unterzeichnete die südkoreanische Regierung ein Abkommen, das sie dazu verpflichtet, für die Umrüstung der nordkoreanischen Nuklearindustrie 3,22 Milliarden US-Dollar und damit 70 Prozent der Kosten des Gesamtprojekts zu übernehmen. Die Fertigstellung der neuen Reaktoren wird im Zeitraum von etwa neun Jahren erwartet.[34]

Ab 1950 und bis zum Jahrhundertende ist Nordkoreas militante und oft zu Taktiken kühl kalkulierter *»brinkmanship«* tendierende Politik immer wieder zum Anlaß von Turbulenzen in den Kräftekonstellationen der internationalen Politik im Aktionsfeld Nordostasien geworden. Obwohl es derzeit für ein endgültiges Urteil zu früh sein mag, könnten künftige Ereignisse die Thesen südkoreanischer Kritiker wie auch Henry Kissingers bestätigen, nach denen Nordkoreas Diplomaten im Nuklearpoker mit den USA die besseren Karten in die Hand bekommen konnten. Solange die Staat und Gesellschaft beherrschenden Kontrollmechanismen der Staatsmacht Nordkoreas intakt bleiben, ist ein politisch bedingter Zusammenbruch des Regimes nicht zu erwarten.[35] Doch seine Achillesferse liegt im Bereich seiner sozioökonomischen Struktur, deren Belastbarkeit natürliche Grenzen gesetzt sind.

Entspannungssignale im Jahr 2000

Nordkoreas überraschende Akzeptanz eines südkoreanischen Vorschlags zu einer ersten Gipfelkonferenz der Staatspräsidenten beider Seiten erwies sich für Pjöngjang als durchaus vorteilhaft. Der im Westen bislang als unberechenbarer und unzugänglicher Tyrann geltende Führer Nordkoreas Kim Jong Il überraschte mit seinem jovial lächelnden Auftreten und seinem ostentativen Respekt für seinen älteren Amtskollegen aus dem Süden. Mit einem Schlag war in den westlichen Medien eine spürbare Aufhellung des bisher düsteren Eindrucks von Nordkorea erkennbar. Die mit dem Gipfeltreffen verbundene kostenfreie Lieferung von 200.000 Tonnen Kunstdünger kam der geschädigten Landwirtschaft des Nordens sehr zugute. Vor allem jedoch wurde eine mit Hilfen aus dem Ausland angereicherte Erweiterung der nordkoreanischen Außenwirtschaftsbeziehungen — insbesondere mit Südkorea — erwartet. Die Vereinigten Staaten lockerten im Juni 2000 ihre seit 1950 bestehenden Restriktionen für Handel mit und Investitionen in Nordkorea mit Ausnahme militärisch verwendbarer Güter. Im Gegenzug versicherte Nordkorea erneut, seine Erprobung militärisch verwendbarer Langstreckenraketen nicht wieder aufnehmen zu wollen. Doch Washington registrierte mit Sorge die in Nordkorea fortgesetzte Entwicklung eines Taepodong-2 genannten Raketentyps, der ab dem Jahr 2005 die USA mit nuklear oder biochemisch geladenen Sprengköpfen erreichen könne. »Die USA«, so bemerkte Kay Möller, »wollen die bilateralen Verhandlungen (mit Nordkorea) anhand von Empfehlungen führen, die der ehemalige Verteidigungsminister William Perry am 12. Oktober 1999 ... vorgelegt hat. Demnach soll Pjöngjang im Rahmen eines Gesamtpakets für jeden positiven Schritt beim Abbau seines Atomwaffen- und Raketenprogramms belohnt und für Rückschritte bestraft werden.«[36]

Im Licht nordkoreanischer Interessen und Aktivitäten wirkte das Gipfeltreffen der beiden koreanischen Staatsführer vom Juni 2000 in Pjöngjang wie das Kernstück einer außenpolitischen Entspannungsoffensive. Nur eine Woche vor dem Gipfel hatte Kim Jong Il Peking einen überraschenden Staatsbesuch abgestattet und unter anderem eine Zusage wirtschaftlicher Hilfslieferungen erhalten.[37] Das von westlichen Staaten relativ isolierte Nordkorea konnte zuvor diplomatische Beziehungen zu Italien, Australien und den Philippinen verabreden. Am 19. Juli stattete der neue russische Präsident Wladimir Putin einen Besuch ab und unterzeichnete mit Kim Jong Il eine gemeinsame Erklärung. Diese wendet sich gegen Pläne der USA zur Errichtung eines neuen Raketenabwehrsystems und gegen Einmischungen in innere Angelegenheiten von Staaten durch andere Staaten unter dem »Vorwand« der humanitären Intervention.[38] Einem Besuch von

Außenministerin Albright in Pjöngjang Ende Oktober 2000 ging am 10. Oktober eine Begegnung zwischen Kim Jong Ils Sonderbotschafter Jo Yong Rok, dem Oberbefehlshaber der nordkoreanischen Volksarmee, und Präsident Clinton in Washington voran. Dabei wurde nicht nur der Besuch der Außenministerin, sondern auch die Möglichkeit eines Besuchs von Präsident Clinton in Nordkorea erörtert.[39]

Sowohl Moskau als auch Peking, die Amerikas Pläne zur Schaffung äußerst kostspieliger Raketenabwehrsysteme als eine partielle Entwertung ihres eigenen Raketenpotentials betrachten und einen entsprechenden Machtzuwachs der USA befürchten, sind bestrebt, amerikanische Motive für solche Maßnahmen zu entkräften. Nordkoreas Raketenrüstung ist einer der von Washington genannten Gründe für die Entwicklung eines solchen Abwehrsystems. Beobachter vermuten, daß die Errichtung eines solchen Abwehrsystems in der diesbezüglichen amerikanischen Verteidigungsplanung primär Schutz vor Raketenpotentialen Rußlands und Chinas gewähren soll, obwohl dies offiziell nicht so artikuliert wird. Nordkorea wiederum erblickt in den Sorgen, die seine Atomindustrie und Raketenentwicklung dem Westen bereitet, nützliche Ansatzpunkte dafür, in zähen Verhandlungen seine Interessen zu fördern. Auch seine Zulassung zum ASEAN-Regionalforum hat Nordkorea eine angestrebte und nicht unwesentliche Chance zur Erweiterung seiner diplomatischen Kontakte gegeben.

Ebenso präzedenzlos wie das Gipfeltreffen der koreanischen Präsidenten vom Juni 2000 erfolgte in der letzten Oktoberwoche gleichen Jahres ein Besuch der US-Außenministerin Madeleine Albright in Nordkorea, wo sie mit Partei- und Regierungschef Kim Jong Il Gespräche führte. Sie berührten nordkoreanische Wünsche nach vermehrter amerikanischer und internationaler Wirtschaftshilfe, Fortschritte in den bilateralen Beziehungen zwischen Washington und Pjöngjang und Maßnahmen, die zu einer Einschränkung der nordkoreanischen Raketenrüstung und des Raketenhandels führen könnten. Anläßlich des ebenfalls im Oktober 2000 in Seoul tagenden ASEM-Treffens (Asia-Europe-Meeting) verkündete Deutschlands Bundeskanzler Gerhard Schröder die Absicht seiner Regierung, in Kürze diplomatische Beziehungen zu Nordkorea aufzunehmen. Auch Großbritannien ließ diese Absicht erkennen.

Ein besonderes Ereignis in den innerkoreanischen Beziehungen war ein Interview, das Kim Jong Il am 12. August 2000 einer von ihm geladenen Gruppe von 46 südkoreanischen Journalisten gewährte, die anschließend als erste Zivilisten auf direkter Route von Pjöngjang nach Seoul fliegen durften. Im Laufe der Interviews gab Kim Jong Il bekannt, er habe Rußlands Präsident Putin ein Ende des nordkoreanischen Raketenentwicklungsprogramms für den Fall vorgeschlagen, daß die USA sich bereit fänden, nordkoreanische Satelliten ins All zu befördern. Amerikas Furcht vor nordkoreanischen Langstreckenraketen sei absurd. Was hätte sein Land denn zu gewinnen, selbst wenn es in der Lage wäre, zwei solcher Raketen auf die USA abzufeueren? Der Raketenexport hingegen sei für sein Land eine wichtige Einnnahmequelle. Direkte Eisenbahn- und Flugverbindungen zwischen den beiden Staaten Koreas würden in Kürze eröffnet werden. Dem südkoreanischen Hyundai-Konzern habe er die Genehmigung zur Errichtung von Industrie- und Tourismuskomplexen im Süden des Landes bei Kaesong erteilt. Im übrigen habe er die Absicht, den Besuch Kim Dae Jungs durch einen Gegenbesuch in Seoul zu erwidern.[40]

30. Kapitel

Taiwan im Wandel: Demokratisierung, China-Kontakte, Identitätsfrage und Krisen mit Peking 1979–2000

Drei Jahre, nachdem Nixons »Pingpong«-Diplomatie durch die Annäherung zwischen Washington und Peking eine dramatische Wende in der internationalen Kräftekonstellation des westpazifischen Raumes herbeigeführt hatte, war auf Taiwan am 5. April 1975 Chiang Kai-shek gestorben. Ein halbes Jahrhundert lang war er – nach dem Tod Sun Yat-sens 1925 – die dominierende Figur an der Spitze der Kuomintang und des nationalen Lagers in China geworden. Sein in späteren Lebensjahren entwickeltes Charisma hatte er seiner ungewöhnlichen Rolle in der Geschichte des republikanischen China zu verdanken. Bereits als Kadett war er in Japan dem geheimen chinesischen Revolutionsbund beigetreten, hatte 1911 für die Revolution gekämpft und sich zehn Jahre später durch die Rettung Sun Yat-sens vor einem Putsch das ganz besondere Vertrauen des großen Revolutionsführers und Republikgründers erworben. Als Rektor der von diesem begründeten nationalrevolutionären Militärakademie in Whamtoa war er der Lehrer und Vorgesetzter, auch später bekannt gewordener kommunistischer Führer, am bekanntesten darunter Chou En-lai und zahlreicher späterer Kuomintangführer gewesen. Kaum 40 Jahre alt, kommandierte er 1926 bis 1928 den »großen Nordfeldzug« zur Wiedervereinigung Chinas, die er 1928 bewirken konnte. Die Überlistungsmanöver Stalins, der Komintern und der chinesischen Kommunisten durchschauend, gelang es ihm 1927, diesen Kräften eine schwere Niederlage zuzufügen und sie von den Hebeln der Macht in China fernzuhalten. Trotz der japanischen Invasion in der Mandschurei und in Teilen Nordchinas glückte ihm in der Aufbauphase der Kuomintang 1928 bis 1937 eine weitgehend erfolgreiche Bekämpfung des Warlordismus in China. Entgegen allen Prognosen vermochte seine Regierung den China von Japan ab 1937 aufgezwungenen achtjährigen Krieg durchzustehen, in dem er als Symbolfigur des chinesischen Widerstandes gesehen wurde. Doch er und sein vom Krieg demoralisiertes System verloren den anschließenden vierjährigen Bürgerkrieg gegen die Maoisten. Inmitten der Wirren einer chaotischen Niederlage hatte Chiang mit Ruhe und Entschlossenheit den Rückzug seines Regimes nach Taiwan vorbereitet und vollzogen. Von den USA ab Beginn des Koreakrieges unterstützt, hatte er auf Taiwan das sogenannte Freie China zu einem kontraststarken Gegenmodell zum China Mao Tse-tungs entwickelt. Seiner Regierung das Gepräge einer gesamtchinesischen Nationalregierung – wenn auch nur in Chinas kleinster Provinz – gebend, hatte er unerschütterlich an der Idee der Einheit Chinas festgehalten und gehofft, im Zuge einer neuen Revolution in Kontinentalchina mit seiner Regierung und seinen Streitkräften dorthin zurückkehren zu können. Die Tatsache, daß der Präsident des verbündeten und befreundeten Amerika, ohne ihn zuvor davon zu verständigen, fast wie ein Bittsteller zu Mao Tse-tung nach China gereist war, um hier die Entspannung mit dem kommunistischen China in die Wege zu leiten, hatte ihn emotional so tief getroffen, daß dies nach Meinung seiner engsten Mitarbeiter zu einer psychischen Kodeterminante seiner letzten, tödlichen Krankheit geworden war.[1]

Drei Jahre nach seinem Tod wurde sein ältester Sohn Chiang Ching-kuo, der schon seit 1975 als Vorsitzender der Kuomintang fungierte, zum Staatspräsidenten der Republik China auf Taiwan gewählt. Als Teenager hatte Chiang Ching-kuo mit den Kommunisten sympathisiert und war deshalb zur Ausbildung an der Sun-Yat-sen-Universität in Moskau gereist. Doch auf Grund des Bruchs zwischen Stalin und Chiang Kai-shek wurde er 12 Jahre lang als halber Gefangener in der Sowjetunion zurückgehalten und dort erst 1937 anläßlich einer Wiederannäherung zwischen Moskau und China freigelassen. Nach dieser Erfahrung zum erbitterten Gegner der Kommunisten geworden, hatte ihn sein Vater jahrzehntelang verschiedene Ämter innehaben lassen, so daß er das höchste Staatsamt schon im Besitz beträchtlicher Regierungserfahrung antreten konnte. Im Gegensatz zu seinem fast majestätisch distanzierten Vater entwickelte der jüngere Chiang einen populistischen Führungsstil, der ihn in ständigen Kontakt mit verschiedensten Elementen der taiwanesischen Gesellschaft brachte.

Obwohl das nationalchinesische Regime auf Taiwan nach der amerikanischen Politik der Annäherung an die Volksrepublik China zahlreiche außenpolitische Niederlagen, verbunden mit dem Verlust der vormaligen Vertretung ganz Chinas in auswärtigen Staaten und in der UN einstecken mußte, konnte Taiwans Wirtschaft in den siebziger und achtziger Jahren sensationelle Entwicklungserfolge verzeichnen. Den Ausgangspunkt hierfür bildeten die Landreformen der fünfziger Jahre, die nicht nur der besseren Versorgung der eigenen Bevölkerung und der Schaffung breit gestreuten bäuerlichen Eigenbesitzes an Land dienten, sondern die zugleich auch weltweite Exporte von Agrarprodukten förderten, wobei die erzielten Erlöse wiederum weitgehend in den Aufbau importersetzender Industrien investiert wurden. In einer weiteren Phase dienten die Gewinne der exporterzeugenden Leichtindustrie der Entwicklung von Grundindustrien und komplizierteren Produktionszweigen wie Eisen und Stahl, Schiffsbau, Maschinenbau, Petrochemikalien und Elektronik, wodurch eine maßgebliche Transformation der gesamten Wirtschaftsstruktur erzielt wurde.[2] Im Jahr 1971 wurden taiwanesische Industrieprodukte mit einem Anteil von 80,4 Prozent des gesamten Exportvolumens Taiwans Haupteinnahmequelle für ausländische Valuta. Noch zwei Jahrzehnte zuvor hatte der Anteil von Industriegütern an der gesamten Ausfuhr nur 4,8 Prozent betragen. Die Dynamik der wirtschaftlichen Entwicklung Taiwans zwischen 1970 und 1980 kann an damals jährlichen Wertsteigerungsraten von 30 Prozent, in einigen Jahren auch weit darüber, erkannt werden. Im gleichen Zeitraum erhöhten sich Taiwans Exporte um ein Zwölffaches, so daß Taiwan mit seinen kaum 20 Millionen Einwohnern 1979 1,1 Prozent des Weltexportvolumens (im Vergleich dazu die Industriemacht Japan mit 110 Millionen Einwohnern 7 Prozent) aufbrachte. Bis Ende der achtziger Jahre verfügte die Wirtschaft dieser relativ kleinen Insel Kopf an Kopf mit Japan und der Bundesrepublik Deutschland über die höchsten Bestände an Hartwährungsreserven.

Der Wirtschaftserfolg des an Rohstoffen armen Taiwan verdankt seine Entstehung weitgehend auch der Tatsache, daß ein bedeutender Prozentsatz chinesischer Wirtschaftsführer und Manager sowie Experten in zahlreichen wirtschaftsrelevanten Produktionsbereichen zu jener Gruppe von Intellektuellen gehörten, die Chiang Kai-shek angesichts der bevorstehenden Machtergreifung der Kommunisten in China nach Taiwan gefolgt waren. Im Gegensatz zur Volksrepublik China in der Mao-Ära wurde dort die Planung der Wirtschaftspolitik von bewährten Fachkräften von Anfang an in rationaler und systematisch aufbauender Weise betrieben und lag nicht in den Händen wirtschaftspolitisch erfahrungsarmer marxistischer Doktrinäre. So wie es das Weltanschauungssystem und die Entwicklungsprogrammatik des Sunyatsenismus vorsieht, spielte auch im Falle Taiwans der Staat eine richtunggebende, unterstützende und Initiative schaffende Rolle bei der allgemeinen Planung und Förderung der Wirtschaftsentwicklung. Trotz der diplomatischen Blockadestrategie Pekings gegen offizielle internationale Vertretungen Taiwans gelang es diesem dennoch, in bedeutsamen internationalen Wirtschaftsorganisationen wie der APEC (Asian-Pacific Economic Cooperation) und in der asiatischen Entwicklungsbank seine Mitgliedschaft durchzusetzen. Teils aus Mitteln seines Außenministeriums und teils durch einen 1988 gegründeten sogenannten Internationalen Fonds für wirtschaftliche Zusammenarbeit und Entwicklung vergab Taiwan an zahlreiche Entwicklungsländer finanzielle und technische Entwicklungshilfe, deren Einsatz oft auch von einer politischen Strategie zur Förderung seiner Außenbeziehungen motiviert war. Sogar ein kommunistischer Staat wie Vietnam erhielt von Taiwan, dessen Exportwirtschaft dort energisch tätig geworden ist, bis 1994 Anleihen im Gesamtwert von 1,3 Milliarden US-Dollar. Die besonders große Rolle der Mittel- und Kleinbetriebe im Wirtschaftsgefüge Taiwans bewirkte, daß in Taiwan und insbesondere im Vergleich zu anderen kleineren »Tigerstaaten« ein relativ wirksames Systems der Einkommensgerechtigkeit festgestellt werden kann.[3]

Der Ende der 1980er Jahre beginnende Prozeß der Demokratisierung auf Taiwan rief international Erstaunen auch deshalb hervor, weil eine Mehrheit westlicher Chinaexperten Jahrzehnte hindurch die Meinung vertreten hatte, daß die uralten chinesischen Traditionen hierarchischer Strukturen in politischen Ordnungsgefügen, der Mangel an rechtsstaatlichem Denken und die Prävalenz despotischer oder parternalistischer Herrschaftssysteme eine erfolgreiche Einführung pluralistisch-rechtsstaatlicher Formen der Demokratie im chinesischen Kulturraum fast undenkbar erscheinen ließen. Die Verfassungswirklichkeit des republikanischen China schien die Plausibilität solcher Argumente trotz der theoretisch prädominanten demokratischen Weltanschauung Sun Yat-sens zu untermauern. Gewiß war in China eine auf diese Weltanschauung beruhende demokratische Verfassung im Dezember 1947 in Kraft getreten und aus Chinas ersten allgemeinen Wahlen den Monat zuvor eine demokratische legitimierte Regierung hervorgegangen. Doch im folgenden Jahr bereits unterlag diese Regierung im Bürgerkrieg den chinesischen Kommunisten und mußte sich auf Taiwan zurückziehen. Damit aber war der faktische Kontrollbereich der ersten demokratisch legitimierten gesamtchinesischen Regierung anderthalb Jahre nach ihrer Entstehung von den subkontinentalen Weiten Chinas auf das relativ kleine Gebiet der Insel Taiwan geschrumpft. Ungeachtet des Sieges der Kommunisten im Bürgerkrieg beanspruchte diese Regierung von Taiwan aus, sowohl von den Bürgern Gesamtchinas als auch von den auswärtigen Staaten weiterhin als legitime Regierung ganz Chinas anerkannt zu werden, und vertrat China als solche bis 1971 in den Vereinten Nationen, einschließlich ihres Sicherheitsrates, und in den Hauptstädten einer Mehrzahl der Staaten der Welt. Ein Schlüsselproblem der nach Taiwan übersiedelten parlamentarischen Vertretungskörperschaften bestand jedoch darin, daß die Abgeordneten für die parlamentarischen Gremien der gesamten Republik nur noch für die eine Provinz Taiwan und nicht mehr für alle übrigen von den Kommunisten beherrschten Provinzen Chinas gewählt werden konnten.

Um eine Kontinuität der gesamtschinesischen Legitimationsbasis zu behalten, verfügte daher eine Entscheidung des als Verfassungsgerichtshof fungierenden Obersten Richtergremiums vom 29. Januar 1954, daß die parlamentarischen Gremien des nach Taiwan verlagerten nationalchinesischen Regimes so lange ohne Wiederwahl tagen müßten, bis eine neue Wahl in ganz China möglich würde.[4] Wegen des Bürgerkrieges war bereits am 4. Juli 1947 die Generalmobilmachung proklamiert und von der Nationalversammlung am 18. April 1948 die sogenannte Vorläufige Regelung während der Periode der Mobilmachung zur Niederschlagung der (kommunistischen) Rebellion verkündet und zu dem 1949 durch die Verhängung des in Taiwan bis 1987 geltenden Ausnahmezustandes ergänzt worden. Alle diese Bestimmungen beinhalteten Einengungen der in der Verfassung stipulierten staatsbürgerlichen Rechte und Freiheiten. Doch die gesamtchinesisch zusammengesetzten parlamentarischen Gremien waren dem biologischen

Plakat mit dem »Stammbaum« der Führung der Kuomintang. Oben: Partei- und Republikgründer Sun Yat-sen. Mitte: Die autokratischen Präsidenten Chiang Kai-shek (l.) und sein Sohn Chiang Ching-kuo (r.). Unten: Lee Teng-hui (geb. 1923), der erste vom Volk gewählte Präsident, der von 1988–2000 regierte.

Alterungsprozeß ihrer Abgeordneten unterworfen, deren Durchschnittsalter gegen Ende der achtziger Jahre bei 82 Lebensjahren lag. Abgesehen von den Parlamentariern unterlagen auch die anderen Angehörigen der etwa 1,5 Millionen nach 1949 zu den 6,8 Millionen einheimischen Taiwanesen zugewanderten chinesischen Festländer, die jahrzehntelang in fast allen Bereichen des öffentlichen Lebens – Regierung, Verwaltung, Militär und Kultur – eine prädominante Rolle gespielt hatten, den Folgen des Alterungsprozesses. So hatte z. B. ein 1949 im Alter von 30 Jahren nach Taiwan übersiedelter Regierungsbeamter 1989 bereits das siebzigste Lebensjahr erreicht. Auf Grund dieses Prozesses nahm der Anteil der in Festlandchina geborenen und seit 1949 in Taiwan befindlichen Chinesen ständig ab.

Der so wie sein Vater mit weitreichenden Vollmachten ausgestattete Präsident Chiang Ching-kuo begann daher seit Mitte der siebziger Jahre vorsichtig, aber konsequent und kontinuierlich mit der Einbeziehung einheimischer Taiwanesen in die Führungsgremien von Staat und Partei. Überzeugt davon, daß der Erhalt des nationalchinesischen Regimes einer wirksameren Verwurzelung in der Bevölkerung bedürfe, alarmiert durch einige Skandale, die das Ansehen Taiwans in den USA geschädigt hatten, und besorgt wegen einer rasch wachsenden Akzeptanz des chinesischen Regimes unter Deng Xiaoping (vor dem Tien-An-Men-Massaker) in den USA, initiierte er einige Lockerungsmaßnahmen, die für die weitere politische Entwicklung Taiwans wie auch für sein Verhältnis zur Volksrepublik China weitreichende, fast revolutionäre Konsequenzen haben sollten. Insbesondere hob er am 14. Juli 1987 den seit fast vier Jahrzehnten in Taiwan geltenden Ausnahmezustand auf und beseitigte damit die als repressiv empfundene Gerichtsbarkeit des Militärs für Zivilpersonen. Auch andere belastend empfundene Einschränkungen der in der Verfassung gewährten staatsbürgerlichen Rechte wurden gleichzeitig außer Kraft gesetzt. Schon vor Erlaß der diesbezüglichen gesetzlichen Grundlagen vom Januar 1989 hinsichtlich der Zulassung neuer politischer Parteien wurde die am »Tag des Lehrers« (Konfuzius) 1986 erfolgte Gründung der oppositionellen Demokratischen Fortschrittspartei trotz ihrer bekannten und verpönten Befürwortung einer Unabhängigkeit Taiwans toleriert. Unzweifelhaft war die Hinwendung der Kuomintang auch durch internationale Ereignisse wie den Sturz der Marcos-Diktatur auf den Philippinen im Februar 1986 und den ab Frühsommer 1987 anlaufenden Demokratisierungsprozeß in Südkorea beeinflußt.

Als Chiang Ching-kuo am 13. Januar 1988 starb, rückte der von ihm vorgeschlagene Vizepräsident Dr. Lee Teng-hui auf das oberste Staatsamt nach. Der 1923 in der Nähe von Taipei geborene Lee, der einer bäuerlichen taiwanesischen Familie entstammt, studierte zunächst an der kaiserlichen Kyoto-Universität in Japan, wo ihn unter anderem die Schriften von Immanuel Kant und Goethe faszinierten. Nach 1945 setzte er seine Studien an der Nationalen Taiwan-Universität fort, studierte anschließend in den USA und trat in den Dienst der berühmten Kommission für landwirtschaftlichen Wiederaufbau (JCRR) ein, die Taiwans Landreform federführend betreut hatte. Anläßlich eines neuerlichen Amerikaaufenthalts erlangte er an der Cornell-Universität 1968 seinen Doktorgrad mit einer preisgekrönten Dissertation über Kapital- und Wirtschaftsentwicklung in Taiwan. Nach einer jeweils vierjährigen Tätigkeit als Bürgermeister der Stadt Taipei, deren Kulturleben von ihm wirksam gefördert wurde, sowie als Gouverneur von Taiwan wurde Lee 1984 zum Vizepräsidenten der Republik China auf Taiwan gewählt. Nach

Chiang Ching-kuos Tod füllte er dessen verbleibende Amtszeit als Staatspräsident aus, wurde dann aber selbst im März 1990 von der Nationalversammlung zum Staatspräsidenten gewählt. Mit großer Energie führte er den von seinem Vorgänger in Gang gesetzten Prozeß der Liberalisierung und Demokratisierung der Politik auf Taiwan fort. Der Aufhebung der Kriegsrechtsbestimmungen und der Beseitigung der Pressezensur folgte die Gewährung der Freiheit zu Demonstrationen und zur Bildung gesellschaftlicher Vereinigungen einschließlich neuer politischer Parteien. Die strukturell wirkungsmächtigste Maßnahme bestand in einem Spruch des Rates der Obersten Richter vom 21. Juni 1990, der die jahrzehntelang dienenden Abgeordneten des noch auf dem chinesischen Festland vor 40 Jahren gewählten »Langen Parlaments« zum Rücktritt zwang und damit eine erste Neuwahl aller Abgeordneten der parlamentarischen Körperschaften mit nationalen Komponenten ermöglichte. Der Wirkung nach entsprach dies einer Revolution im Sinne der Umkehrung der Verhältnisse. War bis dahin die Macht auf Taiwan von oben auf der charismatischen Führungsgewalt der beiden Präsidenten Chiang entsprungen, entstand sie nun von unten auf dem Wählerwillen, der die Macht von Wahl zu Wahl in unterschiedlicher Weise aus verschiedene Parteien übertragen konnte. Quelle der legislativen Gewalt war zuvor ein in Festlandchina gewähltes und daher gesamtchinesisches »langes« Parlament gewesen, in dem die Festländer eine überwältigende Majorität gehabt und der Kuomintang-Regierung kontinuierlich sichere Mehrheiten verschafft hatten. Doch im Gegensatz dazu waren Wähler und Gewählte nach den ersten Wahlen im Dezember 1992 überwiegend einheimische Taiwanesen.

Zum ersten Mal in ihrer Geschichte wurde die Insel Taiwan von Taiwanesen regiert. Mit anderen Worten gesagt, die Kuomintang, die älteste politische Partei Chinas und Ostasiens, verzichtete ohne zwingende Notwendigkeit auf ihre faktische Ein-Parteien-Herrschaft um künftig mit anderen Parteien um ihren Anteil an Wählerstimmen und Macht zu konkurrieren. Damit war der Weg zur Demokratisierung freigegeben. Zugleich mit der Auflösung der gesamtchinesischen Legislative verzichtete man andererseits auf ein Element der Legitimation des früheren Anspruchs des nationalchinesischen Regimes auf Taiwan, die einzige legitime Regierung und Vertretung ganz Chinas zu verkörpern. Trotz diesbezüglicher Vorschläge und Entwürfe der separatistischen oppositionellen Demokratischen Fortschrittspartei wurde jedoch keine neue, nur auf Taiwan zugeschnittene Verfassung angenommen, sondern die von den Ideen Sun Yatsens für ganz China konzipierte Verfassung des Jahres 1947 mit einigen Änderungen und Ergänzungen beibehalten. Zugleich mit der Außerkraftsetzung der Bürgerkriegsgesetzgebung wurde die Volksrepublik China nicht mehr als illegitimes »Rebellenregime« betrachtet, sondern als de facto – manchmal auch als de jure – Regierung des chinesischen Festlandes. Doch für Taiwan wie auch für andere demokratische Systeme gilt, daß Freiheit stets auch die Freiheit für Andersdenkende mitbeinhaltet. Anders als die Kuomintang verlangt die 1986 gegründete Demokratische Fortschrittspartei eine Volksabstimmung über Taiwans Identität, die Ablehnung der »Ein-China-Politik«, der zufolge Taiwan ein Teil Chinas sei und dem entsprechend die Schaffung einer neuen nur auf Taiwans Bedürfnisse zugeschnittenen Verfassung wie auch die Zulassung Taiwans als Mitgliedstaat zu den Vereinten Nationen.[5] Mit der Gründung der konservativeren, einer Verständigung mit Peking aus gesamtchinesischen Motiven geneigteren »Neuen Partei«, deren Mitglieder sich vom rechten Flügel der Kuomintang abgespalten hatten, war in Taiwan die Struktur einer Drei-Parteien-Demokratie entstanden. Bei den beiden Parlamentswahlen 1995 und 1998 ergaben sich folgende in Prozenten der jeweiligen Stimmanteile ausgedrückten Wahlergebnisse:

	Kuomintang	Demokratische Fortschrittspartei	Neue Partei	Sonstige
1995	46,06	33,17	12,95	7,82
1998	46,43	29,56	7,06	16,95

Infolge dieser Wahlresultate konnte die Kuomintang im Parlament oder Legislativ-Yüan eine knappe einfache Mehrheit der Sitze behaupten. Sie war zudem bei den Wahlen von 1998 in der Lage, die Demokratische Fortschrittspartei auch bei den Bürgermeisterwahlen der Hauptstadt Taipei mit ihrem populären Kandidaten Ma Ying-jeou zu schlagen.[6]

In der Hoffnung, daß der von ihm erzwungene Abbruch diplomatischer Beziehungen der USA und Japans zu Taiwan (1978) letzteres entmutigt und kompromiß- oder kapitulationsbereiter gemacht habe, begann Peking ab 1979 seine Gegenspieler in Taiwan mit Vorschlägen und Forderungen bezüglich einer Wiedervereinigung mit dem von der VR China regierten chinesischen Festland zu konfrontieren. Die unter Mitwirkung Deng Xiaopings entwickelte Pekinger Grundposition zur Wiedervereinigung mit Taiwan ist in ihren wesentlichen Aspekten bis zum Ende des 20. Jahrhunderts fast unverändert geblieben und beinhaltet unter anderem nachstehende Hauptpunkte:[7]

1. Die Volksrepublik China sei Rechtsnachfolger der bis 1949 bestehenden Republik China, deren Kontrolle über Taiwan de jure und de facto 1945 wiederhergestellt worden sei. Folglich bildet Taiwan de jure – obwohl nicht de facto – einen Bestandteil der Volksrepublik China und unterstehe ihrer Souveränität. 2. Die daher erforderliche und von Peking beanspruchte Wiedervereinigung mit Taiwan solle im Zeichen des von Deng Xiaoping am 11. Januar 1982 verkündeten Schlagwortes »Ein Land – zwei Systeme« vollzogen werden. Das Schlagwort an sich klingt, als handle es sich um eine Vereinigung unterschiedlicher, aber gleichberechtigter Systeme. Doch genau das ist nicht gemeint, sondern die Angliederung eines untergeordneten Teilsystems, Taiwan, an das übergeordnete Gesamtsystem der Volksrepublik China. 3. Kraft seiner gesamtchinesischen Kompetenz und Souveränität gewährt die Zentralregierung der Volksrepublik China dem untergeordneten System Taiwan den Status einer »Sonderverwaltungsregion«, dem der Pekinger Souverän für eine nur temporäre Periode von 50 Jahren das Recht gewährt, sein eigenes politisches und sozioökonomisches System, das sich vom Rest Chinas unterscheidet, einschließlich seiner Streitkräfte, soweit sie von China nicht als Gefährdung betrachtet werden, ebenso beizubehalten wie auch seine derzeitigen nicht amtlichen wirtschaftlichen und kulturellen Beziehungen zu auswärtigen Staaten. Indirekt impliziert dieses temporäre Angebot, daß sich der Souverän die Möglichkeit vorbehält, nach Ablauf dieser Toleranzperiode in Taiwan ungebunden und nach eigenem Gutdünken zu regieren. 4. »›Selbstbestimmung‹ für Taiwan kommt nicht in Frage.«[8] Das heißt, der von der Volksrepublik historisch und völkerrechtlich begründete Anspruch auf Tai-

wan bedürfe keiner Zustimmung der taiwanesischen Bevölkerung und gestatte dieser auch nicht, sich gegen die von Peking vorgeschlagene Lösung des Zusammenschlusses zu entscheiden. Die Volksrepublik lehne daher die von der Regierung in Taiwan vorgeschlagenen Formulierungen wie »Zwei Chinas«, »Ein Land, zwei Regierungen«, »Ein Land und zwei Regionen oder Entitäten« oder letztlich (die im Juli 1999 entwickelte Formulierung) die Beziehungen zwischen China und Taiwan seien eine »besondere zwischenstaatliche Beziehung« zwischen Staaten, die füreinander kein Ausland seien, schärfstens ab. Denn alle diese Formulierungen verfolgten letztlich das Ziel, die Einheit Chinas im Sinne der Vorstellung Pekings zu negieren und statt dessen auf eine Zwei-China-Lösung hinzuarbeiten. 5. Aus dem gleichen Motiv verwirft Peking ebenso heftig Taiwans Versuch einer neuen Mitgliedschaft in den Vereinten Nationen oder in anderen internationalen Organisationen oder Versuche, in Ländern mit Beziehungen zur Volksrepublik ebenfalls diplomatisch vertreten zu sein. Die UN-Mitgliedschaft des vormals geteilten Deutschland oder des noch geteilten Korea bildeten keinen für China akzeptablen Präzedenzfall. Als Ausnahmen ohne Modellcharakter habe Peking es Taiwan gestattet, zumindest unter der Bezeichnung »Chinesen/Taipei« in der Asiatisch-Pazifischen Wirtschaftskooperation (APEC) und in der Asiatischen Entwicklungsbank (ADB) unter dem Namen »Taipei/China« vertreten zu sein.

Trotz dieser Offerten Pekings galt von seiten Taiwans in den achtziger Jahren dem kommunistischen China gegenüber die »Politik des dreifachen Nein«, d. h. keine offiziellen Kontakte, Gespräche oder Kompromisse mit den Kommunisten. Als der Verfasser den nationalchinesischen Ministerpräsidenten Sun Yun-suan im April 1979 fragte, ob nicht zumindest durch die beiderseitigen Rotkreuz-Gesellschaften über Hong Kong Kontakte zwischen getrennten Familien ermöglicht werden könnten und ob diesbezüglich nicht Korea ein Vorbild geben könne, antwortete Sun, es sei kein Kompromiß möglich, solange Peking behaupte, es verkörpere Chinas Zentralregierung und das Kuomintang-Regime eine untergeordnete Lokalregierung. Die beiden koreanischen Staaten hätten sich gegenseitig als gleichberechtigt anerkannt, deshalb sei dort die Situation nicht vergleichbar.[9] Doch im Zuge der Ende der achtziger Jahre beginnenden Demokratisierung, der Abschaffung des gesamtchinesischen Parlaments und der Schaffung einer rein taiwanesischen, demokratischen Legitimationsbasis der Regierung zu Beginn der neunziger Jahre begann Taiwan eine aktive Festlandspolitik zu entwickeln. Schon Ende der achtziger Jahre wurden Reisen nach China und Handel mit dem Festland, wenn auch zumeist über Hong Kong, gestattet. Im Februar 1991 erließ die Regierung in Taiwan die sogenannten »Richtlinien für die Nationale Wiedervereinigung«.[10] Ziel der Festlandspolitik Taiwans sei der gemeinsame Aufbau eines »erneuerten und vereinigten China« mit dem Endziel einer demokratischen und prosperierenden gesamtchinesischen Staats-, Gesellschafts- und Wirtschaftsordnung. Dieses Ziel sei in mehreren Phasen wachsender Zusammenarbeit und Vertrauensbildung auf der Basis der »Gleichberechtigung und Gegenseitigkeit« zu erreichen. Zur Verwirklichung dieser Politik wurden zwei hochrangige Gremien einerseits unter dem Vorsitz des Staatspräsidenten wie auch andererseits des Ministerpräsidenten gegründet. Laut Ministerpräsident Hao Pei-tsun (1992) seien Taiwans Bedingungen für eine Kooperation mit Peking: »Friedlicher Wettbewerb zwischen beiden Seiten, gegenseitige Anerkennung als gleichwertige politische Einheit, Koexistenz in der internationalen Gemeinschaft«. Im Zuge dieser Zusammenarbeit solle versucht werden, das Wachstum von Demokratie auf dem Festland zu fördern.[11] Zur Behandlung tagtäglicher juristischer und ökonomischer Fragen im Verkehr mit dem Festland gründete Taiwans Regierung schon im Februar 1990 die sogenannte Stiftung für den Austausch über die Taiwan-Straße (SEF). Peking zog im Dezember 1991 nach, indem es die ebenfalls halbamtliche »Gesellschaft für die Beziehungen zwischen beiden Seiten der Taiwan-Straße« ins Leben rief. 1992 fand eine erste Besprechung zwischen Vertretern dieser beiden Organisationen statt; im April 1993 trafen einander zum ersten Mal seit 44 Jahren hochrangige Beamte beider Seiten, die jeweils als Leiter der genannten halbamtlichen Kontaktkörperschaften fungierten, in Singapur und somit auf chinesischem Kulturboden, wobei sie vier »inoffizielle« Abkommen zur Regelung praktischer Kontaktbereiche unterzeichneten.[12]

Diese vielversprechend scheinenden Entspannungsgesten kamen ab 1995 jedoch zu einem Stillstand. Nachdem die amerikanische Cornell-Universität, an der Lee Teng-hui promoviert hatte, den Staatspräsidenten Taiwans zu einem Festvortrag eingeladen hatte, faßte das Repräsentantenhaus des US-Kongresses mit 396 gegen 0 Stimmen und der US-Senat mit 97 gegen 1 Stimme Resolutionen, die US-Präsident Clinton aufforderten, Lee Teng-hui zu diesem Zweck die Einreise in die USA zu ermöglichen. Vor dem Hintergrund dieser eindrucksvollen Demonstration protaiwanesischer Tendenzen im US-Kongreß fand trotz scharfer Proteste Pekings dieser Besuch statt, den Lee dazu verwandte, für Taiwans Sache zu werben.[13] Aber nicht nur dieses Ereignis, sondern auch andere Vorkommnisse wurden von Peking als Provokation empfunden. Dazu gehörten unter anderem die sogenannte Reisediplomatie, mit der Staatsführer Taiwans trotz mangelnder diplomatischer Kontakte Hauptstädte des Auslands besuchten, fernerhin Taiwans »Dollardiplomatie«, mit der es die Gruppe jener etwa 30 Staaten zu erhalten oder zu erweitern suchte, die zu Taiwan noch formale diplomatische Kontakte unterhielten, so wie umfangreiche Verkäufe amerikanischer und französischer Kampfflugzeuge an Taiwan. Peking empörte besonders auch Taiwans wenn auch fehlgeschlagener Versuch, durch befreundete Staaten einen Antrag auf Zulassung einer »Republik China auf Taiwan« von einem zuständigen Komitee der Generalversammlung der Vereinten Nationen diskutieren zu lassen. Die Volksrepublik China reagierte nicht nur mit Protesten, sondern auch mit großangelegten Drohmanövern seiner Kriegsmarine und Luftwaffe, die 1995 und 1996 in Gewässern um Taiwan mit Sperrzonen vor Taiwans Haupthäfen unter Einsatz von scharfer Schiffsartillerie und militärischen Raketen stattfanden.[14]

Weltweites Aufsehen erregten intensivierte Drohmanöver der Streitkräfte Pekings, die teilweise unter Verletzung taiwanesischer Hoheitsgewässer im März 1996 vor und während der ersten in China je stattfindenden Volkswahlen eines Staatspräsidenten auf Taiwan stattfanden. Ziel dieser Machtdemonstration vor Taiwans Küste war ohne Zweifel, die Wahl des Peking besonders verdächtigen und verhaßten taiwanesischen Präsidenten Lee Teng-hui zu verhindern und fremde Mächte von einer Intervention zugunsten Taiwans abzuschrecken. Ganz entgegen Pekings Erwartungen gewann Lee Teng-hui die Wahlen mit 53,9 Prozent der Stimmen, während der Führer der Fortschritts-Partei nur 21,1 Prozent und zwei unabhängige Kandidaten jeweils nur 14,9 und 9,98 Prozent der Stimmen auf sich ziehen konnten. Weit entfernt davon, sich abschrecken zu lassen, entsandte Washington von Kampfverbänden der Kriegsmarine begleitete Flugzeugträger in Gewässer nahe Taiwan, während die in Taiwan stattfindende erste demokratische Volkswahl eines Staatspräsidenten nicht weniger als 262 Korrespondenten ausländischer Medien nach Taiwan zog, deren Berichterstattung sich als gleichsam globaler Medienerfolg für Taiwan erwies. Peking wie auch Taipei erhielten Mahnungen aus Washington, sich provokativer Aktionen gegeneinander zu enthalten.[15] Zum Ärger Pekings trug auch ein Staatsbesuch Präsident Clintons in Japan im Monat nach der Präsidentenwahl auf Taiwan bei, bei dem er mit Japans Ministerpräsident Hashimoto eine Erklärung zur gemeinsamen Sicherheitspolitik unterzeichnete, die auch Hinweise auf Krisensituationen in Gebieten in der Nähe von Japan (Taiwan) beinhaltete.[16] Insgesamt hatte sich so die von Peking betriebene Strategie der Einschüchterung Taiwans und seiner indirekten Schutzmacht USA als kontraproduktiv erwiesen.

In den anschließenden drei Jahren blieben die Konstellationen der Beziehungen zwischen Taiwan und der Volksrepublik China im wesentlichen wenig verändert. Verbesserte Wirtschaftsbeziehungen waren von Stagnation und Polemik in der Sphäre der politischen Argumentation begleitet. Im Juli 1999 bewirkte jedoch ein der Deutschen Welle gewährtes Interview des Präsidenten Lee Teng-hui eine scharfe Eskalation der zwischen Taiwan und Peking bestehenden und stets auch die USA mittangierenden Spannungen, die auch die Regierungen anderer Staaten des westpazifischen Raumes alarmierte. Lee äußerte die Ansicht, die Beziehungen zwischen Taiwan und China seien »besondere Beziehungen von Staat zu Staat« und nicht wie Peking behauptet, eine »interne Beziehung zwischen einer legitimen Regierung und einer Rebellengruppe oder zwischen einer Zentralregierung und einer lokalen Verwaltung«. Die 1991 und 1992 erlassenen Änderungen der ursprünglich gesamtchinesisch konzipierten Verfassung der Republik China auf Taiwan bedeuteten, daß die Legitimität der Regierung auf Taiwan nur vom Willen der dortigen Wähler abgeleitet sei und sich umgekehrt der legitime Herrschaftsanspruch dieser Regierung nur auf Taiwan selbst und die zu ihm gehörenden kleineren Inseln beziehe. Diese Gebiete seien historisch nie von der erst 1949 gegründeten Volksrepublik China beherrscht worden. Zugleich habe Taiwan »die Legitimität der Herrschaft der Volksrepublik China auf dem chinesischen Festland« anerkannt. Die von Peking für Hong Kong und Macao verfügte Lösung sei auf Taiwan nicht anwendbar. Denn dort habe es Peking mit fremdstaatlichen Kolonialverwaltungen zu tun gehabt, während das System auf Taiwan ein souveränes Staatsgebilde in der Tradition der 1912 gegründeten Republik China darstelle.[17] In einer Ergänzenden Erklärung bezog sich der Vorsitzende des Rates für Festlandsangelegenheiten Dr. Su Chi auf das Beispiel der beiden deutschen Staaten in ein und derselben Nation, die sich auf Grund gleichberechtigter Verhandlungen miteinander vereinigt hatten. Wie im Falle Deutschlands werde als Endziel eine Wiedervereinigung unter Bedingungen der Demokratie angestrebt.[18] Damit, so war aus Taipei zu hören, habe Taiwan der Regierung in Peking unzweideutig klarmachen wollen, daß Taiwan sich nicht mit der Keule des »Ein-China-Arguments« auf die Ebene einer »abtrünnigen Provinz« herabrelegieren lasse, der die Pekinger Regierung aus eigener Souveränität gnadenhalber eine zeitlich limitierte Autonomie gewähren könne. Gelinge es Taiwan aber, bei den Verhandlungen mit Peking einen Status der Gleichberechtigung zu erhalten, so habe es als demokratisches Staatswesen ganz andere Chancen, mitgestaltend auf die Zukunft eines sich vereinigenden China einzuwirken.

Mit seiner nun unverhüllt gemachten Zwei-Staaten-Theorie will Taiwan in seinen Beziehungen mit Peking Gleichordnung erreichen, während Pekings Ein-China-Theorie die Unterordnung Taiwans unter die Zentralgewalt der Volksrepublik anstrebt. Genau hier liegt der Kernpunkt des Konflikts zwischen Peking und Taiwan. Taiwan glaubt diese Klarstellung zu benötigen, bevor die Gespräche mit Peking nicht mehr nur funktionale oder praktische Probleme des Alltagsverkehrs zwischen beiden Seiten betreffen, sondern sich künftig auch mit der politischen Grundsatzproblematik im Verhältnis beider Seiten zueinander und ihrer Zukunftsgestaltung zu befassen.

Auf Lee Teng-huis Erklärung reagierte Peking in schärfsten Formen. Seine Äußerungen, so hieß es, bildeten einen »gefährlichen Schritt separatistischer Politik mit dem Ziele der Abspaltung Taiwans von China und damit der Verletzung der chinesischen Gebietsherrschaft«. Dies sei eine Provokation, die weder Chinas Regierung noch auch seine Streitkräfte passiv hinnehmen würden. Die Volksbefreiungsarmee stehe Gewehr bei Fuß. Psychologisch verschärft wurde die Situation durch Pekings gleichzeitige Erklärung, nun auch über Neutronenbomben zu verfügen.[19] Nicht vorgewarnt von Lee Teng-huis Turbulenzen schaffender Initiative, fühlte sich die US-Regierung von den neu erzeugten Spannungen hinsichtlich ihrer chinapolitischen Interessen unangenehm berührt. Präsident Clinton ergriff die Initiative zu einem Telefongespräch mit Chinas Präsident Jiang Zemin und warnte einerseits eindringlich vor der Anwendung militärischer Gewalt. Zugleich entsandte er Diplomaten nach Taiwan, um dessen Regierung zu deeskalierenden Maßnahmen anzuregen und zu ersuchen, Schritte zu unterlassen, die Peking als provokativ empfinden könnte. Auch gab Washington offiziell bekannt, es stehe hinter Pekings Forderung der »Drei Neins« – keine taiwanesische Unabhängigkeit, keine »Zwei Chinas« und keine Mitgliedschaft Taiwans in internationalen Staatenorganisationen.[20]

Ein Element vorläufiger Entspannung ergab sich daraus, daß Peking erkennen ließ, es könne bis zu den neuen Präsidenten-Wahlen auf Taiwan im März 2000 warten, da produktive Verhandlungen mit Lee Teng-hui nicht zu erwarten seien. Der ursprünglich für Oktober 1999 geplante Taiwan-Besuch seines Unterhändlers Wang Daohan sei durch Lees Verhalten in Frage gestellt. Somit schien vorläufig eine Denk- und Atempause für alle von dieser Konstellation direkt oder indirekt betroffenen Staaten Ostasiens gewährleistet zu sein. Doch Pekings seit Jahrzehnten bestehende und erneut aktualisierte Drohung mit militärischer Gewalt bleibt ebenso bestehen wie auch Taiwans Weigerung, sich als eine der stärksten Wirtschaftsmächte der Welt weiterhin von Peking diplomatisch isolieren und politisch nur als unbotmäßige Provinz behandeln zu lassen. Die Regierung in Taipei betonte jedoch, daß sie trotz der faktischen Realität zweier Staatsgebilde am Gedanken und Ziel der historisch und kulturell bedingten Einheit Chinas festhalte.[21] Der Vorsitzende des Rates für Festlandsangelegenheiten in Taiwan Su Chi formulierte es so: »Das Neue (künftig) wiedervereinigte China wird etwas Neues sein. Es wird nicht die von der Volksrepublik China annektierte Republik China (Taiwan) sein.«[22]

So scheint es wenig wahrscheinlich, daß der Konflikt zwischen Pekings hierarchischer und Taiwans egalitärer Konzeption ihrer Beziehungen leicht durch eine Kompromißformel gelöst werden könnte, die die vormals gegebene, wenn auch stets mehrdeutige, Übereinstimmung hinsichtlich des »Ein-China«-Prinzips wiederherstellt, obwohl dies u. a. die von Washington favorisierte Strategie wäre. Chinas Präsident Jiang Zemin steht insofern unter Zugzwang, als von ihm erwartet wird, Chinas »letzteres territoriales Problem« – Taiwan – vor dem Ablauf seiner Amtszeit 2002 einem Ergebnis im Sinne der

Interessen der VR China zuzuführen. Pekings Geduld hinsichtlich der Herstellung einer zeitlich greifbaren Lösung scheint ebenso zermürbt wie aber auch Taiwans Bereitschaft, auf den ihm seiner Ansicht nach zustehenden Status zu verzichten.

Allerdings hat es der eskalierende Dissens im Bereich politischer Willenshaltung vorläufig nicht vermocht, die Vitalität der beiderseitigen Wirtschaftsbeziehungen zu begrenzen, die ab 1987 in größerem Umfang begonnen hatten. So stand das Gesamtvolumen des beiderseitigen Handels 1997 bei einem Wert von 24,45 Milliarden US-Dollar – mit taiwanesischen Exporten nach China im Gesamtwert von 20,54 Milliarden US-Dollar und chinesischen Exporten nach Taiwan von 3,92 Milliarden US-Dollar. China absorbierte ca. 20,3 Prozent des Gesamtvolumens taiwanesischer Ausfuhren. Taiwans Regierung billigte im Zeitraum zwischen 1991 und 1997 Investitionen auf dem Festland im Gesamtwert von 11,21 Milliarden US-Dollar, wodurch Taiwan, nach Hong Kong und Japan, zum drittgrößten Investor in China wurde.[23] Diese Investitionen kamen oft von Taiwanesen gegründeten und geleiteten Unternehmen im sprachlich verwandten China mit seinen niedrigen Lohn- und Infrastrukturkosten zugute. Wenn auch Taiwans Regierung aus Sorge vor politisch manipulierbarer wirtschaftlicher Abhängigkeit den Umfang taiwanesischer Festlandsinvestitionen zu limitieren versucht, sind Sphären der beiderseitigen ökonomischen Interdependenz zu einem Faktor geworden, den die politischen Entscheidungsträger auf beiden Seiten nicht übersehen können.

Präsidentschaftswahlen und »politischer Erdrutsch« auf Taiwan im Frühjahr 2000

Weltweite Beachtung fand die zweite Volkswahl eines Präsidenten auf Taiwan, die nach spannungsreichem Kopf-an-Kopf-Rennen dreier führender Kandidaten am 18. März 2000 stattfand. Trotz des Reichtums und der organisatorischen Stärke seiner Partei, der regierenden Kuomintang, verlor mit nur 23,10 Prozent der Stimmen deren Kandidat Vizepräsident Lien Chan. Der primäre Grund für dieses überraschende Ergebnis lag in der Tatsache, daß Präsident Lee Teng-hui als Vorsitzender der Kuomintang eine Kandidatur des neben ihm populärsten Kuomintang-Politikers Sung Ch'u-yü (alias Dr. James Soong) abgelehnt hatte. Tief verletzt, beschloß Sung – ein vormaliger Generalsekretär, Minister und beliebter Provinzgouverneur der Kuomintang –, unabhängig von seiner Partei und gegen diese zu kandidieren. Obwohl noch ohne unterstützende Parteiorganisation, erhielt er den beachtlichen Stimmenanteil von 36,84 Prozent.

Dank dieser Spaltung des Wählerpotentials der zuvor regierenden Kuomintang gewann mit knapp 39,30 Prozent der Stimmen der 49jährige Rechtsanwalt und vormalige Bürgermeister von Taipei Chen Shui-biän als Kandidat der in ihrem Programm Taiwans Unabhängigkeit von China fordernden Demokratischen Fortschrittspartei.[24] Für das Amt des Vizepräsidenten wurde mit Annette Lü (Lü Hsiu-lien) eine Frau gewählt, die wie viele andere Führer der neuen Regierungspartei jahrelange Haftstrafen wegen oppositioneller Tätigkeit verbüßt hatte und die für ihr betontes Eintreten für Taiwans Unabhängigkeit wie auch für feministische Belange bekannt war. Pekings schlimmste Erwartungen schienen damit Wirklichkeit geworden zu sein. Schärfste Drohungen seiner politischen und militärischen Führer mit möglichem Krieg und Blutvergießen hatten die Wähler auf Taiwan in ihrem Abstimmungsverhalten im Jahr 2000 ebensowenig beeinflussen können wie vier Jahre zuvor bei der ersten Volkswahl eines Präsidenten auf Taiwan. In beiden Fällen hatte sich Pekings Drohverhalten als kontraproduktiv erwiesen.[25]

Der innenpolitisch sensationelle Aspekt der Wahl lag in der Tatsache, daß die seit einem halben Jahrhundert auf Taiwan regierende Kuomintang erstmals durch die Wahl eines prominenten Oppositionsführers geschlagen werden konnte. Doch der Partei des neuen Präsidenten Chen Shui-biän, der wie sein Vorgänger Festlandschina nie besucht hatte, fehlt die Mehrheit im Parlament, die noch immer von der Kuomintang gehalten wird. Mit der Absicht, auch das Militär an die neue Regierung zu binden, ernannte Präsident Chen den vormaligen Verteidigungsminister der Kuomintang-Regierung General Tang Fei zum neuen Ministerpräsidenten.[26] Die Kuomintang, die einen Großteil ihres Wählerpotentials an den »abtrünnigen« Sung Ch'u-yü (James Soong) und seine nach den Wahlen neu gebildete Volkspartei verloren hatte, stand wegen ihrer präzedenzlosen Niederlage vor einer der ernstesten Krise ihrer 106jährigen Geschichte.

Psychologisch dazu beigetragen hatte der Wandel ihres Identitätsbewußtseins von einer vormaligen Priorität gesamtchinesischer Zielsetzungen zu einem neuen Vorrang taiwanesischer Interessen, einer Schwerpunktverlagerung, die sich in der Regierungsära Lee Teng-huis (1988–2000) schrittweise vollzogen hatte. Nach ihrer ersten Wahlniederlage vom März 2000 steht die nun von Lien Chan geleitete Partei vor dem Notwendigkeit einer vieldimensionalen Reform einschließlich ihrer programmatischen Grundori-

Chen Shui-biän (geb. 1945), vormals Bürgermeister von Taipei, der im März 2000 als erster Oppositionspolitiker zum Präsidenten der Regierung auf Taiwan gewählt wurde. Neben ihm Annette Lü (Lü Hsiu-lien), die mit ihm als erste Frau zur Vizepräsidentin gewählt wurde. Entgegen dem Willen Pekings betonen beide die Selbständigkeit Taiwans.

entierung. Von Peking bedroht und von den USA zur Mäßigung ermahnt, gab Präsident Chen Shui-biän bei seiner Antrittsrede am 20. Mai 2000 fünf Zusagen: 1. Keine Unabhängigkeitserklärung Taiwans während seiner Amtszeit (obwohl das Programm seiner Partei eine solche fordert); 2. keine Änderung von Taiwans offiziellem Namen »Republik China« (in »Republik Taiwan«); 3. die These seines Vorgängers, China und Taiwan seien zwei separate Staaten, werde nicht in die Verfassung aufgenommen; 4. es werde keine Volksabstimmung über Taiwans Unabhängigkeit geben, *solange* Peking keine militärischen Maßnahmen gegen Taiwan ergreift; 5. die »Richtlinien für Nationale Wiedervereinigung« von 1991 und der Nationale Rat für Wiedervereinigung würden nicht abgeschafft werden.[27] Für diese Erklärung erntete Chen Lob aus Washington, betonte Skepsis hinsichtlich ihrer Aufrichtigkeit aus Peking und Kritik von seiten derjenigen Anhänger, die auf eine stärkere Betonung der Eigenständigkeit Taiwans gehofft hatten. Taiwans Vorschlag eines Gipfeltreffens der Volksrepublik mit Taiwan nach dem Muster des koreanischen Süd-Nord-Gipfeltreffens vom Juni 2000 wurde von Peking abgelehnt. Auf beiden Seiten der Straße von Taiwan geäußerten Hoffnungen auf eine Vermittlerrolle der USA erteilte Washington – teils wohl in Erinnerung an das katastrophale Scheitern seiner Vermittlungsbemühungen im chinesischen Bürgerkrieg 1946 – eine Absage.[28]

Ungeachtet der politischen Spannungen stieg der Handel zwischen den beiden Seiten der Taiwanstraße weiter an. So belief sich der Wert taiwanesischer Exporte in die Volksrepublik 1999 auf 21,22 Milliarden US-Dollar, während Exporte aus dem Festland nach Taiwan nur einen Wert von 4,52 Milliarden US-Dollar erreichten.[29] Die tagtäglichen wirtschaftlichen und zwischenmenschlichen Beziehungen zwischen den beiden Seiten der Taiwanstraße liefen trotz der schweren Irritationen im Bereich der Politik unbeeinträchtigt weiter. Die durch den Ausgang der Präsidentschaftswahlen wie auch durch die Gründung der neuen Volkspartei (wörtlich: »Vorrang-dem-Volk-Partei«) Sung Ch'u-yüs (James Soongs) ersichtlich gewordenen neuen Kräfteverhältnisse zwischen den drei stärksten politischen Parteien in Taiwan machten auch Widersprüche zwischen ihnen ersichtlich, die sich auf die Definition der Identität Taiwans bezogen. Insgesamt blieb somit zu Beginn des 21. Jahrhunderts das seit 1949 bestehende und auch international bedeutsame Problem der Beziehungen zwischen Peking und Taiwan ungelöst und nicht ungefährlich für den Frieden der Region. Dabei wurde die beide Seiten zur Zurückhaltung drängende Politik der USA in Peking als ein Versuch dazu gesehen, der Erfüllung vitaler chinesischer Aspirationen auf Grund amerikanischer strategischer Interessen im Westpazifik entgegenzuwirken.

31. Kapitel

Der Verband Südostasiatischer Staaten ASEAN und die Konfliktregion im Südchinesischen Meer 1967–1999

Übertroffen nur von der Weltorganisation der Vereinten Nationen hat sich die 1967 in Bangkok (Thailand) gegründete Vereinigung Südostasiatischer Staaten ASEAN (Association of Southeast Asian Nations) zur kulturell- und systemisch heterogensten Staatenorganisation der modernen Weltgeschichte entwickelt. Seinen ursprünglichen fünf Gründungsmitgliedern – Indonesien, Malaysia, Philippinen, Singapur und Thailand – schlossen sich weitere Mitglieder an, und zwar Brunei (1984), Vietnam (1995), Myanmar (vormals Burma), Laos (1997) und Kambodscha (1999). Geostrategisch gesehen wird der gewaltige Raum der ASEAN somit im Norden von Südchina einschließlich von Hong Kong und Taiwan, im Süden von Australien, im Westen vom Indischen Subkontinent und dem Golf von Bengalen und im Osten von der Inselwelt Mikronesiens und Melanesiens umgrenzt. Im Gegensatz zur Wertegemeinschaft der Europäischen Union und ihren zahlreichen, seit der griechisch-römischen und christlichen Antike gegebenen kulturellen Gemeinsamkeiten, besteht bei den ASEAN-Staaten eine erstaunliche Vielfalt kultureller Hintergründe und soziopolitischer Systeme. Kulturell umfassen sie nicht nur Länder in der Tradition des Hinayana-Buddhismus wie Thailand, Kambodscha, Laos und Myanmar, sondern auch islamische Staaten wie Indonesien und Malaysia, den einzigen christlichen Staat Ostasiens, die Philippinen, und Staaten konfuzianischer Tradition wie Singapur und Vietnam, wobei in einigen der genannten Staaten auch hinduistische Elemente zu finden sind. Neben sieben Republiken weist die Gruppe der ASEAN auch vier Monarchien unter ihren Mitgliedern auf (Thailand, Brunei, Malaysia und Kambodscha), zwei kommunistische Diktaturen (Vietnam und Laos), eine Militärdiktatur (Myanmar) und eine Reihe junger, noch ungefestigter demokratischer Systeme. Ungeachtet dieser bemerkenswerten Vielfalt heißt es in der Gründungserklärung der ASEAN von 1967 hinsichtlich ihrer Motive, sie seien »entschlossen, ihre Stabilität und Freiheit von auswärtiger Einmischung in jeglicher Form und auch die nationalen Identitäten (ihrer Staaten) in Übereinstimmung mit den Idealen und Aspirationen ihrer Völker zu wahren«.[1] Viel von dem damaligen Zusammenrücken der Gründungsmitglieder erklärt sich aus ihrer Wahrnehmung der sie umgebenden internationalen Situation – oft auch verbunden mit Formen der inneren Gefährdung. So tobte im unberechenbar gewordenen China im Zeichen der sogenannten Großen Proletarischen Kulturrevolution ein mörderischer innerparteilicher Linienkampf. Anläßlich immer erkennbarer werdender Schwierigkeiten der USA durch ihren Krieg in Vietnam und dessen innergesellschaftliche Auswirkungen in den USA mehrten sich dort einflußreiche Stimmen, an ihrer Spitze Richard Nixon, die eine relative Entflechtung der USA von ihren bisherigen Verpflichtungen in Asien befürworteten. Die meisten der

ASEAN-Gründungsmitglieder hatten ernstere Probleme mit kommunistischen Revolutionsbewegungen in ihren eigenen Ländern gehabt, am stärksten Indonesien, wo die Kräfte der Linken und Rechten erst zwei Jahre zuvor in blutigen Gewaltakten aufeinandergeprallt waren. Sogar Enklaven traditioneller Ruhe wie Hong Kong und Macao waren damals zeitweilig von schweren Unruhen kulturrevolutionärer Aktivisten erschüttert worden.

Umgeben von Turbulenzen in der Sphäre der Politik der großen Mächte und alarmiert durch die Möglichkeit von Verbindungen zwischen einheimischen kommunistischen Bewegungen und auswärtigen kommunistischen Mächten sowie ungewiß hinsichtlich der künftigen Verläßlichkeit amerikanischer Politik in Südostasien, sahen es die Gründungsmitglieder der ASEAN als in ihrem Interesse liegend, sich trotz der genannten zwischen ihnen bestehenden Unterschiede und trotz einer nur relativ geringen Komplementarität ihrer Wirtschaftssysteme zu einer regionalen Kooperationsgemeinschaft zusammenzuschließen. Diese Neugründung wurde von den Westmächten zwar begrüßt, von den Ostmächten hingegen zunächst verdächtigt, nichts weiter zu sein als ein »Trojanisches Pferd« des westlichen Imperialismus.[2] Ab ihrer Gründung beruhte die Funktionsweise der ASEAN auf den Prinzipien der Gleichberechtigung, der Rotation und der Übereinstimmung. Was letztere betrifft, so hat Jörn Dosch daran erinnert, daß bei ihrer Umsetzung in die Praxis regionalspezifische Werte zum Zuge kommen.[3] Es sind dies die javanischen Traditionen entspringenden Verhaltensprinzipien des *»Musjawarah«*, einer Form der Beratung die auf *»Mufakat«*, d. h. auf eine durch Beratung und Kompromißbereitschaft erzielte einstimmige Beschlußfassung abzielt, wobei der gesamte Prozeß der Entscheidungsfindung auf der Verwirklichung des *Gotong-Rojong*-Prinzips, der gemeinschaftlichen freiwilligen Zusammenarbeit, beruht.[4] Im Gespräch mit dem Verfasser meinte Indonesiens Staatspräsident Achmed Sukarno 1963, die Revitalisierung und Operationalisierung dieser Prinzipien auch im Bereich der internationalen Beziehungen bedeute einen autochthonen südostasiatischen Beitrag zu einer neuen multikulturellen Weltkultur. Ein 1998 unternommener Vorstoß des thailändischen Außenministers mit dem Vorschlag, im Interesse größerer Effektivität diesen ungeschriebenen Zwang zur Harmonie aufzulockern, stieß auf vielseitige Ablehnung. Auch die Anregung des Außenministers, das bisher beachtete Grundprinzip der Nichteinmischung durch eine Politik der »flexiblen Einbindung« *(flexible engagement)* zu ersetzen, fand kaum Zustimmung. Weit mehr Anerkennung fand der vom indonesischen Außenminister Ali Alatas geprägte Begriff der »intensivierten Interaktion« *(enhanced interaction)*.[5] Schon bei ihrer Konferenz von Kuala Lumpur vom November 1979 erklärten die Staaten der ASEAN ihr Wunschziel einer Neutralisierung Südostasiens und ihre gemeinsame Absicht, seitens der anderen Mächte eine Anerkennung Südostasiens als »einer Zone des Friedens, der Freiheit und der Neutralität« (abgekürzt: ZOPFAN) zu erwirken.[6] Trotz offen geäußerter Vorbehalte Chinas bezüglich umstrittener Gebiete im Südchinesischen Meer und der USA wegen Durchfahrtrechten für nuklear bewaffnete oder nuklear angetriebene Schiffe unterzeichneten die Vertreter der ASEAN im Dezember 1975 einen Vertrag, der ihre Territorien einschließlich ihrer Hoheitsgewässer zur nuklearfreien Zone erklärt.[7] Zuvor hatten die Mitgliedstaaten im August 1993 mit dem sogenannten ASEAN-Regionalforum (ARF) einen ersten ostasiatisch-pazifischen Sicherheitsdialog institutionalisiert, an dem nicht nur die ASEAN-Mitglieder, sondern auch China, Rußland, die USA, Japan, Australien und Neuseeland, Südkorea, Kanada und einige kleinere Staaten beteiligt sind. Somit hat diese innovative Maßnahme der ASEAN ein Dialogforum auch zur Behandlung strittiger Sicherheitsprobleme im Pazifik ins Leben rufen können. Die neue Organisation erinnert entfernt an die Organisation für Sicherheit und Zusammenarbeit in Europa (OSZE).

Angesichts eskalierender nuklearer Spannungen zwischen Indien und Pakistan auf der einen Seite und mit Nordkorea im nordostasiatischen Raum gewinnt die Initiative der ASEAN zur Schaffung einer riesigen kernwaffenfreien Zone in ganz Südostasien an Bedeutung. Im wirtschaftlichen Bereich haben sich die ASEAN-Staaten das Ziel gesetzt, zwischen ihnen bestehende Zollsätze bis zum Jahr 2003 bis auf maximal fünf Prozent oder weniger zu senken. Mit einer Gesamtbevölkerung von 499 Millionen Menschen verfügte die ASEAN im Jahr 1996 gegenüber Staaten außerhalb ihres Mitgliederkreises über ein gesamtes Exportvolumen im Wert von 245 Milliarden US-Dollar, verglichen mit 492 Milliarden der EU, 639 Milliarden der USA und 411 Milliarden Japans.[8]

In wirtschaftspolitischer Hinsicht wurden die ASEAN-Staaten zu Mitbegründern und zu einem Kernelement des 1989 geschaffenen transpazifischen wirtschaftlichen Dialogforums APEC *(Asian Pacific Economic Cooperation)*, dem neben den ASEAN-Staaten auch China, Taiwan, Hong Kong, Japan, Australien, die USA, Kanada, Mexiko, Chile und Neuseeland angehören. Diese Organisation, deren Wirken sich auch auf den Dialogebenen der Staats- und Regierungschefs, der Ressortminister sowie führender Beamter und Wirtschaftsführer vollzieht, hat sich das weitreichende Ziel gesetzt, Hindernisse in der Sphäre der gegenseitigen multilateralen Handels- und Investitionstätigkeit abzubauen und die freie Bewegung von Kapital, Waren und Dienstleistungen zwischen den Wirtschaftssystemen der Mitgliedstaaten zu fördern.[9] Nachdem bereits 1978 unter deutscher Ratspräsidentschaft der Europäischen Gemeinschaft ein erstes Treffen der ASEAN und der EG Außenminister stattgefunden hatte und weitere Kontakte dieser Art in folgenden Jahren fortgesetzt worden waren, kam es nach einer Anregung des singapurischen Ministerpräsidenten Goh Chok Tong ab 1996 zur Gründung eines ASEM *(Asia-Europe Meetings)* genannten europäisch-asiatischen Dialogforums, dessen tragende Säule das gegenseitige Kooperationsinteresse sowohl der ASEAN als auch der EU ist. Die Tätigkeit von ASEM vollzieht sich in Begegnungen der Staats- und Regierungschefs sowie der Außen-, Wirtschafts- und Finanzminister, die jeweils alle zwei Jahre stattfinden, wie auch in Zusammenkünften führender Beamter und Experten in den Bereichen von Politik, Wirtschaft und Kultur.[10] Mit besonderen Beziehungsstrukturen auch zu Australien und Japan, seinem wichtigsten Handelspartner, ist die ASEAN zu einem Mittelpunkt zahlreicher multilateraler Vernetzungen geworden, die darauf abzielen, bestehende transnationale Beziehungsgefüge des ostasiatisch-pazifischen Raumes in den Bereichen Wirtschaft, der Politik und der Kultur aufzulockern und zu intensivieren oder neue Beziehungsgefüge dieser Art zu schaffen. Trotz mancherlei Interessendivergenzen zwischen seinen Mitgliedern besteht das von allen ASEAN-Mitgliedstaaten geteilte grundlegende Interesse daran, vereint die Integrität und Wirkungsmöglichkeit ihres Zusammenschlusses gegenüber den militärisch, wirtschaftlich oder politisch stärkeren Großmächten dieses Raumes zu behaupten.

Ab der Niederlage der USA im Vietnamkrieg, dem nachfolgenden Bündnis Vietnams mit der Sowjetunion und der Eroberung Kambodschas durch Vietnam in den 1970er Jahren hatten sich die Bedrohungsperzeptionen der ASEAN-Staaten zunächst primär auf die intensivierte Hegemonialpolitik Hanois in Indochina gerichtet und hatten die ASEAN-Regierungen in China, auf Grund seiner Gegnerschaft zu Vietnam, einen objektiven Faktor ihrer eigenen Sicherheit gesehen. Die Übernahme vormaliger amerikanischer Militärstützpunkte in Vietnam durch sowjetische Streitkräfte hatte zur Intensivierung dieser Bedrohungsperzeption beigetragen. Doch mit der Gorbatschow-Ära und mit dem Ende des sowjetischen Imperialismus und seiner Unterstützung für die vietnamesische Hegemonialpolitik hatte sich auch in Südostasien eine Wende angebahnt. Wie gezeigt, hatte es die Diplomatie der ASEAN-Staaten mit Geschick verstanden, wesentlich zur internationalen Lösung der Kambodscha-Frage Ende der achtziger und Beginn der neunziger Jahre beizutragen. In den neunziger Jahren hingegen bezogen sich die Bedrohungsperzeptionen der ASEAN-Staaten wiederum auf China, dessen dynamische Aufrüstung auch im maritimen Bereich in Südostasien ebenso Sorgen bereitete wie zusätzlich Pekings militante Vertretung seiner Interessen sowohl gegenüber dem räumlich nahe gelegenen Taiwan als auch im Südchinesischen Meer.[11]

Spannungsfeld Südchinesisches Meer

Die Regierungen von sechs Staaten – China, Taiwan, den Philippinen, Vietnam, Malaysia und Brunei – haben einander teilweise überschneidende Hoheitsansprüche im Hinblick auf Inseln oder Inselgruppen in dieser riesigen Meeresregion erhoben. Ihre strategische und wirtschaftliche Bedeutung kann kaum überschätzt werden. Führen doch Schiffahrtsverbindungen zwischen den Wirtschaftsmächten Ostasiens einerseits und Europa, dem Mittleren Osten, Indien und Afrika andererseits hier hindurch. Über achtzig Prozent des ständig wachsenden Erdölbedarfs Japans, Chinas und Südkoreas wird durch diese Meeresregion transportiert. Ihre Bedeutung wird zusätzlich durch die allerdings geologisch noch nicht restlos erhärtete Annahme erhöht, daß sich unter ihrem Meeresboden eine der größten Ablagerungen an Erdöl, natürlichem Erdgas und Phosphat befände. Diesbezüglich von China und anderen Staaten veranlaßte Probebohrungen sind bei Jahrhundertende zwar noch im Gange, doch ohne bisher umfassende, wissenschaftlich endgültig abgesicherte Erkenntnisse oder eine gelungene Förderung von Bodenschätzen im großen Stil gezeitigt zu haben. Kleinere bewaffnete maritime Zusammenstöße zwischen Seestreitkräften Chinas und einzelner ASEAN-Staaten haben in den letzten Jahren ebenso auf die Brisanz hier gegebener internationaler Spannungen verwiesen wie auch die Tatsache, daß Chinas Nationaler Volkskongreß im Februar 1992 ein Gesetz erließ, in dem unter anderem zwei der wichtigsten Inselgruppen des Südchinesischen Meeres – die Spratly-Inseln (chinesisch: Nansha) und die Paracel-Inseln (chinesisch: Xisha) – zu Teilen des chinesischen Hoheitsgebiets erklärt wurden, wodurch der Anspruch erhoben wurde, dieses partiell auch von verschiedenen ASEAN-Staaten beanspruchte Seegebiet sei de jure ein »mare nostrum« der Volksrepublik China.[12]

Die internationale Politik des ostasiatisch-pazifischen Raumes im 21. Jahrhundert wird nicht unwesentlich von der Antwort auf die Frage bestimmt werden, ob es gelingt, die einander widerstreitenden Ansprüche und Interessen im Raum des Südchinesischen Meeres kooperativ, durch diplomatischen Kompromiß und im Rahmen des Völkerrechtes zu regeln oder nur durch Prozesse bloßer Machtpolitik. In einem Kommentar zur Zukunft der ASEAN-Staaten stellt der philippinische Politologe Julius Caesar Parrenas die Hypothese auf, daß in den offiziellen Selbstdarstellungen der ASEAN-Staaten hinsichtlich der Motive ihres Zusammenschlusses zwar wirtschaftliche und kulturelle Aspekte im Vordergrund stünden, während aber in Wirklichkeit das primäre Motiv ihrer Kooperation in einer sich verändernden Konstellation regionaler und globaler internationaler Politik in der Sphäre der Diplomatie zum Zweck ihrer kollektiven politischen Selbstbehauptung zu finden sei. Trotzdem auch das kampfstarke Vietnam Mitglied der ASEAN geworden ist, beruht die Macht dieser Staatengruppierung mit ihren nur schwach integrierten Entscheidungszentren primär weder auf militärischen noch auch auf wirtschaftlichen Faktoren, sondern – solange ihre Einheit erhalten bleibt – auf dem Anspruch, für eine halbe Milliarde Menschen zu sprechen, die im heterogen zusammengesetzten Verband aller zehn Staaten Südostasiens miteinander vereinigt sind.

Vietnams Wirtschaftsreformen und außenpolitische Entspannungspolitik

Seit ihrem 6. Parteitag 1986 hat die Kommunistische Partei Vietnams eine »doi moi« (Erneuerung) genannte Politik wirtschaftlicher Reformen begonnen. Außenpolitisch war sie durch Hanois Verzicht auf die vorherige Politik des Hegemonismus gegenüber den anderen Staaten Indochinas und dem Rückzug aus Kambodscha wie auch durch Bemühungen um normale diplomatische und wirtschaftliche Beziehungen auch zu westlichen Staaten gekennzeichnet. Die Dominanz der marxistischen Planwirtschaft sollte weitgehend beseitigt, Marktwirtschaft toleriert, Preisbildung durch die Kräfte des Marktes akzeptiert und ausländische Investitionen angelockt werden. Der Verzicht auf den Primat der Entwicklung von Schwerindustrie ging Hand in Hand mit der erfolgreichen Steigerung der Produktion und des Exports von Lebensmitteln, vor allem Reis, wodurch Vietnam zum viertgrößten Reisexporteur werden konnte.[13] 1999 konnte Vietnam erstmals einen Exportüberschuß erzielen. Der Normalisierung der diplomatischen Beziehungen mit den USA vom Jahr 1995 folgte 1999 ein bilaterales Handelsabkommen, das vom Repräsentantenhaus des US-Kongresses im Mai 2000 ratifiziert wurde. Der Reformprozeß der vietnamesischen Wirtschaft wurde von der Europäischen Union seit 1990 gefördert. Aus der EU kamen 1998 22 Prozent aller ausländischen Investitionen, 23 Prozent der vietnamesischen Exporte waren für EU-Länder bestimmt.[14]

Ähnlich wie in China wurde in Vietnam die Beibehaltung des Machtmonopols der Kommunistischen Partei mit Auflockerungen in den Bereichen Kultur, Gesellschaft und Wirtschaft verbunden. Mit dem Ende der aus der Ho-Chi-Minh-Ära stammenden Führungsgeneration – Pham Van Dong, von 1954 bis 1987 Ministerpräsident, war im April 2000 96jährig gestorben – war seit etwa 1985 eine neue, pragmatischer orientierte Führungsriege an die Spitze von Partei und Staat getreten.[15]

Im Juli 2000 konnte endlich mit China ein beiderseitiger Vertrag über die 1300 Kilometer lange gemeinsame Grenze abgeschlossen werden, während es einstweilen nicht gelang, eine internationale Einigung über umstrittene Inselgruppen im Südchinesischen

Meer zu erzielen.[16] Mit Indien konnte Vietnam im März 2000 ein bilaterales Abkommen über beiderseitige militärische Ausbildungshilfe abschließen.[17]

Ein symbolträchtiges und vieldiskutiertes Ereignis war der Besuch des US-Präsidenten Bill Clinton in Vietnam im November 2000. Ein Vierteljahrhundert nach dem Sieg der Vietnamesen und nach der bewaffneten Wiedervereinigung ihres Landes im Zeichen kommunstischer Herrschaft sollte ein Signal für die Normalisierung der Beziehungen zwischen den USA und Vietnam gesetzt werden.

Es war zwar vereinbart worden, daß im Interesse der Harmonie gegenseitige Schuldzuweisungen zu unterbleiben hätten. Doch wurde in verschiedenen Medien dem Erstaunen Ausdruck verliehen, daß seitens des US-Präsidenten kein Wort des Bedauerns oder der Entschuldigung etwa hinsichtlich des kriegsrechtlich mehr als bedenkenswerten Einsatzes dioxinhaltiger Entlaubungsmittel während des Krieges und der dadurch verursachten Folgeschäden an Menschen und Land geäußert wurde. Vermutlich bestimmte die Sorge vor innenpolitischen Reaktionen einflußreicher Veteranenverbände diese Unterlassung. Umgekehrt vermied es Clinton, kriegsrechtlich ebenso bedenkenswertes Fehlverhalten der vietnamesischen Kommunisten zur Sprache zu bringen, etwa die Folterung amerikanischer Kriegsgefangener oder die Ermordung von Zivilisten. Von Wiedergutmachung war während der Gespräche keine Rede.

Vielmehr warb Präsident Clinton für eine weitere wirtschaftliche Öffnung Vietnams und betonte den Nutzen des neuen Wirtschaftsabkommens, das für Vietnam den Weg zu einem späteren Beitritt zum Welthandelsabkommen (WTO) ebnen könne. Die Vietnamesen wiederum erwarteten von diesem Besuch Impulse zur Verbesserung ihrer Wirtschaftslage, die durch Jahrzehnte des Krieges, der Boykotte der Westmächte und durch marxistische Mißwirtschaft prekär geworden war. Gast und Gastgeber schienen sich darauf geeinigt zu haben, eine bessere Zukunft ihrer Beziehungen nicht durch eine Vergangenheitsbewältigung stören zu lassen. So vollzog sich die historische Begegnung im Zeichen des Bismarck-Wortes: »Die Politik hat nicht zu rächen, was geschehen ist, sondern zu sorgen, daß es nicht wieder geschehe.«

32. Kapitel

Der Rückfall von Hong Kong und Macao an China 1997 und 1999

Die Verhandlungen Margaret Thatchers mit Deng Xiaoping

Wie zu Beginn dieses Bandes dargestellt, hatte die moderne Geschichte Ostasiens, Chinas und Hong Kongs mit dem unrühmlichen Opiumkrieg (1840–1842) begonnen, den England gegen China zur Erzwingung britischer Opiumimporte und zur kommerziellen Öffnung Chinas für den britischen Handel geführt hatte. Zu den Bedingungen des anschließenden Friedens von Nanking hatte die permanente Abtretung der Insel Victoria, dem Hauptteil der heutigen Region Hong Kong, gehört. Im Zusammenhang mit einem zweiten, ebenso fragwürdigen Krieg, den Großbritannien, unterstützt von Frankreich 1856 bis 1860 gegen das Kaiserreich China führte, setzte London die ebenfalls permanente Abtretung der der Insel Victoria gegenüberliegenden Halbinsel Kowloon durch. Im Falle der an Kowloon angrenzenden sogenannten *New Territories*, die über neunzig Prozent der Landflächen der Kronkolonie Hong Kong umfassen, hatte England von China 1898 nicht eine permanente Abtretung, sondern nur eine Verpachtung auf 99 Jahre erpressen können. Mit dem Naherücken des Jahres 1997, in dem diese Pachtfrist ablief, sahen sich Großbritannien und China vor die Fragen und Notwendigkeit der Zukunftsgestaltung Hong Kongs gestellt. Als der britische Gouverneur MacLehose die Zukunft Hong Kongs anläßlich eines Gesprächs mit Deng Xiaoping 1979 zur Sprache brachte, erklärte ihm Deng, daß Peking den Ablauf der Pachtfrist für die *New Territories* zum Anlaß einer Zurücknahme des gesamten Gebietes von Hong Kong – also auch der »permanent« abgetretenen Gebiete der Insel Victoria und der Halbinsel Kowloon – nehmen werde. 1982 reiste die britische Premierministerin Margaret Thatcher nach Peking, um diese Frage mit Chinas Machthabern zu besprechen. Ziel ihrer Verhandlungen war, »die Hoheitsrechte für die Insel Hong Kong aufzugeben und dafür den Fortbestand der britischen Verwaltung in der gesamten Kronkolonie bis weit in die Zukunft hinein zu sichern«.[1] Im Gespräch mit Deng Xiaoping malte sie beredt aus, ein Ende der britischen Präsenz in Hong Kong werde den Fortbestand der Prosperität des Gebiets gefährden und zu einer massiven Kapitalflucht von dort führen. Ein solcher Zusammenbruch Hong Kongs werde England und China in Mißkredit bringen. Diese utopischen Vorschläge, die Frau Thatcher selbst für eine »pragmatische, realistische Argumentation« hielt, prallten an dem Willen der chinesischen Regierung ab, diese Erblast eines westlichen Kolonialimperialismus auf chinesischen Boden endgültig zu liquidieren. Als Chiang Kai-shek während des Zweiten Weltkrieges von den Westmächten die Rückgabe jener Gebiete in Aussicht gestellt worden war, die Japan China geraubt hatte, hatte er versucht, auch eine Rückgabe westlichen imperialistischen Raubgutes an China – insbesondere Hong Kong – durchzusetzen, was aber am Willen der Churchill-Regierung zur Aufrechterhaltung des britischen Kolonialbesitzes scheiterte. Im Hinblick auf Hong Kong waren die nationalen Aspirationen Chinas somit wesentlich älter als die Periode der kommunistischen Herrschaft in China. Als Deng Xiaoping die Absicht äußerte, ab 1997 Chinas Souveränität über alle drei Gebiete Hong Kongs wiederherzustellen, antwortete ihm Frau Thatcher scharf, eine Wegnahme der beiden in Permanenz abgetretenen Gebiete (Victoria und Kowloon) bedeute einen Bruch des Völkerrechts. China habe einen Rechtsanspruch nur auf jene *New Territories*, für die der Pachtvertrag 1997 auslaufe. Frau Thatcher fügte später hinzu, ein Land, das sich nicht an einen Vertrag halte, werde seine Glaubwürdigkeit hinsichtlich der Einhaltung auch anderer Verträge verlieren. Sie hätte hinzufügen können, das rechtsgeschichtlich gesehen sehr viele Verträge mit Grenz- und Gebietsregelungen am Ende von Kriegen geschlossen wurden, bei denen die Gewinner keineswegs immer moralisch im Recht gewesen waren, daß aber auf der Welt ein Chaos ausbrechen müsse, wenn die Gültigkeit all dieser Verträge von allen Betroffenen in Frage gestellt würde. Deng Xiaoping hingegen verwies auf den entscheidenden Punkt, als er im Rahmen dieses Gesprächs sagte, wenn die Chinesen nur wollten, könnten sie sofort ihre Streitkräfte in ganz Hong Kong einmarschieren lassen. Hier hatte nun Deng das schwere Geschütz der Macht gegen eine formalrechtlichte Argumentation aufgefahren. Frau Thatcher mag sich in diesem Moment daran erinnert haben, daß die britischen Streitkräfte trotz der strategisch günstigen Lage der Insel Victoria im Zweiten Weltkrieg nach nur 17 Tagen des Widerstandes vor den Japanern ebenso erniedrigend kapituliert hatten wie kurz darauf im Falle Singapurs. So trat an die Stelle der militärischen die diplomatische Kapitulation, sachlich wohl auch deshalb, weil auf Grund zahlreicher sozioökonomischer Verflechtungen die Gebiete von Victoria und Kowloon ohne die *New Territories* wirtschaftlich kaum lebensfähig waren.[2]

Von Londons »Kronkolonie« zu Pekings »Verwaltungsgebiet«

Unter diesen Umständen entstand am 26. September 1984 eine »Gemeinsame Erklärung« Großbritanniens und Chinas über die Hong Kong-Frage. Sie stand unter dem Aspekt der von Deng Xiaoping und seinen Beratern ursprünglich für das künftige Verhältnis Chinas zu Taiwan entwickelten Formel: »Ein Land – zwei Systeme«. China gab darin seinen Willen bekannt, Pekings Souveränität über Hong Kong mit Wirkung vom 1. Juli 1997 wiederherzustellen und England seine Bereitschaft, das Gebiet zu diesem Zeitpunkt an China zurückzugeben. Beide gaben als gemeinsames Ziel bekannt, die Lösung der Hong-Kong-Frage mit der Aufrechterhaltung der Prosperität und Stabilität von Hong Kong zu verbinden. Peking sagte in dieser Erklärung zu, Hong Kong in ein Sonderverwaltungsgebiet der VR China mit einem hohen »Grad an Autonomie« zu verwandeln. Hong Kongs bisherige Gesetze würden ihre Gültigkeit behalten, sein Gebiet werde eine autonome Regierung »einschließlich der letzten richterlichen Entscheidung« erhalten. Ein zu verabschiedendes Grundgesetz werde dafür sorgen, daß »das gegenwärtige gesellschaftliche und wirtschaftliche System in Hong Kong« und »ebenso die Lebensweise, Rechte und Freiheiten, darunter die der Person, der Rede der Presse, der Versammlung ... des Streiks, ... der akademischen Forschung« etc. für eine Zeit von 50 Jahren gewährleistet sein würden. Peking allerdings werde die leitenden Beamten

Hong Kongs nominieren und die Regelung der auswärtigen Beziehungen wie auch der Verteidigung Hong Kongs übernehmen.[3]

Am 4. April 1990 erließ Peking ein »Grundgesetz« für das Sonderverwaltungsgebiet Hong Kong, das rechtlich jedoch nicht den Charakter einer Verfassung hat. Erarbeitet wurde sein Text durch ein gemischtes Gremium, in dem sowohl Vertreter der Volksrepublik als auch von Peking nominierte Vertreter Hong Kongs zusammenwirkten. Die meisten Abstimmungen erfolgen einstimmig. Hong Kongs Regierungschef *(Chief Executive)* wird nicht vom Volk gewählt, sondern von einem Wahlkomitee von 800 Personen verschiedener Berufsgruppen wie auch von Mitgliedern des Nationalen Volkskongresses in Peking. Eine aus freien Wahlen hervorgehende Legislative ist unter Pekings Herrschaft ebensowenig vorgesehen wie unter der vorherigen Kolonialherrschaft Großbritanniens. Artikel 17 verleiht Hong Kong zwar seine eigene Legislativgewalt. Doch der gleiche Artikel sieht vor, daß der Ständige Ausschuß des chinesischen Parlaments (Nationaler Volkskongreß) wesentliche Gesetze der Hong Konger Legislative zurückweisen und damit ungültig machen kann. Im Falle von Meinungsverschiedenheiten über die Auslegung des Grundgesetzes zwischen der Zentralregierung in Peking und den Autoritäten in Hong Kong liegt die Entscheidung in letzter Instanz beim Ständigen Ausschuß des Nationalen Volkskongresses in Peking (Artikel 158). Das gleiche Pekinger Gremium besitzt laut Artikel 159 das Recht, Änderungen des Grundgesetzes zu erlassen, wobei nur von Hong Kong ausgehende Abänderungsvorschläge der Zustimmung einer Zwei-Drittel-Mehrheit der Mitglieder des dortigen Legislativrates bedürfen. Doch Abänderungsvorschläge, die vom Pekinger Gremium ausgehen, unterliegen nicht dieser Zustimmungspflicht durch die Legislative Hong Kongs. Laut Artikel 160 behält sich Peking das Recht vor, in Hong Kong zuvor geltende Gesetze außer Kraft zu setzen, wenn das Pekinger Gremium ihre Unvereinbarkeit mit dem Grundgesetz behaupte.[4]

Mit solchen Bestimmungen verfügt Peking über ein staatsrechtliches Instrumentarium, mit dem es die den Bürgern Hong Kongs gewährten Freiheitsrechte im Bedarfsfalle drastisch einschränken könnte. In den Zeitrahmen der Verhandlungen fiel die Tragödie des Massakers auf dem Tien-An-Men-Platz, das der Bevölkerung in Hong Kong zeigte, welcher Maßnahmen der neue Souverän fähig war. An keinem Ort der Welt waren folglich die Protestdemonstrationen und Gedenkfeiern für die jugendlichen Opfer dieses Massakers emotionaler und spannungsgeladener als in Hong Kong. Umgekehrt aber registrierten die Machthaber in Peking mit Sorge die »infektiöse« Kraft demokratischen Gedankenguts, das sich unter anderem auch durch intensivere Kontakte mit Hong Kong in China verbreiten könnte. Während sich der letzte ab Juli 1992 in Hong Kong amtierende Gouverneur der britischen Kolonie Christopher Francis Patten nun plötzlich um die Einführung erweiterter demokratischer Elemente in das politische System des von Großbritannien prinzipiell bereits preisgegebenen Hong Kong, sozusagen um eine »Demokratisierung in letzter Minute«, bemühte, gingen die Bestrebungen Pekings, das eine Annullierung vieler dieser Demokratieelemente ab seiner Machtübernahme ankündigte, vor dem Hintergrund des Tien-An-Men-Schocks in die entgegengesetzte Richtung. Sicherlich spielte hier auch die britische Sorge um die Zukunft der Untertanen in Hong Kong eine unverkennbare Rolle. Andererseits konnte Peking den Engländern Zynismus vorwerfen. Hatten sie doch anderthalb Jahrhunderte lang primär in der Form einer Kolonialdiktatur regiert und versuchten nun, erst angesichts der erforderlich werdenden Preisgabe dieses Gebiets, demokratische Auflockerungen einzuführen. In seiner Analyse des Falles Hong Kong erinnert Karl-Heinz Ludwig an die scharfe Kritik, die ein Bericht des Menschenrechtsausschusses der Vereinten Nationen 1988 am britischen Herrschaftssystem in Hong Kong geübt hatte. Er schreibt, »so sei ... die Todesstrafe noch in Kraft, die Prügelstrafe sei erlaubt, die Polizei habe zuviel Machtbefugnis, die Filmzensur widerspreche dem Recht freier Meinungsäußerung, die Presse- und Informationsfreiheit sei nicht garantiert, die Versammlungsfreiheit sei nicht gewährleistet, die Behandlung vietnamesischer Flüchtlinge sei unvereinbar mit den Artikeln 7, 9 und 12 des ›Internationalen Pakts über bürgerliche und politische Rechte‹, und vor 1984 hätte längst eine Repräsentativsystem eingeführt werden müssen. ... Ferner hatten es die Briten unterlassen, die Gültigkeit der UN-Konventionen gegen Folter und andere grausame, unmenschliche oder erniedrigende Behandlungen oder Strafen, über die Behandlung von Flüchtlingen sowie über die Beseitigung der Diskriminierung von Frauen auch auf Hong Kong auszudehnen«.[5] Allerdings hat Ludwig in notwendiger und realistischer Ergänzung und unter Bezug auf den bekannten Hong Konger Rechtswissenschaftler Albert Chen festgestellt, daß die britische Rechts- und Verwaltungspraxis in Hong Kong durch weitreichende Liberalität gekennzeichnet war, allerdings – so Albert Chen – als »Nebenprodukt einer liberalen Regierung und selbstverordneter Zurückhaltung beim Gebrauch der Macht durch die Herrschenden«.[6]

Die Engländer hatten in Hong Kong anderthalb Jahrhunderte lang ihre Kolonialherrschaft mit kalter, wohl auch rassistisch geprägter Distanziertheit und mit nur minimaler Intervention des Staatsapparats in das Leben der einheimischen Gesellschaft ausgeübt. Sie hatten auf chinesischem Boden ein praktizierbares westliches Rechtssystem errichtet und für das effiziente Funktionieren öffentlicher Dienste gesorgt. Im Kontrast zum benachbarten China, dessen Traditionen Rechtsstaatlichkeit fremd war, das in der Zeit des Niederganges der Mandschu-Dynastie und in der nachfolgenden Ära der Bürgerkriegswirren von Unsicherheit und Korruption gekennzeichnet war, hat sich Hong Kong eine Sphäre der Ordnung, Gerechtigkeit, der Sicherheit und der Modernität aufbauen und erhalten können, die viele Chinesen trotz der dort herrschenden Kolonialdiktatur der Fremden stark beeindruckte und die politisch verfolgten oder gefährdeten Chinesen immer wieder auch ein Hort des Asyls gewesen war. Allein angesichts der bevorstehenden Machtergreifung der chinesischen Kommunisten 1948/49 strömten Hunderttausende von Flüchtlingen nach Hong Kong, was aber zugleich auch die Zuwanderung vieler hochqualifizierter Fachkräfte mit sich brachte. Von einer Zahl von 600.000 bei Kriegsende 1945 hatte sich Hong Kongs Bevölkerungszahl vier Jahre später auf 2,2 Millionen erhöht und liegt zurJahrhundertende bei etwa 6,4 Millionen. Die Zuwanderung erwies sich bedeutungsvoll insofern, als sie der Entwicklung Hong Kongs auch zum Produktionszentrum zugute kam. Trotz seines geringen Umfangs an Gebiet und Bevölkerung konnte sich das kapitalistische Hong Kong zu einer der bedeutendsten Wirtschaftsmächte des ostasiatisch-pazifischen Raumes entwickeln. So verfügte es 1996 über Hartwährungsreserven im Wert von 63,8 Milliarden US-Dollar. Der Gesamtwert seiner Einfuhren belief sich im gleichen Jahr auf 191,2 Milliarden US-Dollar und seine Ausfuhren (darunter allerdings ein großer Prozentsatz von Transit-Exporten) auf einen Wert von 172,3 Milliarden US-Dollar. Einerseits ist Hong Kong insbesondere seit den siebziger Jahren neben Japan einer der wichtigsten Handelspartner der VR China, die von dort nicht nur Exporte und Investitionen, sondern auch ein breites Spektrum von technischem und manageriellem Know-how bezieht. Umgekehrt aber hat China seit den achtziger Jahren begonnen, in Hong Kong eigene Wirtschaftspositionen mit etwa 1800 Staatsunternehmen und zusätzlich 14.000 kleineren, inoffiziell in Hong Kong operierenden Unternehmen zu installieren. Die meisten von ihnen sind in der einen oder anderen Art mit Regierungsinstanzen im benachbarten Süden der Volksrepublik verbunden.[7]

Um Mitternacht am 30. Juni 1997 wurde in einer Zeremonie, an der Chinas Präsident Jiang Zemin und Prinz Charles von Großbritannien teilnahmen, die britische Flagge nach 156 Jahren britischer Kolonialherrschaft in Hong Kong eingeholt und die rote Flagge der Volksrepublik China gehißt. So war die politische Macht und die völkerrechtliche Souveränität über Hong Kong aus den Händen der autoritären britischen Kolonialverwaltung in die Hände eines autoritären Regimes unter dem Diktat der kommunistischen Partei Chinas übergegangen. Der Bevölkerung Hong Kongs war keinerlei Möglichkeit zur freien Selbstbestimmung über ihr Schicksal gegeben worden. Die Engländer verließen ihre vormalige Kolonie ohne ein Wort der Entschuldigung für die schandbaren Umstände der Entstehung ihrer dortigen Herrschaft. Monate zuvor war von einem von Peking bewilligten Wahlmännergremium der 1937 geborene und auch im Westen gut bekannte Großreeder Tung Chee-hwa zum Regierungschef des chinesischen Sonderverwaltungsgebiets Hong Kong gewählt worden. In einer kritischen Äußerung vom Mai 1998 hatte Tung gemahnt, es gebe in Hong Kong »eine zu starke Betonung der Forderungen der einzelnen Individuen an die Gesellschaft bei gleichzeitiger Vernachlässigung der Beiträge der Individuen zur Gesellschaft. Wir sind nicht in der Lage gewesen, die chinesische Kultur zu fördern, während wir gleichzeitig die Kultur des Westens absorbiert haben«.[8] Bei einer für Hong Kong außergewöhnlich hohen Wahlbeteiligung gewannen bei den ersten Legislativwahlen nach Pekings Machtübernahme am 24. Mai 1998 die Peking gegenüber kritisch eingestellten Parteien und Gruppierungen, unter ihnen an erster Stelle die von Martin Lee Chu-ming geführte Demokratische Partei, trotz einer komplizierten Wahlordnung, die, nach Meinung der Kritiker regierungsfreundliche Gruppierungen bevorzugt. Damit wird sich vermutlich der Druck in Richtung auf eine Volkswahl der gesamten Legislative wie auch des Regierungschefs von Hong Kong erhöhen. Pekings offizielle Reaktionen erwiesen sich als eher gelassen und positiv. Von den Kommunisten nahestehenden Medien waren teilweise scharf kritische Äußerungen zu hören. Insbesondere auch im Hinblick auf die Bevölkerung Taiwans, die nicht verschreckt werden soll, hat Peking den politischen Problemen Hong Kongs und der dortigen Machtausübung gegenüber eine kluge, von lockerer Zurückhaltung gekennzeichnete Verhaltensweise an den Tag gelegt. Bis zur Jahrhundertwende änderte sich dies kaum, doch angesichts unterschiedlicher Ansichten in Kernbereichen der politischen und wirtschaftlichen Zukunftsgestaltung Hong Kongs kann die Entwicklung diesbezüglicher Konflikte in kommenden Jahren nicht ausgeschlossen werden.[9]

Macao fällt zurück an China

Ähnlich dem Präzedenzfall Hong Kong fiel am 20. Dezember 1999 mit Macao das letzte auf chinesischem Territorium befindliche europäische Kolonialgebiet an China zurück. Macao (auch Macau, chinesisch: Aomen) hatte sich seit 442 Jahren unter portugiesischer Herrschaft befunden. Ab Mitte des 16. Jahrhunderts hatte es einen Stützpunkt für Portugals damals weitgespannten Ostasienhandel wie auch für seine regionale Missionstätigkeit gebildet. Zum Zweck seiner Regierung war in diesem Stadtstaat und Umschlaghafen ab 1583 ein Senat unter Vorsitz des Bischofs, zusammengesetzt aus portugiesischen Kaufleuten und Würdenträgern, konstituiert und seitens der portugiesischen Krone 1623 ein Gouverneur eingesetzt worden. Für das von ihnen kontrollierte und genützte Land zahlten die Portugiesen Pachtzins an den chinesischen Kaiser.[10] Jedoch im Jahre 1887 vermochte es die portugiesische Regierung mit Hilfe des unter der Verwaltung von Fremden stehenden Chinesischen Seezollamtes, der chinesischen Regierung einen am 1. Dezember 1887 unterzeichneten Vertrag über Freundschaft und Handel aufzudrängen, in dessen Artikel 2 China Portugals ständiges Recht zur Besetzung und Regierung Macaos anerkannte. Zwar wurde im Vertrag auch eine genaue Festlegung der Grenze des portugiesischen Kolonialgebiets geplant, doch fand ein entsprechendes Verfahren der Grenzverifizierung nie statt. Auch wurde dieser China aufgenötigte Vertrag von der kaiserlichen Regierung in Peking nie ratifiziert.[11] Zwar wurde eine von Portugal schon 1974 angedeutete Bereitschaft zur Rückgabe Macaos an China von dessen Regierung nicht wahrgenommen. Doch Verhandlungen mit diesem Ziel begannen zwei Jahre nach der chinesisch-britischen Erklärung über die Rückgabe Hong Kongs. Genau 100 Jahre nach der Paraphierung des erwähnten chinesisch-portugiesischen Vertrages von 1887 wurde am 26. März 1987 eine gemeinsame Erklärung der Regierungen der VR China und Portugals über die Macao-Frage unterzeichnet. Die Vorbildwirkung der vorangegangenen Vereinbarung über Hong Kong ist unverkennbar. Seit dem 20. Dezember 1999 steht Macao zwar wieder unter der Souveränität Pekings, jedoch als Sonderverwaltungsgebiet der VR China mit dem Status eines Freihafens und eines separaten Zollgebiets. Wie im Falle Hong Kongs soll hier nach der Devise »Ein Land – zwei Systeme« das demokratische und kapitalistische System Macaos bis auf weitere 50 Jahre erhalten bleiben. China wird lediglich auswärtige und verteidigungspolitische Angelegenheiten Macaos selbst übernehmen.[12] Dem Präzedenzfall Hong Kongs folgend, verabschiedete der Nationale Volkskongreß in Peking am 31. März 1993 ein Grundgesetz auch für das Sonderverwaltungsgebiet Macao.[13] Danach wurde am 15. Mai 1999 der in Legislativ- und Konsultativkörperschaften der VR China tätige macanesische Parlamentarier und Bankier Edmundo Ho zum ersten Regierungschef des künftigen Sonderverwaltungsgebiets Macao gewählt.

Nach der Jahrhundertwende wird es sich einerseits zeigen, ob und wie sich die faktisch schon weit fortgeschrittene wirtschaftliche Interdependenz zwischen Hong Kong, Macao und Südchina weiterentwickeln wird und welchen Eindruck es bei Bürgern der Volksrepublik China erzeugt, daß die Einwohner von zwei nun auch de jure zur Volksrepublik China gehörenden Gebieten trotz ihrer »kapitalistischen« Prägung und liberalen Beeinflussung ein weitaus höheres Maß an politischer und wirtschaftlicher Freiheit genießen dürfen als sie selbst. Mit der Machtübernahme in Macao hat China noch vor der Jahrhundertwende das letzte Element westeuropäischer Kolonialherrschaft auf chinesischem Boden in friedlicher Weise und auf der Basis bilateraler Verträge mit den Regierungen in London und Lissabon liquidiert, was einen neuen Gewinn in einer langen Serie diplomatischer Erfolge Pekings bedeutet.

33. Kapitel

China, Amerika und Japan in der Sicherheitsarchitektur der Jahrhundertwende

Chinas Politik von Deng Xiaoping zu Jiang Zemin

Nicht erst ab den 1990er Jahren, doch mit der Wahrscheinlichkeit langfristiger Fortsetzung jenseits der Jahrhundertschwelle ist die Volksrepublik China zum asiatischen Hauptakteur und gewichtigsten Problemfeld der internationalen Politik des ostasiatisch-pazifischen Raumes und damit auch die wirkungsmächtigste asiatische Kodeterminante der weltpolitischen Entwicklung geworden. Nach einem Jahrhundert weitgehend aufgenötigter Fremdbestimmung hat China ab der Gründung der Volksrepublik 1949 eine bemerkenswert erfolgreiche Außenpolitik betreiben können. Wenn auch von irrigen Perzeptionen amerikanischer Absichten motiviert, war es der Regierung Mao Tse-tungs im Koreakrieg 1950–53 gelungen, das kommunistische System Nordkoreas an Chinas Nordostflanke zu erhalten und den USA wie auch der UN einen Sieg zu verwehren. Anschließend hatte China materiell wesentlich zum Sieg der Viet Minh 1954 über Frankreichs Versuch zur Wiederherstellung seiner Kolonialherrschaft in Indochina beigetragen. Chinas Grenzkrieg gegen Indien 1962 sicherte ihm strategisch günstige Grenzlinien im Südwesten und minderte das Gewicht der konkurrierenden Rolle Indiens in der internationalen Politik. Zugleich vermochte es Peking, sich von Moskaus Bevormundung im Weltkommunismus zu emanzipieren und sich ab den sechziger Jahren aus eigenem Vermögen zur Nuklearmacht zu entwickeln. Von selbstverschuldeter Isolation und doppelseitiger Konfrontation mit beiden Weltmächten befreite China das Führungsteam Mao Tse-tung und Chou En-lai durch seinen Anteil an der Entspannung mit den USA und Japan zu Beginn der siebziger Jahre. Damit endet die mehr als zwei Jahrzehnte lang gegebene Konstellation intensiver Konfrontation zwischen China auf der einen Seite und den USA und ihren asiatischen Verbündeten auf der anderen.

Nach dem Tod Maos (1976) und Chous (1975) vermochte es Deng Xiaoping, die USA zu Pekings Bedingungen zur Vollnormalisierung der diplomatischen Beziehungen mit der VR China und damit zur völkerrechtlichen Distanzierung von Taiwan zu veranlassen. Mit der von Deng erdachten Parole »Ein Land – zwei Systeme« konnte China mit Großbritannien 1984 die völlige Rückgabe Hong Kongs aushandeln, die 1997 kurz nach Dengs Tod und zwei Jahre vor dem vertraglich mit Portugal vereinbarten Rückfall Macaos an China triumphal vollzogen wurde. Den dreißigjährigen kalten Krieg zwischen Moskau und Peking beendete jenes Abkommen zwischen Deng Xiaoping und Gorbatschow von 1989, bei dem China auch wiederum drei kardinale Forderungen durchsetzen konnte. Eine von ihnen betraf das Ende der sowjetischen Unterstützung für Vietnams Hegemonialpolitik in Indochina. Deren Ende entsprach Pekings

Interessen in Südostasien und veranlaßte China die unter UN-Auspizien erfolgende Reintegration Kambodschas zu unterstützen. Als schmerzliche Fehlschläge in dieser bemerkenswerten Serie von Erfolgen, die Chinas nationales Selbstwertgefühl und seine internationale Rolle stärkten, erwiesen sich nur die gegen Taiwan unternommenen militärischen Offensiven 1954/55 und 1958 sowie die militärischen Drohmanöver der Jahre 1995 und 1996.

Die Rolle Deng Xiaopings

Am 19. Februar 1997 verstarb mit dem 1904 geborenen Deng Xiaoping die zentrale Führungsgestalt einer »zweiten Generation« der Machtelite in der Volksrepublik China. Trotz jahrzehntelanger loyaler Gefolgschaft für Mao Tse-tung in der Ära des Spätmaoismus dreimal gestürzt und erniedrigt und dreimal wieder rehabilitiert, hatte Deng von 1978 bis 1992 die primäre Regierungsgewalt in China innegehabt. Obwohl nach außen hin Anhänger des Marxismus-Leninismus und Maoismus, erlaubte es Deng dem Dogma nie, sich zum Herren seiner durchaus praktischen Vernunft zu machen. Anders als Mao und hierin ähnlich wie Sun Yat-sen erkannte er, daß Chinas Wirtschaft ohne echtes bäuerliches Eigeninteresse und ohne weite kooperationsbereite Öffnung nach außen nicht dynamisiert werden könne. Für die Aktionsbereiche der Wirtschafts- und Sozialpolitik galt ihm nicht marxistische Doktrin, sondern meßbarer praktischer Erfolg als Maßstab der Wahrheit und nicht nur des Handelns. Trotz mancher innerparteilicher Widerstände reduzierte er den Einfluß von Staat und Partei in der Gestaltung der Wirtschaft und experimentierte nicht ohne Erfolg mit Elementen »sozialistischer Marktwirtschaft«. Sein Regierungsstil blieb eindeutig autoritär. Doch er befreite sein Volk vom Terror des maoistischen Totalitarismus, von Klassenkampf, Führerkult, Massenhysterie und internationaler Isolation. Damit öffnete er das Tor zu einer neuen Ära. Außenpolitisch ist sie von weitreichender Entspannung mit den Hauptgegnern, den USA und der UdSSR, gekennzeichnet und bewirkte eine entideologisierte Globalisierung der diplomatischen und wirtschaftlichen Beziehungen. Sogar zu Taiwan bahnen sich nun Wirtschaftsbeziehungen sowie zwischenmenschliche und sogar halbamtliche Kontakte an. Innenpolitisch verringerte sich drastisch der Druck der Parteistaatsdiktatur auf die praktische, tagtägliche Lebensführung der einzelnen Bürger. Es gibt wachsende Freiheiten in wirtschaftlicher, beruflicher, wissenschaftlicher und kultureller Tätigkeit, Bewegungsfreiheit auch in Kontakten mit dem Ausland, vermehrte Informationsmöglichkeiten wie auch Freiheit der Mode und diversifizierter Unterhaltung. Die vom maoistischen Marxismus betriebene Diffamierung und Bekämpfung der chinesischen – insbesondere der konfuzianischen – Kulturtradition weicht einer erneuten, wenn auch selektiven Wertschätzung und Rückbesinnung. All das machte Deng, der 1979 als erstes kommunistisches Staatsoberhaupt Chinas den USA einen Staatsbesuch abstattete, ein Jahrzehnt lang selbst im Westen populär.

Doch im Westen wurde zumeist verkannt, daß Deng und die mit ihm regierenden Spitzenkader der KP Chinas eine im Westen verbreitete Hypothese nicht teilten, der zufolge größere wirtschaftliche Freiheiten ein ihnen entsprechendes Maß an Liberalisierung des politischen Lebens nach sich ziehen müßten. Deng und sein Führungsteam waren ganz im Gegenteil davon überzeugt, daß das Wachstum und die Diversifizierung der chinesischen Wirtschaft eine mit eiserner Faust zu erhaltende politische Kohärenz und Stabilität voraussetzten. In den vom Westen her direkt und auch indirekt suggerierten Ideen einer pluralistischen Liberalisierung der chinesischen Politik erblickten sie trickreiche Versuche einer interventionistischen psychologischen Kriegführung mit dem Ziel, Chinas Macht durch eine Zersplitterung seiner Willenseinheit zu schwächen. Vor dem Hintergrund der chinesischen Geschichtserfahrung erinnert »Pluralismus« an die dunklen Jahre der Warlord-Anarchie, in denen ein nach außen gelähmtes China in mehrere konkurrierende Regionaldiktaturen gespalten war, und an die Jahrzehnte des nachfolgenden Bürgerkrieges zwischen den Kommunisten und der Zentralregierung. Zur Seele demokratischer Praxis gehört die reziproke Toleranz und die in Rechtstaatlichkeit eingebettete Realität einer »loyalen«, d. h. verfassungstreuen Opposition. Ein Funktionär der KP Chinas, mit dem der Verfasser hierüber sprach, meinte, dies sei eine typisch westliche Konzeption. Im Lichte chinesischer – auch konfuzianischer – Theorie und Praxis bedeute »loyale Opposition« eine »contradictio in adjecto«. Man sei entweder »loyal« und ein Freund oder »oppositionell« und damit ein Feind. Für Dengs Führungsteam und seine Nachfolger ergab sich ein dritter »lehrreicher« Erfahrungshintergrund aus dem Schockerlebnis der politischen und territorialen Desintegration der Sowjetunion, die doch einst das Ursprungsland und Vorbild des konkreten Sozialismus gewesen war.

Diese Perspektive, einerseits geformt durch Chinas Geschichte und die in ihr entwickelten politischen Mentalitäten, wie andererseits durch die harten Lebenserfahrungen jahrzehntelanger maoistischer Berufsrevolutionäre, erklärt, weshalb Deng und sein Team die Freiheitsbewegung vom Tien-An-Men-Platz als eine Art »Krebsgeschwür« an ihrem jahrzehntelang erkämpften System der Politik erblickten, das mit Stumpf und Stiel exterminiert werden müsse, um Chinas erzielte Fortschritte und die Herrschaft der KP Chinas vor Zersetzung und Zerstörung zu bewahren. Die Erreichung und Erhaltung von Wohlstand und Wirtschaftswachstum im Inneren wie auch von Chinas Großmachtstatus nach außen, hin so meinten sie, legitimiere die diktatorische Alleinherrschaft der KP Chinas und verlange in allen machtpolitisch relevanten Bereichen ihre Fortführung.[1] In der nicht notwendigerweise zynisch gemeinten Auffassung Dengs und seiner Mannschaft ist ihr ab 1983 aufgenommener »Kampf gegen geistige Verschmutzung« nicht nur gegen Pornographie, gemeinschaftszersetzenden Hedonismus und soziale Egozentrik gerichtet, sondern zugleich auch gegen die Ideenwelt der pluralistischen Demokratie, weil sie mit diesen Untugenden kausal in Zusammenhang gebracht wird.

Pekings dritte Führungsgeneration

Als zentrale – wenn auch nicht politisch allmächtige – Gestalt der dritten Führungsgeneration der KP Chinas figuriert der 1926 geborene und mit starker Unterstützung Deng Xiaopings im März 1993 zum Staatspräsidenten der VR China gewählte Jiang Zemin. Aus einer für Literatur und Kunst aufgeschlossenen Intellektuellenfamilie stammend, gehört er nicht mehr zu den Veteranen des Bürgerkrieges, sondern verkörpert einen neuen Typ des vielseitig gebildeten und parteipolitisch erfolgreichen Technokraten. Als Bürgermeister und Erster Parteisekretär der Handels- und Wirtschaftsmetropole Shanghai hatte er bei Chinas Modernisierungs- und Öffnungspolitik an zentraler Stelle eine bedeutsame Rolle spielen können. 1989 auch in Shanghai mit gewaltigen Studentendemonstrationen für Demokratie konfrontiert, hatte er nicht Panzer eingesetzt, sondern hierfür besoldete »Arbeiterwachmannschaften«, die mit elektrischen Schlagstöcken und Helmen ausgerüstet gegen die Studenten eingesetzt wurden.[2] Im Juni 1989 war Jiang unmittelbar im Anschluß an die Niederschlagung der Tien-An-Men-Bewegung in Nachfolge des wegen zu großer Nachgiebigkeit entlassenen Zhao Ziyang zum Generalsekretär der KP Chinas gewählt worden. Bezüglich der Ereignisse vom Tien-An-Men-Platz behauptete er, dies sei nicht eine »Tragödie«, sondern ein von außen inspirierter »konterrevolutionärer Aufruhr«. Trotzig kommentiert er im Februar 1990: »Was die Art unserer Regelung der Tien-An-Men-Ereignisse anlangt, so bereuen wir überhaupt nichts. Wir empfinden auch nicht, daß irgend etwas falsch war. Wenn wir keine Truppen zur Befriedung des Aufruhrs gesandt hätten, dann säße ich jetzt nicht hier.«[3] Von US-Präsident Clinton auf die Tien-An-Men-Ereignisse und andere Akte der Repression 1989 angesprochen, erwiderte Jiang Zemin, »daß wir heute nicht eine solch stabile Lage hätten, wenn China nicht bei jenen Unruhen von 1989 entschlossene Maßnahmen ergriffen hätte«.[4] Über das Ereignis von 1989 hinaus konkret werdend, heißt es bei Jiang in seiner Rede zum 70. Gründungstag der Kommunistischen Partei Chinas 1991: »Der Pluralismus als Leitidee ist nicht erlaubt ... Es ist nicht erlaubt, kulturelles Gift im Volk zu verbreiten, das die Gesellschaft verschmutzt und den Sozialismus attackiert. Wir müssen unser gutes Kulturerbe mit sozialistischem Zeitgeist bewahren ... und alle guten kulturellen Errungenschaften in der Welt übernehmen, aber ohne in nationalen Nihilismus und totale Verwestlichung zu verfallen.« Folglich müsse man »die bürgerliche Liberalisierung bekämpfen«.[5] Doch auch in anderer Hinsicht erweist sich Jiang als der von Deng vorgegebenen Generallinie verpflichtet. So befürwortet auch er die Errichtung des Systems einer »sozialistischen Warenwirtschaft mit der Verbindung von Plan und Markt«, wobei es darauf ankomme, »die Vorzüge von Markt- und Planwirtschaft organisch (zu) verbinden«. Nur durch eine flexible, erfahrungsorientierte Koordination dieser beiden Elemente gäbe es »die Gewähr dafür, daß China nicht das Los der Sowjetunion und des Ostblocks teilt«. Grundprinzip seines Handelns sei es, »Stabilität ... Vorrang vor allem anderen« zu geben. Fehler könnten dabei zwar nicht vermieden, könnten aber kreativ gelöst werden.[6] Einerseits müsse die Partei am Marxismus-Leninismus und Maoismus (als Legitimationsgrundlage) festhalten, da sie sonst ihre Grundlage verliere. Doch die sozioökonomischen Gegebenheiten hätten sich während der Zeit von Marx oder Lenin derart drastisch geändert, daß die Partei keine Präzedenzfälle vor sich habe, von denen sie lernen könne. So gebe es nur eines: von der Praxis lernen, während man voranschreitet.[7] Gleichzeitig aber legte Jiang im gleichen Grundsatzreferat wie auch bei anderen Gelegenheiten ein überzeugendes Bekenntnis zum Erfordernis einer chinesischen Beteiligung und Teilhabe am fortschreitenden Prozeß der Globalisierung in den Bereichen der Wirtschaft, der Wissenschaft und der Kommunikation ab. Chinas Beteiligung sowohl an regionaler wirtschaftlicher Kooperation als auch am Interaktionssystem des weltweiten multilateralen Handels sei eine unabdingbare Voraussetzung für den Erfolg seiner inneren Reformen.

Zwei Jahrzehnte einer wachsenden Einbindung Chinas in vieldimensionale Prozesse der Globalisierung haben dem Land faktisch unbestreitbare Vorteile gebracht. Eine freiwillige Abkehr von dieser Partnerschaft Chinas im multipolaren Prozeß der Globalisierung erscheint daher unwahrscheinlich. Zugunsten dieser Annahme spricht die Tatsache, daß die Partei ihren führenden Wirtschaftsexperten Zhu Rongji als Nachfolger von Li Peng am 17. März 1998 zum neuen Ministerpräsidenten ernannte. Der 1928 geborene Zhu war während der sogenannten Kulturrevolution fünf Jahre lang zur Zwangsarbeit verurteilt worden, avancierte danach 1983 zum Vizevorsitzenden der staatlichen Wirtschaftskommission und amtierte ebenso wie Jiang Zemin als Bürgermeister und Erster Parteisekretär von Schanghai.[8] Weitaus weniger mit Parteipolitik im engeren Sinne befaßt als Jiang, gilt Zhu als entscheidungsfreudiger Pragmatiker auf den Gebieten der Wirtschafts- und Finanzpolitik.

Die Stellung Chinas und Rußlands in der neuen Sicherheitsarchitektur

Der Kontrast zwischen den quasianarchischen Zuständen im postsowjetischen Rußland und den bedeutenden Entwicklungserfolgen im postmaoistischen China stärkte Chinas Selbstwertgefühl wie auch das Gewicht der wirtschaftlichen und politischen Rolle Chinas in den Augen anderer Staaten. Durch die Normalisierung ihrer Beziehungen (1989) vom Zwang zur ideologischen Konkurrenz miteinander befreit, haben Moskau wie auch Peking jeweils an außenpolitischer Bewegungsfreiheit und militärischer Sicherheit gewinnen können. Analogien in der Sicht und Beurteilung der neuen Weltlage durch die Führungszentren beider Mächte veranlaßten die Heranbildung und Formulierung einer neuen globalpolitischen Interessengemeinschaft zwischen Moskau und Peking. Metaphorisch ausgedrückt, glich die Sicherheitsarchitektur der Weltpolitik ab Ende des kalten Krieges der Gestalt eines riesigen Vogels mit ausgespannten Flügeln. Kopf und Rumpf dieses Vogels befanden sich in den USA. Sein transatlantischer Flügel objektivierte sich in dem nach Osteuropa bis an die Grenzen Rußlands erweiteten System des NATO-Paktes und in den bilateralen Beziehungen der USA zu Ägypten, Israel und Saudi-Arabien. Das Kernelement des transpazifischen Flügels bestand im aufgewerteten Bündnis zwischen Washington und Tokio sowie aus Amerikas Verteidigungsbündnissen mit Südkorea, den Philippinen, Thailand sowie Australien und Neuseeland. Hinzuzufügen ist die nicht völkerrechtlich, sondern staatsrechtlich verankerte und vage definierte Schutzfunktion der USA für das von Peking beanspruchte Taiwan. Dieser drei Kontinente umfassenden, gewaltigen Kombination von Bündnissystemen mit den USA als ihrem jeweiligen Gravitationszentrum steht nirgends in der Welt mehr eine bündnispolitische Alternativkraft gegenüber. Rußland und China verkörpern mächtige, aber einzelne Akteure in der Gesamtkonstellation der Weltpolitik. Eine im April 1996 zwischen China und Rußland begründete »strategische Partnerschaft im Hinblick auf das 21. Jahrhundert«, von der ausdrücklich gesagt wird, sie sei kein Bündnis alten Typs, sondern »ein neuer Typus zwischenstaatlicher Beziehung« auf der Basis gleichberechtigter Partnerschaft, beruht auf folgenden gemeinsamen Zielsetzungen: 1. Gemeinsame Opposition gegen den Versuch einer einzelnen Macht, faktisch eine Position unilateraler Prädominanz mit dem Anspruch auf das Recht zu universaler Intervention zu errichten, womit die USA und die Möglichkeit einer faktischen Pax Americana gemeint sind. 2. Angestrebt werden solle eine genuin multipolare Struktur der Weltpolitik, die auf bestimmte Gegner fokussierte Bündnissysteme unnötig mache und die Erweiterung bestehender Bündnissysteme als unerwünscht und schädlich erscheinen lasse. Hintergrund dieser Zielsetzung ist die bis an Rußlands Westgrenzen vordringende Osterweiterung der NATO wie auch die Intensivierung des amerikanisch-japanischen Bündnisverhältnisses. 3. Am völkerrechtlich verankerten Primat des Sicherheitsrates der UN insbesondere bei konkreten Maßnahmen der internationalen Friedenserhaltung sei absolut festzuhalten. Jeder Versuch zur Umgehung dieser Kompetenz des Sicherheitsrates drohe zu internationalem Chaos zu führen oder dazu, »daß eine Großmacht versucht, sich über das internationale Gesetz zu erheben«. Mit dieser Zielsetzung soll sicherheitspolitischen Alleingängen regionaler Organisationen wie der NATO vorgebaut werden. Zugleich beharren Peking und Moskau als Träger des Vetorechts im UN-Sicherheitsrat auf ihrem Privileg internationale Maßnahmen zu verhindern, die mit ihren nationalen Interessen nicht konform gehen. Beide Staaten empfinden, daß ihre Ausblendung aus Entscheidungs- und Aktionsprozessen internationaler Sicherheitspolitik ihrem nationalen Prestige und Anspruch auf globale Mitsprache zuwiderläuft. In abstrakter Formulierung befürworten beide eine Reform der UN. 4. Zwar bejahen beide Partner die Globalisierung und Regionalisierung der Weltwirtschaft, betonen aber, gleichzeitig habe »die gegenseitige Abhängigkeit der Wirtschaften aller Länder eine Etappe erreicht, in der der Schutz der wirtschaftlichen Sicherheit souveräner Staaten zum dringendsten Problem geworden ist«. Versuchen bestimmter Länder, durch einseitigen Gebrauch von Währungs- und Finanzhebeln anderen Ländern ihren Willen aufzuzwingen, müsse vorgebaut werden. 5. Beide Seiten erklärten ihre Absicht, ihre Kooperation mit Entwicklungsländern zu intensivieren, Süd-Nord-Gespräche im geteilten Korea als bedeutsam für die Stabilität der Region zu betrachten und aus dem gleichen Motiv Prozesse der Vertrauensbildung und Kooperation mit den ASEAN-Staaten anzustreben.[9]

Während Moskau Chinas Haltung in der Taiwan- und Tibet-Frage unterstützt, stellt sich Peking hinter die vom Westen kritisierte Tschetschenien-Politik Moskaus. Als Interesse Chinas sowie als Macht- und Wirtschaftsfaktor Rußlands fungiert dessen Möglichkeit, China, aber auch andere Staaten Asiens mit hochrangigen russischen Waffensystemen zu versorgen. Bis zu einem gewissen Grad kann Moskau hiermit die Ausgestaltung internationaler Kräfteverhältnisse in Ostasien mit beeinflussen. Doch eine Sorge für Rußland bedeutet die zumeist illegal über die Grenzen sickernde Einwanderung von bisher geschätzten etwa 2 Millionen Chinesen in das benachbarte menschenarme Sibirien. Rußland hatte wie gezeigt seine politischen und wirtschaftlichen Beziehungen zu seinem Bündnispartner Nordkorea herabgestuft, zugleich jedoch wirtschaftlich und technologisch vielversprechende Beziehungen zu Südkorea aufgenommen.

Unter dem Aspekt der chinesischen Außenpolitik hat es im Westpazifik abermals eine Umkehr der außenpolitischen Interessengruppierungen gegeben. Während Peking in den siebziger und achtziger Jahren eine Annäherung an die USA und an Japan primär auch aus Sorge vor der Hegemonialpolitik der Sowjetunion im Zeichen der Breschnjew-Doktrin angestrebt hatte, vollzog es in den neunziger Jahren eine Kursänderung, die ein Zusammenrücken zwischen der VR China und dem geschwächten, postsowjetischen Rußland ansteuerte, um der von beiden Mächten gesehenen und behaupteten Gefahr einer amerikanischen Globalhegemonie Widerstand leisten zu können.

Pekings Leitinteressen und die USA

In der Tat erscheint das Verhältnis zwischen der VR China und den Vereinigten Staaten bei Jahrhundertende als die bedeutsamste und zugleich problemreichste Beziehungsstruktur des ostasiatisch-pazifischen Raumes. Aus Gründen, die insbesondere mit den wirtschaftlichen und technologischen Dimensionen seiner Entwicklungsprozesse zusammenhängen, ist Chinas postmaoistische Führungselite einerseits intensiv an der Erhaltung und Entwicklung produktiver Beziehungen zu den USA interessiert. Wie dargestellt, waren Chinas politische Führungskräfte seit der Spätphase des Kaiserreiches nach einer langen Ära der Erniedrigung und Schädigung durch fremde Mächte bestrebt gewesen, Chinas Wiederaufstieg zu Wohlstand, zu Macht und zu internationalem Ansehen zu ermöglichen. Aber ungeachtet der Bemühungen Washingtons, in seinen Beziehungen zu China partnerschaftlich zu erscheinen, empfindet die Führung in Peking, daß die USA nicht bereit sind, der VR China echte Gleichrangigkeit zuzuerkennen. Mit dem Versuch, diese Sicht seiner Regierung an Hand eines drastischen Vergleichs verstehbar zu machen, konfrontierte ein chinesischer Diplomat den Verfasser 1998 mit folgender Äußerung: »Obschon die USA uns gegenüber eine freundschaftliche Haltung behaupten, halten sie in Südostasien an Bündnissen fest, die nur gegen uns gerichtet sein können. In der Theorie anerkennen sie das Ein-China-Prinzip, drohen uns aber mit ›ernsten Konsequenzen‹, sollten wir es wagen, Taiwan notfalls mit Gewalt anzugliedern. Haben die USA nicht 1861–65 selbst einen blutigen Krieg geführt, um die Sezession ihrer Südstaaten rückgängig zu machen? Stellen sie sich bitte vor, China wäre den USA technologisch überlegen, würde Militärbündnisse mit Mexiko und Panama gegen die USA schließen, würde eine Unabhängigkeitsbewegung auf Hawaii gegen die USA mit Waffenlieferungen, Drohungen gegen uns und Flottenbewegungen unterstützen und weiterhin in den USA stets wegen Menschenrechtsverletzungen gegen Neger, Indianer,

Ungeachtet bestehender Interessensgegensätze waren Chinas Präsident Jiang Zemin und US-Präsident Bill Clinton um die Erhaltung einer konstruktiven Dialogpartnerschaft bemüht.

Hispanos und asiatische Einwanderer intervenieren, innenpolitische Gegner des US-Regimes unterstützen und von den USA verlangen, die universale Gültigkeit chinesischer Moralvorstellungen zu akzeptieren. Nehmen wir auch an, daß China, obwohl selbst im Besitz höchstrangiger Waffensysteme, versuchen würde, einer gleichrangigen Rüstung der USA direkt oder indirekt entgegenzuwirken. Könnte man dann in einem solchen Fall von einer realen Anerkennung der Gleichberechtigung sprechen?« Mit diesem Beispiel wollte mein Gesprächspartner Pekings Empfindung ausdrücken, daß die USA mit milderen Methoden als zuvor – dennoch eine neue Form der gegen China gerichteten Eindämmungspolitik betrieben.

Die bedeutsamsten außenpolitischen Leitinteressen Chinas im letzen Jahrzehnt des Jahrhunderts bezogen sich auf folgende Ziele: 1. Eine Einbindung Chinas in jene Aspekte des Globalisierungsprozesses, die von seiner Führung als wirtschaftlich und technologisch vorteilhaft erachtet werden und das Machtmonopol der KP Chinas nicht gefährden können; 2. eine Ersetzung der partiell gegebenen pazifischen Pax Americana durch eine multilaterale Pax Pacifica, in deren Rahmen China bei der Lösung regionaler Problemstrukturen mit angemessenem Gewicht beteiligt wird; 3. die Erzwingung einer weiteren diplomatischen Isolierung Taiwans wie auch von dessen Akzeptanz einer Oberhoheit Pekings; 4. Die Vermeidung einer sicherheitspolitischen Stärkung Japans und der Errichtung eines in Erwägung befindlichen Anti-Raketen-Abwehrsystems, das die USA, Japan, Südkorea und eventuell sogar Taiwan umfassen und dadurch die Drohwirkung des chinesischen Angriffspotentials abwerten könnte; 5. Vermeidung einer Entwicklung in Korea, die von einem Zusammenbruch des Nordens zu dessen Angliederung an den demokratischen, mit den USA verbündeten Süden führen könnte; 6. Reduzierung oder Ausschaltung ideologischer Interventionen des Auslands in die Sphäre der chinesischen Innenpolitik; 7. Zulassung zur Welthandelsorganisation WTO zu für China akzeptablen Bedingungen; 8. Bemühungen um weitere Entspannung mit den Grenznachbarn Rußland, Indien und Vietnam; 9. Erhaltung der Rolle Chinas als primärer Vertreter gemeinsamer Interessen der Entwicklungsländer im Rahmen der Weltstaatengesellschaft; 10. Wenn möglich mit friedlichen Mitteln zu erreichende Durchsetzung des eigenen Standpunktes in der Frage der umstrittenen Inselgruppen im Südchinesischen Meer, bevorzugt in bilateralen, nicht in multilateralen Verhandlungen; 11. Entwicklung der Fähigkeit zu Machtprojektionen auch in nicht unmittelbar an China angrenzenden Regionen (Fernziel machtpolitischer Parität mit Rußland und den USA); 12. Ausnützung wirtschaftlicher und technologischer Aspekte des Globalisierungsprozesses zur Förderung der chinesischen Modernisierungspolitik.

Trotz beiderseitig guten Willens, exemplifiziert auch durch den Austausch von gegenseitigen Staatsbesuchen der Präsidenten 1997 und 1998, wurden die Beziehungen zwischen Peking und Washington durch vier Ereignisse ernsthaft getrübt. So benützte Peking die versehentliche Bombardierung der chinesischen Botschaft in Belgrad im Mai 1999 zu einer antiamerikanischen Propagandakampagne, mit der indirekt auch der von Pekings Führung als »unfreundlich« empfundene »moralische Interventionismus« der USA endlich einmal pariert werden konnte.[10] Umgekehrt löste Pekings harte Verfolgung der in China erstaunlich einflußreich gewordenen buddhistisch-taoistischen Falun-Gong-Sekte ebenso wie auch die Verurteilung von Führern der neuen, wenn auch illegalen »Demokratischen Partei« zu acht bis neun Jahren Gefängnis im Westen Empörung aus.[11] Erbitterte Kontroversen von beiden Seiten bewirken weiterhin die sensationellen Enthüllungen eines amerikanischen parlamentarischen Berichts des sogenannten Cox-Komitees über weitreichende und äußerst erfolgreiche militärische Spionagetätigkeit Chinas in den USA, einschließlich von Bauplänen für die Neutronenbombe und den Raketenkopf W-88.[12] Ein chinesisches Memorandum vom Juli 1999 bestätigte erstmals öffentlich Chinas Besitz der Neutronenbombe, und Anfang August gleichen Jahres wurde Chinas erfolgreiche Erprobung der »Dong Feng (Ostwind) 31« genannten dreistufigen ballistischen Interkontinentalrakete bekannt, die mit einem 700 Kilogramm schweren Atom-Gefechtskopf bestückt ist und mit einer Reichweite von ca. 8000 km nicht nur die Westküste Amerikas, sondern auch weite Teile Europas in ihren Aktionsradius bringt.[13]

Nicht nur Chinas Militärmacht, sondern auch seine Wirtschaftskraft ist trotz mancher Krisenzonen, bedingt durch innere Umstrukturierungen wie auch die ostasiatische Wirtschaftskrise, beträchtlich gewachsen. Finanzpolitisch war es von internationaler Bedeutung, daß der Kurs seiner Währung trotz dieser Wirtschaftskrise gehalten werden konnte. Seine Devisenreserven erreichten bei Ende 1997 einen Stand von 139,9 Milliarden US-Dollar (34,9 Milliarden mehr als im Vorjahr), und sein Handelsvolumen belief sich 1997 auf insgesamt 325,1 Milliarden US-Dollar. Davon entfielen 182,7 Milliarden auf den Export und 142,4 Milliarden auf den Import. Im Vergleich zum Vorjahr waren die Exporte um 20,9 Prozent, die Importe jedoch nur um 2,5 Prozent angewachsen.[14] Wie oft in der Geschichte der internationalen Beziehungen rief der mehrdimensionale Machtzuwachs der Volksrepublik China bei Nachbarn in der Region Reaktionen hervor, die sich im Süden in der starken Erweiterung der ASEAN-Staatengruppe und im Nordosten durch die Intensivierung der sicherheitspolitischen Kooperation zwischen den USA, Japan und Südkorea auswirkten, wobei die letztgenannte Reaktion wiederum in Peking als Bedrohung empfunden wurde.

Amerika zwischen Peking und Taipei

Die Pazifikpolitik der Vereinigten Staaten blieb, wie erwähnt, auch in den 1990er Jahren einerseits von einem Fächer von fünf bilateralen Bündnissystemen gekennzeichnet, die sich auf Japan und Südkorea im Norden über die Philippinen und Thailand nach Australien im Südpazifik erstreckten. Andererseits orientierte sie sich stärker als zuvor an den Strukturen und Prozessen multilateraler Interdependenz und Vernetzung, die als Hoffnungsträger einer friedlichen und kooperativen Politik auch über die Jahrhundertwende hinaus betrachtet werden. Als Kernelement der amerikanischen Pazifikpolitik gilt das Verhältnis der USA zur VR China. Zwischen diesen beiden Mächten besteht somit eine Reziprozität vorrangiger Relevanz. China gegenüber hatte die Clinton-Regierung eine Politik der »strategischen Partnerschaft«, verstanden als »konstruktives Engagement« *(constructive engagement)*, entwickelt. Gemeint damit ist eine ungeachtet jeweiliger Interessendivergenzen durchgehaltene Strategie des Kontakts und Dialogs miteinander, von der gehofft wird, daß sie Divergenzen minimieren, Möglichkeiten zum Konsens optimieren und gefährliche Fehlperzeptionen vermeiden kann. Sie zielt darauf ab, auf Interessengegensätze nicht wie früher rein konfrontativ zu reagieren, sondern zu versuchen, diese Differenzen durch die Aufrechterhaltung kontinuierlicher und flexibler Dialoge entweder aufzulösen oder sie hinsichtlich einer potentiellen Schädlichkeit ihrer Wirkungen abzumildern und gegebenenfalls durch gleichzeitige konstruktive Elemente in den Beziehungen zu kompensieren. Wie US-Präsident Clinton in zwei Erklärungen vom 11. Juni 1998 und vom 3. Juni 1999 auch entgegen seinen Kritikern darlegte, werde Washingtons Politik des konstruktiven Engagements mit China mit offenen Augen und ohne Illusionen über die Zustände in China geführt. Dabei könne man miteinander offen über Differenzen reden und dennoch die eigenen nationalen Interessen entschieden vertreten. Eine Politik der Abkoppelung von und der Konfrontation mit China würde dort nur die Gegner der Demokratie und der wirtschaftlichen Auflockerung stärken, würde keinen Dissidenten befreien und sei auch wirtschaftlich kontraproduktiv. China sei einer der am schnellsten wachsenden Märkte für amerikanische Waren und Dienstleistungen. Amerikas Exporte nach China hätten sich im vergangenem Jahrzehnt vervierfacht und einen Wert von über 13 Milliarden US-Dollar erreicht. Bei seinem Werben um Verständnis für die Politik des »konstruktiven Engagements« mit China konnte der Präsident der USA auch auf Chinas von den USA vorgeschlagene Beteiligung an Vier-Mächte-Gesprächen über Korea und seine als konstruktiv bewertete Mitwirkung an diplomatischen Bemühungen zur Eindämmung des indisch-pakistanischen Nuklearstreits hinweisen. Auch sei China einer Reihe nützlicher Verträge zur Rüstungsbegrenzung beigetreten. All dies werde die amerikanische Regierung jedoch nicht davon abhalten, sich für politische Werte und Rechte einzusetzen, die universale Gültigkeit erlangt hätten, obwohl die chinesische Regierung hier Widerstand leiste. Für die USA sei die Frage nicht, ob sie sich trotzdem für ein Verständnis und die Verwirklichung dieser Rechte in China einsetzen solle, sondern welches der beste Weg sei, dies zu tun. Ein hochrangiges Ziel der amerikanischen Ostasienpolitik, das soweit als möglich auch durch konstruktive Dialoge gefördert werden soll, ist darauf gerichtet, den Export von Nuklear- und Raketentechnologie aus China und Nordkorea an islamische Staaten zu verhindern, die die Interessen der USA oder mit ihnen befreundeter Staaten – darunter Saudi-Arabien, Israel und Ägypten – im Mittleren bzw. Nahen Osten gefährden könnten. Im Kongreß der Vereinigten Staaten wie auch in ihrer öffentlichen Meinung ist die Chinapolitik der Clinton-Regierung keineswegs unumstritten, vielmehr häufig scharfer Kritik ausgesetzt. Dennoch ist es Clinton wie auch seinen Vorgängern gelungen, die Gewährung der Meistbegünstigungsklausel für Chinas Handel mit den USA immer wieder durchzusetzen. Doch im Monat vor Clintons Staatsbesuch in China Ende Juni/Anfang Juli 1998 beschloß das Repräsentantenhaus mit einer großen und auch parteiübergreifenden Mehrheit, Beschränkungen beim Export von Hochtechnologie in die VR China zu verhängen und die Befugnis des Präsidenten in Exportfragen einzuengen. Berichte darüber, daß Clinton sich in Peking, mündlich zumindest, zu weitreichend mit Pekings Taiwanpolitik identifiziert habe, bewirkten im Juli 1998 jeweils fast einstimmige Beschlüsse des US-Senats und des US-Repräsentantenhauses, die Amerikas im *Taiwan Relations Act* verankerte Schutzzusagen für Taiwan bekräftigten, wobei die Resolution des US-Repräsentantenhauses sich auch zugunsten einer stärkeren Beteiligung Taiwans an internationalen Organisationen aussprach.[15]

Die massive Befassung des amerikanischen Kongresses wie auch weiter Teile der öffentlichen Meinung mit der Chinapolitik der USA hat eine lange, bis in die zweite Hälfte der vierziger Jahre zurückreichende Tradition. Dabei spielt es eine Rolle, daß Taiwan in den USA über ein besonders hohes Reservoir an Interesse und Sympathie verfügt, das vorrangig in der Legislative, in den Medien, Wirtschaftsverbänden und Religionsgemeinschaften gegeben ist und jahrzehntelang von der gutorganisierten China-Lobby durch eine vieldimensionale und äußerst wirksame Public-Relations-Politik gefördert wurde und gefördert wird. Obwohl auch Peking seinerseits in den USA um die Gewinnung von Sympathisanten und Einfluß bemüht ist, muß Chinas Amerikapolitik immer wieder auch die starke Rolle innenpolitischer Kräfte berücksichtigen, die sich für Taiwan einzusetzen bereit sind. Divergenzen in der Sphäre der amerikanischen Wirtschaftsbeziehungen mit China und Japan resultierten aus Washingtons nur sehr bedingt erfolgreichen Bemühungen um den Abbau jeweils gegebener beträchtlicher Handelsdefizite für die USA, die von diesen auf unangemessene direkte oder indirekte Restriktionen gegenüber amerikanischen Exporten in diesen Ländern zurückgeführt wurden.

Die härteste Bewährungsprobe für die von der Clinton-Regierung verkündete und erprobte Politik des konstruktiven Engagements der Volksrepublik China ergab sich im letzen Jahr des 20. Jahrhunderts, als Taiwans Präsident Lee Teng-hui in einem Interview mit der Deutschen Welle vom 9. Juli 1999 die Beziehungen zwischen Taiwan und der Volksrepublik China als »besondere Beziehung zwischen zwei Staaten« bezeichnete. Von Peking wurde dies im Ton größter Entrüstung als Schritt zur definitiven Teilung Chinas durch eine faktische Unabhängigkeitserklärung Taiwans gewertet, wobei Behörden und Medien der Volksrepublik an häufige Erklärungen Pekings aus der Vergangenheit erinnerten, daß ein solches Verhalten China zur Ergreifung militärischer Zwangsmaßnahmen veranlassen werde. Präsident Clinton teilte in diesem Zusammenhang Chinas Präsidenten Jiang Zemin im Rahmen eines Telefongesprächs mit, daß sich Washingtons Befürwortung der Ein-China-Konzeption nicht geändert habe. Andererseits würden aber die der USA im Sinne ihrer gesetzlichen Selbstverpflichtung zum Schutz Taiwans es als eine ernste Bedrohung des Friedens und ihrer eigenen Interessen betrachten würden, sollte es zur Regelung der Taiwanfrage zur Anwendung militärischer Gewalt kommen. Fünf Tage später vereinbarten die amerikanische Außenministerin Madeleine K. Albright und Chinas Außenminister Tang Jiaxuan die Planung eines direkten Gesprächs zwischen den Präsidenten Jiang Zemin und Bill Clinton anläßlich ihrer Begegnung bei einer Konferenz Mitte September des gleichen Jahres.[16] Die Brisanz der neuen Konstellation ergibt sich daraus, daß für die Volksrepublik die Errichtung ihrer Herrschaft über Taiwan ein elementares nationales Interesse ist, während auf seiten der USA seit 1950 ein in verschiedenen Formen kontinuierlich wahrgenommenes Interesse daran besteht, die Sicherheit des geostrategisch hochbedeutsam gelegenen und seit einem Jahrzehnt erfolgreich demokratisierten Taiwan gegen Akte auswärtiger Gewaltanwendung zu gewährleisten. Die seit den vierziger Jahren gegebene Verwurzelung dieses Interesses im Kongreß und weiten Teilen der öffentlichen Meinung der USA wurde geschildert. Die Führung in Peking wird es sich nach so vielen diesbezüglichen Warnungen kaum leisten können, keinerlei Maßnahmen zu ergreifen oder den seit 1993 begonnenen Dialog mit Taiwan fortzusetzen, so als sei nichts geschehen. Für den Fall, daß die Volksrepublik sich aber zur Reaktion entschließt, müßte diese weitaus drastischer ausfallen als die in ihrer Wirkung kontraproduktiven Drohmanöver ihrer Flotte und Luftwaffe vor den Küsten Taiwans im

Jahre 1996, in dem dann dennoch Pekings Gegenspieler Lee Teng-hui die erste auf Taiwan stattfindende Volkswahl eines Präsidenten mit beachtlicher Mehrheit gewann. Eine dritte bereits diskutierte Alternative bestünde in der Vertagung des Pekinger Reaktionsbeschlusses bis zum Ende der Amtszeit des neuen, ebenso abgelehnten Präsidenten Chen Shui-biän 2004. Doch die Vertagung um ein paar Monate oder Jahre würde die dann grundsätzlich fortbestehende Problemkonstellation nicht lösen können. Denn Taiwan – notfalls mit Gewalt – in den faktischen Herrschaftsbereich der VR China einzubeziehen bleibt für Pekings Führung, nach der Rückgewinnung von Hong Kong und Macao, die letzte zu erfüllende Aufgabe der nationalen Wiedervereinigung. Doch Taiwans erste demokratische und erste von einheimischen Taiwanesen geführte Regierung widersetzt sich dieser Strategie, von der sie meint, sie bedeute im Erfolgsfall eine Satellisierung ihrer Heimat unter der Ägide der die Volksrepublik regierenden kommunistischen Parteidiktatur. Sie hat aber ihre Bereitschaft wiederholt, mit Peking auf der Basis der Gleichberechtigung über eine Assoziierung Taiwans mit dem chinesischen Festland zu verhandeln, deren Vollzug allerdings eine Demokratisierung auch ganz Chinas zur Voraussetzung hätte.[17]

Beide chinesische Konfliktparteien versuchen die USA gegen die jeweils andere Seite auszuspielen. Peking verlangt von Washington eine Verringerung von Waffenlieferungen an Taiwan, eine erneute kategorische Absage an jede Form staatlicher Unabhängigkeit Taiwans – gegebenenfalls auch gegen den Willen der dortigen Bevölkerung – und Druck auf die Regierung in Taipei, um sie zu zwingen, ihre Erklärung zurückzunehmen, der zufolge die Beziehungen zwischen Taiwan und der VR China »zwischenstaatlicher« Natur seien. Taiwan wiederum erwartet von den USA Schutz im Sinne des *Taiwan Relations Act* und Verständnis für Taiwans Willen, mit Peking auf der Basis der »Gleichberechtigung« und nicht aus der Position einer »unbotmäßigen Provinz der VR China« zu verhandeln, und auch Verständnis für den Wunsch, über internationale Vertretungen zu verfügen, die seinem faktischen Staatscharakter entsprechen. Eine für die Zukunft der Region Ostasien–Pazifik schicksalhafte Frage an der Schwelle zweier Jahrhunderte lautet nun einerseits, ob es den Regierungen in Peking und Taipei gelingt, mit oder ohne Hilfe der USA eine Formel für die Fortsetzung ihrer Koexistenz bei gleichzeitigem Dialog zu finden. Dazu gehören andererseits die Zusatzfragen, ob Washingtons Strategie des »konstruktiven Engagements« mit China zu dieser Lösung und damit zur Verhinderung kriegerischer Entwicklungen in der Straße von Taiwan beitragen kann. Weit mehr als das Schicksal der Insel und ihrer Bevölkerung könnte auf dem Spiel stehen. Sollte es zu einer militärisch bewirkten Unterwerfung Taiwans durch Peking kommen, so wäre in der Sicht maßgeblicher amerikanischer Experten zugleich damit die Architektur und psychologische Basis der gesamten bisherigen amerikanischen Sicherheitspolitik im Westpazifik in ihren Grundfesten erschüttert. Die Politik des konstruktiven Dialogs könnte dann durch eine neue Konfrontation abgelöst werden, die auch für Peking die Frage aufwirft, welche Preise zu Lasten seiner Politik der inneren Reform und Umstrukturierung es für eine gewaltsame Unterwerfung Taiwans zu zahlen bereit wäre, sollte es sich aus Sorge vor einem Verlust der Insel für die Option der Gewaltanwendung entscheiden. Die Art der Behandlung der sich auf Taiwan beziehenden innerchinesischen und internationalen Interessendivergenzen kann somit die künftige Konstellation und den Stil der internationalen Politik des ostasiatisch-pazifischen Raumes in nachhaltiger Weise beeinflussen. Es bleibt abzuwarten, wie lange seitens der USA die Kombination einer Politik des »konstruktiven Engagements« mit der seit Eisenhower erprobten Politik oder »strategischen Zweideutigkeit« *(strategic ambiguity)* erfolgreich fortgesetzt werden kann.

Zur Politik und Sicherheitslage Japans in der Region

Von den sich zur Jahrhundertwende in zwei seiner Nachbarländer, im geteilten Korea, in der Straße von Taiwan und zusätzlich auch im südchinesischen Meer zusammenballenden machtpolitischen Spannungen ist auch Japan teils direkt und teils indirekt betroffen. In der Innenpolitik dieses fernöstlichen Inselstaates mit einer Bevölkerung von 125 Millionen (1994) hatte sich im Juli 1993 ein bemerkenswerter Wandel vollzogen. Nach krisenhaften Entwicklungen mit fünf verschiedenen Ministerpräsidenten im Zeitraum von 1989–1993 war die seit 38 Jahren ununterbrochen regierende Liberaldemokratische Partei nach Verlust ihrer Mehrheit im Unterhaus des Reichstages durch eine aus acht Parteien gebildete Koalitionsregierung ersetzt worden. Diese wurde von dem populären Ministerpräsidenten Hosokawa Morihiro von der Neuen Japan Partei geleitet, dessen persönliches Charisma auch das Ausland beeindruckte. Nach Durchsetzung der heiß umkämpften Öffnung des japanischen Reismarktes wie auch nach einer Wahlrechtsreform trat Hosokawa aus persönlichen Gründen schon im April 1994 wieder von seinem Amt zurück.[18] Unter seinen ebenfalls nur kurzfristig amtierenden Nachfolgern befand sich auch als erster sozialistischer Regierungschef Japans seit 1947 Ministerpräsident Murayama Tomiichi, der bis Januar 1996 regierte. Unter seiner Führung beendeten Japans Sozialisten ihre aus neutralistisch-pazifistischen Motiven heraus zuvor aufrecht, erhaltene Opposition gegen Japans Selbstverteidigungsstreitkräfte und das Bündnis mit den USA.[19] Mit dem Wechsel der Regierungsparteien hatte Japans Nachkriegsdemokratie erneut die Probe eines Machtwechsels zwischen Regierung und Opposition problemlos bestanden. Auf Murayama folgte der vom einflußreichen vormaligen Regierungschef Nakasone Yasuhiro stark unterstützte, anfangs an der Spitze einer Koalitionsregierung, danach einer Minderheitsregierung der Liberaldemokraten stehende Hashimoto Ryutaro. Abgelöst wurde dieser von dem Ende Juli 1999 gewählten vormaligen Außenminister und Parteivorsitzenden der Liberaldemokraten Obuchi Keizo, dessen Regierung sich im Unterhaus des Reichstages mit seiner gesamten Mitgliedschaft von 500 Abgeordneten auf eine Mehrheit von 266 stützen konnte. Allerdings hatten die Liberaldemokraten vor Obuchis Amtsantritt bei den Oberhauswahlen vom Juli 1998 enttäuschende Rückschläge hinnehmen müssen.

Das transpazifische Bündnisverhältnis mit den USA blieb für Japan wie stets seit der Jahrhundertmitte die primäre Basis der japanischen Außen- und Sicherheitspolitik. Eine nachwirkende Traumatisierung durch die Art des Kriegsendes 1945 und mehr noch durch das damals auf Japans permanente Entwaffnung abzielende Verfassungsoktroi der Besatzungsdiktatur hatten in Japan eine anderen Mächten ähnlicher Größenordnung analoge Entwicklung eines angemessenen militärischen Verteidigungspotentials weiterhin behindert. Dennoch zeichneten sich zur Jahrhundertwende einige bemerkenswerte Veränderungen ab. So beteiligte sich Japans Marine an den Minenräumarbeiten nach Ende des Golfkrieges.[20] Ein im Juni 1992 eingebrachtes Gesetz ermöglichte, wenn auch unter strengen Auflagen, die Beteiligung japanischer Streitkräfte an Friedensmissionen der Vereinten Nationen.[21] Nicht nur in diplomatischer und finanzieller Hinsicht war Japan führend an der unter UN-Auspizien und der Leitung eines japanischen Diplomaten Akashi Yasushi bewirkten Reintegration Kambodschas zu Beginn der neunziger Jahre beteiligt, sondern auch durch die Entsendung von Streitkräften. Der Verfasser konnte Ende September 1992 in Kambodscha beobachten, wie die damals dort stark vertretenen internationalen Medien das Eintreffen der ersten japanischen Militäreinheiten als Sensation werteten.[22] Eine andere japanische Militäreinheit nahm an friedenserhaltenden Maßnahmen in Mosambik teil.[23]

Sicherheitspolitisch wesentlich bedeutsamer war die zwischen US-Präsident Clinton und Japans Ministerpräsident Hashimoto einen Monat nach den Drohmanövern der chinesischen Kriegsmarine und Luftwaffe vor den Küsten Taiwans 1996 in Tokio vereinbarte engere militärische Kooperation zwischen den USA und Japan. Nach ausführlichen Beratungen waren diese »Neuen Richtlinien für die Verteidigungskooperation zwischen den USA und Japan« Ende April 1999 mitsamt Akten ergänzender Gesetzgebung dem japanischen Reichstag vorgelegt und von diesem gebilligt worden.[24] Hauptzweck der Richtlinien ist eine wesentlich engere Verzahnung der militärischen Zusammenarbeit zwischen den USA und Japan, sei es im Falle von Japan selbst bedrohender Kriegsgefahr oder im Falle einer sich verschlechternden Sicherheitslage »in Japan umgebenden Gebieten« *(»in areas surrounding Japan«)*, wobei wohl absichtlich offengelassen wurde, um welche Gebiete es sich hier handeln könnte.[25] Im Falle von Krisen oder Kampfhandlungen in solchen »Japan umgebenden Gebieten« sind die japanischen Selbstverteidigungsstreitkräfte nur dazu verpflichtet, dort operierenden US-Streitkräften Unterstützung in Bereichen der Aufklärung, der materiellen und medizinischen Versorgung, des Nachschubs zur See und zur Luft und der Reparatur auf der Basis enger bilateraler Koordination zu gewähren. Eine japanische Beteiligung an Kampfhandlungen außerhalb Japans ist ausdrücklich nicht vorgesehen. In den Richtlinien wiederholt Japan zudem seine Festlegung auf eine nichtnukleare Verteidigungspolitik. Ein Gefühl existentiellen Bedrohtseins entwickelte sich in Japan, als – nach früheren Drohungen Nordkoreas, es könne Territorien in Japan angreifen – am 31. August 1998 eine nordkoreanische Mittelstreckenrakete vom Typ Taepodong I mit einer Reichweite von ca. 1500 km über Japans Hauptinsel Honshu hinweggeschossen wurde, obwohl Pjöngjang später behauptete, dies sei nur ein ziviler Raketenversuch gewesen. Die Unruhe in Japan entstand aus dem Bewußtsein, daß von nun an Japans dicht geballte Industriezentren und Städte im Schußbereich möglicherweise nuklear geladener Raketen eines extrem unberechenbaren und militanten Nachbarstaates in der Region lägen. Beunruhigend nicht nur in Japan, sondern auch in den USA wirkte die Meldung, daß sich in Nordkorea eine Langstreckenrakete mit einer Reichweite bis zu 6000 km und somit bis zur Westküste der USA in Entwicklung befände und unmittelbar vor einer Erprobung stünde. Seit Jahren hatten die USA Japan vergeblich gedrängt, angesichts dieser Bedrohung ein gemeinsames Abwehrsystem zu entwickeln. Aus Sorge, dies könne in Peking und Moskau zu Gegenreaktionen führen, hatte sich Japan lange verweigert. Einen Monat nachdem Peking seine Entwicklung einer Neutronenbombe bekanntgegeben hatte unterzeichneten Japan und die USA am 17. August 1999 ein Abkommen über die gemeinsame technologische Entwicklung eines Raketenabwehrsystems, das mit Hilfe von Satelliten den

Anflug gegnerischer Raketen feststellen und diese dann im Anflug zerstören kann. Japan, das etwa die Hälfte der Entwicklungskosten dieses Abwehrsystems (TMD) tragen soll, wird außerdem bis zum Jahre 2002 einen eigenen Aufklärungssatelliten produzieren.[26] Der erhoffte technische Erfolg der geplanten TMD-Entwicklung kann allerdings im voraus nicht garantiert werden.

Das geplante Projekt der beiden technologisch führenden Industriemächte rief in China wie auch in Nordkorea scharfe Reaktionen hervor. Von beiden Seiten war die Anklage zu hören, diese Maßnahme werde das derzeit bestehende strategische Gleichgewicht zerstören und eine neue Runde des Wettrüstens hervorrufen. Die Paradoxie solcher Behauptungen besteht allerdings darin, daß zwei Staaten, die kurz zuvor für sich machtvolle Angriffswaffen neu entwickelt hatten, Japan und die USA hiernach bezichtigen, mit ihrem Plan einer Entwicklung entsprechender neuer Abwehrwaffen das militärische Kräfteverhältnis zu destabilisieren.[27] Abgesehen von der Grundsatzfrage wird Peking von der Vorstellung beunruhigt, Taiwan könne durch Miteinbeziehung in das Raketenabwehrsystem eine Immunisierung gegen Pekings oft wiederholte Drohung mit Gewalt erhalten. Für diesen Fall wurden den USA von chinesischer Seite Gegenreaktionen angedroht, wie die Wiederaufnahme von Atomtests, der Aufbau chinesischer Blockadepolitik bei der diplomatischen Behandlung internationaler Konflikte und die Lockerung von Kontrollen beim Export von Raketentechnologie (z. B. an islamische Staaten).[28] In ähnlicher Weise wurde in Peking die Besorgnis geäußert, die zwischen Washington und Tokio vereinbarte engere militärische Kooperation könne Japans Streitkräfte in Konflikte verwickeln, die in Korea, in der Taiwanstraße oder im Südchinesischen Meer entstehen könnten. In diesem Sinne verkörpere Japans engere Kooperation mit den USA eine potentielle Bedrohung der Wiedervereinigung Chinas.[29] Auch aus Rußland war die Warnung zu hören, das geplante Abwehrsystem könne die vertraglich aufgebaute globale Sicherheitsarchitektur erschüttern.[30]

Die erwähnten Irritationen bei Jahrhundertende dürfen aber nicht über die realen Bemühungen Japans und Chinas seit ihrem Friedens- und Freundschaftsvertrages von 1978 hinwegtäuschen, zwischen diesen beiden größten Ländern Ostasiens eine Dialog- und Kooperationspartnerschaft aufzubauen. Japan hat sich in diesen zwei Jahrzehnten zum führenden Handelspartner Chinas entwickelt. Das Handelsvolumen zwischen beiden Ländern entsprach 1997 einem Wert von 60,8 Milliarden US-Dollar. Chinas Exporte nach Japan rangieren an zweiter Stelle hinter denen der USA, während China umgekehrt knapp vor Deutschland an fünfter Stelle der Empfängerländer japanischer Exporte steht. An eminenter Stelle unter den zahlreichen japanischen Staatsbesuchen in China figurierte der im Oktober 1992 stattfindende Besuch des japanischen Kaisers Akihito und seiner Gattin. Geschichtlich gesehen war es der erste jemals stattfindende Besuch eines Kaisers von Japan in China. Bei einem Festbankett kam der Kaiser auch auf die Ära japanischer Aggressions- und Kriegspolitik gegen China (1931–1945) zu sprechen, indem er sagte, in der langen Geschichte beider Länder habe es »eine unglückliche Periode« gegeben, in der sein Land dem chinesischen Volk »großes Leid« zugefügt habe. Er empfinde deswegen »tiefen Schmerz«.[31] Immer wieder haben seither japanische Regierungschefs öffentlich Worte des Bedauerns hinsichtlich der japanischen Aggressionspolitik der dreißiger und frühen vierziger Jahre ausgesprochen. Was aber in China und Südkorea mehrfach zu ernsten Irritationen führte, war die Tatsache, daß in Japan

Aggression, Kriegsverbrechen und Verbrechen gegen die Menschlichkeit gelegentlich bagatellisiert oder sogar geleugnet wurden. Auch wurden in China und Korea von japanischen Regierungsvertretern viel ausführlichere Stellungnahmen zu unbestreitbaren Verbrechen der Japan damals regierenden Kräfte erwartet. Der berechtigte moralische Anspruch der Geschädigten und ihr Selbstwertgefühl spielen hier eine gewichtige Rolle. Doch wird von manchen Beobachtern auch die Vermutung geäußert, daß die Fortsetzung der Beschuldigungen und Verdächtigungen Japans, selbst nach einem halben Jahrhundert friedlicher, zurückhaltender, fast pazifistischer Außenpolitik, auch den politischen Zweck verfolgt, gegen Japan eine Wand des Mißtrauens aufzubauen, um ihm eine wie immer begründete Führungsrolle in Asien zu verwehren, die China für sich selbst in Anspruch nimmt.[32] Was führenden Japanern bei der erwarteten Ausführlichkeit der Stellungnahme zu Verbrechen der Vergangenheit Probleme bereitet, ist einerseits der in der ostasiatischen Kultursphäre hoch entwickelte Stellenwert des Prestiges oder »Gesichts« – wie aber andererseits auch die Tatsache, daß die offiziellen Vertreter anderer großer Mächte in der Vergangenheit begangene politische Verbrechen ihrer Systeme mit nationalistischer Selbstgerechtigkeit zu verschweigen oder zu bagatellisieren geneigt sind. Symptomatisch für die Wirksamkeit dieser Mißtrauensfront war die in manchen Ländern Asiens kurzfristig gegebene Erregung über einen japanischen Regierungserlaß vom August 1999, durch den Japans Fahne und Nationalhymne einen offiziellen Status erhielten. Der aus dem Mittelalter stammende und 1880 vertonte und seit 1893 bei öffentlichen Angelegenheiten gesungene Text der Hymne lautet frei übersetzt: »Wie der Stein zu Fels geworden, übergrünt von Moosgeflecht, blühe abertausend Jahre, blühe

Japanische Marinesoldaten mit der traditionellen Fahne bei einer Parade.

kaiserlich Geschlecht.« Die ab 1870 verwendete Fahne, die auf weißem Grund einen roten Sonnenball zeigt, symbolisiert Japan als »Das Land der aufgehenden Sonne«. Somit stammen beide Symbole aus einer Ära lange vor der japanischen Aggressionspolitik der Periode zwischen 1931 und 1945.[33]

Einen besonderen Zielpunkt der außen- und handelspolitischen Interessen Japans bildet die Region der ASEAN-Staaten, bei denen Japan allein schon im Jahrzehnt von 1969 bis 1979 44 Prozent aller aus Industriestaaten kommenden Investitionen getätigt hatte. Bei der Vergabe japanischer Entwicklungshilfe nahm dieser Raum eine bevorzugte Stellung ein. Anläßlich der ersten Beteiligung eines japanischen Regierungschefs an der Gipfelkonferenz der ASEAN-Staaten in Manila vom August 1977 proklamierte der japanische Ministerpräsident Fukuda Takeo die nach ihm benannte außenpolitische »Fukuda- Doktrin«. Sie besagt, daß Japan eine Rolle als Militärmacht ablehne, mit den ASEAN-Staaten eine Partnerschaft auf der Basis der Gleichberechtigung anstrebe und bestrebt sein werde, mit den ASEAN-Staaten nicht nur wirtschaftlich, sondern auch politisch, sozial und kulturell zusammenzuarbeiten.[34] Sich auf diese Doktrin berufend erwähnte Japans Ministerpräsident Hashimoto in einer Grundsatzrede vom 14. Januar 1997 in Singapur, Japan blicke auf eine dreißigjährige Bewährung seiner Kooperation mit den ASEAN-Staaten zurück. Trotz des dynamischen technologischen Fortschritts dürfe das reiche Kulturerbe der ASEAN-Staaten nicht vernachlässigt werden. Japan habe zu seiner Erhaltung insbesondere beim Wiederaufbau der altvietnamesischen Kaiserstadt Hue und der Tempelstadt von Angkor in Kambodscha praktisch beigetragen. Japan befürworte nachhaltig die Tätigkeit des regionalen Sicherheitsforums der ASEAN (ARF), der asiatisch-pazifischen Wirtschaftskooperation (APEC) und der Institutionalisierung asiatisch-europäischer Zusammenarbeit (ASEM). Japan wünsche sich vertiefte Dialoge mit den ASEAN-Staaten auf Gipfelebene sowie vieldimensionale Formen des Austausches und der Zusammenarbeit, um dadurch »ein Gefühl der Gemeinschaft im ganzen asiatisch-pazifischen Raum« zu fördern. Von Bedeutung für die ASEAN-Staaten und Japan sei es, Chinas Fortschritt auf dem Wege zur Modernisierung zu unterstützen. Für die künftige Entwicklung des ostasiatisch-pazifischen Raumes seien die Dreiecksbeziehungen zwischen den USA, China und Japan von maßgeblicher Bedeutung.[35]

Hier war also ein auch in der Praxis bewährtes Bekenntnis zur sicherheits- und handelspolitischen Dialoggemeinschaft im südostasiatischen Raum gegeben. Obwohl Japan wegen der bereits genannten Gründe über eine im Vergleich zu seiner Größe nur sehr geringe Militärmacht verfügt, steht es, was die Vergabe offizieller Entwicklungshilfe (ODA) betrifft, weltweit an erster Stelle; so beispielsweise 1995 mit einem Volumen von 14,489 Milliarden US-Dollar, einem Betrag, der mehr als doppelt so groß war wie derjenige Deutschlands (7,481 Milliarden) oder der USA (7,303 Milliarden Dollar). Der größte Teil dieser Entwicklungshilfe wird bilateral vergeben, wobei China, Indonesien, Thailand, Indien und die Philippinen an der Spitze der Empfängerländer stehen.[36] Als zweite wirtschaftliche Weltmacht und auf Grund seiner Bedeutung für den ostasiatisch-pazifischen Raum erstrebt Japan anläßlich einer kommenden, in Diskussion befindlichen Reform der Vereinten Nationen einen permanenten Sitz im Weltsicherheitsrat, dessen Struktur seit der Gründung der Weltorganisation, von einer Vermehrung der nicht ständigen Mitglieder abgesehen, erstarrt geblieben ist und den Gegebenheiten einer veränderten Weltwirklichkeit nicht mehr entspricht.

So ist Japan, auf dessen Territorium fast die Hälfte der 100.000 Mann starken US-Streitkräfte im Westpazifik stationiert sind, ein halbes Jahrhundert lang der Hauptanker der amerikanischen Sicherheitspolitik in der Region und neben den USA, China und Rußland eine der vier tragenden Säulen der multipolaren Sicherheitsarchitektur im Pazifik geblieben. Der auf Grund seiner unübersehbar katastrophalen Folgen in Japan gänzlich diskreditierte japanische Militarismus der Ära zwischen 1931 und 1945 ist seit Kriegsende wie ein Strohfeuer und ohne Symptome einer Wiederkehr erloschen. Seiner Rolle als führender Wirtschafts- und Technologiemacht Asiens entsprechend, hat Japan Elemente dieser Macht auch jenseits rein ökonomischer Nutzerwartungen immer wieder auch im Interesse internationaler Stabilität einsetzen können.

34. Kapitel

Vier Phasen der internationalen Politik des ostasiatisch-pazifischen Raumes 1840–2000: ein Rückblick

Fokussiert auf die Aktionsbereiche auswärtiger und internationaler Politik, ist es das Ziel des vorliegenden Bandes gewesen, die Entwicklung Ostasiens in den anderthalb Jahrhunderten von seinem schicksalsvollen Zusammenprall mit den Industriemächten und der Wegnahme Hong Kongs im Opiumkrieg bis hin zur postsowjetischen Ära der Jahrhundertwende mitsamt der Rückgabe Hong Kongs zu charakterisieren. Das Schicksal Hong Kongs symbolisiert nur den gewaltigen historischen Entwicklungszyklus von der Überwältigung Ostasiens durch die Kolonialexpansion der Industriemächte bis zur Reemanzipation der Staaten der Region und ihrem Wiederaufstieg zum Rang gewichtiger Akteure derzeitiger Weltpolitik. Trotz der Vielgestaltigkeit des Geschehens im einzelnen lassen sich aus der Flut der Ereignisse einzelne Phasen, Kräfte und Konstellationen herauskristallisieren.

Der Geschichtsablauf einer *ersten Phase* vom britischen Opiumkrieg bis zur Katastrophe des Boxeraufstandes von 1900 wirkt wie die praktische Umsetzung eines klassischen *»challenge and response«*-Schemas. Angetrieben von wirtschaftlichen und machtpolitischen Motiven, erzwingen die einer fremden Zivilisation entstammenden Industriemächte die Öffnung und Durchdringung ostasiatischer Staats-, Kultur- und Gesellschaftssysteme. Hierdurch bedroht, geschädigt und erniedrigt, reagieren Ostasiens Systeme auf ihre Übermächtigung durch die »Weiße Gefahr« mit unterschiedlichen Reformen. Sie scheitern tragisch im Falle Chinas, wo es auch zur blutigen Katastrophe des Boxeraufstandes kommt, bewirken aber in Japan dessen meteorischen Aufstieg zur Großmachtrolle.

Auch in einer *zweiten Phase* vom russisch-japanischen Krieg 1904/05 und dem Beginn der chinesischen Revolution 1911/12 bis zum Zweiten Weltkrieg im Pazifik 1941–45 bleibt das zentrale Motiv chinesischer Politik wie zuvor und seither ein vielgestaltiges Ringen um den effektivsten Weg zur nationalen Selbsterneuerung. Ab 1927 beginnt dort der bis zur Gegenwart fortgesetzte längste Bürgerkrieg der modernen Geschichte als Konflikt zwischen den Kräften des aus Rußland importierten Kommunismus und des stärker von westlichen Ideen beeinflußten Nationalismus Sun Yat-sens. Das andere Hauptmerkmal dieser Ära besteht in Japans Expansion gegen China, der sich daraus ergebenden Gründung des Satellitenstaates Mandschukuo und dem Beginn des Aggressionskrieges gegen China 1937. Durch Japans ehrgeiziges Ziel einer Ersetzung weißer Kolonialherrschaft durch eine von ihm selbst geführte »Neuordnung Ostasiens« provoziert, intervenieren die USA. Eskalierende Spannungen und ein Wirtschaftskrieg lösen den großen Krieg zwischen Japan und den USA aus, bei dem es um die Frage der Hegemonie im ostasiatisch-pazifischen Raum geht. Er endet mit dem Horror des Ersteinsatzes von Atomwaffen.

Der Krieg besiegt nicht nur Japan. Er bricht auch die Macht der kolonialimperialistischen ethnozentrischen Ausbeutungsdiktaturen der okzidentalen Mächte. Der traumatisierende Nimbus allseitiger »weißer« Überlegenheit ist unwiederbringlich gebrochen. Gefördert durch den Krieg, siegt zu Beginn dieser *dritten Phase* der Kommunismus in China, das vom Verbündeten der USA zu dessen Gegner wird und anfangs mit der Sowjetunion kooperiert. Ab dem unter Leitung der UN geführten Koreakrieg 1950–53 reagieren die USA mit einem Fächer bilateraler Bündnissysteme im Westpazifik. Geteilte Länder – Korea, China/Taiwan, Vietnam, Laos und später Kambodscha – werden zu Spannungszonen und Kriegsursachen im westpazifischen Raum. Mao Tse-tung bewirkt in China verlustreiche soziale Umwälzungen und stellt erfolgreich Moskaus Führung im Weltkommunismus in Frage. Peking fordert Chinas Beteiligung an allen wesentlichen Fragen des ostasiatischen Raumes. Die in der Nixon-Ära erfolgende und gegen Moskau gerichtete Annäherung zwischen Peking und Washington beendet in den 1970er Jahren schon den anfangs heißen, dann kalten Krieg zwischen China und den USA. Erneut wird Japan zur Weltwirtschaftsmacht, doch eingeengt in seiner sicherheitspolitischen Bewegungsfreiheit, bleibt es Bündnispartner der USA. Die VR China emanzipiert sich von den USA und auch von der Sowjetunion, besiegt und demütigt Indien, wird aus eigener Kraft Atommacht, führendes UN-Mitglied und setzt gegen Moskau und Washington die Normalisierung der diplomatischen Beziehungen jeweils zu seinen Bedingungen durch. Seit Deng Xiaopings pragmatischen Reformen entwickelt es sich auch zu einer gewichtigen Kraft im Gefüge internationaler Wirtschaftsbeziehungen. Es ist Großmacht auf dem Wege zur Weltmacht geworden. Prägend für diese Periode ist auch der durch wirtschaftliche und technologische Leistung bedingte Aufstieg der sogenannten Tigerstaaten Südkorea, Taiwan, Hong Kong und Singapur. Wie zuvor in Japan und oft orientiert an seinem Modell manifestierten sie in verschiedenen Nuancen, doch auf dem Boden der Praxis, die Effektivität von Synthesen zwischen Marktwirtschaft, begrenzter Staatsintervention und postimperialer konfuzianischer Sozial- und Wirtschaftsethik.

Die mit der Desintegration der Sowjetunion Anfang der 1990er Jahre beginnende *vierte Phase* ist strukturell einerseits von der Beibehaltung des Fächers bilateraler Bündnisverhältnisse der USA mit einzelnen Staaten Nordost- und Südostasiens gekennzeichnet und andererseits von dem gegen die USA gerichteten Aneinanderrücken der großen Einzelakteure China und Rußland. Hinzu tritt die nun ganz Südostasien vereinigende Gemeinschaft Südostasiatischer Staaten (ASEAN) mitsamt der von ihnen ausgehenden Institutionalisierung sicherheits- und wirtschaftspolitischer Dialoge der Staaten der ostasiatisch-pazifischen Region. Doch die bisher primär konsultative Wirkungsweise dieser vielversprechenden Organisationen kann nicht mit der ungleich größeren und institutionalisierten Kohäsion der NATO oder der Europäischen Union verglichen werden. Gewiß hat die weitgehend unvorhergesehene ostasiatische Wirtschaftskrise ab 1997 das vorherige Selbstvertrauen der Wirtschaftssysteme der Region zeitweilig erschüttern können. Doch eine massive Intervention des internationalen Währungsfonds im Umfang von 117 Milliarden US-Dollar allein für die drei am härtesten betroffenen Länder, Thailand, Indonesien und Südkorea, trug dazu bei, aus der regionalen Krise keine Weltwirtschaftskrise werden zu lassen. Heilsame Aspekte der Krise bestanden in der Erkenntnis notwendiger und überfälliger Reformen des Bankenwesens, der Struktur der

Industriekonglomerate und der Rolle des Staates in einer essentiell an Marktfaktoren orientierten Wirtschaft im Zeitalter der Globalisierung.[1]

Die Prozesse erfolgreicher Demokratisierung in Taiwan und Südkorea wie auch die weitere Auflockerung der in Japan bewährten Demokratie haben eindrucksvoll die früher angezweifelte Vereinbarkeit konfuzianischer Kulturtraditionen mit der Lebenspraxis des demokratischen Pluralismus unter Beweis gestellt. Auf der anderen Seite ist die politische Macht kommunistischer Parteien in vier benachbarten Ländern Ostasiens – China, Nordkorea, Vietnam und Laos – auch nach Ende des kalten Krieges trotz der Abwertung des Marxismus erhalten geblieben. Und es bleibt abzuwarten, ob von den USA und anderen westlichen Staaten auf Chinas Führung ausgeübter moralischer Druck mit der Forderung nach mehr Liberalität und Humanität im Sinne westlicher Normen zu entsprechenden Änderungen führen wird oder zu trotziger nationalistischer Ablehnung einer westlichen Haltung, die dort oft als politisch motivierte moralische Bevormundung einer souveränen Nation gedeutet wird.

Geteilte Länder und Völker haben immer wieder in der Weltpolitik seit 1945 Herde und Zentren intersystemischer und internationaler Spannungen gebildet. Zwei von ihnen, das geteilte Korea und das Verhältnis zwischen Festlandchina und Taiwan, sind im ostasiatisch-pazifischen Raum nach der Jahrhundertwende Zonen spannungsgeladener Interessengegensätze geblieben. Bemerkenswert ist hier, daß bedrohlich eskalierende politische Spannungen zwischen China und Taiwan die gleichzeitige Fortführung beiderseitiger produktiver wirtschaftlicher und zwischenmenschlicher Kontakte nicht beeinträchtigen konnten, während letztere allerdings umgekehrt die Explosivität der politischen Konfrontation nicht zu mildern vermochten.

Angesichts der im Zeichen der Globalisierung in Wirklichkeit und Wahrnehmung wachsenden Interdependenz, Vernetzung und Kommunikation zwischen Staats-, Kultur- und Wirtschaftssystemen hat sich in der Sphäre der zwischenstaatlichen Beziehungen auch im Pazifik die Praxis einer Dialogkultur selbst zwischen Gegenspielern – so etwa zwischen Washington und Peking oder Süd- und Nordkorea – entwickelt. Sie strebt einerseits danach, Konflikte durch vertieftes gegenseitiges Verständnis und durch Kompromisse zu lösen, andererseits Möglichkeiten der Kooperation zu erweitern und die reziproke Akzeptanz von konfliktbegrenzenden Verhaltensregeln zu erwirken. Doch diese in den USA *»policy of constructive engagement«* und in Südkorea »Sonnenscheinpolitik« genannte Verhaltensstrategie kann auf Dauer nur auf der Basis wirklicher Reziprozität von Erfolg gekrönt sein. Die Zukunft der internationalen Politik des ostasiatisch-pazifischen Raumes wird hochgradig von der Frage abhängen, ob und inwieweit diese Methode des konstruktiven Engagements Aufgaben präventiver Vertrauensbildung wie auch der Krisenbewältigung dienstbar gemacht werden kann. Falls nicht, könnte die Zukunft eher von neuen Formen eines kalten Krieges, drohpolitischer Konfrontation und eines von gegenseitiger Furcht veranlaßten Wettlaufs von Rüstungen und Gegenrüstungen bestimmt sein. Sofern er nicht durch innere Krisen behindert werden sollte, wird der graduelle Aufstieg Chinas zur Weltmachtrolle wie auch sein Verhältnis zu den USA zu jenen Faktoren gehören, die das Schicksal der weltpolitischen Entwicklung in der ostasiatisch-pazifischen Region im 21. Jahrhundert im hohen Grade beeinflussen werden.

Anmerkungen

Anmerkungen zu Kapitel 1, S. 23–62

1 Wittfogel, Karl August, Die chinesische Gesellschaft, in: Aus Politik und Zeitgeschichte, Beilage zur Wochenzeitung ›Das Parlament‹, Bd. 19, 14. Mai 1958, S. 232–233. Zur Staats- und Gesellschaftsstruktur des vorkolonialen China siehe ferner: Fairbank, John K., and Reischauer, Edwin O.: China – Tradition und Transformation. New York u. Boston 1973. Chang, Chung-li: The Chinese Gentry. Seattle 1955. Bauer, Wolfgang (Hrsg.): China und die Fremden. München 1980.
2 Li, Tieh-tseng: The Historical Status of Tibet. New York 1956, S. 38 f.
3 Franke, Wolfgang: China und das Abendland. Göttingen 1962, S. 23. Zur Theorie und Praxis des Sinozentrismus s. Fairbank, J.K.: Trade and Diplomacy on the China Coast. Cambridge, Mass., 2. Aufl. 1969, S. 3–38; Bauer, Wolfgang: Chinas Vergangenheit als Trauma und Vorbild. Stuttgart 1968.
4 McAleavy, Henry: The Modern History of China. New York/Washington 1967, S. 44.
5 Teng, Ssu-yü, und Fairbank, J.K.: China's Response to the West. A Documentary Survey 1839–1923. Cambridge, Mass., 1954, Dol. 1, S. 24–28.
6 Morse, Hosea Ballou: The International Relations of the Chines Empire. (3 Bde.) Shanghai 1928 (Nachdruck in Taipei o. J.), Bd. 1, Appendix A, S. 621–626. (Wortlaut des Schreibens).
7 Ebda., S. 626–630.
8 Ebda., S. 254.
9 Zur Problematik des Begriffs »ungleicher Vertrag« siehe Pommerening, Horst: Der Chinesisch-Sowjetische Grenzkonflikt. Das Erbe der Ungleichen Verträge. Olten/Freiburg i. Br. 1968.
10 Morse, a. a. O., Bd. 1, S. 331 f.
11 Ebda., S. 523.
12 Ebda., S. 529, Anm. 75.
13 Text in: MacNair, Harley Farnsworth: Modern Chines History. Selected Readings. (2 Bde.) Shanghai 1927, Bd. 1, S. 3. (Hiernach zitiert: MCH).
14 Hsü, Immanuel C.Y.: China's Entrance into the Family of Nations. The Diplomatic Phase 1858–1880. Cambridge, Mass., 1960, S. 56, 59.
15 Wortlaut der Weisungen an Bruce in: MCH, Bd. 1, S. 297 f.
16 Morse, a. a. O., Bd. 1, S. 617.
17 Baddeley, John F.: Russia, Mongolia, China. (2 Bde.) London 1919, Bd. 1, S. 57.
18 Vernadsky, George: A History of Russia. New Haven 1944, S. 165.
19 Zur frühen russischen Fernost-Expansion siehe Dallin, David J.: The Rise of Russia in Asia. New Haven 1949, 17–25; ausführlicher in Quested, R.K.I.: The Expansion of Russia in Asia. Singapore 1968.
20 Borton, Hugh: Japan's Modern Century. New York 1955, S. 31–35. Texte zur Argumentation in: Schwebell, Gertrude C.: Die Geburt des modernen Japan in Augenzeugenberichten. München 1981, S. 120–128.
21 Texte des »kaiserlichen Eides« in ebda. (Schwebell), S. 412.
22 Borton, a. a. O., S. 76–85.

23 Baily, Thomas A.: A Diplomatic History of the American People. New York 1946, S. 262–280.
24 Weighly, Russell F.: The American Way of War. New York u. London 1973, Kap. 8, »Annihilation of a People«, S. 153. Farb, Peter: Die Indianer. Entwicklung und Vernichtung eines Volkes. Frankfurt a. M. 1992, Göttingen 1994, insbes. S. 174–175. Selbst Präsident Theodore Roosevelt erklärte 1886: »I don't go so far to think that the only good Indians are dead Indians, but I believe nine out of every ten are, and I shouldn't inquire too closely into the case of the tenth.« Zit. in: Dower, John W.: War Without Mercy. Race and Power in the Pacific War. New York 1972, S. 151. Hunt Jackson, Helen: A Century of Dishonor. New York/London 1965; Wooster Robert: The Military and United States Indian Policy 1865–1903. New Haven 1988.
25 Lensen, G.A.: The Russian Push Toward Japan. Russo-Japenese Relations 1697–1875. Princeton, N. J., 1959, S. 124.
26 Ebda., S. 124, Anm. 9.
27 Zabriskie, Edward H.: American-Russian Rivalry in the Far East. Philadelphia 1946, S. 6.
28 Perkins, Dexter: The Monroe Doctrine. Baltimore 1937.
29 Ebda., S. 33–39.
30 USRWC, S. 414 u. Morse, a. a. O., Bd. 2, S. 193–203.
31 Bailey, Thomas A.: A Diplomatic History of the American People. New York 1946, S. 428.
32 Kamikawa, H.: Japan-American Diplomatic Relations in the Meiji-Taisho Era. Tokio 1958, S. 133–136.
33 Le-Thanh-Khoi: 3000 Jahre Vietnam. Schicksal und Kultur eines Landes. (Bearbeitet und ergänzt von Otto Karow) München 1969, 5. u. 6. Kap.
34 Fall, Bernhard: The Two Vietnams. New York/London 1965, S. 17.
35 Cady, John F.: Southeast Asia. Its Historical Development. New York/London 1964, S. 415 f.
36 Fall, a. a. O., S. 33–39.
37 Cady, a. a. O., S. 420.
38 Morse, a. a. O., Bd. 2, S. 344 f., 348. Vgl. auch McAleavy, Henry: Black Flags in Vietnam. The Story of the Chinese Intervention. The Tonkin War of 1884–85. New York 1968.
39 Li, Chien-nung: The Political History of China 1840–1928. (Übers. u. hrsg. v. S. Y. Teng und J. Ingalls) Princeton, N. J., 1956, S. 117.
40 Morse, a. a. O., Bd. 2, S. 347; Cady, a. a. O., S. 422 f.
41 Morse, a. a. O., Bd. 2, S. 351.
42 Wortlaut in: MCH, Bd. 2, S. 481 f.
43 Morse, a. a. O., Bd. 2, S. 354.
44 Chien-nung, a. a. O., S. 121; McAleavy, a. a. O., Kap. 18; siehe auch: Weggel, Oskar: Die Geschichte Taiwans. Köln 1991. S. 46–49.

Anmerkungen zu Kapitel 2, S. 63–120

1 MacNair, Harley F.: MCH, Bd. 2, S. 493–496.
2 Morse, Hosea Ballou: The International Relations of the Chinese Empire, 3 Bde., Shanghai 1928 (Nachdr. Taipeh o. J.), Bd. 2, S. 271.
3 MCH, Bd. 2, S. 500.
4 Li, Chien-nung: The Political History of China 1840–1928. (Übers. u. hrsg. v. S.Y. Teng und J. Ingalls) Princeton, N. J., 1956, S. 128.
5 Wortlaut in: MCH, Bd. 2, S. 500.
6 Bersihand, Roger: Geschichte Japans, Stuttgart 1963, S. 353.
7 Morse, a. a. O., Bd. 3, S. 4–8.
8 Ebda., S. 6.
9 Ebda., S. 7.
10 Ebda., S. 7.
11 Bersihand, a. a. O., S. 354. Zur Geschichte Koreas siehe: Nahm, Andrew C.: Korea. Tradition & Transformation, Seoul 1991, Kap. 5 und 6 betreffen die »Öffnung« Koreas.

12 Wortlaut in: MCH, Bd. 2, S. 514 f.
13 Kamikawa, H.: Japan-American Diplomatic Relation in the Meiji-Taisho Era, Tokio 1958, S. 117.
14 Wortlaut der Konvention in: MCH, Bd. 2, S. 514 f.
15 Morse, a. a. O., Bd. 3, S. 11–13; Franke, Otto: Die Großmächte in Ostasien von 1894–1914, Braunschweig 1923, S. 23–27; Moellendorff, R.: P. G. von Moellendorff. Ein Lebensbild, Leipzig 1930; Leifer, Walter: Paul Georg von Möllendorff. Ein Staatsmann in Korea, Saarbrücken 1988.
16 Morse, a. a. O., Bd. 3, S. 22, Anm. 73; vgl. auch: Tsiang, Ting-fu: Sino-Japanese Diplomatic Relations 1870–1894, in: Chinese Social and Political Science Review (CSPSR; Peiping/Peking), Bd. 17, 1933. Deutsche Übersetzungen fast aller relevanter Dokumente der japanischen Außenpolitik von 1845–1905 in: Kajima, Morinosuke/Takaha-shi, Michitoshi (Hrsg.): Geschichte der japanischen Außenbeziehungen, 3. Bde., Wiesbaden u. Tokio 1976–1980.
17 Kamikawa, a. a. O., S. 158.
18 Morse, a. a. O., Bd. 3, S. 22, Anm. 73.
19 Kamikawa, a. a. O., S. 161.
20 Wortlaut in: MCH, Bd. 2, S. 523 f.
21 Ebda., Morse, a. a. O., Bd. 3, S. 524 f.
22 Text in: MCH, Bd. 2, S. 530 f.
23 Ebda., S. 532 ff.
24 Ebda., S. 534–537.
25 Borton, Hugh: Japan's Modern Century, New York 1955, S. 206 f.
26 Wortlaut in: Maki, John M.: Conflict and Tension in the Far East. Key Documents 1894–1960, Seattle 1961, S. 10.
27 Franke, a. a. O., S. 88–94.
28 Maki, a. a. O., S. 11.
29 Morse, a. a. O., Bd. 3, S. 48–58.
30 Pommerening, Horst: Der chinesisch-sowjetische Grenzkonflikt. Das Erbe der Ungleichen Verträge. Olten/Freiburg i. Br. 1968, S. 134–137.
31 Dallin, David: The Rise of Russia in Asia, New Haven 1949, S. 32.
32 Li, Chien-nung, a. a. O., S. 111 f.
33 Ebda.
34 Wu, Aitchen K., China and the Soviet Union, New York 1950, S. 104; vgl. Hsü, I. C.: The Ili Crisis. A Study of Sino-Russian Diplomacy 1871–81. Oxford 1965.
35 Die bedeutensten Auszüge aus einem diesbezüglichen Protokoll der russischen Regierung in: Krasny-Archiv (Bd. 52, S. 54–124), Übers. in: CSPSR, Bd. 18.
36 Wortlaut des Vertrages in: Teng, Ssu-yu/Fairbank, John K., China's Response to the West. A Documentary Survey, Cambridge, Mass., 1954, Dok. 38. S. 128 f.
37 Schrameier, Wilhelm: Kiautschau. Seine Entwicklung und Bedeutung, Berlin 1911; Djang, F.D.: The Diplomatic Relations between China and Germany since 1898, Shanghai 1936; Schreker, John E.: Imperialism and Chinese Nationalism. Germany in Shantung, Cambridge, Mass., 1974.
38 Witte, Sergej: The Memoirs of Count Witte, Garde City, N.Y., 1921, S. 99 ff.
39 Wortlaut in: MCH, Bd. 2, S. 565 ff.
40 Wortlaut in: MacMurray, John A.V.: Treaties and Agreements With and Concerning China, 1894–1919 (2 Bde.) New York 1929, Bd. 1, S. 127 f.
41 Morse, a. a. O., Bd. 3, S. 118.
42 Ebda.
43 Wortlaut der »Open Door«-Note vom 6. September 1899 in: U. S. Department of State: Papers Relating to the Foreign Relations of the United States. 1899, S. 131 ff.
44 Vgl. hierzu insbes.: Griswold, A.W.: The Far Eastern Policy of the United States, New Haven/London 4. Aufl. 1964, Kap. II; Kennan, George: American Diplomacy 1900–1950, New York 1952, Kap. II.
45 Treat, Payson J.: Diplomatic Relations between the United States and Japan 1853 to 1895, (3 Bde.) Nachdruck Gloucester, Mass., 1963, Bd. 3, S. 86 f.

46 Marx, Karl, Die Revolution in China und Europa. Leitartikel in der New York Daily Tribune, Nr. 2794 vom 14. Juni 1853, deutsch in: Marx, K./Engels, F.: Werke, Berlin 1960, Bd. 9, S. 95–102.
47 Zur Leistung und Problematik chinesischer Reformpolitik der sechziger und siebziger Jahre des 19. Jahrhunderts siehe: Li, Chien-nung, a. a. O., S. 95–143 und Teng/Fairbank, a. a. O., Kap. IVX–XIV.
48 Linebarger, P. M. A./Djang, C.: Far Eastern Governments and Politics, New York 1954, S. 61.
49 Michael, F.H./Taylor, G.E.: The Far East in the Modern World, London 1956, S. 192. Zur Geschichte der T'ung-Chih-Ära siehe auch: Wright, Mary C.: The Last Stand of Chinese Conservatism. The T'ung-Chih Restoration 1862–1874, 2. Aufl. New York 1966; Li, Chien-nung, a. a. O., Kap. II u. III; Teng/ Fairbank, a. a. O., Kap. V–XII. Biographien der wichtigsten Persönlichkeiten des damaligen China finden sich in: Hummel, Arthur (Hrsg.): Eminent Chinese of the Ch'ing Period (1644–1912), 2 Bde., Washington, D.C., 1944.
50 Reischauer, E. O./Fairbank, J. K.: East Asia. The Great Tradition, o. O. 1960, S. 621–642, 669–674.
51 Feuerwerker, Albert: Economic Conditions in the Late Ch'ing Period, in: Feuerwerker (Hrsg.), Modern China, Englewood Cliffs, N. J., 1964.
52 Wortlaut in: Bland, J. O. P./Blackhouse, E.: China unter der Kaiserwitwe. Die Lebens- und Zeitgeschichte der Kaiserin Tzu-Hsi, Berlin 1912, S. 184 ff.
53 Auszugsweise in: Bary, W. T., u. a. (Hrsg.): Sources of Chinese Tradition, New York 1960, S. 743–749; vgl. auch: Levenson, J. R.: Confucian China and it's Modern Fate. The Problem of Intellectual Continuity, Berkeley/Los Angeles 1958, Kap. IV.
54 Wortlaut in: MCH, Bd. 2, Dok. 332, S. 578 ff.
55 Bland/Backhouse, a. a. O., S. 201–206. Zur Geschichte der »Reform der hundert Tage« siehe auch: Cameron, M.E.: The Reform Movement in China 1898–1912, Stanford 1931; Franke, Wolfgang: Die staatspolitischen Reformversuche K'ang Yu-weis und seiner Schule. Mitteilungen des Seminars für Orientalische Sprachen an der Universität Berlin, Bd. 38, 1935.
56 Fan, Wön-lan: Neue Geschichte Chinas. Bd. 1, 1840–1901. Berlin 1959, S. 479.
57 Ebda.
58 Ebda., S. 478.
59 Morse, a. a. O., Bd. 3, S. 198.
60 Ebda., S. 64.
61 Bland und Backhouse, a. a. O., S. 264, 267; Li, Chien-nung, a. a. O., S. 174–77.
62 Bland und Backhouse, a. a. O., S. 274, 283 f.
63 Text in: MCH, Bd. 2, S. 618–24, und MacMurray, John A. v.: Treaties and Agreements With and Concerning China, 1894–1919. (2 Bde.) New York 1929, S. 278–284.
64 U. S. Department of State: Papers Relating to the Foreign Relations of the United States, 1901, Appendix, S. 12.
65 Die Große Politik der Europäischen Kabinette 1871–1914 (Sammlung der diplomatischen Akten des Auswärtigen Amtes. In dessen Auftrag hrsg. von J. Lepsius, A. Mendelssohn-Bartholdy u. F. Thimme). Bd. 16, Berlin 1927, S. 223.
66 Wortlaut in: MacMurray, a. a. O., S. 330.
67 Wortlaut in: CSPSR, Bd. 19 (1935–36), S. 128 (aus dem Krasny-Archiv).
68 Wortlaut der diesbezüglichen Äußerungen Katsuras in: Nish, I. H.: the Anglo-Japanese Alliance. The Diplomacy of the Two Island Empires 1894–1907. London 1966, Appendix, S. 381 f.
69 Wortlaut ebda., S. 216 ff. und Maki, a. a. O., S. 16 f.
70 Rosen, Roman: Forty Years of Diplomacy. London 1922, S. 211.
71 Witte, a. a. O., S. 250.
72 Text: Dennett, T.: Roosevelt and the Russo-Japanese War. A Critical Study of American Policy in Eastern Asia in 1902–05, based primarily upon the Private Papers of Thedore Roosevelt. Gloucester, Mass., 1959, S. 145 f. Vgl. auch die Studie von White, John A.: The Diplomacy of the Russo-Japanese War. Princeton, N. J., 1964.

73 Text in: Maki, a. a. O., S. 18–23.
74 Wortlaut in: MacMurray, a. a. O., S. 674–78.
75 Wortlaut der öffentlichen und der geheimen Konvention in: Yakhontoff, V. A.: Russia and the Soviet Union in the Far East. London 1932, Appendices, S. 374 ff. Vgl. auch Batson-Prize, E.: The Russo-Japanese Treaties Concerning Manchuria and Mongolia. Baltimore 1933.
76 Isvolsky, a. a. O., S. 121.
77 Zitiert in Tang, Peter S.H.: Russian and Soviet Policy in Manchuria and Outer Mongolia 1911–1931. Durham 1959, S. 67.
78 Wortlaut in: Maki, a. a. O., S. 23 f.
79 White, a. a. O., S. 162, Anm. 8.
80 Ebda., S. 163, Anm. 10.
81 Esthus, Raymond: Theodore Roosevelt and Japan. 2. Aufl. Seattle/London 1967, S. 100 f.
82 Ebda.
83 Ebda., S. 98 f.
84 Wortlaut des Abkommens in: Dennett, a. a. O., S. 112 ff.
85 Ebda., S. 303–306.
86 Conroy, H.: The Japanese Seizure of Korea 1868–1910. Philadelphia 1960, S. 345–353.
87 Maki, a. a. O., S. 24 f.
88 Sharman, Lyon: Sun Yat-sen. His Life and Its Meaning. New York 1934, S. 3–38; vgl. auch Schiffrin, Harold Z.: Sun Yat-sen and the Origins of the Chinese Revolution. Berkeley/Los Angeles 1968. Die einzige »autorisierte« von Sun selbst durchgesehene Biographie ist: Lineberger, Paul: Sun Yat-sen and the Chinese Republic. New York/London 1925.
89 Wiedergabe in: Teng und Fairbank, a. a. O., S. 224 f.
90 Sun, Yat-sen: Kidnapped in London. Bristol 1897.
91 Wortlaut des Gründungsmanifests leicht gekürzt in: Teng und Fairbank, a. a. O., S. 227.
92 Wortlaut des Vertrages in: MacMurray, a. a. O., S. 866–889.
93 Li, Chien-nung, a. a. O., S. 250.
94 MCH, bd. 2, S. 256.
95 Wortlaut ebda., S. 717 f.
96 Li, Chien-nung, a. a. O., S. 260.
97 MCH, Bd. 2, S. 737.
98 Li, Tieh-tseng: The Historical Status of Tibet. New York 1956, S. 83.
99 Wortlaut der Konvention im Anhang von: International Commission of Jurists: The Question of Tibet and the Rule of Law. Geneva 1959, S. 110 ff. Diese Quelle wird hiernach zitiert als: The Question of Tibet.
100 Wortlaut ebda., S. 113 f.
101 Li, Tieh-tseng, a. a. O., S. 65 ff., 126–129.
102 Ebda., S. 68, und Dalai Lama: Mein Leben und Mein Volk. Die Tragödie Tibets. München 1962, S. 60.
103 Dalai Lama, ebda.
104 Ebda., S. 56, 58 f.
105 MCH, Bd. 2, S. 719 ff.
106 Li, Tieh-tseng, a. a. O., S. 130–133.
107 Ebda., S. 135. Vgl. auch Bell, Charles: Tibet Past and Present. Oxford 1924, S. 152.
108 Wortlaut des Abkommens in: The Question of Tibet, a. a. O., S. 124 ff.
109 Dalai Lama, a. a. O., S. 61.
110 Batson-Prize, a. a. O., S. 108.
111 Pavlovsky, Michel N.: Chinese-Russian Relations. New York 1949, S. 41.
112 Friters, Gerard M.: Outer Mongolia and its International Position. Baltimore 1949, S. 158 f.
113 Wu, a. a. O., S. 40 f.
114 Friters, a. a. O., S. 58 f.
115 Pavlovsky, a. a. O., S. 45.
116 Korostovetz, Ivan J.: Von Cinggis Khan zur Sowjetrepublik. Berlin 1926, S. 119.
117 Friters, a. a. O., S. 66.

118 Wortlaut in: Korostovetz, a. a. O., S. 274.
119 Wortlaut in: Korostovetz, S. 274.
120 Pavlovsky, a. a. O., S. 59 f.
121 Wortlaut in: Korostovetz, a. a. O., S. 281–286, und in: MacMurray, a. a. O., S. 1239–1248.
122 Tang, Peter S. H.: Russian and Soviet Policy in Manchuria and Outer Mongolia 1911–1931. Durham 1959, S. 357–365.
123 Tang, a. a. O., S. 370.
124 Wortlaut des Ultimatums in: Maki, a. a. O., S. 28, und in: MacMurray, a. a. O., S. 1167.
125 Wortlaut der chinesischen Neutralitätserklärung v. 6. August 1914 in: MacMurray, a. a. O., S. 1365–1368.
126 U.S. Department of State: United States Foreign Relations 1914, Supplement, S. 191.
127 MacNair, H. F,. und Lach, Donald: Modern Far Eastern International Relations. New York 1955, S. 132.
128 Wortlaut d. Forderungen vom 18. Januar 1915 in: Mac Murray, a. a. O., S. 1231–1234.
129 MCH, Bd. 2, S. 766.
130 Ebda., S. 1236.
131 Wortlaut dieses Notenaustausches in: USRWC, S. 437 f.
132 Wortlaut des chinesischen Regierungsmandats über den Abbruch der diplomat. Beziehungen zu Deutschland in: MacMurray, a. a. O., S. 1369.
133 Wortlaut der Geheimabkommen zwischen Großbritannien und Japan vom 16. Februar 1917 und zwischen Japan und Frankreich, ebda., S. 1167 ff.
134 Lach und MacNair, a. a. O., S. 171.
135 Griswold, a. a. O., S. 246–253.
136 Chow, Tse-tsung: The May Fourth Movement. Intellectual Revolution in Modern China. Cambridge, Mass., 1960, Kap. IV. Vgl. ferner: Franke, Wolfgang: Chinas Kulturelle Revolution. Die Bewegung vom 4. Mai 1919. München 1957, S. 7–15, sowie Li, Tien-yi: Woodrow Wilsons's China Policy 1913–1917. New York 1952; Fifield, Russel H.: Woodrow Wilson and the Far East. New York 1952.
137 Vgl. das folgende Kapitel dieses Bandes.
138 Mao Tse-tung: Über Literatur und Kunst. Peking 1961, S. 26.
139 Hu, Shih: »Grundzüge der chinesischen Geistesgeschichte« in: Kindermann, Gottfried-Karl (Hrsg.) Konfuzianismus, Sunyatsenismus und chinesischer Kommunismus. Freiburg i. Br. 1963; S. 77–87.
140 Schram, Stuart R.: The Political Thought of Mao Tse-tung. New York/London 1963, S. 214 ff.
141 Chow, Tse-tsung, a. a. O., S. 242. Hus Ansichten zu Grundsatzfragen der kulturellen Erneuerung in China finden sich in seinem Buch: Hu, Shih: The Chinese Renaissance. Chicago 1933.
142 Dallin, a. a. O., S. 157.
143 Wortlaut der Note in: Maki, a. a. O., S. 40 f.
144 Vgl. Wilsons Aide-mémoire vom 17. Juli 1918 in: United States Foreign Relations 1918, Russia, Bd. 2, S. 287–290.
145 Wortlaut in: Maki, a. a. O., S. 46 f.
146 Wortlaut in: Carnegie Endowment for International Peace (Hrsg.): Treaties and Agreements With and Concerning China 1919–1929. Washington, D.C., 1929, S. 89–93.
147 Vertrag über die Revision der chinesischen Zollsätze, ebda., S. 93–97.
148 Wortlaut ebda., S. 80–88.
149 Truchanowski (Hrsg.): Geschichte der internationalen Beziehungen 1917–1939. (Ost-Berlin) 1963, S. 120 ff.
150 Morse, H.B., und MacNair, H.F.: Far Eastern International Relations. Boston/Chicago 1931, S. 660 f., 647. Dallin, a. a. O., S. 172–176.
151 Wortlaut in: Foreign Relations of the United States 1921, Bd. 2, S. 719.
152 Zitiert bei Dennis, Alfred L.P.: The Foreign Policy of Soviet Russia. New York 1924, S. 330.

Anmerkungen zu Kapitel 3, S. 121–164

1 Lenin, W.I.: Sämtliche Werke. Wien/Berlin 1930, Bd. 25, S. 603 f.
2 Vgl. oben, Kap. I, Anm. 51.
3 Protokoll des II. Weltkongresses der Kommunistischen Internationale. Hamburg 1921, S. 227.
4 Ebda., S. 231.
5 Ebda., S. 146 f.
6 Wortlaut in: Whiting, Allen S.: Soviet Policies in China 1917–1924. New York 1954, S. 269 ff.
7 Wortlaut ebda., S. 272–275.
8 Eudin, X.J., and North, Robert C. (Hrsg.), Soviet Russia and the East 1920–1927. A Documentary Survey. Stanford/London 1957, S. 218.
9 Yu, George T.: Party Politics in Republican China. The Kuomintang 1912–1924. Berkeley/Los Angeles 1966, S. 163.
10 Brief Sun Yat-sens an Liao Chung-k'ai im Auszug übersetzt bei Brandt, Conrad: Stalin's Failure in China. New York 1958, S. 26 f. Vgl. auch Sun Yat-sens Rede auf dem Ersten Nationalen Parteitag der Kuomintang 1924 in: Sun, Yat-sen: Fundamentals of National Reconstruction. Chungking 1945, S. 75 f.
11 Wortlaut des Briefes in: Eudin und North, a. a. O., S. 219 ff.
12 Boorman, H.L., und Howard, R. . (Hrsg.): Biographical Dictionary of Republican China. 4 Bde. New York 1967–1971 (Fortan zitiert als BDRC), Bd. 1, S. 173–180. Zu Sun Yat-sens Politik in Kwangtung siehe: Yeh, Youngming: Sun Yat-sens Regierung in Südchina und die »Bewegung zum Schutz der Verfassung«. München 1983.
13 Tong, Hollington: Chiang Kai-shek. Soldier and Statesman (Authorized Biography). 2 Bde., London 1938, Bd. 1, S. 56–71.
14 Wortlaut in: Dokumentargeschichte, S. 30–40.
15 Ch'en, Tu-hsiu: Kao ch'üan-tang t'ung-chih-shu (ein Brief an alle Parteigenossen). Shanghai 1929, S. 2. Zu Ch'ens Person und Wirken siehe: Kuo, Thomas: Ch'en Tu-hsiu and the Chinese Communist Movement. South Orange, N. J., 1975.
16 Ebda. Vgl. auch Brandt, a. a. O., S. 30 ff.
17 Ch'en, Tu-hsiu, a. a. O.
18 Protokoll des Vierten Kongresses der Kommunistischen Internationale. Hamburg 1923, S. 615.
19 Wortlaut in: Dokumentargeschichte, S. 48 f.
20 Wortlaut der Randbemerkungen Sun Yat-sens ebda., S. 50 f.
21 Ebda., S. 51.
22 Wortlaut in: Kindermann, 1963 a. a. O., S. 143–146.
23 Wortlaut in: Kindermann, a. a. O., S. 145 f.
24 China Yearbook (Hong Kong), hiernach zitiert als CYB, 1924/25, S. 850–854, und Foreign Relations of the United States 1923, Bd. 1, S. 557–559.
25 Wortlaut der Grundsatzerklärung in: Hsü, Leonard S. (Hrsg.): Sun Yat-sen. His Political and Social Ideals. A Source Book. Los Angeles 1933, S. 120–141. Dies ist die umfassendste Sammlung der Hauptwerke Sun Yat-sens in englischer Übersetzung.
26 T'ang, Leang-li, a. a. O., S. 178 f.
27 Vgl. Suns Rede über die Reorganisation der Kuomintang in: Teng, Ssu-yü, und Fairbank, John K.: China's Response to the West. A Documentary Survey 1839–1923. Cambridge, Mass., 1954, S. 264–67.
28 Kindermann, 1963, a. a. O., Dokument s a, S. 93. Dieser Band beinhaltet u.a. relevante Texte aus den Hauptwerken Sun Yat-sens.
29 Ebda., S. 104.
30 Ebda., Dokument 2 b, S. 105 f.
31 Sun, Yat-sen: Fundamentals, S. 5–8.
32 Kindermann, (1963), a.a.O, Dokument 2 c, S. 112–119.
33 Lacouture, Jean: Ho Chih Minh. London 1968, S. 34–38, 211.

34 Wilbur, C. M., und How, J. (Hrsg.): Documents on Communism, Nationalism and Soviet Advisers in China 1918–1927. New York 1956, S. 150 f. Vgl. auch: Liu, F. F.: A Military History of Modern China. Princeton, N. J., 1956, S. 9 f.
35 Liu, a. a. O., S. 8.
36 Ebda., S. 18 ff.; Tong, a. a. O., Bd. 1, S. 77 f., 101 f.; MacFarquhar, Roderick: The Whampoa Military Academy. Papers on China. Hrsg. v. East Asia Regional Studies Seminar of Harvard University. Bd. 9 (1955), S. 146–163.
37 Vgl. Rede Sun Yat-sens Ende August 1924, deutsch in: Wittfogel, Karl August: Sun Yat-sen. Wien/Berlin o. J., S. 330 f., sowie T'ang, Leang-li, a. a. O.; Hsiung, S. I.: The Life of Chiang Kai-shek. London 1948, S. 200–205.
38 Wortlaut in: Shapiro, Leonard (Hrsg.): Soviet Treaty Series. Bd. 1, Washington, D.C., 1950, S. 137 f.
39 CYB 1924/25, S. 581.
40 Wortlaut des Vertrages in: Carnegie Endowment for International Peace: Treaties and Agreements With and Concerning China 1919–1929. Washington, D.C., 1929, S. 133–140.
41 Ebda., S. 141 ff.
42 Friters, a. a. O., S. 130; Korostovetz, a. a. O., S. 330 f.
43 Friters, ebda.
44 Ebda., S. 131; Korostovetz, S. 340.
45 Eudin und North, a. a. O., S. 256.
46 CYB 1933, S. 191–201.
47 Maisky, Ivan: Sovremennaya Mongoliya. Irkutsk 1921, zit. in: Pavlovsky, a. a. O., S. 84.
48 Wortlaut der Rede in: Eudin und North, a. a. O., S. 322 f.
49 T'ang, Leang-li, a. a. O., S. 192.
50 Li, Chien-nung: The Political History of China 1840–1928. Princeton 1956, S. 477 f.
51 Wortlaut des Vermächtnisses in: Hsü, a. a. O., S. 43.
52 Roy, Manabendra Nath: Revolution und Konterrevolution in China. Berlin 1930, S. 300.
53 Tang, Shao-yi, in: Far Eastern Review. Bd. 21, März 1925, S. 103. Zur Person und historischen Rolle Sun Yat-sens siehe u. a.: Kindermann, Gottfried-Karl, u. a.: Sun Yat-sen, Founder and Symbol of China's Revolutionary Nation Building. München-Wien 1982, und Schiffrin, Harold Z. Sun Yat-sen, Reluctant Revolutionary. Boston 1980. Siehe auch: Cheng, Chu-yuan (Hrsg.): Sun Xat-sen's Doctrine in the Modern World. Boulder/London 1989.
54 Äußerung von D. Z. T. Yui in: New York Times, 22. Juli 1923.
55 Snow, Edgar: Red Star Over China. London 1937, S. 156 f.; Schram, Mao Tse-tung, a. a. O., S. 85 f.; Eto, Shinkichi: Hai-lu-feng. The First Chinese Soviet Government. In: The China Quarterly, October-December 1961, S. 179–183.
56 A Brief History of the Chinese Communist Party, in: Wilbur und How, a. a. O., Dok. 1, S. 74, 90, 94, 97.
57 Chou Lu. Chou Lu wen-ts'un (Gesammelte Essays des Chou Lu). Aufzeichnungen eines der bedeutendsten Parteihistoriker der Kuomintang über selbsterlebte Parteigeschichte. Hrsg. Mei Ao. Peking 1930, Teil III, S. 75–82.
58 Wilbur und How, S. 209–12; T'ang, Leang-li, a. a. O., S. 230 f.
59 Chou Lu [Tsou Lu] a. a. O., Teil III, S. 109–114.
60 Chiang Chieh-shih hsien-sheng yen-shuo-chi. (Reden Chiang Kai-sheks aus den Jahren 1924–1927, die zumeist an die Leiter und Studenten der Whampoa-Militärakademie oder Parteigremien der Kuomintang gerichtet waren.) Hrsg. P'ing-she. (2 Bde.) Kanton 1927, S. 567–574.
61 Chiang-Tagebuch, a. a. O., Eintragung vom 8. 3. 1926.
62 Isaacs, Harold: The Tragedy of the Chinese Revolution. London 1938, S. 98 f.
63 Wilbur und How, a. a. O., Dok. 23, S. 248–51.
64 Ebenda., S. 251.
65 Fischer, Louis: The Soviets in World Affairs. A History of the Relations Between the Soviet Union and the Rest of the World 1917–29. (2 Bde.) Princeton, N. J., 1951, Bd. 2, S. 647.
66 Ebda., S. 648.

67 Inhalt der Resolution in: Woo, a. a. O., S. 176 f.
68 Wilbur und How, a. a. O., S. 229
69 Chiang-Tagebuch, Eintragung vom 3. 4. 1926.
70 Fischer, a. a. O., Bd. 2, S. 661.
71 Liu, a. a. O., S. 37.
72 Wilbur und How, a. a. O., Dok. 26, S. 274 f.
73 Ebda., Dok. 27, S. 278–281.
74 Stalin, J.: Werke. (Ost-)Berlin 1952, Bd. 10, S. 15.
75 Ebda., S. 16.
76 Ebda., S. 17.
77 International Press Correspondence (Organ der Kommunistischen Internationale); hiernach zitiert als INPRECOR, 23.12.1926.
78 Ebda.
79 Ebda., 30.12.1926.
80 Wortlaut in: Dokumentargeschichte, Dok. 7, S. 58–68.
81 Wilbur und How, a. a. O., Dok. 47, S. 428.
82 Snow, a. a. O., S. 159.
83 Wortlaut des Beschlusses in: CYB, 1928, S. 1343 f.
84 Wilbur und How, a. a. O., S. 398 f.
85 Wortlaut der Resolution: Woo, a. a. O., S. 180.
86 Wortlaut des Memorandums in: Whyte, Frederick: China and the Foreign Powers. London 1927, Appendix V.
87 Wortlaut des britisch-chinesischen Notenaustausches hierzu in: CYB 1928, S. 737–754.
88 Wortlaut in: Whyte, a. a. O., S. 64 f.
89 The Times (London), 31. 1. 1927 (auszugsweise). In: Whyte, a.a.Ol, S. 56–60.
90 Iriye, Akira: After Imperialism. The Search for a New Order in the Far East 1921–1931. Cambridge, Mass., 1965, S. 110–117.
91 Ebda., S. 115–118.
92 Wortlaut der Porter Resolution (House Concurrent Resolution 46, 69th Congress, 2nd Session) in: Borg, Dorothy: American Policy and the Chines Revolution 1925–28. New York 1947, S. 242. Vgl. auch: House of Representatives Report No. 1891, 69th Congress, 2nd Session.
93 Wortlaut in: CYB 1928, S. 764 ff.; United States Relations with China. Department of State Publication 3573, Far Eastern Series 30. Washington, D.C., 1949; hiernach zitiert als: USRWC, Anhang Dok. 15, S. 442–445.
94 North China Herald; hiernach zitiert als: NCH, 31.3.1927.
95 CYB 1928, S. 723–729, 1359 f.
96 Foreign Relations of the United States 1927, Bd. 2, 151–163. British Government Documents: Papers Relating to the Nanking Incident of March 24 and 25 1927. London 1927. S. ferner: Chiang, Kai-shek: Declaration to Kuomintang Members. Shanghai 1927; North und Eudin: Roy's Mission, a. a. O., Dok. 35, 361 bis 365.
97 Wortlaut in: NCH, 2. 4. 1927.
98 Wilbur und How, a. a. O., S. 8–37.
99 Der Artikel VI untersagt es den vertragschließenden Parteien, auf ihrem Boden die Existenz von Gruppen zu dulden, die den jeweils anderen Vertragspartner mit Mitteln der Gewalt bekämpfen wollen. Die Sowjets meinten hiermit vor allem weißrussische Einheiten in Nordchina, die Pekinger Regierung hingegen chinesische Kommunisten in der UdSSR. Artikel VI enthält fernerhin eine Verpflichtung der beiden vertragschließenden Parteien, keine feindliche Propaganda gegen die politischen oder sozialen Systeme des anderen Vertragspartners zu betreiben.
100 Wilbur und How, a. a. O., S. 408 f.
101 Borg, a. a. O., S. 343 f.; s. auch NCH, 30. 4. 1927.
102 North und Eudin: Roy's Mission, Dok. 4, S. 156–59; Ho, Kan-chih, a. a. O., S. 141–144.
103 INPRECOR, 25.3.1927.
104 INPRECOR, 22.3.1927.
105 INPRECOR, 30.12.1926.

106 INPRECOR, 4.4.1927.
107 Chinese Social and Political Science Review (Peking), Bd. 12, Januar 1928, Nr. 1, S. 150.
108 INPRECOR, 14.4.1927.
109 Ch'en, Tu-hsiu, a. a. O., S. 4.
110 NCH, 16.4.1927; NCST, 13., 14. u. 15. April 1927; INPRECOR, 17. Juni 1927.
111 INPRECOR, 16. 4. 1927; Ho, Kan-chih, a. a. O., S. 150.
112 Trotsky, Leon: Problems of the Chines Revolution. New York 1931, S. 388 ff.
113 Chiang, Kai-shek: Manifesto to the People. Shanghai 1927, S. 6 f.
114 Ebda., S. 5; Chiang, Kai-shek: Declaration to Kuomintang Members. Shanghai 1927, S. 6. Chiangs Manifesto (s. Anm. 116) u. seine Erklärung deutsch in: Kindermann (1963) S. 147–153.
115 Chiang: Manifesto, S. 7.
116 Chiang: Declaration, S. 14.
117 Ebda., S. 7.
118 Ebda., S. 7–12.
119 Chiang: Manifesto, S. 10.
120 Chiang: Declaration, S. 3, 5, 17. Vgl. Trotsky, a. a. O., S. 409.
121 Chiang: Declaration, S. 9. Vgl. North und Eudin: Roy's Mission, Dok. 35, S. 361–365.
122 Chiang: Manifesto, S. 14.
123 Chiang: Declaration, S. 12 f. (Eine Zusammenfassung der wichtigsten Stellen aus Chiang Kaisheks in den Anmerkungen 167 und 168 genannten Aufrufen findet sich in: Kindermann, a. a. O., Dok. 8. Chinesische Originaltexte in: Lang, Hsing-shih [Hrsg.]: Kê-ming yü fan-kê-ming. Shanghai 1928).
124 Siehe Chiang Kai-sheks Erklärung vom 14. August 1927, Wortlaut in: CYB 1928, S. 1382–1383. Vgl. Chiang, Manifesto, S. 7.
125 CYB 1928, S. 1361.
126 NCH, 30.4.1927.
127 NCH, 14.5.1927; NCST, 20. 5. 1927.
128 NCH, 21.5.1927.
129 NCH, 4.6.1927. Zur Vor- u. Entstehungsgeschichte des Bürgerkrieges siehe u. a. auch: Wilbur, C. Martin: The Nationalist Revolution in China 1923–1928. London 1983.
130 Stalin, a. a. O., Bd. 10, S. 45.
131 Übers. in: NCH, 9. 4. 1927.
132 Trotski, a. a. O., S. 339.
133 Ch'en, Tu-hsiu, a. a. O., S. 5; ferner BDRC, Bd. 1, S. 244.
134 Schwartz, Benjamin: Chinese Communism and the Rise of Mao. Cambridge, Mass., 1951, S. 219, Anm. 27.
135 Stalin, a. a. O., Bd. 10, S. 29.
136 T'ang, Leang-li, a. a. O., S. 281.
137 Snow, a. a. O., S. 162.
138 Eto, a. a. O., in: China Quarterly, October–December 1961 (Teil I) und Januar–März 1962 (Teil II).
139 North und Eudin, a. a. O., Dok. 110, S. 383.
140 Schram, Stuart: On the Nature of Mao Tse-tung's »Deviation« in 1927, in: China Quarterly, April-Juni 1964; Snow, a. a. O., S. 163 ff.
141 Roy, a. a. O., S. 426 f.; North und Eudin, a. a. O., Dok. 111, 112; sowie Asiaticus, a. a. O., S. 329–337.

Anmerkungen zu Kapitel 4, S. 165–192

1 Wortlaut in: CYB 1929/30, S. 1179.
2 Tong, Hollington K.: Chiang Kai-shek – Soldier and Statesman. (2 Bde.) London 1938, Bd. 1, S. 220; Iriye, Akira: After Imperialism. The Search for a New Order in the Far East 1921–1931. Cambridge, Mass., 1965, S. 202.

3 Ebda., S. 203.
4 Tong, a. a. O., Bd. 1, S. 221.
5 Iriye, a. a. O., S. 205.
6 BDRC, Bd. 1, S. 121; Iriye, a. a. O., S. 210–213.
7 BDRC, ebda.; Iriye, a. a. O., S. 213 f.
8 Maxon, Yale Candee: Control of Japanese Foreign Policy. A Study of Civil-Military Rivalry 1930–1945. Berkeley/Los Angeles 1957, S. 73 f.
9 Iriye, a. a. O., S. 235 ff.
10 Siehe oben S. 134.
11 Tong, Hollington K.: Chiang Kai-shek. Taipei 1953 (zweite, stark überarbeitete und chronologisch erweiterte Chiang-Biographie des gleichen Autors. Im Unterschied zur ersten Biographie, zit. oben in Anm. 2 zu diesem Kapitel, wird die zweite Biographie hiernach zitiert als: *Tong: Chiang Kai-shek, 1953*), S. 119.
12 Teile dieser Dokumente sind abgedruckt in: Ministry of Foreign Affairs: Documents with Reference to the Sino-Russian Dispute 1929. Nanking 1929, S. 18–65. Vgl. auch die amtliche Erklärung der mandschurischen Autoritäten in: The Times, 29. Mai 1929.
13 Wortlaut des Berichts in: FRUS, 1929, Bd. 2, S. 190 f.
14 Degras, Jane (Hrsg.): Soviet Documents of Foreign Policy. 3 Bände, London 1951–1953; hiernach zitiert als: SDFP, Bd. 2, S. 381 ff. S. auch Iswestja, Nr. 123, 1. 6. 1929.
15 Ebda., S. 215–218.
16 Ebda., S. 244 f.
17 Ebda., S. 303 ff.
18 SDFP, Bd. 2, S. 389 f.
19 Wortlaut ebda., S. 320 f.
20 Ebda., S. 352. Vgl. Tang, a. a. O., S. 220.
21 CYB 1931, S. 428–432. Vgl. Ho, Kann-chih: A History of the Modern Chinese Revolution. Peking 1959, S. 204 ff.
22 Foreign Relations of the United States – Diplomatic Papers. Hrsg. U. S. Department of State, Washington, D.C.; hiernach zitiert als: FRUS, 1929, Bd. 2, S. 337 ff.
23 Tang, a. a. O., S. 220–234.
24 Wortlaut in: FRUS 1929, Bd. 2, S. 371 ff.
25 Wortlaut des Protokolls in: SDFP, Bd. 2, S. 405 f.
26 Ebda., S. 416.
27 Wortlaut des Protokolls ebda., S. 434 ff.
28 Linebarger, Paul M. A., Djang, Chu, und Burks, Ardath: Far Eastern Governments and Politics. China and Japan. New York 1954, S. 376 ff.
29 Scalapino, Robert A.: Democracy and the Party Movement in Prewar Japan. Berkeley/Los Angeles 1967, S. 211, Anm. 23.
30 Maxon, a. a. O., S. 13.
31 Ebda., S. 25.
32 Ebda., S. 27, 39–42.
33 Scalapino, a. a. O., S. 278–289.
34 Ebda., S. 283; Borton, Hugh: Japan's Modern Century. New York 1955, S. 319, Anm. 17.
35 Scalapino, a. a. O., S. 314.
36 Linebarger et al., a. a. O., S. 416.
37 Allen, George: A Short Economic History of Japan, 1867–1937. London 1936, S. 99.
38 Takeuchi, Tatsuji: War and Diplomacy in the Japanese Empire. New York 1935, Kap. XXV. S. ferner: Crowley, James B.: Japan's Quest for Autonomy. National Security and Foreign Policy 1930–38. Princeton 1966, Kap. I; Woodward, E., und Butler, R. (Hrsg.): Documents on British Foreign Policy, 1919–39 (London 1946). Second Series, Bd. 1 (1930), enthält ausführliche Informationen über die Konferenz.
39 Wichtigste Stellen des Programms der Sakurakai in: Ogata, Sadako N.: Defiance in Manchuria. The Making of Japanese Foreign Policy 1931–1932. Berkeley/Los Angeles 1964, S. 30 f.

40 Morris, Ivan (Hrsg.): Japan 1931–1945. Militarism, Facism, Japanism? Boston 1963, S. 37.
41 Araki, Sadao: The Spirit and Destiny of Japan. In: Morris, a. a. O., S. 67 f.; Japan Ministry of Education: The Unique National Polity (Kokutai no Hongi). In: Morris, a. a. O., S. 50 ff.
42 Scalapino, a. a. O., S. 306 ff.
43 Maruyama, Massao: Thought and Behaviour in Modern Japanese Politics. London (2. Aufl.) 1966, S. 42; Scalapino, a. a. O., S. 355 f.
44 Kita, Ikki: Plan for the Reorganization of Japan. In: Morris, a. a. O., S. 24 f. Siehe auch: Wilson, George M.: Radical Nationalist in Japan. Kita Ikki 1883–1937. Cambridge, Mass., 1969.
45 Maruyama, a. a. O., S. 37.
46 Kita, Ikki, a. a. O., S. 22.
47 Ebda., S. 23.
48 Ebda., S. 21–22.
49 Hashimoto, Kingoro: The Need for Emigration and Expansion. In: Morris, a. a. O., S. 64.
50 Araki, a. a. O., S. 71 ff.
51 Ebda.
52 Takeuchi, a. a. O., S. 348.
53 Ogata, a. a. O., S. 58.
54 Crowley, a. a. O., S. 118–121; Ogata, a. a. O., S. 57–60; IMTFE, 30, S. 261, und 22, S. 119.
55 Text der Verlautbarung in: Takeuchi, a. a. O., S. 351.
56 International Military Tribunal, Far East. Record of Proceedings. Tokio 1946–1948; hiernach zitiert als: IMTFE, 37, S. 578.
57 Ebda., 1, S. 938; vgl. Maxon, a. a. O., S. 83 f.
58 Ogata, a. a. O., S. 63 f.
59 IMTFE, 37, S. 578–582. S. auch Takeuchi, a. a. O., S. 353.
60 League of Nations, Official Journal, December 1931, S. 2453 f.
61 Lytton-Bericht, S. 222–227.
62 Takeuchi, a. a. O., S. 357 f.
63 Ogata, a. a. O., S. 105–10.
64 Ebda., S. 112 f.
65 FRUS: Japan 1931–41. Bd. 1, S. 44 f.
66 Wortlaut der diesbezüglichen Resolution in: SIA, 1931, S. 501 f.
67 IMTFE Judgement, Pt. B, Kap. V, S. 516.
68 FRUS: Japan, Bd. 1, S. 76.
69 Ebda., S. 76 f.
70 Pu Yi: From Emperor to Citizen. Peking 1964, Bd. 1, S. 244–247.
71 Lytton-Bericht, S. 237 f.
72 Ogata, a. a. O., S. 152.
73 IMTFE, S. 1479.
74 Butow, Robert J. C.: Tojo and the Coming of the War. Princeton, N. J., 1961, S. 55–59.
75 Crowley, a. a. O., S. 180.
76 Takeuchi, a. a. O., S. 38.
77 Maki, John M.: Conflict and Tension in the Far East. Key Documents 1894–1960. Seattle 1961, S. 66 f.
78 FRUS: Japan, Bd. 1, S. 107 f.
79 Lytton-Bericht, a. a. O., S. 257.
80 Ebda., S. 256.
81 Wortlaut der Note: Maki, a. a. O., S. 72–74.
82 Wortlaut in: CYB 1934, S. 720.
83 Wortlaut: Maki, a. a. O., S. 74 ff.
84 Lupke, Hubertus: Japans Rußlandpolitik von 1939 bis 1941 (Bd. X der Schriften des Instituts für Asienkunde). Frankfurt a. M. 1962, Dokumentenanhang, Dok. XVI, S. 177.
85 Lach, D.F., und Mac Nair, H.F.: Modern Far Eastern International Relations. 2. Aufl. New York 1955, S. 438 f.

86 Schumpeter, E.B. (Hrsg.): The Industrialization of Japan and Manchukuo 1930–1940. New York 1940; Sun, Kungtu C.: The Economic Development of Manchuria in the First Half of the Twentieth Century. Cambridge, Mass., 1969.
87 Takeuchi, a. a. O., S. 373.
88 TASS-Erklärung in: Iswestja vom 21. Mai 1932. SDFP, Bd. 2, S. 532.
89 Erklärung des Vizekommissars für Auswärtige Angelegenheiten, Karachan, v. 16.4.1933 in: Iswestja, 18.4.1933; in: SDFP, Bd. 3, S. 11–14.
90 Wortlaut in: Maki, a. a. O., S. 74 ff.

Anmerkungen zu Kapitel 5, S. 193–212

1 CYB 1929/30, S. 1181 ff.
2 Wortlaut des Berichts von Soong: ebda., S. 637–641.
3 Wortlaut: CYB 1931, S. 546.
4 Weber, Max: Wirtschaft und Gesellschaft. 4. Aufl. Tübingen 1960, S. 42 f.
5 CYB 1931, S. 548 f.; CYB 1929/30, S. 732 ff.
6 Ebda., S. 1202; Tong, Hollington: Chiang Kai-shek. Taipei 1953, S. 122 f.
7 Wortlaut des Telegramms von Chiang Kai-shek an Feng Yü-hsiang v. 20.5.1929 in: CYB 1929/30, S. 1209.
8 CYB 1931, S. 551 f.
9 Ebda., S. 559–562, 565.
10 Wortlaut d. Erklärung Wang Ching-weis in: CYB 1929/30, S. 1184.
11 Wortlaut einer Stellungnahme Wang Ching-weis im Rahmen eines Interviews vom 25. 7. 1939 in: CYB 1931, S. 564. Berichte über die politische Gegenbewegung in der Kuomintang ebda., S. 563 ff.
12 CYB 1931, S. 65.
13 Wortlaut als Anhang 4 in: Linebarger, Paul M., Djang, Chu und Burks, Ardath: Far Eastern Governments and Politics. China and Japan. New York 1954, S. 551–557; CYB 1931/32, S. 688–692.
14 Ch'ien, Tuan-sheng: The Government and Politics of China. Cambridge, Mass., 1961, S. 139.
15 Sitzungsberichte und Texte von Manifesten der Nationalversammlung in: CYB 1931/32, S. 530–537.
16 Wortlaut in: CYB 1934, S. 384 ff.
17 Tong, Hollington: Chiang Kai-shek. London 1938, Bd. 2, S. 401.
18 BDRC, Bd. 1, S. 160–163; Tong, a. a. O., Bd. 2, S. 402–410.
19 Tong, a. a. O., S. 412.
20 CYB 1935, S. 102 f.
21 CYB 1929/30, S. 1181.
22 Snow, Edgar: The Battle For Asia. Cleveland/New York 1942, S. 117 ff.
23 Lattimore, Owen: Solution in Asia. Boston 1945, S. 80–85.
24 CYB 1931, S. 471–477.
25 Pollard, a. a. O., Kap. X.
26 Ebda., S. 370–382. Vgl. auch Fishel, Wesley: The End of Extraterritoriality in China. Berkeley/Los Angeles 1952.
27 Genauere Angaben bei Domes, a. a. O., S. 415, 590.
28 Ebda., S. 607 f.
29 Wortlaut des Landgesetzes von 1930 in: Tang, Hui-sun: Land Reform in Free China. 2. Aufl. Taipei 1957, S. 237–273. Durchführungsbestimmungen zu diesem Gesetz ebda., S. 274–281.
30 Dokumentargeschichte, Dok. 11, S. 99–113.
31 Ebda., S. 102.
32 Ebda., S. 103 f.
33 Ebda., S. 109 f.

34 Ebda., S. 110 ff.
35 Beschluß des Sechsten Nationalkongresses [der KPC] über die Bauernbewegung (September 1928) ebda., S. 115 f.
36 Ebda., Dok. 14, S. 131, 136.
37 INPRECOR, 7. August 1930.
38 Snow, a. a. O., S. 165–168; Mao: AW, Bd. 1, S. 79–115.
39 Wortlaut des kommunistischen Agrargesetzes von 1928 in: Rue, John E.: Mao Tse-tung in Opposition 1927–1935. Stanford 1966, S. 112 ff.
40 Mao Tse-tung: Ausgewählte Werke, Peking; hiernach zitiert als: MTTAW, Bd. 1, S. 122 ff. und 125 f.
41 Ebda., S. 118, 129 ff., 139.
42 Ebda., S. 134 f.
43 Dokumentargeschichte, Dok. 15, S. 138–147.
44 Ebda., S. 144 f., 147, Dok. 16, S 148, 155.
45 Chang Kuo-t'ao: Mao. A New Portrait by an Old Colleague. In: New York Times Magazine, 2. August 1953.
46 Snow, a. a. O., S. 175 f.
47 Ch'en, Jerome: Mao and the Chinese Revolution. London 1965, S. 164 f.
48 Wortlaut der Verfassung in: Dokumentargeschichte, S. 159–163.
49 Wortlaut des Bodengesetzes ebda., S. 163 ff.
50 MTTAW, Bd. 1, S. 141.
51 Ebda., S. 211 f.
52 Ebda., S. 281.
53 Ebda., S. 291.
54 Ebda., S. 228 f. Vgl. Chiang, Kai-shek: Soviet Russia in China. New York 1958, S. 217 ff.; Domes, a. a. O., S. 616–622.
55 Snow, a. a. O., S. 179.
56 Ho, Kann-chih: A History of the Modern Chinese Revolution. Peking 1959, S. 269 f.
57 Abegg, Lily: Chinas Erneuerung. Der Raum als Waffe. Frankfurt a. M. 1940, S. 81 f.

Anmerkungen zu Kapitel 6, S. 212–224

1 Lytton-Bericht, S. 261.
2 Wortlaut in: FRUS, Japan, Bd. 1, S. 224 f.
3 Wortlaut der Entgegnung in: CYB 1934, S. 726 f.
4 Ebda., S. 727.
5 Ebda., S. 727 f.
6 Ebda., S. 728 f. Eine sehr aufschlußreiche Analyse der Entstehung und Auswirkung der »Amau-Erklärung« findet sich in dem bedeutenden Werk: Borg, Dorothy: The United States and the Far Eastern Crisis of 1933–38. Cambridge, Mass., 1964, Kap. II.
7 Domes, Jürgen: Die Vertagte Revolution. Die Politik der Kuomintang in China 1923–1937. Berlin 1969, S. 630.
8 Crowley, James B.: Japan's Quest for Autonomy, National Security and Foreign Policy 1930–1938. Princeton 1966, S. 212 ff.
9 Ebda., S. 303, 216 f.; Domes, a. a. O., S. 634 ff.; CYB 1935, S. 131 f.; IMTFE, Bd. 20, S. 781–790.
10 Domes, a. a. O., Anm. 75.
11 CYB 1936, S. 176 f.
12 Crowley, a. a. O., S. 306 ff.; Domes, a. a. O., S. 638 f.
13 Ishimaru, a. a. O., S. 194.
14 Domes, a. a. O., S. 644. S. ebda., Anm. 100.
15 Scalapino, Robert: Democracy and the Party Movement in Prewar Japan. Berkeley/Los Angeles 1967, S. 382.

16 Ebda.
17 Butow, Robert J. C.: Tojo and the Coming of the War. Princeton, N. J., 1961, S. 63 f.
18 Ebda., S. 69.
19 IMTFE, Exhibit Nr. 216.
20 Jones, a. a. O., S. 27.
21 Wortlaut des Geheimabkommens in: ADAP, S. 600.
22 Trotz ihrer 1935 geschlossenen Bündnisverträge mit Paris und Moskau erhielt die Tschechoslowakei bei der Sudetenkrise von 1938 von keinem dieser Verbündeten wirksame Unterstützung.
23 IMTFE, Bd. 5, S. 963. Vgl. auch Crowley, a. a. O., S. 305.
24 Chiang, Kai-shek: Chinas Kampf. Reden (hrsg. von Konrad Frantz). Luzern 1940, S. 33 f. Vgl. auch Ishimaru, a. a. O., S. 202.
25 Beloff. Max: The Foreign Policy of Soviet Russia 1929–1941. (2 Bde.) London 1947, Bd. 1, S. 190 ff. Wortlaut der Resolution des Exekutiv-Komitees der Kommunistischen Internationale vom 1. August 1935 in: Issues and Studies, Bd. 4, Nr. 7, April 1968, S. 45 f.
26 McLane, Charles B.: Soviet Policy and the Chinese Communists 1931–1946. New York 1958, S. 80, Anm. 88.
27 Unzensierter Wortlaut des Aufrufs in: Bertram, J. M.: Crisis in China. The Story of the Sian Mutiny. London 1937, S. 141 ff.
28 Chiang, Kai-shek und Chiang, Soong May-ling: Gefangen in Sian (Das Tagebuch des Marschalls und die Niederschriften seiner Gattin). München 1938, S. 64 f., 67.
29 Ebda. S. 14.
30 Ebda.
31 Snow, Edgar: Random Notes on Red China (1936–45). Hektographiertes Manuskript, Cambridge, Mass., 1957, S. 1 ff.
32 Ebda., S. 1.
33 Kuo, Warren: The Sian Incident. In: Issues and Studies, Bd. 4, Nr. 11, August 1968, S. 39 f.
34 Zur sowjetischen Haltung während der Sian-Krise siehe McLane, a. a. O., Kap. 2.
35 McLane, a. a. O., S. 86.
36 Kuo, Warren: The CCP-Pledge of Allegiance to the Kuomintang, Teil II. In: Issues and Studies, Bd. 4, Nr. 12. Sept. 1968, S. 41 f.
37 Chiang, Kai-shek: Soviet Russia in China, a. a. O., S. 77 f.
38 Snow, Red Star over China, S. 395.
39 Ebda., S. 395 f.
40 Ebda., S. 359; Mao, AW, Bd. 1, S. 312 f.
41 Wortlaut in: Mao: AW, Bd. 1, S. 331 f.
42 Ebda.
43 Wortlaut des Manifests in: DIA, S. 629 ff.
44 China Handbook 1937–45, S. 66.
45 Vgl. auch Dokumentargeschichte, Dok. 22, S. 181 f.

Anmerkungen zu Kapitel 7, S. 225–240

1 Borton, Hugh: Japan's Modern Century. New York 1955, S. 342.
2 DIA, S. 650 ff.
3 Butow, Robert J. C.: Tojo and the Coming of the War. Princeton, N. J., 1961, S. 91–94; IMTFE, Bd. 31, S. 673–675.
4 Wortlaut des Abkommens in: FRUS, 1937, Bd. 3, S. 333.
5 Wortlaut der Rede ebda., S. 216 ff.
6 IMTFE, Bd. 20, S. 631 f.
7 Eine interessante, auch auf Interviews mit Augenzeugen beruhende Analyse des Lukouchiao-Zwischenfalls findet sich in: Crowley, James B.: Japan's Quest for Autonomy. National

Security and Foreign Policy 1930–1938. Princeton 1966. S. 322–42. Vgl. auch Jones, F.C.: Japan's New Order in East Asia. Its Rise and Fall 1937–45. London 1954, S. 30–40.
8 Zum Versagen des Völkerbundssystems der kollektiven Sicherheit siehe: Morgenthau, Hans J.: Politics Among Nations. 3. Aufl. New York 1962, S. 412–419.
9 CYB 1936, S. 169 f., 173 f.
10 Akten zur Deutschen Auswärtigen Politik 1918–1945. Baden-Baden 1950; hiernach zitiert als: ADAP, S. 636.
11 MTTAW, Bd. 1, S. 228 f.
12 Ebda., S. 230 f.
13 Snow, Edgar: The Other Side of the River. Red China Today. London 1963, S. 76. (Hervorhebungen nicht im Original.)
14 Snow, Edgar: Red Star over China. London 1937, S. 454 f.
15 MTTAW, Bd. 1, S. 391 f.
16 Carlson, E.: The Chinese Army. Its Organization and Military Efficiency. New York 1939 (hektographiert), S. 34.
17 Abegg, Lily: Chinas Erneuerung. Der Raum als Waffe. Frankfurt a. M. 1940, S. 154.
18 Carlson, a. a. O., S. 55; vgl. auch Lagebericht des amerikanischen Militärattachés in China vom 29. Dezember 1937 in: FRUS 1937, Bd. 3, S. 843 f.
19 Wickert, Erwin: John Rabe – der gute Deutsche von Nanking. Stuttgart 1997.
20 ADAP, Serie D (1937–1945) Bd. I, Von Neurath zu Ribbentrop, S. 659–660 u. 666.
21 Zum chinesischen Militärwesen vor dem Krieg und in seinen Anfangsphasen bis Ende 1938 s. Liu, F. F.: A Military History of Modern China. 1924–1949. Princeton 1956, Kap. 8–11; Carlson, a. a. O.; SIA für die Jahre 1937 und 1938; Abegg, a. a. O., S. 142–194; Tong, Hollington K.: Chiang Kai-shek. Taipei 1953, S. 237 bis 262; Mao: AW, Bd. 2, S. 40–43, 46–57.
22 ADAP, S. 635 f.
23 Ebda., S. 634 f.
24 IMTFE, 37, S. 702 f. Vgl. Crowley, a. a. O., S. 356 ff.
25 ADAP, S. 641 f.
26 Ebda., S. 650; IMTFE, 37, S. 699 f.
27 Laut Tagebucheintragungen in den Saionji-Harada-Memoiren (Exhibits des IMTFE) vom 10. 11. 1937. Vgl. Crowley, a. a. O., S. 63 f.; Jones, a. a. O., S. 359.
28 IMTFE, 37, S. 724 f.
29 Crowley, a. a. O., S. 367–72.
30 S. japanische Regierungserklärung vom 16., 18. u. 22. Januar 1938 in: Documents on International Affairs. London; hiernach zitiert als: DIA 1938, Bd. 1, S. 341–345.
31 Ebda., S. 346.
32 Ebda., S. 353.
33 ADAP, S. 659 f.
34 Ebda., Bd. 3, S. 668.
35 Ebda., Bd. 3, S. 655–74.
36 S. Bericht von Außenminister Arita vom 29. 11. 1938 an den Staatsrat über die japanische Chinapolitik. In: IMTFE, Bd. 3, S. 590–599.
37 Lu, David J.: From the Marco Polo-Bridge to Pearl Harbor. Japan's Entry into World War II. Washington 1961, Kap. VI.
38 Wortlaut: DIA für 1937, S. 664 f.
39 The Memoirs of Cordell Hull. (2 Bde.) New York 1948, Bd. 1, S. 535.
40 Ebda., S. 538.
41 FRUS 1937, Bd. 3, S. 460 f.
42 Gekürzter Wortlaut in: DIA für 1937, S. 743.
43 Ebda., S. 748.
44 ADAP, S. 25–32.

Anmerkungen zu Kapitel 8, S. 241–252

1 IMTFE, 6, S. 79.
2 DIA, 1939–46, Bd. 1, S. 370 f.
3 Wortlaut des Schreibens in: IMTFE, 6, S. 104–06.
4 Wortlaut des Schreibens in: United States Congress, Report of the Joint Committee on the Investigation of the Pearl Harbor Attack. 79th Congress, 2nd session, 1946; hiernach zitiert als: PHA, Teil 20, S. 4135–4138. Der dem amerikanischen Botschafter Grew vor einer Reise nach Washington überreichte Brief wandte sich unmittelbar an den amerikanischen Außenminister Hull, doch wurde japanischerseits ausdrücklich der Wunsch einer Einsichtnahme des amerikanischen Präsidenten geäußert. Der eher allgemein gehaltene Brief bildete gleichsam den Prolog für den anschließenden konkreteren Vorschlag zu einer internationalen Konferenz. Diesen Vorschlag unterbreitete Ministerpräsident Hiranuma dem amerikanischen Geschäftsträger in Tokio, Dooman, während eines inoffiziellen Dinners am 23. Mai. S. Bericht der amerikanischen Botschaft in Tokio über dieses Gespräch, ebda. insbes. S. 4158–4163.
5 Ebda., S. 4172 ff.
6 Ebda., S. 4147–4150.
7 Wortlaut des Paktes in: SDFP, Bd. 3, S. 168 ff.
8 Wortlaut d. Erklärung: ebda.
9 Ebda., S. 242–245; Dallin, David: Soviet Russia and the Far East. New Haven 1948, S. 28.
10 Dokumente hierzu in: SDFP, Bd. 3, S. 294–299.
11 Schukow, Georgi K.: Erinnerungen und Gedanken. Stuttgart 1969, Kap. VII.
12 IMTFE, 6, S. 79.
13 Ebda., 6, S. 123.
14 Wortlaut des Abkommens in: SDFP, Bd. 3, S. 373 f.
15 Wortlaut des Vertrages in: Lupke, Hubertus: Japans Rußlandpolitik von 1939 bis 1941. Frankfurt a.M. 1962, S. 176 f. Lupkes Band stellt einen wichtigen Kommentar zur Vorgeschichte des Vertrages dar.
16 Bailey, Thomas: A Diplomatic History of the American People. New York 1946, S. 743.
17 Wortlaut des Notenaustauschs in: USRWC, Dok. 21–23, S. 452–463.
18 Feis, Herbert: The Road to Pearl Harbor. The Coming of the War Between the United States and Japan. Princeton 1950, S. 52.
19 Grew, Joseph C.: Turbulent Era. A Diplomatic Record of Forty Years. (2 Bde.) London 1953, Bd. 2, S. 1212, Anm. 9. Wortlaut der amerikanischen Kündigungsnote in: FRUS: Japan 1931–41, Bd. 2, S. 189.
20 Ebda., Bd. 2, S. 202 f.
21 Wortlaut in: U. S. Department of State: United States Relations with China, a. a. O., Dok. 24, S. 463 f.
22 Togo, Shigenori: Japan im Zweiten Weltkrieg. Erinnerungen des japanischen Außenministers 1941–42 und 1945. Bonn 1958, S. 44.
23 FRUS: Japan 1931–41, Bd. 2, S. 289.
24 Zur Entstehungsgeschichte des Dreierpaktes: Sommer, Theo: Deutschland und Japan zwischen den Mächten 1935–1940. Vom Antikominternpakt zum Dreimächtepakt. Tübingen 1962. Wortlaut des Paktes ebda., deutsch S. 427 f. (nach Reichsgesetzblatt, 1940, II, S. 280 f.); englisch: Anhang, Dok. 12, S. 514 ff.
25 Roosevelt, Franklin Delano: The Public Papers and Addresses of Franklin D. Roosevelt. Bd. 1940, Dok. 48, S. 198–212, Dok. 68, S. 286–291, Dok. 149, S. 633–644, Dok. 151, S. 651–655. Vgl. Bailey, a. a. O., S. 768.
26 Feis, a. a. O., S. 108 f. Wortlaut der amtlichen Bekanntgabe der Exportkontrolle für Eisen- und Stahlschrott in: FRUS: Japan 1931–41, Bd. 2, S. 216 ff.
27 Ebda., Bd. 2, S. 229.
28 Roosevelt, a. a. O., Dok. 140 und dazugehörige Anm., S. 587–95. Feis, a. a. O., S. 140.
29 Feis, a. a. O., S. 157.

30 Bailey, a. a. O., S. 774; Roosevelt, a. a. O., Dok. 15, S. 51 f. und dazugehörige Anmerkung, S. 52–56.
31 Roosevelt, a. a. O., Bd. 1941, S. 150; China Handbook 1937–45, S. 713.
32 FRUS: Japan 1931–41, Bd. 2, S. 5406 f.
33 Togo, a. a. O., S. 68 f.; FRUS: Japan 1931–41, Bd. 2, S. 486–89.
34 Ebda., S. 485 f.; Togo, a. a. O., S. 70.
35 Togo, ebda.
36 Memoirs of Prince Konoye. (Hiernach zitiert als Konoye-Memoiren.) Exhibit Nr. 173 in: PHA, Teil XX, S. 3993. S. auch FRUS: Japan 1931–41, Bd. 2, S. 515.
37 Wortlaut des Konferenzprotokolls in: Ike, Nobutaka (Hrsg.): Japan's Decision for War. Records of the 1941 Policy Conferences. Stanford 1967, S. 77–90.
38 Konoye-Memoiren, S. 3993; FRUS: Japan 1931–41, Bd. 2, S. 509 f.
39 Bailey, a. a. O., S. 782 f.
40 Wortlaut: PHA, Teil V, S. 2294.
41 Wortlaut des japanisch-französischen Protokolls in: Maki, John M.: Conflict and Tension in the Far East. Key Documents 1894–1960. Seattle 1961, S. 108 f.
42 Togo, a. a. O., S. 76. Bericht über diese Unterhaltung in: FRUS: Japan 1931–41, Bd. 2, S. 499–502.
43 Ebda., Bd. 2, S. 264 f.
44 Ebda., Bd. 2, S. 527 ff.
45 Wortlaut des Gutachtens in: PHA, Teil V, S. 2382 ff. [Hervorhebung durch den Verfasser].
46 Wortlaut des Briefes ebda., S. 2382.

Anmerkungen zu Kapitel 9, S. 253–280

1 Konoye-Memoiren, S. 3999 f.
2 Vandenberg, Arthur: The Private Papers of Senator Vandenberg. Boston 1952, S. 27; Churchill, Winston S.: The End of the Beginning. Boston 1943, S. 33.
3 FRUS: Japan 1931–41, Bd. 2, S. 560–564.
4 Konoye-Memoiren, S. 4004 f.
5 Wortlaut in: Ike, a. a. O., S. 135 f.
6 Wortlaut des Protokolls und eines zusätzlichen Dokuments ebda., S. 137–163.
7 Übers. in: Abegg, Lily: Yamato. Der Sendungsglaube des Japanischen Volkes. Frankfurt a.M. 1936, S. 226.
8 Konoye-Memoiren, S. 4005.
9 FRUS: Japan, Bd. 2, S. 565.
10 Ebda., S. 571 f.
11 Ebda., S. 576.
12 Wortlaut des Briefes ebda., S. 572 f.
13 Ebda., S. 579 f.
14 Bericht von Botschafter Grew ebda., S. 604 ff.
15 Ebda., S. 624 f.
16 Ebda., S. 652 ff.
17 Ebda., S. 665.
18 The Memoirs of Cordell Hull. (2 Bde.) New York 1948, Bd. 2, S. 1024 f.
19 Ebda., S. 1028 f. Wortlaut der japanischen Vorschläge vom 6. 9. 1941 in: FRUS: Japan, Bd. 2, S. 608 f.
20 Ebda., S. 645–650.
21 IMTFE, 36, S. 297 f.
22 Ebda., 36, S. 300–304; Konoye-Memoiren, S. 4009 f.
23 IMTFE, 36, S. 300–304.
24 Vgl. IMTFE, 35, S. 307 f.
25 Konoye-Memoiren, S. 4025 f.

26 Ebda., S. 4026–4029.
27 Zitiert in Butow, Robert J.C.: Tojo and the Coming of the War. Princeton 1961, S. 301.
28 IMTFE, 35, S. 305.
29 Konferenzprotokoll in: Ike, a. a. O., S. 199–207.
30 Togo, Shigenori: Japan im Zweiten Weltkrieg. Erinnerungen des japanischen Außenministers 1941/42 und 1945. Bonn 1958, S. 111.
31 Grew, Joseph C.: Ten Years in Japan. A Contemporary Record Drawn from the Diaries and Private Papers, 1932–1942. New York 1944, S. 468 ff.
32 Gekürzter Wortlaut des Memorandums in: Sherwood, Robert E.: Roosevelt and Hopkins. An Intimate History. New York 1948, S. 380.
33 PHA, Teil V, S. 2294 f., Teil XVI, S. 2175.
34 Sherwood, a. a. O., S. 191.
35 Sherwood, a. a. O., S. 382; Bailey, Thomas: A Diplomatic History of the American People. New York 1946, S. 784–789; Angermann, Erich: Die Vereinigten Staaten von Amerika. München 1966, S. 200.
36 PHA, Teil XI, S. 5419 (aus Stimsons nicht veröffentlichten Tagebuchaufzeichnungen).
37 Hull, a. a. O., Bd. 2, S. 1057.
38 Wortlaut in: Ike, a. a. O., S. 209 f.
39 Togo, a. a. O., S. 139.
40 FRUS: Japan, Bd. 2, S. 740 f.
41 Ebda., Bd. 2, S. 744–53.
42 Hull, a. a. O., Bd. 2, S. 1065.
43 Ebda., S. 1068.
44 Wortlaut in: Ike, a. a. O., S. 210 f.; FRUS: Japan, Bd. 2, S. 755 f.
45 FRUS: Japan, Bd. 2, S. 761.
46 Ebda., S. 759; Togo, a. a. O., S. 142.
47 FRUS: Japan, Bd. 2, S. 761.
48 Ebda., S. 762 ff.
49 Hull, a. a. O., Bd. 2, S. 1057 f.
50 Wiedergabe von Tagebucheintragungen Stimsons in: PHA, Teil XI, S. 5421.
51 Ebda., S. 5419.
52 FRUS: Japan, Bd. 2, S. 768 ff.
53 Auszug aus den Tagebucheintragungen von Stimsons in: PHA, Teil XI, S. 5422. Diese Darstellung wurde von Hull später bestritten. Vgl. Hull, a. a. O., Bd. 2, S. 1080.
54 Hull, a. a. O., Bd. 2, S. 1083.
55 Ebda., S. 1089.
56 IMTFE, 36, S. 378. Siehe ferner: Ike, a. a. O., S. 257–83; Togo, a. a. O., S. 168 bis 196.
57 Ausführliche Auszüge aus dem Memorandum in Sherwood, a. a. O., S. 410–418.
58 Sherwood, Robert E. (Hrsg.): The White House Papers of Harry L. Hopkins. (2 Bde.) London 1948 und 1949, Bd. 1, S. 357.
59 IMTFE, 24, S. 643 f.; Langer und Gleason, a. a. O., S. 905.
60 Jones, F. C.: Japan's New Order in East Asia. Its Rise and Fall 1937–45. London 1954, S. 314.
61 Ebda.
62 Grew, Joseph C.: Turbulent Era. A Diplomatic Record of Forty Years. (2 Bde.), London 1953, Bd. 2. S. 1367, 1359 f.
63 IMTFE, Defense Exhibit Nr. 979, Dokument 1634, Titel: »Fundamental Principle of our National Policy«.
64 Dokumente zur Errichtung einer projapanischen Satellitenregierung in China in: Maki, a. a. O., S. 85–90; Text des sog. Achsenpaktes ebda., S. 94–95.
65 Texte der japanischen Verträge mit Thailand, Burma und den Philippinen, ebda., S. 110–112.
66 Gemeinsame Erklärung der Großostasiatischen Konferenz vom 6. November 1943 in: ebda., S. 112–113.
67 Brecher, Michael: Nehru – Eine Politische Biographie. München 1963. Eine strafrechtliche Untersuchung des britischen Massakers unterblieb; S. 132–135.

68 Wu, Chen-tsai: »Chiang Kai-shek's Visit to India and Indian Independence!« in: Proceedings of Conference on Chiang Kai-shek and Modern China. Bd. IV, Chiang Kai-shek and the World. Taipei 1987, S. 228–299. Siehe auch Tong, a. a. O., S. 302–304.
69 Schrenck-Notzing Caspar: 100 Jahre Indien. Die politische Entwicklung 1857–1960. Stuttgart 1961, S. 90–92. Siehe auch: Brecher, Michael: Nehru. Eine politische Biographie. Stuttgart 1963, S. 131–134. Zu Chiang Kai-sheks Ansichten hinsichtlich der Notwendigkeit einer Befreiung Asiens vom Kolonialimperialismus fremder Mächte siehe sein aufschlußreiches Buch »China's Destiny and Chinese Economic Theory« New York 1947, Kap. 8 »Conclusion«, S. 230–238.
70 Wu, S. 257.
71 Eine akribische Darstellung der Ursachen für Japans verspätete Kriegserklärung in: Butow, Robert J. C.: Tojo and the Coming of the War. Princeton N. J., 1961, S. 372–387. Bericht über Roosevelts Reaktion auf Japans dechiffrierte Kriegserklärung (Aus: Pearl Harbor Attack Herarings Bd. X, S. 4659–4664), in: Trefousse, H.L. (Hrsg.): What Happened at Pearl Harbor. (Dokumente). New York 1958, S. 219–224.
72 Ebda., S. 35. Text des Telegramms von General Marshall an General Short ebda., S. 63–64.
73 Zu Roosevelts Brief an Kaiser Hirohito siehe Butow, a. a. O., S. 387–388. Text des Briefes in: FRUS: Japan 1931–1941, Bd. 2, S. 784–786. Wortlaut d. japanischen Kriegserklärung in: FRUS: Japan 1931–1941, Bd. 2, S. 787–792.
74 Butow, a. a. O., S. 391–393.

Anmerkungen zu Kapitel 10, S. 281–306

1 Zur Kapitulation der den japanischen Angreifern noch dazu im Verhältnis von drei zu eins numerisch überlegenen britischen und australischen Verteidiger siehe: Hall, Timothy: The Fall of Singapore, Port Melbourne, 1990, S. 150–157. Die Kapitulation erfolgte, obwohl Churchill fünf Tage zuvor den Befehl erteilt hatte: »The battle must be fought to the bitter end at all costs ... Commanders and senior officers should die with their troops. The honour of the British Empire and of the British Army is at stake.« Aus: Elphick, Peter: Singapore the Pregnable Fortress. London 1995, S. 512. Zum Verhalten der Briten und Australier gegenüber den »Einheimischen« siehe ebda., S. 87, 139, 226, 442 u. 477.
2 Text d. Erklärung der Gipfelkonferenz von Kairo in: FRUS: The Conferences at Cairo and Teheran 1943. S. 448–449.
3 Ebda., S. 887–888.
4 Ebda., S. 554.
5 Liang, Chin-tung: General Stilwell in China. 1942–44. Jamaica N. Y., 1972. Tsou, Tang: America's Failure in China 1941–1950. Chicago 1963, S. 92–124. Wedemeyer, Albert C.: Der Verwaltete Krieg. Gütersloh 1960, Kapitel XX–XXII.
6 MSFE. Vgl. auch die Erklärung von Averell Harriman in: Die Konferenzen von Malta und Jalta (Dokumente vom 17. Juli 1944 bis zum 3. Juni 1945). Deutsche Ausgabe der 1956 erschienenen Originalausgabe des amerikanischen Außenministeriums. Düsseldorf o. J., S. 743.
7 Die Konferenzen von Malta u. Jalta, a. a. O., S. 468.
8 Ebda., S. 827 ff., 909.
9 Englischer Text des China betreffenden Abkommens von Jalta auch in: USR WC, S. 113 f.
10 Wortlaut des kaiserlichen Edikts vom 14. August 1945 u. a. in: Butow, Robert J.C.: Japan's Decision to Surrender. 2. Aufl. Stanford 1956, Anhang I, S. 248.
11 Feis, Herbert: The China Tangle. The American Effort in China from Pearl Harbor to the Marshall Mission. Princeton, N. J., 1953, S. 224.
12 Die Konferenzen von Malta u. Jalta, a. a. O., S. 718. Einem Telegramm Hurleys an Truman vom 10. Mai 1945 zufolge war in Jalta verabredet worden, daß die Informierung der chinesischen Regierung von den Beschlüssen der Konferenz erst auf Weisung Stalins hin durch die Amerikaner erfolgen sollte. Committee on Armed Forces and Committee on Foreign Relations, Military Situation in the Far East, Hearings. 82nd Congress, 1st session. Washington, D.C., 1951; hiernach zitiert als: MSFE, Bd. 5, S. 3337.

13 Feis, a. a. O., S. 232, 278 f.
14 Sherwood, Robert E.: Roosevelt and Hopkins. An Intimate History. New York 1948, S. 902 f.
15 Grew, Joseph C.: Turbulent Era. A Diplomatic Record of Forty Years. (2 Bde.) London 1953, Bd. 2, S. 1465 f.
16 Ebda., Bd. 2, S. 1456–68.
17 Ebda., S. 1456, Anm. 10.
18 MSFE, Bd. 3, S. 2417. General Wedemeyer berichtete über seine persönlichen Eindrücke von diesem Ereignis: »... and as an American I, frankly, am embarressed, as I sat there, because that Chinese all the way through had been honest in his dealings with me, never guilty of duplicity, so far as I could determine, and had cooperated with me, and there was a man being told something that in my judgement, as an American, he should have been told at the time the terms of the agreement were made, because we were giving away certain important rights ...« MSFE, Bd. 3, S. 2391 f.
19 Ebda., S. 315; Truman, Harry S.: Memoiren. (2 Bde.) Stuttgart 1955, Bd. 1, S. 304.
20 National Archives (Washington D.C., RG 165, Army COS Project Decimal File, War Department, Chief of Staff of the Army, 1381–12–4–41), zitiert in: Costello, John: The Pacific War. New York 1981, S. 105.
21 Zitiert in: Dower, John W.: War Without Mercy. New York 1945, S. 40–41. Siehe auch LeMay, Curtis E. with Kantor, MacKinlay: Mission with LeMay. My Story. New York 1965. Costello, a. a. O., S. 547–553. Ausführliche militärhistorische Darstellung der Brandbombenangriffe (»fire bombing«) großen Stils in: The Army Air-Forces in World War II. Hrsg.: USAF Historical Division. Bd. 5, June 1944 to August 1945. Chicago 1953, Kap. 20 »Urban Area Attacks«, S. 608–644 u. 674–675.
22 Ebda., S. 614. Bericht von Brigadegeneral Bonner f. Fellers an Oberstleutnant Greene vom 17. 6. 1945 in: Bonner Frank Fellers Collection, Hoover Institution, Stanford, Kalifornien, Box 3, zit. in: Dower, a. a. O., S. 41.
23 Röling, B. V. A. u. Cassese, A.: The Tokyo Trial and Beyond. Cambridge 1993, S. 84.
24 The Army Air-Forces in World War II, a. a. O., S. 754–755.
25 Ebda., S. 618. Vgl. auch Costello, a. a. O., S. 550–552.
26 Dower, a. a. O., S. 41 u. 325–326.
27 IMTFE, 35, S. 783.
28 Togo, Shigenori: Japan im Zweiten Weltkrieg. Erinnerungen des japanischen Außenministers 1941/42 und 1945. Bonn 1958, S. 255.
29 Ebda., S. 256 f.; Kase, Toshikazu: Eclipse of the Rising Sun. London 1951.
30 Millis, Walter (Hrsg.): The Forrestal Diaries. New York 1951, S. 74. Vgl. Telegramm Togos an Sato vom 12. Juni 1945, im Wortlaut in: Potsdam Conference, Bd. 1, Dok. 582, S. 875 f.
31 Millis, a. a. O., S. 76.
32 Potsdam Conference, Bd. 2, S. 1589 f.
33 Ebda., S. 460.
34 Gruchmann, Lothar: Der Zweite Weltkrieg. München 1967, S. 485–497.
35 Moltmann, Günter: »Die Genesis der Unconditional-Surrender-Forderung«, in: Hillgruber, Andreas (Hrsg.): Probleme des Zweiten Weltkrieges. Köln 1967, S. 171–203.
36 Potsdam Conference, Bd. 2, S. 81.
37 Ebda., S. 43 f.
38 Feis, Herbert: The Atomic Bomb and the End of World War II. Princeton, N. J., 1966, S. 20 f.
39 Potsdam Conference, Bd. 2, S. 1268 f.
40 Wortlaut der Proklamation ebda., S. 1474 ff.
41 Truman, a. a. O., Bd. 1, S. 421.
42 Ebda., S. 419 f. S. ferner die Äußerungen von J. Robert Oppenheimer und Lewis L. Strauss in: Fogelman, Edwin (Hrsg.): Hiroshima: The Dicision to Use the A-Bomb. New York 1964; Groves, Leslie: Jetzt darf ich sprechen. Die Geschichte der ersten Atombombe. Köln/Berlin 1965, S. 268 ff.; vgl. auch L. Giovannetti und L. Freed: Sie warfen die Bombe. Berlin 1965, S. 188–200. Zum Entscheidungsprozeß über Art u. Ort des ersten Atombombeneinsatzes

s. auch: The Army Air-Forces in World War II, a. a. O., S. 709–712. Zur Zielwahl heißt es hier u.a. »For best psychological and experimental results, it was thought that the target city should be one relatively untouched;« ebda., S. 710.

43 Potsdam Conference; Bd. 2, S. 1372 ff.; Groves, a. a. O., S. 278; Fogelman, a. a. O., S. 38, 51.

44 Truman, a. a. O., S. 420.

45 Kase, a. a. O., S. 223 f.; IMTFE, Bd. 35, S. 786.

46 IMTFE, Bd. 23, S. 579 f.

47 Ebda., Bd. 31, S. 172; Kase, a. a. O., S. 231.

48 IMTFE, Bd. 31, S. 178 f.; Togo, a. a. O., S. 275 ff.; Kase, a. a. O., S. 233 ff.

49 Wortlaut in Togo, a. a. O., S. 277.

50 Kase, a. a. O., S. 241.

51 Shigemitsu, Mamoru: Japan and Her Destiny. London 1958, S. 364 ff.

52 Wortlaut des kaiserlichen Edikts zum Frieden in: Hattori, Takushiro: »Japans Weg aus dem Zweiten Weltkrieg« in: Hillgruber, a. a. O., S. 429–430.

53 Amerikas führende Admirale im Pazifikkrieg, Ernest J. King und Chester W. Nimitz, vertraten ebenso wie der United States Stragegic Bombing Survey den Standpunkt, Japan könne ohne Atombombeneinsatz und auch ohne Invasion seiner Hauptinseln militärisch zur Kapitulation gezwungen werden. Fogelman, a. a. O., S. 37–37 u. 87. Ein Washington von U.S.-Admiral Joseph Redman am 13. Juli zur Kenntnis gebrachtes u. entschlüsseltes Telegramm des japanischen Außenministeriums bekundete nicht nur den Willen des Kaisers und Außenministers, den Krieg zu beenden, sondern auch die Bereitschaft zum Verzicht auf sämtliche eroberte Gebiete. Ebda., S. 37.

54 Röling u. Cassese, a. a. O., S. 84. Admiral Leahy, Präsident Roosevelts persönlicher Stabschef, schrieb z. B.: »It is my opinion that the use of this barbarous weapon at Hiroshima and Nagasaki was of no material assistance in our war against Japan. The Japanese were already defeated and ready to surrender because of the effective sea blockade and the successful bombing with conventional weapons … In being the first to use it (die Atombombe), we adopted an ethical standard common to the barbarians in the Dark Ages. … wars cannot be won by destroying women and children. We were the first to have this weapon and the first to use it.« Leahy, William D. I Was There. London 1950, S. 512–514.

55 Maki, M., Kitano, H.L., Bertold, S.M.: Achieving the Impossible Dream. How Japanese Americans Obtained Redress. Urbana / Chicago 1999, S. 1–33. Siehe auch: Weglyn, Michi: Years of Infamy. The Untold Story of America's Concentration Camps. New York 1976.

56 Ebda. S. 26, nach: Roosevelt to Chief of Naval Operations, August 10, 1936, Box 216, Folder A8-5, Record Group 80 – General Records of the Navy Department, National Archives.

57 Maki et al., a.a.O., S. 1–2 u. Facsimile S. 214.

58 Ebda, S. 37.

59 Wortlaut des chinesisch-sowjetischen Vertragswerkes in: USRWC, Dok. 51–59, S. 585–593.

60 Ebda., Dok. 59, S. 593–596.

61 Ebda., Dok. 54, 55, S. 589 f.

62 Ebda., Dok. 57, S. 591 f.

63 Ebda., Dok. 58, S. 592 f.

64 Friters, Gerald: Outer Mongolia and Its International Position. Baltimore 1949, S. 210–214; vgl. auch: Rupen, Robert A.: The Mongolian People's Republic. Stanford 1966.

65 Elphick, a. a. O., S. 3–4

66 Orwell, George: Burmese Days. New York 1952. Deutsche Übersetzung: Burmesische Tage. Zürich 1996.

Anmerkungen zu Kapitel 11, S. 307–336

1 Text des Jalta-Abkommens vom 11.02.1945 in: Maki, John M.: Conflict and Tension in the Far East. Key Documents, 1894–1960. Seattle 1961, S. 120–121. Text des chinesisch-sowjetischen Vertragswerkes vom 14.08.1945, ebda., S. 165–172.

2 Edwin, W. Pauley: Report on Japanese Assets in Manchuria to the President of the United States. July 1946. Siehe auch Law, Daniel S.: »Manchurian Booty and International Law« in: American Journal of International Law, Bd. 40, Juli 1946, S. 584–591.
3 Maki, John M., a. a. O., S. 165–177. Dokumente 4–13.
4 Chinese Delegation to the United Nations: China Presents her Case to the United Nations (Item 68 of Agenda of the General Assembly, 4-th Session of the United Nations). New York 1949, S. 15–16.
5 Borissow, O. W. und Koloskow, W. D.: Sowjetisch-chinesische Beziehungen 1945–1970. Berlin 1973, S. 33–34.
6 Feis, Herbert: The China Tangle. Princeton, N. J., 1953, S. 382–389. Siehe auch FRUS 1945, Bd. VII, The Far East, China. Washington 1969, S. 1035–1039.
7 Tschiang Kai-schek: Sowjetrussland in China. Bonn 1957, S. 173–178.
8 Dedijer, Wladimir: Titos Speaks. London 1952, S. 331.
9 Wladimirow, Pjotr. P.: Das Sondergebiet Chinas 1942/1945. Berlin 1976, S. 594–596. Pjotr Wladimirow war vom Mai 1942 bis November 1945 als Militärkorrespondent der Sowjetischen Nachrichtenagentur TASS in Yenan, dem Hauptquartier der chinesischen Kommunisten. Zuvor war er bereits vom 1938 bis 1940 als Korrespondent in China tätig gewesen. Der Wert seiner sicherlich auch subjektiv gefärbten Berichte liegt in der ständigen Unmittelbarkeit seiner Kontakte mit Mao Tse-tung und zahlreichen Führern der Kommunistischen Partei Chinas während des Zweiten Weltkrieges. Wladimirows wirklicher Name war Petr Vlasov, sein chinesischer Name lautete Sun Ping. Siehe: Heinzig, Dieter: Die Sowjetunion und das kommunistische China 1945–1950. Der beschwerliche Weg zum Bündnis. Baden-Baden 1998, S. 27–32.
10 Wladimirow., S. 224. Siehe auch S. 121, 536, 543 und 751.
11 Ebda., S. 536–538.
12 Ebda., S. 539.
13 Aufzeichnung des Gesprächs zwischen Mao Tse-tung und dem amerikanischen Diplomaten John S. Service in: FRUS 1944, Bd. VI, China. Washington 1967, S. 604–614 (hier insbesondere S. 614).
14 FRUS 1945, Bd. VII The Far East. China. Washington 1969, S. 209.
15 Ebda., S. 307.
16 Levine, Steven I.: Anvil of Victory. The Communist Revolution in Manchuria, 1945/1948. New York 1987, S. 104–104/116–117. Levines Buch beinhaltet eine der vorzüglichsten Analysen des entscheidenden Machtkampfes um die Mandschurei in den ersten vier Nachkriegsjahren.
17 Ebda., S. 128–139. Siehe auch Tong, Hollington K.: Chiang Kai-shek. Taipei 1953, S. 367–368. Tongs Buch beinhaltet eine autorisierte Biographie Chiang Kai-sheks, bei der der Verfasser den Vorzug des direkten Zugangs zu Chiangs geheimen Tagebüchern hatte.
18 MTTAW, Bd. IV Maos Direktive: »Eine überlegene Streitmacht konzentrieren, um die feindlichen Truppenteile einzeln zu vernichten« (16.09.1946). S. 106.
19 MTTAW, ebda. »Ein Überblick über drei Monate« (01.10.1946). S. 114.
20 MTTAW, Bd. I »Strategische Probleme des revolutionären Krieges in China« (Dezember 1936). S. 291. (Diese Schrift Mao Tse-tungs ist einer der wichtigsten Schlüssel zum Verständnis seiner innovativen Strategie des hochgradig beweglichen Partisanenkrieges wie auch zur frühen Bürgerkriegsgeschichte der Kommunistischen Partei Chinas.)
21 Liu, F. F.: A Military History of Modern China 1924–1949. Princeton, N. J., 1956, S. 256–257.
22 Chassin, Lionel Max: The Communist Conquest of China. A History of the Civil War 1945–1949. Cambridge, Mass., 1965, S. 191.
23 Ebda., S. 212–213.
24 MTTAW, Bd. IV a. a. O. »Feste Stützpunktgebiete im Nordosten errichten.«(28.12.1945), S. 83.
25 Levine, a. a. O., S. 204.
26 Ebda., S. 209.
27 »Statut der Kommunistischen Partei Chinas« (11.06.1945) in: Brandt, C., Schwartz, B., und Fairbank, J.K. (Hrsg.): Der Kommunismus in China. Eine Dokumentar-Geschichte. München 1955, S. 325.

28 Wladimirow, a. a. O., S. 710.
29 FRUS 1944, a. a. O., S. 666 und Feis, a. a. O., S. 215.
30 Feis, ebda., S. 216–217.
31 China Handbook 1937/1945. Erweiterte Ausgabe mit Ergänzung zum Jahr 1946. New York 1947, S. 738–739.
32 USRWC Dok. 62. Erklärung Präsident Trumans über die amerikanische Chinapolitik vom 15.12.1945. S. 607–609.
33 China Handbook 1937/1945, a. a. O., S. 755–758.
34 USRWC, ebda., S. 149–150.
35 Ebda., S. 181.
36 Ebda., S. 652.
37 Text des Schreibens von Chou En-lai an Marshall, in: USRWC Dok 95, a. a. O., S. 660–661.
38 Ebda., S. 212 sowie Dok. 112, S. 685–686.
39 Text des Schreibens von Marshall an Präsident Truman vom 28.12.1946, in: FRUS 1946, Bd. X, The Far East: China, Washington 1972, S. 661–665.
40 Text der Analyse Marshalls in: USRWC, ebda., S. 686–688.
41 Tsou, Tang: Americas' Failure in China 1941–50. Chicago 1963, S. 446.
42 USRWC, a. a. O. Dok. 114, S. 689–695.
43 Daniels, Jonathan: The Man from Independence. Philadelphia 1950, S. 317. Vergleiche auch Memorandum des US- Außenministeriums vom 09.12.1945, in: FRUS 1944, Bd. VII, The Far East, China. S. 760–761.
44 Mao, Tse-tung: »Über die Koalitionsregierung« (24.04.1945), in: MTTAW, Bd. III, S. 239–319.
45 Committee on the Judiciary, Internal Security Subcommittee, Institute of Pacific Relations, Hearings, 82d Congress, 1st Session. Washington, D.C., 1951, Final Report. S. 202.
46 FRUS 1945, a. a. O., S. 774 und 776–777.
47 Mao, Tse-tung: »Über die Koalitionsregierung«, a. a. O., S. 269–270.
48 Ebda., S. 289.
49 Text des Wedemeyer-Berichts vom 19.09.1947, in: USRWC, S. 764–814.
50 Tsou, a. a. O., S. 460.
51 USRWC, a. a. O., S. 390–409 und 1013.
52 Ebda., S. 279–280.
53 Text in ebda., S380–384.
54 Stuart, John Leighton: Fifty Years in China. The Memoirs of John Leighton. New York 1954, S. 179.
55 USRWC, a. a. O., S. 564–575 und Kubek, Athony: How the Far East Was Lost. American Policy and the Creation of Communist China, 1941–1949. Chicago 1963, Kap. X, XII u. XV.
56 Committee on Foreign Relations, State Department Loyalty Investigation, 2 Bde., 81st Congress, 2d. Session. Washington, D.C., 1950.
57 Stuart, a. a. O., S. 178–179.
58 Voller Titel dieser unter der Abkürzung USRWC genannten Quelle ist: United States Relations with China. With Special Reference to the Period 1944–1949. Department of State Publication 3573, Far Easten Series 30, August 1949.
59 Ebda., S. XVI.
60 Ebda., S. VI.
61 Ebda., S. XVII.
62 Mao Tse-tung: »Lebewohl Leighton Stuart« (18.08.1949) in: MTTAW, IV, S. 461–462.
63 Ebda., S. 463–464.
64 Ebda., S. 463.
65 Mao, Tse-tung: »Warum muß man das Weißbuch diskutieren?« (28.08.1949) in: MTTAW, IV, a. a. O., S. 472.
66 Text der Mao-Rede in ebda., S. 437–452.
67 USRWC, S. 136.

68 Stuart, a. a. O., S. 178.
69 Hsü, Immanuel C.Y.: The Rise of Modern China. 4. Auflage, New York and Oxford 1990, S. 640–641.
70 Aide-Mémoire des Chinesischen Außenministers an US-Botschafter Stuart in Nanking 08.01.1949. Text in: USRWC, Dok.168, S. 922–923 und ebda. S. 290–291.
71 Ebda., S. 293–294. »Die Acht Punkte Bedingungen der Volksbefreiungsarmee« in: MTTAW, Bd. IV, a. a. O., S423–426.
72 Tong, a. a. O., S. 443.
73 Ebda., S. 440 und USRWC, S. 293.
74 Tsou, a. a. O., S. 497. Zur Frage der Verlagerung des Staatsschatzes nach Taiwan und des diesbezüglichen Disputs zwischen Chiang Kai-shek und Li Tsung-jen siehe die Schrift von Chiang Ching-kuo, dem ältesten Sohn Chiangs und späteren Präsidenten von Taiwan: My Father. Taipei 1975, Kap. IV.
75 Tong, a. a. O., S. 486–489.
76 Ebda., Kap. XXXI »China Becomes a Constitutional Nation«, S. 399–408. Dazu Kommentare und Text der Verfassung in: Ch'ien Tuan-sheng: The Government and Politics of China. Kap. XXI und XXII; Text S. 447–461. Siehe auch Linebarger, Paul, Chu, Djang und Burks, A.W.: Far Eastern Governments and Politics. China and Japan. New York 1954, S. 171–183. Text: Appendix 5, S. 557–574.
77 Ch'ien, ebda., S. 332.
78 Ch'ien, ebda., S. 336 u. 341. USRWC, S. 273–274.
79 Linebarger, S. 177–178.

Anmerkungen zu Kapitel 12, S. 337–352

1 Zur koreanischen Unabhängigkeitsbewegung unter der japanischen Herrschaft siehe Nahm, Andrew: Korea – Tradition and Transformation. A History of the Korean People. Seoul 1988, Kap. 8. Der Text der koreanischen Unabhängigkeitserklärung vom März 1919, findet sich in: Ebda., S. 538–540. Zur Frühphase des politischen Werdeganges von Syngman Rhee siehe Oliver, Robert T.: Syngman Rhee. The Man behind the Myth. New York 1954, S. 1–114, und Allen, Richard C.: Korea's Syngman Rhee: An Unauthorized Portrait. Rutland, Vt., 1960, S. 21–44.
2 Entwürfe und endgültiger Text der Drei-Mächte-Erklärung von Kairo in: FRUS: The Conferences at Cairo and Teheran, 1943. Washington, D.C., 1961, S. 389, 401–404, und 448–449.
3 Collins, Lawton, J.: War in Peacetime: The History and Lessons of Korea. Boston 1969. Anmerkungen auf den Seiten 25–26.
4 Department of State Bulletin, 30.12.1945. S. 1033–1036 und 1047 sowie Nahm, a. a. O., S. 342–348. Siehe auch: U. S. Department of State: Korea 1945–1948. Washington, D.C., 1948, Annexe 1–7, S. 43–65.
5 General Assembly Official Records: Second Session 16.09–29.11.1947, Resolution, S. 16–18.
6 Zur Frühgeschichte der Volksrepublik in Nordkorea siehe Scalapino, Robert A. und Lee, Chong-sik: Communism in Korea. Bd. I. Berkeley und London 1972. Frühe Texte Kim Il Sungs in dessen Buch: On Juche in Our Revolution. Bd. I. Pjöngjang 1975, S. 41–99.
7 Keesings Archiv der Gegenwart, 1948. S. 1611,1633 und 1639.
8 FRUS 1948, Bd. VI. S. 1320–1321 und 1331–1332.
9 MTTAW, Bd. IV. S. 442–444.
10 Maki, John M.: Conflict and Tension in the Far East. Key Documents, 18849–1960. Seattle 1961, Documents 11–13, S. 172–177. Zur Gesamtproblematik der Bündnisvereinbarungen der VR China mit der Sowjetunion siehe das Standardwerk von Heinzig, Dieter: Die Sowjetunion und das kommunistische China, a. a. O.
11 Goncharov, Sergei N., Lewis, John W., und Xue Litai: Uncertain Partners – Stalin, Mao and the Korean War. Stanford 1993, Kap. 5, S. 130–151. Dieser Band beruht auf kürzlich zugänglich gewordenen sowjetischen, chinesischen und koreanischen Quellen. Siehe ferner Kim,

Hakjoon: »Russian Foreign Ministry Documents on the Origins of the Korean War« in: Korea and World Affairs; hiernach zitiert als: KWA, Bd. XX, Nr. 2, Sommer 1996, S. 284–262.

12 Text der Reden in: Congressional Quarterly: China and U.S. Far East Policy 1945–1967. Washington D.C., 1967. S. 257–261. Siehe auch Gaddis, John L.: »The Strategic Perspective: The Rise and Fall of the ›Defensive Perimeter‹ Concept 1947–1951« in: Borg, Dorothy and Heinrichs,Waldo (Hrsg.): Uncertain Years – Chinese-American Relations, 1947–1950. New York 1980, S. 61–128.

13 Goncharov, a. a. O., S. 139–146.

14 FRUS 1950, Bd. VII Korea. Washington, D.C., 1976, S. 65–66.

15 Goncharov, a. a. O., S. 143.

16 Ebda., S. 146.

17 Ebda., S. 147–151.

18 Kim, Hakjoon: »Russian Foreign Ministry Documents on the Origins of the Korean War« in: KWA, Bd. XX, Nr. 2, Sommer 1996, S. 264–266.

19 Sawyer, Robert K.: Military Advisers in Korea: KMAG in Peace and War. Office of the Chief of Military History, Department of the Army. Washington D.C., 1962, Kap. XI (einschließlich strategischer Landkarten). Siehe auch Appleman, Roy E.: South to the Naktong North to the Yalu. Office of the Chief of Military History, Department of the Army. Washington, D.C., 1962, S. 7–17.

20 Goulden, Joseph C.: Korea – the Untold Story of the War. New York 1982, S. 41.

21 Ridgway, Matthew B.: The Korean War., o. O. 1967, S. 125–126.

22 Ebda., S. 21.

23 Bericht über die Debatte des Sicherheitsrats und Text der Resolution vom 25. Juni 1950 in: United Nations, Department of Public Information: Korea and the United Nations. New York 1950, S. 4–8.

24 Vorgeschichte und Text dieser Resolution: United Nations, a. a. O. S. 18–23.

25 Truman, Harry S.: Memoiren Bd. II, Stuttgart 1958, S. 553 u. 375.

26 Text der Erklärung Trumans in: FRUS 1950, Bd. VII. Korea. Washington, 1976, S. 202–203. Zu Vorangegangenen entscheidungsrelevanten Aktionen, Informationen und Beratungen siehe ebda. S. 139–202. Siehe auch das Standardwerk von Paige, Glenn D.: The Korean Decision, June 24–30, 1950, New York 1968.

27 FRUS 1950 Bd. VII Korea a. a. O. S. 149.

28 FRUS 1950 Bd. VII Korea a. a. O. S. 109–110.

29 Goncharov, a. a. O. S. 149–150.

30 Siehe Ridgway, a. a. O. S. 36–45 und O'Ballance, Edgar: Korea: 1950–1953. (Der Koreakrieg in militärhistorischer Perspektive) London 1969, S. 48–54.

31 Text der Resolution in FRUS 1950, Bd. VII Korea, a. a. O. S. 903–906.

32 Ebda., S. 838–839.

33 Protokoll des Gesprächs, ebda., S. 946–962.

34 Ebda., S. 933–934.

35 Goulden, a. a. O., S. 406–441. Ridgway, a. a. O. Kap. 4, S. 47–78. FRUS 1950, Bd. VII Korea, a. a. O., S. 1237–1634.

36 FRUS, ebda., S. 1625–1626.

37 Ebda., S. 1570–1571.

38 Truman, a. a. O., S. 453–474. FRUS 1950, Bd. VII Korea, a. a. O., S. 1390–1479.

39 UN Document A/1771, in: US Department of State: United Staates Policy in the Korean Conflict, July 1950 – February 1951. o.D. Document 28, S. 37.

40 Truman, a. a. O., S. 477.

41 Ebda., S. 518. Siehe auch: Spanier John W.: The Truman – MacArthur Controversy and The Korean War. Cambridge, Mass., 1959.

42 Goncharov, a. a. O. S. 143–148.

43 Goncharov, a. a. O. S. 148–149.

44 Goncharov, Appendix, Dok. 57, S. 271–272.

45 Text der Rede in Goncharov, a. a. O. Dok. 62, S. 273–274.
46 Panikkar, Kavalam Madhava: Botschafter in beiden China. Frankfurt am Main 1955, S. 134–135.
47 FRUS 1950, Bd. VII, Korea, a. a. O., S. 849.
48 Ebda., S. 871.
49 Text des Telegrams von Mao an Stalin in Goncharov, a. a. O. Dok. 63, S. 275–276.
50 Sheng, Micheal M.: »Beijing's Decision to Enter The Korean War. – A Reappraisal and New Documentation.«, in: KWA Bd. XIX, 2, Sommer 1995, S. 311.
51 Text der Rede Zhou En-lais in: Bonwetsch, Bernt und Kuhfus, Peter: »Neue Quellen zum Eintritt Chinas in den Koreakrieg (Juni–Oktober 1950)«, in: Vierteljahreshefte für Zeitgeschichte Bd. 34, 1986, Dok. 1, S. 273–279.
52 Goulden, a. a. O., S. 551–575.
53 Guha, M. A.: John Forster Dulles: A State Man and His Times. New York 1972 sowie Hoopes, Townsend: The Devil and John Forster Dulles. Boston 1973.
54 Siehe unter anderem Empfehlung von General Mark Clark vom 27. Mai 1953 und eine Weisung des US-Regierung an den General vom 29. Juni 1953 in: FRUS 1950/1954, Bd. XV, Korea, Teil 2, S. 1987–1288.
55 FRUS ebda., S. 1197–1199.
56 Text des Briefes von Eisenhower an Rhee in: Eisenhower Dwight, D.: Mandate for Change 1953–59. London 1963, S. 181–182. Zu diesbezüglichen Gesprächen zwischen Rhee und Eisenhower anläßlich Rhees Staatsbesuch Washington, im Juli 1954 siehe FRUS 1950/1954, a. a. O., S. 1839–1856.
57 Zum Waffenstillstand siehe Yang, Dae-hyon: Waffenstillstandsverhandlungen in Korea 1951–1953. Eine multiperspektivische Konstellationsanalyse. München 1982, sowie Foot, Rosenmary: A Substitute for Victory. The Politics of Peacemaking of The Korean Armistice Talks. Ithaca 1990. Joy, Charles Turner: How Communists Negotiate. New York 1955.

Anmerkungen zu Kapitel 13, S. 361–380

1 »Text des französisch-japanischen Protokolls über die »gemeinsame Verteidigung Französisch Indochinas« in: Maki, John M.: Conflict and Tension in the Far East. Key Documents, 1894–1960. Seattle 1961, S. 108–109. Siehe auch Jones, F. C.: Japan's New Order in East Asia. Its Rise and Fall 1937–45. London 1954, S. 260–263.
2 FRUS: Conferences at Cairo and Tehran 1943. Washington, 1961, S. 325 und 485.
3 FRUS: Conference of Berlin (Potsdam) 1945, Doc. Nr. 1273 und 1381, S. 1465.
4 Fall, Bernard B.: The Two Viet-Nams. A Political and Military Analysis. Revised Edition. New York 1964. S. 49–54.
5 Zitiert in Lacouture: Ho Chi Minh. London 1968, S. 19–20.
6 Siehe Ho Tschi Minhs Schrift: »Mein Weg zum Leninismus« in: Ho Tschi Minh: Revolution und Nationaler Befreiungskampf. Reden und Schriften 1920–1968. München 1968, S. 25–27. Siehe auch ebda., S. 43–46.
7 Lacouture, a. a. O., Kap. 4.; siehe auch Fall, a. a. O., S. 93–99.
8 Fall, ebda., S. 49.
9 Buttinger, Joseph: Vietnam: A Dragon Embattled. Bd. I. From Colonialism to the Vietminh. New York 1967, S. 278–293.
10 Text der Abdankung Bao Dais in: Cole, Allan B.: Conflict in Indo-China and International Repercussions. A Documentary History, 1945–1955. Ithaca N. Y., 1956, S. 18–19.
11 Text der vietnamesischen Unabhängigkeitserklärungen in: ebda., S. 19–21.
12 Ebda., S. 22–27.
13 Chen, King C.: Vietnam and China 1938–1945. Princeton 1969, S 118–120.
14 Chen, a. a. O., S. 125–131.
15 Wortlaut der genannten chinesisch-französischen Abkommen in: Ministry of Foreign Affairs (Hrsg.): Treaties between The Republic of China and Foreign States 1927–1957. Taipei 1958, S. 142–160.

16 Text des Abkommens samt Annex in Cole, a. a. O., S. 40–42.
17 Buttinger, a. a. O., S. 325–327.
18 Hammer, Ellen J.: The Struggle for Indochina 1940–1955. Stanford 1954, S. 116–117, und Buttinger, a. a. O., S. 330–331.
19 Ebda., S. 333.
20 Parliamentary Debates, House of Commons 24.10.1945, S. 2149–50, zitiert in Hammer, a. a. O., S. 120.
21 Wortlaut der neuen vietnamesischen Verfassung in Cole, a. a. O., S. 30–39; siehe auch Fall, a. a. O., S. 74–75.
22 Wortlaut des Telegramms von Valluy an Oberst Debès vom 23.11.1946 in: Hammer, a. a. O., S. 183.
23 Buttinger, a. a. O., S. 424–429 und Hammer, a. a. O., S. 182–184.
24 Text des Élysee-Vertrages in: Cole, a. a. O., S. 72–82.
25 FRUS 1949. Bd. VII The Far East and Australasia. Teil 1. Washington, 1975, S. 39–46.
26 Zu den Prinzipien der Vietnamesischen Arbeiterpartei siehe die Dokumente in Cole, a. a. O., S. 96–109 sowie zu inneren Reformen ebda., S. 139–147 und 150–159.
27 Buttinger, a. a. O., S. 797–798.
28 Ebda., S. 794–795.
29 Ebda., S. 795–1070 Anm. 111 u. 112 sowie S. 1049 Anm. 37.
30 Roy, Jules: Der Fall von Dien Bien Phu. Indochina – Der Anfang vom Ende. Stuttgart 1963, S. 49.
31 Eisenhower, Dwight D.: Mandate for Change 1953–1956. London 1963, S. 350–351.
32 Roy, a. a. O., S. 270. Buttinger, a. a. O., S. 804.
33 Giap, Vo Nguyen: People's War People's Army. Hanoi 1961, S. 166–176.
34 Wortlaut des diesbezüglichen Viermächte-Kommuniqués vom 18.02.1954 in: Curl, Peter V. (Hrsg.): Documents and American Foreign Relations 1954. New York 1955, S. 219.
35 New York Times 22.02.1954.
36 Eisenhower, a. a. O., S. 347/350.
37 Churchills Erklärung zur Weigerung der britischen Regierung, sich an einer militärischen Eingreifen in Indochina zu beteiligen in: The Times, 28.04.1954.
38 Dokumente der Genfer Konferenz über Indochina in: Europa-Archiv 9. Jg., 16. Folge, 20.08.1954. S. 6822–6826.
39 Texte beider Erklärungen in: Curl, a. a. O., S. 278–281
40 Buttinger, a. a. O., S. 834. Siehe auch Kalicki, J. H.: The Pattern of Sino-American Crises. Political-Military Interactions in the 1950s. Cambridge 1975, S. 114–115.
41 Außenministerium der Sozialistischen Republik Vietnam: Die Wahrheit über die vietnamesisch-Chinesischen Beziehungen in den letzten 30 Jahren. Hanoi 1979
42 Text der kambodschanischen Verfassung in: Cole, a. a. O., S. 52–56.
43 Zur Geschichte Kambodschas siehe unter anderem Caldwell, M., u. Pan, Lek: Cambodia in the Southeast Asian War. London 1973 und Sihanouk, Norodom: Kambodscha – Chronik des Krieges und der Hoffnung. Frankfurt am Main 1980.
44 Toye, Hugh: Laos: Buffer State War Background. Oxford 1968. Dommen, Arthur J.: Conflict in Laos. New York 1965.
45 Text des Südostasienpaktes sowie der dazu gehörigen »Pazifik-Charta« in: Europa-Archiv, 6. Jg. 18. Folge, 20.09.1954, S. 6948–6950.

Anmerkungen zu Kapitel 14, S. 381–406

1 Weggel, Oskar: Die Geschichte Taiwans. Köln 1991, S. 86.
2 Lai, T. H.; Myers, Ramon und Hwei, Wou: A Tragic Beginning. The Taiwan Uprising of February 28, 1947. Stanford 1991, S. 45.
3 Whittome, Günter: Taiwan 1947 – Der Aufstand gegen die Kuomintang. Hamburg 1991, S. 27 und 175.

4 Dokumente zu den Zwischenfällen in Taiwan in: Whittome, a. a. O., S. 148–170, Lai, a. a. O., S. 197–213.
5 Lai, a. a. O., S. 142–164, und Whittome, a. a. O., S. 142–144.
6 Chiang, Ching-kuo: Calm in the Eye of a Storm. Taipei 1978, S. 220–226.
7 Text dieses Memorandums mit Anhang in: FRUS 1949, Bd. IX. The Far East. China. Washington, D.C., 1974, S. 356–364.
8 Text des Memorandums, ebda., S. 347–350.
9 Protokoll der Beratung vom 29.12.1949 in: FRUS 1949, Bd. IX, a. a. O., S. 463–467 und Text des vorbereitenden Memorandums, ebda., S. 461–463.
10 Ebda., S. 421–422.
11 Chiu, Hungdah (Hrsg.): China and the Question of Taiwan. Documents and Analysis. New York 1973, Dokument 23, S. 217–220.
12 Ebda., Dokument 24, S. 220–221.
13 Ebda., Dokument 26, S. 222–224.
14 Wortlaut des CIA Memorandums in: FRUS 1950, Band VI, The China Area, S. 330. Anfrage Dulles bei Syngman Rhee in: FRUS 1950, Bd. VII, Korea, S. 108.
15 Ebda., Dokument 27, S. 228.
16 Die Proteste Maos und Chous in ebda.: Document 30, S. 230–231.
17 Zu den nationalchinesischen Stellungnahmen siehe ebda., Dokumente 28 und 33, S. 228–229 und 236–237.
18 Text des Friedensvertrages mit Japan in: Maki, John M.: Conflict and Tension in the Far East. Key Documents, 1894–1960. Seattle 1961, S. 132–145.
19 Zur Parteireform der Kuomintang einschließlich ihres neuen Programms siehe die Schrift des damaligen Generalsekretärs der Partei Chang Chi-yün: The Rebirth of the Kuomintang. The Seventh National Congress. Taipei o. D. (vermutlich 1952).
20 Selected Speeches and Messages of President Chiang Kai-shek 1949–52. Taipei 1952. President' Statement to all Members of the Kuomintang September 1949. Taipei 1954 und Chiang, a. a. O., auszugsweise in Kindermann, Gottfried-Karl: Konfuzianismus, Sunyatsenismus und chinesischer Kommunismus. Dokumente zur Begründung und Selbstdarstellung des chinesischen Nationalismus. Freiburg in Breisgau 1963, Dokument 17, S. 216–225.
21 Tang, Hui-sun: Land Reform in Free China. Taipei 1957. Kirby, E. Stuart: Rural Progress in Taiwan. Taipei 1960. Siehe auch Kindermann, Gottfried-Karl: »Agrarrevolution und Agrarreform als Alternativen der Selbstentwicklung: Die Entwicklungstheorien des Sunyatsenismus und des Chinesischen Kommunismus«, in: Kindermann (Hrsg.): Kulturen im Umbruch. Studien zur Problematik und Analyse des Kulturwandels in Entwicklungsländern. Freiburg in Breisgau 1962, S. 65–116. Im Anhang Interviews mit Chiang Mon-lin und Wolf Ladejinsky (S. 165–177).
22 Text des Memorandums und Protokoll der Besprechung in FRUS 1949, Bd. IX, a. a. O., S. 154–162.
23 FRUS 1949, Bd. VI, East Asian-Pacific Area. S. 33.
24 Erklärung des Vertreters der VR China vor dem UN-Sicherheitsrat vom 28.11.1950 in: Important Documents Concerning The Question Of Taiwan (Foreign Languages Press) Peking 1955, S. 26–108 (diese amtliche chinesische Quelle wird hiernach zitiert als: Important Documents).
25 Hinton, Harold C.: Communist China in World Politics. London 1966, S. 231.
26 »Kuningtou Victory leads to W. Pacific Stability« in: China Post 25.10.1979. Siehe auch Weggel, Oskar: Die Geschichte Taiwans. Köln 1991, S. 109–110.
27 Important Documents Concerning The Question of Taiwan (Foreign Languages Press) Peking 1954, S. 109–126. Vergleiche auch die gemeinsame Erklärung aller demokratischen Parteien und Volksorganisationen der VR China über die Befreiung Taiwans vom 22.08.1954 in: ebda., S. 127–133.
28 Rankin, Karl Lott: China Assignment. Seattle 1964, S 154–155.
29 China News (Taipei) 28, 29 und 30. August 1954 sowie 14. September 1954.
30 Eisenhower, Dwight D.: Mandate for Change 1953–1956. London 1963, S. 459.

31 Text des Telegramms FRUS 1952–54, Bd. XIV, Teil 1, S. 572.
32 Goncharow, S. N., Lewis, J. W., and Xue, L.: Uncertain Partners. Stalin, Mao and The Korean War. Stanford 1993, S. 148–153 und 215.
33 FRUS 1952–1954, Bd. XIV, Teil 1, S. 585 und 562.
34 Protokoll der Besprechung Eisenhower-Smith in: ebda., S. 573–574.
35 Ebda., Dokumente 289 und 291.
36 Ebda., Dokument 291, Anlage »B«, S. 605–609.
37 Eisenhower, a. a. O., S. 472.
38 Tagtägliche Berichte über Art und Umfang der Kampfhandlungen in: China News (Taipei) September 1954 bis April 1955.
39 Wortlaut der Resolution Neuseelands in: United Nations Document S/3354, vom 28.10.1955.
40 FRUS 1955–1957, Bd. II China, S. 157–158. Siehe auch The Chinese People's Institute of Foreign Affairs (Hrsg.): U. S. Occupation of Taiwan and ›Two Chinas‹ Plot. Peking 1958, S. 33–34.
41 FRUS, ebda., Dokument 46, S. 146.
42 China News (Taipei) 14.02.1955.
43 China News (Taipei) 07.02.1955
44 Ebda., siehe auch FRUS 1955–1957, ebda., Dokument 15–17, S. 37–44.
45 Wortlaut des Vertrages und dazu gehörigen Notenaustausches in: Chiu, a. a. O., Dokument 42, S. 250–253.
46 FRUS 1952–54, Bd. I, a. a. O., S. 612 und 622.
47 Text der Resolution in Chiu, a. a. O., Dokument 44, S. 257.
48 Eisenhower, a. a. O., S. 471–472 und 475.
49 China News, 23.01.1955.
50 Wortlaut der Briefe des US Präsidenten in Eisenhower, a. a. O., S. 470–474.
51 FRUS 1955–57, Bd. II China. Washington, D. C., 1986, S. 254. Zum Gespräch Dulles–Chiang Kai-shek siehe ebda., Dokument 138, S. 320–328.
52 Ebda., Dokument 185, S. 439–441.
53 FRUS 1955–1957, a. a. O., Dokument 28, S. 100–102. Vgl. auch ebda., Protokoll einer Besprechung mit dem US-Präsidenten 30.01.1955, S. 173–174.
54 Ebda., S. 175.
55 Ebda., Dokument 219, S. 510–517.
56 Ebda., Dokument 189, S. 445–450.
57 Ebda., Dokument 230: Bericht des US-Botschafters Rankin aus Taipei vom 29.04.1955, S. 529–531.
58 Bergstraesser, Arnold und Cornides, Wilhelm (Hrsg.): Die Internationale Politik 1955 (Jahrbuch des Deutschen Gesellschaft für Auswärtige Politik) München 1958, S. 786, 788 und 793. Wortlaut der Schlußerklärung der Konferenz von Bandung vom 24.04.1955 in: Zinner, Paul E. (Hrsg.): Documents on American Foreign Relations 1955, New York 1956, S. 332–341.
59 FRUS 1955–1957, a. a. O., Dokument 209, S. 298.
60 Kindermann, Gottfried-Karl: »Peking und Taipeh in der Weltpolitik. Eindrücke einer Fernostreise. Teil II«, in: Europa-Archiv, Folge 18/19, 1960, S. 602.
61 Wortlaut der von Chou En-lai in Bandung am 23.04.1955 gegenüber den Staatschefs der Colombo-Gruppe abgegebenen Erklärung in: Important Documents (Peking), a. a. O., S. 182.
62 FRUS 1955–1957, a. a. O., S. 520.
63 Ebda., Dokument 223 und 226, S. 521 sowie 523–525.
64 Dokumente zu diesen Verhandlungen in: Zinner, a. a. O., S. 305–323.
65 Premier Chou En-lais' Speeches at the Asian-African Conference. People's China 16.05.1955, S. 7–14. Siehe auch Premier Chou En-lai's Reports on the Asian-African Conference (vor dem Ständigen Ausschuß des Nationalen Volkskongresses vom 13.05.1955) in: Supplement to People's China 16.06.1955). Zu den Verhandlungen siehe auch Young, Kenneth T.: Negotiating with The Chinese Communists. The United States Experience 1953–1967. New York 1968, Kap. 2–4.

Anmerkungen zu Kapitel 15, S.407–436

1 Feis, Herbert: Contest over Japan, New York 1967, S. 20.
2 Wortlaut des kaiserlichen Erlasses zur Kapitulation in: The Japan Year Book 1946–48. Tokio 1948, Dokumentenanhang, S. 271–272.
3 Feis, a. a. O., Document Appendix, S. 167–175.
4 Ebda.
5 Agreements of Foreign Ministers at Moscow on Establishing Far Eastern Commission and Allied Council for Japan in: Ebda., S. 176–180.
6 Kennan, George F.: Memoirs. Boston 1977, Kap. 16, S. 368–396.
7 Borton, Hugh: Japan's Modern Century. New York 1950, S. 396.
8 Yoshida Shigeru: Japan im Wiederaufstieg. Die Yoshida-Memoiren. Düsseldorf–Köln 1963, Kap. 2. Siehe auch Finn, Richard B.: Winners in Peace. MacArthur, Yoshida and Postwar Japan. Berkeley 1992, S. 19–22.
9 Finn, a. a. O., S. 22–27.
10 Text des kaiserlichen Edikts in: The Japan Year Book 1946–48, a. a. O., Anhang 280–281.
11 United States Initial Post-Surrender Policy for Japan. Feis, a. a. O., S. 168.
12 Inoue, Kyoko: MacArthur's Japanese Constitution. A Linguistic and Cultural Study of It's Making. Chicago 1991, S. 15–16. Zur Arbeit der Matsumuto-Kommission siehe ebda., S. 9–14. Zur Entstehung der Verfassung siehe fernerhin Sato, Tatsuo: »The Origin and Development of the Draft Constitution of Japan« in: Contemporary Japan Bd. XXIV Nr. 4–6 1956, S. 175–187, und ebda. Nr. 7–9 1956, S. 371–387. Eine energische Forderung nach Revision der aufgezwungenen »Besatzungsverfassung« unter dem Titel: »Reasons for Constitutional Revision«, aus der Feder des späteren japanischen Ministerpräsidenten Nakasone Yasuhiro findet sich ebda., S. 401–413. Nakasone fungierte zu dieser Zeit als Generalsekretär der regierenden Liberaldemokratischen Partei Japans.
13 Inoue, a. a. O., S. 17–18.
14 Finn, a. a. O., S. 97.
15 Yoshida, Shigeru: The Yoshida Memoirs. Boston 1962, S. 133.
16 Quigley, Harold und Turner, John E.: The New Japan. Government and Politics. Minneapolis 1956, S. 137.
17 Deutsch vom Sekretariat des Verfassungsausschusses in Tokio 1962 herausgegebene Übersetzung der Japanischen Verfassung in: Kevenhörster, Paul: Das politische System Japans. Köln 1969, S. 297–309. Englischer Text in: The Japan Year Book, a. a. O., Anhang, S. 24–33.
18 Die Protokolle der Verhandlungen erschienen erst Jahrzehnte später im Druck, Pritchard, R. G., and Zaide, S. M. (Hrsg.): The Tokyo War Crimes Trial. New York und London 1981 (22 Bde).
19 Siehe Finn, a. a. O., S. 187–188 und Borton a. a. O., S. 421.
20 Zum Kriegsverbrecherprozeß in Tokio siehe u. a.: Röling, B., and Rüter, C.: The Tokyo Judgement. The International Military Tribunal for The Far East. 2 Bde. Amsterdam 1977, fernerhin Minear, Richard H.: Victors' Justice. The Tokyo War Crimes Trial. Princeton 1972, und Röling, B. and Cassese, Antonio: The Tokyo Trial and Beyond. Cambridge 1993.
21 Das Standardwerk zur damaligen Landreform in Japan ist: Dore, Ronald: Landreform in Japan. London 1959. Ein Teil der Gesetzestexte zur Landreform findet sich in: The Japan Year Book 1946–48, a. a. O., im Dokumentenanhang.
22 Kennan, George F.: Memoirs 1925–1950. Boston 1967, S. 388–389.
23 Wortlaut der Gesetze über die Säuberung, die Polizei, die Dezentralisierung großer Wirtschaftskonzerne, die Erziehungsreform und das Gewerkschaftsgesetz in: The Japan Year Book, a. a. O., Anhänge, S. 1–267.
24 Siehe FRUS Bd. VI. The Far East and Australasia. Washington, 1974, S. 656–660. Vgl. auch Dunn, Frederick S.: Peace-Making and The Settlement with Japan. Princeton 1963, S. 58–59.
25 Acheson, Dean: Present at Creation: My Years in the State Department. New York 1969, S. 338.
26 Siehe Kennans: Recommendations with Respect to U.S. Policy toward Japan. In: FRUS 1948, a. a. O., S. 691–696 und 719–721.

27 Wortlaut der Direktiven MacArthurs an die japanische Regierung mit der Aufforderung gegen die japanischen Kommunisten vorzugehen in: Contemporary Japan (Tokio) Juli–September 1950, S. 453–454 und 458–459. Siehe auch Yoshida, a. a. O., Kap. 23. S. 223–233 und Finn, a. a. O., S. 231–235.
28 Siehe z.B.: FRUS 1951. Asia and the Pacific. Teil 1, S. 1113–1114.
29 Text der Rede von Andrei Gromyko in: New York Times 09.09.1951.
30 Text des Friedensvertrages in: Contemporary Japan (Tokyo), Bd. XX, Nr. 7–9, Juli–September 1951, S. 412–422. Dt. Übersetzung in: Europa Archiv, 7. Jg. 21. Folge, 5. Nov. 1952, S. 5267–5273. Siehe auch die Kommentare von Professor Eberhardt Menzel in: ebda., S. 5261–5266 und in: ebda., 24. Folge, 20. Dez. 1952, S. 5355–5368.
31 Wortlaut der Truman-Rede in: Contemporary Japan (Tokyo), Bd. XX, a. a. O., S. 405–409.
32 Wortlaut der Rede Yoshidas, ebda., S. 409–412.
33 Yoshida, a. a. O., S. 236–237.
34 Erst im Herbst 1949 erließ die Besatzungsmacht ein Dekret über von nun an erlaubte Auflockerungen ihrer Beziehungen zur japanischen Bevölkerung. Dem Besatzungspersonal war es z. B. nunmehr gestattet, japanische Hotels, Restaurants und Theater zu benützen, mit Japanern in sportlichen Wettbewerb zu treten, japanischem Dienstpersonal oder Bekannten Geschenke zu geben oder Japaner »mit der Zustimmung örtlicher Kommandeure« zu gesellschaftlichen Aktivitäten der Amerikaner in Clubs z. B. einzuladen. Siehe: General ... Douglas MacArthurs' Announcement on ›Pro-Fraternization‹ Regulation, September 23, 1949. Wortlaut in: Contemporary Japan (Tokyo), Bd. VIII, Nr. 7–9, Juli-September 1949, S. 437–439.
35 Zum »Ashida Memorandum« siehe: Weinstein, Martin E.: Japan's Postwar Defense Policy 1947–1968. New York 1971, S. 24–26 und 44–45. Siehe auch Yoshida, a. a. O., S. 256.
36 Text des Befehls MacArthurs und Text einer diesbezüglich Stellungnahme der Regierung Yoshida in: Contemporary Japan (Tokio), Bd. XIX, Nr. 7–9, Juli–September 1950, S. 458–463.
37 Text des sogenannten »Nishimura-Entwurfes« in Weinstein, a. a. O., S. 57–58.
38 Zu den Verhandlungen zwischen Dulles und Yoshida siehe Yoshida, a. a. O., S. 256–258, und Weinstein a. a. O., S. 58–63. Siehe auch FRUS 1951, Bd. VI, a. a. O., S. 874–880.
39 Yoshida, a. a. O., S. 259 und Finn, a. a. O., S. 300.
40 Text des Sicherheitsvertrages in: Contemporary Japan (Tokio), Bd. XX, Nr. 7–9, Juli–September 1951, S. 422–423.
41 Wortlaut des Notenaustausches in: Europa Archiv, 7. Jg. 21. Folge, 5. Nov. 1952, S. 5274–5275.
42 Wortlaut der Verteidigungsverträge mit den Philippinen sowie mit Australien und Neuseeland in: Maki, John M.: Conflict and Tension in the Far East. Key Documents, 1894–1960. Seattle 1961, S. 215–218.
43 Text dieses Vertrages in: Contemporary Japan (Tokio), Bd. XXII, Nr. 10–12, 1954, S. 735–742.
44 Wortlaut in: ebda., Bd. XXI, Nr. 10–12, 1953, S. 679–680.
45 Yoshida, a. a. O., S. 187–188.
46 Suga, Kenji: »Industrial and Economic Recovery of Japan« in: Contemporary Japan (Tokio), Bd. XXIII, Nr. 10–12, 1954, S. 633. Siehe auch Kimura, Kihachiro: »International Development and Japanese Economy« in: Contemporary Japan (Tokio), Bd. XXIII, Nr. 4–6, 1955, S. 264–278. Vgl. ferner Finn, a. a. O., S. 267–268.
47 Yoshida, a. a. O., S. 272–273.
48 Deutscher Text der russisch-japanischen Verträge von 1855 und 1875 in: Kajima, Morinosuke: Geschichte der japanischen Außenbeziehungen (Hrg. von Horst Hamitzsch) Bd. I, Wiesbaden 1976, S. 101–102, und in: Yamamoto, Hiroteru: »History of the Kuriles, Shikotan and the Habomai Island«, in: Contemporary Japan (Tokio) Bd. XX, Nr. 10–12, 1951, S. 475–479 und 487–491.
49 Ministry of Foreign Affairs, Japan: The Northern Territorial Issue. Tokio 1970, S. 15–18.
50 Neue Zürcher Zeitung, 16. Juni 1956 und Neues aus Japan, 15. Dezember 1956. Siehe ferner New York Times, 30. Juni 1956.

51 Zum Bericht über den Zustand der japanischen Kriegsgefangenen in der Sowjetunion seitens der US-Hauptquartiers in Tokio vom 1. Februar 1950 siehe Text in: Contemporary Japan (Tokio) Bd. XIX, Nr. 1–3 Januar – März 1950, S. 140–149. Siehe auch die Erklärung des US-Vertreters im Alliierten Rat für Japan vom 10. Mai 1950, in ebda., April–Juni 1950, S. 305–311 und die Entgegnung des sowjetischen Vertreters vom 29. April 1950, ebda., Nr. 4–6 April–Juni 1950, S. 311–314. Siehe ferner Neues aus Japan, 15. Mai 1950 und Neue Zeit (Moskau) Nr. 1, 1. Januar 1950, Beilage.
52 Neues Deutschland, 25. September 1950.
53 Wortlaut der japanisch-sowjetischen Normalisierungserklärung vom 19. Oktober 1956 in: Europa Archiv 21/1956, S. 9287–9288.
54 Text der Kishi Rede in: Contemporary Japan (Tokio) Bd. XXIV, Nr. 10–12, April 1957, S. 722–725.
55 Foreign Relations of the United Staats, a. a. O., Bd. 6, Teil 1, S. 1021–1022.
56 Chiu, Hungdah (Hrsg.): China and the Question of Taiwan. Documents and Analysis. New York 1973, Dokumente 9 und 30, S. 244–245. Siehe auch Lee, Chae-jin: Japan faces China. Political and Economic Relations in the Postwar Era. Baltimore 1976, S. 25.
57 Zum Protest Chiang Kai-sheks und seines Botschafters in Washington, siehe Chiu. ebda., Dokumente 38 und 37, S. 240–244.
58 FRUS 1951, a. a. O., S. 1443–1446.
59 FRUS, a. a. O., S. 1465–1467. Siehe auch FRUS 1952–1954, Bd. XIV, China and Japan. Teil 2. Dokument 466, S. 1071–1075.
60 Wang, Yu San (Hrsg.): Foreign Policy of The Republic of China on Taiwan. New York 1990, S. 50.
61 Hatano, Ken-ichi: »Japan's Choice: Taipei or Peking« in: Contemporary Japan (Tokio) Bd. XX, Nr. 7–9, Juli – September 1951, S. 323–330.
62 Text des Vertrages und Notenaustausches in: Chiu, a. a. O., Dokument 40, S. 245–258, und Wortlaut des Protokolls in: Maki, a. a. O., S. 147.
63 Wortlaut der Rede Yoshidas in der New York Times vom 09.11.1954.
64 Wortlaut des japanisch-burmanischen Friedensvertrages sowie eines ergänzenden Abkommens über wirtschaftliche Zusammenarbeit in: Contemporary Japan (Tokio), Bd. XXIII, Nr. 4–6 1955, S. 424–429.
65 Olson, Lawrence: Japan in Postwar Asia. New York 1970, S. 23–24.
66 Wortlaut des japanisch-philippinischen Reparations-Abkommens in: Contemporary Japan (Tokio), Bd. XXIV, Nr. 4–6 1956, S. 362–369.
67 Wortlaut der beiden Abkommen in: Contemporary Japan (Tokio), Bd. XXV, Nr. 2, April 1958, S. 304–309.
68 Asian Recorder, Bd. 1, 1956, S. 997.
69 Langdon, S. C.: Japan's Foreign Policy. Vancouver 1973, S. 80.
70 Wortlaut dieser Grundsatzrede in: Contemporary Japan (Tokio), Bd. XXIV, Nr. 10–12, April 1957, S. 726–730. Siehe auch den Beitrag vom Außenminister Fujiyama, Aiichiro: »Southeast Asia and Japanese Economic Diplomacy« in: Contemporary Japan (Tokio), Bd. XXV, Nr. 2, April 1958, S. 180–184.
71 Olson, a. a. O., S. 39–40. Wortlaut des Handelsvertrages in: Contemporary Japan (Tokio), Bd. XXV, Nr. 2, April 1958, S. 310–312.
72 Langdon, a. a. O., S. 91–93.

Anmerkungen zu Kapitel 16, S. 437–448

1 Zum Begriff des Totalitarismus siehe das klassische Werk von Arendt, Hannah: Elemente totaler Herrschaft, Frankfurt am Main 1958, sowie Bracher, Karl Dietrich: »Die Aktualität des Totalitarismusbegriffes«, in: Totalitarismus kontra Freiheit. Begriff und Realität. (Hrsg.): Bayerische Landeszentrale für politische Bildungsarbeit. München 1988.
2 Glanzvolle zehn Jahre (Verlag für fremdsprachige Literatur), Peking 1960, S. 1–2.

3 Mampel, Siegfried: »Versuch eines Ansatzes für eine Theorie des Totalitarismus« in: Bayerische Landeszentrale ..., a. a. O., S. 14.
4 Li Gi. Das Buch der Sitte. Übersetzt und erläutert von Richard Wilhelm. Düsseldorf/Köln o. D. S. 47.
5 Liu Shao-ch'i (Liu Shaoqi): How to be a good communist. Peking 1964, S. 6 sowie 46–48.
6 Ebda., S. 17.
7 Kindermann, Gottfried-Karl: Konfuzianismus, Sunyatsenismus und chinesischer Kommunismus. Dokumente zur Begründung und Selbstdarstellung der chinesischen Nationalismus. Freiburg in Breisgau 1963, S. 19–30.
8 Chen, Theodore H.E.: Thought Reform of the Chinese Intellectuals. Hong Kong 1960, S. 60–61 sowie 76–79.
9 Ebda., S. 78–79.
10 Ebda., Kap. VIII.
11 Mao Tse-tung: Ausgewählte Werke. Bd. V, Peking 1977, S. 191–202.
12 Chow, Ching-wen: Ten Years of Storm. The True Story of the Communist Regime in China. New York 1960, S. 92. (Chow Ching-wen, vor dem Zweiten Weltkrieg Präsident der Nordwest-Universität in Peking, war während des Krieges der Chinesischen Demokratischen Liga, einer der kleineren chinesischen Parteien, beigetreten, die in den Jahren vor 1949 mit den Kommunisten sympathisierten und nach der Proklamation der Volksrepublik mit ihnen kooperierten. Er gehörte zu einer Gruppe von acht Führern kleinerer demokratischer Parteien, die angesichts des Bürgerkrieges zunächst nach Hong Kong ausgewichen und die im Dezember 1948 von Mao Tse-tung und Chou En-lai zu einer Grundsatzbesprechung nach Peking gebeten worden waren. Da die Kommunisten in einer ersten »neuen demokratischen« Übergangsphase besonderen Wert auf den Augenschein ihrer Kooperation mit diesen nicht-kommunistischen Parteien legten, wurden diese auch an frühen legislativen Körperschaften der Volksrepublik China beteiligt. Von 1949 bis 1954 fungierte Chow als Vorsitzender des Finanzkomitees des Zentralkomitees der Chinesischen Demokratischen Liga. Auf Grund seines besonderen Status konnte er sich in den ersten acht Jahren seit Gründung der Volksrepublik relativ frei in China bewegen und wurde so zum Zeit- und Augenzeugen zahlreicher Ereignisse dieser Periode, eine Erfahrung, die nur ganz wenige andere mit dieser Zeit befaßte Autoren mit ihm teilen konnten. Abgestoßen vom repressiven Charakter der damaligen Politik, floh er 1957 nach Hong Kong und stellte sich dort dem Verfasser zwei Jahre später zu einem Gespräch zur Verfügung.)
13 Mao Tse-tung: »Bei der Unterdrückung der Konterrevolutionäre wohlüberlegt, genau gezielt und unerbittlich zuschlagen« in: MTTAW, Bd. V, S. 55.
14 Weggel, Oskar: Geschichte Chinas im 20. Jahrhundert. Stuttgart 1989, S. 161.
15 Chow, a. a. O., S. 110.
16 New York Herald Tribune 01.10.1951. Siehe auch Walker, Richard L.: China unter dem Kommunismus. Stuttgart 1956, S. 249.
17 MTTAW, a. a. O., S. 58.
18 Chow, a. a. O., S. 198.
19 Chow, a. a. O., Kap VI, S. 124–133. Siehe auch Weggel, a. a. O., S. 162–164.
20 Lo, Jui-ching: »Mitbürger vereinigt euch und faßt Konterrevolutionäre bis auf den letzten Mann«, Peking 1955 (dt. in: Ostprobleme, VII, Jg. Nr. 41, 14.10.1955, S. 1570–1574). Sieh auch Walker, a. a. O., S. 188.
21 The Agrarian Reform Law of The People's Republic of China. Peking 1959, S. 1–15.
22 »Decisions Concerning The Differentiation of Class Status in the Countryside« in: ebda., S. 17–50.
23 Chow, a. a. O., S. 98–106. Weggel, a. a. O., S. 154–156.
24 Hsueh, Mu-chiao (Xue Muqiao), Su, Hsing and Lin, Tse-le (Su Qing und Lin Zeli): The Socialist Transformation of The National Economy in China. Peking 1960, S. 92.
25 Text der Rede Lius in: The Agrarian Reform Law ..., a. a. O., S. 59–85.
26 Zu diesem Prozeß der stufenweisen Kollektivierung siehe: Chao, Kuo-chün: Agrarian Polices of Mainland China: A Documentary Study 1949–1956. Cambridge, Mass., 1957. Siehe auch Großmann, Bernhard: Die wirtschaftliche Entwicklung der Volksrepublik China. Stuttgart 1960.

27 Mao, Tse-tung: Über die richtige Lösung von den Widersprüchen im Volk. Peking 1957, S. 36–39. Siehe auch Hsueh, Mu-chiao (Xue Muqiao) u.a.: The Socialist Transformation of the National Economic in China. Peking 1960, S. 137–138.
28 Wortlaut der Verfassung in chinesischer und englischer Sprache in: Kirby, E. Stuart: Contemporary China. Economic and Social Studies, Documents, Bibliography, Chronology. Hong Kong 1956, S. 154–187.
29 Liu Shao-ch'i (Liu Shaoqi): The Political Report of the Central Committee of the Communist Party of China to the Eighth National Congress of the Party. People's China No. 19, October 1956, Beilage S. 55–56. Für den ganzen Parteitag siehe: Der 8. Parteitag der Kommunistischen Partei Chinas, Peking 1956 (2 Bde.).
30 Chow, a. a. O., S. 42–48.
31 Kraus Willy: Wirtschaftliche Entwicklung und sozialer Wandel in der VR China. Berlin 1979 S. 78–81.
32 Großmann, a. a. O.
33 Panikkar, Kavalam-Madhava: Botschafter in beiden China. Frankfurt am Main 1956, S. 218–219.

Anmerkungen zu Kapitel 17, S. 448–456

1 Chou, En-lai: »Zum Problem der Intellektuellen« Renmin Ribao 30.01.1956, dt. in: Ostprobleme Nr. 18, 1956, S. 637–642.
2 Text der Hundert-Blumen-Rede Lu Ting-yis in: People's China. 16.08.1956, Supplement.
3 Fung, Yu-lan: A Short History of Chinese Philosophy. New York 1950, S. 30–37.
4 Mao, Tse-tung: »Über die richtige Lösung von Widersprüchen im Volk«. Peking 1960, vgl. jedoch Hudson, G.F.: Let a Hundred Flowers bloom. The Complete Text of, On the Correct Handling of Contradictions among the Peoples«, in: The New Leader o. O. 1957.
5 Hsinhua News Agency Release (Peking) 06.03.1957.
6 Hsinhua News Agency Report vom 18.04.1957.
7 Kuang-Ming Jih-pao (Peking), 03.05.1957.
8 Shenyang Jih-pao, 11.06.1957, englisch in: Survey of the China Mainland Press, Nr. 1597, 23.08.1957, S. 16 und 19.
9 Chang Ching Jih-pao (Hankou), 13.07.1957, deutsch in: Ostprobleme, Nr. 2, 1958, S. 53–54.
10 Ta Kung Pao (Peking), 19.06.1957, englisch in: Survey of the China Mainland Press, Nr. 1570, 16.07.1957, S. 2–3 und 9–11.
11 Beitrag aus der Chung Kuo Ching Nien Pao (Zhongguo Qingnian Bao), englisch in: Survey of the China Mainland Press, Nr. 1576, 24.07.1957, S. 22.
12 Tsao, Pao-ming: »Hungarian Incident in Miniature« in Renmin Ribao 06.08.1957, englisch in: Survey of the China Mainland Press, Nr. 1597, 23.08.1957, S. 21–28. Siehe in der gleichen Quelle den Beitrag »What does the Hanyang Incident explain?« sowie den Beitrag über konterrevolutionäre Studenten in Hanyang in der New China News Agency (Wuhan) 05.08.1957, englisch in: Survey of the China Mainland Press, Nr. 1597, 23.08.1957.
13 Liu, Chun; Chou, Ting-fang und Chiang, Huai: »Rightist Stronghold in Peking University District.« Renmin Ribao 24.07.1957, englisch in: Survey of the China Mainland Press, Nr. 1575, 23.07.1957, S. 8–12. Vgl. auch New China News Agency 27.06.1957. Zur Geschichte der Hundert-Blumen–Bewegung siehe auch: MacFarquar, Roderick: The Hundred Flowers. London 1960.
14 Hsinhua News Agency Release 01.07.1957.
15 Mao, Tse-tung: »Über die richtige Lösung der Widersprüchen im Volk«, a. a. O., S. 52–53. Zur Problematik der beiden Fassungen der Mao-Rede siehe Hudson, a. a. O.
16 Ebda., S. 7–8.
17 Text der Rede Deng Xiaopings in: Bowie, R. L. und Fairbank, J. K. (Hrsg.): Communist China 1955–1959. Policy Documents with Analysis. Harvard University, Cambridge, Mass., 1965, Dok. 19, S. 343–353.

Anmerkungen zu Kapitel 18, S. 457–464

1 Beschluß der VI. Plenarsitzung des VIII. ZK der KP Chinas vom 10.12.1958. Wortlaut in: Peking Review Nr. 43, 23.12.1958, S. 10–17, sowie in: Sixth Plenary Session of the Eighth Central Committee of the Communist Party of China, Peking 1958, S. 12–49 (dem Tagungsort entsprechend wird dieser Beschluß hiernach zitiert als »Wuhan Resolution«).
2 Beschluß des Zentralkomitees der KP Chinas über die Errichtung Ländlicher Volkskommunen vom 29.08.1958 in: Peking Review 16.09.1958.
3 Siehe Sixth Plenary Session ... a. a. O.
4 Liao, Lu-yen: »The whole Party and the whole People go in for Agriculture in a big Way« in: Peking Review Nr. 37, 14.09.1960, S. 33
5 Sixth Plenary Session ..., a. a. O., S. 17–18. Vgl. auch den Entwurf des Provinzkomitees der KP Chinas in Shansi über die Errichtung einer Arbeitsarmee in: Extracts From China Mainland Magazines (Hong Kong) Nr. 155, 23.01.1959.
6 Siehe ebda., 23.01.1959, S. 14–16 und Satzungsentwurf der Weihsing-Volkskommune in: Kirby, E. S. (Hrsg.): »Contemporary China, Bd. III, Hong Kong 1960, S. 235–252.
7 Weggel, Oskar: Geschichte Chinas in 20. Jahrhundert. Stuttgart 1989, S. 214.
8 Zur Wirtschaftskrise als Folge der Volkskommune und anderer Ursachen siehe: Domes, Jürgen: Die Ära Mao Tse-tung. Stuttgart 1971, S. 110–116.
9 Zur Leistung der sogenannten Kleinen Freiheiten siehe den Beitrag von Lin, Hsia in: Zhongguo Qingnianbao (Peking), 08.07.1959 in: Survey of the China Mainland Press (Hong Kong), Nr. 2086, 28.08.1959, S. 5–6.
10 Ladany, Laszlo: The Communist Party of China and Marxism. London 1988, S. 249–253. Siehe ferne Chou En-lais (Zhou En-lais) Rede über die Berichtigung von Planziffern vom 26.08.1959 in: Bowie und Fairbank, a. a. O., Dokument 41, S. 456–457.
11 Mao, Tse-tung: »Aussprache in Yenan über Literatur und Kunst« in: Ausgewählte Werke Bd. III, Peking 1969, S. 95–102.
12 »Appraisal of Confucius« in: Peking Guangming Ribao vom 12.11.1962 in: Survey of the China Mainland Press (Hong Kong), 30.11.1962. Siehe auch Meldung der New China News Agency aus Jinan vom 19.11.1962 in: ebda., 23.11.1962. Zur Lebens-, Gesellschafts- und Staatsphilosophie des Konfuzius siehe u.a. sein von seinen Schülern verfaßtes und von Richard Wilhelm übersetztes und eingeleitetes Hauptwerk: Kungfutse: Gespräche (Lun Yü). Düsseldorf–Köln 1955.
13 Sixth Plenary Session of the Eight Central Committee of the Communist Party of China. Peking 1958, S. 50–51.
14 Wortlaut in: Glaubitz, Joachim: Opposition gegen Mao. Freiburg i.Br. 1979, Anhang, S. 187–196. Siehe auch Domes, Jürgen: Peng Te-huai – the Man and the Image. London 1985, S. 89–94.
15 Martin, Helmut (Hrsg.): Mao intern. Unveröffentlichte Schriften, Reden und Gespräche Mao Tse-tungs 1949–1971. München 1974, S. 136–141.
16 Zur Wirtschaftspolitik und zu den Erfolgen der Alternativstrategie Liu Shao-ch'is (Liu Shaoqis) siehe Weggel, Oskar: Geschichte Chinas im 20. Jahrhundert. Stuttgart 1989, S. 221–226.

Anmerkungen zu Kapitel 19, S. 465–474

1 FRUS 1943, China, Washington, 1957, S. 622–631.
2 New York Times, 25.08.1945.
3 Chiu, Hungdah und Dreyer, June Teufel: Tibet: Past and Present. Baltimore 1989, S. 5.
4 Li, Tieh-tseng: The Historical Status of Tibet. New York 1956, S. 203–206.
5 Texte des Notenaustausches zwischen Indien und China in: International Commission of Jurists: The Question of Tibet and the Rule of Law. Genf 1959, S. 132–138.
6 Chinesische Dokumente über die Vernichtung tibetischer Streitkräfte, über deren Stärke und Ausrüstung sowie über allgemeine Zustände in Tibet in: Tibet 1950–1957. Dokumentation des Union Research Institute Hong Kong 1968, S. 1–18.

7 Texte des Abkommens in: International Commission of Jurists, a. a. O., S. 139–142. Siehe auch Über die Tibet-Frage (Sammlung offizieller Dokumente der Volksrepublik China) Peking 1959, S. 15–17. Kommentar der Dalai Lama in: Dalai Lama: Mein Leben und mein Volk, München 1962, S. 69–71.
8 Texte des chinesisch-indischen Abkommens und eines zusätzlichen Notenaustausches in: Tibet 1950–1957, a. a. O., S. 66–72.
9 Maxwell, Neville: »China and India: The Unnegotiated Dispute in: The China Quarterly No. 43, Juli–September 1970, S. 51. Zur völkerrechtlichen Argumentation Chinas siehe: Documents on the Sino-Indian Boundary Question. Peking 1960 und Premier Chou En-lais Letter to the Leaders of Asian and African Countries on the Sino-Indian Boundary Question (November 15 1962) Peking 1973.
10 Dalai Lama, a. a. O., S. 89.
11 Dalai Lama: Das Buch der Freiheit. Bergisch Gladbach 1990, S. 137–138.
12 Ebda., S. 140.
13 Dalai Lama: Das Buch der Freiheit, a. a. O., S. 182. Zur Flucht des Dalai Lama und zur vorangegangenen Krise in Lhasa siehe ebda., S. 145–184, sowie International Commission of Jurists, a. a. O., S. 11–14.
14 Wortlaut der Erklärungen des Dalai Lama in: International Commission of Jurists, a. a. O., S. 192–199. Zur kommunistischen Kritik des tibetischen Gesellschaftssystems siehe: Tibet 1950–1967, a. a. O., ? Dokument 86, S. 394–403.
15 FRUS 1958–1960, Bd. XIX, China. Washington, 1996, Dokumente 372–381, S. 756–773.
16 Ebda., Dokumente 402–403, S. 810–813.
17 Rubin, Alfred: »The Position of Tibet in International Law« in: The China Quarterly No. 35, Juli–September 1968, S. 153–154.
18 Ebda., S. 187–218.
19 Notes Memoranda and Letters Exchanged and Agreements Signed Between the Governments of India and China; White Paper. Ministry of External Affairs Government of India, New Delhi 1959–63. S. 26–27. [Später zitiert als Indian White Paper]
20 Siehe Pringsheim, Klaus H.: »China, India and their Himalayan Border 1961–1963« in: Asian Survey, September 1963, S. 476.
21 Indian White Paper, VIII, S. 17–21.
22 New York Times, 13. und 15.10.1962.

Anmerkungen zu Kapitel 20, S. 475–486

1 Yü, Dschao-li: »Die Kräfte der Neuen Ära besiegen unweigerlich die verfaulenden Kräfte des Niedergangs« aus Hung Ch'i Nr. 6, 16.08.1958, S. 58–74, deutsch in: Zur Gegenwärtigen Internationalen Lage. Peking 1958, S. 58–74.
2 Dokument mit chinesischen Protesten und Kündigungserklärungen chinesischer Mitgliedschaften in internationalen Organisationen in: Chinese People's Institute of Foreign Affairs: Oppose U. S. Occupation of Taiwan and ›Two Chinas‹ Plot. A Selection of Important Documents. Peking 1958, S. 79–102.
3 Rede vom 10.02.1958, ebda, S. 57.
4 Department of State Bulletin, 08.09.1958, S. 385–390.
5 Texte zum Meinungsaustausch Peking–Washington, in dieser Angelegenheit in: US Department of State: American Foreign Policy – Current Documents 1958. Washington, 1962, S. 1129–1136.
6 Text in: Zur Gegenwärtigen Internationalen Lage. Peking 1958. S. 1–7.
7 Chruchchev Remembers. Hrsg. von Strobe Talbott. New York 1976, S. 298–299.
8 Siehe diesbezügliche Berichte in: China News (Taipei) 04. 06. 07. und 08.08.1958.
9 China News (Taipei) 24.08.1958.
10 U.S. News and & World Report 26.09.1958, S. 40.
11 Wortlaut des Telegramms von Chiang Kai-shek an Eisenhower in: FRUS 1958–1960, Bd. XIX China, Washington, D.C., 1996, Dokument 48, S. 83–85.

12 Zum Inhalt dieser Beratungen siehe ebda., Dokumente 50/53, S. 87–102.
13 Siehe New York Times, 29. und 30.08.1958 sowie 05.09.1958. Wortlaut der Pekinger Erklärung bezüglich der Ausweitung der Hoheitsgewässer der VR China an ihren Küsten in: American Foreign Policy – Current Documents 1958, a. a. O., S. 1199; siehe auch Peking Review 9. September 1958.
14 Wortlaut der in Newport Rhode Island am 04.09.1958 gegebenen Erklärung in: FRUS 1958/1960, a. a. O., S. 134–136.
15 Oppose U.S. Occupation of Taiwan, a. a. O., S. 70–74.
16 Text der Warnung von Chruschtschow in FRUS, a. a. O., S. 145–153 wie auch in: Soviet News, 09.09.1958.
17 Siehe Dokument 56 in: FRUS a. a. O., S. 107–108.
18 U.S. News & World Report 10.10.1958 (»In Air over Quemoy – Chiang's Fliers Are Winning«)
19 Text der Rundfunkbotschaft in: Peking Review, 07.10.1958, Anhang.
20 FRUS 1958–1960, a. a. O., Dokumente 158 und 160, S. 332–336.
21 China News 25. und 26.10.1958.
22 Wortlaut der Botschaft von Marschall Peng in: Peking Review, 28.10.1958, S. 5.
23 FRUS 1958, Dokumente 225 u. 226, S. 468–472. (1958–60, Dokument 200, S. 424–426)
24 Dokumente zu den Verhandlungen zwischen Dulles und Chiang Kai-shek in ebda., S. 395–474.
25 Text der gemeinsame Erklärung in ebda., S. 442–444.
26 Peking Review, 28.10.1958, S. 5 und ebda., Nr. 36, 04.11.1958, S. 9–11.
27 FRUS 1958–1960, a. a. O., Dokument 223, S. 464.
28 FRUS 1958–1960, ebda., Dokument 196, S. 415. Dokument 177, S. 377 und Dokument 182, S. 395.
29 Protokoll der Unterredung zwischen Chiang Kai-shek und Botschafter Kirk in: FRUS 1961–1963, Bd. XXII, Northeast Asia. Washington, D. C., 1996, Dokument 151, S. 306–312.
30 Bericht Kirk an Kennedy, ebda., Dokument 172, S. 354–358.
31 Text des Schreibens von Kennedy an Chiang, ebda., Dokument 173, S. 359–360.
32 Memorandum über dieses Gespräch in ebda., Dokument 174, S. 361–362.
33 Protokoll des Gesprächs Kennedy–Chiang Ching-kuo in ebda., Dokument 186, S. 386–392.

Anmerkungen zu Kapitel 21, S. 487–496

1 FRUS 1958–1960 Bd. XVIII, Japan, Korea, Washington, 1961, Dokument 109, S. 425–428.
2 Text des Notenaustausches ebda., S. 429–430.
3 Text der sowjetischen Memoranden vom 27. Januar und 24. Februar 1960 in: Contemporary Japan (Tokio) Bd. XXVI, Nr. 3 Mai 1960, S. 593–595 und 605–607.
4 Ebda., S. 593.
5 Text der japanischen Antwortennoten vom 5. und vom 24. Februar 1960 in: ebda., S. 603–605 und 607–608. Zum Fortgang der Kontroverse um Japans Nordinseln siehe Mayer, Hans Jürgen: Der japanisch-sowjetische Territorialstreit. Hamburg 1980.
6 Siehe: Kindermann, Gottfried-Karl: »Japan – die innenpolitische Entwicklung bis zum Sommer 1960«, in: Die Internationale Politik 1958–1960 (Jahrbuch der Deutschen Gesellschaft für Auswärtige Politik) München 1971.
7 Text in: New China News Agency 17.03.1959 zit. in: Hinton, Harold C.: Communist China in World Politics. London 1966, S. 378–379. Siehe ferner die chinesischen Dokumentensammlung: Support the Just Straggle of the Japanese People against the Japan–U.S. Treaty of Military Aliens. Peking 1960.
8 Deutsch in: Kindermann, Gottfried-Karl: »Paradoxien der inneren und auswärtigen Politik Japans«, in: Europa-Archiv, Folge 11, 1961, Erster Teil, S. 290.
9 Voller Text des Interviews mit Generalsekretär Asanuma in: ebda., S. 296–298.
10 Yanaga Chitoshi: Japanese People and Politics. New York 1956, S. 48.

11 Packard, George R.: Protest in Tokio – the Security Treaty Crisis of 1960. Princeton, N. J., 1966, S. 129.
12 »From Kishi to Ikeda«, in: Japan Quarterly Bd. VII, Nr. 4 Oktober–Dezember 1960, S. 389–394 sowie in: »What happened in Japan? – A Symposium« in: Japan Quarterly Bd. VII, Nr. 4 Oktober–Dezember 1960, S. 402–427. Siehe ferner: Packard, a. a. O., S. 233–242.
13 Der 1896 geborene Kishi war 1936–1939 einer der führenden Wirtschaftsplaner im japanischen Satelliten Kaiserreich Mandschukuo und danach Wirtschaftsminister in jenem Kabinett des Ministerpräsidenten Tojo gewesen, das den Krieg gegen die USA beschlossen hatte. Er hatte frühzeitig, wenn auch vergeblich auf eine Einstellung gedrängt und 1944 auf den Sturz des Tojo-Kabinetts hingearbeitet. Ab 1952 begann Kishi seine neue politische Karriere, 1956 wurde er Außenminister und ein Jahr später Ministerpräsident von Japan. Siehe: Kurzman, Dan: Kishi and Japan. New York 1960.

Anmerkungen zu Kapitel 22, S. 497–504

1 Mao, Tse-tung: Ausgewählte Werke. Band IV, Peking 1969, S. 450–451.
2 Deutsche Übersetzung in: Verträge der Volksrepublik China mit Anderen Staaten (hrsg. von O. Weggel u. W. Mohr), Hamburg u. Wiesbaden 1971 (Schrift des Instituts für Asienkunde), Teil 5, S. 354–356.
3 Siehe oben, Kapitel 10, Abschnitt 5, »Stalins ›ungleicher Vertrag‹ mit China«.
4 Verträge der Volksrepublik China, a. a. O., S. 356–358.
5 Zur Entstehungsgeschichte des Vertragswerkes zwischen Moskau und Peking siehe die akribische und international führende Arbeit: Heinzig, Dieter: Die Sowjetunion und das Kommunistische China 1945–1950. Der beschwerliche Weg zum Bündnis. Baden-Baden 1998.
6 Khrushchev Remembers. Hrsg. Strobe Talbott. New York 1974, S. 283–285
7 Adenauer, Konrad: Erinnerungen 1953–1955. Stuttgart 1966, S. 527–528.
8 »More on the Historical Experience of the Proletarian Dictatorship«, in: People's China (Peking) Nr. 2, 16.1.1957, Beilage.
9 Hsinhua News Agency Release, 19.1.1957.
10 Deutsche Übersetzungen der wichtigsten zwischen Moskau und Peking ausgetauschten Streitschriften finden sich in: Weber, Hermann: Konflikte im Weltkommunismus. Eine Dokumentation zur Krise Moskau–Peking. München 1964 (dieser Band enthält auch Stellungnahmen anderer kommunistischer Parteien zum Konflikt), sowie Hamm, Harry und Kun, Joseph: Das Rote Schisma. Köln 1963, und Brahm, Heinz: Pekings Griff nach der Vormacht. Köln 1966.
11 Wortlaut in Weber, a. a. O. Eine englische Version erschien unter dem Titel:« The Origin and Development of the Differences between the Leadership of the CPSU and Ourselves« in der Foreign Languages Press in Peking 1963.

Anmerkungen zu Kapitel 23, S. 505–514

1 Siehe die aufschlußreiche Sammlung von 33 Dokumenten dieser Art von Opposition gegen Mao in: Glaubitz, Joachim: Opposition gegen Mao. Freiburg in Breisgau 1969. Zur Kritik von Liu Shao-ch'i (Liu Shaoqi) und seinen Anhänger siehe: Groeling, Erik von: Der Fraktionskampf in China. Berichte des Bundesinstituts für Ostwissenschaftliche und Internationale Studien. Köln, Nr. 37/1970, und Heinzig, Dieter: Von Lushan zur Kulturrevolution in: ebda., Nr. 5/1968.
2 Important Documents on the Great Proletarian Cultural Revolution in China. Peking 1970, S. 107–128.
3 Wortlaut der Beschlüsse der Zentralkomitees vom 8. August, 12. August und 31. Oktober 1968 in: Important Documents on the Great Proletarian Cultural Revolution in China, a. a. O., S. 129–197.

4 Domes, Jürgen, und Näth, Marie-Luise: Geschichte der Volksrepublik China. B.I.-Taschenbuchverlag Mannheim 1992, S. 57.
5 Weggel, Oskar: Geschichte Chinas im Zwanzigsten Jahrhundert. Stuttgart 1989. S. 257–258.
6 Selections from China Mainland Magazines, Hong Kong Nr. 592, 11.11.1967. S. 17–28.
7 Peking Rundschau, Nr. 30, 26.07.1966, S. 7.
8 Weggel, a. a. O., S. 272 sowie Domes und Näth, a. a. O., Domes, Jürgen: Die Ära Mao Tsetung. Stuttgart 1971, S. 176–180.
9 Lin Piaos (Lin Biaos) »Bericht auf dem IX. Parteitag der Kommunistischen Partei Chinas April 1969 in: Peking Rundschau, Sondernummer, 28.04.1969, S. 9–30.
10 Hsü, Immanuel C.Y.: The Rise of Modern China. 4. Auflage. New York 1990, S. 708–714. Siehe auch Kau, Ying-Mao und Perrolle, Pierre: »The Politics of Lin Piao's Abortive Military Coup« in: Asian Survey, Bd. IVX, Nr. 6 Juni 1974, S. 558–577.
11 Radio Peking, 07.11.1967, Monitor RIAS Berlin 07.11.1967, S. 51.
12 Meissner, Boris: Die »Breshnew-Doktrin«. Köln 1969, S. 1–94.
13 Peking Rundschau, 27.08.1968, S. 9–10.
14 Siehe u. a.: Der sowjetische Sozialimperialismus ohne Maske. Peking 1976. Siehe auch Meissner, a. a. O., Dokumentenanhang, S. 170–190. Fernerhin: »Leninismus oder Sozialimperialismus?« Gemeinsame Publikation der Tageszeitungen Renmin Ribao und Jiefangjun Bao sowie der Parteizeitschrift Hongqi in: Peking Rundschau, 28.04.1970, S. 5–22. Eine grundsätzliche sowjetische Kritik der maoistischen Marxismus-Variante in Theorie und Praxis enthält Iljitschew, Leonid: »Gegen die ›Maoisierung‹ der Marxistisch-Leninistischen Wissenschaft«, in: Kommunist, Moskau, Nr. 11, 1964, deutsch in: Ost-Probleme 16 Jahrgang, Nr. 19–20, 02.10.1974, S. 567–583.
15 Lin, Piao (Lin Biao): »Es lebe der Sieg im Volkskrieg!«, in: Peking Rundschau, Nr. 37, 14.09.1965, S. 11–33.
16 Dommen, Arthur J.: »The Coup in Indonesia« The China Quarterly Nr. 25, Januar–März 1966, S. 162.
17 Archiv der Gegenwart, 14.02.1965, S. 11691.
18 Der Verfasser hatte Ende 1963 anläßlich eines UNESCO-Auftrages in Indonesien auch mit dem damaligen Informationsminister Roeslan Abdul Gani sprechen können, wobei angesichts der politischen Konstellation in Indonesien und des angeschlagenen Gesundheitszustandes von Präsident Sukarno Übereinstimmung darüber bestand, daß es in Kürze zu einem staatsstreichartigen Machtkampf in Indonesien kommen werde. Der Informationsminister meinte, hierbei würden – anders als in China 1927 – die Kräfte der Linken obsiegen, der Verfasser meinte hingegen die Kräfte der Rechten.
19 Zum Ablauf des Staatsstreichs einschließlich des vor seiner Hinrichtung gemachten Geständnisses des indonesischen Kommunistenführers Aidit siehe Dommen, a. a. O., S. 144–170.
20 Ansprenger, Franz: »Die Politik der Volksrepublik China in Afrika«, in: Ansprenger, Franz u. a.: Die Außenpolitik Chinas. Entscheidungsstruktur, Stellung in der Welt, Beziehungen zur Bundesrepublik Deutschland. München und Wien 1975, S. 317–321.
21 Ebda., S. 322.
22 Scalapino, Robert A.: »Sino-Soviet Competition in Africa«, in: Foreign Affairs. Juli 1964, S. 640–654.
23 Hinton, Harold C.: Communist China in World Politics. London 1966, S. 189.
24 Ebda., S. 190.
25 Ansprenger, a. a. O., S. 319.
26 Zu Pekings Afrika-Politik siehe auch: Matthies, Volker: China und Afrika. Hamburg 1969.
27 Tretiaka, Daniel: »The Founding of the Sino-Albanian Entente«, in: The China Quarterly Nr. 10, April–June 1962, S. 123–143, sowie Hinton, a. a. O., S. 92–93, und Fabritzek, Uwe G.: »Die außenpolitische Praxis gegenüber Ost- und Westeuropa«, in: Ansprenger, a. a. O., S. 265–266. Weiterhin: Griffith, William E.: Albania and the Sino-Soviet Rift. Cambridge 1963.

Anmerkungen zu Kapitel 24, S. 515–532

1 Buttinger, Joseph: Vietnam – A Dragon embattled. Bd. II. New York 1967, S. 834–893. Siehe auch Fall, Bernhard B.: The Two Vietnams. A Political and Military Analysis. New York 1964, Kap. 12. S. 234–253. Siehe auch die Diem-Biographie: Warner, Dennis: The Last Confucian. New York 1963.
2 Fall, a. a. O., S. 258–279.
3 FRUS 1961–1963, Bd. I Vietnam 1960, Washington, D.C., 1988, Dokument 42, S. 93–94.
4 Scigliano, Robert: »Vietnam: A Country at War«, Asian Survey Januar 1963, zitiert in der glänzenden Analyse von Bernald Fall »Insurgincy: Myths and Facts«, Kap. 16, in: Falls Buch: The Two Vietnams. A Political and Military Analyses. New York 1964, S. 337–384.
5 Fall, ebda., S. 360–362.
6 Bereits 1961 gelang es den Kommunisten, Saigon teilweise von seinem agrarischen Hinterland abzuschneiden und die zur Hauptstadt führenden Straßen immer wieder der Gefahr ihrer Angriffe auszusetzen. Fall, ebda., S. 362–365. Siehe auch das Standardwerk Pike, Dougras: Viet Cong – The Organisation and Techniques of the National Liberation Front of Southvietnam. Cambridge, Mass., 1966, Kap. 5, 6, 7, 9 und 13.
7 Zu den Beratungen und Entscheidungsprozessen der Kennedy-Regierung hinsichtlich einer Steigerung ihres Einsatzes in Südvietnam und deren Ermutigung eines Generalsputschs gegen den amtierenden südvietnamesischen Präsidenten Diem siehe: Sheehan, Neil, u.a.: The Pentagon Papers. New York 1961, Kap. 3 und 4, Dokumente 16–32 sowie 34–59 (diese Quelle wird hiernach zitiert: The Pentagon Papers). Siehe ferner auch McNamara, Robert S.: An Retrospect. The Character and Lessons of Vietnam. Washington, 1956, S. 38–87. Siehe weiterhin Gettleman, Marvin: Vietnam. Harmondsworth 1966, S. 246–296.
8 McNamara, a. a. O., S. 83.
9 Ebda., S. 84.
10 Ebda., S. 100–101.
11 Johnson, Lyndon B.: The Vantage Point. Perspectives of the Presidency 1963–1969. New York 1971, S. 142.
12 Ebda., S. 68.
13 Ebda., S. 148–150.
14 Wolf, Dieter O.: Präsidenten- Krieg in Vietnam? München 1973.
15 Congressional Record, 88th Congress 2nd Session, Senates, Bd. 110, Nr. 151, 05.08.1964, S. 17547.?
16 Wolf, a. a. O., S. 200.
17 Dokumente zum Staatsbesuch Liu Shao-ch'is (Liu Shaoqis) in Hanoi in: Joint Statement of Chairman Liu Shao-ch'i and President Ho Chi Minh. Peking 1963.
18 Deutscher Text der nordvietnamesischen Eskalationsthesen in: Kux, E., und Kun, J. C.: Die Satelliten Pekings. Stuttgart 1964, S. 169–182.
19 The Pentagon Papers, a. a. O., Dokument 101, S. 447–448.
20 Ebda., Dokument 103, S. 449–454.
21 Legler, Anton und Bauer, Frieda: Der Krieg in Vietnam. Bd. IV Weltkriegsbücherei Stuttgart, S. 82–88. Siehe auch De? Bd. III, S. 120.
22 New Jersey Agent Orange Commission: Such Facts About Agent Orange/Dioxin. o.O. 1996. Siehe auch Südostasien aktuell, Juli 1999, S. 307.
23 FRUS 1962–1963, Bd. II, Vietnam 1962, Dokument 263, S. 586–587 und Dokument 254, S. 566–567.
24 Wortlaut der Briefe Johnsons und Ho Chi Minhs in: Johnson, a. a. O., Anhang VIII u. IX, S. 592–595.
25 Ky, Nguyen Cao: Twenty Years and Twenty Days, New York 1976, S. 162–163. Siehe auch Oberdorfer, Don: Tet! Garden City, 1971, S. 239–331. Siehe auch Kissinger, Henry A.: Diplomacy. London 1995, S. 670–671.
26 Johnson, a. a. O., Kap. 21, S. 493–521. Zu den Turbulenzen in den amerikanischen Innenpolitik siehe die vorzügliche Darstellung von: Fry, Marc: Geschichte des Vietnamkrieges. München 1998, S. 150–159 und 165–173.

27 Zur Schlußphase des Krieges in Vietnam und der Waffenstillstandsverhandlungen siehe: Nixon, Richard: Memoiren. Köln 1978, S. 457–495.
28 New York Times, 01.05.1975.
29 Siehe hierzu Snepp, Frank: Decent Interval. New York 1977 und die politologische Analyse von Le-Mong, Cong: Der Untergang Südvietnams. Eine Untersuchung der endogenen und exogenen Ursachen des Zusammenbruchs der Republik Vietnam. München 1982.
30 McNamara, a. a. O., S. 322.
31 Ebda., S. 331–332.
32 Ky, a. a. O., S. 151 und 129. So stark war die intervenierende Rolle der USA in Südvietnam, daß der amerikanische Botschafter in Saigon auch führende südvietnamesische Generale oder Politiker wie Schuljungen oder Untergebene abkanzelte. Siehe z. B. ebda., S. 52–55.
33 Morgenthau, Hans J.: »We are deluding ourselves in Vietnam«, in: The New York Times Magazine 18.04.1965.

Anmerkungen zu Kapitel 25, S. 533–546

1 Nixon, Richard M.: »Asia after Viet Nam«, in: Foreign Affairs, Bd. 46, Nr. 1 1967, S. 111–125.
2 Congressional Quarterly: China – U. S. Policy since 1945 Washington, 1980, S. 17–18.
3 Nixon, Richard M.: Memoiren. Köln 1968, S. 367–368. Im größerem Detail siehe: Kissinger, Henry: White House Years. Boston 1979, S. 708–732.
4 Genaue Auflistung des Abstimmungsverhaltens bei den beiden UN-Abstimmungen über die Vertretung Chinas in: Congressional Quarterly, a. a. O., S. 366 (siehe auch 365).
5 Deutscher Text in: Europa Archiv, Folge 6/1972, S. D136–139. Originaltext in: Congressional Quarterly, a. a. O., S. 323–324.
6 Siehe Kissingers ausführliche Beschreibung der Gespräche mit Mao Tse-tung und Chou En-lai (Zhou En-lai), Kissinger, a. a. O., Kap. XXIV, S. 1050–1078.
7 Siehe Meissner, Boris: Die »Breshnjew-Doktrin«. Eine Dokumentation. Köln 1969.
8 Der oft als Moskaus Sprachrohr dienende sowjetische Journalist Victor Louis schrieb z. B. am 16. September 1969 in der Londoner Zeitung Evening News: »Ob die Sowjetunion einen Angriff auf Lop Nor, die Nuklearbasis Chinas, wagen wird oder nicht, ist eine Frage der Strategie, deshalb wird die Welt auch im nachhinein davon erfahren.« Siehe auch Kissinger, a. a. O., S. 185–186.
9 Voller Text der Gemeinsamen Kommuniqués zwischen Sato und Nixon in: Contemporary Japan Bd. XXIX, Nr. 2, März 1970, S. 356–359. Zu einer Kritik der japanischen Politik hinsichtlich der Rolle der USA auf den Ryu-Kyu-Inseln siehe: Sone, Eki: »On Okinawa under US-Japan Security Treaty«, in: Contemporary Japan, ebda., S. 245–255.
10 Kissinger, Henry A., a. a. O., S. 333–336.
11 Ebda., S. 758.
12 Ebda., S. 761–763.
13 Lie, Chae-jin: Japan Faces China. Baltimore 1976, S. 102–103.
14 Zum Problem der China-Politik Satos und Tanakas unter starker Mitberücksichtigung innenpolitischer Kodeterminanten der japanischen Politik siehe die ausgezeichnete Analyse von Ochi, Hisashi: Der außenpolitische Entscheidungsprozeß Japans. München 1982, S. 79–225.
15 Text Kommuniqué Chou En-lai (Zhou En-lai) – Tanaka in: China aktuell, September 1972, S. 31. Zum Besuch Tanakas in Peking siehe Lie, a. a. O., S. 114–125.
16 »Taiwan und Japan – Zurück zum Kriegszustand ?« China aktuell, ebda., S. 21–22.
17 Lie, a. a. O., S. 132–133.
18 Kissinger, Henry A.: Memoiren 1973–1974. München 1982, S. 76–78. Wortlaut der offiziellen US-Regierungserklärung vom 22.02.1973 in: Congressional Quarterly: China. U. S. Policy since 1945, Washington, D. C., 1980, S 328.
19 Zu dieser Argumentation siehe: Solomon, Richard H.: »Thinking through the China Problem«, in: Foreign Affairs, Januar 1978.

20 Offizielle Texte zur Normalisierung der Beziehungen zwischen den USA und der VR China in: Congressional Quarterly: China–US-Policy since 1945. Washington, D. C., 1980, S. 341–343
21 Text der offiziellen Ansage von Präsident Carter sowie diesbezüglicher Erklärungen der US-Regierung, die Regierung der VR China und der Regierung Taiwans in: Congressional Quarterly, a. a. O., S. 341–343. Siehe auch den Beitrag des bekannten früheren chinesischen Botschafters in Warschau und langjährigen Verhandlungspartners der Amerikaner Wang Ping-nan (Wang Bingnan) »Establishment of the Sino-American Diplomatic Relations Hailed«, in: Peking Review Nr. 51, 22.12.1978.
22 Taiwan Hearings before the Committee on Foreign Relations, United States Senate February 1979, Washington, D. C., 1979, S. 629 und 470.
23 Text der Taiwan Relations Act in: Congressional Quarterly, a. a. O., S. 343–345. Siehe auch Wolff, Lester und Simon, David (Hrsg.): Legislative History of The Taiwan Relations Act. New York 1982.
24 News from Xinhua News Agency, 24.03.1979, S. 3.
25 Wortlaut in: Japan Times Weekly, Nr. 33, 19.08.1978.

Anmerkungen zu Kapitel 26, S. 547–560

1 Weggel, Oskar. Geschichte Chinas im 20. Jahrhundert, Stuttgart 1989, S. 279.
2 Zu diesem Nachfolgestreit und Huas Laufbahn siehe: China News Analysis (Hong Kong) 7. Januar 1977, S. 3–7.
3 Hsü, Emanuel C. Y.: The Rise of Modern China. 4. Auflage, New York 1990, S. 768–773.
4 A Great Trial in Chinese History. Peking 1981, S. 6.
5 Kommuniqué der 3. Plenartagung des X. Zentralkomitees der Kommunistischen Partei Chinas in: Peking Rundschau 2. August 1977, S. 5–6.
6 Interview von Oriana Fallaci mit Deng Xiaoping von 21. und 23. August 1980 in: Das Neue China (Sonderdruck) August 1980. Bedeutsam gekürzte Fassung des Interviews in: Selected Works of Deng Xiaoping (1975–1982). Peking 1984, S. 326–334.
7 Ebda. S. 3.
8 Beijing Rundschau 23. September 1986, S. 6–7.
9 Siehe Text der Resolution des 11. Zentralkomitees der Kommunistischen Partei Chinas zu bestimmten Fragen der Parteigeschichte vom 27.6.1981 in: News form Xinhua News Agency, 1.7.1981, S. 3–30. Siehe ferner: Decision of the Central Committee of the Communist Party of China on Reform of the Economic Structure (angenommen vom 12. Zentralkomitee der KP Chinas am 20.10.1984) in: Beijing Review, Band 27, Nr. 44, 29.10.1984, Beilage. Siehe ferner Interview mit dem Generalsekretär der KP. Chinas Hu Yaobang unter dem Thema: »Marx hat nie eine Glühbirne gesehen, Engels kein Flugzeug – und beide sind nie in China gewesen«, in: Die Welt 17.11.1986, S. 7. Siehe auch den Beitrag von Jürgen Domes: »Die Volksrepublik China im 6. Jahr der Reformpolitik«, in: Frankfurter Allgemeine Zeitung, 7.6.1987, S. 11. Chinas jährliche Wirtschaftsdaten sind unter anderem in konzentrierter Form in den jeweiligen Bänden des Asia Yearbook (Hrsg. v. Far Eastern Economic Review in Hong Kong) zu finden.
10 Congressional Quarterly Inc.: China – U. S. Policy since 1945. Washington, D. C., 1980, Text auf S. 352–354.
11 Text der chinesischen Vertragskündigung in Beijing Rundschau 10.4.1979, S. 3–4.
12 Text Prawda 5.4.1979 (deutsche Übersetzung in: Heinzig Dieter: »Die Ursprünge der sowjetisch-chinesischen Entspannung«) Bonn 1986, S. 30–33.
13 Deutsch in der vorzüglichen Arbeit von Weggel, Oskar: »Zehn Jahre reformerische Außenpolitik«, in: China aktuell, Januar 1989, S. 38.
14 Siehe die akribische, die Ereignisse von Tag zu Tag beschreibende Darstellung der größten studentischen Protestbewegung in China in: Cremerius, Ruth, Fischer, Doris, und Schier, Peter: Studentenprotest und Repression in China, April–Juni 1989. Analyse, Chronologie Dokumente. Hamburg 1990, S. 31–36.

15 Wortlaut in: Beijing Rundschau, 2. Mai 1989, S. 15.
16 Ebda. Siehe auch Dittmer, Lowell: »The Tienanmen Massacre In: Problems of Communism«. September/Oktober 1989, S. 6–7.
17 Text dieser Vorschläge in Cremerius, Fischer und Schier a. a. O. S. 93–95.
18 Cremerius, Fischer und Schier a. a. O. Text auf S. 129–131.
19 Text der gesamten Rede in: Ebda., S. 290–297.
20 Ebda. S. 395.
21 Ebda. S. 149.
22 Ebda. S. 464–465.
23 Pfaltzgraff, Robert L. jr.: »Sino-American Relations Since Tienanmen Square«, in: Institute for Foreign Policy Analysis: After Tienanmen Square: Challenges for the Chinese-American Relationship. Washington, 1990, S. 111–113.
24 Text des Kommuniqués in: Beijing Rundschau, Nummer 22, 1989, S. 12–15.
25 Süddeutsche Zeitung, 18. Mai 1989.

Anmerkungen zu Kapitel 27, S. 561–572

1 Legler, Anton, und Bauer, Frieda: Der Krieg in Vietnam. Band III, Oktober 1969/September 1971. Frankfurt am Main 1973, S. 3/15 sowie Band IV (Okt. 1971/Jan. 1973). München 1976, S. 52/93.
2 Sihanouk, Norodom: Kambodscha. Chronik des Krieges und der Hoffnung. Frankfurt 1980, S. 198/202. S. a.: Osborne, Milton: Sihanouk. Prince of Light – Prince of Darkness. St. Leonards/Australia 1994, S. 206/216.
3 Kissinger, Henry A.: White House Years. Boston 1979, S. 484/503.
4 Zur Geschichte der Roten Khmer insbesondere zwischen 1975 und 1979 siehe die akribische Analyse von Patrick Raszelenberg: Die Roten Khmer und der Dritte Indochina-Krieg. Hamburg 1995. Zum Lebenslauf von Pol Pot siehe die relativ wohlwollende Analyse: Chandler, David P.: Brother Number One. A political biography of Pol Pot. Boulder 1992.
5 »Kambodscha: Im Land der unfaßbaren Verbrechen« in: Courtois, Stephane, u. a.: Das Schwarzbuch des Kommunismus. München 1998, S. 643/704. Heinsohn, Gunnar: Lexikon der Völkermorde. Hamburg 1998, S. 216. Barth, Ariane und Trzani Tiziano: Holocaust in Kambodscha. Hamburg 1980. Kampuchea – Dossier III The Dark Years. (Herausgegeben vom Vietnam Curier) Hanoi 1979. Zum Untergang des Lon-Nol-Regimes und zur Machtübernahme durch die Roten Khmer siehe: Asia Yearbook. 1976, S. 130/135.
6 Draguhn, Werner und Schier, Peter (Hrsg.): Indochina: Der permanente Konflikt? Hamburg 1981, S. 86/102.
7 Ebda S. 101.
8 Zu den einander widersprechenden Standpunkten Vietnams und Chinas siehe: Außenministerium der sozialistischen Republik Vietnam: Weißbuch. Die Wahrheit über die vietnamesisch-chinesischen Beziehungen in den letzten 30 Jahren. Hanoi 1979, S. 29–41, sowie: On the Vietnamese Foreign Ministry's White Book Concerning Vietnam-China Relations. Peking 1979, S. 28–34. Zur ethnischen »Säuberung« chinesischer Minderheiten in Vietnam siehe: On Vietnam's Expulsion of Chinese Residents, Peking 1978. Siehe auch Machetzki, Rüdiger: »Politik der VR China gegenüber Indochina«, in: Draguhn und Schieraho, S. 157–169
9 Kindermann, Gottfried-Karl: »Zur Indochina-Politik der Vereinigten Staaten von Amerika, Japans und der ASEAN-Staaten«, in: Indochina – Krisenherd der Weltpolitik. Regionale und internationale Aspekte. Sonderpublikation 3 der Gesellschaft für Auslandskunde. München 1981, S. 48–49. Wortlaute der Briefe Nixons an Pham Van Dong (1.2.1973) und an Lester Wolff (14.5.1976) in: Epta Dokument 8, S. 149–150.
10 Europa-Archiv Folge 6/1979, S. d157–d159
11 Kindermann, Gottfried-Karl: a. a. O., S. 132–134 und Raszelenberg, a. a. O., S. 147–150.
12 »On the Vietnamese Foreign Ministry's White Book Concerning Vietnam-China Relations, a. a. O., S. 35. Vergleiche auch die chinesische Regierungserklärung vom 7. Januar 1979 zur

Situation in Kambodscha in: Europa Archiv, Folge 12, 1979, S. d298–d299. Siehe fernerhin Chinas Regierungserklärung zum »Straffeldzug« gegen Vietnam in Epta Folge 12, 1979, S. 307–309.

13 Text des Vertrages: Ebda, Folge 12/1979, S. 305–307.

14 Chen, King C.: China's War against Vietnam 1979: Military Analysis. Occasional Papers in Contemporary Asian Studies Nummer 5, School of Law, University of Maryland. 1983

15 Buszynski, Leszek: Sowjet Foreign Policy and Southeastasia. 1986, S. 202–207.

16 Raszelenberg, a. a. O., S. 115 und 261.

17 Zur Lageverschlechterung in der Sicht Pekings siehe das Memorandum des chinesischen Außenministeriums vom 13. Juli 1981, in: Beijing Review Nummer 29, 20. Juli 1981, S. 18–20.

18 Text von Sihanouks Brief an die UN in: Schier, Peter und Schier-Oum, Manola: Prince Sihanouk on Cambodia. Interviews and Talks with Prince Norodom Sihanouk. 2. Auflage. Hamburg 1985, S. 75–80.

19 Zum Gründungsdokument der Koalitionsregierung des kambodschanischen Widerstandes siehe: Ministry of Foreign Affairs (Bangkok/Thailand): Documents on the Kampuchean Problem. 1985, S. 119–120.

20 Der Spiegel 5.2.1990, S. 154

21 Voller Text des chinesisch-sowjetischen Kommuniqué vom 18. Mai 1989 in: Beijing Review, Nummer 22 1989.

22 Sihanouk, Norodom: Kambodscha. Chronik des Krieges und der Hoffnung. Frankfurt am Main 1980, S. 161–162.

23 Wortlaut in: Südostasien aktuell, Januar 1992, S. 100–116.

24 Ebda.

25 Siehe die umfassende und akribische Darstellung des österreichischen UNTAC–Angehörigen Hazdra, Peter: Die UN-Friedensoperation in Kambodscha. Vorgeschichte, Konzept, Verlauf und kritische Evaluierung des internationalen Engagements. Frankfurt am Main 1997, S. 99–120.

26 Hazdra, a. a. O., S. 304.

27 Summaries of World Broadcasts. 28. September 1993, FE 1805/B/I.

28 Zur neueren Entwicklung in Kambodscha siehe Weggel, Oskar: Gesamtbericht. Vietnam, Laos, Kambodscha, S. 227–233. Eine vorzüglich dokumentierte Chronologie enthält der Band: Raszelenberg, Patrick und Schier, Peter: The Cambodia Conflict: Search for a Settlement 1979–1991, Hamburg 1995.

Anmerkungen zu Kapitel 28, S. 573–592

1 Text des Vertrages in: Kim Se-Jin (Hrsg.) Documents On Korean – American Relations 1943–1956. Seoul, 1976 Document 81, S. 185–186.

2 Zur Darstellung damaliger Turbulenzen siehe: Keesing's Archiv der Gegenwart vom 22.4. und 3.5.1960, S. 8347–8348 und 8369.

3 Park, Chung Hee: Ein Weg für unser Volk. Seoul 1964, S. 193–194 sowie S. 5–9.

4 Scalapino, Robert A.: »Which Route For Korea?«, in: Asian Survey, Bd. II, Nr. 7, Sept. 1962, S. 7.

5 Zur Politik der Ära Parks siehe die vorzügliche Darstellung von Chon, Tuk Chu: Südkorea in der geteilten Welt 1961–1976. Die auswärtige und innerkoreanische Politik der Regierung Park Chung Hee. München 1977. Siehe ferner auch Kim, Se Jin: The Politics of Military Revolution in Korea. Chapel Hill, 1971.

6 Shin, Bum Shik (Hrsg.): Major Speeches by Korea's Park Chung Hee. Seoul 1970, S. 237–240 und 279–281. Siehe auch Lyman, B.N.: »Korea's Involvement in Vietnam«, in: Orbis, Bd. XVI, Nr. 2, Sommer 1968, S. 563–580.

7 Zum Inhalt des Normalisierungsvertrags zwischen Tokio und Seoul mitsamt den dazugehörigen Abkommen siehe: Contemporary Japan, Bd. XXVIII, Nr. 3, Mai 1966, S. 687–689. Zum gesamten Vertragswerk mit samt seinen innen- und außenpolitischen Aspekten siehe die

vorzügliche Arbeit von: Paik, Kyung Nam: Korea und Japan im Kräftefeld des Nord-West-Pazifik. Zur Entstehung und Problematik des Koreanisch-Japanischen Normalisierungsvertrages von 1965. München 1978. Zu damit zusammenhängenden maritimen und territorialen Fragen siehe die gründliche Arbeit von Yun, Ki-Whang: Die Rolle der Friedenslinie (Rhee-Line) im Normalisierungsprozeß der Beziehungen zwischen Korea und Japan in der Nachkriegsära. Frankfurt a. M. 1983. Zu politischen Aspekten weiterhin: Kim, Kwan Bong: The Korea-Japan Treaty Crisis and The Instability of the Korean Political System. New York und London 1971.

8 Yun, a. a. O., S. 280 (nach: Hankuk Ilbo, 10. März 1976).

9 Asian Survey, Bd. IX, Nr. 4, April 1969, S. 272–273.

10 Koh, B. C.: »The Pueblo Incident In Perspective« in: Asian Survey, Bd. IX, April 1969, Nr. 4, S. 272–280. Zu Nordkoreas Darstellung siehe: Naked Act of Aggression by U. S. Imperialism Against The Korean People. Bd. I, Pjöngjang 1968. Siehe ebenso New York Times, 23.12.1968 und 24.1.1969.

11 Zu den Details dieses Abenteuers siehe: Kindermann, Gottfried-Karl: Der Aufstieg Koreas in der Weltpolitik. München 1994, S. 115–116.

12 Wortlaut der historischen Erklärung in: Koreana Quarterly, Bd. XIV, Nr. 3, Herbst 1972, S. 58–59 sowie S. 60–62.

13 Zur Kim Dae Jung Affäre siehe: Han, Sung Joo: »South-Korea: The Political Economy of Dependency«, in: Asian Survey, Januar 1974. Siehe auch Korea Times vom 15. und 25. August 1973. Siehe auch die Darstellung in: Kim Dae Jung: Mein Leben, mein Weg. Frankfurt a.M. 2000, S. 148–158.

14 New York Times, 16. August 1974.

15 Kwak, Tae-Hwan (Hrsg.): U.S.-Korean Relations 1882/1982, Soul 1982, S. 324–328.

16 Kim, Ki Hoon: »The Developement of Contemporary US-ROK Economic Relations«, in: Kwak, a. a. O., S. 330.

17 Piazolo, Marc: »Koreas erfolgreiche Wirtschafts- und Verschuldungspolitik«, in: Vierteljahresberichte. Probleme der Entwicklungsländer, Heft 123, 1991, S. 87–88.

18 Pascha, Werner: Korea. Eine Wirtschaft zwischen Aufbruch und Umbruch. Mannheim 1996, S. 31.

19 Nahm, Andrew C.: Korea – Tradition and Transformation. A History of the Korean People. Soul 1988, S. 288–290. Siehe auch: A Handbook of Korea, 8. Auflage 1990, S. 407–412 und 491–494. Ferner auch: Handbook of Korea, 6. Auflage 1987, S. 405–416.

20 New York Times, 25. Juli 1980, Neue Zürcher Zeitung, 29. Mai 1980. Lee, Chong-sik: »South Korea in 1980«, in: Asian Survey, Bd. XXI, Nr. 1, Januar 1981, S. 130–132. Zu den »Säuberungsaktionen« siehe: Archiv der Gegenwart, 2. September 1980, S. 23826. Siehe auch ein Interview Chun Doo Hwans in: Korean Herald, 12. 8.1980. Zur neuen Verfassung siehe: Neue Zürcher Zeitung, 3.10.1980.

21 Zum Attentat in Rangun siehe: »Materials on the Massacre of Korean Officials in Rangoon« in: Korea and World Affairs, Bd. 7, Nr. 7, Winter 1983, S. 735–764. Auch Steinberg, David L.: »Burma in 1983: The Dilemmas of Neutralism and Succession« in: Asian Survey, Bd. XIV, Nr. 2, Februar 1984, S. 196–197. Zur nordkoreanischen Darstellung siehe: Korean Affairs, Bd. 7, Nr. 2, Pjöngjang Dezember 1983.

22 Dokumente zu diesem schweren Zwischenfall in: Korea and World Affairs, Bd. 7, Nr. 3, Herbst 1983, S. 513–550.

23 Siehe die Berichte von Clyde Haberman in: New York Times, 21., 23. und 30. September 1984.

24 Zur Roh Tae Woos taktischer Wende siehe: International Herald Tribune, 30. Juni und 2. Juli 1987. Text der Unterstützungserklärung von Chun Doo Hwan: Korean Herald, 2. Juli 1987.

25 Siehe Frankfurter Allgemeine Zeitung, 12. Juni 1987, sowie Korean Herald, 12. Juni und 13. Juni 1987.

26 Kindermann, Gottfried-Karl: Interview mit dem Staatspräsidenten von Südkorea, Kim Young Sam: »Die asiatische Kultur wird in der Welt eine größere Rolle spielen« in: Das Parlament, Nr. 48, 26.11.1993, S. 16.

27 Korea Herald, 7.9.1993. Siehe auch Korea Newsreview, 25.9.1993, S. 23 und ebda. Oktober 1993, S. 14.
28 Park, Jung-Joo: »Präsident Kim's First Year in Office: Survey Results«, in: Korea Focus, Bd. 7, Nr. 2, März/April 1999, S. 32–37 und Jung, Yun-Joo: »First Year of Kim Dae Jung's Presidency Viewed From Abroad«, in: Ebda., S. 110–112.
29 Park, Sang Seik: »Northern Diplomacy and Inter-Korean Relations«, in: Cotton, James: Korea under Roh Tae Woo: Democratization, Northern Diplomacy and Inter-Korean Relations, Canberra 1993, S. 218–219.
30 Text der gemeinsamen Erklärung in: The Korean Herald, 2. Oktober 1990.
31 »Diplomatic Relations For Dollars«, in: Pyongyang Times, 6. Oktober 1990. Siehe auch: Korea and World Affairs, Bd. XIV, Nr. 4, Winter 1990, Dokumentarteil, S. 790–791.
32 Dokumente zu Präsident Rohs Staatsbesuch in Moskau in: Korea and World Affairs, Bd. XV, Nr. 1, Frühjahr 1991, S. 131–145.
33 Text des Abkommens vom 24.8.1992 in: Korea and World Affairs, Bd. XVI, Nr. 3, Herbst 1992, S. 544 und Chronologie der südkoreanisch-chinesischen Beziehungen von 1982–1992, Ebda., S. 545–547.
34 Kim Dae Jungs Autobiographie erschien 2000 in deutscher Sprache unter dem Titel »Mein Leben, mein Weg«, siehe Anm. 13.
35 The Korea Herald (Seoul), 19.12.1997.
36 Ministry of National Unification: Kim Dae Jung's Policies on North Korea: Achievements and Future Goals. Seoul 1999.
37 Kim, Dae Jung: »Three Stage«, Approach to Korean Unification – Focusing on the South-North Confederal Stage. Los Angeles and Seoul 1997.
38 Newsreview (Seoul), 18.9.1999, S. 26. Ebda., 17.4.1999, S. 7. Ebda., 27.2.1999, S. 5–6. The Korean Herald 6.2.1998. Neue Zürcher Zeitung, 27.1.1999, S. 9.
39 Voller Text der gemeinsamen Erklärung in ebda. S. 2
40 Newsreview (Seoul), 1.5.1999, S. 6.
41 The People's Korea, 14.11.1998.
42 Zur empirischen Analyse der südkoreanischen Parlamentswahlen vom 13.4.2000 siehe Kim, Doh-jong, and Kim, Hyhung-joon: »Analysis of the 16-th National Assembly Election«, in: Korea Focus, Bd. 8, Nr. 3, Mai-Juni 2000. S. 48–64
43 Wortlaut der gemeinsamen Erklärung anläßlich des Gipfeltreffens zwischen Süd- und Nordkorea im Juni 2000 in: Ministry of Unification of the Republic of Korea: Korean Unification Bulletin. Nr. 20, Juni 2000. S. 1–2.
44 The Korea Herald, 16. und 28. 6. 2000.
45 The Korea Herald, 23.7.2000.
46 International Herald Tribune, 14.10.2000.

Anmerkungen zu Kapitel 29, S. 593–606

1 Kim, Dschong Il: Über die Dschutsche-Ideologie. Pjöngjang 1982, S. 17 u. 19. Zum biographischen Hintergrund Kim Il Sungs siehe: Scalapino, Robert A. und Lee, Chong-Sik: Communism in Korea. Berkeley 1972, Bd. I, S. 202–230. Eine polemische Darstellung findet sich bei: Lim Un: A Founding of a Dynasty in North-Korea. – An Authentic Biography of Kim Il Sung. Japan o. O. 1982. Eine authorisierte, hagiographische Darstellung des Lebens von Kim Il Sung stammt von Baek Bong: Kim Il Sung. Biography. (Drei Bde.) Tokio 1970. Zur Dschutsche-Ideologie siehe Kim Il Sung: On Juche in our Revolution. Pjöngjang 1975.
2 Kim Han Gil: Modern History of Korea. Pjöngjang 1979, S. 307–372. Siehe auch Scalapino und Lee, a. a. O., Bd. I, S. 438–452. Vergleiche auch Kim Il Sungs Äußerungen über Pak Hon Yong in seinem Bericht vor dem Zentralkomitee seiner Partei in: Third Congress of the Worker's Party of Korea. Documents and Materials. Pjöngjang 1956.
3 Texte der nordkoreanischen Verträge mit der Sowjetunion und mit der VR China in: Kim, Se Jin (Hrsg.): Korean Unification. Source Materials. Seoul 1976, S. 273–275.

4 For Korea's Peaceful Unification (Dokumentensammlung). Pjöngjang 1961 S. 106–108 und 166–167. Text der auf allgemeinen Wahlen unter UN-Aufsicht beharrenden Antwort der südkoreanischen Regierung in Kim, Se Jin, a. a. O., S. 255–256. Zum Standpunkt Nordkoreas siehe weiterhin Kim Il Sungs Rede vor dem VI. Parteitag der Koreanischen Arbeiterpartei, (Hrsg.): The General Association of Korean Residents in Japan und Kim, Il Sung: Das Zehn-Punkte–Programm zum großen Zusammenschluß der ganzen Nation für die Vereinigung des Vaterlandes (vom 6.4.1993), Pjöngjang 1993.
5 Chinese-Korean Friendship. (Dokumentensammlung), Peking 1975, S. 37.
6 Ebda., S. 8–9.
7 Text der Rede Kim Il Sungs vom 9.9.1978 in: Kim, Se Jin, Bd. II, Seoul 1979, S. 3, 4, 5.
8 Kim, Se Jin, a. a. O., Bd. II, S. 360–362.
9 Wortlaut des Interviews mit Nordkoreas Vizeaußenminister Ri Dschong-mok in: Der Spiegel, 35. Jahrgang, Nr. 37, 7.9.1981, S. 150–152.
10 Text der Ansprache in: Pyongyang Times, 1. Januar 1991.
11 Zur nordkoreanischen Wirtschaftspolitik der neunziger Jahre siehe: Yoo, Yang-hee: »North Korea's International Economic Policy« in: Korea and World Affairs, Bd. 22, Nr. 3, Herbst 1998, S. 341–361, und Jo, Dong Ho: »Revitalization of the North Korean Economy as a Precondition for the Improvement of Inter-Korean Economic Relations«, in: Ebda. S. 362–383.
12 Chang, Namsoo: »Status of Food, Shortage and Malnutrition in North-Korea«, in: Korea Focus, Bd. 7, Januar/Februar 1990, Nr. 1, S. 47–55, und The People's Korea, 7. und 21. März sowie 3. Oktober 1998.
13 Maretzki, Hans: Kim-ismus in Nordkorea. Analyse des letzten DDR-Botschafters in Pjöngjang. Stuttgart 1991, S. 133.
14 Texte der grundsätzlichen Nord-Süd-Abkommen von 1991 und 1992 in: National Unification Board: An Era of Reconciliation and Cooperation Begins. Seoul 1992 S. 7–16. Ergänzende Dokumente in: Korea and World Affairs, Bd. 16, Nr. 1, Frühjahr 1992, S. 123–161.
15 Zu Einzelheiten siehe: Kindermann, Gottfried-Karl: Der Aufstieg Koreas in der Weltpolitik. München 1994, S. 197–200.
16 Süddeutsche Zeitung, 5. April 1994. Zur Zielsetzung Perry's siehe auch: International Herald Tribune, 4. April 1994.
17 Kwon Sane Jae: »Northkorea Fully Prepared for Worst Scenario«, in: The People's Korea, 12.–19. Februar 1994, S. 1 und 5.
18 Zu den Drohungen Pjöngjangs siehe: Frankfurter Allgemeine Zeitung, 7. Juni 1994 und International Herald Tribune, 10. Juni 1994; sowie Korean News Service, Nr. 8509, 14. Juni 1994, S. 33–35.
19 Summaries of World Broadcasts, 18.6.1994, S.FE 2025 G/1
20 Kim, Sung Woo: »Recent Economic Policies of North-Korea« in: Asian Survey, Bd. 33, Nr. 9, September 1993, S. 807–875. Siehe auch: North Korea News, No. 714, 20.12.1993, S. 4–5.
21 Gates, Robert: »The North-Koreans Wanted a Bomb and Doubtless Now Have it«, in: International Herald Tribune, 20.6.1994 und »Does North-Korea Already Have a Nuclear Bomb?«, in: Ebda., 25./26. Juni 1994.
22 The Korea Herald, 13. Juni 1994.
23 The Korea Herald, 3. September 1994; International Herald Tribune, 3. September 1994 und Die Welt, 3. September 1994.
24 Korea Newsreview, 6. August 1994, S. 5–7.
25 U.S.A. Wireless, File 23.
26 Debriefing Report on Hwang Jang-Yop. (Seoul) 1997. S. 5.
27 Text des Nuklearabkommens vom 21.10.1994 in: Korea and World Affairs, Bd. XVIII, Nr. 4, Winter 1994, S. 788–790.
28 Herrmann, Wilfried A.: »Raketenproliferation in Asien« in: Österreichische Militärzeitschrift, Jahrgang XXXVII, Heft A-1, Jänner–Februar 1999, S. 40–41.
29 Son, Key-young: »N. Korean Missile Test Will Not Be Derail Engagement Policy: Kim«, in: Today's News, 7. Juli 1999. Vgl. Frankfurter Allgemeine Zeitung, 5. Juli 1999 und Süddeutsche Zeitung, 5. Juli 1999.

30 KCNA Bericht in: The People's Korea, 27. Juni 1998.
31 »DPRK Warns of Striking U.S. Mainland in Case of War«, in: The People's Korea, 12. Dezember 1998.
32 Debriefing Report on Hwang Jang Yop, a. a. O., siehe auch Lee, Dong-bok: »Kim Jong Il's Northkorea: It's Limitaion and Prospects« in: Korea and World Affairs, Bd. X5III, Nr. 3, Herbst 1994, S. 421–441. Text der neuen nordkoreanischen Verfassung vom September 1998 in: The People's Korea, 19. September 1998, S. 4–7.
33 The People's Korea, 26. Juni 1999 S. 1 und 4.
34 Süddeutsche Zeitung, laut dpa/Peking 3. und 4. Juli 1999. Zur komplexen Materie internationaler Bemühungen um ein Umrüstung der nordkoreanischen Nuklearindustrie siehe den vorzüglichen Beitrag von Lee, Soong Hee: »The North Korean Nuklear Issue between Washington, and Seoul: Differences in Perceptions and Policy Priorities«, in: The Journal of Eastasian Affairs, Bd. IX, Sommer/Herbst 1997, S. 327–347.
35 Ebda. und International Herald Tribune, 4. Juli 1994.
36 Möller, Kay: »Sonnenschein über Pyöngyang? Zur Lage auf der koreanischen Halbinsel nach dem Perry-Report.« Ebenhausen 2000, S. 5. Vgl. auch: Review of United States Policy towards North Korea: Findings and Recommendations. Unclassified Report by Dr. William Perry. Washington, DC, 1999; North Korea Advisory Group: Report to the Speaker of the U.S. House of Representatives. November 1999.
37 The People's Korea, 10.6.2000, u. Süddeutsche Zeitung, 2.6.2000.
38 Wortlaut der gemeinsamen Erklärung der Präsidenten Putin und Kim Jong Il vom 20.6.2000 in: Korean Central News Agency (Pyongyang) (KCNA), 20.7.2000.
39 Text des Kommuniqués über das Gespräch zwischen Clinton und Jo Yong Rok in: The People's Korea (Tokio/Pjöngjang) 14.10.2000, S. 2. Zur nordkoreanischen Darstellung des Albright-Besuches siehe ebda, 29.10.2000, S. 1–3.
40 Wortlaut der Interviewäußerungen in: Vantage Point. Developments in North Korea, 23. September 2000, S. 19–21.

Anmerkungen zu Kapitel 30, S. 607–620

1 Persönliche Mitteilung des vormaligen nationalchinesischen Außenministers Chow Shu-kai an den Verfasser.
2 Sun, Yun-suan: »Wege zum Wachstum einer sich entwickelnden Wirtschaft – das Vorbild der Republik China auf Taiwan« in: Kindermann, Gottfried-Karl: (Hrsg.): Stimmen des anderen China. Nationalchinesische Experten zu entwicklungspolitischen Alternativen für China. München 1974, S. 27–30. (Sun Yun-suan war zu dieser Zeit Wirtschaftsminister der Republik China.)
3 Zur Wirtschafts- und Sozialentwicklung Taiwans siehe das an der Spitze der europäischen Taiwanliteratur liegende Werk von Oskar Weggel: Die Geschichte Taiwans. Köln/Wien 1991, sowie Li, Kwoh-ting: The Evolution of Policy behind Taiwan's Development Success. New Haven 1988. Fernerhin Gälli, Anton: Taiwan R.O.C. Eine chinesische Herausforderung von der Handelsmacht zum Technologiezentrum. München 1988, und Cheng, Chu-yuan: »The Role of the ROC in International Economic and Financial Organisations«, in: The American Asian Review, Bd. 13, Nr. 4, Winter 1995, S. 1–22.
4 Deutscher Text dieser Entscheidung in: Tränkmann, Beate: Demokratisierung und Reform des politischen Systems auf Taiwan seit 1990.
5 Democratic Progressive Party, Taiwan. Parteiprogramm datiert vom August 1995. Wie der Verfasser in Gesprächen mit zwei Führern dieser Partei (Chen Shui-bian und Hsü Hsinliang) 1997 erfuhr, wurden die Forderungen nach einer neuen Verfassung und einer Volksabstimmung vorläufig aus der Programmatik der Partei mit der taktisch formulierten Gründung herausgenommen, Taiwan benötige keine »Unabhängigkeitserklärung«, denn es genieße seit 1949 unabweisbar den Status völliger Unabhängigkeit.
6 Siehe Domes, Jürgen: »Die Rolle der Wahlen im Demokratisierungsprozeß Taiwans seit 1986«, in: Schubert, Gunther und Schneider, Axel (Hrsg.), Taiwan an der Schwelle zum

21. Jahrhundert. Hamburg 1996, S. 39–59. Zum Prozeß der Demokratisierung in Taiwan siehe weiterhin Chu, Yun-han: Crafting Democracy in Taiwan. Taipei 1992 und Schubert, Gunther: Taiwan – die chinesische Alternative. Demokratisierung in einem Ostasiatischen Schwellenland (1986–1993) Hamburg 1994.

7 The Taiwan Question and Reunification of China. Taiwan Affairs Office & Information Office, State Council, The People's Republic of China, August 1993 in: Beijing Review, August 1993.

8 Ebda. S. V

9 Text der Antwort des Ministerpräsidenten in: Kindermann, Gottfried-Karl: »Washington, between Beijing and Taipei: The Restructered Triangle 1978–1980 in: Asian Survey, Bd. 20, Nr. 5, Mai 1980, S. 470–471. Siehe auch die vorzügliche Arbeit von Kim Trampedach: China auf dem Weg zur Wiedervereinigung? Die Politik der Guomintang auf Taiwan gegenüber der Volksrepublik China seit 1987. Hamburg 1992.

10 Mainland Affairs Council, Republic of China: Their is no »Taiwan Question« there is only a »China Question« – Views on the Chinese Communist's White Paper, »The Taiwan Question and Reunification of China«, Taipei 1993, S. 30–36.

11 Ma Ying-yeou: Rückschau und Ausblick auf die Festlandspolitik der Republik China, o. O. 1992, S. 29–30.

12 Text der Abkommen in: Chiu, Hungdah: »The Koo Wang Talks and the Prospekt of Building Constructive and Stabil Relations Across the Taiwan Straits«, in: Issues & Studies, Heft 8, August 1993, S. 28–34.

13 Chiu, Hungdha: »Recent Cross-Strait Relations and the United States« in: Issues & Studies, Dezember 1996, S. 6–9.

14 Siehe ebda. S. 7–11.

15 Siehe Erklärung des US-Vizeaußenministers Winston Lord vor dem US-Repräsentantenhaus in: U.S. Information & Text, 21.3.1996, S. 32–38.

16 Text der amerikanisch-japanischen Erklärung in: Defense Acency of Japan: Defense of Japan 1997, Tokio 1997, S. 114–115.

17 Responses to Questions Submitted by Deutsche Welle: Lee, Teng-hui, Präsident Republik of China 9. Juli 1999. Information der Gouvernment Information Office in Taiwan (http://www.gio.gov.tw/info/99html/0709.htm) 19.07.99.

18 The China Post, 13.07.1999.

19 Siehe Äußerungen des Sprechers des chinesischen Außenministeriums vom 12. Juli 1999 in: Press Release (http://www.fmprc.gov.cn/e/b/eb1999/ebal19990712.htm vom 29.7.1999); siehe ferner: Streit um Einheit Chinas wird heftiger, Associated Press, 15.7.1999 und: Kramer, Michael: »China Unmoved by Softening of Taiwan's Rhetoric«, Reuters 29.7.1 999.

20 Symonds, Peter: »Sharp Tensions Irrupt Across the Taiwan Straits« (http://www.wsws.org/articles/1999/ jul1999/chin-j29.shtml) vom 29.7.1999.

21 Siehe: Äußerungen von Taiwans Außenminister Jason Hu in: The Free China Journal, 23.7.1999, S. 7.

22 Ebda. S. 1.

23 Government Information Office: 1999 Republic of China Yearbook. Taipei 1999, S. 167–169.

24 Zu den Wahlresultaten siehe. Taipei Journal, 24.3.2000, und Schütter, Hans-Wilm: »Zeitwende in Taiwan«, in: China aktuell, März 2000, S. 279–285. Zum Lebenslauf des neuen Präsidenten siehe: Kacyan, Richard C.: Chen Shui-bian. Building a Community and a Nation. Taipei 1998.

25 Geertz, Bill: »Taiwan Receives War Threats«, in: The Washington, Times, 6.3.2000. Chetwynd, P.: »PRC hardens policy on ROC advocates force if talks are rejected« AFP, Beijing, in: The China Post, 22.2.2000. Ministry of Foreign Affairs, The People's Republic of China: The One-China Principle and the Taiwan Issue. Peking, März 2000. »Mainland Warns Talpei Over Election Results« (AFP, Beijing), in: The China Post, 15.3.2000.

26 Zur Person und Ernennung Tang Feis siehe: Taipei Journal, 8.4.2000, S. 1. Überblick über Taiwans neue Regierung in: Schütte, Hans-Wilm: »Taiwans Neue Regierung«, in: China aktuell, Mai 2000, S. 508–516.

27 Wortlaut der Rede Präsident Chen Shui-biän zu seinem Amtsantritt vom 20.3.2000, in: Freies Asien Nr. 4, 2000 S. 2–4.
28 »US. Rules Out Direct Role in China-Taiwan Negotiations«, in: International Herald Tribune, 15.5.2000
29 Chiu, Yueh-wen: »Cross-Strait Economic Ties Ready to Enter Next Phase«, in: Taipei Journal, 2.6.2000.

Anmerkungen zu Kapitel 31, S. 621–626

1 ASEAN-Gründungserklärung vom 8.8.1967 in: ASEAN Secretariat: ASEAN Document Series 1967/1985 Jakarta 1985, S. 23–25. Abgedruckt auch in: Brunner, Gundula: Die Außenpolitik Thailands 1959–1971. Mit einer politischen Biographie des thailändischen Außenministers Thanat Khoman, München 1996, Anhang I., S. 121–124.
2 Brunner a. a. O., S. 69.
3 Dosch, Jörn: »Entscheidungsprozesse und Machtverteilung in der ASEAN am Beispiel der Außenministerkonferenz 1993«, in: ASIEN Nr. 52, Juli 1994, S. 9–10.
4 The Department of Information Republic of Indonesia: The Indonesian Revolution. Basic Documents and The Idea of Guided Democracy. Jakarta 1960, S. 23–24.
5 Pretzell, Klaus-Albrecht: »Die ASEAN auf dem Wege der Erneuerung«, in: Südostasien aktuell, Juli 1999, S. 325–327.
6 Text der Erklärung in: ASEAN Secretariat: ASEAN Documents Series 1961/1985, Jakarta 1985, siehe auch Brunner a. a. O., S. 125–127.
7 International Herald Tribune 11. und 14. Dezember 1995.
8 Far Eastern Economic Review, 12.12.1997, S. 36.
9 Soesastro, Hadi: »Offener Regionalismus im asiatisch-pazifischen Raum«, in: Maull, Hans W. (Hrsg.): Regionalismus in Asien-Pazifik. Bonn 1998, S. 7–58.
10 Bersick, Sebastian: ASEM eine neue Qualität der Kooperation zwischen Europa und Asien. Münster 1998. Siehe auch: Möller, Kay, und Thiel, Elke: Sinn und Nutzen der asiatisch-europäischen Treffen (ASEM), Ebenhausen 1999.
11 Zur allgemeinen Problematik dieser umstrittenen Region siehe: Valencia, Mark J.: »Spratly Solution still at Sea«, in: The Pacific Review, Band 6, Nr. 2, 1963, S. 155–170. 1963, S. 155–170.
12 Zu der historisch sehr weit ausholenden Begründung Pekings hinsichtlich seines Hoheitsanspruchs auf die strategisch und ressourcenmäßig wichtigsten Inselgruppen im Südchinesischen Meer und seiner darin auch versuchten Widerlegung konkurrierender vietnamesischer Ansprüche siehe: Ministry of Foreign Affairs: China's Indisputable Sovereignty over the Xisha and Nansha Islands. Beijing 1980. Siehe ferner: Ferrer, Neil F. R.: »The Philippines and the South China Sea Islands. Overview and Documents«. Foreign Service Institute, Manila 1933, und Möller, Kay: Kräfteverteilung und Konfliktpotential im Südchinesischen Meer. Ebenhausen 1992.
13 Trogemann, Gerd: Vietnams Reformpolitik in der Retrospektive. Passau 1997, und Vu, Duy/Will, Gerhard (Hrsg.): Vietnams Neu Position in Südostasien. Hamburg 1999. Siehe auch: Südostasien aktuell, September 2000, S. 413–415.
14 Ebda., September 2000, S. 415.
15 Ebda., Juli 2000, S. 298–300.
16 Ebda., September 2000, S. 414.
17 Ebda., Mai 2000, S. 216–217.

Anmerkungen zu Kapitel 32, S. 627–632

1 Thatcher, Margaret: Downing Street No. 10. Die Erinnerungen. Düsseldorf 1993, S. 377.
2 Ebda. 376–381.
3 Wortlaut der britisch-chinesischen Erklärung in: China aktuell, September 1984.

4 Wortlaut des Grundgesetzes wie auch weitere ergänzende rechtliche Bestimmungen im Anhang der gründlichen Arbeit von Horlemann, Ralf: Die Rückgabe Hong Kongs und seine neue Verfassung. Grenzen der Autonomie. Hamburg 1999.
5 Ludwig, Karl-Heinz: Die Rückkehr des Drachen. Countdown in Hong Kong. München 1995.
6 Ebda. S. 207–208.
7 Siehe die vorzügliche Studie von Heilmann, Sebastian: »Hong Kongs ökonomische Zukunft unter chinesischer Herrschaft«, in: Becker Eilenberger, Rühland und Draguhn (Hrsg.): Hong Kong und China auf dem Weg in das Pazifische Jahrhundert. Hamburg 1998, S. 46–48.
8 Cheung, Jimmy: »Tung Hits Out »At Get Rich Quick«, Mentalitiy«, in: South China Morning Post. 5.5.1998.
9 Zu Hong Kongs Wahlen von 1998 siehe die Darstellung und Analyse von Sebastian Heilmann: »Die ersten Wahlen zur Legislative in der SVR Hong Kong: Politische Kräfteverschiebungen und wirtschaftspolitische Konsequenzen«, in: China aktuell, Mai 1998, S. 527–532.
10 Gunn, Geoffrey C.: Encountering Macau – A Portugese-State on the Periphery of China, 1557–1999. Boulder, 1996 Kapitel III.
11 Text des Vertrages zwischen Portugal und China in: The Treaties between China and Foreign States (veröffentlich vom Statistical Department, Inspectorate General of Customs, Shanghai, 1908/1909, Bd. 2, S. 1010).
12 Text der Erklärung und chinesischer Kommentar hierzu in: Beijing Rundschau 7. April 1987.
13 Wortlaut des Grundgesetzes und mit ihm zusammenhängender Erlasse in: China aktuell, Mai 1993, S. 492–507. Siehe auch Lo Shiu-hing: Political Development in Macau, Hong Kong 1995, Kapitel 7.

Anmerkungen zu Kapitel 33, S. 633–650

1 Liu, Jen-kai: »Deng Xiaoping Versuch einer Bewertung«. In: China aktuell, Februar 1997, S. 146–151. Liu, Jen-kai verfaßte in China aktuell zwischen Januar 1995 und Januar 1997 in insgesamt sechs Folgen eine akribische Deskription des Lebens und Wirkens von Deng Xiaoping.
2 Liu, Jen-kai: »In der Nachfolge Maos und Dengs: Jiang Zemins politische Laufbahn«, Teil 2: »Jiang Zemin, der erste Mann in Schanghai (1985/1989)«, in: China aktuell, Januar 1998, S. 39.
3 Liu, Jen-kai: »In der Nachfolge Maos und Dengs: Jiang Zemins politische Laufbahn«, Teil 3, in China aktuell, S. 157–158.
4 »Archiv der Gegenwart« 3.7.1998, S. 42909.
5 Beijing Rundschau Nummer 27, Band 1991, S. 16 ff. Zum Werden und Wirken von Jiang Zemin siehe auch Lam, Willy, Wo-lap: The Era of Jiang Zemin. Singapore 1999.
6 Liu, a. a. O., S. 168–169.
7 Grundsatzreferat Jiang Zemins in: Selected Documents of the 15th CPC National Congress, Peking 1987, S. 14–16.
8 Heilmann, Sebastian: »Die neue chinesische Regierung: Abschied vom sozialistischen Leviathan?«, in: China aktuell, März 1998, S. 277–278, und Liu, Jen-kai: »Zhu Rongji, der neue Ministerpräsident des Staatsrats der VR China«, in: Ebda, S. 288–303.
9 Siehe Wortlaut der gemeinsamen Erklärung der Präsidenten Jiang Zemin und Jelzin in: Beijing Rundschau, 15.12.1998, S. 7–10, sowie die gemeinsame Erklärung Chinas und Rußlands zur »Multipolarisierung der Welt und der Errichtung einer neuen internationalen Ordnung« vom 23.4.1997 in: Beijing Review, 12.5.1997, S. 7–8, ferner die diesbezügliche Rede Jiang Zemins in Moskau vom 23.12.1997, Ebda, S. 9–11, und die ausführliche Erklärung des Staatsrats der Volksrepublik China vom Juni 1998: »Die Landesverteidigung Chinas«, in: Beijing Rundschau, 11.8. 1998, S. 14–37. Siehe ferner auch die Beiträge von Kay, Möller zur Beziehung zwischen China und der GUS und von Uwe Halbach zur Entwicklung des vormals sowjetischen Zentralasiens, beide in: Draguhn, Werner (Hrsg.): Asien nach dem Ende der Sowjetunion. Hamburg 1993, S. 118–140 und 45–60.

10 Siehe den Beitrag von Oskar Weggel in: China aktuell, Mai 1999, S. 483–491.
11 Zur Falun-Gong-Sekte siehe: Buruma, Jan: »Beijing Has Turned a Sect Into a Formidable Enemy«, in: International Herald Tribune, 26.7.1999.
12 Zur Kontroverse um den »Cox-Report« siehe: Time 7.6.1999, S. 25–33.
13 Süddeutsche Zeitung, 3.8.1999.
14 China: Fakten und Zahlen 1998. Peking 1998.
15 China aktuell, Juli 1998, S. 691–692. Siehe ferner Hickman, John: »Struggle Over China Policy: The Clinton Administration and the 105th Congress«, in: The American Asian Review, Band 17, Nr. 2, Sommer 1999, S. 87–116. Und Archiv der Gegenwart, 3. Juli 1998, S. 42908.
16 AFP-Meldung vom 20.7.1999 laut Yahoo News, Asia 21.7.1999. Siehe auch International Herald Tribune 26.7.1999.
17 Text des taiwanesischen »Positionspapieres« zur Erklärung zur Äußerung des Präsidenten, die Beziehungen zwischen Taiwan und der Volksrepublik China seien »zwischenstaatliche Beziehungen besonderer Natur« in: The Free China Journal, 6. August 1999, S. 7.
18 Schmitt, Uwe: »Die 52 Regierungstage des Morihiro Hosokawa« in: Frankfurter Allgemeine Zeitung, 9. April 1994.
19 The Daily Yomiuri, 26.7.1994. Siehe auch Frankfurter Allgemeine Zeitung, 28.7.1994 und Korea Herald, 20.7.1994.
20 Ministry of Foreign Affairs, Japan: Diplomatic Blue Book 1991. Japan's Diplomatic Activities, Tokio 1991, S. 55–56.
21 Defense Agency, Japan: Defense of Japan 1993, Tokio 1993, S. 127–130.
22 Bericht über die Tätigkeiten der japanischen Streitkräfte in Kambodscha in ebda. S. 134–151.
23 Ebda. S. 152–154. Siehe auch George, Aurelia: »Japan's Participation in UN Peacekeeping Operation« in: Asian Survey, Band 23, Nr. 6, Juni 1993, S. 560–575.
24 Japan–Times–Internet–Bericht vom 28.8.1999.
25 Dokumente zu den neuen Richtlinien über Verteidigungskooperation in: Defense Agency, Japan: Defense of Japan 1997, S. 286–297 und 319–330. Zu Japans sicherheitspolitischen Maßnahmen und Perzeptionen siehe auch die ausgezeichnete Studie: The National Institute for Defense Studies: East Asian Strategic Review, Tokio 1998.
26 Siehe AFP-Bericht vom 27.7. zum neuen japanischen Weißbuch 1999 und Sims, Calvin: »U.S. and Japan Agree to Joint Research on Missile Defense«, in: New York Times 17. August 1999.
27 Jian, Taojie: »TMD – ein weiterer Störfaktor in der Welt!« In: Beijing Rundschau, Nr. 25, 1999, S. 8–9. Und AFP 27.8.99.
28 Ebda. S. 9.
29 »Xu, Zhixian und Yang Bojiang: »Neue Gesetzesvorlagen – ein historischer Rückschritt«, in: Beijing Rundschau, Nr. 24, 1999, S. 15.
30 Archiv der Gegenwart, 26.2.1999, S. 43365–43366.
31 Zur neuzeitlichen Geschichte der Beziehungen zwischen Japan und China siehe die kurze, vorzügliche Darstellung von Brunhild Staiger: »Der Tenno-Besuch in China, Anmerkungen zu den chinesisch-japanischen Beziehungen«, in: China aktuell, Oktober 1992, S. 718–724.
32 Glaubitz, Joachim: »Japan und China: Zwischen Mißtrauen und Kooperation«, in: Mayer, Hans Jürgen und Pohl, Manfred (Hrsg.): Länderbericht Japan, Bonn 1994, S. 201.
33 Morley, John D.: »Der tönende Fels«, in: Süddeutsche Zeitung, 11.8.1999. Siehe auch: Government Press Release, 9.8.1999, Foreign Press Center (Tokio) Translation (Nr. 0178). Zur Kritik siehe News Review (Seoul) 14.8.1999 »The Dark Glow of Nationalism«, S. 5.
34 Text der Fukuda Doktrin in Europa-Archiv, Folge 23/1977, S. D665.
35 Text der Rede in: Archiv der Gegenwart, 14.1.1997, S. 41709–41712.
36 Japan 1997 An International Comparison. Keizai Koho Center. Tokio 1997, S. 64–65.

Anmerkungen zu Kapitel 34, S. 651–652

1 Zur Wirtschaftskrise siehe: Lentner, Howard H.: »Implications of the Economic Crisis for East Asian Foreign Policies«, in: The Journal of East Asian Affairs, Frühjahr/Sommer 1999, S. 1–32. Siehe hierzu ferner die Beiträge von Vincent Houben, Heribert Dieter, Wolfgang Scholz und Michele Schmiegelow in: ASIEN Nr. 75, Januar 1999.

Ausgewählte Literaturhinweise zur Thematik des Bandes

I. Amtliche Quellen

Außenministerium der Sozialistischen Volksrepublik Vietnam: Die Wahrheit über die vietnamesisch-chinesischen Beziehungen in den Letzten 30 Jahren. (Weißbuch). Hanoi 1979

Defense Agency: Defense of Japan [jährliche Berichte zur Sicherheitslage Japans]. Tokio

Department of Defense; United States of America: The »Magic« Background of Pearl Harbor. 5 Bände, Washington, D.C., 1977 [Texte angefangener und entschlüsselter Telegramme japanischer Regierungsstellen, die diplomatische und außenpolitische Angelegenheiten des Jahres 1941 betrafen.]

Der XV. Parteitag der KPCh. Peking 1997

Documents of the Sino-Indian Boundary Question. Enlarged edition. Peking 1962

Dritte Tagung des VI. Nationalen Volkskongresses der Volksrepublik China März 1985. Peking 1985

Foreign Office: Documents Relating to the Discussion of Korea and Indochina at the Geneva Conference 1954. Und: Further Documents Relating to the Discussion of Indochina at the Geneva Conference. London 1954

Hu, Jason C. (Hu Chih-chiang), Government Information Office: Quiet Revolutions on Taiwan, Republic of China. Taipei 1994

Important Documents Concerning the Question of Taiwan. Peking 1955

International Military Tribunal for the Far East: Record of Proceedings. [Kriegsverbrecherprozeß in Tokio] Alexandria, Virginia, 1946–1948. (Mimeographed)

Kommunistische Internationale: Protokoll des II. Weltkongresses der Kommunistischen Internationale. Hamburg 1921

Kommunistische Internationale: Protokoll des Vierten Kongresses der Kommunistischen Internationale. Hamburg 1923

Ministry of Foreign Affairs: Diplomatic Bluebook [fortlaufend erscheinende Jahresberichte zur japanischen Außenpolitik]. Tokio

Ministry of Foreign Affairs: Documents on the Kampuchean Problem 1979–1985. Bangkok, Thailand 1985

Ministry of Foreign Affairs: Treaties between the Republic of China and Foreign States (1927–1957) 2 Bde. Taipei 1958
Ministry of National Defense of the Republic of Korea: Defense White Paper 1997–1998. Seoul 1998
Ministry of National Unification: Peace and Cooperation. White Paper on Korean Unification. Seoul 1996
Ministry of Unification: South-North Dialogue in Korea [Publikationsserie] Seoul
Premier Chou En-lai's Letter to the Leaders of Asian and African Countries on the Sino-Indian Boundary Question. Peking 1962
Resolution on CPC History (1948–1981) Peking 1981
Selected Documents of the CPC National Congress. Peking 1997
Selected Documents of the 15th CPC National Congress. Peking 1997
The Basic Law of the Hong Kong Special Administrative Region of the People's Republic of China. Hong Kong 1992
The Department of Information of the Republic of Indonesia: The Indonesian Revolution. Basic Documents and the Idea of Guided Democracy. Jakarta 1960
U.S. Congress, Senate, Committee on Foreign Relations: State Department Loyalty Investigation, 2 parts, 81st Cong. 2d Sess., Government Printing Office, Washington, 1950
U.S. Congress, Senate, Committee on the Judiciary, Internal Security Subcommittee: Institute of Pacific Relations, Hearings, 15 parts, 82d Cong. 1st Sess., Government Printing Office, Washington, 1951
U.S. Congress, Senate. Committee on Armed Forces and the Committee on Foreign Relations: Military Situation in the Far East, Hearings. 5 parts, 82d Cong. 1st Sess., Government Printing Office, Washington, 1951
U.S. Congress: Joint Committee on the Investigation of the Pearl Harbor Attack. Hearings before the Joint Committee on the Investigation of the Pearl Harbor Attack. 39 parts, 79 Cong., 2d Sess., Washington, 1946
U.S. Department of Defense: United States – Vietnam Relations 1945–1967 (Pentagon Papers) 12 Bde. Washington, D.C., 1971
U.S. Department of State. Office of the Historian: Foreign Relations of the United States. [Serien von Bänden mit vormals geheimem Aktenmaterial zur auswärtigen Politik der Vereinigten Staaten, die im Abstand von 30 Jahren nach dem Ereignis veröffentlicht werden. Angesichts der Intensität und Vielseitigkeit amerikanischer Beziehungen zu Staaten Ostasiens eine unentbehrliche Quelle.]
U.S. Department of State: United States Relations with China – With Special Reference to the Period 1944–1949. Washington, D.C., 1949
Über die Tibet-Frage. Peking 1959
United States Senate. Committee On Foreign Relations: Taiwan. Hearings February 1979. Washington, D.C., 1979
USAF, Historical Division: The Army Air-Forces in World War II. Bd. V.: The Pacific: Matterhorn to Nagasaki. June 1944–August 1945. Craven, W. F., and Cate, J. L. (Hrsg.), Chicago 1953
Wedemeyer, Lt. Gen. A. C.: Report to the President. Submitted September, 1947, Washington: Government Printing Office, 1951

II. Nichtamtliche Dokumentensammlungen

Bowie, Robert R. and Fairbank (Hrsg.): Communist China 1955–1959. Policy Documents. Cambridge, Mass, 1965
Brahm, Heinz (Hrsg.): Pekings Griff nach der Vormacht. Der chinesisch-sowjetische Konflikt von Juli 1963 bis März 1965. Köln 1966
Brandt, C., Schwartz, B., and Fairbank, J. K.: Der Kommunismus in China. Eine Dokumentargeschichte. München 1955.
Chiu, Hungdah (Hrsg.): China and the Question of Taiwan. Documents and Analysis. New York 1973
Cole, Allan B. (Hrsg.): Conflict in Indochina. Documentary History 1943–1935. Ithaca, N.Y., 1956

Dull, Paul S. and Uemura, (Hrsg.): The Tokio Trials. Functional Index to the Proceedings of the International Military Tribunal for the Far East. Ann Arbor 1957
Eudin, X. J. and North, R.C. (Hrsg.): Soviet Russia and the East 1920–1927. A Documentary Survey. Stanford, Calif., 1957
Glaubitz, Joachim (Hrsg.): Opposition gegen Mao. Dokumente. Olten 1969
Hamm, Harry und Kun, Joseph (Hrsg.): Das Rote Schisma. (Dokumente zum Konflikt Moskau–Peking 1962/63. Köln 1963
Ike, Nobutaka (Hrsg.): Japan's Decision for War. Records of the 1941 Policy Conferences. Stanford. Calif., 1967
International commission of jurists: The Question of Tibet and the Rule of Law. Genf 1939
Kim, Se Jin (Hrsg.): Documents on Korean–American Relations 1943–1976. Seoul 1976
Kim, Se Jin (Hrsg.): Korean Unification. Source Materials. Bd. I 1943–1976. Seoul 1976
Kim, Se Jin (Hrsg.): Korean Unification. Source Materials. Bd. II 1976–1978. Seoul 1979
MacMurray, John V. A.: Treaties with and concerning China 1894–1919. New York 1929
Maki, John M.: Conflict and Tension in the Far East. Key Documents 1894–1960. Seattle 1961
Martin, Helmut (Hrsg.): Mao intern. Unveröffentlichte Schriften, Reden u. Gespräche 1949–1971. München 1974.
Mehnert, Klaus (Hrsg.): Maos Zweite Revolution. Dokumente 1966. Stuttgart 1966
Morley, James W. (Hrsg.): Japan's Road to the Pacific War. The China Quagmire 1933–1941. New York 1983
North, R. C. and Eudin, X. J. (Hrsg.): M.N. Roy's Mission to China. The Communist-Kuomintang Split 1927. Berkeley 1963
Röling, B.V.A., and Rüter, C. (Hrsg.): The Tokio Judgement. The International Military Tribunal for the Far East. 2 Bde. Amsterdam 1977
Ruane, Kevin (Hrsg.): The Vietnam Wars (Documents 1930–1975), Manchester 2000
Schnapper, M. B. (Hrsg.): China, Vietnam and the United States. Highlights of Senate Hearings. Washington, D.C., 1966
Schnapper, M. B. (Hrsg.): China, Vietnam and the United States. Washington, D.C., 1966
Sheehan, Neil u. a.: The Pentagon Papers. New York 1971
Shieh, Milton (Hrsg.): The Kuomintang: Selected Historical Documents, 1894–1969. New York 1970
Teng, Ssu-yü and Fairbank, J. K. (Hrsg.): China's Response to the West. A Documentary Survey 1839–1923. Cambridge, Mass., 1954
Weber, Hermann (Hrsg.): Konflikte im Weltkommunismus. Eine Dokumentation zur Krise Moskau–Peking. München 1964
Wilbur, C. M., and How, J. L.Y. (Hrsg.): Documents on Communism, Nationalism, and Soviet Advisers in China 1918–1927. New York 1956

III. Monographien

Allen, G. C.: Japan's Economic Expansion. London 1965, [2]1966
Allen, G. C.: Japan's Economic Recovery. London 1958
Amann, Gustav: Chiang Kaishek und die Regierung der Kuomingtang in China. Heidelberg 1939
Armstrong, John P.: Sihanouk Speaks. New York 1964
Bartke, Wolfgang: Who was Who in the People's Republic of China. 2 Bände, München 1997
Bass, Hans H. und Wohlmuth, Karl (Hrsg.): China in der Weltwirtschaft. Hamburg 1996
Becker, Bert (u. a. Hrsg.): Hong Kong und China auf dem Weg in das Pazifische Jahrhundert. Hamburg 1998
Bedeski, Robert E.: The Fragile Entente. The 1978 Japan-China Peace Treaty in Global Context. Boulder, Col., 1983
Bernstein, Richard, u. Munro, Ross H.: Der kommende Konflikt mit China. Das Reich der Mitte auf dem Weg zur neuen Weltmacht. New York 1997
Bix, Herbert P.: Hirohito and the Making of Modern Japan. New York 2000

Blechinger, Verene und Legewie, Jochen (Hrsg.): Facing Asia: Japan's Role in the political and economic Dynamism of Regional Cooperation. München 2000
Boorman, Howard (Hrsg.): Biographical Dictionary of Republican China. 4 Bde. New York 1969
Borg, Dorothy and Heinrichs, Waldo (Hrsg.): Uncertain Years – Chinese-American Relations, 1947–1950
Borissow, Oleg Borissowitsch; Koloskow, Boris Trofimowitsch (Hrsg.): Sowjetisch-chinesische Beziehungen 1945–1970. Berlin (Ost) 1973
Borton, Hugh: Japan's Modern Century. New York 1955
Brötel, Dieter: Frankreich im Fernen Osten 1880–1994. Stuttgart 1996
Brötel, Dieter: Französischer Imperialismus in Vietnam, 1880–1885. Wiesbaden 1972
Buck, James H. (Hrsg.): The Modern Japanese Military System. Beverly Hills 1975
Bürger, Christian: Die ASEAN und die Sicherheit Südostasiens. Köln 2000
Bulling, Claus: Das Geteilte China 1949–1953. Hamburg 1996
Burr, William: The Kissinger Transcripts. The Top Secret Talks with Beijing and Moscow. New York 1998
Buszynski, Leszek: Soviet Foreign Policy and Southeast Asia. London & Sydney 1986
Butow, Robert J. C.: Tojo and the Coming of the War. Princeton 1961
Buttinger, Joseph: Vietnam: A Dragon Embattled. 2 Bde. New York 1967
Ch'ên, J.: Yuan Shih-k'ai. 1859–1916. Brutus Assumes the Purple. London 1961
Ch'ien, Tuan-sheng: The Government and Politics of China. Cambridge/Mass., 1961
Chan, Gerald: Chinese Perspectives in International Relations. New York 1999
Chandler, David: The Tragedy of Cambodia History since 1945. New Haven 1991
Chang, Carsun: The Third Force in China. New York: 1953
Chassin, Lionel Max: The Communist Conquest of China. A History of the Civil War 1945–1949. Cambridge 1965
Chen, King C.: Vietnam and China 1938–1954. Princeton 1969
Chen, Theodore: Thought Reform of the Chinese Intellectuals. Hong Kong 1960
Cheng, Chu-yuan (Hrsg.): Sun Yat-sen's Doctrine in the Modern World. Boulder, Col., 1989
Chi, Hsin: Teng Hsiao-ping. A Political Biography. Hong Kong 1998
Chiang, Ching-kuo: Calm in the eye of a storm. Taipei, Taiwan 1974
Chiang, Kai-shek (Chiang, Chung-cheng): Soviet Russia in China. A Summing-up at Seventy. Revised, enlarged edition. New York 1968
Chiang, Kai-shek: China's Destiny. New York 1947
Chon, Tuk Chu: Die Beziehungen zwischen der DDR und der Koreanischen Demokratischen Volksrepublik (1949–1978). München 1982
Chon, Tuk Chu: Südkorea in der geteilten Welt 1961–1976. Die Auswärtige und Innerkoreanische Politik der Regierung Park Chung Hee. München 1977
Chou, Shun-hsin: The Chinese Inflation 1937–1949. New York–London 1963
Chow, Ching-wen: Ten Years of Storm. The True Story of the Communist Regime in China. New York 1960
Chow, Tse-tsung: The May Fourth Movement. Intellectual Revolution in Modern Cina. Cambridge/Mass., 1960
Christie, Clive J.: A Modern History of Southeast Asia: Decolonization, Nationalism and Separatism. London 1998
Chu, Yun-han: Crafting Democracy in Taiwan. Taipei, Taiwan 1992
Chung, Chin O.: Pyongyang between Peking and Moscow: North Korea's Involvement in the Sino-Soviet Dispute, 1958–1975. University of Alabama Press 1978
Chung, Chong-Shik, u. Kim, Gahb-chol: North Korean Communism. A Comparative Analysis. Seoul 1980
Costello, John: The Pacific War. New York 1982
Cremerius, Ruth; Fischer, Doris, und Schier, Peter: Studentenprotest und Repression in China April–Juni 1989. Hamburg 1990
Crowley, J.B.: Japan's Quest for Autonomy. National Security and Foreign Policy 1930–1938. Princeton/N. J., 1966

Dahm, Bernhard, u. Ptak, Roderich (Hrsg.): Südostasien-Handbuch. Geschichte, Gesellschaft, Politik, Wirtschaft und Kultur. München 1999
Dahm, Bernhard: Sukarnos Kampf um Indonesiens Unabhängigkeit. Frankfurt a. M. 1966
Dalai Lama: Mein Leben und Mein Volk – Die Tragödie Tibets. München 1962
David, Harald: Die ASEAN nach dem Ende des Kalten Krieges, Hamburg 1995
Deng, Xiaoping: Selected Works (1975–1982). Peking 1984
Domes, Jügen: China nach der Kulturrevolution. München 1975
Domes, Jürgen, u. Näth, Marie-Luise: China im Aufbruch. Darstellung, Analyse und Dokumente der Frühjahrskrise 1989 in der Volksrepublik China. Frankfurt am Main 1990
Domes, Jürgen, u. Näth, Marie-Luise: Die Außenpolitik der Volksrepublik China. Düsseldorf 1972
Domes, Jürgen, u. Näth, Marie-Luise: Geschichte der Volksrepublik China. Mannheim 1992
Domes, Jürgen: Chinese Politics after Mao. Cardiff 1979
Domes, Jürgen: Die Ära Mao Tse-tung. Stuttgart 1971
Domes, Jürgen: Peng Te-huai, the Man and the Image. London 1985
Domes, Jürgen: Politische Soziologie der Volksrepublik China. Wiesbaden 1980.
Domes, Jürgen: Vertagte Revolution. Die Politik der Kuomintang in China 1923–1937. Berlin 1969
Dosch, Jörn: Die ASEAN: Bilanz eines Erfolges. Hamburg 1997
Dower, John: War Without Mercy. Race and Power in the Pacific War. New York 1972
Draguhn, Werner (Hrsg.): Asien nach dem Ende der Sowjetunion. Die Auswirkungen des Zerfalls der sowjetischen Großmacht auf Politik, Gesellschaft und Wirtschaft der asiatischen Staaten, Hamburg 1993
Draguhn, Werner (Hrsg.): Asienkrise. Politik und Wirtschaft unter Reformdruck. Hamburg 1999
Draguhn, Werner (Hrsg.): Neue Industriekulturen im pazifischen Asien. Eigenständigkeiten und Vergleichbarkeit mit dem Westen, Hamburg 1993 (Nachdruck 1997)
Draguhn, Werner und Schier, Peter (Hrsg.): Indochina: Der Permanente Konflikt? Hamburg 1981
Draguhn, Werner: Das asiatisch-pazifische Jahrhundert. Mythos – Bedrohung – Chance? Hamburg 1998
Drifte, Reinhard: Japan's Foreign policy. London 1990
Dull, Pauls and Umemura, Michael: The Tokio Trials. Functional Index. Ann Arbor 1957
Dunn, J. P.: Massacres in the Mountains. A History of the Indian Wars of the Far West 1815–1875. New York 1886
Dunn, Frederick S.: Peace-Making and the Settlement with Japan. Princeton 1963
Edström, Bert: Japan's evolving Foreign Policy Doctrine. From Yoshida to Miazawa. New York 1999
Eisenhower, Dwight D.: Mandate for Change 1953–1956. London 1963
Eisenhower, Dwight D.: Waging Peace 1956–1961. London 1966
Elsbree, Willard H.: Japan's Role in Southeast Asian Movements 1940–1945. New York 1970
Fall, Bernard B.: The Two Viet-Nams. New York 1964
Fasseur, Cornelis: The Politics of Colonial Exploitation. Java, the Dutch and the Cultivation System. Ithaca 1992
Feis, H.: The China Tangle. The American Effort in China from Pearl Harbor to the Marshall Mission. Princeton/N. J., 1953
Feis, Herbert: Contest Over Japan. New York 1967
Feis, Herbert: Japan subdued, The Atomic Bomb and the End of the War in the Pacific. New Jersey 1961
Feis, Herbert: The Atomic Bomb and the End of World War II. New Jersey 1966
Feis, Herbert: The Road to Pearl Harbor. The Coming of the War Between the United States and Japan. Princeton 1950
Finn, Richard B.: Winners in Peace. MacArthur, Yoshida and Postwar Japan. Berkeley 1992
Fogelman, Edwin: Hiroshima: The decision to use the A-Bomb. New York 1964
Franke, H., und Trauzettel, R.: Das Chinesische Kaiserreich. Frankfurt am Main 1968
Franke, W.: China und das Abendland. Göttingen 1962
Frey, Marc: Geschichte des Vietnamkriegs. Die Tragödie in Asien und das Ende des amerikanischen Traums. München 1998

Fukushima, Akiko: Japanese Foreign Policy. The Emerging Logic of Multilaterism. New York 1999
Gao, Shangquan und Chi, Fulin: Rapid Economic Development in China and Controlling Inflation. Peking 1997
Giap, Vo Nguyen: People's War, People's Army. Hanoi 1961
Gibney, Frank: Korea's Quiet Revolution. Fram Garrison State to Democracy. New York 1992
Glaubitz, Joachim: Opposition gegen Mao. Olten 1996
Glaubitz, Joachim; Heinzig, Dieter: Die Sowjetunion und Asien in den 80er Jahren. Ziele und Grenzen sowjetischer Politik zwischen Indischem Ozean und Pazifik. Baden-Baden 1988
Goodman, David u. Segal, Gerald (Hg.): China in the Nineties. New York 1991
Grew, Josep C.: Ten Years In Japan: A Contemporary Record Drawn from His Diaries and Private and Official Papers, 1932–1942. New York: Simon and Schuster 1944
Grew, Josep C.: Turbulent Era: A Diplomatic Record of Forty Years, 1904–1945, 2 vols. Cambridge/Mass.,: Riverside Press 1952
Groeling, Erik von, u. Näth, Marie-Luise: Die Außenpolitik Chinas. Entscheidungsstruktur, Stellungen in der Welt, Beziehungen zur Bundesrepublik Deutschland. München 1975
Gu, Xuewu: Ausspielung der Barbaren. China zwischen den Supermächten in der Zeit des Ost-West-Konflikts. Baden-Baden 1998
Gunn, Geoffrey: Encountering Macau, 1557–1999. Boulder, Col., 1996
Hacke, Christian: Die Ära Nixon-Kissinger 1969–1974. Stuttgart 1983
Hamm, Harry, und Kun, Joseph: Das Rote Schisma (Der sowjetisch-chinesische Konflikt 1962–63). Köln 1963
Harding, Harry: A Fragile Relationship. Washington, 1992
Hazdra, Peter: Die UN-Friedensoperation in Kambodscha. Frankfurt a. M. 1994
Heberer, Thomas (Hrsg.): Mao Zedong – der unsterbliche Revolutionär? Versuch einer kritischen Neubewertung anläßlich des 100. Geburtstages, Hamburg 1995
Heilmann, Sebastian: Das politische System der VR China im Wandel, MIA 265, Hamburg 1996 (Nachdruck 1998)
Heinzig, Dieter: Die Sowjetunion und das kommunistische China 1943–1950. Baden-Baden 1998
Hellmann, Donald C.: Japanese Foreign Policy and Domestic Politics. Berkeley 1969
Henderson, Gregory: Korea and the Politics of Voltex. Cambridge/Mass., 1968
Herrmann-Pillath, C.; Lackner, M.; Fischer, D., u. Müller-Hofstede, C. (Hrsg.): Länderbericht China. Politik, Wirtschaft und Gesellschaft. Bonn 1998
Hillgruber, Andreas (Hrsg.): Probleme des Zweiten Weltkrieges (insbes. Beiträge v. Rohwer, Hattori u. Greenfield). Köln 1997
Hing, Lo Shiu: Political Development in Macao. Hong Kong 1995
Hinton, Harold C.: Communist China in World Politics. London 1966
Ho, Kan-chih: A History of the Modern Chinese Revolution. Peking 1959
Ho, Tschi Minh: Revolution und Nationaler Befreiungskampf. Reden und Schriften 1920–1968. München 1968
Hoang, Van Chi: From Colonialism to Communism – A Case History of North Vietnam. New York 1964
Holubnychy, Lydia: Michael Borodin and the Chinese Revolution 1923–1923. New York 1979
Hoppe, Thomas: Tibet heute. Aspekte einer komplexen Situation. Hamburg 1997
Horlemann, Ralf: Die Rückgabe Hong Kongs und seine neue Verfassung. Grenzen der Autonomie. Hamburg 1999
Hsin, Chi: Teng Hsiao-ping – a Political Biography. Hong Kong 1978
Hsü, Immanuel C. Y.: The Rise of Modern China. 4. Aufl. New York and Oxford 1990
Hull, Cordell: The Memoirs of Cordell Hull, 2 vols. New York: The Macmillan Co. 1948
Johnson, Lyndon B.: The Vantage Point. Perspectives of the Presidency 1963–1969. New York 1961
Jones, F. C.: Japan's New Order in East Asia. Its Rise and Fall 1937–45. London 1954
Jordan, Donald A.: The Northern Expedition. China's National Revolution of 1926–1928. Hawaii 1976

Kahin, George M.: Nationalism and Revolution in Indonesia. Ithaca 1952
Kaiser, David: American Tragedy. Kennedy, Johnson, and the Origins of the Vietnam War. Cambridge, Mass.,/London 2000
Kajima, Morinosuke und Takahashi Michitoshi (Hrsg.): Geschichte der japanischen Außenbeziehungen. 3 Bde. Wiesbaden 1976–1980
Kase, Toshikazu: Journey to the »Missouri«. New Haven: Yale University Press 1950
Kerr, George H.: Formosa Betrayed. London 1966
Kevenhörster, Paul: Das politische System Japans, Köln 1969
Kido's Diary: in International Military Tribunal for the Far East, Document 1632
Kim, Byung Ung: Nationalismus und Großmachtpolitik. Das Dilemma des Nationalismus in Korea unter der US-Militärbesetzung 1945–1948. München 1981
Ki, Dae Jung: Mein Leben, mein Weg. Frankfurt a. M. 2000
Kim, Dae-jung: »Three-Stage« Approach to Korean Reunification. Focusing on the South-North Confederal Stage. Los Angeles 1997
Kim, Hakjoon: Korea's Relations with her Neighbors in a changing world. Elizabeth/N.J. 1993
Kim, Han-Gil: Modern History of Korea. Pjöngjang 1979
Kim, Young C.: Japanese-Soviet Relations: Interaction of Politics, Economics and National Security. Georgetown 1974
Kindermann, Gottfried-Karl, u. a.: Chinas unbeendeter Bürgerkrieg – Im Spannungsfeld Peking–Taiwan–USA. Wien u. München 1980
Kindermann, Gottfried-Karl, u. a.: Grundelemente der Weltpolitik. 3. erw. Neuauflage. München 1986
Kindermann, Gottfried-Karl, u. a.: Sun Yat-sen: Founder and Symbol of China's Revolutionary Nation-Building (Referate der 1. internationalen Sun Yat-sen Symposiums in Europa). München u. Wien 1982
Kindermann, Gottfried-Karl: Der Aufstieg Koreas in der Weltpolitik. München 1994
Kindermann, Gottfried-Karl: Konfuzianismus, Sunyatsenismus und chinesischer Kommunismus. Zur Begründung und Selbstdarstellung des chinesischen Nationalismus. Freiburg im Breisgau 1963
Kirchmann, Hans: Hirohito: Japans letzter Kaiser. Der Tenno. München 1989
Kissinger, Henry A.: Memoiren 1973–1974 Band 2. München 1982
Kissinger, Henry A.: White House Years. Boston 1979
Kissinger, Henry A.: Years of Renewal. New York 1999
Kosaka, Masataka: A History of postwar Japan. Tokio 1972
Kraus, Willy: Wirtschaftliche Entwicklung und sozialer Wandel in der Volksrepublik China. Berlin 1979
Kruitenbrouwer, Maarten: The Netherlands and the Rise of Modern Imperialism. Oxford 1991
Kuo, Heng-yü (u.a. Hrsg.): RKP(B), Komintern und die national-revolutionäre Bewegung in China. Band I: 1920–1925. Paderborn 1996
Kuo, Thomas: Ch'en Tu-hsiu and the Chinese Communist Movement. South Orange, N.J., 1975
Kux, E. und Kun, J. C.: Die Satelliten Pekings. Stuttgart 1964
Ky, Nguyen Cao: Twenty Years and Twenty Days. (Memoiren des vorm. südvietnamesischen Ministerpräsidenten). New York 1976
Lacouture, Jean: Ho Chi Minh. London 1968
Ladany, Laszlo: The Communist Party of China and Marxism 1921–1985. London 1988
Lai, Tse-Han; Myers, Ramon and Wei, Wou: A Tragic Beginning. The Taiwan Uprising of February 28 1947. Stanford 1991
Lam, Willy Wo-lap: China after Deng Xiaoping. The Struggle in Beijing Since Tiananmen. Singapore 1995
Lam, Willy Wo-Lap: The Era of Jiang Zemin. Singapore 1999
Langdon, S. C.: Japan's Foreign Policy. Vancouver 1973
Lau, Siu-kai and Kuan, Hsin-chi: The Ethos of the Hong Kong Chinese. Hong Kong 1991
Le Duan: Die vietnamesische Revolution. Wien 1973
Le, Thanh Khoi: 300 Jahre Vietnam. Schicksal und Kultur eines Landes. München 1969

Leahy, William D.: I Was There. London 1950
Lee, Chae-Jin: Japan faces China. Baltimore and London 1976
Lee, Chong-sik: Materials on Korean Communism 1945–1947. Honolulu 177
Lee, Chong-sik: The Korean Worker's Party: A Short History. Stanford: The Hoover Institution Press 1978
Lee, Soong Hee: Die sowjetische Außenpolitik gegenüber der DDR und Nordkorea (1960–1979). Kontraste und Analogien. Dissertation der Universität München 1983
Lee, Teng-hui: The Road To Democracy. Taiwan's Pursuit of Identity. Tokio 1999
Legler, Anton u. Bauer, Frieda (Hrsg.): Der Krieg in Vietnam, 5 Bände, Frankfurt a.M. 1971–1979
Leifer, Michael: Dictionary of Modern Politics of Southeast Asia. London 1995
Le-Mong, Chung: Der Untergang Südvietnams. München 1982
Leutner, Mechthild (Hrsg.): Politik, Wirtschaft, Kultur: Studien zu den deutsch-chinesischen Beziehungen. Münster 1996
Levine, Steven I.: Anvil of Victory. The Communist Revolution in Manchuria, 1945–1948. New York 1987
Lho, Kyongsoo and Möller, Kay (Hrsg.): Northeast Asia towards 2000: Interdependence and Conflict? Baden-Baden 1999
Li, Chien-nung: The Political History of China 1840–1928. Princeton/N. J., 1956
Li, Tieh-Tseng: The Historical Status of Tibet. New York 1956
Linebarger, P.; Chu, Djang and Burks, A.: Far Eastern Governments and Politics. New York 1954
Linebarger, Paul: Sun Yat-sen and the Chinese Republic. (Einzige autorisierte Biographie.) New York u. London 1927 (reprint AMS 1969)
Liu, F. F.: A Military History of Modern China 1924–1949. Princeton 1956
Lo, Shui-hing: Political Development in Macau. Hong Kong 1995
Ludwig, Karl-Heinz: Die Rückkehr des Drachen. Countdown in Hong Kong. München 1997
Luther, Susanne: Schritte aus der Isolation. Der Weg Nord- und Südkoreas in die Vereinten Nationen. Magisterarbeit, Universität München 1994
MacFarquhar, Roderick (Hrsg.): The Hundred Flowers. Paris 1960
Machetzki, Rüdiger, u. Pohl, Manfred (Hrsg.): Korea. Wirtschaft, Politik, Kultur, Gesellschaft, Natur, Geschichte, Reisen, Sport. Thienemanns Verlag, Stuttgart/Wien 1988
Maki, M. T., Kitano H. H. und Bertold, M.: Achieving the Impossible Dream. How Japanese Americans obtained Redress. Uraba / Chicago 1999
Mann, James: About Face. A History of America's curious Relationships with China, from Nixon to Clinton. New York 1999
Mao, Tse-tung: Ausgewählte Werke. Bände I–V. Peking 1968–1978
Maretzki, Hans: Kim-ismus in Nordkorea. Analyse des letzten DDR-Botschafters in Pjöngjang. Böblingen 1991
Martin, Bernd (Hrsg.): Die Deutsche Beraterschaft in China 1927–1938. Militär, Wirtschaft, Außenpolitik. Düsseldorf 1981
Martin, Helmut (Hrsg.): Mao Intern (Unveröffentlichtes 1949–1971). München 1974
Maull, Hanns W. (Hrsg.): Japan und Europa. Getrennte Welten? Bonn 1993
Maull, Hans W. u. Maull, Ivo M.: Korea. München 1987
Maurer, Jürgen: Taiwan in den Internationalen Beziehungen. Hamburg 1996
Maxon, Yale Candee: Control of Japanese Foreign Policy. A Study of Civil-Military Rivalry 1930–1945. Berkerley 1957
Maxwell, Neville: India's China War. Bombay 1970
Mayer, Hans Jürgen, u. Pohl, Manfred (Hrsg.): Länderbericht Japan. Geographie, Geschichte, Politik, Wirtschaft, Gesellschaft und Kultur. Bonn 1994 (Neuaufl. 1998)
Mayer, Hans Jürgen: Der japanisch-sowjetische Territorialstreit. Außen- und sicherheitspolitische Aspekte 1975–1978. Hamburg 1980.
Mazarr, Michael J.: North Korea and the Bomb, London 1995
McNamara, Robert S., u. VanDeMark, Brian: In Retrospect. The Tragedy and Lessons of Vietnam. New York 1996
Mehnert, Klaus (Hrsg.): Maos Zweite Revolution. Stuttgart 1966

Mendel, Douglas: The Politics of Formosan Nationalism. Berkeley & Los Angeles 1970
Minear, Richard H.: Victor's Justice. The Tokio War Crimes Trial. Princeton, N.J. 1972
Ministry of Foreign Affairs (Japan): The Northern Territorial Issue. Tokio o.D.
Mochizuki, M., et al.: Japan and the United States. Troubled Partners in a Changing World. Washington, D.C., 1991
Möller, Kay: Ostasien 2000 – Globalisierung und Sicherheit im Spannungsverhältnis. Ebenhausen 1999
Möller, Kay: Sicherheitspartner Peking?: Die Beteiligung der Volksrepublik China an vertrauens- und sicherheitsbildenden Maßnahmen seit Ende des Kalten Krieges. Baden-Baden 1998
Morris, Ivan (Hrsg.): Japan 1931–1941. Militarism, Fascism, Japanism? Boston 1963
Nahm, Andrew: Korea – Tradition and Transformation. Seoul 1991
Näth, Marie-Luise: Chinas Weg in die Weltpolitik. Berlin 1976
Näth, Marie-Luise: Die Volksrepublik China in Deutschland. Frankfurt a. M. 1995
Näth, Marie-Luise: The Republic of China on Taiwan in International Politics. Frankfurt a.M. 1998
Ning Lu: The Dynamics of Foreign-Policy-Making in China. Boulder 2000
Ochi, Hisashi: Der außenpolitische Entscheidungsprozeß Japans. Der zur Normalisierung der Beziehungen zwischen Japan und der Volksrepublik China führende politische Entscheidungsprozeß in Japan. München 1982
Ogata, S. N.: Defiance in Manchuria. The Makin of Japanese Foreign Policy. 1931 bis 1932. Berkeley–Los Angeles 1964
Okita, Saburo: The Developing Economics and Japan, Tokio 1980
Olson, Lawrence: Japan in Postwar Asia. New York 1970
Opitz, Peter J. (Hrsg.): Auf den Spuren der Tiger. Entwicklungsprozesse in der asiatisch-pazifischen Region. München 1997
Opitz, Peter J. (Hrsg.): Maoismus. Stuttgart 1972
Opitz, Peter J.: Auf den Spuren der Tiger. München 1997
Opitz, Peter J.: Gezeitenwechsel in China. Die Modernisierung der chinesischen Außenpolitik. Osnabrück 1991
Paige, Glenn: The Korean Decision June 24–30 1950. New York 1968
Paik, Kyung Nam: Korea und Japan im Kräftefeld des Nord-West-Pazifiks. Zur Entstehung und Problematik des koreanisch-japanischen Normalisierungsvertrags von 1965. München 1978
Panikkar, Kavalam Madhava: Botschafter in beiden China. Frankfurt a. M. 1957
Park, Chung Hee: Das Werden einer Nation (übersetzt von Günther Winkler). Salzburg 1971
Parker, Charles F.: Vietnam: strategy for a stalemate. New York 1989
Pascha, Werner: Korea – Eine Wirtschaft zwischen Aufbruch und Umbruch. Mannheim 1996
Peou, Sorpong: Foreign Intervention and Regime Change in Cambodia. New York 1999
Pillsbury, Michael: China debates the Future Security Enviroment. Washington, D.C., 2000
Pochhammer, Wilhelm von: Die Auseinandersetzung um Tibets Grenzen. Frankfurt a.M. 1962
Pommerening, Horst: Der chinesisch-sowjetische Grenzkonflikt. Das Erbe der ungleichen Verträge. Olten und Freiburg im Breisgau 1968
Ponting, Clive: Armageddon (World War II). New York 1995
Preston, Peter: Pacific Asia in the Global System. Oxford 1998
Rankin, Karl Lott: China Assignment. Seattle 1964
Raszelenberg, Patrick, und Schier, Peter: The Cambodia Conflict 1979–1991. Hamburg 1995
Raszelenberg, Patrick: Die Roten Khmer und der Dritte Indochina-Krieg. Hamburg 1995
Remin Ribao: Die Theorie des Vorsitzenden Mao über die Dreiteilung der Welt ist ein Bedeutender Beitrag zum Marxismus-Leninismus. Peking 1917
Roberti, Mark: The Fall of Hong Kong. China's Triumph and Britain's Betrayal. New York 1994
Roy, Jules: Der Fall von Dien Bien Phu. Indochina – der Anfang vom Ende. Paris 1963
Roy, Manabendra Nath: Revolution und Konterrevolution in China. Berlin 1930
Sandschneider, Eberhard (Hrsg.): The Study of Modern China. New York 1999
Saito, Shiro: Japan at the Summit: Japan's Role in the Western Alliance and Asian pacific Cooperation. London 1989

Scalapino, Robert A.; Kim, Jun-yop, and Lee, Chong-sik: Communism in Korea, 2. Bde. Berkeley, Los Angeles and London 1972

Scalapino, Robert: Democracy and the Party Movement in Prewar Japan. Berkeley, Los Angeles 1967

Schier, Peter und Schier, Oum: Sihanouk on Cambodia. Hamburg 1982

Schiffrin, Harold Z.: Sun Yat-sen and the Origins of the Chinese Revolution. Berkeley 1966

Schram, Stuart: Mao Tse-tung. Harmondsworth 1967

Schubert, Gunter, u. Schneider, Axel (Hrsg.): Taiwan an der Schwelle zum 21. Jahrhundert. Gesellschaftlicher Wandel, Probleme und Perspektiven eines asiatischen Schwellenlandes. Hamburg 1996

Schubert, Gunter: Taiwan, die chinesische Alternative. Demokratisierung in einem ostasiatischen Schwellenland (1986–1993). Hamburg 1994

Schwebell, Gertrude: Die Geburt des Modernen Japan in Augenzeugenberichten. München 1981

Schwennesen, Olaf: China sticht in See. Die Spratly-Inseln als Konfliktherd im Südchinesischen Meer. Frankfurt a. M. 1996

Shambaugh, David: Deng Xiaoping. Portait of a Chinese Statesman. Oxford 1995

Shen, James C. H.: The U.S. & Free China. How the U.S. Sold Out its Ally. Washington, D.C., 1983

Shigemitsu, Mamoru: Japan and Her Destiny. My Struggle for Peace. London 1958

Sihanouk, Norodom: Kambodscha – Chronik des Krieges und der Hoffnung. Frankfurt a.M. 1980

Simmons, Robert: The Strained Alliance: Peking, Pyongyang, Moscow, and the Politics of the Korean Civil War. New York: Free Press 1975

Snow, Edgar: Red Star Over China. London 1937

Snyder, Edwin; Gregor, James u. Chang, Maria Hsia (Hrsg.): The Taiwan Relations Act and the defense of the Republic of China. Berkeley 1980

Sommer, Th.: Deutschland und Japan zwischen den Mächten 1935–1940. Vom Antikominternpakt zum Dreimächtepakt. Eine Studie zur diplomatischen Vorgeschichte des Zweiten Weltkriegs. Tübingen 1962

Spanier, John W.: The Truman-MacArthur Controversy and the Korean War. Cambridge/Mass.: Belknap Press 1959

Staiger, Brunhild: Nationalismus und regionale Kooperation in Asien. Hamburg 1995

Stimson, Henry L., and Bundy, McGeorge: On Active Service in Peace and War. New York: Harper and Brothers 1947

Stimson, Henry L.: Diary (November–December 1941) in Pearl Harbor Attack, Part 11

Stockwin, J. A. A.: Governing Japan. 3. Aufl. Oxford 1998

Strassner, Renate: Der Kambodscha-Konflikt von 1986–1990 unter bes. Berücksichtigung der Rolle Vietnams. Münster 1992

Stuart, John Leighton: Fifty Years in China. New York 1954

Stueck, William Whitney, Jr.: The Road to Confrontation: American Policy Toward China and Korea, 1947–1950. Chapel Hill 1981

Sudo, Sueo: The Fukuda Doctrine and ASEAN: New Dimensions in Japanese Foreign Policy. Singapur 1992

Sun, Yat-sen: His political and Social Ideals. A Source Book. Hrsg.: Leonard Shihlien Hsü. Los Angeles 1933. (Umfassendste Sammlung von Suns Schriften in westlicher Sprache)

Sun, Yat-sen: Reden und Schriften. Hrsg.: B. Scheibner und H. Scherner Leipzig 1974 (Einleitung in kommunistischer Sicht)

Sun, Yat-sen: The International Development of China. Schanghai 1920, New York u. London 1922

Sun, Yat-sen: The Vital Problem of China. Taipei 1953

T'ang Leang-Li: The Inner History of the Chinese Revolution. London 1930

Tang, P. S. H.: Russian and Soviet Policy in Manchuria and Outer Mongolia. 1911 to 1931. Durham/N.C. 1959

Taube, Markus, u. Gälli, Anton (Hrsg.): Chinas Wirtschaft im Wandel. München 1997

Taylor, Telford: Nuremberg and Vietnam: An American Tragedy. Chicago 1970

Thayer, C. und Amer, R. (Hrsg.): Vietnamese Foreign Policy in Transition. New York 1999

The National Institute for Defense Studies (Hrsg.): East Asian Strategic Review 1997–1998. Tokio 1998
Theobald, Robert A.: The Final Secret of Pearl Harbor. New York 1954
Tien, Hung-mao: Taiwan's Electoral Politics and Democratic Transition. New York 1996
Tien, Hung-mao und Chu, Yun-han (Hrsg.): China under Jiang Zemin. Boulder / London 2000
Togo, Shigenori: Japan im Zweiten Weltkrieg. Erinnerungen des japanischen Außenministers 1941–42 und 1945. Bonn 1958
Tong, Hollington K.: Chiang Kai-shek (autorisierte Biographie). Taipei 1953
Trampedach, Tim: Bonn und Peking: Die wechselseitige Einbindung in außenpolitische Strategien 1949–1990. Hamburg 1997
Trampedach, Tim: China auf dem Weg zur Wiedervereinigung? Die Politik der Guomindang auf Taiwan gegenüber der Volksrepublik China seit 1987. Hamburg 1992
Tränkmann, Beate: Demokratisierung und Reform des politischen Systems auf Taiwan seit 1990. Frankfurt a. M. 1997
Truman, Harry S.: Memoirs: Year of Decision. Vol. 1, Garden City: Doubleday and Company 1955
Tsang, Steve: A modern History of Hong Kong 1841–1998. New York 2000
Tsou, Tang: America's Failure in China 1941–1950. Chicago 1963
Tyler, Patrick: A Great Wall. Six Presidents and China. New York 1999
Un, Lim: The Founding of a Dynasty in North Korea. An Authentic Biography of Kim Il Sung. Japan 1982
Vu, Duy Tu, u. Will Gerhard (Hrsg.): Vietnams neue Position in Südostasien. Hamburg 1999
Wang, Yu San (Hrsg.): Foreign Policy of the Republic of China on Taiwan. New York 1990
Weber, Herrmann: Konflikte im Weltkommunismus, München 1964
Wedemeyer, Albert C.: Der verwaltete Krieg. Gütersloh 1960
Weggel, Oskar: China im Aufbruch. Konfuzianismus und Politische Zukunft. München 1997
Weggel, Oskar: Die Geschichte Taiwans. Vom 17. Jahrhundert bis heute. Köln 1991
Weggel, Oskar: Geschichte Chinas im 20. Jahrhundert. Stuttgart 1989
Wei, Liang–tsai: Peking Versus Taipei in Africa 1960–1978. Taipei 1982
Weigley, Russell F.: The American Way of War. A History of United States Military Strategy and Policy. New York und London 1973.
Weinstein, Franklin (Hrsg.): U.S.-Japan Relations and the Security of East Asia. Boulder 1978
Weinstein, Martin E.: Japan's Postwar Defense Policy 1947–1968. New York 1971
Whiting, Allen S.: China Grosses the Yalu. The Decision to Enter the Korean War. Stanford 1960
Wichmann, Peter: Die politischen Perspektiven der ASEAN. Hamburg 1996
Wickert, Erwin (Hrsg.): John Rabe: der gute Deutsche von Nanking. Stuttgart 1997
Wilbur, Martin: Sun Yat-sen. New York 1976
Wilbur, Martin: The Nationalist Revolution in China 1923–1928. London 1983
Wilson, George M.: Radical Nationalist in Japan: Kita Ikki 1883–1937. Cambridge, Mass., 1969
Wladimirow, Pjotr P.: Das Sondergebiet Chinas 1942/45. Berlin 1976
Wolf, Dieter O. A.: Präsidenten-Krieg in Vietnam? München 1973
Wolff, Lester, u. Simon, David (Hrsg.): Legislative History of the Taiwan Relations Act. Jamaica, New York 1982
Wooster, Robert: The Military and United States Indian Policy 1865–1903. New Haven 1988
Wu, Jie: On Deng Xiaoping Thoght. Peking 1996
Wu, Jaushieh Josehph: Taiwan's Democratization. Forces Behind the New Monumentum. Hong Kong 1995
Yahuda, Michael: The International Politics of the Asia-Pacific, 1945–1995. London 1996
Yang, Dae Hyun: Die Waffenstillstandsverhandlungen in Korea 1951–1953. Eine multiperspektivische Konstellationsanalyse. München 1982
Yang, Winston and Wagner, Marsha (Hrsg.): Tiananmen: China's Struggle for Democracy. Baltimore 1990
Yeh, Young-Ming: Sun Yat-sens Regierung in Südchina und die »Bewegung zum Schutz der Verfassung«. München 1983

Yoshida, Shigeru: Japan im Wiederaufstieg. Die Yoshida Memoiren. Düsseldorf 1963
Yun, Ki Whang: Die Rolle der Friedenslinie (Rhee Line) im Normalisierungsprozeß der Beziehungen zwischen Korea und Japan in der Nachkriegsära. Frankfurt am Main/Bern 1983
Zagoria, Donald: The Sino-Soviet Conflict 1956–1961. Princeton 1962
Zhao, Quangsheng: Interpreting Chinese Foreign Policy. Hongkong 1996
Zong, Huaiwen (Hrsg.): Years of Trial and Triumph. China from 1949 to 1988. Peking 1989

IV. Zeitschriften

China aktuell
Südostasien aktuell
Japan aktuell
(Die drei vorgenannten Periodika des Instituts für Asienkunde in Hamburg gehören zu den international führenden auf dem Gebiet der Information und Analyse hinsichtlich der genannten Regionen.)

Asian Survey (Berkeley)
Asien (Hamburg)
Beijing Rundschau (Peking)
China News Analysis (Hong Kong)
China Quarterly (London)
Contemporary Japan (Tokio)
Far Eastern Economic Review (Hong Kong)
Foreign Affairs Journal (Peking)
Internationale Politik (Bonn)
Issues and Studies (Taipei)
Japan Echo (Bonn)
Japan Monitor (Tokio)
Japan Quarterly (Tokio)
Journal of Asian Studies (Ann Arbor)
Korea and World Affairs (Seoul)
Korea Focus (Seoul)
Summaries of World Broadcasts (London)
Survey of the China Mainland Press (Hong Kong)
The American–Asian Review (Jamaica N.Y.)
The Free China Journal (Taipei)
The Journal of Asian Affairs (Seoul)
The Pacific Review (London)
The People's Korea (Tokio/Pjöngjang)
Xinhua News Agency, News Bulletin (Hong Kong)

V. Jahrbücher

A Handbook of Korea (Seoul)
Asia Yearbook (Hong Kong)
China Official Annual Report 1982/3, Hong Kong 1982
China Official Yearbook 1983/84, Hong Kong 1983
Japan (Jahrbuch f. Politik u. Wirtschaft), Hrsg. M. Pohl
KOREA (Politik, Wirtschaft, Gesellschaft), L. Köllner Korea Annual (Seoul)
The Republic of China Yearbook (vormals China Yearbook) (Taipei)

VI. Tageszeitungen

Bangkok Post (Bangkok)
China Daily (Peking)
South China Morning Post (Hong Kong)
The China Post (Taipei)
The Daily Yomiuri (Tokio)
The Japan Times (Tokio)
Renim Ribao (Peking)
The Straits Times (Singapur)

Bildnachweis

Archiv C.J. Bucher: S. 104, 166, 206, 222
Archiv für Kunst und Geschichte, Berlin: S. 32, 88, 278, 367, 535
Beijing Rundschau: S. 639
Bilderdienst Süddeutscher Verlag: S. 278, 570
Deutsche Presse-Agentur: S. 523, 530,
Fritz van Briessen: S. 59
Popperphoto: S. 281
Time Magazine: S. 399
Ullstein Bilderdienst: S. 33, 99, 353, 470 519, 549, 555, 558
World Wide Photos: S. 517, 527

Personenregister

Zur Wiedergabe chinesischer Namen und zur Reihenfolge von Namen in ostasiatischen Ländern

Eine Schwierigkeit bei der Wiedergabe (Transliteration) chinesischer Namen besteht darin, daß es hierfür mehrere Systeme gibt. Lange war das noch aus dem 19. Jahrhundert stammende Wade-Giles-System vorherrschend, gleichwohl es auch andere (in Deutschland etwa das von Rüdenberg) gab. In der Volksrepublik China wurde mit Wirkung vom 1. Januar 1979 das Pinyin-System eingeführt und verwendet. Es besteht somit seit etwa zwei Jahrzehnten, während der vorliegende Band einen Zeitraum von 160 Jahren umfaßt. Hinzu kommt, daß in Taiwan vorläufig noch immer das Wade-Giles-System Verwendung findet.
Da in der überwiegenden Mehrzahl der westlich-sprachigen Veröffentlichungen – einschließlich der Literatur aus der VR China vor 1979 – das Wade-Giles-System verwendet wurde und wird, mußte für diesen Band ein Kompromiß gewählt werden, in der Form, daß beide Systeme Verwendung finden. Im Personenregister werden die Namen von wichtigen Persönlichkeiten aus der neuesten Geschichte der Volksrepublik China sowohl in Pinyin als auch in Wade-Giles aufgeführt. Auf der vorderen Vorsatzkarte sind die Namen der chinesischen Provinzen ebenfalls in beiden Systemen angegeben.
Folgende Beispiele sollen die Unterschiedlichkeit der Umschreibungen verdeutlichen, dabei steht jeweils die Pinyin-Umschreibung in Klammern: Sun Yat-sen (Sun Yixian); Chiang Kai-shek (Jiang Jieshi); Mao Tse-tung (Mao Zedong); Peking (Beijing); Kanton/Canton (Guangzhou); Nanking (Nanjing); Kwangtung (Guangdong); Ch'ing-Dynastie (Quing-Dynastie).
Schließlich sei erwähnt, daß im Sinne der konfuzianischen Hochwertung der Familie in chinesischen, japanischen und koreanischen Namen der Familienname in der Regel zuerst und der Zuname danach genannt wird.

RUSSLAND
Baikalsee
KASACHSTAN
Ulan Bator
Heilongjian
Harbin
MONGOLISCHE
VOLKSREPUBLIK
Alma Ata
Jilin
Turfan
Mukden
Liaoning
Xinjiang (Sinkiang)
Gelber Fluß
Peking
(Beijing)
Innere
Mongolei
Gansu (Kansu)
Pjöngjang
Hebei
(Hopeh)
Tianjin
(Tientsin)
Ningxia
(Ningsia)
Shanxi
(Shansi)
Shandong
(Shantung)
Tsingtao
Xining
Yanzhou
Gelbes
Meer
Qinghai (Tsinghai)
Lanzhou
Shaanxi
(Shensi)
Kaifeng
Gansu
(Kansu)
Xian
(Hsian)
Henan
(Honan)
Jiangsu
(Kiangsu)
Tibet
Nanking
Schanghai
Hubei (Hupeh)
Anhui
Sichuan
(Szechuan)
Chengdu
Hankow
(Wuhan)
Hangzhou
NEPAL
Lhasa
Zhejiang
(Chekiang)
Chungking
Hunan
Nanchang
BHUTAN
Changsha
Jiangxi
(Kiangsi)
Fujian
(Fukien)
Jangtsekiang
Guizhou
(Kweichow)
Shaoshan
Xiamen
(Amoy)
Taiwanstraße
INDIEN
Kunming
Guilin
Taipei
Guangxi
(Kwangsi)
Guangdong
(Kwangtung)
Yünnan
TAIWAN
Kalkutta
Mekong
Guangzhou
(Kanton)
Macao
Hongkong
Kaohsiung
BANGLA-
DESCH
MYANMAR
Hanoi
LAOS
Golf
von
Tonking
Hainan
Luzonstraße
Vientiane
Rangun
THAI-
LAND
VIETNAM
Paracel-I.
Manila
Golf
von
Bengalen
Bangkok
KAMBODSCHA
Phnom
Penh
Ho-Tschi-Minh-Stadt
(Saigon)
Spratly-I.
Fiery-Cross-Riff
Mischief-Riff
Golf
von
Thailand
Palawan
Süd-
chinesisches
Meer
Sumatra
BRUNEI
Kuala Lumpur
MALAYSIA
Celebes-
See
INDONESIEN
Singapur
Borneo